DICTIONNAIRE
HISTORIQUE
DE LA VILLE DE PARIS
ET DE SES ENVIRONS.

TOME IV.

Hæc tantùm inter caput extulit Urbes,
Quantùm lenta solent viburna cupressi.
                                    Virg. Eclog. I.

Sur les autres Cités cette Ville l'emporte,
Autant que du cyprès les superbes rameaux
S'élèvent au-dessus des foibles arbrisseaux.

DICTIONNAIRE
HISTORIQUE
DE LA VILLE DE PARIS
ET DE SES ENVIRONS,

Dans lequel on trouve la Description des Monumens & Curiosités de cette Capitale ; l'établissement des Maisons Religieuses, celui des Communautés d'Artistes & d'Artisans ; le nombre des Rues & leur détail historique, tous les Colléges & les Bourses qui leur sont affectées, &c. &c. &c. avec le Plan nouveau de la Ville, & celui des Environs à quinze lieues au moins à la ronde. Dans ces derniers, on donne l'historique des Châteaux, la nature du Sol, les Patrons & Collateurs des Cures & Bénéfices, &c.

DÉDIÉ

A M. LE MARÉCHAL DUC DE BRISSAC,

Par MM. HURTAUT, Maître-ès-Arts & de Pension de l'Université, ancien Professeur de l'École Royal Militaire ; & MAGNY, ancien Premier Commis des Fermes du Roi.

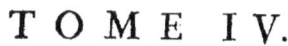

TOME IV.

A PARIS,

Chez MOUTARD, Imprimeur-Libraire de la REINE, Hôtel de Cluny, rue des Mathurins.

M. DCC. LXXIX.
Avec Approbation & Privilége du Roi.

DICTIONNAIRE HISTORIQUE
DE LA VILLE DE PARIS,
ET DE SES ENVIRONS.

PEA PEC

PEAUSSIERS. Ce font ceux qui préparent les peaux, & les mettent en couleur lorsqu'elles font sorties des mains des Chamoiseurs ou Mégissiers, &c. Cette Communauté a été érigée en Corps de Jurande, vers le milieu du quatorzième siècle; les premiers Statuts qui leur avoient été donnés par le Roi Jean, le 28 Février 1357, ont été renouvellés par Louis XIV en 1664, & registrés au Parlement l'année suivante. L'apprentissage est de cinq ans, & deux ans de compagnonage. Le brevet coûte 60 livres, & la maîtrise 600 livres. Ils ont été réunis par l'Edit de 1776 aux Tanneurs-Hongroyeurs, Corroyeurs, Mégissiers & Parcheminiers. Bureau, Place de Grève.

PEC (le) par corruption. Le vrai nom est AUPEC, du mot latin *Alpicum* ou *Alpecum*. *

Cette Paroisse est à quatre lieues de Paris vers le couchant d'été. Elle s'étend sur la descente assez roide de la montagne

---

* *Voy.* le Dict. de Ménage, où il est dit que le mot *Alp* signifie haute montagne.

TOME IV.   A

de Saint-Germain-en-Laye, depuis le haut jusqu'en bas, & ne forme qu'une seule rue. Son aspect est vers le levant en face du chemin de Paris qui commence au bout d'un pont de bois construit sur la Seine. Une partie du territoire qui étoit en vignes au neuvième siècle, y est encore; mais depuis la construction du Château de Saint-Germain, il y a eu du changement.

Les Habitans se sont adonnés à la profession de Voituriers par eau, de sorte que leur port étant devenu fort fréquenté, on a dit souvent au lieu d'Aupec, *le port Aupec*.

L'Eglise paroissiale est du titre de S. Vandrille. On y fête aussi Sainte Magdeleine. Il y a foire le 25 Juillet. La Cure est à la nomination de l'Abbé de S. Vandrille.

Cette Paroisse étoit autrefois très-étendue; elle est totalement diminuée du côté de l'occident, depuis que Saint-Germain a été érigé en Paroisse, & qu'il s'y est formé une Ville. Du côté du midi, son territoire comprend l'Ecart, dit *Grand-Champ*. Il s'étend encore jusqu'au Hameau de Démonval, qui est au-dessous de Mareil, & jusqu'à celui de la montagne, qui est proche la Paroisse de l'Etang. Ces trois Hameaux qui sont à demi-lieue d'Aupec, ou un peu moins, le reconnoissent pour leur Paroisse; comme aussi Echaufour, autrement le Vezinet, qui est au-delà du pont, en allant à Croicy ou à Chatou.

PECHEURS. Ce sont ceux qui font leur métier de la pêche; les uns sur les bords des fleuves & rivières, s'occupent de la pêche du poisson d'eau douce; les autres sur le bord de la mer, s'attachent à la pêche du poisson de mer, &c.

La pêche en mer est libre à tout le monde, suivant le droit des gens; mais pour éviter la trop grande destruction du poisson sur nos côtes, l'Ordonnance de la Marine assujettit les gens qui s'adonnent à cette pêche, à plusieurs Réglemens concernans les saisons & les lieux où ils peuvent pêcher, & la nature des engins ou filets dont ils se doivent servir.

Dans les rivières & fleuves navigables, dont la pêche appartient au Roi, suivant le Droit commun de la France, l'Ordonnance des Eaux & Forêts accorde aux seuls Maîtres Pêcheurs, reçus dans les Maîtrises, le droit d'y pêcher; dans les rivières non navigables, le droit de la pêche est réservé aux Seigneurs Hauts-Justiciers; & lorsqu'elles coulent sur les limites de deux différens Seigneurs, le fil de l'eau partage le droit de pêche entr'eux, ainsi qu'il a été jugé par Arrêt du Parlement de Paris, le 5 Avril 1759.

Il y a en cette Capitale deux Communautés de Pêcheurs fort anciennes. La première, connue sous le nom de *Pêcheurs à verge*, dont les Statuts ont été confirmés par Lettres-patentes de Louis XIV, en 1644, regiſtrés à la Table de Marbre du Palais, le 23 Mars 1648 ; & la ſeconde, connue ſous le nom de *Pêcheurs à engins*, dont les Statuts ont été confirmés par le même Prince, & regiſtrés la même année. les Maîtres de ces deux Communautés ſont obligés d'obſerver les Ordonnances rendues ſur le fait des Eaux & Pêcheries.

PEIGNIERS. Ce ſont ceux qui ont le droit de faire & vendre des peignes d'ivoire, d'écaille, de corne, de buis, & même de plomb. Les Maîtres Peigniers ne font point un Corps de Communauté particulier ; ils font partie de celui des Tabletiers. *Voy.* TABLETIERS.

PEINTRES. On diſtingue en cette Capitale, les Peintres de l'Académie Royale de Peinture & de Sculpture, où ſont admis les plus célèbres Graveurs de la Communauté des Maîtres de peinture, ſculpture, gravure & enluminure. Les Statuts de cette Communauté ne ſont que de 1381 ; mais les articles qui compoſoient leurs premiers, & qui y ſont rappellés, ſont d'un ſtyle qui annonce qu'ils ſont au moins du commencement de la troiſième race de nos Rois. En 1430, Charles VIII ajouta aux privilèges de ces Statuts, l'exemption de toutes tailles, ſubſides, guet, garde, &c. qui ont été confirmés & augmentés par lettres-patentes d'Henri III en 1583, & par tous les Rois ſes ſucceſſeurs, juſqu'à Louis XV en 1723.

Ces deux Corps ſubſiſtent aujourd'hui ſéparément ; le premier eſt compoſé d'Artiſtes auxquels leurs talens tiennent lieu de Maîtriſe, ſous la protection du Directeur & Ordonnateur général des bâtimens du Roi, & porte le titre d'*Académie Royale de Peinture & de Sculpture*. Le ſecond, compoſé d'Artiſtes qui n'ont le droit d'exercer qu'après avoir fait chef-d'œuvre, & être parvenus à la maîtriſe, eſt connu ſous le titre d'*Académie de S. Luc*. Cette Communauté a obtenu en 1705 une Déclaration du Roi, qui lui permit de tenir une école publique de Deſſin, & d'y entretenir un Modèle, où l'on diſtribue tous les ans, le jour de S. Luc, deux médailles d'argent aux deux Etudians qui ont fait le plus de progrès. *Voy. tom. 1, pag.* 186 & 209.

PÉLAGIE, (*Sainte*) rue du Puits de l'Hermite, derrière l'Hôpital de la Pitié, Quartier de la Place Maubert.

Cette Maison fait partie de l'Hôpital-Général, & est composée de deux Communautés, l'une & l'autre pour des filles & femmes repenties. La première, nommée *Sainte Pélagie*, est pour celles qui s'y retirent de plein gré; & la seconde, appellée *le Refuge*, pour celles que l'on y renferme de force. Il n'y a point de communication entr'elles. Cette Maison a été fondée par Mesdames *Marie Bonneau*, veuve de J. J. *de Beauharnois de Miramion*, Madame la Duchesse d'*Aiguillon*, & les Dames *de Farinvilliers* & *de Traversai*, qui donnèrent chacune une somme de 10000 livres. Les Lettres-patentes données par Louis XIV au mois d'Avril 1665, & registrées au Parlement le 5 Juin suivant, en font foi. Le Chancelier d'*Aligre* a fait beaucoup de bien à cette Maison. On y voit son épitaphe en marbre, de la main de *Coyfevox*. Elles sont soixante Religieuses depuis 1684. On n'y tient enfermées que celles dont la famille paie la pension. Son étendue a cent cinquante pas sur cent dix.

Cet établissement a commencé dans le Fauxbourg Saint-Antoine, sous la conduite de deux femmes pieuses; ensuite il fut transféré au Fauxbourg Saint-Germain, dans un endroit qu'avoit occupé la Communauté, dite *de la Mère de Dieu*.

On doit observer, que malgré la destination de cette Maison, l'on y a quelquefois fait enfermer des personnes qui n'étoient point coupables de débauche ou de libertinage, mais que des raisons particulières ne permettoient pas de mettre dans d'autres Couvens, ni de laisser dans la société.

PELLETIERS. Le quatrième des six corps des Marchands, sont ceux qui apprêtent & vendent toutes sortes de peaux avec leur poil, comme manchons, palatines, fourrures, doublures pour habits d'hommes, garnitures de robes, & mantelets de femme.

Dans toutes les cérémonies publiques, ce Corps dispute le troisième rang à celui de la Mercerie, qui s'est toujours maintenu dans la possession de ce rang, malgré toutes les protestations qui ont été faites par le Corps de la Pelleterie, qui, quoique le moins nombreux des six Corps, soutient son rang avec tout l'honneur & l'éclat possibles.

En 1586, sous Henri III, la Communauté des Fourreurs fut réunie à celle des Pelletiers, & il leur fut donné les premiers Statuts, qui les qualifient *de Maîtres & Marchands*

Pelletiers, Haubanniers, Fourreurs, qui ont été augmentés & confirmés par Louis XIII & Louis XIV.

On distingue deux sortes de fourrures ; celles que nous donnent les Pays chauds, sont appellées *communes*, étant fort inférieures à celles des Pays froids, que l'on appelle *fourrures précieuses*, telles que la martre, le renard noir, l'hermine, le petit-gris, le castor, &c. qui se tirent de Suède, de Danemarck, de Moscovie, de Laponie, des Régions septentrionales, de l'Amérique & de la Sibérie, où est le vrai magasin des belles fourrures.

Les Sibériens possèdent le secret de teindre la martre rousse, aussi noire que celle qui est naturellement du plus beau, & tout ce que l'on a trouvé de mieux pour en manger la couleur, & mettre cette fraude en évidence, c'est le jus de citron.

Les armoiries de ce Corps sont un agneau paschal d'argent en champ d'azur, à la bannière de France de gueules, ornées d'une croix depuis 1368, sous le règne de Charles V, par une concession que leur procura le Duc de Bourbon, Comte de Clermont, Grand Chambellan de France, qu'ils prétendent avoir eu pour Chef & Protecteur. L'apprentissage est de quatre années, & quatre années de compagnonage. Le brevet coûte 60 livres, & la maîtrise 600 livres.

Par l'Edit de 1776, ils sont réunis aux Bonnetiers & Chapeliers. *Voy.* JURANDES. Leur Patron est la Fête du S. Sacrement. Bureau, rue Bertin-Poirée.

PÉNITENTES. (*les Filles*) *Voy.* VALERE, (*Sainte*) & MAGLOIRE. (*Saint*)

PÉNITENS *de Belleville. Voy.* BELLEVILLE.

PÉNITENS *de Nazareth. Voy.* NAZARETH.

PENSIONS. Sous ce titre, nous comprenons les *pensions bourgeoises*, les *pensions d'éducation*, & les *pensions conventuelles*.

PENSIONS BOURGEOISES, se disent communément de quelques maisons particulières, où, sous l'agrément de M. le Lieutenant-Général de Police, on retire des personnes infirmes, ou foibles d'esprit, à l'effet de les loger, nourrir, entretenir, & en prendre soin à prix convenu. Le plus grand nombre de ces penſions ſont établies dans les Fauxbourgs Saint-Antoine & de Saint-Marcel, & du côté de l'Eſtrapade, à cauſe du bon air.

PENSIONS D'ÉDUCATION. Ce ſont celles qui ſont tenues par les Maîtres-ès-Arts, approuvés par l'Univerſité, & qui ont le droit d'avoir à la fois des Penſionnaires & des externes. Ils enſeignent toutes les claſſes, l'Hiſtoire, la Géographie, les Mathématiques, le grec, le latin, &c. & font répétition.

Quant aux autres Maîtres, ils dépendent de M. le Grand-Chantre de l'Égliſe de Paris; ils ne peuvent enſeigner dans les Quartiers qui leur ſont affectés, qu'à lire, à écrire, le Service Divin, le calcul, tant au jet qu'à la plume, & la grammaire; c'eſt ce que l'on nomme *les petites Écoles*.

Nous remettons à l'article UNIVERSITÉ, de faire connoître plus au long les droits & les fonctions des uns & des autres de ces Maîtres; cependant nous inſtruirons le Lecteur des formalités néceſſaires pour être reçus par l'Univerſité.

Réception des Maîtres de penſion de l'Univerſité.

Celui qui veut être reçu Maître de penſion, doit être Maître-ès-Arts de l'Univerſité de Paris, & s'adreſſer à l'Agent ou Procureur, qui lui preſcrit ce qui ſuit:

1°. Il doit rendre viſite à M. le Recteur, pour lui demander permiſſion de ſupplier au Tribunal pour tenir penſion.

2°. Si cette permiſſion lui eſt accordée, il rend viſite à M. le Syndic, à qui il montre ſes Lettres de Maîtres-ès-Arts, enſuite à MM. les Doyens & Procureurs des Nations, avant le Tribunal où il doit faire ſa première ſupplique.

3°. Si elle eſt admiſe, il doit ſe faire connoître en fourniſſant atteſtation de vie, mœurs & capacité aux deux Commiſſaires que le Tribunal lui a nommés, chez l'un deſquels ſe fait auſſi un examen particulier ſur les Belles-Lettres.

4°. Il doit faire la même choſe à l'égard de la Compagnie des Maîtres de penſion. Si, dans leur Aſſemblée, tenue au Collège de Louis-le-Grand, au ſujet du Récipiendaire, & à laquelle ſont invités tous les Maîtres, par des billets que leur envoie l'Agent, il n'eſt rien dit au déſavantage du Récipiendaire, la Compagnie charge l'Agent de le préſenter au Tribunal pour la ſeconde ſupplique, après avoir conféré à son sujet avec les Commissaires nommés par le Tribunal.

Si toutes ces informations sont favorables, le Récipiendaire est admis, sous la condition expresse de dépendre de l'Université, & de suivre les Statuts qu'elle a donnés à ses Maîtres, de quoi il prête serment entre les mains de M. le Recteur, avant que de recevoir ses Lettres de pédagogie.

Le nouveau Maître prononce au Collège de Louis-le-Grand un discours latin, sur tel sujet de littérature qu'il lui plaît, & auquel l'Agent répond. Ce discours est public, & se fait ordinairement dans les trois premiers mois après la réception.

PENSIONS CONVENTUELLES *pour les Dames & Demoiselles.* Ce sont des maisons particulières, où des Dames Religieuses se sont destinées à l'éducation des jeunes Demoiselles qui leur sont confiées par leurs parens; elles apprennent dans ces Maisons à lire, écrire, broder, la danse, la musique, & tout ce qui fait partie d'une éducation distinguée, y font leur première communion, &c.

Les Dames qui veulent mener une vie privée, y sont également admises, & jouissent de la liberté de sortir lorsqu'il leur plaît.

MAISONS LES PLUS CONNUES.

COUVENS & leurs situations.	PRIX des Pensions.	NOTES de ce que l'on est obligé de se fournir, &c.
ABBAYE S. ANTOINE, Fauxbourg du même nom.	4 à 500 l.	Le nombre est fixé à 21 Pensionnaires. On blanchit le gros linge, & le fin est à la charge des parens.
DAMES DE BON SECOURS, rue de Charonne, même Fauxbourg.	5 à 600 l.	On donne en entrant une voie de bois. On fournit le lit, le trousseau, &c. Pour le lit, 40 liv. une fois payées.
ABBAYE DE PORT-ROYAL, Fauxbourg S. Jacques.	5 à 600 l.	On y reçoit plusieurs Dames & Demoiselles de qualité.
ABBAYE DES CORDELIERES, rue de l'Oursine, Faubourg S. Marcel.	3 à 400 l.	La famille fournit le lit, le trousseau, &c.
ABBAYE DE PANTHEMONT, rue de Grenelle, Fauxbourg S. Germain.	6 à 800 l.	On y reçoit des Dames & Demoiselles de la première distinction.
ABBAYE AUX BOIS, r. de Sève, Fauxbourg S. Germain.	5 à 600 l.	
Maison de S. MAGLOIRE, rue S. Denis.	350 à 500 l.	
Les Dames de L'ASSOMPTION, rue S. Honoré.	5 à 600 l.	
Chanoinesses de S. AUGUSTIN, rue des Picpuces, Fauxbourg S. Antoine.	350 à 400 l.	On se fournit de lit, d'une commode, d'un couvert, &c.

PEN 9

COUVENS & leurs situations.	PRIX des Pensions.	NOTES de ce que l'on est obligé de se fournir, &c.
LA MADELEINE DE TRAINEL, rue de Charonne, Fauxbourg S. Antoine.	5 à 600 l.	La Maison fournit le tout, excepté le blanchissage du linge fin.
LES DAMES ANGLOISES, r. de Charenton, Fauxb. S. Antoine.	6 à 800 l.	On y reçoit indifféremment de toute Religion, & elles y sont très-bien élevées.
DAMES FILLES-DIEU, rue & près de la porte S. Denis.	4 à 500 l.	
Bénédictines du S. SACREMENT, r. Cassette, Fauxb. S. Germain.	4 à 800 l. On paie 300 l. pour la Fille de chambre.	
BÉNÉDICTINES, rue du Cherche-Midi, Fauxbourg S. Germain.	5 à 600 l.	
Bénédictines du S. SACREMENT, r. Saint-Louis au Marais.	4 à 500 l.	
BÉNÉDICTINES, rue des Postes, Fauxbourg S. Marcel.	4 à 500 l.	On se fournit de meubles, on se chauffe, on s'éclaire & on se blanchit.
BÉNÉDICTINES de la Ville-l'Evêque, Fauxbourg S. Honoré.	4 à 500 l.	
LA CONCEPTION, r. S. Honoré.	5 à 600 l.	Non compris le bois, la chandelle, &c.
LE CALVAIRE, rue de Vaugirard, Fauxb. S. Germain	3, 4 à 500 l.	On se fournit de bois, de chandelle, &c.

COUVENS & leurs situations.	PRIX des Pensions.	NOTES de ce que l'on est obligé de se fournir, &c.
LE CALVAIRE, rue S. Louis au Marais.	5 à 600 l.	
Religieuses de LA CROIX, rue de Charonne, Fauxbourg S. Antoine.	4 à 500 l. 300 l. sans vin.	On se fournit d'un lit, d'un trousseau, &c.
LES JACOBINES, dites FILLES DE S. THOMAS, rue du même nom, près la rue Vivienne.	5 à 600 l.	
AUGUSTINES ANGLOISES, rue des Fossés S. Victor.	5 à 600 l.	
Dames de SAINTE MARIE, rue S. Antoine.	5 à 600 l.	Il faut joindre à la pension un trousseau de douze serviettes, d'un couvert d'argent, &c.
S. MICHEL, rue des Postes, Fauxbourg S. Marcel.	4 à 600 l.	
LA VISITATION, rue du Bacq, Fauxbourg S. Germain.	5 à 600 l.	
LA VISITATION, rue S. Jacques.	500 l.	La Maison prend sur elle l'entretien, & s'en charge toujours si les Demoiselles restent.
SAINTE ELISABETH, rue du Temple.	4 à 500 l.	
SAINTE AURE, rue neuve Sainte Geneviève.	3 à 400 l.	On paie en entrant 10 l. pour le lit; on se fournit de deux paires de drap & de six serviettes, &c.
LES FILLES DE LA TRINITÉ, r. de Reuilly, Fauxbourg S. Antoine.	3 à 400 l.	
Religieuses de la CONGRÉGATION N. D. rue neuve S. Etienne.	3 à 400 l.	On ne compte point dans le prix de la pension les autres frais.

COUVENS & leurs situations.	PRIX des Pensions.	NOTES de ce que l'on est obligé de se fournir, &c.
Les Filles de L'INSTRUCTION, r. Pot-de-Fer, Fauxb. S. Germ.	4 à 500 l.	On donne une fois payée pour le lit 20 l. On blanchit tout, excepté le menu linge.
Les URSULINES, rue S. Avoie.	5 à 600 l.	
Les URSULINES, rue S. Jacques.	4 à 500 l.	On donne 100 l. pour l'entretien.
NOUVELLES CATHOLIQUES, rue Sainte-Anne.	200 l. de pension pour l'an. de l'abjuration.	Ces Dames sont particulièrement destinées à l'instruction des vérités de la Religion Catholique pour les personnes de leur sexe, & qui veulent abjurer la Protestante.
RÉCOLLETTES, rue du Bacq.	3 à 400 l.	
La PROVIDENCE, rue de l'Arbalétre, Fauxbourg S. Marcel.	3 à 400 l.	
Dames ANNONCIADES DE POPINCOURT, près le Pont-aux-Choux.	3 à 400 l.	La famille fournit le lit, les draps, les chaises, la commode & autres meubles.
Filles de L'UNION CHRÉTIENNE, dites le Grand S. Chaumont, rue S. Denis.	4 à 500 l.	
S. JOSEPH, rue S. Dominique, F. S. Germain.	3 à 400 l.	On donne en entrant, pour le lit, 24 l. une fois payée.
Les Filles de LA CROIX, rue S. Antoine, cul-de-sac Guimenée.	3 à 400 l. Demi-pension 150 l.	
Les Filles de LA CROIX, S. Gervais, rue des Barres, près S. Gervais.	4 a 500 l.	
Les Dames SAINTE AGNES, rue Platrière.	4 à 500 l. 360 l. sans vin.	On donne en entrant 20 livres une fois payée.

PENTIN, Village situé à une petite lieue de Paris dans une plaine. Les côteaux de son territoire en sont un peu éloignés.

L'Eglise est sous le titre de S. Germain d'Auxerre; la Cure est à la nomination du Prieur de S. Martin-des-Champs. Il y a une Chapelle dans cette Eglise, du titre de la Sainte Vierge, fondée, il y a plusieurs siècles, par Me. *Adam le Riche*. Son revenu est considérable. Elle a, entr'autres, dix arpens de terre, au lieu dit *la petite Couture du Rouvray*, & une maison à Paris, rue du Coq; elle est alternativement à la nomination de l'Archevêque de Paris, & du Prieur de S. Martin.

La plaine de Pentin ne consiste qu'en terres labourables & jardins. Il y a fort peu de vignes; mais les côteaux en ont beaucoup.

PÉPINIERE *royale du Roule*. (*la*) Le nom de la Pépinière fait assez connoître que c'est un lieu où l'on élève des fleurs, des arbustes & des arbres pour en fournir aux Tuileries, à Versailles, & aux autres Maisons royales, quand on le juge à propos. Les deux maisons qui y sont adhérentes, servent à loger ceux qui les cultivent, & de serre aux orangers & aux arbustes. Le Roi, par ses Lettres-patentes du 12 Février 1722, a accordé à ces deux maisons l'exemption des droits d'entrée, & jusqu'à la concurrence de douze muids de vin par chacun an. Aujourd'hui tout ce terrein appartient à Monseigneur *le Comte d'Artois*, frère de Sa Majesté Louis XVI.

PÉQUEUSE. Cette Paroisse commence à l'entrée d'une plaine, après que l'on a monté doucement au sortir de Limoux. Le terrein continue en plaine du côté de l'occident, vers la Grange Saint-Clair, & finit, du côté méridional, au bout de la plaine, à un petit vallon, dit Vilverd, où l'on trouve quelques vignes sur un côteau qui regarde le midi; le reste est en terres labourables.

L'Eglise est presque solitaire, n'étant accompagnée que du Presbytère & de quelques maisons. Le reste des Habitans est répandu dans les Ecarts & Hameaux qu'on appelle Grignon, Formanteau, la Grange Saint-Clair & Vilverd. Cette Eglise est sous le titre de S. Médard, qui y est représenté en relief avec Sainte Radegonde, Reine de France. La nomination de la Cure appartient au Prieur de Longpont.

PER

PÉRIGNY. Le nom de ce Village n'est point rare en France. On y connoit quatorze ou quinze Paroisses qui le portent en différens Dioceses. Celui-ci est à cinq lieues ou environ de Paris, sur le rivage gauche de l'Hierre, dont les bords en cet endroit sont fort escarpés de ce côté-là, & accompagnés de belles fontaines, presque jusqu'au haut où le Village se trouve construit. Le territoire contient beaucoup de vignes, même dans des lieux qui ne sont point en côté ou en pente. Le reste est en terres labourables. On jouit dans ce Village d'une vue qui domine sur le charmant paysage de Gersy, de Vaux-la-Reine & des environs.

L'Eglise est du titre de S. Loup, qu'on appelle à Paris S. Leu. On y joint S. Gilles, suivant l'usage de plusieurs autres lieux, de réunir ces deux Saints qui n'ont aucun rapport entr'eux. La Cure est à la collation de l'Archevêque.

M. *Thomassin*, Curé de S. Pierre-des-Arcis, étoit Seigneur de Périgny, lorsqu'il mourut le 29 Avril 1751.

PERPÉTUE. (*les Filles de Sainte*) C'étoit une Communauté qui subsistoit, il y a quelques années, dans la rue de la vieille Estrapade. *Voy. l'article de cette rue.*

PERRAY *ou* PERÉ, *ou* PAIRÉ *proche Corbeil, & par occasion*, Saint-Léonard du Vieux-Corbeil.

Corbeil est bâti sur le teritoire de l'ancienne Paroisse d'Essonne. Du côté du levant, c'est-à-dire, au rivage droit, ce qui passe pour être Fauxbourg de Corbeil, est une dépendance de Perray, Paroisse située sur la hauteur, à un quart de lieue dans les terres.

Avant que le territoire situé au rivage droit de la Seine, appartînt au Perray, & que la Paroisse de Sintry fût érigée, c'est-à-dire, au neuvième siècle, il y avoit un gros Village tout le long de cette côte, nommé Moiry ou Mory; on y voyoit une Chapelle du titre de la Sainte Vierge, dont le revenu particulier consistoit en terres, en vignes, en bois & en prés; & une Eglise Paroissiale, du titre de Saint Melaine, avec le revenu qui lui étoit attaché. Le Village de Mori existoit encore en 1284; mais en quatre cents ans qui s'étoient écoulés depuis le règne de Charles-le-Chauve, il étoit arrivé quelques changemens, & l'on voyoit déjà sur pied un autre Village appellé en latin *Paretum*. C'est donc aujourd'hui Perray & Sintry qui représentent le Village de Moiry ou Mory, Sintry ne devant être que cette simple Chapelle de Notre-Dame, bâtie dans le neuvième siècle, dépendante de Perray, & érigée en Cure avant la fin du siècle suivant. Les guerres ayant été cause de la destruction de l'Eglise Paroissiale de S. Melaine, les Habitans, dispersés dans la campagne furent obligés de recourir à l'Eglise la plus voisine de leurs maisons, & la première en état de les recevoir. Ce fut ainsi que la primauté de Moiry fut transportée à l'Eglise de Perray, & la Chapelle rebâtie aux environs du lieu où avoit été l'ancienne Eglise de S. Melaine, ne fut plus regardée que comme Succursale en faveur des nouveaux Habitans, que la commodité de la rivière & du pont, ou au moins celle du baq, y fit établir.

L'Eglise de Perray est sous le titre de S. Pierre. Le jour de la Fête, & le lundi de Pâques, ceux du Fauxbourg de Corbeil qui en dépendent, & qui s'assemblent dans une Succursale, viennent en cette Eglise en procession avec leur Clergé, comme à l'Eglise matrice. La présentation de cette Cure appartient au Chapitre de S. Marcel de Paris, qui est gros Décimateur. Le Curé fait sa résidence au Fauxbourg de Corbeil, où est le plus grand nombre de feux.

Entre Perray & Corbeil, est le Vieux-Marché qui forme un Hameau, dont la moitié de la rue, c'est-à-dire, le côté méridional est de la Paroisse de Perray, l'autre étant de Saint-Germain. La partie de Perray peut contenir vingt feux.

C'est par une erreur invétérée, qu'à Corbeil & aux environs, on regarde S. Léonard comme Patron de l'Eglise succursale, située au Fauxbourg où s'assemblent les Paroissiens de Perray. On a cessé de célébrer la fête du lieu le 6 Novembre, & on l'a portée au 15 Octobre, jour de S. Léonard, Abbé dans le Maine. Cette Eglise est située sur la pente de la montagne. Sa construction paroît être du 13e. siècle.

PERREUX, (le) Fief situé à une légère distance du Village de Nogent-sur-Marne, du côté du levant.

PERRUQUIERS. Ce sont ceux qui ont le droit d'acheter & vendre les cheveux bruts, préparés, & qui en font des perruques. La longue chevelure étoit chez les anciens une marque d'honneur & de liberté. Dans les commencemens de notre Monarchie, la longue chevelure fut particulière aux Rois & aux Princes du Sang : on prétend qu'il y avoit des coupes plus ou moins hautes, selon le plus ou le moins d'infériorité dans les rangs. La longue chevelure fut principalement défendue aux Ecclésiastiques ; aujourd'hui on porte les cheveux longs ou courts fans conféquence, & ils ont prefque difparus pour faire place aux perruques.

Les Statuts de cette Communauté, dreffés au Confeil en 1674, ont été regiftrés au Parlement, qui les qualifient de *Maîtres Barbiers, Perruquiers, Baigneurs, Etuviftes*, &c. Ces Statuts ont été renouvellés & augmentés en 1718; &, par iceux, le premier Chirurgien du Roi eft maintenu dans la qualité de *Chef, Garde des Chartes, Statuts & Privilèges des Maîtres Perruquiers, Baigneurs & Etuviftes*, & de tous autres exerçant la même profeffion. Il a fa Chambre de Jurifdiction où il préfide, ainfi qu'au Bureau des Perruquiers, & en fon abfence, fon Lieutenant.

L'apprentiffage eft de quatre ans, & deux ans de fervice en qualité de Garçon. Le brevet coûte 40 livres, & la maîtrife 300 livres, outre la Charge ou Privilège qui eft de 3000 liv. que les Propriétaires peuvent louer lorfqu'ils ne veulent plus exercer.

PETIT SAINT-ANTOINE. Les Religieux de cette Maifon ont été renvoyés avec penfion, & l'Ordre ne fubfifte plus depuis 1777. *Voy.* ANTOINE. (*le petit Saint*)

PETITS-PERES. (*les*) *Voy.* AUGUSTINS RÉFORMÉS, *tome 1, page 346.* Ces Religieux, par un Bref de Benoît XIV, du premier Février 1746, approuvé par des Lettres-patentes du Roi, données le 7 Avril fuivant, & enregiftrées le 7 Mai, ont obtenu la permiffion de porter la chauffure comme les autres Religieux Auguftins, & font foumis à un Vicaire-Général, élu par le Chapitre général de cette Congrégation.

PHILIPPE. (*l'Eglife de Saint*) *Voy.* ROULE.

PICPUS (*ou Picpuce.*) (*les Religieux*) Les Religieux Picpus ont leur Couvent dans la rue qui en portoit le nom, & qui eft comprife aujourd'hui dans le Fauxbourg Saint-Antoine, quoiqu'elle foit bien proche de l'endroit où étoit élevé autrefois le trône. Le Peuple a donné à cet endroit le nom de Village, & c'eft dans ce Village que ces Pères ont fait l'établiffement le plus confidérable de leur Congrégation ; mais leur nom véritable eft celui *de Pénitens Réformés du Tiers-Ordre de S. François*.

Le premier Auteur de cette Réforme fut *Vincent Muffart*, natif de Paris, affifté de *François Muffart* fon frère, & de quelques autres qui prirent l'habit du Tiers-Ordre, l'an 1594 & firent leur Profession solemnelle l'année d'après. *Voy.* NAZARETH. Dès l'an 1508, le Pape Jules II avoit ordonné, que pour mettre de la différence entre les Religieux du Tiers-Ordre & les Frères Mineurs qu'on appelle *Cordeliers*, l'habit des premiers seroit uniforme par-tout, de couleur grise, tirant plus sur le noir que sur le gris, que leur capuchon seroit plus large de quatre doigts que les épaules, & que les extrêmités en seroient si longues devant & derrière, que la ceinture pourroit ceindre par-dessus; qu'ils marcheroient nuds pieds, avec des foques de bois, & qu'ils psalmodieroient sans notes.

Le premier Couvent de cette Réforme est celui de Franconville près Beaumont, Diocèse de Beauvais, en 1594; & le second celui de Picpuce. Celui-ci est le Chef de cette Réforme, qui a dans le Royaume soixante Couvens, distribués sous quatre Provinces.

Ce fut vers l'an 1600 ou 1601, que les Religieux Pénitens s'établirent à Picpuce, au même endroit où les Capucins de la rue Saint-Honoré, & après eux les Jésuites de la Maison Professe, avoient fait leur première demeure; mais que le grand éloignement de la Ville les avoit obligés d'abandonner. Il n'y avoit pour lors ici qu'une petite Chapelle, nommée *Notre-Dame de Grace*, que M. *Emeri de Rochechouard*, Evêque de Sisteron [*] avoit fait bâtir pour les Capucins. Quelques années après que les Religieux Pénitens y furent établis, cette Chapelle se trouvant trop petite, à cause du concours de Peuple qui y alloit, ils résolurent d'en bâtir une plus grande. Louis XIII en posa la première pierre le 13 Mai 1611. Cette Eglise ayant été achevée, fut bénite sous la même invocation que la Chapelle, par M. *du Laurens*, Archevêque d'Embrun, qui officia à cette cérémonie, & y prêcha.

Dans la Chapelle de la Vierge, ont été inhumées plusieurs

---

[*] Cette Chapelle passa ensuite aux héritiers de M. l'Evêque de Sisteron, qui, à la considération de Diane de France, Duchesse d'Angoulême, consentirent que la maison & la Chapelle fussent occupées par *Robert Riche* (alias *Richer*) Hermite de l'Ordre de S. Augustin, & *Pierre Riche* son frère, qui s'y établirent en vertu de la permission de *Jean Prevôt*, Vicaire-Général de M. le Cardinal *de Gondi*, Evêque de Paris, du 29 Août 1588. M. *Jaillot*, quart. S. Antoine, pag. 103.

personnes

personnes illustres. *Antoine le Clerc de la Forest*, un des descendans de *Jean le Clerc*, Chancelier de France, quoique le P. Anselme, ni Dufourni, ni le P. Simplicien n'en fassent pas mention dans la généalogie de ce Chancelier, fut inhumé dans cette Chapelle sous une tombe de marbre noir, sur laquelle il y avoit une épitaphe qui est rapportée par le Maire, dans son Paris ancien & nouveau, & qui mérite d'autant mieux de trouver place dans ce Dictionnaire, qu'actuellement elle est presqu'entiérement effacée sur la tombe.

HIC JACET

Antonius le Clerc de la Forest *Altissiodorensis*, Joannis le Clerc, *Franciæ Cancellarii nepos; vir summæ eruditionis ac pietatis, qui virtutibus addictus, Dei præsentiá, ardentis ejus amore, charitate in pauperes, sui abnegatione, verá humilitate, & altissimá rerum cœlestium contemplatione adeò præfulsit, ut frequenter divina passus, dono consilii præditus fuerit, & futurorum notitiá conspicuus, multa miranda prædixerit. Obiit Parisiis, habitu Fratrum Pœnitentium Sancti Francisci Assisiatis moriens donatus anno ætatis 55. Christi 1628.*

Gui Aldonce, dit *le Chevalier Chabot*, frère de *Henri Chabot*, Duc de Rohan, mort à Paris des blessures qu'il avoit reçues au siège de Dunkerque, au mois d'Octobre 1646, fut inhumé dans cette Chapelle le 6 Novembre 1646, mais sans tombe ni épitaphe.

Judith de Mesmes, Marquise *de Soyecourt*, y fut aussi enterrée le 5 Mai 1659, mais sans tombe, ni épitaphe.

Le Maréchal *de Choiseul*, mort le 15 Mars 1711, voulut être inhumé dans cette Chapelle, où il y a une tombe de Marbre noir, sur laquelle on lit:

D. O. M.

Ci gist très-haut & puissant Seigneur Messire Claude de Choiseul, *premier Maréchal de France, Chevalier des Ordres de Sa Majesté, Général de ses Armées, ci-devant Feld-Maréchal ou Général de l'Armée de feu S. A. S. Electorale de Cologne, Gouverneur des Ville & Citadelle de Valenciennes, & Gouverneur & grand Bailli de la Ville de Langres; lequel, après avoir dignement rempli tous les grands emplois dont il a été honoré par Sa Majesté, pendant soixante-deux ans de services continuels, sans faste ni vanité, honoré généralement de tout le monde pour ses grandes vertus militaires, & pour*

Tome IV. B

son extrême probité & charité, ayant particuliérement affectionné cette Maison des Religieux, appellés Picpuces, a désiré d'être inhumé sous cette tombe, après avoir vécu soixante & dix-huit ans deux mois & quinze jours, est décédé en son Hôtel à Paris le quinzième jour de Mars, l'an de grace 1721. Priez Dieu pour le repos de son ame.

La Chapelle de S. Joseph fut acquise par MM. *de Villeroi*, par contrat passé le 6 Septembre de l'an 1614, pardevant Cothereau & le Moine, Notaires au Châtelet de Paris. Ceux de ce nom l'ont possédée jusqu'en 1635, que le 23 Août ils se désistèrent du droit qu'ils y avoient en faveur des Religieux de cette Maison, auxquels ils en firent cession. *Louise-Isabelle d'Angennes*, veuve *d'Antoine d'Aumont*, ayant souvent témoigné vouloir être inhumée dans cette Eglise, fit l'acquisition de la Chapelle de S. Joseph, le 15 Février 1636, pour y déposer dans le caveau le corps de son mari, & ceux de sa maison qui le requéroient, & pour ladite Chapelle demeurer affectée & appartenir à la maison *d'Aumont*. Dès que Madame *d'Aumont* eut acquis cette Chapelle, elle la fit décorer comme nous la voyons, & mettre au-dessus de la porte une table de marbre, sur laquelle est gravée l'inscription qui suit :

ANTONIO D'AUMONT,

Joannis illius Franciæ Marescali, digno (testis es Gallia) filio Regiorum Ordinum lectissimo Equiti, Sacri Consistorii Comiti eximio, Navalis Gessoriaci Oppidi Arcis Præfecto, Proregi Morinorum. Illustri justitiâ, bonitate, fide, viro, in quo Patrios spiritus, heroïcam fortitudinem, generosi pectoris veritatem, tantæ prosapiæ, cui pignus Imperii Auriflamma feliciter credita esset, ingenium memor, altitudinem animi, magnitudinem mentis atque consilii summis rebus parem, rectam in Deum pietatem, effusam in ingenos benignitatem, lenitatem in suos, comitatem in omnes suspexit ætas. Qui statim adolescens Henrici Regis maximi, unici Imperatoris omnium Præliorum Comes; oppugnationum particeps, periculorum socius, nobilem ad Caudebecum victoriam vulneribus suis aperuit, aliàs insignivit, iisque & quot virtutis munia sunt, tot nominibus, optimo Principum in paucis charus Ludovico decimo tertio perennem illibatamque devotissimi studii, perfecti officii constantiam præstitit, donec pio, placido, verè christiano exitu ad beatam immortalitatem migravit anno LXXIII suo ins-

tauratæ salutis hominum MDCXXXV, III *Id. April.* Ludovica-Elisabeth d'Angennes de Rambouillet, *uxor ad sempiternum mœrorem superstes.*

D. O. M.

Perpetua non unas ad aras sacra marito incomparabili, nec non sibi commune sepulchrum fecit.

Le caveau qui est sous cette chapelle, a sept pieds de hauteur, autant de largeur, & quinze pieds de longueur. C'est ici que reposent dans des cercueils de plomb, les corps de huit Seigneurs ou Dames de la Maison *d'Aumont*; les deux premiers sont sans inscription; mais les six autres ont chacun la leur, gravée sur une plaque de cuivre, où l'on lit le jour & l'année de leur décès, & leurs qualités.

1°. *Catherine Hurault*, fille de *Philippe Hurault*, Chancelier de France, première femme *d'Antoine d'Aumont*, Chevalier des Ordres du Roi, &c. morte en 1615 à la Roquette, près de Picpuce, & mise en dépôt dans cette Chapelle, & ensuite dans le caveau, lorsque la Chapelle fut achetée en 1636.

2°. *Antoine d'Aumont*, Chevalier des Ordres du Roi, &c. décédé au mois de Mai de l'an 1635, & mis dans ce caveau en 1636.

3°. *Charles d'Aumont*, sur le cercueil duquel on lit :

HIC JACET

Carolus d'Aumont, *Ducatuum Aurelianensis, Blecensis & Carnutensis Reg. Præfec. Ludovici XIV Exercituum in Germaniá Subpræfectus, qui meruit bonus Miles, imperavit melior Dux, & in flore ætatis, Cœlo maturus, mortuus optimus Christianus,* 5 *Septemb.* 1644. Il fut tué au Siège de Lan & son corps fut mis dans ce caveau le 4 d'Octobre dau' 1644.

4°. *Roger d'Aumont*, avec cette inscription :

CI GIST

Le corps de défunt Illustrissime & Révérendissime Messire Roger d'Aumont, *Conseiller du Roi en ses Conseils d'Etat, & ancien Evêque d'Avranches, Abbé des Abbayes d'Userches, de Lonvillier, de Bardelle de S. George-sur-Loire, de Beaulieu & de Saint-Aubin, qui décéda à Paris en son Hôtel, le* vingt-cinquième jour de Mars 1653, âgé de quarante-huit ans.

5°. *Jean-Jacques d'Aumont*, mort âgé de vingt-deux ans. On lit sur sa tombe :

Dans ce cercueil repose le corps de défunt Messire Jean-Jacques d'Aumont, fils de haut & puissant Seigneur, Messire César d'Aumont, Chevalier, Marquis de Clervaux, Vicomte de la Guerche, Baron d'Evry-le-Château, Seigneur d'Avennes, Strabonne & autres lieux, Gouverneur & Lieutenant Général pour le Roi en la Province de Touraine, décédé en son Hôtel à Paris, le mardi 10 Avril 1657.

6°. *César d'Aumont.*

CI GIST

Le corps de haut & puissant Seigneur, Messire César, Marquis d'Aumont & de Clervaux, Vicomte de la Guerche, Baron d'Evry-le-Château, Conseiller du Roi en tous ses Conseils, Gentilhomme ordinaire de sa Chambre, Chevalier de ses Ordres, Gouverneur & Lieutenant Général de la Touraine, lequel est décédé le 20 Avril 1661, âgé de soixante-cinq ans ou environ.

7°. *Louise-Elisabeth d'Angennes de Rambouillet.*

CI GIST

Haute & puissante Dame Louise-Elisabeth d'Angennes de Rambouillet, épouse de défunt haut & puissant Seigneur, Messire Antoine d'Aumont, Chevalier des Ordres du Roi, Conseiller en ses Conseils d'Etat & Privé, Gouverneur pour Sa Majesté de la Ville & Château de Boulogne sur mer & Pays Boulonnois ; laquelle décéda en son Hôtel à Paris, Place Royale, le 25 Novembre 1666, âgée de soixante & dix-neuf ans.

8°. Damoiselle *Elisabeth d'Aumont.*

ICI EST LE CORPS

De défunte Damoiselle Elisabeth d'Aumont, fille de défunt haut & puissant Seigneur, Messire César d'Aumont *vivant,* Chevalier nommé des Ordres du Roi, &c. & de haute & puissante Dame Marie Amelot, *décédée au Couvent des Feuillantines du Fauxbourg S. Jacques à Paris, le 28 Novembre 1668, âgée de vingt-quatre ans onze mois.*

Dans le Chœur intérieur de cette Eglise, ont été inhumées plusieurs personnes de distinction.

Le Cardinal *du Perron* étant mort à Bagnolet, le 5 de Septembre 1618, ses entrailles furent inhumées en cet endroit; il n'y a ni tombe, ni épitaphe.

Louise de Maure, Marquise de Mortemart, morte le 23 Juillet 1643, fut inhumée ici sous une tombe de marbre noir, sur laquelle on lit :

ICI GIST

Très-haute & puissante Dame Louise, *Comtesse de* Maure, *unique héritière du nom & des biens de cette maison, très-illustre par son ancienneté, & même par ses alliances, entre lesquelles elle compte celle de nos Rois par* Anne de Bretagne, *& celle de Bourbon par sa bisayeule* Hélène, *& par sa mère* Diane d'Escars, *petite-fille d'*Isabelle de Bourbon, *héritière des Princes de Carency. Elle fut mariée en premières noces au Comte de Torigni, qui mourut Amiral de France, dont elle n'eut point d'enfans. Durant son veuvage, ayant été recherchée par les plus grands Seigneurs du Royaume, elle épousa Messire Gaspard de Rochechouart, Marquis de Mortemart, descendu en droite ligne des anciens Vicomtes de Limoges, dont elle eut Messire* Gabriel de Rochechouart, *premier Gentilhomme de la Chambre du Roi, &* Louis de Rochechouart, *Comte de Maure. Elle mourut à Paris le 23 de Juillet 1643, âgée de soixante-huit ans, après avoir été, durant toute sa vie, un modèle parfait de vertu & de piété parmi les Dames de condition de son siècle, & fut enterrée dans le Chœur de l'Eglise de ce Couvent, qui avoit été fondé par les ancêtres des Seigneurs de* Mortemart.

N.... *de Damas*, fils de M. le Marquis *de Thianges*, & de Dame *Gabrielle de Mortemart*, âgé de six mois, fut mis sous la tombe de Madame la Marquise *de Mortemart*, le premier Août 1659.

Gabriel de Rochechouart, Duc de Mortemart, Gouverneur de Paris, &c. fils de *Louise*, Comtesse *de Maure*, âgé de soixante-huit ans, fut enterré au milieu de ce Chœur, sans tombe ni épitaphe.

Le 13 de Septembre 1693, *Gabrielle de Mortemart*, Marquise *de Thianges*, fut enterrée au même endroit, proche le Duc de Mortemart son père, aussi sans tombe & sans épitaphe.

Le 6 Mai 1718, *Marie-Elisabeth de Rochechouart-Morte-*

mart, Dame d'Atours de S. A. R. Madame la Duchesse d'Orléans, épouse de *Joseph-François de la Croix*, Marquis de Castries, Gouverneur de Montpellier, Maréchal des Camps & Armées du Roi, & Chevalier d'Honneur de S. A. R. âgée d'environ cinquante-sept ans, fut enterrée dans le même endroit, sans tombe ni épitaphe.

Le 25 Juin 1728, le cœur de *Joseph-François de la Croix*, Marquis de Castries, fut inhumé près le corps de son épouse.

Adelaïde-Louise de Damas-Thianges, veuve de *Louis Conti-Sforce*, Duc de Segni, Chevalier des Ordres du Roi, mort le 7 Mars 1685, Dame d'Honneur de S. A. R. Madame la Duchesse d'Orléans, fut enterrée dans le même endroit, sans tombe & sans épitaphe : elle étoit morte la nuit du 2 au 3 Février 1730.

Le 17 Décembre 1713, fut inhumé ici *Claude-François*, Comte de *Bussi-Lamet*, Chevalier, Vicomte de Laon, d'Anisy-le-Château, Seigneur de Pinon, Quincy, Bouchavannes & autres lieux. Sur une tombe de marbre noir on lit :

CI GIST

Haut & puissant Seigneur Messire Louis, *Marquis de la Chastre*, *Comte de Nançay*, *Baron de Varenne-Lenfant, Seigneur de Malicorne, Bonne-Fontaine, Le Plessis-Tassé, la Roche-Simon, Chamfres & Varennes en Anjou, & autres lieux, Lieutenant Général des Armées du Roi, & Gouverneur pour Sa Majesté des Forts & Citadelle de Peccais & Tour-l'Abbé, qui s'étoit retiré dans cette Maison, où il a vécu pendant plus de cinq ans, dans une piété très-exemplaire, & y est mort le 23 Septembre 1730, dans la soixante-neuvième année de son âge. Priez Dieu pour le repos de son ame.*

On voyoit autrefois au Maître-Autel un tableau de l'Adoration des Rois, placé aujourd'hui dans la nef à gauche, dans lequel il y a beaucoup de confusion, sans nulle beauté. A côté de l'Autel, sont deux Anges de grandeur naturelle, que l'on dit être de *Germain Pilon*.

Dans la nef, sont plusieurs confessionnaux, extrêmement chargés de figures & d'ornemens en relief, dont la sculpture est d'une bonne main, & le dessin de mauvais goût. Sur ces confessionnaux, sont placées des figures isolées, de grandeur naturelle, parmi lesquelles on en remarque trois qui ont de la beauté. J. C. prêchant, un *Ecce homo* assis &

garrotté, que l'on auroit de la peine à croire de *Germain Pilon*, si son nom n'étoit au bas; & une Vierge faite par le Frere *Blaise*, de la Maison, qui avoit de la réputation & de l'habileté.

Le réfectoire de ces Pères est vaste, bien éclairé des deux côtés, & fort orné. Dans la face du fond, le fameux *le Brun* a peint le serpent d'airain dans le désert. La composition de ce grand morceau de peinture étoit admirable par la variété & la vérité des expressions de douleur & de confiance; mais ce chef-d'œuvre de l'art est presqu'entiérement perdu, soit par l'humidité du plâtre auquel il a été adossé, soit par l'ignorance de ceux qui ont entrepris de le nétoyer. Il est heureux pour la réputation de l'Auteur & pour le Public, qu'il ait été très-bien gravé avant son dépérissement.

Les trois autres faces de ce réfectoire sont ornées par les statues des Instituteurs des Ordres Religieux, posées sur des consoles. Ces statues sont de terre cuite, & de l'ouvrage de deux Frères Convers de cette Maison, qui étoient Sculpteurs. Les têtes de toutes ces figures sont d'un grand caractère plein de dignité, & fortes d'expression. Celle de S. François, Instituteur des trois Ordres qui portent son nom, est à la face par laquelle on entre dans ce réfectoire, & vis-à-vis du serpent d'airain. S. François est ici entre Saint Louis & Sainte Elisabeth, Reine de Portugal, qui sont à genoux aux pieds de ce Saint: ils étoient tous deux du Tiers-Ordre de S. François.

La bibliothèque de ce Couvent est considérable, & mériteroit d'être plus connue qu'elle ne l'est. Le Cardinal *du Perron* ayant ordonné qu'après sa mort, ses entrailles fussent inhumées dans l'Eglise de ce Couvent, il légua à cette Maison une partie de la bibliothèque qu'il avoit à sa maison de Bagnolet. Le P. *Heliot* qui étoit Chanoine du *Sépulchre*, avant que d'entrer dans l'Ordre de S. François, donna ses livres au Couvent de Picpuce où il prit l'habit, & où il vécut d'une manière fort édifiante. Il étoit oncle du feu P. *Héliot*, Auteur de l'Histoire des Ordres Religieux.

L'enclos & le jardin qui en fait partie, sont spacieux. On y remarque plusieurs grottes ornées de rocailles & de coquillages. Dans une de ces grottes, il y a une *Notre-Dame de Pitié*, qui est de feu Frère *Blaise*, Sculpteur & Religieux de cette Maison, & qui a été estimée dans le temps que ces ouvrages, d'assez mauvais goût, étoient à la mode.

Tous les Ambassadeurs font leur entrée publique par la

B iv

Porte Saint-Antoine, & partent de ce Fauxbourg, où leur marche commence, mais avec cette différence, que ceux des Etats Protestans partent de Rambouillet, ou de quelqu'autre maison particulière, au lieu que ceux des Puissances catholiques partent tous du Couvent de Picpuce, dans l'intérieur duquel il y a un appartement où ces Ministres reçoivent les complimens de la part des Princes & des Princesses du Sang, des Princes légitimés & des Princesses leurs épouses; & où un des Princes de la maison de Lorraine, ou un Maréchal de France vient les prendre pour les conduire à leur Hôtel dans un des carosses du Roi.

PIERRE-AUX-BŒUFS. (*Saint*) La suppression de l'Abbaye de S. Eloi, fondée du temps du Roi Dagobert I, & dont Sainte Aure fut la première Abbesse, donna lieu a l'érection de plusieurs Paroisses, qui sont S. Martial, S. Eloi, S. Pierre-des-Arcis, Sainte Croix-de-la-Cité & S. Pierre-aux Bœufs. Cette Abbaye fut donnée en 1107 à l'Abbé de S. Maur-des-Fossés; son étendue étoit considérable, & renfermoit les rues de la Calandre, de la Barillerie, de la Vieille-Draperie, de Sainte-Croix & de la Juiverie. Cette Eglise n'a rien de remarquable que l'antiquité.

Une opinion commune veut que cette Eglise ait été la Paroisse des Bouchers de la Cité, ou le lieu de leur Confrèrie, & que c'est à ce sujet qu'on avoit sculpté deux têtes de bœuf sur la porte, & qu'on l'avoit nommé S. Pierre-aux-Bœufs; d'autres ont pensé qu'on y marquoit les bœufs avec une clef ardente, pour les préserver de certaines maladies; quelques-uns ont recours à un miracle. L'Abbé *Lebeuf*, plus éclairé peut-être, dit M. *Jaillot*, Quart. de la Cité, p. 257, ou personnellement intéressé à donner à ce surnom une étymologie moins commune, avance, contre la vérité, qu'il n'y avoit ni Bouchers, ni étaux dans la Cité, & il considère les deux têtes de bœuf, comme des armes parlantes d'une famille ancienne des *Lebœuf* ou *aux Bœufs*. C'est au Public à apprécier les conjectures, & à donner la préférence à ce qui lui paroît le plus plausible, ou le plus vraisemblable, à décider enfin quel degré de confiance peuvent mériter les écarts de l'imagination, & des faits hasardés sans preuve.

La Cure de cette Paroisse est à la collation de l'Archevêque, en qualité de Prieur de S. Eloi.

PIERRE-DES-ARCIS. (*Saint*) M. de Valois observe

avec raison que cette Chapelle * a été nommée *de Assisiis*, *Arsiciis*, de *Arsis*, de *Arsionibus*; & non *de Assiris*, comme l'a prétendu M. de Launoi, qui avance qu'un grand nombre de Syriens qui demeuroient à Paris, avoient une Eglise pour leur Nation, nommée *S. Pierre des Assyriens*, laquelle ayant été brûlée par les Normands, avoit été rebâtie dans la Cité; d'où sont venus encore, selon lui, les noms de rue *des Assis* ou *Arcis*, & de *S. Pierre-des-Arcis*. Suivant le même M. de Valois, il n'est point fait mention de S. Pierre-des-Arcis avant l'an 1000; mais en 1129, c'étoit une Paroisse connue sous le nom *des Arcis*, & de la dépendance du Monastère de S. Eloi. M. Jaillot croit que l'étymologie du nom *des Arcis* se tire plus naturellement du mot *Arcisterium*, usité dans la basse latinité, pour *Asceterium*, Monastère, & employé également pour désigner l'Abbaye & les lieux voisins qui en dépendoient : c'est l'opinion de M. l'Abbé Chastelain, que l'Abbé Lebeuf a suivie, & qui paroît la plus vraisemblable. Cette Eglise fut rebâtie & dédiée le 4 Mai 1424. On y a fait depuis différentes augmentations & réparations, & un nouveau portail en 1702. Ce portail est du dessin de *Lanchenu*, Architecte natif de Paris ; il est de bon goût. Le nombre des Paroissiens s'est aussi accrû en 1720, par l'adjonction qu'on leur a faite de ceux de S. Martial. La Cure, comme les Chapelles de S. Jean l'Evangéliste, de Sainte Marie, de Sainte Catherine & du S. Esprit, sont à la collation de M. l'Archevêque de Paris.

PIERRE-FITTE. Ce Village est à demi-lieue de Saint Denis. Il y en a en France dix à douze de ce nom, dont il est assez difficile de donner l'étymologie. On les nomme en latin *Petra Ficta*, *Petra Fricta*, & quelquefois *Petra Frixa*, peut-être parce qu'il s'y est trouvé des veines de terres propres à

---

* Il est naturel de penser qu'elle a été érigée en Paroisse dans le temps intermédiaire qui s'écoula entre la restitution qui fut faite à l'Evêque de Paris, en 1125, du Monastère de S. Eloi, & la nouvelle cession qui en fut faite, en 1134, à S. Pierre-des-Fossés ; c'est pourquoi dans une Bulle d'Innocent II, du 20 Février 1136, elle est qualifiée *Eglise*, ce qui signifie ordinairement une Paroisse. L'Auteur des *Tablettes Parisiennes* ne l'indique comme Paroisse qu'au treizième siècle, & il ne place l'érection de la Chapelle que vers 1190 : ces deux dates sont destituées de tout fondement. *Recherch. sur Paris*, Quart. de la Cité, p. 48.

faire différens ouvrages en les faisant cuire au feu, ou parce qu'il se sera rencontré quelques anciennes statues de pierre, qui aura déterminé les premiers Habitans de ces cantons à leur donner le nom de Pierre-Fitte, du latin *Petra Fictilis*.

Le Village dont il s'agit, est, comme on vient de le dire, éloigné de Saint-Denis d'une demi-lieue : c'est un grand passage pour le Beauvoisis, la Picardie, & pour une bonne partie de la haute Normandie. Toute cette route est charmante, sur-tout depuis que l'on a percé une grande rue à travers la Ville de Saint-Denis, & que l'on a nivelé un passage appellé les *Joncs*, qui se trouve entre Saint-Denis & Pierre-Fitte, lequel, dans les mauvais temps, étoit absolument impraticable. La beauté & la commodité de ce chemin a invité différens Bourgeois à se former dans ce Village des maisons de plaisance, & a pareillement déterminé ceux qui y en avoient déjà, à y faire des embellissemens dont elles étoient susceptibles. On voit, de part & d'autre dans la grand'rue de Pierre-Fitte, des maisons très-agréables, qui font un ornement pour cette route. Quelques-unes qui se trouvent dans un écart de ce Village, du côté de Stains, ne le cèdent point à celles de la grand'rue. Telles sont, entr'autres, celle de feu M. *Abraham*, qui appartient aujourd'hui à la veuve de M. *Outrequin*, Chevalier de l'Ordre du Roi, & Entrepreneur du Pavé de Paris. Plus loin, celle de M. *Hachette*, Notaire ; maison charmante, très-réguliérement bâtie, & située de manière à pouvoir jouir de différens points de vue très-agréables, aujourd'hui un peu offusquée du côté de Saint-Denis, par un grand corps de bâtiment, élevé vis-à-vis depuis quelques années. Ce bâtiment a été construit pour donner quelqu'étendue à une jolie maison qui appartient à M. *Vallat*, Orfèvre. Cette maison un peu resserrée en elle-même, & cependant capable de loger un certain nombre de Maîtres, avoit cela d'incommode, qu'il n'y avoit point d'autre endroit de réunion que la salle à manger. Pour remédier à cet inconvénient, le Propriétaire a fait construire en hors-d'œuvre un sallon spacieux, noblement décoré, tel, en un mot, qu'il pourroit servir d'ornemens aux maisons même de la plus grande importance. Il ne faut pas attribuer cependant l'élévation de cet édifice au luxe ou à la vanité du Propriétaire : c'est uniquement l'ouvrage du zèle & de l'amitié. Lié intimement avec les Artistes les plus distingués en Architecture, Peinture & autres Arts utiles, M. *Vallat* ne leur eut pas plutôt exposé le dessein qu'il avoit de les recevoir commodément, qu'il ne fut plus, pour ainsi dire, le maître de suivre ses idées. Les grands talens, animés par le goût & par le sentiment, s'emparèrent du projet, formèrent le plan, le firent exécuter, & conduisirent en peu de temps à sa perfection, cette magnifique pièce, que le célèbre *Boucher* voulut encore enrichir des chef-d'œuvres de son pinceau.

Ce sallon qui est d'une noble élévation, est terminé par une jolie salle de billard, qui est dans le comble : elle est éclairée par des mezzanines, qui font un très-bon effet.

En face de ce sallon, est un parterre très-élégant, & agréablement orné de vases & de statues très-bien modelés. Sur la gauche est un bois, qui, sans être fort étendu, fournit néanmoins des promenades très-agréables. Les jardins & les potagers sont bien entretenus, & le terrein qui les forme, paroît extrêmement spacieux, au moyen des percées que l'on a faites de différens côtés, lesquelles, en trompant agréablement la vue, la font jouir d'une perspective très-riche & très-étendue, ce qui donne un air de parc à cet enclos.

Pierre-Fitte est situé sur une pente qui regarde le levant & le midi. Une partie considérable du territoire est en vignes. Les Religieux de Saint-Denis en sont Seigneurs. L'Eglise est sous le titre de S. Gervais & S. Protais. La présentation de la Cure appartient à l'Abbé de Saint-Denis. En 1640, il fut permis au Curé de prendre une partie inutile du cimetière pour s'en faire un jardin, à condition qu'on y passeroit en procession le jour de la Dédicace qui arrive au mois de Juin.

Jacques Petit, premier Chirurgien de l'Hôtel-Dieu de Paris, étoit né à Pierre-Fitte. Il exerça jusqu'à l'âge de quatre-vingt-dix-sept ans : il mourut le 22 Août 1708.

PIERRE-AU-LAIT (*la*) dans le Quart. de Saint-Jacques-de-la-Boucherie. Avant 1254, l'endroit où est la rue des Ecrivains, portoit le nom de *la Pierre-au-Lait*; & le carrefour où aboutissent les rues de la Heaumerie, des Ecrivains, de la Savonnerie, d'Avignon & de la Vieille-Monnoie, est encore connu sous ce nom. *Voy.* RUE DES ECRIVAINS. En 1579, le 15 Mars, trois maisons de ce Quartier tombèrent en plein midi ; personne ne fut tué, trois seulement furent blessés.

PIERRE-LAIE, Village a six lieues de Paris, presque sur la route de Pontoise. L'Eglise est sous le titre de Saint Jean-Baptiste. Elle étoit érigée en Cure dès le treizième siècle. Elle est à la pleine collation de M. l'Archevêque. Le territoire n'est presque que de sables, qui ne peuvent porter que du seigle, & où il ne croît que du bois de boulot parmi les grès, aussi les Habitans s'occupent-ils beaucoup à faire des balais. Le terrain paroît stérile & infructueux; cependant en tirant vers Pontoise, on trouve des vignes, mais elles sont sur le territoire de Saint-Ouen. Les Religieux de Saint-Denis sont Seigneurs de cette Paroisse.

PILIERS DES HALLES. (*les grands*) C'est proprement la rue de la Tonnellerie.

PILIERS DES HALLES. (*les petits*) C'est la partie des halles qui commence à la rue Pirouette, jusqu'à celle de la Cossonnerie; c'est l'endroit où il y a un plus petit nombre de piliers. Son nom est *rue des Potiers d'étain*. Voy. RUES.

PILORI. On entend ordinairement par ce nom un lieu patibulaire, où est le poteau ou pilier du Seigneur, au haut duquel sont ses armes, & au milieu sont attachées des chaînes ou carcans, marques de sa haute-Justice. Ces poteaux étoient connus à Paris & dans les Provinces, sous le nom de *piloris*. C'étoit dans ce lieu apparent de la Seigneurie, que se punissoient les crimes commis sur le territoire; on y dressoit des échafauds & autres instrumens de supplice, quelquefois même ils y restoient à demeure, afin d'intimider ceux qu'un mauvais penchant porte au crime. Tel étoit le pilori des halles, avant même le treizième siècle. Il y en avoit un au quatorzième siècle au carrefour des rues de Bussy, du Four & des Boucheries. Un tableau conservé à S. Germain-des-Prés, que D. Bouillart a fait graver, & a inséré dans l'Histoire de cette Abbaye, nous représente le pilori qu'elle avoit en 1368, comme une tour ronde, avec un rez-de-chaussée, & un seul étage au-dessus, percée de plusieurs croisées hautes & égales tout autour. Celui des halles est une tour octogone, bâtie & percée dans le même goût; ce qui me fait conjecturer, ajoute M. *Jaillot, Rech. sur Paris, Quart. des Halles*, pag. 27, que ces édifices avoient été construits pour y déposer les Criminels, & y recevoir leurs derniers aveux avant l'exécution, & que les échafauds étant élevés à la hauteur des fenêtres, on les y conduisoit de plein pied.

En 1398, deux Religieux furent dégradés à la Grève, sur un échafaud qui tenoit au Saint-Esprit par un pont de bois; & en 1477, *Jacques d'Armagnac*, Duc de Nemours, qui fut décapité aux halles le 4 Août, fut conduit à l'échafaud par une galerie construite exprès depuis la halle à la marée.

Au milieu de la tour du pilori, est une roue ou cercle de fer, lequel tourne & est percé de trous où l'on fait passer la tête & les bras des Banqueroutiers frauduleux, des Concussionnaires & autres Criminels de cette espèce qu'on y condamne. On les y expose par trois jours de marché consécutifs, deux heures chaque jour ; & de demi-heure en demi-heure, on leur fait faire le tour du pilori, où ils sont vus en face, & exposés aux insultes de la Populace.

On voit à peu de distance du pilori une croix de pierre fort haute. C'est à ses pieds que les Cessionnaires devoient venir déclarer qu'ils faisoient cession de leurs biens, & qu'ils devoient recevoir le bonnet vert de la main du Boureau. Sans cette cérémonie humiliante, les cessions n'avoient point lieu ; mais elle ne se pratique plus.

PIN, (le) Village situé à cinq lieues de Paris vers le nord-est, une lieue au-delà de l'Abbaye de Chelle. Il est ramassé dans un vallon, & n'a d'autre écart que la Ferme de Courtgain. Il y a quelques petits côteaux plantés en vignes ; le reste est en terres & en prés.

L'Eglise est un Prieuré en titre, sous l'invocation de S. Sulpice, Evêque de Bourges ; & comme sa Fête tombe le 17 Janvier, qui est le jour de S. Antoine, on s'est accoutumé à regarder aussi S. Antoine comme Patron. La Cure est à la collation pure & simple de l'Archevêque.

PINELLE, Fief situé sur la Seigneurie du Chapitre de Saint-Maur, Doyenné de Chelles.

PINTE, (la grande) barrière de la chaussée d'Antin. C'est le nom d'un fameux cabaret, dont *Jean Ramponeau* a fait l'acquisition depuis quelques années, & qui est le rendez-vous d'une infinité de petit Peuple. *Voy.* ce que nous avons dit de Ramponeau, *tom. 2*, *p. 605 & 606 au mot* COURTILLE.

PIPLE, (le) Fief qui relevoit de Saint-Maur en 1544. M. le Comte de Saxe en a joui. Le parc est d'environ cent arpens. M. *Chauvelin*, Seigneur, a gagné en 1751, un procès qui lui a adjugé la haute-Justice du Piple.

PISCO ou *Piscot*, *Pissecoc*, *Pissecoch*, *Pissecho*, *Piscos*, *Piscop* & *Piscaud*, toutes différentes dénominations, dérivées de quelques François des premiers fixés dans les Gaules, est un Village situé sur un côteau un peu plus élevé que le Bourg de Saint-Brice, à quatre lieues de Paris, & exposé vers l'orient. On y cultive de tout ce que la terre produit communément : il y a même quelques petits bois qui rendent le terrein fort varié. En 1214, Pierre de Nemours, Evêque de Paris, érigea en Cure la Chapelle qui étoit à Pisco, en la démembrant de la Paroisse de Saint-Brice. Elle fut dotée par *Pierre de Piffecot*, Chevalier, & autres Particuliers du même nom de *Piffecot*, qui donnèrent des fonds, & qui dédommagèrent le Curé de Saint-Brice par une rente. La Cure est à la présentation de l'Abbé de S. Victor. L'Eglise est du titre de la Sainte Vierge, avec un Saint Gunifort qu'on y honore le 26 Août, & dont on croit que le culte a été apporté par quelques Seigneurs Ecossois.

PISCOT-CHATEAU-VERD, ou simplement CHATEAU-VERD. Fief formé de ce qui étoit resté à MM. *de Braque*, après l'aliénation faite à *Arnoul Boucher*, de quelques Seigneuries à Piscot.

PITIÉ, (*l'Hôpital de la*) Quart. de la Place Maubert, au haut de la grand'rue, qui conduit à S. Victor & au Jardin Royal.

C'est une des Maisons qui composent l'Hôpital général, & le lieu des assemblées de ses Administrateurs. Elle fut fondée en 1612, long-temps avant l'Hôpital général, & réunie en 1656, sous la Régence de Marie de Médicis. On y entretient un grand nombre de garçons, enfans-trouvés & autres, à qui l'on apprend à lire, à écrire, & la Religion catholique apostolique & romaine. On y fabrique des draps pour les Hôpitaux. Les parens ne peuvent en retirer leurs enfans, qu'après un certain temps ; mais il faut qu'ils soient en état de les nourrir & de les bien élever. Son enclos a deux cents pas, sur deux cents de large. Il y a un Supérieur des Prêtres & des Sœurs Officières. *Voy.* HÔPITAUX.

PLACES PUBLIQUES.

Les dix-sept Places principales de la Ville de Paris.

PLACE BAUDOYER (*la*) ou *Baudets*, est derrière S. Gervais, & à la tête de la rue S. Antoine. Elle a pris son nom d'une porte qui avoit, dit-on, été bâtie par Philippe-Auguste, & qui dans nos chartes & dans nos Historiens, est nommée *Placita*; *Porta Bagaudarum**, *Porta Balderii*, *Porta Baudia*, en francois; la *Porte Baudet*, *Baudoyer*, *Baudayer*, *Baudets*.

PLACE DAUPHINE. Au sortir du Palais, on entre dans la Place Dauphine, qui est à la pointe de l'Isle, sur laquelle est la Cité. Henri IV s'y étant transporté en personne, en donna le plan, & la nomma *Place Dauphine*, en mémoire de la naissance de Louis XIII, qui pour lors, c'est-à-dire en 1608, n'étoit que Dauphin. Cette Place est de figure triangulaire; les maisons qui la forment sont bâties de brique, & les cordons de pierre de taille. Elles sont toutes d'une même symmétrie. Cette Place n'a que deux ouvertures, l'une dans le milieu de la base de ce triangle, & l'autre vis-à-vis dans l'angle qui est du côté du Pont-Neuf. Cette Place a été bâtie sur deux petites Isles, dont l'Abbé de Saint-Germain étoit Seigneur & Propriétaire. Elles ont subsisté jusqu'à la fin du seizième siècle. La moins petite s'étendoit en long du côté des Augustins. Le Continuateur de Guillaume de Nangis, la nomme *l'Isle des Juifs*. Des titres de l'an 1556, l'appellent *l'Isle aux Treilles*, & le P. Dubreuil, *l'Isle aux Vaches*. L'an 1160, le Roi Philippe fit don au Chapelain de la Chapelle S. Nicolas du Palais, de six muids de vin des treilles qu'il avoit derrière le Palais. Dans une charte de l'an 1250, l'Abbé & les Moines de Saint-Germain la nomment leur *Isle de Seine*, & s'y réservent six deniers sur chaque jument pleine, & douze sur chaque bœuf & chaque vache que l'on y meneroit paître. C'est dans cette Isle que l'on fit brûler le 18 de Mars de l'an 1313, le Grand-Maître des Templiers, & le Maître de Normandie. (*Voy*. TEMPLIERS.) Les Religieux de Saint-Germain s'étant plaints de cette exécution, le Roi déclara qu'il n'avoit pas prétendu préjudicier à leurs droits, ni à leurs intentions, ce qui paroît par les registres de la Chambre des Comptes, & par ceux du Trésor des Chartres. L'an 1315, on fit encore brûler dans cette Isle

---

* Les Bagaudes étoient des gueux, des serfs & des gens de sac & de corde, qui, sous l'Empire de Dioclétien, se soulevèrent contre les Romains, & furent appellés *Bagaudez*, d'un mot Gaulois, dont la signification nous est inconnue. Ils habitoient l'endroit où est aujourd'hui le Village de Saint-Maur-des-Fossés, où ils avoient leur camp & leur château. *Castrum Bagaudarum*.

trois femmes, pour avoir fait des breuvages semblables à ceux dont on accufoit *Pierre de Lattilly*, Evêque de Châlons, & Chancelier de France, de s'être fervi pour ôter la vie à Philippe-le-Bel, & à l'Evêque de Châlons fon prédéceffeur. L'autre Ifle étoit de l'autre côté, vers l'Ecole de Saint-Germain, & ne contenoit qu'un demi-quartier de terre. Elle eft appellée dans les titres de Saint-Germain, tantôt *l'Ifle de Buffi*, tantôt *l'Ifle du Pafteur aux Vaches*.

Selon M. *Jaillot* dans fes Recherches fur Paris, Quartier de la Cité, page 186, on a confondu toutes les Ifles dont nous venons de parler, avec les Ifles *aux Bureaux* & *de la Gourdaine*. L'Ifle *des Treilles* étoit vis-à-vis le Palais Bourbon, & féparée par un petit bras d'eau de celle qu'on appelloit en 1250, l'Ifle *de Seine*, & depuis *l'Ifle aux Vaches*: Celle-ci s'étendoit vis-à-vis Chaillot. Le long de ces deux étoit une autre Ifle longue & étroite, appellée *l'Ifle de Hiérufalem*. Toutes ces Ifles étoient partie en pâtures, & partie en fauffaies & oferaies ; elles étoient louées ou accenfées à différens Particuliers, qui, pour féparer leurs poffeffions, les marquoient par de petits foffés ou rigoles, fouvent remplies d'eau, qui formoient autant d'Ifles particulières, qu'on défignoit par le nom de leurs poffeffeurs ou autres ; telles font *les Ifles à Prunier*, *l'Ifle de la Garenne*, *l'Ifle de Longchamp*, l'Ifle *Merdeufe*, *l'Ifle de la Pierre*, &c. De l'autre côté, & au-deffous des Tuileries, étoit l'Ifle, ou les *Mottes de la Saumonnière*. *Voy.* ISLE DES CIGNES, p. 368. A l'égard de l'Ifle *de Buffi*, elle étoit fituée plus bas, vis-à-vis d'Iffy, & du port de Javel.

PLACE DE LOUIS-LE-GRAND (*la*) OU DE VENDÔME. M. *de Louvois* voulant fe fignaler dans la Surintendance des bâtimens du Roi, comme il faifoit dans le Miniftère de la Guerre, infpira au Roi le deffin de faire une grande place dans ce quartier, afin de faciliter la communication de la rue Saint-Honoré avec la rue neuve des Petits-Champs. Pour l'exécution de ce projet, le Roi acheta en 1685, l'Hôtel de Vendôme, toutes les terres & places des environs, & même l'emplacement du Couvent des Capucines, qu'il ordonna qu'on tranfportât dans la rue neuve des Petits-Champs, où elles font à préfent. En 1687, on démolit l'Hôtel de Vendôme, & fur cet emplacement on éleva des façades qui auroient formé une place la plus magnifique qu'il y eût en Europe ; elle auroit eu quatre-vingt-fix toifes de longueur, fur foixante & dix-huit de largeur, en trois lignes de bâtimens, car le côté

côté de la rue Saint-Honoré, devoit être tout ouvert, afin de lui donner plus d'air & plus d'étendue. Il y auroit eu dans cette place un Hôtel pour la bibliothèque du Roi, & pour toutes les Académies Royales, l'Hôtel de la Monnoie, l'Hôtel des Ambaſſadeurs extraordinaires, &c. La mort de M. de Louvois, arrivée en 1691, fit diſcontinuer & même changer ce magnifique projet. On démolit les bâtimens qu'on y avoit élevés, & le Roi céda à la Ville les matériaux & l'emplacement, par ſa Déclaration du 7 Avril 1699 ; & par le contrat qui fut paſſé en conſéquence le 8 Mai ſuivant, la Ville s'engagea à faire bâtir dans le Fauxbourg S. Antoine, un Hôtel pour la ſeconde Compagnie des Mouſquetaires, & au Quartier S. Honoré, une place ſur les nouveaux deſſins qui en ſeroient donnés.

Jules-Hardouin Manſart ayant donné les deſſins pour bâtir la nouvelle place, la Ville vendit les places à pluſieurs Particuliers, qui, s'étant enrichis dans les affaires, ont fait bâtir ici des Hôtels ſomptueux. Cette place qui a ſoixante & quinze toiſes de longueur, ſur ſoixante & dix de largeur, a deux avenues, l'une par la rue S. Honoré, vis-à-vis le Couvent des Feuillans, & l'autre par la rue neuve des Petits-Champs, vis-à-vis le Couvent des Capucines. Elle a la figure d'un octogone imparfait, quatre faces étant plus petites que les autres. L'architecture qui règne au pourtour, eſt d'ordre corinthien en pilaſtres, avec des corps avancés, revêtus de colonnes, un au milieu de chaque face, qui porte des frontons, dans les tympans deſquels on a placé les armes de France avec les accompagnemens. Sur les entablemens, ſont des figures aſſiſes. Sous ce grand ordre, il règne par-tout un *ſcylobate* ou piedeſtal continu, & orné de refends, dans lequel on a pratiqué pour chaque maiſon, une porte en plein cintre, & dont la clef eſt couverte par un beau maſcaron. Les chapiteaux, les bandaux des fenêtres, & tous les ornemens de ſculpture ont été exécutés ou conduits par *Jean-Baptiſte Poulletier*, Sculpteur de l'Académie Royale, mort le 18 Novembre 1719.

La maiſon d'*Antoine Croſat*, pour lors Receveur des Finances de la Généralité de Bordeaux, fut la première achevée de cette place, & occupée dès l'an 1702. L'année ſuivante, la galerie fut peinte par *Paul de Mattei*, Peintre Napolitain. En 1707, on éleva à côté un grand Hôtel que *Croṣat* fit bâtir pour le Comte *d'Evreux* ſon gendre. Ces deux maiſons ſont du deſſin de *Bulet*, & ont été bâties ſous ſa conduite.

Du même côté, c'eſt-à-dire, à main gauche en entrant par

Tom. IV. C

la rue Saint-Honoré, *Luillier*, un des Fermiers-Généraux, fit élever une autre belle maison en 1702, laquelle en 1706 fut vendue à *Paul Poisson de Bourvalais*. Celui-ci en a joui jusqu'en 1717, que le Roi s'en saisit, en paiement d'une partie de la taxe, à laquelle la Chambre de Justice avoit condamné ce Traitant. (*Voy. tom. 1, pag. 169, à l'article Chambre de Justice*) de même que de la maison voisine qui appartenoit à un autre Traitant nommé *Villemarec*. De ces deux maisons on n'en fit qu'une, sur la porte de laquelle est un marbre noir, avec cette inscription : *Hôtel du Chancelier de France*.

Les autres maisons ont presque toutes été bâties dans la suite par des Financiers. Il restoit cependant encore des places vuides en 1719, mais Law les acheta toutes avec les billets de banque qu'il avoit introduits, & qui ont ruiné tant d'honnêtes & bonnes familles.

Au milieu de cette Place, on voit la statue équestre de Louis-le-Grand, qui est d'un seul jet : cette grande figure qui a vingt pieds de hauteur, fut jettée le premier jour de Décembre de l'an 1692, par *Jean-Balthasar Keller*, d'après les dessins & le modèle du fameux *Girardon*. On assure qu'il y entra soixante & dix milliers de métal, & que vingt hommes assis le long d'une table, & rangés de deux côtés, seroient à l'aise dans le ventre du cheval. Ce monument fut érigé le 13 Août 1699, avec beaucoup de solemnité. Le piedestal est de marbre blanc, & a trente pieds de haut, vingt-quatre de long, sur treize de large. Les faces en sont ornées par des inscriptions latines, de la composition de l'Académie Royale des Inscriptions & Belles-Lettres, & qui font connoître ce que ce grand Roi a fait pour l'Eglise, pour la France en général, & pour la Ville de Paris en particulier. Jusqu'en 1730, le piedestal de cette statue équestre n'avoit été orné que d'inscriptions, mais la même année, on l'enrichit de cartels & de trophées de bronze doré, qui ont été sculptés par *Couston* le jeune, & on y a ajouté les inscriptions que l'on va lire.

Dans le cartel qui est du côté de la Chancellerie, on lit : *Ludovicus XV, Franciæ & Navarræ Rex optimus, magni pronepos, Europæ Arbiter, suscepto è Maria Polona Delphino, à Præfecto & Ædilibus, pro avo monumentum absolvi fivit, anno 1730.*

Ce cartel est tenu par deux enfans qui ont pour symbole les attributs de Minerve, tels que le hibou, la branche d'olivier, le serpent, un livre, &c. Sous la corniche & sous l'inscription, paroissent des fragmens de trophées, convenables aux Sciences & aux Arts. Sur le pilastre qui est à droite de l'inscription, est un trophée qui représente l'Afrique; & sur le pilastre qui est à gauche, est un autre trophée représentant l'Amérique. A gauche de la statue, & à l'opposite de la Chancellerie, est un autre cartel avec cette inscription: *Cippum cui equestris Ludovici Magni statua imposita est, splendidis ordine uno latè septum ædibus, restitui & ornari curárunt Præfectus & Ædiles, anno 1730.* Cette inscription, de même que la première, est soutenue par deux enfans ou génies, dont l'un tient des couronnes de chêne & de laurier, & l'autre des pommes du jardin des Hespérides. Sous la corniche, & à côté de l'inscription, paroissent des fragmens de trophées, composés de massues, de carquois, de flèches & de couronnes palissadées, qui sont les récompenses des belles actions militaires. Sur les piédestaux qui sont à droite, & à gauche de cette inscription, sont des trophées qui représentent l'Asie & l'Europe.

A la tête du piédestal, vis-à-vis le Couvent des Feuillans, sont les armes de France, ornées de palmes & de lauriers. De l'autre côté, & vis-à-vis l'Eglise des Capucines, sont les armes de la Ville de Paris, dont le vaisseau est posé sur la tête d'un fleuve, accompagné de roseaux, d'armes, du livre, du caducée & de la bourse de Mercure, & couronné par son chapeau; attributs qui désignent le commerce. Dans les pilastres qui sont aux angles, sont des agraffes où tiennent des chûtes de festons de chêne & de laurier, qui tombent le long desdits pilastres, & qui sont des symboles de la Force & de la Victoire. Cette même année 1730, cette statue équestre fut enfermée d'une grille de fer qui règne au pourtour, pour éviter à l'avenir les dégradations que pourroient y faire quelque personne mal intentionnée. Cette grille est conservée par des bornes qui sont posées à l'entour, & à peu de distance les unes des autres.

PLACE DES VICTOIRES. C'est ici l'ouvrage de la reconnoissance de *François Vicomte d'Aubusson de la Feuillade*, Pair & Maréchal de France, Colonel des Gardes Françoises, & Gouverneur de Dauphiné, pour toutes les faveurs & les graces qu'il avoit reçues de Louis-le-Grand. Jamais Particulier n'avoit entrepris de consacrer à la gloire de son Prince, un monument aussi magnifique, ni d'une si grande dépense. Dans cette vue, le Maréchal Duc *de la Feuillade* acheta en 1684 l'*Hôtel de la Ferté-Senecterre*, & le fit battre pour ouvrir cette Place ; mais comme cet emplacement ne suffisoit pas, il engagea le Corps-de-Ville à acheter *l'Hôtel d'Emery*, & plusieurs autres maisons qui furent toutes renversées pour ce dessein.

Malgré le renversement de tant de maisons, cette Place qui a été construite sur les desseins de *Prédot*, Architecte, n'est pas d'une grande étendue ; mais six rues qui y viennent aboutir, la dégagent beaucoup, & semblent la rendre plus grande qu'elle n'est en effet. Sa figure est un ovale irrégulier, de quarante toises de diamètre. Les bâtimens qui règnent au pourtour, sont d'une même symmétrie, & ornés de pilastres d'ordre ionique, soutenus sur des arcades chargées de refends.

Du milieu de cette Place s'élève un monument qui a trente-cinq pieds de hauteur, vingt-deux pour le piedestal qui est de marbre blanc veiné, & treize pour la figure de Louis-le-Grand. La statue de ce Prince & celle de la Victoire, font ici un groupe d'autant plus brillant, qu'il est de bronze doré. La première est vêtue d'un grand habit, dont on se sert à la cérémonie du Sacre ; habillement particulier à nos Rois, & qui les distingue des autres Rois. Elle foule aux pieds le chien Cerbère, qui, par ses trois têtes, désigne ici la triple alliance, formée pour lors par les Ennemis de la France. Derrière cette statue est celle de la Victoire, ayant un pied posé sur un globe, & le reste du corps en l'air. Elle met d'une main une couronne de laurier sur la tête du Roi, & de l'autre tient un faisceau de palmes & de branches d'olivier. Sur la plinthe, & sous les pieds du Roi, est cette inscription en lettres d'or : *Viro immortali*. Derrière ces deux figures, on voit un bouclier, un faisceau d'armes, une masse d'Hercule, & une peau de lion. Toutes ces choses forment un groupe de treize pieds de hauteur d'un seul jet, dans lequel il est entré environ trente milliers de métal.

Sur les quatre corps avancés du soubassement, qui sert d'empâtement au piedestal, on a placé autant d'Esclaves qui sont aussi de bronze, & ont douze pieds de proportion. Ils sont enchaînés au piedestal par de grosses chaînes ; leurs vêtemens, & les diverses espèces d'armes qui sont auprès d'eux, font connoître les différentes Nations, dont la France a triomphé sous le règne de Louis-le-Grand. Tous ces ouvrages, de même que les bas-reliefs qui remplissent les faces du piedestal, & les deux qui sont sur les faces du grand soubassement, sont de bronze, & dessinés très-correctement.

La corniche du piédestal est soutenue & ornée par huit consoles aussi de bronze, & a aux quatre faces les armes de France, entourées de palmes & de lauriers. L'espace qui est au pourtour de ce monument, jusqu'à neuf pieds de distance, est pavé de marbre, & entouré d'une grille de fer haute de six pieds.

Quatre grands fanaux ornés de sculpture, éclairoient autrefois cette Place pendant la nuit. Ils étoient élevés chacun sur trois colonnes doriques de marbre veiné, disposées en triangles, & dont les bas-reliefs étoient chargés de plusieurs inscriptions, sur les actions les plus mémorables de Louis XIV. On les a démolis en 1718. C'est *Martin Vanden-Bogaer*, connu sous le nom de *Desjardins*, Sculpteur de l'Académie Royale, qui a donné les desseins, & qui a conduit la fonte de ce superbe monument. Le piédestal est enrichi de bas-reliefs, dont les sujets sont expliqués par des inscriptions latines & françoises, de la composition de *François-Séraphin Regnier des Marais*, Secrétaire perpétuel de l'Académie Françoise : on ne rapportera que celle qui sert de dédicace, & qui explique le sujet de tout l'ouvrage.

A LOUIS-LE-GRAND,

Le Père et le Conducteur des Armées, toujours heureux.

Après avoir vaincu ses Ennemis, protégé ses Alliés, ajouté de très-puissans Peuples à son Empire, assuré les frontières par des Places imprenables, joint l'Océan à la Méditerannée, chassé les Pirates de toutes les Mers, réformé les Loix, détruit l'hérésie, porté, par le bruit de son nom, les Nations les plus barbares, à le révérer des extrêmités de la Terre, & réglé parfaitement toutes choses au dedans & au dehors, par la grandeur de son courage & de son génie.

François Vicomte d'Aubusson, Duc de la Feuillade, Pair & Maréchal de France, Gouverneur de Dauphiné, & Colonel des Gardes-Françoises.

Pour perpétuelle mémoire a la postérité.

La dédicace de ce riche monument se fit le 28 de Mars de ladite année 1686. Ce jour-là le Maréchal Duc *de la*

Feuillade, à cheval, & à la tête du Régiment des Gardes-Françoises, dont il étoit Colonel, fit trois fois le tour de cette statue, en préfence du Gouverneur de Paris & du Corps de Ville. M. *de Bullion*, Prévôt de Paris, prétendit devoir affister à cette cérémonie à la tête du Châtelet, & marcher à la gauche du Gouverneur ; mais le Roi ayant appris qu'en 1639, lorfque la ftatue de Louis XIII fut élevée dans la Place Royale, le Prévôt de Paris, ni le Châtelet n'y avoient point affifté, il décida contre eux, & ils ne s'y trouvèrent point. Pour rendre ce monument auffi durable que les ouvrages des hommes peuvent l'être, *François Vicomte d'Aubuffon de la Feuillade*, Duc, Pair & Maréchal de France, qui l'avoit fait ériger, donna, céda, transporta & délaiffa hors part & par préciput, & fans charge de rapport, par contrat de donation du vingt-neuvième jour de Juin 1687 à Meffire *Louis d'Aubuffon de la Feuillade*, fon fils unique, *le Comté de la Feuillade, la Vicomté d'Aubuffon, la Baronnie de la Borne, première Baronnie de la Marche, la Châtellenie de Feuilletin, fifes en la Marche, & la Baronnie de Peyruffe, fife en Poitou, les Châtellenies d'Ahun, Chenevailles, Jarnage & Drouilles, fituées audit Pays de la Marche*, lefdites Terres & Seigneuries, appartenances & dépendances valant préfentement 22000 livres de revenu, dont 14000 livres provenoient des biens propres dudit Seigneur Donateur, & 8000 livres de ceux qu'il avoit acquis du Roi, par contrat d'échange du 14 Juin 1686, le tout aux charges & conditions exprimées dans ledit acte, & dont celles-ci après tranfcrites, font les principales.

1°. *Que ledit Donataire, ni les autres appellés après lui, ne pourront vendre, aliéner, échanger ni hypothéquer lefdites Terres & Seigneuries.* 2°. *Que ladite donation demeurera chargée d'une fubftitution graduelle & perpétuelle à l'infini de mâle en mâle, gardant toujours l'ordre de primogéniture.* 3°. *Seront exclus de ladite fubftitution, ceux des mâles, en quelque dégré & en quelque ligne que ce foit, qui fe trouveront engagés dans l'Ordre de Prêtrife, Diaconat ou fous-Diaconat, Religieux Profès ou Chevaliers de Malthe, & en cas que ceux qui auroient recueilli lad. fubftitution, fuffent promus, après l'avoir recueillie, à l'Ordre de Prêtrife, Diaconat ou fous-Diaconat, ou qu'ils fiffent Profeffion dans quelques Ordres Religieux, ou dans l'Ordre de Malthe, entend ledit Seigneur Donateur, que la préfente fubftitution foit déclarée ouverte au profit du dégré fuivant, du jour de ladite promotion ou profeffion.* 4°. *Seront encore exclus de ladite fubftitution ceux defdits Subftitués qui auront époufé ou époufront* une femme dont le père n'auroit pas assez de noblesse pour faire ses enfans Chevaliers de Malthe, & pareillement les enfans qui en naîtront, & leurs descendans, en quelque degré qu'ils soient. 5°. Ladite substitution durera tant & si longuement qu'il y aura des enfans & descendans mâles, de mâle en mâle, tant en ligne directe que collatérale dudit Seigneur Donateur, par substitution masculine, graduelle, perpétuelle & infinie ; à l'effet de quoi le Roi sera très-humblement supplié d'accorder ses Lettres de confirmation, pour déroger à toutes Coutumes, Loix & Ordonnances à ce contraires, même par exprès aux Coutumes de la Marche & de Poitou, & aux Ordonnances d'Orléans & de Moulins, Déclarations & Arrêts intervenus sur icelle. 6°. Les filles tant du Seigneur Donateur que du Donataire, & des Substitués tant mâles que femelles, soit en ligne directe ou collatérale, demeureront pareillement exclues de lad. substitution, & ne pourront rien prétendre auxdites Terres & Seigneuries. 7°. Ledit Seigneur Donataire voulant pourvoir à ce que la statue qu'il a érigée au Roi dans la Place des Victoires, soit conservée à perpétuité dans son entier, & dans toute sa beauté avec tous ses ornemens, & que les lumières établies pour éclairer ladite Place, soient entretenues, il veut & ordonne que ledit Louis d'Aubusson de la Feuillade son fils, & tous ceux qui, étant appellés à ladite substitution, jouiront après lui desdites Terres & Seigneuries, soient tenus de faire redorer à leurs frais, tous les vingt-cinq ans, ladite statue & les ornemens qui sont à présent dorés, si le Prévôt des Marchands & les Echevins de cette Ville de Paris le jugent à propos ; comme aussi d'entretenir à leurs frais de toutes réparations grosses & menues tous lesdits ouvrages. 8°. Seront pareillement tenus d'entretenir à leurs frais dans les quatre fanaux des lumières suffisantes pour éclairer ladite Place des Victoires pendant la nuit, & dans toutes les saisons de l'année ; comme aussi de payer les gages d'une personne qui sera par eux préposée pour faire allumer lesdites lumières, faire nétoyer les fanaux, &c. 9°. Et afin que lesdits ouvrages soient conservés, & lesdites lumières entretenues avec plus de soin, ledit Seigneur Donateur desire & demande que de cinq ans en cinq ans, le cinquième du mois de Septembre, fête de S. Victorin, jour de la naissance du Roi Louis XIV, lesdits ouvrages soient vus & visités par les Sieurs Prévôt des Marchands & Echevins de cette Ville de Paris, & par deux Experts par eux nommés ; & sera dressé procès-verbal de ladite visite, & des réparations qui seront à faire auxdits ouvrages, dont sera délivré une expédition aud. Donataire ou Substitué, qui jouira pour lors desdites Terres

& Seigneuries; & sera contraint de faire faire incessamment lesdites réparations, & de payer les Experts qui en auront fait les devis. 10°. A la fin de chacune desdites visites, ledit Seigneur Donateur, le Donataire, ou celui des Substitués qui jouira pour lors desdites Terres & Seigneuries, sera tenu de faire présenter au Prévôt des Marchands deux médailles d'argent, & à chacun des Echevins, Procureur du Roi, Greffier & Receveur de ladite Ville, une médaille aussi d'argent, représentant d'un côté le portrait de Louis-le-Grand, & au revers le groupe de la statue que ledit sieur Maréchal Duc de la Feuillade lui a fait ériger. Seront pareillement tenus lesdits Seigneurs Donateur, Donataire & Substitués, de faire faire à leurs frais, sur le même coin, une médaille d'or, qui sera par eux présentée, & en leur absence par le Prévôt des Marchands le lendemain de ladite visite ou autre jour suivant, au Roi & à ses successeurs Rois pour lors regnans. 11°. Si la ligne masculine dudit Seigneur donateur, tant directe que collatérale, & celles d'Aubusson-Villac en Périgord, & d'Aubusson de Poux & de Banieux en la Marche, viennent à manquer, lesdites Terres & Seigneuries appartiendront pour toujours & en toute propriété à la Ville de Paris, ledit Seigneur Donateur lui en transportant tout droit de propriété, fonds, très-fonds, noms, raisons, actions, saisines & autres droits généralement quelconques; ce acceptant pour ladite Ville, sous le bon plaisir du Roi, & du consentement de M. Maître Maximilien Titon, son Procureur & de ladite Ville, Messire Henri de Fourcy, Chevalier, Comte de Chezy & autres lieux, Conseiller du Roi en ses Conseils, & d'Honneur en sa Cour de Parlement, Prévôt des Marchands, & nobles hommes Matthieu-François Geoffroy, Bourgeois de Paris; Jean-Jacques Gayot, Conseiller du Roi en l'Hôtel de ladite Ville; Maître Nicolas Chuppin, Conseiller du Roi, Contrôleur-Général du marc d'or des Ordres de Sa Majesté, & M. Maître Jean Sanguiniere, Conseiller du Roi au Châtelet de Paris, tous Echevins de cette Ville de Paris, pour ce présent, aux charges & conditions que ledit Seigneur Donateur impose au Seigneur Donataire & aux Substitués.

Ce contrat de donation & de substitution fut passé à Paris le jour & an que dessus, pardevant *Mouffle* & *Lauverdy*, Conseillers du Roi, Notaires de Sa Majesté au Châtelet de Paris, & fut enregistré au Parlement le 4 Juillet de ladite année 1687.

Le même jour & an, furent aussi enregistrées au Parlement les Lettres-patentes du Roi, en forme d'Edit, portant confirmation du contrat ci-dessus, & dérogation à l'art. 59 de l'Ordonnance d'Orléans, & à l'art. 57 de l'Ordonnance de Moulins, Déclarations & Arrêts intervenus sur icelles, & pareille dérogation aux art. 212, 215, 295, 316 de la Coutume de la Marche, qui sont les art. 2 & 5 du titre des testamens, 8 & 19 du titre des donations de la même Coutume; & encore aux art. 215, 219 & 272 de la Coutume de Poitou, qui sont les art. 13 & 17 du titre des donations, & 5 du titre des testamens de ladite Coutume, & à toutes autres dispositions desdites Coutumes, Loix, Ordonnances, Edits, Réglemens, Usages, Arrêts & autres choses contraires auxd. donation & substitution, & sans que les présentes dérogations puissent être tirées à conséquence, en aucune autre cause, &c.

Malgré tant de précaution, & tant de mesures prises pour assurer la durée de ce monument, à peine *François d'Aubusson de la Feuillade*, Pair & Maréchal de France fut-il mort, qu'on commença à donner atteinte à la fondation qu'il avoit faite. Ce Seigneur mourut la nuit du 18 au 19 Septembre 1691 *, & dès le 20 Avril 1699, le Conseil d'Etat du Roi rendit un Arrêt, qui ordonna que dorénavant il ne seroit plus allumé de feux dans les quatre fanaux de la Place des Victoires, dont le Roi dispense le *Duc de la Feuillade* & ses successeurs Donataires du feu Maréchal Duc *de la Feuillade*. Le motif de ce changement est fondé sur l'incommodité que reçoivent ceux qui habitent les maisons de cette Place, de l'attroupement des Fainéans & Vagabonds, occasionné par les feux de ces fanaux, particulièrement pen-

---

* *Plaisanterie de l'Abbé de Choisi.*

L'Abbé *de Choisi* dit que le Maréchal *de la Feuillade* avoit dessein d'acheter une cave dans l'Eglise des Petits-Pères, & qu'il prétendoit la pousser sous terre, jusqu'au milieu de cette Place, afin de se faire enterrer précisément sous la statue de Louis XIV. Je sais que le Maréchal *de la Feuillade* n'avoit pas mérité par des actions & des victoires signalées, d'avoir un tombeau à Saint-Denis, comme *du Guesclin & Turenne*; mais il n'étoit pas aussi de ces Courtisans inutiles à l'Etat, qu'on devoit enterrer aux pieds de la statue de leur Maître, dans la Place publique, consacrée à l'idole qu'ils ont encensée & peu servie. La plaisanterie de l'Abbé *de Choisi* est de ces traits qui tombent à faux, & qui ne font tort qu'à l'Ecrivain dont ils décèlent la malignité. DE SAINT-FOI, *Ess. Hist. sur Paris*, t. 2, p. 48 & 49.

dant l'été ; d'ailleurs cette lumière ne servoit plus au Public, ladite Place étant suffisamment éclairée par les lanternes qui y sont allumées, ainsi que dans les autres Places & rues de la Ville de Paris, dans les temps & saisons réglées par les Ordonnances de Police. Cet Arrêt donna lieu à un autre, car ces fanaux n'étant plus allumés, étoient devenus inutiles, & même les grands socles qui portoient les colonnes des groupes sur lesquels étoient posés lesdits fanaux, étant dégradés, & le surplus, en danger d'être volé, le Duc *de la Feuillade* représenta que pour cette raison, & les autres susdites, il étoit à propos de les démolir. Le Roi étant en son Conseil d'Etat, tenu à Paris le 23 d'Octobre 1717, permit audit *Sieur de la Feuillade*, de faire démolir les quatre groupes, & de disposer des matériaux démolis, ainsi que bon lui sembleroit. Cet Arrêt eut son exécution en 1718, & le Duc *de la Feuillade* donna ces colonnes aux Pères Théatins de Paris. *Voy.* THÉATINS.

PLACE ROYALE. Le Roi Charles IX ayant ordonné en 1565 & 1569, au Parlement, de faire démolir l'Hôtel des Tournelles, & de le vendre, après l'avoir partagé en plusieurs places & rues, il fut procédé si lentement à l'exécution de cet ordre, que la démolition n'étoit pas encore entièrement achevée, lorsqu'Henri IV parvint à la Couronne. Ce grand Prince ayant résolu d'établir en France une manufacture d'étoffes de soie, d'or & d'argent, y fit venir environ deux cents Ouvriers, & les logea dans ce qui restoit de l'Hôtel des Tournelles. Cette partie servoit alors de marché aux chevaux. Les Entrepreneurs de ces manufactures ne s'y trouvant pas apparemment assez commodément logés, firent élever en 1605, un grand & magnifique logis, faisant face à une grande place qui restoit du Palais & du parc de l'Hôtel des Tournelles. La situation & l'effet de ce pavillon fit naître au Roi l'idée de construire en ce lieu une Place publique, qui seroit nommée la *Place Royale*, & qui auroit soixante & douze toises en quarré, c'est-à-dire cinq mille cent quatre-vingt-quatre toises de superficie.

Le Roi Henri IV fit bâtir à ses dépens l'un des quatre côtés qu'il vendit ensuite à des Particuliers. Il donna les places des trois autres côtés, chacune pour un écu d'or de cens, à la charge que les Preneurs y feroient bâtir des pavillons conformes aux desseins qui leur seroient donnés de sa part. Le pavillon qui fait face à la rue Royale & à la rue Saint-Antoine, fut nommé le *pavillon du Roi* ; & celui qui est vis-à-vis, c'est-à-dire, en face de la chauffée des Minimes, *le pavillon de la Reine*. Ce même Prince, pour empêcher que la symmétrie de cette Place ne fût altérée à l'avenir, ordonna qu'aucun des pavillons ne pourroit être partagé entre cohéritiers, mais qu'il seroit mis dans un lot, où leur appartiendroit par indivis, ou qu'ils s'en accommoderoient entr'eux, de sorte qu'il demeureroit en son entier. Il fit en même temps percer quatre rues qui conduisent à cette Place, & qui en donnent l'entrée. Celle qui va de la rue Saint-Antoine à ladite Place, se nomme *la rue Royale*; celle qui commence aux Minimes, *la rue de la chauffée des Minimes*; celle qui vient de la rue des Tournelles, *la rue du Pas de la Mule*; & celle qui vient de la rue Saint-Louis, & de la rue neuve Sainte-Catherine, s'appelle *la rue de l'Echarpe*.

Cette Place qui est régulièrement quarrée, & qui a neuf pavillons à chacune des trois faces, n'en a que huit à la quatrième, parce que le bout de la rue de l'Echarpe est à ciel ouvert, au lieu que celui du Pas de la Mule, qui lui est opposé, est couvert d'un pavillon sur une arcade par laquelle on passe. Il y a donc trente-cinq pavillons bâtis de pierre & de brique, & couverts d'ardoise. Ils sont portés sur le devant par une suite d'arcades, larges de huit pieds & demi, hautes de douze ou environ, & ornées de pilastres doriques, qui règnent au pourtour de la Place, & forment autant de corridors, couverts d'une voûte surbaissée de pierre & de brique. Cette Place est pavée le long de ces corridors, de la largeur d'une rue. Le reste est fermé d'une grille de fer avec des ornemens dorés, qui renferme de grands tapis de gazon vert. Pour entrer dans cette espèce de parterre, il y a quatre principales portes qu'on n'ouvre que dans des occasions extraordinaires, & deux petites qui sont toujours ouvertes. Comme cette grille a été faite sous le règne de Louis XIV, on voit le portrait en médaillon de ce Prince, sur deux de ces portes. Elle fut faite aux dépens des Propriétaires des pavillons, qui donnèrent chacun 1000 livres; ainsi cette grille qui est dans le fond fort inutile, a coûté 35000 livres. Au milieu de ce parterre de gazon, est une statue équestre de Louis XIII en bronze, posée sur un grand piédestal de marbre blanc, le 27 Novembre 1639. Le cheval fut fait par *Daniel Ricciarelli*, de Voltèrre, & Disciple de *Michel Ange*. Toutes les parties en sont bien traitées, & sur tout les jambes, l'encolure & la tête. Les crins sont d'une grande légéreté. *Ricciarelli* avoit fait cette figure pour le Roi Henri II; mais cet habile Sculpteur étant mort en

1556, il ne put point faire la figure du Roi pour lequel il étoit destiné. Celle du Roi Louis XIII qu'on a placé sur ce cheval, est de *Biard* le fils. Sur les faces du piedestal, on a placé des inscriptions à la louange de Louis XIII, & du Cardinal de Richelieu son premier Ministre.

Sur la face qui est du côté de la rue Saint-Antoine, on lit :

Pour la glorieuse et immortelle mémoire du très-grand & très-invincible Louis-le-Juste, XIIIᵉ. du nom, Roi de France & de Navarre. *Armand, Cardinal & Duc de Richelieu,* son principal Ministre dans tous ses illustres & généreux desseins, comblé d'honneurs & de bienfaits par un si bon Maître & un si généreux Monarque, lui a fait élever cette statue, pour une marque éternelle de son zèle, de sa fidélité & de sa reconnoissance. 1639.

Sur la face du côté des Minimes :

Ludovico xiii, *Christianissimo Galliæ & Navarræ Regi,* justo, pio, fœlici, victori, triomphatori, semper augusto, Armandus Cardinalis Dux Richelius, præcipuorum Regni onerum Adjutor & Administer Domino optimè merito, Principique munificentissimo, fidei suæ devotionis, & ob innumera beneficia, immensosque honores sibi collatos, perenne grati animi monimentum, hanc statuam equestrem ponendam curavit. Anno Dom. 1639.

Sur la face qui est à main droite :

POUR LOUIS-LE-JUSTE.

Sonnet.

Que ne peut la vertu, que ne peut le courage ?
J'ai dompté pour jamais l'hérésie en son fort.
Du Tage impérieux j'ai fait trembler le bord,
Et du Rhin jusqu'à l'Ebre accru mon héritage.
J'ai sauvé par mon bras l'Europe d'esclavage,
Et si tant de travaux n'eussent hâté mon sort,
J'eusse attaqué l'Asie, & d'un pieux effort,
J'eusse du Saint Tombeau vengé le long servage.
Armand, le Grand *Armand*, l'ame de mes Exploits,
Porta de toutes parts mes armes & mes loix,
Et donna tout l'éclat aux rayons de ma gloire.
Enfin il m'éleva ce pompeux monument,
Où pour rendre à son nom, mémoire pour mémoire,
Je veux qu'avec le mien il vive incessamment.

Le Sonnet qui est de *Jean Desmarets de Saint-Sorlin*, de l'Académie Françoise, ne fut gravé sur cette face, que long-temps après la mort du Cardinal.

Sur la face qui est à main gauche.

Quod Bellator hydros pacem spirare, rebelles,
Deplumes trepidare aquilas, mitescere pardos,
Et depressa jugo submittere colla leones,
Despectat LODOICUS, equo sublimi aheno;
Non digiti, non artifices fecêre camini,
Sed virtus & plena Deo fortuna peregit.
ARMANDUS Vindex fi ei pacisque Sequester,
Augustum curavit opus; Populisque verendam
Regali voluit statuam consurgere circo,
Ut post civilis depulsa pericula belli,
Et circum domitos armis felicibus hostes,
Æternum Dominâ LODOICUS in Urbe triumphet.

Il y a environ soixante & dix ans, que les pavillons qui forment la Place Royale, étoient regardés comme les plus grandes & les plus superbes maisons de Paris; mais à présent deux de ces pavillons, joints ensemble, seroient trop petits pour loger certains Particuliers.

Cette Place fut achevée en 1612. Le 5 Avril de cette année, Marie de Médicis y donna le spectacle d'un magnifique carrousel qu'elle avoit ordonné à l'occasion de la double alliance contractée entre la France & l'Espagne.

PLACE D'HENRI IV. La statue équestre du Roi Henri IV, est un monument qui attire avec justice les regards des Passans. * Elle est sur un piédestal de marbre blanc, aux quatre coins duquel sont attachés quatre Esclaves de bronze, qui foulent aux pieds des armes de différentes espèces. La figure du Roi Henri-le-Grand est parfaitement belle; elle est d'un Sculpteur nommé *Dupré*. Le cheval est de *Jean de Boulogne*. Cosme II, Grand-Duc de Toscane, en fit présent à Marie de Médicis, pour lors Régente du Royaume de France. Les Connoisseurs trouvent que cette figure a trop

---

* C'est le premier monument public qui ait été érigé en l'honneur de nos Rois. Cette statue fut fondue à Florence, & le Grand-Duc en fit présent à Marie de Médicis, alors Régente.

de flanc & trop de ventre, ce qui fait paroître les jambes du Roi Henri trop courtes & peu proportionnées. Les ornemens sont du dessin & de l'exécution de *Francheville*. Le piedestal est décoré de bas-reliefs, & d'inscriptions qui représentent ou expliquent les principales actions de ce grand Roi. La première pierre du piedestal fut posée par Louis XIII, le 2 Juin 1614, & la statue fut élevée le 23 Août suivant : le tout ne fut achevé qu'en 1635.

Sur la face principale du piedestal, on lit l'inscription suivante :

ERRICO IV. *Galliarum Imperatori Navar. R. Ludovicus XIII filius ejus opus incho. & intermissum pro dignitate pietatis & Imperii plenius & amplius absolvit*, Emin. D. C. RICHELIUS *commune votum Populi promovit super illust. viri* de Bulion, Boutillier, P. Ærarii F. *faciendum curaverunt* M. D. C. XXXV.

Dans la table qui est au-dessous, est écrit :

Quisquis hæc leges, ita legito : uti optimo Regi precaberis exercitum fortem, populum fidelem, Imperium securum & annos de nostris B. B. F.

Sur la face qui est du côté du Fauxbourg Saint-Germain, sont représentées en bas-reliefs, les batailles d'Arques, d'Ivry: les principales circonstances en sont expliquées par deux inscriptions qu'on y lit, dont la première est ainsi conçue :

Genio Galliarum S. & invictissimo R. qui Arquensi prælia magnas Conjuratorum copias parva manu fudit.

La seconde : *Victori, triumphatori feretrio perduelles ad Evariacum cæsi malis vicinis indignantibus & faventibus clementiss. Imper Hispano Duci optima reliquit.*

Sur la table qui est du côté du Pont-Royal, est marquée l'entrée triomphante du Roi Henri le-Grand dans Paris, le 22 de Mars 1594.

N. M. *Regis rerum humanarum optimi, qui sine cæde Urbem ingressus, vindicatá rebellione, extinctis factionibus, Gallias optatá pace composuit.*

Enfin, sur la face qui est du côté de la Samaritaine, sont marquées la prise d'Amiens & celle de Montmélian en Savoie ; la première, par cette inscription :

Ambianum Hispanorum fraude interceptá Errici M. virtute asserta, Ludovicus XIII. M. P. F. iisdem ab hostibus sæpius fraude ac scelere tentatus semper justitiá & fortitudine superior fuit.

La prise de Montmélian, par celle-ci :

Mons omnibus ante se Ducibus Regibusque frustrà petitus Er-

rici M. felicitate sub Imperium redactus, ad æternam securitatem ac gloriam gallici nominis.

Sur la grille de fer qui enferme ce monument, est l'inscription qui suit :

Ludovicus XIII. P. F. F. Imperii virtutis, & fortunæ obsequentiss. hæres J. L. D. D. Richelius C. vir suprà titulos & concilia omnium retrò Principum, opus absolvendum censuit. N. N. II. VV. de Bullion Bouthillier, S. A. P. dignitati & regno pares ære, ingenio, cura, difficillimis temporibus P. P.

On ne sait où le Maire a pris que ces inscriptions étoient de Benigne Millotet, Avocat-Général au Parlement de Dijon. Des Gens de lettres fort âgés assurent qu'elles étoient de M. Gaulmin, mort Conseiller d'Etat en l'an 1665, en réputation d'un des plus savans hommes & des meilleurs Critiques de son siècle. On lit la même chose dans un livre de feu M. Charpentier, de l'Académie Françoise, qui assure que cette statue équestre d'Henri-le-Grand devoit avoir des inscriptions françoises, qui furent composées par le fameux P. Cotton, Jésuite ; mais que comme il y fallut ajouter quelque chose, lorsque ce monument fut achevé, on en fit faire de nouvelles par M. Gaulmin, qui aima mieux les faire latines que Françoises, parce qu'il entendoit mieux la langue de l'ancienne Rome, que la langue françoise.

Avant que de finir cet article, on remarquera, que quoique la statue d'Henri IV soit parfaitement belle, & que la figure du cheval ait de grands défauts ; cependant un usage ridicule fait qu'en parlant de ce monument, on dit toujours le cheval de bronze, sans dire un seul mot de la statue du Grand Henri ; ce qui a fait dire à un Poëte de ce temps :

Superbes monumens, que votre vanité
Est inutile pour la gloire
Des grands Héros dont la mémoire mérite l'immortalité ?
Que sert-il que Paris, au bord de son canal,
Expose de nos Rois ce grand original ?
Qui sut si bien regner, qui sut si bien combattre ?
On ne parle point d'Henri quatre,
On ne parle que du cheval.

Il eût été à souhaiter que ceux qui ont eu l'inspection de cet ouvrage, eussent placé cette statue en face de l'ouverture de la Place Dauphine & de la porte du Palais.

PLACE DE LOUIS XV. Dès l'année 1748, la Ville avoit décidé de faire élever une statue équestre à LOUIS-LE-BIEN-

AIMÉ. En face du jardin des Tuileries, étoit une esplanade entourée d'un fossé du côté du cours, dont une partie servoit de magasin aux marbres du Roi. Des motifs particuliers firent préférer cet endroit à tous ceux qu'on avoit proposés.

Cette Place est donc située entre le fossé qui termine le jardin des Tuileries, l'ancienne porte & Fauxbourg Saint-Honoré, les allées des champs Elisées, celles du Cours-la-Reine, & le quai qui borde la rivière de Seine : elle est formée par un quarré de cent vingt-cinq toises de longueur, sur quatre-vingt-sept de largeur entre les balustrades intérieures: les quatre angles du grand quarré forment quatre pans coupés de vingt-deux toises de longueur chacun, & sont terminés à leurs extrêmités par des guérites ou gros socles ornés de frontons, & surmontés d'un acrotère, décoré par des guirlandes de feuilles de chêne, & destinés à porter des groupes de figures de marbre, analogues au sujet & à la Place.

Deux de ces pans coupés du côté des champs Elisées, sont ouverts, & conduisent à deux avenues diagonales, dont l'une est appellée le Cours-la-Reine : du même côté, à la tête des champs Elisées, sont quatre pavillons décorés de bossages à l'usage des Fontainiers, Garde & Portier des champs Elisées & Cours-la-Reine.

La façade des deux pavillons les plus proches de la grande allée des champs Elisées, découvre l'ordre de la nouvelle plantation.

On arrive à cette Place qui fait la réunion du jardin des Tuileries avec les champs Elisées par six entrées, dont les deux principales ont chacune vingt-cinq toises de largeur.

Le sol de cette Place, donné à la Ville par le Roi, est renfermé par de grands fossés de onze à douze toises de largeur, de quatorze pieds de profondeur, qui se communiquent les uns aux autres du côté des champs Elisées par sept ponts de pierre avec archivoltes, & sont fermés par des balustrades.

Les murs de l'intérieur des fossés, tous revêtus en pierre, sont décorés de chaînes de refend à l'à-plomb des piedestaux des balustrades, des tables saillantes entre deux : les murs sont couronnés par un cordon portant les balustrades. Le sol des fossés est semé de gazon, entouré de larges chemins sablés.

Les passages des ponts l'annoncent par de grandes portions circulaires, qui, se raccordant à celles de l'intérieur de la Place, & seize gros piedestaux, destinés à porter des lions & sphinx en bronze, facilitent l'inégalité de la hauteur des balustrades de l'intérieur de la Place, d'avec celles de l'extérieur.

Celles

Celles de l'intérieur de la Place, posées sur un socle au-dessus du cordon, dans tout le contour de la Place, ont donné lieu à une banquette ou trottoir, élevés au-dessus du sol, d'où l'on monte par des degrés, à tous les passages des ponts & entrées, & en face des huit guérites.

Au centre de la Place, en face de l'allée du milieu du jardin des Tuileries, s'élève à la hauteur de vingt-un pieds, un piédestal de marbre blanc veiné, de quatorze pieds & demi de long, sur huit pieds & demi de large, sur lequel est posée la statue équestre du Roi en bronze, de quatorze pieds de proportion, fondue d'un seul jet en 1768, sur les desseins & sous la conduite de feu M. *Bouchardon*, Sculpteur ordinaire de S. M. Le Roi est représenté à cheval, vêtu à la romaine, & couronné de laurier. Aux quatre angles du piédestal, paroissent de bout, & posées sur un socle de quatre pieds de hauteur, & de deux pieds de saillie au-delà du nud du piédestal, quatre figures de bronze de dix pieds de hauteur, représentant des Vertus caractérisées par leurs attributs : elles paroissent soutenir dans des attitudes variées, la corniche du piédestal de vingt-deux pouces de hauteur, sur un pied & demi de saillie.

Le devant du piédestal, en face du jardin des Tuileries, fait voir deux Vertus; celle qui est à la droite, représente la Force, & celle de la gauche représente la Paix. Entre ces deux figures, est une table de marbre de cinq pieds quarrés, enrichie de deux branches de laurier, doré d'or moulu, & portant cette inscription :

LUDOVICO XV.
OPTIMO PRINCIPI,
QUOD
AD SCALDIM, MOSAM, RHENUM
VICTOR
PACEM ARMIS
PACE
ET SUORUM ET EUROPÆ FELICITATEM
QUÆSIVIT.

A l'autre bout du piédestal, & du côté des champs Elisées, paroissent les deux autres Vertus. On voit à la droite la Prudence, & celle qui est à la gauche désigne la Justice;

entre les deux, est une pareille table, portant une autre inscription latine :

HOC
PIETATIS PUBLICÆ
MONUMENTUM,
PRÆFECTUS
ET
ÆDILES
DECREVERUNT, ANNO
MDCCXLVIII,
POSUERUNT, ANNO
MDCCLXIII.

Dans les deux grandes faces du piedestal, sont renfermés deux bas-reliefs en bronze, de sept pieds & demi de long, sur cinq pieds de hauteur. Celui du côté de la rivière, représente le Roi dans un char, couronné par la Victoire, & conduit par la Renommée à des Peuples qui se prosternent. L'autre bas-relief, faisant face aux grands bâtimens, représente le Roi assis sur un trophée, donnant la paix à ses Peuples : la Renommée qui la publie, tient la trompette de la main gauche, & une palme de la main droite. On voit dans le fond un homme & son cheval qui paroissent morts.

Vers le bas, & au milieu de ces deux bas-reliefs, sont posés sur le socle deux grands trophées ; composés de boucliers, casques, épées & piques antiques, jettés en bronze.

La frise du piedestal & la grande doucine au-dessus du socle, sont enrichis d'ornemens en bronze. La corniche est surmontée d'un amortissement, orné par quatre mufles de lion aux angles, auxquels sont attachés des guirlandes de feuilles de laurier, qui se groupent avec des cornets d'abondance, versant différens fruits. Au milieu du côté des Tuileries, sont placées les armes du Roi, & du côté des champs Elisées, les armes de la Ville de Paris, le tout en bronze.

Le piedestal est posé sur deux grandes marches de marbre blanc veiné, qui doit être entouré d'une balustrade aussi de marbre.

L'on se propose aussi d'exécuter par la suite, & de poser à trente-deux toises de distance du centre, & de chaque côté du piedestal des deux allées diagonales, deux grandes fontaines ou baſſins de marbre, ornés de groupes & ſujets différens; tant pour la décoration de la Place, que pour l'utilité publique.

Le fond de la Place du côté du Fauxbourg Saint-Honoré, eſt terminé par deux grandes façades de bâtimens, de quarante-huit toiſes de longueur chacune, ſur ſoixante & quinze pieds de hauteur, conſtruites & placées à ſeize toiſes de diſtance de la baluſtrade extérieure des foſſés.

Ces bâtimens forment chacun un périſtile d'ordre corinthien, compoſé de douze colonnes à trois pieds de diamètre, poſées ſur un ſoubaſſement de vingt-quatre pieds de hauteur, ouvert en portique, formant des galeries publiques.

Au-deſſus de la corniche du ſoubaſſement, règne une baluſtrade de trois pieds de hauteur.

Les chapitaux & entablemens de cet ordre ſont ſculptés & enrichis de tous les ornemens qui leur ſont propres, ainſi que les plate-bandes de l'archivolte, & les plafonds dans les périſtiles.

Les extrêmités de chacune de ces façades, ſont compoſées d'un grand avant-corps, couronné d'un fronton, dans le tympan duquel eſt ſculpté un ſujet allégorique.

Les arrière-corps ſont ornés de niches, de médaillons & de tables ſaillantes, & ſont couronnés par de gros ſocles, ſur leſquels ſont poſés des trophées. Les retours des extrêmités de chaque façade, préſentent la même ordonnance & la même richeſſe.

Ces deux grandes façades ſont ſéparées par une rue de quinze toiſes de largeur, dont la décoration en quatre-vingt-dix toiſes de longueur, ſe termine par des pavillons, formant un carrefour ſur la rue Saint-Honoré, qui ſera prolongé ſur le même alignement, juſqu'à la rencontre du remparr, & terminé par la nouvelle Egliſe de la Paroiſſe de la Madeleine de la Ville-l'Evêque, dont le portail ſera face au centre de la Place; ſelon le même projet, le front du jardin des Tuileries qui eſt rétréci par les anciens baſtions, ſera agrandi & préſentera une façade de toute la longueur de la Place, & de toute la largeur du jardin. Pour l'exécution de ce plan, on formera une terraſſe baſſe de droite & de gauche du Pont-Tournant, fermée ſur le devant par une baluſtrade poſée ſur le cordon du mur du foſſé.

Cette terraſſe élevée de trois à quatre marches au-deſſus du ſol du jardin entre les deux Renommées, ſera prolongée dans toute l'étendue de la largeur du jardin, & communiquera aux terrasses supérieures par deux grands escaliers.

Le mur qui sera construit pour soutenir cette terrasse supérieure, sera décoré de refends, bossages, tables & autres ornemens, & sera terminé par une balustrade.

Les deux Renommées du Pont-Tournant, seront conservées sur deux gros piedestaux, & on en posera deux nouvelles sur d'autres piedestaux pareils, placés à l'extrêmité des avant-corps.

En face de la Place, & dans toute sa largeur, sera construit un mur de quai, avec un grand avant-corps dans le milieu, décoré de bossages, tables, inscriptions, consoles & balustrades apparentes du côté de la rivière, qui formeront le parapet du côté du quai.

On pratiquera sur cet avant-corps deux piedestaux pour recevoir deux figures de bronze, représentant la Seine & la Marne, & les arrière-corps seront terminés par des descentes ou degrés pour aller à la rivière.

On vient d'orner cette Place de gazons & de barrières peintes en vert, à hauteur d'appui. C'est dans l'enceinte que se tient la foire de Saint-Ovide.

L'exécution & les projets sont d'après les dessins, & sous la conduite de M. *Gabriel*, Ecuyer & premier Architacte du Roi. La Ville en avoit posé la première pierre le 22 Avril 1754; & l'inauguration se fit avec une acclamation générale, & avec les cérémonies accoutumées, le 20 Juin 1763.

PLACE DE LA CROIX ROUGE. Cette Place dans laquelle se trouve l'Eglise des Prémontrés réformés, a cinq issues, dont une est rue du Cherche-Midi, une dans la rue de Sève, une autre dans la rue du Vieux-Colombier, une dans la rue de Grenelle, & la cinquième dans la rue du Four. Il y a dans cette Place un petit marché d'herbages, & quelques étaux de boucherie. Cette Place ou Carrefour se nommoit au quinzième siècle *le Carrefour de la Maladrerie*. Ce nom ne lui venoit pas de la Maladrerie-Saint-Germain, située au-delà du Bourg, & dans l'endroit où l'on a bâti depuis l'Hôpital des Petites-Maisons, mais de quelques granges situées à l'extrêmité de la rue du Four, qu'on destina pour loger des malades attaqués du mal de Naples. On lui a donné le nom de *la Croix Rouge*, à cause d'une croix peinte en cette couleur qu'on y avoit élevée. C'étoit anciennement l'usage de placer des croix dans les Carrefours & dans les Places publiques.

PLACE DE GREVE. Cette Place a pris son nom de sa situation sur le bord de la Seine, & l'a donné à tout ce Quartier. Louis-le-Jeune, par ses Lettres-patentes de l'an 1141, accorda aux Habitans de la Grève & du Monceau Saint-Gervais, que cette Place, l'un des anciens marchés de Paris, demeureroit dans l'état où elle étoit alors, c'est-à-dire libre & sans bâtimens, & ce, moyennant la somme de soixante & dix livres qu'il avoit reçues des Bourgeois.

On remarquera que la Place de Grève & la petite éminence sur laquelle sont bâties les Eglises de Saint-Gervais & de Saint-Jean, appellée vulgairement *le Monceau Saint-Gervais*, sont en *la Seigneurie directe du Roi*, comme étant à présent COMTE DE MEULAN. *

C'est dans cette Place que se font ordinairement les exécutions des Criminels : on n'a pas pu découvrir précisément le temps auquel on commença à les y faire ; cependant on croit que *Marguerite Porette*, Hérétique, y fut brûlée en 1310, & que ce fut la première exécution.

C'est aussi dans cette Place que se font les réjouissances publiques. Les Prévôt des Marchands & Echevins y faisoient tirer tous les ans la veille de la Saint Jean, un feu d'artifice. On y en fait à la naissance des Fils de France, & dans les autres circonstances avantageuses à l'Etat, comme pour des batailles gagnées, ou des Places conquises, &c.

Le Roi Charles VI ordonna l'établissement d'une étape, ou marché au vin dans cette Place, & c'est à cette étape que faisoient allusion les deux vers qu'on lisoit sur une fontaine qui étoit en ce lieu. Cette fontaine fut construite en 1624, & ce fut le Roi Louis XIII qui en posa la première pierre.

---

* L'Abbé Lebeuf dans son Histoire de Paris, *tome* 1, *p.* 137 que ce n'est point comme Comte de Meulan, que le Roi est Seigneur direct du Monceau Saint-Gervais, les Comtes de Meulan l'ayant donné aux Evêques de Paris ; & que l'un d'eux, nommé *Pierre de Nemours*, avoit cédé ce Fief au Roi, qui lui donna en échange en 1216 tout ce qu'il avoit à Combes & à Ruvigny, près la forêt de Senart. On lit dans un registre manuscrit de Philippe-Auguste, qui est dans la bibliothèque du Roi, & qui contient le dénombrement des Fiefs relevant dudit Comté de Meulan, page 23 : *Feoda Comitis Mellenti ; Parisius tota gravia, & Moncellum S. Gervasii*, &c.

Outre le grand bassin qui recevoit l'eau, il y avoit au haut une Nymphe qui tenoit quatre cornes d'abondance qui servoient de tuyaux, & répandoient l'eau aux quatre coins. Cette fontaine fut abattue en 1638, & ensuite on en rebâtit une autre plus simple, sans bassin, ayant quatre tuyaux élevés au-dessus de la portée d'homme. Cette dernière fut détruite vers l'an 1674, & transportée dans la Place Maubert. Les deux vers qui lui servoient d'inscriptions, convenoient parfaitement à une fontaine voisine d'un marché au vin :

Grandia quæ cernis, statuit sibi regna Lyæus ;
Ne violenta gerat suppeditamus aquas.

La Place au charbon étoit aussi établie à la Grève en 1642.

PLACE DE S. MICHEL, (la) est située Quartier Saint-André-des-Arcs ; les rues de la Harpe, Hyacinte, des Fossés M. le Prince & d'Enfer y aboutissent. Il y a dans cette Place une boucherie, une espèce de marché aux légumes, au pain, & des carosses de louage (fiacres), des chaises à porteurs & brouettes. Charles VI lui fit donner le nom de *Michelle*, par dévotion pour le S. Archange que ses Prédécesseurs & lui avoient choisi pour Patron du Royaume. La même année 1394, il fit réparer & embellir la porte d'Enfer, & voulut qu'à l'avenir on l'appellât *porte S. Michel*. Elle fut abattue en 1684.

PLACE OU QUARRÉ DE SAINTE-GENEVIEVE (*la*) est devant les portails de Sainte Geneviève & de S. Etienne-du-Mont. C'est un quarré long qui est borné d'un côté par le cimetière de S. Etienne, & le logement du Curé de cette Paroisse ; & de l'autre, par quelques petites maisons qui appartiennent à l'Abbaye de Sainte Geneviève, & qui doivent être rasées à mesure de la confection de la nouvelle Eglise.

Dans le milieu de cette Place est un poteau où les armes de l'Abbaye sont attachées, pour marquer qu'elle a droit de haute, moyenne & basse Justice dans l'étendue du territoire qui lui appartient.

La Place nouvelle répond à la magnificence de l'Eglise de Sainte Geneviève. Elle forme un plan demi-circulaire, coupé par une rue qui conduit de la rue S. Jacques à cette Eglise.

Des deux côtés doivent être construits des bâtimens symmétriques, dont l'un déjà achevé, est occupé par les Ecoles de Droit. *V. tom. 1, p. 66.*

PLACE DE SORBONNE (*la*) a été faite environ l'an 1640, pour orner le portail & la façade de l'Eglise de Sorbonne. Cette Place est quarrée, & l'on y entre par la petite rue de Richelieu, par celle des Maçons, par celle de Sorbonne & par celle des Cordiers. Jusqu'en 1647 on y entroit par la rue des Poirées, qui fut alors condamnée pour unir à la Sorbonne le Collège des 18. Cette Place est décorée dans le fond par le magnifique portail de l'Eglise de Sorbonne. Du côté des rues de Sorbonne & des Maçons, par les Ecoles de Théologie, & du côté de la rue des Cordiers, par la Chapelle ou Eglise du Collège de Cluny.

PLACE DU CARROUSEL. Elle a été ouverte pour laisser voir la superbe façade du Château des Tuileries, & nommée *Place du Carrousel*, à cause de celui que le Roi Louis XIV y donna en 1662 à la Reine sa mère & à la Reine son épouse.

PLACES DU LOUVRE. (*les*) Celle du côté de Saint-Germain de l'Auxerrois, qui a quatre-vingt-sept toises & demie de longueur, n'est formée que depuis quelque temps. Elle étoit auparavant couverte de différens bâtimens. L'on y a vu le garde-meuble de la Couronne, les écuries de la Reine, l'Hôtel des Postes, l'Hôtel de Créquy, &c. Cette Place est ornée aujourd'hui de deux gazons & de barrières qui les environnent.

Celle du côté de la rue Froidmenteau vient tout récemment d'être élargie par les soins de M. le Marquis de Marigny. Les rues Champfleuri, du Chantre, de Beauvais & Froidmenteau y aboutissent.

PLACE DU PILORI. Cette Place ou marché du carreau de la halle, est celle où l'on vend le pain, le beurre & le fromage tous les mercredis & les samedis. C'est aussi dans cette Place qu'est *le Pilori*. Les plus fameux Etymologistes du dernier siècle, tels que Borel, Spelman, du Cange, Ménage, &c. ont donné plusieurs étymologies de ce nom; mais celle qu'en donne Sauval a paru plus naturelle que toutes les autres. Il dit que dans un contrat de l'an 1295, il y est fait mention d'un puits qui étoit dans cet endroit, & qu'il y est désigné par ces mots : *Puteus dictus Lori* ; d'où il conclut que le nom de *Pilory* est corrompu & abrégé de *puits de Lori*, c'est-à-dire, d'un puits qui appartenoit à un Bourgeois nommé *Lori*, & que le gibet qui étoit auprès de ce puits en prit le nom. *Voy.* PILORI.

Il y avoit en 1209, attenant le Pilori, un échafaud à demeure. Il est parlé de cet échafaud dans plusieurs Arrêts du Parlement, & l'on voit dans un compte du Domaine de Paris, rendu en 1478, *folio 461*, lequel est rapporté par Sauval au *tome 3*, *page 433* de ses antiquités de Paris, qu'on donna trente-cinq livres parisis à *Jean Marchand*, Charpentier, qui avoit fait l'échafaud & coupe-tête du Pilori qui étoit tout pourri, & sur lequel le Duc de Nemours eut le col coupé. On lit au même endroit que cet infortuné Seigneur fut conduit de la Bastille ici, monté sur un cheval caparaçonné de noir. Étant arrivé, il fut mené aux chambres de la halle au poisson, lesquelles on avoit exprès tendues de *sarges de Pers*. On les avoit aussi arrosé de vinaigre, & parfumé avec deux sommes de cheval de bourées de genièvre qu'on y avoit fait brûler, pour ôter le goût de la marée que lesdites chambres & greniers sentoient. Ce fut ici que le Duc de Nemours se confessa, & pendant cet acte de religion, on servit une collation, composée de douze pintes de vin, de pain blanc & de poires, pour MM. du Parlement & Officiers du Roi, étant esdits greniers. Pour cette collation, on donna douze sols parisis audit *Jehan Marchand*, qui l'avoit fournie. Le *Duc de Nemours* s'étant confessé, fut conduit à l'échafaud par une galerie de charpente qu'on avoit pratiquée depuis lesdites chambres & greniers, jusqu'à l'échafaud du Pilori où il fut exécuté. On voit encore ailleurs qu'en 1562, il y avoit au Pilori un échafaud qui tomboit en ruine, & qu'à la place on y en fit un autre. On ne sait point précisément le temps qu'on a cessé de faire ici les exécutions à mort.

Cette Place est entourée de boutiques & d'échopes, louées par l'Exécuteur de la haute Justice, à des gens qui font en détail la vente de toutes sortes de poisson. *Voy.* CHAMBRE *de Justice.*

PLACE (*ou marché*) *aux veaux.* La rue de la vieille Place aux veaux commence à la rue Planche-Mibray, & aboutit en retour à la rue Saint-Jacques-de-la-Boucherie. On a remarqué qu'anciennement elle se prolongeoit jusqu'à la porte de Paris. Gomboust & Bullet l'ont confondue avec la rue de la Tuerie: on la trouve aussi en 1488, sous le nom de la Tannerie; mais aujourd'hui ces rues sont distinguées; jadis on y brûloit les cochons, ensuite l'on y vendit les veaux. Cette Place est très-ancienne; elle s'appelloit au quatorzième siècle, *la Place aux Saindions*, une des premières familles de Bouchers qui soient connues. La liste des rues du quinzième siècle l'indique sous le nom de rue aux Veaux: & Corrozet, sous celui de la *Place aux Veaux* : elle est nommée de même dans le procès-verbal de 1636, & l'on présume que l'épithète de *vieille* ne lui a été donnée que depuis qu'on transféra cette Place sur le Quai des Ormes, en vertu d'un Arrêt du 8 Février 1646. Elle commençoit au bout du Pont-Marie, & au coin de la rue des Nonaindières, & se terminoit à la descente de la rue Geoffroy-l'Asnier. C'est dans cet endroit que se vendoient les veaux qui y arrivoient de toutes les Provinces voisines de la Capitale. Le marché le plus considérable est le vendredi de chaque semaine, excepté pendant le carême. C'est là où les Bouchers s'en approvisionnent. Elle a été transférée en 1774 auprès des Bernardins. *Voy.* HALLE AUX VEAUX, *page* 205.

Autres Places moins considérables.

PLACE AUX CHATS. (*la*) Les rues Saint-Honoré, de la Lingerie, de la Ferronnerie y aboutissent : Quartier de Sainte Opportune. Cette Place est tous les jours fréquentée par les Jardiniers qui y apportent leurs légumes, mais qui n'y peuvent rester que jusqu'à huit heures du matin, qu'il faut que la Place soit nette, suivant les Ordonnances de Police.

A l'endroit de la rue de la Ferronnerie, où aboutit la rue des Déchargeurs, étoit une Place appellée anciennement *la Place aux Pourciaux*, & ensuite *la Place aux Chats*. Avant que la Ville se fût accrûe de ce côté-là, c'étoit un lieu plein d'immondices, & une voirie : elle s'étendoit assez loin, car on ne peut douter que la rue de la Limace, & le cul-de-sac de la Fosse-aux-Chiens n'en fissent partie.

PLACE DE CAMBRAY. (*la*) Au sortir de la Commanderie de Saint-Jean-de-Latran, on entre dans la Place ou terrein de Cambray, qui a pris son nom du Collège de Cambray, & qui aboutit à la rue Saint-Jacques, vis-à-vis l'Eglise de Saint Benoît. Autrefois c'étoit le cimetière de cette Eglise; mais au commencement du siècle dernier, il fut transféré derrière le Collège Royal. Ce terrein se nommoit autrefois *le grand cimetière*, *le cimetière de Cambray*, *le cimetière de l'Acacias*, d'un acacia qu'on y avoit planté, & le *cimetière du corps-de-garde*, à cause d'un corps-de-garde qui en étoit voisin.

PLACE DE FRANCE. (*la*) En 1608, le Roi Henri IV, dit le Grand, ayant formé le dessein d'embellir Paris, résolut de faire dans le Quartier du Marais, presqu'à l'endroit où est aujourd'hui la Place Royale, une Place la plus magnifique qu'il y eût eu jusqu'alors, laquelle, suivant son intention, auroit été nommée *la Place de France*, à cause que chaque rue qui y auroit abouti, auroit porté le nom d'une des principales Provinces du Royaume. Ce grand Prince, pour en arrêter le dessin, se transporta sur les lieux, & en fit tracer le plan & l'élévation en sa présence, par *Alaume* & *Chatillon* ses Ingénieurs. Le marché en fut donné à *Carel* & autres Entrepreneurs, à la charge d'y travailler incessamment, avec ordre au Duc de Sully d'y tenir la main. On seroit entré dans cette Place par huit rues, larges de six toises, & bordées de maisons uniformes. Ces rues auroient été nommées *Picardie, Dauphiné, Provence, Languedoc, Guyenne, Poitou, Bretagne, Bourgogne*. Les curieux peuvent voir le plan & l'élévation de cette Place, qui furent gravés par *Poinsart*. La mort funeste d'Henri IV dérangea entièrement ce projet & les alignemens : cependant on donna aux rues qu'on fit faire en 1616, les noms *d'Angoumois, de Beauce, de Beaujolois, de Forez, de Bourgogne, de Berry, de Limoges, de Périgueux, de la Marche, d'Orléans, de Poitou, d'Anjou, de Perche, de Touraine, de Saintonge & de Normandie*.

PLACE DES BARNABITES (*la*) a été faite de la maison du père de *Jean Châtel* (Marchand Drapier) à qui ce Parricide avoit communiqué l'horrible dessein qu'il avoit formé contre Henri-le-Grand. Ce Scélérat porta son couteau sacrilège jusques sur le visage de ce grand Roi, & fut condamné par Arrêt du Parlement au supplice qu'il méritoit. Pour conserver une marque de ce parricide, la maison de son père fut rasée, & la Ville fit élever en 1594 dans cette petite Place une pyramide, sur la base de laquelle il y avoit des inscriptions en vers & en prose, où on lisoit toutes les circonstances de cet horrible attentat. Ce monument a été renversé l'an 1605, par un effet de la bonté du Roi, qui en accorda la démolition aux instantes prières du P. Coton. M. Miron, Prévôt des Marchands, y fit construire une fontaine

PLACE DU CHEVALIER DU GUET. (*la*) Cette Place, non plus que la rue de ce nom, n'étoient connues en 1300, & jusqu'au milieu du seizième siècle, que sous le nom général de rue *le Perrin-Gasselin*. Le nom de *Place* & de *rue du Chevalier du Guet*, vient d'une maison que le Roi y avoit acquise pour loger le Chevalier ou Commandant du Guet.

La Place où elle étoit située communiquoit à la rue Saint-Germain-l'Auxerrois, par deux ruelles, aujourd'hui fermées, qui ne se trouvent désignées dans nos Historiens, sous aucun nom particulier.

Les rues de la Vieille-Orangerie, des Lavandières & de Perrin-Gasselin y aboutissent.

PLACE GATINE (*la*) est située dans la rue Saint-Denis, attenant Sainte Opportune, & presque vis-à-vis l'Hôpital de Sainte Catherine. Cette Place est l'endroit où étoit la maison d'un riche Marchand, appellé *Philippe de Gatine*, qui, par Arrêt du Parlement du 30 Juillet de l'an 1571, * fut pendu pour avoir tenu chez lui des assemblées de Calvinistes, & sa maison fut rasée. On y éleva une grande croix de pierre, avec un bas-relief, sculpté par *Gougeon*, laquelle fut depuis transportée dans le cimetière des Saints Innocens, où elle est encore.

La nécessité des temps força Charles IX à avoir cette complaisance pour les Calvinistes, malgré la répugnance du Parlement, de l'Université, &c. on fut obligé de faire la translation de cette croix pendant la nuit ; mais cette précaution n'empêcha pas quelques Catholiques de s'y opposer, & d'exciter une sédition qui auroit pu avoir des suites fâcheuses, si elle n'avoit pas été promptement appaisée par le supplice d'un des plus mutins, qui fut pendu à la fenêtre de la maison la plus proche.

PLACE SAINT-SULPICE. (*la*) Près de cette Eglise, du côté du nord, est d'abord le cimetière, ensuite vient le Presbytère où demeurent le Curé & les Prêtres qui lui aident

---

* Piganiol qui place cet événement en 1571, est contredit par M.* *Jaillot*, qui avance qu'il y avoit plus de deux ans que *Philippe de Gastine* avoit été exécuté, lorsque la croix, élevée sur l'emplacement de sa maison, fut transférée au cimetière des Innocens. *Rech. sur Paris*, *Quart. Sainte-Opportune*, p. 8.

à desservir cette vaste Paroisse. Après le Presbytère, est une Place, au bout de laquelle, du même côté du nord, on a élevé un grand bâtiment régulier, dont la façade est d'un bon goût d'architecture, des desseins & de l'exécution de *Servandoni*, Peintre & Architecte Florentin. M. le Duc de Gesvres, Gouverneur de Paris, a posé la première pierre de cet édifice, au nom du Roi, avec pompe & magnificence.

De l'autre côté de cette Place, à l'entrée de la rue du Vieux-Colombier, se présente un grand & beau bâtiment, qui est le plus nombreux Séminaire de Paris. Pour mettre le portail de l'Eglise de S. Sulpice dans son vrai point de vue, & en même temps donner à cette Place l'étendue qu'il conviendroit qu'elle eût pour la commodité publique, il faudra raser ce grand Séminaire, & abattre une partie des maisons de la rue des Canettes.

PLACES DE L'ARSENAL, (*les*) l'une est du côté de la Seine, auprès des Célestins, Quartier Saint-Paul : elle est bornée par le port de ce nom; & l'autre est du côté de la Bastille, Quartier Saint-Antoine.

Places ou marchés particuliers pour le pain.

C'est dans ces marchés ou Places, dont les noms seront ci-après rappellés, que les Boulangers tant de la Ville que du dehors, étalent leurs pains les mercredis & samedis de chaque semaine. Le nombre en est ordonné dans chaque Place ou marché, pour assurer d'autant plus dans cette Ville immense, l'approvisionnement de la chose la plus nécessaire à la subsistance de ses Habitans.

Grandes Halles.
Halles de la Tonnellerie.
Place Maubert.
Cimetière S. Jean.
Marché-Neuf.
Rue S. Ant, vis-à-vis S. Louis.
Quai des Augustins.
P. marché, Fauxbourg Saint-Germain.
Place du Palais Royal.
Marché d'Aguesseau.
Place du Carrousel.
Rue Saint-Honoré, vis-à-vis l'Hôtellerie des Bâtons-Royaux.
Marché du Marais devant le Temple.
Place Saint-Michel.
Halle du Fauxbourg Saint-Germain.

C'est dans ces Places ou marchés que le pain est apporté par les Boulangers de la Ville & Fauxbourgs de Paris, &

par ceux du dehors, que l'on connoît par les noms de *Gonesse*, & des Villages voisins de *Saint-Germain-en-Laie*, de *Corbeil* & de *Monthléry*.

Il leur est défendu de remporter du pain.

PLACETS *au Roi, à la Reine & à la Famille Royale*. Tous les jours de la semaine, on peut donner des placets au Roi ; mais il faut observer, avant de les présenter, d'en demander la permission à M. le Capitaine des Gardes de service.

Les dimanches matins, on dresse une petite table verte dans l'antichambre du Roi, & les Particuliers qui ont des placets à présenter à *Sa Majesté*, peuvent les remettre sur cette table : ils sont ensuite portés au Roi, & le renvoi de ces placets, ainsi que ceux que l'on présente à *Sa Majesté* directement, se fait à MM. les Ministres, devant lesquels les affaires dont il est question, doivent être traitées & suivies.

A l'égard des Princes & de Mesdames, il est d'usage qu'on s'adresse au premier Valet-de-Chambre, ou à la première Dame d'honneur.

PLAISANCE, superbe Château de la Paroisse de Nogent-sur-Marne dans le Doyenné de Chelles, appartenoit sur la fin du treizième siècle, à un Seigneur appellé *Odon de Saint-Denis*, puis en 1211, à un nommé *Jean Guy*. On ignore ce que cette Terre devint à sa mort : on sait seulement que Louis, fils aîné du Roi de France, Roi de Navarre & Comte de Champagne, y fit expédier le 2 Septembre 1313, un acte concernant quelques terres situées dans la Champagne : *Datum apud Placentiam prope Vicennas*. La famille des Seigneurs *de Grez*, l'eut apparemment après lui. En 1325, l'Hôtel de Plaisance appartint à *Jean de Challon*, Comte d'Auxerre, qui la vendit pour 1200 livres à *Jean des Mares*, Conseiller du Roi & du Duc de Bourgogne. *Philippe-le-Hardi*, Duc de Bourgogne, frère du Roi Charles V, retira cette Terre pour le même prix en 1366, & la remit au Roi en 1375. Charles la donna la même année à la Reine *Jeanne de Bourbon* sa femme, pour elle, ses hoirs, & ses successeurs. Après la mort de ce Prince, Charles VI son fils remit cette maison à *Philippe*, Duc de Bourgogne son oncle, par donation signée à Vitry en Brie au mois d'Octobre 1380, & ensuite elle passa à *Philippe* son troisième fils ; cependant c'étoit son second fils *Antoine*, Duc de Brabant, qui en jouissoit au mois de Mai de l'an 1404. Antoine ayant été tué à la bataille d'Azincourt en 1415, *Jean* son fils en jouit ensuite.

Depuis ce temps, on ne trouve rien sur Plaisance, que dans le commencement du siècle suivant, auquel *Philippe de Ronchaut* est qualifié Seigneur de Plaisance près le bois de Vincennes, & qu'il avoit appartenu quelque temps auparavant à un nommé *Philibert de Lorme*, qui étoit probablement ce fameux Architecte, Abbé de S. Eloi de Noyon, & de S. Sarge d'Angers, qui fleurit sous Henri II & Charles IX, & auquel la Reine Catherine de Médicis confia l'intendance des bâtimens du Roi. Le Château de Saint-Maur fut un de ceux qu'il fit bâtir. Il mourut en 1577, mais il n'étoit plus alors Seigneur de Plaisance. En 1575, *Renée de Bourbon*, Abbesse de Chelles, fille de *Charles*, Duc de Vendôme, devint Dame de ce lieu, qu'elle avoit acheté 8300 livres de *Marguerite Potard*, veuve de *François du Tresnoy*. La Chapelle fut bénite la même année le 2 Août, par *Henri le Maignen*, Evêque de Digne, sous le titre de S. Michel.

Jean Phelippeaux de Villesavin, secrétaire des commandemens de la Reine *Marie de Médicis*, & Conseiller d'Etat, possédoit cette Seigneurie avec le Fief du Moineau au même lieu de Nogent, & plusieurs autres vers le milieu du dernier siècle. Ces deux Fiefs ou Terres passèrent à sa fille *Anne Phelippeaux*, épouse de *Leon Bouthillier*, Comte de Chavigny. *Marie de Chavigny*, issue de leur mariage, fut la seconde femme *d'Auguste de Choiseul*, Comte du *Plessis-Praslin*, qui en jouit pareillement, & qui mourut en 1705. Plaisance passa ensuite au Sieur *Deschiens*, fameux Financier, sur lequel il fut par la suite adjugé au Roi qui le vendit à M. *Rouillé d'Orgemont*, Secrétaire du Roi. M. *Racine du Jauquoi* en fit l'acquisition, & le vendit à M. *Paris du Verney* qui y a fait bâtir une très-belle maison. M. le Comte de la Blache, institué Légataire universel des biens de M. Paris du Verney, est aujourd'hui possesseur de cette Terre.

PLANCHETTE & COURCELLES. (*la*) Ce sont deux lieux situés entre le clocher de Clichy & celui de Villiers-la-Garenne, & qui tous les deux sont de la Paroisse de Clichy. Quant à la Planchette, on lit que le Château de ce nom fut donné en 1528 par le Roi François I à *Adrien de Courcelles*: *Jacques Amelot*, premier Président de la Cour des Aides, & *Elisabeth Dupré* sa femme, y avoient leur maison de campagne en 1648.

PLAQUES *au coin des rues.* Pour faciliter l'étranger à se reconnoître dans les rues de Paris, M. *Hérault*, Lieutenant-Général de Police en 1728, fit mettre deux feuilles de fer blanc au coin de chaque rue, sur lesquelles sont marqués leurs noms en gros caractères.

PLATRIERS. Ce sont ceux qui ont le droit de faire cuire, battre, & vendre le plâtre; ils font partie de la Communauté des Maîtres Maçons. *Voy.* MAÇONS. *Voy.* JURANDES.

PLESSIER (*le*) *Voy.* PLESSIS *près Lusarches.*

PLESSIS. Ce nom qui est commun à tant de lieux, signifie que ces mêmes lieux étoient dans leur origine des clos cultivés, fermés de branches d'arbres pliées en forme de claies, de crainte que les bêtes fauves n'y causassent du dégât: on y a bâti des maisons par la suite, & ces lieux ont porté le nom des Maîtres du territoire. Quoiqu'on trouve dans le Diocèse huit Villages, au moins, nommés Plessis, on n'en doit compter que six érigés en Paroisse, qui sont le Plessis-Bouchard, le Plessis-Gassot, le Plessis-sous-Lusarches, le Plessis-Raoul ou Piquet, le Plessis-Pâté ou d'Argouges, & le Plessis-le-Comte. Presque tous portent le nom de quelque Seigneur ancien ou moderne, afin de distinguer le terme générique de Plessis.

PLESSIS-BOUCHARD. (*le*) Ce Village situé à quatre lieues & demie de Paris, forme une espèce de triangle avec Taverny & Saint-Prix. C'est un Pays vignoble & un verger continuel. Il est assez plat & uni, semblable en cela à Monceaux voisin de Corbeil. L'Eglise est du titre de S. Nicolas, & la Cure est à la nomination du Monastère de S. Martin de Pontoise. Le Prieur de Taverny, Membre de cette Abbaye est gros Décimateur. Cette Paroisse porte le nom de *Plessis-Bouchard*, à cause d'un grand enclos de vignes, fermé de claies pliées, que *Bouchard*, Seigneur de Montmorenci avoit en ce lieu. Le Connétable *Anne* son parent l'acheta en 1527 de *Joseph*; & comme la maison de Condé a succédé à plusieurs autres Terres des Montmorenci, celle-ci est du nombre, & M. le Prince de Condé en est le Seigneur; mais, suivant le procès-verbal de la Coutume de Paris, de l'an 1580, le Grand-Prieur de France s'en disoit aussi Seigneur, & l'est encore en partie.

PLE

PLESSIS-CHESNAY. (le) Hameau du Doyenné du Vieux-Corbeil, à une lieue d'Essonne, en allant à Fontainebleau. A l'entrée est un corps de logis, sur le devant duquel est une Chapelle, de laquelle les Marguilliers du Coudray prennent soin. On sait que ce Plessis qui est un nom fort commun, a été surnommé *Chesnay*, à cause du voisinage d'un petit bois de chêne.

PLESSIS-GASSOT. Terre & Seigneurie à quatre lieues de Paris appartenantes aux Blancs-Manteaux. *V. tom. 1, p. 618.* Ce Village est un peu par-delà Ecouen, dans un Pays de labourages. L'Eglise est du titre de la Sainte Vierge; la Cure appartient à M. l'Archevêque. *Antoine-Robert Malon*, l'un des quatre Notaires & Secrétaires du Roi, Greffier au criminel, & l'un des ancêtres de M. de Bercy, conjointement avec *Marguerite Boucher d'Orcey* sa femme, fit don aux Guillemites ou Blancs-Manteaux de Paris, de cette Terre & Seigneurie, & leur demanda pour cela une Messe perpétuelle, avec le salut *Ave verum*, au temps de l'élévation. Son intention, selon quelques-uns, étoit de les empêcher de quêter. Ce don leur fut fait en 1521, & ils comparurent comme Seigneurs de ce lieu à la Coutume de Paris, de l'an 1580.

PLESSIS-LE-COMTE. (le) Village du Doyenné de Montlhéry, éloigné d'Orengy d'un quart de lieue. Ce sont deux petites Paroisses jointes ensemble, connues sous le nom d'Orengy & le Plessis. Le Pays n'est qu'une plaine sans vignes. L'Eglise qui est du titre de S. Barthelemi, est très-petite. La Cure est à la pleine collation épiscopale. Cette Eglise est une de celles du Diocèse qui n'ont point de Fabrique, vu le petit nombre des Habitans.

PLESSIS-PASTÉ, ou d'ARGOUGE, ou SEBBEVILLE, &c. Village qui n'étoit qu'un simple Hameau, démembré dans le siecle dernier de Saint-Pierre-de-Bretigny, & érigé en Paroisse dans le même temps. *Jean Pasté*, homme célèbre, Doyen du Clergé de Chartres en 1320, & Evêque d'Arras en 1326, a possédé cette Terre, à laquelle il y a apparence qu'il donna le surnom de *Plessis-Pasté*. C'est depuis *Geoffroy de Laigue*, Conseiller d'Etat, que cette Terre a le titre de Baronnie. Il fit détruire en partie l'ancien château, pour élever celui d'aujourd'hui. Le bois du labyrinthe fut planté aussi de son temps sur le dessin de le Nôtre, & il fit ériger en
1657

1657 la Paroisse sous le titre de Notre-Dame. La nouvelle Paroisse fut chargée de 20 livres tournois envers le Curé de Bretigny, & la Fabrique de 10 livres envers celle de Bretigny. C'est en conséquence de cet accord, que les Seigneurs de Bretigny sont Patrons de la Paroisse du Plessis, & nomment à la Cure. Après Geoffroy de Laigue, M. *François d'Argouges*, Conseiller d'Etat, & Chancelier de la Reine, acquit la Baronnie du Plessis-Pasté avec ses dépendances ; & en 1709, il la vendit à *Charles - Louis Kadot*, Comte de Sebbeville, qui a fait placer sur les deux piliers de l'avant-cour du château, deux centaures de la façon d'*Antoine Coysevox*. La Seigneurie du Plessis-Pasté relève de Sucy en Brie : elle doit un muid de bled par an à Sainte Catherine de la Couture de Paris.

Il y a sur la Paroisse du Plessis-Pasté une Ferme que *Claude Le Fèvre*, Avocat en Parlement, légua par son testament du 18 Février 1649, au Collège de Montaigu à Paris où il avoit été élevé, pour y fonder la pension de deux pauvres enfans du Bourg d'Ornoy, Diocèse d'Amiens, dont il étoit natif. On la nomme la Ferme des Capettes.

PLESSIS-PIQUET (*le*) est une Terre située à deux lieues de Paris, ou environ, sur la pente d'un côteau qui regarde l'orient, à trois quarts de lieue de la route d'Orléans, du côté de la main droite. Elle s'appelloit anciennement le *Plessis-Raoul*, *Plessessum Radulphi*, du nom d'un *Raoul* qui en étoit Seigneur dans le 12e. siècle. Ce nom a changé dans la suite, & ce Village a été appellé *Plessis-Piquet*, nom que portoit un Seigneur de cette Paroisse, il y a plus de trois cents ans.

Ce lieu est presque tout entouré de bocages, & domine sur les vallons où sont Fontenay-aux-Roses, le Bourg-la-Reine, Châtenay, &c. Au-dessus est la grande plaine qui commence auprès de Clamart & de Châtillon, qui n'est que de terres labourables.

L'Eglise paroissiale qui est près du château, est très-petite, & n'a l'air que d'une Chapelle ; il n'y a d'ancien dans cet édifice que la tour qui paroît avoir trois cents ans ; le reste a été reconstruit vers 1737, parce que l'ancien bâtiment tomboit de vétusté. Elle est du titre de la Madeleine. La nomination de la Cure appartient au Chapitre de l'Eglise de Paris, & c'est le Chanoine à qui est échue la trente-septième partition, qui y présente.

Le château n'est pas fort considérable par lui-même, mais

Tome IV. E

les jardins font très-beaux & très-spacieux. Il y a aussi une terrasse qui est parfaitement belle.

M. le Maréchal de MONTESQUIOU y mourut en 1725, & fut inhumé dans l'ancienne Eglise. L'endroit de sa sépulture est où se trouve aujourd'hui la Sacristie de la nouvelle Eglise ; du moins on y lit l'épitaphe suivante sur une tombe de marbre noir :

CI GIT

Très-haut & très-puissant Seigneur Monseigneur Pierre de Montesquiou, *Comte d'Artaignan, Maréchal de France, Général des Armées du Roi, Conseiller du Conseil de Régence, Gouverneur des Pays, Cité & Citadelle d'Arras, Chevalier des Ordres de Sa Majesté, décédé dans son château du Plessis-Piquet, le 12 Août 1725, âgé de soixante & treize ans & six mois.* Requiescat in pace.

Il y a au Plessis-Piquet un Monastère de Feuillans, qui a commencé en 1614 & 1615, en vertu du don de quelques places & de quelques rentes faites par vertueuse fille Demoiselle *Etiennette Gayneau*. L'Eglise est sous le titre de S. Etienne, sans doute, selon le desir de la Fondatrice : elle n'a été achevée qu'en 1649.

PLESSIS *près Lusarches* ou LE PLESSIER. (*le*) Il est situé à six lieues de Paris, & à demi-lieue de Lusarches, vers l'orient d'hiver ; & malgré cette proximité, il y a encore le Village de Lacy entre deux, dont il n'est distant que d'une portée de mousquet. Sa situation est un peu plus haut sur le côteau qui regarde le nord, ce qui la rend propre pour la santé. Le territoire n'est qu'en terres labourables, sans aucunes vignes.

Le voisinage de Lusarches porte à croire que ces deux Paroisses sont un démembrement du chef-lieu de Lusarches, qui étoit autrefois une Terre de grande étendue, mais il faut que ce démembrement soit ancien, puisque ces deux Cures se trouvent dans le Pouillé du treizième siècle, où elles sont dites à la nomination du Chapitre de Lusarches. Dans l'incertitude du temps de leur érection, on peut conjecturer que Lacy fut la première démembrée de Lusarches, & que par la suite le Plessis fut démembré de Lacy ; ce qui porte à le croire, est qu'il n'y a pas d'apparence qu'en érigeant en même temps deux différentes Eglises, on les eût toutes les deux dédiées sous l'invocation de la Sainte Vierge; mais comme Lacy comprenoit le Plessis, & que l'Eglise de ce Lacy fut sous le titre de la Sainte Vierge, l'Eglise qu'on bâtit par la suite dans le lieu du démembrement, prit le même nom, selon l'usage, appuyé de divers exemples. Au reste, Notre-Dame du Plessis n'a rien dans son édifice qui paroisse ancien. On assure que M. le Président *Molé de Champlatreux* en est Seigneur avec les Célestins de Paris, à raison d'un Fief qu'il y a. *

PLESSIS-SAINT-ANTOINE, (*le*) écart de la Paroisse de Chenevière, situé à une grande demi-lieue du Village. Ce lieu est ainsi nommé, à cause d'une Chapelle du nom de S. Antoine qui y est, & dans laquelle on va chanter la Messe le jour de sa Fête, & le mardi de la Pentecôte. Ce Château & cette Terre que possédoit en 1697 une Dame *Feydeau*, appartiennent à Madame la Marquise *de Torigni*.

PLEUVON, Fief dépendant de Torcy.

PLOMBIERS. Ce sont ceux qui fondent le plomb & qui le mettent en œuvre dans les bâtimens, les fontaines, &c. Cette Communauté a des Statuts depuis 1648, qui les qualifient de Maîtres *Plombiers-Fontainiers*. Tous les ouvrages doivent être marqués des deux premières lettres du nom de celui qui les livre, &c. L'apprentissage est de quatre ans, & deux ans en qualité de compagnon. Le brevet coûte 60 livres, & la maîtrise 500 livres, depuis leur réunion en 1776 avec les Couvreurs, Carreleurs & Paveurs. Ils doivent un chef-d'œuvre. Patron, la Trinité. Bureau, rue Saint-Denis. *Voy.* JURANDES.

PLUMASSIERS. Ce sont ceux qui apprêtent & vendent les plumes fines & précieuses qui servent à la coëffure & habillemens d'hommes & femmes, & à l'ornement de certains meubles, tels que dais, impériales de lits, &c. Les Statuts de cette Communauté sont de 1579, confirmés par Lettres-patentes de Louis XIII, renouvellés par Louis XIV en 1659 & 1692. L'apprentissage est de six ans, & quatre ans de compagnonage. Le brevet coûte 40 livres, & la maîtrise 300 livres, depuis leur réunion en 1776 avec les Faiseuses & Marchandes de modes. Patron, S. Georges. Bureau, rue Beaubourg, cul-de-sac des Anglois. *Voy.* JURANDES.

E ij

POIDS-DU-ROI, on le voit au milieu de la halle au bled.

POINTE-SAINT-EUSTACHE, espèce de triangle isocèle dont la base est au bout des rues Montmartre & Comtesse d'Artois, & la pointe aboutit aux piliers des halles. Cet endroit est moins remarquable par un puits & une barrière des Sergens qu'on y voit, que par l'affluence du Peuple qui va aux halles ou qui en revient.

POINTE-LE-ROI, (la) un des écarts de la Paroisse d'Ozoir-la-Ferrière, du côté du couchant. Elle étoit en 1624 à *René Pavin*, Secrétaire du Roi, & à *Isabelle de Haulquet* sa femme. En 1697, elle appartenoit à M. le Comte *de Montgeorge*.

POISSONS *de mer*, *d'eau douce & salé* (les) dont cette Capitale est presque continuellement approvisionnée, consistent : savoir, *en poissons de mer*, comme soles, rayes, turbots, gabillots, esturgeons, saumons, harengs, maquereaux, merlans, limandes, éperlans, & autres excellens poissons frais, pêchés sur les côtes de Normandie & de Picardie, qui seules peuvent en fournir à cette Capitale, à cause de leur proximité, le poisson frais ne pouvant souffrir le transport au-delà de trente à quarante lieues sans se corrompre.

Les Marchands de marée sont obligés d'exposer leur poisson à la halle, dont l'ouverture se fait à trois heures du matin, & finit à sept, pour être vendu par les Jurés-Vendeurs de poissons, préposés à l'effet d'en percevoir les droits.

Le poisson *d'eau douce*, comme la carpe, le brochet, la tanche, l'anguille, le barbeau, la perche, la truite, &c. se vend à la pièce ou au cent; lorsqu'il est d'une certaine longueur, il se mesure au pouce, depuis l'œil jusqu'où commence la nageoire de la queue : c'est ce qu'on nomme *entre œil & bat*.

Le dépôt du poisson d'eau douce occupe la majeure partie du Port-Saint-Paul ; c'est là où les Regratières se fournissent pour le revendre en détail dans les rues, halles ou marchés.

Le commerce de saline n'est pas moins considérable ; il occupe plusieurs Négocians qui font venir, tant des différens Ports de France, que de l'étranger, toutes espèces de poissons salés & marinés.

Tous les Sujets du Royaume peuvent faire destiner des salines pour l'approvisionnement de cette Ville.

Les Jurés-Vendeurs de poissons ont leurs causes tant civiles que criminelles, en ce qui regarde le commerce de marée, salines & poissons d'eau douce, commises à la Chambre de la marée, dont l'appel se relève au Parlement.

Voy. l'article Chambre de marée, tome 2, p. 182.

POISSY, ancienne petite Ville de l'Isle de France sur la Seine, & au bout de la forêt de Saint-Germain, à six lieues nord de Paris, longit. 19, 42, latit. 48, deg. 55, 43. Elle est fameuse par l'assemblée qui s'y tint en 1561, qu'on appelle le *Colloque de Poissy*. * Elle étoit anciennement le séjour de nos Rois qui y avoient un château ; mais ils n'y demeurèrent plus lorsque celui de Saint-Germain fut bâti. L'Histoire rapporte que Charles-le-Chauve y tint son Parlement en 868. Poissy est célèbre par la naissance de S. Louis, qui arriva le 24 Avril 1215.

Philippe-le-Bel son petit-fils, pour honorer la mémoire de ce Saint Roi, fit bâtir sous son invocation, une très-belle Eglise, & un Monastère de Religieuses de l'Ordre de S. Dominique, ** qu'il fonda & dota de gros revenus en l'année 1304. On remarque qu'il fit édifier cette Eglise au même lieu où étoit le château ; & que le grand Autel fut placé à l'endroit où étoit le lit de la Reine Blanche, quand elle accoucha de S. Louis, ce qui est cause que l'Eglise n'est pas orientée comme elle devroit l'être : elle n'a été achevée qu'en 1330 par Philippe VI, dit de Valois.

---

* On connoît le fameux colloque de Poissy, tenu en présence de Charles IX. Le Chancelier en fit l'ouverture : on y traita les matières de la Religion avec les Protestans, dans l'espérance de les ramener ; comme la dispute se faisoit par argumens, *Théodore de Bèze* s'abandonna à son emportement, & dit des choses dont il eut honte lui-même. Le P. *Laines*, Espagnol, traita les Religionnaires de *loups*, de *singes*, de *serpens* : La Reine réprima sagement ce zèle amer & déplacé ; mais quelque douceur que cette Princesse apportât pour faire rentrer les Protestans dans le sein de l'Eglise, elle eut la douleur de ne pouvoir opérer cette conciliation si désirée, & de voir la conférence rompue par l'animosité des Partis, plus forts que son autorité.

** La charpente & le clocher de l'Eglise des Dominicaines, furent brûlés par le tonnerre en 1695.

L'Eglise de Notre-Dame de Poissy, qui est Collégiale & Paroissiale, a la réputation d'avoir été bâtie par le Roi Robert. Le vaisseau en est grand : elle est desservie par sept Chanoines, qui ont chacun leur Vicaire perpétuel : l'on conserve dans une Chapelle de la nef de cette Eglise, à gauche, les fonts sur lesquels S. Louis a été baptisé : voilà pourquoi il se faisoit appeller *Louis de Poissy*.

Dans le cimetière de cette Eglise, est un Hôpital, sous le titre de la Charité. Dans la Ville, il y a un Couvent d'Ursulines, vis-à-vis de l'Abbaye, & un de Capucins auprès du pont. Ce pont mérite une visite particulière, tant à cause de sa longueur, qui a peu de pareille dans le Royaume, que par l'agrément de la vue, dont l'étendue est des plus charmantes. C'est au bas de ce pont, du côté de la Ville, que l'on trouve les batelets pour la Normandie. *Voy. l'art. de* FONTAINEBLEAU, *tome 3, p. 74*, touchant une découverte faite à Poissy, *& p. 763*. La caisse de Poissy fut supprimée au mois de Février 1776.

POISSY, Fief près de Chevreuse, lequel fut saisi faute d'hommage par l'Evêque, le 23 Juin 1491.

POLICE *de Paris*. Elle fut établie sous S. Louis, l'an 1260, par *Etienne Boileau*, Prévôt de Paris, Magistrat digne des plus grands éloges. Il s'appliqua d'abord à punir les crimes ; il rangea tous les Marchands & Artisans en différens Corps de Communautés ; il dressa les premiers Statuts, & forma plusieurs Réglemens ; ce qui fut fait avec tant de justice, que ces mêmes Statuts n'ont presque été depuis que copiés ou imités.

Les fonctions de la Justice & de la Police avoient jusqu'alors été confiées à un seul Magistrat, qui étoit le Lieutenant-Civil du Prévôt de Paris. C'en étoit trop pour un seul homme ; le Roi les partagea par son Edit du 12 Mars 1667 ; il supprima l'Office de Lieutenant-Civil, tel que l'exerçoit M. *d'Aubray*, & au lieu de celui-là, on en créa deux autres, dont l'un seroit appellé simplement *Lieutenant-Civil du Prévôt de Paris*, & l'autre, *Lieutenant du Prévôt de Paris pour la Police*. Il ordonna que les deux Charges fussent exercées par deux personnes différentes, sans pouvoir être jamais réunies. Les fonctions de l'un & l'autre Lieutenant furent séparées & distribuées au Lieutenant-Civil ; savoir : la réception de tous les Officiers du Châtelet, la connoissance des actions personnelles, réelles & mixtes, de tous contrats, testamens, promesses, matières bénéficiales & ecclésiastiques, tuteles, curatelles, avis de parens, émancipations, & autres matières concernant la Justice, contentieuse & distributive, dans l'étendue de la Ville, Prévôté & Vicomté de Paris, &c.

Le *Lieutenant de Police* fut chargé de connoître de ce qui regardoit la sûreté de la Ville de Paris, du port d'armes, prohibé par les Ordonnances ; du nétoiement des rues & places publiques ; de donner les ordres nécessaires en cas d'incendie ou d'inondation, de connoître de toutes les provisions nécessaires pour la subsistance de la Ville, amas & magasins de vivres, du taux de leurs prix, de l'envoi des Commissaires & autres personnes sur les rivières, pour le fait des amas de foin, bottelage & conduite de cette denrée à Paris ; le pouvoir de régler les étaux de boucherie, & leurs adjudications, de visiter les halles, foires & marchés, Hôtelleries, Auberges & maisons garnies, jeux, tabac & lieux mal famés ; de connoître des assemblées illicites, tumultes & séditions, des manufactures & dépendances, des élections des Maîtres & Gardes des six Corps des Marchands, des brevets d'apprentissage, & de la réception des Maîtres, des rapports, des visites des Gardes, de l'exécution des Statuts des Corps & Métiers, le droit d'étalonner les poids & balances de toutes les Communautés de la Ville & Fauxbourgs, à l'exclusion de tous autres Juges ; de connoître des contraventions qui seroient commises à l'exécution des Ordonnances, Statuts & Réglemens de l'Imprimerie, par les Imprimeurs & Colporteurs ; les Chirurgiens obligés de lui donner déclaration de la quantité de leurs blessés. L'Edit lui donne & attribue la connoissance de tous Délinquans trouvés en flagrant délit, en fait de Police, auxquels il pourroit faire le procès sommairement, & les juger seul, sinon, au cas où il s'agiroit de peines afflictives, qu'ils seroient jugés au Présidial, le tout sans préjudicier aux droits, jurisdictions & possessions où pourroient être le Lieutenant-Criminel & particulier, le Procureur du Roi au Châtelet, le Prévôt des Marchands & Echevins, sur les matières dépendantes de la Police, &c. Le Siège ordinaire du Lieutenant-Général de Police est au Châtelet.

L'Edit de création de Lieutenant de Police, n'avoit pas assez déterminé les bornes des deux Jurisdictions du Lieutenant-Général de Police, & des Prévôt des Marchands & Echevins ; tous les jours il naissoit des contestations à ce sujet, contraires au bien de la justice, à l'ordre public & à la dignité des Magistrats. Pour y remédier, le Roi, par un

E iv

nouvel Edit du mois de Juin 1700, regiſtré au Parlement le 12 du même mois, régla préciſément les bornes & l'étendue de chacune des deux Juriſdictions, en ſorte que l'une ne pût jamais anticiper ſur l'autre. Cette adminiſtration a eu particulièrement pour objet d'entretenir perpétuellement le bon ordre entre les hommes & les choſes, & d'empêcher tout ce qui en peut troubler l'harmonie. Ces deux Magiſtrats arrêtent & puniſſent d'office, chacun dans ſon département, tout ce qui trouble le bon ordre de la ſociété.

Le *Lieutenant-Général de Police* a ſous ſes ordres quarante Inſpecteurs de Police, créés en 1708, quarante-neuf Commiſſaires & pluſieurs Exempts; nombre de Bureaux, & quantité d'autres perſonnes employées au ſervice de la Police.

Depuis l'Edit de création de 1667, de tous les Magiſtrats qui ont été en place, il n'y en a pas un qui n'ait cherché le bien & l'avantage public. Tous ceux dont les fonctions ont pour objet de maintenir ce bel ordre eſſentiel à la tranquillité publique, & les Magiſtrats qui veillent pour la ſûreté des Citoyens, aſſurent d'autant plus leur repos, qu'une ſage correſpondance opère la connoiſſance ſuivie de tout ce qui ſe paſſe, & donne les moyens de remédier aux maux, ou de les prévenir; avantage préférable à tous autres, puiſque, ſi l'on conſulte les maximes de la ſaine policique & celles de l'humanité, il eſt bien plus déſirable d'empêcher les déſordres, que de les punir.

Les Commiſſaires ſont chargés de faire exécuter les ordres dans les Quartiers qui leur ſont confiés, ce que font pour l'univerſalité les Magiſtrats dont ils prennent les ordres, & rempliſſent les intentions.

Les Inſpecteurs de Police y coopèrent par les recherches,& vérifications dont ils ſont chargés; ceux qui ſont à la tête des Bureaux de cette portion de l'adminiſtration, forment & compoſent de toutes les recherches, informations & connoiſſances, un réſultat que l'on doit regarder comme le centre où ſe réunit tout ce qui conduit au bien & à la conſervation publique.

L'abondance de tout ce qui eſt néceſſaire à la vie, les lanternes à reverbère, établies en Septembre 1766, dont cette Capitale & ſes Fauxbourgs ſont entièrement éclairés pendant la nuit, & par leſquelles on prévient une infinité d'accidens; les pompes publiques qui remédient aux incendies par les différens corps-de-gardes diſtribués dans tous les Quartiers; le nombre d'établiſſemens pour l'éducation, les ſciences & les arts; les conſtructions déjà faites, & celles qui sont proposées à faire pour l'embellissement de cette Ville; la commodité & la propreté des marchés ; enfin tant d'objets multipliés pour le bonheur des Citoyens par les Magistrats précédens, & par celui sous les ordres duquel ils sont aujourd'hui, sont des monumens éternels de leur gloire & de la sagesse du Gouvernement.

Pour mettre au fait le Lecteur de l'exacte Police qui règne dans cette Capitale, nous allons mettre sous ses yeux l'Ordonnance qui renouvelle les dispositions des anciens Réglemens, au sujet des contraventions les plus fréquentes en matière de Police.

Du 26 Juillet 1777. Sur ce qui nous a été remontré par le Procureur du Roi, que l'inexécution des Réglemens de Police donne lieu journellement à des contraventions, non moins préjudiciables au bon ordre qu'à la sûreté publique; que la multiplicité desdits Réglemens, & la négligence de s'instruire de leurs dispositions, exposent les Citoyens à des condamnations pécuniaires, qu'il leur est difficile de supporter : que pour éviter le dommage que produit la contrainte, & prévenir le désordre qu'entraîne l'abus, il croit devoir nous proposer de rassembler dans une seule & même Ordonnance quelques dispositions des anciens Réglemens, relatifs aux contraventions dans lesquelles les Habitans de cette Ville tombent le plus souvent : pourquoi requiert qu'il y soit pourvu. Nous, faisant droit sur le requisitoire du Procureur du Roi, ordonnons :

ART. I. Que les Edits, Arrêts, Déclarations, Réglemens & Ordonnances en matière de Police, précédemment rendus, seront exécutés selon leur forme & teneur.

II. Seront en conséquence tenus tous Bourgeois & Habitans de la Ville & Fauxbourgs de Paris, de quelqu'état & condition qu'ils soient, de faire balayer régulièrement chaque jour, tant en été qu'en hiver, aux heures qui leur seront indiquées, & avant le passage des tombereaux destinés à l'enlèvement des boues devant leurs maisons, cours, jardins & autres emplacemens dépendans des lieux qu'ils occupent jusqu'au ruisseau, même la moitié des chaussées, & de pousser les ordures & immondices à côté des murs de leurs maisons, si ce n'est dans les rues en chaussées, où ils seront avertis de les mettre en tas sur le bord des ruisseaux, afin que l'Entrepreneur du nettoiement puisse les faire enlever.

III. Faisons défenses à tous Particuliers, de quelqu'état & condition qu'ils soient, de jetter, ni souffrir qu'il soit jetté dans les rues, aucunes ordures de jardins, feuilles, immondices, cendres de lefcives, ardoifes, tuiles, tuileaux, raclures de cheminée, gravois, ni d'y mettre ou faire mettre aucuns fumiers, ni autres ordures de quelqu'efpèce qu'elles puiffent être, & notamment après le paffage des tombereaux pour l'enlèvement des boues.

IV. Seront tenus tous ceux qui auront chez eux des gravois, poteries, bouteilles caffées, verres à vitre, morceaux de glaces, ou vieilles ferrailles, de les raffembler dans des paniers & autres uftenfiles, pour les porter dans la rue, & de les mettre dans un tas féparé de celui des boues, fans pouvoir les mêler avec lefdites boues, ni les jetter par les fenêtres.

V. Faifons défenfes à tous Particuliers, de quelqu'état & condition qu'ils foient, de jetter par les fénêtres, dans les rues, tant de jour que de nuit, aucunes eaux, urines, matières fécales, & autres ordures, de quelque nature qu'elles puiffent être, ni de mettre fur leurs balcons & appuis de fenêtres, des pots de fleurs, des cages ou jardinets, & autres objets en danger.

VI. Ordonnons que pendant l'été, & dans les temps des chaleurs, les Bourgeois & Habitans de cette Ville & Fauxbourgs, arroferont ou feront arrofer le devant de leurs portes, deux fois par jour; favoir, à dix heures du matin, & à trois heures après midi, en obfervant toutefois de n'arrofer qu'à la diftance de deux pieds ou environ des murs de leurs maifons & bâtimens, & de ne pas prendre pour ledit arrofement de l'eau croupiffante dans les ruiffeaux.

VII. Enjoignons aux Aubergiftes, & à ceux qui logent en chambres garnies, de tenir deux regiftres, cotés & paraphés par première & dernière, par le Commiffaire ancien de leurs quartiers, où ils écriront de fuite & fans aucun blanc, les noms, furnoms, pays, qualités & profeffions de ceux auxquels ils donneront à loger dans leurs maifons, & le jour de leur arrivée & de leur départ; l'un defquels regiftres fera repréfenté chaque jour à l'Infpecteur de Police du quartier, & le double remis le dernier jour de chaque mois audit Commiffaire ancien, pour être par lui figné & vifé: Seront également tenus les Marchands Fripiers, Tapiffiers, Brocanteurs & autres, achetant des marchandifes vieilles, d'avoir des regiftres cotés & paraphés par l'ancien des Commiffaires du quartier, à l'effet d'y infcrire jour par jour, de fuite, & fans aucun blanc, la quantité & qualité des marchandifes vieilles qu'ils acheteront; enfemble les noms & domiciles des Vendeurs, pour être lefdits regiftres repréfentés aux Commiffaires du

POL

Châtelet, toutes les fois qu'ils le requéreront, & tous les mois aux Inspecteurs de Police, par lesquels ils seront visés & paraphés.

VIII. Ordonnons à tous particuliers de renfermer dans leurs maisons, leurs charrettes, hacquets, & autres voitures faisant embarras, & pouvant donner lieu à des accidens: permettons de saisir & mettre en fourrière toutes celles qui seront trouvées en contravention.

IX. Enjoignons aux Propriétaires, Maîtres Maçons, Charpentiers & Entrepreneurs de bâtimens, de renfermer, tailler & préparer dans l'intérieur desdits bâtimens, les pierres & matériaux destinés à iceux, autant que ledit intérieur en pourra contenir. Leur faisons défense de faire décharger les pierres, moëllons, charpente & autres matériaux qui ne pourront être contenus dans l'intérieur des bâtimens, ailleurs que dans les emplacemens qui leur auront été assignés par les Commissaires des quartiers; défenses à eux de faire porter dans les rues & places de cette Ville, une plus grande quantité desdits matériaux, que ce qui pourra être employé dans le cours d'une semaine au plus, si ce n'est pour les édifices publics.

X. Défendons pareillement de ne faire sortir dans les rues & places les décombres, recoupes, pierres, moëllons, terres, gravois, ardoises, tuileaux & autres matières provenant des démolitions de bâtimens, qu'autant qu'ils pourront être enlevés dans le jour, en sorte qu'il n'en reste point pendant la nuit. Enjoignons auxdits Propriétaires, Maîtres Maçons, Charpentiers & autres Entrepreneurs des bâtimens, de faire balayer tous les jours aux heures prescrites par les Réglemens, le long de leurs bâtimens & atteliers, & de faire enlever les recoupes deux fois la semaine, ou plus souvent s'il est nécessaire, de manière que leurs atteliers n'en soient pas engorgés.

XI. Ordonnons aux Maîtres Couvreurs, faisant travailler aux couvertures des maisons, de faire pendre au-devant d'icelles, deux lattes en forme de croix au bout d'une corde, & d'attacher auxdites lattes un morceau de drap d'une couleur voyante; leur enjoignons, & à tous autres faisant travailler dans le haut des maisons, lorsqu'il y aura le moindre danger pour les Passans, de faire tenir dans la rue un homme pour avertir du travail, & prévenir les accidens.

XII. Faisons défenses à tous Marchands Epiciers, Marchands de vin, Tapissiers, Frippiers, Sculpteurs, Marbriers, Menuisiers, Serruriers, Layetiers, Fruitiers, Charrons,

Loueurs de carrosses, Charretiers, & à tous autres de travailler ou faire travailler dans les rues, d'y établir des atteliers, tables & tréteaux, & de laisser au-devant de leurs maisons, sous quelque prétexte que ce soit, même pour servir de montre, aucuns ballots, tonneaux, meubles, trains, carrosses, charretes & autres voitures, ni aucuns autres objets de leurs métiers & professions.

XIII. Défendons à tous Marchands & Loueurs de chevaux, d'essayer, ni faire essayer leurs chevaux dans les rues & places de cette Ville ; leur enjoignons de se retirer dans le marché public & dans les endroits écartés qui sont à ce destinés : Faisons pareillement défenses à tous Charretiers de conduire leurs voitures & charrettes étant montés sur leurs chevaux, ou de les faire courir dans les rues ; leur enjoignons de les conduire à pied.

XIV. Enjoignons à tous Jardiniers, Voituriers, & autres qui enlèvent les fumiers des maisons de cette Ville & Fauxbourgs de Paris, de mettre sur leurs charrettes & autres voitures, une banne de longueur & largeur capables de les couvrir, de manière qu'il ne puisse tomber aucuns fumiers dans les rues : enjoignons aussi à tous Voituriers & Plâtriers qui amènent des plâtres à Paris, de couvrir leurs charrettes & voitures d'une pareille banne, en observant de mettre sous leurs charrettes & à côté des ridelles des nattes propres à contenir leurs plâtres.

XV. Faisons défenses à toutes personnes de jouer dans les rues & places publiques, au volant, aux quilles, au bâtonnet, d'élever cerf-volans, & de jouer à tous autres jeux dont les Passans puissent être incommodés ou blessés, ou les lanternes publiques cassées.

XVI. Enjoignons à tous Propriétaires, Locataires & Souslocataires de maisons, de faire exactement ramonner les cheminées des appartemens & autres lieux par eux loués, sous-loués ou occupés ; leur enjoignons, en cas de feu ou incerdie, de faire avertir sur le champ les Pompiers, & défenses de leur refuser l'entrée de leurs maisons quand ils s'y présenteront d'office.

XVII. Faisons très-expresses défenses à tous Particuliers, de quelque qualité & condition qu'ils soient, de tirer aucuns pétards ou fusées, boîtes, pommeaux d'épée ou sauciffons, pistolets, fusils, mousquetons, ou autres armes à feu dans les rues, cours ou jardins, & par les fenêtres de leurs maisons, pour quelque cause & occasion que ce soit ; leur défendons pareillement de brûler ou faire brûler dans les rues, de la paille, de la fougère, des feuilles de jardin, & toutes autres matières combustibles.

XVIII. Seront tenus tous les Habitans de cette Ville & Fauxbourgs, de quelqu'état & condition qu'ils soient, de fermer ou faire fermer les portes de leurs maisons à l'entrée de la nuit.

XIX. Faisons défenses à tous Cabaretiers, Taverniers, Limonadiers, Vinaigriers, Vendeurs de bière, d'eau-de-vie & de liqueurs au détail, d'avoir leurs boutiques ouvertes, ni de recevoir aucunes personnes chez eux, & d'y donner à boire, passé dix heures du soir, depuis le premier Novembre jusqu'au premier Avril, & depuis le premier Avril jusqu'au premier Novembre, après onze heures ; leur défendons pareillement de recevoir chez eux aucunes femmes de débauche, Vagabonds, Mendians, Gens sans aveu & Filoux.

XX. Faisons très-expresses inhibitions & défenses à tous Marchands de vin, Traiteurs, Cabaretiers, Limonadiers, débitans de bière & d'eau-de-vie, & à tous autres Particuliers faisant profession de donner à boire & à manger, même à ceux qui tiennent des jeux de boules, de donner à jouer, ni souffrir que l'on joue chez eux, aux dez, aux cartes, ni à aucuns jeux de hasard, de quelque nature qu'ils soient, quand même l'on n'y joueroit pas d'argent, & que ce seroit sous prétexte de payer les dépenses faites en leurs maisons & cabarets.

XXI. Ne pourront les Marchands de vin, Traiteurs, Limonadiers, Marchands de bière & autres, faisant profession de donner à boire & à manger dans la Ville, Fauxbourgs & les environs de Paris, avoir des violons & tenir des assemblées de danse chez eux les jours ouvriers, si ce n'est en cas de noces, & à la charge d'obtenir la permission nécessaire, de la représenter préalablement au Commandant de la Garde de Paris, & de faire retirer les violons à l'heure de minuit.

XXII. Défendons auxdits Marchands de vin, Limonadiers, Marchands de bière & eau-de-vie, & autres liqueurs, de donner à boire chez eux, & aux Maîtres Paumiers de laisser jouer chez eux aux heures du Service Divin.

XXIII. Faisons défenses à toutes personnes qui iront dans les jeux de billard, de faire aucuns paris, directement ni indirectement, même de donner des avis & conseils à ceux qui joueront à quelque jeu que ce soit ; & aux Maîtres desdits jeux de souffrir qu'il soit fait aucuns paris, & donner des conseils aux Joueurs. Faisons pareillement défenses auxdits Maîtres de jeux de billard, de donner à jouer au billard, paffé fept heures du foir en hiver, & neuf heures en été.

XXIV. Faifons défenfes à tous Marchands, Artifans, Maçons, Manœuvres, Crocheteurs, Charretiers, & autres gens de journée, de vendre, voiturer, & travailler les jours de Dimanches & Fêtes.

XXV. Défendons pareillement à tous Propriétaires & principaux Locataires de maifons, de louer aucunes chambres, ni donner retraite à des femmes de débauche & gens fufpects.

XXVI. Faifons défenfes aux Chiffonniers, Chiffonnières, & à tous autres, de vaquer par les rues pendant la nuit, & d'amaffer des chiffons avant le jour.

XXVII & dernier. Toutes les difpofitions contenues en la préfente Ordonnance, feront exécutées, fous peine, contre chacun des Contrevenans, d'amende, de confifcation des marchandifes, de fermeture de boutiques, de prifon, de punition corporelle & autres, fuivant l'exigence des cas, ainfi qu'il eft porté par les précédentes Ordonnances, Arrêts & Réglemens; & feront les pères & mères, Maîtres & Maîtreffes, civilement refponfables pour leurs enfans, apprentifs, ferviteurs & domeftiques.

Ce fut fait & donné par nous JEAN-CHARLES-PIERRE LE NOIR, Confeiller d'Etat, Lieutenant-Général de Police de la Ville, Prévôté & Vicomté de Paris, le 26 Juillet 1777.

LE NOIR.   MOREAU.

MORISSET, *Greffier.*

BUREAUX DE LA POLICE. (*les*) Ils font établis fous les ordres de M. le Noir, Confeiller d'Etat, Lieutenant-Général de Police.

Le premier eft le Bureau du cabinet ; il concerne la Baftille, Vincennes, les Châteaux du Roi où l'on tient les Prifonniers d'Etat, le renvoi des mémoires, lettres & placets dans les différens Bureaux de la Police, *&c.*

Le fecond Bureau a l'approvifionnement de Paris, l'illumination & le nétoiement des rues; le renvoi des placets & des mémoires pour les informations, les affiches & placards, les Colporteurs, les fpectacles, les foires, les Bureaux des Nourrices, les permiffions que doivent demander les Aubergiftes pendant le carême, les billets pour les Hôpitaux; ce qui concerne le Militaire, les rapports de la Garde de Paris, les Prisonniers de Police, les nouveaux Convertis, le dépôt des archives.

Le troisième Bureau a les ordres du Roi, & ce qui y est relatif, les maisons de force, les loteries, les Juifs, &c.

Le quatrième Bureau a le Bureau des Arts & Métiers, la révision des comptes des Corps & Communautés, les affaires concernant l'exécution de leurs Statuts & Réglemens, & l'administration de leurs revenus, la capitation & l'industrie desdits Corps & Communautés : les affaires du Conseil, concernant les apprentissages, Maîtrises & Jurandes, & les affaires contentieuses du Châtelet, & des Commissions du Conseil.

Le cinquième Bureau a le Bureau du Commerce, les manufactures, les sauf-conduits, les étoffes prohibées, les Religionnaires, les Agens de change, les visites à la Chambre Syndicale, la taxe des mémoires des Officiers, les instances au Conseil, autres que celles qui concernent les apprentissages, Maîtrises & Jurandes, & les approvisionnemens.

Le sixième Bureau est celui de sûreté, les chambres garnies & les déclarations qui intéressent la sûreté publique. Trois Inspecteurs, chargés de cette partie, se rendent tous les jours à ce Bureau, depuis onze heures du matin jusqu'à une heure.

Outre ces six Bureaux, il y a vingt Inspecteurs de Police, distribués dans les vingt quartiers de Paris, pour y veiller à la sûreté publique. Ils ont leur Bureau sur le quai de la Mégisserie, aux trois Pilons; mais ils sont obligés de venir rendre compte de leurs opérations à M. le Lieutenant-Général de Police, de qui ils reçoivent les ordres.

POLICE MUNICIPALE.

M. le Prévôt des Marchands, MM. les Echevins & M. le Procureur du Roi de la Ville, qui sont à la tête de cette branche intéressante de l'administration, ont dans leur département la Police des *Ports*, des *Ponts* & des *Quais*; & M. le Prévôt des Marchands a sur tout ce qui concerne les approvisionnemens de cette grande Ville, qui se font *par eau*, la même inspection que M. le Lieutenant-Général de Police a sur les approvisionnemens qui se font *par terre*.

Il connoît aussi de tout ce qui a rapport à la *navigation* & au commerce qui se fait sur *la Seine*, depuis son embouchure, & sur toutes les rivières y affluentes... de *la construction*, de l'entretien & de la *réparation des ports, des ponts & des quais*, des *fontaines publiques*, des *égouts*, & de tous les autres *édifices publics*, soit *d'utilité*, soit *d'embellissement*; il gouverne les *fêtes* & les *réjouissances* publiques, les *revenus* de la Ville.... Enfin il connoît comme Commissaire de Sa Majesté, en cette partie, ce qui a rapport à *la capitation* & aux *rentes* créées sur l'Hôtel-de-Ville de Paris.

Pompes du Roi pour les incendies.

Ces pompes servent pour remédier aux incendies, sans que le Public, ni les Particuliers, dans la maison desquels le feu aura pris, soient tenus de rien payer. Elles ont été établies pour procurer au Public un secours plus prompt que les seaux d'ozier foncés de cuir, dont on se servoit auparavant.

Ces pompes sont distribuées dans les endroits ci-après nommés.

Quartier de la Cité, qui comprend l'Isle Notre-Dame; à l'Hôtel de M. le premier Président; au Palais, cour du Mai; au marché neuf, près l'Archevêché, attenant l'Eglise Notre-Dame.

Quartiers Sainte-Opportune, Saint-Eustache, les halles & Saint-Denis; rue de la Jussienne, chez M. *Morat*, Directeur général des pompes, où on trouvera toujours plusieurs voitures d'eau; à la halle aux draps, rue de la Lingerie, rue de la petite Truanderie; rue Saint-Denis, attenant l'Eglise S. Jacques-de-l'Hôpital, près & attenant la porte Saint-Denis, du côté du Fauxbourg.

Quartiers Saint-Jacques-de-la-Boucherie, Saint-Martin, la Grève, Sainte-Avoie, le Temple & le Marais; rue Neuve-Saint-Denis, près la rue Saint-Martin, où on trouvera toujours plusieurs voitures d'eau; rue de Paradis, près & attenant la porte de l'Hôtel de Soubise.

Quartiers du Louvre ou Saint-Germain-l'Auxerrois, du Palais-Royal & Montmartre; rue Saint-Honoré, près celle de la Madeleine, où l'on trouvera toujours plusieurs voitures d'eau; rue Saint-Honoré près la fontaine des Capucins; au petit-Hôtel de M. le Lieutenant-Général de Police, rue Neuve-Saint-Augustin; à la bibliothèque du Roi.

Quartiers Saint-Antoine & Saint-Paul, y compris le *Fauxbourg Saint-Antoine*; rue de la Cerisaye, au coin de celle du Petit-Musc, où l'on trouvera toujours plusieurs voitures d'eau; dans la première cour de la Bastille; à la Diligence de Lyon, quai des Célestins.

Quartiers de la Place Maubert & de Saint-Benoît; rue S. Victor

Victor, vis-à-vis la rue des Boulangers, où l'on trouvera toujours plusieurs voitures d'eau; Place Maubert, attenant le corps-de-garde du Guet; Place de l'Estrapade, de même, rue des Poirées, vis-à-vis le Collège de Lisieux.

Quartier de Saint-Germain-des-Prés & du Luxembourg; barrière de Vaugirard, dite des Carmes, où l'on trouvera toujours plusieurs voitures d'eau; aux coches de Versailles; à la foire Saint-Germain; rue des Mauvais-Garçons; rue de l'Observance, près & attenant l'Eglise des Cordeliers.

Pour procurer au Public un plus prompt secours, on a établi douze corps-de-gardes, dans lesquels on trouvera jour & nuit des gardes-pompes, prêts à partir au premier avertissement. Ces corps-de-gardes sont placés.

Le premier, rue *Neuve-Saint-Augustin*, au petit Hôtel de M. le Lieutenant-Général de Police.

Le second, rue *de la Jussienne*, chez le Directeur des pompes.

Le troisième, à côté de la *fontaine des Capucins*, rue Saint-Honoré.

Le quatrième, rue *Neuve Saint-Denis*, du côté de la rue Saint-Martin.

Le cinquième, rue *de Paradis*, attenant la porte de l'Hôtel de Soubise.

Le sixième, rue *de la Cerisaye*, au coin de celle du petit Musc.

Le septième, *au Palais*, cour du Mai.

Le huitième, rue des *Mauvais-Garçons*.

Le neuvième, au Couvent des *RR. PP. Cordeliers*.

Le dixième, Place de *l'Estrapade*.

Le onzième, rue des *Vieilles-Tuileries*, Fauxbourg Saint-Germain, vis-à-vis la rue Saint-Maur.

Le douzième, rue Saint-Victor, vis-à-vis la rue des Boulangers.

Indépendamment des corps-de-gardes ci-dessus, il y a dans Paris plusieurs dépôts de pompes & de voitures d'eau, dans lesquels, ou à côté desquels logent au moins deux Gardes-pompes.

M. le Maréchal *de Biron*, Colonel du Régiment des Gardes-Françoises, a ordonné à tous les corps-de-gardes des casernes du Régiment, que, sans attendre aucun ordre, au premier avis d'un feu, les Sergens se portassent à l'incendie avec des détachemens, munis des ustensiles, pour y donner tous les secours nécessaires.

On trouvera aussi au dépôt des Recrues du Régiment sur

Tom. IV.

le boulevard, près la chauſſée d'Antin, pluſieurs voitures d'eau deſtinées pour les incendies.

MM. les Prévôt des Marchands & Echevins ont donné de nouveaux ordres pour que les pompes ſur bateaux, établies pour le ſecours des incendies, ſoient entretenues & ſervies avec le plus grand ſoin, & tranſportées avec toute la célérité poſſible aux endroits où elles pourront être utiles. Les crocs, haches, échelles & ſeaux, dont la Ville a fait former des dépôts, tant à l'Hôtel-de-Ville, que dans un très-grand nombre d'endroits, ſeront auſſi fournis avec l'abondance & la promptitude néceſſaires.

Les Révérends Pères Religieux Mendians, au premier avis qu'on leur donne d'un incendie, s'y portent à l'inſtant avec un zèle & un courage ſans bornes.

Tous les Gardes-pompes ont à leur porte un tableau avec cette inſcription :

Gardes-pompes du Roi pour les incendies.

C'eſt aux ſoins & à la vigilance de M. de Sartine, alors Lieutenant-Général de Police, que le Public eſt redevable de toutes ces précautions. Pour en profiter, il eſt néceſſaire au moindre indice de feu, de s'adreſſer directement aux dépôts. Perſonne ne doit ignorer qu'il n'en coûte abſolument rien pour être ſecouru.

On eſt redevable à un Comédien, de l'uſage de cette eſpèce de pompes. Le feu avoit pris en 1705, à une maiſon occupée par un Artificier, voiſine de l'Egliſe du petit S. Antoine, & faiſoit de grands ravages dans tout ce voiſinage, on ſe ſervit avec ſuccès de ces pompes, dont le Comédien avoit pris le modèle en Hollande & en Allemagne, & en faveur deſquelles on avoit fait une loterie qui produiſit d'aſſez bonnes ſommes. Leur ſuccès en procura l'établiſſement par Lettres-patentes, & on s'en ſert à préſent dans tous les incendies.

POMPES *ſervant à élever l'eau de la rivière* : 1°. Les eaux ſont élevées par deux pompes qui ſont au-deſſous du Pont Notre-Dame ; elles ſont renfermées dans un bâtiment dont la porte eſt décorée d'un médaillon de Louis XIV, de deux figures, & d'une inſcription de Santeul, que voici ;

Sequana cùm primùm Reginæ allabitur Urbi,
 Tardat præcipites ambitioſus aquas :
Captus amore loci, curſum oblivisçitur anceps

Quo fluat, & dulces nectit in Urbe moras ;
Hinc varios implens fluctu jubeunte canales
Fons fieri gaudet, qui modò flumen erat.

En voici la traduction par le grand Corneille.

Que le Dieu de la Seine a d'amour pour Paris !
Dès qu'il en peut baiser les rivages chéris,
De ses flots suspendus la descente plus douce
Laisse douter aux yeux s'il avance ou rebrousse.
Lui-même à son canal il dérobe ses eaux,
Qu'il y fait rejaillir par de secrettes veines ;
Et le plaisir qu'il prend à voir des lieux si beaux,
De grand fleuve qu'il est, le tranforme en fontaines.

Voy. EAU. Ces ouvrages furent reconstruits en 1708. *Voy.* PONT-NOTRE-DAME.

2°. L'eau de la Seine est élevée par la pompe de la Samaritaine. *Voy.* ce que nous en avons dit, *tom* 3, *pag.* 82.

Ces pompes distribuent aussi l'eau à plusieurs fontaines de la Ville.

POMPONE, Village situé entre Chelle & Lagny, sur le rivage droit de la Marne, & dans la grande route, mais beaucoup plus près de Lagny que de Chelle, avec titre de Marquisat.

L'Eglise est sous le titre de Notre-Dame, si on la regarde comme priorale ; & sous celui de S. Pierre, en tant que Paroisse. La Cure est dite être à la présentation de l'Abbé de Rurecour dans le Pouillé Parisien du treizième siècle. C'est ce qu'on appelle aujourd'hui Saint-Martin-aux-Bois, Abbaye de Chanoines Réguliers dans le Diocèse de Beauvais, proche Gournay-sur-Aronde ; mais dans les Pouillés de 1626 & de 1648, elle est dite être à la pure collation de l'Archevêque. Il existoit à Pompone une léproserie dès la fin du douzième siècle, dont on ignore les Fondateurs.

Le Château est situé sur la gauche du chemin qui mène à Lagny ; il a en perspective cette Ville avec de charmans vallons. Les avenues sont remarquables par leur nombre & leur beauté. Le Roi Louis-le-Gros y fit sa résidence pendant l'année 1121 ; il étoit alors en guerre contre Thibaud, Comte de Champagne & de Brie. Les Historiens du Siège de Paris par Henri IV, ont écrit que sur la fin de ce siège, les Espagnols ses ennemis, étoient couverts & retranchés au

F ij

Village de Pompone près de Lagny, fous la conduite du Duc de Parme. Le Couvent des Auguftins, eft fur le territoire & Paroiffe de Pompone. Ils font de l'efpèce de ceux qu'on appelle à Paris les Auguftins de la Reine Marguerite au Fauxbourg Saint-Germain.

PONTCARRÉ. Ce lieu qui étoit primitivement un Hameau de la Paroiffe de Favières, eft fitué dans une plaine voifine des bois qui conduifent à Hermières, Favières & Tournan; le château, au moins, eft dans cette pofition, entouré d'eau & de bofquets; le gros du Village qui eft voifin de l'Eglife, fe trouve au midi de Ferrières, à la diftance de demi-lieue, ce qui fait qu'on n'y compte que dix lieues de Paris, du côté de l'orient. Les maifons qui compofent cette Paroiffe font éparfes dans la campagne. Le territoire eft un peu froid, à caufe du voifinage des bois & du petit vallon, ce qui le rend peu propre à la vigne, mais feulement aux labourages & pâturages.

L'Eglife eft fous le titre de S. Roch; elle eft très-petite & peu folidement bâtie, mais fupportée par une tour qui paroît nouvelle. Il n'y a point de collatéral d'aucun côté. Le Pape Alexandre VII a accordé des indulgences à la Confrèrie de S. Roch, érigée dans cette Eglife. Depuis l'érection du titre paroiffial, c'étoit le Seigneur du lieu qui nommoit le Sujet pour remplir la Cure, lequel étoit enfuite préfenté par l'Abbé d'Hermières, lorfque c'étoit un Religieux Prémontré, & repréfenté, c'eft-à-dire, approuvé une feconde fois, felon la Coutume, par l'Archidiacre. Le temps des guerres de la Religion fur la fin de ce fiècle, abrégea ces cérémonies, & le Seigneur préfenta un Prêtre féculier.

On ne trouve les Seigneurs de Pontcarré, que depuis l'érection de la Paroiffe. En 1506, jufqu'environ 1530, cette Terre appartint à *Louis Picot*, Confeiller au Parlement; & en 1535 à un autre *Louis Picot*, apparemment fils du précédent.

La Seigneurie paffa enfuite à un M. *de Vignols*, dont la fille *Antoinette*, qualifiée Dame d'Argini & de Pontcarré, époufa *Jean Camus*, Baron de Bagnols en Lyonnois, &c.

Geoffroy Camus, quatrième fils de *Jean Camus*, Seigneur de Pontcarré, fuccéda à fon père en cette Terre, & eut la Seigneurie de Torcy. Il obtint de Charles IX des Lettres datées de Paris au mois d'Octobre, qui permettoient l'établiffement d'une foire à Pontcarré le 16 Août, jour de Saint Roch. Il eft qualifié **Confeiller d'Etat** dans l'acte de la présentation qu'il fit au mois d'Avril 1596, de M^e. *Pierre le Pic*, pour la Cure de Pontcarré.

Depuis ce temps-là, la Seigneurie de Pontcarré a passé dans cette famille de père en fils.

PONTCHARTRAIN (*la Terre & Château de*) est située à huit lieues de Paris, quatre de Versailles, & une lieue de Montfort; c'est une des belles Terres qu'il y ait pour son étendue & pour son revenu. Elle a appartenu à M. le Comte *de Pontchartrain*, ci-devant Chancelier de France: elle appartient aujourd'hui à M. le Comte de *Meaurepas*, ci-devant Ministre & Secrétaire d'Etat au Département de la Marine, & aujourd'hui Chef du Conseil de Sa Majesté Louis XVI.

Le Château est dans un fond environné de fossés larges & pleins d'eau, dans lesquels il y a beaucoup de poissons. On entre dans ce château par un pont-levis, vis-à-vis duquel il y a un assez beau canal. Le parc est considérable & bien percé par de belles allées d'arbres. Il y a des bosquets plantés d'arbres, d'arbrisseaux & de plantes étrangères, qui répandent dans la saison une odeur charmante; on y voit de très-belles statues de marbre, par les meilleurs Sculpteurs.

PONTEAUX. Village du Doyenné de Lagny, distant de Paris de quatre lieues & demie, ou même de cinq, vers l'orient d'hiver, à la gauche du grand chemin d'Ozoir-la-Ferrière, Tournan, &c. proche d'un très-petit vallon, où néanmoins se trouve une petite butte, regardant le couchant, sur laquelle il est construit. Le Pays abonde assez en menus grains & en foin.

La Commanderie de Saint-Jacques-du-Haut-Pas avoit à Ponteaux une Ferme assez considérable, qu'on appelloit la *Maison-du-Haut-Pas*. Dans le temps de l'extinction de cette Commanderie sous Charles IX, cette Ferme qui relevoit de la Queue, fut unie à l'Evêché de Paris; & comme elle fut ruinée dans les temps des guerres de la Religion, *Henri de Gondi* la donna à rente en 1599.

L'Eglise est sous le titre de Saint-Denis, premier Evêque de Paris. Le Chœur est d'une structure du treizième ou quatorzième siècle, terminé dans le fond en demi-cercle, avec des vitrages rouges antiques, mais sans galeries. La tour est grossièrement construite de mauvaises pierres spongieuses. Le Prieur de Gournay présente à la Cure & est gros Décimateur.

Tous ceux qui vont au Village *de Ponteaux*, ne manquent

pas de lire & même de copier cette épitaphe, qu'on croit être de l'année 1550.

Ici devant en cest endroit
Temple fondé de Saint-Denis
Le corps de *Mathurin Collet*
A été mis par ses amis.
Il a voulu par bon devis,
Avant que de passer le pas,
Tant pour lui que pour ses amis,
En ce monde faire un grand repas,
Qui sera un très-grand soulas
A ceulx qui le voudront bien prendre
En y prenant un grand soulas,
Ainsi il le convient entendre :
C'est une délicate viande
Qui quarante ans comme miel
A nourri tout le Peuple ensemble
Des enfans issus d'Israël ;
C'est le Sacrement de l'Hostel
Fondé perpétuellement
Tous les jeudis sans y falloir,
Ledit *Collet* ainsi l'entent.
De ses biens assez largement
Il a donné à ceste Eglise,
Pour subvenir doresnavant
A faire selon sa devise
Lettres passées selon sa guise
Du don qui par lui a été fait
Sous les sceaux de la Queue (*) en Brie.
Signés par *Guillaume Trehet*;
Cinq quartiers terre en un endroit
Et puis deux arpens en deux pièces
Et trois demis en trois endroits
A donné d'un amour entière,
Puis il y a en la vallée
Ung quartier & demi de pré
Qui sera dit par renommée,
Ici est le pré du Curé,
Six francs six blancs il a donné,
Rente perpétuellement

___

(*) Village près de Ponteaux.

Bien assignée en vérité
Sur son bien comme il l'entend :
Il est déclaré amplement
Le tout dans les Lettres du don ;
Les tenans & aboutissans
En les lieux en font mention.
Dictes à son intention
Sy vous plaist bien dévotement,
Chacun de vous une oraison ,
En priant Dieu parfaitement
Qu'il lui plaise soudainement
Le colloquer en Paradis ,
En ce lieu qui est si plaisant
Le mettre , & tous ses bons amis.

Cette épitaphe est en petit gothique , sans date , & doit être d'environ l'an 1550.

Au vitrage du Sanctuaire, du côté du septentrion, est représenté à genoux un homme vêtu de noir. Ses armes sont d'or à deux hures de sanglier, écartelées d'argent, à deux lions de sable & de gueule, & deux aigles déployés. Au-dessus est écrit : *Tristan de Reilhac l'an M. V & dix*. La Seigneurie de Ponteaux paroit avoir été, au moins, un siècle dans la maison de *Reilhac*.

PONTILLEAU , écart de la Paroisse de Ponteaux, vers l'orient, en tirant à Roissy. Son nom paroît être un diminutif de Ponteaux, qui lui-même est un diminutif de Pont.

PONTOISE. Ville de France, Capitale du Vexin-François, Election de la Généralité de Paris, placée sur une hauteur au nord-ouest de cette même Ville, entre les Elections de Mantes, de Paris, de Senlis, de Beauvais & la Généralité de Rouen. On lui donne neuf lieues de long, sur huit de large. La rivière d'Oise l'arrose dans une de ses extrêmités ; elle y reçoit celle de Vionne & de Lauceron, qui y coulent du septentrion au midi. Elle est à vingt-une lieues sud-est de Rouen, sept nord-est de Paris. Longit. 19 deg. 45 min. latit. 49 deg. 32. Son nom lui vient de sa rivière & de son pont, à l'extrémité duquel elle est élevée. Les Romains l'appelloient *Briva-Isara*. La Vionne lave ses murs avant que de se jetter dans l'Oise. Il y a Prévôté, Bailliage, Châtellenie & Grenier à sel, sept Paroisses, une Abbaye de Bénédictins, des Cordeliers, des Capucins, quatre Couvens de Filles, un Hôtel-Dieu & un Collège ; sa Collégiale fut fondée en 1286 par Philippe I : on y tint les Etats généraux en 1561 : le Parlement de Paris y fut transféré en 1652, 1719, 1720 & en 1753. Philippe-le-Hardi, Chef de la seconde branche des Ducs de Bourgogne, y naquit en 1341. Saint Louis donna le Domaine de cette Ville à la Reine *Blanche* en 1244 ; elle a passé ensuite aux Cardinaux *de Joyeuse*, *de Richelieu & de Bouillon*.

Quelques-uns de nos Rois ont aimé le séjour de Pontoise : avant qu'ils y demeurassent, cette Ville n'étoit qu'un simple Bourg. *Isabelle*, première femme de Philippe II, fut envoyée à Pontoise, lorsque les Evêques eurent cassé son mariage avec le Roi. Là cette vertueuse Princesse travailla habilement avec son père à ramener le Roi par la douceur, au lieu de suivre les conseils violens du Comte de Flandre son beau-frère, qui vouloit entrer en France à main armée ; elle fut assez heureuse pour y réussir : elle devint mère de Louis VIII. *Philippe* l'aima tendrement, & montra la douleur la plus vive, lorsqu'elle mourut en couche à l'âge de vingt-deux ans.

Saint Louis eut à Pontoise une maladie dangereuse, qui fit craindre pour ses jours ; c'est là que ce Prince s'engagea par un vœu à se croiser pour la conquête de la Terre Sainte. Charles VI y fut malade de même en 1419, & ne put pas se trouver à l'endroit que l'on avoit choisi auprès de Meulan, pour y traiter de la paix, sous une tente, avec Henri, Roi d'Angleterre. La Reine son épouse y tint sa place. Cette Princesse revenoit tous les soirs à Pontoise avec *Catherine* de France, que *Henri* recherchoit en mariage.

La même année, les Anglois surprirent cette Place, & y entrèrent par escalade. Elle fut reprise d'assaut par Charles VII en 1441 ; la maison des Cordeliers ayant été rasée pendant ces guerres, on transféra ces Pères dans l'endroit où ils sont aujourd'hui. Ils y ont le cœur de *George d'Amboise* ; leurs jardins sont très-beaux ; on y voit de même avec plaisir ceux qui ont été embellis par le Duc *de Bouillon*, Seigneur Engagiste de la Ville.

On admire dans l'Eglise des Carmélites, le mausolée de Mademoiselle *Acarie*, qui y est morte en odeur de sainteté. Le Cardinal *de Joyeuse* a été inhumé dans celle qu'y avoient les Jésuites. Il y a sur l'Autel de cette Eglise un excellent tableau de Jouvenet. Les Bénédictines Angloises de la Grace de Dieu, y ont été transférées en 1657, parce qu'elles se trouvoient incommodées du mauvais air de Boulogne, où elles étoient auparavant.

Les Canonicats du Chapitre de Pontoise sont à la nomination du Roi. Autrefois le Maître d'école, attaché à ce Chapitre, y venoit tous les ans se démettre de son autorité, en apportant ses verges : pendant le temps qu'on les retenoit, il n'exerçoit aucunes fonctions ; mais lorsqu'on les lui rendoit, il rentroit dans tous ses droits.

Le terrain de l'Election de Pontoise est très-fertile en bled, sur-tout dans la partie qu'on appelle le Vexin *Normand* ; il y a quelques bois du côté de Nesle, de Warville, de Neuville-Bosc & de Puisieux-le-Hauberger. On tient tous les mercredis un marché considérable au Bourg de Marines, où le Chancelier de *Silleri* a établi une Communauté de Pères de l'Oratoire. S. A. S. M. le Prince de Conti a la belle Terre de l'Isle-Adam, où il y a un magnifique Château. On en voit de même de fort beaux à Alfeiges, à Chars qui a le titre de Baronnie, à Arronville, à Ancerville, à Amblainville, à Courcelles-sur-Vionne, à Emery, à Edouville, à Frouville, à Fosseuse, à Héronville, à Hénouville-en-Telle, à Mercy, à Mongeroult, à Stoirs, à Puisieux, à Saint-Ouen-l'Aumône, à Nesle, à Warville qui a titre de Marquisat, &c.

La prise de Pontoise en 1589 a été le dernier exploit militaire d'Henri III. Lorsque ce Prince eut appris que Paris étoit fort ébranlé par l'avantage que ses Troupes venoient de remporter auprès de Senlis, & dans le bois de Chantilly, il résolut de profiter de la confusion où étoient les Ligueurs, & de marcher vers la Capitale. Le siège de Pontoise fut poussé avec la plus grande vivacité. L'opiniâtreté des Rebelles paroissoit devoir faire traîner cette affaire en longueur ; mais d'*Alincourt*, Gouverneur de la Place, ayant été blessé à l'épaule, Pontoise se rendit. Cette Ville est la Patrie de *Jeanne Lyons*.

PONTS DE PARIS,

Tant anciens que nouveaux.

PONT-ALAIS. Il y a plus de soixante ans que l'on voyoit à la pointe de Saint-Eustache, vis-à-vis les Boucheries, une grande pierre, posée sur un égout en forme de petit-pont, appellé le *Pont-Alais*, du nom de *Jean Alais*. Cet homme industrieux, pour se rembourser d'une somme qu'il prêtoit au Roi, fut l'Inventeur & le Fermier d'un impôt d'un denier sur chaque panier de poisson qu'on apportoit aux halles : il en eut tant de regret, qu'il voulut, dit-on, en expiation, être enterré sous cette pierre dans cet égoût des ruisseaux des halles. Elle étoit au bas de la rue Montmartre & de la rue Traînée.

Cette inhumation a bien tout l'air d'un conte ; car ni Marot, ni Bèze dans son Passavant, ni Bonnaventure Desperiers dans ses Contes, qui ont tous parlé de *Jean du Pont-Alais*, n'ont pas dit un seul mot ni de l'imposition sur le poisson, ni du choix de cette sépulture. Ils ont peint au contraire *Jean du Pont-Alais*, comme un homme de plaisir, qui étoit toujours occupé, & toujours prêt à donner des spectacles & des amusemens au Peuple. Duverdier même dans sa Bibliothèque en convient, quoiqu'il soit le premier Ecrivain qui ait parlé de cette tradition. Voici comme il s'en explique dans la page 749 de sa Bibliothèque.

Jean du Pont-Alais, *Chef & Maître des Joueurs de moralités & farces à Paris, a composé plusieurs jeux, mystères, moralités, sotyes & farces, qu'il a fait réciter publiquement sur un échafaut en ladite Ville, aucunes desquelles ont été imprimées, & les autres non. On dit que par son testament il ordonna son corps être enseveli en une cloaque en laquelle s'égoute l'eau de la marée des halles de la Ville de Paris, assez près de l'Eglise de Saint Eustache, là où il fut mis après son décès, suivant sa disposition & dernière volonté. Le trou qu'il y a pour recevoir ces immondices, est couvert d'une pierre en façon de tombe, & est ce lieu appellé, du nom du Testateur,* le Pont-Alais. *J'ai ouï dire que la repentance qu'il eut sur la fin de ses jours, d'avoir donné l'invention d'imposer un denier tournois sur chacun mannequin de marée arrivant aux halles, de tant que cela venoit à la foule du Peuple, l'occasionna de vouloir être ainsi enterré en tel puant lieu, comme s'estimant indigne d'avoir une plus honnête sépulture.*

On voit par ce passage, que tout ce qu'on a dit de la prétendue sépulture de *Jean du Pont-Alais*, ne porte que sur des oui-dire populaires. Il faudroit des preuves plus fortes & mieux fondées pour persuader tout Lecteur judicieux.

Comme cet endroit est très-serré, & un des plus grands passages qu'il y ait dans Paris, l'utilité publique fit qu'en 1719, on ôta cette pierre prétendue tombe, & il est même étonnant qu'on ne l'ait pas ôté plutôt, car elle étoit très-incommode pour les voitures.

PONT-AU-CHANGE. Ce Pont est au-dessous de celui Notre-Dame, & sur le même canal. Une charte de Charles-le-Chauve, & une autre de Charles-le-Simple, son petit-fils, parlent de ce Pont; mais Sauval a fait voir que ces chartes sont supposées, quoique le Père Labbe & le Père du Breul les aient cru véritables. Ce Pont ne fut d'abord bâti que de bois, & fut communément appelé *le grand-Pont* jusqu'en l'an 1141, que Louis VII ordonna que son change & tous les Changeurs de Paris demeurassent sur ce pont, & depuis il a toujours été appelé & porté le nom de *Pont-au-Change*. En 1618, il y avoit encore des Orfèvres d'un côté de ce Pont, dans cinquante forges, & des Changeurs vis-à-vis sur l'autre côté, dans cinquante-quatre changes, dont il ne reste plus qu'un seul aujourd'hui. Les Fêtes & Dimanches, les Oiseliers y venoient vendre toute sorte d'oiseaux (comme cela se fait encore aujourd'hui) ce qui leur avoit été permis, à condition d'en lâcher deux cents douzaines, à l'heure que nos Rois & nos Reines passeroient sur ce Pont, le jour de leur entrée triomphante. Pendant que ce Pont n'a été que de bois, il a été plusieurs fois entraîné par le débordement des eaux, & par les glaces. Il fut même consumé par le feu le 24 d'Octobre de l'an 1621 & l'an 1639. L'on commença à le bâtir de pierre, tel qu'il est aujourd'hui, le 19 de Septembre de cette dernière année, & il ne fut achevé que le 20 d'Octobre 1647.

Comme Paris est aujourd'hui plus peuplé qu'il n'a jamais été, il y avoit long-temps qu'on s'appercevoit que le quai des Morfondus étoit trop étroit, & que cela causoit tous les jours des embarras également incommodes & dangereux pour les équipages & pour les gens de pied. M. *Turgot*, Conseiller d'Etat, & Prévôt des Marchands de la Ville de Paris, voulant remédier en 1738, à une partie de ces incommodités, fit élargir le quai des Morfondus, au moyen de deux angles saillans, qu'on a formés, l'un au bout du Pont-au-Change, vis-à-vis la tour de l'horloge du Palais, & l'autre au Pont-Neuf, presque vis-à-vis la statue équestre d'Henri-le-Grand. Pour cet effet, la Ville a acheté quatre maisons qui étoient les quatre dernières du Pont-au-Change, dont trois appartenoient à des Particuliers, & la quatrième au Grand-Prieuré de France, & les ayant fait abattre, a formé en cet endroit une petite place, où commence un trottoir en saillie, qui règne le long du parapet du quai des Morfondus, & se termine au Pont-Neuf. On y voit un très-beau méridien, *Voy. tom. 3, pag. 530.*

A l'autre bout de ce Pont, on voit une statue de Louis XIV à l'âge de dix ans. Une Victoire paroit au-dessus, tenant une couronne de laurier à la main, dont elle va couronner ce jeune Prince. Il est élevé sur un piedestal, à côté duquel Louis XIII & la Reine Anne d'Autriche sont représentés de grandeur naturelle, & avec leurs habits royaux. Toutes ces figures sont de bronze sur un fond de marbre noir, & ont été sculptées par *Simon Guillain*. Sur le piedestal de la statue de Louis XIV, est cette inscription :

Ce Pont a été commencé le 19 de Septembre 1639, du glorieux règne de Louis-le-Juste, & achevé le 20 d'Octobre 1647, régnant Louis XIV, sous l'heureuse Régence de la Reine Anne d'Autriche sa mère.

Sur une tombe de marbre noir qui est dans le soubassement, est l'inscription qui suit :

Par ordre de Pierre Seguier, *Chancelier de France* ; Claude de Mesmes, *Comte d'Avaux* ; Michel Particelle, *Seigneur d'Emery, Surintendant des Finances* ; Jean Auberry, André le Fevre, *Sieur d'Ormesson* ; Dominique Seguier, *Évêque de Meaux, Prêtre, Aumônier du Roi* ; Jacques Tubeuf, *Intendant des Finances, Président des Comptes* ; Daniel de Prejezac, *Conseiller ordinaire de Sa Majesté en ses Conseils d'Etat* ; Olivier le Fevre d'Ormesson, *aussi Conseiller de Sa Majesté en sesdits Conseils, Maître des Requêtes ordinaires de son Hôtel* ; & François le Fevre, *Seigneur de Mormant*, Claude Ridel, *Conseiller du Roi en ses Conseils, Président-Trésorier-Général de France à Paris, Commissaire député pour la direction de ces ouvrages, construits aux dépens des Propriétaires incommutables des maisons dudit Pont, suivant les Arrêts du Conseil, Lettres-patentes & Edits vérifiés en Parlement.*

C'est ici le lieu de parler du Pont de *Charles-le-Chauve* & & du Pont *Marchand*, dont l'historique est relatif au Pont-au-Change.

PONT DE CHARLES-LE-CHAUVE. (le) Nos Historiens ont confondu le Pont-au-Change avec celui de *Charles-le-Chauve* ; ils ont pensé qu'il n'avoit fait que le rétablir, & ils ne se sont sans doute déterminés à embrasser cette opinion, que par ce qu'ils ne trouvoient plus de vestiges du Pont de ce Prince. MM. Launoy & Sauval connoissoient bien les Diplômes de Charles-le-Chauve & de Charles-le-Simple, qui font mention de ce Pont ; mais ne les retrouvant plus, ils ont mieux aimé le regarder comme imaginaire, fondés sur une erreur de Copiste dans la date de l'indication marquée dans ces deux chartes, qu'ils ont rejetées comme fausses. Si les fautes & l'ignorance d'un Copiste étoient un moyen suffisant pour détruire les actes les plus authentiques, il en est peu dont on pût aujourd'hui réclamer l'autorité ; mais n'y a-t-il point d'autres preuves de l'existence du Pont de Charles-le-Chauve, que la concession qu'il en fit à *Enée*, Evêque de Paris, & la continuation qu'*Anscheric* un de ses successeurs, en obtint de Charles-le-Simple ? C'est ce qu'on va examiner.

Une funeste expérience avoit déjà fait connoître à Charles-le-Chauve, ce qu'on avoit à craindre de la part des Normands. Ces Barbares étoient venus jusqu'à Paris en 845, & quoiqu'alors on leur eût donné 7000 livres d'argent pour se retirer, ils n'avoient presque pas discontinué de ravager sur les bords de la Seine ; ils reparurent sur cette rivière en 851, 852 & 855 : l'année suivante ils vinrent à Paris, où ils pillèrent & brûlèrent le Quartier méridional que nous appellons *l'Université* ; l'année 861 fut encore remarquable par de nouveaux ravages, & particulièrement par celui de l'Abbaye Saint-Germain, à laquelle ils mirent le feu. Tant d'entreprises qui menaçoient la Capitale, exigeoient qu'on prît pour les prévenir, ou pour les rendre inutiles, les précautions que la foiblesse du Gouvernement avoit fait négliger. Les fortifications que Charles-le-Chauve avoit fait faire à Pistes en Normandie, à l'embouchure de l'Andelle, n'avoient pu résister aux efforts des Barbares ; ce fut sans doute ce qui détermina ce Prince à faire construire à l'extrémité de la Ville de Paris un plus grand Pont, pour s'opposer à l'incursion des Normands : *Pro Normanorum infestatione, placuit nobis extra prædictam Urbem . . . . supra terram Monasterii Sancti Germani Suburbio commorantis,* majorem *facere Pontem.* Il le donna ensuite à *Enée,* Evêque de Paris, & à ses Successeurs. Adon, Archevêque de Vienne, Auteur contemporain, dont nous avons une Chronique qui finit vers l'an 880, nous assure de la réalité de ce Pont ; voici ses propres termes : *Rex Carolus aliquot annos adversùs Danos atque Northmanos, variis eventibus dimicans, Pontem miræ firmitatis adversùm impetum eorum super Sequanam fieri constituit, positis in utriusque capitibus, castellis artificiosissimè fundatis, in quibus ad custodiam Regni præsidia disposuit.* Charles-le-Chauve lui-même dans ses Capitulaires, fait mention de *Civitate Parisius,* & de *Castellis super Sequanam.* Enfin, Charles-le-Simple confirme en 909, à Anscheric, Evêque de Paris, la donation que son ayeul avoit faite à Enée, du Pont qu'il avoit fait construire.

Or, ces témoignages ne permettent pas, ni de nier l'existence d'un nouveau Pont, ni de le confondre avec le grand Pont ; ce n'eſt point celui-ci que Charles-le-Chauve a fait faire ou rebâtir ; c'eſt un plus grand Pont, *majorem Pontem* : ce n'eſt point dans la Cité où le grand Pont ſubſiſtoit alors, mais à l'extrêmité, *extrà prædictam Urbem* ; ce n'eſt point dans le lieu qu'occupe le Pont-au-Change, mais ſur la Terre de Saint-Germain : ce qu'on peut encore prouver aujourd'hui par les limites de cette Paroiſſe.

Ce Pont traverſoit toute la rivière. Un ſavant Académicien (M. *Bonamy*) que la République des Lettres a perdu depuis ſept à huit ans, & qui étoit très-verſé dans les antiquités de Paris, croyoit qu'il commençoit d'un côté, vers le For-l'Evêque, & que de l'autre, il aboutiſſoit vers la rue Pavée. Cette direction paroît aſſez naturelle ; on penſe cependant que ſa poſition n'étoit pas tout-à-fait ſi éloignée à l'occident. Ce Pont étoit de bois, & aſſis ſur des piles de maçonnerie ; il étoit défendu à ſes deux extrêmités par deux groſſes tours ou châteaux de bois.

Si, en ſe rappellant qu'il y avoit alors une enceinte au nord, comme on le prouvera ailleurs, on lit la deſcription que fait Abbon, témoin oculaire du ſiège fait par les Normands en 886, il ne ſera plus poſſible de méconnoître le Pont de Charles-le-Chauve, ni de le confondre avec le Pont-au-Change ; on voit par le récit de cet Auteur, *lib. 1*, *v. 62*, que les Normands commencèrent par attaquer la tour que défendoit le Pont du côté de Saint-Germain-l'Auxerrois, & l'endommagèrent ; mais pendant la nuit les Aſſiégés réparèrent le dommage, & donnèrent à la tour plus d'élévation qu'elle n'en avoit auparavant. Sigefroy, Chef de ces Barbares, ſe retrancha pour lors au Quartier de Saint-Germain de l'Auxerrois, qu'il fortifia d'un foſſé, dont les veſtiges ſont connus par le circuit que forme la rue qui en a pris le nom. La ſuite de la deſcription nous apprend que les Pariſiens ſe défendoient dans la tour & ſur le pont, ce qui ne peut convenir au Pont-au-Change, qui étoit couvert de maiſons ; mais ce qui achève de lever toute incertitude, c'eſt le détail de l'aſſaut du 31 Janvier. Les Normands battent la tour des trois côtés, & tâchent de réduire le Pont en cendres, par le moyen de trois barques remplies de branchages enflammées, qu'ils dirigent avec des cordages contre le Pont. Or, pour appliquer cette deſcription au Pont-au-Change, il faut ſuppoſer, 1°. Qu'il n'y avoit point d'enceinte au nord. 2°. Que les Normands étoient maîtres de la rivière au-deſſus de ce Pont, & c'eſt ce qu'on ne peut avancer ſans choquer la vraiſemblance, & le témoignage des Historiens. Les événemens subséquens du siège portent la vérité de ce qu'on vient de dire, à un dégré d'évidence, auquel il n'est pas possible de se refuser. La moitié du Pont de Charles-le-Chauve, du côté du midi, fut renversée par le débordement de la rivière, la nuit du 6 Février; la tour qui étoit à l'extrêmité, s'en trouva par-là séparée. Les Normands voyant qu'on n'y pouvait porter de secours, l'attaquent & y mettent le feu. Tous nos Historiens qui ont pris le Pont de Charles-le-Chauve pour le grand Pont, attribuent ici au petit Pont, ce qui arriva en effet à la partie méridionale de celui de ce Prince, & c'est une suite de la première erreur. Au mois de Novembre on fit un traité avec les Normands; on leur promit 700 livres d'argent; &, en attendant le paiement, on leur permit de se retirer en Bourgogne, mais on ne leur accorda pas la liberté de passer avec leurs bateaux sous les Ponts de Paris. Les Historiens sont d'accord à dire qu'ils prirent le parti de tirer leurs bateaux, & de les transporter par terre l'espace de deux milles & plus. La Chronique d'Alberic de Troisfontaines dit qu'ils ne pouvoient pas remonter *per acta Pontium*. Or, si le débordement du 6 Février eût emporté le petit Pont, rien n'empêchoit les Normands de remonter la Seine par le bras méridional; ce qu'ils ne purent faire, parce que ce Pont subsistoit encore en son entier, ainsi que la forteresse qui le défendoit, & si le Pont de Charles-le-Chauve eût été le grand Pont, aujourd'hui le Pont-au-Change, il ne falloit pas que les Normands fissent plus de deux milles au-dessus de la cité, pour remettre leurs bateaux à flot : donc Abbon ne parle ni du grand, ni du petit Pont, mais de celui de Charles-le-Chauve.

Comme on ne voit plus de vestiges de ce Pont, on pourroit penser qu'il a été emporté par les eaux ou par les glaces, peut-être même qu'il a été détruit dans les temps postérieurs, où l'utilité publique & la défense des Citoyens n'en exigeoient plus la conservation; ce qui paroîtroit d'autant plus vraisemblable, qu'il n'avoit point de communication libre & facile avec la Ville, ni avec la Cité, & que n'ayant été bâti que pour empêcher le passage des Normands, il n'a dû subsister qu'autant que les Parisiens ont été dans le cas de craindre de nouvelles incursions de leur part. Il y a cependant des preuves incontestables, que ce Pont a subsisté sous différens noms, quant à sa partie septentrionale, jusqu'au siècle passé. A l'égard de la partie méridionale, que les eaux avoient emportée en partie, & dont la tour avoit été rasée, il en existoit encore des restes au treizième siècle. Les archives de l'Abbaye Saint-Germain-des-Prés, en fournissent plusieurs preuves ; dans un bail à cens de 1259, on en accorde une arche pour y construire un moulin : *quamdam arcam sitam in aquâ Secanæ Parif. à parte parvi Pontis in gravasio, propè muros domûs Regis Franciæ.... pro molendino à dictis Thoma & Sancelina & eorum hæredibus, ponendo.* Cette concession en est faite moyennant 13 livres parisis de rente. Elles font encore mention de ce Pont en l'année 1300, sous le nom de *petit Pont* ; & pour ôter toute équivoque, celui que nous appellons ainsi aujourd'hui, y est désigné dans les baux à cens, contrats & autres actes, sous celui de *vieil petit Pont*, afin de le distinguer de celui-ci : *la maison de Bernard de Beauvais, près le petit Pont, rue de l'Hirondelle*, touchant parderrière à celle de l'Evêque de Chartres (*rue Gilles-Cœur*) & celle du Maître & Gouverneur de l'Hôpital de Saint-Jacques-du-Haut-Pas, tenant vers le petit Pont à la maison d'Henri de la Marche, d'une part ; d'autre, à la rue de la Boucherie, aboutissant pardevant à la grand'rue Saint-André-des-Arts. Voici encore une nouvelle preuve de ce qu'on a avancé, & qui paroît d'autant plus décisive, qu'elle indique qu'il y avoit deux Ponts sur le bras méridional de la rivière ; c'est une donation faite pardevant l'Official, le jour de la Pentecôté 1287, aux Religieux Cordeliers, d'une maison qui avoit été acquise dans ce dessein par *Mathilde de la Croix* ; elle y est ainsi désignée : *Domum quamdam sitam Parisius ultrà primum Pontem, in vico Sancti Germani, à parte Fratrum Minorum.* Cette indication, outre *le premier Pont dans la rue Saint-Germain*, qui est aujourd'hui la rue Saint-André-des-Arcs, ne permet pas de confondre ce premier Pont avec le second qui est le petit Pont.

On croit que ces autorités sont plus que suffisantes pour prouver l'existence du Pont de Charles-le-Chauve, différent du *grand* & du *petit Pont*.

PONT-MARCHAND. Il y avoit autrefois auprès du Pont-au-Change, un autre Pont aussi de bois, qui fut appellé le *Pont-aux-Colombes*, parce qu'on y vendoit des pigeons. On le nomma ensuite le *Pont-aux-Meûniers*, parce qu'ils avoient fait construire plusieurs moulins entre ces arches. Ce Pont fut emporté par les glaces en 1196, 1280, 1325 & 1407. L'an 1416, il fut si fort ébranlé, qu'une partie de ses maisons tomba dans l'eau ; mais ayant été entièrement emporté

emporté le 22 Décembre 1596, *Charles Marchand**, Colonel des Arquebusiers & des Archers de la Ville, le fit construire à ses dépens, à condition qu'à l'avenir il seroit appellé *le Pont-Marchand*. Il fut commencé l'an 1608, & achevé vers l'an 1609. Il fit mettre à chaque bout une table de marbre noir, sur chacune desquelles étoient gravés ces deux vers:

> *Pons olim submersus aquis, nunc mole resurgo:*
> *Mercator fecit, nomen & ipse dedit.*

La nuit du 24 d'Octobre 1621, le feu prit à ce Pont, à l'occasion d'une fusée qui fut jettée par un jeune homme, nommé *l'Empereur*. Le Pont-au-Change en fut aussi consumé. En moins de trois heures, il y eut cent quarante maisons entièrement brûlées. Presque tous ceux qui demeuroient sur ces deux Ponts furent ruinés. Outre 6000 livres qu'on leur donna, on quêta pour eux dans toutes les Paroisses. Le Parlement leur permit de se retirer à Saint-Louis pour y être nourris & logés pendant six mois. Lorsque l'on reconstruisit en pierre le Pont-au-Change, on y comprit l'emplacement qu'occupoit le Pont-Marchand; ainsi ces deux Ponts voisins ont été réunis en un seul.

PONT-AU-DOUBLE ou de L'HÔTEL-DIEU. (le) En 1625, les Administrateurs de l'Hôtel-Dieu, occupés du soin d'agrandir cette maison, firent construire une voûte le long de la rivière, pour élever une nouvelle salle dessus, & demandèrent en même temps la permission de faire bâtir un

---

* En 1604, le 11 Novembre, le Sieur *Marchand* traita avec le Chapitre de Notre-Dame, de la Seigneurie, voirie, censive & Justice sur ledit Pont. Ce droit fut si bien reconnu, qu'en 1642 le Roi, par ses Lettres-patentes du mois Décembre, enregistrées le premier Août 1652, déclara que le Chapitre étoit Seigneur foncier, censier & direct de la moitié du Pont (au Change) qu'on bâtissoit alors, cette partie remplaçant le Pont-aux-Meûniers ou Marchand, qu'on ne jugea pas à propos de reconstruire; & le Chapitre jouit encore aujourd'hui de ce droit sur 25 maisons. Par l'acte avec le Sieur Marchand, le Chapitre cède tout droit de propriété & de pêche, & une rente foncière de 200 livres, moyennant 400 l. de rente foncière, rachetable de 6400 l. Le premier Président *le Jay*, gendre & créancier du Sieur Marchand, remboursa cette somme. M. Jaillot, *Rech. sur Paris, Quart. de la Cité*, pag. 172 & 173.

Tom. IV.   G

Pont pour la commodité publique : il fut fini en 1634. Deux ans après on conſtruiſit le portail, rue de la Bucherie, où commence ce paſſage qui aboutit à la rue l'Evêque. On ne ſait ſur quel fondement Sauval, & Piganiol après lui, ont avancé que le Roi permit & en fit faire l'ouverture en 1637. Les Lettres-patentes du Roi ſont datées de Fontainebleau au mois de Mai 1634, & enregiſtrées au Parlement le premier Juin de la même année. Louis XIII ordonna par ces Lettres, que les gens de pied qui paſſeroient ſur ce Pont, paieroient un double tournois, & les gens à cheval ſix deniers. L'Auteur qu'on vient de citer, dit, *qu'il eſt rare d'y voir paſſer des gens de cheval, à cauſe que les culées en ſont trop roides :* il eût été plus exact de dire qu'ils n'y paſſent jamais, y ayant une barrière ou tourniquet qui n'en laiſſe l'entrée libre qu'aux perſonnes qui ſont à pied. Comme le péage fixé par Louis XIII, a toujours ſubſiſté, ce Pont en a retenu le nom de Pont-au-Double. Les deniers n'ayant plus cours actuellement, on paie un liard pour ce droit. *Voy. tome 3, pag. 218, &* PONT-MARIE. Quand l'on y paſſe trois perſonnes, le Receveur n'exige pas plus de deux liards : ce droit eſt pour l'entretien du Pont.

A l'entrée, du côté de la rue de la Bucherie, depuis la veille de Noël juſqu'à la Chandeleur, on voit la Nativité de Notre Seigneur, repréſentée en belles figures de cire, grandes comme le naturel, ainſi que l'Adoration des trois Rois. Le prix des places eſt de 4 ſols par perſonne.

PONT-AUX-CHOUX. (*le*) Entre l'endroit où étoit la porte du Temple, & la porte Saint-Antoine, & ſur les foſſés de la Ville, on a bâti un Pont qu'on nomme *le Pont-aux-Choux*, à cauſe qu'il eſt dans un Fauxbourg où il y a beaucoup de jardins potagers, qui fourniſſent à Paris quantité de légumes, & particulièrement des choux. On reconſtruiſit en 1674, une porte ruſtique qu'on nomma la porte *Saint-Louis*, apparemment à cauſe de cette inſcription qu'on y lit.

LUDOVICUS MAGNUS
AVO
DIVO LUDOVICO
ANNO R. S. H. M. D. C. LXXIV.

Cette porte a été abattue en 1760.

PONT-AUX-COLOMBES. Il fut emporté par les glaces le 22 Décembre 1596, & reconſtruit peu de temps après par le Sieur *Marchand* qui lui donna ſon nom. Il étoit voiſin du Pont-au-Change. *Voy. Pont-Marchand ci-deſſus.*

PONT DE GRAMMONT, ou *petit Pont de bois*. C'est celui qui communique à l'Isle Louviers, par le quai des Célestins. Il fut fait aux dépens de la Ville, lorsqu'elle n'en jouissoit encore qu'à titre de bail judiciaire.

PONT DE LA TOURNELLE. Il communique du quai & de la porte de ce nom, à l'Isle Notre-Dame. Il est composé de six arches solidement bâties, sans aucunes maisons dessus; & à l'instar du Pont-Neuf, on a ménagé des deux côtés deux trottoirs, pour éviter aux gens de pied l'embarras des voitures. Ces trottoirs ont été retrécis cette année 1777, vers le milieu du Pont où la chaussée n'étoit pas assez large.

Par un compte de *Simon Gaucher*, Payeur des œuvres de la Ville depuis 1369, jusqu'en 1371, dont Sauval a rapporté un extrait, il paroît que vers cet endroit de l'Isle, il y avoit un Pont appellé *le Pont de Fust de l'Isle Notre-Dame en 1371*. Voy PONT-MARIE; que *le Pont de Fust d'entre l'Isle Notre-Dame & Saint-Bernard, fut planchié en Septembre 1370*; qu'en 1369, on y *fit une tournelle quarrée & une porte qui fut étoupée l'année suivante*. Ce Pont fut sans doute détruit par les glaces ou par les débordemens. *Voy. Isle-N. D.*

PONT DES CIGNES. (*le*) Il avoit été construit pour faciliter la communication à l'Isle de ce nom ou Maquerelle. Il étoit de bois. On remplit actuellement le bras de l'Isle.

PONT-MARIE (*le*) Ce Pont sert de communication du Port-Saint-Paul à l'Isle-Notre-Dame ou Saint-Louis. Il en existoit un en 1361 à peu près dans le même endroit, suivant Sauval; & il étoit appellé le *Pont de Fust* (de bois) *d'emprès Saint-Bernard aux Barrès*. Voy. PONT DE LA TOURNELLE. Le 11 Décembre 1614, le Roi & la Reine mère en posèrent la première pierre, & il fut achevé & couvert de maisons en 1635. En 1658, le premier Mars, les eaux entraînèrent les deux arches du côté de l'Isle, & les maisons qui étoient dessus. L'année suivante, le Roi ordonna par ses Lettres-patentes du 17 Mars, que la pile & les deux arches fussent rétablies jusqu'au rez-de-chaussée, & que l'on construisît, en attendant, un Pont de bois, aboutissant au reste dudit Pont, de la même largeur, & suffisant pour le passage des charrettes, charriots & carrosses; & pour faciliter cette construction & le rétablissement du Pont, S. M. accorda la permission de lever pendant dix ans un droit de péage : c'est par cette raison qu'on le trouve indiqué dans quelques actes sous le nom de *Pont-au Double*. Il paroît cependant par différens Arrêts rendus en 1664, que ce Pont n'étoit pas encore reconstruit. Enfin il a été rétabli tel qu'il étoit, à la réserve des maisons qu'on n'a point rebâties sur ces deux arches. *Voy.* ISLE-NOTRE-DAME.

PONT-NEUF. (*le*) Ce Pont s'étend sur les deux bras de la Seine, qui ont formé l'Isle du Palais. C'est un des plus beaux Ponts de l'Europe. Sa longueur est au moins de cent quarante-quatre toises, qui est celle de la rivière juste ; & sa largeur qui est de douze, été partagée en trois parties. Celle du milieu avoit cinq toises avant les réparations de 1776, & sert pour les carrosses & autres voitures. Les deux autres sont des banquettes, élevées des deux cotés pour la commodité des personnes qui sont à pied. Ces banquettes s'élargissent en demi-cercle sur chaque pile du Pont, & c'est là qu'on tendoit tous les jours ouvriers de misérables tentes qui embarrassoient la route, & offusquoient la vue de ce Pont, qui est charmante du côté du cours de la rivière. Ces boutiques ambulantes ont été supprimées en 1756.

Ce pont fut commencé du temps d'Henri III, qui y mit première pierre le 31 Mai de l'an 1578, le jour même qu'il avoit vu passer la pompe funèbre de *Quélus* & de *Maugiron*, ses plus chers mignons. Les Rieurs disoient qu'il donneroit à ce Pont le nom de *Pont des Pleurs*. *Jacques Androuert du Cerceau*, habile dans la théorie & dans la pratique de son Art, en fut l'Architecte. Les guerres civiles & les troubles furent cause que cet ouvrage si utile fut discontinué jusqu'au règne d'Henri IV, qui le fit achever en 1604, sous la direction de *Guillaume Marchand*. Ce grand Prince, pour faire achever ce Pont, mit un impôt de dix sols d'entrée pour chaque muid de vin ; & par un amour de père envers son Peuple, il abolit l'impôt d'un sol pour livre que le Roi Henri III avoit mis sur les tailles de Bourgogne, de Champagne, de Normandie & de Picardie.

Comme ce Pont exigeoit quelques réparations par sa vétusté, Le Roi Louis XVI a donné une somme à cet effet. C'est pourquoi on a baissé & retréci les trottoirs, retranché les dégrés du milieu, & diminué le nombre de ceux des extrêmités. On a construit des boutiques dans les demi-lunes, dont la location est au profit de l'Académie de S. Luc, pour être employée aux pensions en faveur des pauvres veuves de cette Académie. Ces boutiques bâties en pierre de taille, sont au nombre de vingt, qui sont louées 600 livres chacune: ce bienfait du Roi a excité la réclamation d'un ancien droit que les prédécesseurs de Louis XVI avoient accordé à leurs Pages & premiers Valets de pied. Ils réclament cette grace dont ils n'ont été privés, disent-ils, que parce qu'on avoit reconnu l'inconvénient d'établir des boutiques sur ce Pont. On ne sait si le Roi aura égard à leurs remontrances, & s'il les dédommagera d'une autre manière. Les ouvrages ont été commencés au mois de Mai 1775, & finis en 1776. Le terrain sur lequel passe le Pont-Neuf, se trouve divisé en deux parties par la pointe de l'Isle du Palais; la plus grande est couverte par la Place Dauphine, & la plus petite forme une Place où l'on a élevé une statue équestre d'Henri IV. *Voy.* PLACES.

PONT-NOTRE-DAME. (*le*) L'an 1412, les Religieux de S. Magloire, Seigneurs Propriétaires de la place qu'occupe ce Pont, permirent à la Ville de le faire large de douze toises, & d'élever des maisons dessus. Charles VI lui donna le nom de *Pont-Notre-Dame*. Ce Prince, le Duc de Guienne son fils aîné, les Ducs de Berri & de Bourgogne ses oncles, y mirent la première pierre. On stipula dans l'acte de fondation, qu'aucun Orfèvre, ni Changeur n'y pourroient demeurer, & que le Roi y auroit toute Justice & Seigneurie, *mère, mixte, impère*, & les *lods* & ventes. Les Religieux de S. Magloire s'opposèrent à l'enregistrement des Lettres du Roi à la Chambre des Comptes; mais nonobstant leur opposition, elles y furent enregistrées. Ce Pont tomba le 25 de Novembre de l'an 1499, par la faute du Prévôt des Marchands & des Echevins. Il n'y périt que quatre ou cinq personnes: le Prévôt des Marchands & les Echevins furent mis en prison, & condamnés à dédommager les Intéressés. On prit sur l'amende, cent livres parisis, pour être employées à faire dire un Service solemnel en l'Eglise de Paris, pour le repos de l'ame des quatre ou cinq personnes qui avoient péri. Les Prisonniers moururent en prison, n'ayant pas assez de bien pour réparer le tort fait aux autres. En la place de cet ancien Pont, on commença celui qu'on voit aujourd'hui, & *Guillaume de Poitiérs*, Seigneur de Clerieu, pour lors Gouverneur de Paris, en posa la première pierre le 28 Mars, que l'on comptoit encore 1499, selon l'ancien calcul, & il fut achevée en 1507, ainsi que nous l'apprend une inscription qu'on mit à une des arches de ce Pont: elle étoit ainsi concue : *Soit mémoire que Samedi 10 de Juillet 1507, environ sept heures du soir, par noble homme* Dreux-Râguier, *Prévôt des Marchands* ; Jean de Lièvre, Pierre Paulmier, Nicolas Seguier & Hugues de Neuville, *Echevins de la Ville de Paris, fut assise la dernière pierre de la sixième & dernière arche du Pont-Notre Dame de Paris, & à ce étoit présent quantité de Peuple de ladite Ville, par lequel, pour la joie du parachevement de si grand & magnifique œuvre, fut crié* Noël *& grande joie de menée, avec trompettes & clairons qui sonnèrent par long espace de temps*.

Malgré ce témoignage si précis, le Maire & Sauval ont assuré que ce Pont ne fut commencé qu'en 1507, & qu'il ne fut achevé qu'en 1512. Il est chargé dans toute sa longueur de trente maisons d'un côté, & de trente-une de l'autre ; mais ces maisons ne furent finies que quelques années après. Elles sont toutes également élevées & de même structure. Elles étoient ornées sur le devant de grands thermes d'hommes & de femmes, composés à l'ordinaire d'un demi-corps & d'une gaine à trois faces, de laquelle pendoient autant de festons attachés à un grand cartouche, qui servoit comme de ceinture à ces thermes. Ces figures portoient sur leur tête des corbeilles remplies de fleurs ou de fruits. Dans les entre-deux, on voyoit des médaillons relevés en couleur de bronze, qui représentoient nos Rois, & ils étoient accompagnés d'inscriptions qui marquoient leurs noms & leurs caractères. Toutes ces maisons furent ainsi décorées l'an 1660, pour l'entrée de la Reine *Marie-Thérèse d'Autriche*. Aujourd'hui il en reste à peine quelques vestiges. Aux quatre maisons qui sont aux extrêmités de ce Pont, l'on a construit des niches, où l'on a placé, d'un côté, les statues de Louis XIII & d'Henri IV ; & de l'autre, celles de Saint Louis & de Louis XIV.

Au milieu de ce Pont, sont deux pompes qui élèvent de l'eau de la rivière, pour la distribuer à plusieurs fontaines de la Ville. L'une est de l'invention de *Joly*, & donne trente pouces d'eau ; & l'autre a été inventée par *de Manse*, & en donne cinquante.

En cet endroit du Pont est une porte d'architecture d'ordre ionique : on voit sur cette porte le bandeau de l'arc, de deux figures en bas-relief, dont l'une représente un Fleuve, & l'autre une Nayade. Ces deux chef-d'œuvres sont de *Jean Gougeon*, Sculpteur, dont la réputation est généralement connue. Ces figures étoient autrefois à un édifice du Marché-Neuf, qui a été démoli depuis, pour agrandir la place de ce marché. Au-dessus de cette porte, par laquelle on va à ces deux pompes, est un médaillon où est le portrait du Roi Louis XIV, &c. *Voy.* POMPES *servant à élever l'eau de la rivière.*

La traduction suivante est de feu M. *Charpentier*, de l'Académie Françoise; elle a cela de particulier, qu'elle est renfermée dans le même nombre de vers que la latine; mais la métamorphose qui fait brûler d'amour la Seine, paroît outrée & ridicule.

<blockquote>
Aussi-tôt que la Seine, en sa source tranquille,
Joint les superbes murs de la Royale Ville,
Pour ces lieux fortunés elle brûle d'amour:
Elle arrête ses flots, elle avance avec peine,
Et par mille canaux se transforme en fontaine,
Pour ne sortir jamais d'un si charmant séjour.
</blockquote>

Le Pont Notre-Dame est admirable, tant par la solidité que par la beauté de l'architecture. *Sannazard*, *Vazari*, & tous les Ecrivains qui sont venus depuis, ont tous assuré qu'il avoit été construit sur les desseins de *Jean Juconde*, ou *Joconde*, en François *Joyeux*, né à Véronne, sur les desseins duquel avoit été construit, peu de temps auparavant, le *Petit-Pont de Paris*; ce qui donna lieu à *Sannazar* de faire cette mauvaise épigramme en l'honneur de *Joconde*.

<blockquote>
Jucundus geminum posuit tibi Sequana Pontem
Hunc tu jure potes dicere Pontificem.
</blockquote>

Sauval a fort bien remarqué que Sannazar a fait allusion à l'inscription du Pont de Trajan.

<blockquote>
Prudentiæ Augusti verè Pontificis.
</blockquote>

Ici Sauval contredit ouvertement tous ceux qui ont dit que le Pont-Notre-Dame avoit été bâti sur les desseins de *Juconde*, & nous assure que les registres du Parlement, ceux de la Chambre des Comptes, & ceux de la Cour des Aides, disent que ce fut *Didier de Felin*, Maître des œuvres de maçonnerie de la Ville de Paris, qui avoit eu la surintendance de l'entreprise de ce Pont, & que *Juconde* n'en eut que le contrôle, & la conduite de la pierre qu'on employoit à sa construction. Cependant quelle apparence qu'un homme du mérite de *Juconde*, qui, quelque-temps après, fut appellé pour prendre, conjointement avec *Raphaël d'Urbin*, & *Julien de Saint-Paul*, la conduite de la superbe Eglise de Saint Pierre de Rome, en la place de *Bramante* qui venoit de mourir, eût été assujetti en France, à suivre les idées & les deſſins d'un Maître des œuvres de maçonnerie de la Ville de Paris.

Ce fut ſur ce Pont que l'Infanterie Eccléſiaſtique de la Ligue paſſa en revue devant le Légat, le 3 de Juin 1590. Capucins, Minimes, Cordeliers, Jacobins, Carmes, Feuillans, tous, la robe retrouſſée, le capuchon bas, le caſque en tête, la cuiraſſe ſur le dos, l'épée au côté, & le mouſquet ſur l'épaule, marchoient quatre à quatre, le R. Evêque de Senlis à leur tête, avec un eſponton; les Curés de Saint-Jacques-de-la-Boucherie & de S. Côme, faiſoient les fonctions de Sergens-Majors. Quelques-uns de ces Miliciens, ſans penſer que leurs fuſils étoient chargés à balles, voulurent ſaluer le Légat, & tuèrent à côté de lui un de ſes Aumôniers. Son Eminence, trouvant qu'il commençoit à faire trop chaud à cette revue, ſe dépêcha de donner ſa bénédiction, & s'en alla. *Saint-Foix*, tom. 2, pag. 46.

PONT. (*petit*) (*le*) Ce Pont eſt ſur la même ligne que celui Notre-Dame; & quoique la rue qui conduit de l'un à l'autre, ne ſoit pas des plus longues, cependant elle change trois fois de nom. Celle qui eſt au bout du Pont-Notre-Dame, ſe nommoit en 1457 *la rue de la Planche-Saint-Denis-de-la-Chartre*: on la nomma enſuite *la rue du Moulin*, enfin la *rue de la Lanterne*. Elle change de nom preſqu'auſſi-tôt, & ſe nomme *la rue de la Juiverie*, à cauſe des Juifs qui y ont long-temps demeuré, & qui y étoient déjà établis dès le temps de Philippe-Auguſte. L'an 1389, elle ſe nommoit *la rue de la vieille Juiverie*, & en 1552, elle étoit en partie occupée par une halle nommée *la Halle de Beauſſe*. C'eſt dans cette rue qu'eſt la principale porte de l'Egliſe de la Madeleine. Enfin le troiſième nom de cette rue, eſt *la rue du Marché-Palus*, ainſi nommée parce qu'il s'y tenoit un marché, & qu'une partie des ruiſſeaux & des immondices de la Cité, s'arrêtoient en cet endroit, avant que le Marché-Neuf fût fait, & y formoient une eſpèce de marais *palus*; elle finit au petit-Pont. M. de Valois a cru qu'il y avoit en cet endroit un Pont de bois du temps du Roi Chilperic, & que c'eſt celui dont il eſt parlé dans le trente-deuxième chapitre du ſixième livre de Gregoire de Tours. Il a été pluſieurs fois renverſé par les eaux, & pluſieurs fois refait, tantôt de bois, tantôt de pierre. En 1175, l'Evêque *Maurice* le fit refaire de pierre; mais à peine dura-t-il onze ans; il fut renverſé par une inondation en 1196; ayant été rétabli, il fut encore renverſé en 1206. Ce Pont eut le même ſort en 1280, 1296, 1325,

1376 & 1393. En 1394, on le bâtit de pierre, des amendes de certains Juifs. Voici le fait. *Denis de Machault* ayant en 1393, abjuré le Judaïsme, disparut l'année suivante : sept Juifs furent accusés de l'avoir tué, ou du moins de l'avoir fait absenter de Paris, après l'avoir engagé pour de l'argent à quitter la Religion chrétienne : outre tous leurs biens qu'on confisqua, ils furent condamnés à avoir le fouet trois samedis de suite, & à 10000 livres d'amende.

La Chronique de Charles VI & l'Histoire de Juvenal des Ursins, rapportent ce fait un peu autrement. La première dit que lorsqu'on en vint à chasser les Juifs, quatre furent réservés dans les prisons du Châtelet, accusés d'avoir assommé un Juif converti ; qu'ensuite ayant été condamnés à avoir le fouet par tous les carrefours de Paris, quatre Dimanches consécutifs : après avoir souffert la moitié de la peine, ils donnèrent pour se racheter de l'autre moitié, 18000 francs d'or, dont fut bâti le petit-Pont. *Jean le Coq*, Avocat du Roi, qui fut appellé & présent au procès, dit que le Prévôt de Paris, assisté de quantité d'Avocats & de Docteurs en Théologie, les avoit condamnés à être brûlés ; qu'en ayant appellé, la Sentence avoit été cassée le 7 d'Avril 1394, & que la Cour, par son Arrêt, confisquant les biens de ces sept Juifs, ordonna de plus qu'ils seroient bannis, fouettés trois samedis de suite, aux Halles, à la Grêve & à la Place Maubert ; que cependant ils garderoient la prison jusqu'à ce qu'ils eussent fait revenir *Machault*, & payé 10000 livres d'amende ; que de ces 10000 livres, l'Hôtel-Dieu en auroit 500 livres, & que le reste seroit employé à commencer le petit-Pont, & que contre la porte de derrière de l'Hôtel-Dieu, il seroit dressé une croix de pierre, sur laquelle il y auroit une inscription qui marqueroit que ce Pont auroit été fait de l'argent des Juifs. Les registres du Conseil du Parlement, disent qu'en 1395, au mois de Juin, la Cour, pour lever cette somme, commit *Etienne de Guiri*, *Pierre l'Esclat*, & *Robert Maugier*, Conseillers au Parlement.

Ce nouveau Pont fut commencé au mois de Juin, & le Roi Charles VI y mit la première pierre ; il ne fut achevé qu'onze ans & demi après, savoir en 1406 à la S. Martin. Ce Pont-ci ne dura qu'un an, & fut emporté par les eaux pour la septième fois. La Cour & la Ville se cotisèrent pour faire rétablir ce Pont, qui ne fut achevé qu'en 1409, le 10 Septembre. On prétend que ce fut *Jean Joconde*, Dominicain de Vérone, qui en donna le dessin & conduisit les travaux. Après ce rétablissement, Sauval ne trouve rien qui nous apprenne de combien de temps fut la durée de ce Pont. Le P. Dubreul, & une inscription qu'il rapporte, nous font seulement connoître qu'en 1552, les maisons qui étoient sur ce Pont, furent rebâties de même symmétrie. Par une inscription qui y étoit encore du temps de Sauval, il paroissoit que les maisons que nous y avons vues avant l'incendie arrivé en 1718, avoient été construites en 1603.

En 1618, une fusée tirée de l'Isle Notre-Dame, tomba sur un bateau chargé de foin, & y mit le feu qui se communiqua ensuite à six autres; mais il n'y eut rien de brûlé sur les Ponts. Celui-ci fut presque ruiné par les grands débordemens de la rivière en 1649, 1651 & 1658; l'inscription qui en perpétuoit le souvenir, marquoit en même temps qu'il avoit été affermi & rétabli à grands frais sous la Prévôté de *M. de Sève*, en 1656.

L'année 1718 fut remarquable par un événement plus funeste que celui qui étoit arrivé cent ans auparavant, puisque le Pont & toutes les maisons qui étoient dessus, furent détruites par un incendie; & voici ce qui le causa. A sept heures un quart du soir, on vit descendre deux grands bateaux de foin fort enflammés, & dont on avoit imprudemment coupé les cordes au-dessous du Pont de la Tournelle. Ces deux brûlots se suivoient de près, & s'arrêtèrent chacun sous une arche du petit-Pont, où ayant été retenus par les cintres & les arcboutans qui soutenoient la voûte, le feu dont ils étoient embrâsés y prit, & commença à se manifester par la maison d'un Marchand de tableaux qui demeuroit, attenant le petit Châtelet. Il augmenta avec tant de violence, que quelque secours qu'on y donnât, toutes les maisons qui étoient sur ce Pont furent brûlées. On n'a jamais pu découvrir au vrai par quel accident le feu avoit pris au premier bateau de foin. Selon toutes les apparences, ç'a été par la faute de quelque Fumeur dans ce bateau. D'autres assurent que c'est par la crédulité d'une mère, dont l'enfant s'étoit noyé au-dessous du Pont de la Tournelle; elle eut recours à un pain de S. Nicolas-de-Tolentin; elle plaça au milieu de ce pain un cierge allumé, & l'abandonna dans une sebille au cours de l'eau, & crut que l'écuelle de bois s'arrêteroit à l'endroit où le corps de son fils seroit enfoncé. Au lieu de l'effet que cette femme simple en attendoit, la sebille fut dirigée vers un bateau de foin, auquel le cierge allumé mit le feu. Tout cela est fort incertain. Le Parlement, par son Arrêt du 3 Mai 1718, ordonna, entr'autres choses, qu'il seroit fait dans toutes les Paroisses de la Ville & Fauxbourgs de Paris, une quête générale, pour subvenir aux nécessités de ceux qui avoient été ruinés par cet incendie, & que les contraintes par corps pour dettes civiles, ne pourroient être exercées pendant six mois contre ceux qui avoient souffert dudit incendie, &c. L'argent de la quête monta à 11189 8 livres 9 sols 9 deniers, de laquelle somme la distribution a été réglée par Arrêt du Parlement du 20 Août 1718.

A peine le feu étoit-il éteint, qu'on songea efficacement à reconstruire le petit-Pont. On le rebâtit de pierre, mais sans maisons dessus, ce qui donne un peu d'air à ce Quartier, qui, étant très-serré, & tout auprès de l'Hôtel-Dieu, en avoit grand besoin.

PONT - ROUGE ou DE BOIS. (*le*) Il sert pour la communication de la Cité avec l'Isle Notre-Dame. Tant que cette Isle n'a pas été couverte de maisons, il n'y avoit point de Pont en cet endroit. Le Sieur *Marie* ayant traité pour faire construire des bâtimens dans l'Isle, fut chargé d'y faire les trois Ponts que nous y voyons. En 1614 il fut décidé que celui-ci ne seroit qu'en bois. Quelques oppositions de la part du Chapitre de Notre-Dame suspendirent cet ouvrage. Sauval dit que le Sieur *de la Grange*, substitué au Sieur *Marie*, reçut en 1624 l'alignement de ce Pont; mais que s'étant désisté de son entreprise en 1627, ce ne fut qu'en 1642 que toutes les difficultés du Chapitre furent levées, & que les Habitans de l'Isle se chargèrent de l'exécution du traité du Sieur *Marie*. On ne peut cependant disconvenir que ce Pont n'ait été construit avant cette époque. Les Mémoires du temps rapportent que le 5 Juin 1634, trois Processions passant ensemble sur ce Pont, pour se rendre à l'Eglise Notre-Dame, occasionnèrent une si grande foule, que deux balustrades du côté de la Grève furent rompues, & que ce Pont entier fût sur le point d'être enfoncé. En 1636, à l'occasion du Jubilé, le Parlement ordonna qu'on mettroit, pour prévenir un semblable accident, des barrières aux Ponts de bois. Celui-ci fut si fort endommagé par les glaces en 1709, qu'on fut obligé l'année suivante de le détruire; on ne l'a rétablit qu'en 1717, tel que nous le voyons aujourd'hui: comme on le peignit alors en rouge, le nom de cette couleur lui est resté: il n'y a point de maisons dessus, & il n'y passe aucune voiture. On avoit accordé pour sa construction un péage de trois deniers par personne, que le Roi a cédé à la Ville, ainsi que le Pont, en dédommagement des douze maisons abattues au marché neuf, en exécution des Lettres-Patentes du 9 Septembre 1734, enrégiftrées le 11 du même mois.

PONT-ROYAL. (*le*) Ce Pont eft de pierre, le feul de Paris qui traverfe toute la rivière. Il a été bâti en la place d'un Pont de bois, que *Barbier*, Contrôleur-Général des bois de l'Ifle de France, avoit fait conftruire en 1632, fuivant la permiffion que le Roi en avoit accordée à *Pidon*, l'un des Commis dudit Barbier. Comme ce Pont fut peint en rouge, on le nommoit fouvent le *Pont-Rouge*, quelquefois le *Pont-Barbier*, quelquefois le *Pont* Ste. Anne, en l'honneur de la Reine *Anne d'Autriche*, Régente, & d'autres fois le *Pont des Tuileries*, parce qu'étant aligné avec la rue de Beaune, il conduifoit prefque vis-à-vis le Château. Avant la conftruction de ce Pont de bois, on paffoit la rivière en bateau, & c'eft ce qui a fait donner le nom de *rue du Bac* à la rue qui eft vis-à-vis. Après la conftruction de ce Pont, *Barbier* avoit fait commencer ici une Pompe, ou élévation d'eau, pour la commodité du Public; mais cette Pompe fut brûlée, à ce qu'on dit, par un Laquais qui jetta un flambeau allumé dans un bateau de foin qu'on y avoit attaché.

Ce Pont fi utile, & même fi néceffaire, fut emporté par le dégel de l'année 1684; & dès lors le Roi *Louis-le-Grand* donna fes ordres pour qu'on en bâtît un de pierre à fes dépens, & digne de la magnificence de fon règne. Sa Majefté ayant été informée de l'extrême difficulté qu'il y avoit de conftruire un Pont de pierre en cet endroit, à caufe de la rapidité de la rivière, qui étant ici plus refferrée en fon lit, & plus profonde qu'ailleurs, y coule avec plus de violence; & étant auffi informée de la capacité du Frère *François Romain*, Religieux Convers de l'Ordre de Saint Dominique, qui venoit de mettre la dernière main à la première arche du Pont de Maeftricht, & avoit par-là mérité une gratification confidérable des Etats de Hollande, elle donna fes ordres pour le faire venir en France. Il arriva à Paris au mois de Janvier 1685; & après avoir examiné les difficultés qui s'oppofoient à la conftruction de ce Pont, & en avoir conféré avec *Jules Hardouin Manfart*, alors premier Architecte du Roi, & avec *Gabriel*, Architecte & Entrepreneur de tout l'ouvrage, le Frère Romain entreprit la conftruction de ce Pont, & le conduifit à la perfection où nous le voyons. Un Arrêt du Confeil d'Etat du Roi, daté du 11 d'Octobre 1695, qui commet ledit Frère Romain pour faire les vifites, dreffer les devis & les rapports pour la réception des ouvrages des

Ponts & Chauſſées, réparations des bâtimens dependans des Domaines de Sa Majeſté, & autres ouvrages publics dans toute l'étendue de la Généralité de Paris, dit poſitivement que ce Frère avoit eu la conduite & l'inſpection de ce Pont. Comme il n'eſt point parlé de celui qui en donna les deſſins, il y a apparence que ce fut le premier Architecte du Roi, & ce fut lui auſſi qui en donna les devis, qui furent imprimés. Le Frère *Romain* ſurmonta les grands obſtacles qui ſe préſentèrent dans l'exécution, dont le plus difficile étoit la prodigieuſe abondance d'eau que donnoient quantité de ſources, & que le Frère *Romain* trouva le moyen d'évacuer.

Les fondations de ce Pont furent jettées le 25 d'Octobre 1685, & en même temps on enferma pluſieurs Médailles dans une boëte de bois de cèdre, longue de 14 pouces, & large de 10. On mit cette boëte dans une autre de plomb, & on les encaſtra dans le maſſif de la première pile, du côté du Château des Tuileries. Ces Médailles marquent chacune un événement mémorable du règne de Louis-le-Grand, & ſont au nombre de treize, dont l'une eſt d'or, & les douze autres d'argent. Celle d'or peſe un marc ſept gros & 24 grains.

Ce ſolide & magnifique Pont conſiſte en quatre piles & deux culées, qui forment cinq arches entr'elles, dont les cintres ſont ſurbaiſſés. Les deux bouts du Pont ſont en trompes fort larges; ce qui a été pratiqué pour en faciliter l'entrée aux carroſſes & aux charettes. La longueur du Pont eſt d'environ 72 toiſes, ſur 8 toiſes 4 pieds de largeur, dans laquelle on a pris neuf pieds pour chaque banquette, & deux autres pieds pour l'épaiſſeur des parapets. L'architecture de cet édifice eſt ſimple, mais ſolide: la dépenſe qu'on fit pour ſa conſtruction monta à ſept cent vingt mille livres.

Sur un des éperons de l'arche la plus voiſine de la porte des Tuileries, on a tracé une échelle diviſée en pieds & pouces, qui marque la hauteur ſucceſſive de l'eau, & juſqu'à quel point elle s'eſt élevée dans les années où il y a eu des crues conſidérables.

PONT-SAINT-CHARLES OU DE L'HÔTEL-DIEU. (*le*) Les Adminiſtrateurs de l'Hôtel-Dieu traitèrent en 1531, d'une maiſon ſur le petit Pont, joignant le portail, qui appartenoit à la Sainte Chapelle, & ſur cet emplacement le Cardinal *Antoine Duprat*, Légat en France, fit conſtruire la ſalle qu'on appelle encore aujourd'hui *la ſalle du Légat*; ils avoient fait précédemment pluſieurs acquiſitions, & notamment celle d'une grande maison composée de deux corps de logis, appellé *le Chantier*, qui étoit située entre l'Hôtel-Dieu & l'Archevêché, & de quelques autres dans la rue de la Bucherie; ils avoient aussi procuré la translation d'un étal de Boucherie, qui appartenoit à l'Evêque. Au moyen de ces acquisitions, Henri IV fit rebâtir, en 1606, la salle de Saint Thomas, & construire les piles du Pont où elles aboutissent: la même année la salle Saint Charles, qui a donné le nom à ce Pont, fut finie par les libéralités de M. *Pompone de Bellievre*.

PONT-SAINT-MICHEL. (*le*) Ce Pont qui aboutit d'un côté à la place qui en a pris le nom, & de l'autre, aux rues de la Barillerie, Saint Louis, & du Marché-neuf, a été ainsi nommé, ou parce qu'il conduit à la *porte Saint Michel*, ou bien à cause de la petite Eglise *de Saint Michel*, qui est dans l'enclos de la cour du Palais. On le nommoit autrefois le *petit-Pont*, ensuite *petit-Pont-Neuf*, le *Pont-Neuf*, & le *Pont-Neuf-Saint-Michel*; mais à la fin le nom qu'il porte aujourd'hui a prévalu & lui est resté seul dès 1424. L'an 1378, il se tint au Palais une assemblée composée de deux Présidens, soixante-sept Conseillers, du Doyen, du Chantre, du Pénitencier, de quatre Chanoines de Notre-Dame & de cinq Bourgeois. Dans cette assemblée, il fut résolu de construire ce Pont, & on fit ensuite commandement au Prévôt de Paris de le commencer. Celui-ci à l'ordinaire, ainsi qu'aux autres ouvrages publics, y fit travailler les vagabonds, les Joueurs & les Fainéans. On croit qu'il n'étoit que de bois; aussi fut-il emporté plusieurs fois par les débordemens ou par les glaces, comme en 1407 1547. Le dernier de ces accidens arriva le 30 de Janvier de l'an 1616. En 1618, on le rebâtit de pierre, & il fut chargé de bâtimens comme les autres. Il consiste en quatre arches & deux culées, & en trente-deux maisons de même symmétrie. Ces maisons forment du côté des quais, l'aspect le plus désagréable & le plus indécent. Peut-on concevoir que l'on n'ait point encore pris le parti de les abattre après les tristes événemens de chûtes & d'incendies qu'elles ont éprouvés, & auxquels elles sont encore exposées tous les jours! Non seulement elles nuisent à l'agrément de la vue qu'elles bouchent entièrement, mais encore au passage de l'air toujours abondant sur les rivières, & si nécessaire à la santé des nombreux Habitans de cette Ville immense.

PONT-TOURNANT. (*le*) Il eſt au milieu du fer à cheval qui termine les jardins des Tuileries ; il fut conſtruit en 1716 ſur le deſſin ingénieux du Frère *Nicolas Bourgeois*, Religieux Auguſtin du Grand-Couvent. Ce Pont facilite la communication des Tuileries à la Place de Louis XV, & avec les Cours de la Reine & les Champs Eliſées.

En 1721, comme le Roi habitoit alors le Château des Tuileries, l'Ambaſſadeur extraordinaire du Grand-Seigneur, *Saïd Effendi*, paſſa ſur ce Pont avec toute ſa ſuite, pour aller à l'Audience de Sa Majeſté. *V. tom. 3, pag. 730.*

PONTS-AUX-TRIPES ou AUX BICHES. (*les*) Il en eſt trois à Paris ſous cette même dénomination. Le premier de ces Ponts eſt au bout de la rue Moufetard, près de la rue Cenſier. Il a porté le nom de *Richebourg*, à cauſe du territoire ſur lequel il eſt ſitué. Anciennement il a été appellé le *Pont-Saint-Médard*, & enſuite *des Tripiers*. Quant au nom de *riche Bourg*, on diſoit au milieu du treizième ſiècle, en parlant des maiſons ou des jardins de ce canton, qu'ils étoient en *riche Bourg, in divite Burgo*. C'eſt à cet endroit que ſe rejoignent les deux bras de la rivière des Gobelins, dite de *Bièvre*, qui de-là va ſe jetter dans la Seine, auprès de la Salpétrière. L'an 1524, cette rivière inonda le Fauxbourg Saint-Marcel juſqu'au ſecond étage. En 1679, le 8 d'Avril, elle fit tant de ravages, qu'on appella cette inondation, *le déluge de Saint-Marcel*. L'an 1626, la nuit de la Pentecôte, elle fit encore des déſordres qui alloient à des ſommes conſidérables.

Le ſecond Pont-aux-Biches donne, d'un bout, dans la rue neuve d'Orléans, près de la rue Fer-à-Moulin ; il ne ſert qu'à recevoir les eaux qui proviennent du Quartier du Fauxbourg Saint-Victor, pour les conduire à la rivière.

Et le troiſième eſt dans la rue de la Croix, près la rue neuve Saint-Martin ; c'eſt ſous ce Pont que paſſent les eaux du Quartier du Temple, pour ſe verſer dans le grand égout.

POPIN, *& par corruption* **PEPIN.** Ce Fief s'étend en partie ſur les rues de Richelieu, des Petits-Champs, Sainte-Anne, Traverſière, & Clos-Georgeau, & en entier ſur les rues du Haſard & Villedot. Il y a dix maiſons qui relèvent de ce Fief entre les rues Thibaut-aux-Dez, des deux Boules, Bertin-Poirée, & des deux côtés de la rue des trois Viſages ; mais il ne s'en trouve point dans la rue de la Saunerie, ni dans celle de Saint-Germain. Le Public a altéré ce nom en celui de *Pepin*, de manière à faire croire que le nom de l'Abreuvoir qu'il appelle *Pepin*, vient du Roi *Pepin*. *Popin* étoit un des notables Laïques de Paris, nommé *Popinus*, dont la famille étoit connue au douzième siècle La place où est la rue de *l'Abreuvoir-Popin*, avoit appartenu à ce *Jean Popin*; *Odeline* sa veuve & leur fille la donnèrent à l'Abbaye de Hautebrières, de qui la Compagnie des Marchands de l'eau (*la hanse*) l'acquit en 1170. La Justice de ce Fief s'exerçoit autrefois au porche de l'Eglise de Saint-Jacques-de-la-Boucherie, parce que ce *Popin* qui en étoit Seigneur, y demeuroit; aussi est-il appellé dans un acte de 1264, & dans un Arrêt de 1268, *Jehan Popin du Porche*. Le Possesseur en doit hommage à l'Archevêque de Paris. *Jean de Motreux*, Bourgeois de Paris, rendit le sien le 14 Août 1414, *pro feodo Popini*. *Marcel*, ce Prévôt des Marchands, si connu par ses séditions, sous les règnes du Roi Jean & de *Charles V*, l'avoit tenu dans le siècle précédent. Ce qui constate que *Pepin* est une mauvaise leçon, & qu'il faut lire *Popin*, est que dans des actes de 1421 & 1427, il est écrit par une diphtongue *Paupin* & *Poupin*.

PORCHERONS. (*les*) Quartier particulier de celui de Montmartre, qui n'est rempli que de cabarets, où le Peuple consomme beaucoup de vin, de même qu'à la grande Pinte, parce qu'il y est à meilleur marché : la petite Pologne est auprès. *Voy*. GUINGUETTES.

PORCHERONS. (*le Château des*) C'est celui que l'on appelle *le Château-le-Cocq* ou *du Cocq*. *Voy*. CHATEAU-DU-COCQ.

PORT-A-L'ANGLOIS, est un lieu de la Paroisse d'Ivry, sur le bord de la Seine. A la simple dénomination, on pourroit s'imaginer que quelque Capitaine Anglois auroit débarqué-là avec ses gens, dans le temps de leurs courses, au 14 ou 15ᵉ. siècle ; mais il est vraisemblable que c'étoit simplement l'endroit où quelque riche Habitant d'Ivry, du nom de Langlois, faisoit sa demeure, & avoit un port vers l'an 1300. *Thomas Langlois* d'Ivry avoit à bail une partie des biens du Chapitre de Paris, situés en ce canton, consistant en ce qu'on appelloit une *ancing*, où il y avoit de la saussaie ou du saulcis, des noues, des prés, outre la terre & la vigne. Le nom de *Langlois* continuoit de subsister à Ivry sous Louis XI & Charles VIII.

PORT DES ARMES. (*le*) Un Arrêt de la Cour, de l'an 1404, fait mention de la coutume qui s'introduisit, de porter des épées, dagues ou couteaux. Cet usage d'en porter en temps de paix dans les grandes Villes, ne s'est donc introduit que fort tard. On trouve dans les anciens registres de la Cour, qu'il n'étoit permis qu'aux Voyageurs de marcher armés. C'est à la licence de nos guerres civiles, que nous sommes redevables de cette habitude barbare, qui transforme un Commis, un Clerc, un Artisan, un Bourgeois paisible, un homme de lettres, en Guerriers redoutables, sans que la valeur nationale y ait gagné : nous ne sommes pas certainement plus braves que ne l'étoient les Grecs & les Romains, & nos ancêtres, tous les Clovis, les Martels & les Charlemagne. Les hommes destinés pour combattre, avoient seuls le droit de porter l'instrument nécessaire à la défense de l'Etat. Le reste de la Nation ne cherchoit point à se décorer d'un appareil militaire aussi embarrassant qu'inutile, & qui, devenu commun à tous les Etats, ne distingue personne. Depuis quelques années, on a renoncé à cet usage, & l'on va par la Ville avec une canne ou une badine à la main ; on en est plus leste & moins exposé aux suites funestes des querelles, des disputes, ou d'une infinité d'accidens subits, dont on tiroit vengeance dans le moment. Il y a des Réglemens de Police, concernant le Port des Armes à Paris.

Ports de la Ville de Paris.

PORT au Bled, près la Place de Grève.

———— Au Bois, au bout du quai Pelletier.

———— Au Bois-Neuf, entre le quai de Bourbon & celui de l'Ecole.

———— Au Charbon, au bout du quai Pelletier.

———— Au Foin, avec le Port au Bled.

GLATIGNY, près la rue des Hauts-Moulins.

———— Au Marbre, au bout du Cours de la Reine, du côté des Tuileries.

———— Au Pavé, au-dessus de la porte Saint-Bernard.

———— Aux Pierres, vis-à-vis le milieu du Cours de la Reine.

———— Au Plâtre, sur le bord de la rivière, s'étend depuis la pointe de l'Arsenal, & le passage du fossé du Mail, jusqu'à la barrière de la Rapée, Fauxbourg Saint-Antoine.

TOME IV.

Ce Port a pris le nom qu'il porte, de ce que c'eſt là que l'on amène de Charonne & de Montreuil des pierres brutes de plâtre, pour les charger ſur des bateaux, & de-là les tranſporter par la Seine, dans les Pays qui en ont beſoin. C'eſt auſſi en ce Port que ſe déchargent tous les trains, ſoit de bois à brûler, ſoit de charpente, qui ſont enſuite tranſportés par voitures dans les chantiers des Marchands de bois de ce Fauxbourg.

DE LA RAPÉE, Fauxbourg Saint-Antoine; il eſt ainſi nommé d'une maiſon qui appartenoit au Sieur de la Rapée, Commiſſaire-Général des Troupes, qui la fit bâtir. C'eſt l'entrepôt des vins qui arrivent de la Bourgogne, &c.

SAINT-BERNARD, à la porte de ce nom. Il commence à la rue de Bièvre. En 1380, il n'y avoit point encore de maiſons bâties en cet endroit, & à l'angle où elles ſe terminoient autrefois, cet endroit s'appelloit le *Port aux Mulets*. Ce fut vers le milieu du ſiècle dernier, qu'on ſubſtitua au nom du Port-Saint-Bernard, celui de *Quai de la Tournelle*: il vient de la Tournelle qui joignoit en cet endroit la porte de l'enceinte de Philippe-Auguſte, qui ſubſiſte encore. En 1663, il fut nommé *Port de Bellefonds*.

SAINT-LANDRI, dans la rue d'Enfer, Quartier de la Cité.

SAINT-NICOLAS, au bout du quai des galeries du Louvre; il a pris ſon nom de l'Egliſe Collégiale qui en étoit proche. On trouve toujours dans ce Port des petits bateaux qui paſſent les Gens de pied au Fauxbourg Saint-Germain.

SAINT-PAUL, au quai des Céleſtins. *Voy.* POISSONS.

PORT-AU-SEL, depuis le Pont-Neuf, juſqu'au quai de la Féraille.
——————*Aux Tuiles*, au quai de la Tournelle, vis-à-vis les Miramiones.
——————*Au Vin*, à la porte Saint-Bernard.

Portes de la Ville de Paris,
actuellement subsistantes.

PORTE-SAINT-ANTOINE. On prétend que cette Porte fut bâtie sous le règne d'Henri II, pour servir d'arc de triomphe à la mémoire de ce Prince. D'autres assurent qu'elle fut élevée pour l'entrée du Roi Henri III, revenant de Pologne (le 14 Septembre 1573) ; mais on ne voit nulle part la preuve ni de l'un, ni de l'autre de ces deux sentimens. Ce qu'il y a de constant, c'est qu'il y avoit ici une Porte l'an 1671, lorsque François Blondel fut chargé de la restaurer. Cet Ingénieur qui n'étoit pas moins habile dans l'Architecture, que dans les autres parties de mathématique, conserva l'ancien ouvrage de cette porte, & continua de chaque côté l'ordre dorique dont on la voit décorée. Ce monument à neuf toises de largeur, sur sept ou huit de hauteur.

A la porte ou ouverture qui étoit au milieu, *Blondel* en ajouta deux autres, une de chaque côté, qui ont presque la même hauteur & la même largeur, & qui rendent l'entrée de la Ville plus facile aux voitures.

La face qui regarde la Ville, a des arrière-voussures sur les portes, d'un trait d'autant plus hardi, que les coupes des joints sont très-justes & très-nettes. Dans le tympan du fronton qui est sur la porte du milieu, sont en bas-relief les armes de France & de Navarre. Dans ceux qui sont au-dessus des portes latérales, est aussi en bas-relief une copie de la médaille que la Ville fit frapper à la gloire de Louis XIV. D'un côté, on a mis la tête de ce Prince, avec cette légende : *Ludovicus Magnus, Francorum & Navarræ Rex. P. P. 1671.* De l'autre côté, c'est-à-dire, sur le tympan du fronton de l'autre porte latérale, est en bas-relief le revers de la médaille, lequel représente une Vertu assise, & appuyée sur un bouclier où sont les armes de la Ville, avec cette autre légende : *Felicitas publica* ; au-dessus on lit : *Lutetia*. Dans l'attique est un globe entre deux trophées d'armes, & surmonté d'un Soleil qui l'éclaire, & qui étoit la devise du Roi Louis XIV.

La face qui est du côté du Fauxbourg, est encore plus richement décorée que celle que l'on vient de décrire. Elle est ornée de refends & d'un grand entablement dorique qui règne sur toute la largeur : il est surmonté d'un attique en manière de piedestal continu, aux extrêmités duquel sont deux obélisques. Dans les niches pratiquées entre les pilaſtres, ſont deux ſtatues qui repréſentent les ſuites heureuſes de la paix faite entre la France & l'Eſpagne en 1660. Celle qui eſt à main droite, tient une ancre, au bas de laquelle il y a un Dauphin. Cette figure eſt allégorique à l'Eſpérance que la France avoit conçue de cette paix, qui avoit été cimentée par le mariage du Roi Louis XIV, avec Marie-Thérèſe d'Autriche, Infante d'Eſpagne. L'autre ſtatue eſt la ſûreté publique, qui eſt déſignée par cette figure qui s'appuie ſur une colonne, avec une attitude & un viſage ſi tranquilles, qu'elle fait connoître qu'elle n'a plus rien à craindre. Ces deux ſtatues ſont de *François Anguier*. Au-deſſus de ces niches ſont deux vaiſſeaux qui ſont allégoriques à celui que la Ville de Paris porte dans l'écuſſon de ſes armes. Sur une eſpèce de conſole, formée par la ſaillie de la clef de la voûte du grand portique, eſt un buſte du Roi Louis XIV, fait d'après le naturel, par *Girard Vanopſtal*, Sculpteur; On l'a peint en bronze, pour le détacher du corps de la maçonnerie. Deux figures qui repréſentent la Seine & la Marne, ſont à demi-couchées ſur les impoſtes, & ſont regardées comme des chef-d'œuvres de ſculpture. Les uns diſent qu'elles ſont de *Maître Ponce*, & les autres de *Jean Gougeon*. L'attique eſt formé par une grande table de marbre noir, au-deſſus de laquelle ſont les armes de France & de Navarre, en deux écuſſons joints enſemble, entourés des coliers des Ordres de S. Michel & du S. Eſprit, & ſurmontées d'une couronne fermée. Deux trophées d'armes achèvent de remplir le vuide de ce fronton, au-deſſus duquel ſont deux ſtatues à demi-couchées, vêtues & ayant des tours ſur leurs têtes. Celle qui tient ſur ſes genoux une couronne fermée & fleurdeliſée, repréſente la France. L'autre qui tient un petit bouclier & quelques dards, déſigne l'Eſpagne. Elles ſe donnent la main en ſigne d'amitié & d'alliance. L'Hymen qui eſt plus haut, au milieu d'un attique, en manière de piedeſtal continu, ſemble approuver & confirmer cette union qu'il a fait naître. D'une main il tient ſon flambeau allumé, & de l'autre un mouchoir. Les extrêmités de ce piedeſtal continu, ſont terminées par deux pyramides, aux pointes deſquelles ſont des fleurs-de-lys doubles & dorées, de même que les boules qui portent ces piramides. Toutes ces figures faites par *Vanopſtal*, ſont de quatre pieds plus grandes que le naturel. L'inſcription qui eſt gravée en lettres d'or ſur la grande table de marbre noir dont on a parlé, fait entendre que la paix des Pyrennées a été faite & cimentée par les armes victorieuſes de Louis

XIV, par les heureux conseils de la Reine Anne d'Autriche sa mère, par l'auguste mariage de Marie-Thérèse d'Autriche, & par les soins assidus du Cardinal Mazarin: voici les termes dans lesquels cette inscription est conçue:

Paci victricibus Ludovici XIV armis felicibus Annæ consiliis, augustis M. Theresiæ nuptiis, assiduis Julii Cardinalis Mazarini curis portæ fundatæ æternùm firmatæ, Præfectus Urbis, Ædilesque sacravère, anno M. D. C. LX.

Les deux portes qui sont aux côtés de celle du milieu, qui est la plus grande, n'ont été percées qu'en 1672, comme il paroît par les inscriptions qui sont dans deux tables de l'attique, sur l'une desquelles on lit: *Ludovico Magno Præfectus & Ædiles anno R. S. H. 1672.* Sur l'autre de ces deux portes, est écrit: *Quod Urbem auxit, ornavit, locupletavit P. C.*

Quoiqu'il y ait dans cette porte quelques parties remarquables, & principalement la sculpture des figures qui sont admirables, le goût de sa composition en général est petit & mesquin. Ce monument n'a ni la grandeur ni la magnificence convenable au sortir de ce superbe Fauxbourg, qui doit annoncer l'immensité & la beauté d'une Ville telle que Paris, la plus célèbre & la plus admirable de l'Univers. Les rues du Fauxbourg Saint-Antoine, qui feroient seules une belle Ville de Province, ne devoient-elles pas être terminées par un édifice qui eût presque le double de la grandeur de celui-ci? Le projet du grand Colbert étoit de continuer la rue Saint-Antoine dans toute sa largeur, depuis sa porte jusqu'au Louvre, non en ligne droite, ce qui étoit impossible, mais depuis l'Hôtel-de-Ville qui devoit être construit à neuf, & d'une forme convenable à cette Capitale. L'on n'auroit eu à abattre que l'Eglise de Saint-Jacques-de-la-Boucherie, & celle de Saint-Germain sa rivale en laideur. Quelle eût été alors la magnificence des entrées de nos Ambassadeurs, en partant de l'arc de triomphe (dont il est parlé au mot ARC) passant par celui de la Porte Saint-Antoine, & continuant leur marche par cette large rue jusqu'au Louvre? Voilà les idées de ce grand Ministre. On eût dit que sa tête renfermoit tout ce que le génie françois pouvoit concevoir de sublime & d'égal à la gloire de son Maître, & à celle de sa Nation. Encore dix années de vie, & les merveilles de cette Capitale eussent forcé les Habitans des deux Hémisphères de les venir admirer.

En 1670, on commença à travailler au cours planté d'arbres, qui règne depuis la porte Saint-Antoine, jusqu'à la

Porte Saint-Martin, & qui est revêtu de murs dans toute sa longueur. Ce cours étoit composé de trois allées, formées par quatre rangées d'ormes. *Voy.* COURS ANCIEN.

PORTE-SAINT-BERNARD, *Quartier de la Place Maubert, au bout du Pont de la Tournelle.*

Elle prend son nom du Collège des *Bernardins* qui est dans le voisinage. Elle fut élevée en 1670 par *Blondel*, fameux Architecte, qui en composa aussi les inscriptions. Cette Porte présente deux portiques avec une pile au milieu : elle est haute de dix toises, & large de huit. Une corniche soutient un entablement & un attique continu en façon de piedestal ; le travail des mutules est assez bon. Sur la face, du côté de la Ville, on a représenté en bas-relief le Roi répandant l'abondance, avec cette inscription : *Ludovico Magno, abundantia parta. Præf. & Ædil. poni CC. Ann. R. S. H.* MDCLXXIV. Sur celle qui regarde le Fauxbourg, le Monarque paroît avec l'habillement d'une Divinité antique, conduisant le gouvernail d'un grand navire, dont les voiles sont enflées, avec cette inscription : *Ludovici Magni providentiæ Præf. & Ædil. poni CC. Ann. R. S. H. M. D.C. LXXIV. Baptiste Tuby*, un des plus habiles Sculpteurs qu'il y ait eu, a fait ces deux bas-reliefs, & les Vertus qui sont sur les piles, au-dessous de l'imposte. Pour l'intelligence de la première inscription, il faut savoir que Louis XIV avoit supprimé un impôt placé sur les marchandises qui arrivoient de ce côté-là, & que ce monument fut érigé exprès en reconnoissance de ce bienfait. *Blondel*, dans son Cours d'Architecture, dit que ce *rabillage* lui a donné beaucoup de peine, à cause des chambres qu'on a voulu ménager dans l'épaisseur de cette Porte, ce qui est contraire aux règles d'architecture.

Les deux ouvertures de cette Porte en arcades parallèles, ont paru à quelques Critiques former un aspect désagréable & irrégulier, une seule ou trois étant absolument nécessaires dans ces sortes d'édifices, uniquement élevés pour décorer l'entrée d'une grande Ville, où l'on est toujours maître du local.

PORTE-SAINT-DENIS. Cette Porte est du dessin de *François Blondel*, Maréchal des Camps & Armées du Roi, & Maître de Mathématiques de feu Monseigneur le Dauphin, fils de Louis-le-Grand : elle a soixante & douze pieds de face, & autant de haut. Le dessus en est découvert à la mahière des anciens arcs de triomphe. La Baie ou Porte principale a vingt-quatre pieds, & est entre deux pyramides, engagées dans l'épaisseur de l'ouvrage, & chargées de chûtes de trophées d'armes, & terminées par deux globes aux armes de France, couronnés de la couronne impériale françoise. Au bas de ces pyramides, & sur les corniches de leurs piedestaux, sont deux statues collossales, dont l'une représente la Hollande, sous la figure d'une femme consternée, & assise sur un lion terrassé & mourant, qui tient dans une de ses pattes, les sept flèches qui désignent les sept Provinces-Unies. La statue qui fait symmétrie avec celle-ci, est celle d'un fleuve, qui tient une corne d'abondance, & représente le Rhin. Dans le dez du piedestal de chacune de ces pyramides, on a percé une petite porte. Dans les tympans du cintre, sont deux Renommées, dont l'une, par le son de la trompette, annonce à toute la Terre que l'Armée du Roi vient de passer le Rhin à la nage, & en présence des Ennemis; & l'autre, tient dans une de ses mains une couronne de laurier, pour couronner le Héros, sous les ordres duquel cette action vient de se passer. Au-dessus est un excellent bas-relief qui représente le passage de ce fleuve; & dans la frise, tant de ce côté-ci, que de celui du Fauxbourg, est cette inscription en gros caractères d'or: *Ludovico Magno.* Sur les tables des piedestaux des pyramides, & au-dessus des deux petites portes, sont des inscriptions. Sous la figure d'une femme qui désigne la Hollande, est celle-ci: *Emendata male memori Batavorum Gente Præf. & Ædil. poni CC. Anno D.* M. D. C. LXXII.

Sous la figure du Rhin, est l'inscription qui suit: *Quod diebus vix sexaginta Rhenum, Wahalim, Mosam, Isalam superavit: subjecit Provincias tres; cœpit Urbes munitas quadraginta.* La face de cette Porte, qui est du côté du Fauxbourg, est également décorée, avec cette seule différence, qu'il n'y a point de statues au bas des pyramides. Le basrelief représente la Ville de Maestricht, & sur les tables des piedestaux, on lit d'un côté: *Quod trajectum ad Mosam* XIII *diebus cœpit;* & de l'autre: *Præf. & Ædil. poni CC. Anno R. S. H.* M. D. C. LXXIII.

Cette Porte est, pour l'architecture & pour la décoration, un des plus beaux ouvrages en ce genre, qu'il y ait jamais eu, & les inscriptions qui sont aussi de *Blondel*, font connoître qu'il n'étoit pas moins habile dans les Belles-lettres que dans l'Architecture, & dans les autres parties de la mathématique. La sculpture de cette magnique Porte fut commencée par le fameux *Girardon* ; mais d'autres ouvrages auxquels le Roi le destina, l'obligèrent de la discontinuer, & elle a entièrement été exécutée par *Michel Anguière*.

Nous lisons dans les Historiens contemporains de Charles VI, qu'en 1449, « on dressa deux potences, l'une hors la » Porte Saint-Jacques, & l'autre hors la Porte Saint-Denis, » pour pendre deux Gueux & une Gueuse, qui suivoient » les pardons & les fêtes, accusés, non seulement d'avoir » volé & d'avoir crevé les yeux à un enfant de deux ans, » & d'avoir fait le *délit d'épines*, qui sont les termes de » Monstrelet ou d'épingles, comme parle Chartier, mais » encore d'avoir commis un grand nombre d'autres crimes. » Comme en France on n'avoit point encore vu pendre de » femmes, tout Paris accourut à la Porte Saint-Denis, où » l'on mena celle-ci toute échevelée, vêtue d'une longue » robbe, & liée d'une corde au-dessous des genoux.

Sous le règne de Philippe-Auguste, la Porte-Saint-Denis étoit située entre la rue Mauconseil & celle du Petit-Lion : sous Charles IX, elle fut reculée, & placée entre les rues Neuve-Saint-Denis & Sainte-Appoline.

PORTE-SAINT-MARTIN. Cette Porte qui est du dessin de *Pierre Bullet*, fameux Architecte, fut élevée en 1674, à l'extrémité de la rue du même nom, à peu près sur la même ligne que la Porte Saint-Denis, & à peu de distance. La Ville la fit ériger à la gloire de Louis XIV. Elle est aussi en forme d'arc de triomphe, & a trois ouvertures, dont celle du milieu est beaucoup plus grande que les autres. Cet ouvrage a environ cinquante pieds de hauteur & autant de large. Son architecture est en bossages rustiques vermiculés, avec des bas-reliefs dans les tympans, & un grand entablement dorique, surmonté d'un attique, dans lequel on voit, du côté de la Ville, cette inscription :

LUDOVICO MAGNO

Vesontione Sequanisque bis captis

& fractis Germanorum

Hispanorum Batavorumque exercitibus,

PRÆF. ET ÆDILES P.

C. C.

Anno R. S. H. M. D. C. LXXIV.

L'inscription qui est du côté du Fauxbourg, est conçue en ces termes :

LUDOVICO MAGNO
Quod Limburgo capto
Impotentes Hostium minas ubique repressit.
PRÆF. ET ÆDILES P.
C. C.
Anno M. D. C. LXXV.

Les ouvrages de sculpture sont de *Desjardins*, *Marsy*, *le Hongre* & *Legros*.

PORTES ANCIENNES
Autrefois subsistantes dans la Ville de Paris.

PORTE-BARBETTE (*la*) étoit une fausse porte, construite vers la vieille rue du Temple, au bout du Monastère des Blancs-Manteaux, & dans la rue qui a retenu le nom de *Barbette*. On ignore dans quel temps elle fut bâtie, & celui où elle a été abattue. *Voy.* tom. 3, page 253.

Auprès de cette Porte étoit *l'Hôtel Barbette*, où *Isabelle de Bavière*, femme de Charles VI, accoucha d'un enfant qui mourut vingt-quatre heures après sa naissance. On appelloit cet Hôtel le *petit séjour de la Reine*. C'étoit le nom qu'on donnoit aux maisons particulières, où les Grands alloient jouir d'une liberté qui leur manquoit dans leurs Palais. *

---

* Le jour des couches de la Reine, le Duc d'Orléans y soupa, & c'est en sortant de cet Hôtel qu'il fut assassiné : voici le detail de cet attentat. Il étoit environ huit heures, lorsque *Schas de Courte-Heuse*, Valet-de-Chambre du Roi, l'un des Conjurés, se fit annoncer : *Monseigneur*, dit-il, *le Roi vous mande que sans délai vous veniez devers lui, & qu'il a à parler à vous hastivement, & pour chose qui grandement touche à lui & à vous.* Le Duc n'hésita pas à se rendre à cette invitation : il fit seller sa mule, & prit le chemin de l'Hôtel de Saint-Paul, accompagné seulement de deux Ecuyers, montés sur le même cheval, & précédé de quatre ou cinq Valets de pied qui portoient des flambeaux. Ceux de ses Gens qui étoient venus avec lui chez la Reine, ne se pressèrent pas de le suivre. Le Prince qui ne marchoit ordinairement qu'escorté de

C'étoit là que se terminoit l'ancienne enceinte de Paris, tracée sous Philippe-Auguste. On voit encore au coin de la rue

---

600 Gentilshommes, n'avoit ce jour-là qu'une suite peu nombreuse. Le choix du jour, l'heure à laquelle on lui porta le faux ordre du Roi, témoignent avec quel sang-froid & quelles mesures réfléchies on préparoit sa ruine. Il étoit sans chaperon, vêtu d'une houpelande de damas noir fourrée de marte, & s'ébattant avec son gand; il chantoit, bien éloigné d'avoir aucun pressentiment du sort qui l'attendoit. Il passa devant les Conjurés qui s'étoient rangés en embuscade le long d'une maison, au-dessus de l'Hôtel de Notre-Dame. Le cheval qui portoit les deux Ecuyers, s'épouvanta en approchant de ces inconnus, prit le mord aux dents, & ne s'arrêta qu'à l'entrée de la rue Saint-Antoine : on seroit tenté de soupçonner de trahison cette fuite précipitée, si l'on n'appréhendoit de multiplier les horreurs d'un attentat qui n'offre déjà que trop de circonstances affreuses. Le Duc se trouva dans le moment enveloppé d'Assassins qui l'attaquèrent, en criant, *à mort : Je suis le Duc d'Orléans*, dit-il, en élevant la voix : *tant mieux*, reprit un de ces Scélérats, *c'est ce que nous demandons*; il lui déchargea en même temps un coup de hache qui lui abattit la main gauche dont il tenoit le pommeau de la selle : les coups de glaive & de massue redoublèrent ; la douleur & la perte de son sang, le contraignirent d'abandonner la bride qu'il tenoit de l'autre main : renversé par terre, il eut encore la force de se relever sur ses genoux, & de parer avec le bras les coups qu'on lui portoit ; mais cette foible défense ne le garantit pas long-temps ; un coup de massue, armée de pointes de fer, lui fracassa le bras au-dessous du coude. *Qu'est-ce ceci, d'où vient ceci*, s'écrioit-il de temps en temps? Enfin il tomba étendu sur le pavé, où il reçut deux nouvelles blessures à la tête, qui firent sauter la cervelle & le privèrent de la vie. Lorsqu'il ne donna plus aucun signe de sentiment, les Assassins approchèrent un flambeau pour voir s'il étoit mort ; alors un homme dont le visage étoit caché sous un *chaperon vermeil*, sortit de l'Hôtel-Notre-Dame : il tenoit une massue, dont il déchargea un dernier coup sur le Prince, en disant, *éteignez tout, allons-nous-en, il est mort*. Les Valets de pied qui portoient les flambeaux, avoient pris la fuite, à la réserve d'un seul nommé *Jacob*. Voyant son Maître renversé, il se jetta sur lui, essayant de lui faire un rempart de son corps : il fut percé de coups. On le trouva expirant : lorsqu'on vint relever le corps du Duc ; *Haro, Monseigneur mon Maître*, dit ce respectable Serviteur, digne par sa fidélité d'une plus haute fortune : il ne proféra que ces mots, & rendit les derniers soupirs. Les circonstances exactes de ce meurtre, sont rapportées ici d'après les dépositions des témoins oculaires, qui furent pour lors interrogés, un de ces témoins, qui étoit une femme, rapporte qu'ayant crié *au meurtre*, un de ces Scé-

des Francs-Bourgeois, une tourelle qui n'étoit éloignée que de trente pas de l'ancien Hôtel Barbette. Cet Hôtel avoit appartenu en 1298 à *Etienne Barbette*, Voyer de Paris, Maître de la Monnoie & Prévôt des Marchands. En 1306, la populace de Paris, dans une sédition excitée au sujet des monnoies, pilla l'Hôtel Barbette. Philippe-le-Bel qui demeuroit au Temple, y fut lui-même attaqué. On a percé les deux nouvelles rues nommées Barbette, & des trois pavillons, sur le terrain qu'occupoit l'ancien Hôtel Barbette, dont il ne subsiste plus qu'une porte, d'une construction élégante, quoique chargée d'ornemens. On voit sur le chapiteau l'écu de France, semé de fleurs-de-lys sans nombre, surmonté d'un heaume ou casque, au-dessus duquel est une grande fleur-de-lys avec deux lions pour support. C'est l'empreinte d'une monnoie frappée sous Charles VI, appellée *écus au heaume* : ce qui prouve que malgré la réduction des fleurs-de-lys au nombre de trois, on n'avoit pas encore tout-à-fait abandonné l'ancien usage de les employer quelquefois sans nombre. *Mém. de Littérature*, Dissertation de M. Bonamy.

PORTE-BAUDETS. (*la*) *Voy.* BAUDOYER. (*Porte*)

PORTE-BAUDOYER, (*la*) *Porta Bagaudarum*, *Porta Balderii*, *Porta Baudia*; en françois, *la Porte Baudet*, *Baudoyer*, *Baudayer*; *Baudets*. On nommoit ainsi cette Porte, dit-on, parce qu'elle conduisoit au camp des *Bagaudes*, *ad castrum Bagaudarum*, qui étoit à l'endroit où est aujourd'hui le Village de Saint-Maur-des-Fossés.

On a différemment latinisé ce nom dans les titres du treizième siècle, & depuis; on en a donné aussi diverses origines. L'Abbé Lebeuf a été pour ceux qui le dérivent du mot celtique ou teutonique *Baud*, & non pas du mot *Bacaude*;

---

lérats lui imposa silence, en lui disant : *taisez-vous, mauvaise femme, taisez-vous*. *Hist. de F. par Villaret*, tom. 12, page 478 & *suiv.*

Les Assassins prirent la précaution de mettre le feu à l'Hôtel qui leur avoit servi de retraite, afin que l'alarme causée par l'incendie, favorisât leur fuite. Ils jettèrent en se retirant des chausse-trapes, pour arrêter ceux qui voudroient les poursuivre. Cependant les Ecuyers que leur cheval avoit emportés, revinrent. Les Domestiques qui étoient demeurés à l'Hôtel-Barbette, arrivèrent ; ils trouvèrent leur Maître étendu ; ils le relevèrent, & le transportèrent dans l'Hôtel de Rieux, situé vis-a-vis le lieu où le meurtre venoit de se commettre. *Ibid. pag.* 481.

mais comme dans le teſtament d'Hermentrude, rédigé à Paris vers l'an 700 de J. C. ſe trouvent parmi ceux qui ſignent après le Comte *de Montmole*, un *Baudacharius* * *defenſor*, & que *Baudacharius* fait naturellement *Baudayer*, il ſemble plutôt que ce ſeroit de cet ancien Officier ou Magiſtrat de la Ville de Paris, que la *Porte Baudayer* & la place voiſine auroient tiré leur nom. Auſſi dans un acte de l'an 1219, eſt-elle nommée deux fois *Porta Baudayer*. *Voy.* BAUDOYER. (*la Place*)

PORTE-BUCI (*la*) étoit au bout de la rue Saint-André-des-Arcs, près la rue contr'eſcarpe, & avoit pris ſon nom de *Simon de Buci*, Chevalier, Conſeiller du Roi en 1350, qui l'avoit achetée des Religieux de l'Abbaye de Saint-Germain, auxquels Philippe-Auguſte l'avoit vendue avant qu'elle fût achevée. Cette porte fut livrée en 1418 par *Perinet Leclerc*, aux Gens de la faction du Duc de Bourgogne; enſuite elle fut murée: François I la fit r'ouvrir en 1539; on l'abattit en 1672, en vertu d'un Arrêt du 19 Août précédent; &, pour en conſerver la mémoire, on grava une inſcription ſur une table de marbre qu'on mit à l'endroit où cette porte étoit ſituée: on la voit encore plus haut & du même côté que l'égoût. L'inſcription que l'on avoit miſe ſur la porte Saint-Germain, étoit pareille; il n'y avoit que le nom de changé.

Elle ſéparoit la rue Saint-André-des-Arcs, du Fauxbourg Saint-Germain, & étoit une des portes de l'enceinte de Philippe-Auguſte.

CONFÉRENCE, (*Porte de la*) ainſi nommée à cauſe de la première des Conférences qui ſe tinrent à Sureſnes entre les Députés du Roi & ceux de la Ligue, le 29 Avril 1593. Cette Porte étoit ſituée ſur la rive droite de la Seine attenant les Tuileries, & fut démolie en 1730. Les Hiſtoriens

---

* Il a été naturel de réduire le nom *Baudacharius* en *Baudarius*, de même qu'on a réduit *Clothacharius* en *Clotharius*, & *Annacharius* en *Annarius*; ainſi il ne faut pas penſer que les *Bagaudes* aient contribué en rien à la formation de ce nom. Il ſuffit de ſavoir qu'il y a eu dans les Gaules des Factieux ainſi appellés, ſous l'Empire de Dioclétien, ſans oſer décider où ils étoient raſſemblés. *L'Abbé Lebeuf*, tom. 5, *Paroiſſe de Saint-Maur des-Foſſés*, pag. 100 & 101.

ont varié sur le nom de cette Porte, sur le lieu & le temps où elle fut bâtie. M. *Jaillot* dans ses Recherches sur Paris, *Quartier du Palais-Royal, pag. 13*, dit qu'il n'y a guère d'apparence que les Conférences de Suresnes, tenues 40 ans avant que cette Porte fût bâtie, lui aient fait donner le nom qu'elle a porté, & il n'est pas plus vraisemblable, ajoute-t-il, qu'elle le doive à celles qui ont précédé la paix des Pyrenées en 1659, puisqu'elle est figurée sur les Plans de Quesnel en 1608; de Mérian en 1620, désignée sous le nom de Porte de la Conférence, dans de Chuyes, sur le Plan de Gombouft de 1652, & dans les *Mémoires de Brisinne* à l'année 1653.

Nos Historiens ont confondu la *Porte-Neuve*, proche le Louvre, qui étoit presque d'alignement avec la rue St. Nicaise, & la Porte *de la Conférence* qui étoit au bout des Tuileries, à l'extrêmité de la terrasse qui règne le long de la rivière. Ces deux Portes ont existé toutes les deux dans le même temps, comme on peut s'en convaincre par l'inspection du Plan de Boisseau de 1643, de celui de Gombouft 1652, & même du sixième Plan du Commissaire Lamarre.

Elle fut rebâtie, dit *Germain Brice*, dans le temps que le Cardinal *Mazarin* & Dom *Louis de Haro* étoient occupés aux Conférences du Traité de Paix des Pyrenées, qui fut suivi du mariage de Louis XIV. Mais l'on trouve aussi dans quelques Auteurs, qu'elle portoit ce nom long-temps auparavant, qui lui fut donné à l'occasion de la retraite de Henri III, le jour des barricades; & que ce fut là que *François de Richelieu*, Grand Prévôt de France, pere du Cardinal du même nom, arrêta les Peuples incités par les ennemis du Royaume qui vouloient suivre le Roi, pour tâcher de le surprendre: ce sage Officier, en conférant avec eux, donna le temps au Roi d'avancer chemin, & de s'éloigner de ces factieux, ce qu'il fit heureusement, & alla coucher à Trappe, proche de Versailles, & le lendemain à Chartres, où ses fidèles Serviteurs l'allèrent trouver aussitôt qu'ils surent qu'il y étoit heureusement arrivé.

PORTE DE PARIS. *Suger*, Abbé de St. Denis, & Ministre d'Etat sous Louis-le-Gros, & sous Louis-le-Jeune, parle, dans le livre qu'il a composé sur son Ministere, d'une Porte de Paris qui étoit dans la rue St. Martin auprès de St. Merry. Il dit que cette Porte, lorsqu'il prit l'administration du Royaume, ne rapportoit au Roi que douze livres par an, mais que par son moyen, elle en rapportoit cinquante. Il se glorifie d'avoir augmenté les revenus du Roi de trente-huit livres de ce seul article, ce qui fait croire que cette somme étoit pour lors fort considérable. On voit aussi dans le même livre, que ce Ministre n'ayant point de maison à Paris, il en acheta une auprès de St. Merry, & de cette Porte dont nous venons de parler; & que cette maison lui coûta mille sous. Cette clôture commençoit du côté du nord, à la place qu'on nommoit *la Porte Baudet* ou aux environs, puis tournant le long du cloître de l'Eglise de St. Jean en Grève, venoit à la Tour qu'on nommoit *la Tour du pet au Diable*; delà elle gagnoit une Tour qui se voit encore dans la rue des deux Portes, entre la rue de la Verrerie & celle de la Tixeranderie. Elle passoit ensuite dans un lieu appellé *l'Archet de St. Merry*, auprès de l'Eglise du même nom, & finissoit au bout du Pont-au-Change, dans le marché de la Porte de Paris, du côté du midi: cette clôture commençoit au petit-Pont, renfermoit la place Maubert, & finissoit au bord de la rivière, vis-à-vis l'endroit où est aujourd'hui la rue de Bièvre.

PORTE DE PARIS. *Voy.* CHATELET. (*le grand*)

PORTE-GAILLON. (*la*) Elle étoit construite presque au bout de la rue de ce nom, entre l'Hôtel de Lorges, aujourd'hui de la Valliere, & celui de Chamillart, qui est maintenant l'Hôtel de Richelieu, derrière l'Hôtel de Pontchartrain, (aujourd'hui l'Hôtel du Contrôleur-Général); elle fut abattue en 1700, pour l'ornement & la commodité de ce quartier.

PORTE-GIBART. *Voy.* PORTE ST. MICHEL.

PORTE DU TEMPLE. Elle étoit construite au bout de la rue du Temple, du côté du rempart, ou boulevard; elle demeura fermée à cause des troubles de la Ligue, depuis l'an 1564, jusqu'en 1606, qu'elle fut r'ouverte à la faveur de la paix générale, & en même temps rebâtie à cause de sa vetusté; mais en 1684, elle fut démolie par ordre des Prévôt des Marchands & Echevins.

PORTE-MONTMARTRE. L'ancienne Porte Montmartre étoit placée où est aujourd'hui la Boucherie, qui est au coin de la rue des Fossés-Montmartre; elle fut démolie en 1633.

Les foſſés qui la défendoient étoient ſur le terrein qu'occupent à préſent les rues des Foſſés-Montmartre & Neuve-Saint-Euſtache. La nouvelle Porte-Montmartre fut conſtruite immédiatement après la démolition de l'ancienne, & fut élevée au coin du boulevard, c'eſt-à-dire, au-deſſus de l'Hôtel d'Usès. Elle a auſſi été démolie, puis on a mis une grille de fer qui traverſoit la largeur du boulevard en cet endroit, qui ſe fermoit & qui s'ouvroit au moyen de deux portes.

PORTE-NEUVE. (*la*) *Voy.* CONFÉRENCE. (*Porte de la*)

PORTE-RICHELIEU. (*la*) Elle fut conſtruite vers l'an 1640, à l'endroit où aboutit la rue Saint-Marc dans la rue qui a conſervé le nom de cette porte, qui, après avoir ſubſiſté plus de ſoixante ans, fut abattue en 1701, conformément aux plans qu'on avoit faits pour l'embelliſſement de Paris.

PORTE-SAINT-GERMAIN. Cette porte étoit conſtruite dans la rue des Cordeliers, proche de l'endroit où eſt la fontaine ; elle fut abattue en 1672.

Dans la niche d'où ſort cette fontaine, eſt une table de marbre noir, ſur laquelle eſt gravée cette inſcription :

Du règne de Louis-le-Grand, la porte Saint-Germain qui étoit en ce lieu, a été démolie en l'année 1672, par l'ordre de MM. les Prévôt des Marchands & Echevins, en exécution de l'Arrêt du Conſeil du 19 Août audit an, & la préſente inſcription appoſée, ſuivant l'Arrêt du Conſeil, du 29 Septembre 1673, pour marquer l'endroit où étoit cette porte, & ſervir ce que de raiſon.

Cette porte, ainſi que celle de Buci, étoit la porte de l'enceinte de Philippe-Auguſte. On l'appelloit la *porte des Cordèles*, (Cordeliers), la *porte des Frères Mineurs*, & enſuite la *porte Saint-Germain.*

PORTE-SAINT-HONORÉ. Sous le règne de Charles IX, l'ancienne porte-Saint-Honoré ſe voyoit encore à l'endroit où eſt actuellement le petit-marché & la boucherie, qu'on nomme communément *des Quinze-vingt*. Ce Prince avoit projetté de renfermer les Tuileries dans la Ville, & de l'environner d'une fortification régulière, qui fut commencée au bastion de la Conférence, & que les troubles qui agitèrent l'Etat sous les deux règnes suivans, ne permirent pas de continuer. Louis XIII reprit ce dessein, suivant lequel la nouvelle porte-Saint-Honoré fut démolie en 1631, & reconstruite à l'extrêmité de la rue Saint-Honoré, proche le boulevard, dans la même année ; elle fut cependant discontinuée, ensuite reprise en 1633 & 1634, & enfin conduite en l'état où nous l'avons vue. Elle étoit bâtie de pierres de taille en forme de pavillon couvert d'ardoises, c'est-à-dire, dans le même goût que celle de la Conférence, qui a été détruite en 1730. L'architecture en étoit lourde & peu agréable, & c'étoit la seule des anciennes portes de Paris, qui, sous les règnes de Louis XIV & de Louis XV, fût restée sur pied, mais le 15 Juin de l'an 1733, on commença à la démolir, & on ne discontinua point qu'elle ne fût entièrement rasée.

On ne peut que blâmer la démolition de ces portes, qui faisoient une espèce d'ornement dans la Ville, & terminoient la vue par un objet. On auroit dû en élever de plus belles, & en arc de triomphe, comme la porte de Saint-Denis. S'il y a un emplacement qui l'exige, c'est celui-ci. Quoi de plus nécessaire que de présenter un beau monument à l'aspect des Etrangers qui arrivent par ce côté, qui doit leur annoncer, avant d'y entrer, la Ville la plus belle & la plus célèbre de l'univers, & le quartier le plus beau, & le mieux bâti de cette Ville ! Mais loin de remplacer cette Porte, on a laissé élever en cet endroit des maisons dont les façades sont d'un goût bien commun.

PORTE-SAINT-JACQUES. Cette Porte étoit située où est actuellement le bout de l'Estrapade, d'un côté, & de l'autre la rue Saint-Hyacinte. Elle fut construite lors de l'enceinte de Philippe-Auguste, & rasée en 1684. C'étoit un vieux édifice plus incommode qu'utile, & en la place duquel on a bâti des maisons d'une décoration agréable, & qui étant occupées par différens Marchands, fournissent aux Habitans du Fauxbourg les commodités de la vie. Ce fut par cette Porte que les Troupes de Charles VIII entrèrent, le vendredi 13 Avril 1436, & réduisirent la Ville sous son obéissance.

PORTE-SAINT-LOUIS. Ainsi nommée, apparemment à cause de cette inscription qu'on y lisoit : *Ludovicus Magnus, avo Divo Ludovico. Anno. R. S. H. M. D. C.* Elle étoit

étoit sur le Pont-aux-Choux & rustiquement bâtie; elle fut démolie en 1760.

PORTE-SAINT-MARCEL. Elle fut démolie par un Arrêt du Conseil, de 1686, au mois de Juillet de la même année, avec celle de Saint-Victor qui en étoit voisine. Par ce moyen, on rendit les chemins plus praticables aux voitures & aux gens de pied; les fossés qui communiquoient d'une porte à l'autre étoient fort profonds, & furent comblés, & la pente extraordinairement escarpée de ce chemin, coupée & adoucie.

PORTE SAINT-MICHEL. Cette porte, qui étoit construite au haut de la rue de la Harpe, a eu trois noms différens. Anciennement on la nommoit la *Porte-Gilbert*, ou *Gibart*, qui étoit le nom d'un vignoble voisin. On la nomma ensuite la *porte d'Enfer*, à cause qu'elle conduisoit à l'ancien Palais de Vauvert, qu'on disoit être habité par les diables, ou bien parce qu'elle conduisoit à la rue basse qu'on nommoit & qu'on nomme encore la rue d'Enfer, *via infera*; enfin elle prit le nom de *Saint-Michel*, de ce que le Roi Charles VI l'ayant fait rétablir & agrandir, il voulut qu'on lui donnât ce nom, non-seulement parce que les Rois ses prédécesseurs avoient choisi cet Archange pour Patron & Protecteur du Royaume; mais aussi à cause qu'une de ses filles, qui naquit d'Isabelle de Bavière en 1394, se nommoit *Michelle*. Cette porte fut abattue en 1684.

PORTE-SAINT-VICTOR. Cette porte étoit située au coin des murs du Séminaire des Bons-Enfans. Elle avoit été rebâtie, comme on la voyoit en 1570; mais pour l'embellissement de la Ville, & pour la commodité publique, elle fut démolie en 1686 par ordre des Prévôts des Marchands & des Echevins. On la nommoit la *porte de Saint-Victor*, parce qu'elle étoit fort proche de l'Abbaye de ce nom, qu'elle avoit aussi donné à la rue & au Fauxbourg.

PORTEURS. Il y a à Paris des Porteurs de différentes espèces qui portent pour autrui; tels sont les *Porteurs de sel*, les *Porteurs de graines* & *de farine*; les *Porteurs de charbon* qui sont des Officiers du Roi ou de la Ville, &c.

POSTE. Ce terme a plusieurs acceptions; il se dit de la diligence que fait un Voyageur, en changeant de chevaux

Tome IV. I

de relais en relais. Il se dit aussi du Courier même, qui est chargé de lettres & paquets. Il signifie aussi les maisons placées sur les grands chemins de distance en distance, où se trouvent les chevaux propres à courir la poste. Les postes ont été établies sous Louis XI en 1464. Depuis ce temps, cet établissement a bien acquis de la perfection, & le commerce lui doit toute son étendue. Croiroit-on qu'un établissement si simple, si utile, si agréable, qui coûte si peu, & qui rapporte des sommes si considérables au Prince, n'a été connu ni des Grecs, ni des Romains ? Il y avoit des Messagers en France; mais outre leur lenteur, & qu'ils n'étoient que pour le Royaume, ils ne partoient que lorsqu'ils avoient un certain nombre de paquets. Dans les Gaules, comme dans les autres Provinces de l'Empire, les Romains avoient établi des Postes sur les grandes routes de distance en distance; mais ces Postes étoient uniquement destinées pour les affaires du Prince; les Couriers ne se chargeoient point des lettres des Particuliers. *Voy.* MESSAGERS, UNIVERSITÉ.

POSTE AUX CHEVAUX. On ne peut sortir de Paris avec des chevaux de poste, soit à franc-étrier, chaises simples, chaises à deux, berlines ou charriots de poste, sans un passe-port. Il en est de même lorsque l'on passe dans les Villes de Guerre & frontières du Royaume, ou que l'on en part; il faut un ordre du Commandant ou Lieutenant de Roi de la Place. La Poste aux chevaux est actuellement, rue des Fossés-Saint-Germain-l'Auxerrois, près celle des Poulies, vis-à-vis le cul-de-sac de Sourdis.

POSTE. (*Hôtel Royal des*) *Voy.* tom. 3, p. 282.

POSTES AUX LETTRES. Personne n'ignore que c'est à l'Université que l'on est redevable de l'invention des Postes & Messageries. Louis XI est le premier Roi de France qui ait fait un Réglement à ce sujet le 17 Février 1470.

En 1719, l'Université ayant fait remontrer au Roi, que depuis son établissement elle avoit eu le droit d'établir des Messageries dans toutes les Provinces du Royaume, avec retour desdites Provinces à Paris; qu'elle avoit été maintenue dans ce droit par Arrêts du Conseil, des 14 Décembre 1641, 29 Mars 1642, 19 Novembre 1644, & Lettres-patentes expédiées en conséquence le 15 Mai 1645; & par autres Arrêts du Conseil, du 5 Octobre 1647, & 27 Mai 1686, elle supplioit très-humblement Sa Majesté, qu'il lui plût fixer à la somme de 150000 livres, le prix desdites Messageries, si mieux n'aimoit Sa Majesté lui permettre de les affermer séparément, à la charge par elle de faire gratuitement l'instruction de la jeunesse dans tous les Collèges de plein exercice de l'Université. Le Roi ayant égard aux remontrances de l'Université, ordonna, par Arrêt rendu en son Conseil d'Etat, le 14 Avril 1719, sur lequel il fut le même jour expédié des Lettres-patentes, conformément audit Arrêt, que le bail desdites Messageries, appartenantes à l'Université de Paris, seroit toujours compris, ou censé compris dans le bail général des Postes & Messageries du Royaume, & que le prix du bail desdites Messageries de ladite Université, demeureroit fixé pour toujours au vingt-huitième effectif du prix dudit bail général desdites Postes & Messageries royales.

Il y a trois Intendans-Généraux des Couriers, Postes & Relais de France.

Trois Contrôleurs-Généraux, un Secrétaire, un Trésorier-Général, un Visiteur, & Inspecteur-Général à la suite de la Cour, trois autres Visiteurs-Généraux,

Il y a aussi quatorze Administrateurs-Généraux, qui ont chacun leur département; un Caissier-Général de la Ferme, deux Secrétaires-Généraux d'icelle; un Distributeur des passeports pour courre la poste; un Caissier des envois d'argent, & un Avocat ès Conseils.

Il y a encore neuf Chefs de Bureaux pour la distribution des lettres de chaque Quartier.

A l'égard des boëtes qui sont répandues dans la Ville, pour la commodité du Public, elles sont au nombre de trente-six, non compris la grande qui est à côté de l'Hôtel des Postes; il faut observer que les lettres en sont levées exactement trois fois par jour; savoir, à huit heures du matin, à midi & à sept heures du soir, & que pendant le séjour de la Cour à Compiegne & à Fontainebleau, elles sont levées le soir une heure plutôt, c'est-à-dire, à six heures. Toutes les lettres dont le départ est indiqué à dix heures du matin & à midi, doivent être mises avant huit heures du matin dans les boëtes de la Ville: celles qui sont indiquées à deux heures après midi, doivent y être mises avant midi; & celles qui sont pour la Cour, avant la dernière levée du soir. Lorsque lesdites heures sont passées, il faut envoyer les lettres à la boëte de l'hôtel des Postes, rue Platrière, autrement elles ne partiront que par l'ordinaire suivant.

Il est très-défendu de mettre de l'or & de l'argent dans

les lettres. Il y a un Bureau à l'Hôtel des Postes, où l'on reçoit l'argent que l'on veut envoyer dans les Provinces.

Il y a aussi un Bureau pour recevoir tous les paquets qui contiennent des effets de conséquence.

Il faut que toutes les lettres pour les Colonies françoises de l'Amérique & pour les Indes, soient affranchies jusqu'au Port de mer par lequel elles doivent passer, autrement elles resteront au rebut.

Il est bon d'affranchir toutes les lettres pour les Majors des Régimens, les Curés, les Procureurs & autres personnes publiques, parce qu'ils les refusent, lorsque le port n'en est pas payé.

Les personnes qui écriront dans des Villages ou des châteaux qui ne sont pas connus, sont averties de mettre au bas des adresses de leurs lettres, le nom de la Ville la plus proche de ces endroits.

Il y a plusieurs Villes qui portent le même nom, il faut avoir grand soin de les distinguer en mettant au bas des adresses de leurs lettres le nom de la Province.

Pour les lettres des Soldats & Gens de guerre, il faut mettre exactement le nom du Régiment & celui de la Compagnie.

Ceux qui desireront avoir de plus grands éclaircissemens sur les Postes, pourront consulter l'Almanach royal, où les Tablettes royales, ou Almanach général d'indication. *Voy.* BOETES AUX LETTRES, & *tom. 2, page 374.*

POSTE DE PARIS. (*la petite*) Elle a été établie, & a commencé le service le premier Juin 1760. Elle doit son établissement à M. de Chamousset, Conseiller au Parlement, qui en est l'Inventeur, & à qui les Habitans de la Ville, Fauxbourgs & Banlieue de Paris en ont l'obligation. Elle porte neuf fois le jour les lettres à leurs adresses. Toute lettre affranchie doit porter trois timbres; celui de la boëte où elle a été mise, ou du Facteur à qui elle a été confiée; celui de la levée qui indique l'heure où elle a été donnée, & enfin celui du mois.

Celles qui sont contre-signées, doivent en outre porter un timbre de P. D. c'est-à-dire, *port-dû*. Les Facteurs portent aussi les paquets, dont le poids excède celui des lettres ordinaires, & dont le prix est à proportion. L'on peut s'abonner pour le port d'une certaine quantité de billets, tant de mariage, d'enterrement, de service, que d'autre de cette nature. Ces mêmes Facteurs portent aussi les lettres dans la

Banlieue de Paris. Leur port n'est que de deux sols par lettre, & de trois sols au-delà des barrières, à l'exception des Hôtels des Invalides & de l'Ecole Militaire, où l'on ne paie que 2 s.

Timbres & résidences des Bureaux.

A. Rue des Déchargeurs, aux Carneaux, le Bureau général, soixante-deux boëtes & seize Facteurs.

B. Rue & Cloître Culture-Sainte-Catherine, cinquante boëtes & vingt-deux Facteurs.

C. Rue Saint-Martin, au coin de la rue Grenier-Saint-Lazare, trente-huit boëtes & dix Facteurs.

D. Rue Neuve-des-Petits-Champs, à côté de la petite porte du Palais-Royal, quarante-deux boëtes & huit Facteurs.

E. Rue Saint-Honoré, à côté de la rue de Luxembourg, trente boëtes & quinze Facteurs.

F. Rue du Bac, au coin de la rue de l'Université, trente-trois boëtes & quatorze Facteurs.

G. Rue des Quatre-Vents, près Saint-Sulpice, quarante-neuf boëtes & dix-neuf Facteurs.

H. A l'Estrapade, à l'entrée de la rue des Postes, cinquante-quatre boëtes & dix-huit Facteurs.

J. Neuve-Saint-Etienne, à la Villeneuve, trente-sept boëtes & douze Facteurs.

Conséquemment il y a trois cent quatre-vingt-quinze boëtes, & cent dix-sept Facteurs pour faire ce service tous les jours.

On ne paie que deux sols pour le port de toutes lettres, cartes, billets & paquets qui n'excéderont pas le poids de deux onces, pour quelque Quartier que ce soit, & un sol de plus pour les paquets qui seroient de trois ou quatre onces. Les paquets d'un poids plus considérable, doivent être portés dans un des Bureaux de distribution, établis dans les différens Quartiers, avec les Receveurs desquels le Public pourra faire des abonnemens, tant pour le port desdits paquets, que pour l'envoi de tous papiers autorisés, tels qu'*écrits périodiques, billets de cérémonies, Factums, Mémoires*, &c. Cet abonnement diminuera le port, relativement au nombre.

La taxe des envois pour les maisons hors de l'enceinte des barrières de la Ville & Fauxbourg de Paris, est d'un sol plus forte.

Le Bureau général de la Régie, est rue des Déchargeurs.

POTERIES. (*le clos des*) C'est aujourd'hui l'endroit où est la rue des Postes à l'Estrapade. Ce Quartier fut ainsi nommé à cause d'une grande quantité de terres sablonneuses qu'on y avoit découvertes ou transportées, & qui étoient propres à faire des poteries. Dans tous les titres de Sainte Geneviève, l'endroit où est située la rue des Postes, est nommé *le clos des Poteries*, *le clos des Métairies*: il étoit planté en vignes, qui *avoient été baillées, à la charge de payer le* TIERS-POT *en vendange de redevance seigneuriale*. On lui donnoit encore ce nom, quoique les vignes eussent été arrachées, & qu'on y eût bâti des maisons. Les terres labourées qu'on substitua aux vignes, lui firent donner le nom de *clos des Métairies*.

POTIERS D'ÉTAIN. Ce sont ceux qui fabriquent, vendent & achètent toutes sortes d'ustensiles & vaisselles d'étain.

Les derniers statuts donnés à cette Communauté en 1613, les qualifient de *Maîtres Potiers d'étain*, & *Tailleurs d'armes sur étain*, ce qui leur donne droit de graver & armorier tous les ouvrages d'étain qu'ils fabriquent, ou font fabriquer en cette Capitale.

Tous les Maîtres sont tenus d'avoir chacun deux poinçons pour marquer leurs ouvrages; l'un contenant la première lettre du nom de Baptême, & celui de famille en toutes lettres; & l'autre, les deux premières lettres seulement de chaque nom, qui doivent être empreintes sur les tables d'essai qui sont chez le Procureur du Roi, & sur celle de la Communauté, pour y avoir recours en cas de fraude.

Il leur est défendu d'enjoliver aucuns de leurs ouvrages en or ou en argent, s'ils ne sont destinés pour l'usage de l'Eglise.

Il leur est pareillement défendu de vendre, ni d'avoir dans leurs boutiques, aucuns ouvrages qui n'aient été faits à Paris, & ils ne peuvent travailler du marteau avant cinq heures du matin, & après huit heures du soir.

L'apprentissage est de six ans, & trois ans de compagnonage. Le brevet coûte 36 livres, & la maîtrise, 500 liv. avec chef-d'œuvre. Ils ont été réunis en 1776 aux Fayanciers & Vitriers. Patron, Saint-Fiacre. Bureau, rue des Prêcheurs.

POTIERS DE TERRE. Ce sont ceux qui font & vendent toutes sortes de poteries & vaisselles en terre cuite. Les Statuts de cette Communauté sont bien antérieurs au règne de Charles VII, qui leur en confirma de nouveaux en 1456, & depuis confirmés par Henri IV en 1607.

Il est expressément défendu à tous Potiers de terre de rembourrer ni étouper leurs ouvrages ; & au contraire il leur est enjoint de les bien plomber & *jaunir* : ancien terme qui signifie *vernisser*. L'apprentissage est de six ans ; le brevet coûte 19 livres, & la maîtrise, 500 livres, depuis leur réunion en 1776 avec les Fayanciers & Vitriers. Patron, S. Bon. Bureau, rue des Arcis. *Voy.* JURANDES.

Il se trouve un très-grand nombre de Potiers de terre dans le Quartier du Fauxbourg Saint-Marcel.

POUDRE A CANON. *Voy.* CANON.

POULAILLERIE. (*la*) Suivant *Guillot*, elle étoit près le Châtelet, Quartier Sainte Opportune ; & l'Abbé Lebeuf a pensé que les rues de Gesvres & de Saint Jérôme en occupoient la place. M. *Jaillot* croit qu'elle étoit située de l'autre côté, d'après un plan manuscrit qui se conserve à la Bibliothèque du Roi, où l'on voit que le carrefour de la Saünerie, & la rue Pierre-au-Poisson, portoient les noms de *Poulaillerie* & de *Larderie*.

Entre l'Abreuvoir-Popin & la rue Saint-Leufroi, le terrein situé à l'extrêmité de ce quai, a été long-temps appellé la *Vallée de Misère*. On y tenoit le marché à la volaille, d'où *Guillot* a désigné cet endroit sous le nom *de la Poulaillerie*.

POUPÉES, amusemens & jouets d'enfans, que font les Bimblotiers, lorsque ces jouets ont la figure humaine. C'est de ces jouets dont il se fait un si grand commerce à Paris, qu'il en fournit non seulement la Province, mais même l'Etranger. Ce terme s'entend aussi de ces figures qu'on habille, qu'on coëffe en homme ou en femme, & qu'on envoie à l'Etranger, pour lui donner une idée de la manière de se mettre des François.

POURCEAUX. (*Marché aux*) Il étoit à l'entrée de la rue Sainte-Anne en 1528, où il subsistoit encore en 1609. *Voy.* BUTTE-SAINT-ROCH. On voit au bout de la rue des Bourdonnais, une place qu'on appelle le cul-de-sac de la *Fosse-aux-Chiens*, qui étoit situé hors de l'ancienne enceinte, & servoit de voirie. On nommoit aussi cet endroit *le Marché aux Pourceaux*, *la Place aux Pourciaux*, & ensuite la *Place aux Chats*. Cette voirie s'étendoit assez loin ; car on ne peut douter que la rue de la Limace & le cul-de-sac de la Fosse-aux-Chiens n'en fissent partie. On trouve en 1575 la rue de la Limace, fous le nom de la *Place aux Pourceaux*, autrement dite *de la Limace & de la viels Place aux Pourceaux*.

PRÉ-AUX-CLERCS. (*grand & petit*) L'Abbaye de Saint-Germain-*des-Prés*, proche & hors des murs de Paris, reſſembloit à une Citadelle ; ſes murailles étoient flanquées de tours, & environnées de foſſés ; un canal large de treize à quatorze toiſes, qui commençoit à la rivière, & qu'on appelloit la *petite Seine*, couloit le long du terrein où eſt à préſent le cloître & la rue des Petits-Auguſtins, & alloit tomber dans ces foſſés (rue Saint-Benoît). * La prairie que ce canal partageoit en deux, fut nommée le *grand & le petit-Pré-aux-Clercs*, parce que les Ecoliers qu'on appelloit autrefois *Clercs*, alloient s'y promener les jours de Fêtes. *Le petit-Pré* étoit le plus proche de la Ville, & comprenoit deux arpens & demi. Il avoit été donné en 1368 à l'Univerſité, à titre d'indemnité ou d'échange du terrein que les Religieux avoient été obligés de prendre pour faire creuſer des foſſés autour des murs de l'Abbaye. Le canal ayant été comblé, on bâtit, au commencement du ſiècle dernier, des maiſons ſur le petit-Pré-aux-Clercs. Une partie de l'armée de Henri IV étoit campée dans *le grand-Pré-aux-Clercs*, lorſqu'il aſſiégea Paris en 1589. Le mercredi, premier jour de Novembre, à la faveur d'un brouillard qui ſe leva comme par miracle, après la prière faite dans *le Pré-aux-Clercs*, le Roi ſurprit les Fauxbourgs Saint-Jacques & Saint-Germain. On avoit élevé quelques fortifications & fait des retranchemens autour de ces Fauxbourgs qui n'étoient pas, à beaucoup près, auſſi étendus qu'ils le ſont aujourd'hui. On ne commença de bâtir dans *le grand-Pré-aux-Clercs*, que ſous Louis XIII, & les rues des petits-Auguſtins, Jacob, de l'Univerſité, de Verneuil, de Bourbon & de Saint-Père (non des SS. Pères) n'étoient pas encore achevées au commencement du règne de Louis XIV.

---

* On combla ces foſſés en 1640, & l'on bâtit ſur le terrein qu'ils occupoient, un côté des rues Saint-Benoît, Sainte-Marguerite & du Colombier ; l'autre côté de cette dernière rue avoit été bâti vers l'année 1543, avec la rue des Marais. *Eſſai hiſt. ſur Paris*, par S. Foix, tom. 1, 64 *& ſuiv*.

PRÉ-CROTTÉ, ou *le Champ de la Foire.* (*le*) Ce lieu étoit anciennement celui qu'on nomme aujourd'hui *le Préau de la Foire Saint-Germain*. On y vendoit des bestiaux, ainsi que dans l'espace compris entre les rues de Tournon & Garancière.

PRÉ-SAINT-GERVAIS. (*le*) Hameau considérable de la Paroisse de Pentin, & qui a plus de feux que Pentin même. On l'appelle ainsi à cause de la prairie qui y étoit autrefois, & à cause de la Chapelle du titre de Saint-Gervais qui y est bâtie.

C'est au Pré-Saint-Gervais qu'est l'aqueduc le plus ancien pour la Ville de Paris, de ce côté-là. *Voy.* AQUEDUCS. On y voit encore sur la porte d'une maison notable à droite en montant, un buste du Roi Henri IV, qu'on dit s'y être retiré quelquefois avec Gabrielle d'Estrées. L'Abbé Chapelain a marqué dans son Journal à l'an 1709, qu'il y a au Pré-Saint-Gervais, un jardin singulier, dit *la Motte-Saint-Denis*.

Ce lieu est des plus agréables par ses promenades, ses vergers, ses bocages, & par la quantité des fruits & des légumes qu'il produit.

PRÉDICATEURS DE LA PÉNITENCE. *Voy.* CORDELIERS.

PRÉMONTRÉS. (*Collège & Prieuré des*) C'est la Ire. maison qui se présente dans la rue Haute-Feuille, à main gauche, en sortant de celle des Cordeliers. Les Prémontrés sont des Chanoines Réguliers, de l'Ordre de Saint-Augustin, qui ont été institués par Saint-Norbert en 1120, à Prémontré dans le Diocèse de Laon, d'où cet Ordre a pris le nom. *Jean*, Abbé de Prémontré, Général de cet Ordre, voulant avoir un Collège à Paris, pour l'instruction des jeunes Religieux de son Ordre qui vouloient prendre des dégrés dans l'Université, acheta de *Gillette de Houzel*, Bourgeoise de Paris, veuve de *Jean Sarrazin*, une maison qui portoit le nom de *Pierre Sarrazin*, située dans la rue Haute-Feuille, chargée de 12 sols de cens capital, de cent sols parisis de surcens, & de quatre livres de cens annuel sur les trois parties de cette maison. Le prix de l'acquisition fut de 120 livres parisis une fois payées. Le contrat est daté du troisième samedi après la Trinité, de l'an 1252. *Guillemette*, Abbesse de Saint-Antoine-des-Champs, & sa Communauté, autorisées par l'Abbé de Cîteaux, vendirent à l'Abbé & à l'Ordre de Prémontré, la Seigneurie & la cenſive de neuf Maiſons, ſituées près des Cordeliers, dans la rue *des Étuves*, le tout faiſant 7 livres 10 ſols pariſis de cens annuel, que les Religieux de Prémontré achetèrent pour la ſomme de 350 liv. pariſis une fois payée, laquelle fut employée à l'achat d'autres fonds, par l'Abbeſſe & Religieuſes de Saint-Antoine. Au mois d'Octobre de l'année ſuivante, *Jean de Beaumont*, Bourgeois de Paris, vendit à l'Abbé & aux Religieux de Prémontré, une maiſon contigue à celle de Pierre-Sarrazin, avec 4 livres pariſis de cens ſur les trois parts de ladite maiſon de Sarrazin, & des Etuves de la même maiſon. En l'an 1286, le vendredi d'après la Trinité, l'Abbé & les Religieux de Prémontré, achetèrent de *Gillette le Cellier*, veuve de *Guillaume le Hongre*, une grange & un jardin tenant aux héritages qu'ils poſſédoient déjà, pour le prix & ſomme de 70 livres.

Voilà toute l'étendue qu'occupe le Collège de Prémontré, qui étoit autrefois bornée par quatre rues, dont l'une paſſoit de la rue des Cordeliers en face de la rue Mignon, dont elle faiſoit la continuation, & s'appelloit la rue des Etuves; une autre étoit celle de *l'Archevêque de Rheims*, ou du *petit-Paon*, dont il ſubſiſte encore une partie ſous le nom de *cul-de-ſac du Paon*. M. le premier Préſident *le Maitre* la fit boucher d'une grange & de ſes écuries: les deux autres rues qui bornoient ce collège, étoient la rue des Cordeliers & celle de Haute-Feuille.

Le bâtiment de ce Collège a été fait à pluſieurs repriſes. Ce qu'il y a de plus moderne, eſt un grand corps-de-logis qui règne ſur la rue Haute-Feuille, & au milieu duquel eſt la grande porte de cette Maiſon, qui a été conſtruite ſous le Généralat du P. Michel Colbert, Abbé de Prémontré, Général de tout l'Ordre. Sur cette porte ſont deux écus acolés, dans l'un deſquels ſont les armoiries de Prémontré, qui porte ſemé de France, à deux croſſes en ſautoir; & dans l'autre, celles du P. *Colbert*, ſon Général, qui ſont d'or, à une couleuvre d'azur, tortillée & miſe en pal. Les deux croſſes des armoiries de l'Ordre, marquent ſa Juriſdiction au-dedans & au dehors du Royaume, & ſont d'autant plus honorables, qu'elles ont été accordées à cet Ordre par le Roi Saint-Louis.

On commença à rebâtir l'Egliſe en 1618, & elle fut dédiée ſous l'invocation de Sainte Anne. La porte qui étoit dans la rue des Cordeliers, fut changée & placée dans la rue Haute-Feuille en 1672. L'Autel qui étoit au levant fut mis au couchant ; l'on mit auſſi pour lors au frontiſpice du portail de cette Egliſe, l'inſcription qui ſuit :

Ecclesia Canonicorum Regularium Ordinis Præmonstratensis, sub invocatione Beatæ Annæ.

Le Maître-Autel mérite quelqu'attention. Il eſt décoré de quatre grandes colonnes ioniques, couplées, qui ſoutiennent une impoſte, ornée de ſculpture & de dorure ; le plan du fond eſt circulaire, avec des roſes encaiſſées. Au-deſſus du Tabernacle eſt un petit temple à pans, avec des colonnes en reſſaut, & terminé par un dôme, dont la grandeur trop maſſive, n'eſt point en proportion avec les autres parties de l'architecture. Ce temple dont on ne voit ni le rapport, ni la néceſſité, eſt ſoutenu par deux Anges en ſculpture, de grandeur naturelle, feints en marbre. Deux autres ſtatues de la même grandeur & ſur la même ligne, ſont placées dans deux niches de l'arrière-corps de cette compoſition. La menuiſerie de la tribune des orgues, celle des ſtalles & la grille du chœur ſont d'un aſſez beau travail.

PRÉMONTRÉS RÉFORMÉS. (*les*) Ces Chanoines Réguliers, fondés par Saint-Norbert, Archevêque de Magdebourg, ſont de la *réforme & de l'étroite obſervance* de ſon Ordre (dit *Prémontré*) à cauſe du chef-lieu qui en porte le nom, qui eſt une Abbaye entre Laon & Soiſſons, fameuſe par la réſidence du Général, & par la beauté de ſes bâtimens, d'un eſcalier ſur-tout qui attire les Connoiſſeurs. Ces Chanoines vinrent s'établir au coin de la rue du Cherche-Midi, carrefour de la Croix-Rouge, l'an 1661. Ils obtinrent la faveur de la Reine Mère Anne d'Autriche, qui leur fit obtenir & des Lettres-patentes pour leur établiſſement, & le conſentement d'Henri de Bourbon, Duc de Verneuil, Evêque de Metz, & Abbé de Saint-Germain-des-Prés ; cette auguſte Reine voulut même leur donner des marques de ſa protection royale, en fourniſſant la ſomme de dix mille liv. pour aider à bâtir leur Egliſe & leur Maiſon. Tout étant ainſi diſpoſé, le P. *Paul Terrier*, Profès & Religieux de la Maiſon de S. Paul de Verdun-ſur-Meuſe, fondé de procuration, acheta de *Marie le Noir*, veuve de feu *René Chartier*, Médecin du Roi, une place qui fait la pointe des rues de Sève & du Chaſſe-Midi, dite autrefois *la Tuilerie*. Cet achat fut conclu le 16 d'Octobre 1661 : auſſi-tôt après on jetta les fondemens de l'Egliſe & du Monaſtère, ſur les deſſins de

Dorbay, Architecte du Roi. La Reine Anne d'Autriche posa la première pierre de l'Eglise, sous le titre du *très-Saint Sacrement de l'Autel & de l'Immaculée Conception de la Vierge*. Dès qu'elle fut achevée, elle fut bénite par le P. Dom *Ignace-Philibert*, Prieur de l'Abbaye de Saint-Germain-des-Prés, en préfence de la Reine-Mère, qui y entendit la première Meffe, célébrée par ce Prieur. Cette Eglise s'étant trouvée trop petite dans ces derniers temps, pour la grande affluence du Peuple qui s'y rendoit, les Religieux entreprirent d'en bâtir une nouvelle qui fût plus fpacieufe, dont le Prince *François-Armand de Lorraine d'Armagnac*, nommé à l'Evêché de Bayeux, pofa la première pierre au nom du Roi, le 21 de Juin 1719.

Cette nouvelle Eglife eft beaucoup plus grande que l'ancienne. La perfpective en eft belle, malgré quelques défauts qui règnent dans fon architecture qui forme un ordre ionique. La voûte en plein cintre, eft décorée de fculpture dans les arcs doubleaux. Le Chœur fort fpacieux eft très-bien éclairé, & revêtu d'une menuiferie ornée de fculpture, qui feroit un chef-d'œuvre, fi elle n'étoit fi chargée. Les ftalles hautes & baffes font des plus belles, relatives à la menuiferie, & furmontées par elle. Le grand-Autel à la romaine eft placé au milieu des deux croifées, où font deux petites Chapelles. La grille du Sanctuaire, bombée, fait honneur à l'Artifte, & l'enfemble du Chœur fait un coup-d'œil qui charme. L'orgue qui fait face au grand-Autel, eft portée fur une tribune foutenue par une trompe faillante de neuf pieds, affez hardie pour caufer de l'admiration aux Connoiffeurs. Parmi les épitaphes, celle du Chevalier *Turpin*, Seigneur de Criffé, mort en 1684, & *d'Anne de Salles* fon époufe, eft la feule remarquable; elle eft fur un marbre blanc, adoffé à l'un des murs des bas-côtés: les Prémontrés ont fait conftruire non feulement cette Eglife de fond en comble, mais ils ont auffi fait bâtir pour eux une maifon, qui, par leur bonne régie, devient plus nombreufe; de trois qu'ils étoient dans leur établiffement, ils font à préfent quinze, tous Prêtres, qu'on choifit des autres Provinces, & qui viennent s'exercer dans toutes les fonctions du Saint Miniftère. Les jeunes-gens s'y portent avec zèle à la prédication: les autres choififfent le Tribunal, & facrifient tout leur temps & leurs foins pour le falut des ames; le plus fouvent même on y fait l'un & l'autre; auffi cette Maifon eft-elle édifiante & régulière; le Public qui fe fait une joie d'affifter à fes Offices, lui rend cette juftice.

PRÉSIDENS (*MM. les Premiers*) DU PARLEMENT, depuis Simon de Buci, *le premier qui ait porté ce titre en 1344.*

Simon de Buci, mort en 1369.	Nicolas de Verdun. . 1627.
Guillaume de Sens I. . 1373.	Jerôme de Hacqueville. 1628.
Pierre d'Orgemont.. . . 1389.	Jean Bochart. . . . . 1630.
Guillaume de Sens II. 1399.	Nicolas le Jay. . . . 1640.
Jean de Popincourt. . . 1403.	Matthieu Molé. . . . 1656.
Arnaud de Corbie. . . 1413.	Pomponne de Bellièvre, ... 1657.
Henri de Marle. . . . . 1418.	
Robert Mauger. . . . . . 1418.	Guillaume de la Moignon. . . . . 1677.
Philippe de Morvilliers. 1438.	
Adam de Cambray. . . 1456.	Nicolas Potier de Novion. . . . . 1693.
Yves de Scepeaux. . . . 1461.	
Hélie de Torrete. . . . 1461.	Achiles de Harlay. . . 1712.
Matthieu de Nanterre. 1467.	Louis le Pelletier I. . . 1712.
Jean Dauvet. . . . . . . 1471.	Jean-Antoine de Mesme . . . . 1723.
Jean le Boulanger. . . . 1481.	
Jean de la Vacquerie. 1497.	André Potier de Novion. . . . . 1724.
Pierre de Courtardi. . 1505.	
Jean de Ganai. . . . 1512.	Antoine Portail. . . . 1736.
Antoine Duprat. . . . . 1535.	Louis le Pelletier II. 1743.
Pierre Mondot de la Marthonie. . . . . 1517.	René-Charles de Maupeou. . . . . 1743.
Jean Olivier de Leuville. . . . . . . 1519.	Matthieu-François Molé. . . . 1757.
Jean de Selve. . . . . 1529.	René-Nicolas-Charles-Augustin de Maupeou . . . . 1763.
Pierre Lizet. . . . . 1554.	
Jean Bertrandi. . . . 1560.	
Gilles le Maître. . . . 1562.	Etienne-François d'Aligre. . . . . 1768.
Christophe de Thou. 1582.	
Achiles de Harlay. . . 1616.	

PRÉSIDENS (*MM. les Premiers*) DE LA CHAMBRE DES COMPTES, *depuis la fixation de cette Chambre à Paris. Elle avoit anciennement deux Présidens, l'un* Clerc, *qui étoit Archevêque ou Evêque ; & l'autre* Laïque, *qui étoit Chevalier ou Baron.*

Premiers Présidens Laïques.

Henri de Sully . . . . . 1316.	Jean de Châlons. . . . 1350.
Miles de Noyers. . . . 1346.	Jean de Saarbruck. . . 1365.

Enguerrand de Couci. 1384.
Jacques de Bourbon. 1397.
Guillaume de Melun. 1402.
Pierre des Essarts. . . 1410.
Valeran de Luxembourg. . . . . 1411.
Jean de Croi. . . . . 1411.
Robert de Bar. . . . . 1413.
Jean d'Estouteville. . 1415.
Jean de Neuf-Châtel. 1418.
Bertrand de Beauveau. 1462.
Jean de la Driesche. . . 1467.
Antoine de Beauveau. 1474.
Pierre Doriole. . . . 1480.
Etienne de Vèsc. . . . 1482.
Jean Bourré. . . . . 1491.
Robert Briçonnet. . . 1494.
Denis Bidault. . . . . 1495.
Jean Nicolay. . . . . 1506.
Aimar Nicolay. . . . 1518.
Dreux Hennequin, 1557.
reçu seulement en survivance, mort en 1550.
Antoine Nicolay. . . 1553.
Michel de l'Hôpital, *surn*. . . . . . 1554.
Jean Nicolay. . . . . 1587.
Antoine Nicolay. . . 1624.
Nicolas Nicolay. . . 1656.
Jean-Aimar Nicolay. . 1686.
Antoine-Nicolas Nicolay, 1717. *reçu seulement en survivance, mort en.* . . . . . 1731.
Aimar-Jean Nicolay. . 1731.

Premiers Présidens Clercs.

Fouques. . . . . 1319.
Hugues de Pomart. 1334.
Jean de Marigny. . . 1343.
Hugues d'Arcy. . . . 1346.
Jean d'Augeran. . . . 1360.
Nicolas d'Arcy. . . . 1375.
Miles de Dormans. . . 1376.
Pierre d'Orgemont. . 1380.
Jean Patourel. . . . . 1388.
Oudart de Moulins. 1392.
Nicolas du Bosc. . . 1397.
Jean de Montagu. . . 1466.
Eustache Delaistre. . . 1409.
Gerard de Montagu. 1413.
Louis de Luxembourg.*. . . . . . 1418.
Jean de Mailly *. . . 1424.
M. Gouge de Charpeigne. . . . . 1421.
Guillaume de Champeaux. . . . . 1422.
Alain de Coitivi. . . . 1422.
Jean-Jacques Juvenal des Ursins. . . 1443.
Richard Olivier. . . . 1451.
Bertrand de Beauveau. 1466.
Jean de Popincourt. . 1466.
Jacques Cottier. . . . 1482.
Geoffroy de Pompadour, *dernier Président Clerc.* 1485.

La Chambre des Comptes de Paris est si ancienne, qu'il est difficile d'en fixer l'origine; tout ce que l'on peut dire, c'est que Philippe-le-Long, par son Edit, donné au Vivier en 1319, veut qu'il y ait quatre *Maîtres-Clercs*; c'est à savoir les trois qui y sont; & Maître Jean Mignon, y commis de nouvel. Outre ces Maîtres-Clercs, il y en avoit

---

* *Ces deux furent nommés par la Faction de Bourgogne.*

PRE

trois Lays, comme il paroît par la fin de cet Edit, donné au Vivier. *Voulons & ordonnons qu'en notredite Chambre, n'ait que trois Maîtres-Lays, c'est à savoir* Guillaume Courtcheuse *notre Chevalier*, Martin des Essarts & Guillaume Guette *nos Familiers*. On voit aussi dans la même Ordonnance, qu'il y avoit alors deux Présidens en la Chambre des Comptes, l'un Clerc, qui étoit l'Evêque de Noyon, & l'autre Lay, qui étoit Pierre de Sully. On remarque, au grand honneur de cette Chambre, qu'en 1397, JACQUES DE BOURBON y fut reçu en qualité de Président-Lay.

PRÉSIDENS (*MM. les Premiers*) DE LA COUR DES AIDES DE PARIS, *jusqu'à l'Edit de suppression de cette Cour, du mois d'Avril 1771.*

Jean de la Grange, Cardinal. . . . 1370.	Jean Dudrac. . . . . 1446.
Guillaume d'Estouteville. . . . 1374.	Louis Raguier. . . . 1453.
	Jean de Tescun. . . . 1461.
Philippe de Moulins. 1382.	Jean Herbert. . . . . 1464.
Guillaume de Dormans. . . . 1388.	Louis Raguier. . . . 1465.
	Mathurin Barton. . . 1470.
Gerard d'Athies. . . 1392.	Jean de la Groslaye. 1483.
Charles d'Albret. . . . 1401.	Geoffroy de Pompadour. . . . . 1484.
LOUIS, DUC D'ORLEANS. . . . 1402.	Jean Despinay. . . . 1485.
	Jean le Viste. . . . . 1489.
PHILIPPE DE FRANCE, Duc de Bourgogne. 1402.	Jean Hurault. . . . . 1500.
	Pierre de Cerisay. . . 1505.
JEAN DE FRANCE, Duc de Berry. . . . 1402.	Charles du Hautbois. . 1510.
	Louis Picot. *Nota. Ce fut lui qui prit le premier le titre de premier Président.* 1513.
Guillaume de Dormans, & Gerard d'Athies, *conjointement*. . . . 1403.	
	Jacques l'Huillier. . . 1545.
Hugues de Maignac. 1404.	Eustache l'Huillier. . . 1550.
Jean de Vervins. . . 1404.	Pierre de la Place. . . 1553.
Pierre de Beaublé. . . . 1405.	Etienne de Nully. . . 1572.
Hugues de Magnac. 1407.	Pierre de la Place. . . 1570.
Pierre de Savoisy . . . 1411.	Etienne de Nully. . . 1572.
Jean de Vailly. . . . 1412.	Jean Chandon. . . . . 1592.
Henri de Savoisy. . . 1412.	Christophe de Sèves. 1597.
Hugues de Combarel. 1425.	Nicolas Chevalier. . . 1610.
Jean le Maunier. . . . 1436.	René de Longueil. . 1630.
Robert de Rouvres. 1444.	Jacques Amelot. . . . 1643.

Jacques-Charles Amelot. . . . . . 1656.	Guillaume de la Moignon. . . . , 1746.
Nicolas le Camus . . . 1672.	Chrétien-Guillaume de la Moignon de Malesherbes. . . . . . 1749.
Nicolas le Camus. . . 1707.	
Nicolas le Camus. . . 1714.	

Voy. l'article COUR DES AIDES.

PRÉSENTATION. (*les Religieuses de la*) Ce Couvent est un Prieuré perpétuel de Bénédictines mitigées, situé dans la rue des postes, presque vis-à-vis la rue Neuve-Sainte-Geneviève. Il doit son établissement à *Marie Courtin*, veuve de *Nicolas Billard*, Sieur de *Carrouge*, laquelle ayant dessein de fonder un Couvent de Filles dudit Ordre, par contrat du 27 Octobre 1649, fit donation, entre-vifs, de la somme de neuf cents livres de rente perpétuelle par chacun an, à Sœur *Catherine Bachelier*, sa nièce, Prieure du Couvent des Bénédictines, nouvellement établi dans la rue d'Orléans, au Fauxbourg Saint-Marcel. Madame *Billard* fut si satisfaite de la régularité de ces Religieuses, & des bons procédés qu'elles avoient eus à son égard, que le 21 Septembre 1656, elle donna à ce Couvent, par donation entre-vifs, la somme d'onze cents livres de rente perpétuelle par chacun an, qui, avec celle de neuf cents livres qu'elle avoit donnée en 1649, faisoit la somme de deux mille livres de rente, pour valoir fondation audit Couvent.

Ces Filles demeurèrent dans la rue d'Orléans, jusques vers l'an 1671, qu'ayant résolu d'aller s'établir ailleurs, elles achetèrent d'un nommé *Olivier*, Greffier-Civil & Criminel de la Cour des Aides, une maison, un jardin, des vignes, & autres héritages contenant environ deux arpens, & le tout situé dans la rue des Postes. Une des conditions auxquelles ledit Sieur *Olivier* consentit cette vente, fut que ces Religieuses recevroient dans leur Couvent, en qualité de Religieuse de Chœur une fille qui leur seroit présentée de la part dudit Sieur *Olivier* & de ses descendans, moyennant une pension de deux cents livres seulement, tant pour le Noviciat, que Profession & habillement de ladite fille, & qu'arrivant le décès de ladite fille, ils y en présenteroient une autre consécutivement. Après cette acquisition, elles commencèrent à bâtir dans la rue des Postes, l'Eglise qu'on y voit aujourd'hui, & à faire au dedans tous les ajustemens & toutes les réparations convenables.

Ces deux différens établissemens ont été faits en vertu de Lettres-patentes, obtenues au mois de Décembre 1656, &
par

par autres Lettres-patentes du 20 Février 1661, qui furent regiſtrées au Parlement le 12 Janvier 1667.

Au commencement de ce ſiècle, Louis XIV, informé de l'état néceſſiteux où ſe trouvoient ces Religieuſes, Sa Majeſté accorda une loterie en leur faveur. Cette loterie a duré quelque temps, & leur a procuré plus d'aiſance.

PRÉSIDIAL. Le Roi Henri II établit un Préſidial au Châtelet, compoſé de vingt-quatre Conſeillers, par ſon Edit du mois de Mars de l'an 1551.

Louis XIV, par un Edit du mois de Février 1674, ayant ſupprimé preſque toutes les Juſtices particulières, poſſédées par divers Seigneurs dans la Ville, Fauxbourg & Banlieue de Paris, & les ayant incorporées à la Juſtice du Châtelet, par l'Edit de ſuppreſſion, & par un autre du mois d'Août de la même année, Sa Majeſté créa un nouveau Préſidial ou Châtelet, avec les mêmes pouvoirs & nombre d'Officiers que l'ancien, & mit des bornes au reſſort de l'un & de l'autre ; mais l'expérience ayant fait connoître les inconvéniens qui réſultoient de cette multipicité de Tribunaux, il y eut un Edit au mois de Septembre 1684, qui caſſa le nouveau Châtelet, & le réunit à l'ancien, pour exercer déſormais la Juriſdiction dans toute l'étendue de la Prévôté & Vicomté de Paris. Un Edit de Louis XVI leur attribue le Jugement des ſommes, juſqu'à 2000 livres.

PRESLE. Bourg du Doyenné du Vieux-Corbeil, ſur l'Aiſne, à huit lieues de Paris, du côté de l'orient d'hiver, à une lieue de Tournan, & à trois lieues eſt-nord de Soiſſons. Le gros des Habitans eſt placé aux environs de l'Egliſe ſur une petite élevation, & forme un Bourg ; mais il y a quelques écarts. On y comptoit autrefois beaucoup de Fiefs. Le terrein conſiſte en prairies & labourages, bois & bocages. La Sainte Vierge eſt Patrone de l'Egliſe de ce lieu, qui eſt un édifice ſolidement conſtruit au treizième ſiècle, tout voûté en pierre, accompagné d'une petite aile vers le midi, également voûtée avec une groſſe tour de grès qui ſupporte quatre groſſes cloches, & qui a été bâtie long-temps après l'Egliſe. Le Sanctuaire ſe termine en quarré, & l'édifice eſt diſpoſé ſans galeries, mais avec des vitrages de figure oblongue & étroite, dont il reſte encore des panneaux du ſiècle de la bâtiſſe, au Sanctuaire vers le nord & à la Sacriſtie. On lit de ce côté les vers ſuivans, gravés ſur la muraille en petit gothique.

Tom. IV.

PRE

Par Atropos à tous humains diverſe,
Repoſe & gît le corps à la renverſe
D'homme Prudent *Quentin le Charpentier*,
Preſtre ſavant & très-grand Ménagier,
Bon Aumônier ſans aucun étrangier,
Lequel voul comme juſte & entier
Diligenter de prendre ſoin & cure,
Et tellement que ſans aucun deſtour,
Il ordonna ainſi faire la tour;
Et cela faict les cloches y fit mettre
Par mains d'Ouvriers & par d'aſſurés Maîtres,
Pour ſervir Dieu, vivans & trépaſſés,
Priez pour lui vous qui par-ci paſſez,
Et par amour dites deſſus ſa lame,
Ci-gît le corps, en Paradis ſoit l'ame.
1525. 1.

Ce Quentin le Charpentier y eſt repréſenté à genoux devant une image de la Vierge, avec ces mots : *O Mater Dei, memento mei* ! & ſur ſa tombe, que l'épitaphe appelle une lame, il eſt figuré en chaſuble, tenant un calice.

La nomination de la Cure appartient de plein droit à M. l'Archevêque. Le Curé eſt gros Décimateur. M. le Comte de Buſſy-Lameth étoit Seigneur de Preſle en 1700. Depuis lui il y a eu *Antoine Hoggue*, en faveur duquel le Roi accorda des Lettres-patentes, qui portent union à la Terre de Preſle, de pluſieurs Fiefs & dépendances, de la haute, moyenne & baſſe Juſtice du Fief du Fort, pour ne faire qu'une ſeule Terre & Juſtice, & érection de cette Terre en titre de Baronnie. L'enregiſtrement eſt du 13 Juin 1714. Dans un Factum de l'an 1721, ce Seigneur eſt qualifié Baron de Preſle, de Combreux & des hautes & baſſes Vignoles, Conſeiller au Conſeil Royal de Commerce & de Navigation de Suède. *Auteuil* ou *Auteul* eſt un Fief qui comprend quelques maiſons du côté de Grez. *Joy* eſt ou a été un Fief de la Paroiſſe de Preſle, que poſſédoit en 1479, *Jean Gueſdon*, Clerc du Roi en ſa Chambre des Comptes. *La Borde, le Chêne, Monthléri, Ville-Patour*, ſont auſſi des Fiefs de la Paroiſſe de Preſle.

PRESTIMONIES. *Voy.* CHAPELLES. *t.* 2, *p.* 263.

PREVOT. Les Chirurgiens nomment ainſi celui qui eſt à la tête de la Communauté, & qui eſt chargé de l'exécution des Réglemens.

PRE 147

PRÉVOT *de falle.* C'eſt celui qui apprend chez les Maîtres en fait d'armes l'exercice de l'eſcrime, pour en donner lui-même leçon.

PRÉVOT DES MARCHANDS. Magiſtrat municipal occupant dans les Villes de Paris & de Lyon, la même place que les Maires occupent dans les autres Villes du Royaume. Selon preſque tous les Hiſtoriens, la Charge de Prévôt des Marchands & Echevins de la Ville de Paris, a été créée par Philippe-Auguſte. *Du Haillan* en fixe l'époque vers l'an 1190. Depuis, nombre de Rois de France ont non ſeulement confirmé les privilèges qui y avoient été attachés par leurs prédéceſſeurs, mais en ont encore ajouté pluſieurs autres. Charles V, par ſes Lettres du 9 Août 1371; Charles VI, par les ſiennes du 5 Août 1390; Louis XI, par celles de Septembre 1449, ont donné, même aux Bourgeois de Paris, le droit de tenir Fiefs, ſans payer finance, de porter des armoiries timbrées, & de ſe ſervir des marques de chevalerie, comme s'ils étoient nobles de race. Henri III ſur-tout a plus illuſtré les Places des Prévôt des Marchands & Echevins; car, par ſes Lettres-patentes du mois de Janvier 1577, il les a annoblis eux & leurs enfans à l'avenir, ſans être tenus de faire d'autres preuves de nobleſſe, que de montrer qu'eux & leurs pères ont été dans l'une de ces Charges, & qu'ils n'ont point dérogé. Il a accordé de plus au Prévôt des Marchands, en particulier, le titre de Chevalier, avec les droits attachés à cette qualité, & lui a adjugé le privilège d'avoir ſes cauſes commiſes aux Requêtes du Palais, comme Commenſal de la Maiſon du Roi. Louis XIV, par ſon Edit irrévocable du mois de Novembre 1706, a de nouveau confirmé tous les privilèges accordés par ſes prédéceſſeurs aux *Prévôt des Marchands*, *Echevins*, *Procureur du Roi*, *Greffier* & *Receveur* de la Ville de Paris, & a ajouté que ceux d'entr'eux qui ſont Négocians, pourront, ainſi que leurs enfans, continuer leur commerce en gros, ſans déroger à leur nobleſſe. Le Prévôt des Marchands de la Ville de Paris eſt élu de trois ans en trois ans, dans l'Octave de l'Aſſomption de la Vierge; & quand il a l'honneur de parler au Roi, au nom de la Ville, il harangue à genou. Il préſide au Bureau de la Ville; & conjointement avec les Echevins, juge toutes les cauſes de commerce pour les marchandiſes qui arrivent par eau ſur les ports. Il connoît auſſi des cauſes des Officiers de la Ville, pour raiſon de leurs offices & fonctions; des délits commis par les Marchands

K ij

& Commis au fait defdites marchandifes ; des rentes conftituées fur l'Hôtel-de-Ville ; des immatricules, & des différends qui naiffent pour raifon defdites rentes, tant entre les Payeurs & Rentiers, qu'entre les Payeurs & autres Officiers des rentes & leurs Commis ; il met le taux aux marchandifes & denrées qui abordent fur les ports ; il a jurifdiction fur la rivière de Seine, tant en montant qu'en defcendant, pour tenir la navigation libre. Il eft Ordonnateur pour la conftruction, réparation & entretien des Ponts, remparts, quais, fontaines & autres ouvrages qui regardent la décoration de la Ville, & il règle les cérémonies publiques. Le Prévôt des Marchands tient fon Audience à l'Hôtel-de-Ville, tous les lundis, mardis, jeudis & vendredis, depuis onze heures du matin, jufqu'à une heure après midi, & fes Sentences reffortiffent en droiture au Parlement.

La Ville de Lyon n'a commencé à avoir un Prévôt des Marchands & quatre Echevins, que fous Henri IV, par fon Edit du mois de Décembre 1595. La nomination à cette Place de Prévôt des Marchands de Lyon, fe fait par le Roi tous les deux ans, & elle eft confirmée par les Citoyens le 21 Décembre, jour de S. Thomas.

François I, par fes Lettres-patentes, données à Beynes le 7 Novembre 1544, attribua au Prévôt des Marchands & aux Echevins de Paris, le foin général des pauvres de la Ville, dont le Parlement avoit eu jufqu'alors la direction principale. En exécution de cet Edit, le Prévôt des Marchands & les Echevins nommèrent treize perfonnes, & le Parlement de fon côté nomma quatre Confeillers pour affifter aux Affemblées du Bureau des Pauvres. *Voy. tom.* 2, *pag.* 706.

CHRONOLOGIE

De MM. les Prévôts des Marchands de la Ville de Paris, depuis le temps qu'il a été poffible de les découvrir, jufqu'à préfent.

Jean Augier.	1268.	Etienne Barbette.	1298.
Guillaume Pirdoé.	1276.	Guillaume Pirdoé, remis.	1304.
Guillaume Bourdon.	1280.		
Jean Arodé.	1289.	Etienne Barbette, remis.	1314
Jean Popin.			
Guillaume Bourdon, remis.	1296.	Jean Gentien.	1321.
		Etienne Marcel.	1355

Jean Culdoé.		Jean Boulart.	1514.
Jean Desmarets.	1359.	Pierre Clutin.	1516.
Jean Fleury.	1371.	Pierre Lescot.	1518.
Audouin Chauveron.	1380.	Antoine le Viste.	1520.
Jean de Folleville.	1388.	Guillaume Budé.	1522.
Jean Juvenal des Ursins.		Jean Morin.	1524.
		Germain de Marle.	1526.
Charles Culdoé.	1404.	Gaillard Spifame.	1528.
Pierre Gentien.	1411.	Jean Luillier.	1530.
André Despernon.		Pierre Violle.	1532.
Pierre Gentien, *remis*.	1413.	Jean Tronçon.	1534.
Philippe de Brébant.	1415.	Augustin de Thou.	1538.
Guillaume Ciriasse.	1417.	Etienne de Montmirail.	1540.
Noël Prévost.	1418.	André Guillard.	1542.
Hugues le Cocq.	1419.	Jean Morin.	1544.
Guillaume Sanguin.	1420.	Louis Gayant.	1546.
Hugues Rapioult.	1421.	Claude Guyot.	1548.
Michel Laillier.	1436.	Christophe de Thou.	1552.
Pierre des Landes.	1438.	Nicole de Livres.	1554.
Jean Baillet.	1444.	Nicolas Perrot.	
Jean Bureau.	1450.	Martin de Bragelogne.	1558.
Dreux Budé.	1452.	Guillaume de Marle.	1560.
Jean de Nanterre.	1456.	Guillaume Guyot.	1564.
Henri de Livres.	1460.	Nicolas le Gendre.	1566.
Michel de la Grange.	1466.	Claude Marcel.	1570.
Nicolas de Louviers.	1468.	Jean le Charron.	1572.
Denis Hesselin.	1470.	Nicolas Luillier.	1575.
Guillaume le Comte.	1474.	Claude Daubray.	1578.
Henri de Livres, *remis*,	1476.	Augustin de Thou.	1580.
Guillaume de la Haie.	1484.	Etienne de Neuilly.	1582.
Jean du Drac.	1486.	Nicolas Hector.	1586.
Pierre Poignant.	1490.	Charles Boucher d'Orsay.	1590.
Jacques Piedefer.			
Nicole Viole.	1494.	Jean Luillier.	1592.
Jean de Montmirail.	1496.	Martin Langlois.	1594.
Jacques Piedefer, *remis*.	1498.	Jacques Danès.	1598.
		Antoine Guyot.	1600.
Nicolas Potier.	1500.	Martin de Bragelogne.	1602.
Germain de Marle.	1502.	François Miron.	1604.
Eustache Luillier.	1506.	Jacques Sanguin.	1606.
Dreux Raguier.		Gaston de Grieu.	1612.
Pierre le Gendre.	1508.	Robert Miron.	1614.
Robert Turquant.		Antoine Bouchet.	
Roger Barme.	1512.	Henri de Mesmes.	1618.

Nicolas de Bailleul.	1622.	Jerôme Bignon.	1708.
Christophe Sanguin.	1628.	Charles Trudaine.	1716.
Michel Maureau.	1632.	Pierre-Antoine de Castagnière de Châteauneuf.	1720.
Oudart le Feron.	1638.		
Christophe Perrot.	1641.		
Macé le Boulanger.		Nicolas Lambert.	1725.
Jean Scarron.	1644.	Michel-Etienne Turgot.	1729.
Jerôme le Feron.	1646.		
Antoine le Febvre.	1650.	Felix Aubery de Vastan.	1740.
Alexande de Sève.	1654.		
Daniel Voisins.	1662.	Louis-Basile de Bernage.	1743.
Claude le Pelletier.	1668.		
Auguste-Robert de Pomereu	1676.	J. Baptiste-Elie Camus de Pontcarré de V.	1758.
Henri de Fourci.	1684.	Armand-Jerôme Bignon.	1764.
Claude Bosc.	1692.		
Charles Boucher d'Orsay.	1700.	Jean-Baptiste-François de la Michodière.	1772.

Le Prévôt des Marchands a été ainsi nommé, comme qui diroit le Prévôt de la marchandise de l'eau, pour le distinguer du Prévôt ou Garde de la Prévôté, qui est le Chef de Justice ordinaire de Paris. Le Prévôt des Marchands, & les quatre Echevins sont élus pour deux ans, mais ordinairement le Prévôt des Marchands est continué pendant huit années. Il est élu dans l'assemblée qui se tient tous les ans le jour de Saint Roch dans l'Hôtel-de-Ville, pour élire deux nouveaux Echevins.

Les Sentences de la Jurisdiction du Corps-de-Ville, se rendent au nom du Prévôt des Marchands, & les appellations sont relevées au Parlement.

PRÉVOTÉ DE L'HÔTEL DU ROI. Cette Jurisdiction connoît en première instance des causes civiles qui lui sont attribuées par les Edits, Déclarations & Réglemens concernant ladite Jurisdiction, dont l'appel se relève aux Requêtes de l'Hôtel au Souverain, & sans appel, de toutes causes criminelles & de Police, à la suite de la Cour. Les Officiers de la Prévôté de l'Hôtel ont aussi la manutention de la police dans les lieux où se trouve la Cour; y font porter les vivres & denrées, y mettent le taux; connoissent des malversations dans les logemens à la craie, & de tout ce qui concerne les voitures publiques de la Cour.

Les Officiers de la Prévôté ont seuls le droit de Jurisdiction & d'instrumenter, chacune en ce qui concerne leurs fonctions, dans les Maisons royales & dépendances, Hôtels d'équipages des Seigneurs, & chez les Officiers du Roi & de la Reine, étant dans leur quartier de service, & Commis des Bureaux des Ministres, ès Villes & endroits où la Cour se trouve, à l'exclusion de toutes autres Jurisdictions, & jouissent des mêmes privilèges que les Commensaux de la Maison du Roi.

PRÉVOTÉ GÉNÉRALE DE LA MARÉCHAUSSÉE *de la Généralité de Paris*. Le Siège principal de cette Prévôté est à Melun. Cette Compagnie est composée d'un Prévôt-Général, de huit Lieutenans, huit Assesseurs, huit Procureurs du Roi, & six Greffiers, de trente-six Brigades de cinq hommes chacune, compris le Commandant, qui consistent en dix-huit Exempts, douze Brigadiers & six sous-Brigadiers, cent quarante-quatre Cavaliers, en outre deux Cavaliers employés pour la garde du Château royal de S. Hubert, & un Trompette, tous montés, armés, équipés uniformément. Elle monte en total, compris les Officiers & Cavaliers, à deux cent seize hommes.

Elle contient huit Sièges, dont la plupart sont dans des Villes où il y a des Présidiaux dans chacune desquelles il y a un Lieutenant, un Assesseur, un Procureur du Roi & un Greffier, qui tous sont subordonnés à M. le Prévôt-Général qui y siège quand il lui plaît. Toutes les Sentences de ces huit Sièges, sont intitulées en son nom.

Ces huit Sièges sont *Melun, Meaux, Mantes, Senlis, Beauvais, Provins, Sens, Tonnerre*.

Il y a un Exempt à la suite des Déserteurs.

PRÉVOTÉ GÉNÉRALE *des Monnoies & Maréchaussées de France*. Cette Compagnie fait corps de la Gendarmerie & Maréchaussée de France, & jouit des mêmes privilèges: elle est fixée à quatre cents Archers-Cavaliers, qui ont le droit d'exploiter dans tout le Royaume, où ils sont divisés en Brigades, pour veiller sur la fabrication & exposition de fausse monnoie, & sur les abus & malversations dans le commerce des matières d'or & d'argent, dont le Prévôt-Général & ses Lieutenans connoissent jusqu'à Sentence définitive inclusivement, ensemble de tous les cas prévôtaux, même des duels, comme les autres Prévôts des Maréchaux; & les Exempts peuvent informer, décréter & constituer Prisonnier, lors d'un flagrant délit. Le Siège est dans l'enclos

K iv

du Palais : ce sont les Procureurs au Parlement qui y occupent.

Prévôtés royales qui ressortissent au Châtelet.

Monthléry, Montlignon, Saint-Germain-en-Laye, Corbeil, Gournay, Torcy, Brie-Comte-Robert, Poissy, Triel, Levis, Chaillot, Fauxbourg de la Conférence.

PRÉVOT DE PARIS. *Voy.* CHATELET, *tom* 1, *pag.* 303.

CHRONOLOGIE
De MM. les Prévôts de Paris.

Avant Etienne, *qui fut le premier qui prit le nom de Prévôt de Paris, c'étoient des Préfets, des Comtes & des Vicomtes de Paris, qui rendoient eux-mêmes la justice.*

Préfets.

Mommol *vivoit en*..	584.
Erchinval, & *Maire du Palais*, vivoit en	651.
Ercembal, *Préfet*, *quitta cette qualité en 665, pour prendre celle de* Comte de Paris, *depuis* Maire du Palais, *vivoit en*......	655.

Comtes.

Gairin *vivoit en*....	679.
Sonachilde *en*.....	753.
Gairefroy *en*.....	759.
Gerard I. *en*......	759.
Etienne *en*........	778.
Begond *en*........	816.
Gerard II. *en*.....	838.
Conrard *le vieux*, & Duc de Bourgogne, *en*........	850.
Robert *le Fort*, & Duc de France....	861.
Hugues l'Abbé, & Duc de France......	867.
Eudes, *fils de* Robert le Fort, Duc de France, *depuis* ROI DE FRANCE en 888 *vivoit*.....	885.
Robert, *frère* d'Eudes, *depuis* ROI DE FRANCE en 922, *vivoit en*......	893.
Hugues-le-Grand, fils de *Robert*, Duc de France & de Bourgogne.....	923.
Hugues Capet, *fils de* Hugues-le-Grand, Duc de France & de Poitou, & *depuis* ROI DE FRANCE, *a réuni le Comté de Paris à la Couronne*.	960.
Bouchard.......	988.
Othon, *dernier Comte de Paris, décédé en 1032, vivoit en*...	1032.

Vicomtes.

Grimaud *sous Eudes*.	888.
Theudon *sous Hugues-le-grand*.	923.
Adalesme *sous Hugues Capet, vivoit en*.	987.
Faucon, *dernier Vi-Comte sous Othon, en*	1027.

Prévôts de Paris.

Etienne, le premier qui prit le nom de Prévôt de Paris, *vivoit en*.	1060.
Anselme de Garlande *en*.	1192.
Hugues de Meulant.	1196.
Thomas.	1200.
Robert de Meulant.	1202.
Philippe Hamelin. / Nicolas Harrode.	1217.
Jean Desvignes.	1227.
Thilloy.	1229.
Etienne de Boislève.	1235.
Guernes de Verberie. / Gaultier le Maître.	1245.
Henri Dyerres. / Eudes le Roux.	1256.
Etienne Boileau.	1258.
Pierre Gontier.	1260.
Etienne Boileau.	1261.
Renaud Barbou.	1270.
Macé de Morées.	1277.
Eudes le Roux. / Henri Dyerres.	1277.
Guy Dumex.	1277.
Gilles de Compiegne.	1283.
Oudard de la Neuville.	1285.
Pierre Sayneau.	1287.
Jean de Montigny.	1289.
Jean de Marle.	1291.
Guillaume de Hangest.	1291.
Jean de S. Léonard.	1296.
Robert Mauger.	1297.
Guillaume Thiboust.	1298.
Pierre le Jumeau.	1302.
Pierre de Dicy.	1304.
Firmin Coquerel.	1308.
Jean Ploibant.	1310.
Henri Tapperel.	1316.
Gilles Hacquin.	1320.
Jean Robert.	1321.
Jean Loncle.	1322.
Hugues de Crusy.	1325.
Jean Milon.	1330.
Pierre Belagent.	1334.
Guillaume Gormont.	1339.
Alexandre de Crevecœur.	1348.
Guillaume Staize.	1353.
Jean le Bacle de Meudon.	1358.
Jean Bernier.	1361.

Les huit Prévôts suivans avoient aussi le titre de Capitaines de Paris.

Hugues Aubriot.	1367.
Audouin Chauveron.	1381.
Jean de Folleville.	1388.
Guillaume de Tignonville.	1401.
Pierre des Essarts.	1408.
Bruneau de S. Clair.	1410.
Pierre des Essarts, *rétabli*.	1411.
Robert de la Heuse.	1412.
Tannegui du Châtel.	1413.
Robert de la Heuse, *rétabli, & Gouverneur de Paris*.	1413.
André Marchant.	1413.
Tannegui du Châtel, *rétabli, & Gouverneur de Paris*.	1414.
André Marchant, *rétabli*.	1414.

Tannegui du Châtel, encore rétabli. . . . 1414.
Guy de Bar. . . . . . 1418.
Jacques Lamban. . . . 1418.
Guy de Bar, rétabli. . 1418.
Gilles de Clamecy. . 1418.
Jean Dumesnil. . . . . 1420.
Jean de la Baulme, & Gouverneur de Paris. 1420.
Pierre de Marigny. . 1421.
Pierre Leverrat. . . . 1421.
Simon de Champluisant. . . . . 1421.
Jean Doule. . . . . . . 1421.
Simon de Champluisant, rétabli. . . . 1422.
Simon Morhier, & Gouverneur de Paris. . 1422.
Gilles de Clamecy, rétabli. . . . . 1432.
Philippe de Ternant, & Gouverneur de Paris. . . . . . 1436.
Boulainvilliers. . . . 1436.
Ambroise de Loré. . . 1436.
Jean d'Estouteville. . 1446.
Robert d'Estouteville, frère du précédent. . 1446.
Jacques de Villiers, & Gouverneur de Paris. 1461.
Robert d'Estouteville, rétabli. . . . . 1465.
Jacques d'Estouteville, fils de Robert. . . 1479.
Jacques de Coligny. . 1509.
Gabriel d'Alègre. . . . 1512.

Jean de la Barre, *Prévôt & Gouverneur de Paris, & avant* Bailli *de Paris, en* 1522. *Cette dernière Charge a été créée par Edit de Février 1622, & réunie à celle de Prévôt de Paris, par autre Edit du mois de Mai 1526.* . . . . . 1526.
Jean d'Estouteville. . 1553.
Antoine Duprat. . . . 1540.
Antoine Duprat, *fils du précédent.* . . . . 1553.
Charles de Neuville, *reçu au Parlement, séant à Paris.* . . . 1592.
Jacques d'Aumont, *reçu au Parlement, séant à Tours.* . . . . 1593.
Louis Seguier. . . . . 1611.
Pierre Seguier, *neveu du précédent.* . . . . 1653.
Armand du Camboust, *Duc de Coaslin, Pair de France, pourvu & non reçu.* . . . . 1670.
Charles-Denis de Bullion. . . . . 1685.
Gabriel-Jérôme de Bullion, *fils.* . . . 1723.
Alexandre de Ségur. 1755.
Anne-Gabriel-Henri-Bernard de Boulainvilliers. . . . . . . 1766.

Les Comtes de Paris rendoient autrefois la justice par tout le Royaume, mais s'étant dans la suite uniquement appliqués aux fonctions militaires, ils laissèrent le soin de rendre la justice à des Substituts ou Lieutenans, qui, en Languedoc, & en quelques Provinces voisines, sont appellés *Viguiers*, & par-tout ailleurs *Prévôts*.

L'Auteur du grand Coutumier, qui écrivoit sous Charles

VI, dit que le Prévôt de Paris a trois Jurisdictions, une ordinaire, qui est la connoissance du Siège du Châtelet, & deux déléguées, qui sont la conservation des privilèges royaux de l'Université, & la criée des maisons.

Le *Prévôt de Paris* est Chef du Châtelet, & y représente le Roi au fait de la Justice. Il y est installé par un Président à mortier, & par quatre Conseillers de la Grand-Chambre du Parlement de Paris. Le Président à mortier lui dit en l'installant : *Je vous installe dans la Charge de Prévôt de Paris, pour l'exercer dignement, & au contentement du Roi & du Public.* Voy. l'article *Justice du Châtelet*, tom. 2, pag. 304.

PREVOT-GÉNÉRAL DE L'ISLE DE FRANCE. *Voy.* CHATELET, tom. 2. pag. 307.

PRÉVOTS sont des Officiers subalternes, dans les Monnoies de France. Il y a des *Prévôts d'Ouvriers*, & des *Prévôts des Monnoyeurs*.

Observations sur quelques Prieurés de Paris & du Diocèse.

PRIEURÉ ROYAL DE SAINT-MARTIN-DES-CHAMPS. Sous la première race de nos Rois, il y avoit une Basilique de Saint Martin, dans l'endroit où est à présent le Monastère de Saint-Martin-des-Champs. Le Roi Philippe I, fils du Roi Henri I, fit faire la dédicace de l'Eglise de ce Monastère en 1067, & en 1079; il en ôta les Chanoines, & s'adressa à *Hugues*, sixième Abbé de Cluny, pour lui demander quelques Moines de son Abbaye, dont la bonne odeur s'étoit répandue par toute la France. S. *Hugues* lui en envoya un nombre suffisant pour former une Communauté, & par-là Saint-Martin-des-Champs ne fut plus qu'un Prieuré, d'Abbaye qu'il étoit auparavant ; car les Bénédictins qui s'unirent à la Congrégation de Cluny, n'eurent plus qu'un seul Chef & un seul Abbé, qui fut celui de Cluny ; c'est pourquoi on dit communément que *S. Hugues cassa les crosses*, parce que ce fut principalement de son temps, que la Congrégation de Cluny reçut son accroissement par les Maisons & les Abbayes qui embrassèrent sa Réforme. Le Prieuré de Saint-Martin-des-Champs fut alors la troisième fille de Cluny : le Prieuré *de la Charité-sur-Loire* étant la premiète ; *Saint-Pancrace* de Leuve en Angleterre, la seconde ; mais depuis le schisme de l'Angleterre, le Prieuré de Saint-Martin-des-Champs est devenu la seconde fille de Cluny.

Ce ne fut que dix-huit ans après que l'Abbé & les Moines de Cluny firent confirmer l'acquisition qu'ils avoient faite de l'Abbaye de Saint-Martin-des-Champs: le Pape Urbain II, qui avoit été auparavant Moine de Cluny, en donna la Bulle de confirmation l'an 1097, laquelle a été suivie de plusieurs autres, accordées par des Papes ses successeurs.

Le Roi Louis VI, par sa Charte de 1111, confirma tout ce que les Rois ses prédécesseurs avoient fait en faveur de ce Monastère, & par une autre Charte qui est de l'an 1128, lui accorda de nouveaux privilèges.

Louis VII confirma aussi tout ce que les Rois ses prédécesseurs avoient fait en faveur du Monastère de Saint-Martin-des-Champs, & sa Charte qui est de l'an 1137, est celle qu'on nomme *la grande Charte de Saint Martin*, laquelle, de même que plusieurs autres, est gardée dans les archives du Monastère de Saint-Martin-des-Champs; elle est rapportée dans l'Histoire de ce Monastère, que Dom *Martin Marrier* donna au Public en 1637.

Ce fut aussi Louis VI, dit *le gros*, qui, en 1133, ayant acquis des Moines de Saint-Martin-des-Champs, l'Eglise & l'hospice qu'ils avoient à Montmartre, leur fit donner, en forme de permutation, par Etienne, Evêque de Paris, l'Eglise de *Saint-Denis-de-la-Chartre* & ses dépendances.

Depuis que les Moines Bénédictins de la Congrégation de Cluny ont été introduits dans le Monastère de Saint-Martin-des-Champs, cette Maison a eu pour Chefs des Prieurs qui furent d'abord Réguliers, & puis Commendataires. Parmi ces Prieurs, on en compte quatre qui sont devenus Abbés de Cluny, & plusieurs qui ont été élevés à l'Episcopat, & même au Cardinalat. Entre les Cardinaux, on distingue *Guillaume d'Estouteville*, *Pierre Aicelin de Montaigu*, & *Armand-Jean Duplessis de Richelieu*. Le Prieur Commendataire est aujourd'hui M. l'Abbé *le Tonnelier de Breteuil*, Chancelier de M. le Duc d'Orléans. *Voy*. MARTIN-DES-CHAMPS.(*Saint*)

PRIEURÉ *du petit Montmartre*. *Voy*. BÉNÉDICTINES DE LA VILLE-L'EVEQUE.

PRIEURÉ DE NOTRE-DAME DE GRACE. *Ibid*.

PRIEURÉ DE SAINT-DENIS DE L'ESTRÉE. Ce Prieuré qui est dans la Ville de Saint-Denis, a été uni à la manse capitulaire de l'Eglise royale de Saint Paul en 1727, en vertu d'un Décret du Cardinal *de Noailles*, Archevêque de Paris, & des Lettres-patentes du Roi, registrées au Parlement. Cette union s'est faite du consentement du Bailli *de Mesmes*, Ambassadeur de Malthe, Titulaire de ce Bénéfice.

PRIEURÉ DE SAINTE-CATHERINE-DE-LA-COUTURE. *Voy. tom.* 2, *pag.* 92 *& suiv.*

PRIEURÉ D'ARGENTEUIL. *Voy.* ARGENTEUIL.

PRIEURÉ *de Bénédictines à Conflans. Voy. tom.* 2, *pag.* 535, *à l'article* CONFLANS.

PRIEURÉ DE VINCENNES. Ce Prieuré devint très-considérable, & eut un privilège fort singulier; car depuis que Louis XI eut institué l'Ordre de S. Michel en 1469, tous les Prieurs furent Chanceliers de ce nouvel Ordre de Chevalerie. Cet honneur fit extrêmement rechercher ce Prieuré, qui fut long-temps tenu en commende par des personnes d'un grand nom, telles que le *Cardinal de Lorraine*, *Gabriel le Veneur*, Evêque d'Evreux, & *Hurault de Chiverni*, Chancelier de France. Ce dernier en étoit encore Titulaire, lorsque le Roi Henri III, par un Traité fait en 1584, avec *François de Neuville*, Abbé de Grandmont, détacha le Monastère de Vincennes de l'Ordre de Grandmont, & lui donna en échange *le Collège Mignon*, situé à Paris dans le voisinage de Saint-André-des-Arcs. *Voy.* MIGNON. (*Collège de*) *tom.* 2, *page* 447, 448 *&* 449.

PRIEURÉ DE LA SAUSSAYE. *Voy. tom.* 2, *pag.* 7.

PRIEURÉS *dans Paris & dans le Diocèse. Voy.* ARCHEVECHÉ.

PRISONS. Cet article, relatif à celui de *sûreté*, une de nos divisions à cause des lieux établis pour y renfermer ceux qui troublent cette sûreté, comprend sept prisons principales qui sont:

Le grand Châtelet, *Porte-Paris*. Le petit Châtelet, *au bout du petit-Pont*, La Conciergerie, *Cour du Palais*. Le

For-l'Evêque, *rue Saint-Germain-l'Auxerrois*. L'Abbaye, Marché de la *rue Sainte-Marguerite, Fauxbourg S. Germain*. La prison de S. Eloi, *rue Saint-Paul*: celle de Saint-Martin, *rue Saint-Martin, près la rue du Verbois*.

Sans compter les *géoles particulières* à de certaines Jurisdictions, telles que les Bailliages du Palais, du Temple, de l'Archevêché, du Chapitre de Saint Germain-des-Prés, de Saint-Martin-des-Champs, de Sainte Geneviève, de Saint-Jean-de-Latran, &c.

PRIVILEGE. Permission qu'on obtient du Prince & du Magistrat, de vendre ou fabriquer certaines marchandises, ou de faire quelque commerce particulier, soit à l'exclusion des autres, soit concurremment avec eux. Le premier se nomme *privilège exclusif*; le second, simplement *privilège*. C'est encore une permission que le Roi accorde à des Particuliers d'être reçus Maîtres dans des Corps & Communautés, sans apprentissage, ni sans chef-d'œuvre.

PRIVILEGE. Permission qu'un Auteur, ou un Libraire obtient d'imprimer & de vendre un livre, & par lequel il est défendu à tous autres de l'imprimer & vendre pendant un certain nombre d'années. *Voy. le Réglement de la Librairie du 28 Février 1723*.

PRIVILÉGIÉS. Nom qu'on donne dans les Communautés des arts & métiers, à ceux qui y sont introduits par privilège du Roi.

PRIVILÉGIÉS SUIVANT LA COUR. Ce sont des Marchands ou Artisans qui ont droit d'exercer leur commerce ou leur métier dans les endroits où se trouve la Cour. Ils sont sous la protection & jurisdiction du grand Prévôt de l'Hôtel.

PRIVILÉGIÉS. (*lieux*) Noms qu'on donne à certains endroits de Paris, dans lesquels les Ouvriers & Artisans peuvent travailler pour leur compte, sans avoir été reçus Maîtres dans les Communautés des Arts qu'ils exercent, & chez lesquels les Maîtres ne peuvent aller faire visite, à l'exception de certaines occasions, mais pour lors ils sont tenus d'obtenir une Sentence du Lieutenant-Civil, ou de celui de Police, ou au moins de se faire accompagner par un Commissaire au Châtelet. Les lieux privilégiés de la Ville de Paris, sont le Fauxbourg Saint-Antoine; le cloître & le parvis de Notre-Dame; la cour Saint-Benoît, l'enclos de Saint-Denis-de-la-Chartre, celui de Saint-Germain-des-prés, celui de Saint-Jean-de-Latran, la rue de l'Ourfine, l'enclos de Saint-Martin-des-Champs, la cour de la Trinité, celle du Temple, les galeries du Louvre, l'Hôtel des Gobelins, les maisons des Peintres & Sculpteurs de l'Académie, les Palais & Hôtels des Princes du Sang, & enfin les Collèges de l'Université.

PRIX. *Voy.* à chaque Article de toutes les Académies; & pour ceux de l'Université, *voy. tom. 1, pag. 311.*

PROCESSION DU RECTEUR. Cette procession qui se fait tous les trois mois, & où assiste le Corps de l'Université, part du Collège de Louis-le-Grand, dans l'Ordre suivant, où chacun est à son rang.

Les quatre *Censeurs* sont dans le centre, précédés du Courrier de l'Université, Guide pour les cérémonies. La Croix est portée par un Religieux Augustin, accompagné de deux Religieux du même Ordre, qui portent les chandeliers. Ils sont suivis par les Cordeliers, les Augustins, les Carmes & les Jacobins.

Les Maîtres-ès-Arts en robe noire.

Les Billettes, les Blancs-Manteaux, ceux de Sainte-Croix, ceux du Val-des-Ecoliers, les Trinitaires, les Prémontrés, ceux de Cîteaux, l'ancien ordre de Saint-Benoît, ceux de Cluny forment le chœur; mais comme la plupart de ces Ordres ne viennent plus, l'Université a établi douze Chantres Séculiers qui tiennent le chœur avec six Chantres Bénédictins de Saint-Martin-des-Champs, qui tiennent à honneur de remplir l'ancien ministère de leur Ordre dans cette cérémonie.

Les Bacheliers en Médecine, en robe noire fourrée, herminée, précédés du deuxième Appariteur avec sa masse.

Les Bacheliers de la Faculté de Droit, immatriculés dans la Faculté des Arts, en robe noire & chaperon herminé, précédés du deuxième Appariteur avec sa masse.

Les Bacheliers en Théologie, en robe noire & fourrure, précédés du deuxième Appariteur.

Les Docteurs-Régens de la Faculté des Arts, & les Procureurs des quatre Nations, en robe rouge herminée, précédés chacun de leur second Appariteur avec leur masse.

Les Docteurs ès Droits, en robe rouge & chaperon herminé, précédés de leur premier Appariteur, en robe violette, fourrée de blanc, avec sa masse.

Les Docteurs-Régens en Médecine, en chappe & fourrure, précédés de leur premier Appariteur, en robe violette, fourrée de blanc, avec fa maffe.

Les Docteurs en Théologie, en robe noire & fourrée, précédés de leur premier Appariteur, en robe violette, fourrée de blanc.

M. le Recteur en robe violette & bonnet quarré de même avec le mantelet royal & l'escarcelle de velours violet, garnie de glands d'or & galons, accompagné du Doyen de la Faculté de Théologie, & précédé des quatre premiers Appariteurs de la Faculté des Arts, avec leurs maffes.

Les Syndic, Greffier & le Receveur de l'Université, suivent immédiatement M. le Recteur, en robe rouge herminée. Les Avocats, Procureurs de l'Université, au Parlement & au Châtelet, ont droit de venir à la procession.

A la fin de la procession, sont les Officiers qui ne sont point obligés par leur état d'avoir aucuns dégrés dans l'Université, savoir :

Les Imprimeurs & Libraires-Jurés, au nombre de douze, compris deux des anciens Syndics ou Adjoints, les quatre Papetiers-Jurés, les quatre Parcheminiers-Jurés, les deux Enlumineurs, les deux Relieurs & les deux Ecrivains-Jurés. Les grands Meffagers-Jurés y affiftent, précédés de leur Clerc ou Hérault, revêtu d'une tunique de velours pourpre, parfémée de fleurs-de-lys-d'or.

Quand la proceffion arrive au lieu de la ftation, le Corps de l'Univerfité eft reçu par le Clergé en chappe, la croix, l'eau bénite & l'encens. Lorfque M. le Recteur entre, le Clergé l'accompagne jufqu'au chœur. M. le Recteur fe place au côté droit dans la ftalle haute, en face du maitre-Autel, ayant devant lui les Appariteurs de la Faculté des Arts.

Les Docteurs en Théologie & en Médecine, fe placent enfuite de M. le Recteur : les Bacheliers de ces Facultés font dans les ftalles baffes vis-à-vis leurs Docteurs. Au côté gauche, les Docteurs, Profeffeurs de la Faculté de Droit, les Procureurs des quatre Nations, les trois grands Officiers de l'Univerfité, & les Docteurs-Régens de la Faculté des Arts.

Les Maîtres-ès-Arts qui font en robe noire, dans les baffes ftalles. La Meffe eft célébrée par le Curé de la Paroiffe, s'il eft Docteur, finon par le Doyen de la Faculté de Théologie, qni officie lorfque la proceffion va dans les Maifons Religieufes. Les Diacre & Sous-Diacre font auffi Docteurs.

Les

Les Religieux Bénédictins de Saint-Martin-des-Champs portent chape dans le chœur avec le bâton cantoral, & chantent l'Office, aidés des Chantres Séculiers de l'Université. Il y a sermon dans l'Eglise de la station, par un Docteur en Théologie, en fourrure; & non ailleurs, dans les Eglises de Paris, avant midi.

Après la Messe, M. le Recteur, suivi des Doyens des Facultés, des Procureurs des quatre Nations, des grands Officiers & autres Maîtres & Suppôts de l'Université, s'approche de l'Autel du côté de l'Evangile, & remercie le Célébrant, par un discours latin que prononce un Orateur qu'il choisit, auquel le Célébrant répond aussi par un discours latin; ensuite la procession s'en retourne au Collège de Louis-le-Grand, & le Corps de l'Université est reconduit par le Clergé, avec le même ordre qu'il a été marqué pour la réception. *Voy.* ARTS. (*Faculté des*)

PROCESSION *de la réduction de Paris*. Tous les ans, le 22 Mars, le Chapitre de l'Eglise Métropolitaine fait une procession pour rendre graces à Dieu, de ce qu'à pareil jour, l'an 1594, la Ville de Paris se soumit à *Henri-le-Grand*, & rentra par-là sous l'obéissance de son légitime Souverain. Lorsque le 22 de Mars arrive dans la semaine sainte, on remet cette procession au mois suivant. Cette procession se fait aux Grands-Augustins, où les Cours souveraines se rendent en cérémonie.

PROCESSION *du jour de l'Assomption. Voy.* ASSOMPTION.

PROCESSION DU RENARD. (*la*) Le jour de la Pentecôte 1313, Philippe-le-Bel fit ses trois fils Chevaliers, avec toutes les cérémonies de l'ancienne Chevalerie. Le Roi & la Reine d'Angleterre qu'il avoit invités, passèrent la mer exprès, & se trouvèrent à cette fête avec un grand nombre de leurs Barons. Elle dura huit jours, & fut des plus superbes & des plus agréables, par la magnificence des habits, la somptuosité des festins & la variété des divertissemens. Les Princes & les Seigneurs changeoient d'habits jusqu'à trois fois dans un seul jour. Les Parisiens représentoient divers spectacles; tantôt la gloire des *Bienheureux*, tantôt les peines des *Damnés*; ensuite diverses sortes d'animaux, & ce dernier spectacle fut appellé la procession du renard. *Hist. de Paris*, tom. 1, pag. 532. » Croiroit-on, dit

Tom. IV. L

» *Saint-Foix*, que dans plusieurs Cathédrales, on faisoit *la*
» *procession de l'âne ?* Les Sous-Diacres & les Enfans de
» Chœur, après avoir décoré le dos d'un âne d'une grande
» chape, alloient le recevoir à la porte de l'Eglise, en chan-
» tant une Antienne ridicule, & dont un des Versets disoit,
» *que la vertu asinine avoit enrichi le Clergé.*

Aurum de Arabiâ,
Thus & myrrham de Sabâ
Tulit in Ecclesiâ
Virtus asinaria.

Mém. pour servir à l'Hist. de la Fête des Foux, p. 25.

PROCUREUR-GÉNÉRAL. C'est l'Officier qui doit intervenir & conclure dans toutes les affaires auxquelles Sa Majesté, l'Eglise ou les mineurs ont intérêt.

CHRONOLOGIE

De MM. les Procureurs Généraux du Parlement, depuis 1300, jusqu'à présent 1777.

1319. Guillaume de la Madeleine.
1368. Guillaume de Saint-Germain.
1385. Jean Ancier.
1389. Pierre le Cerf.
1394. Denis de Mauroy.
1412. Jean Aguenin.
Guillaume le *Tur*, *commis en 1417 pendant l'absence de Jean Aguenin.*
Gautier Jayer, *destitué en 1421.*
1422. Guillaume Barthelemi.
1456. Pierre Consinot.
1458. Jean Dauvet, *depuis premier Président.*
1461. Jean Romain.
1479. Mic. de S. ns.
1485. Jea hel de Po rre.
n de Nante

1489. Christ. de Carmeon.
1496. Jean Luillier.
1498. Jean Burdelot.
1508. Guillaume Rogier.
François Rogier, *mort* 1532.
1533. Nicolas Thibault.
1541. Noël Brulart.
1557. Gilles Bourdin.
1570. Jean de la Guesle.
1583. Jacques de la Guesle, *fils du précédent.*
Pierre Pithon, *nommé lors de la réduction de Paris.*
Eust. de Mesgrigny, *exerçoit à Châlons.*
1612. Nicolas de Belièvre.
1614. Matthieu Molé, *depuis premier Président.*
1641. Blaise Méliand.

1650. Nicolas Fouquet son frère, *reçu en survivance, n'exerça point.*
1661. Achilles de Harlay.
1667. Achilles, *fils du précedent.*
1689. Jean-Arnaud de la Briffe.
1700. Henri-François d'Aguesseau, *puis Chancelier.*
1717. Guillaume-François Joly de Fleury.
1740. Louis-Guillaume-François Joly de Fleury.

CHRONOLOGIE
De MM. les Procureurs-Généraux de la Chambre des Comptes.

1349. Jacques Heaume.
1392. Pierre du Bourgel.
1393. Robert le Carrelier.
1414. Guillaume de Vaux.
1420. Etienne de Noviant.
1438. Girard de Conflans.
1439. Etienne de Noviant fils.
1459. Jean Egret.
1492. Guillaume du Moulinet.
1522. Gervais du Moulinet fils.
1551. Guillaume du Moulinet, *fils de Gervais.*
1582. Jacques Mangot.
1585. Jean Dreux.
1596. Jérôme Luillier.
1619. Henri-Girard du Tillay.
1625. Louis Girard de Villetaneufe *son frère.*
1649. Antoine Girard, *fils de Louis.*
1686. Hilaire Rouillé du Coudray.
1701. Charles-Michel Bouvard.
1716. Michel Bouvard de Fourqueux *fils.*
1743. Michel Bouvard de Fourqueux, *fils du précedent.*

CHRONOLOGIE
De MM. les Procureurs-Généraux de la Cour des Aides.

1384. Jean Viole.
   Jean Aguenin.
1404. Isambert de Franchomme *est le premier à qui l'on donna la qualité de* Procureur-Général.
1410. Jean Luillier.
1412. Guillaume Duval.
1425. Pierre Cousinot, *à Poitiers.*
   Gilles Joulain, *à Poitiers.*
1433. Pierre Alant, *à Poitiers.*
1436. Etienne de Noviant, *après la réduction de Paris.*

1438. Etienne de Noviant le jeune, *par commission*.
1439. Pierre des Friches.
1462. Mathurin Baudet.
1478. Jean de Chaumont.
1494. Nicole Chevalier.
1504. Pierre Lescot.
1533. Jean le Clerc.
1551. Claude Boucheron.
1568. Jean du Vair.
1573. Jean Danquechin.
1587. Antoine Danquechin, *fils du précédent*.
1591. François de Machault.
1611. Charles du Moncean.
1617. Claude le Tonnelier.
1623. Christophe-Hector de Marle.
1631. Nicolas le Camus.
1635. Edouard le Camus, *frère du précédent*.
1643. Girard le Camus, *frère du précédent*.
1648. Nicolas le Camus, *fils de Nicolas*.
1672. Claude Bosc.
1702. Jean-Baptiste Bosc, *fils du précédent*.
1749. N. Terray de Rosières.

CHRONOLOGIE

De MM. les Procureurs-Généraux de la Cour des Monnoies.

1413. Pierre de la Porte.
1418. Girard le Cocq, *depuis Président*.
1427. Barthelemi Morgal.
1436. Emery Martineau.
1441. Pierre Ravenel.
1445. Jean Fourcaut.
1478. Thomas Parent.
1482. Pierre Parent.
1498. Jean Parent.
1558. Nicolas Favier.
1573. Louis Hennequin.
1588. Denis Godefroi.
1594. Antoine Godefroi.
1617. Jean de Gorris.
1638. Char. François Duduit.
1652. Denis Godefroi.
1674. Jean-Baptiste de Selves.
16... N..... Pestalozi.
1694. François de la Fons.
1714. Barthelemi Christophe de Segonzac.
1744. Guillaume Gouault.

Il y a des Procureurs du Roi à la Prévôté de l'Hôtel, au Bailliage du Palais, au Bureau des Finances & Chambre du Domaine, au Siège de la Connétablie & Maréchaussée de France, à la Maîtrise particulière des Eaux & Forêts, à l'Election.

PROCUREUR DU ROI *au Châtelet*. Ce Magistrat est Substitut de M. le Procureur-Général, établi pour maintenir l'ordre public, & pour intervenir dans les causes où le Roi, le Public, les mineurs ou l'Eglise ont intérêt.

Il donne des conclusions dans les affaires criminelles, & poursuit d'office les Criminels, sans attendre aucune dénonciation.

Il assiste à la levée des scellés des biens, vacans ou abandonnés en cas de banqueroutes, d'absence, de minorité ou de substitution, soit qu'il s'agisse des droits & intérêts du Roi, soit qu'il soit question de l'Eglise & des Hôpitaux.

Il doit être appellé pour les tutelles, curatelles, inventaires, descriptions de meubles, titres, effets, papiers & ventes de meubles, en cas de banqueroute, de démence, ou des biens vacans & abandonnés.

Il ne doit être fait aucuns avis de parens pour personnes absentes ou abandonnées, aucune aliénation ou emploi de leurs biens, qu'il n'en ait eu auparavant connoissance.

Toutes Lettres de *bénéfice d'âge*, *d'émancipation* & de *répi*, ne peuvent être entérinées, qu'il n'y ait conclu.

Il doit être présent aux descentes & visitations pour absens.

L'on ne peut procéder qu'en sa présence, à la clôture d'aucun inventaire où il aura assisté.

L'on ne doit prendre, lors des visites ou descentes, aucun alignement, tant de voieries que de pavé, qu'il n'y soit présent, ainsi qu'à tous les actes de Police.

Il donne ses conclusions pour les séparations de biens & d'habitations.

L'on ne peut recevoir aucune caution, pour ce qui regarde le Domaine du Roi, ou les biens ecclésiastiques en Justice, que de son consentement.

Il ne doit être procédé aux redditions de comptes d'Hôpitaux, que sur ses conclusions.

PROCUREURS. Ce sont ceux qui, par leur Charge, doivent postuler, défendre & appuyer en Justice les intérêts de leurs Parties. Il y en a dans tous les Tribunaux. Suivant les listes de l'Almanach royal de cette année 1777, on en compte au Grand-Conseil quatorze; huit en la Prévôté de l'Hôtel; au Parlement, trois cent trente-six; en la Chambre des Comptes, vingt-huit; en l'Election, cinq; au Châtelet, deux cent trente-cinq; au Bureau de l'Hôtel-de-Ville, quatre.

» On a souvent essayé en France, dit *Villaret* dans son
» Histoire de France, *tome 10*, *règne de Charles V*, *page*
» *428*, de rendre aux hommes une partie de leur tranquil-
» lité, en abrégeant la longueur des procédures; mais
» l'hydre sans cesse renaissante de la chicane, fait, par mille
» détours, éluder la prévoyance des plus habiles Législateurs;
» en sorte que le projet de la détruire, facile dans la spé-
» culation, a toujours paru impraticable lorsqu'on a voulu
» l'exécuter. Ce que l'on peut de mieux, est d'appliquer de

L iij

» temps en temps quelques remèdes palliatifs à cette ma-
» ladie incurable. Depuis que l'ancienne forme de nos Juge-
» mens, si commode par sa simplicité, avoit été rempla-
» cée par une Jurisprudence nouvelle, l'embarras de conci-
» lier les Coutumes & les Loix différentes, s'étoit accrû, au
» point qu'un malheureux Plaideur, égaré dans un laby-
» rinthe de formalités, étoit obligé, pour sa défense, de
» recourir à des Interprêtes, mieux versés dans un langage
» devenu étranger pour lui. Ce triste besoin avoit engendré
» une infinité de Ministres subalternes, plus intéressés à
» obscurcir les droits des Citoyens, qu'à les défendre. Paris
» & les autres Villes du Royaume étoient inondées d'un dé-
» luge de Solliciteurs. Les armées de Praticiens répandues
» dans les différentes Jurisdictions, assiégeoient les Tribu-
» naux, étourdissoient les Juges, sous prétexte de les ins-
» truire, & trouvoient l'art, à force de verbiage & d'écritures,
» d'éterniser l'iniquité. La Jurisdiction du Châtelet entrete-
» noit une multiplicité prodigieuse de ces Athlètes, toujours
» prêts d'entrer en lice, pour soutenir la cause bonne ou
» mauvaise du premier venu. On crut attaquer le mal dans
» son principe, en retranchant du nombre excessif des
» Procureurs, ceux que leur *insuffisance* rendoit incapables
» de cet Emploi. Le soin de veiller à cette réforme, fut
» confié au Parlement, au Prévôt de Paris, & aux Conseillers
» du Châtelet. Ils choisirent parmi la multitude, quarante *des
» plus loyaux*, & rejetterent les autres, *par lesquels le Peuple
» étoit moult grevé, & en plusieurs manières opprimé induement.*
» Tels sont les termes employés en cette salutaire Ordon-
» nance.

Henri IV chassant du côté de Grosbois, se déroba à sa suite, & alla seul à Créteil descendre à l'heure du dîner à une hôtellerie, & demanda à l'Hôtesse si elle n'avoit rien à lui servir. La femme lui répondit que non. Henri IV voyant la broche tourner & bien garnie, lui demanda : *pour qui donc ce rôt?* Pour des gens, répondit-elle, *que je crois être des Procureurs : allez leur dire,* reprit le Roi, *qu'un Gentilhomme fatigué & qui a faim, les prie de lui céder un morceau de ce rôt, ou de lui permettre de se mettre au bout de la table, qu'il paiera son écot.* Etre poli & Procureur, comme l'a remarqué *Dreux du Radier*, n'est pas toujours la même chose : c'étoit de ce temps-là comme aujourd'hui ; ces Messieurs refusèrent tout net, & firent dire que, *du dîner qu'ils avoient commandé, il n'y en avoit pas trop pour eux, & qu'ils ne pouvoient lui accorder une place à leur table, parce qu'ils vouloient être seuls.* Henri IV qui entendit cette réponse, demanda à l'Hôtesse un garçon pour lui chercher compagnie, & il l'envoya à M. *de Vitry*, qu'il lui désigna, sans lui en dire le nom, *par une casaque rouge que ce Seigneur portoit*, & il le chargea de lui dire *de venir trouver le Maître du grand cornet.* M. *de Vitry* vint accompagné de huit à dix autres Seigneurs. Henri IV leur raconta la grossièreté de ces Procureurs ; il leur ordonna de s'en saisir, de les conduire à Grosbois, & de ne pas manquer à leur faire donner les étrivières, *pour leur apprendre,* dit-il, *à être courtois* : belle leçon, dont bien des gens doivent profiter !

PROMENADES PUBLIQUES. Il y a neuf jardins où l'on est libre de se promener tout le jour, pourvû que l'on soit vêtu décemment. Ces jardins sont celui des Tuileries, où l'on vient de pratiquer cette année 1777, des lieux d'aisance pour les deux sexes ; le jardin de l'Infante ; celui du Palais-Royal, du Luxembourg ; le jardin du Roi, de l'Arsenal, de Soubise ; de l'Hôtel de Bretonvilliers, à la pointe de l'Isle-Saint-Louis, & le jardin du terrein Notre-Dame. *Voy. tom. 3, pag. 308.* JARDINS PUBLICS.

Outre ces promenades qui sont dans la Ville, on peut jouir dans les environs, 1°. de celles des *remparts* ou *boulevards*, plantés depuis la porte Saint-Antoine, jusqu'à la porte Saint-Honoré. On y voit deux rangées d'arbres de chaque côté ; ils sont sablés dans les contre-allées, arrosés dans le milieu. *Voy.* BOULEVARDS.

2°. *Les nouveaux boulevards* : ils font le circuit de la Ville.

3°. *Le Cours-la-Reine* ou *le petit-Cours. Voy. tom. 2, pag. 603.*

4°. *Les Champs-Elisées*, plantés depuis quelques années ; ils offrent déjà une promenade superbe, & annoncent pour la suite, qu'elle sera la plus belle & la plus délicieuse de l'Europe.

5°. *Le bois de Boulogne*, grand enclos à une demi-lieue de Paris, qui renferme de belles allées d'arbres : dans ce bois sont les Châteaux de *Madrid* & *de la Muette* : il est voisin d'Auteuil, de Boulogne & de Saint-Cloud.

Les autres promenades sont adoptées par ceux qui, lassés du grand monde, veulent prendre l'air de la campagne ; & pour les gens du tiers-état, qui préfèrent les *guinguettes* à tous les autres plaisirs. Il règne dans ces lieux une joie plus vive & plus amusante que fine & délicate ; & ceux qui les fréquentent, y font meilleure contenance qu'aux promenades distinguées. *Voy.* GUINGUETTES.

Les *allées de Vincennes*, à la sortie du Fauxbourg Saint-Antoine, offrent encore une promenade charmante; elles ont demi-lieue en longueur, & finissent au bois de Vincennes, où l'on voit le Château de ce nom.

PROVINS, Ville de France dans la Brie Champenoise, à quatre lieues sud-ouest de Nogent, douze sud-est de Meaux, dix-neuf sud-est de Paris, longit. 20, 57, 28; latit. 48, 33, 39. Elle est située sur le Durtin & la Vouzie, avec un Présidial, une Prévôté & un Grenier à sel.

L'Election de ce nom est placée au sud-est de Paris, entre celles de Coulommiers, de Rosoy, de Montereau, de Nogent & la Généralité de Châlons. On lui donne huit lieues de long sur cinq de large. Elle est arrosée par les rivières du Morin, du Durtin, de la Vouzie & de la Bezate. Dans sa partie occidentale, est un ruisseau qui prend sa source au-dessus d'un bois, & qui, après avoir formé quelques étangs, va se perdre sous terre, en entrant dans l'Election de Rosoy.

Provins passe pour une Ville fort ancienne; il en est fait mention dans les Cartulaires & dans les Chroniques. Elle a eu des Comtes héréditaires qui lui ont accordé de grands privilèges, & y ont fait plusieurs fondations. On leur attribue la Ville-basse. Dans les premiers temps, la partie d'en haut formoit toute l'étendue de la Ville. Ses Comtes étoient très-puissans. On en trouve des maisons de Vermandois, de Chartres & de Blois. *Thibaud*, Comte de Champagne, écrivoit sur les murs du Château, les vers qu'il composoit à la louange de la Reine *Blanche*.

La plus ancienne Eglise de la Ville, est le Chapitre de *Saint Quiriace*, que l'on attribue à *Henri-le-Libéral*, Comte de Champagne; c'est là que se font les prières ordonnées par le Roi & par l'Archevêque de Sens; cette Eglise a la préséance sur les autres; ses prébendes sont très-modiques.

Le Chapitre de Saint Nicolas tient cette Eglise de celui de *Saint Quiriace*: les Archevêques de Sens ont contribué à son érection.

Notre-Dame du Val fut d'abord fondée dans un endroit que l'on nomme Fontenay-Saint-Brice; mais comme les Anglois pouvoient tirer quelqu'avantage de cette situation, le Roi *Jean* en ordonna la démolition, & donna en dédommagement l'Hôtel des Oches, où ce Chapitre est aujourd'hui.

Le Collège est dans l'ancien Palais des Comtes de Champagne : il est entre les mains des Oratoriens.

On a battu à Provins une monnoie particulière. On voit encore quelques pièces des descendans de *Charlemagne*, avec cette inscription : *Castris Pruvinis* ou *Pruvino*. Il y avoit sous les premiers Rois de la troisième race des sols & des livres de Provins.

Il y a dans cette Ville plusieurs Maisons Religieuses. L'Abbaye de *Saint Jacques* est occupée par des Chanoines Réguliers. M. *d'Aligre* qui l'a gouvernée fort long-temps, donna à sa réception une riche tapisserie de douze pièces, que l'on voit encore dans l'Eglise. Ce même Abbé a fait construire la châsse où sont les reliques de *S. Edme*, Archevêque de Cantorbéry, & a fondé une bibliothèque publique qui s'ouvre trois fois la semaine.

Les Bénédictins de la Congrégation de *Saint Vannes* ont le Prieuré de *Saint Ayoul*.

Les Religieuses Bénédictines n'ont été établies qu'en 1625. Le premier endroit de leur fondation étoit Champ-Benoît.

La situation des deux Communautés que l'on voit en sortant de la Ville du côté de Paris, est fort agréable. Il y a de beaux jardins coupés en terrasses, qui s'étendent depuis le haut de la montagne, jusques sur les bords du grand chemin.

Provins a soutenu un siège fort long contre les Calvinistes ; elle trouva alors dans la valeur de ses Habitans, assez de force & de ressource pour repousser les attaques de l'ennemi.

Il y a dans cette Ville huit portes ; les Fauxbourgs ont probablement été détruits dans les guerres ; les remparts sont ornés d'arbres pour l'agrément de la promenade. Provins peut avoir trois quarts de lieue de tour : il y a dans l'intérieur de la Ville plusieurs fontaines qui servent également à l'embellissement & à la propreté des rues. On y trouve des eaux minérales & ferrugineuses, dont les malades tirent de grands secours. Autrefois on y faisoit un grand commerce de roses, qui sont encore connues sous le nom de *roses de Provins*. Ce commerce est un peu diminué, mais celui des bleds subsiste toujours. On les voiture jusqu'à la Seine qui en est éloignée de deux lieues, & de-là on les transporte à Paris dans des bateaux.

Le Régiment de Vatan a rendu, il y a environ dix-sept ans, un grand service aux Habitans de Provins : une crue d'eau avoit occasionné un débordement, & allumé de la chaux chez un Tanneur ; c'étoit au milieu de l'hiver ; les flammes menaçoient de réduire la Ville en cendres, lorsque les Soldats accoururent fous le commandement des Officiers, & arrêtèrent les progrès de l'incendie.

On trouve dans Provins plusieurs monumens d'antiquité : les Voyageurs prétendent que la Ville haute a été bâtie sur le plan de Jérusalem, & ils y en trouvent la ressemblance.

On prétend, avec quelque fondement, que les Anglois ont appris des gens de Provins, la manière de fabriquer les draps. Le malheur des temps les ayant rendus maîtres de cette Ville, ils firent passer la mer en 1432, aux Ouvriers en laine qu'ils y trouvèrent, & s'en servirent pour former à Londres différentes Fabriques. Il y en a encore une à Provins, qui se soutient avec quelque réputation.

Jouy, Abbaye de l'Ordre de Cîteaux, est située au milieu d'une forêt, sur la Paroisse de Chénoise. Elle fut fondée en 1124, par *Thibaud-le-Grand*, Comte de Champagne.

Il y a encore sur cette Paroisse une petite Communauté des Pères de la Mercy.

Sourdun est auprès de la forêt de ce nom, avec un château. Sa Cure que l'on fait monter à 2000 livres, est à la nomination de l'Abbé de Saint-Jacques de Provins.

Il y a des châteaux à Bazoches, ou Beton-Bazoches, à Cerneux, à Flaix, à Gimbroix, à Goix, à Hermé, à Lecherolles, à Hourps, à Maifoncelle-en-Brie, aux Marets, à Mériol ou Plessis, à Mets, à Monceaux-en-Brie, à Savins, &c.

Les châteaux de Champreneft, de Chénoise, de Cucharmoy, d'Everly, ont de fort belles avenues & des parcs très-vastes. La belle Terre de Quincy est sur la Paroisse de ce nom.

Le Prieuré de Notre-Dame est sur la Paroisse de Soisy, près Gouasse ; celui de Saint-Germain, à Montceaux-en-Brie. Il y en a d'autres aux Villages de Hermé, de Saint-Loup-de-Maud, de Champcouelle. On en compte trois sur la Paroisse de Chalautre. 1°. Celui de Chalautre-la-petite, qui est de l'Ordre de *S. Benoît*. 2°. Celui de *Saint-Jean-de-Bois-Artaud*, qui est à la nomination de l'Abbé de Saint-Jacques de Provins. 3°. Celui de *Notre-Dame-du-Jarriel*, qui en dépend de même.

Les Minimes ont un Couvent à Gourchamp ; ils étoient ci-devant à Aunoy.

On a construit au Hameau de Beaulieu, qui est sur la Paroisse de Mériol, de très-beaux greniers pour resserrer les grains que l'on fait porter à Paris ; & en même temps on a pratiqué un port commode sur la Seine, dont les eaux viennent jusqu'au pied de ce bâtiment.

PUISEUX, Village du Doyenné de Montmorenci, situé à six lieues de Paris & à une seulement de Louvre ; on le laisse à la gauche en allant à Senlis. Il tire son nom du mot latin *puteolus*, petit puits : en effet ce Village est dans un fond où l'on trouve, sans creuser trop profondément, de quoi former de petits puits. Il n'est éloigné de Chatenay que d'un quart de lieue du côté de l'orient, & environ autant de Marly-la-Ville, du côté du midi. C'est un Pays sans vignes.

L'Eglise est sous l'invocation de Sainte Geneviève. On y voit de fort belles tombes, à cause du voisinage des carrières de Senlis. La Cure est à la nomination épiscopale, de même qu'une Chapellenie, à la présentation de Jean de Puiseux, Chevalier, c'est-à-dire, à la présentation du Seigneur. M. *Roulier*, Seigneur de Marly-la-Ville, a possédé la Terre de Puiseux, & M. de Nantouillet lui a succédé dans l'une comme dans l'autre.

On lit dans les anciens monumens du Chapitre de Saint-Germain-l'Auxerrois, certains articles qui prouvent que la Terre de Puiseux relevoit de la Justice de Bellefontaine : seroit-ce que dans les siècles éloignés, Bellefontaine & Puiseux eussent été un seul & même territoire, dont l'Eglise principale, du titre de Saint-Germain d'Auxerre, auroit été à Bellefontaine, & la Chapelle succursale à Puiseux, sous le titre de Sainte Geneviève ? Il n'y a que la suite des temps, qui puisse faire découvrir la cause des variations qui sont arrivées dans les Seigneuries & dans les titres des Saints Patrons des Paroisses.

PUITS-CERTAIN. (*le*) *Voy.* COLLÈGE DE SAINTE BARBE, *tom.* 2, *p.* 469, & RUE DU PUITS-CERTAIN.

PUITS-D'AMOUR, (*le*) où de l'*Arianne*. Il se voyoit à la pointe des rues de la grande & petite Truanderie. Il fut ainsi nommé à cause de la fin malheureuse d'une jeune fille qui s'y précipita & s'y noya, se voyant trompée & abandonnée par son Amant ; elle s'appelloit *Agnès Hellebik*, & son père tenoit un rang assez considérable à la Cour de Philippe-Auguste. Environ trois cents ans après cette aventure, il en arriva une autre à ce puits. Un jeune homme, désespéré par les rigueurs de fa Maîtreffe, s'y jetta, mais avec tant de bonheur, qu'il ne s'y bleffa point, & qu'elle eut le temps de lui faire defcendre une corde, en l'affurant que déformais elle ne lui feroit plus cruelle. Il voulut marquer fa reconnoiffance envers ce puits, & le fit refaire à neuf. On lifoit encore (dit Sauval) il n'y a pas cent ans, fur la mardelle, en lettres gothiques & mal gravées :

L'amour m'a refait
En 1525 tout-à-fait.

Depuis, ce puits a été comblé.

PUTEAUX, ancien Hameau de Surefne, fur le rivage gauche de la Seine, à deux lieues du centre de Paris, à un quart de lieue de Surefne, du côté du Septentrion, dans la plaine qui s'étend du côté de Courbevoie. Ce lieu confifte la plus grande partie en vignes, dont les unes font en Pays plat, & d'autres fur la côte qui regarde le foleil levant, & qui n'eft pas fi haute, ni fi roide que celle de Surefne.

Ce n'eft que par dégrés que ce lieu eft devenu Paroiffe. En 1573, la Chapelle fut érigée en Succurfale de Surefne; & en 1717 en Paroiffe. La Seigneurie appartient aux Dames de Saint-Cyr, & la nomination de la Cure, à l'Abbé de Saint-Germain-des-Prés.

QUA

QUAIS DE LA VILLE DE PARIS.

QUAI D'ALENÇON ou D'ANJOU, va d'un côté au bout du Pont-Marie, de l'autre à l'Hôtel de Bretonvilliers; Quartier Ifle-Notre-Dame. Les maifons qui font fur ce quai, ont leur vue fur le port-Saint-Paul, fur les Céleftins, & le long des murs de l'Arfenal, où étoit autrefois le mail. Ces maifons forment un bel afpect, étant prefque toutes bâties avec goût & magnificence. Ce quai eft un de ceux qui a été conftruit par le Sieur *Marie*, qui s'étoit engagé par traité à faire les quais qui font autour de l'Ifle Notre-Dame. *Voy.* ISLE-NOTRE-DAME.

1. QUAI DE BOURBON (*le*) fe rend d'un bout, à la

descente du pont-Rouge, de l'autre, au pont-Marie, quartier de l'Isle-Notre-Dame. Les maisons qui sont sur ce quai ont leurs vues sur les ports au foin, au bled & au charbon. Elles forment un bel aspect, étant presque toutes bâties avec goût & magnificence. Ce quai est un de ceux qui a été fait par le Sieur *Marie*, qui s'étoit engagé, par traité, à construire les quais qui entourent l'Isle-Notre-Dame. *Voy.* Isle-Notre-Dame.

2. QUAI DE BOURBON *du quartier du Louvre*. (*le*) Il commence depuis la terrasse du Louvre (appellée *le Jardin de l'Infante*) & finit au bout de celui de l'Ecole, ou de la rue du petit-Bourbon. Il a été élargi en 1719 & 1720; & pour cet effet, on fut obligé de reculer le mur qui soutient la terrasse du Louvre. En 1771, on a percé un passage de ce quai dans le Louvre, dessous un des pavillons du milieu. Sous ce passage, on a construit un égout voûté, qui conduit les eaux & immondices de tout le quartier du Palais-Royal dans la rivière. Sur ce quai il y a de petits ports pour le bois, pour le foin & pour le bled, & un grand nombre de petites boutiques en échoppes, occupées par toutes sortes de petits Marchands, comme Lingères, Ferrailleurs, étaleurs de livres, Marchands d'images, &c.

QUAI DE CONTY. (*le*) Il règne depuis le pont-Neuf, jusqu'au pavillon du Collège des Quatre-Nations, près la rue de Seine, quartier Saint-Germain-des-Prés. C'est aujourd'hui celui de tous les quais le mieux décoré en bâtimens. Le nouvel Hôtel des Monnoies que l'on vient d'y construire, le rend un des plus beaux de Paris.

Au siècle passé, on l'appelloit *quai Guénégaud*, à cause de l'Hôtel que M. *de Guénégaud*, Secrétaire d'Etat, y avoit fait construire : auparavant on le nommoit *quai de Nesle*, parce que l'Hôtel de Nesle y étoit situé. Cet Hôtel occupoit une grande étendue de terrain; les rues de Nevers, d'Anjou & de Guénégaud, sont en partie bâties sur son emplacement; il regnoit le long de la rivière, jusqu'à la porte & à la tour, nommées *Philippe-Hamelin*, dites depuis *de Nesle*, à la place desquelles on a bâti le pavillon du Collège-Mazarin, où se trouve la bibliothèque. Madame la Princesse de Conti acquit sur le quai, le 20 Novembre 1718, une maison joignant son Hôtel, qui lui fut vendue par *Barbe le Beau*, veuve *d'Antoine Rondet*; Marchand; c'est celle que nous avons vu démolir, & qui portoit le nom de *petit-Hôtel de Conti.*

QUAI DE GEVRES. Ce quai donne d'un bout au pont-au-Change, & de l'autre à celui de Notre-Dame. Il est couvert & soutenu par des voûtes extrêmement hardies qui sont prises sur le lit de la rivière. Les boutiques qui règnent le long de ce quai de droite & de gauche, sont occupées par des Marchandes de toiles & dentelles, Bijoutiers & Libraires, &c. Comme il s'étoit commis la nuit plusieurs vols sur ce quai, le Roi ordonna au mois de Juin 1727, qu'on y mît quatre grilles de fer à ses dépens, & elles y furent posées le premier du mois de Juillet suivant.

Au commencement du siècle passé, le terrein qui est entre le pont-au-Change & le Pont-Notre-Dame, alloit en pente jusqu'à la rivière, & n'étoit couvert que par quelques vilaines maisons qui formoient la tuerie & l'écorcherie, où sont aujourd'hui la rue du Pied-de-Bœuf en partie, & celle de Saint-Jérôme. En 1641, le Marquis de Gêvres demanda ce terrein au Roi, & obtint au mois de Février 1642, des Lettres-patentes qui furent enregistrées le 30 Août suivant, par lesquelles le Roi céda à perpétuité au Marquis de Gêvres, les places entre le pont-Notre-Dame & le pont-aux-Changeurs, du côté de l'écorcherie, dans la largeur qui se rencontroit depuis la culée du pont-Notre-Dame, jusqu'à la pointe de la première pile, à condition d'y faire bâtir un quai porté sur des arcades & piliers posés d'alignement depuis ladite pointe, jusqu'à celle du pont-aux-Changeurs, & de pratiquer quatre rues, dont une de vingt pieds de large, avec des maisons des deux côtés, sur la longueur de soixante & quinze toises (c'est la rue de Gêvres); l'autre de neuf pieds de large, sur soixante-trois toises de long, avec des maisons d'un seul côté (c'est le quai de Gêvres); un parapet de trois pieds de haut, pour conserver la vue sur la rivière, & deux autres rues de douze pieds de large, pour séparer les maisons du quai d'avec celles du Pont-Notre-Dame & du Pont-aux-Changeurs : ce sont les deux traverses qui vont du quai à la rue de Gêvres. En 1657, le Roi permit au Maréchal *Duplessis*, & au Sieur *Révérend* Aumônier de M. le Duc d'Anjou, depuis Duc d'Orléans, d'y faire construire de petites boutiques à demi-pied du mur : depuis on a fait construire des étages en saillie sur toute la largeur, au moyen de quoi ce quai est couvert dans toute son étendue.

QUAI DE L'ECOLE ou près de S. Germain. (le) Il tire son nom d'une des plus anciennes écoles de Paris, que le Chapitre Saint-Germain-l'Auxerrois entretenoit dans ce lieu, & qui se nommoit *scola Sancti Germani*, ou *la grande rue de l'Ecole, magnus vicus scolæ Sancti Germani 1290 : vicus qui dicitur scola Sancti Germani 1298*. Le Maître étoit nommé par le Chapitre & alloit tous les ans y recevoir une *férule & des verges*. Ce quai commence au carrefour des Trois-Maries, & finit à la rue du petit-Bourbon. La place de l'Ecole s'appelloit anciennement *la place aux Marchands*. Elle portoit encore ce nom en 1369 & 1372 ; mais en 1413, on la trouve indiquée sous celui de *place de l'Ecole*. A l'égard du quai qui porte le même nom il avoit été dressé, élargi & pavé sous le règne de François I, & il le fut de nouveau en vertu de Lettres-patentes du 25 Mars 1719. *Voy.* GERMAIN-L'AUXERROIS (*Saint.*

QUAI DE LA GRENOUILLERE. Ce quai commence à l'issue du pont-Royal, du côté du Fauxbourg Saint-Germain, & au bout du quai d'Orsay, le long de la rivière. Ce terrein, ainsi nommé la Grenouillère, n'annonce rien de beau pour la situation. Cependant il en est peu dans Paris d'aussi avantageux par les vues qu'elle donne sur la rivière, sur les Château & jardin des Tuileries, sur le Cours, &c. Pour profiter de ces avantages, il n'y auroit qu'à continuer le projet dont on commença l'exécution en 1708, qui étoit de construire un grand quai qui régnât depuis le pont-Royal, jusqu'à quatre cents toises de longueur, en descendant, & qui eût les mêmes dimensions que celles du quai-Malaquai (ou Malaquest). La construction de ce quai fut autorisée par un Arrêt du Conseil, donné à Versailles le 30 d'Août 1707 ; & en conséquence le Sieur *Boucher d'Orsay*, alors Prévôt des Marchands, accompagné du Corps-de-Ville, posa la première pierre de ce quai le 3 Juillet 1708 ; mais ce dessein fut presqu'aussi-tôt suspendu, & il ne paroît pas qu'on pense à le reprendre. Selon ce projet, on devoit détruire toutes les vilaines petites maisons qu'on voit à la Grenouillère. On devoit porter ailleurs les chantiers qui y sont, & l'on devoit élever sur ce terrein un grand Hôtel pour la première Compagnie des Mousquetaires du Roi ; mais tout cela n'alla pas plus loin. Par ce que l'on a dit de l'Hôtel des Mousquetaires, qui eſt dans la rue de Beaune, on a vu qu'en 1717 & 1718, on voulut reprendre ce deſſein; mais les démarches qu'on fit n'eurent point de ſuite. Il n'a pas tenu à feue S. A. S. la Ducheſſe Douairière *de Bourbon*, à feu S. A. S. *le Duc du Maine*, & à quelques Seigneurs particuliers, que ce quartier ne ſoit devenu auſſi magnifique, qu'il étoit vilain auparavant.

QUAI DE L'HORLOGE *ou* DES MORFONDUS. Ce quai commence au bout du pont-au-Change, vis-à-vis la tour de l'Horloge du Palais, & va aboutir vis-à-vis la ſtatue d'Henri IV ſur le pont-Neuf. La majeure partie des boutiques qui regnent le long de ce quai, étoient occupées autrefois par des Perruquiers en vieux cheveux ou de haſard. *Voy. au ſurplus* PONT-AU-CHANGE. Le Peuple l'appelle ordinairement le *quai des Morfondus*, eu égard à ſa ſituation qui eſt expoſée au vent du nord. Le nom de *quai de l'Horloge* vient de la tour où eſt l'horloge du Palais, qui eſt ſituée à ſon extrêmité.

QUAI DE LA MÉGISSERIE ou *de la Féraille*.(*le*) Il s'étend depuis le pont-Neuf, juſqu'à la vieille *vallée de Miſère*, proche le grand-Châtelet. Sous le règne de Charles V, on le nommoit le *quai de la Saunerie*, dont la dernière rue a conſervé le nom, à cauſe du port au ſel & du grenier à ſel qui en eſt fort proche. Dans la ſuite on l'appella le quai de la *Méguiſcerie & Mégiſſerie*, parce que les Mégiſſiers en occupoient preſque toutes les maiſons; mais s'étant retirés de cet endroit pour aller s'établir à Chaillot, & ſur la petite rivière des Gobelins (lieu plus convenable à leur profeſſion) les Quincailliers & Férailleurs ont pris leur place, pourquoi on y trouve toute ſorte de batterie de cuiſine & uſtenſiles, fers, férailles, &c. Tous les mercredis & les ſamedis, on y expoſe en vente des arbriſſeaux, des fleurs, des oignons, des plantes & des graines. On y trouve auſſi, en tout temps de toutes ſortes d'oiſeaux à acheter, même des pigeons, des péruches & des perroquets; & depuis quelques années, pour la commodité publique, on y a établi un port au charbon.

On fit paver ce quai ſous François I, l'an 1529, comme il paroît par les regiſtres de l'Hôtel-de-Ville.

Le terrein qu'occupe ce quai alloit auparavant en pente juſqu'à la rivière; il formoit des baſſes-cours & des jardins; & au ſortir de la Cité, il n'y avoit d'autre chemin pour aller

au

au Louvre, que la rue Saint-Germain. Au bout du *Pont-aux-Meûniers*, voy. PONT-MARCHAND, il n'y avoit, selon M. *Jaillot*, que deux maisons en retour, & elles étoient élevées sur un mur de neuf toises quatre pieds de long, sur vingt-huit pieds d'épaisseur, qui servoit de borne à la rivière de ce côté. La Ville avoit donné ce mur à bail en 1503; & la Chambre des Comptes prétendant qu'il appartenoit au Roi, en fit un nouveau bail le 10 Octobre de la même année. Tous ces détails sont constatés par un requisitoire de M. *de Marillac*, Procureur-Général, & par l'Arrêt rendu en conséquence le 11 Août 1550. Le terrein situé à l'extrêmité de ce quai, entre l'Abreuvoir-Popin & la rue Saint-Leufroi, a été long-temps appellé la *vallée de Misère*.

QUAI DE LA TOURNELLE. (*le*) Il regne depuis la porte Saint-Bernard, jusqu'à la rue des Bernardins, *quartier de la place-Maubert*. Il se nommoit autrefois le *port-Saint-Bernard*, à cause de sa proximité du Collège des Bernardins; c'est celui qu'on devroit naturellement lui donner, car il le portoit dès 1380. Il a pris le nom qu'il porte aujourd'hui, d'une vieille tour quarrée qui est attenant la porte de Saint-Bernard, qu'on nomme le *Château de la Tournelle*, qui joignoit en cet endroit la porte de l'enceinte de Philippe-Auguste. *Voy*. TOURNELLE.

Tout ce quai n'étoit encore au milieu du siècle dernier, qu'un terrein en pente, souvent inondé & presque toujours impraticable par les boues. Le 12 Août 1650, il fut ordonné qu'il seroit pavé dans la largeur de dix toises. En 1738, la Ville l'a fait réparer, dégager & agrandir par la suppression de trois maisons vis-à-vis les Miramionnes. *Voy*. PORT-SAINT-BERNARD. Ce fut aussi vers le milieu du siècle passé qu'on substitua au nom du port-Saint-Bernard, celui de *quai de la Tournelle*.

QUAI D'ORLÉANS (*le*) est celui qui règne au midi depuis le pont-Rouge, jusqu'à celui de la Tournelle; les maisons qui sont sur ce quai, ont leur vue sur la rivière & de l'autre côté sur le quai de la Tournelle ou des Miramionnes, sur lequel il y a un port aux tuiles & à la brique. Ce quai est un de ceux que le sieur *Marie* s'étoit engagé de construire autour de l'Isle Notre-Dame; & les maisons qu'on y voit, sont presque toutes bâties avec goût & magnificence. *Voy*. ISLE-NOTRE-DAME.

Tome IV. M

QUAI D'ORSAY. Ce quai commence au bout du pont-Royal, & au coin de la rue du Bac, & tombe à celui de la Grenouillère. *Voy.* QUAI DE LA GRENOUILLERE.

QUAI DES AUGUSTINS. (*le*) Il commence à la rue du Hurepoix; d'un côté & de l'autre, il aboutit au pont-Neuf. Jusqu'au règne de Philippe-le-Bel, il n'y avoit entre les Augustins & la rivière, qu'un terrein allant en pente douce, planté de saules, où les Habitans alloient se promener. La moindre inondation rendoit le passage difficile, & souvent impraticable, & ruinoit les maisons qu'on y avoit bâties. C'est ce qui engagea ce Prince à donner ordre au Prévôt des Marchands de détruire cette saussaie, & de faire construire incessamment un quai depuis l'Hôtel de Nesle, jusqu'à la maison de l'Evêque de Chartres. En 1389, on l'appelloit, dit M. *Jaillot*, la *rue de Seine par où l'on va aux Augustins*, & depuis *rue du pont-neuf* (Saint-Michel) *qui va aux Augustins*, & *rue des Augustins* en 1444. On ne sait s'il a été *construit* en 1619 comme le dit Germain Brice; mais il est certain qu'il a été entièrement rétabli en 1708, ainsi qu'il est constaté par l'inscription placée au coin de cette rue. Au-dessous du marbre sur lequel elle est gravée, on a sculpté un bas-relief gothique, qui représente une amende honorable qui fut faite par des Sergens à verge en 1440, à la Justice, à l'Université & aux Augustins. Voy. le fait, *tome 1, page 393*. Ce quai doit, ainsi que la rue des Augustins, le nom qu'ils portent, aux Religieux qui s'y sont établis. Les marchés à la volaille, qu'on appelle la *Vallée*, & les marchés au pain y ont été placés en exécution d'un Arrêt du Conseil, du 3 Mai 1679.

On avoit construit sur le quai des Augustins, quelques Hôtels remarquables. Il y en avoit deux, entr'autres, dont nos Historiens font mention. Le premier étoit au coin de la rue Gille-Cœur, & s'étendoit jusqu'à la rue de l'Hirondelle, où étoit sa principale entrée; il appartenoit à *Louis de Sancerre*, Connétable de France: ses prédécesseurs y avoient sans doute réuni l'Hôtel des Evêques de Chartres, puisqu'il est ainsi désigné dans l'ordre que le Roi donna à la Ville en 1313, de faire construire le quai. Les Evêques de Chartres & de Clermont le possédèrent successivement. Il faut observer qu'alors la rue Gille-Cœur ne s'étendoit pas si avant sur le quai, & que le chemin nommé aujourd'hui rue du *Hurepoix*, étoit presque d'alignement avec les maisons du quai. Cet Hôtel étoit vaste. M. *Dauvet*, Maître des Requêtes qui en étoit devenu Propriétaire, l'agrandit encore en y joignant une maison vis-à-vis la descente à la rivière. *Anne de Pisseleu*, connue dans l'Histoire de François I, sous le nom de *Duchesse d'Estampes*, occupa cet Hôtel, & engagea ce Prince à l'acquérir. Il en fit démolir une partie, qui fut rebâtie & ornée de peintures & de devises. Au commencement du dernier siècle, il s'appelloit *l'Hôtel d'O*, & appartenoit à M. *Seguier*; sa fille ayant épousé le Duc de *Luynes*, elle lui apporta cet Hôtel en dot; alors on le nomma *l'Hôtel de Luynes*. Voy. rue du HUREPOIX. La plus grande partie de cet Hôtel fut démolie en 1671, & vendue à des Particuliers qui firent bâtir les maisons que nous y voyons aujourd'hui. Voy. rue GILLE-CŒUR.

Le second Hôtel situé sur ce quai, étoit nommé *l'Hôtel d'Hercule*, parce qu'on avoit peint dans les appartemens, & même à l'extérieur, les exploits de ce Héros, si célèbre dans la Fable. Il fut successivement occupé par le Comte *de Sancerre*, & par M. *Jean le Viste*. *Jean de la Driesche*, Président en la Chambre des Comptes, l'ayant acquis, le fit rebâtir & peindre. Il le vendit à M. *Louis Hallevin*, Seigneur de Piennes, Chambellan du Roi, duquel Charles VIII l'acheta avec tous les meubles de fers & de bois qui s'y trouvoient, moyennant la somme de 10000 livres, par contrat du 25 Juin 1493. Sous le règne de Louis XII, cet Hôtel étoit occupé par *Guillaume de Poitiers*, Seigneur de Clérieu, auquel il l'avoit apparemment donné; car il portoit le nom d'*Hôtel de Clérieu*, lorsque l'Archiduc *Philippe d'Autriche* allant de Flandre en Espagne, vint y loger en 1499. Le Chancelier *du Prat* l'occupa ensuite, lorsqu'il fut élevé à cette Dignité en 1515. François I lui en fit don en propriété pour lui & pour ses descendans. « Cette libéralité, dit M. *Jaillot*, » étoit digne de ce Prince; mais devoit-il récompenser un » Magistrat qui s'avilit en rendant vénales les Places & les » Dignités de la Magistrature; qui sacrifia l'intérêt de l'Etat » à son ambition & à sa cupidité; qui fit abolir la *Pragmatique* » *Sanction*, & recevoir le *Concordat*; qui, nommé successive- » ment à six Evêchés ou Archevêchés, & non content de se » voir honoré de la Pourpre Romaine & de la Légation de » France, osa, dit un Historien, offrir 400000 écus pour » monter sur le Trône Pontifical, après la mort de Clément » VII en 1534? » Il mourut l'année suivante, & cet Hôtel passa à son neveu. Jacques V, Roi d'Ecosse, étant venu à Paris le 26 Décembre 1536, pour épouser *Madeleine de*

M ij

QUA

France, fut logé dans cet Hôtel. Sauval rapporte qu'en 1573, le Roi *Charles IX*, *Henri de France*, Roi de Pologne, & *Henri de Bourbon*, Roi de Navarre, pensèrent y être assassinés par le Sieur *du Prat-Viteaux*, * petits-fils du Chancelier, qui s'y étoit retiré avec quelques amis, pour éviter les suites d'une querelle particulière.

Ce fut aussi dans l'Hôtel d'Hercule, dit Favin, que de son temps, tous les Chapitres de l'Ordre du Saint Esprit se tenoient, & qu'on remit à Henri III l'Ordre de la *Jarretière*. Sa proximité de l'Eglise des Augustins le rendoit commode pour ces sortes de cérémonies ; il étoit d'ailleurs fort vaste ; il s'étendoit depuis la rue des Augustins, jusqu'à la seconde maison en deçà de la rue Pavée ; & en profondeur, jusqu'aux jardins de l'Abbé de Saint-Denis. De-

---

* *Antoine du Prat-Viteaux*, Seigneur de Nantouillet, Prévôt de Paris, se vantoit d'être l'homme de l'Europe qui avoit les plus puissans ennemis. J'ai nargué, disoit-il, la Reine Elisabeth à Londre : je parle tous les jours fort mal des Maîtresses du Duc d'Anjou (Henri III) & du Roi de Navarre (Henri IV) & j'ai eu le plaisir de manquer de parole au Duc de Guise, à l'occasion d'une Terre. Le Duc d'Anjou, le Roi de Navarre & le Duc de Guise, lui mandèrent un jour qu'ils iroient souper chez lui, à cet *Hôtel d'Hercule*, & ils y allèrent, malgré tous les prétextes qu'il put alléguer pour se dispenser de recevoir cet honneur. Après le souper, leur suite pilla, ou jetta par les fenêtres, son argent, sa vaisselle & ses meubles. « Le lendemain, dit l'Etoile, le » premier Président fut trouver le Roi (Charles IX), & lui dit que » tout Paris étoit ému pour le vol de la nuit passée : & que l'on disoit » que le Roi y étoit en personne, & l'avoit fait pour rire ; à quoi le » Roi ayant répondu que ceux qui le disoient, avoient menti, le premier Président répliqua, j'en ferai donc informer, Sire ; non, non, » répondit le Roi, ne vous en mettez en peine : dites seulement à Nantouillet, qu'il aura affaire à trop forte partie, s'il en veut demander » raison. »

Quelque temps après, *Mademoiselle de Rieux*, Princesse de Bretagne, favorite du Duc d'Anjou, belle comme les Amours, vive & fière comme une Bretonne, passant à cheval sur le quai de l'Ecole, & voyant venir *Nantouillet* à pied, suivi de ses Gardes, un jour de cérémonie, part comme un éclair, le renverse, & le fait fouler aux pieds de son cheval. C'est elle, dit Brantôme, qui tua virilement, de sa propre main, *Antinotti*, Florentin, qu'elle avoit épousé par amourette, & qu'elle surprit couché avec une autre. SAINT-FOIX, *Ess. sur Paris*, tom. 1, p. 89 & suiv.

puis l'on y a construit l'Hôtel de Nemours, détruit en 1671, & sur l'emplacement duquel on a ouvert la rue de Savoie : on y avoit aussi conservé une ruelle qui conduisoit aux jardins de Saint-Denis ; il en subsiste encore des traces dans un passage de la maison *de la Tortue*, qui communiquoit du quai à la rue de Savoie ; il est aujourd'hui fermé.

QUAI DES BALCONS *ou* DAUPHIN. (*le*) Il règne depuis le bout du Pont de la Tournelle, jusqu'à la pointe de l'Isle, Quartier de l'Isle-Notre-Dame. Les maisons qui sont sur ce quai, ont une vue très-étendue : en face, elles ont la porte Saint-Bernard, le Château de la Tournelle, & le port de la halle au vin ; & de côté, elles voient le cours de la rivière jusqu'au Port-à-l'Anglois. *Voy. Isle-Notre-Dame.* C'est un des quais construits par le Sieur *Marie*, aux environs de l'Isle-Notre-Dame : celui-ci est au midi, ainsi que le quai d'Orléans, les deux autres étant au nord ; savoir, le quai de Bourbon & le quai d'Alençon ou d'Anjou.

QUAI DES CÉLESTINS. (*le*) Il aboutit d'une extrêmité au coin de la rue Saint-Paul ; de l'autre, à l'Arsenal, Quartier-Saint-Paul.

Entre les maisons qui sont sur ce quai, est l'Hôtel de la Vieuville, qui sert aujourd'hui de Bureaux pour les carrosses de la diligence de Lyon & route.

Il y a aussi d'autres Bureaux sur ce quai, pour les différens coches d'eau qui remontent la rivière.

Ce quai doit son nom aux Religieux qui s'y sont établis. C'étoit sur son emplacement qu'étoit la principale entrée de l'Hôtel-Saint-Paul, que Charles V fit bâtir, pour être *l'Hôtel solemnel des grands ébattemens* : on en peut voir une ample description dans Sauval, Dom Félibien & Piganiol.

QUAI DES GALERIES DU LOUVRE. (*le*) Il commence au premier guichet, appellé de la rue Froidmenteau, & finit au bout du Pont-Royal. A l'entrée de ce Quai, est le port de Saint-Nicolas, qui a pris son nom de l'Eglise Collégiale qui en étoit proche : c'est à ce port, qu'arrivent toutes les marchandises d'épicerie & autres, venant des Pays étrangers par Rouen. Il y arrive aussi beaucoup de vin du Haut-Languedoc, du Roussillon, de Provence, d'Espagne & de Portugal. On trouve toujours dans ce port des petits bateaux qui passent les gens de pied au Fauxbourg Saint-Germain, moyennant six deniers pour chaque personne, &

2 fols 6 deniers pour la voiture complette, lorsqu'on ne veut point attendre qu'elle soit remplie : on y voit aussi beaucoup de cidre & de poiré venant de la Normandie.

QUAI DES ORMES. Suivant la Caille, il s'étend depuis la rue Geoffroy-l'Afnier, jusqu'à la rue du Paon-Blanc. L'Abbé *de la Grive* & M. *Robert* le placent entre la rue des Nonaindières & celle de l'Etoile, & le nomment *Mofils & Monfils*. C'étoit une arche appellée *Beaufils*, suivant la remarque de M. *Jaillot*, voy. rue de L'ETOILE. Ce lieu fut destiné par la Ville en 1586, pour le *debaclage* des bateaux, jusqu'aux Célestins, & la place aux veaux y fut transférée par Arrêt du 8 Février 1646.

QUAI DES ORFEVRES. (*le*) Il est sans contredit le plus riche de tous les quais de la Ville de Paris, à cause du nombre des Marchands Orfèvres qui y sont établis. On trouve chez ces Marchands, en tout temps, toutes sortes de vaisselles d'argent, & des bijoux & joyaux d'or, d'argent & de pierreries de toutes espèces & à choisir.

Ce quai prend du milieu du Pont-Neuf, & se termine à la rue Saint-Louis, Quartier de la Cité. Les maisons qu'on y voit, ont une espèce d'uniformité, & ont une très-belle vue ; raison pour laquelle il en est quelques-unes qui ont été élevées jusqu'à six étages.

QUAI DES QUATRE NATIONS. (*le*) Il se rend d'un bout au quai de Conty, & de l'autre à celui des Théatins ou quai Malaquest, Quartier Saint-Germain. Ce quai est orné par le portail de l'Eglise des quatre Nations, & par les deux pavillons qui sont aux deux extrêmités.

QUAI DES THEATINS. Il règne depuis le Pont-Royal, jusqu'à la rue des SS. Pères ; *Quartier Saint-Germain-des-Prés*. Sur ce quai, le Sieur *Gluc de Saint-Port* a fait restaurer trois Hôtels qui y sont de suite, & en font un des principaux ornemens. Le premier a appartenu autrefois au Président *Perrault*, Secrétaire des commandemens du grand Prince de Condé : il a été occupé long-temps par *Renée de Penencouet de Keroualie*, Duchesse *de Portsmouth*, puis vendu en 1709 à *Michel Chamillart*, Ministre & Secrétaire d'Etat pour le Département de la Guerre, & Contrôleur-Général des Finances, qui le vendit au Sieur *Gluc*, Directeur des teintures des Gobelins, & père de M. *Gluc de*

Saint-Port, Conseiller au Parlement. Cet Hôtel a été occupé par le Marquis *de la Mina*, Ambaſſadeur du Roi d'Eſpagne auprès du Roi. Il a été bâti ſur le grand pré-aux-Clercs, & il doit ſon nom aux Religieux qui s'y ſont établis.

QUAI DES TUILERIES *ou* DE LA CONFÉRENCE. (*le*) Il commence au bout du Pont-Royal, & finit à l'endroit où étoit anciennement la porte de la Conférence : c'eſt au bas du Pont-Royal, qu'on trouve la galiote de Sève & celle de Saint Cloud, qui partent tous les jours à huit heures du matin en été. A l'autre bout, du côté de la Conférence, on trouve des petits bateaux pour paſſer la rivière, juſqu'auprès du Palais de Bourbon.

QUAI DU MARCHÉ-NEUF. Le Roi, par ſes Lettres-patentes du 9 Septembre 1734, ayant ordonné la démolition de douze maiſons qui règnoient le long de la rivière, depuis la Boucherie excluſivement, juſqu'à l'extrêmité du Marché, la Ville a fait conſtruire à la place de ces maiſons le quai dont eſt queſtion ; & pour l'indemniſer de cette dépenſe, Sa Majeſté lui a accordé le péage du Pont-Rouge.

QUAI MALAQUEST. Il règne depuis la rue de Seine, juſqu'à celle des SS. Pères, & fait la continuation du quai de Conty. Cet eſpace ſe nommoit autrefois le *port Malaqueſt*; & l'endroit où l'on prend aujourd'hui des bateaux pour traverſer la rivière, s'appelloit en 1530, *le Heurt du Port-aux-Paſſeurs* : une partie de ce terrein ſe nommoit encore *l'Ecorcherie* ou *la Sablonnière*.

Toutes les maiſons de ce quai forment autant d'Hôtels remarquables, principalement, 1°. celui de *Mazarin*; il appartenoit à la Princeſſe de Conty qui l'échangea pour l'Hôtel de Guénégaud. *Voy. tom. 3, page 262* : il paſſa ſucceſſivement aux Ducs de Créqui, de la Tremoille & de Lauzun ; il rentra enſuite dans la maiſon de Conty, par l'acquiſition qu'en fit *Louiſe-Adélaïde de Bourbon-Conty*, nommée Mademoiſelle *de la Roche-ſur-Yon*. Après ſa mort, il fut loué pour les écuries de Madame la Dauphine, & enſuite acquis par M. le Duc de Mazarin. 2°. L'Hôtel de Bouillon bâti pour le Sieur *Macé Bertrand de la Baſinière*, Tréſorier de l'épargne, & acquis par M. le Duc de Bouillon. On liſoit autrefois ſur ce quai une inſcription qui ne ſubſiſte plus : la voici d'après *Blondel* qui en eſt l'Auteur,

184 QUA

Ludovico Magno luparam abſolvente, ripam hanc, ut alterius dignitati reſponderet, quadro ſaxo veſtiri CC. Præfectus & Ædiles anno rep. S. M. D. C. LXX.

Cette inſcription fut miſe en conſéquence d'un Arrêt du Conſeil, du 1 Juillet 1669, qui avoit ordonné que ce quai feroit pavé.

QUAI PELLETIER *ou* QUAI-NEUF. Ce quai a pris le nom qu'il porte, pour avoir été bâti pendant que *Claude Pelletier* étoit Prévôt des Marchands : c'eſt le même Magiſtrat qui fut dans la ſuite Contrôleur-Général des Finances & Miniſtre d'Etat. Il ne tint point à ſa modeſtie, que ce quai ne portât un autre nom que le ſien, mais le Public équitable & reconnoiſſant, s'obſtina à le lui donner & à le lui conſerver.

Le *quai Pelletier* commence à un des bouts du Pont-Notre-Dame, & ſe termine à la place de Grève. Il fut conſtruit en 1675, ſous la conduite de *Pierre Bullet*, Architecte habile, ſur les ruines de quelques vilaines maiſons, habitées par des Tanneurs & des Teinturiers qui infectoient ce Quartier, & à qui il fut ordonné, par un Arrêt du Conſeil, du 24 Février 1673, d'aller s'établir au Fauxbourg S. Marcel & à Chaillot. Il eſt bâti de pierres de taille, & près de ſa moitié eſt portée en l'air ſur une vouſſure d'une coupe très-ſavante. Il retient cependant une rue de vingt-quatre pieds de largeur, & un trottoir de ſix pieds de large pour les gens de pied. Cet ouvrage d'architecture paſſe pour un morceau extrêmement hardi.

Dans un cadre de marbre noir qui eſt à l'entrée de ce quai, du côté du Pont-Notre-Dame, on lit l'inſcription ſuivante :

LUDOVICI MAGNI
Auſpiciis
Ripam hanc
Fœdam nuper & inviam
Nunc publicum iter
& ornamentum Urbis,
Fieri CC.
Præf. & Ædiles.
Anno M. D. C. LXXV.

QUAI SAINT-PAUL. (*le*) Il règne depuis le port de

Saint-Paul, jusqu'au quai des Ormes ou de *Beaufils* : c'est celui de Paris qui a le moins d'étendue, où arrivent les bateaux de poisson d'eau douce, & où on le vend. C'est dans ce même endroit qu'arrivent aussi les bateaux aux fruits, & où on les vend.

QUARTIERS DE PARIS.

En 1702, on divisa la Ville en vingt Quartiers: on n'en comptoit que quatre au dixième siècle, & huit sous le règne de Philippe Auguste; on y en ajouta huit autres sous ceux de Charles V & de Charles VI. Comme la Ville s'étoit considérablement augmentée du côté du midi, on la partagea en dix-sept Quartiers sous le règne d'Henri III: enfin la Déclaration du Roi qui en ordonna les bornes & les limites, lors de la division en vingt Quartiers, est du 12 Décembre 1702, & elle fut enregistrée le 5 Janvier suivant.

Chaque Quartier a des Officiers préposés pour y maintenir le bon ordre & la tranquillité.

Le mot de *Quartier* prouve que cette Ville fut anciennement divisée en quatre parties. On ne sait pas précisément quand a commencé & fini cette première division; mais on n'en connoissoit point d'autre avant le règne de Philippe-Auguste. Paris étoit alors divisé en Quartier de la *Cité*, Quartier de *Saint-Jacques-de-la-Boucherie*, Quartier de la *Verrerie*, & Quartier de la *Grève*.

Le séjour que Louis XV a fait à Paris, depuis la fin de l'année 1715, jusqu'au mois de Juin de l'an 1722, donna lieu de proposer d'augmenter la Ville d'un nouveau Quartier, auquel on donneroit le nom de *Quartier-Gaillon*. Le Prévôt des Marchands & les Echevins, obtinrent le 4 Décembre 1720, un Arrêt du Conseil, par lequel tout fut réglé pour l'embellissement de ce Quartier: cependant jusqu'ici cet Arrêt n'a pas eu d'exécution, & Paris n'est divisé qu'en vingt Quartiers.

QUARTIER DE LA CITÉ. Il est le premier *Quartier* de Paris; ses bornes sont:

A *l'orient*, depuis la pointe de l'Isle-Louviers, jusqu'à la pointe occidentale de l'Isle du Palais.

Il comprend dans les autres points les Isles du Palais, de Notre-Dame, l'Isle-Louviers, tous les ports de ces mêmes Isles, en tout cinquante-deux rues, six culs-de-sac, la Cathédrale, dix Paroisses, quatre Chapelles, deux Communautés d'hommes, deux Hôpitaux, le Palais, trois places, onze Ponts, la culée du Pont-au-Change incluse, six quais, &c.

Remarques sur ce Quartie

Ce Quartier est célèbre par la Cathédrale & le Palais.
On trouve partout des Orfèvres, des bijoutiers, des Marchands de modes, & tout ce qui peut flatter la vue & le goût : beaucoup de Fourbisseurs, de Fondeurs en tout genre & d'Horlogers. On est surpris, lorsqu'on est sur le Pont-Notre-Dame, du grand nombre de tableaux qui s'y offrent, de la quantité de dorures, de la multitude des Miroitiers, & des fabriques d'ornemens d'Eglise. Le quai de l'Horloge ou des Morfondus, est le magasin de tous les instrumens de Mathématique. Autrefois on y voyoit un nombre considérable de Perruquiers, &c.

QUARTIER DE SAINT-JACQUES-DE-LA-BOUCHERIE. Il est le *second Quartier* de Paris ; ses bornes sont :
A *l'orient*, les rues Planche-Mibray, des Arcis & de S. Martin exclusivement.
Au *nord*, la rue aux Ouës exclusivement.
A *l'occident*, la rue Saint-Denis, depuis l'angle de la rue aux Ouës, jusqu'à la rue de Gesvres, avec le marché de l'Apport-Paris, & le grand Châtelet inclusivement.
Au *midi*, la rue & le quai de Gêvres inclusivement : on y compte trente-deux rues, six culs-de-sac, une Eglise Collégiale, quatre Paroisses, un Hôpital & un Couvent de Filles.

Remarques sur ce Quartier.

Si ce Quartier a ses avantages, il a aussi ses incommodités : par exemple, l'odeur des boucheries, des échaudoirs des tripes, qui sont concentrés dans de petites rues étroites, de même que les Marchands de Marée ; mais la vue, à quelque distance de-là, est fort dédommagée par l'agréable longueur du quai de Gêvres, qui est bordé des deux côtés d'un grand nombre d'Orfèvres, de Marchands de modes, de Bijoutiers, qui semblent avoir reflué jusques dans la rue du même nom, où l'on trouve des Batteurs d'or, des Doreurs sur tous métaux, &c.

QUARTIER DE SAINTE-OPPORTUNE. Il est le *troisieme Quartier* de Paris ; ses bornes sont :

A *l'orient*, le marché de l'Apport de Paris, & la rue Saint-Denis exclusivement.

Au *nord*, la rue de la Féronnerie, y compris les charniers des SS. Innocens, du côté de la même rue; & une partie de la rue Saint-Honoré inclusivement, depuis la rue de la Féronnerie, jusqu'aux angles des rues du Roule & des Prouvaires.

A *l'occident*, les rues du Roule & de la Monnoie, & le carrefour des Trois-Maries, jusqu'à la rivière, le tout inclusivement.

Au *midi*, les quais de la vieille Vallée de Misère & de la Mégisserie inclusivement. On compte dans ce Quartier trente-une rues, deux culs-de-sac, une Eglise Collégiale & Paroissiale, une Chapelle, deux places & une prison.

Remarques sur ce Quartier.

Ce Quartier est notable par le Grenier à sel, & le grand nombre de Marchands de grains, fleurs, quincailleries & autres : par les deux rues nouvelles, *Boucher* & *Etienne*, construites sur l'emplacement de l'ancien Hôtel des Monnoies, &c. il se nommoit autrefois *l'Hermitage de Notre-Dame-des-Bois*.

QUARTIER DU LOUVRE ou de *Saint-Germain-l'Auxerrois*. Il est le *quatrième Quartier* de Paris ; ses bornes sont :

A *l'orient*, le carrefour des Trois-Maries, & les rues de la Monnoie & du Roule inclusivement.

Au *nord*, la rue Saint-Honoré, avec le cloître Saint-Honoré inclusivement depuis les angles des rues du Roule & des Prouvaires, jusqu'à celui de la rue Froidmenteau.

A *l'occident*, la rue Froidmenteau, jusqu'à la rivière inclusivement.

Au *midi*, les quais, aussi inclusivement, depuis le premier guichet du Louvre, jusqu'aux carrefours des Trois-Maries.

On y compte dix-huit rues, trois culs-de-sac, trois places, trois Eglises Paroissiales, dont une est Collégiale, & une Communauté d'hommes.

Remarque sur ce Quartier.

Le Louvre est l'ornement de ce Quartier, & la belle partie de la rue Saint-Honoré qui y est comprise.

QUARTIER DU PALAIS-ROYAL. Il est le *cinquième* Quartier de Paris ; ses bornes sont :

A *l'orient*, les rues Froidmenteau & des Bons-Enfans exclusivement.

Au *nord*, la rue neuve des Petits-Champs exclusivement.

A *l'occident*, les extrêmités des Fauxbourgs Saint-Honoré & du Roule inclusivement.

Au *midi*, les quais inclusivement depuis le premier guichet du côté du quai de l'Ecole.

On y compte quarante-six rues, quatre culs-de-sac, trois places, deux Palais, un Hôpital, un Chapitre, trois Eglises Paroissiales, deux Couvens d'hommes, trois Couvens & une Communauté de Filles.

Remarques sur ce Quartier.

Ce Quartier est dominé par le Palais-Royal ; édifice superbe, digne du grand Prince qui vient de le faire élever. Le bâtiment de l'Opéra qui lui est contigu, attire aussi l'attention des curieux & des gens de goût. C'est le Quartier le plus riant de la Ville ; il est opulent, par le séjour de grand nombre de Financiers & de riches Marchands en tous genres, sur-tout en orfèvrerie, bijouterie & modes, &c.

Le grand *Corneille* dans sa Comédie du Menteur, représentée pour la première fois en 1642, *Scène* r, *Acte* II, fait ainsi l'éloge de ce Quartier, & de celui de Montmartre.

DORANTE.

Paris semble à mes yeux un Pays de Romans ;
Je croyois ce matin voir une Isle enchantée :
Je la laissai déserte, & la trouve habitée :
Quelque Amphyon nouveau, sans l'aide des Maçons,
En superbes Palais a changé ces buissons.

GÉRONTE.

Paris voit tous les jours de ces métamorphoses :
Dans tout le Pré-aux-Clercs tu verras mêmes choses ;
Et l'Univers entier ne peut rien voir d'égal
Aux superbes dehors du Palais Cardinal (*le Palais-Royal*).
Toute une Ville entière avec pompe bâtie,
Semble d'un vieux fossé par miracle sortie.

QUARTIER MONTMARTRE. Il est le *sixième* Quartier de Paris; ses bornes sont :

A l'orient, les rues Poissonnière & de Sainte-Anne, exclusivement, jusqu'à l'extrêmité des Fauxbourgs.

Au nord, les extrêmités des Fauxbourgs inclusivement.

A l'occident, le marais des Porcherons inclusivement.

Au midi, la rue Neuve-des-Petits-Champs, la Place des Victoires, & les rues des Fossés-Montmartre, & Neuve-Saint-Eustache inclusivement.

On y compte cinquante-deux rues actuelles, & plusieurs nouvelles dont on ne sait pas encore les noms, mais dont nous espérons rendre compte par supplément ; trois culs-de-sac, une Eglise Paroissiale, trois Chapelles, un Couvent d'hommes, deux Couvens & une Communauté de filles, une place, &c.

Remarques sur ce Quartier.

Ce Quartier est celui de la richesse. L'Hôtel de la Compagnie des Indes, rassemble autour de lui toute la finance du Royaume. Il est dominé par la superbe Place des Victoires, où tout annonce la magnificence & la gloire de Louis XIV, que l'Ange tutélaire de la France couronne. On y voit aussi l'Hôtel de la Loterie Royale de France, où sont l'Imprimerie, la Papeterie, les Bureaux, la Salle immense où se tire la Loterie ; & toutes les autres choses relatives à ce nouvel établissement fait dans l'ancien Hôtel de la Compagnie des Indes, au coin de la rue Vivienne, à l'endroit même où est la Bourse.

QUARTIER DE SAINT-EUSTACHE. Il est le *septième Quartier* de Paris ; ses bornes sont :

A l'orient, les rues de la Tonnellerie, Comtesse d'Artois & Montorgueil exclusivement, jusqu'à l'angle de la rue Neuve-Saint-Eustache.

Au nord, les rues Neuve-Saint-Eustache, des Fossés-Montmartre, & la Place des Victoires exclusivement.

A l'occident, la rue des Bons-Enfans inclusivement.

Au midi, la rue Saint-Honoré exclusivement.

On y compte trente-quatre rues, un cul-de-sac, une Eglise Paroissiale, deux Chapelles, une Communauté de filles, &c.

Remarques sur ce Quartier.

C'est le Quartier où le bled & la farine viennent approvisionner Paris dans la nouvelle halle construite à la Place de l'ancien Hôtel de Soiſſons : on y trouve en abondance toutes les néceſſités de la vie.

QUARTIER DES HALLES. C'eſt le *huitième Quartier* de Paris ; ſes bornes ſont :

A *l'orient*, la rue Saint-Denis excluſivement, depuis l'angle de la rue de la Féronnerie, juſqu'à celui de la rue Mauconſeil.

Au *nord*, la rue Mauconſeil excluſivement.

A *l'occident*, les rues Comteſſe d'Artois & de la Tonnellerie incluſivement.

Au *midi*, la rue de la Féronnerie, & une partie de celle de Saint-Honoré excluſivement.

On y compte vingt-quatre rues, & une Egliſe Paroiſſiale.

Remarques ſur ce Quartier.

Ce Quartier qui s'appelloit autrefois *Champeaux*, fut commencé ſous *Louis-le-Jeune* en 1189 : il s'y fait un commerce immenſe, & il eſt peut-être le plus opulent de la Ville, & celui qui paroît le moins.

Les grands & petits piliers ſont la demeure d'une multitude innombrable de Frippiers & de Tapiſſiers tant en vieux qu'en neuf. Le commerce des chiffons, loques, vieilles poteries, vieilles ferrailles, &c. &c. &c. ſe fait dans l'enceinte de l'ancienne halle à la farine.

On voit dans la rue Mauconſeil l'Hôtel des Comédiens Italiens, ſur le théâtre deſquels ſe jouent, outre les pièces du Théâtre Italien, des Opéra-Comiques, & des Drames de tout genre, &c.

QUARTIER DE SAINT-DENIS. Il eſt le *neuvième Quartier* de Paris ; ſes bornes ſont :

A *l'orient*, la rue Saint-Martin, & celle du Fauxbourg du même nom excluſivement.

Au *nord*, le Fauxbourg Saint-Denis & de Saint-Lazare incluſivement.

A *l'occident*, les rues Sainte-Anne, Poiſſonnière & Montorgueil, juſqu'au coin de la rue Mauconſeil incluſivement.

Au *midi*, les rues aux Ouës & Mauconſeil incluſivement.

On y compte quarante-ſix rues, onze culs-de-ſac, trois Egliſes Paroiſſiales, une Egliſe Collégiale, une Chapelle, une Communauté d'hommes, un Couvent & trois Communautés de filles, un Hôpital, &c.

Remarques sur ce Quartier.

Ce Quartier est le magasin du luxe & des modes, par la multitude des Fabriques de galons d'or & d'argent, de rubans, dentelles, taffetas, gazes, blondes, broderies, boutons de toutes les espèces, &c. & par les Manufactures de couvertures d'Angleterre, & des beaux vernis de *Martin*, &c. qui s'y trouvent.

QUARTIER DE SAINT-MARTIN. Il est le *dixième Quartier* de Paris; ses bornes sont:

A *l'orient*, les rues Bar-du-Bec, de Sainte-Avoye & du Temple exclusivement.

Au *nord*, les extrêmités des Fauxbourgs Saint-Denis & Saint-Martin inclusivement.

A *l'occident*, la rue Saint-Martin, & la grande rue du Fauxbourg du même nom inclusivement.

Au *midi*, la rue de la Verrerie inclusivement, depuis l'angle de la rue Saint-Martin, jusqu'à celui de la rue Bar-du-Bec.

On y compte cinquante rues, douze culs-de-sac, trois Églises Paroissiales, dont une Collégiale, trois Communautés d'hommes, deux Couvens de filles, deux Hôpitaux, &c.

Remarques sur ce Quartier.

Ce Quartier attiroit une foule de monde, à cause de la foire de Saint-Laurent; il n'est plus si fréquenté qu'auparavant, depuis l'abandon de cette foire, & notamment depuis le transport de l'Opéra-Comique à la Comédie Italienne; toutefois il est très-habité, à cause du grand nombre de Manufactures qui s'y trouvent: il faut aller voir l'apothicairerie de Saint-Laurent, très-renommée par la quantité considérable de squelettes injectés qu'on y conserve.

QUARTIER DE LA GREVE. Il est le *onzième Quartier* de Paris; ses bornes sont:

A *l'orient*, la rue Geoffroy-l'Asnier & la vieille rue du Temple exclusivement.

Au *nord*, les rues de la Croix-Blanche & de la Verrerie exclusivement.

A *l'occident*, les rues des Arsis & de Planche-Mibray inclusivement.

Au *midi*, les quais Pelletier & de la Grève inclusivement, jusqu'à l'angle de la rue Geoffroy-l'Asnier.

On y compte trente-trois rues, deux culs-de-sac, deux Eglises Paroissiales, deux Chapelles, une Communauté de filles, un Hôpital, l'Hôtel-de-Ville, deux Places, &c.

Remarques sur ce Quartier.

C'est le Quartier des Nourrices pour les enfans nouveaux nés. On les trouve dans les Bureaux des Recommandaresses. La Place de *Grève* a donné son nom à ce Quartier : c'est dans cette Place qu'on fait les réjouissances publiques & les justices. Le long de la rivière sont les ports au bled, à l'avoine, à la chaux, aux pierres de Meulière, & au foin, &c.

QUARTIER DE SAINT-PAUL. Il est le *douzième Quartier* de Paris; ses bornes sont :

A *l'orient*, les remparts inclusivement, depuis la rivière, jusqu'à la porte de Saint-Antoine.

Au *nord*, la rue Saint-Antoine exclusivement.

A *l'occident*, la rue Geoffroy-l'Asnier inclusivement.

Au *midi*, les quais inclusivement, depuis l'angle de la rue Geoffroy-l'Asnier, jusqu'à l'extrêmité du Mail.

On y compte vingt-quatre rues, quatre culs-de-sac, une Eglise Paroissiale, deux Communautés d'hommes, une de filles, trois quais, &c.

Remarque sur ce Quartier.

Ce Quartier est rempli de Manufactures de tapisseries, de toiles peintes, en or & argent & en verdures, &c.

QUARTIER DE SAINTE-AVOYE. Il est le *treizième Quartier* de Paris; ses bornes sont :

A *l'orient*, la vieille rue du Temple exclusivement.

Au *nord*, les rues des Quatre-Fils & des vieilles Haudriettes exclusivement.

A *l'occident*, les rues de Sainte-Avoye & Bar-du-Bec inclusivement, depuis l'angle de la rue des vieilles Hadriettes, jusqu'à la rue de la Verrerie.

Au *midi*, les rues de la Verrerie, de la Croix-Blanche inclusivement, depuis l'angle de la rue Bar-du-Bec, jusqu'à la vieille rue du Temple.

On y compte seize rues, un cul-de-sac, quatre Communautés d'hommes, une de filles, &c.

Remarque sur ce Quartier.

Ce Quartier contigu à celui du Temple ou du Marais, diffère, à peu de chose près, de celui du Marais, pour les agrémens, &c.

QUARTIER DU TEMPLE. Il est le *quatorzième Quartier* de Paris; ses bornes sont:

A *l'orient*, les remparts & la rue du Mesnil-Montant inclusivement.

Au *nord*, les extrémités des Fauxbourgs du Temple & de la Courtille inclusivement.

A *l'occident*, la grande rue des mêmes Fauxbourgs, & la rue du Temple inclusivement, jusqu'à l'angle de la rue des vieilles Haudriettes.

Au *midi*, les rues des vieilles Haudriettes, des Quatre-Fils, de la Perle, du Parc-Royal, & Neuve-Saint-Gilles inclusivement.

On y compte cinquante-huit rues, trois culs-de-sac, une Communauté d'hommes, trois Couvens & une Communauté de filles, le Temple, un Hôpital, &c.

Remarques sur ce Quartier.

Ce Quartier est rempli de très-belles maisons, ornées de jardins fort agréables. Il est habité par un grand nombre de gens de condition & de Magistrats. La proximité de la promenade des boulevards, en rend le séjour de la Ville le plus récréatif & le plus gracieux, par la variété des jeux & des loges de Baladins, & des Cafés magnifiques qui s'y sont établis.

QUARTIER DE SAINT-ANTOINE. Il est le *quinzième Quartier* de Paris; ses bornes sont:

A *l'orient*, les extrémités des Fauxbourgs inclusivement.

Au *nord*, l'extrêmité des mêmes Fauxbourgs, & les rues du Mesnil-Montant, Neuve-Saint-Gilles, du Parc-Royal & de la Perle exclusivement.

A *l'occident*, la vieille rue du Temple inclusivement, depuis les angles des rues des Quatre-Fils & de la Perle, jusqu'à la rue Saint-Antoine.

Tom. IV.

Au *midi*, la rue Saint-Antoine inclusivement, depuis l'angle de la vieille rue du Temple, jusqu'à l'extrêmité du Fauxbourg.

On y compte soixante & six rues, neuf culs-de-sac, une Eglise Paroissiale, deux Chapelles, cinq Communautés d'hommes, neuf Couvens & quatre Communautés de filles, quatre Communautés de filles, quatre Maisons Hospitalières, une Place, &c.

Remarques sur ce Quartier.

Ce Quartier est renommé par la prodigieuse quantité d'Ouvriers en tout genre, dont fourmille la grande rue du Fauxbourg Saint-Antoine, & par les Chaudronniers-Auvergnats qui y logent. Ce Fauxbourg n'est pas moins fameux par les manufactures importantes, par celle des glaces, rue de Reuilly, celles de taffetas, de toile cirée, d'étoffes de Paris, de diamans fins teints de toutes couleurs, celles de colle-forte, de poëles, &c.

QUARTIER DE LA PLACE-MAUBERT. Il est le *seizième* Quartier de Paris; ses bornes sont :

A *l'orient*, les extrêmités des Fauxbourgs Saint-Victor & Saint-Marcel inclusivement.

Au *nord*, les quais de la Tournelle & de Saint-Bernard inclusivement.

A *l'occident*, la rue du Pavé de la Place-Maubert, son marché, la rue de la Montagne de Sainte-Geneviève, & les rues Bordet, Mouffetard & de Lourcine inclusivement.

Au *midi*, l'extrêmité du Fauxbourg Saint-Marcel inclusivement.

On y compte soixante & dix rues, trois culs-de-sac, cinq Paroisses, une Abbaye, un Chapitre, dix Collèges, dont sept sans exercice, deux Couvens d'hommes, quatre de filles, trois Communautés d'hommes, trois de filles, quatre Hôpitaux, quatre Séminaires, deux portes, deux quais, &c.

Remarque sur ce Quartier.

Il y a dans ce Quartier un grand nombre d'Artisans, d'Hôtels garnis & des chevaux de toutes espèces à louer ou à acheter.

QUARTIER DE SAINT-BENOIST. Il est le *dix-septième* Quartier de Paris; ses bornes sont :

À *l'orient*, la rue du Pavé de la Place-Maubert, le marché de ladite Place, la Montagne de Sainte-Geneviève, les rues Bordet, Mouffetard & de Lourfine exclusivement.

Au *nord*, la rivière & le petit-Châtelet.

À *l'occident*, les rues du Petit-Pont, & de Saint-Jacques inclusivement.

Au *midi*, l'extrêmité du Fauxbourg Saint-Jacques inclusivement, jusqu'à la rue de Lourfine.

On y compte cinquante-sept rues, trois culs-de-sac, deux Abbayes, deux Eglises Collégiales, quatre Paroisses, trois Chapelles, quatre Séminaires, six Communautés d'hommes, quatre de filles & six Couvens; deux Ecoles de Droit & de Médecine, dix-neuf Collèges, un Hôpital, deux Places, l'Observatoire, &c.

Remarques sur ce Quartier.

Ce Quartier qui est extrêmement peuplé, est principalement celui des Relieurs, Doreurs de livres, Cartonniers, Fabricateurs de papiers dorés, marbrés & en pièces pour les appartemens ; c'est aussi celui des Sciences, des Collèges, des pensions, en faveur de ceux qui suivent l'Université ; des Parcheminiers, des Imprimeurs en lettres & en taille douce, des Libraires, des Géographes, des Graveurs, Marchands d'estampes, Enlumineurs, & enfin des Artistes les plus habiles ; c'est pourquoi on lui a donné le nom de *Pays Latin*. Il y a aussi un grand nombre de Tapissiers & de Frippiers.

QUARTIER DE SAINT-ANDRÉ-DES-ARCS. Il est le *dix-huitième Quartier* de Paris ; ses bornes sont :

À *l'orient*, les rues du Petit-Pont & de Saint-Jacques exclusivement.

Au *nord*, la rivière depuis le petit-Châtelet, jusqu'au coin de la rue Dauphine.

À *l'occident*, la rue Dauphine inclusivement.

Au *midi*, les rues Neuve des Fossés-Saint-Germain-des-Prés, des Francs-Bourgeois, & des Fossés de Saint-Michel ou de Sainte-Hyacinthe exclusivement, jusqu'aux angles des rues Saint-Jacques & de Saint-Thomas.

On y compte quarante-sept rues, trois culs-de-sac, trois Eglises Paroissiales, cinq Communautés d'hommes, treize Collèges, dont douze sans exercice, la Sorbonne, l'Académie Royale de Chirurgie, &c.

Remarques sur ce Quartier.

C'est dans ce Quartier, c'est-à-dire, sur le Pont-Saint-Michel, que se vendent publiquement sur le carreau, les meubles & effets saisis, & par autorité de Justice, moyennant le ministère des Huissiers-Priseurs : c'est aussi le rendez-vous des Députés des Régimens, qui s'y promènent pour former les recrues.

QUARTIER DU LUXEMBOURG. Il est le *dix-neuvième* Quartier de Paris ; ses bornes sont :

A *l'orient*, la rue du Fauxbourg Saint-Jacques exclusivement.

Au *nord*, les rues des Fossés de Saint-Michel ou de Saint-Hyacinthe, des Francs-Bourgeois, & des Fossés de Saint-Germain-des-Prés inclusivement.

A *l'occident*, les rues de Bussy, du Four & de Sévre inclusivement.

Au *midi*, les extrêmités du Fauxbourg inclusivement, depuis la rue de Sévre, jusqu'au Fauxbourg Saint-Jacques.

On y compte cinquante-six rues, quatre culs-de-sac, une Eglise Paroissiale, trois Séminaires & quatre Communautés d'hommes, un Collège, trois Abbayes, six Couvens & six Communautés de filles, deux Hôpitaux, un Palais, cinq carrefours.

Remarques sur ce Quartier.

Ce Quartier étoit autrefois célèbre par le grand nombre des Habitans qui s'occupoient à tricoter des bas ; mais l'usage des bas au métier a fait tomber cette espèce de commerce. Il est très-fréquenté par la liberté de la promenade du jardin du Luxembourg, & à cause de la foire Saint-Germain.

QUARTIER DE SAINT-GERMAIN-DES-PRÉS. Il est le *vingtième* Quartier de Paris ; ses bornes sont :

A *l'orient*, les rues Dauphine, de Bussy, du Four & de Sévre exclusivement.

Au *nord*, la rivière, le Pont-Royal & l'Isle des Cignes.

A *l'occident*, } les extrêmités du Fauxbourg, depuis la
Au *midi*, } rivière, jusqu'à la rue de Sévre.

On y compte cinquante-six rues, deux culs-de-sac, une Abbaye & trois Communautés d'hommes ; une Abbaye, quatre Couvens & deux Communautés de filles, un Collège, trois Séminaires, trois Maisons Hospitalières, un Pont, quatre quais, les Hôtels-Royaux des Invalides & de l'Ecole Militaire, &c.

Remarques sur ce Quartier.

Ce Quartier est celui de la principale Noblesse du Royaume & des étrangers. Il est composé d'une infinité de Palais & de beaux Hôtels. Le Palais du *Prince de Condé* domine tous les autres, & aucun n'en approche pour la magnificence & la belle architecture. L'enclos de l'Abbaye de Saint-Germain est privilégié; il abonde en Artistes & Ouvriers habiles, &c.

QUARTINIERS, Officiers de Ville, qui ont soin chacun dans leur Quartier, que les portes de la Ville se puissent bien fermer, que les abords en soient libres; qu'il ne soit fait sur le rempart aucune ordure qui infecte le voisinage; & ils doivent faire leur rapport au Prévôt des Marchands, sur toutes les choses qui concernent leurs Charges. Ils sont au nombre de seize. Sous Charles VI, les Quartiniers avoient droit d'assembler & de commander la Milice Bourgeoise des Quartiers auxquels ils étoient préposés. Ils avoient sous eux des Cinquanteniers & des Dixainiers. *Recueil des Ordonn. t. 6, page 697. Hist. de la Ville de Paris, tom. 2, p. 987.*

QUEUE. (*la*) Bourg fameux du Doyenné de Lagny, éloigné d'environ quatre lieues de Paris vers l'orient d'hiver, ou approchant, situé sur le bord du grand chemin de Tournan, Fontenay-en-Brie, &c. à main gauche dans un fort petit vallon, où passe un ruisseau venant de Boissy, & sur une pente qui regarde le midi.

La singularité de son nom frappe tous ceux qui l'entendent nommer pour la première fois. M. de Valois dit qu'on l'appelle ainsi, parce qu'il est long & étroit comme la queue d'un chien, ce qui n'est pas exactement vrai; car dans le plan de M. l'Abbé de la Grive, sa figure est plutôt quarrée que longue. L'Abbé Lebeuf pense plus volontiers que son étymologie est celtique ou barbare, & absolument inconnue, quoique, depuis le douzième siècle, où l'on trouve la première époque de la connoissance de ce lieu, il ait toujours été appelé *Cauda* en latin. Il faut observer que la Queue a commencé par un château qui consistoit en une tour ou forteresse, & que ce ne fut qu'après sa construction, dit l'Abbé Lebeuf, qu'il se forma un Village. Ainsi, ajoute-t-il, ce fut la tour qui donna le nom à l'assemblage de maisons qui furent construites auprès : or , il n'est pas impossible que le nom de Queue ait été donné à un fort, soit par rapport à l'arrangement des pierres , ou relativement à celui de la charpente. On sait que le mot de queue a un très-grand nombre de significations, & qu'il y en a de relatives à la construction des édifices. Au reste , cette forteresse est aujourd'hui tellement détruite, qu'on ne peut plus en juger, & ce qui en subsiste à présent, pourroit bien ne pas venir du premier fort qui fut nommé Queue ou la Queue. Il est à peu près dans le même état que ce qui subsiste de la tour de Gallardon vers Chartres, ou de celle de Montepiloir proche Senlis , ou bien celle de Monthléry qui est si connue. Quelques-uns la mettent dans le nombre des tours, dites *Ganes*.

En 1738, on voyoit à la Queue les restes de trois portes : l'une s'appelloit la Porte de Paris ; celle d'après, la Porte de Lagny ; & l'autre, la Porte de Brie. Cela marque assez que ce lieu n'a pas été d'une figure oblongue, mais plutôt triangulaire : les environs ne sont que des terres labourées & des prés.

L'Eglise est sous le titre de Saint Nicolas. Il y a apparence qu'il y avoit eu autrefois une Chapelle dans le château, & que c'est elle qui fut donnée ou confirmée en 1145 aux Moines de Gournay. La collation de la Cure a toujours appartenu *pleno jure* aux Evêques de Paris. Le Curé est gros Décimateur avec le Chapitre de Notre-Dame. Au quinzième siècle, le revenu de cette Cure étoit sur le pied de 20 livres.

Il a existé sur le territoire de la Queue une Léproserie, où les malades de ce lieu & de neuf Paroisses voisines avoient droit d'être admis au quatorzième siècle. On l'appelloit la Léproserie de Champs-Clins, *de Campis-Clinis*, dont il ne reste plus de souvenir que dans un moulin situé à la Queue, sur le ruisseau, & qu'on appelle *le moulin de Chanclin*.

La Seigneurie de la Queue doit foi & hommage à l'Archevêque de Paris. Les Anglois démolirent la tour dont on voit les restes : on en a la preuve dans ce que portent les registres du Parlement, au sujet du Château & du Bourg. Voici ce qu'on y lit : *le 9.e Octobre 1430 , ce jour, après le re-couvrement & démolition de la Ville & forteresse de la Queue en Brie, retourna & entra à Paris le Comte de Suffolc, à* grande compagnie de gens d'armes de la Nation d'Angleterre.

QUIERS ou QUERRE. Cette Paroisse qui est du Doyenné de Champeaux, est éloignée de ce Bourg de trois lieues, & séparée totalement de son territoire. Sa distance de Paris est de treize lieues vers le levant d'hiver ou sud-est : six lieues de Melun, trois de Chaulnes, & à deux lieues & demie de Rosoi, son Election.

Originairement les Chanoines de Champeaux gouvernoient eux-mêmes cette Cure; depuis ils y mirent un Vicaire, & enfin un Curé qui est à la présentation du Chapitre.

L'Eglise est sous l'invocation de Saint-Martin; c'est un grand bâtiment quarré fort nud, sans aile & défiguré à gauche par une grosse tour, bâtie en dedans œuvre pour supporter les cloches. On ne peut juger de quel temps cette Eglise fut construite, sa structure n'étant que de grès & de moëllon.

A une petite distance de cette Eglise, vers le midi, étoit une Chapelle de Saint-Léonard, qui fut réunie en 1594, à la Manse du Chapitre de Champeaux, par Pierre de Gondi, Evêque de Paris, afin que le revenu servît pour les Habitans des Enfans de Chœur. On acquitte douze Messes basses pour le repos du Fondateur.

Ce Village n'a point d'autre Seigneur que le Chapitre de Champeaux. Il comprend trois petits écarts, situés au nord-est aux environs du Village de la Fermette, c'est-à-dire, à la distance de trois quarts de lieue ou environ. L'un s'appelle *la Noue-Saint-Martin*, composé de trois maisons dans la Fermette même; l'autre, *les Loges*; le troisième, & le plus éloigné, est nommé le *Thuisseau* : il est placé entre Quiers & le Village de Courpalais.

En 1444, il y avoit à Quiers une maison qu'on appelloit *le Fort*; ce qui fait croire que ce seroit quelque tour quarrée qui auroit existé en ce lieu, & que du mot latin *Quadrum*, on aura formé *Quaire*, comme celui de *Bellum Quadrum*, signifie *Beaucaire* sur le Rhône.

QUIN, (le) écart de Presles, situé dans la forêt qui sépare ce Bourg d'avec les Paroisses de Cossigny & la Grange-le-Roi. *Voy.* PRESLES.

QUINCY, Annexe ou Succursale, formée dans un Hameau considérable dépendant d'Epinay : il est sur une montagne qui paroît fort élevée, lorsqu'on est au bas sur le bord de la rivière d'Hières: l'exposition du terrein est vers l'orient; néanmoins il n'y a aucun vignoble, le sol ne s'étant pas trouvé propre. On a bâti une Chapelle sur cette éminence, sous le titre de la Croix, où le Prieur d'Epinay, gros Décimateur, envoyoit un Vicaire pour dire la Messe : elle peut avoir deux cents ans ou un peu plus. *Voy.* EPINAY-SOUS-SENART.

Il existe une charte de S. Louis, de 1257, par laquelle il permet de cultiver certaines terres de ce Village, à condition qu'on lui donnera sept septiers d'orge à la fête de Noël, & neuf deniers pour les œufs de Pâques ; après quoi il ajoûte qu'il remet ces redevances annuelles pour le repos de l'ame de son père & de sa mère.

QUINQUEMPOIX. C'est le nom d'un écart de Fontenet-sous-Bries, dans le Doyenné de Château-Fort; nom qui a été transporté jusques dans Paris, à une rue fameuse du Quartier Saint-Josse, parce qu'un Seigneur de Quinquempoix y demeuroit, selon Sauval. On ne sait pas d'où vient ce nom qui lui est commun avec un autre Hameau de la Paroisse de Molières à deux lieues de-là, & avec deux ou trois Villages de France ; l'un de Picardie près Montdidier, l'autre, du Maine ; & un troisième, au Diocèse de Soissons, vers Vely & Braine.

QUINZE-VINGTS. *Voy.* HÔPITAUX, *t. 3, pag.* 227. Les Historiens disent que S. Louis fit bâtir cet Hôpital dans un bois (*in luco*). Saint-Foix dit dans le *t. 2 de ses Essais sur Paris, pag.* 22, en parlant du Louvre, que les *Rois fainéans* y alloient assez souvent ; mais ce n'étoit qu'après leur dîner, pour digérer, en se promenant *en coche* dans *la forêt*, qui couvroit tout ce côté de la rivière : ils revenoient le soir en bateau & en pêchant, souper à Paris, & coucher avec leurs femmes. Une partie de cette forêt subsistoit encore du temps de Saint Louis.

Nous avons dit qu'il est absolument faux que ce fût en faveur de trois cents Chevaliers, à qui les Sarrasins avoient, dit-on, crevé les yeux, que cette Maison avoit été fondée. Cette fable a été réfutée par *Rutebœuf*, Poëte contemporain de S. Louis, dont Fauchet a conservé un fragment qui peint l'Hôpital & les Quinze-Vingts, avec des couleurs qui ne conviennent en aucune façon à des Gentilshommes : voici ces vers tirés des anciens Poëtes François de Fauchet, pag. 578.

>Li Roix à mis en un repaire,
>Mes je ne sais pas porquoi faire.
>Trois cents aveugles tote à rote.
>Parmi Paris en va trois paires,
>Tote ior ne finent de braire.
>As trois cents qui ne voient gote,
>Li uns sache, li autre bote,
>Se se donnent mainte secosse,
>Qu'il n'y a nul qui lor éclaire :
>Si feux y prent, ce n'est pas dote,
>L'ordre sera truflée tote,
>S'aura li Roix plus à refere.

On lit dans Piganiol, que l'on commença à bâtir l'Hôpital des Quinze-Vingts, l'an 1254, & que son bâtiment n'étoit pas encore achevé au mois d'Août de l'an 1260, lorsque le Pape Alexandre IV accorda des Indulgences à tous ceux qui les visiteroient. Urbain IV confirma les Indulgences accordées par son prédécesseur, & Clément IV permit aux Administrateurs de faire la quête par tout le Royaume.

Les pauvres aveugles formoient, avant le règne de S. Louis, une Société ou Congrégation, dont les Membres vivoient en particulier des foibles ressources que leur procuroit la charité des Fidèles : les secours leur manquoient presque totalement, lorsque l'âge & les infirmités ne leur permettoient plus de les aller chercher.

L'an 1269, Saint Louis augmenta la fondation de trente livres parisis de revenu par an, à condition que cette somme seroit employée à faire du potage à ces trois cents pauvres aveugles : *Ad opus potagii trecentorum pauperum cæcorum dedimus & concessimus triginta libras parisienses annui redditûs.*

Ce fut en 1270, que S. Louis déclara qu'il vouloit que son grand Aumônier fût Visiteur de cette Maison, & qu'il nommât à toutes les Places qui viendroient à vaquer.

En 1343, *Pierre des Essarts* avoit auprès des Quinze-Vingts, un grand logis appellé *l'Hôtel des Tuileries*, qu'il donna à ces pauvres aveugles, & dont il y a beaucoup d'apparence qu'ils ont vendu l'emplacement pour bâtir le Château des Tuileries. Le Pape Jean XXII, par sa Bulle du mois de Novembre 1411, exempta l'Hôpital des Quinze-

Vingts, de toute Jurifdiction épifcopale, & le foumit à la correction du Grand-Aumônier du Roi, pourvû qu'il fût *in Sacris*, finon au premier Chapelain du Roi. Cet Hôpital & fon Eglife furent bâtis par *Eudes de Montreul*, Architecte ordinaire de S. Louis. Les anciens bâtimens n'ont rien de remarquable. L'Eglife eft fous l'invocation de S. Remi; il y a un Curé qui adminiftre les Sacremens à tous ceux qui demeurent dans l'enceinte de cet Hôpital.

Voici les principaux articles du Réglement fait par *Geoffroy de Pompadour*, Evêque du Puy, & Grand-Aumônier du Roi, concernant la police, conduite & gouvernement de cet Hôpital. Ce Réglement homologué au Parlement le 6 ou le 7 de Septembre 1522, contient cinquante articles, & on le trouve tout au long dans l'Hiftoire de Paris, par les PP. *Félibien* & *Lobineau*, Moines Bénédictins.

Les Frères & Sœurs des Quinze-Vingts de Paris, auront tous les Dimanches & Fêtes annuelles, & celles de Notre-Dame & des Apôtres, un Prédicateur qui leur prêchera la parole de Dieu, & tous y affifteront, de même qu'à la Grand'Meffe & à Vêpres, s'ils n'ont excufe légitime.

Ils fe confefferont aux bonnes Fêtes, au moins à Noël, le Mercredi des Cendres, à Pâques, à l'Affomption Notre-Dame, à la Touffaint, & communieront aux bonnes Fêtes annuelles & à l'Affomption Notre-Dame, & on les exhorte même à le faire plus fouvent.

Tous les jours à une certaine heure marquée par le Gouverneur & Officiers de la Maifon, un Prêtre, ou quelque autre, leur lira à tous en plein Chapitre, quelque livre françois qui traite de la Paffion de N. S. Il y aura auffi dans la maifon un Prêtre ou quelqu'autre perfonne qui prendra foin d'enfeigner aux petits-enfans, fils & filles aveugles, la doctrine chrétienne, à chanter & pfalmodier dans l'Eglife, & à s'y comporter modeftement.

On tiendra Chapitre tous les Dimanches, ou quelqu'autre jour de la femaine, qui fera indiqué par les Gouverneurs & Officiers: les Frères s'y affembleront au fon de la cloche, & celui des Gouverneurs qui fe trouvera au Chapitre, y préfidera & y recueillera les voix, & en leur abfence, le Miniftre ou le plus ancien des Jurés.

Le Miniftre, les Jurés, les Receveurs, & les Procureurs feront changés ou continués tous les ans au Chapitre général de la S. Jean.

On élira, comme il a été toujours pratiqué, quatre Jurés,

dont le Ministre sera l'un ; & de ces quatre, il y en aura deux qui seront *voyans*, & les deux autres *aveugles*.

Tous les baux, soit à perpétuité, soit à temps, des héritages ou domaines de la Maison, des acensemens, des quêtes & autres revenus d'importance, seront faits en plein Chapitre, signés du Greffier, & scellés du sceau de la Maison, & commenceront tous par ce titre : *les Gouverneurs, commis par le Grand-Aumônier du Roi, Maître, Ministre, Jurés, Frères & Sœurs de l'Hôpital des Quinze-Vingts de Paris.*

On voit par les vers de *Ruteboeuf*, qu'il y avoit, lors de la fondation, trois cents aveugles effectifs dans l'Hôpital des Quinze-Vingts ; mais peu de temps après on fit des Statuts, selon lesquels il ne devoit y avoir que cent quarante Frères *aveugles*, avec soixante Frères *voyans*, pour les conduire & faire les affaires de la Maison, & quatre-vingt-dix-huit femmes tant *aveugles* que *voyantes* ; ce qui, avec le Maître & le Portier, fait le nombre de trois cents : ces trois cents personnes doivent être regnicoles, ou au moins avoir obtenu des Lettres de naturalisation ; c'est le Grand-Aumônier du Roi qui nomme à ces Places lorsqu'elles viennent à vaquer ; par ces aveugles & ces voyans, on voit que c'est une suite des mariages qu'ils contractent ; car il faut que l'un des deux conjoints voie, & l'on n'y souffre point d'alliance entre deux personnes aveugles, ni entre deux personnes voyantes, à moins que le Maître & le Portier ne veuillent se marier, car il leur est permis d'épouser des femmes voyantes.

Ceux ou celles qui ont des Places dans cet Hôpital, & qui veulent se marier dans la Maison, sont obligés d'en demander la permission au Chapitre qui peut la refuser ; mais s'ils veulent se marier à des personnes du dehors, il faut obtenir celle du Grand-Aumônier : ceux qui se marieroient sans ces permissions, seroient renvoyés.

Lorsqu'on reçoit dans la Maison une personne mariée, son mari, ou sa femme y sont aussi reçus en même temps, mais non pas comme Frère ou Sœur, à moins que le Grand-Aumônier ne leur ait aussi accordé une Place.

Quand un des Frères ou des Sœurs vient à mourir, avant que son mari ou sa femme ait été reçu Frère ou Sœur, le Survivant est obligé de sortir de la Maison, avec les enfans, & la moitié des biens du défunt appartient à l'Hôpital : si au contraire les deux conjoints ont été reçus dans la fraternité, & qu'ils aient des enfans, on laisse au Survivant la jouiſſance des meubles & des immeubles : on prend ſeulement les habits, bagues & joyaux du défunt, & on les vend pour en rendre le prix aux enfans, lorſqu'ils ſeront en âge de jouir. S'il n'y a point d'enfant, le Survivant jouit auſſi des meubles & immeubles ; mais s'il ſe remarie, l'Hôpital eſt en droit de prendre la moitié : quant à la ſucceſſion des Frères & des Sœurs qui ne ſont point mariés, & qui n'ont point d'enfans, elle appartient entièrement à l'Hôpital, & ce profit caſuel ſert en partie à acquitter les charges de la Maiſon qui ſont très-conſidérables, car on diſtribue régulièrement aux Frères & aux Sœurs du pain & de l'argent.

Outre ces diſtributions, les plus anciens jouiſſent des maiſons du Cloître qu'ils louent à des Particuliers, ſans être tenus que de les entretenir des menues réparations : les autres vont quêter dans les Egliſes. Louis XIV ne leur permit, par ſon Ordonnance de 1656, que de ſe tenir aux portes des Egliſes; mais il révoqua cet ordre le 2 Mai 1657, & leur permit de quêter dans les Egliſes.

Il y a dans l'Egliſe de cet Hôpital, une Confrairie royale, ſous le titre *de la Sainte Vierge, S. Sébaſtien & S. Roch*, qui fut érigée, dit-on, il y a plus de deux cents ans. En 1720, le Roi s'en déclara le Protecteur & le Chef; &, à ſon exemple, la Reine, les Princes, les Seigneurs, & tout ce qu'il y avoit de plus conſidérable à la Cour & à la Ville, ſe firent inſcrire dans cette Confrairie. Elle eſt compoſée du Roi, Chef & Protecteur, d'un Aumônier, d'un Doyen, pris du Corps & du nombre des Bienfaiteurs qui ont paſſé par les Charges, de quatre Maîtres en Charge ou Marguilliers, d'un Syndic, de deux Maîtres des cérémonies, & d'un nombre indéfini de Confrères de l'un & de l'autre ſexe.

Philippe-le-Bel, par un Réglement fait à Paſſy, au mois de Juillet 1309, ordonna que les Quinze-Vingts fondés par Saint Louis, porteroient une fleur-de-lys ſur leur habit, pour les diſtinguer des autres Congrégations d'Aveugles fondées avant eux.

R A I

RAINCY, originairement de la Paroiſſe de Villemomble, & aujourd'hui de celle de Livry. Il y avoit autrefois dans ce lieu un Prieuré de Bénédictins, à la place duquel on a bâti un beau château dans le dernier ſiècle. On aſſure que sa construction a coûté à *Jacques Bordier*, Conseiller & Secrétaire du Roi, quatre millions cinq cent mille livres. *Voy.* LIVRY, *t. 3 p. 412.*

RAINEMOULIN, ainsi nommé d'un moulin qui étoit sur le ruisseau qui vient de Grignon & de Villepreux ; & ce moulin étoit appellé *Ranæ molendinum*. Ce petit endroit qui est dans un terrain bas, n'est éloigné de Villepreux que d'une demi-lieue, dont il a dû être un Hameau, dans le temps que cette Paroisse étoit de grande étendue. *Voy.* VILLEPREUX.

L'Eglise n'étoit d'abord qu'une simple Chapelle, du titre de S. Nicolas, desservie par un Religieux Trinitaire. La Cure est à la nomination de l'Abbé d'Hermières. En 1739, elle étoit desservie par un Chanoine Prémontré.

Les principaux biens de cette Paroisse consistent en labourages : on y voit fort peu de vignes. Le Roi en est Seigneur, parce qu'elle est totalement renfermée dans le parc de Versailles.

Il n'y avoit primitivement qu'une Chapelle dans ce lieu, sous le titre de S. Nicolas, & desservie par un Religieux Trinitaire, laquelle ne passoit que pour une espèce de Prieuré ; mais qui ne l'a jamais été, parce qu'il n'y avoit point de Communauté : en effet, l'Eglise d'aujourd'hui paroît n'être que l'aile méridionale d'une autre Eglise plus grande, ce qui favoriseroit l'opinion de ceux qui y placeroient un Prieuré, de même que des restes de piliers du principal corps de cette Eglise, que l'on voit à la partie septentrionale. La petite Eglise qui subsiste est très-propre, & les principaux endroits du Chœur sont parquetés ; en un mot, elle se ressent du voisinage de Versailles, qui n'en est qu'à une lieue & demie.

Le Roi est Seigneur de cette Paroisse, qui est totalement renfermée dans le parc de Versailles.

RAMBOUILLET (le Château de) *Rambelitum*, *Ramboletum*, *Rambolietum*, *Rambolettum*, *Rambuletum*, situé dans le Hurepoix, est un Château superbe qui appartient à S. A. S. Monseigneur *le Duc de Penthièvre*, Amiral de France. Avant de faire la description de cette magnifique maison, on croit devoir dire deux mots du Village, qui n'a qu'une rue, une Eglise & un beau marché. Le chenil & la maison du Bailli, sont des bâtimens que S. A. S. feu M. le Comte de Toulouse a fait élever.

L'Eglife eft affez grande, mais n'a rien qui la diftingue d'une Eglife de Village. Quelques Seigneurs de la maifon *d'Angennes* y ont été inhumés; mais les changemens qui y font arrivés, font qu'on ne connoît plus l'endroit où leurs corps ont été mis. Il n'y en a qu'un feul, dont on voit le tombeau qui eft de pierre, & fur lequel eft un homme à genoux & armé, ayant fes gantelets par terre devant lui; ce qui fignifie qu'il mourut de mort naturelle, & point en guerre: derrière cette ftatue & à la file, eft celle de fa femme auffi à genoux. Un écu parti de leurs armes eft à côté d'eux, & fculpté fur le mur : il eft décoré des colliers des Ordres de S. Michel & du S. Efprit, & les armes des *d'Angennes* y font très-reconnoiffables; mais on ne connoît rien à celles de fa femme, & on ne trouve même rien dans les regiftres de cette Eglife, qui faffe connoître nommément ce Seigneur & cette Dame : il y a toute apparence que c'eft la repréfentation de *Nicolas d'Angennes*, Seigneur de Rambouillet, de la Villeneuve & de la Mouronnière, Vidame du Mans, Gouverneur de Metz & Pays Meffin, Confeiller d'Etat, Lieutenant-Général des armées des Rois Charles IX & Henri III, & Capitaine des Gardes de ce dernier, Chevalier de l'Ordre du St. Efprit, &c. Il vivoit encore le 5 Février 1611, âgé de quatre-vingt-un ans; il avoit époufé *Julienne*, Dame d'Arquenay, de Champfleury, de Bignon & de Maifoncelle, fille unique & héritière de *Claude*, Seigneur d'Arquenay, Vidame du Mans, & de *Madeleine de Bourgneuf de Cucé*.

S. A. S. Monfeigneur *Louis-Alexandre de Bourbon*, Comte de Touloufe, ayant, par fon teftament daté des 5 & 11 Mars 1735, élu fa fépulture dans l'Eglife de la Paroiffe de Rambouillet, & défendu abfolument, par fon codicille du 8 Novembre 1737, qu'on fît aucune cérémonie à fon enterrement, que comme pour le plus fimple Particulier de Rambouillet; ce Prince étant mort à cinq heures & demie du foir du premier Décembre 1737, fes modeftes & pieufes intentions furent fuivies, & il fut inhumé le 4 du même mois, dans un caveau fait exprès dans la Chapelle de la Vierge de cette Eglife. Ce Prince, les délices & l'admiration de fon fiècle, finit une vie glorieufe, par une mort également chrétienne & édifiante.

La Cure de Rambouillet ne valoit qu'environ 1000 ou 1200 livres; mais S. A. S. feu Monfeigneur le Comte de Touloufe, ayant légué à cette Eglife la fomme de 1000 liv. à prendre par chacun an fur les revenus de la Terre de

Rambouillet, cette Cure vaut aujourd'hui plus de 2000 liv. & est une des plus riches du Diocèse de Chartres.

Sur une table de marbre qui couvre l'entrée par laquelle on descend au caveau où le corps du Prince a été inhumé, on a mis l'inscription qui suit :

CI GIST

Très-haut, très-puissant & très-excellent Prince, Louis-Alexandre de Bourbon, *Prince légitimé de France, Duc de Penthièvre, de Châteauvillain & de Rambouillet, Marquis d'Albert, Commandeur des Ordres du Roi, Lieutenant-Général de ses Armées, Chevalier de la Toison d'or, Gouverneur & Lieutenant-Général pour Sa Majesté dans sa Province de Bretagne, Pair, Amiral & Grand-Veneur de France, décédé en son Château de Rambouillet, le premier Décembre 1737, âgé de cinquante-neuf ans six mois & vingt-quatre jours.*

Priez Dieu pour lui.

La situation du Château est assez triste : il est dans un fond, au milieu des eaux & des bois : on y arrive par une fort longue avenue qui est en face du Château : à gauche, règne un bâtiment neuf de cent vingt toises de long, & qui est décoré de trois avant-corps. C'est dans ce bâtiment que sont la Capitainerie, les cuisines, les offices & les écuries. Au-dessus, il y a cinquante-quatre appartemens de Maîtres, tous également bien meublés & commodes.

La principale des écuries est pour cent deux chevaux, & est ornée de deux cent quatre têtes de cerfs, sculptées avec soin, & colorées par *Des Portes*: les bois sont naturels.

Le Château est un bâtiment à l'antique, tout de brique, & flanqué de cinq grosses tours; la cour en est petite, & fermée, du côté de l'avenue, par une très-belle grille de fer. L'appartement du Roi est grand, commode & magnifiquement meublé. La première pièce dont il est composé, est une grande salle de cinquante pieds de long, sur environ trente de large. Cette pièce est toute lambrissée & ornée des portraits de Louis XIV, de Monseigneur le Dauphin son fils, de M. le Dauphin son petit-fils, de Madame la Dauphine morte en 1712, du Roi Louis XV, du Roi d'Espagne & de la feue Reine d'Espagne. Une grande carte du Duché de Rambouillet, peinte sur toile, & ornée d'une belle bordure, occupe une espace de vingt-sept pieds de long, sur 12 de large : c'est un morceau magnifique dans son genre, & qui a coûté 30000 livres.

Les autres appartemens, au nombre de vingt-deux, sont tous différemment meublés, & ne se ressemblent que par la propreté & la richesse des meubles. Les appartemens sont au rez-de-chaussée du jardin, & tous aussi bien éclairés que ceux d'en haut. Il y a une grande salle à manger, qui est toute revêtue de marbre, & qui seroit une pièce parfaite si elle n'étoit un peu basse.

En face du Château, du côté des jardins, est une grande pièce d'eau de cent quatre-vingt toises de long, qui, en cet endroit, communique avec un beau canal qui règne tout le long du jardin, &, qui, sans compter le retour qu'il a du côté de la futaie, & du côté de l'abreuvoir, a environ trois cent quatre-vingt toises de long, sur vingt de large. Le jardin est fort grand, & est, pour ainsi dire, partagé en deux par le Château. D'un côté, est un spacieux quinconce de tilleuls ; & de l'autre, sont plusieurs compartimens de gazon & de fleurs, parmi lesquels il y a une grande & belle pièce d'eau. Le jardin de ce même côté est bordé par deux longues allées de tilleuls. C'est feu Monseigneur le Comte de Toulouse qui fit faire la magnifique pièce d'eau qui est entre ce jardin & le grand chemin de Chartres : elle a neuf cent toises de long, sur quarante-cinq de large. Le parc contient deux mille quatre cents arpens, en y comprenant les agrandissemens que ce Prince y fit faire en 1712 & 1713. La forêt, ou les bois qui appartiennent à S. A. S. consistent en trente mille arpens, ou environ, dans lesquels on a tracé plus de trois cents lieues de route pour le plaisir de la chasse.

Le Marquisat de Rambouillet passa de la maison *d'Angennes* dans celle de *Sainte-Maur-Montausier*, & de celle-ci, dans celle d'*Usés* ; cette Terre fut ensuite vendue à M. *d'Armenonville* qui la vendit à S. A. S. Monseigneur le Comte de Toulouse. Jusqu'alors ce n'étoit qu'une Terre d'environ 10000 livres de rente ; mais son nouveau Maître fit depuis de si grandes acquisitions, qu'elle est aujourd'hui une des plus grandes qu'il y ait : elle a rapporté en 1620, 1621 & 1622, jusqu'à 400000 livres ; mais, année commune, elle vaut environ 200000 livres par an ; elle n'est devenue si considérable que par les Terres & les Seigneuries qui y ont été unies en différens temps.

Le Château & la Seigneurie de Montorgueil en dépendoient anciennement ; & depuis que Monseigneur le Comte de Toulouse fut devenu Propriétaire de Rambouillet, S. A. S.

joignit la forêt de Montfort, la Seigneurie & Terre de Gaseran, celle du Fargis & du Mesnil, & plusieurs autres.

Le Prieur de Saint-Thomas d'Epernon doit rendre tous les ans foi & hommage au Seigneur de Montorgueil, avec des circonstances si particulières, qu'elles méritent d'être placées ici. Ce Prieur est obligé de se trouver en personne, ou par Procureur, tous les ans le lendemain de Pâques, en la place où étoit le Château de Montorgueil; il doit être botté & éperonné, avoir une épée au côté, une nappe blanche en écharpe, croisée d'une autre écharpe de pervenche, avoir une couronne aussi de pervenche sur sa tête nue, & des gants blancs neufs en ses mains : ainsi équipé, il monte sur un cheval qui doit avoir les quatre pieds & le chanfrein blancs, & doit être sellé d'une selle à piquer, à l'arçon de laquelle doit être attachée une bouteille ronde de verre, couverte d'ozier & remplie de vin : ledit Prieur ou son Procureur doit tenir devant lui un grand gâteau, fait de la fleur d'un minot de bled, & orné de pervenche. Ce Cavalier étant en cet équipage, doit se présenter en la place où étoit la principale porte ou entrée dudit Château de Montorgueil, & demander par trois fois, à haute & intelligible voix : *Monseigneur de Montorgueil, êtes-vous ici, ou gens pour vous ?* Après qu'on lui a répondu que ledit Seigneur n'y est pas, mais que ses Officiers y sont pour lui, le Prieur de Saint-Thomas d'Epernon, ou son Procureur audit nom, dit hautement & intelligiblement, *qu'il vient rendre les foi & hommage, & offrir audit Seigneur, les gâteau, bouteille de vin & gants, ainsi armé, pour devoirs qu'il doit audit Seigneur de Montorgueil, à pareil jour ; & en requiert acte.* Le Procureur-Fiscal du Seigneur de Montorgueil proteste que cette prestation de foi & hommage, ni l'acte qu'on va en délivrer, ne pourront nuire, ni préjudicier aud. Seigneur de Montorgueil, pour n'être faite dans les formes, & telle que ledit Prieur doit la faire, pourquoi il entend & prétend la débattre en temps & lieu. Malgré cette protestation, le Bailli du Seigneur de Montorgueil donne acte audit Prieur, ou à son Procureur, de la foi & hommage, &c. pour lui servir & valoir en temps & lieu, & que de raison, & reçoit le gâteau, la bouteille de vin & les gants, sans préjudicier à la protestation dudit Procureur-Fiscal, du Seigneur de Montorgueil. Outre ces formalités, le Prieur de Saint Thomas d'Epernon, ou celui qui le représente, amène d'Epernon un Sellier & un Maréchal, pour visiter ensemble l'équipage & le cheval sur lequel il doit rendre

Tom. IV. O

l'hommage. Les Officiers du Seigneur de Montorgueil amenent aussi de leur côté un Sellier & un Maréchal pour faire aussi leur visite; car s'il manquoit le moindre clou aux fers dudit cheval, ou le moindre ardillon dans son harnois ou équipage, le cheval seroit confisqué, & l'année du revenu des dîmes données à la charge de ladite foi & dudit hommage, reviendroit au Seigneur, de même que le muid de bled dont on a fait le gâteau, & ce muid est pour lors évalué à 60 livres.

Ces cérémonies étant finies, le gâteau est porté chez le Procureur-Fiscal qui le distribue aux Officiers de la Justice de Montorgueil; la bouteille de vin est donnée à qui l'on veut, & l'Huissier prend les gants blancs des mains de celui qui a rendu les foi & hommage, & les garde du consentement de ses Officiers supérieurs.

Rambouillet a été érigé en Duché-Pairie l'an 1711. Les Historiens nous apprennent que François I. mourut dans ce Château, & que son cœur fut porté dans l'Eglise des Religieuses de Haute-Bruyère, où il est sous un pilier de marbre.

Après l'an 1537, François I mourut à Rambouillet, & Travers y perdit son bonnet; c'est un quolibet, dit Brantome, qui lors trotta. « Le même Historien ajoute, » que Travers étoit une fille de la Reine, l'une des belles, » gentilles & galantes de la Cour, depuis mariée à M. de » Grammont, & sœur à feu M. le Vidame, s'appellant Hé- » lène de Clermont : ce jour-là allant au Château, elle étoit » vétue à l'espagnole & accommodée d'un bonnet ; ainsi » qu'elle passoit sur le pont, le vent le lui emporta de sa » tête dans le fossé, où il se perdit, dont jamais plus n'en » ouit-on nouvelles, d'autant, disoit-on, qu'il y avoit une » fort belle & riche enseigne.

La forêt & le château de Saint-Leger sont de la dépendance du Duché & de la Terre de Rambouillet, depuis que S. A. S. Monseigneur le Comte de Toulouse a acquis la forêt de Montfort, que le Roi Louis XIV avoit donnée au Duc de Chevreuse, en échange du Duché & de la petite Ville de ce nom, l'an 1692.

De Rambouillet dépend aussi Poigny, vieux château, flanqué de quatre pavillons, qui vient aussi de la maison d'Angennes, & que feu Monseigneur le Comte de Toulouse acheta pour les commodités de la chasse.

RAMBOUILLET, grand terrein connu dès 1676, qu'un

particulier de ce nom avoit acheté, & qu'on nommoit *le jardin de Reuilly*, & quelquefois les *quatre pavillons*; il y fit élever une belle maison, & planter un vaste & magnifique jardin que l'on venoit voir par curiosité. En 1720, un nouvel acquéreur qui préféroit l'utile à l'agréable, changea les bocages en vergers, & les parterres en marais potagers, n'y laissant subsister que le logement du Jardinier. La maison de Rambouillet a donné son nom à la rue voisine.

RAMONAGE PUBLIC. Le Roi, par un Arrêt du Conseil d'Etat, du 2 Février 1777, permet au Sieur *Joseph Villemin*, & à ses ayans cause, d'entretenir à leurs frais, dans la Ville & Fauxbourgs de Paris, le nombre de Ramoneurs que bon leur semblera, de les distribuer dans différens dépôts & quartiers, pour le service de ceux des Habitans de ladite Ville & Fauxbourgs, qui jugeront à propos de les employer au ramonage & entretien des cheminées de leurs maisons, suivant les prix qui seront convenus de gré à gré entr'eux, & le Sieur Villemin ou ses ayans cause, suivant leurs offres, d'envoyer aux incendies les Ramoneurs du dépôt le plus prochain du lieu qui exigera des secours, & ce sans aucun salaire ni rétribution: ordonne S. M. que les Ordonnances de Police, concernant le ramonage des cheminées, & notamment celles des 12 Janvier 1729, & 10 Février 1735, seront exécutées selon leur forme & teneur: enjoint au Sieur Lieutenant-Général de Police, &c. de tenir la main à l'exécution du présent Arrêt, & de faire les Réglemens de Police, qu'il croira nécessaires, pour donner à cet établissement la consistance dont il peut être susceptible pour l'utilité publique.

Les premiers succès de cet établissement ont annoncé que le Public en étoit content; aussi n'a-t-on rien négligé pour mériter sa confiance, & pour lui procurer au moins tous les avantages que plusieurs grandes Villes du Royaume retirent des établissemens du même genre: on est toujours en état, par l'ordre qui est établi, de rendre raison des moindres circonstances. Les personnes qui auroient sujet de se plaindre, doivent en donner avis au Bureau général, afin que l'on puisse y remédier.

En conséquence, le nombre des dépôts des Ramoneurs a été porté à vingt, qui sont placés à la commodité du Public, autant qu'il a été possible, & les Ramoneurs ne sont reçus qu'après avoir été éprouvés: on les trouve à toute heure dans les dépôts; & lorsque l'on aura fait avertir le soir pour le lendemain, on est servi à l'heure indiquée.

Les Ramoneurs sont habillés uniformément, & chacun porte son numéro en évidence, afin que l'on puisse le reconnoître.

DÉPOTS.

QUARTIERS.	RUES.
Fauxbourg Saint-Germain...	DE SEINE. DE BOURGOGNE. DU PETIT-BACQ.
Fauxbourg Saint-Jacques...	SAINT-HYACINTE.
Fauxbourg Saint-Marceau...	MOUFFETARD.
Place Maubert & S. André-des-Arcs...	TRAVERSINE. ZACHARIE.
La Cité...	
Isle Saint-Louis...	DE LA LICORNE.
Saint-Paul...	SAINT-LOUIS.
Fauxbourg Saint-Antoine...	SAINT-ANASTASE. SAINT-ANTOINE.
Marais...	BLANCS-MANTEAUX. BEAUJOLOIS.
Saint-Denis...	BASFOUR.
Les Halles & Saint-Eustache.	DE LA GRANDE FRIPERIE. SOLY.
Palais-Royal...	FROMENTEAU. SAINT-ROCH.
Fauxbourg Saint-Honoré...	DURAS.
Montmartre.	GRANGE-BATELIERE.

PRIX DU RAMONAGE.

Six sols pour chaque cheminée du rez-de-chaussée, de l'entresol & du premier étage.

Cinq sols pour celles du second & du troisième.

Quatre sols pour celles du quatrième & au-dessus.

Quinze sols pour les cheminées ordinaires des fours, forges & grandes cuisines.

Le placement & le nettoiement des poëles & des cheminées à la prussienne, le travail des Fumistes, les réparations des crevasses, & autres défectuosités, se paient à l'amiable.

Le Public peut s'abonner pour tous ces objets. L'on se

sert pour ce travail des Ouvriers les plus propres & les plus expérimentés pour chaque espèce d'ouvrage.

L'on peut adresser toutes ses demandes aux dépôts, ou *au Bureau général, rue de Seine*, par la petite poste, sans en affranchir le port, en observant de ne pas cacheter ses billets.

RAPÉE. (*la*) *Voy.* PORT AU PLATRE.

RAPÉE. (*Fief de la*) C'étoit un four désigné sous ce nom dans tous les titres des Religieux de Saint-Martin-des-Champs; il étoit aux halles dans le marché aux Poirées, *in vico, qui dicitur Judæorum*, laquelle rue des Juifs paroît être remplacée par la grande rue de la Fripperie, qui aboutit à la rue du petit-Saint-Martin. Ce four avoit été bâti en même temps qu'une maison, par *Adelende Genta*; & en 1223, A. Evêque de Thérouenne (*Morinensis*) donna ce four aux Religieux de Saint-Martin, envers lesquels il étoit déjà chargé de vingt sols de cens.

RAQUETTE. (*les Filles de la*) Elles dirigent un Hôpital pour des femmes malades, de la même manière que les Hospitalières de la Place Royale dont nous avons parlé, *t. 3, p. 231,* au mot HOSPITALIÈRES *de la Roquette*.

RÉCOLLETS, (*le Couvent des Religieux*) rue du Faux-bourg Saint-Martin, vis-à-vis l'Eglise de Saint-Laurent; c'est la troisième réforme que le desir de renouveller l'austérité primitive de la Régle de Saint François a fait naître dans son Ordre. La première fut celle des Capucins, introduite par Matthieu *Bachi*, puis celle des Religieux du Tiers-Ordre ou Picpus, & enfin celle des Récollets. Ceux ci, non plus que les Religieux du Tiers-Ordre, n'ont point de Général particulier comme les Capucins; ils reconnoissent pour leur Général celui des Cordeliers. Cette Réforme commença en Espagne, ou *Jean Guadalaps*, Cordelier de l'étroite Observance, en fut l'Auteur l'an 1496. Elle eut quelque commencement en France l'an 1582, sous le Généralat de *François de Gonzague*, qui fit des statuts pour ceux d'entre les Cordeliers qui voudroient se réformer; mais les guerres qui agitoient pour lors le Royaume, en empêchèrent l'établissement jusqu'en l'an 1596, que *Bonaventure de Calathagirone*, Ministre-Général des Cordeliers de l'Observance, fit donner des Couvens aux Récollets pour y établir leur Réforme. Ce fut vers l'an 1600, qu'il vint des Récollets des Couvens de Montargis & de Nevers, pour tâcher de s'établir à Paris. *Jacques Cottard*, Marchand Tapissier, & *Anne Gosselin* sa femme, leur ayant donné le 14 Décembre de l'an 1603, une grande maison, cour & jardin qu'ils avoient au Fauxbourg Saint-Martin; ils s'y établirent, & obtinrent des Lettres-patentes du Roi Henri-le-Grand, du 6 de Janvier de l'an 1604. Ils y firent bâtir ensuite une petite Chapelle, laquelle fut consacrée par *Léonor d'Estrappes*, Archevêque d'Auch, le 19 Décembre de l'an 1605.

Dans la même année, Henri IV leur donna une grande pièce de terre qui étoit contiguë à leur jardin, & le 26 Août de l'année suivante; il leur donna une ligne & demie de l'eau de la fontaine de la Ville qui passe devant leur Couvent. Leur Chapelle se trouvant trop petite, ils en bâtirent une plus grande, à laquelle *Marie de Médicis* posa la première pierre, & se déclara la Fondatrice de cette Maison. Cette Eglise qui est la même qu'on voit aujourd'hui, fut dédiée sous le titre de l'Annonciation de la Sainte Vierge, par le même *Léonor d'Estrappes*, le 30 Août 1614. On y remarque plusieurs tableaux qui ont été peints par le *Frère Luc*, Compositeur & Dessinateur assez bon, mais mauvais Coloriste. Ce Religieux encore plus estimé par sa vertu, que par son habileté dans la peinture, se fit Récollet en 1644, à l'âge de vingt-neuf ans : il mourut le 17 de Mai de l'an 1685.

Dans la cave qui est sous le maître-Autel de cette Eglise, ont été inhumés *Guichard Faure*, Baron de Thify, &c. & *Madeleine Brulart* sa femme. Du côté de l'Evangile, est leur épitaphe conçue en ces termes :

Ci gissent les corps des Fondateurs de ce Couvent & Bienfaiteurs de l'Ordre, Messire Guichard Favre, *Baron de Thify, Seigneur de Dormant, Berlise & Champ-sur-Marne, Chevalier de l'Ordre du Roi, Conseiller en son Conseil d'Etat, & son Maître d'Hôtel ordinaire, lequel, pour ses vertus & mérites, a été employé par les Rois Charles* IX, *Henri* III *& Henri-le-Grand en diverses Ambassades, tant vers les Princes d'Allemagne que d'Italie, & est décédé en l'âge de quatre-vingt-deux ans, le 20 Mars 1623.*

Et Dame Madeleine Brulart *son épouse, sœur de feu Messire* Nicolas Brulart, *Marquis de Sillery, Chevalier, Chancelier de France, laquelle, pour sa piété envers Dieu, ses bienfaits envers les Pauvres & les Maisons Religieuses qu'elle* a fondées, s'est rendue à jamais mémorable, & est décédée en l'âge de cinquante-neuf ans, le 27 Avril 1635 : Priez Dieu pour leurs ames.

Dans cette même cave, ont été aussi inhumés *Noël de Bullion*, & plusieurs personnes de sa famille, qui ont fait de grands biens aux Pères Récollets, dans le temps de leur établissement en cet endroit. *Noël de Bullion* étoit Seigneur de *Bonelles*, Marquis de *Gallardon*, Président à mortier au Parlement de Paris, en survivance de son père, & puis Greffier des ordres du Roi, mort le 3 Août 1670 : ils sont sans épitaphe.

Françoise de Créqui, femme de *Maximilien de Béthune*, Duc de Sully, grand-Maître de l'Artillerie de France, morte le 23 Juillet 1657, fut inhumée dans la Chapelle de la Vierge, où l'on a vu pendant long-temps ses armes sur les vitres des croisées. *Louise de Béthune* sa fille, morte sans alliance le 11 Février 1679, a été inhumée dans cette même Chapelle auprès de sa mère.

Dans cette même Chapelle fut aussi inhumé le corps de *François Cominge*, Seigneur de *Guitaut*, Capitaine des Gardes du Corps de la Reine Mère Anne d'Autriche, Gouverneur de la Ville & Château de Saumur, mort le 12 Mars 1663, âgé de quatre-vingt-trois ans.

Gaston, Duc *de Roquelaure*, Marquis de la Verdeux, de Biran, Seigneur de Puiguilhem, Comte de Gaure, de Pontgibaud, Chevalier des ordres du Roi, Lieutenant-Général des Armées de Sa Majesté, Gouverneur de Guyenne, & Duc & Pair de France, avoit ordonné par son testament, qu'on inhumât son corps dans l'Eglise des Récollets de Bordeaux; mais étant depuis tombé malade à Paris, il ordonna qu'on l'inhumât dans l'Eglise des Récollets de cette Ville, à cause de l'affection qu'il avoit toujours pour leur Réforme : il mourut le 13 Mai 1683, & fut enterré au milieu de la Chapelle de Saint-Antoine, où il n'y a ni tombe, ni épitaphe.

Marguerite Gallard, femme de feu M. *le Feron*, Président de la première Chambre des Enquêtes du Parlement de Paris, ayant fait bâtir en 1675 & 1676, la Chapelle de Sainte Marguerite dans cette Eglise, elle y fut inhumée l'an 1702.

Marie-Louise de Laval, épouse d'*Antoine Gaston Jean-Baptiste de Roquelaure*, morte le 12 Mars 1735 dans la soixante & dix-huitième année de son âge, a été inhumée dans cette Eglise, ainsi que le Maréchal son époux, de la mort duquel on va parler.

Antoine Gaston Jean-Baptiste de Roquelaure, Marquis de

Biran, Duc & Maréchal de France, mort à Paris le 6 de Mai 1738 dans la quatre-vingt-deuxième année de son âge. Il étoit aussi Chevalier des Ordres du Roi, & Gouverneur de Lectoure, & Doyen des Maréchaux de France.

Le cloître, le dortoir & les autres lieux réguliers eurent le même sort que la Chapelle. Ils furent d'abord fort petits, & légèrement bâtis ; mais ils furent rendus dans la suite plus spacieux & plus solides par les libéralités de M. *de Bullion*, Surintendant des Finances ; de M. *Seguier*, Chancelier de France, & de quelques autres charitables personnes.

La bibliothèque de cette Maison fait honneur à la Providence ; car quoique ces Religieux soient très-pauvres, elle est nombreuse, & composée de fort bons livres, rassemblés par les soins du Père *Jean Damascene le Bret*, & du Père *Fortuné Lantier*, son successeur dans l'emploi de Bibliothécaire. Il y a peu de bibliothèque dans le Royaume, dont la situation puisse être comparée à celle-ci, par la richesse & l'étendue des points de vue que l'on y apperçoit.

Cette Maison a produit deux Prédicateurs qui se sont fort distingués par leur éloquence, & ont rempli les meilleures chaires de Paris. Le premier se nommoit *Olivier Juvernay*, & l'autre *Candide Chalippe*.

RÉCOLLETTES. *Voy.* FILLES *de l'Immaculée Conception*, tom. 3, pag. 22. Cet Ordre fut fondé à Tolède en 1484, par *Béatrix de Silva*, & approuvé en 1489 par le S. Siège. En 1501, Alexandre VI mit ces Religieuses sous la direction des Frères Mineurs, & leur donna la règle de Sainte Clair ; ce fut alors qu'elles prirent le nom de *Récollettes*, sous lequel elles ont été introduites en France, & s'établirent rue du Bacq en 1637, & non le 11 Août 1640, comme nous l'avons avancé par erreur, *tom.* 3, *pag.* 23. L'Hospice des Récollets qui dirigeoient ces Religieuses, étoit construit dans la rue de la Planche. La première pierre de ce Couvent fut posée le 13 Juillet 1693, par Madame *de Ligny*, & par Mlles. *de Furstemberg* ses petites-filles. La cérémonie de la bénédiction fut faite le 5 Décembre 1694 : & c'est vraisemblablement encore une erreur de dire qu'elle ne fut achevée qu'en 1703.

RECOMMANDARESSES. (*Bureau des*) L'établissement des quatre Recommandaresses, est un des plus anciens de la Monarchie. Il a été créé en faveur des quatre filles de la Nourrice de Jean-le-Bon, Roi de France, né de Philippe de

Valois VI, lequel a commencé à règner l'an 1350, âgé de vingt-huit ans. Cette création est de l'an 1330, à l'effet de recevoir les Nourrices qui viennent des Provinces circonvoisines de Paris, pour avoir des Nourrissons. Les pères & mères vont choisir celles qui leur conviennent, pour alaiter leurs enfans, moyennant 1 livre 11 sols pour chaque Nourrice qu'ils prennent. Cet établissement est un des plus importans à l'Etat, puisqu'il ne tend qu'à la conservation de ses Sujets. Le Roi, par sa Déclaration du 25 Janvier 1715, a pourvu à une partie si importante de la Police; & comme il s'étoit glissé des abus, Sa Majesté a réformé les anciens usages qui, sans autre titre que la possession, avoient attribué au Lieutenant-Criminel du Châtelet, la connoissance de ce qui concerne les fonctions de ces Recommandaresses, & les a réunies à la Police, à qui appartient véritablement cette partie. Le Roi, toujours attentif à la conservation de ses Sujets, a rendu une seconde Déclaration, en date du premier Mars 1727, concernant les Recommandaresses, les Meneurs & Meneuses & les Nourrices, par laquelle sa bonté paternelle se manifeste de plus en plus. M. *de Sartine*, Lieutenant-Général de Police, ne cherchant qu'à seconder les intentions de notre Monarque, en donnant tous les jours de nouvelles marques de son attachement pour le bien de l'Etat & celui des Citoyens, a rendu une Ordonnance de Police le 17 Décembre 1762, conforme aux Edits du Roi sus mentionnés, & afin que ces Edits soient exécutés sans aucunes réserves, l'article X de l'Ordonnance de Police commet le Sieur *Framboisier*, Inspecteur de Police, pour veiller attentivement à l'exécution desdites Déclarations & Ordonnances. Cette partie est très-étendue, puisqu'il sort, année commune, treize mille enfans répartis dans les Provinces, Villages, Bourgs & Hameaux, à quarante-cinq, à cinquante lieues à la ronde de Paris; lesquelles treize mille nourrices sont annoncées par deux cent cinquante Meneurs ou Meneuses, reçus à la Police, & au Bureau du Sieur Framboisier. Il y a aussi deux Commissaires de Police, l'un, pour le paraphe des regîtres des Meneurs, l'autre pour juger des contéstations entre les Nourrices, pères, mères, Meneurs & Meneuses. *Voz.* BUREAU DES NOURRICES.

RECTEUR de *l'Université. Voy.* ARTS. (*Faculté des*)

PROCESSION *du Recteur :* UNIVERSITÉ. On élit le Recteur de trois mois en trois mois; souvent on le continue même pendant deux ou trois ans : sa puissance est si grande sur les quatre Facultés, qu'il peut faire cesser tous les actes publics, & empêcher de donner des leçons ; & même le jour de sa procession, il a ce privilège, qu'aucun Prédicateur ne peut monter en chaire.

REDON *ou* RODON. Hameau de la Paroisse du Mesnil-Saint-Denis, vers le nord-est, sur le chemin qui conduit à Port-Royal. Quelques anciens titres nous apprennent que les sources qui passent vers les restes de la même Abbaye, avoient ce nom, comme étant apparemment émanées des terres de ce Hameau ; elles redonnent ensuite le même nom plus bas à un autre lieu, auprès duquel elle passe, & qui est entre la Chapelle-Milon & Saint-Remi.

RÉDUCTION DE PARIS. Tous les ans le 22 de Mars, on fait une procession solemnelle, à laquelle le Parlement & tous les Corps & les Ordres de la Ville sont obligés d'assister en mémoire de ce que Paris & tout le Royaume, à son imitation, reconnurent Henri IV * pour Roi. *Voy.* PROCESSION.

REFUGE. (*le*) *Voy.* PÉLAGIE. (*Sainte*)

RELIEF remarquable. (*bas-*) *Voy.* COLLEGE DE DAINVILLE, *tom.* 2, *pag.* 455.

RELIEURS. Ce sont ceux qui reçoivent les Livres en feuilles, pour les couvrir, les enjoliver, &c. Cette Communauté n'a des Statuts que depuis 1689, qu'ils ont été désunis du Corps de la Librairie. Par l'Edit de 1776, ils ont été réunis aux Papetiers-Colleurs, & ont droit de faire le commerce de tout ce qui sert à l'ecriture & au dessin, en concurrence avec le Mercier : & la peinture & le vernis des papiers, en concurrence avec le Peintre.

Il leur est défendu, sous les peines portées par les Ordonnances, de relier aucuns livres défendus, contrefaits, ou Libelles diffamatoires, composés contre la Religion, l'Etat, ou les bonnes mœurs, &c.

L'apprentissage est de cinq ans, & trois ans de Compa-

---

* Le même jour 1594, ce Prince fit son entrée à Paris.

gnonage. Droit de réception deux cens livres. Patron, Saint Jean Porte-Latine. Bureau, rue des sept Voyes, vis-à-vis le Collége de Montaigu.

REMISE. (*Caroſſes de*) Les Fiacres & Caroſſes de Remiſes peuvent aller à quatre ou cinq lieues aux environs de Paris, pourvû qu'ils ne s'arrêtent point où il y a des Bureaux de Voitures, & peuvent aller juſqu'à l'entrée de l'avenue de Verſailles, pourvû qu'ils n'y entrent pas. On trouve aiſément de ces ſortes de Voitures dans tous les quartiers de Paris, chez les Loueurs de Caroſſes, & ſur les Places pour les Fiacres. *Voy.* CAROSSES ET FIACRES.

REMPARTS. *Voy.* BOULEVARDS.

RENTES *ſur l'Hôtel de Ville.* (*Origine des*) L'an 1521, François I voulant rentrer dans le Milanez, d'où il avoit été preſque entierement chaſſé ; on propoſa pluſieurs moyens pour fournir aux dépenſes de cette entrepriſe. On n'en trouva pas de plus prompt, ni de plus contraire à l'engrais des Traitans, que d'aliéner au Prévôt des Marchands & aux Echevins de la Ville de Paris, la ſomme de ſeize mille ſix cent ſoixante-ſix livres de rente annuelle & perpétuelle à prendre ſur les Fermes du bétail à pied fourché, & ſur le vin vendu dans la Ville de Paris, avec faculté au Prévôt des Marchands, de revendre ces rentes aux Particuliers qui ſe préſenteroient pour en acquérir. Lorſque L'Empereur Charles-Quint entra en Provence, les Bourgeois de Paris portèrent volontairement leur argent au Prévôt des Marchands, dans l'eſpérance que le Roi leur conſtitueroit des rentes, comme il avoit fait en 1522. On leur accorda ce qu'ils ſouhaitoient, & cette ſeconde aliénation fut de huit mille trois cent trente-trois livres de rente, à prendre ſur le poiſſon de mer, & ſur le vin vendu en détail dans le quartier des Halles de Paris. Il y a eu depuis un grand nombre d'aliénations ſur les Aides & Gabelles, & ſur les autres impoſitions. Par Arrêt du Conſeil d'Etat du Roi, du 31 Août 1719, toutes les rentes perpétuelles ſur l'Hôtel de Ville de Paris, furent éteintes & ſupprimées, & le rembourſement en fut ordonné ; mais depuis elles ont été remiſes en 1721.

La Juriſdiction de l'Hôtel de Ville connoît de la Police de ces rentes, dont les contrats ſe font ſous les noms & ſignatures du Prévôt des Marchands, & des Echevins.

RÉSERVOIR DE LA VILLE. *Voy.* EGOUT *général.*

RESTAURATEURS. Ce font ceux qui ont l'art de faire les véritables confommés, dits *Reſtaurants* ou *Bouillons de Prince*, & le droit de vendre toutes fortes de *Crèmes*, *Potages au riz*, *au vermicel*, *Œufs frais*, *Macaroni*, *Chapons au gros ſel*, *Confitures*, *Compotes*, & autres mets ſalubres & délicats.

Ces nouveaux établiſſemens, qui, en naiſſant, ont pris le titre de *Reſtaurant* ou *Maiſon de Santé*, doivent leur inſtitution en cette Capitale, aux Sieurs *Roze* & *Pontaillé*, en 1766.

Le premier de ces établiſſemens, qui ne le cédent en rien aux plus beaux Caffés, fut formé rue des Poulies; mais n'étant pas ſitué dans un emplacement aſſez avantageux, il fut transféré rue S. Honoré, Hôtel d'Aligre. Une extrême propreté, toute la décence poſſible & l'intégrité, ſont les principes de ces maiſons utiles.

Le prix de chaque objet y eſt fixé & déterminé, & l'on y ſert à toute heure du jour indiſtinctement. Les Dames y ſont admiſes, & peuvent y faire faire des repas de commande, à prix fixe & modique. Cet établiſſement a pour deviſe ce joli diſtique.

Hic ſapide titillant juſcula blanda palatum,
Hic datur effœtis pectoribuſque ſalus.

RETRAITES. Nous les diviſons en RETRAITES SPIRITUELLES, RETRAITES VOLONTAIRES, & RETRAITES FORCÉES.

LES RETRAITES SPIRITUELLES ſont celles qui ſont annoncées dans certaines Communautés, & dont l'inſtitution a pour objet de préparer à la célébration des principales Fêtes de l'Egliſe. On peut faire ces Retraites à S. Lazare, à la Communauté des Filles de S. Thomas de Villeneuve, & à celle des Filles de Sainte Geneviéve, dites Miramiones.

A S. Lazare. Outre les Retraites que l'on donne une fois l'année à MM. les Curés & autres Eccléſiaſtiques employés dans le Dioceſe de Paris, & celles des Quatre-tems pour les Ordinans, on en donne deux au Public pendant la quinzaine de Pâques, où l'on peut admettre juſqu'à cent Perſonnes.

On en reçoit toutes les semaines dix ou douze, pour faire les exercices spirituels de la Retraite.

La Retraite de MM. les Curés a été fondée; mais les fonds diminués ne suffisant plus pour la donner régulièrement tous les ans, on est obligé, à moins qu'il ne survienne quelques secours gratuits, de la suspendre quelquefois.

La Retraite des Ordinans est payée par chaque Ecclésiastique qui n'est point du Diocèse; mais ceux de Paris sont reçus *gratis*.

La Maison de S. Lazare, sans qu'il y eût de Fondation pour cet objet, donnoit autrefois toutes ces Retraites gratuitement. Le Clergé, par reconnoissance, faisoit à la Maison une pension de mille livres; mais cette pension ayant été supprimée sans autre motif, M. *de Vintimille*, Archevêque de Paris, conseilla, par rapport aux malheurs des tems, de faire payer la Retraite à ceux qui y viennent pour recevoir les Ordres. La Maison continue cependant la même générosité, mais seulement envers ceux du Diocèse de Paris.

Les Retraites de la quinzaine de Pâques, comme très-nombreuses, sont payées par chaque exercitant.

Les Retraites de chaque semaine ne sont point fondées; & néanmoins se donnent gratuitement. C'est une aumône spirituelle que Saint Vincent de Paule a commencée, & que la Maison continue. Si parmi ces exercitans il s'en trouve qui ne soient point dans le cas de recevoir une aumône, on reçoit leur don, mais on ne demande rien à personne.

Les Retraites de chaque semaine commencent le mardi après midi, & finissent le Dimanche suivant après Vêpres.

Celles pour les Ordres commencent le Samedi qui précède celui de l'Ordination, & il faut avoir un *Admissus* de M. l'Archevêque, pour y être reçu.

Celles de la Quinzaine de Pâques, commencent le lundi au soir de chaque semaine, & finissent le Dimanche suivant.

Celles pour MM. les Curés, commencent toujours un Dimanche au soir, & finissent le Samedi suivant. La date du mois n'en est point fixée. Pour y entrer, il faut être Prêtre employé dans le Diocèse, & s'être fait inscrire à l'Archevêché.

Nota. Il y a aussi pour les *Savoyards* pendant le Carême, & pendant l'Avent, des Retraites instituées dans les Paroisses de Paris les plus considérables, à S. Sulpice, à S. Eustache, à S. Merry, à S. Roch, à S. Sauveur, à S. Benoît, à S. Julien-le-Pauvre, &c.

A S. Thomas de Villeneuve. Les Retraites de cette Maison remontent pour leur inſtitution à l'année 1713.

On en a l'obligation à des perſonnes de piété, auſſi touchées de l'ignorance des vérités du ſalut, dans laquelle vivent tant de pauvres Citoyens, que de la négligence qu'ils ont de s'en inſtruire, malgré les différens moyens qu'ils ont de le faire dans cette grande Ville.

Ces perſonnes charitables ſçachant, d'ailleurs, le pouvoir que les vérités importantes de la Religion expoſées dans toute leur force, ont naturellement ſur les hommes, & les vives impreſſions qu'elles font ſur les eſprits & ſur les cœurs, ont ſupplié des Eccléſiaſtiques zélés & de la plus grande piété, de vouloir bien participer à cette bonne œuvre; & ce ſont eux qui préſident à ſon exécution.

Ces Retraites conſiſtent en trois exhortations que l'on fait aux pauvres femmes, la premiere à neuf heures du matin, la ſeconde à deux heures après midi, & la troiſieme à quatre heures du ſoir.

Les intervalles de la journée ſont employés par ces femmes, aux prieres & aux lectures les plus propres à les inſtruire, à les occuper ſaintement pour les préparer à faire une confeſſion ſalutaire.

Elles paſſent dans ces pieux exercices les ſept jours que durent la Retraite. Elles ſont nourries par la charité des perſonnes qui veulent bien y concourir.

A chaque Retraite on reçoit quarante ou cinquante de ces pauvres femmes. Leur nombre ſe proportionne à l'étendue des charités.

On en couche une vingtaine ou environ, & l'on choiſit pour cela celles qui ſont de la campagne, ou des quartiers de la Ville les plus éloignés: on n'a point aſſez de logement pour les coucher toutes: celles qui ſont obligées d'aller chez elles paſſer la nuit, ſortent à ſix heures & demie du ſoir, & reviennent à ſix du matin, pour commencer les exercices de la journée.

Les pauvres ne ſont point les ſeules perſonnes admiſes à ces ſortes de Retraites: pluſieurs autres perſonnes viennent les partager, *en payant.*

A l'égard des tems dans leſquels elles ſe font, l'une commence le quatrieme Dimanche d'après Pâques; la ſeconde, le jour de la Touſſaint. Chacune dure ſept jours.

Aux Filles de Sainte Geneviève, dites Miramiones. Les Retraites commencent la veille de Noël, de Pâques, de la Pentecôte, & de la Touſſaint, & durent chacune cinq jours,

On y admet cent pauvres à chacune, tant de la campagne que des endroits éloignés, dont près de la moitié y font couchés.

Les Retraites Volontaires font les Couvens, Monastères & Communautés, qui doivent être envisagés comme pouvant servir de Retraites à ceux qui veulent vivre retirés du monde. Nous les distinguons en *Couvent d'Hommes*, & en *Couvent de Femmes*.

COUVENS D'HOMMES.

COUVENS & leurs situations.	PRIX DES PENSIONS & Observations.
SAINTE-CROIX DE LA BRETONNERIE, rue du même nom.	800 liv. non compris l'appartement. Les logemens y sont de 200 liv. au moins. On peut y loger sans y être nourri.
INSTITUTION DE L'ORATOIRE, rue d'Enfer près l'Observatoire.	Cette Maison sert de retraite à plusieurs personnes de distinction qui vont y finir leurs jours dans les exercices de piété. Nous ignorons le prix des pensions.
DOCTRINE CHRÉTIENNE, rue des Fossés-Saint-Victor.	600 liv. non compris l'appartement. Les logemens y sont depuis 120 liv. jusqu'à 200 liv.
SAINT-MAGLOIRE, rue & Fauxbourg St. Jacques.	La pension est de 600 liv. On loue dans cette Maison à des Séculiers, des appartemens depuis 100 livres jusqu'à 400 liv.

COUVENS DE FEMMES.

COUVENS & leurs situations.	PRIX DES PENSIONS & Observations.
Chanoinesses du SAINT SEPULCHRE DE BELLE-CHASSE, rue St. Dominique, Fauxbourg Saint-Germain.	400 livres pour nourriture, & 100 livres pour logement.

COUVENS

COUVENS & leurs situations.	PRIX DES PENSIONS. & Observations.
BÉNÉDICTINES, rue Caſſette, Fauxbourg S. Germain.	500 livres pour la penſion; pour celle de la Femme de Chambre, 300 liv. Les appartemens depuis 300 livres juſqu'à 1000 liv.
BÉNÉDICTINES, rue Saint-Louis au Marais.	Penſion 4, 5 juſqu'à 600 livres, y compris l'appartement; pour celle de la Femme de chambre, 400 liv.
BÉNÉDICTINES, rue du Cherche-Midi, Fauxbourg Saint-Germain.	Il y a dans cette Maiſon des logemens pour les Dames qui veulent s'y retirer; ils coûtent depuis 400 livres juſqu'à 800 livres par an.
Dames DE LA PRÉSENTATION, r. des Poſtes, Fauxbourg Saint-Marcel.	600 livres pour la penſion; Femme de chambre, 300 livres; logement, 200 livres. On ſe fournit de meubles, de vin, de bois, de chandelles, de blanchiſſage, &c.
Dames DU CALVAIRE, rue de Vaugirard, près le Luxembourg.	500 livres pour la penſion; appartement 150 livres. On ſe fournit de bois, de chandelles, &c.
Dames DU CALVAIRE, rue Saint-Louis au Marais.	Penſion 600 livres; Femme de chambre, 400 livres; appartemens depuis 100 livres juſqu'à 600 livres.
Dames DE LA CROIX, rue de Charonne, F. Saint-Antoine.	Penſion 400 livres; pour la Femme de chambre, 300 livres. On ſe fournit de vin, de meubles, de chauffage, de lumières, &c.
LES JACOBINES, rue des Filles Saint-Thomas, Quartier du Palais-Royal.	Penſion 500 livres: il y a auſſi dans l'extérieur des logemens.

Tom. IV. P

Couvens & leurs situations.	Prix des Pensions & Observations.
Dames DE LA MISÉRICORDE, *rue du Vieux-Colombier*, F. Saint-Germain.	La pension est depuis 450 livres, jusqu'à 550 livres sans vin. Il y a des appartemens qui se louent depuis 100 livres jusqu'à 600 livres.
Monastère DE SAINT-MICHEL, *rue des Postes, Fauxbourg S. Marcel.*	600 livres de pension ; Femme de chambre, 400 livres ; logement, 100 livres pour l'ordinaire ; mais il y en a qui montent à 2 & 300 livres par an.
Dames DE L'ASSOMPTION, *rue Saint-Honoré.*	La pension est de 500 livres, en y comprenant le logement.
LES FEUILLANTINES, *rue Saint-Jacques.*	500 livres de pension. La Femme de chambre, 300 livres. Les appartemens qui sont en bel air se louent depuis 200 livres jusqu'à 500 livres par an.
Dames DE SAINT-MAGLOIRE, *rue S. Denis.*	La pension est de 500 livres, en y comprenant le logement.
LES BERNARDINES, *rue de Vaugirard, près le Luxembourg.*	La pension est de 600 livres. On paie séparément pour la Femme de chambre 300 livres. Il y a dans la Maison des appartemens de 300 livres, de 600 livres & de 1000 livres.
Abbaye Royale de S. ANTOINE, *Fauxb. du même nom.*	La pension est de 550 livres. On paie 350 livres pour la Femme de chambre. Les logemens coûtent depuis 150 liv. jusqu'à 1200 liv.
Abbaye DE PORT-ROYAL, *Fauxbourg Saint-Jacques, près le Luxembourg.*	Les appartemens pour les Dames qui veulent se retirer dans cette Abbaye, se louent depuis 200 livres jusqu'à 1200 livres.

Couvens & leurs situations.	Prix des Pensions & Observations.
Abbaye DE PANTHEMONT, *rue de Grenelle, Fauxbourg S. Germain.*	Les pensions sont de 800 livres san logement. Les appartemens se louent depuis 300 livres jusqu'à 1000 livres par an.
Abbaye AUX BOIS, *r. de Sèvre, Fauxbourg Saint-Germain.*	La pension des Dames qui veulent être nourries dans cette Maison, est de 600 livres & au-dessus. Les appartemens de 2, 400 livres & au-dessus.
CARMÉLITES, *rue Chapon.*	On ne prend point de petites Pensionnaires dans cette Maison ; mais les Dames qui veulent s'y retirer peuvent y entrer, pourvu qu'elles donnent pour dot 15 à 20000 liv. & qu'elles portent l'habit de Religieuse.
LA CONCEPTION, *r. Saint-Honoré.*	Les pensions sont de 5 à 600 liv. & les appartemens depuis 300 livres jusqu'à 600 livres.
LA VISITATION, *rue Saint-Jacques.*	On loue dans cette Maison des appartemens aux Dames qui veulent s'y retirer ; & ces logemens sont depuis 1000 livres jusqu'à 1200 livres
LES RÉCOLLETTES, *r. du Bacq, Fauxbourg Saint-Germain.*	Les Dames qui veulent loger dans cette Maison, y paient les appartemens depuis 200 livres jusqu'à 300 livres.
Les Dames de SAINTE AURE, *rue neuve Ste. Geneviève.*	500 livres de pension, sans y comprendre le vin, le bois, la chandelle, le blanchissage, &c.
LES URSULINES, *rue Sainte-Avoie au Marais.*	La pension est de 550 livres : on donne pour la Femme de chambre 350 livres par an. Les appartemens sont de 250 livres, de 500 livres ou de 600 livres.
Les Dames de SAINT-CHAUMONT, *rue & porte Saint-Denis.*	On donne 500 livres pour les pensions des Dames ; 300 livres pour la Femme de Chambre ; & depuis 350 l. jusqu'à 600 liv. pour l'appartement

Couvems & leurs situations.	Prix des pensions & Observations.
Les Filles DE SAINT-JOSEPH, rue Saint-Dominique, Fauxbourg Saint-Germain.	La pension est de 550 livres; l'appartement depuis 100 liv. jusqu'à 300 livres.
Les Filles de LA CROIX, rue Saint-Antoine, cul-de-sac Guimenée.	Les Dames qui veulent s'y retirer, paient 550 livres de pension, sans compter l'appartement qui est depuis 100 liv. jusqu'à 300 liv.
Les Filles DE LA CROIX-SAINT-GERVAIS, r. des Barres, Quartier Saint-Antoine.	La pension des Dames est de 500 livres.
Les Filles de LA CROIX, rue d'Orléans, Fauxbourg S. Marcel.	On paie pour la pension 500 liv. La Femme de chambre 300 liv. Les appartemens sont de 2 à 300 livres par an.
Les Filles de SAINTE-AGNÈS, rue Platrière, près S. Eustache.	La pension des Dames est de 400 livres. La Femme de chambre, 280 liv. Le tout sans vin, bois, chandelles, &c.
Les Filles de SAINTE-MARGUERITE, rue Saint-Bernard, Fauxbourg Saint-Antoine.	On ne prend point de Pensionnaires. Il y a deux appartemens dans cette Maison, l'un de 100 livres, & l'autre de 300 livres, auquel tient un petit jardin.
Les Filles de L'INSTRUCTION, rue Pot-de-Fer, Fauxbourg Saint-Germain.	La pension des Dames est de 400 livres. On donne une fois payée, pour le lit, 20 liv. On blanchit tout, excepté le menu linge.
Les Filles de SAINT-CHAUMONT, rue de la Lune, p. le Boulevard.	Dans cette Maison, les pensions sont depuis 250 livres jusqu'à 400 liv. Il y a des demi-pensions.
Les Filles de LA PROVIDENCE, r. de l'Arbalétre, F. S. Marcel.	Pension 400 livres, y compris le logement pour la Femme de chambre, 300 livres.
STE. ELISABETH, r. du Temple au Marais.	On paie pour la pension 500 liv. Il y a des appartemens depuis 200 liv. jusqu'à 1200 livres.

LES RETRAITES FORCÉES. *A Saint-Lazare.* 1°. Personne ne peut y être reçu que sur une Lettre-de-cachet du Roi.

2°. Ce sont les familles elles-mêmes qui sollicitent ces Lettres, soit à la Police, soit auprès du Ministre.

3°. Un homme qui y seroit condamné par une Sentence du Juge, pourroit y être détenu.

4°. Les moindres pensions sont de 600 livres, sur quoi on est nourri, éclairé, fourni de gros linges; mais le reste de l'entretien, le chauffage, les médicamens, &c. tombent sur la famille.

5°. Il y a des pensions de 1000 & 1200 livres, &c. proportionnées au traitement dont on convient.

6°. Les règles & les conditions sont les mêmes pour les aliénés qui y sont enfermés dans un bâtiment à part.

7°. Il y a pour la conduite spirituelle de ces Pensionnaires, un Préfet qui répond aux familles, & maintient l'observance des réglemens; & un Directeur, qui, dans l'intérieur de cette Maison, dit tous les jours la Messe, veille sur le spirituel des Pensionnaires, les visite, les console, & tâche de leur inspirer les sentimens de religion & d'honneur dont ils peuvent avoir besoin. On leur fournit aussi toutes sortes de bons livres, propres à les instruire & à les édifier.

Il faut joindre à cette Retraite forcée, pour les hommes seulement, *Bicêtre*, Fauxbourg Saint-Marcel, & *Charenton* près Paris; pour les femmes seulement, *les Filles de la Madeleine*, rue des Fontaines au Marais; *Sainte-Pélagie*, Fauxbourg Saint-Marcel; *Sainte-Valère*, Fauxbourg Saint-Germain; & *la Salpêtrière*, près le Fauxbourg Saint-Victor.

Pour les personnes des deux sexes, mais seulement dans certaines circonstances qui intéressent le Gouvernement, le Château de *la Bastille*, & celui de *Vincennes* près Paris.

REUILLY. (*Village de*) Ce Village, comme celui de Pincour, a disparu depuis l'extension en long & en large du Fauxbourg Saint-Antoine. Il en a été de même à l'égard du Village du Roule, qui se trouve maintenant compris dans le Fauxbourg Saint-Honoré.

REZ-DE-CHAUSSÉE, ou *sol de Paris*. Aujourd'hui Paris est bien plus relevé qu'anciennement. Lors de l'ancien Paris on montoit à l'Eglise de Notre-Dame par treize marches de pierre qui règnoient le long du parvis; aujourd'hui on y descend.

RIBAUDS. Philippe Auguste fut le premier de nos Rois qui entretint des armées sur pied, même en tems de paix. On parle sous son regne d'une espèce de Soldats appellés *Ribauds*. C'étoient des déterminés qu'on mettoit à la tête des assauts, & dont on se servoit dans toutes les actions de hardiesse & de vigueur. Le libertinage outré auquel ils s'abandonnoient, a rendu dans la suite leur nom infâme en France. On le donna depuis aux débauchés qui fréquentoient les mauvais lieux. Les *Ribauds* avoient un Chef qui portoit le titre de Roi, suivant l'usage établi alors de donner cette auguste qualité à ceux qui avoient sur d'autres quelque espèce de commandement. Ce prétendu Monarque connoissoit de tous les jeux de dez, de brelan, & autres qui se jouoient pendant les voyages de la Cour. Il levoit deux sols par semaine sur tout ce qu'on appelloit alors *Logis de Bourdeaulx*, *& des femmes Bourdelieres*. Chaque femme adultère lui devoit cinq sols. Le nom de cet Officier fut supprimé sous le règne de Charles VII, mais l'Office demeura; & ce qu'on appelloit le *Roi des Ribauds*, fut nommé *Grand-Prévôt de l'Hôtel*, charge qui subsiste encore actuellement. Le Pere Daniel prétend que la charge *de Roi des Ribauds* étoit considérable, & qu'il avoit Jurisdiction pour certains points de Police, dans la Maison du Roi, & dans tout le Royaume. *Hist. de Fr.* T. 1. p. 1450. Les Femmes publiques qui suivoient la Cour, disent du Tillet & Pasquier, étoient tenues, tant que le mois de Mai duroit, de faire le lit du *Roi des Ribauds*. *Du Tillet*, p. 439. *Pasquier*, p. 720.

RIS. Village du Doyenné de Montlhery, à cinq lieues de Paris vers le Sud-est, situé dans le bout de la plaine qui commence à Juvisy, vers l'Orient, à la distance d'un demi-quart de lieue; il a à la distance d'un demi-quart de lieue, la rivière de Seine, sur le bord de laquelle est le Hameau de la Borde, qui est le Port où l'on charge & décharge les bateaux; & du côté du couchant, se termine le côteau de vignes qui commence entre Savigny & Viry, & sur lequel Viry & Grigny sont bâtis.

Cette paroisse est connue depuis 800 ans, & l'Eglise est sous le titre de la Sainte Vierge; Saint Blaise en est le second Patron. On y voit la magnifique Chaire de Prédicateur qui étoit chez les Religieuses Chanoinesses de Charonne, avant leur suppression. L'Histoire de la Sainte Vierge y est représentée, & deux Anges y supportent une couronne sur la tête du Prédicateur. La Cure, depuis la réunion de l'Abbaye de S. Magloire, est à la pure collation de l'Archevêque. Outre le Curé, il y a un Chapelain qui demeure à Ris.

Depuis quelques années, il y a un Marché ordonné pour ce lieu; mais il a de la peine à s'établir.

Rivières principales de la Généralité de Paris.

L'Aisne, l'Armance, l'Armançon, la Blaise, l'Epte, l'Eure, le Loing, la Marne, le grand & le petit Morin, l'Oyse, la Seine, la Serre, le Serain, le Therain, l'Yonne.

ROBE-COURTE. (*la*) La Compagnie de Robe-Courte, fait corps de la Gendarmerie & Maréchaussée de France, & jouit des mêmes Priviléges, & a sa compétence dans l'étendue de la Prévôté & Vicomte de Paris. Elle est spécialement attachée aujourd'hui au service des Cours de Judicature : elle ne sert que pour l'exercice de la Justice, & pour mettre les décrets à exécution : elle est sous les ordres d'un Officier qu'on appelle *Lieutenant-Criminel de Robe-Courte*, dont la Charge est très-ancienne, mais elle n'a été érigée en titre d'Office qu'en 1554. Cette Compagnie est composée de quatre Lieutenans, d'un Guidon, de douze Exempts, d'un Procureur du Roi, d'un Greffier, d'un Commis-Greffier, d'un Commissaire & d'un Contrôleur des Guerres particuliers, d'un Brigadier, & de 60 Archers.

ROCH. (*L'Eglise Paroissiale de Saint*) Il y avoit anciennement dans le lieu de Gaillon, Fauxbourg S. Honoré, deux Chapelles, dont l'une étoit sous l'invocation de Sainte Suzanne, & l'autre étoit dédiée aux cinq Plaies de Jesus-Christ. On ignore le tems de la fondation de la première; mais quant à l'autre, elle avoit été fondée & bâtie le 9 de Novembre de l'an 1521., par *Jean Dinocheau*, Marchand de Bétail, & *Jeanne de Laval*, sa femme, à condition qu'il y seroit dit trois Messes par semaine, & que les Dimanches il y auroit pain béni & eau bénite. *Etienne Dinocheau*, Fourrier ordinaire du Roi, & neveu du Fondateur, augmenta la fondation de son oncle, par acte du 13 Novembre 1577, & joignit à la Chapelle de Gaillon, un grand jardin, afin de contribuer à l'érection de cette Chapelle des cinq Plaies,

P iv

en l'Eglife Succurfale, fous le titre de S. Roch. En 1578, l'Official de Paris permit aux habitans du Fauxbourg Saint Honoré, par la Sentence du 18 Août, d'avoir une Eglife Succurfale de la Paroiffe de S. Germain-l'Auxerrois, où il y auroit un Vicaire amovible, des Fonts-Baptifmaux, & un Cimetiere. Ce fut fuivant cette permiffion, que les habitans, après avoir élu fix Marguilliers, leur donnerent pouvoir le 28 du même mois, d'acquérir une place pour y faire bâtir la nouvelle Eglife. Ils jetterent les yeux fur la Chapelle de Sainte Suzanne de Gaillon, & fur fes dépendances, dont le terrein étoit d'environ douze cens toifes, & on en fit l'acquifition de *Jacques Baille*, qui en étoit alors Chapelain, par contrat du 30 Octobre de la même année, moyennant une rente de vingt-fix écus deux tiers, & à la charge qu'en mémoire de l'ancienne Chapelle de Sainte Suzanne, on bâtiroit dans la nouvelle Eglife, le plus près du Grand-Autel qu'il feroit poffible, un autre Autel qui feroit nommé *l'Autel de la Chapelle de Sainte Suzanne de Gaillon*. Les maifons & les habitans s'étant multipliés dans ce quartier, Jean-François de Gondi, Archevêque de Paris, changea l'état de cette Eglife Succurfale, en celui d'Eglife Paroiffiale, par fes Lettres du 30 Juin 1633, & y établit pour premier Curé perpétuel *Jean Rouffe*, qui en étoit Vicaire amovible. En 1635, fut paffé un accord entre les Religieufes de la Conception, & le Sieur *Rouffe*, par lequel elles promirent de garder les Fêtes de la Paroiffe de S. Roch, & de faire préfenter à l'offrande le jour des cinq Plaies, un cierge d'une livre, & un écu d'or. Au mois de Mars de l'an 1633, on commença à bâtir l'Eglife qu'on voit aujourd'hui, fur les deffins de *Jacques le Mercier*, un des plus habiles Architectes de ce tems-là, & premier Architecte du Roi. Ce fut le Roi Louis XIV qui en pofa la premiere pierre, dans laquelle on mit deux médailles : dans l'une, étoit le Portrait du Roi, dans l'autre, celui d'Anne d'Autriche, fa mere ; & fur le revers de l'une & de l'autre, la repréfentation de S. Roch. Sur cette pierre eft cette Infcription :

D. O. M.

Jesu † Christo
per Crucem Salvatori.
Sancto Rocho
per Crucem Sanatori,

Ludovicus XIV.
Gal. & Nav. Rex.
posuit.
Anna Regina Matre
manum supponente.
M. D. C. L I I I.

 La situation du terrein n'a pas permis / de tourner cette Eglise vers l'orient, comme les anciennes. Le 22 de Novembre de l'an 1665, la Duchesse *de Vendôme*, & le Duc *de Vendôme*, son fils, enrichirent cette Eglise d'une Relique de S. Roch, qu'ils avoient obtenue de l'Archevêque & des Consuls d'Arles, & du P. Général des Mathurins. Cette Relique est l'os appellé *Radius*, qui va de l'épaule au coude, & c'est celui du bras droit du Saint. Elle fut d'abord déposée aux Capucins de la rue S. Honoré, le 21 de Novembre, mais le lendemain l'Archevêque de Paris, son Clergé, le Curé & les Paroissiens de S. Roch allerent la prendre, & la portèrent en cérémonie dans cette Eglise, où elle fut mise dans une châsse d'argent du poids de 150 marcs. Le bâtiment de cette Eglise a été plusieurs fois discontinué & repris, & enfin il est aujourd'hui conduit à sa perfection, par les différents ouvrages qu'on y a faits depuis plusieurs années. Le grand portail qui donne sur la rue S. Honoré, a été exécuté par *Jules Robert de Cotte*, Intendant général des bâtimens du Roi, & Directeur général de la monnoye des Médailles, d'après les dessins de *Robert de Cotte*, son pere, premier Architecte des Rois Louis XIV & Louis XV. Le 1er. du mois de Mars 1736, on posa la première pierre de ce portail, qui est composé de deux ordres d'Architecture, du Dorique, & du Corinthien, mis l'un sur l'autre, & bien unis ensemble. Le Dorique, en bas comme le plus solide, & le Corinthien au-dessus, comme le plus riche & le plus délicat.

 A la hauteur du premier ordre, il y a un groupe de chaque côté, qui représente les quatre Pères de l'Eglise, avec les attributs qui leur conviennent. Ces groupes sont de *Claude Francin*, de l'Académie Royale de Sculpture. Les riches ornemens de Sculpture ont été ici répandus avec choix, par *Louis de Montcan*, de l'Académie des Maîtres. Les deux ordres dont on vient de parler, sont couronnés par un fronton dans lequel *Francin* a sculpté les armes du Roi. Le tout est terminé par une Croix, au pied de laquelle sont deux Anges prosternés, dont l'un semble montrer du droit aux passans cet arbre de vie, qui est l'instrument du salut du genre humain.

Ce portail a par le bas quatorze toises de face, sur quatre-vingt-un pieds trois pouces d'élévation, depuis le palier du perron, jusqu'à la pointe du fronton; & depuis cette pointe jusqu'à l'extrémité de la Croix, dix pieds. Les Connoisseurs sont fort satisfaits de ce portail, & le regardent comme un des plus réguliers qu'il y ait à Paris.

L'ordre d'Architecture qui règne dans cette Eglise est le Dorique; & quoiqu'elle ne soit pas bâtie dans la régularité du premier dessin, elle ne laisse pas d'être une des plus grandes & des plus ornées de Paris.

Dans un caveau qui est devant la Chapelle de la Vierge, a été inhumé S. A. S. *Marie-Anne de Bourbon*, Princesse *de Conti*, morte à Paris le 3 du mois de Mai de l'an 1739. Elle étoit fille naturelle de Louis XIV, & de *Louise Françoise de la Baume le Blanc*, Duchesse *de Lavaliere.* Sur une grande table de marbre noir qui couvre l'entrée dudit caveau, on lit l'épitaphe suivante, qui est de la composition de Messieurs *Rollin* & *Coffin*.

D. O. M.
Hic
jacere voluit
Serenissima Maria-Anna Borbonia,
Serenissimi Armand. Lud. Borbonii,
Sang. reg. Principis
de Conty
uxor vidua
aulâ relictâ.
Quam formâ, ingenio, moribus,
ornaverat
Urbem,
omni virtutum genere
decoravit;
in excelso culmine
modesta, simplex, facilis,
in omnes munifica, ergà pauperes
prodiga,
in Deum pia maximè
vixit,
in spem immortalitatis futuræ.

ROC

*pompam omnem tumuli
vetuit,
plebeïoque funere voluisset efferi,
ne in ipso fastûs contemptu
fastum extimuisset.
obiit
die Maii tertia ann.* M.D.CC.XXXIX.
ætatis suæ 74.
Ludovicus-Cesar de la Baume le Blanc
de la Valière,
*Dux & Par Franciæ, tabulis suis
connubialibus hæres institutus
à Serenissima Principe
hoc
qualecumque non tam animi sui
quàm religiossimi obsequii
monumentum
mœrens lugensque
posuit.*

En 1710, on plaça dans l'attique du dôme, quatre Tableaux qui répréſentent les quatre Evangéliſtes. S. Matthieu a été peint par *Louis Sylveſtre*, le jeune; S. Marc, par *Verdot*; S. Luc & S. Jean, par *Déſormaux*. Aux deux côtés de l'Autel, ſont deux Statues de marbre de grandeur naturelle, dont l'une repréſente J. C. tenant ſa croix, & l'autre S. Roch. Elles ſont de *François Anguier*. Entre les deux bandeaux d'un des piliers qui ſéparent le collatéral de cette Egliſe, d'avec la Chapelle de la Vierge, eſt un petit monument de marbre, ſculpté par *Charpentier*. On y lit cet épitaphe.

Fortunato Rangonio Comiti, exteris gratissimo, suis carissimo, quem mors sustulit anno ætatis suæ XXXIX. *jam expleto. Thaddæus, & Nicolaus Marchiones & Octavius Comes ex Rangoniorum apud Italos familia, fratri bene merenti posuerunt anno vulgaris æræ 1723.*

Dans une Chapelle à côté du Chœur eſt un tableau qui repréſente S. Louis mourant, & donnant ſes derniers conſeils à Philippe le Hardi, ſon fils. Ce Tableau eſt d'*Antoine Coypel*. La Chapelle de S. André renferme les cendres d'*André le Noſtre*, & mérite à pluſieurs égards l'empreſſement des curieux. Le ſujet du Tableau de cette Chapelle eſt le martyre de S. André, par *Jean Jouvenet*. Le Buſte de *le Noſtre* qu'on voit ici, eſt de *Coyzevox*. Sur le tombeau on lit cette Epitaphe.

A LA GLOIRE DE DIEU.

Ici repose le corps d'André le Nostre, Chevalier de l'Ordre de S. Michel, Conseiller du Roi, Contrôleur général des Bâtimens de Sa Majesté, Arts & Manufactures de France, & préposé à l'embellissement des Jardins de Versailles & autres Maisons Royales. La force & l'étendue de son génie le rendirent si singulier dans l'art du jardinage, qu'on peut le regarder comme en ayant inventé les beautés principales, & porté toutes les autres à leur derniere perfection. Il répondit en quelque sorte, par l'excellence de ses ouvrages, à la grandeur & à la magnificence du Monarque qu'il a servi, & dont il a été comblé de bienfais. La France n'a pas seul profité de son industrie, tous les Princes de l'Europe ont voulu avoir de ses Elèves, & il n'a point eu de concurrent qui lui fût comparable. Il naquit en l'année 1625, & mourut dans l'année 1700.

Au premier pilier de la Nef à droite en allant du Chœur vers la grande porte, est adossé un petit monument de marbre, érigé pour un homme dont la mémoire doit être respectable à tous les bons François. *Nicolas Ménager* étoit un fameux Négociant à Rouen, qui fit servir son négoce aux négociations, qui sacrifia ses intérêts particuliers à ceux du bien public, & qui préféra la gloire de donner la paix à la France, à l'avantage de devenir un des plus riches Négocians de l'Europe. Pour récompenser ses importans services, le Roi le fit Chevalier de l'Ordre de S. Michel, érigea sa terre de S. Jean, en Comté, & le nomma l'un de ses Plénipotentiaires, au congrès qui se tint à Utrecht pour la paix générale. M. *Ménager* ne jouit pas long-tems de la gloire de ses travaux, car le 15 Juin 1714, revenant de se promener aux Tuileries, il mourut subitement, & laissa à ses héritiers une succession d'environ 600 mille livres. Le monument qu'on voit ici est un tombeau de marbre noir, d'une forme simple, d'où s'éleve une pyramide de marbre blanc, au milieu de laquelle est le portrait en médaille de M. *Ménager*, dans une bordure dorée. Au-dessus est un petit trophée de bronze doré, & composé d'un sable, & de deux caducées, qui convenoient parfaitement à M. *Ménager*, pour avoir été Négociant & Négociateur. Aux deux côtés, sont des lampes sépulchrales de bronze doré, & au haut, est une aigle aussi de bronze doré. Sur le paneau du tombeau est cette épitaphe.

Cy gît Nicolas Ménager, Conseiller du Roi en ses Conseils, Ambassadeur extraordinaire, & Plénipotentiaire de Sa Majesté, Chevalier de l'Ordre de S. Michel, lequel, après avoir donné des témoignages éclatans de sa capacité, dans les négociations qui lui ont été confiées tant en Espagne qu'en Hollande, & après avoir posé en Angleterre le 8 Octobre 1711. les premiers fondemens de la paix générale, la heureusement conclue & signée à Utrecht le 11 Avril 1713. Est décédé à Paris le 15 Juin 1714, âgé de 56 ans.

Ce monument a été sculpté en 1715, par *Simon Maziere*.

Dans la Nef ont été inhumés deux Sculpteurs fameux, qui dans leur Art ont égalé les plus célébres, & qui par leur piété, ont imité les plus grands Saints. C'étoient deux frères nommés *Anguier*, nés dans la Ville d'Eu. L'aîné nommé *François*, mourut à Paris le 8 d'Août de l'an 1699, & *Michel*, mourut aussi dans la même Ville, le 11 de Juillet de l'an 1686. On lit sur leur tombe l'épitaphe suivante.

> Dans sa concavité, ce modeste tombeau
> Tient les os renfermés de l'un & l'autre frère.
> Il leur étoit aisé d'en avoir un plus beau,
> Si de leurs propres mains ils l'eussent voulu faire ;
> Mais il importe peu de loger noblement,
> Ce qu'après le trépas un corps laisse de reste,
> Pourvû que de ce corps quittant le logement,
> L'ame trouve le sien dans le séjour céleste.

En 1743, *Claude-François Bidal*, Marquis *d'Asfeld*, Maréchal de France, & Chevalier de la toison d'or, fut inhumé dans cette Eglise. Le célèbre M. *Coffin* a fait pour lui l'épitaphe suivante :

Hic jacet
Claudius-Franciscus Bidal, Marchio
d'Asfeld,
Sancti Ludovici & aurei
velleris Ordinum
Eques Torquatus
Franciæ Polemarchus,
Regni munitionum Præfectus :
vir
totius artis bellicæ apprimè gnarus,
disciplinæ militaris tenax,
in consulendo providus,
in exequendo fortis.
In Hispania
à Ludovico magno missus Aurelio
Duci Legatus,

*complurium expugnatione Urbium clarus,
memorabilis præsertim ad Almansam
victoriæ
non ultimam laudem tulit :
atque ob vindicatum armis Valentiæ
Regnum,
ejusdem Regni insigne
in scuto gentilitio gestandum
à Philippo V. Hispaniarum Rege
per honorifico Diplomate accepit.
In Italia
multis illustribusque documentis
eximii Ducis famam sustinuit.
In Germania
occiso ad Philippo Burgum Imperatori
Berwichio
suffectus Imperator,
& in ipsis castris Polemarchus renuntiatus,
cœptam Urbis obsidionem impigrè
promovit,
eamque, exundante in immensum Rheno,
concurrentibus undique Germanorum
copiis
ipso, cum centum millibus, spectante
Eugenio, expugnavit.
In otio
Viris probis & litteratis familiaris vixit.
Tot bellicas laudes, tot preclara in Patriam
merita
christianis virtutibus consecravit.
Obiit die 5 Martii, anno Domini
1743, ætatis 78.*

Plusieurs autres personnes illustres ont aussi leur sépulture dans cette Eglise ; mais elles n'ont point d'épitaphes. Voici les plus remarquables :

Pierre Corneille, né à Rouen en 1606, & mort à Paris le premier Octobre 1684, étoit Avocat-Général à la Table de Marbre de Normandie, & fut reçu à l'Académie Françoise le 22 Janvier 1647. Il est regardé comme le père du Théâtre françois, qu'il a porté à son plus haut point de perfection.

Antoinette de la Garde, veuve de *Guillaume de la Fond de Boisguerin*, Marquis *Deshoulières*, si connue par la beauté de ses poésies, morte à Paris le 17 Février 1694, dans la cinquante-sixième année de son âge.

Pierre Mignard, mort premier Peintre du Roi, le 30 Mai 1695, âgé de quatre-vingt-cinq ans.

François-Séraphin Regnier Desmarets, très-bon Poëte François, Latin, Italien & Espagnol, de l'Académie Françoise & de celle de la Crusca, mort à Paris le 6 de Septembre de l'an 1713, âgé de quatre-vingt-un ans.

Alexandre Lainez, Poëte, natif de Chimay en Hainault, mort à Paris le 18 d'Avril de l'an 1710, âgé de soixante ans. Il étoit de même nom & de la même famille que le Père *Lainez*, second Général de la Compagnie de Jésus.

Décorations nouvelles de cette Eglise.

En 1752, M. l'Abbé *Marduel*, Docteur de Sorbonne, & Pasteur zélé, qui alloit constamment depuis 1749, les devoirs de son ministère, aux louables attentions d'embellir le Temple confié à ses soins, forma le projet d'orner la Chapelle de la Vierge, d'un monument convenable, qui fixât l'attention, & ranimât la piété des Fidèles.

Le sujet de l'*Annonciation* lui parut propre à remplir ses vues. Il pensa que la représentation en sculpture de cet événement qui n'exige que deux figures placées à quelque distance l'une de l'autre, fourniroit les moyens à un Artiste intelligent, de ménager le percé qui dévoile d'un seul coup-d'œil l'Autel du Chœur, celui de la Vierge, celui de la Communion & celui du Calvaire; mais ce motif qui ne concerne presque que l'intérêt des Arts & d'un saint spectacle, ne vint qu'à l'appui de l'idée heureuse de réunir dans un même point de vue les plus grands mystères de notre Religion, l'Incarnation & la mort du Sauveur : pensée respectable, bien digne de la piété de celui qui la conçut !

Ce projet de décoration proposé par la voie du concours, fut adjugé en 1753, à M. *Falconnet*, Sculpteur ordinaire du Roi, & Adjoint à Professeur de l'Académie Royale de Peinture & Sculpture.

L'embellissement de la Chapelle de la Vierge est son morceau le plus considérable. On y voit la Vierge à genoux, modestement inclinée devant l'Ange; elle désigne par l'expression de son visage, par le mouvement de ses bras, par toute son attitude, ce qui se passa dans son ame au moment que l'Envoyé céleste se présenta à ses regards, & qu'elle lui répondit : *ecce Ancilla Domini*. L'humilité, la candeur, la noblesse sont associées dans cette figure à l'élégance, à la dignité & au beau caractère qui lui conviennent. Elle est de ronde-bosse, ainsi que celles dont nous parlerons ci-après. La Vierge, l'Ange & les nuées qui les grouppent sont de marbre. Les deux figures ont huit pieds & demi de proportion. L'Ange Annonciateur paroît vis-à-vis. On croit l'entendre prononcer les paroles de la salutation angélique. Il montre la gloire d'où il descend. Son action hardie & aisée, son *ensemble* souple & *svelte*, la légèreté de ses aîles & de ses vêtemens ne laissent rien appercevoir du poids de la matière dont il est composé. Une même chaîne de nuée le grouppe avec la gloire & avec la Vierge.

Entre les deux pilastres qui décorent l'arcade où se passe la scène mystérieuse, sont placés les deux Prophètes qui ont plus spécialement annoncé l'Incarnation du Verbe, *David* & *Isaïe*. Ces statues sont de plomb bronzé, & de huit pieds de proportion.

Le Prophète Roi est aisément reconnu à ses vêtemens ajustés suivant le costume des Orientaux, & à ses attributs caractéristiques; appuyé sur sa harpe, il retrace l'enthousiasme dont il fut doué, & rappelle, par l'inscription pittoresquement jettée à ses pieds, la promesse qui lui avoit été faite par l'Eternel : *Juravi David Servo meo*.

Isaïe est représenté sous des habillemens austères, drapé dans le grand style. Il paroît occupé des choses divines, tient d'une main la table où est écrite sa prophétie : *Ecce Virgo concipiet*, & de l'autre, montre au Peuple l'évènement que l'Esprit Saint lui fait annoncer.

Ces deux figures de caractère entrent dans cette composition comme la preuve du Mystère. Les prérogatives de prophétie dont David & Isaïe étoient favorisés, leur rendoient présent ce qui ne devoit arriver que long-temps après eux. C'est dans cet esprit qu'on a cru pouvoir associer les prophéties avec la représentation du Mystère qu'ils ont prédit.

Au milieu du second ordre d'architecture, & perpendiculairement à l'arcade où paroît l'*Annonciation*, est placée une gloire céleste. Ces rayons mêlés de nuées & de Chérubins, s'étendent fort au-dessus de la dernière corniche, environ 30 pieds par les côtés, & jusqu'aux deux tiers de l'arcade. Ils prennent leur origine dans un transparent lumineux qui fait illusion ; cette gloire est d'une grandeur dont on n'a pas encore vu d'exemple dans ce Pays ; elle a 50 pieds sur 30. Quel espace assez vaste pourroit donner une
juste

juste idée de l'immensité de la gloire divine ? Les rapports & les contrastes judicieusement ménagés de toutes les parties qui composent l'embellissement de cette Chapelle, & qui tendent à une même fin, en font une des plus brillantes décorations que la sculpture puisse mettre au jour.

L'Autel est de marbre blanc veiné. Sa forme d'un quarré oblong, simple, mais noble, est convenablement assorti au sujet. Les moulures, l'étoile rayonnée qui décore le panneau du milieu, les roses dont ceux des côtés sont ornés, sont de bronze doré. On y monte par cinq marches; son élévation le met à portée d'être apperçu de très-loin: les arrière-corps qui lui sont contigus, lui donnent assez de largeur pour remplir l'ouverture de l'arcade.

Le tabernacle en est ingénieusement pratiqué dans l'épaisseur de la portion du nuage qui descend du haut de la gloire jusques sur l'Autel. Cette invention singulière sauve l'inconvénient des petites parties que les accessoires d'un tabernacle ordinaire auroient introduit parmi les grands objets dont cette décoration est composée.

Une balustrade de marbre, pareil à celui de l'Autel, avec des portes aux deux côtés, faites de même matière, enferme le Sanctuaire, & sert de table pour la communion.

Des torches en façon de chandeliers à bras, dont les branches sont formées de trois lys qui sortent des volutes d'un cartel agraffé sur la base de deux pilastres, tiennent lieu des chandeliers qu'on est communément en usage de placer sur les gradins de l'Autel; cet ornement est de bronze doré.

Tout le Sanctuaire est revêtu de marbre blanc veiné, à la hauteur de sept pieds. Telle est la hauteur des bases de tous les piliers de l'Eglise; celle des gradins de l'Autel, & celle des piedestaux des statues, représentant David & Isaïe. Ces piedestaux sont revêtus du même marbre que le Sanctuaire, & ornés d'une guirlande de chêne en bronze.

La décoration de la Chapelle de la Vierge, est couronnée par un magnifique plafond de M. *Pierre*, Peintre ordinaire du Roi, premier Peintre de M. le Duc d'Orléans, & Professeur de l'Académie Royale. Dans cette brillante production, M. *Pierre* peut se flatter d'avoir atteint la perfection idéale des Connoisseurs les plus délicats. Son plafond a 56 pieds dans un diamètre, & 48 dans l'autre; l'élévation de la coupole a 19 pieds; ce qui forme un des plus grands morceaux en ce genre d'architecture. Le sujet est *l'Assomption de la Vierge*. Toute la machine est composée de cinq groupes

Tom. IV. Q

principaux. Le premier qui se présente en entrant dans la Chapelle, est celui de la Vierge; c'est le personnage dominant. Rien de plus majestueux, de plus décent, de plus beau que sa figure; elle s'élève au Ciel, vêtue d'une draperie blanche, plissée de très-grande manière. Une partie de la Cour céleste s'empresse à la recevoir; elle est soutenue & environnée d'Anges, dont les attitudes sont variées avec génie, & remplies de graces. L'attention se fixe à ce premier objet, & c'est avec peine qu'on s'en arrache pour jouir des détails intéressans qui l'accompagnent.

Le second groupe que l'on voit à droite, représente différens Apôtres & Martyrs de la Loi nouvelle, morts avant l'Assomption de la Vierge. Plusieurs de ces figures sont debout & font très-bien leur effet: hardiesse de l'Art qui se trouve ici couronnée du plus grand succès. Celle qu'on admire le plus en ce genre est le *Saint-Jean*; il paroît porté sur l'aîle des vents, & semble percer la voûte; l'illusion est entière & ne permet pas d'imaginer que le trait qui le représente, puisse se soumettre au contour d'une surface qui se courbe pour couvrir la tête des Spectateurs. Parmi les figures d'Apôtres, on remarque comme une des plus belles, celle de *Saint-André*, qui est groupée avec *Saint Paul & Saint Etienne*. Ces Martyrs viennent jouir d'une félicité qu'ils ont achetée au prix de leur sang. Derrière on voit un groupe agréable de femmes, dont quelques-unes présentent à la Vierge leurs enfans innocens massacrés sous *Hérode*. Par une continuité de masses lumineuses, les figures de *Mardochée*, d'*Esther* & de sa suivante, ne forment qu'un même groupe. Entre ce second groupe & le premier, sont placées sur un plan reculé mais apparent, deux figures épisodiques, nécessairement liées au sujet; elles représentent *Adam & Eve*, ces coupables auteurs des maux qu'on voit enfin réparés.

En suivant toujours sur la droite, le troisième groupe est composé des figures de *Noé*, *Josué*, *Moïse*, *Aaron*, *David*, & d'une suite de Patriarches & de Prophètes, qui admirent les merveilles dont ils ont été les symboles, ou dont ils ont annoncé l'accomplissement: ce groupe est terminé par les Mages. On est surpris que cette partie du plafond, quoique moins exposée à la vue, n'ait point été cependant négligée; elle est également magnifique par l'abondance & la variété des figures: comme on n'a pas autant de distance pour voir ce côté, c'est là que l'Artiste a le plus déployé toutes les ressources de son génie & de son Art.

Le quatrième groupe, en suivant toujours le même ordre, est un concert d'Anges qui célèbrent ce grand jour & le bonheur de l'Univers.

Le dernier groupe représentant les femmes fortes de l'ancien Testament, telles que *Judith*, *Débora* & autres, se lie au précédent par une suite d'Anges dans des attitudes d'adoration & de respect.

Enfin, le socle ajouté à la corniche pour couronner l'architecture, est orné de figures allégoriques feintes de stuc, qui représentent les Vertus, forme une illusion dont on a peine à se défendre.

C'est avec justice qu'on applaudit à ce beau poëme pittoresque. M. *Pierre* nous montre les Cieux ouverts, & la lumière la plus brillante dans une coupole où l'on n'appercevoit, avant ses travaux, que le triste effet d'une voûte obscurcie par sa profondeur, & noircie par le temps. Des nuées qui se développent sur une infinité de plans, dont les uns paroissent descendre dans la Chapelle, les autres s'élever à une hauteur prodigieuse, ne laissent aucune trace de la solidité d'une voûte entièrement fermée. Une disposition de groupes qui s'enchaînent les uns aux autres, & des plans qui se font valoir réciproquement, détruit l'idée d'un espace rond, pour donner celle d'une étendue immense du Ciel. Dans cette étendue, une quantité prodigieuse de figures s'arrange si naturellement qu'elles n'y sont point pressées, & si librement, que rien ne sent la gêne. Nul embarras, nulle confusion; le Spectateur saisit aisément, & avec transport, l'ordre, le plan, la conduite de ce grand ouvrage; c'est ainsi que l'objet total d'un poëme doit se présenter d'une façon claire, simple & élevée; c'est ainsi qu'on voit dans le plafond de M. *Pierre* une unité de composition qui enchante; toutes les parties tendant à un seul corps, toutes les causes à un seul effet, tous les ressorts à un seul mouvement.

L'exécution n'est pas moins heureuse: les figures sont drapées d'une manière grande & large. L'intelligence des raccourcis y est portée au plus haut dégré. Cette intelligence, quoiqu'absolument indispensable dans les plafonds, est cependant très-rare, & il y a beaucoup de plafonds, même des plus grands Maîtres, où elle manque totalement. On la voit observée ici avec exactitude, & soutenue du goût nécessaire pour en tirer des figures d'un beau choix. Ce qui rend ce morceau plus admirable, c'est le grand effet qu'il produit. Les masses de lumières & d'ombres y sont supérieu-

Q ij

rement distribuées. L'œil se trouve tranquille par le repos & le bel accord qui y règne, malgré la richesse des objets qu'il présente. Les groupes y sont dégradés avec beaucoup d'art. De grandes parties de demi-teintes y soutiennent les lumières brillantes, & il y règne une lueur vraiment céleste. La perspective locale & aérienne ne sauroit être plus parfaite. Le coloris est d'une belle fraîcheur & d'une force peu commune, la manière de dessiner & de peindre très-grande. Ce qui étonne sur-tout, c'est la beauté de l'harmonie générale; ce plafond paroît tout entier fait de la même palette, &, pour ainsi dire, le même jour; & si dans les ouvrages de l'Art, la difficulté vaincue doit être comptée pour un mérite, comme elle l'est sans doute, on sera plus surpris encore, en faisant réflexion qu'il a fallu peindre cet ouvrage dans l'obscurité, c'est-à-dire, sans autre lumière que celle des croisées, qui étoit interceptée par l'échafaud sur lequel étoit l'Artiste.

Le Calvaire est une troisième Chapelle construite derrière les deux dont nous venons de parler; elle termine l'Eglise du côté du Nord. Ce respectable asyle offre à la curiosité des Connoisseurs & à la piété des Fidèles, *le Sauveur crucifié* (ouvrage d'Anguier, Sculpteur habile du siécle passé) & *la Madeleine éplorée au pied de la croix* ; objets attendrissans qui semblent emprunter un nouveau pathétique d'une lumière céleste, qui les éclaire dans la cavité d'une espèce de niche où ils sont placés. Ils s'y détachent sur un fond de ciel orné d'un groupe de nuages peints avec goût par M. *Machi*, de l'Académie Royale. Le Christ & la Madeleine paroissent au haut de la montagne. Sur un plan plus avancé, sont ingénieusement placés, d'une part, les Soldats préposés pour la garde de l'Homme-Dieu crucifié ; de l'autre, des troncs d'arbres, des plantes, parmi lesquelles on voit le serpent, qui, prêt à se précipiter, semble blasphêmer contre le Vainqueur de la mort & du péché.

Au bas de la montagne, où sont deux portes taillées dans le roc pour monter sur le Calvaire, est un Autel de marbre bleu turquin, qui n'a pour tout ornement que deux urnes, d'où sort la fumée des parfums, par le moyen de laquelle l'Autel se trouve lié avec les rochers du Calvaire ; au milieu s'élève un tabernacle formé d'un reste de colonne de bronze doré, sur laquelle sont groupés divers attributs de la *Passion du Sauveur*, sa robe, la couronne d'épines, la lance, le roseau, les dez, &c. Cette pensée heureuse, ainsi que toute la décoration du Calvaire, est due à M. *Fal-*

connet, Artiste également attentif à jetter de la poésie & du pathétique dans les sujets qui en sont susceptibles, & à y répandre les effets piquans de la magie pittoresque. L'architecture de l'Autel qu'on voit dans cette retraite respectable, de même que le Sanctuaire de la Chapelle de la Vierge, est de M. *Boulée*, Architecte, & ancien Pensionnaire du Roi, dont les talens sont connus par différens beaux ouvrages.

Si après l'examen de ces trois Chapelles, le Spectateur revient dans la grande nef de l'Eglise, il y trouvera d'autres décorations.

Dans la croisée sont deux Autels de marbre bleu turquin, ornés d'urnes & de bas-reliefs dorés; sur l'un est placé un *Christ agonisant au jardin des Olives*, par M. *Falconnet*; sur l'autre s'élève la figure de *S. Roch*, ouvrage de M. *Coustou* l'aîné, Sculpteur ordinaire du Roi, & Professeur de l'Académie Royale. Les Autels sont de M. *Coustou le jeune*, Architecte & Inspecteur de Marly. Ces deux frères qui soutiennent par leurs talens, l'éclat du nom qu'ils portent, ont dévoilé dans ces ouvrages la correction de leur style, & la noble simplicité de leur goût.

Deux Chapelles latérales, ornées & décorées en marbre de couleur, ainsi que les autels & les balustrades : dans l'une est un tableau représentant Saint Denis prêchant la foi en France, par M. *Vien*; & l'autre, Sainte Geneviève-des-Ardens, par M. *Doyen*. Le miracle des Ardens est arrivé en 1230.

Une chaire d'une manière qui tient de l'italique, attire & fixe les regards des curieux. Ce monument neuf par sa composition, brillant par sa richesse, intéressant par sa singularité, mérite bien de la considération à M. *Challe* qui en est l'Auteur.

La première chaire dans Paris qui mérita l'attention des Connoisseurs, au milieu du siècle dernier, fut celle de *S. Etienne-du-Mont*. *Laurent la Hire*, Peintre habile, en donna les desseins, & ses crayons furent supérieurement exécutés par l'*Estocart*, Sculpteur d'Arras. Les Vertus que l'on y voit assises, & les bas-reliefs qui les accompagnent, sont d'un très-bon goût, aussi bien que la figure de l'Ange qui termine le couronnement de cette chaire, & semble appeller au son de sa trompette les Fidèles à la parole divine. Mais quelle relation peut-on trouver dans la figure de *Samson*, qui porte tout ce monument, avec l'usage auquel il est

Q iij

destiné ? C'eſt donc un épiſode inutile, & par conſéquent vicieux.

L'on n'en verra point de ce genre dans la chaire de S. Roch, dont nous devons le deſſin & l'exécution à M. *Challe*, Sculpteur ordinaire du Roi, qui a étudié & deſſiné pendant ſon ſéjour à Rome, dans une grande correction & avec beaucoup de talent, les plus belles ſtatues anciennes & modernes. En réfléchiſſant ſur ſon ouvrage, il a penſé que nos chaires d'Egliſes, dans leur origine, étoient le *ſuggeſtus* des anciens, c'eſt-à-dire, un lieu un peu élevé pour parler au Public. Nous n'avons aucun terme en notre langue pour rendre ce mot latin ; celui de tribune eſt trop générique, & appliqué à pluſieurs autres uſages. C'eſt donc une de ces eſpèces de tribunes que M. *Challe* a voulu conſtruire, en lui donnant plus d'étendue que nos chaires n'en ont communément, ſans s'aſſujettir à l'ancienne forme circulaire. Le plan de la principale face eſt légèrement cintré. Il y a ajouté des reſſauts & des arrière-corps, le tout enrichi de bas-reliefs repréſentant les Vertus théologales, très-bien deſſinées. Tout ces faces ſont terminées dans le bas par un gros cordon formé de feuilles de chêne, liées enſemble, & qui ſépare la partie ſupérieure d'avec l'inférieure. Tout le corps de cette chaire eſt ſoutenu par les quatre Vertus cardinales de grandeur naturelle. Les têtes ſont d'un beau choix, & variées malgré l'ingratitude de leur caractère toujours froid & ſans mouvement. On les diſtingue par leurs attributs dont leurs mains ſont chargées. Le Sculpteur voulant donner au ſupport de tout l'ouvrage, la grace des conſoles qui ſe terminent en retraite, n'a pu repréſenter les figures entières de ces Vertus en pied, dont le bas eût formé des ſaillies perpendiculaires & déſagréables ; il a donc été forcé de renfermer la moitié de ces figures dans des gaînes qui ont éprouvé quelques critiques. On a voulu reſtreindre cette licence à la repréſentation des Divinités & des femmes eſclaves, dont les Grecs ont formé leurs Cariatides ; mais nos plus ſavans Sculpteurs & Architectes modernes ayant ainſi repréſenté en cent occaſions des figures d'Anges, M. *Challe* s'eſt cru autoriſé à pouvoir uſer du même privilège. Les Vertus étant des êtres moraux perſonnifiés, ne doivent pas plus bleſſer la décence, ſous cette forme, que ceux de ces ſubſtances ſpirituelles également idéales. Le maſſif auquel ces Vertus ſont adoſſées, eſt orné, dans les intervalles des figures, de feſtons de feuilles de chêne, copiés ſur les monumens antiques.

Le dessus de cette chaire appellé *l'abat-voix*, est fermé par un rideau qui représente le voile de l'erreur. Il est levé par un Génie céleste, symbole de la vérité. Ce rideau enrichi dans ses extrémités d'une frange dorée, est attachée au pilier auquel est adossée la chaire, par de riches cordons, & avec beaucoup d'art & de vérité. Plusieurs personnes auroient souhaité cet *abat-voix* plus exhaussé. Le corps de l'ouvrage l'exigeoit, & c'étoit l'intention de l'Auteur; mais alors il n'eût été d'aucune utilité pour renvoyer la voix à l'Auditeur; un inconvénient de cette importance a décidé de sa place. La rampe de l'escalier, pour monter à cette chaire, mérite les regards des Connoisseurs, & ajoute beaucoup au prix de tout l'ouvrage, par la nouveauté & le goût de ses ornemens mâles & sans nulle confusion. Le bronze doré & l'acier bruni y sont distribués avec bien de l'intelligence. Le fini du travail y est poussé au plus haut point de perfection. Cette rampe, malgré sa beauté, a eu des Censeurs qui auroient voulu qu'à la place des ornemens à jour qui la composent, on eût continué jusqu'au bas de la première marche les panneaux & les bas-reliefs des faces de la chaire; mais, dès qu'elle est construite en tribune, ne falloit-il pas nécessairement que la rampe de son escalier fût comme celle de tous les autres, & distingué du corps de la tribune avec lequel il ne doit avoir aucune ressemblance ? d'ailleurs l'obliquité des parallèlogrammes auxquels on eût été assujetti par la forme des panneaux, présente toujours un effet désagréable.

Mais de toutes ces critiques, la plus forte & la plus juste, c'est d'avoir couvert de dorure, contre l'intention de M. *Challe*, les bas-reliefs, les Vertus & l'Ange qui forment les principaux sujets de cette chaire. Ceux qui les ont admirés dans l'atelier du Sculpteur, n'en ont plus apperçu les beautés au travers de cet oripeau, qui, par ses reflets vifs & par taches, darde des coups de lumière perfides, en éclairant ce qui devroit être obscur, & en obscurcissant ce qui devroit être éclairé. Ne cessera-t-on point d'estimer & de prodiguer une beauté si fausse & si imaginaire, qui n'est beauté que pour le Peuple & le Villageois, & dont on devroit être désabusé après tant d'exemples de chef-d'œuvres que cette fureur de dorer a perdus ? Nous ne citerons que les bas-reliefs de la chaire des grands-Augustins, par le célèbre *Germain Pilon*, admirés de tous les Connoisseurs, & tombés dans le mépris depuis que l'ignorance les a défigurés par la dorure. Cette manie est aujourd'hui si fort à la mode, que l'on ne désespéreroit pas de voir quelque jour les belles figures de la fontaine des *Saints Innocens*, couvertes de ce métal.

Le dessin de la chaire de M. *Challe* est mâle & d'un beau simple. Cet Artiste mérite les plus grands éloges, pour avoir résisté au torrent de la stérile profusion des ornemens qui dominent aujourd'hui, & presque tous dans le même genre & d'un goût petit & colifichet. Tous ceux que M. Challe y a placés étoient nécessaires, & sont choisis dans les monumens antiques les plus approuvés : enfin, cette belle chaire, malgré la critique & l'envie, toujours actives à flétrir les réputations naissantes, est estimée, & le sera long-temps par les Connoisseurs sans passion, & les Amateurs du beau sans clinquant. On peut avancer avec confiance que ce monument obtiendra les suffrages de la postérité, unique objet de l'homme de génie, si l'injustice & la bisarrerie de la mode lui refusent ceux de ses Contemporains.

Les nouveaux embellissemens de l'Eglise de Saint Roch s'étendent jusqu'aux grilles du Chœur. La réforme qu'on y a faite en les rabaissant, semble l'agrandir ; elles ne cachent plus les cérémonies qui s'y font, commes elles les cachoient autrefois. Au moyen de cette réparation avantageuse, on apperçoit aujourd'hui de toute la nef, & d'une partie des bas-côtés, non seulement les décorations nouvelles, le maître-autel, mais encore la célébration des Saints Mystères. Le Sieur *Doré*, Maître Serrurier, a su varier dans ces grilles le fer & le cuivre avec un tel art, qu'il en résulte un très-bel accord.

Un jeu d'orgues très-complet, très-mélodieux, confié aux talens d'un Artiste distingué (M. Balbâtre, Maître de clavecin de la Reine, Organiste de Notre-Dame, &c.) entre dans l'ordre des décorations dont nous rendons compte ici. Elles sont toutes convenables au saint édifice ; elles sont relatives à la gloire du Seigneur, à l'édification des Chrétiens, & n'ont pour objet que de ranimer la piété des Fidèles. Ce sont autant de monumens authentiques & permanens de la libéralité de quelques Paroissiens d'autant plus louables dans leurs largesses, qu'ils ne veulent point être connus ; & qu'ils ont déposé dans le sein de leur Pasteur le secret de leurs bienfaits : rare générosité, ressource heureuse que tous les revenus de l'Eglise & de la Cure de Saint Roch n'auroient pu suppléer !

ROI-HENRI (*le*) Maison. *Voy.* CHARTIERE. ( )

ROI. (*le jardin du Roi*) *Voy.* JARDINS, PROMENADES PUBLIQUES.

ROISSY, (*le château de*) *Roſſiacum*, étoit un vieux Château flanqué de tours rondes à l'antique, qui a appartenu à la maiſon de *Meſmes*. Le Comte d'Avaux, ſi connu dans toute l'Europe par ſes négociations, le fit abattre en 1704, & fit jetter les fondemens d'un Château dont il a fait continuer les ouvrages juſqu'à ſa mort; il en avoit élevé trois beaux corps de bâtimens des plus réguliers, & il ne reſtoit plus qu'un pavillon à achever. L'enclos de cette maiſon eſt de plus de cent arpens. Beau jardin, grand parc; mais il y manque de l'eau, & quelques dépenſes qu'on y ait faites pour y en faire venir, l'on n'a point réuſſi. Ce château eſt ſorti de la maiſon de Meſmes en 1713, & a été acheté par la Marquiſe de la Carte, qui, en 1719, le vendit au Sieur *Law*, fameux par le ſyſtême qui a fait tant de malheureux en France. Ce château eſt dans un Bourg de l'Iſle-de-France près de Lagny.

ROMAINVILLE, Village du Doyenné de Chelles, ſitué preſqu'à l'extrêmité de la plaine qui règne ſur la montagne, qui, au ſortir de Paris, commence à la Courtille, & qui continue à Belleville; en ſorte que comme de Belleville la vue eſt charmante vers le midi & le couchant, de même l'eſt-elle de Romainville vers le couchant & le nord, du côté de Saint-Denis, & beaucoup au-delà, vers Dammartin, & ſur la route de Meaux. On ne compte de Paris à cette Paroiſſe, qu'une lieue & demie ou deux petites lieues; mais il n'eſt pas ſitué dans la Brie. Il eſt vraiſemblable que cette Terre a appartenu à un homme appellé *Romain*, qui étoit un nom aſſez commun anciennement. Comme S. Germain d'Auxerre eſt le premier Patron de l'Egliſe de ce lieu, de même qu'à Pantin qui y eſt contigu, on pourroit croire que Romainville n'étoit d'abord qu'un Hameau de Pantin, & qu'il en a été diſtrait pour être érigé en Paroiſſe, avant que l'Egliſe de Pantin appartînt aux Moines de Saint-Martin-des-Champs. Peut-être faudroit-il dire auſſi que Pantin ſeroit une diſtraction de Romainville; mais on ne trouve pas de titres qui parlent de Romainville avant le treizième ſiècle, au lieu qu'il en reſte du onzième ſiècle, qui regardent Pantin.

L'Egliſe paroît être une ſtructure du temps de la ſeconde race de nos Rois, à en juger par les quatre piliers qui ſupportent la voûte. La Fête des deux Saints Patrons y est chommée ; celle de Saint Germain le 31 Juillet, & celle de S. Romain le 23 Octobre. La nomination de la Cure appartient à l'Archevêque de Paris, *pleno jure*.

Le territoire de ce Pays est en labourages & vignes. On voit sur cette Paroisse une petite éminence inculte, sur laquelle, à en juger par certains restes, existoit un bâtiment en forme d'équerre, dont la grande face regardoit le nord, & l'autre côté le couchant. Au bas de cette petite hauteur, est un gouffre en forme d'entonnoir, dans lequel les eaux s'écoulent presque de toutes parts, & entr'autres, celles d'une fontaine qui prend son cours du plus haut ou environ d'une colline vers l'occident. On y a jetté des animaux vivans qu'on n'a jamais revus depuis. Cette espèce d'abîme a fait donner à la petite élévation qui est vers le nord, & à la maison qui y étoit anciennement le nom de *Trou-Vassou*. Il est vrai qu'il y a eu dans le seizième siècle une famille du nom de *Vassou* à Romainville.

Cette Terre relève de la tour de Montjai. Il y a eu à Romainville une Léproserie.

ROMORENTIN, (*château de*) fameux par la naissance de la Reine Claude, femme de François I. La Ville de Romorentin est au Blaisois dans la Sologne, Election de la Généralité d'Orléans, sur le ruisseau de Morantin qui se perd dans la Sandre, à quarante lieues de Paris. Une partie de plaisir faillit faire perdre la vie à François I dans ce château. Voici l'anecdote ; telle qu'elle est rapportée dans l'Histoire de France, *tom. 23, pag. 304 & suiv.* donnée par M. Garnier.

Ce Prince étoit allé avec toute sa Cour passer les premiers jours de Janvier au château de Romorentin, chez la Duchesse d'Angoulême, sa mère. Il apprit que la veille des Rois, le Comte de Saint-Pol avoit assemblé chez lui un grand nombre d'amis, & qu'on avoit fait un Roi de la fève. Il assemble de son côté quelques jeunes Courtisans, & envoya défier le nouveau Roi. Le Comte de Saint-Pol & ses amis amassèrent à la hâte des pelotes de neige, des œufs, des pommes, barricadèrent les portes, & se mirent en état de soutenir l'assaut. Lorsque toutes ces provisions furent épuisées, un des plus échauffés saisissant une bûche enflammée, la jette au milieu de la Troupe qui brisoit les portes : elle tomba sur la tête du Roi & le renversa sans connoissance : on le remporta dans cet état au château de Romorentin. Les Médecins, pendant quelques jours, désespérèrent de sa guérison. On vouloit rechercher l'imprudent qui avoit fait le coup, le Roi ne voulut pas le permettre: *c'est moi*, dit-il, *qui ai fait la folie, il est juste que je la boive.* La vigueur de son tempérament, l'art des Chirurgiens, lui rendirent bientôt sa santé, & il ne résulta de cet accident, qu'un changement assez considérable dans nos modes. Le Roi qui craignoit de rester chauve dans l'endroit où il avoit reçu la blessure, fit couper ses cheveux, & laissa croître sa barbe; tous les Courtisans s'empressèrent de l'imiter; le Parlement seul rejetta cet ajustement comme trop mondain. Pendant plusieurs années, il exigeoit de ceux qui se présentoient pour remplir des Offices, qu'ils laissassent croître leurs cheveux & se fissent couper la barbe. La présence des Maîtres des Requêtes qui étoient obligés de se conformer à l'habit de Cour, réconcilia peu à peu les Magistrats avec la barbe, & ils finirent par s'y affectionner, au point qu'ils la portèrent plus longue, plus épaisse & plus long-temps que le reste de la Nation.

ROND. (*Saint-Jean-le-*) *Voy.* JEAN-LE-ROND. (*Saint*) C'étoit le lieu de la sépulture du célèbre *Ménage*, Auteur du Dictionnaire étymologique, mort en 1692, le 21 Juillet.

RONY, Ce Village est situé dans une des vallées les plus agréables du Doyenné de Chelles. Elle a vers le couchant la vaste montagne qui continue jusqu'à Montreuil; mais elle tient du terrein de Noisy-le-sec qui y confine vers le nord-ouest, car elle n'est arrosée d'aucun ruisseau. Le vallon est cependant un peu en pente vers le midi, où les eaux s'écoulent dans la Marne. Sa distance de Paris est de deux lieues & demie. Presque tout le territoire étoit planté en vignes, à la faveur des deux montagnes, excepté le Pays plat du vallon.

L'Eglise est du titre de Sainte Geneviève, comme première Patrone, & Saint Denis comme le second. Elle est au milieu du Village. Le Patronage de la Cure appartient à l'Abbé de Sainte Geneviève.

Cette Terre appartenoit dès le douzième siècle à cette Abbaye. Celui qui tient leur ferme à Rony paie six oyes par an à la Ville de Paris, qui en donne quittance.

ROQUENCOURT, Paroisse située à une petite lieue de Versailles, sur le chemin qui conduit à Saint-Germain-en-

Laye. Le Village n'eſt éloigné de celui du Cheſnay que d'un quart de lieue; auſſi étend-il ſon territoire d'un autre côté. Sa diſtance de Paris n'eſt que de quatre lieues; il eſt bâti dans la plaine qui règne juſqu'aux approches de Louveciennes & de Marly. La principale culture des terres eſt en labourages.

L'Egliſe eſt ſous le titre de Saint Nicolas. La Cure eſt à la Collation de l'Archevêque de Paris.

ROSES. Cérémonie de la préſentation des roſes au Parlement. *Voy. tome 3, pag. 769 & ſuiv.*

ROSIER de la Cour. *Voy.* FONTENAY-SOUS-BAGNEUX.

ROSIERS ou FRANCS-ROSIERS. (*Fief des*) *Voy.* FIEFS.

ROSOY. (*Election de*) Cette Election eſt placée entre celles de Paris, de Melun, de Montereau, de Provins, de Coulommiers & de Meaux. On lui donne neuf lieues de long & autant de large : elle eſt arroſée par les rivières de Morin & d'Yères.

Roſoy, chef-lieu de cette Election, eſt ſitué ſur la rivière d'Yères, à l'eſt-ſud-eſt de Paris, éloignée de douze lieues de la Capitale, au 20e. deg. 36 min. 20 ſ. de longitude, & au 48e. deg. 41 min. 25 ſ. de latit. ſeptentrionale.

Cette Ville eſt fort petite : on n'y compte guères au-delà de deux cents feux : c'eſt peut-être par cette conſidération que l'on n'y loge point de troupes en quartier, ou plutôt parce qu'il y en paſſe fort ſouvent, & que leur ſéjour deviendroit fort onéreux aux Habitans.

On compte à Roſoy trois portes & trois Fauxbourgs. La Ville eſt environnée d'un rempart ſur lequel il y a quelques tours, & d'un foſſé ſec. A l'entrée eſt un baſſin qui renferme les eaux d'une fontaine fort agréable, & en même temps fort utile.

Les environs de cette Ville produiſent beaucoup de bled; le marché qui s'y tient tous les ſamedis, eſt principalement pour ce commerce.

La Paroiſſe de la Ville eſt fort bien bâtie & de bon goût; elle eſt ſous l'invocation de la Sainte Vierge.

Il y a un Couvent de Religieuſes du Tiers-Ordre de S. Dominique, qui y ſont au nombre d'environ dix-huit ou vingt. Le but de leur Inſtitut eſt de ſe conſacrer à l'éducation de la jeuneffe; elles ont beaucoup de Penfionnaires.

On a formé à Rofoy deux Compagnies militaires, l'une de Fufiliers, & l'autre d'Arquebufiers.

A quelque diftance de la Ville eft un très-beau château que l'on nomme *La Fortelle*; il y a trois ponts-levis fur des foffés remplis d'une eau vive & courante; il eft orné de très-belles avenues d'arbres, avec un parc dans lequel on a pratiqué un étang, & toute cette vafte étendue eft fermée de murailles. Il y a eu des Seigneurs du nom de ce château; leurs armes étoient trois rofes.

Bannots a un Hôtel-Dieu, dans lequel on ne reçoit point les Pauvres, mais dont on leur diftribue les revenus. Comme cette Paroiffe eft dans le Diocèfe de Meaux, la Cure eft à la nomination du Chapitre de la Cathédrale.

Les Bénédictins Anglois ont une Maifon à *la Celle*; c'eft un afyle qui leur a été accordé par la Cour, pour y recueillir les débris de l'état Religieux, depuis qu'Henri VIII a fait fes efforts pour l'éteindre en Angleterre par fon fchifme.

Il y a au même endroit un Prieuré que l'on a réuni au Séminaire des Miffions étrangères, qui, par ce moyen, eft devenu Seigneur du lieu, & nomme à la Cure; le même nomme à celle de la Chapelle *Iger*, où l'on voit un affez beau château qui eft connu fous le nom de *Champ-Gueffier*.*

La Paroiffe de *Châtres*, dont le nom latin eft *Caftrum*, renferme la belle Terre *des Boulaies*, qui a appartenu à M. le Marquis de *Ségur*, mort en 1737.

Loribel eft une fort belle Terre qui appartient à M. le Marquis de *Breteuil*.

Le château *de Meaurevert* eft fur la Paroiffe de *Clos-Fontaine*, dont la Seigneurie appartient aux Chartreux de Paris.

Dammartin-en-Goelle, fitué à une demi-lieue du Morin, dans le Diocèfe de Meaux, renferme le château du

---

* *Hildegaud*, Seigneur de Rofoy en Tiérache, y fonda vers l'an 1016, un Chapitre pour quinze Chanoines; leurs revenus fe trouvant dans la fuite confidérablement augmentés, ils demandèrent au Pape d'augmenter leur nombre; ce qui fut fait en 1223 : chaque Prébende fut partagée en deux; ainfi trente bons Eccléfiaftiques vécurent honnêtement dans un lieu où le trop de richeffes auroit peut-être corrompu les mœurs de quinze. SAINT-FOIX, *Eff. Hift. fur Paris*, tom. 5, p. 191.

Pleſſis-Sainte-Avoye. Il y a une Collégiale compoſée d'un Religieux de l'Ordre de Saint-Auguſtin & de quatre Chanoines; c'eſt S. A. S. M. le Prince de Condé, qui donne les prébendes, en qualité de Comte de Dammartin; mais ce droit eſt conteſté par l'Evêque de Meaux.

Les Filles charitables y ont une petite Communauté ſéculière. Trois Filles de la Charité ſont chargées du ſoin de l'Hôtel-Dieu, dans lequel il y a huit lits, quatre pour les hommes, & quatre pour les femmes.

La célèbre Abbaye *de Faremoutier* eſt dans la Ville de ce nom: ſix Chanoines la deſſervent, ainſi que la Cure; & tous, en y comprenant le Curé, ſont à la nomination de l'Abbeſſe. On fait remonter la fondation de cette riche Abbaye à l'an 614, & on l'attribue à Sainte Fare, ſœur de Saint Faron, Evêque de Meaux.

Les Sœurs de l'Inſtitut de Nevers y ont un établiſſement.

La Paroiſſe de *Favières* renferme le château de Pui-Quarré, le Prieuré de Saint-Ouen & l'Abbaye d'Hermières, de l'Ordre des Prémontrés. Cette Abbaye eſt du douzième ſiècle, placée au milieu de la forêt de Crecy, dans un endroit fort déſagréable, & en même temps inabordable. Cependant, lorſque l'on eſt parvenu à vaincre la difficulté des chemins, on ſe trouve dédommagé de la fatigue du voyage, par le bon accueil que l'on reçoit ſur les lieux, & par la beauté des jardins qui ſont fort ſpacieux.

La Paroiſſe de *Grez* fait partie du Comté d'Armainvilliers.

L'Hermitage de *Saint-Blandin*, lieu plus tranquille qu'agréable, eſt ſur la Paroiſſe de Saint-*Guérard*, à quelque diſtance de ce Bourg.

La Paroiſſe de *Haute-Feuille*, où l'on voit un fort beau château, étoit, il y a environ trente ans, Succurſale de Saint-Guérard. Son château ſe nomme *les Tournelles.*

Les terres des environs de *la Houſſaye* ſont fort bonnes. On compte ſur cette ſeule Paroiſſe huit fermes conſidérables, dont une appartenoit à S. A. S. feu M. le Comte de Charolois.

Sur la Paroiſſe de *Jouy-le-Châtel* qui eſt conſidérable, il y a deux fort beaux châteaux; l'un ſe nomme *Vigneau*, & l'autre le *Petit-Paris.*

Retal, Fief qui appartient aux Céleſtins de Marcouſſi, & la Seigneurie de Montiel, ſont ſur la Paroiſſe de *Liverdit.*

Braſſoi, château dont on admire les bâtimens & les jardins, eſt ſur la Paroiſſe de *Mormans*, qui dépend du Diocèſe de Sens.

Tournan, Ville fort agréable du Diocèse de Paris, a une singularité curieuse & effrayante ; la petite rivière sur laquelle elle est située dans une vallée, se jette dans un gouffre à une demi-lieue de ses murs, & se perd entièrement dans cet abyme. Le Pays des environs est très-fertile ; la terre y produit beaucoup de bled, & c'est ce qui fait le commerce du Pays dans les foires qui s'y tiennent deux fois par an, & dans le marché qui s'y tient tous les lundis. *Voy.* TOURNAN.

La *Seigneurie de Tournan* dépend du Comté d'Armainvilliers. Un Arrêt du Conseil défend la chasse dans cette Châtellenie, & ne la permet qu'au Seigneur. Le Fief de la Chenardière & la Seigneurie de Combreux en dépendent.

Le Prieuré de la Buhotière est sur la Paroisse de *Vaudoy* ; il dépend de l'Abbé de Saint-Martin de Pontoise.

Il y a un Hôtel-Dieu à Voinsles, où les Pauvres ne sont point logés, mais dont on leur donne les revenus.

On voit des châteaux à Bernay, au Breuil, à Larrois, à Fontenay, à la Grange-Blesneau, à Lumigny, à la Madeleine, à Nangis, à Nesle-la-Gilberde, à Pécy, à Plancy, au Plessis-Feu-Auslou, à Toquin, à Vaudoy, à Verneuil, &c. &c. &c.

ROTISSEURS. Ce sont ceux qui habillent, lardent, piquent les viandes de lait, gibiers, volailles, pour les vendre crues ou cuites.

Les premiers statuts de cette Communauté ont été renouvellés sous Louis XII, en 1509, & confirmés par presque tous les Rois ses successeurs, jusqu'à Louis XV en 1744, & registrés en Parlement en 1747.

Il est permis aux Jurés de cette Communauté de visiter toutes espèces de volailles, gibiers, aussi-tôt l'arrivée des Marchands forains sur le carreau de la Vallée, & d'y saisir les marchandises défectueuses.

En 1776, par l'Edit de S. M. Louis XVI, les Rôtisseurs ont été réunis aux Traiteurs & aux Pâtissiers, dont la profession est en concurrence avec celle du Confiseur, de l'Epicier & du Limonadier.

L'apprentissage est de cinq années. Le Brevet coûte 20 livres, & la maîtrise 600 livres. Patron, l'Assomption de la Sainte Vierge. Bureau, quai des Augustins.

ROULE (le) érigé en Fauxbourg le 12 Février 1722. C'étoit anciennement un petit Village qui a été réuni à celui de la Ville-l'Evêque. Adrien de Valois & l'Abbé Lebeuf ont pensé que ce Village est celui que Frédegaire appelle *Romilliacum*, ou le *Crioilum* de la vie de S. Eloi. Son nom a donc été bien défiguré, & il faut qu'il soit bien ancien.

Au treizième siècle, on le nommoit le Roule, *Rolus*, *Rotulus*, & on le trouve distingué *en haut & bas Roule*, & plusieurs titres font mention d'une Léproserie qui s'y trouvoit située, & qu'on a souvent appellée *l'Hôtel du bas-Rolle* & *Hôtel du Roule*, ainsi que d'une Chapelle adjacente. On ignore le nom des Fondateurs de cette Léproserie; mais il y a apparence que ce sont les Officiers de la Monnoie qui avoient au Roule quelque revenu, & jouissoient par espèce de compensation de certains biens de la Léproserie. L'Abbé Lebeuf dit avoir appris que le clos appellé *la Pépinière*, étoit attaché à l'Hôtel de la Monnoie de Paris. Sur la fin du dernier siècle, cette Maladrerie fut érigée en Paroisse pour le soulagement des Habitans de ce lieu, au nombre de soixante & quinze ménages, qui étoient de la Paroisse de Villiers, éloignée de trois quarts de lieue; il y eut aussi quelques Meûniers qui étoient ci-devant de la Paroisse de Clichy qui, furent attribués au Roule: cette érection fut faite le premier Mai 1699. L'Archevêque se retint la collation pure de la Cure, & statua qu'on paieroit 40 livres chaque année au Curé de Villiers, & 5 livres à la Fabrique. *François Socoly*, Seigneur de Villiers, se conserva en la nouvelle Paroisse le droit d'une part de pain béni, & d'un bouquet le premier jour de Mai, jour de la Fête patronale. Sauval dit que cette Paroisse est dotée de la moitié du revenu de la Léproserie, & que l'autre moitié est demeurée aux soins des Ouvriers de la Monnoie de Paris, qui l'ont appliquée pour le secours de leurs Confrères malades. Au moins il est constant qu'ils avoient eu quatre places dans cette Maladrerie.

L'Eglise du Roule reconnoît Saint Jacques & Saint Philippe pour Patrons: on y solemnise aussi le 16 Août la Fête de Saint Framboud, Solitaire du Pays du Maine, en qualité de second Patron. La petitesse de cette Eglise, & la nécessité d'en construire une nouvelle, ainsi que des bâtimens pour le Curé, le Vicaire & pour les petites écoles, ont engagé Sa Majesté à permettre cette construction & l'acquisition des terrains nécessaires à cet effet, par Arrêt de son Conseil du 12 Mai 1769, sur lequel ont été expédiées le même jour des Lettres-patentes, enregistrées le 4 Mai de l'année suivante. On construit actuellement cette Eglise sur les dessins & sous la conduite de M. *Challegrin*.

Par l'Arrêt du 30 Janvier 1722, & Lettres-patentes du

12 Février suivant, le Roule fut déchargé de la taille, & assujetti aux entrées; & les Fermiers-Généraux, chargés de payer au Receveur des Tailles, la somme de 4835 livres par chaque année. L'enregistrement est du 14 Mai suivant. *Voy.* BOULOGNE. FIEFS.

ROULIERS. (*Commissionnaires de*) Ce sont ceux qui reçoivent & se chargent de faire transporter toutes sortes de caisses, malles & ballots de marchandises, par toutes les Villes du Royaume & Pays étrangers, à prix convenu avec les Commettans. Ces Commissaires sont établis dans les rues Saint-Denis, Montorgueil, de la Verterie, d'Enfer, place Saint-Michel, Thevenot, des Deux-Ecus, Tire-Boudin, Beaurepaire & Greneta.

ROUVRE, petit Hameau composé de deux maisons, en latin *Robur*. Il dépend du château des Bergeries qui est sur la Paroisse de Dravet, quoique la basse-cour soit sur celle de Vigneu. *Voy.* DRAVERN.

ROYALLIEU, (*l'Abbaye de*) Election de Compiegne. Cette Abbaye appartient à des Filles de l'Ordre de Saint Benoît, & est dans la Paroisse de Morguienval, à cinq lieues de Compiegne.

RUBANIERS. Ce sont ceux qui fabriquent & vendent toutes sortes de galons d'or & d'argent, rubans de soie, livrée, franges, garnitures de carrosses & de chevaux, agrémens & parures de modes, & généralement tout ce qui se fait au petit métier.

Les Statuts de cette Communauté sont de 1403, sous Charles VI, renouvellés, augmentés & confirmés par plusieurs Rois jusqu'à Louis XIII en 1615.

L'apprentissage est de quatre ans, & quatre ans de compagnonage. Le brevet coûte 40 livres; la maîtrise, 600 l. *Voy.* Fabricans d'étoffes & de gazes, tom. 3, p. 340.

Ils ont la peinture des gazes & des rubans, en concurrence avec les Peintres.

Le chef-d'œuvre consiste en deux aunes d'ouvrages de tissuterie.

Patron, la Nativité de la Sainte Vierge, Bureau, rue Saint-Martin.

RUEL, Bourg à l'occident de Paris, à la distance de deux

Tome IV. R

lieues & demie, au-dessous & au-delà du mont-Valérien, dont le bas de ce côté-là est de la Paroisse. Il y a beaucoup de vignes, & même quelques-unes sont dans la plaine, en tirant vers la riviere; car le territoire de Ruel s'étend jusqu'au pont de Chatou, vers le nord-ouest, & jusqu'à un ancien moulin sur le bord de la rivière, du côté du nord. L'Eglise est fort jolie pour une Paroisse de Village. Le portail est d'ordre ionique & assez bien entendu.

On lit sur un pilier de la nef une inscription qui porte qu'*Antoine I* du nom, 18e. Roi de Portugal, & ses fils Dom *Emmanuel* & *Christophe*, étant à Ruel en 1584, ils posèrent la première pierre; aussi y voit-on leurs armes. Celles du *Cardinal de Richelieu* sont au portail. Devant ce portail est une petite place assez belle pour la campagne. S. Pierre & S. Paul sont Patrons de cette Eglise. Leurs statues qu'on y voit sont du fameux *Sarazin*. La Collation de la Cure appartient *pleno jure* à l'Archevêque de Paris.

On voit à l'extrêmité de la Paroisse, les ruines d'une ancienne Chapelle, dédiée à Saint Cucufat, où le Peuple ne laisse pas d'aller en pélerinage, & de brûler encore quelques bougies. Il l'appelle *Saint Quiquenfat*. Il y en a une autre proche l'Eglise Paroissiale, dédiée à Saint-Sulpice.

Dans le siècle dernier il s'est fait à Ruel un établissement de Filles de la Croix, fondées par la Duchesse *d'Aiguillon*. Cette Communauté a été le berceau du Monastère de Saint-Louis, établi à Saint-Cyr. Après la mort du Cardinal de Richelieu, la belle maison de Ruel appartint à la Duchesse *d'Aiguillon* sa nièce, à laquelle il l'avoit léguée par son testament du 23 Mai 1642. La Cour s'y retira en 1648. Le nouveau château appartient maintenant aux Ursulines de la grande Communauté de Saint-Cyr, qui sont Dames de Ruel.

On y voyoit, il y a quelques années, dans une belle maison bâtie par les *Leonard*, immédiatement après la porte du Bourg qui conduit à Marly, & appartenante depuis à M. *Chardon* qui avoit épousé une *Leonard*, l'inscription suivante, disposée en style lapidaire dans le vestibule.

Imperante Ludovico magno, Regum maximo, Fredericus Leonardus, *pater, &* Fredericus *filius, ambo Regis & Serenissimi Delphini primarii Tipographi, has rusticas ædes urbani laboris sublevamento à fundamentis erexerunt, anno repar. sal.* M. D. CC.

Il y a encore quelques maisons particulières à Ruel, qui

sont assez propres; entr'autres, cellequi a appartenu à feu M. *Waldor*, Résident de l'Electeur de Cologne. Ce fut par le moyen de ce Ministre, que l'on vit en France des maronniers d'Inde. Les premiers qu'il fit venir furent présentés à Louis XIV, & plantés par son ordre dans les jardins de Marly.

Parmi les événemens d'une certaine conséquence qui se sont passés à Ruel, durant le Ministère du Cardinal de Richelieu, la condamnation de M. *de Marillac*, Maréchal de France, ne fut pas un des moins remarquables. Son procès y fut instruit par des Commissaires à la dévotion du Ministre, & ce malheureux Seigneur y fut jugé à mort le 8 de Mai 1632.

Le fameux *Joseph Leclerc*, Capucin, si connu dans l'histoire du règne de Louis XIII, mourut à Ruel le 18 de Novembre 1638, âgé de soixante-un ans.

Dans le même temps y mourut aussi un nommé *Zaga-Christ* qui se qualifioit Roi d'Ethiopie. Les uns le reconnurent pour tel; d'autres le regardèrent comme un Aventurier. Le Cardinal de Richelieu ne s'ouvrit pas trop à cet égard; mais au peu de cas qu'il parut en faire, on pressentit ce qu'en pensoit cette Eminence. La mort décida de ce Prince, & on lui fit cette épitaphe:

> Ci gît du Roi d'Ethiopie
> L'original ou la copie;
> La mort a vuidé le débat,
> S'il fut Roi, ou s'il ne le fut pas.

RUELLES *de Paris*. Voy. après les RUES DE PARIS.

RUES DE PARIS,

Avec un grand nombre d'étymologies, & plusieurs traits historiques relatifs. *

N. B. Les rues marquées par un astérique ne subsistent plus, ou ne portent plus ce nom.

---

* Le 16 Janvier 1728, on a placé les premières inscriptions au coin de chaque rue; les noms ont été écrits en gros caractères noirs sur des feuilles de fer blanc; & à mesure que l'on rebâtit les maisons sur lesquelles se trouvent ces inscriptions, on a soin de les faire graver sur la pierre.

A.

RUE *Abbatiale*, Quartier Saint-Germain-des-Prés, ainsi nommée de l'Abbaye de ce nom. Elle aboutit, d'un côté, au petit marché de la rue Sainte-Marguerite, en traversant la Boucherie; & de l'autre, à la cour abbatiale. En 1699, on construisit plusieurs maisons dans l'enclos de l'Abbaye, & ces maisons forment aujourd'hui trois rues qui sont, *l'Abbatiale*, la *Cardinale* & la *Furstemberg*. Cette dernière est ainsi appellée du Cardinal de ce nom, Abbé de Saint-Germain.

Ablon; (rue d') c'est aujourd'hui la rue Neuve-Saint-Médard, Quartier de la Place Maubert. *Voy*. cette rue. Elle fut ainsi nommée du territoire d'Ablon où elle est située.

Abreuvoir (rue de l') Quartier de la Cité; passage qui conduit à la rivière, à l'extrêmité du cloître de Notre-Dame, à l'endroit connu sous le nom de *terrein*.

Abreuvoir-Mâcon ou du *Cagnart*, (rue de l') Quartier Saint-André-des-Arcs. C'est la continuation de la rue de la Vieille-Bouclerie qui conduit en descendant à la rivière, & qui commence au coin de la rue de la Huchette, & du Pont-Saint-Michel; il porte ce nom à cause qu'on y menoit boire les chevaux du Comte de Mâcon. Le nom de Cagnart qu'on lui a donné mal-à-propos, signifie un lieu plein d'immondices. Ces sortes d'endroits servoient de retraite pendant la nuit à des Vagabonds, des Fainéans, &c. qui s'appelloient par cette raison *Cagnards*. Pasquier dit qu'on les nommoit CAGNARDIERS, *parce que tout ainsi que des canards, ils vouoient leur demeure à l'eau*. Selon Borel, ce mot vient de *canis*, *qui dénote*, dit-il, *des gens qui vivent en chiens*. Les Editeurs de Sauval l'ont appellée par erreur la rue du *Renard*; il en est de même du nom de *petit-quai-Bignon*, qui se trouve dans le Recueil des rues, imprimé chez Valeyre. Il est vrai qu'on a donné deux fois ordre d'en construire un sous ce nom.

Abreuvoir-Marion, & rue de *l'Arche-Marion*. En 1300, on l'appelloit *l'Abreuvoir Thibaut-aux-Dés*, parce qu'il est à l'extrêmité de cette rue dont il fait la continuation, de même que celle appellée de l'Arche-Marion. En 1398 & en 1400, on lui donna le nom de *rue des Jardins*; & sur la fin du quatorzième siècle, celui de *Ruelle*, qui fut *Jean de la Poterne*, à cause des étuves que Jean de la Poterne y tenoit en 1496, & qu'on appelloit les *Etuves aux trois pas de degrés*; ce qui lui fit donner par la suite le nom simple de la *Ruelle aux Étuves*, & par Corrozet, celui *des Etuves aux Femmes*. On la trouve en 1565, sous le nom de l'Arche-Marion & de l'Abreuvoir-Marion, du nom de la femme qui tenoit ces étuves. De Chuye l'appelle encore *la rue de l'Archer*. Elle commence de la rue Saint-Germain-l'Auxerrois, jusqu'à la rivière, en passant sur le quai de la Mégisserie, ou de la Féraille, Quartier Sainte-Opportune.

Rue *de l'Abreuvoir-Popin*, par corruption *Pépin*. Cet abreuvoir a été confondu par Valeyre avec l'Abreuvoir-Marion. Cette rue qui est du Quartier de Sainte Opportune, a son entrée par la rue Saint-Germain-l'Auxerrois, passe sous le quai de la Mégisserie, & se termine à la rivière. Voy. POPIN. (*le Fief*)

* *Abrulle*, voy. RUE *Saint-Romain*, Quartier du Luxembourg.

* *Agnès*. (rue Dame-) Cette rue dont il est fait mention dans des comptes de l'Ordinaire & de la Prévôté de Paris de 1417 & de 1421, étoit près de la Chapelle d'Etienne Haudry, près de la rue de la Mortellerie, Quartier de la Grève.

* *Agnès-la-Buschère*. (rue) Nom que portoit au quatorzième siècle, le commencement de la rue Sainte-Croix de la Bretonnerie, Quartier Sainte-Avoie.

* *Aigle*. (rue de l') Nom que portoit anciennement la rue Saint-Antoine, à commencer après la porte Baudéer (Baudoyer) Quartier Saint-Antoine.

* *Aigoux*, (ruelle des) Quartier Saint Eustache. Le passage d'un égout découvert, fit donner ce nom en 1489, à la rue qu'on appelle aujourd'hui du Bout-du-Monde, qui depuis, c'est-à-dire, en 1564, fut nommée la *rue où souloient être les égouts de la Ville*.

Aiguillerie. (rue de l') Elle fait une partie du tour de l'Eglise de Sainte-Opportune, aboutissant rue Saint-Denis, & dans le cloître à l'autre bout. Cette rue qui est du Quartier de Sainte-Opportune, est appellée dans Sauval, *rue de l'Escuillerie*. C'est peut-être celle qui est nommée dans plusieurs titres, *la rue Alain de Dampierre*.

Albiac. (rue ou place du champ d') Quartier de la Place-Maubert, Fauxbourg Saint-Marcel. Elle va d'un côté à la rue du Noir, & de l'autre, à celle de l'Epée de Bois. Cette rue a été ainsi nommée d'un Conseiller de l'Election qui avoit du bien dans cet endroit, & qui s'appelloit d'Albiac. Elle étoit habitée en 1554, par des gens d'une conduite scandaleuse, contre lesquels le Magistrat fut obligé de sévir.

* *Alexandre Langlois*, (rue d') Quartier de la Place-Maubert, aujourd'hui c'est la rue du Paon, qui conduit de la rue Traversine à celle de Saint-Victor.

* *Alez*, (rue d') Quartier de la Place-Maubert. Cette rue commençoit dans celle du Fauxbourg Saint-Victor, & aboutissoit au grand chemin, le long de la Seine, où elle étoit fermée par une porte : elle ne subsiste plus.

Allée, (rue de la Longue-) Quartier Saint-Denis. Aujourd'hui c'est un passage qui mène de la rue Saint-Denis dans celles du Ponceau, des Egouts, & Neuve-Saint-Denis. Il est vraisemblable qu'elle a porté aussi le nom *de Houssaye*, du nom d'un Particulier qui y acheta en 1658, une maison appellée *la Longue-Allée*.

Allouette, (rue du champ de l') Quartier de la Place-Maubert, Fauxbourg Saint-Marcel. Elle va, d'un bout, au moulin de Croulebarbe & à la rivière de Bièvre ; & de l'autre, rue de Lourcine. Un champ ainsi nommé l'a fait appeller ainsi ; il paroît encore qu'elle fut nommée d'abord rue *S. Louis*.

Amandiers, (rue des) Quartier Saint-Benoît. Elle va, d'un bout, à la rue des Sept-Voies ; & de l'autre, à celle de la montagne Sainte-Geneviève. En 1386, on l'appelloit indifféremment rue *des Almandiers*, *de l'Allemandier* & *des Amandiers*. Les Evêques de Nevers y avoient leur Hôtel.

Amandiers, (rue des) Quartier Saint-Antoine, ainsi nommée d'un vignoble qui porte encore ce nom, & d'une maison appellée *la maison des Amandiers*, dont le jardin étoit rempli d'une grande quantité de ces arbres. Cette rue fait la continuation de celle du chemin vert, & aboutit à la campagne, & à la rue des murs de la Roquette.

* *Amauri de Roussi*, (rue d') Quartier Saint-Jacques-de-la-Boucherie. *Voy.* rue OGNIARD.

* *Amboise*. (rue d') *Voy. l'art. culs-de-sac*, *après les rues*.

Anastase, (rue Sainte-) Quartier du Temple. Elle va, d'un bout, dans la rue Saint-Louis ; & de l'autre, à celle de Thorigny & de Saint-Gervais. Elle est ainsi nommée à cause des Religieuses Hospitalières de Sainte-Anastase, ou, de Saint-Gervais.

Anastase, (rue neuve Sainte-) Quart. de Saint-Paul. Elle

aboutit, d'un côté, à la rue Saint-Paul, vis-à-vis le portail; & de l'autre, par un retour d'équerre, à la rue des Prêtres-Saint-Paul.

Angelique, (rue) Quartier de la Cité. C'est le nom que portoit la rue Regrattier.

Anges, (rue des deux) Quartier Saint-Germain-des-Prés. Deux Anges qui étoient placés aux deux extrémités de cette rue, dans le siècle dernier, lui ont donné ce nom. C'est une équerre qui aboutit aux rues Jacob & Saint-Benoît.

Anglade, (rue de l') Quartier du Palais-Royal. Elle va, d'un bout, dans la rue Sainte-Anne; & de l'autre, dans la rue Traversière où elle se termine. Elle tire son nom d'un Particulier appellé *Gilbert Anglade*, qui acheta en 1639 une place, rue des Moulins.

Anglois, (rue des) Quartier Saint-Benoît. Elle aboutit, d'un côté, dans la rue Galande; & de l'autre, dans la rue des Noyers. Elle portoit ce nom plus de deux siècles avant le règne de Charles VI. Il est vraisemblable qu'elle tire son étymologie du grand nombre d'Anglois qui venoient étudier dans l'Université.

Anglois. (cul-de-sac des) *Voy. l'art. culs-de-sac*, après les rues.

* *Anglois*. (cimetière des) C'est aujourd'hui la Place de Birague, où l'on voit la fontaine de ce nom, vis-à-vis l'Eglise de Saint-Louis, qu'occupoient ci-devant les Jésuites. *René de Birague* fut Chancelier de France, & depuis Cardinal. Il fit construire cette fontaine en 1577.

Angloises, (rue des filles) Quartier de la Place Maubert. Elle prend son nom du Monastère des Religieuses Angloises, le long duquel elle règne. Elle traverse de la rue de Lourcine dans celle de la Barrière.

——— (petite rue des Filles) traverse de la rue du champ de l'Allouette à celle des Filles Angloises. Le nom de Derville qu'elle porte, est celui d'un Particulier qui y demeuroit, il y a quelques années.

* *Angloises*, (rue des) Quartier de la Place-Maubert. C'est la rue Clopin qui, à cause de sa prolongation jusques vis-à-vis le Couvent des Angloises, rue des Fossés-Saint-Victor, en avoit pris le nom; mais la rue Clopin l'a repris depuis dans toute sa continuation.

* *Angoumois*, (rue d') Quartier du Temple. C'est la rue Charlot. Elle aboutissoit à la rue de Boucherat. *Voy.* rue Charlot.

* *Anjou*, (rue d') Quartier du Louvre. C'eſt le nom du cul-de-ſac des Provençaux, que l'on trouve dans les plans de Gombouſt & de Bullet, de même que ſous celui de rue d'*Antin*, ce qui eſt vraiſemblablement une faute.

* *Anjou*, (rue d') Quartier Saint-Jacques-de-la-Boucherie. Ce nom paroît avoir été donné, mal-à-propos, à la petite rue d'Avignon.

Anjou (rue d') Quartier du Palais-Royal. Elle aboutit à la rue du Fauxbourg Saint-Honoré, & à celle de la Ville-l'Evêque. Elle étoit connue ſous ce nom en 1649.

* *Anjou*, (rue d') Quartier Saint-Euſtache. Elle ſe trouvoit dans la partie de prolongation de la rue des Deux-Ecus, juſqu'à la rue de Grenelle; elle fut ainſi nommée, parce qu'elle règnoit le long d'une maiſon qui s'appelloit autrefois *les Granges de M. d'Anjou.*

Anjou, (rue d') Quartier du Temple, aboutit, d'une part, dans la rue Paſtourelle; & de l'autre, dans celle de Poitou. On la trouve indiquée ſur les plans de Jouvin en 1676, & de Fer en 1692, par le nom de *Vaujour*, & ſous les deux noms dans la Caille & Valleyre. *Voy.* PLACE DE FRANCE.

Anjou, (rue d') Quartier Saint-Germain, ainſi appellée du nom de *Jean-Baptiſte Gaſton de France*, Duc d'Anjou, fils d'Henri IV. Elle fut ouverte en 1607, ainſi que les rues Dauphine & Chriſtine. Elle aboutit, d'une part, à la rue Dauphine; & de l'autre, à la rue de Nevers.

Antin, (chauſſée d') Quartier Montmartre. C'eſt le nom qu'on a donné à la rue de l'Hôtel-Dieu, à cauſe de l'Hôtel d'Antin (aujourd'hui de Richelieu) en face duquel elle commence. *Voy. rue de l'Hôtel-Dieu.*

Antin, (rue d') Quartier de Montmartre; d'un bout, dans la rue Neuve-Saint-Auguſtin; & de l'autre, dans la rue neuve des Petits-Champs, vis-à-vis l'Hôtel d'Antin (aujourd'hui de Richelieu). Le marché aux chevaux ſe tenoit dans cet eſpace qu'occupent aujourd'hui la rue & l'Hôtel d'Antin.

Antoine, (rue des Foſſés-Saint-) Quartier Saint-Antoine. Elle commence à la rue du Fauxbourg, & règne le long du foſſé juſqu'à la rivière: on la nomme auſſi rue de la Contreſcarpe. *Voy. ce mot.*

Antoine. (rue du Fauxbourg Saint-) Elle commence à la porte de ce nom, & finit au Thrône. En 1632, elle portoit encore le nom de la *Chauſſée Saint-Antoine.*

Antoine. (rue Saint-) Elle commence à la porte Baudoyer, & finit à la porte Saint-Antoine. Elle tire son nom de l'Abbaye qu'on y voit. Dans la partie qui étoit près de la porte Baudéer (Baudoyer) elle en prenoit le nom, mais plus loin elle s'appelloit *la rue de l'Aigle*. Voy. *Aigle*. (rue de l')

* *Antoine*, (rue Saint-) Quartier de la Place Maubert. C'étoit anciennement une ruelle qui étoit dans la rue Censier, vis-à-vis l'Hôpital des cent filles, en 1588, & qu'on nommoit *ruelle du Jubin*, ou *ruelle Saint-Antoine*.

* *Antoine*, (rue Neuve-Saint-) Quartier du Palais-Royal. C'est la rue l'Anglade, désignée sous ce nom dans de Chuyes.

* *Apolline*, (rue Sainte-) Quartier Saint-Martin. Elle ne fait aujourd'hui qu'une seule rue dans la rue Meslai. On la trouve sous le nom de *rue Sainte-Apolline* ou *de Bourbon*, dans le plan de la Caille.

Apolline, (rue Sainte-) Quartier Saint-Denis, près la porte de ce nom, d'un bout; & de l'autre, dans celle de Saint-Martin.

Araignée, (rue de l') Quartier Saint-Jacques-de-la-Boucherie. Elle faisoit anciennement la continuation de la rue de la place aux veaux, jusqu'à l'Apport-Paris, & alors elle étoit connue sous le nom *d'Iraigne*. On lit dans un titre nouvel de 1554, une maison faisant le coin de *la rue de l'Araignée, par laquelle on va à la place aux veaux*. Iraigne est un croc de fer à trois ou quatre branches pointues & recourbées, auxquelles on accroche de la viande.

Arbalêtre, (rue de l') Quartier Saint-Benoît. Elle aboutit à la rue des Charbonniers, & finit au milieu de la rue Mouffetard, vis-à-vis le marché des Patriarches. Elle a pris son nom d'une enseigne de l'Arbalêtre, qui faisoit le coin de cette rue, nommée au quatorzième siècle *rue des Sept Voies*, & au milieu du seizième, *rue de la porte de l'Arbalêtre*, autrement *des Sept Voies*. Jean de Gannai, Chancelier de France, logeoit dans la maison qui étoit à l'autre coin.

* *Arbalêtre*, (rue des Arbalêtriers) Quartier Saint-Denis. Nom que Sauval & l'Auteur des Tablettes parisiennes, disent avoir porté quelquefois la rue du Petit-Lion, à cause des exercices des Arbalêtriers, qui s'y faisoient dans un lieu vaste. Voy. CUL-DE-SAC *de la Porte-aux-Peintres*.

Arbre-See, (rue de l') Quartier du Louvre, aboutit, d'un côté, dans la rue Saint-Honoré; & de l'autre, à la place de l'Ecole. Ce nom qu'elle portoit déjà au treizième siècle, lui vient de l'enseigne d'une vieille maison que l'on voyoit encore du temps de Sauval, près de l'Eglise. En

1505, il y eut dans cette rue une espèce de sédition, à l'occasion d'une marchande que le Curé ne vouloit pas enterrer, qu'on ne lui eût montré, ou à l'Evêque, le testament qu'elle avoit fait. Les Evêques prétendoient être en droit de se faire représenter les testamens ; ils défendoient de donner la sépulture à ceux qui mourroient *ab-intestat*, ou qui n'avoient pas fait un legs à l'Eglise, & les parens étoient obligés d'aller à l'Official, qui commettoit un Prêtre ou quelqu'autre personne ecclésiastique, pour réparer la faute du défunt, & faire ce legs en son nom. *Ess. hist. de Saint-Foix*, tom. 1, p. 52.

Arcade, (rue de l') Quartier de la Cité : autrefois rue de Jérusalem, parce que les Pélerins qui se disposoient à voyager dans la Terre-Sainte, ou qui en revenoient, y avoient leur logement. Elle donne, d'un bout, dans la rue de Nazareth ; & de l'autre, dans la cour du Palais. On l'appelle rue de l'Arcade, relativement à une voûte ou arcade qui communique aux bâtimens de la Chambre des Comptes.

Arcade, (rue de l') Quartier du Palais-Royal. Elle se termine, d'un bout, à la Madeleine de la Ville-l'Evêque ; & de l'autre, à la barrière de la Pologne, au bout de la rue Saint-Lazare. On la trouve indiquée sous le nom d'*Argenteuil* dans certains titres de l'Archevêché. L'arcade ou voûte que l'on voit au milieu, communique à une maison du terrein de *la petite Pologne*.

* *Arche*, (rue de l') Quartier Montmartre ; aujourd'hui c'est un cul-de-sac. La rue aboutissoit sur le Fief de l'Arche ou de Saint-Mandé. Depuis, ce cul-de-sac a porté successivement le nom de *cul-de-sac de l'Epée-Royale*, à cause d'une enseigne ; celui de *Ragouleau*, & enfin des *Commissaires*.

Arche-Beaufils. (l') Voy. *l'article suivant*.

* *Arche-Dorée*, (rue de l') Quartier Saint-Paul. M. Jaillot croit que c'est la rue de l'Etoile, que l'on trouve dans quelques titres, sous la dénomination de *Petite-Barée*, *Tille-barre*, & il se fonde sur ce que l'*Arche-Dorée* étoit l'enseigne d'une maison qui appartenoit au Sieur Dorée, contiguë au Château de l'Etoile. On l'a depuis nommée l'*Arche-Beaufils*, & l'on a donné le même nom au quai sur lequel elle aboutissoit, qui, par corruption, a été appellé *Mofils* & *Monfils*.

Arche-Marion, (rue de l') Quartier Sainte-Opportune. Voy. ABREUVOIR-MARION.

* *Archer*, (rue de l') *Voy.* ABREUVOIR-MARION.

* *Arcis*, (rue Saint-Pierre-des-) Quartier de la Cité. C'est probablement la rue Gervais-Laurent.

Argenteuil, (rue d') Quartier du Palais-Royal. Elle aboutit, d'un côté, à la rue des Frondeurs; de l'autre, à la rue Neuve-Saint-Roch. Elle a été construite sur l'ancien chemin d'Argenteuil.

* *Argenteuil*, (rue d') Quartier Montmartre. C'est la rue Saint-Lazare, ou des Porcherons, qui conduit à Argenteuil.

* *Argenteuil*, (rue *Thomas, Guillaume & Gui* d') c'est la rue des Poirées, Quartier Saint-André-des-Arcs.

Ariane & Ariéne, (rue de l') Quartier des halles. C'est la rue de la petite Truanderie.

* *Armuriers*, (rue des) Quartier Saint-Jacques-de-la-Boucherie, ainsi nommée à cause du grand nombre d'Armuriers qui y demeuroient. C'est aujourd'hui la rue de la Heaumerie.

* *Arnou* ou *Raoul de Charonne*, (rue) Quartier du Louvre. C'est aujourd'hui le cul-de-sac des Provençaux; c'est à un Particulier nommé *Arnoul de Charonne*, que cette rue devoit son nom. On l'appelloit aussi rue *du Chartier*, *d'Anjou & d'Antin*.

Arras, (rue d') Quartier de la Place Maubert. D'un bout, au coin de la rue Clopin; & de l'autre, dans la rue Saint-Victor. On l'a nommée *rue des Murs*, parce qu'elle étoit contiguë à l'enceinte de Philippe-Auguste, ensuite *rue du Champ-Gaillard*, nom d'une place à laquelle elle aboutissoit. Enfin elle a pris son dernier nom du petit Collège d'Arras, dont nous parlons, tome 2, pag. 442.

* *Arras*, (rue d') Quart. Saint-Benoît. *V.* RUE DES RATS.

* *Arrode*, (rue Nicolas-) Quartier des halles. C'est probablement celle de la pointe Saint-Eustache, & non la rue Comtesse d'Artois.

Arsis, Ars & Assis, (rue des) Quartier de la Grève. D'un bout, aux coins des rues des Lombards & de la Verrerie, vis-à-vis la rue Saint-Martin; & de l'autre, aux coins des rues Jean-Pain-Mollet & des Ecrivains, vis-à-vis la rue Planche-Mibray. En 1130 on l'appelloit en latin *Vicus de Arsionibus*, & en 1195, *Vicus de Assiz*. On s'est fort exercé sur l'étymologie du nom de cette rue; les uns disent que c'est parce que les maisons en furent brûlées en 886 par les Normands qui assiégèrent Paris: d'autres que c'est à cause d'une enseigne, où des personnes étoient représentées assises. M. *de Launoy* le fait venir des Assyriens ou Syriens qui trafiquoient à Paris; mais il faut avouer que cette origine est tirée de bien loin. M. *Chatelain*, Chanoine de l'Eglise de Paris, dit que le nom de la rue des Arsis, vient d'*Arcisterium*, qu'on a dit dans la basse latinité pour *Asceterium*, c'est-à-dire, *Exercitatoire*, mot que les Grecs qui appelloient les Moines *Ascetes*, ont employé pour Monastère. Ainsi il croit qu'on a nommé cette rue, *via Ascemrum*, la rue des Ascises, parce qu'elle conduisoit à Saint-Pierre-des-Bois, où Saint Merri & Saint Fron menoient la vie ascétique.

Artois, (rue d') Quartier Montmartre, percée depuis cinq ans, sur une partie des jardins de M. *de la Borde*, & ouverte sur le boulevard, vis-à-vis la rue de Grammont. On a couvert l'égout auquel elle aboutissoit, sur lequel on bâtit des maisons pour former la rue de Provence. Les Hôtels qu'on bâtit tous les jours dans la rue d'Artois, font desirer que les autres répondent au goût & à la beauté de ceux qui sont déjà élevés sur les dessins de MM. *le Carpentier* & *Moreau*.

Artois, (rue Comtesse d') Quartier des halles. D'un bout, à la pointe-Saint-Eustache; & de l'autre, dans la rue de Montorgueil, & au cul-de-sac de la Bouteille. Elle a pris son nom de l'Hôtel du *Comte d'Artois*, Robert II, neveu de Saint-Louis, lequel étoit situé entre les rues Pavée & Mauconseil. On la nommoit encore *la rue à la Comtesse d'Artois*, *la rue de la porte-Comtesse d'Artois*, parce que ce Prince y en avoit fait ouvrir une pour sa commodité. De tous ces noms, celui de la *Comtesse d'Artois* a prévalu, & lui est resté.

Aubri-le-Boucher,* (rue) Quartier Saint-Jacques-de-la-Boucherie. Elle traverse, de la rue Saint-Denis, à celle de Saint-Martin. Cette rue est nommée dans de vieux papiers-terriers, *Vicus Alberici Carnificis*, sans qu'on sache si *Albericus* étoit le nom de baptême de celui qui a donné le nom à cette rue, ou si c'étoit son surnom. Dans d'autres titres, elle est nommée *Auberi-le-Bouchier*, & *Aubri-le-Boucher*. Quoi qu'il en soit, le peuple qui abrège tant qu'il peut,

---

* En 1309, un homme qu'on menoit au supplice, fut délivré dans cette rue par le Cardinal de Saint-Eusebe. Les Cardinaux ont prétendu pendant long-temps, qu'ils avoient le privilège (comme autrefois les Vestales à Rome) de donner grace à un Criminel, en affirmant qu'ils ne s'étoient rencontrés que par hasard sur son passage. *Essai sur Paris par Saint-Foix*, tom. 1, pag. 517.

& qui eftropie prefque toujours les noms, la nomme *rue Bri-Boucher*. La Caille & Valleyre l'indiquent fous ces deux noms.

Aubuffon, (rue d') Quartier Saint-Euftache. C'eſt le nom qu'a porté l'extrémité de la rue des Petits-Champs, du côté de la place des Victoires, en l'honneur du Vicomte d'*Aubuffon*, Maréchal *de la Feuillade*, qui fit bâtir cette place.

Audriettes ou *Haudriettes*, (rue des) aboutit, d'un côté, rue de la Mortellerie; & de l'autre, au quai de la Grève. Elle tire fon nom de la Chapelle des Haudriettes & de quelques maifons qui appartenoient à ces Religieufes. *Voy.* HÔPITAL ET CHAPELLE *des Haudriettes*, tom. 3, pag. 232.

Audriettes, (rue des vieilles-) paffe de la rue du Temple dans celle du Grand-Chantier. Elle eſt ainfi nommée de quelques anciennes maifons qui appartenoient au Fondateur des Haudriettes. Elle portoit en 1290 le nom de *Jehan l'Huillier*, enfuite celui de rue *de l'Echelle du Temple*; puis en 1636, celui de la *Fontaine-Neuve*, à caufe de la fontaine qui eſt au coin: enfin elle a repris le nom des Vieilles-Audriettes.

Auguſtin, (rue neuve-Saint-) Quartier Montmartre. Elle tombe, d'un bout, dans la rue de Richelieu; & de l'autre, dans celle de Louis-le-Grand. En 1663, elle finiffoit à la rue *de Lorges*,* qui faifoit alors la continuation de la rue Gaillon, & qui a été fupprimé depuis. On l'a appellée rue neuve-Saint-Auguſtin, parce qu'elle règnoit le long d'un mur qui appartenoit aux Religieux de ce nom, connus fous celui de *Petits-Peres*.

Auguſtins, (rue des Grands-) Quartier Saint-André-des-Arcs. Elle aboutit, d'un côté, fur le quai des Auguſtins; & de l'autre, dans la rue Saint-André-des-Arcs. Elle fe nommoit autrefois la *rue à l'Abbé de Saint-Denis*, enfuite rue *du Collège Saint-Denis*, *des Ecoles & des Ecoliers de Saint-Denis*: Collège qui exiſtoit fur l'emplacement des rues d'Anjou & Chriſtine. *Voy.* fur cette rue les Recherches de M. Jaillot, Quart. Saint-André, pag. 19 & fuiv. Le nom qu'elle porte aujourd'hui lui vient du Couvent des Grands-Auguſtins.

---

* A caufe de l'Hôtel de ce nom, aujourd'hui de la Valière.

* *Augustins* ; (rue du quai des) C'est le nom qu'on donnoit à la rue du Hurepoix en 1636.

Augustins, (rue des Petits-) Quartier Saint-Germain. Elle traverse du quai Malaquest à la rue du Colombier. Elle s'appelloit autrefois la *rue de la petite-Seine*, à cause d'un canal de 14 toises de large qui séparoit le *grand* & le *petit-Pré-aux-Clercs*, & qui traversoit le terrein sur lequel est aujourd'hui le cloître des Petits-Augustins.

Augustins, (rue des Vieux) Quartier Saint-Eustache, tombe, d'un bout, dans la rue Coquillère ; & de l'autre, dans la rue Montmartre. Elle a retenu ce nom des Grands-Augustins qui y étoient établis au seizième siècle.

Au-Maire, (rue) Quartier Saint-Martin-des-Champs. Elle commence à la rue Saint-Martin, près de l'Eglise S. Nicolas, & se termine à la rue Frépillon, & au petit cul-de-sac du *Puits de Rome*. Elle se prolongeoit autrefois jusqu'à la rue du Temple, & s'appelloit en cet endroit *rue de Rome*, à cause de l'enseigne d'une maison. Elle tire son étymologie actuelle du Maire ou Bailli de Saint-Martin-des-Champs qui avoit son Auditoire & sa demeure dans cette rue.

* *Autriche* & *Autruche*, (rue d') Quartier du Louvre ; partie d'une rue qui subsistoit au treizième siècle, & qui se prolongeoit jusqu'au quai. Elle forme aujourd'hui le cul-de-sac des Pères de l'Oratoire, qui n'est plus fermé, & qui aboutit au Louvre. *Voy.* rue du *Petit-Bourbon*. Elle étoit remarquable par différens Hôtels, dont les plus distingués étoient celui d'Alençon & de Clèves.

Auvergne, (rue de la Tour d') Quartier Montmartre. Elle va de la rue de Rochechouart à celles du Fauxbourg Montmartre & des Martyrs.

* *Auxerre*, (rue Gui d') Quartier du Louvre. Nom que portoit anciennement une ruelle qui régnoit le long de l'ancien Hôtel de la Monnoie, & qui, le siècle passé, étoit devenu un cul-de-sac.

* *Averon* ou *d'Avron*, (rue d') Quartier du Louvre. C'est le nom que portoit la rue Bailleul en 1271, 1300, 1313, &c.

Aveugles, (rue des) Quartier du Luxembourg. Il y a vingt ans qu'elle aboutissoit au coin de la rue des Cannettes ; mais depuis qu'on a fait abattre quelques maisons pour former la place de Saint-Sulpice que l'on voit aujourd'hui, elle commence près du Presbytère, & finit à la rue du Petit-Bourbon, au coin de la rue Garancière: Sauval dit qu'elle se nomme de la sorte à cause d'un aveugle qui y a demeuré long-temps dans une maison qui, non-seulement lui appartenoit, mais toutes les autres encore, tom. 1, p. 3.

Avignon, (rue d') Quart. Saint-Jacques-de-la-Boucherie, aboutit, d'un côté, dans la rue Saint Denis; & de l'autre, dans la rue de la Savonnerie. On ignore d'où lui est venu ce nom. En 1300 elle n'en avoit pas encore. En 1386, 1425 & 1552, on la nommoit rue *Jean-le-Comte*. La rue Trognon étoit une continuation de cette rue par un retour d'équerre dans la rue de la Heaumerie.

* *Aviron*, (rue de l') Quartier Saint-Paul, nom du cul-de-sac de Fourci, qu'il a pris de l'enseigne de l'aviron.

Avoie, * (rue Sainte-) Quartier de ce nom, se termine, d'un bout, à l'extrêmité de la rue du Temple, au coin de la rue Michel-le-Comte; & de l'autre, à celle de la rue Barre-du-Bec. Cette rue a pris son nom d'un Couvent de Filles & Hôpital, dont la Chapelle est sous l'invocation de la Bienheureuse Avoie *Hadvigis* qui vivoit vers l'an 1198, & qui étoit Prieure de Méere, de l'Ordre des Prémontrés, dans le Diocèse de Cologne.

Avoinerie, (rue de l') Quartier de la Grève; nom que portoit la rue de la Vannerie en 1396, suivant Sauval.

B.

Babille, (rue) Quartier Saint-Eustache. Une des six rues qui font les débouchés de la nouvelle halle au bled, sur l'emplacement de l'Hôtel de Soissons, & qui fait la continuation de la rue d'Orléans. Elle doit son nom à M. *Babille*,

---

* Dans cette rue, à l'Hôtel de Mesme, logeoit *Anne de Montmorency*, Connétable de France. Il y mourut avec toute la dignité d'un Héros Chrétien, le 12 Novembre 1562, deux jours après la Bataille de Saint-Denis, des blessures qu'il y avoit reçues. Ce respectable Vieillard, âgé de soixante & quatorze ans, couvert de sang, son épée rompue, donna un si furieux coup de pommeau dans le visage de *Robert Stuart*, qui lui disoit de se rendre, qu'il lui cassa deux dents, & le renversa de cheval; dans l'instant un des Soldats de Stuart, lui tira, dans les reins, un coup de pistolet chargé de trois balles. Il avoit servi sous cinq Rois, s'étoit trouvé à près de deux cents combats, à huit batailles rangées, & avoit été employé à dix traités de paix. Saint-Foix, *Essai sur Paris*, tom. I, pag. 68.

Chevalier de l'Ordre du Roi, & Avocat au Parlement, alors Echevin.

Babylone, (rue de) Quartier Saint-Germain, commence à la rue du Bac, & se termine sur les nouveaux boulevards. Autrefois elle s'appelloit *rue de la Fresnaie*, ensuite *petite rue de Grenelle ou de la Maladrerie*. Elle doit le nom de Babylone à Bernard de Sainte-Thérèse, Evêque de Babylone, qui possédoit sur ce terrein plusieurs maisons & jardins, sur l'emplacement desquels on a bâti le Séminaire des Missions étrangères.

Bac, (grande rue du) Quartier Saint-Germain. Elle aboutit, d'un côté, sur le quai des Théatins, vis-à-vis du Pont-Royal; & de l'autre, à la rue de Sèvre. Elle a pris son nom d'un bac qui servoit à passer la rivière avant qu'il y eût un pont vis-à-vis le Château des Tuileries. Ce bac a subsisté jusqu'en 1632, que le Sieur *Barbier* fit construire un pont de bois pour la communication du Fauxbourg Saint-Germain.

Bac, (petite rue du) Quartier du Luxembourg. Elle traverse de la rue de Sèvre à celle des Vieilles Tuileries. Ce nom lui vient de la grande rue du Bac, dont elle fait presque la continuation.

* *Bacon* ou *Col de Bacon*, (rue) Quartier du Louvre. Nom d'une rue qui se nommoit autrefois *Chardeporc*, & qui étoit fermée des culs-de-sac de *Courbaton* & de *Sourdis*, laquelle aboutissoit dans la rue de l'Arbre-Sec & sur le Fossé. *Adam Chardeporc* avoit plusieurs maisons sur le Fossé-Saint-Germain en 1251, & comme l'on appelloit anciennement un porc *bacco*, & *bacon* quand il étoit salé, on donna à cette rue le nom de *rue de Bacon*. Elle le portoit en 1340. On voit cependant qu'en 1313, elle s'appelloit *rue du Col de Bacon*, vraisemblablement d'une enseigne. On altéra, ou plutôt on changea ce nom en celui de *Cop* ou *Coup de Bâton*, qu'on trouve dans la liste du quinzième siècle & dans Corrozet. On a dit ensuite de Court-Bâton; c'étoit la maison du coin de cette rue & de celle des Fossés qu'on appelloit ainsi, qui lui fit donner ce nom.

* *Bade* (rue Simon-) Quartier de la Grève. M. *Jaillot* croit reconnoître la rue des Vieilles-Garnisons, sous ce nom.

Bagneux, (rue de) Quartier du Luxembourg. Elle se termine, d'un bout, dans celle des Vieilles-Tuileries; & de l'autre, dans la rue de Vaugirard.

Baille-Hoë

RUE

* *Baille-Hoë* } (rue) Quartier Saint-Martin. Noms qui
* *Bay-le-Hœu* } ont été donnés mal-à-propos à la rue Brisemiche. *Voy. cette dernière.*

Baillet, (rue) Quartier du Louvre. D'un bout, dans la rue de l'Arbre-Sec; de l'autre, dans celle de la Monnoie. Elle a pris ce nom de quelqu'un de la famille Baillet qui y a demeuré. En 1297, elle se nommoit la rue *Dame Gloriette*, & rue *Gloriette* en 1300.

Bailleul, (rue) Quartier du Louvre. Elle aboutit, d'un côté, dans la rue de l'Arbre-Sec; & de l'autre dans celle des Poulies. En 1271, 1300, 1313, & même au siècle suivant, elle s'appelloit rue d'*Averon*, d'*Avron*, *Daveron*. On croit que c'est *Robert de Bailleul*, Clerc des Comptes, qui y demeuroit en 1423, qui lui a fait donner son nom. *Bailleul* est un vieux mot qui signifioit en françois celui qui remet les os disloqués. Les Espagnols disent *Algebrista*.

Baillif ou *Baillifre*, (rue) Quartier Saint-Eustache. Elle va, d'un bout, au coin de la rue des Bons-Enfans; & de l'autre, à la rue Croix-des-Petits-Champs. *Claude Baillifre*, Surintendant de la musique du Roi, avoit reçu de la Ville, à bail emphytéotique, le terrain sur lequel cette rue est construite. Après son décès, elle fut saisie & adjugée par décret du 19 Décembre 1626, à *Henri Bailli*.

* *Bains*, (rue aux) Quartier Saint-André-des-Arcs. Nom que portoit la rue des Maçons. *Voy. Maçons.* (rue des)

* *Bains*, (rue Geoffroi des) Quartier Saint-Martin-des-Champs. Nom que portoit au treizième siècle la rue des Vieilles-Etuves. *Voy.* cette rue.

Ballets, (rue des) Quartier Saint-Antoine, aboutit, d'un bout, dans la rue Saint-Antoine; & de l'autre, à celle du Roi de Sicile.

Banquier, (rue du) Quartier de la Place Maubert. Elle va d'un bout au haut de la rue Mouffetard; & de l'autre, au coin de la rue du Gros-Caillou, vis-à-vis la tour ou moulin de la Barre. C'étoit autrefois un chemin qui conduisoit à celui de Villejuif.

* *Barbe*, (rue Sainte-) Quartier Saint-Benoît. Il paroît vraisemblable que ce seroit le nom de la rue des Cholets.

Barbe, (rue Sainte-) Quartier Saint-Denis, aboutit, d'un côté, dans la rue Beauregard; & de l'autre, au Boulevard. Une Chapelle du titre de Saint Louis & de Sainte Barbe, a donné, sans doute, le nom à cette rue. *Voy.* NOTRE-DAME-DE-BONNE-NOUVELLE.

Tom. IV. S

Barbette*, (rue) Quartier Saint-Antoine. Elle a un bout dans la vieille rue du Temple ; & l'autre, dans la rue des Trois-Pavillons. Elle tire son nom de *l'Hôtel Barbette*, sur l'emplacement duquel elle a été ouverte. *Voy.* HÔTEL BARBETTE. En 1505, on l'appelloit la *rue de la porte Barbette*, la vieille rue Barbette. *Voy.* ci-dessous Barbette, &c. (rue) En 1596 & 1608, les Grands-Prieurs de France firent réformer les enchères de deux maisons de cette rue, où l'on avoit mis qu'elles étoient assises dans la vieille rue du Temple, comme on l'appelle encore à présent ; & par deux Sentences du Châtelet, ils firent ordonner qu'à la place, il seroit écrit qu'elles étoient situées dans la vieille rue Barbette. *Voy.* PORTE-BARBETTE, *à la note*.

Barbette, (rue) & *de la porte de la Poterne* & *vieille Barbette*, Quartier du Temple. C'est sous ces noms que l'on trouve désignée la partie de la rue de ce Quartier, qui commence aux coins des rues de la Perle & des quatre-Fils. *Voy l'art. ci-dessus*.

* *Baril-neuf*. (rue du) Selon Sauval, c'est un des noms de la petite rue du Bac. *Voy. Bac.* (petite rue du)

Barillerie, (rue de la) Quartier de la Cité. Elle commence à la descente du Pont-Saint-Michel, du côté du Palais, &

---

* Le 23 Novembre de l'an 1407, le Duc d'Orléans, frère unique de Charles VI, Roi de France, fut assassiné dans la rue *Barbette*, au Marais, par un Gentilhomme Normand, nommé *Raoul d'Octonville*. Brantome dit que " ce Prince étoit un grand Débaucheur de Dames de la Cour,
" & des plus grandes : un matin, en ayant une couchée avec lui, dont
" le mari vint par hasard pour lui donner le bon jour ; il cacha la tête
" de cette Dame, & lui découvrit tout le corps, la faisant voir & toucher toute nue a ce mari à son bel aise, avec défenses, sous peine de la
" vie, d'ôter le linge du visage.... & le bon fut que le mari étant,
" la nuit d'après, couché avec sa femme, lui dit que M. le Duc d'Orléans
" lui avoit fait voir la plus belle femme nue qu'il eût jamais vue ; mais,
" quant au visage, il n'en savoit que dire ; ayant toujours été caché sous
" le linge. Cette Dame s'appelloit *Mariette d'Aughien*, & son mari le sire
" *Canni de Varennes*. De ce petit commerce, sortit ce brave & vaillant bâtard
" d'Orléans, *Comte de Dunois*, le soutien de la France & le fléau des
" Anglois. Le Duc d'Orléans avoit un cabinet où étoient les portraits
" de toutes les Dames dont il avoit eu les faveurs ; & le Duc de Bour-
" gogne ayant su que le portrait de sa femme y étoit, résolut de se venger
" par cet infâme assassinat.

finit à la rue Saint-Barthelemi. Elle a porté depuis 1280 différens noms. On la nommoit *Barilleria, la grant Barifzerie*, à cause d'une ruelle qui portoit aussi le nom de *Barillerie*, & qui ne subsiste aujourd'hui qu'en partie, depuis la rue de la Calendre ; elle s'appelloit en 1398 *la rue du Pont-Saint-Michel*.

* *Barillerie*, (rue de la) Quartier Saint-Eustache. Ancien nom de la rue Traînée, comme on le peut voir dans des titres de 1476, 1489 & 1530.

Barouillerie, (rue de la) Quartier du Luxembourg. Elle aboutit, d'un côté, dans la rue de Sèvre ; & de l'autre, dans la rue des Vieilles-Tuileries. Elle a aussi porté le nom de *Saint-Michel*. Celui qu'elle porte aujourd'hui, lui vient de *Nicolas Richard*, Sieur *de la Barouillère*, qui acheta huit arpens de terre sur ce terrain, à la charge d'y faire bâtir. Il paroît par un plan manuscrit, qu'il y avoit aussi une rue *Saint-Jean*, qui traversoit de cette rue dans celle de Saint-Romain.

* *Barouillerie.* (rue de la) *Voy. l'art. ci-dessus*.

Barre, (rue de la) Quartier de la Place-Maubert. Elle traverse de la rue du Fer-à-Moulin, dans celle des Francs-Bourgeois. Elle doit son nom à une barrière qui avoit été placée à une des portes du Bourg & du Cloître S. Marcel, au bout de la rue des Francs-Bourgeois. Depuis on lui a donné quelquefois le nom de *Scipion. Voy.* HÔPITAL-GÉNÉRAL, *tome 3, pag.* 221.

* *Barre*, (rue de la) Quartier Saint-André-des-Arcs. Nom que portoit anciennement la rue Haute-Feuille, à commencer de la rue Saint-André-des-Arcs, jusqu'aux rues Percée & des Poitevins. C'est peut-être de *Jean de la Barre*, Avocat, qui demeuroit rue Saint-André, vis-à-vis de celle-ci, qu'elle a tiré son nom.

Barre-du-Bec, (rue) Quartier Sainte-Avoie. Elle se termine, d'un bout, à l'extrémité de la rue Sainte-Avoie ; & de l'autre, dans celle de la Verrerie. Elle prend son nom d'une maison où l'Abbé du Bec avoit sa Jurisdiction en ce Quartier, & que l'on appelloit *la Barre**, nom commun à

---

* Ce nom, ainsi que celui de *Barreau*, vient d'une barre de fer, ou d'une barrière de bois qui séparent le lieu où se tiennent les Plaideurs, de celui qui est réservé aux Juges. C'étoit à cette barrière que se plaçoient les Juges pour y recevoir les Mémoires & les Requêtes qu'on avoit à leur présenter. Le Chapitre de Saint-Merri avoit une semblable barre

tous les Sièges de Justice, en latin *Barra*, *Septum Curiæ*, *Cancelli Auditorium*; d'où viennent ces expressions, à la Barre des Requêtes du Palais, la Barre du Chapitre de Notre-Dame, la Barre de l'Officialité, &c.

Barres, * (rue des) Quartier de la Grève. Elle aboutit, d'un côté, à la rue Saint-Antoine; & de l'autre, au quai de la Grève. Cette rue, quoique fort ancienne, n'avoit pas cependant encore de nom en 1362; car dans un titre passé sous le règne de Charles V. elle n'en a point d'autre que *la rue qui va de la Seine à la porte Baudets*. En 1386, on la nommoit *la rue du Chevet-Saint-Gervais*. Cependant l'Hôtel des Barres qui lui a donné son nom, étoit bâti long-temps auparavant, c'est-à-dire, dès l'an 1269. Cet hôtel étoit en partie dans la rue des Barres, & en partie dans celle de la Mortellerie. L'Abbé & les Moines de Saint-Maur l'achetèrent vers l'an 1362. C'est aujourd'hui l'Hôtel de Charni, qui a long-temps servi de Bureau-général des Aides, avant que ce Bureau eût été transporté à l'Hôtel de Bretonvilliers où il est encore aujourd'hui.

Barrés ou *Barrée*, (rue des) Quartier Saint-Paul. Elle se

à l'extrémité du cloître, du côté de la rue Saint-Martin, qu'on nommoit *les Barres-Saint-Merri*. M. Jaillot, *Recherch. sur Paris*, Quartier Sainte-Avoie, p. 9.

* Louis de Bourdon, beau, bien fait, qui s'étoit signalé en différentes occasions, & entr'autres, à la bataille d'Azincourt, allant, à son ordinaire, voir un soir la Reine *Isabeau de Bavière*, au Château de Vincennes, rencontra le Roi (Charles VI) qui en revenoit, & qu'il salua; mais sans s'arrêter ni descendre, & continuant de pousser son cheval au grand galop. Le Roi l'ayant reconnu, ordonna à Tangui du Châtel, Prévôt de Paris, de courir après lui, & de le conduire en prison. La nuit, il fut mis à la question, ensuite enfermé dans un sac, & jetté dans la Seine, avec ces mots sur le sac: *laissez passer la justice du Roi*. Ses amours avec la Reine qui fut conduite le lendemain à Tours pour être gardée à vue, étoient si publics, qu'ils méritoient cette punition. Un Auteur anonyme qui se plaît trop à conter des faits singuliers, pour qu'on ne le soupçonne pas de rapporter quelquefois des fables, dit que l'homme qu'on envoya à la maison de Louis de Bourdon, à présent l'Hôtel de Charni, pour saisir ses papiers, ayant ouvert le tiroir d'une vieille armoire, il en sortit dix ou douze aspics ou serpens, & que le lendemain on trouva cet homme expirant, & ces serpens entortillés au tour de son col, de ses jambes, & de ses bras. SAINT-FOIX, *Ess. sur Paris*, &c. 1, p. 74.

termine, d'un bout, au carrefour de l'Hôtel de Sens; & de l'autre, au coin de la rue Saint-Paul. Elle fut ainsi nommée, parce qu'elle conduisoit aux Carmes, dans le temps que ces Religieux demeuroient dans l'endroit où sont aujourd'hui les Célestins, & parce qu'on donnoit à ces Religieux le nom de *Barrés*, à cause de la bigarrure de leurs habits, ou, selon d'autres, parce qu'ils ne parloient & ne se laissoient voir qu'à travers des grilles & des barreaux. Elle a aussi porté le nom de *rue des Barrières*.

* *Barrières*, (rue des petites) ancien nom de la rue de l'Etoile, qui lui avoit été donné à cause de la rue des Barrés & des Religieux de ce nom.

Barthelemi, (rue Saint-) Quartier de la Cité. Elle continue la rue de la Barillerie, & finit à la place du Pont-au-Change. Ce fut à la porte de cette Eglise, * que *Robert*, fils de Hugues Capet, qui avoit épousé *Berthe*, sa cousine issue de germain, du consentement des Evêques assemblés, & que Grégoire V, devenu Pape, avoit excommunié à cause de ce mariage, fut abordé un matin par Abbon, Abbé de Fleuri, suivi de deux femmes du Palais, qui portoient un grand plat de vermeil, couvert d'un linge, & qui lui annonçant l'accouchement de la Reine Berthe, lui dit, en découvrant le plat: *voyez les effets de votre désobéissance aux Décrets de l'Eglise, & le sceau de l'anathême sur ce fruit de vos amours*. Robert regarda & vit un monstre, disent Pierre Damien & Romuald, qui avoit le col & la tête d'un canard. Croira-t-on, dit M. Saint-Foix, *tom. 1, pag. 78 de ses Ess. sur Paris*, que par le plus abominable complot, dans l'idée d'obliger ce Prince à se soumettre, & pour fortifier, en même temps, parmi le Peuple, la terreur qu'inspiroient les excommunications, on substitua ce monstre à la place du véritable enfant? Il est plus naturel de penser qu'une masse de chair, d'une figure bisarre, a pu se former au sein d'une femme dévorée de chagrins pendant sa grossesse, & dont l'imagination & la conscience étoient troublées par les menaces du Pape. Berthe fut répudiée. Robert épousa *Cons-*

---

* Ce Prince, depuis son excommunication, n'osoit entrer dans l'Eglise; il alloit tous les matins y dire ses prières. Les Gens de sa Cour s'étoient séparés de lui; il ne lui étoit resté que deux Domestiques, encore faisoient-ils passer par le feu, pour les purifier, les plats où il avoit mangé, & les vases où il avoit bu.

tance de Provence, dont le caractère altier, cruel, vindicatif, exerça si souvent sa patience, & causa tant de troubles dans l'Etat, qu'il ne parut pas que la bénédiction du Ciel se fût répandue sur ce second mariage.

Basse & Basse-Ville-Neuve, (rue) Quartier Saint-Denis; c'est la rue des Fossés-Saint-Denis le long du Boulevard, mais que l'on a coupée presqu'à la moitié de son ancienne étendue.

* *Basset*, (rue du Four-) Quartier de la Cité. Voy. *Orberie*. (la petite)

* *Basennerie*. (la) Quartier Saint Jacques-de-la-Boucherie. Il paroît que c'est la partie de la rue d'Avignon, du côté de la rue Saint-Denis.

Baffroi & Basser, (rue de) Quartier Saint-Antoine. Elle continue la rue de Popincourt, traversant de la rue de la Roquette, dans celle de Charonne.

* *Basoche*, (rue de) Quartier Saint-André-des-Arcs. Nom sous lequel on trouve la petite rue Contrescarpe qui aboutit, d'une part, dans la rue Dauphine; & de l'autre, dans celle de Saint-André-des-Arcs.

Basville, (rue de) Quartier de la Cité. Nom d'une communication de la cour neuve du Palais à celle de Lamoignon. Cette communication doit son nom à M. le premier Président du Parlement, *Guillaume de Lamoignon*, Seigneur de Basville.

* *Bateaux*, (rue des) Quartier de la Cité. Nom de la rue l'Evêque. Voy. ce mot.

* *Bâton-Royal*, (rue du) Quartier du Palais-Royal. Ancien nom de la rue Traversière.

Battoir, (rue du) Quartier de la Place Maubert; d'un bout, à la rue Coupeaux; de l'autre à celle d'Orléans. Elle doit son nom à une enseigne qui pendoit à la maison d'un nommé Barthelemi Dubreuil.

Battoir, (rue du) Quartier Saint-André-des-Arcs. Elle se termine, d'un bout, à la rue de l'Eperon; & de l'autre, à la rue Hautefeuille. On lit dans plusieurs anciens titres, qu'elle portoit le nom *de la Plâtrière*.

Baudin, (rue) Quartier Montmartre. C'est plutôt une petite ruelle, qui, d'un bout, tient à la rue Blanche; & de l'autre, au coin de la rue Saint-George dans les marais des Porcherons. Elle tient ce nom d'un Jardinier qui a travaillé à l'établissement des jardins attachés aux maisons qui forment cette rue.

* *Beautru*, (rue) Quartier Montmartre. Ancien nom de

la partie de la rue neuve des petits-Champs, qui commençoit à celle des Petits-Champs. L'Hôtel des écuries de M. le Duc d'Orléans, étoit alors celui de M. Beautru.

* *Bazenne*, (rue à *petits souliers de*) Quartier Sainte-Opportune. Nom ancien de la rue de l'Aiguillerie, ou peut-être de la rue Courtalon.

Beaubourg, (rue) Quartier Saint-Martin, se termine, d'un côté, à la rue Grenier-Saint-Lazare; & de l'autre, à celle de Simon-le-Franc. Le beau Bourg étoit auprès du Temple, & le plus considérable de ces endroits. Une partie de cette rue portoit le nom de *rue outre la poterne Nicolas Hydron*, à cause d'une fausse porte ou poterne que l'on avoit pratiquée au milieu d'un mur de séparation qui coupoit la rue en deux.

Beauce, (rue de) Quartier du Temple, donne, d'un bout, dans la rue d'Anjou; & de l'autre, à l'extrêmité des rues de la Corderie & de Bourgogne. Dans cette rue est un marché & une boucherie établie en 1615.

Beauce, (rue Jean de) Quartier des halles. Elle traverse de la rue de la Friperie dans celle de la Cordonnerie. Un Particulier de ce nom qui y avoit un étal, l'a fait appeller ainsi.

Beaujolois, (rue de) Quartier du Temple. Cette rue ouverte en 1626, aboutit, d'un côté, à la rue Forez, & de l'autre, à celle de Bourgogne.

Beaune, (rue de) Quartier Saint-Germain. Elle aboutit au quai des Théatins & à la rue de l'Université. On y remarque l'Hôtel anciennement appellé *de Mailly*, qui a appartenu au Marquis *de Nesle*, du nom de *Mailly*, & qui est occupé aujourd'hui par M. le Duc d'*Aumont*. Cette maison est grande, mais sans régularité. Elle est accompagnée d'un jardin & d'une terrasse qui règnent sur le quai, & dont la situation fait la plus grande beauté, car elle jouit de la vue de la rivière, des Jardins des Tuileries & du Cours, qui semblent être faits exprès pour l'embellir. On remarque dans cette rue l'Hôtel de la première Compagnie des Mousquetaires du Roi, supprimés depuis deux ans, & bâti dans l'endroit ci-devant nommé *la Halle Barbier*.

Beauregard, (rue de) Quartier Saint-Denis, d'un bout, dans la rue Poissonnière; & de l'autre, à l'Eglise de Notre-Dame de Bonne-Nouvelle.

Beaurepaire, (rue) Quartier Saint-Denis. Elle aboutit, d'un côté, dans la rue Montorgueil; & de l'autre, à celle des Deux-Portes. On l'a nommée en latin *Bellus Locus*, & *Bellus reditus*.

Beautreillis, (rue) Quartier Saint-Paul, aboutit, d'un côté, dans la rue Saint-Antoine; & de l'autre, aux rues Gerard-Boquet, des Trois-Pistolets & neuve-Saint-Paul. Elle a pris son nom de l'Hôtel de Beautreillis qui faisoit partie de celui de Saint-Paul, & d'une belle treille, * qui faisoit une des principales beautés des jardins de l'Hôtel-Royal de Saint-Paul. On l'a aussi appellée la rue *Gerard-Bacquet*, dont une partie en porte encore aujourd'hui le nom. *Voy*. t. 3, p. 269.

Beauvais, (rue de) ou *Beauvoir*, Quartier du Louvre, commence à la rue Froid-Manteau, & finit à l'extrêmité de la rue Champ-Fleuri. En 1372, on l'appelloit *Beauvoir*. Elle se prolongeoit anciennement jusqu'à la rue du Coq.

* *Beauvoir*, (rue de) Quartier Saint-Benoît. Nom donné mal-à-propos par Sauval, à la rue Saint-Jean-de-Beauvais.

* *Béguines*, (rue des) Quartier Saint Paul. Ancien nom que portoit la rue des Barrés, parce que le Couvent de ces Filles y étoit situé.

Béhaigne & *Vieille-Bréhaigne*, (rue de la) Quartier Saint-Eustache. Nom que portoit anciennement la rue des Deux-Ecus.

Belle-Chasse, (rue de) Quartier Saint-Germain. Elle aboutit, d'une part, au quai d'Orsai, ou à la Grenouillère; & de l'autre, à la rue Saint-Dominique. Ce nom lui vient du terrein sur lequel elle a été ouverte, & que porte aussi les Religieuses du Couvent qu'on y voit.

Bellefond, (rue de) Quartier Montmartre. Elle va, d'un bout, à la rue de Rochechouart; de l'autre, à la rue Sainte-Anne ou Poissonnière. Ces deux rues sont ainsi appellées du nom des deux Abbesses successives de l'Abbaye de Montmartre. On l'a aussi nommée *la rue Jolivet*. Elle est composée de tous les cabarets de la nouvelle France.

Berci, (rue de) Quartier de la Grève. Elle aboutit, d'un côté, à la vieille rue du Temple; & de l'autre, au cimetière Saint-Jean. Elle a porté le nom de *rue du Hoqueton*, &

---

* Les jardins n'étoient point plantés d'ifs & de tilleuls, mais de pommiers, de poiriers, de vignes, de cerisiers. On y voyoit la lavande, le romarin, des pois, des fèves, de longues treilles & de belles tonnelles. C'est d'une treille & d'une cerisaie, que les rues de Beautreillis & de la Cerisaie ont pris leur nom. *Ess. de Paris*, t. 1. p. 98.

de rue *de la Réale*. La maison du mouton que l'on y voit, appartient à l'Abbaye de Chelles.

Berci, (rue de) Quartier Saint-Antoine. Elle va, d'un bout, à la rue de la Rapée; & de l'autre, à Bercy, dont elle tire son nom.

Bergère, (rue) Quartier Montmartre, se termine, d'un bout, à la rue de la barrière Sainte-Anne; & de l'autre bout, à la rue du Fauxbourg Montmartre. On la connoissoit autrefois sous le nom de *Clos aux Halliers*.

Bernard, (rue Saint-) Quartier Saint-Antoine, traverse de la rue de Charrone dans celle du Fauxbourg Saint-Antoine. Elle prend son nom de l'Abbaye Saint-Antoine, qui suit la règle de ce Pere de l'Eglise.

* *Bernard*, (rue Saint-) Quartier de la Place Maubert. Ancien nom de la rue des Bernardins.

Bernard, (rue des Fossés-Saint-) Quartier de la Place Maubert. Elle aboutit, d'un côté, à la rue Saint-Victor; & de l'autre, au quai de la Tournelle. Elle fut formée sur les fossés qui avoient été faits du règne de Charles V, le long des murs de l'enceinte de Philippe-Auguste.

Bernardins, * (rue des) Quartier de la Place Maubert,

---

* Le Cardinal de Retz & les Frondeurs, cherchant à exciter une nouvelle sédition dans Paris, imaginèrent qu'il falloit persuader que la Cour avoit voulu faire assassiner *Joli*, un des Syndics, pour les rentes sur la Ville, Conseiller au Châtelet, & homme fort accrédité parmi le Peuple. « On plaça son pourpoint & son manteau sur un morceau de » bois, dans une certaine attitude; *d'Estainville* tira un coup de pistolet » avec tant de justesse, sur une des manches qu'on avoit remplie de foin, » qu'il la perça précisément où il falloit; après quoi, il fut arrêté entre » lui & *Joli*, que le véritable coup seroit tiré le lendemain, environ » les sept heures & demie du matin, dans la rue des Bernardins.... La » chose fut faite comme on l'avoit projettée. *D'Estainville* s'approcha du » carrosse, *Joli* se baissa, le coup passa par-dessus sa tête, & fut si bien » ajusté, qu'il se rapportoit parfaitement à la situation où il devoit être » dans le carrosse.... il fut conduit chez un Chirurgien, vis-à-vis » de Saint-Nicolas-du-Chardonnet, où ayant été déshabillé, on lui trouva » au bras gauche, à l'endroit où les balles devoient avoir passé, une espèce de plaie qu'il s'étoit faite lui-même, la nuit, avec des pierres » à fusil; de sorte que le Chirurgien ne douta pas que ce ne fût l'effet » du coup, & y mit un appareil dans les formes, tandis que *d'Argenteuil* » disoit & faisoit tout ce qu'il pouvoit, pour insinuer que cette entreprise n'avoit pu venir que de la part de la Cour, qui vouloit se défaire » de celui des Syndics qui paroissoit le plus ferme & le plus affectionné » au bien public ». *Mémoires de Joli*, année 1649. M. Saint Foix fait à

aboutit, d'un côté, à la rue Saint-Victor; & de l'autre, au quai de la Tournelle. Cette rue se nommoit en 1246, 1380, & long-temps depuis, *la rue Saint-Bernard*, *via Sancti Bernardi*, à cause du Collège des Moines de Cîteaux qui est dans cette rue, & que l'on nomme quelquefois *Bernardins*, du Saint de ce nom qui a fait tant d'honneur à cet Ordre : les MM. *Bignon* avoient leur maison paternelle dans cette rue. Elle appartient aujourd'hui aux Héritiers de *Chol de Torpane*, Chancelier de la Principauté souveraine de Dombes. Cette rue fut la demeure d'*Antoine* & *Bernard le Jussieux*, fameux Botanistes.

* *Berneult*, (rue Jacques-) Quartier Saint-Eustache. Ancien nom de la rue Pagevin, que l'on a connue aussi depuis 1293 sous celui de *rue Breneuse*, sans doute par altération de celui de *Berneult*.

Berri, (rue de) Quartier du Temple, fait la continuation de la rue d'Orléans, & se termine aux rues de Bretagne & de Bourgogne, & à celle d'Angoumois ou Charlot.

* *Bertaut qui dort*, (rue) Quartier Saint-Jacques-de-la-Boucherie. Nom que la rue de Venise portoit en 1388.

* *Berthe*, (rue) Quartier Saint-André-des-Arcs. Ancien nom de la petite rue des Trois-Chandeliers, qui descend de la rue de la Huchette à la rivière.

Bertin-Porée, Quartier Sainte-Opportune. Elle va, d'un côté, à la rue des Deux-Boules; & de l'autre, dans la rue Saint-Germain-l'Auxerrois. Son nom véritable est *Bertier-Porée*, d'un Particulier qui y demeuroit.

Béthisi, (rue) Quartier Sainte-Opportune, finit, d'un bout, au coin de la rue du Roule & de la Monnoie, & se termine, de l'autre, à l'extrêmité de la rue des Deux-Boules & des Bourdonnois. Cette rue se nommoit dans le treizième siècle, & même au commencement du quatorzieme, *la rue au Comte de Ponti*, ensuite *la rue de la Charpenterie*

---

ce sujet les réflexions suivantes dans ses *Essais Hist. tom. 1, pag. 82.*

« Quelles seroient les idées d'un Sauvage à la lecture de ce récit, où
» le Sieur Joly lui-même rapporte, & avec un air de satisfaction & de
» vanité, qu'il aposta de faux témoins, qu'il fabriqua de fausses preuves,
» & qu'il prit les mesures les mieux réfléchies & les plus sûres, pour per-
» suader que la Reine & le Ministre avoient voulu le faire assassiner?
» Ce Sauvage penseroit, sans doute, que ces infâmes manœuvres ne
» déshonorent point en France, n'étant pas naturel qu'un homme se
» donne la peine d'écrire sa vie, pour se rendre odieux & méprisable.

& enfin la rue de Béthifi. Ces différens noms lui ont été donnés de l'Hôtel que les Comtes de Ponthieu y avoient, ou des Charpentiers, qui, pendant un certain temps, y firent leur demeure, ou de *Jean de Béthifi*, Procureur au Parlement en 1410, ou de *Jacques Béthifi*, Avocat en 1416. C'est dans la deuxième maison à gauche, en entrant par la rue de la Monnoie, & où est à préfent une Meffagerie, que l'Amiral *de Coligni* fut affaffiné la nuit de la Saint Barthelemi 1572.

Beurière, ou *de la Petite-Corne*, (rue); d'un bout, dans la rue du Four; & de l'autre, dans celle du Vieux-Colombier, Quartier du Luxembourg. Elle étoit parrallèle à celle que l'on nomme *de la Corne*.

Biches, (rue & cul-de-sac du Pont-aux) Quartier Saint-Martin. Elle continue, de la rue de la Croix, jusqu'au coin des rues Notre-Dame-de-Nazareth & neuve-Saint-Martin. Ce nom lui vient d'un petit pont construit sur l'égout, pour la communication des deux rues auxquelles elle aboutit, & d'une enseigne des biches; vis-à-vis son extrêmité, est un petit cul-de-sac qui porte le même nom.

Biches, (rue du Pont-aux) Quartier de la Place Maubert, aboutit, d'une part, à la rue Cenfier; & de l'autre, aux extrêmités des rues de la Muette & du Fer-à-Moulin. Elle doit son nom au petit pont fous lequel paffe la rivière de Bièvre. En 1603, elle ne faifoit qu'une rue avec la rue vieille-Notre-Dame, fous le nom de rue *Notre-Dame*.

* *Bierre*, }
* *Bièvre*, } (rue de) Quartier Saint-Jacques-de-la-Boucherie. Ce font les noms anciens du cul-de-sac de Venife.

Bièvre, (rue de) Quartier de la Place Maubert, commence au bout de la Place Maubert, & fe termine au quai de la Tournelle. Cette rue a pris son nom de la rivière de Bièvre ou des Gobelins, qui y a coulé pendant plusieurs siècles. Sauval affure que son canal qui est caché fous le pavé & fous les maifons, y étoit, de son temps, encore prefque tout entier, & ne fervoit plus depuis fort long-temps que d'égout aux eaux d'une partie du Quartier de Saint-Nicolas-du-Chardonnet & de la montagne Sainte-Geneviève. Il ajoute qu'il étoit couvert d'une voûte toute de pierre de taille fort longue, large, haute & très-bien-bâtie.

* *Bièvre*, (rue de) Quartier de la Place Maubert. *Voy.* RUE *des Gobelins*.

* *Bigne*, *Bigue* ou *Bingue*, (rue Jean) Quartier des halles. Vieux nom de la rue de la Réale. *Voy. cette rue.*

Billettes, (rue des) Quartier Sainte-Avoie. Elle traverse, de la rue de la Verrerie, dans celle de Sainte-Croix-de-la-Bretonnerie. On nommoit anciennement cette rue, *la rue des Jardins, vicus Jardinorum, ou de Jardinis*. Le nom de *Billettes* vient aussi vraisemblablement d'un petit morceau de drap long & quarré, que l'on nommoit ainsi dans ce temps-là, & dont les Religieux de l'Ordre des Carmes, se servoient alors en forme de scapulaire. Au quinzième siècle, on trouve cette rue indiqué sous le nom de *rue où Dieu fut bouilli, du Dieu Bouliz*. C'est peut-être à cause de la maison du Juif dont nous avons donné l'histoire à l'article CARMES-BILLETTES. *Voy. ce mot*, tom. 2, pag. 60.

Bissi, (rue de) Quartier du Luxembourg, aboutit, d'un côté, à la principale entrée du marché de Saint-Germain, du côté de la rue du Four ; & de l'autre, à la foire Saint-Germain. Elle prend son nom du Cardinal *de Bissi*, Abbé de Saint-Germain-des-Prés en 1726, qui fit construire à ses dépens le marché que l'on voit aujourd'hui.

* *Blanche* (rue) Quartier Montmartre. Nom que l'on a donné à la rue de la Croix-Blanche qui donne dans la vieille rue du Temple.

Blanche, (rue) Quartier du Temple. C'est la partie de la rue Saint-Maur, ou du chemin de Saint-Denis, qui se trouve entre la rue des Trois-Bornes & celle du Bas-Popincourt.

* *Blanche-Oie*, (rue de la) Quartier du Luxembourg, est celle qu'on nomme aujourd'hui rue du Four. Elle se nommoit ainsi depuis le carrefour des rues de Buci, jusqu'à la rue des Cannettes. C'est dans cette partie qu'étoit situé l'Hôtel de Roussillon, appartenant à *Louis*, bâtard de Bourbon, Comte de Roussillon en Dauphiné.

Blancs-Manteaux, (rue des) Quartier Sainte-Avoie. Elle tombe, d'un côté, à la rue Sainte-Avoie ; & de l'autre, à la vieille rue du Temple. Elle a pris son nom, de même que le Couvent, de la couleur blanche des manteaux des Religieux, Serviteurs de la Vierge Marie, qui vinrent s'y établir vers le milieu du treizième siècle ; car, selon Sauval, en 1268, elle se nommoit *la rue de la Parcheminerie & de la petite Parcheminerie*, puis *la rue de la vieille Parcheminerie*, & *la rue des Parcheminiers*. Tous ces noms différens sont rappellés dans des chartes du Trésor du Temple, des années 1440, 1480, & 1492.

Blomet, (rue) Quartier Saint-Germain. Elle commence à la barrière de la rue des Brodeurs, & finit sur le nouveau boulevard, à l'égout. On la nomme mal-à-propos *rue Plumet*;

car dans tous les titres de l'Abbaye Saint-Germain, elle n'est indiquée que sous celui de *Chemin Blomet*.

* *Bloquerie*, (rue de la) Quartier Saint-Martin. Nom indiqué par Corrozet, qui pourroit être celui de *la rue de la Corroierie*.

* *Bohêmes*, (rue des) Quartier Saint-Germain. C'est un des douze noms que l'on a donnés à la rue *Hillerin-Bertin*, par des variations & manières d'écrire le véritable.

* *Boiliaue*, (rue *Ermeline-*) Quartier Saint-Paul. Nom d'un cul-de-sac, nommé *Putigneux*, lequel se trouve dans la rue Geoffroi-l'Asnier, & que Corrozet a appellé *rue Putigneuse*, & qui est peut-être le même à qui Guillot donne le nom de *rue Ermeline-Boiliaue*, qui alors se prolongeoit, sans doute, jusqu'à la rue des Barres.

Bondi, (rue de) Quartier Saint-Martin. Elle commence à la rue du Fauxbourg Saint-Martin, près le Wauxhall de Torré; & par un Arrêt du Conseil de 1771, elle a perdu le nom de *chemin de la Voierie*. *Voy.* RUE *des Fosses-Saint-Martin*.

* *Bonne-Morue*, (rue de la) Quartier du Palais-Royal. Ancien nom de la rue *des Champs-Elysées*, qu'elle a quitté depuis 1769.

* *Bon-Puits*, (rue du) Quartier Saint-Benoît. Ancien nom de la rue du *Pot-de-Fer*.

Bon-Puits, (rue du) Quartier de la Place Maubert. Elle aboutit, d'un côté, dans la rue Saint-Victor; & de l'autre, rue Traversière. Louis XIII, par Lettres-patentes du mois d'Avril 1639, permit au Collège de Navarre de faire clorre la rue Clopin, à la longueur de 64 toises, & de fermer aussi la rue du *Bon-Puits*, en dédommageant les Particuliers qui s'y trouvoient intéressés. Cette clôture fut faite pour former le logement des Docteurs de la Société de Théologie du Collège de Navarre. Elle doit son nom à un puits public qu'on y avoit fait creuser.

* *Bon-Quitte*, (rue du) Quartier Saint-Benoît. Autre nom de la rue du *Pot-de-Fer*.

Bons-Enfans, (rue des) Quartier Saint-Eustache. Elle commence à la rue Saint-Honoré, & aboutit à la rue Baillif, & à la rue neuve des Bons-Enfans. Anciennement elle portoit le nom de *chemin qui va à Clichi*; ensuite celui de *ruelle par où l'on va au Collège des Bons-Enfans*; & en 1300, celui de *rue aux Ecoliers-Saint-Honoré*. On voit qu'elle a pris son nom actuel du Collège des Bons-Enfans, dont il ne reste plus qu'une Chapelle sous le nom de *Saint-Clair*, & il paroît par les anciens plans de Paris, qu'elle a été long-temps un cul-de-sac, bordé de maisons, d'un côté; & du cimetière Saint-Honoré, de l'autre. Aujourd'hui elle conduit, de la rue Saint-Honoré à la rue neuve des Petits-Champs. Depuis la rue Saint-Honoré, jusqu'au coin de la rue Baillif, on la nomme la rue des Bons-Enfans; & depuis ce coin, jusqu'à la rue neuve des Petits-Champs, on l'appelle la rue neuve des Bons-Enfans. *

Saint-Bont (rue) Quartier de la Grève. Elle commence à la rue de la Verrerie, & finit à la rue Jean-Pain-Mollet. Elle doit son nom a la Chapelle de Saint-Bont qui y subsiste toujours. Sauval & Piganiol après lui, ont dit qu'il y avoit des Juifs dans cette rue & dans les rues voisines, & que la rue Saint-Bont se nommoit, par cette raison, *Judæaria Sancti Boniti*, & *vetus Judæaria*. M. Jaillot dit qu'il n'a pas trouvé que ces noms aient été donnés à la rue Saint-Bont, mais à celle de la Tachérie qui est voisine, & dans laquelle les Juifs s'étoient établis. *Voy. ses Rech. sur Paris, Quartier de la Grève*, pag. 13.

* *Bordelle, Bourdelle, Bourdel*, (rue) Quartier de la Place Maubert. Noms défigurés de la *rue Bordet*.

Bordet, (rue) Quartier de la Place Maubert, depuis la fontaine de Sainte Geneviève, jusqu'à la rue Mouffetard, à l'endroit où étoit la porte Saint-Marceau ou *Bordelle*, qui fut démolie en 1683. Cette rue doit son nom à *Pierre de Bordellés*, qui y demeuroit, il y a cinq cents ans; & c'est une erreur populaire de croire qu'à cause de la ressemblance de nom, cette rue ait été autrefois affectée à la débauche. Guillot la nomme *rue de la porte Saint-Marcel*.

---

* La salle de l'Opéra, & toutes les autres dépendances du Palais-Royal, du côté de l'Eglise Saint-Honoré, sont bâties sur les ruines de l'Hôtel des Comtes d'Armagnac. Ce fut à cet Hôtel que marchèrent d'abord les troupes du Duc de Bourgogne, lorsque la trahison de *Perrinet-Leclerc* les eut introduites dans Paris, la nuit du 28 au 29 Mai 1418. *Voy.* PORTE-BUCI, pag. 124. Le Connétable *Bernard d'Armagnac* s'étoit sauvé chez un Maçon qui demeuroit dans cette rue : trahi par ce misérable, il fut pris & enfermé dans un cachot de la Conciergerie. Le 12 Juin, la populace ayant enfoncé les portes de la prison, l'assomma, & jetta son corps à la voierie, après l'avoir traîné ignominieusement dans les rues. Telle fut la fin d'un des descendans de Clovis par Charibert, frère de Dagobert. *Saint-Foix, Ess. sur Paris*, tom. 1, pag. 57.

* *Borel*, (rue du) Quartier du Louvre. Nom qu'il paroît que portoit la rue des Foſſés-Saint-Germain, depuis la rue de l'Arbre-Sec, juſqu'à celle du Roule.

* *Borne*, (rue de la Haute-) Quartier du Temple. M. *Robert* indique une rue *de la Haute-Borne*, comme faiſant la continuation du chemin de Meſnil-Montant, depuis la rue du Bas-Popincourt. Elle doit ce nom à un lieu dit la *Haute-Borne*, où ſont pluſieurs cabarets, dans l'un deſquels (celui qui avoit pour enſeigne le piſtolet) le fameux Cartouche fut pris.

Bornes, (rue des Trois-) Quartier du Temple, tombe, d'un bout, dans la rue du Chemin-Saint-Denis, au coin de la rue Blanche; & de l'autre, dans celle de la Folie-Moricourt, près la Courtille.

* *Boſc*. (rue) Nom que devoit porter la rue Charlot, dans l'endroit où elle fut prolongée juſqu'au cours, de *Charles Boſc*, Prévôt des Marchands.

Bouchée, (rue) Quartier Saint-Euſtache. C'étoit une partie reſtante de la rue de Neſle, dite depuis d'Orléans, que Catherine de Médicis fit enclaver dans ſon Palais, & cette rue devint un cul-de-ſac. C'eſt aujourd'hui la rue Oblin.

Boucher, (rue) Quartier du Louvre. Elle commence au milieu de la rue de la Monnoie, & ſe termine à la rue Thibault-aux-dez. Cette rue a été commencée en 1776, & ouverte en 1778, ſur l'emplacement de l'ancien Hôtel de la Monnoie; elle eſt l'élargiſſement du paſſage qui traverſoit cet Hôtel, & porte le nom d'un ancien Echevin, lequel étoit en exercice en 1773.

Boucherat, (rue de) Quartier du Temple. Elle continue la rue Saint-Louis, depuis la rue des Filles du Calvaire, juſqu'à celle de Vendôme. C'eſt le nom du Chancelier *Boucherat* qui vivoit en 1697.

Boucherie, (rue de la) Quartier Saint-Germain. Elle aboutit, d'un côté, à la Boucherie des Invalides, d'où elle tire ſon nom; & de l'autre, au bord de l'eau.

* *Boucherie*, (rue de la petite-) Quartier Saint-Martin. Nom donné mal-à-propos à la rue du Poirier.

* *Boucherie*, (rue de la vieille-) Quartier Saint-André-des-Arcs. Nom que portoit en 1272, la rue de la vieille-Bouclerie.

* *Boucherie*, (rue de la Voierie de la) Quartier du Luxembourg. Ancien nom de la rue du Cœur-Volant.

Boucheries, (rue des) Quartier du Palais Royal, tombe, d'un côté dans la rue Saint-Honoré; & de l'autre, dans la rue de Richelieu. Elle prend son nom de la boucherie des Quinze-Vingts.

* *Boucheries*, (rue des) Quartier Saint-Denis. Nom que portoit anciennement la partie de la rue des petits-Carreaux qui tient à la rue Poiſſonnière.

* *Boucheries* (rue des) Quartier de la Place Maubert. Nom que portoit la rue de la montagne Sainte-Geneviève en 1636.

Boucheries, (rue des) Quartier du Luxembourg, donne, d'un bout, au marché de l'Abbaye Saint-Germain; du carrefour des rues de Buci & du Four; & de l'autre, à celui que forment les rues des Foſſés-Saint-Germain, dite de la Comédie, des Cordeliers & de Condé. Elle tire son nom des Bouchers de Saint-Germain qui étoient établis en ce lieu depuis un temps immémorial. La moitié de cette rue du côté du petit marché, a été bâtie sur un terrein qui faiſoit partie de la garenne de l'Abbaye. *Philippe-le-Bon*, Roi de Navarre, & *Charles-le-Mauvais*, son fils, avoient leur Hôtel à l'endroit où sont à préſent les loges & boutiques de la foire. Louis de France, père de Philippe-le-Bon, & fils de Philippe le-Hardi, avoit fait bâtir cet Hôtel au milieu de quelques arpens de vignes qu'il avoit achetés de Raoul de Preſles, Avocat au Parlement & père de ce Raoul de Preſles, si célèbre par ses ouvrages sous le règne de Charles V, & qui prenoit, dit l'Abbé Maſſieu, le titre de *Confeſſeur & Poëte du Roi*.

* *Bouchers & des Boucheries du Temple*, (rue des) Quart. Sainte-Avoie. Nom qu'il paroît que portoit la continuation de la rue de Braque, que l'on croit avoir été prolongée autrefois jusqu'à la vieille rue du Temple, & à cauſe d'une boucherie qui y avoit été établie.

* *Bouclerie.* (la) Nom que portoit anciennement la rue du Poirier.

Bouclerie, (rue de la vieille-) Quartier Saint-André-des-Arcs. Elle se termine, d'un bout, à l'extrêmité de la rue de la Harpe, au coin de celle de Saint-Severin; & de l'autre, à la Place du Pont-Saint-Michel. On la nomme *la grande* ou *la vieille-Bouclerie*, parce qu'autrefois, il y avoit une autre rue appellée *la rue de la petite-Bouclerie*, que l'on a quelquefois nommée *rue de l'Abreuvoir-Mâcon*, parce qu'il y conduiſoit en ligne directe, *Aquatorium Matiſconenſe*, *Adaquatorium Matiſconenſis Comitis*, & où l'on menoit boire les chevaux des Comtes de Mâcon, qui avoient leur Hôtel dans le voiſinage. *V.* ABREUVOIR-MACON & RUE MACON.

Bouc

* *Boue & de la Bourde*, (rue de la) Quartier du Luxembourg. Noms sous lesquels on trouve la rue de la Bourbe.

Boulangers, (rue des) Quartier de la Place Maubert, tombe, d'un bout, dans la rue des Fossés-Saint-Victor ; & de l'autre, vis-à-vis l'Abbaye de Saint-Victor. Cette rue est fort escarpée & inaccessible aux voitures qui viennent par la rue des Fossés-Saint-Victor. On lui a donné vraisemblament ce nom, à cause qu'une grande partie des Boulangers de ce Fauxbourg y avoient leur demeure.

Boulets, (rue des) Quartier Saint-Antoine. Elle fait la continuation des rues de la Muette & du Trône, allant de la barrière Saint-Antoine à celle de Charonne. Ce nom lui a été donné du *lieu dit les Boulets, anciennement les basses Vignolles*.

* *Bouliers*, (rue des) Quartier de la Place Maubert. Ancien nom de la rue d'Orléans, qui va de la rue Moufetard à celle du Jardin du Roi.

* *Bouliers & Buliers*, (rue aux) Quartier Saint-Eustache. Nom que Sauval dit que portoit la rue du Bouloi en 1359.

* *Boulogne*, (rue du Comte de) Quartier de la Place Maubert. C'est le plus ancien nom qu'ait porté la rue du Fer-à-Moulin, à cause qu'on y voyoit l'Hôtel des Comtes de Boulogne.

Bouloi ou *Bouloir*, (rue du) Quartier Saint-Eustache. Elle aboutit, d'un côté, à la rue des-Petits-Champs ; & de l'autre à la rue Coquillère. Elle s'appelloit en 1359 *la rue aux Boulliers & Bulliers*, dite *la cour Basile*, qui fut vendue au Chancelier *Seguier*. Elle faisoit face à un grand emplacement qui, après avoir servi long-temps de cimetière à la Paroisse de Saint-Eustache, a été enfin couvert de maisons. *Voy.* HÔTEL DES FERMES, *tom. 3, pag. 280.*

Bourbe, (rue de la) Quartier du Luxembourg. Elle traverse, de la rue d'Enfer, à celle du Fauxbourg Saint-Jacques. Dans cette rue est le Monastère de Port-Royal.

Bourbon (rue de) Quartier Saint-Denis, aboutit, d'un côté, au haut de la rue des petits-Carreaux & de Montorgueil ; & de l'autre, près de la porte Saint-Denis. Il paroît, suivant M. *Jaillot*, qu'elle s'appelloit anciennement *rue Saint-Côme*, & *rue du milieu du Fossé*, & que le nom qu'elle porte aujourd'hui, lui vient de Dame *Jeanne de Bourbon*, Abbesse de Fontevrault, à qui les Dames Filles-Dieu, qui sont de cet Ordre, voulurent faire honneur.

* *Bourbon*, (rue de) Quartier Saint-Martin. Depuis l'alignement de la rue Meslai, avec celle de Sainte-Apolline,

Tom. IV. T

on lui a donné le nom de *rue Sainte-Apolline* ou *de Bourbon*.

Bourbon, (rue de) Quartier Saint-Germain. Elle aboutit aux rues des SS. Pères & de Bourgogne. Elle est ainsi nommée de *Henri de Bourbon*, Abbé de Saint-Germain, en 1640. On y trouve l'Hôtel des voitures de la Cour.

Bourbon (rue du petit-) Quartier du Louvre. Elle va, de la rue des Poulies, au coin de la rue des Fossés-Saint-Germain, & aboutit au quai de l'Ecole & de Bourbon. Elle est ainsi nommée de l'Hôtel du Connétable de Bourbon, qui fut démoli en partie en 1527. * On en voyoit encore des restes, il y a quelques années, où étoient les écuries de la Reine & le garde-meuble de la Couronne, & que l'on a détruits pour découvrir la belle colonnade du Louvre. **

---

* On en conserva la Chapelle ; & la galerie qui étoit fort vaste, a servi de salle pour les spectacles que la Cour fit représenter à l'occasion du mariage de Louis XIII, & pour les ballets & la comédie sous Louis XIV. Ce fut aussi dans cette galerie, que se tint l'assemblée des Etats du Royaume en 1614 & 1615. *Recher. sur Paris*, tom. 1, pag. 13.

** Le Connétable de Bourbon ayant été déclaré Criminel de Leze-Majesté en 1523, on sema du sel sur le sol où étoit sa maison ; ses armoiries y furent brisées, & le Bourreau barbouilla les fenêtres & les portes de ce jaune infâmant, dont on barbouille les maisons des Traîtres. Ce Prince fut tué devant Rome, le 6 Mai 1227, en montant le premier à l'assaut. On fit sur lui ces deux vers.

Unum Borbonio votum fuit arma ferenti,
Vincere vel morier : donat utrumque Deus.

Ses Soldats, dont il étoit adoré, après avoir saccagé Rome, emportèrent son corps à Gaëte, & lui dressèrent un tombeau dans une Chapelle. Le Concile de Trente ordonna qu'il seroit exhumé, apparemment parce qu'il n'est pas permis de combattre contre le Pape, lors même qu'il ne fait la guerre que comme Prince temporel. On avoit jetté ce corps auprès de la porte du Château de Gaëte. Un Officier François de la garnison, le mit dans une grande armoire vitrée, où on le voyoit encore en 1660, bien conservé, debout, botté, appuyé sur un bâton de commandement, & vêtu de sa casaque de velours vert, chamarrée de grands galons d'or.

C'étoit des fenêtres de cette maison qui lui avoit appartenu, que Charles IX, pendant le massacre de la Saint-Barthelemi, tiroit avec une

Bourbon, (rue du petit) Quartier du Luxembourg. Elle commence à la rue de Tournon, & finit à celle des Aveugles, au coin de la rue Garancière. Elle tire son nom de *Louis de Bourbon*, Duc de Montpensier, qui y avoit son Hôtel ; & c'est sur cet emplacement que sont situés aujourd'hui ceux de Châtillon, dont l'un est Hôtel garni.*

Bourbon-le-Château ou *du petit-Bourbon*, (rue de) Quart. Saint-Germain. Elle aboutit, d'un côté, à la rue de Buci, & de l'autre, à la cour abbatiale. Ce nom lui a été donné à cause du Cardinal de Bourbon, qui, étant Abbé de Saint-Germain, fit bâtir le Palais qu'on voit aujourd'hui en 1586.

* *Bourdon*, (rue *Adam* ou *Guillaume*) Quartier Sainte-Opportune. Nom que la rue des Bourdonnois portoit en 1297. Voy. l'art. suiv.

Bourdonnois, (rue des) Quartier Sainte-Opportune. Elle commence, d'un côté, à la rue Saint-Honoré, & finit au bout des rues Béthisi & Thibaut-aux-dez. Elle quitta en 1300 les noms d'*Adam Bourdon* & de *Sire Guillaume Bourdon*, pour prendre celui des Bourdonnois. On remarque dans cette rue

---

longue arquebuse sur les Huguenots qui passoient l'eau pour se sauver au Fauxbourg Saint-Germain: le Pont-Neuf n'étoit pas encore bâti.
On voit encore aujourd'hui, dans l'orangerie de Versailles, un oranger qui existoit déjà du temps du Connétable de Bourbon, & qu'on appelle l'oranger du Connétable de Bourbon. Brantôme, *Vie des Hommes, Illustres*, tom. 1, p. 229. Saint-Foix: *Essai Hist. sur Paris*, tom. 1, pag. 92 & suiv.

* Au coin de cette rue, & de la rue de Tournon, étoit l'Hôtel de cette furieuse Duchesse *de Montpensier*, sœur des Guises tués à Blois. Si l'on veut croire quelques Historiens, elle se prostitua à *Bourgoing*, Prieur des Jacobins, & concerta avec ce Scélerat, les moyens d'approcher de la personne de Henri III, & de le faire assassiner. Il est certain qu'elle logea chez elle, pendant quelques jours, la mère de *Jacques Clément*, qui étoit venue à Paris de son Village de Sorbonne près de Sens, pour demander la récompense de l'exécrable attentat commis par son fils. C'étoit à cet Hôtel que les Prédicateurs engageoient le Peuple à aller *vénérer cette bienheureuse mère d'un Saint Martyr*: c'est ainsi qu'ils la qualifioient en chaire. On lui donna une somme assez considérable, & lorsqu'elle s'en retourna, cent quarante Religieux l'accompagnèrent *honorablement* à une lieue de Paris. Saint-Foix, *Ess. Hist. sur Paris*, tom. 1, p. 89 & suiv. *Hist. de Paris*, liv. 23.

une grande maifon qui porte pour enfeigne la *couronne d'or*, & s'appelloit anciennement la grande maifon *des Carneaux*. Quoiqu'elle ne foit occupée aujourd'hui que par des Marchands, on voit bien qu'elle a été bâtie pour de grands Seigneurs. La tradition eft que Philippe-le-Bel y a demeuré, ce qui eft deftitué de vraifemblance ; c'eft *Philippe*, Duc de Touraine, & depuis Duc d Orléans, frère du Roi *Jean*, qui l'acheta en 1363, pour deux mille francs, fomme qui feroit aujourd'hui près de feize mille livres. Elle appartenoit en 1398, *au preux Gui de la Tremoille*, & en 1421 à *Jehan de la Tremoille*, Seigneur de Jonvelle. Dans la fuite, *Antoine du Bourg*, Chancelier de France, y demeuroit. Enfin elle paffa à MM. *de Bellièvre* & prit leur nom.

Bourg-l'Abbé, (rue du) Quartier Saint-Denis. Elle aboutit, d'un côté, dans la rue aux Oues ; & de l'autre, dans la rue Greneta. Il y a plufieurs opinions fur l'étymologie de ce nom. Sauval prétend *qu'elle le doit fans difficulté à Simon du Bourg-l'Abbé*, ou *du Bourlabbé*. M. *Jaillot* préfume qu'elle le doit à l'Abbé de Saint-Magloire, du nom primitif de la Chapelle Saint Georges, & que ce fut alors qu'elle prit celui de *Bourg-l'Abbé* ; & le Commiffaire Lamarre a cru qu'il venoit de l'Abbé de Saint-Martin-des-Champs ; mais il a confondu le Beaubourg avec le Bourg-l'Abbé.

Bourg-Thiboud, (rue) Quartier Sainte-Avoie, aboutit, d'un côté, dans le marché du cimetière S. Jean ; & de l'autre, dans la rue Sainte-Croix-de-la-Bretonnerie. Elle tire fon nom d'un Seigneur de ce Bourg qui y demeuroit. MM. *d'Argouges*, anciens Lieutenans Civils, ont fait leur demeure dans la maifon la plus remarquable de cette rue, qui eft l'Hôtel de Nicolaï.

* *Bourgogne*, (rue au Duc de) Quartier Saint-Benoît. Ancien nom de la rue de Rheims.

* *Bourgogne*, (rue de) Quartier des halles. Nom donné fans fondement à la rue Comteffe d'Artois.

Bourgogne, (rue de) Quartier du Temple, aboutit à la rue de la Corderie, d'une part; & de l'autre, à la rue de Bretagne.

Bourgogne, (rue de) Quartier Saint-Germain. Elle aboutit, d'un côté, dans la rue de Varennes ; & de l'autre, au bord de l'eau à la Grenouillère, ou fur le quai d'Orfai.

Bourguignons & de Bourgogne, (rue des) Quartier Saint-Benoît. Elle aboutit, d'un côté, à la rue du Fauxbourg Saint-Jacques près les Capucins ; & de l'autre, à la rue de Lourcine, règnant le long des murs du Val-de-Grace. La partie qui commence aux Capucins, jufqu'à la Croix de la Sainte Hoftie*, eft communément appellée *le Champ des Capucins*. On donnoit à cette rue autrefois le nom de *rue de Bourgogne*.

Bout-de-Brie, (rue) Quartier Saint-André-des-Arcs. Elle aboutit, d'une part, rue du Foin; & de l'autre, rue de la Parcheminerie. on la nommoit autrefois *la rue des Enlumineurs*, du temps que les Enlumineurs-Jurés de l'Univerfité y avoient établi leur demeure. Cette rue eft une de celles qui a le plus varié dans les noms différens qu'elle a portés. On la trouve fous ceux de *Bourg-de-Brie*, *Bout-de-Brye*, *Bouttebrie*, *du Boure-de-Brie*, *Boudebrie*, &c. On la nommoit en 1284 & en 1371, fous le nom de *Erembourg de Brie*, qui eft fon véritable nom, à caufe d'un Particulier ainfi appellé, qui y demeuroit.

Bout-du-Monde, (rue du) Quartier Saint-Euftache. Elle va, d'un bout, à la rue Montmartre; & de l'autre, à celle de Montorgueil. *Voy. Aigoux.* Elle eft ainfi nommée d'une enfeigne où l'on avoit repréfenté un *bouc*, un *duc* (oifeau), un *os* & un *globe*, figure du monde, avec cette infcription au *bouc-du-Monde*. C'eft de pareilles enfeignes que plufieurs rues ont pris leur nom.

* *Bouteilles*, (rue des trois-) Quartier de la Grêve. An-

---

*Cette Croix qui eft vis-à-vis la rue de la Santé, ou pour mieux dire, au bout du carrefour, fut érigée en cet endroit en 1668, en réparation d'un facrilège commis dans l'Eglife de Saint Martin, cloître Saint-Marcel. Au mois de Juillet de cette année, trois Voleurs étant entrés dans cette Eglife, rompirent le tabernacle, emportèrent le Saint Ciboire, & jettèrent les Hofties. Ils furent arrêtés, & déclarèrent qu'ils avoient enveloppé une de ces Hofties dans un linge, & l'avoient jettée près les murs du jardin du Val-de-Grace. On fit auffi-tôt les perquifitions néceffaires, & on la trouva. Elle fut levée avec les cérémonies requifes, & M. l'Archevêque ordonna, en réparation, une proceffion folemnelle à laquelle il affifta nuds pieds, & l'étole derrière le dos. On fit élever au même endroit, en mémoire de ce facrilège, une croix, au pied de laquelle le Clergé de la Paroiffe fe rend proceffionnellement chaque année. Le Dimanche 17 Juillet 1768, cette proceffion a été faite avec plus de concours & de folemnité qu'à l'ordinaire, à caufe de la centième année. M. l'Archevêque y affifta avec la piété qui le caractérife, & avec le même appareil que M. de Péréfixe en 1668. *Recherch. fur Paris*, Quart. *Saint-Benoît*, p. 140.

cien nom que l'on a donné à la rue des Teinturiers, à cause d'une enseigne.

* *Bouticles*, (rue des) Quartier Saint-Jacques-de-la-Boucherie. La rue Trop-va-qui-dure portoit anciennement ce nom, auquel on ajoutoit, *près & joignant Saint-Leuffroi*.

* *Bouticles*, (rue & port des) Quartier Saint-André-des-Arcs. Nom que l'on donnoit à la petite rue des trois-Chandeliers en 1366, à cause de certains bateaux dans lesquels on conserve le poisson, & que l'on appelle des *boutiques*.

* *Boutiques*, (rue des) Quartier Saint-Jacques-de-la-Boucherie. Nom de la rue de la Triperie, ainsi appellée à cause des échopes des Tripières.

* *Bouvetins*, (rue à) Quartier Saint-Benoît. Nom donné mal-à-propos au passage qui communique de la rue des sept-Voies, à celle de la Montagne Sainte-Geneviève, & que l'on connoît sous la dénomination de la cour des bœufs, à cause des étables où les Bouchers les logeoient.

* *Boyer*, (rue) Quartier Saint-Denis, ainsi nommée de *Pierre Boyer*. C'est le nom ancien de la rue neuve-Saint-Sauveur.

* *Brac*, (rue du *petit-*) Quartier du Luxembourg. Ancien nom de la rue des quatre-Vents.

Braque, (rue de) Quartier Sainte-Avoie. D'un bout, dans la rue Sainte-Avoie; de l'autre, dans celle du Chaume. On la nommoit autrefois *la rue des Bouchers & la rue aux Bouchers du Temple*, à cause d'une boucherie que les Templiers avoient établie en 1182 en cet endroit, comme faisant partie de leur territoire. Elle a pris le nom de *Braque*, qu'elle porte encore aujourd'hui, d'un Hôpital & d'une Chapelle qu'*Arnoul de Braque*, Bourgeois de Paris, y fit bâtir en 1348, & d'un Hôtel que *Nicolas Braque* son fils, & Maître d'Hôtel du Roi Charles V, fit construire dans la rue du Chaume. La fortune enrichit & éleva tellement ce *Nicolas Braque*, qu'il donna son nom à une partie de ce Quartier; car, outre l'Hôpital de Braque & l'Hôtel de Braque, il y avoit encore la fontaine de Braque, la porte de Braque & le jeu de paume de Braque qui étoit dans la rue du Temple. De tous ces lieux, il n'y a que la rue qui en ait retenu le nom.

* *Braque*, (rue du vieux-) Ancien nom de la rue du Chaume, de même que ceux de *grande rue de Braque*, & de *rue de la Chapelle de Braque*.

Brasserie, (rue & cul-de-sac de la) Quartier du Palais-

Royal. Ancien nom de la rue Traversière, & nom actuel du cul-de-sac que l'on y voit.

Brave, (rue du) Quartier du Luxembourg. Elle commence au bout de la rue des quatre-Vents, & finit au coin de celles du petit-Lion & du petit-Bourbon.

* *Breneuse*, (rue) Quartier Saint-Eustache. Ancien nom de la rue Pagevin, de même que celui de Jacques Berneult. *Breneuse* étoit aussi le nom de la rue Verderet, & de celui de la rue du cimetière Saint-Benoît.

* *Bret*, (rue du Pressoir du) Quartier Saint-Eustache. Nom ancien de la rue des deux-Ecus, à cause d'un pressoir ainsi appellé qui étoit entre les rues du Four & des vieilles-Etuves, mais qui devoit plutôt être nommé d'*Albret*, de la maison du Connétable d'*Albret*, qui étoit située entre ces trois rues.

Bretagne, (rue de) Quartier du Temple, commence à la vieille rue du Temple, & finit à la rue de la Corderie.

Bretonnerie, (rue de la grande & de la petite) Quartier Saint-Benoît. Ces deux rues sont supprimées pour agrandir la place de la nouvelle Sainte-Geneviève. Elles étoient parallèles, & tournoient autour de plusieurs maisons, près Saint-Etienne-des-Grès. Elles avoient leur entrée par la rue Saint-Jacques, à l'endroit où est le petit-marché.

Bretonnerie, (rue Sainte-Croix-de-la-) *Voy. Croix.*

* *Bretons.* (rue aux) *Voy. Croix.*

Bretons, (rue aux) Quartier de la Grève. Nom d'une ruelle qui, d'un côté, aboutissoit dans la rue de la Mortellerie ; & de l'autre, dans une maison de la rue Grenier-sur-l'eau ; & que l'on a donné mal-à-propos à cette dernière.

Bretonvilliers (rue de) Quartier de la Cité, Isle Notre-Dame. Elle aboutit à la rue Saint-Louis & sur le quai Dauphin. Elle doit son nom à M. le *Ragois* de *Bretonvilliers*. *Voy.* HÔTEL DE BRETONVILLIERS, t. 3, p. 256.

Brisemiche, (rue) Quartier Saint-Martin-des-Champs. Elle va, d'un bout, dans la rue neuve-Saint-Merri ; & de l'autre, au cloître. La rue Taillepain se nommoit ainsi au commencement du quinzième siècle. Du côté de Saint-Merri, elle s'appelloit *Baillehoue*. Il paroît qu'elle tire son nom de la distribution des pains de Chapitre qu'on faisoit aux Chanoines. De toutes les rues affectées aux femmes publiques, la rue Tire-Boudin & celle-ci, étoient les mieux fournies. En 1387, le Prévôt de Paris rendit une ordonnance qui chassoit ces sortes de femmes de la rue Brisemiche ou Baillehoue, à la requête du Curé de Saint Merri, &

attendu l'indécence de leur domicile si près d'une Eglise & d'un Chapitre. Des Bourgeois s'opposèrent à l'exécution de cette ordonnance, & entreprirent de maintenir les femmes publiques dans l'ancienne possession où elles étoient de cette rue. Le Parlement, par Arrêt du 21 Janvier 1388, admit l'opposition des Bourgeois, sauf à prononcer définitivement, le premier lundi de carême, sur les nouvelles raisons des Parties. Quelque temps après, le Curé de Saint Merri trouva le moyen de se venger d'un de ces Bourgeois, en le faisant condamner à faire amende honorable, un Dimanche, à la porte de la Paroisse, pour avoir mangé de la viande un vendredi.

Brodeurs (rue des) Quartier Saint-Germain. Elle aboutit, d'un côté, à la rue de Sèvre; & de l'autre, à la rue de Babylone. Les Habitans de ce Quartier ont donné le nom de *Champ*, à la partie qui la prolonge depuis la barrière de cette rue, jusqu'à celle de Babylone. Elle se bornoit autrefois à la rue Blomet, où est la première barrière. Elle a vraisemblablement pris son nom du grand nombre de Brodeuses qui demeurent dans cette rue & aux environs.

Bucherie, (rue de la) Quartier de la Place Maubert. Elle commence à la rue du petit-Pont, près le petit-Châtelet, où en 1722 on avoit placé la barrière des Sergens dans une petite boutique, & finit à celle qui conduit à la place Maubert.* Elle a pris son nom d'un port où se vendoit anciennement du bois à brûler, & que l'on appelloit en 1415 *le Port-aux Buches*, ou d'une boucherie qui y auroit été établie. C'est dans cette rue que la Faculté de Médecine tient son Ecole, qui y fut établie vers 1472. Anciennement les Professeurs de cette Faculté étoient *Clercs*, & obligés de garder le célibat. Ils pressèrent tant le Cardinal d'*Estouteville*, nommé pour la réformation de l'Université, en 1452, & lui représentèrent, avec des couleurs si vives, les tentations auxquelles ils étoient sans cesse exposés, qu'ils obtinrent la permission de pouvoir se marier. Sous le règne de François I, la dissection du corps humain passoit encore pour un sacri-

---

* On voit dans une maison de cette rue, depuis la veille de Noël, jusqu'à la Purification, un spectacle assez bon de la Nativité de Notre-Seigneur, représentée en figures de cire, de grandeur naturelle, ainsi que l'adoration des trois Rois. Le prix des places est très-modique. (*deux sols*.) On voit ce spectacle à toute heure.

lège; l'anatomie étoit donc une science presqu'inconnue, & les Médecins de ce temps-là & des siècles précédens, ne devoient pas être, à beaucoup près, aussi habiles que ceux d'à-présent; mourroit-il plus de monde ? Il y a eu des hommes assez superstitieux pour faire leur testament : parce qu'ils avoient vu un Médecin en songe, ils croyoient que c'étoit un présage de mort.

Buci, (rue de) Quartier du Luxembourg. Elle va, d'un bout, au carrefour des rues Dauphine, Saint-André & des Fossés-Saint-Germain ; & de l'autre, au petit-marché de l'Abbaye Saint-Germain. Elle prend son nom de *Simon de Buci*, dont l'Hôtel étoit sur le terrain où nous voyons aujourd'hui le Bureau des Coches & des Messageries. *Voy. p. 224.* Cette rue portoit anciennement le nom de *rue Saint-Germain*, selon Sauval & du Breul; mais ils ont confondu cette rue avec celle des Boucheries, qu'on nommoit alors *la grant-rue Saint-Germain*.

* *Butte*, (rue de la) Quartier Saint-Germain. Ancien nom de la rue Saint-Guillaume, à cause d'une butte sur laquelle étoit un moulin en 1368. On donnoit aussi le nom de *rue des Buttes*, à la rue Mazarine, à cause de plusieurs tertres qui s'étoient formés dans ce chemin qui régnoit sur le bord du fossé de l'enceinte de Philippe-Auguste.

Buttes, (rue des) Quartier Saint-Antoine. Elle traverse de la grande rue de Reuilli dans celle de Picpus.

C.

Cadet, (rue) Quartier Montmartre, va, d'un bout, au Fauxbourg Montmartre, au pont des Porcherons; & de l'autre, à la rue de Rochechouart, au coin des rues d'Enfer & de Notre-Dame de Lorette. Elle est ainsi nommée d'un Particulier nommé *Cadet*.

* *Cadier*, (rue de la Traverse-) Quartier Sainte-Avoie. Nom d'une rue ou ruelle qui étoit entre les rues de Braque & des vieilles-Haudriettes.

Caillou, (rue du gros-) Quartier de la Place Maubert. C'est la continuation de la rue du Marché aux chevaux, & aboutit à celle du Banquier. Elle se nommoit anciennement *le chemin de Gentilli*.

Calendre, (rue de la) Quartier de la Cité. Elle donne, d'un bout, vis-à-vis une des portes du Palais, dans la rue de la Barillerie ; & de l'autre, à la rue du Marché-Palu, vis-à-vis celle de Saint-Christophe. Le plus grand nombre des Auteurs conviennent qu'elle a pris son nom d'une enseigne ;

mais ils ne s'accordent point sur la représentation de cette enseigne. Les uns disent que c'étoit un de ces insectes qui rongent le froment, & qu'on nomme aussi charenson ; les autres, une espèce de grive que les Parisiens appellent Calendre ; d'autres disent que c'est une espèce d'allouette nommée Calandre ; d'autres enfin, que c'est une machine avec laquelle on tabise & on polit les draps, les étoffes de soie, &c. Sauval dit que c'est là la véritable origine du nom de cette rue. Il ajoute que depuis la rue de la Savaterie, jusqu'à la rue du Marché-Palu, on la nommoit la rue de l'*Orberie*, de *Lerberie*, du *Marché-Pavé*, de l'Herberie & des Herbiers ; mais M. *Jaillot* détruit cette opinion, en faisant voir que le Marché-Neuf étoit la rue de l'*Orberie*. On croit que Saint-Marcel vint au monde dans la cinquième maison à droite de cette rue, en y entrant par celle de la Juiverie ; & il est vrai que dans la procession solemnelle que fait le Chapitre de Notre-Dame le jour de l'Ascension, il s'arrête à cette maison. On lit au coin de cette rue & de celle de la Juiverie, l'inscription suivante, au-dessus de la boutique d'une Lingère. On en a proposé la solution aux Antiquaires dans le Mercure d'Avril 1762, *tom*. 2, *p*. 79, & nous ne l'avons point trouvée.

Urbs me decolavit,
Rex me restituit,
Medicus amplificavit.

Calvaire, (rue des Filles du) Quartier du Temple. Elle aboutit, d'un côté, aux rues Saint-Louis & de Boucherat ; & de l'autre, au rempart, faisant la continuation de la vieille rue du Temple. La Maison des Religieuses de ce nom l'a fait appeler ainsi.

* *Canettes*, (rue des) Quartier Saint-Antoine. Nom de la rue des murs de la Roquette, que l'on ne trouve que dans le recueil des rues de Paris de Valleyre.

Canettes, (rue des) Quartier du Luxembourg. Elle aboutit, d'un côté, à la rue du Four & à celle du vieux-Colombier ; de l'autre, elle tire son nom d'une enseigne des trois canettes. Elle a porté ceux de *rue de Saint-Sulpice*, & de *rue neuve de Saint-Sulpice*.

Canettes, (rue des trois-) Quartier de la Cité. D'un bout, dans la rue de la Licorne ; & de l'autre, dans celle de Saint-Christophe. Sauval, dans ses archives du Temple & de S. Marcel, dit qu'elle doit ce nom à deux maisons appellées *les grandes & petites canettes*, & qu'auparavant elle se nommoit *rue de la Pomme*, & *la Cour-Feron*.

* *Canettes*, (rue des trois-) Quartier) Saint-André-des-Arcs. Cette rue a été supprimée depuis 1767, qu'arriva l'accident de la rue de la Huchette le 9 Février, où la maison voisine de cette rue, ou plutôt de cette descente à la rivière, vint à écrouler, ce qui a occasionné l'élargissement de douze pieds de la rue des trois-Chandeliers, dans toute sa longueur.

Canivet, (rue du) Quartier du Luxembourg. Elle aboutit, d'un côté, dans la rue des Fossoyeurs; & de l'autre, dans la rue Férou.

Capucines, (rue des) Quartier Montmartre. Elle commence à la rue de Louis-le-Grand, par continuation de la rue neuve-des-Petits-Champs. & finit au boulevard de la porte Saint-Honoré.

* *Capucins*, (rue des) Quartier du Palais-Royal. C'est le passage des Tuileries qui sépare le couvent des Capucins, de celui des Feuillans.

Capucins, (rue des) Quartier Saint-Benoît. Chemin qui règne le long des murs des Capucins, à commencer de la rue du Fauxbourg Saint-Jacques, jusqu'à celle de la Santé.

Carcaisons, Carcuissons, ou Carcaissons, (rue des) Quart. de la Cité. D'un bout, dans la rue de la Calandre; & de l'autre, au Marché-Neuf.

Cardinale, (rue) Quartier Saint-Germain. Dans l'enclos de Saint-Germain-des-Prés, donnant, d'un bout, dans la rue de Furstemberg; & de l'autre, dans la cour abbatiale.

* *Carelle*, (rue) Quartier de la Cité. Nom que portoit une partie de la rue Saint-Louis.

Carême-Prenant, (rue de) Quartier Saint-Martin-des-Champs. D'un bout, à l'Hôpital Saint-Louis; & de l'autre, à la rue du Fauxbourg du Temple. Le territoire sur lequel elle est ouverte, lui a fait donner ce nom.

Carmes, (rue des) Quartier Saint-Benoît. Elle va, d'un côté, à la rue des Noyers; & de l'autre, à celle du Mont-Saint-Hilaire, vis-à-vis l'Eglise, dont elle a aussi porté le nom; mais aujourd'hui elle le prend du Couvent des Carmes, dans l'Eglise desquels on entre aussi par cette rue.

* *Carmes*, (rue des) Quartier du Luxembourg. Ancien nom de la rue du Regard, à cause de l'enclos de ces RR. PP. le long duquel elle règne.

Carneau, (rue du) Quartier Saint-Benoît, descend de la rue de la Bucherie au bord de l'eau. C'étoit autrefois un marché de poisson d'eau douce, qui l'avoit fait dénommer la *Poissonnerie*, ensuite *la Place au poisson*. Bien antérieurement elle s'appelloit la *rue des Porées*. Depuis on lui a donné le nom de *rue du petit-Carneau*, *du Carneau*, ou du *Port à Maître Pierre*.

Carpentier, *Charpentier* & *Charpentière*, (rue) Quartier du Luxembourg, aboutit, d'un côté, dans la rue du Gindre; & de l'autre, dans la rue Cassette.

Carreaux, ou *du petit-Carreau*, , (rue des petits-) Quart. Saint-Denis. Elle commence à la rue Saint-Sauveur jusqu'à celle de Cléri, en faisant la continuation de la rue Montorgueil. Elle est ainsi nommée de l'endroit où elle est située, & de l'enseigne d'une maison qu'on y voit encore aujourd'hui.

* *Carrières*, (rue des) Quartier du Palais-Royal. Selon Sauval, c'étoit le nom que la rue des Sausaies portoit au commencement du siècle dernier.

* *Carrières*, (rue des) Quartier de la Place Maubert. Ancien nom de la rue Poliveau ou des Sausaies, autrefois *de la Cendrée*.

Carrousel, (rue du) Quartier du Palais-Royal, commence à la place qui fait face au Château des Tuileries, & aboutit à la rue de l'Echelle. En 1662, Louis XIV donna devant le Louvre, les 5 & 6 Juin, le spectacle d'un carrousel, dont la magnificence surpassa toutes les fêtes publiques qu'on avoit données jusqu'alors. Cette Place étoit beaucoup plus spacieuse, & comprenoit tout le terrain de la rue Saint-Nicaise. Depuis on a permis d'y élever des maisons qui ont formé la rue du Carrousel.

* *Cassel*, (rue de) Quartier du Luxembourg, Ancien nom de la rue Cassette, à cause de l'Hôtel Cassel qui s'étendoit sur une grande partie de cette rue.

Cassette (rue) Quartier du Luxembourg, commence à la rue du vieux-Colombier, & se termine à celle de Vaugirard, ainsi nommée par altération du mot *Cassel* qui est son vrai nom. *Voy. l'art. ci-dessus*.

* *Cassette*, (petite rue) Quartier du Luxembourg. Nom sous lequel la rue Beurière se trouve désignée.

Catherine, (rue Sainte-) Quartier du Luxembourg. Elle va, de la rue Saint-Thomas, dans celle de Saint-Dominique.

* *Catherine*, (rue Sainte-) Quartier Saint-Jacques-de-la-Boucherie, maintenant comprise dans les bâtimens de l'Hôpital de ce nom.

* *Catherine*, (rue Sainte-) Quartier Saint-Antoine. Ancienne rue qui conduisoit à la porte Saint-Antoine.

Catherine, (rue Culture Sainte-) Quartier Saint-Antoine, va, d'un bout, à la rue Saint-Antoine ; & de l'autre, à celle du parc-royal. C'étoit dans cette rue que les Chanoines Réguliers de Sainte Geneviève avoient une Eglise & un Couvent. Ils ont été transférés, rue Saint-Antoine, & occupent maintenant la maison des ci-devant soi-disant Jésuites, sous le nom de Saint-Louis ; l'emplacement du Couvent des Chanoines Réguliers, est devenu un marché, par Lettres-patentes données à Fontainebleau le 18 Octobre 1777, & regiſtrées en Parlement le 12 Décembre de la même année. Ce fut aussi dans cette rue que le Connétable de *Cliſſon* fut assassiné le 13 Juin 1392, par l'ordre de *Pierre de Craon*, & que le Roi & une partie de sa Cour allèrent le visiter dans la boutique d'un Boulanger où il s'étoit réfugié.

Catherine, (rue neuve-Sainte-) Quartier Saint-Antoine. Elle aboutit, d'un côté, à la rue Culture-Sainte-Catherine; & de l'autre, à la rue Saint-Louis & à celle de l'Egout.

Catherine, (rue de l'Egout-Sainte-) Quartier Saint-Antoine, commence à la rue Saint-Antoine, & se termine aux rues Saint-Louis & neuve-Sainte-Catherine. Elle a pris son nom d'un égout qui passoit sur le terrein de la Culture-Sainte-Catherine, jusqu'à l'endroit où finit la rue de Boucherat. C'étoit dans cette rue où les Comtes d'Angoulême avoient leur Hôtel, qui fut compris dans la suite dans le Palais des Tournelles.

* *Cauvain*, (rue) Quartier Saint-André. Nom ancien de la rue de l'Eperon.

* *Céleſtins*, (rue des) Quartier Saint-Paul. Nom de la rue du petit-Muſc, & que l'on trouve sur le plan de Dheulland.

* *Cendrée*, (rue de la) Quartier de la Place Maubert. Ancien nom de la rue des Sauſſaies ou Poliveau.

* *Cenſée* & *Sanſée*, (rue) Quartier Saint-Paul. Altération des mots *ſans chief*, *ſans chef* & *ſancier*, que portoit anciennement la rue de Fourci.

Cenſier, (rue) Quartier de la Place Maubert. Elle va, d'un côté, à la rue Mouffetard ; & de l'autre, à celle du Jardin du Roi. Elle est ainsi nommée, parce qu'elle n'étoit originairement qu'un cul-de-sac, appellé alors *Sans-Chef*, & ensuite, par corruption, *Sancée*, *Cenſée* & *Cenſier*.

Centier ou *Centière*, (rue) Quartier Montmartre. Elle aboutit au boulevard, en faisant la continuation de la rue du

Gros-Chenet. Anciennement ce n'étoit qu'un sentier sur lequel on l'a construite, & qui lui a donné son nom.

* *Cerf*, , (rue du) Quartier du Louvre. Nom ancien de la rue de la Monnoie, que l'on appella premièrement *rue o Cerf*.

Cerisaie, (rue de la) Quartier Saint-Paul, va, d'un bout, à la rue du petit-Musc ; & de l'autre, à la cour du petit Arsenal. Cette rue prend son nom d'un grand nombre de cerisiers, dont l'emplacement étoit renfermé dans l'Hôtel de Saint-Paul, que Charles V avoit fait bâtir. Sa principale entrée étoit du côté de la rivière, entre l'Eglise S. Paul & les Célestins. Dès l'année 1519, François I vendit quelques-uns des édifices qui composoient ce Palais, que Charles VII, Louis XI, Charles VIII & Louis XII avoient abandonné pour aller habiter celui des Tournelles. Le tout fut vendu en 1551, à différens Particuliers qui commencèrent à bâtir & à percer les rues que nous voyons sur le vaste terrain qu'il occupoit. *Voy.* RUE *Beautreillis* HÔTEL DE SAINT-PAUL D'autres disent qu'elle tire son nom d'un Bourgeois nommé *Pierre* Cerisay qui y demeuroit au commencement du siècle dernier.

* *Cernai*, (rue aux Moines de), Quartier Saint-André-des-Arcs. Nom que portoit la rue du foin au quatorzième siècle, à cause de l'Hôtel des Abbés des Vaux de Cernai.

* *Certain*, (rue du Puits-) Quartier Saint-Benoît. Nom vulgaire du Mont-Saint-Hilaire, à cause du puits que l'on y voit, qui y fut bâti par les soins d'un Curé de S. Hilaire, nommé *Robert Certain*.

Chabanois, (rue) Quartier Montmartre. Cette rue nouvelle a été ouverte en 1777. Elle commence dans la rue neuve-des-Petits-Champs, entre les rues Sainte-Anne & de Richelieu, & par un retour d'équerre, elle se termine à la rue Sainte-Anne. Les édifices qu'on y a élevés, sont très-beaux, très-hauts & uniformes.

Chaise, (rue de la) Quartier Saint-Germain. Elle va, de la rue de Grenelle, dans la rue de Sèvre. Elle a porté les noms de *Chemin*, ou *petite rue de la Maladrerie*, & de *rue des Teigneux* ; à cause de l'endroit où l'on traitoit ceux qui étoient attaqués de la teigne.

* *Châlons*, (rue de) Quartier Saint-Martin-des-Champs. Ancien nom de la rue Transnonain, à cause de l'Hôtel des Evêques de Châlons, qui étoit sur l'emplacement du Couvent des Carmélites.

Champ-Fleuri, (rue du) Quartier du Louvre, donne, d'un bout, dans la rue Saint-Honoré; & de l'autre, au coin de la rue de Beauvais. Ce nom fait connoître l'état du terrein où elle est située. *Voy.* FILLES & *femmes publiques.*

* *Champ-Rosai*, (rue) Quartier de la Cité. Ancien nom de la rue de Perpignan.

* *Champin*, (rue) Quartier du Palais-Royal. Nom qu'a porté la rue du rempart Saint-Honoré.

Champs, (rue des Petits-) Quartier Saint-Martin-des-Champs. Elle traverse, de la rue Beaubourg, dans celle de Saint-Merri.

Champs ou *de la Croix des Petits-Champs*, (rue des Petits) Quartier Saint-Eustache. Elle va, d'un bout, à la rue Saint-Honoré; & de l'autre, à la Place des Victoires. Elle tire son nom du terrein sur lequel elle a été élevée, qui consistoit en jardins & en petits Champs, & elle se terminoit originairement à la rue qui s'appelle aujourd'hui de la Vrillière: enfin elle fut prolongée lorsque l'on construisit la Place des Victoires, après la démolition de l'Hôtel d'Emeri. On la trouve aussi sous la dénomination de *rue de la Croix-des-Petits-Champs*, à cause d'une croix que l'on voyoit à l'entrée, & que l'on a reculée aujourd'hui jusqu'à la rue du Bouloi. Elle a aussi porté le nom de *rue d'Aubusson* dans la partie voisine de la Place des Victoires; mais ce nom n'a pas subsisté long-temps.

* *Champs*, (rue des Petits-) Quartier Saint-André-des-Arcs. Nom faussement donné à la rue du Battoir, mais que portoient anciennement les rues du Jardinet & Mignon.

Champs, (rue neuve-des-Petits-) Quartier Montmartre, se termine, d'un bout, à l'extrémité de la rue de la Feuillade, & de l'autre, à celle des Capucines. Elle est ainsi dénommée du terrein sur lequel elle a été construite, lequel consistoit en jardins & marais. Cette rue est une des plus belles de Paris, par le grand nombre d'Hôtels que l'on y remarque, entr'autres, celui de la Compagnie des Indes, où est la Bourse, & l'établissement de tout ce qui concerne la Loterie royale de France, l'Hôtel du Contrôleur-Général des Finances, anciennement de Pont-Chartrain, & ensuite l'Hôtel des Ambassadeurs extraordinaires; l'Hôtel des écuries de M. le Duc d'Orléans, &c.

* *Chandelière*, (rue) Quartier Saint-André-des-Arcs. Nom qui avoit été donné à la rue des trois-Chandeliers, que l'on voit dans celle de la Huchette, à cause de quelques Chandeliers qui s'y étoient établis.

* *Change*, (rue du Pont-au-) Quartier Saint-Jacques-de-la-Boucherie. Ancien nom de la rue de la Joaillerie.

* *Chanoines*, (rue des) Quartier du Palais-Royal. Nom que portoit la rue Saint-Thomas-du-Louvre, d'une petite Collégiale qui étoit dans cette rue, sous la dénomination de S. Thomas, & qui est aujourd'hui S. Louis du Louvre.

Chanoinesse, (rue) Quartier de la Cité. Nom d'une rue du cloître de Notre-Dame.

Chante-Reine (rue) *Voy. Chan-trelle*.

* *Chantier*, (rue du) Quartier Montmartre. C'est un nom sous lequel il paroît que l'on a voulu désigner la rue du Sentier. *Voy. cette rue*.

Chantier, (rue du grand-) Quartier du Temple, aboutit à la rue des Enfans-Rouges, au coin des rues Pastourelle & d'Anjou, en faisant la continuation de la rue du Chaume. Charles V, profitant du mécontentement du jeune Clisson, qui détestoit les Anglois, quoiqu'il eût été élevé chez eux, l'attira à sa Cour, & lui donna le 15 Août 1371, une somme de 4000 livres, pour acheter une maison à Paris, appellé, dit Sauval, *le grand-Chantier du Temple*. Ce n'étoit peut-être qu'un emplacement, où Clisson fit bâtir son Hôtel, qui subsiste encore, & fait partie de l'Hôtel de Soubise, du côté de la rue du Chaume. Pasquier dit que les Parisiens lui firent présent de cette maison, lorsqu'il fut chargé de punir leur sédition en 1383. Il étoit alors Connétable. Ces MM d'or couronnées, ajoute-t-il, qu'on voyoit sur les murailles, signifioient *miséricorde*, & on l'appelloit également *l'Hôtel de Clisson*, ou *l'Hôtel de la Miséricorde*. Pasquier se trompe, dit Saint-Foix, *Ess. sur Paris*, tom. 1, pag. 115, puisque Charles V avoit donné à Clisson, comme nous l'avons dit ci-dessus, en 1371, une somme de 4000 liv. pour acheter cette maison ; & si on l'appella dans la suite *l'Hôtel de la Miséricorde*, c'est que les Parisiens allèrent y crier *miséricorde*, & qu'en effet Clisson intercéda pour eux, & se mit, dans la cour du Palais, aux genoux du Roi, pour obtenir leur grace, comme le rapportent tous les Historiens. A l'égard des MM d'or couronnées, c'étoit sur les maisons, un ornement militaire, & qui figuroit certains coutelas, appellé *miséricorde*, dont se servoient les anciens Chevaliers, & qu'ils présentoient à la gorge de leurs ennemis, lorsqu'ils les avoient terrassés. François de Guise acheta l'Hôtel de Clisson, qui devint l'Hôtel de Guise ; & son fils Henri, surnommé *le Balafré*, qui vouloit faire conjurer Henri III, & qui fut tué à Blois avec son frère le Cardinal, y
demeuroit.

demeuroit. François de Rohan-Soubife acheta en 1697, l'Hôtel de Guife, & y fit faire plufieurs augmentations & embelliffemens, entr'autres, le périftile de colonnes couplées autour de la Cour. *Voy.* HÔTEL DE SOUBISE, tom. 3, pag. 267.

Chantiers, (rue des) Quartier Saint-Antoine. Elle fait la continuation de la rue Traverfière, depuis la rue de la Rapée, jufqu'à la rivière. Les chantiers auxquels elle conduit, lui ont fait donner cette dénomination; elle eft fituée fur une partie du terrein qu'on appelloit autrefois le *Champ au plâtre*, & qui retient encore le nom de *Port au plâtre*, jufqu'à Saint-Bonnet. Elle a porté fucceffivement les noms de rue du *Cler-Chantier*, de la *Planchette* & de *rue Pavée*.

Chantre, (rue du) Quartier du Louvre. Elle va, d'un bout, dans la rue Saint-Honoré, & de l'autre, dans la Place du Vieux-Louvre. Il paroît qu'elle tient fon nom d'un Chantre de Saint-Honoré qui y demeuroit.

Chantrelle ou *Chante-Reine*, (rue) Quartier Montmartre. Elle donne, d'un bout, dans la rue du Fauxbourg Montmartre, prefque vis-à-vis le cimetière de Saint-Euftache; & de l'autre, à la rue des Poftes qui aboutit à la chauffée d'Antin, & que l'on confond fouvent avec la rue des Poftes. Le nom de *Chantrelle* eft altéré; il faut dire *Chante-Reine*.

Chantres, (rue des) Quartier de la Cité. C'eft la rue *Chanoineffe*.

Chanverrerie, Chanvrie, Chanvrerie, (rue de la) Quartier des halles. Elle va, d'un bout, dans la rue Saint-Denis; & de l'autre, dans la rue Mondetour. De tous les noms qu'on lui a donnés, il n'y en a point qui paroiffe plus naturel que celui de *Chanvrerie* que lui donne Robert Cénal, à caufe des filaffes & des chanvres qui fe vendent à la halle. C'étoit dans cette rue qu'étoit *l'Hôtel de la marchandife de poiffon de mer*, transféré dans la rue de la Coffonnerie. C'eft où l'on fait deffaler le poiffon de mer.

* *Chaperon, Chapon* & *Chapron*, (rue) Quartier Saint-André-des-Arcs. Anciens noms de la rue de l'Eperon.

Chapitre (rue du Puits du) Quartier du Louvre. C'eft un cul-de-fac du cloître de Saint-Germain-l'Auxerrois.

Chapitre. (rue du) C'eft la rue *Chanoineffe*, Quartier de la Cité.

Chapon, (rue) Quartier Saint-Martin-des-Champs, a un bout dans la rue du Temple, & l'autre, dans la rue Tranfnonain. On la trouve dans les terriers de Saint-Martin, de

Tome IV. V

1293. & 1300, sous la dénomination de *Vicus Roberti Begonis*, & *Beguonis*, *sivè Caponis*.

* *Charauri*, (rue) Quartier de la Cité. Ancien nom de la rue Perpignan, *Vicus de Carro Aurici*; *Domus in Cherauri*.

Charbonniers (rue des) Quartier Saint-Antoine, va, d'un bout, au Port au plâtre, & de l'autre, à la rue de Charenton.

Charbonniers, (rue des) Quartier Saint-Benoît. Elle continue la rue de l'Arbalêtre, & se termine à celle des Bourguignons.

* *Chardeporc*, (rue) Quartier du Louvre. Ancienne rue qui aboutissoit dans celle de l'Arbre-Sec, & sur le fossé, & qui forme aujourd'hui les culs-de-sac de Sourdis & de Court-Bâton. *Adam Chardeporc* avoit en 1251 plusieurs maisons sur le fossé. *Voy*. RUE *de l'Arbre-Sec*.

Charenton (rue de) Quartier Saint-Antoine. Elle commence à la porte Saint-Antoine, & finit aux coins de la rue du Bas-Reuilli & de celle de Rambouillet. Elle conduit au Bourg de Charenton. On voit encore dans cette rue l'Hôtel des Mousquetaires de la seconde Compagnie.

* *Charité*, (rue de l'Hôpital ou de l'Hôtel-Dieu de la) Quartier Saint-Germain. Nom que portoit au commencement du seizième siècle, la rue des Saints-Pères, à cause d'un Hôtel-Dieu qu'on avoit commencé sur le bord de la rivière.

Charlot ou *d'Angoumois*, (rue) Quartier du Temple; finit, d'un bout, aux coins des rues de Bourgogne & de Bretagne ; & de l'autre, aux boulevards. Elle prend son nom de *Claude Charlot*, qui, de pauvre Paysan du Languedoc, devint un riche Financier, Adjudicataire des Gabelles & des cinq grosses Fermes, & Propriétaire d'une Terre érigée en Duché. Il avoit bâti plusieurs maisons dans cette rue. Autrefois elle aboutissoit à la rue de Boucherat, & il fut ordonné en 1694, qu'elle seroit prolongée jusqu'au cours.

Charonne, (rue de) Quartier Saint-Antoine, aboutit dans la rue du Fauxbourg Saint-Antoine ; & d'un autre bout, à la barrière de la Croix-Faubin. Elle conduit au Bourg de Charenton.

* *Charonnerie*, (rue de la) Quartier Sainte-Opportune. Suivant Sauval, c'est un ancien nom de la rue de la Féronnerie.

* *Charpenterie*, (rue de la) Quartier Sainte-Opportune. Ancien nom de la rue de Béthisi.

* *Chartier*, (rue du) Quartier du Louvre. Nom que portoit la rue qui existoit avant qu'on l'ait fermée pour en faire le cul-de-sac des Provençaux.

Chartière, *Charretière*, *de la Chartrerie*, *Chartrière* & *des Charrettes*, Quartier Saint-Benoît, aboutit, d'un côté, au Puits-Certain; & de l'autre, à la rue de Rheims. Au bas de cette rue, au coin de la rue Fromentel, est une maison mémorable, occupée par un Marchand de vin, & que l'on appelle *la maison d'Henri IV*, avec cette enseigne *le Roi Henri*. La tradition est que *Gabriël d'Estrées*, Duchesse de Beaufort, y a logé, & y a reçu quelquefois Henri IV. Piganiol assure qu'il a vu dans le contrat de mariage de César de Vendôme son fils, passé à Angers le 5 Avril 1598, qu'elle faisoit élection de domicile à Paris, en son Hôtel, rue Fromenteau; mais sans faire attention qu'on écrivoit autrefois Fromentel pour prononcer Fromenteau, ou Froid-Mantel pour prononcer Froid-Manteau, de même qu'on rendoit oisel par oiseau, il a cru que cet Hôtel a dû être dans la rue Fromenteau proche le Louvre, & il a tâché en vain de l'y trouver. Il paroît certain qu'il s'agit de la maison ci-dessus, qui fait le coin des rues Fromentel & Chartière. On voit par une des inscriptions qui sont au frontispice, tourné aujourd'hui vers la rue Chartière, qu'elle a été re-bâtie en 1606, & mise alors sous la protection du Dauphin Louis. On y lisoit: *Ludovice domum protege*. Il y avoit à la même façade, plusieurs inscriptions en lettres capitales grecques; & à une cheminée du bas, d'autres Sentences grecques & latines sur le marbre. Au coin de la maison entre les deux rues, à la hauteur du premier étage, étoit dans une niche la statue d'Henri IV en manteau royal.

* *Chartreux*, (rue des) Quartier du Luxembourg. C'est la rue d'Enfer, ainsi nommée lorsque ces Religieux s'y établirent dans le Château de Vauvert.

* *Chartron*, (rue de) Quartier de la Grève. Ancien nom de la rue des mauvais-Garçons.

Chasse-Midi & *Cherche-Midi*. (rue du) Elle commence au carrefour de la Croix-Rouge, & se termine à la rue des vieilles-Tuileries au coin de la rue du Regard, Quartier du Luxembourg. Cette rue se nommoit autrefois la rue des vieilles-Tuileries; ensuite on l'appella du *Cherche-Midi*, qui, selon Sauval, étoit le nom d'une enseigne où se voyoit peint un cadran, & des gens qui y cherchoient midi à quatorze heures. Cette enseigne, ajoute-t-il, a semblé si belle, qu'elle a été gravée & mise à des almanachs tant de fois qu'on ne voyoit autre chose, & même on en a fait un proverbe: *il cherche midi à quatorze heures*; c'est un *Chercheur de* midi à quatorze heures. M. Jaillot semble croire que ce proverbe vient d'Italie, où l'on est dans l'usage de compter vingt-quatre heures de suite, midi pouvant se rencontrer dans les grands jours, environ à quinze heures, mais jamais à quatorze. Ainsi *chercher midi à quatorze heures*, c'est s'alembiquer l'esprit, & chercher ce qu'on ne peut trouver. Le nom de *Chasse-Midi*, tout corrompu qu'il est, a prévalu.

Chat-qui-pêche, (rue du) Quartier Saint-André-des-Arcs, commence à la rue de la Huchette, & aboutit à la rivière. Elle a été appelée *ruelle des Etuves* & *rue du Renard*.

* *Châtaignier* & *Chastinière*, (rue) Quartier Saint-Benoît. Ancien nom de la rue des Poules.

* *Château-Fétu*, (rue) Quartier Sainte-Opportune & Quartier du Louvre. Nom que portoit anciennement la rue de la Féronnerie, à commencer au coin de la rue Tirechape, jusqu'à celle des Prouvaires, & même jusqu'à la rue de l'Arbre-Sec. Il y avoit en 1348, entre l'Eglise Saint-Landri & la rivière, une maison appellée *le Château-Fétu*. Voy. tom. 2, pag. 300, au mot CHATEAU-FÉTU.

* *Châtelet*, (rue du) Quartier Saint-Jacques-de-la-Boucherie. Nom sous lequel on désigne souvent la rue Saint-Leufroi, qui passe sous le Grand-Châtelet, & aboutit à la porte de Paris.

* *Chaudron*, (rue au) Quartier Saint-Benoît. Ancien nom de la rue d'Ecosse, à cause d'une enseigne d'une maison de cette rue.

Chaume & *de la porte du Chaume* (rue du) Quartier Sainte-Avoie. Elle finit, d'un bout, au coin de la rue des Quatre-Fils, dans la rue du grand-Chantier; & de l'autre, dans celle des Blancs-Manteaux. Cette rue, celle du grand-Chantier, & celle des Enfans-Rouges, ne composoient autrefois qu'une seule rue, qu'on appelloit la rue du Chantier du Temple, à cause que les Templiers y avoient un chantier. Dans la suite on la partagea en trois rues, & dès l'an 1291, on la nommoit la rue du Chaume. Après que Philippe-le-Bel eut permis au Maître du Temple de faire une porte dans l'enceinte de Philippe-Auguste, on l'appella tantôt *la rue de la porte neuve*, & tantôt *la rue de la porte du Chaume*, *la rue neuve Poterne*, & *rue d'outre la porte neuve*; ensuite on la trouva sous le nom de *rue du vieil-Braque*.

* *Chaume*, (rue du) Quartier de la Place Maubert. Nom donné mal-à-propos à la rue du Pavé de la Place Maubert.

* *Chausseterie* (rue de la) Quartier des halles. Nom que

l'on donnoit à la rue de la Lingerie & à celle de Saint-Honoré, depuis les piliers des halles, jusqu'à la rue des Prouvaires.

* *Chavetiers*, (rue à) Quartier Saint-Martin-des-Champs. Nom incertain de la rue Brise-Miche.

Chemin-Vert, (rue du) Quartier Saint-Antoine. Elle aboutit, d'un côté, à la rue Contrescarpe; & de l'autre, à celle des Amandiers, au coin de la rue de Popincourt. Elle prend ce nom des Marais que ce chemin traversoit anciennement.

Chemin-Vert, (rue du) Quartier du Palais-Royal, aboutit dans la rue du Fauxbourg Saint-Honoré & à la Ville-l'Evêque. Cette rue qu'on nommoit autrefois *rue des Marais*, s'appelle aujourd'hui *rue verte*. Ce nom lui vient, sans doute, de l'herbe qui croissoit le long du chemin qui borde l'égout.

Chenet, (rue du Gros-) Quart. Montmartre. Elle aboutit, d'un côté, dans la rue de Cléri; & de l'autre, dans celle du Sentier qui en fait la continuation. L'enseigne d'une maison située au coin de la rue Saint-Roch, lui a donné ce nom.

Chev l Verd & *du Chevalier*, (rue du) Quartier Saint-Benoît. Elle traverse, de la rue des Postes, à celle de la vieille Estrapade. C'est dans cette rue, où, depuis quelques années, on a transféré le Collège des Lombards qui étoit ci devant rue des Carmes.

* *Chevalerie* (rue de la vieille) Quartier Saint-Jacques-de-la-Boucherie. Nom ancien de la rue de la Joaillerie.

* *Chevalier*, *du Chevalier* & *du Chevalier-Honoré*, Quartier du Luxembourg. Ancien nom de la rue Honoré-Chevalier. *Voy*. cette rue.

Chevalier du Guet, (rue du) Quartier Sainte-Opportune. Elle va, d'un bout, dans la rue des Lavandières & à la place du Chevalier du Guet, & se termine à la rue Perrin-Gasselin. Elle prend son nom de la maison où logeoit le Chevalier ou Commandant du Guet, au commencement du quinzième siècle.

Chevaux, (rue du Marché aux) Quart. de la Place Maubert. Nom de la place où ce marché se tient.

* *Chevilli*, (rue de) Quartier du Palais-Royal. L'Hôtel de Chevilli, qui étoit situé dans cette rue, a fait donner ce nom à la rue du chemin du rempart.

* *Chiens*, (la fosse aux) Quartier du Louvre. Ancien nom de la rue des Fossés-Saint-Germain. Elle se nommoit encore la *rue de Béthisi*.

Chiens, (rue des) Quartier Saint-Benoît. Elle va, d'un bout, dans la rue des Sept-Voies; & de l'autre, dans celle des Cholets. En 1416, elle s'appelloit rue *Maître Jeharre*, ensuite la rue *Saint-Symphorien des Vignes*. L'Abbé Lebeuf croit qu'elle fut aussi appellée *la rue du Serviteur de Dieu*, où s'étoit retiré le Solitaire Dulciolenus; mais M. Jaillot n'est point de ce sentiment. On voit encore dans une maison de cette rue, occupée par un Marchand de chevaux, appartenante au Collège de Montaigu, & dans une écurie que l'on nomme l'*Ecurie du fonds*, laquelle est au pied d'un escalier; & dans une autre salle en face, tous les indices de la Chapelle de S. Symphorien, dans laquelle on entroit par la rue des Cholets. On y a trouvé une statue de l'Evangéliste S. Marc, que l'on a vue long-temps scellée dans la muraille, à une élévation raisonnable du pignon. Cette statue a été déplacée depuis, & peut-être subsiste-t-elle encore.

* *Chiffonnerie*, (rue de la) Quartier Saint-Martin-des-Champs. Nom incertain qu'on a donné à la rue neuve-Saint-Martin.

Childebert, (rue) Quartier Saint-Germain. C'est une rue de l'enclos de l'Abbaye de Saint-Germain, ainsi appellée du nom de Childebert, Fondateur de cette Abbaye. Elle fut ouverte du temps du Cardinal de Bissi qui en étoit Abbé, c'est-à-dire, en 1715.

Cholets, (rue des) Quartier Saint-Benoît. Elle va, d'un côté, à la rue Saint-Etiennne-des-Grès; & de l'autre, à la rue de Rheims. Le Collège des Cholets qu'on y voit, l'a fait appeller ainsi. Elle a porté anciennement le nom de *Saint-Symphorien* & *Saint-Symphorien des Vignes*, parce que tout le quarré formé par les rues des Sept-Voies, Saint-Etienne-des-Grès, des Cholets & de Sainte-Barbe, étoit un clos planté de vignes. L'entrée de la Chapelle étoit vis-à-vis le Collège. *Voy.* Chiens, (rue des) & *tom.* 2, *pag.* 433.

Choux, (rue du Pont-aux-) Quartier du Temple. Elle commence à la rue Saint-Louis jusqu'au boulevard, en faisant la continuation de la rue de l'Oseille. Elle tire son nom des légumes de cette espèce, que l'on cultive dans les marais où ce chemin conduisoit autrefois, & d'un pont sur lequel on traversoit l'égout qui est aujourd'hui couvert par la rue Saint-Louis, & qui s'appelloit le Pont-Saint-Louis ou le Pont-aux-Choux. *Voy.* PONT-AUX-CHOUX.

Christine, (rue) Quartier Saint-André-des-Arcs. Elle va, de la rue Dauphine, dans celle des Grands-Augustins. Elle est ainsi nommée de *Christine* de France, seconde fille de Henri IV.

Christophe, (rue Saint-) Quartier de la Cité. Elle aboutit, d'un côté, au Parvis de Notre-Dame, & commence aux coins des rues de la Juiverie & du Marché-Palu, ainsi nommée de l'Eglise de Saint-Christophe, qui a été abattue pour l'agrandissement du Parvis & la reconstruction de l'Hôpital & Chapelle des Enfans-Trouvés.

Cimetière-Verd, (le) Quartier Sainte-Avoie. C'est le cimetière de la Paroisse Saint-Jean, que l'on nommoit ainsi anciennement, & qui est à l'extrémité de la rue de la Verrerie.

Cinq-Diamans. (rue des) Voy. *Diamans*.

Ciseaux, (rue des) Quart. Saint-Germain. Elle va, d'un bout, à la rue du Four, & de l'autre, à celle de Sainte-Marguerite. Elle tire son nom d'un Hôtel des Ciseaux. On la trouve aussi sous le nom de *rue des Fossés-Saint-Germain*.

Claude, (rue Saint-) Quart. du Temple. Elle aboutit, d'un côté, au rempart; & de l'autre, à la rue Saint-Louis. Elle a été ainsi nommée d'une statue de Saint-Claude qui est au coin du cul-de-sac. Le terrain sur lequel elle a été ouverte, appartenoit en 1481 aux Célestins, & on l'appelloit *le clos-Margot*.

Claude, (rue ou cul-de-sac Saint-) Quartier Saint-Eustache. Il y a près de deux siècles que cette rue n'est plus qu'un cul-de-sac qui est situé dans la partie de la rue Montmartre, qui commence à la pointe Saint-Eustache, & finit au coin des rues neuve-Saint-Eustache & des Fossés-Montmartre. Ce nom lui vient d'une enseigne.

Claude, (rue Saint-) Quartier Saint-Denis. Elle tombe, d'un bout, dans la rue Sainte-Foi; & de l'autre, dans celle de Cléri. Anciennement elle portoit le nom de Sainte-Anne; celui d'aujourd'hui lui vient d'une maison, faisant l'un des coins de la rue de Bourbon.

Clef, (rue de la) Quartier de la Place Maubert. Elle aboutit, d'un côté, à la rue Coupeaux; & de l'autre, à celle d'Orléans. En 1587, elle portoit le nom de *Saint-Médard*. Elle doit celui qu'elle a aujourd'hui à une maison qui avoit une clef pour enseigne.

* *Clef*, (rue de la) Quartier Saint-André-des-Arcs. Nom que l'on prétend que portoit la partie de la rue Saint-André-des-Arcs, depuis celle de la vieille-Bouclerie, jusqu'à la rue Mâcon.

* *Clercs*, (rue du prè-aux-) Quartier Saint-Germain. Nom que la rue du Colombier portoit en 1585.

Cléri, (rue de) Quartier Montmartre. Elle commence à la rue Montmartre, & finit à celle des petits-Carreaux, quant à la partie contenue dans ce Quartier. L'Hôtel de Cléri qui subsistoit dans cette rue, l'a fait ainsi nommer.

Cleri, (rue de) Quartier Saint-Denis, commence à la rue des petits-Carreaux, & finit à la porte Saint-Denis. Voy. l'art. ci-dessus. Elle a été quelquefois nommée *rue Mouffetard*, dans la partie située du côté de la porte Saint-Denis. On remarque dans cette rue, une grande maison qui a appartenu à *Berthelot de Pleneuf*, Munitionnaire des vivres, puis au Roi, ensuite à M. *le Blanc*, Secrétaire d'Etat au Département de la Guerre.

Clichi, (rue de) Voy. *chemin de Clichi*. On l'a nommée aussi *la rue du Coq* du château de ce nom.

Cloche-Perce, (rue) Elle traverse, de la rue Saint-Antoine, dans celle du Roi de Sicile. Nom altéré de *Cloche-percée* qu'elle portoit à cause d'une enseigne qu'on y voyoit en 1636.

* *Cloche-Pin*, (rue) Quartier Saint-Antoine. Ancien nom de la rue des Charbonniers, qui aboutit à la rue de Charenton.

* *Cloître*, (rue de l'Etable du) Quartier Saint-Martin. Nom d'une rue qui a pu exister du côté de la rue de la Verrerie, & de l'entrée du cloître par laquelle on va aux Consuls.

Clopin (rue) Quartier de la Place Maubert. Elle commence à la rue Bordet, & finit à celle des Fossés-Saint-Victor. En 1258, elle se terminoit à la rue des murs d'Arras; mais au siècle dernier, elle a été prolongée jusqu'à celle des Fossés-Saint-Victor. Voy. rue *des Angloises*. On remarque au milieu de cette rue une traverse qui communique du Collège de Boncourt au Collège de Navarre, & un poteau de bois fermé à clef pour empêcher le passage des voitures; sans doute à cause de la difficulté ou du danger auquel elles seroient exposées pour descendre par la rue d'Arras qui est très-escarpée, ou par l'autre partie de la rue Clopin qui est aussi fort rapide & non pavée.

Cluni & à l'Abbé de Cluni, (rue) Quart. Saint-André-des-Arcs. C'est le nom ancien de la rue de Cluni.

Cocatrix, (rue) Quartier de la Cité. Elle aboutit à la rue Saint-Pierre-aux-Bœufs, & à celle des Cannettes. Elle doit son nom à la famille *Cocatrix*, très-connue au treizième siècle, & au Fief qui subsiste entre la rue Saint-Pierre-aux-Bœufs, & celle des deux Hermites. Voy. COCATRIX.

* *Cochon*, (rue du) Quartier de la Place Maubert. C'est aujourd'hui le cul-de-sac *du jardin du Roi*, & auparavant, *petite rue du Palais-Royal*, rue de Seine.

Coçonnerie, (rue de la) Quartier des halles. Elle va, de la rue Saint-Denis, aux halles. On la trouve sous le nom de *Vicus Quoconneriæ*, de *Coconnerie* & de *Coffonnerie*. Sauval dit que ces noms viennent des cochons & de la chair-cuiterie qu'on y vendoit, ou des volailles, gibier & œufs qui s'y débitoient; *coffonnerie* voulant dire la même chose que *poulaillerie*. C'est dans cette rue que l'on fait dessaler le poisson de mer.

Cœur-Volant, (rue du) Quartier du Luxembourg. D'un bout, dans la rue des Quatre-Vents; de l'autre, dans celle des Boucheries. Elle doit son nom à une enseigne où l'on avoit peint un cœur aîlé.

Coifferie, (rue de la) Quartier de la Grève. L'Abbé le Beuf a pensé que ce pouvoit être la rue des Teinturiers que Guillot a voulu désigner sous ce nom.

Colbert, (rue) Quartier Montmartre. Elle aboutit dans la rue Vivienne & dans la rue de Richelieu. On l'a ouverte en face de l'Hôtel-Colbert, dont elle a pris le nom.

* *Coligni*, (rue de) Quartier Sainte-Opportune. Sauval dit qu'il pense que les Huguenots avoient donné ce nom à la rue de Béthisi, à cause que Gaspard de Coligni qui y fut massacré la nuit du 23 au 24 Août 1572, y demeuroit.

* *Colin-Pochet*, (rue) Quartier Saint-André-des-Arcs. Nom donné à la rue Saint-Severin, dans un compte du Domaine de 1574.

Colisée, (rue du) Quartier du Palais-Royal, presqu'en face du bâtiment de l'Eglise de Saint-Philippe du Roule, auquel on travaille actuellement, est un chemin ou rue qui conduit à ce monument imité des Romains.

Colombe, (rue de la) Quartier de la Cité. Elle traverse, de la rue des Marmousets, dans la rue d'Enfer. Sauval dit qu'elle se nommoit *rue de la Couronne* en 1408.

Colombier (rue du) Quartier Saint-Germain. Elle commence à la rue de Seine, & se termine au coin de celle des Petits-Augustins. Cette rue est fort longue, & change trois fois de nom. Le premier lui a été donné d'un colombier qui étoit dans la ferme des Religieux de l'Abbaye Saint-Germain. On l'appella ensuite la rue Jacob, & enfin la rue de l'Université. Anciennement ce n'étoit qu'un chemin entre l'Abbaye Saint-Germain & le pré-aux-Clercs, dont elle portoit le nom en 1585; mais ce chemin étoit auparavant plus reculé du côte de la rivière, à caufe des foffés qui entouroient l'Abbaye.

Colombier, (rue du vieux-) Quartier du Luxembourg. Elle commence à la place de Saint-Sulpice, & aboutit au carrefour de la Croix-Rouge. Elle prend fon nom d'un colombier que les Religieux de l'Abbaye avoient fait bâtir. On la trouve fous les noms de *rue de Caffel*. (*Voy*. rue *Caffette*) de *rue du Puits de Mauconfeil*, à commencer de la rue Férou, jufqu'à celle du Pot-de-Fer. On lui a donné le nom de *rue du vieux-Colombier*, pour la diftinguer de l'autre dont nous venons de parler plus haut. On la trouve fur le plan de Mérian de 1654, fous le nom de *rue de la Pelleterie*, mais feulement du côté de la Croix-Rouge.

Combault, (rue) Quartier du Luxembourg. Nom que portoit la rue des quatre-Vents au quinzième fiècle. Il lui vient de *Pierre de Combault*, Chanoine de Romorentin, qui y demeuroit : celui qu'elle porte aujourd'hui, lui vient de l'enfeigne d'une maifon. On la trouve fur les anciens plans, fous le nom de *rue du petit Brac*.

* *Côme & Saint-Damien*, (rue Saint-) Quartier Saint-André-des-Arcs. Ancien nom de la rue des Cordeliers, que portoit aufli la rue de la Harpe depuis celle-ci jufqu'à la porte Saint-Michel.

* *Côme*, (rue Saint-) Quartier Saint-Denis. On croit que ce fut un des noms de la rue de Bourbon, près celle des petits-Carreaux.

* *Côme*, (rue Saint-) Quartier Montmartre. En 1633, on donnoit ce nom à la rue neuve-Saint-Euftache.

Comédie, ou *des Foffés-Saint-Germain*, (rue de la) Quartier du Luxembourg. Elle commence au coin des rues Saint-André-des-Arcs & de Buci, & finit à celui des rues des Boucheries & des Cordeliers. Son nom primitif, & que l'on a confervé, eft celui de rue des Foffés-Saint-Germain, à caufe des foffés de l'enceinte de Philippe-Auguste. On lui a donné le nom de *rue de la Comédie*, parce que les Comédiens François vinrent s'y établir en 1688, à la place du jeu de paume de l'Etoile, dont ils firent l'acquifition. Ils y ont représenté jufqu'en 1770, que Sa Majefté leur a permis de s'établir au Château des Tuileries, jufqu'à la conftruction d'un nouveau Théâtre. *Voy. Condé*. (rue de) On voyoit à l'extrêmité de cette rue un marché qui fut fupprimé au commencement du fiècle dernier, & transféré en 1636 dans la rue Sainte-Marguerite.

* *Commandereffes*, (rue des) Quartier Sainte-Opportune. Il en exiftoit une de ce nom dans ce Quartier au quin-

zième siècle ; ce seroit peut-être celle du plat d'étain.

* *Commune*, (rue) Quartier Saint-Denis. Nom que portoit vraisemblablement le cul-de-sac de la Bouteille au commencement du seizième siècle, & qui s'étend le long des murs de l'enceinte de Philippe-Auguste, rue Montorgueil.

Comte, (rue Jehan-le-) Quartier des Halles. Ancien nom de la rue Grosnière.

* *Comtesse*, (rue *de la porte à la*) Quartier des halles. C'est un des noms sous lequel on connoissoit la rue Comtesse d'Artois au quatorzième siècle. V. *Artois*. r. *de la Comtesse d'*

Comtesse d'Artois. Voy. *Artois*. rue *de la Comtesse d'*

Condé, (rue de) Quartier du Luxembourg, aboutit, d'un côté, au coin de la rue des Boucheries; & de l'autre, à celle de Vaugirard. Cette rue qui fut ouverte sur le terrain appellé *le clos-Bruneau*, a porté plusieurs noms; originairement on la nommoit *la rue neuve* & *la rue neuve de la Foire*, ensuite *rue neuve-Saint-Lambert*. Le Duc de Rets *Jérôme de Gondi*, Maréchal de France, y avoit son Hôtel qui fut vendu en 1612, à *Henri de Bourbon*, Prince de Condé ; & à cette époque, elle fut appelée *rue de Condé*. Sauval dit que de son temps elle changeoit encore de nom, & que le Peuple s'accoutumoit à l'appeler *la rue Princesse*, à cause qu'en parlant du Prince de Condé, on ne le nommoit point autrement que *M. le Prince*. On voit dans cette rue les fondations commencées pour un théâtre nouveau de la Comédie Françoise, mais dont on a suspendu l'exécution depuis trois ans. Les Lettres-patentes sont du 30 Juillet 1773, données à Compiegne par Sa Majesté Louis XV, & registrées au Parlement le 19 Août suivant.

Confrérie Notre-Dame, (rue de la) Quartier de la Cité. Ancien nom de la rue des deux Hermites, à cause de la maison de *la Communauté des Chapelains*, qu'on y voyoit.

* *Consuls*, (rue des) Quartier Saint-Martin-des-Champs. Nom que l'on a donné à la partie du cloître Saint-Merri, qui conduit à la Jurisdiction Consulaire, du côté de la rue de la Verrerie.

Contrescarpe, ou *chemin de la Contrescarpe*, (rue) Quartier Saint-Antoine. On la nomme aussi *rue des Fossés-Saint-Antoine*; aboutit, d'un côté, à la rue du Mesnil-Montant ; & de l'autre, à la rivière, & règne le long du fossé depuis la rue du Fauxbourg. Elle porte aujourd'hui le nom de Saint-Pierre.

Contrescarpe, (rue) Quartier de la Place Maubert. Elle va, d'un côté, aux rues Bordet & Mouffetard ; & de l'autre, au coin de la rue neuve-Sainte-Geneviève. Elle étoit ainsi nommée de son élévation sur un terrein très-escarpé, & dont la pente fut adoucie par les soins de M. de Fourci, Prévôt des Marchands.

Contrescarpe, (rue) Quartier Saint-André-des-Arcs, traverse, de la rue Dauphine, dans celle de Saint-André-des-Arcs. Elle doit ce nom aux murs de l'enceinte de Philippe-Auguste, où elle étoit anciennement située.

* *Copieuse*, (rue ou clos) Quartier Saint-Germain. Nom ancien de la rue Sabot, de *Jacques & de Philippe Copieuse* qui possédoient un clos où cette rue est ouverte.

Coq, (rue du) Quartier du Louvre. D'un bout, dans la rue Saint-Honoré; & de l'autre, au Louvre. En 1300 & 1399, elle s'appelloit la *rue de Richebourg*. Des Auteurs avancent qu'elle a pris son nom d'une maison qui avoit un coq pour enseigne, & même au-dessus de la porte, un coq en bas-relief. M. *Jaillot* dit que dès 1372, *Jean le Coq* avoit une maison au coin de cette rue, & *Rogier le Coq* à un autre coin, deux familles qui y ont demeuré. C'est dans cette rue, que *Catherine de Clèves*, veuve de Henri Duc de Guise, tué à Blois en 1588, fit bâtir un Hôtel qu'on y a vu jusqu'en 1771, qu'il a été abattu.

* *Coq*, (rue du) Quartier Saint-Martin. Nom que l'on a donné mal-à-propos à la rue Chapon.

Coq, (rue du) Quartier Montmartre. Elle commence à la rue Saint-Lazare ou des Porcherons, & aboutit dans les champs. On la connoît sous le nom de *rue de Clichi* où elle conduit; elle doit celui du Coq au Château de ce nom, en face duquel elle commence.

Coq, (rue du) Quartier de la Grève, traverse de la rue de la Verrerie dans celle de la Tisseranderie. Son premier nom est celui d'*André Malet*.

Coquenart, (rue) Quartier Montmartre. Elle va, d'un bout, dans la rue du Fauxbourg Montmartre; & de l'autre, à l'extrêmité de la rue Cadet. La Chapelle de Notre-Dame de Lorrette qu'on y voit, lui en a fait donner le nom.

* *Coquerée & de la Coquerie* (rue) Quartier Saint-Antoine. Nom d'une ancienne ruelle, nommée de la Lamproie, qui aboutissoit à la rue Couture-Sainte-Catherine; aujourd'hui c'est le cul-de-sac *Cocquerel*.

* *Coquetière*,
* *Coquillart*,
* *Coquiller*,
Coquillère, } rue, Quartier Saint-Eustache. Elle aboutit, d'un côté, à la petite place qui est devant l'Eglise de Saint-Eustache; de l'autre, à la rue des

Petits-Champs. Ces différens noms lui viennent de *Pierre Coquillier* qui vivoit en 1269, d'*Odeline Coquillière*, d'*Adam* & de *Robert Coquillière*, qui avoit des maisons dans cette rue. On y voyoit l'Hôtel des Comtes de Flandres, qui occupoit vraisemblablement l'espace renfermé entre les rues des Vieux-Augustins, Pagevin, Plâtrière & Coquillière.

En 1684, M. *Berrier* faisant faire quelques réparations à sa maison située presqu'au bout de cette rue, du côté de Saint-Eustache, on trouva, en creusant la terre dans le jardin, à deux toises de profondeur, les fondemens d'un ancien édifice, & dans les ruines d'une vieille tour, une tête de bronze antique, un peu plus grosse que le naturel. Etoit-ce une tête d'Isis, ou de Cybèle, ou de la Déesse Lutèce, car on déifioit les Villes comme les hommes ? C'est sur quoi les Savans ne sont pas d'accord. La tour crenelée à six faces, dont elle est couronnée, symbole ordinaire de Cybèle, a paru à Moreau de Mautour, une preuve convainquante que c'étoit une tête de cette Déesse. Il est certain que Cybèle étoit en grande vénération dans les Gaules; dès qu'on craignoit pour la récolte, on mettoit sa statue sur un char tiré par des bœufs; on la promenoit autour des champs & des vignes; le Peuple précédoit le char en chantant & en dansant: les principaux Magistrats le suivoient pieds nuds. Un savant Religieux remarque que le culte de Cybèle exigeoit dans ceux qui vouloient s'y consacrer, la vocation la plus décidée pour la Prêtrise; il falloit lui sacrifier son sexe; *le génie, le naturel & le tempérament des Gaulois, leur inspiroient,* dit-il, *un éloignement invincible pour une mutilation si déshonorante*: on étoit obligé de faire venir ces Prêtres de Phrygie, comme on fait venir aujourd'hui d'Italie des Chantres à voix claires. On conserve une copie de cette tête dans la bibliothèque de Saint-Germain-des-Prés; le buste a été réparé par l'illustre Sculpteur *Girardon*, mort le premier Septembre 1715. Il y avoit dans cette rue une porte de la Ville, à l'extrêmité de la rue de Grenelle.

Coqhéron, (rue) Quartier Saint-Eustache. Elle se termine, d'un bout, à l'extrémité de la rue de la Jussienne qui en fait la continuation; & de l'autre bout, dans la rue Coquillère. La partie de la rue de la Jussienne se nommoit au seizième siècle, rue de *l'Egyptienne*, dite *Coquehéron*. C'est dans cette rue que l'on voit l'Hôtel de l'Intendant des Postes.

Coquilles, (rues des) Quartier de la Grève. Elle va, d'un côté, à la rue de la Tisseranderie; & de l'autre, à celle de la Verrerie. Elle se nommoit anciennement ruelle *Gentien*, ruelle *Jean Gentien*, *Jacques Gentien* & *rue Gentien*, d'une maison qui appartenoit à un Particulier de ce nom. Elle a pris celui des Coquilles, d'un Hôtel, dont la porte & les fenêtres étoient ornées de coquilles.

* *Cordelières*, (rue des) Quartier de la Place Maubert. Nom de la rue de Lourcine, suivant Dheuland.

Cordeliers, (rue des) Quartier Saint-André-des-Arcs. Elle aboutit, d'une part, aux rues de Condé & de la Comédie; & de l'autre, à la rue de la Harpe. Le Couvent des Cordeliers que l'on y voit, lui a fait donner ce nom; originairement elle portoit celui de rue *Saint-Germain* : on la trouve nommée en 1304, *rue Saint-Côme & Saint-Damien*, & finissoit à la fontaine.

Corderie, (rue de la) Quartier du Temple, aboutit à la rue du Temple, en regnant le long de ses murs, jusqu'à la rue de Bourgogne. Avant qu'elle fût bâtie, on n'y voyoit que des Cordiers dont elle a pris son nom, de même que ceux de *Corderie*, *Cordière* & *Cordiers*.

* *Cordiers*, (rue aux) Quartier Saint-Martin-des-Champs. Ancien nom du cul-de-sac du Puits de Rome, près la rue au Maire.

Cordiers, (rue des) Quartier Saint-André-des-Arcs, aboutit dans la rue Saint-Jacques & dans celle de Cluni. Elle est ainsi nommée à cause des Cordiers qui y travailloient anciennement.

* *Cordonnerie* & *Cordouannerie*, (rue de la) Quartier Sainte-Opportune. Anciens noms de la rue des Fourreurs.

Cordonnerie, (rue de la) Quartier des halles. Elle va de la rue de la Tonnellerie au marché aux Poirées. Elle a pris son nom des Cordonniers & des Vendeurs de cuirs qui y demeurent. Ce n'est que par syncope que ceux qui font des souliers, sont nommés *Cordonniers*; car originairement on les appelloit *Cordouanniers*, comme on peut le voir dans les Mémoires de Philippe de Comines, parce que le premier cuir dont les François se servirent pour leurs souliers, venoit de Cordoue, & pour cela étoit appellé *du Cordouan*. C'est aussi par la même raison que la rue des Fourreurs étoit nommée *la rue de la Cordouannerie*, dans le temps qu'elle n'étoit habitée que par des *Cordouanniers*.

* *Cordonnerie* (rue de la vieille) Quart. des halles. Nom ancien de la rue des Fourreurs, avant que les Pelletiers vinssent prendre la place des Cordonniers.

Cordouagners, (rue des) Quartier de la Cité. Nom qui a

été donné au cul-de-sac qui est derrière l'Eglise de Saint-Barthelemi.

* *Corne*, (rue de la) Quartier de la Place Maubert. Nom donné mal-à-propos à la rue de la Clef.

* *Corne* (rue de la) Quartier Saint-Benoît. C'est aujourd'hui un cul-de-sac qui aboutissoit anciennement à la rue des Postes. *Voy. Cul-de-sac des Corderies.*

* *Corne*, (rue de la) Quartier du Luxembourg, ainsi nommée d'une corne de cerf qui pendoit pour enseigne au coin de la rue du Four, à une maison dans laquelle étoit le four bannal de l'Abbaye Saint Germain. On ne sait pourquoi on lui a donné le nom de rue *de la Corne*; le vrai est *rue neuve-Guillemin*.

Corne, (rue de la petite) Quartier du Luxembourg. Ancien nom de la rue Beurière.

Corroyerie (rue de la) Quartier Saint-Martin-des-Champs, va, d'un bout, à la rue Beaubourg; & de l'autre, à celle de Saint-Martin. Anciennement on l'appelloit rue *de la Plâtrière, de la Plastaye, de Conroyerie, de Courroyerie*, & mal-à-propos *de Courrerie*.

* *Couldraie*, (rue de la) Quartier du Palais-Royal. Nom ancien qu'on donnoit à la rue des Saussaies, à cause des saules dont ce chemin étoit vraisemblablement bordé.

* *Coulons*, (rue aux) Quartier de la Cité. Nom d'une des quatre rues qui aboutissoient anciennement à la rue neuve-Notre Dame, & qui existoit encore en 1434.

Coupeaux ou *Copeau*, (rue) Quartier de la Place Maubert. Elle va, de la rue Mouffetard, au carrefour de la Pitié. Elle tire son nom du *moulin de Cupels*, qui étoit sur la rivière de Bièvre, & le chemin pour y aller se nommoit la *Chauciée Coupeaulx*.

* *Coupe-Gorge*, (rue) Quartier Saint-Benoît. Nom que portoit une ancienne ruelle qui règnoit le long du mur de la Ville, près de l'ancien parloir aux Bourgeois, & que Louis XII donna aux Jacobins de la rue Saint-Jacques. Elle fut ainsi nommée à cause des fréquens assassinats qui s'y commettoient. Sauval & d'autres l'ont confondue avec la rue *Coupe-Gueule* qui étoit entre les rues de Sorbonne & des Maçons, & qui descendoit de la rue des Poirées à la rue des Mathurins.

* *Coupe-Gueule*, (rue) *Voy. l'art. précédent.* Elle étoit du Quartier Saint-André.

Courcelle ou *de Villiers*, (rue de) Quartier du Palais-Royal. Noms donnés au chemin qui conduit du Fauxbourg Saint-

Honoré près l'Eglife du Roule, à Villiers-la-Garenne & à Courcelle.

Couronne, (rue de la) Quartier de la Cité. Premier nom de la rue du Chevet-Saint-Landri.

Couronnes, (rue des trois-) Quartier de la Place Maubert. Elle aboutit, d'un côté, à la rue Mouffetard; & de l'autre, au carrefour Saint-Hipolyte.

Courtalon, (rue) Quartier Sainte-Opportune. Elle va de la rue Saint-Denis à la place ou cloître Sainte-Opportune. Elle doit être celle que Guillot dans fes dits fur Paris, appelle *rue à petits fouliers de bazenne*. On ne fait fi elle doit fon nom à une enfeigne, ou à *Guillaume Courtalon*, Propriétaire de deux maifons au coin de la rue des Lavandières, vers le milieu du feizième fiècle.

* *Courtille*, (rue de la) Quartier Saint-Germain. Ancien nom de la rue de l'Egoût, parce qu'elle conduifoit à la Courtille, ou *clos de l'Abbaye Saint-Germain*.

* *Courtoife*, (rue) Quartier de la Place Maubert. Nom donné mal-à-propos par Sauval, à la rue Gratieufe.

Coutellerie, (rue de la) Quartier de la Grève. Elle aboutit aux rues de la Tifferanderie & de la Vannerie. Sauval dit qu'en 1300 on l'appelloit *rue aux Commandereffes*, enfuite *rue de vieille-Oreille*; le nom *des Couteliers* & enfin *de la Coutellerie*, lui vient du grand nombre de Couteliers qui vinrent s'y établir, & qu'elle portoit dès le règne de Henri II.

* *Cremaillères*, (rue des trois-) Quartier Saint-Benoît. Nom donné par *M. Robert*, à la rue d'Ecoffe.

Creneaux, (rue des) Quartier Saint-Jacques-de-la-Boucherie. Nom que Sauval prétend que la rue de la vieille-Tannerie a porté.

Creufe, (rue) Quartier de la Place Maubert. Elle va de la rue des Francs-Bourgeois à celle du Banquier.

* *Croc*, (rue du) Quartier de la Grève. Suivant Sauval, c'eft un nom qu'a porté la rue Jean-Pain-Mollet.

Croiffant, (rue du) Quartier Montmartre. Elle aboutit dans la rue Montmartre & à celle du Gros-Chenet. Une enfeigne lui a fait donner ce nom.

Croix, (rue Sainte-) Quartier de la Cité. Elle aboutit aux rues de la vieille-Draperie & Gervais-Laurent. Elle eft ainfi appellée de l'Eglife de Sainte-Croix; au douzième fiècle, elle portoit celui *de petite rue Sainte-Croix*, & enfuite de *ruelle Sainte-Croix*.

Croix-Blanche, (rue de la) Quartier Sainte-Avoie. Elle va, d'un côté, au cimetière ou marché Saint-Jean; & de l'autre l'autre, à la vieille rue du Temple. Elle a été ainsi nommée d'une enseigne. Au treizième siècle, elle s'appelloit la rue *d'Augustin le Faucheur*.

Croix-Blanche, (rue de la) Quartier Montmartre. Elle commence à la rue Saint-Lazare ou des Porcherons, & aboutit à Montmartre. On l'appelle aussi *rue Blanche*.

Croix-de-la-Bretonnerie, (rue Sainte-) Quartier Sainte-Avoie. Elle commence à la rue Barre-du-Bec, jusqu'à la vieille rue du Temple, en faisant la continuation de la rue neuve-Saint-Merri. Elle tire son nom & de l'emplacement & des Religieux qui s'y établirent ; de l'emplacement, parce qu'elle fut ouverte sur un terrein appellélé *Champ aux Bretons* & *la Bretonnerie* ; des Religieux, parce que leur Eglise est sous le titre de l'exaltation de Sainte Croix. Voici pourquoi ce terrein fut nommé le champ aux Bretons. Sous le règne de Saint Louis, il n'y avoit encore dans ce Quartier, que quelques maisons éparses & éloignées les unes des autres. *Renaud de Bréhan*, Vicomte de Podoure & de l'Isle, occupoit une de ces maisons. Il avoit épousé en 1225, la fille de *Léolyn*, Prince de Galles, & étoit venu à Paris pour quelque négociation secrette contre l'Angleterre. La nuit du vendredi au samedi saint 1228, cinq Anglois entrèrent dans son *vergier*, le défièrent & l'insultèrent. Il n'avoit avec lui qu'un Chapelain & un Domestique ; ils le secondèrent si bien, que trois de ces Anglois furent tués, les deux autres s'enfuirent ; le Chapelain mourut le lendemain de ses blessures. *Bréhan*, avant que de partir de Paris, acheta cette maison & le *vergier*, & les donna à son brave & fidèle Domestique, appellé *Galleran*. Le nom de *champ aux Bretons* qu'on donna au verger ou jardin, à l'occasion de ce combat, devint le nom de toute la rue, jusqu'à la fin du treizième siècle. Ce champ a porté aussi le nom de *terre aux Flamands* ; & en 1232, la rue se nommoit *de Lagny*, dite la grande *Bretonnerie*, parce qu'elle étoit en partie sur le Fief de l'Abbé de Saint-Pierre de Lagny. M. *Jaillot* dit que ce terrein devoit sans doute son nom à une famille des *Breton* ou *le Breton*, connue par différens actes du treizième siècle ; & qu'il paroît par tous les titres du Temple, que le commencement de cette rue, s'appelloit au quatorzième siècle, rue *Agnès-la-Buchère*. Elle aboutissoit au carrefour du Temple, formé par celle-ci & par les rues neuve-Saint-Merri, Barre-du-Bec & Sainte-Avoie.

* *Croix-Neuve*, (rue de la) Quartier Saint-Eustache. M. *Jaillot* pense que cette rue pouvoit être une rue parallèle à

Tom. IV. X

celle du Jour, laquelle a été comprise en partie dans le nouvel édifice de Saint-Eustache, & dont il est assez vraisemblable que le passage qui conduit de la rue Montmartre à l'Eglise, pourroit être un reste.

Croix & *de la Croix-neuve*, (rue de la) Quartier Saint-Martin. Elle aboutit, d'un côté, à la rue Phelypeaux; & de l'autre, au coin des rues neuve-Saint-Laurent & du Verbois, ainsi nommée d'une partie de terrein de la Courtille-Saint-Martin, que l'on connoissoit en 1546 sous le nom de la *Croix-neuve*, vraisemblablement à cause d'une Croix qu'on y avoit rétablie.

Croulebarbe, (rue) Quartier de la Place Maubert. Elle va, d'un bout, au moulin de Croulebarbe; & de l'autre, à la rue Mouffetard près des Gobelins.

Crucifix-Saint-Jacques. (rue du) *Voy. Jacques.*

* *Cueiller*, (rue de la) Quartier Saint-Denis. Nom que portoit anciennement le cul-de-sac de la Bouteille, rue Montorgueil, à cause d'une maison dite de *la cueiller de bois*.

* *Cul-de-sac*, (rue du) Quartier Saint-Martin-des-Champs. Nom donné mal-à-propos par quelques Auteurs à la rue Geoffroi-l'Angevin.

* *Culoir*, (rue) Quartier du Palais-Royal. Ancien nom de la rue de l'Evêque.

Culture ou *Coulture-Sainte-Catherine*, (rue de la) Quartier Saint-Antoine. *Voy. Catherine.* (*Sainte*) Elle a pris son nom du mot latin *cultura*, qui signifie un lieu champêtre qu'on a cultivé ou qu'on cultive; & du Monastère de Sainte Catherine, d'abord établi pour les Religieux du Val des Ecoliers, & depuis occupé par des Chanoines Religieux de la Congrégation de France, qui l'ont quitté pour aller occuper l'Eglise & les maisons des Jésuites de la rue Saint-Antoine. Cette rue a été fameuse dans l'Histoire de Charles VI, par l'assassinat du Connétable de *Clisson*, & par la maison du Boulanger qui lui sauva la vie, & où le Roi & toute la Cour l'allèrent voir. *

---

* Le Duc d'Orléans, frère de Charles VI, étoit fort amoureux d'une Juive qu'il alloit voir secrétement. Ayant eu des raisons de soupçonner que *Pierre de Craon*, Seigneur de Sablé & de la Ferté-Bernard, son Chambellan & son Favori, avoit plaisanté de cette intrigue avec la Duchesse d'Orléans sa femme, il le chassa honteusement de sa maison

Culture-Saint-Gervais, (rue de la) Quartier du Temple. *Voy. Gervais.*

Cygne, (rue du) Quartier des halles. Elle va de la rue Saint-Denis, dans celle de Mondétour, près de la porte du cloître Saint-Jacques-de-l'Hôpital. Une enseigne lui a fait donner ce nom.

Cygnes, (rue des) Quartier Saint-Germain. C'est une des quatre rues qui coupent le Gros-Caillou dans sa largeur, laquelle est en face du pont par lequel on entre dans l'Isle des Cygnes. On l'appelle aussi *la rue Saint-Jean.*

D.

Daguesseau, (rue) Quartier du Palais-Royal. Elle aboutit, d'un côté, dans la rue de Surênes; & de l'autre, dans celle du Fauxbourg Saint-Honoré. Elle doit son nom & son ouverture à M. Daguesseau, Conseiller Honoraire du Parlement,

---

Craon imputa en partie sa disgrace au Connétable *de Clisson*. La nuit du 13 au 14 Juin 1391, l'ayant attendu au coin de cette rue *Coulture-Sainte-Catherine*, & le voyant venir peu accompagné, il fondit sur lui à la tête d'une vingtaine de Scélérats. Clisson, après s'être défendu assez long-temps, quoiqu'il n'eût qu'un petit coutelas, tomba de cheval, percé de trois coups, & donna de la tête dans une porte qui s'ouvrit. Le bruit de cet assassinat parvint aussi-tôt aux oreilles du Roi qui s'alloit mettre au lit; *il se vêtit d'une houpelande; on lui bouta ses souliers ès pieds*, & il courut à l'endroit où on disoit que son Connétable venoit d'être occis. Il le trouva dans la boutique d'un Boulanger, baigné dans son sang. Après qu'on eut visité ses blessures qui n'étoient pas dangereuses, *Connétable*, lui dit-il, *oncques chose ne fut telle, ni ne sera si fort amandée* (punie). On prétendit que Clisson avoit fait le lendemain son testament, & l'on se récria beaucoup sur la somme de dix-sept cent mille livres à laquelle il montoit. Il faut observer que depuis vingt-cinq ans qu'il s'étoit attaché à la France, il avoit cherché & battu par-tout les Anglois; qu'il avoit gagné la fameuse bataille de Rosebeque, & châtié les Flamands; qu'il jouissoit depuis douze ans, des gages & appointemens de Connétable, & que d'ailleurs il étoit très-riche en Terres, Domaines & Châteaux, dont il avoit hérité de ses ancêtres en Bretagne & dans le Poitou; mais, de tout temps, on a trouvé mauvais qu'un Général ou un Ministre, quelques services qu'il ait rendus à l'Etat, laisse une certaine fortune, quoique toujours bien moins considérable que celle de ce Publicain, qui pendant dix ou douze années, a été intéressé dans la perception des revenus du Roi & des impôts sur le peuple. *Ess. hist. sur Paris*, t. p. 117 & suiv.

de même que le marché qui porte aussi son nom, & auquel elle aboutit. *Voy.* MARCHÉ DAGUESSEAU.

Dames, (rue de la Tour des) Quartier Montmartre. Elle est parrallèle à la rue de la Croix-Blanche, va, d'un bout, dans la rue Baudin; & de l'autre, à la tour de ce nom, à cause d'un moulin ruiné qui appartient aux Dames de Montmartre.

* *Dammartin*, (rue au Comte de) Quartier Saint-Jacques-de-la-Boucherie. Ancien nom de la rue Salle au Comte, & successivement rue *de la Salle du Comte*, & *la cour Saint-Leu*.

* *Dampierre*, (rue *Alain de*) Quartier Sainte-Opportune. Nom douteux de la rue de l'Aiguillerie.

* *Darnetal*, (rue) Quartier Saint-Denis. Vieux nom de la rue Greneta.

Dauphin, (rue du) Quartier du Palais-Royal. Elle donne, d'un bout, dans la rue Saint-Honoré, vis-à-vis Saint-Roch; & de l'autre, dans la cour du manège & à la porte du jardin des Tuileries. Elle se nommoit *rue Saint-Vincent*, puis *cul-de-sac de Saint-Vincent*. Enfin, depuis que M. le Dauphin, fils de Louis XV y a passé pour aller entendre la Messe à Saint Roch, lorsque Sa Majesté vint demeurer quelques jours aux Tuileries avec la Famille Royale en 1744, on lui a donné le nom de rue du Dauphin. On avoit ôté, pendant que M. le Dauphin entendoit la Messe, l'inscription du *cul-de-sac de Saint-Vincent*, pour y substituer celle de *rue du Dauphin*.

Dauphine, (rue) Quartier Saint-André-des-Arcs. Elle commence au bout du Pont-Neuf, & se termine au carrefour formé par les rues de la Comédie, Mazarine, de Buci, & Saint-André-des-Arcs. Elle fut ouverte en 1607 sur les ruines de l'Hôtel des Abbés de Saint-Denis, & sur le jardin des Augustins, & nommée Dauphine en l'honneur du Dauphin.

Déchargeurs, (rue des) Quartier Sainte-Opportune, donne, d'un bout, dans la rue de la Ferronnerie; & de l'autre, dans celle des Mauvaises-Paroles. Elle a porté successivement les noms de *Siège aux Déchargeurs*; en 1300 & 1313, de *rue du Siège* & *du vieil Siège aux Déchargeurs*. Le Bureau de la poste aux lettres étoit autrefois dans cette rue; aujourd'hui on y a établi celui de la petite poste, ou poste de Paris, & le Bureau des Marchands Drapiers.

Degrés, (rue des grands) Quartier de la Place Maubert. Elle aboutit, d'un côté, à la rue du Pavé de la Place Maubert; & de l'autre, à celle de Bièvre & de la Tournelle. C'est des grands dégrés que l'on voit dans cet endroit pour descendre à la rivière, qu'elle a pris son nom. Elle a porté ceux de *Saint-Bernard* & de *rue Pavée*.

Demi-Saint; (rue du) Quartier du Louvre. Elle va, d'un bout, dans la rue des Fossés; & de l'autre, au cloître Saint-Germain. En 1271, on la connoissoit sous le nom de *Vicus qui dicitur Truncus Bernardi*; En 1300 & 1313, sous celui de *Trou-Bernard* par altération; & depuis le commencement du seizième siècle, on l'a appellée *du Demi-Saint*, à cause d'une moitié de statue que l'on avoit mise à l'entrée, pour empêcher le passage aux animaux. C'est une rue très-étroite, & dans laquelle on ne sauroit passer deux de front.

* *Dentelle* (rue de la) Quartier de la Grève. Nom particulier que quelques Auteurs ont donné à la rue de la Lanterne.

* *Denis*, (rue à *l'Abbé de S.* du *Collège S.* des *Charités S.* & des *Ecoliers S.*) Quartier Saint-André-des-Arcs; différentes dénominations de la rue des Grands-Augustins.

Denis, (rue des Fossés-Saint-) Quartier Saint-Denis. Comme on a coupé ce chemin depuis quelques années, presqu'à moitié de ce qu'il étoit anciennement, en continuant jusqu'à la rue Poissonnière, cette rue ne règne que le long du boulevard. On la connoît encore sous le nom de *rue Basse*, ou *Basse-Villeneuve*: on la trouve aussi sous la dénomination de *rue neuve des Fossés-Saint-Denis*, ou *rue neuve des Filles-Dieu*.

Denis, (rue du Chemin Saint-) Quartier du Temple. Elle va de la rue Saint-Maur, à la rue Blanche. Elle mène à Saint-Denis & à Saint-Maur.

Denis, (rue du Fauxbourg Saint-) Quartier Saint-Denis, va de la porte Saint-Denis à la maison de Saint-Lazare, & à l'angle de la rue Saint-Laurent.

* *Denis*, (rue neuve-Saint-) Quartier de la Cité. Ancien nom de la rue du Haut-Moulin, qu'elle portoit en 1204.

Denis, (rue neuve-Saint-) Quartier Saint-Denis. Elle traverse de la rue Saint-Denis dans celle de Saint-Martin. Elle a porté le nom de *rue des deux-Portes*, sans doute à cause de celles de Saint-Denis & de Saint-Martin.

Denis, (rue Saint- & Porte Saint-) Comme cette rue est fort longue, elle s'étend sur deux Quartiers. Dans le Quartier de Saint-Jacques-de-la-Boucherie, elle commence au grand Châtelet, jusqu'aux rues aux Oues & Mauconseil; & dans celui de Saint-Denis, depuis ces dernières rues, jusqu'à la porte Saint-Denis. Anciennement on l'appelloit *la Chauſſée & la grant-rue Saint-Denis*, en 1372; mais en 1310, *la grand'rue de Paris.*

C'étoit par la porte Saint-Denis que les Rois & les Reines faiſoient leurs entrées. Toutes les rues ſur leur paſſage, juſqu'à Notre-Dame, étoient tapiſſées, & ordinairement couvertes en haut, avec des étoffes de ſoie & des draps ca- melotés. Des jets d'eaux de ſenteur parfumoient l'air. Le vin, l'hypocras & le lait couloient de différentes fontaines. Les Députés des Six-Corps de Marchands portoient le dais; les Corps de Métiers ſuivoient, repréſentans en habits de ca- ractère, *les ſept péchés mortels; les ſept Vertus, Foi, Eſ- pérance, Charité, Juſtice, Prudence, Force & Tempérance, la Mort, le Purgatoire l'Enfer & le Paradis*; le tout monté ſuperbement. *Monſtrelet.* Il y avoit de diſtance en diſtance des théâtres, où des Acteurs pantomimes, mêlés avec des cœurs de muſique, repréſentoient des hiſtoires de l'ancien & du nouveau Teſtament: *le ſacrifice d'Abraham, le combat de David contre Goliat, l'âneſſe de Balaam prenant la pa- role pour faire entendre raiſon à ce Prophéte; des troupeaux dans un bocage avec leurs Bergers, à qui l'Ange annonçoit la naiſſance de Notre-Seigneur, & qui chantoient le* Gloria in excelſis Deo. *Jean Chenu.* Froiſſard dit qu'à l'entrée d'*Iſa- beau de Bavière*, il y avoit à la porte aux Peintres * rue Saint- Denis, *un ciel nu & étoilé très-richement, & Dieu par figure, ſéant en ſa majeſté, le Père, le Fils & le Saint-Eſprit; & dans ce ciel, petits Enfans de Chœur chantoient moult douce- ment, en forme d'Anges; & lorſque la Reine paſſa dans ſa litière découverte, ſous la porte de ce Paradis, deux Anges deſcendirent d'en haut, tenant en leurs mains une très-riche couronne d'or, garnie de pierres précieuſes, & la mirent moult doucement ſur le chef de la Reine, en chantant ces vers:*

>Dame encloſe entre fleurs-de lis,
>Reine êtes-vous de Paradis,
>De France, & de tout le Pays!
>Nous remontons en Paradis.

A l'occaſion de cette entrée, Jean Juvenal des Urſins ra- conte que Charles VI voulut la voir, & qu'il dit à Savoiſi

---

* Elle étoit ſituée preſque vis-à-vis la rue du Petit-Lion.

son Favori : *Savoifi, je te prie que tu montes fur mon bon cheval, & je monterai derrière toi, & nous nous habillerons de façon qu'on ne nous cognoiffe point, & irons voir l'entrée de ma femme*.... & allèrent donc par la Ville en divers lieux, & s'avancèrent pour venir au Châtelet, à l'heure que la Reine paffoit, où il y avoit moult de peuple & grand preffe, & foifon de Sergens à groffes boulaies, lefquels, pour empêcher la preffe, frappoient de côté & d'autre de leurs boulaies bien & fort, & le Roi & Savoifi tâchoient toujours d'approcher ; & les Sergens qui ne cognoiffoient point le Roi ni Savoifi, frappoient de leurs boulaies deffus, & en eut le Roi plufieurs horions fur les épaules bien affis ; & le foir en préfence des Dames & Demoifelles, fut la chofe récitée, & on commença d'en bien farcer (rire) & le Roi même fe farçoit des horions qu'il avoit-reçus.

Le lendemain, les Bourgeois de Paris, fuivant l'ufage, portèrent à Charles VI de magnifiques préfens, & s'étant mis à genoux, lui dirent : *Très-chier & noble Sire, vos Bourgeois de la Ville de Paris vous préfentent ces joyaux* : c'étoient des vafes d'or : *grand merci, bonnes Gens,* leur répondit-il, *ils font biaux & riches*. Froiffard, cérémonial françois. Ils allèrent enfuite chez la Reine, à qui un *ours* & une *licorne* préfentèrent de leur part des préfens encore plus riches. Dans ces temps-là, rien ne paroiffoit fi ingénieux que ces mafcarades, & ce n'eft pas la première & la dernière cérémonie où les Villes ont choifi des animaux pour leurs Députés.

A l'entrée de Louis XI en 1461, on imagina un fpectacle très-agréable : *Devant la fontaine de Ponceau*, dit Malingre, pag. 208, *étoient plufieurs belles filles en firénes, toutes nues, lefquelles en faifant voir leur beau fein, chantoient de petits motets & bergerettes*. Il paroit qu'à l'entrée de la Reine *Anne de Bretagne*, on pouffa l'attention jufqu'à placer de diftance en diftance, de petites troupes de dix ou douze perfonnes avec des pots-de-chambre pour les Dames & Demoifelles du Cortège qui fe trouveroient preffées de quelques befoins. A toutes ces cérémonies, le cri de joie & d'acclamation n'étoit pas *vive-le-Roi*, mais *Noël, Noël*. Saint-Foix, *Eff. hift. fur Paris*, tom. 1, pag. 229 & fuiv.

* *Denis de la Chartre*, (rue au chevet Saint-) Quartier de la Cité. Nom de peu de durée qui a été donné à la rue de Glatigny.

* *Denis le Coffrier* (rue) Quartier Saint-Euftache. Nom d'un Particulier qui avoit été donné à la rue Tiquetonne.

Dervillé, (rue) Quartier de la Place Maubert. Elle va de

la rue du champ de l'allouette à celle des Filles Angloises, ainsi nommée d'un Particulier qui y demeuroit.

Diamans, (rue des cinq-) Quartier Saint-Jacques-de-la-Boucherie. Elle aboutit de la rue Aubri-le-Boucher, à celle des Lombards. Elle est ainsi nommée de l'enseigne d'une maison. Elle avoit porté successivement les noms de *Corrigia, Corrigiaria, Couréerie, Couroierie & Courouerie*; & en 1421 & 1550, celui *de la Corroierie & vieille-Couroirie*.

* *Diane*, (rue) Quartier Saint-Antoine. Ancien nom de la rue des trois-Pavillons, à cause de Diane de Poitiers, Duchesse de Valentinois. *Voy. rue des trois-Pavillons*.

* *Dieu-Bouilli*, (rue du) Quartier Sainte-Avoie. Nom que l'on a donné à la rue des Billettes. *Voy. cette rue*.

* *Dix-huit*, (rue des) Quartier de la Cité. Une des quatre rues qui aboutissoient à la rue neuve-Notre-Dame. Elle avoit été nommée aussi *rue de Venise*. Toutes ces rues ont été réunies dans l'emplacement du *Collège des dix-huit*.

Doctrine Chrétienne, (rue de la) Quartier de la Place Maubert. C'est la rue des Fossés-Saint-Victor, qui commence à la rue de Fourci jusqu'à la rue Clopin; elle est ainsi nommée de la maison des Prêtres de la Doctrine Chrétienne. *

---

* Cette maison & la rue occupent un terrain qu'on appelloit *le clos des Arênes*, parce que Chilperic I y avoit fait bâtir un cirque. Personne n'ignore que le cirque chez les anciens Romains, étoit un lieu destiné pour les jeux publics, & particulièrement pour les courses de chevaux & de chariots. L'arêne étoit la partie du cirque où se faisoient les combats de Gladiateurs & ceux de bêtes féroces. Pepin-le-Bref se plaisoit beaucoup à faire battre des taureaux contre des lions. Philippe de Valois acheta, près du Louvre, rue Froid-Manteau, une grange pour y mettre ses lions, ses ours & ses taureaux. Il y avoit à l'Hôtel Saint-Paul la tour des lions, à l'endroit même où est aujourd'hui la rue de ce nom. L'Etoile rapporte (année 1583) « que Henri III après avoir fait ses pâques & » dévotions au Couvent des Bons-Hommes, s'en revint au Louvre, & » qu'il y fit tuer à coups d'arquebuses, les lions, ours, taureaux & sem- » blables bêtes qu'il avoit coutume de nourrir pour combattre contre les » dogues; & ce, à l'occasion d'un songe, par lequel il lui avoit semblé » que des lions, ours & dogues le dévoroient : songe qui sembloit pré- » sager que les bêtes furieuses de la Ligue se ruer oient sur ce pauvre Prince » & sur son Peuple. « Nos mœurs ne nous font plus trouver de plaisir à regarder des animaux se déchirer ; & si nos Princes ont des tigres & des lions dans leurs ménageries, c'est pour la rareté. Sans aimer à voir répandre le sang, nous sommes certainement aussi braves que les Romains

Dominique (rue Saint-) Quartier Saint-Germain. Elle commence au bout de la rue de Taranne, & va jusqu'à l'extrémité du Gros-Caillou. Elle se nommoit autrefois *la rue des Vaches*, *la rue aux Vaches*, *le chemin aux Vaches*, *le chemin des Vaches*, parce que les vaches du Fauxbourg Saint-Germain passoient par-là pour aller paître au Pré-aux-Clercs. Le nom de Saint-Dominique lui a été donné à cause du Couvent du Noviciat général que les Religieux de Saint-Dominique firent bâtir dans cette rue, environ l'an 1631.

Dominique (rue Saint-) Quartier du Luxembourg. Elle aboutit, d'un côté, dans la rue d'Enfer; & de l'autre, dans celle du Fauxbourg Saint-Jacques. Les Jacobins avoient un clos de vignes entre les portes Saint-Marcel & Saint-Jacques, où l'on perça plusieurs rues, dont la principale fut celle de Saint-Dominique.

* *Dorée*, (rue) Quartier Sainte-Avoie. Rue qui existoit anciennement dans la rue Barre-du-Bec, & près celle de la Verrerie.

Douze-Portes. (rue des) *Voy.* Portes.

Doyenné, (rue du) Quartier du Palais-Royal. Elle aboutit, d'un côté, à la rue Saint-Thomas-du-Louvre, & dans le cul-de-sac du même nom, de l'autre. Ainsi nommée pour avoir été ouverte au milieu de la maison & de la cour du Doyen de S. Thomas, aujourd'hui S. Louis du Louvre. M. *Jaillot* dit « qu'en 1639, les Propriétaires des maisons situées en » la place, dite la *petite-Bretagne*, qui forment aujourd'hui » les deux parties de la rue Matignon, proposèrent au Cha-» pitre de Saint-Thomas de faire percer un petit cul-de-sac » qui s'y trouvoit, & d'ouvrir ainsi une rue qui auroit sa » sortie dans celle de Saint-Thomas: ces propositions furent » acceptées; & le 2 Septembre de la même année, M. » l'Archevêque rendit son Ordonnance, portant permission » de passer le contrat, qui fut ensuite homologué & ratifié » par Lettres-patentes du mois de Janvier 1641, enregistrées » le 7 Février suivant. Le Doyen réserva expressément les » deux cabinets de sa maison qui joignent l'Eglise; c'est ce » qui a occasionné l'arcade qu'on voit à l'entrée de cette rue. « *Recherch. sur Paris*, *Quart. du Palais-Royal*, pag. 19 & 20.

Draperie, (rue de la vieille-) Quartier de la Cité. Elle aboutit d'un côté, à la rue de la Barillerie, & de l'autre, à celle de la Juiverie, vis-à-vis la rue des Marmouzets. Elle tire son nom des Drapiers que Philippe-Auguste y établit après qu'il en eut chassé les Juifs en 1183, ce qui la fit appeller *Judæaria Pannificorum*; depuis on l'a nommé successivement la *Draperie*, la *viez-Draperie*, & enfin *rue de la vieille-Draperie*.

Au coin de cette rue étoit la maison du père de cet exécrable Jean Châtel qui attenta sur la personne d'Henri IV, & le blessa d'un coup de couteau à la lêvre supérieure, le mardi 27 Décembre 1594. L'espace qu'occupoit cette maison qui fut rasée, forme cette petite place qui est devant la grande porte du Palais. On y avoit élevé une pyramide avec des inscriptions; elle fut abattue en 1605. *Voy.* PLACE DES BARNABITES, *pag.* 58. *

---

* *EXTRAIT d'une lettre d'Henri IV, écrite à différentes Villes, aussitôt après l'attentat commis par Jean Châtel.*

» Il n'y avoit pas plus d'une heure que nous étions arrivés à Paris, » du retour de notre voyage de Picardie, & étions encore tout bottés, » qu'ayant autour de nous nos cousins le Prince de Conti, Comte de » Soissons & Comte de Saint-Paul, & plus de trente ou quarante des » principaux Seigneurs & Gentilshommes de notre Cour; comme nous » recevions les Sieurs de Ragni & de Montigni qui ne nous avoient pas » encore salué, un jeune garçon *nommé Jean Châtel*, fort petit, & âgé au » plus de 18 à 19 ans, s'étant glissé avec la troupe dans la chambre, s'avança » sans être quasi apperçu, & nous pensant donner dans le corps du cou- » teau qu'il avoit, le coup (parceque nous nous étions baissés pour relever » lesdits Sieurs de Ragni & de Montigni qui nous saluoient) ne nous » a porté que dans la lèvre supérieure du côté droit, & nous a entamé » & coupé une dent... Il y a, Dieu merci, si peu de mal, que pour » cela nous ne nous mettrons pas au lit de meilleure heure. »

Il paroît par un article des interrogatoires de Jean Chatel, que le Prévôt de l'Hôtel, lorsqu'il l'eût arrêté & fait fouiller, ne douta point que ce ne fût un Emissaire armé de toutes pièces par le fanatisme.

» Enquis qui lui a baillé l'*Agnus Dei*, la chemise Notre-Dame & tous » les chapelets qu'il a autour du cou, & si ce n'étoit pas pour lui per- » suader d'assassiner le Roi, sous l'assurance qu'il seroit invulnérable, » & qu'on ne pourroit lui faire aucun mal.

» A dit que sa mère lui avoit baillé l'*Agnus Dei* & la chemise Notre- » Dame; & quant aux chapelets, les avoit lui-même enfilés.

Il y eut quelques présomptions contre son père: sa mère & ses sœurs étoient très-innocentes. Il soutint à la question ordinaire & extraordinaire, & jusqu'à la mort, qu'il n'avoit communiqué son dessein à personne, & qu'il avoit entrepris ce coup de son propre mouvement. *Journal d'Henri IV, année* 1594.

Duras, (rue) Quartier du Palais-Royal. Elle aboutit, d'un côté, à la rue du Fauxbourg Saint-Honoré; & de l'autre, à l'ancien marché d'Aguesseau. L'Hôtel de Duras près duquel elle est située, lui a fait donner cette dénomination.

E

Echarpe & de l'Echarpe blanche, (rue de l') Quartier Saint-Antoine. Elle va, d'un côté, à la rue Saint-Louis; & de l'autre, à la Place-Royale. Son nom lui vient d'une enseigne, auparavant elle portoit celui de rue d'Henri IV.

Echaudé*, (rue de l') Quartier des halles. Elle commence à la rue au Lard, & aboutit dans celle de la Poterie. On ignore d'où lui vient ce nom.

» Enquis pourquoi il a voulu tuer le roi. *Premier interrogatoire devant* » *le Prévôt de l'Hôtel.*

» A dit que pour expier ses péchés, il avoit cru qu'il falloit qu'il fît » quelqu'acte signalé & utile à la Religion Catholique, Apostolique & » Romaine, & y ayant failli, le feroit encore s'il pouvoit.

» Enquis de nouveau par qui il a été persuadé de tuer le Roi.

» A dit avoir entendu dire en plusieurs lieux, qu'il falloit tenir pour » maxime véritable, qu'il étoit loisible de tuer le Roi, dès qu'il n'étoit » pas approuvé par le Pape, & que cette Doctrine étoit commune.

Le malheureux ne disoit que trop vrai; il n'y avoit pas encore un an que la plupart des Ecclésiastiques, & presque tous les Religieux l'enseignoient en chaire, dans le confessionnal, & dans leurs thèses.

Le sieur de Piganiol qui n'a fait que transcrire mot à mot les Antiquités de Paris par Sauval, dit qu'*Henri IV fut blessé par Jean Châtel, dans la cour de l'Hôtel du Bouchage* (à présent les Pères de l'Oratoire) *qu'on appelloit alors l'Hôtel d'Estrées, & où demeuroit la belle Gabrielle.* Il est prouvé par toute la procédure, que ce fut dans une des salles du Louvre; d'ailleurs jamais l'Hôtel du Bouchage n'a été appelé l'Hôtel d'Estrées, & Gabrielle d'Estrées demeuroit dans ce temps-là à l'Hôtel de *Schomberg*, qui subsiste encore dans la rue Bailleul, derrière cet Hôtel d'*Aligre* où le Grand-Conseil a tenu long-temps ses séances. *Ess. Hist. sur Paris par Saint-Foix*, tom. 1, pag. 137 & *suiv*. Le Sieur la Marque, Maître-ès-Arts & de pension de l'Université, rue Jean-Tison, nous a dit qu'il savoit par tradition, que la maison qu'il occupe faisoit partie de l'Hôtel de Schomberg, & que la chambre où couchoit Gabrielle d'Estrées y existoit encore.

* On appelle *Echaudé* une isle de maisons en forme triangulaire, qui donne sur trois rues. M. *Jaillot*.

* *Echaudé* (rue de l'.) Quartier du Palais-Royal. Nom donné mal-à-propos à la rue de l'Echelle.

Echaudé, (rue de l') Quartier du Temple. Elle va de la rue du Temple dans celle de Poitou.

Echaudé, (rue de l') Quartier Saint-Germain. Elle aboutit aux rues de Bourbon-le-Château, du Colombier & de Seine. En 1541, on la connoissoit sous le nom de *ruelle qui va du guichet de l'Abbaye à la rue de Seine* ; & en 1549, *ruelle qui descend de l'Abbaye à la rue de Seine*.

Echelle, (rue de l') Quartier du Palais-Royal. Elle commence à la rue Saint-Honoré, va à celle du Carrousel & à la cour des écuries.

* *Ecole & des Ecoliers*, (rue de l') Quartier Saint-Benoît. Ancien nom de la rue du Fouare.

* *Ecorcherie*, (rue de l') Quartier de la Grève. Nom ancien de la rue de la Tannerie, à cause du voisinage de l'écorcherie.

* *Ecorcherie*, (rue de l') Quartier du Luxembourg. Nom que portoit la rue des Mauvais-Garçons en 1399, où les Bouchers tuoient leurs bœufs, &c.

Ecosse, (rue d') Quartier Saint-Benoît. Elle commence à la rue du Mont-Saint-Hilaire, & aboutit à la rue du Four. Voy. rue *au Chauderon*. On ignore pourquoi elle porte le nom d'*Ecosse*.

Ecouffes, (rue des) Quartier Saint-Antoine. Elle aboutit, d'un côté, à la rue des Rosiers ; & de l'autre, à celle du Roi de Sicile. Elle a porté successivement les noms de *rue de l'Ecofle*, de *l'Escoufle*, des *Escoufles*, des *Escoftes* & des *Escloffes*.

Ecrivains, (rue des) Quartier Saint-Jacques-de-la-Boucherie. Elle aboutit dans la rue de la Savonnerie & dans celle des Arcis. On appelloit *la Pierre-au Lait* l'endroit où est cette rue, jusqu'à la rue du Crucifix Saint-Jacques, & anciennement *rue commune*. Le nom des *Ecrivains* lui a été donné, parce qu'il s'y en établit plusieurs dans des petites échoppes. La maison où demeuroit *Nicolas Flamel*, fait le coin de cette rue & de la rue de Marivaux. On y voit encore sur un des gros jambages, sa figure, à ce que l'on dit, & celle de *Pernelle* sa femme, avec des inscriptions gothiques & de prétendus hiéroglyphes. L'histoire de cet homme est singulière ; il étoit né sans biens, de parens obscurs, & sa profession d'*Ecrivain* ne l'avoit pas mis à portée d'acquérir de grandes richesses. On le vit, tout-à-coup, par ses libéralités, déceler une fortune immense. L'usage qu'il en fit est bien rare : il fut riche pour les malheureux. Une honnête famille tombée dans l'indigence, une fille que la misère auroit peut-être entraînée dans le défordre, le Marchand & l'Ouvrier chargés d'enfans, la veuve & l'orphelin, étoient les objets de fa magnificence. Il fonda des Hôpitaux, répara quelques Eglifes, & rebâtit en partie celle des Innocens. *Naudé* attribue les richeffes de *Flamel*, à la connoiffance qu'il avoit des affaires des Juifs ; & ajoute que lorfqu'ils furent chaffés de France en 1394, & que leurs biens furent acquis & confifqués au profit du Roi, *Flamel* traita avec leurs Débiteurs pour la moitié de ce qu'ils devoient, & leur promit de ne les pas dénoncer. *Naudé* & *Piganiol* qui le cite, n'auroient pas avancé un fait auffi faux, s'ils avoient lu des Déclarations de Charles VI, à l'occafion du banniffement des Juifs. La première du 17 Septembre 1394, porte que, quoiqu'il les exile à perpétuité, il n'entend pas que leurs perfonnes foient maltraitées, ni leurs biens pillés : en outre, il enjoint à ceux qui leur doivent, de les payer dans un mois, à peine de perdre leurs gages, & à ceux qui ne leur ont point donné de gages, de fatisfaire à leurs obligations, & de les retirer avant le terme expiré. Par une autre Déclaration du 2 Mars 1395, quatre mois après leur fortie du Royaume, il défend déformais à tous Débiteurs des Juifs de leur rien payer, & fait ceffer tous procès commencés pour cette raifon, avec ordre d'ouvrir les prifons à ceux qui étoient détenus ; & pour finir entièrement à cet égard, par une dernière Déclaration du 30 Janvier 1397, il ordonne au Prévôt de Paris de déchirer & brûler toutes les obligations faites aux Juifs. On voit par ces Ordonnances, que puifque le Roi déchargeoit lui-même fes Sujets de toutes dettes contentieufes avec ces infâmes Ufuriers, *Flamel* ne put pas s'enrichir en menaçant leurs Débiteurs de les dénoncer.

Plufieurs Curieux ayant fait fouiller la terre dans les caves de fa maifon, y ont trouvé, dans différens endroits, des urnes, des phioles, des matras, du charbon ; & dans des pots de grès, une certaine matière minérale, calcinée & groffe comme des pois. On ne fait pas pofitivement s'il fut enterré à Saint-Jacques-de-la-Boucherie, ou fous les charniers des Innocens. *Paul Lucas*, dans fon voyage de l'Afie mineure, *tom. 1, ch. 12*, femble douter qu'il foit mort.

A l'occafion de la maifon de *Nicolas Flamel*, l'Auteur de l'Effai d'une Hiftoire de la Paroiffe de Saint-Jacques-de-la-Boucherie, imprimée en 1757, rapporte un fait tout récent : *Un Particulier*, dit-il, *fous un nom impofant, mais fans* doute emprunté, se présenta en 1756 à la Fabrique de cette Paroisse, se disant chargé par un ami mort, d'une somme considérable qu'il devoit employer à des œuvres pies, à sa volonté. Ce Particulier ajouta, que pour entrer dans les vues de son ami, il avoit imaginé de réparer des maisons caduques, appartenantes à des Églises; que la maison du coin de la rue de Marivaux, vis-à-vis de Saint-Jacques-de-la-Boucherie, avoit besoin de réparations, & qu'il y dépenseroit 3000 liv. L'offre fut acceptée; la réparation étoit le prétexte; l'objet véritable étoit une fouille & l'enlèvement de quelques pierres gravées. * Les Intéressés à la découverte du trésor imaginaire, veilloient avec soin sur l'ouvrage: on creusoit en leur présence; on emportoit furtivement des moëlons & toutes les pierres gravées. La réparation qui a été faite peut monter à 2000 livres; mais le Particulier & les Intéressés ont disparu sans payer, & cette dépense restera probablement sur le compte d'un Maître Maçon qui s'est livré trop légèrement à des inconnus qu'il cherche & ne trouve point. Voy. JACQUES-DE LA BOUCHERIE. (Saint)

Écrivains (rue des) Quartier Saint-André-des-Arcs. Ancien nom de la rue de la Parcheminerie.

Écus, (rue des deux-) Quartier Saint-Eustache. Elle va de la rue des Prouvaires dans celle de Grenelle. On l'a nommée rue *Traversaine, Traversane & Traversine*, depuis la rue des Prouvaires jusqu'à celle du Four; ensuite entre ces deux rues, rue *des Écus & des deux-Écus*; & depuis la rue des vieilles-Étuves, jusqu'à celle de *Néelle*, c'est-à-dire, entre la première & celle d'Orléans, elle s'appelloit *rue de la Hache & des deux-Haches*. Toutes ces rues ont disparu lors des changemens survenus à l'Hôtel de Nesle, dit depuis de Soissons, où est aujourd'hui la nouvelle halle. Elle a pris le nom qu'elle porte maintenant d'une enseigne qui pendoit à une maison; mais ce n'est que depuis que la Reine Catherine de Médicis y fit bâtir son Hôtel.

* *Égout*, (rue de l') Quartier Saint-Benoît. Nom que portoit la rue des Sansonnets qui ne subsiste plus, & qui, en

---

* *Saint-Foix* dit qu'en 1754, quand il donna la première édition de ses Essais Historiques sur Paris, on voyoit encore, & qu'il avoit vu lui-même ces pierres où étoient gravées la figure de *Nicolas Flamel* & celle de sa femme, avec des inscriptions gothiques, & de prétendus hiéroglyphes. *Ess. sur Paris*, tom. 1, p. 149.

régnant le long des murs du Val-de-Grace, alloit aboutir dans la rue des Bourguignons au champ des Capucins.

Egout, (rue de l') Quart. Saint-Germain. Elle commence au carrefour Saint-Benoît, & aboutit à la rue du Four. Elle doit son nom à l'égout que l'on y voit, & a porté successivement les noms de rue *Forestier*, *de la Courtille* & *de Tarennes*. Autrefois cette rue étoit une prolongation de la rue Saint-Benoît, qui se nommoit aussi *rue de l'Egout*. C'est à l'extrêmité de cette rue que se trouve la cour du Dragon. *Voy.* tom. 2, p. 597.

* *Egout* & *des Egouts*, (rue de l') Quartier Saint-Germain. Ancien nom de la rue Saint-Benoît. *Voy. l'art. ci-dessus.*

* *Egout couvert*, (rue de l') Quartier du Temple. Ancien nom de la rue Saint-Louis.

Egouts ou *du Ponceau*, (rue des) Quartier Saint-Denis. Elle commence à la rue Saint-Denis, & tombe dans celle de Saint-Martin. Elle doit son nom à l'égout que l'on y voit, & qui fut couvert en 1605.

* *Egouts* & *de l'Egout couvert*, (rue des) Quartier Saint-Antoine. Un des premiers noms de la rue de l'Egout-Sainte-Catherine.

* *Egyptienne*, (rue de l') Quartier Saint-Eustache. Vrai nom de la rue de la Jussienne. *Voy. cette dernière.*

Eloi, (rue Saint-) Quartier de la Cité. Elle va de la rue de la Calendre dans celle de la Vieille-Draperie. Elle a porté les noms de *Cavateria* en 1280, de *la Chavaterie*, *la Caveterie* & *la Saveterie*, & enfin de *Saint-Eloi*, parce qu'elle fut ouverte sur la partie de l'Eglise & du Chœur du Monastère de ce Saint.

Elysées, (rue des Champs) Quartier du Palais-Royal. Elle va du Fauxbourg Saint-Honoré aux Champs-Elysées & à la place de Louis XV. Cette rue qui n'étoit qu'un simple chemin, se nommoit anciennement *rue de l'Abreuvoir-l'Evêque*, de même que la rue de la Madeleine. Il n'y a pas long-temps qu'elle portoit le nom de *la Bonne-Morue*, qu'elle a perdu en 1769.

Enfans, (rue des Bons-) Quartier Saint-Eustache. Elle commence à la rue Saint-Honoré, & aboutit à la rue Baillif, & à la rue neuve des Bons-Enfans. *Voy.* Champs. (*rue neuve des Petits-*) Elle est ainsi nommée de l'ancien Collège des Bons-Enfans. *Voy.* tom. 2, pag. 482.

Enfans, (rue neuve des Bons-) Quartier Saint-Eustache. C'est la continuation de la rue précédente, & se termine à la rue neuve des Petits-Champs. En 1641 elle fut couverte de maisons du côté du Palais-Royal.

Enfans, (rue des *Bons-*) Quartier du Temple. Un des premiers noms de la rue Porte-Foin.

Enfans-Rouges, (rue des) Quartier du Temple. Elle fait la continuation de la rue du Grand-Chantier, depuis la rue d'Anjou jusqu'à la rue Porte-Foin, & s'appelloit anciennement *rue du Chantier du Temple*.

Enfer, (rue d') Quartier de la Cité. Elle commence à la rue basse des Ursins, & aboutit à la porte du cloître de Notre-Dame & au Pont-Rouge. Nous pensons que ce nom lui vient du mot latin *inferior* ou *infera*, inférieure, parce qu'elle étoit la dernière rue où est le Port Saint-Landri, & qu'il n'y avoit point de quai qui la séparât de la rivière.

Enfer, (rue d') Quartier Montmartre. Elle aboutit, d'un côté, dans la rue Cadet; & de l'autre, dans celle de Sainte-Anne ou Poissonnière.

* *Enfer*, (rue d') Quartier de la Place Maubert. Ancien nom que portoit la rue de Fer ou des Hauts-Fossés-Saint-Marcel, dans la partie qui commence au carrefour de Clamart, jusqu'à la rue des Francs-Bourgeois.

Enfer, (rue d') Quartier du Luxembourg. Elle commence à la Place Saint-Michel, & aboutit à la grande route d'Orléans. Cette rue portoit le nom de plusieurs Villages voisins de Paris auxquels elle conduisoit, comme *Issi* & *Vanves*; elle a porté aussi celui de *rue de Vauvert* & *chemin de Vauvert*, à cause du château de ce nom où elle conduisoit aussi, à commencer de l'endroit où est aujourd'hui la porte du Luxembourg, & passant ensuite entre la première & seconde cour des Chartreux, où elle séparoit leur petit clos du grand. En 1258, elle s'appelloit aussi *rue de la porte Gibard*. Voici ce que dit Saint-Foix au sujet de cette rue dans ses Essais Historiques sur Paris, tom. 1, pag. 230. « Saint Louis fut si
» édifié au récit qu'on lui faisoit de la vie austère & silen-
» cieuse des Disciples de Saint Bruno, qu'il en fit venir six,
» & leur donna une maison avec des jardins & des vignes,
» au Village de Gentilli. Ces Religieux voyoient de leurs
» fenêtres le Palais de *Vauvert*, bâti par le Roi Robert,
» abandonné par ses successeurs, & dont on pouvoit faire un
» Monastère commode & agréable par la proximité de Paris.
» Le hasard voulut que des Esprits ou *Revenans* s'avisèrent
» de s'emparer de ce vieux Château. On y entendoit des
» hurlemens affreux. On y voyoit des spectres traînans des
» chaînes; & entr'autres, un monstre vert avec une grande
barbe

» barbe blanche, moitié homme & moitié serpent, armé
» d'une grosse massue, & qui sembloit toujours prêt à s'élancer
» la nuit sur les Passans : Que faire d'un pareil château ?
» Les Chartreux le demandèrent à Saint Louis ; il le leur
» donna avec toutes ses appartenances & dépendances. Les
» *Revenans* n'y revinrent plus ; le nom d'*Enfer* resta seule-
» ment à la rue, en mémoire de tout le tapage que les Diables
» y avoient fait. « On l'a nommée ensuite rue *des Chartreux*;
& comme elle commence le Fauxbourg Saint-Michel, on l'a
appellée rue *Saint-Michel*, & rue du *Fauxbourg Saint-Michel*.

Quelques Etymologistes prétendent que la rue Saint-
Jacques s'appelloit anciennement, *via superior*, & celle-ci,
parce qu'elle est plus basse, *via inferior* ou *infera*, d'où lui
vint dans la suite, le nom d'*Enfer*, par corruption & con-
traction de mot. D'autres disent que les Gueux, les Filous,
& les gens sans aveu se retirant ordinairement dans les rues
écartées, on donnoit le nom d'*Enfer* à ces rues, à cause des
cris, des juremens, des querelles & du bruit qu'on y entendoit sans cesse.

* *Enfer*, (rue d') Quartier du Luxembourg. Nom d'une
rue qui pouvoit être la rue Palatine, ou un chemin de traverse entre la rue Garancière & celle des Fossoyeurs.

Enghien (rue d') Quartier Saint-Denis. Elle fait la prolongation de la rue Bergère au Fauxbourg Saint-Denis. Cette
rue nouvelle avec celle *de la Michodière*, aussi nouvellement
percée, coupent transversalement plusieurs terreins situés rue
Poissonnière, entre le boulevard & le clos-Saint-Lazare. Les
Lettres patentes sont du 14 Octobre 1772.

* *Enlumineurs*, (rue des) Quartier Saint-André-des-
Arcs. Nom que portoit la rue Bout-de-Brie, à la fin du quatorzième siècle.

Epée de bois, (rue de l') Quartier de la Place Maubert.
Elle va, d'un bout, à la rue Mouffetard ; & de l'autre, au
champ d'Albiac. On la trouve sous le nom de rue *du Petit-
Champ*. Une enseigne lui a fait donner celui d'aujourd'hui.

Eperon, (rue de l') Quartier Saint-André-des-Arcs. Elle
commence à la rue Saint-André-des-Arcs, & finit à celle du
Jardinet. Elle a porté les noms de rue *Gougain*, *Gougan*,
Gougand, *Gorigand*, *Chaperon*, *Chapon*, &c. Entre les rues
du Battoir & du Jardinet, il existoit en 1367 un Collège
appellé le *Collège de Vendôme*.

Epine, (rue Jean-de-l') Quartier de la Grève. Elle se
termine à la Grève & à la rue de la Coutellerie. On l'appelloit autrefois rue *de la Tonnellerie*, & la rue du carrefour

Guillery. Il y a apparence qu'elle a pris le nom qu'elle porte aujourd'hui de *Jean de l'Epine*, Greffier-Criminel du Parlement en 1416.

* *Epine-Guiet* (rue de l') Quartier du Palais-Royal. Ancien nom de la rue de la Sourdière ; on l'a nommée auſſi de *Guiet-de-l'Epine*, & de *l'Epine-Guiet* ou *de la Sourdère*.

* *Erembourg de Brie*, (rue) Quartier Saint-André-des-Arcs. Un des noms anciens de la rue Bout-de-Brie.

* *Eſcullerie*, (rue de l') Quartier de la Grêve. Nom que portoit anciennement le cul-de-ſac de Saint-Faron.

* *Eſcureul & des Eſcureux*, (rue de l') Quartier Saint-André-des-Arcs. Nom ancien de la rue du Jardinet.

* *Eſpagne* (rue d') Quartier Saint-Antoine. Nom ancien de la rue Jean-Beauſire.

* *Eſpaulart*, (rue) Quartier Saint-Martin-des-Champs. Nom que portoit en 1273 la partie de la rue Pierre-Aulard, qui donne dans la rue neuve-Saint-Merri.

* *Eſprit*, (rue du Saint-) Quart. de la Grève. On a donné quelquefois ce nom à la rue des Vieilles-Garniſons, à cauſe du voiſinage de l'Hôpital de ce nom.

* *Eſtampes* (rue Pierre d') Quartier Sainte-Avoie. En 1269 la rue des Singes portoit ce nom.

Eſtrapade (rue de la vieille-) Quartier Saint-Benoît. Elle eſt ſituée entre la place de Fourci & celle de l'Eſtrapade, dont elle a tiré ſon nom. *Voy.* ESTRAPADE. Cette rue ayant été bâtie ſur les foſſés, en prit le nom ; on lui donna enſuite celui des Foſſés-Saint-Marcel. Vers le milieu du dernier ſiècle, cet endroit s'appelloit le *carrefour de Braque* & de *Braque-Latin*. Le jeu de paume qu'on y voit encore, portoit ce même nom. C'étoit dans cette rue où l'on voyoit, il y a quelques années, une Communauté de Filles, connue ſous le nom de *Filles de Sainte-Perpétue*, inſtituées par la Dlle. Grivet, qui les avoit placées en 1688 dans la rue neuve Saint-Etienne. Les jeunes filles y apprenoient à travailler. Cette Communauté ne ſubſiſte plus.

Eſtienne, (rue) Quartier Sainte-Opportune. Elle commence dans la rue Béthiſi, & aboutit dans la rue Boucher. Ces deux rues nouvellement percées ſur l'emplacement de l'ancienne Monnoie, portent chacune le nom d'un Echevin. La rue Eſtienne eſt abſolument couverte de maiſons. On a fini de la paver cette année 1778, & l'on y paſſe déjà.

* *Etienne*, (rue Saint-) Quartier Saint-Antoine. Nom ancien de la rue Saint-Sébaſtien.

Etienne-des-Grès, (rue Saint-) Quartier Saint-Benoît. Elle va, d'un bout, à la rue Saint-Jacques; & de l'autre, au quarré Sainte-Geneviève.

* *Etienne & neuve-Saint-*, (rue Saint) Quartier Saint-Benoît. Nom que portoit anciennement la rue, d'où s'est formé le cul-de-sac des Vignes, & qui s'étendoit jusqu'à la rue neuve-Sainte-Geneviève.

Etienne, (rue Saint- ou neuve-Saint-) Quartier Saint-Denis, donne, d'un bout, dans la rue de Beauregard, à la Villeneuve; & de l'autre bout, sur le boulevard.

Etienne, (rue neuve-Saint-) Quartier de la Place Maubert. Elle se rend, d'un bout, dans la rue Coupeaux; & de l'autre, à celle des Fossés-Saint-Victor. Elle a porté anciennement le nom *de chemin du moulin à vent*, de *Puits-de-Fer* & *de Tiron*, à cause d'un moulin, d'un puits public, & du clos-Tiron.

Etoile, (rue de l') Quartier Saint-Paul. Elle commence à l'extrêmité de la rue des Barres, dont elle faisoit anciennement partie, & finit au port Saint-Paul. Elle doit son nom à une maison appellée le *Château de l'Etoile*. Elle a aussi porté ceux de *rue des petites-Barrières*, de *petite ruelle descendant au chantier du Roi*, & probablement ceux *de petite Barrée*, *Tille-Barrée*, de *l'Arche-Dorée* & de *l'Arche-Beaufils*. Voy. ces mots.

* *Etuves*, (rue des) Quartier de la Cité. Nom qu'il paroît qu'une ruelle aboutissante dans la rue du Haut-Moulin, portoit en 1551.

* *Etuves*, (rue des) Quartier Saint-André-des-Arcs. Ancien nom de la rue du Chat-qui-pêche.

Etuves, (rue des vieilles-) Quartier Saint-Eustache. Elle commence dans la rue Saint-Honoré, & finit à celle des deux-Ecus. Elle prend ce nom des étuves qui y étoient particulières aux Dames.

* *Etuves*, (rue des vieilles-) Quartier Saint-Martin. Elle va de la rue Saint-Martin à la rue Beaubourg. Elle doit son nom à une maison qui avoit pour enseigne le lion d'or, & dans laquelle on tenoit des étuves pour les Dames en 1578. On l'a aussi nommée rue *Geoffroy-des-Bains*. On lit sur un marbre noir, scellé dans le mur d'une petite maison fort vieille, l'inscription suivante :

> Dieu tient le cœur des Rois en ses mains de clémence ;
> Soit Chrétien, soit Payen, leur pouvoir vient d'en haut.
> Et nul Mortel ne peut, (c'est un faire le faut,)
> Dispenser leurs Sujets du joug d'obéissance.

La tradition veut que cette maison ait été faite par un Architecte d'Henri IV.

L'usage des étuves étoit anciennement aussi commun en France, même parmi le Peuple, qu'il l'est & l'a toujours été dans la Grèce & dans l'Asie : on y alloit presque tous les jours. Le Pape Adrien I recommandoit au Clergé de chaque Paroisse, d'aller se baigner processionnellement tous les jeudis en chantant des Pseaumes.

Il paroît que les personnes que l'on prioit à dîner ou à souper, étoient en même temps invitées à se baigner. *Le Roi & la Reine*, dit la chronique de Louis XI, *firent de grandes chères dans plusieurs Hôtels de leurs Serviteurs & Officiers de Paris ; entr'autres, le dixième de Septembre 1467, la Reine, accompagnée de Madame de Bourbon, de Mademoiselle* * *Bonne de Savoie sa sœur, & de plusieurs autres Dames, soupa en l'Hôtel de* ** *Maître Jean Dauvet, premier Président au Parlement, où elles furent reçues & festoyées très-noblement, & on y fit quatre beaux bains, richement ornés, croyant que la Reine s'y baigneroit, ce qu'elle ne fit pas, se sentant un peu mal disposée, & aussi parce que le temps étoit dangereux ; & en l'un desdits bains, se baignèrent Madame de Bourbon & Mademoiselle de Savoie ; & dans l'autre bain, à côté, se baignèrent Madame de Monglat & Perrette de Châlons, Bourgeoises de Paris... Le mois suivant, le Roi soupa à l'Hôtel de Sire Denis Hesselin, son Pannetier, où il fit grande chère, & y trouva trois beaux bains richement tendus, pour y prendre son plaisir de se baigner, ce qu'il ne fit pas, parce qu'il étoit enrhumé, & qu'aussi le temps étoit dangereux.*

La cérémonie du bain étoit une de celles qu'on observoit le plus exactement à la réception d'un Chevalier. *Voy.* le *Glossaire de Ducange*, tom. 2, pag. 357, & les *Ess. Hist. de Saint Foix*, tom. 2, pag. 353. Charles VI voulant faire Che-

---

* On n'appelloit que *Mademoiselle*, la femme même d'un Prince, jusqu'à ce qu'il eût été fait Chevalier. *Ess. Hist. par Saint-Foix*, tom. 1, pag. 351.

** On appelloit un Chevalier *Messire* ou *Monseigneur*. Le Parlement n'étoit originairement composé que de Chevaliers, d'où lui est resté la qualification de *Nosseigneurs de Parlement*. Quand les Gens de Loi commencèrent à y prendre séance vers 1360, on ne les appelloit que *Maîtres*, fussent-ils Présidens, & même premiers Présidens. *Ibid.*

valiers, Louis & Charles d'Anjou, ces deux Princes, dit la Chronique, parurent d'abord comme de simples *Ecuyers*, n'étant vêtus que d'une longue tunique de drap gris-brun, sans aucun ornement. On les mena dans la chambre où leurs bains étoient préparés; *ils s'y plongèrent*; on leur donna ensuite l'habit de *Chevalier*, de soie vermeille (cramoisi) fourré de *menu-vair* (petit gris) la robe traînante, avec le manteau fait en manière de chappe. Après le souper, on les conduisit à l'Eglise pour y passer la nuit en prières, selon la coutume. Le lendemain matin, le Roi, revêtu du manteau royal, entra dans l'Eglise, précédé de deux Ecuyers qui portoient deux épées nues, la garde en haut, & d'où pendoient deux paires d'éperons d'or. Après la Messe qui fut célébrée par l'Evêque d'Auxerre, les deux jeunes Princes se mirent à genoux devant le Roi; il leur donna l'accolade & leur ceignit le baudrier de Chevalerie. Le Sire de Chauvigni leur chauffa les éperons, & l'Evêque leur donna sa bénédiction.

Pendant le repas, dit une ancienne Ordonnance, *le nouveau Chevalier ne mangera ni ne boira, ni ne se remuera, ni ne regardera çà & là, non plus qu'une nouvelle mariée.*

Il y avoit en Angleterre un Ordre de Chevaliers du Bain; le nouveau Chevalier, le jour de sa réception, dînoit avec le Roi; lorsqu'on sortoit de table, le Chef de cuisine entroit, & lui montrant son grand couteau, le menaçoit de lui couper ignominieusement les éperons, s'il n'étoit pas fidèle au serment qu'il venoit de faire.

Eustache, (rue de la pointe-Saint-) Quartier des halles. Elle aboutit, d'un côté, à l'extrêmité de la rue Montmartre & de la rue Traînée; de l'autre, aux piliers des halles. En 1777, on a abattu les maisons qui formoient cette pointe en triangle isocèle; par ce moyen, il se trouve un grand espace qui facilite le passage pour les voitures, dans les rues Comtesse d'Artois, Montmartre, Traînée & autres.

Eustache, (rue neuve-Saint-) Quartier Montmartre. Elle va, d'un bout, dans la rue Montmartre; & de l'autre, dans celle des Petits Carreaux. Elle a porté anciennement le nom de rue *Saint-Côme*, ou *du milieu du fossé*.

* *Evêque*, (rue de l'Abreuvoir l') Quartier du Palais-Royal. C'est le nom qu'on donnoit anciennement à la rue de la Madeleine, & à celle des Champs-Elysées ou de la bonne Morue.

* *Evêque*, (rue du Port-l') Quartier de la Cité. C'est le nom que Sauval dit que portoit la rue du Chevet-Saint-Landri en 1388.

Evêque (rue l') Quartier de la Cité. Elle commence à la première porte de l'Archevêché, & aboutit à la rivière & au pont de l'Hôtel-Dieu. En 1282, on l'appelloit *rue du Port-l'Evêque & rue des Bateaux*, parce que c'étoit à cette rue que commençoit le Port qui régnoit le long du jardin de l'Archevêché jusqu'au terrein.

Evêque, (rue l') Quartier du Palais-Royal. Elle aboutit, d'un côté, au carrefour des quatre-Cheminées ; & de l'autre, à celui que forment les rues des Moineaux, des Moulins & des Orties. Elle se nommoit anciennement *rue Culloir* ; & celui qu'elle porte aujourd'hui, vient probablement de quelques droits appartenans à l'Evêque de Paris.

F.

* *Faron*, *Farou*, *Ferron*, *Ferrou*, *Farouls*, (rue) Quartier du Luxembourg. Différens noms que les Auteurs ont donnés à la rue Ferou.

* *Faucheur*, (rue *Augustin & Augustin le*) Quartier Sainte-Avoie. Ancien nom que portoit la rue de la Croix-Blanche, au marché Saint-Jean.

Fauconnier, *Fauconnière* & des *Fauconniers*, (rue du) Quartier Saint-Paul. Elle commence à la rue des Prêtres Saint-Paul, & se termine à l'extrêmité des rues du Figuier & des Barres. Cette rue est fort ancienne.

Fauxbourg { Saint-Antoine. Saint-Denis. Saint-Honoré. } rue du) *Voy. leurs articles particuliers.*

Fécan, (rue de la vallée de) Quartier Saint-Antoine. D'un bout, elle va à la rue de la Planchette dont elle fait la continuation ; & de l'autre, au chemin de Charenton. Elle doit son nom au terrein sur lequel elle a été bâtie.

Femme-sans-tête, (rue de la) Quartier de la Cité. Elle aboutit, d'une part, dans la rue Saint-Louis ; & de l'autre, sur le Quai de Bourbon. Elle doit son nom à une enseigne qui ne subsiste plus, où l'on voyoit une femme sans tête, ayant un verre à la main, & au-dessous étoient ces paroles : *Tout en est bon.* Antérieurement elle s'appelloit *rue Regratière*.

* *Fennerie*, (rue de la) Quartier Saint-André-des-Arcs. Nom que la rue du Foin portoit en 1332.

Fer ou des Hauts-Fossés-Saint-Marcel, (rue de) Quartier de la Place Maubert. Elle va du carrefour de Clamart à la rue Mouffetard. Elle portoit autrefois le premier nom jusqu'à la rue des Francs-Bourgeois; & le second, parce qu'elle est élevée sur les fossés qui renfermoient le territoire de Saint-Marcel. On lui a aussi donné le nom de rue d'*Enfer*.

Fer-à-cheval, (rue du) Quartier du Luxembourg. Nom sous lequel il paroît que la rue des Fossoyeurs étoit connue à cause d'une enseigne.

Fer-à-Moulin, (rue du) Quartier de la Place Maubert. Elle commence, d'un côté, à la rue Mouffetard, & aboutit, de l'autre, à celles de la Muette & du pont-aux-Biches, & s'étendoit autrefois, sans changer de nom, jusqu'au carrefour de Clamart. Il y a eu plusieurs Hôtels remarquables dans cette rue, celui du Comte *de Boulogne*, dont elle a anciennement porté le nom, l'Hôtel d'*Anne*, Comtesse *de Forebelle*, ceux des *Comtes de Forez*, & de *Hugues d'Arcies*.

Ferme des Mathurins. (rue de la) Voy. *Mathurins*.

Férou, (rue) Quartier du Luxembourg. Elle va depuis la rue du Vieux-Colombier jusqu'à la rue de Vaugirard. Voy. ci-dessus *Farou*, &c. Elle doit son nom à *Etienne Férou*, Procureur au Parlement, qui possédoit anciennement quelques maisons & jardins dans le clos Saint-Sulpice; autrefois elle aboutissoit au Presbytère actuel.

Ferronnerie, (rue de la) Quartier Sainte-Opportune. Elle aboutit à la rue Saint-Denis, en faisant la continuation de la rue Saint-Honoré. Elle doit vraisemblablement son nom à de pauvres Ferrons ou Marchands de ferraille, à qui Saint Louis permit d'occuper les places qui regnoient le long des charniers des SS. Innocens. Cette rue n'avoit pas autrefois la moitié de sa largeur actuelle, & elle sera malheureusement célèbre dans notre Histoire, par le plus exécrable de tous les attentats. Le vendredi 14 Mai 1610, environ les quatre heures de l'après-midi, un embarras de deux charrettes ayant obligé le carrosse d'Henri IV [*] de s'arrêter vers le milieu de cette rue, Ravaillac qui l'avoit suivi depuis le Louvre, monta sur une des raies d'une roue de derrière, & d'un premier & d'un second coup de couteau, assassina ce Prince qui expira dans l'instant; *chose surprenante*, dit l'Etoile, *nul des Seigneurs qui étoient dans le carrosse ne l'a vu frapper le*

---

[*] Il alloit à l'Arsenal, & avoit fait lever les mantelets parce qu'il faisoit beau, & qu'il vouloit voir les préparatifs pour l'entrée de Reine.

Roi, & si ce monstre * eût jetté son couteau, on n'eût su à qui s'en prendre. Henri IV lisoit une lettre du Comte de Soissons. Le Duc d'Epernon étoit à sa droite dans le fond du carrosse; les Maréchaux de Lavardin & de Roquelaure étoient à la portière, du côté du Duc d'Epernon; à la portière, du côté du Roi, étoient les Ducs de Montbazon & le Marquis de la Force; & sur le devant du carrosse, les Marquis de Mirebeau & du Plessis-Liancourt. Nicolas Pasquier rapporte, *lett. 1*, qu'un Diable apparut à Ravaillac, & lui dit : *vas, frappe hardiment, tu les trouveras tous aveuglés*; ce diable pouvoit bien être un de ces sept ou huit hommes qui vinrent l'épée à la main, après qu'on l'eut arrêté, & qui voulurent le tuer. Ravaillac étoit âgé d'environ trente-deux ans; c'étoit un véritable Fanatique qui n'étoit point étonné à l'aspect de ses Juges, qui se regardoit comme un Martyr, & les supplices & son crime, comme l'expiation de ses péchés. Après qu'on l'eut ôté de la torture : *je m'accuse*, dit humblement ce monstre à son Confesseur, *de quelqu'impatience dans mes tourmens; je prie Dieu de me les pardonner, & de pardonner à mes Persécuteurs* : Saint-Foix, *Ess. Hist. sur Paris*, tom. 1, pag. 155 & suiv. On lit sur la maison d'un Particulier qui a voulu nous conserver le souvenir de ce régicide, au bas d'un buste de ce Prince, l'inscription suivante :

HENRICI MAGNI recreat præsentia Cives,
Quos illi æterno fœdere junxit amor.

Fers, (rue aux) Quart. des halles. Elle commence à la rue Saint-Denis, & aboutit à la rue des Poirées. On a varié beaucoup sur les noms de cette rue qui est très-ancienne. On l'a appellée *rue aux Fers, au Ferre, aux Féves*, à cause du légume ainsi nommé, & *rue au Feure*. M. Jaillot pense que son véritable nom est celui de *rue au Févre*, qu'on écrivoit anciennement *au Feure*, la consonne *v* ne se distinguant point alors dans les actes d'avec la voyelle *u*. « Dans ce sens, » ajoute-t-il, le mot *Févre* veut dire un Artisan, un Fabri» quant, *Faber*; c'est ainsi qu'elle est nommée dans un Arrêt » du 26 Mars 1321 (Reg. du Parl.) *in capite vici Fabri juxtà* » *halas*. Ainsi la dénomination de rue *aux Fers* qu'on lui » donne depuis plus de cent vingt ans, n'a autre fondement » que l'usage.

---

* Lorsqu'on l'eut arrêté, dit Pierre Matthieu, on vit venir sept ou huit hommes l'épée à la main, qui disoient tout haut qu'il falloit le tuer, mais ils se cachèrent aussi-tôt dans la foule.

Feuillade, (rue de la) Quartier Montmartre. Elle aboutit à la Place des Victoires, en faisant la continuation de la rue neuve des petits-Champs. Elle doit son nom à M. *de la Feuillade*, à qui nous avons obligation du beau monument de la Place des Victoires. *Voy.* PLACE DES VICTOIRES. Elle portoit auparavant le nom de *rue des Jardins*.

* *Feure*, (rue du) Quartier Saint-Benoît. *Voy.* RUE DU FOUARE.

Fèves, (rue aux) Quartier de la Cité. Elle commence à la rue de la Vieille-Draperie, & finit à celle de la Calendre. Sauval remarque que dans un titre du Chapitre de Notre-Dame de l'an 1352, cette rue porte le nom de *vicus Fabarum*. Un papier-terrier de Saint Eloi, de l'an 1496, la nomme la *rue au Feurre*, & dit qu'il y avoit une halle au bled en cet endroit, appartenante au Chapitre de Notre-Dame. Robert Cénal la nomme *via ad Fabros*, la rue aux Feures, qui est son vrai nom, relativement aux Drapiers & Fabriquans d'étoffes qui habitoient ce Quartier, & qu'on nommoit anciennement *Févres*. Nous avons dit que dans les anciens actes la consonne *v* ne se distinguoit pas d'avec la voyelle *u*, en sorte qu'en les lisant, on pouvoit prononcer également *Févre* & *Feure*. Ce mot subsiste encore dans le nom d'*Orfèvre*. Cette rue se prolongeoit autrefois jusqu'au Marché-Neuf; mais depuis l'agrandissement de Saint-Germain-le-Vieux en 1458, elle a perdu cette dernière partie de son étendue.

Feydeau, (rue) Quartier Montmartre. Elle traverse, d'un bout, dans la rue de Richelieu; & de l'autre, dans celle de Montmartre. Elle portoit en 1675 le nom de *rue neuve des Fossés-Montmartre*; mais elle conserva celui qu'elle retient encore aujourd'hui, quoiqu'elle s'étendît sous celui des fossés jusqu'à la porte Montmartre. C'est le nom d'une famille distinguée, qui a rempli les plus hautes places de la Magistrature.

Fiacre, (rue Saint-) Quartier Montmartre. Elle aboutit de la rue des Jeux-Neufs au boulevard, & se ferme aujourd'hui à ses deux extrêmités. Elle est située sur le Fief de Saint-Fiacre.

Figuier, (rue du) Quartier Saint-Paul. Elle va de la rue des Prêtres Saint-Paul, jusqu'au carrefour de l'Hôtel de Sens.

Filles-Dieu, (rue des) Quartier Saint-Denis. Elle commence dans la rue Saint-Denis, & aboutit à celle de Bourbon. Elle doit son nom à la proximité de la Maison des Dames appellées Filles-Dieu.

Fils, (rue des Quatre-) Quartier du Temple. Elle traverse du Grand-Chantier dans la vieille rue du Temple. Elle a porté anciennement le nom de *rue de l'Echelle du Temple*, & se prolongeoit jusqu'à la rue de Thorigni. On lui a donné aussi celui de *rue des Deux-Portes*, & enfin celui qu'elle conserve aujourd'hui, à cause d'une enseigne des *Quatre-Fils Aimon*.

Florentin, (rue Saint-) Quartier du Palais-Royal. Cette rue que nous avons vue, il n'y a pas long-temps, sous le nom de *rue* ou *cul-de-sac de l'Orangerie*, à cause de l'orangerie du Roi qui étoit placée au bout, va de la rue Saint-Honoré aux Tuileries. Sauval l'appelle *rue des Capucins* & *petite rue des Tuileries*. Voy. rue des Capucins. Elle doit le nom qu'elle porte aujourd'hui à feu M. le Duc *de la Vrillière* (ci-devant Comte *de Saint-Florentin*) & qu'elle a pris le 26 Janvier 1767, du magnifique Hôtel que ce Ministre & Secrétaire d'Etat y a fait bâtir.

* *Florentine*, (rue) Quartier de la Cité. Nom ancien de la rue Poulletier dans l'Isle Saint-Louis.

Foi, (rue Sainte-) Quartier Saint-Denis. Elle va de la rue Saint-Denis à celle des Filles-Dieu. Elle a porté successivement les noms de *rue du Rempart* & *des Corderies*.

Foin, (rue du) Quartier Saint-Antoine. Elle commence à la rue Saint-Louis, & aboutit à celle de la chaussée des Minimes.

Foin, (rue du) Quartier Saint-André-des-Arcs. Elle va de la rue de la Harpe à la rue Saint-Jacques. Depuis la fin du treizième siècle, elle a porté les noms de *rue o Fain*, *de la Fennerie*, *au Foin* & de *rue aux Moines de Cernai*, à cause de l'Hôtel des Abbés des Vaux de Cernai que l'on y voyoit. Enfin elle a repris son premier nom dans le siècle suivant.

* *Foin*, (rue du *Port-au-*) Quartier du Louvre. Nom ancien de la Place des Trois-Maries, où étoit un port pour les bateaux chargés de foin.

* *Foire*, (rue du champ de la) Quartier du Luxembourg. Ancienne dénomination de la rue de Tournon.

Foire, (rue de la) Quartier du Luxembourg. Elle commence à la rue du Four, & conduit à la foire Saint-Germain.

* *Foire*, (rue de la & *neuve de la*) Quart. du Luxembourg. C'est l'ancien nom de la rue de Condé, lorsqu'elle fut ouverte en 1510.

Fontaine, (rue de la) Quartier de la Place Maubert. Elle va de la rue d'Orléans, à la place du Puits-l'Hermite. Elle est ainsi nommée d'une maison qu'on appelloit *la grande Fontaine*.

* *Fontaine-neuve*, (rue de la) Quartier du Temple. C'est un nom que la rue des Vieilles-Audriettes portoit en 1636, à cause de la fontaine qu'on y voit.

* *Fontaines*, (rue des) Quartier du Palais-Royal. Nom donné par l'Auteur des *Tablettes Parisiennes*, à la rue des Boucheries.

Fontaines, (rue des) Quartier Saint-Martin-des-Champs. Elle va, d'un bout, dans la rue du Temple ; & de l'autre, dans celle de la Croix. Le Peuple lui donne encore le nom de *rue des Madelonettes*, à cause du Couvent.

Fontaines du Roi, (rue des) Quartier du Temple. Elle aboutit, d'une part, à la rue du Fauxbourg du Temple ; & de l'autre, à celle du chemin Saint-Denis. Elle peut avoir été ainsi nommée de quelques réservoirs ou tuyaux qui y conduisoient l'eau de Belleville.

* *Forestier*, (rue) Quartier Saint-Germain. Ancien nom de la rue de l'Egout, qui aboutit au carrefour Saint-Benoît, & même de la rue de Taranne.

Forez, (rue de) Quartier du Temple. Elle aboutit à la rue Charlot & à celle de Beaujolois. C'est une des rues qui entroient dans le projet de la Place de France. *Voy.* PLACE DE FRANCE.

* *Fortune*, (rue de) Quartier de la Place Maubert. C'est le nom d'un ancien cul-de-sac sans nom, qui fait face à la rue du Bon-Puits.

* *Fossé*, (rue du milieu du) Quartier Saint-Denis. Ancien nom de la rue de Bourbon.

* *Fossé*, (rue du milieu du) Quartier Montmartre. Nom que portoit la rue neuve-Saint-Eustache en 1633.

* *Fossé & des Fossés*, (rue du) Quartier Saint-Germain. Premier nom de la rue Mazarine.

* *Fossés*, (rue des) Quartier Montmartre. Nom que portoit la rue Feydeau en 1675.

Fossoyeurs & du Fossoyeur, (rue des) Quartier du Luxembourg. Elle aboutit, d'un côté, dans la rue de Vaugirard ; & de l'autre, dans la rue Palatine. Cette rue se nommoit autrefois *la rue du Fossoyeur*, parce que celui de Saint-Sulpice y demeuroit. Elle a aussi porté ceux *du Fer-à-cheval & du Pied-de-Biche*, sans doute à cause de quelqu'enseigne.

Fouare, (rue du) Quartier Saint-Benoît. Elle va, d'un côté, à la rue de la Bucherie ; & de l'autre, à la rue Galande. Cette rue, comme les autres du voisinage, a été construite sur le *clos de Garlande* (par corruption Galande) ou le *clos de Mauvoisin*. En 1260, elle s'appelloit la *rue des Ecoliers* ; en 1264, *la rue des Ecoles*, à cause des écoles des quatre Nations qui y étoient. En 1300, *la rue au Feurre*, & sous François I, la *rue du Feurre*. Enfin on l'a nommée *la rue du Fouare*. Ces trois derniers noms lui ont été donnés d'un vieux mot qui signifioit de la paille, & de la grande consommation qu'en faisoient les Ecoliers. En effet, ils n'étoient assis dans les classes que sur de la paille dans les écoles que l'Université y tenoit des deux côtés de cette rue. Anciennement il n'y avoit aussi ni bancs, ni chaises dans les Eglises; on les jonchoit de paille fraiche & d'herbes odoriférantes, sur-tout à la Messe de minuit & autres grandes Fêtes. La rue du Fouare est célèbre dans les écrits de Dante, de Pétrarque, de Papire-Masson, de Rabelais, &c. Elle étoit fermée la nuit à ses deux extrêmités. La Nation de Picardie y a fait construire une Chapelle sous l'invocation de la Sainte Vierge, de S. Nicolas & de Sainte-Catherine. *Voy. tom. 1, pag. 313.*

Four, (rue du) Quartier Saint-Eustache. Elle va de la rue Saint-Honoré au carrefour qui est vis-à-vis de l'Eglise Saint-Eustache. Elle a pris son nom du four bannal que l'Evêque de Paris avoit au bout de cette rue, du côté de l'Eglise, dans un lieu qu'on nommoit l'Hôtel du Four, & la maison du Four contre l'Hôtel du grand Pannetier de France.

Four, (rue du) Quartier Saint-Benoît. Elle se termine, d'un bout, au coin de la rue d'Ecosse; de l'autre, dans celle des Sept-Voies. Elle doit son nom au four bannal de Saint-Hilaire.

Four, (rue du) Quartier du Luxembourg. Elle commence au carrefour des rues de Buci, des Boucheries & de Sainte-Marguerite, & aboutit à celui de la Croix-Rouge. Elle a été ainsi nommée à cause du four bannal de l'Abbaye Saint-Germain-des-Prés, qui étoit bâti au coin de la rue nommée aujourd'hui *rue neuve-Guillemin*. Sauval dit qu'en 1551, cette rue n'étoit pas encore pavée, non plus que les autres des environs. Les Habitans du Fauxbourg s'en plaignirent souvent au Prévôt de Paris, qui, à la fin, condamna l'Abbé & les Religieux de l'Abbaye à les faire paver à leurs dépens. Anciennement on l'appelloit rue *de la Blanche-Oie*, depuis l'endroit où elle commence aujourd'hui, jusqu'à la rue des Cannettes.

Fourci, (rue de) Quartier Saint-Paul. Elle traverse de la rue Saint-Antoine, dans celle de Joui. Anciennement c'étoit un cul-de-sac nommé *ruelle sans Chief*, ensuite *rue sans Chef*, *cul-de-sac Sancier*, & rue *Censée* & *Sansée*. Henri de Fourci,

Prévôt des Marchands, fit ouvrir ce cul-de-sac, & lui donna son nom.

Fourci, (rue de) Quartier Saint-Benoît. Elle est située entre la rue de la vieille-Estrapade & celle des Fossés-Saint-Victor. Elle doit son nom à M. Henri de Fourci, Prévôt des Marchands, qui fit applanir le terrein qui étoit fort escarpé.

Fourreurs, (rue des) Quartier Sainte-Opportune. Elle va, d'un bout, dans la rue des Déchargeurs; & de l'autre, au cloître Sainte-Opportune. Cette rue, ainsi que celle de la Cordonnerie, étoit appellée *la Cordouannerie*, ensuite *Cordonnerie & vieille-Cordonnerie*, dans le temps qu'elle n'étoit habitée que par des Cordonniers, & enfin rue des Fourreurs, depuis que les Pelletiers s'y sont établis au siècle dernier.

* *Franc-Meurier, Morier & Mourier*, (rue du) Quartier Sainte-Avoie. Ce sont d'anciens noms donnés à la rue de Mousli, que Corrozet n'appelle que *ruelle descendant à la Verrerie*.

* *François*, (rue neuve-Saint-) Quartier Saint-Denis. Ancien nom de la rue Françoise.

François, (rue neuve-Saint-) Quartier du Temple. Elle va de la vieille rue du Temple dans celle de Saint-Louis. Elle doit son nom à *François le Fevre de Mormans*, Président des Trésoriers de France, qui en donna l'alignement en 1620. On l'a confondue avec la rue Françoise, dite aujourd'hui du Roi-Doré.

Françoise, (rue) Quartier Saint-Denis. Elle va de la rue Mauconseil dans la rue Pavée. Sauval dit qu'elle a pris le nom qu'elle porte de François I, sous le règne duquel on fit de grands changemens dans ce Quartier, après que l'Hôtel de Bourgogne & son emplacement eurent été vendus à différens Particuliers. Cette rue a porté les noms de *rue neuve, rue neuve-Saint-François, rue Percée, rue qui traverse par dedans l'Hôtel de Bourgogne, rue neuve-Saint-François*, & enfin *rue Françoise*. C'est dans cette rue qu'étoit la principale porte de la salle des Confrères de la Passion, au-dessus de laquelle on voit encore une croix & quelques autres instrumens de notre rédemption. C'est la porte cochère qui conduit au théâtre de la Comédie italienne.

Françoise, (rue) Quartier de la Place Maubert. Elle aboutit, d'un côté, à la rue de la Clef; & de l'autre, aux rues Gratieuse & du Noir. Elle a porté les noms de *rue de la Clef*, de *rue Françoise, autrement dite le clos du Chardonneret, ou Villeneuve-Saint-René, rue Françoise, autrement dite le carrefour du Puits-l'Hermite*. Elle a été ouverte vers la fin du règne de François I.

* *Françoise & Saint-François*, (rue) Quartier du Temple. Nom que porta d'abord la rue du Roi-Doré.

* *Francs-Bourgeois*, (rue des) Quartier Saint-Eustache. Nom qu'il paroît que la rue du Bouloi a porté.

Francs-Bourgeois, (rue des) Quartier Saint-Antoine. Elle touche, d'un bout, dans la vieille rue du Temple ; & de l'autre, se termine à l'extrêmité de la rue neuve-Sainte-Catherine. En 1350, *Jean Roussel* & *Alix* sa femme, firent bâtir dans cette rue, qu'on appelloit alors *la rue des vieilles-Poulies*, * un Hôpital composé de vingt-quatre chambres, pour y retirer des pauvres. Leurs héritiers en 1415, donnèrent ces chambres au Grand-Prieur de France, avec 70 liv. parisis de rente, à condition d'y loger deux pauvres dans chacune, moyennant treize deniers en y entrant, & un denier par semaine. On appella ces chambres, *la maison des Francs-Bourgeois*, parce que ceux qu'on y recevoit, étoient francs de toutes taxes & impositions, attendu leur pauvreté; voilà l'origine du nom de cette rue.

Il y demeuroit en 1596, deux *Gueux*, qui, dans leur oisiveté, s'étoient si bien exercés à contrefaire le son des cors-de-chasse, & la voix des chiens, qu'à trente pas on croyoit entendre une meute & des Piqueurs. On devoit y être encore plus trompé dans des lieux où des rochers renvoient & multiplient les moindres cris. Il y a toute apparence qu'on s'étoit servi de ces deux hommes pour une aventure qui fut regardée comme l'apparition véritable d'un fantôme. Si Henri IV avoit eu la curiosité d'avancer, on lui auroit sans doute lancé un dard, & l'on auroit dit ensuite que n'étant pas dans le cœur bon Catholique, c'étoit le diable qui l'avoit tué. Voici ce que rapportent la plupart des Historiens contemporains.

Le Roi, chassant dans la forêt de Fontainebleau, entendit, comme à une demi-lieue de l'endroit où il étoit, des jappemens de chiens, le cri & le cor des Chasseurs, & en un moment, tout ce bruit qui sembloit être éloigné, se présenta à vingt pas de son oreille. Il commanda à M. le Comte de Soissons de brousser

---

* Sauval dit que les poulies étoient un jeu usité alors & qu'on ne connoît plus aujourd'hui, qui produisoit vingt sols parisis de rente, & que *Jean Gennis* & sa femme donnèrent aux Templiers en 1271.

& pousser en avant, pour voir ce que c'étoit, ne présumant pas qu'il pût y avoir des gens assez hardis pour se mêler parmi sa chasse, & lui en troubler le passe-temps. Le Comte de Soissons s'avançant, entendit le bruit, sans voir d'où il venoit; un grand homme noir, se présenta dans l'épaisseur des broussailles, & cria d'une voie terrible, m'entendez-vous, & soudain disparut. A cette parole, les plus hardis estimèrent imprudence de s'arrêter en cette chasse, en laquelle ils ne prirent que de la peur ; & bien qu'ordinairement elle noue la langue & glace la parole, ils ne laissèrent pourtant pas de raconter cette aventure, que plusieurs auroient renvoyée aux fables de Merlin, si la vérité affirmée par tant de bouches & éclairée par tant d'yeux, n'eût ôté tout sujet d'en douter. Les Pasteurs des environs disent que c'est un Esprit, qu'ils appellent le Grand-Veneur ; les autres prétendent que c'est la chasse de S. Hubert qu'on entend aussi en d'autres lieux. Saint-Foix, Ess. Hist. sur Paris, t. I, pag. 171 & suiv.

Francs-Bourgeois, (rue des) Quartier de la Place Maubert. Elle va, d'un côté, au cloître Saint-Marcel ; & de l'autre, à la rue du Fer. Elle prend son nom de l'exemption de taxes & impositions, accordée en 1296 au territoire de Saint-Marcel, comme ne faisant point partie des Fauxbourgs de la Ville.

Francs-Bourgeois, (rue des) Quartier du Luxembourg. Elle aboutit à la rue des Fossés M. le Prince, d'un côté, & finit à la place Saint-Michel. Elle fait la continuation de la rue des Fossés M. le Prince. Il y a lieu de croire qu'elle doit son nom à la Confrairie aux Bourgeois.

* *Frapault* ou *Frépaut* ou *Fripaux*, (rue) Quartier Saint-Martin-des-Champs. Noms que la rue Phelipeaux a portés en différens temps, mais dont le vrai est *Frépaut*.

Frépillon ou *Ferpillon*, (rue) Quartier Saint-Martin-des-Champs. Elle aboutit au cul-de-sac de Rome & à la rue au Maire, en faisant la continuation de la rue de la Croix. Ce nom lui vient d'un Particulier, ainsi appellé, qui demeuroit dans cette rue.

* *Fresnaie*, (rue de la) Quartier Saint-Germain. *Voy.* Babylone. (rue de)

Friperie, (rue de la) Quartier des halles. La grande rue de ce nom aboutit à la rue Jean-de-Beausse ; & la petite, à celle de la Lingerie.

Froi-Manteau, *Frémantel* & *Fromenteau*, (rue) Quart. du Louvre. Elle va, d'un côté, à la rue Saint-Honoré & à la place du Palais-Royal ; de l'autre, au quai du Louvre, vers le premier guichet. *Voy. Doctrine Chrétienne* (rue de la) *à la note.*

Fromagerie, (rue de la) Quartier des halles. Elle commence à la pointe Saint-Eustache, & finit au marché aux poirées. Elle a reçu ce nom sans doute à cause des Marchands de fromage qui y étalent.

Fromentel, (rue) Quartier Saint-Benoît. Elle commence à la rue du Mont-Saint-Hilaire, vis-à-vis le Puits-Certain, & finit à la rue du cimetière Saint-Benoît. *Voy. Chartière.* (rue)

Frondeurs, (rue des) Quartier du Palais-Royal. Elle aboutit, d'une part, à la rue Saint-Honoré; & de l'autre, au carrefour des Quatre-Cheminées. Si elle tire son nom du parti de la Fronde, elle n'a pu être ainsi nommée que depuis 1648.

* *Fumier*, (rue du) Quartier de la Cité. Nom que portoit anciennement le bout de la rue Saint-Landri vers le Pont-Rouge. C'étoit un chemin que l'on connoissoit sous la dénomination de *Port-Notre-Dame* & *Port-Saint-Landri*.

* *Fumier*, (rue du) Quartier Montmartre. Nom donné sans fondement par de l'Isle à la rue Saint-Fiacre.

* *Fumier*, (rue du) Quartier Saint-Antoine. Nom que l'on trouve sur les plans de MM. de la Grive & Robert, pour désigner la rue des Terres-Fortes, mais qu'ils ont confondue, suivant M. Jaillot, avec une ruelle qui portoit ce nom, & qui étoit parallèle à celle-ci, laquelle ne subsiste plus.

Furstemberg (rue de) Quartier Saint-Germain. Elle va de la rue du Colombier à la cour abbatiale de Saint-Germain. *Voy.* RUE *Abbatiale.*

Fuseaux, (rue des) Quartier Sainte-Opportune. Elle donne de la rue Saint-Germain-l'Auxerrois, sur le quai de la Mégisserie. Elle prend son nom d'une maison appellée des *Deux-Fuseaux*: quelquefois on lui a donné celui de *ruelle-Jean-Dumesnil.*

* *Fusées*, (rue des) Quartier du Temple. Ancienne dénomination de la rue du Parc-Royal, à cause de l'Hôtel des Fusées qu'on y voyoit.

G.

* *Gaillard*, (rue du *Champ-*) Quartier de la Place Maubert. Nom ancien de la rue d'Arras, à cause du Champ-Gaillard auquel elle aboutissoit, & qui étoit un lieu où se commettoient bien des débauches.

* *Gaillard*

* *Gaillard*, (rue) Quartier Saint-Antoine. C'est vraisemblablement le nom que la rue de Lappe portoit anciennement à cause de la Communauté des Frères des Ecoles de Charité, fondée par l'Abbé *Gaillard*.

* *Gaillard-Bois*, (rue du) Quartier Saint-Martin-des-Champs. Dénomination que l'on trouve sur plusieurs plans, donnée à la rue du Verdbois.

Gaillon, (chaussée de, & rue de l'Egout de) Quartier Montmartre. Elle commence à la rue des Petits-Champs, & aboutit à la rue neuve-Saint-Augustin. La rue Gaillon s'appelloit autrefois (1595) *la ruelle Michault-Reignault*; en 1521 *la ruelle Michault-Reignault*, du nom d'un Voiturier nommé *Michel Reignaut*, qui y demeuroit dans un grand logis accompagné d'un jardin. Le nom de Gaillon qu'elle porte à présent, est celui d'une maison appellée en 1578, *la maison & l'Hôtel de Gaillon*, dont la principale porte étoit dans la rue Saint-Honoré, & c'est sur cet emplacement qu'a été bâtie l'Eglise de Saint-Roch. De cette rue on en a fait deux, dont celle qui va de la rue Saint-Honoré à la rue des Petits-Champs, se nomme la rue neuve-Saint-Roch, & est du Quartier du Palais-Royal; celle qui a retenu le nom de Gaillon, commence, comme nous l'avons dit plus haut, à la rue neuve des Petits-Champs, & finit à la rue neuve-Saint-Augustin. En 1720, la Ville fit construire une rue droite de huit toises de large, & redresser l'égout jusqu'à la barrière de la Grande-Pinte, lequel fut revêtu de murs & voûté.

Galande, (rue) Quartier Saint-Benoît. Elle commence, d'un bout, au carrefour Saint-Séverin, & finit à la Place Maubert. Elle a été ainsi nommée par corruption; car son vrai nom est celui de Garlande, à cause que les Seigneurs de ce nom avoient un Fief en cet endroit.

* *Galère*, (rue de la) Quartier Saint-Jacques-de-la-Boucherie. Nom que Sauval donne à la rue d'Avignon, à cause d'une enseigne de cabaret.

* *Galeries*, (rue des) Quartier du Palais-Royal. Nom sous lequel on a désigné la rue des Orties, à cause de sa proximité des galeries du Louvre, le long desquelles elle règne.

* *Galiace*, (rue) Quartier de la Grêve. Ancien nom de la rue des Deux-Portes.

* *Galilée*, (rue de) Quartier de la Cité. Nom ancien de la rue de Nazareth.

* *Ganay*, (rue au clos de) Quartier de la Place Maubert.

Tom. IV. Z

Dénomination de la rue de Lourcine, à cause du Chancelier de Ganay qui y avoit une maison de plaisance.

* *Garance* & *Garancée*, (rue) Quartier du Luxembourg. Nom ancien de la rue Garancière, près de Saint-Sulpice.

Garancière, (rue) Quartier du Luxembourg. Elle tombe, d'un bout, au coin des rues du Petit-Bourbon, & des Aveugles; & de l'autre, à la rue de Vaugirard. Elle a porté les noms de *Garancée* & de *Garance*, & le doit à l'Hôtel de Garancière qui y étoit bâti. La fontaine que l'on voit dans cette rue, a été construite en 1715, aux dépens de la Princesse *Anne* Palatine de Bavière. On y voit aussi l'ancien Hôtel de Léon, bâti par *René de Rieux*, aujourd'hui connu sous le nom d'Hôtel de Sourdeac. *Voy*. FONTAINE GARANCIERE, *tom. 3, pag. 92.*

Garçons, (rue des Mauvais-) Quartier de la Grève. Elle va de la rue de la Tisseranderie dans celle de la Verrerie. Elle s'appelloit anciennement *rue de Chartron*.

Garçons, (rue des Mauvais-) Quartier du Luxembourg. Elle va de la rue de Buci dans celle des Boucheries. Une enseigne lui fit donner d'abord le nom *de la Folie-Reinier*, avec celui de l'*Ecorcherie* qu'elle portoit déjà. Celui des Mauvais-Garçons peut lui venir des Bouchers qui excitèrent des troubles & des séditions au commencement du quinzième siècle.

* *Garnier-Marcel*, (rue) Quartier de la Cité. Nom ancien de la rue du Port-aux-Œufs. Elle aboutit dans la rue de la Pelleterie.

Garnisons, (rue des Vieilles-) Quartier de la Grève. Elle aboutit, d'une part, à la rue de la Tisseranderie; & de l'autre, à la place ou cloître Saint Jean. Elle a porté les noms du *Marteret*, *Martrai* & *Martroi-Saint-Jean*, de ruelle de *Jehan Savari*, & peut-être aussi celui de *Simon Bade*.

* *Gaugain*, (rue) Quartier Saint-André-des-Arcs. Nom la rue de l'Eperon en 1269.

Gautier-Renaud, (rue) Quartier de la Place Maubert. Elle va d'un côté, à la rue des Hauts-Fossés-Saint-Marcel; & de l'autre, au chemin de Villejuif. Elle prend son nom d'un Particulier ainsi appellé, qui avoit une maison dans cette rue.

* *Geneviève*, (rue neuve-Sainte-) Quartier de la Cité. Nom que Sauval fait porter à la rue neuve-Notre-Dame, à cause de l'Eglise de Sainte Geneviève-des-Ardens que nous y avons vue.

Geneviève, (rue neuve-Sainte-) Quartier Saint-Benoît.

Elle commence à la place de Fourci, & finit à la rue des Postes. Elle doit son nom au clos Sainte-Geneviève, sur lequel elle a été construite.

Geneviève, (rue de la Montagne Sainte-) Quartier Saint-Benoît. Elle a un bout à la Place Maubert; & l'autre, à la fontaine Sainte-Geneviève. Elle a porté les noms de *Sainte-Geneviève-la-Grant*, *du Mont* & *des Boucheries*, à cause des étaux qui y sont en grand nombre.

Geoffroi, Frogier & *Forgier-l'Asnier*, (rue) Quartier Saint-Paul. Elle traverse de la rue Saint-Antoine au quai de la Grève. Elle portoit les autres noms au milieu du quinzième siècle, & il paroît qu'elle a pris le dernier de la famille des l'Asnier, qui étoit fort connue.

Geoffroi-l'Angevin, (rue) Quartier Saint-Martin. Elle va de la rue Beaubourg à celle de Sainte-Avoie.

Georgeau, (rue clos) Quartier du Palais-Royal. Elle aboutit d'un côté, à la rue Sainte-Anne; & de l'autre, dans la rue Traversine. Elle a pris son nom du jardin d'un Particulier sur lequel elle a été élevée.

Gerard Boquet & *Baquet*, (rue) Quartier Saint-Paul. Cette rue fait la continuation de la rue Beautreillis, depuis la rue neuve-Saint-Paul, jusqu'à celle des Lions. Différens plans la nomment rue *du Pistolet*, *Gerard-Boquet* & *Girard-Bouquet*.

* *Germain*, (rue Saint-) Quartier Saint-André-des-Arcs. Ancien nom de la rue Saint-André-des-Arcs, à cause de la porte Saint-Germain qui fut abattue en 1672, & par laquelle on passoit pour aller au Couvent des Religieux de Saint-Germain-des-Prés.

Germain-l'Auxerrois, (rue des Prêtres-Saint-) Quartier du Louvre. Cette rue qui se bornoit autrefois à la place de l'Ecole, se prolonge depuis 1702 jusqu'au carrefour des Trois-Maries. Elle doit son nom aux Prêtres de cette Eglise, qui y demeuroient.

Germain-l'Auxerrois, (rue Saint-) Quartier Sainte-Opportune. Elle commence à la Place des Trois-Maries, & finit à la rue Saint-Denis, près le grand-Châtelet. C'étoit anciennement un chemin qui conduisoit de la Cité à l'Eglise de Saint-Germain. Guillot lui donne le nom de *Saint-Germain à Couroiers*, vraisemblablement à cause des Corroyeurs & Mégissiers qui y demeuroient. Le surnom de l'Auxerrois ne lui a été donné que depuis trois cents ans.

Germain, (rue des Fossés-Saint-) Quartier du Louvre. Elle commence au coin des rues du Roule & de la Monnoie, &

finit au bout des rues des Poulies & du Petit-Bourbon. Anciennement on l'appelloit simplement le *fossé*, à cause des fossés que les Normands avoient faits autour de l'Eglise de Saint-Germain en 886 ; & alors elle finissoit à la rue de l'Arbre-Sec. On voit dans la partie près la rue des Poulies, une petite place ou cul-de-sac appellé de Sourdis, à cause d'un Hôtel de ce nom qui communiquoit au cloître de l'Eglise de Saint-Germain. *Gabrielle d'Estrées*, Duchesse de Beaufort, demeuroit dans la maison du Doyen, apparemment pour être proche du Louvre & de la Marquise de *Sourdis* sa tante. Elle y mourut la veille de Pâques 1599. Sauval assure qu'il avoit connu des vieillards qui lui avoient dit qu'après sa mort on l'exposa dans la grande salle de cette maison ; * qu'elle étoit vêtue d'une robe de satin blanc, & couchée sur un lit de parade de velours cramoisi, enrichi de dentelles d'or & d'argent. Saint-Foix dit qu'il ne paroît pas vraisemblable qu'on ait exposé à la vue du Public une personne à qui des symptômes de mort terribles avoient défiguré tous les traits, & tourné la bouche jusques derrière le cou. Elle vint loger chez *Zamet* (ajoute le même Auteur.) C'étoit un Italien fort riche, qui s'étoit qualifié dans le contrat de mariage d'une de ses filles, *Seigneur Suzerain de dix-sept cent mille écus*, & qui s'étoit rendu agréable à Henri IV par son caractère plaisant & enjoué. Se promenant dans son jardin, après avoir mangé d'un citron, d'autres disent d'une salade (*Mém. de Sulli*) elle se sentit tout-à-coup un feu dans le gosier, & des douleurs si aiguës dans l'estomach, qu'elle s'écria : *qu'on m'ôte de cette maison*, ** *je suis empoisonnée*. On l'emporta chez elle ; son mal y redoubla avec des crises & des convulsions si violentes, qu'on ne pouvoit regarder sans effroi, cette tête si belle quelques heures auparavant. Elle expira le samedi vers les sept heures du matin : on l'ouvrit, & l'on trouva son enfant mort. Henri IV fit prendre le deuil à toute la Cour, & le porta la première semaine en violet, & la seconde en noir. *On empoisonna cette Favorite*, dit un Ecrivain de ce temps-là, *parce que le Roi*

---

* Le *Doyenné* vis-à-vis du grand portail de l'Eglise du côté du Louvre.

** On avoit déjà parlé de marier Henri IV avec Marie de Médicis; & comme *Zamet* étoit né Sujet du Duc de Florence, ses ennemis le soupçonnèrent d'un crime dont il n'y eut aucune preuve.

étoit déterminé à l'époufer, & vu les troubles qui en feroient advenus, ajoute ce galant homme, *ce fut un fervice qu'on rendit à ce Prince & à l'Etat*; cela peut être, dit Saint-Foix; mais on conviendra que de pareils fervices font plus infâmes que ceux du Bourreau; d'ailleurs la plupart des Hiftoriens n'attribuent cette mort fi frappante, qu'aux effets d'une groffeffe malheureufe.

* Germain, (la grand'rue Saint-) Quartier du Luxembourg. Ancien nom de la rue des Boucheries.

* Germain, (rue des Foffés-Saint-) Quartier du Luxembourg. Vrai nom de la rue de la Comédie.

* Germain à Couroïers. (rue Saint-) Voy. rue *Saint-Germain-l'Auxerrois*.

* Germain, (rue des Foffés-Saint-) Quartier Saint-Germain. Ancien nom de la rue Saint-Benoît.

* Gervais, (rue du chevet-Saint-) Quartier de la Grêve. Nom que portoit la rue des Barres, vers la fin du quatorzième fiècle.

* Gervais, (rue du Cimetière-Saint-) Quartier de la Grêve. Ancien nom de la rue du Pourtour.

Gervais, (rue du Monceau-Saint-) Quartier de la Grêve. Elle aboutit à l'Eglife Saint-Gervais, en faifant la continuation de la rue du Martroi. Le nom de Monceau fignifie que le terrein fur lequel l'Eglife a été élevée, eft plus haut que celui de la Grêve. C'étoit anciennement un Fief de l'Evêché, qualifié de Prévôté.

* Gervais, (rue du Port-Saint-) Quartier de la Grêve. C'eft le nom que portoit la rue de Longpont au feizième fiècle.

Gervais, (rue Culture-Saint-) Quartier du Temple. Elle donne, d'un bout, dans la vieille rue du Temple, & finit à la rue Saint-Gervais & à celle de Thorigni. Elle doit fon nom au terrein de l'Hôpital Saint-Gervais; c'eft pourquoi elle a été appellée rue de l'Hôpital-Saint-Gervais.

Gervais, (rue Saint-) Quartier du Temple. Elle aboutit à la rue neuve-Saint-François, en faifant la continuation de celle de Thorigni. Elle a porté le nom de rue *des Morins*, à caufe de plufieurs Particuliers ainfi appellés.

Gervais-Laurent, (rue) Quartier de la Cité. Elle aboutit, d'une part, dans la rue de la Lanterne; & de l'autre, dans celle de la Vieille-Draperie. M. Jaillot croit que cette rue eft celle qui, dans la lifte de celles du quinzième fiècle, eft appellée rue *Saint-Pierre-des-Arcis*.

* Gefvres, (petite rue de) Quartier Saint-Jacques-de-la-

Boucherie. C'est un nom qu'on a donné à la rue Saint-Jérôme.

Gesvres, (rue de) Quartier Saint-Jacques-de-la-Boucherie. Elle commence au coin de la rue de la Joaillerie, & finit au Pont-Notre-Dame & à la rue Planche-Mibrai. *Voy.* QUAI DE GESVRES.

* *Gibart*, (rue de la Porte-) Quartier du Luxembourg. C'est le nom que portoit la rue d'Enfer en 1258.

* *Gilbert*, (rue) Quartier du Palais-Royal. Ancien nom de la rue de l'Anglade, à cause de *Gilbert Anglade*, Propriétaire d'une place, rue des Moulins en 1639.

* *Gilles*, (rue Saint-) Quartier Saint-Jacques-de-la-Boucherie. Ancienne dénomination de la rue Saint-Magloire.

* *Gilles*, (rue Jean-) Quartier des halles. Suivant Sauval, c'est le nom que portoit la rue de Mondétour, depuis la rue du Cygne, jusqu'à celle de la Truanderie.

Gilles, (rue Saint & petite rue neuve-Saint-) Quartier du Temple. La première commence à la rue Saint-Louis, & la petite est le retour d'équerre qui aboutit au boulevard.

Gilles-Cœur, (rue) Quartier Saint-André-des-Arcs. Elle commence à la rue Saint-André-des-Arcs, & aboutit au quai des Augustins. On l'a appellée *Villequeux* par corruption, de même que *Gilles-Queux*, *Guile-Queux*, *Gui-le-Preux*, vraisemblablement à cause de *Gui* ou *Gilles le Queux*, notable Habitant de cette rue. Sauval dit qu'en 1397, elle s'appelloit *Gui-le-Comte*. * *Voy.* LUXE. t. 3, p. 449, & QUAI *des Augustins*.

---

* Au bout de la rue Gilles-Cœur, dans l'angle qu'elle forme aujourd'hui avec la rue de Hurepoix, François I fit bâtir un petit Palais (le Palais d'Amour) qui communiquoit à un Hôtel qu'avoit la Duchesse d'Estampes dans la rue de l'Hirondelle. Les peintures à fresque, les tableaux, les tapisseries, les salamandres (c'étoit le corps de la devise de François I) accompagnées d'emblêmes & de tendres & d'ingénieuses devises, tout annonçoit dans ce petit Palais & cet Hôtel, le Dieu & les plaisirs auxquels ils étoient consacrés. *De toutes ces devises*, dit Sauval, *qu'on voyoit, il n'y a pas encore long-temps, je n'ai pu me ressouvenir que de celle-ci: c'étoit un cœur enflammé, placé entre un alpha & un oméga; pour dire, apparemment, il brûlera toujours.* Le cabinet de la Duchesse d'Estampes sert à présent d'écurie à une auberge qui a retenu le nom de *la Salamandre*; un Chapelier fait sa cuisine dans la chambre du lever de François I; & la femme d'un Libraire étoit en couche dans *son petit sallon des délices*, lorsque j'allai pour examiner les restes de ce Palais. *Ess. Hist. sur Paris par Saint-Foix*, tom. 1, p. 58.

Gindre, (rue du) quartier du Luxembourg. Elle aboutit à la rue Mézière & à celle du Vieux-Colombier. Gindre signifie le premier Garçon d'un Maître Boulanger.

Glatigni, (rue de) Quartier de la Cité. Elle va de la rue des Marmouzets à la rivière. Elle doit son nom à la maison de *Robert* & de *Guillaume de Glatigni* à qui elle appartenoit en 1241. On l'a nommée depuis le *Val-d'Amour*, à cause du libertinage & de la débauche qui s'y exerçoient, & ensuite la rue *au Chevet-de-Saint-Denis-de-la-Chartre*.

* *Gloriette*, (rue *Dame-*) Quartier du Louvre. Nom que portoit la rue Baillet en 1297.

* *Gobeline*, (rue) Quartier de la Place Maubert. Nom ancien d'une partie de la rue Gautier-Renaud.

Gobelins, (rue des) Quartier de la Place Maubert. Elle va, d'un bout, à la rue du Fauxbourg Saint-Marcel; & de l'autre, à la rivière de Bièvre, à l'extrêmité de la rue des Marmouzets. Elle doit son nom à la manufacture des Gobelins dont elle est voisine.

Grammont, (rue de) Quartier Montmartre. Elle donne, d'un bout, dans la rue neuve-Saint-Augustin; & de l'autre, sur le boulevard de la chaussée d'Antin. Ce nom lui a été donné, parce qu'elle a été percée au travers des bâtimens & du jardin qui formoient l'Hôtel de Grammont en 1767. Elle fait la continuation de la rue Sainte-Anne.

Grange-Batelière, (rue neuve de la) Quartier Montmartre. Elle donne, d'un bout, au coin de la rue de Richelieu; & de l'autre, dans celle du Fauxbourg Montmartre. Une maison appellée *la Grange-Batelière* lui a donné son nom. On la trouve sous les dénominations de *Gastelier*, *Gâtelière*, *Bateillère*, *Batalière*, *Bastelier* & *Battelier*.

Gratieuse, (rue) Quartier de la Place Maubert. Elle va, d'un bout, à la rue Coupeaux; & de l'autre, à celle de l'Epée de bois. Elle a aussi porté le nom *du Noir*, à cause de l'enseigne de la tête noire qui étoit à la maison de *Jacques Pays*, Avocat. Celui de *Gratieuse* lui vient de la famille de *Jean Gratieuse*, qui étoit Propriétaire d'une maison dans cette rue en 1243.

Graviliers ou *Gravelier*, (rue des) Quartier Saint-Martin. Elle donne, d'un bout, dans la rue Transnonain; & de l'autre, dans celle du Temple. Son vrai nom est *Gravelier* ou *du Gravelier*.

Grenelle, (rue de) Quartier Saint-Eustache. Elle aboutit, d'une part, dans la rue Saint-Honoré; & de l'autre, dans la rue Coquillère. Elle doit vraisemblablement son nom à

Henri de Guernelles qui y demeuroit au commencement du treizième siècle. Ce nom a été changé en celui de *Guarnelle, Guarnalés, Garnelle*, & enfin de *Grenelle*.

L'édifice le plus remarquable de cette rue est l'Hôtel des Fermes ; cet Hôtel où l'amoureux Comte de Soissons se plaisoit à répandre de tous côtés, sur les vitres, les plafonds & les lambris, d'ingénieux emblêmes, de galantes devises & ses chiffres enlassés avec ceux de *Catherine de Navarre*, sœur d'Henri IV. C'est ce même Hôtel qui fut ensuite habité par le Duc *de Bellegarde*, ce Courtisan si aimable, si poli, l'Amant chéri de *Gabrielle d'Estrées*, de Madame, de Mademoiselle de Guise & de tant d'autres : enfin cet Hôtel qui devint, après la mort du Cardinal de Richelieu, l'asyle des Muses, où l'Académie Françoise tint si long-temps ses séances, où s'assembloient les *Racan*, les *Sarrazin*, les *Voiture*, &c.

Le 9 Juin 1572, *Jeanne d'Albret*, mère d'Henri IV, mourut dans la troisième maison après cet Hôtel, du côté de la rue Saint-Honoré. Elle n'avoit que quarante-quatre ans, & ne fût malade que cinq jours. Le bruit courut qu'elle avoit été empoisonnée par l'odeur d'une paire de gants de senteur que lui avoit vendus *René*, un Italien, grand scélérat, & Parfumeur, suivant la Cour de Catherine de Médicis. Le corps de cette Princesse fut ouvert, & les Chirurgiens, dit Cayet, rapportèrent qu'ils n'y avoient point trouvé de marques de poison. *Voy*. HÔTEL DES FERMES DU ROI, t. 3, p. 280.

Grenelle, (rue de) Quartier Saint-Germain. Elle va de la Croix-Rouge à l'extrêmité du Gros-Caillou. Elle a porté successivement les noms de *Guernelles, Garnelles, Garnelle* & *Grenelle*, d'une ancienne garenne sur le terrain appartenant à l'Abbaye de Sainte-Geneviève ; & ensuite on lui a donné le nom de *chemin-neuf*, de *chemin de Garnelle*, & enfin de *Grenelle*.

———————(petite rue de) même Quartier. C'est un nom qu'a porté la rue de Babylone en 1669.

Greneta, (rue) Quartier Saint-Denis. Elle commence dans la rue Saint-Denis, & finit dans celle de Saint-Martin. On lui donnoit au treizième siècle le nom de *Darnétal* ou d'*Arnetal* & *de la Trinité*. Les deux premiers furent altérés en ceux de *Guernetal, Garnétal & Grenétal* ; & celui de la Trinité lui vient de l'Hôpital de ce nom. Au coin de cette rue, dans celle de Saint-Denis, est la *fontaine de la Reine* ou *de la Trinité*. *Voy*. t. 3, p. 82.

Grenier-Saint-Lazare, (rue) Quartier Saint-Martin. Elle va de la rue Saint-Martin au coin des rues Transnonain & Beaubourg, vis-à-vis la rue Michel-le-Comte. On l'a appellée rue *Grenier-Saint-Ladre*, parce qu'on appelloit ainsi Saint-Lazare. Le nom de *Garnier* étoit celui d'une famille qui existoit à la fin du douzième siècle. M. *Jaillot* place la porte Saint-Martin de l'enceinte de Philippe-Auguste, un peu en deçà du coin de cette rue. Pasquier rapporte que l'an 1424, vint à Paris une fille nommée *Margot*, qui jouoit au jeu de paume de cette rue, de l'avant & de l'arrière-main, mieux qu'aucun homme; ce qui étoit d'autant plus étonnant, qu'alors on jouoit seulement de la main nue, ou avec un gant double. Dans la suite, quelques-uns mirent à leurs mains des cordes & tendons pour renvoyer la balle avec plus de force, & de-là on imagina la raquette. Le nom de *paume*, ajoute-il, a été donné à ce jeu, parce que, dans ce temps-là, son exercice consistoit à recevoir & à renvoyer la balle de la paume de la main.

Grenier-sur-l'eau (rue) Quartier de la Grève. Elle va de la rue Geoffroi-l'Asnier dans celle des Barres. On l'a appellée la rue *Garnier-sur-l'iauë*, nom d'un Particulier; mais son vrai nom est *Garnier-sur-l'eau*.

* *Grenouil*, *Grenouiller*, *Grenouillère*, (rue) Quartier Saint-André-des-Arcs. Nom que l'on trouve sur quelques plans, avoir été donné à la partie de la rue des Poirées, du côté de la rue Saint-Jacques.

* *Grès*, (rue des) Quartier Saint-Benoît. *Voy.* rue *Saint-Etienne-des-Grès*.

Gril & du Gril-Fleuri, (rue du) Quartier de la Place Maubert. Elle va de la rue d'Orléans à la rue Censier, & fait la continuation de la rue du Battoir. On la trouve sous le nom de *rue du Gril-Fleuri*, apparemment de quelque enseigne.

Groignerie ou Grosnière, (rue de la) Quartier des halles. C'est un passage ou cul-de-sac séparé en deux. On lui a donné les noms de *l'Engronnerie*, *Langrognerie* & *de la Grongnerie*, de même que ceux de *petite rue Saint-Martin*, de *Jehan-le-Comte*, ou *de la Groignerie*, de *Gronier* & de *Grosnière*.

* *Groignet*, (rue) Quartier du Temple. Nom donné par Sauval à la rue Pastourelle, d'un Particulier de ce nom, Mesureur des bleds du Temple en 1296.

Guénégaud, (rue) Quartier Saint-Germain. Elle aboutit au quai de Conti & à la rue Mazarine. Elle doit son nom à *Henri de Guénégaud*, Ministre & Secrétaire d'Etat, qui y avoit fait bâtir son Hôtel. Le mur de l'enceinte de Philippe-

Auguste paſſoit à l'endroit de cette rue où l'on voit un égout. *Voy.* COLLEGE MAZARIN, *t.* 2, *p.* 399, & QUAI DE CONTI. Ce mur ſe terminoit à la porte de Neſle, bâtie où eſt à préſent la première cour du Collège des Quatre-Nations. L'Hôtel de Neſle, avec ſes jardins, occupoit tout l'eſpace qu'occupent aujourd'hui quelques dépendances de ce Collège, les maiſons de la petite place de Conti, cette petite place, l'Hôtel des monnoies, la rue Guénégaud depuis l'égout juſqu'à la rivière, & la petite rue de Nevers. Brantôme, *Dames Galantes*, tom. 1, p. 271, parle d'une Reine *qui ſe tenoit à l'Hôtel de Neſle, laquelle faiſoit le guet aux Paſſans, & ceux qui lui plaiſoient & agréoient le plus, de quelque ſorte de gens que ce fuſſent, les faiſoit appeller & venir à elle, & après en avoir tiré ce qu'elle en vouloit, les faiſoit précipiter de la tour* * *en bas dans l'eau. Je ne peux pas dire*, ajoute-t-il, *que cela ſoit vrai ; mais la plupart de Paris l'affirme, & il n'y a perſonne qui ne le diſe*, en montrant la tour.

Le Poëte Villon dans ſa Balade aux Dames, compoſée en 1461, dit :

Où eſt la Reine
Qui commanda que Buridan
Fût jetté en un ſac en Seine.

Jean *Buridan* étoit de Béthune en Artois ; il étoit célèbre dans l'Univerſité de Paris dès l'an 1327. S'il fut jetté dans la Seine, il ne ſe noya pas ; il vivoit encore en 1348.

Guerin-Boiſſeau, (rue) Quartier Saint-Denis. Elle va de la rue Saint-Denis dans celle de Saint-Martin. Elle a pris ſon nom d'un de ſes Habitans. On dit qu'il y a des titres de l'an 1269 qui en font mention. En 1297 & 1300, on la nommoit *Guérin-Boucel* ; & en 1386, *vicus Garneri Bucelli*, qui eſt la même choſe ; mais en 1345, on l'appelloit la rue *Guerin-Boiſſeau*, & on a continué depuis.

* *Guichard le Blanc*, (rue) Quartier Saint-Jacques-de-la-Boucherie. Nom que portoit le cul-de-ſac du Chat-Blanc en 1498, ſans doute à cauſe d'un Particulier qui y demeuroit.

* *Guienne*, (rue de) Quartier Saint-Antoine. Nom que l'on a donné à la rue Payenne en 1639.

* *Guiet de l'Epine*, (rue) Quartier du Palais-Royal. Nom ancien de la rue de la Sourdière, & qu'elle portoit en 1640, à cauſe du ſieur Guiet de l'Epine, qui y poſſédoit pluſieurs maiſons.

---

* Bâtie où eſt à préſent la place des Quatre-Nations.

Guillaume, (rue) Quartier de la Cité.) Elle va, d'un côté, dans la rue Saint-Louis; & de l'autre, sur le quai d'Orléans. Elle a été ainsi nommée d'un des Entrepreneurs des maisons de la rue Saint-Louis, nommé *Guillaume Père*.

* *Guillaume*, (rue Saint-) Quartier Saint-Denis. Nom d'une ancienne rue qui est représentée aujourd'hui par la partie de la rue des Filles-Dieu, qui donne dans celle de Bourbon.

* *Guillaume*, (rue Saint-) Quartier Saint-Germain. Elle va, de la rue des SS. Pères, en formant une équerre, dans la rue Saint-Dominique, vis-à-vis celle des Rosiers. On lui a donné le nom de rue *neuve des Rosiers*, & ensuite celui de *rue de la Butte*, à cause d'un moulin qu'on y voyoit en 1638. Le cimetière de la Charité qui ne subsiste plus dans cet endroit depuis quelques années, étoit en 1534 le cimetière des Lépreux. Il étoit au pied de cette butte.

Guillemin, (rue neuve-) Quartier du Luxembourg. Elle commence de la rue du Four dans celle du Vieux-Colombier. Elle s'appelloit en 1456 *rue de Cassel*, à cause de l'Hôtel de ce nom, où sont aujourd'hui les Filles du Saint-Sacrement. On lui a donné le nom *de la Corne*, d'une enseigne de corne de cerf que l'on voyoit au coin de la rue du Four. Celui de *Guillemin* lui vient d'un grand terrein qui appartenoit à quelqu'un qui s'appelloit ainsi. *Voy.* rue *de Cassel* & rue *Cassette*.

* *Guilori*, (rue du carrefour) Quartier de la Grève. Suivant Sauval, c'est un nom qu'a porté la rue Jean-de-l'Epine.

Guisarde, (rue) Quartier du Luxembourg. Elle aboutit à la rue des Cannettes, & à l'une des portes de la foire Saint-Germain. Elle fut percée sur une partie de l'emplacement de l'Hôtel de Roussillon.

H.

* *Hache & des deux Haches*, (rue) Quartier Saint-Eustache. Ancien nom de la rue des deux-Ecus, qu'elle portoit depuis la rue des vieilles-Etuves, jusqu'à celle d'Orléans.

* *Ha-Ha*, (rue du) Quartier Sainte-Antoine. Nom donné par Sauval au cul-de-sac de *Guémené*. On l'a nommé aussi *rue Royale*.

* *Hanterie*, (rue de la) Quartier Sainte-Opportune. Ancien nom de la rue de la Tabletterie, de même que ceux de rue *Sainte-Opportune*, & de *la vieille-Cordonnerie*.

Harangerie, (rue de la) Quartier Sainte-Opportune. Elle va de la rue de la Tabletterie à celle du Chevalier du Guet.

Harecourt, (rue aux hoirs d') Quartier Saint-André-des-Arcs. Nom que la rue de la Harpe portoit depuis la rue des Cordeliers jusqu'à la porte Saint-Michel. On la nommoit en même temps *rue Saint-Côme*.

Harlai, (rue de) Quartier de la Cité. Elle va du quai de l'Horloge ou des Morfondus, au quai des Orfévres. Elle doit son nom à M. *de Harlai*, premier Président, à qui Henri IV en 1607 donna la partie occidentale de l'Isle du Palais, à la charge d'y bâtir des maisons, & de quelques droits de cens & rentes que le Prince se réserva. *Voy.* PLACE DAUPHINE.

Harlai, (rue du) Quartier du Temple. Elle aboutit à la rue Saint-Claude & au boulevard. Elle prend son nom d'un Hôtel que M. de Harlai y avoit fait bâtir.

Harpe, (rue de la) Quartier Saint-André-des-Arcs. Elle commence au bout de la rue de la vieille-Bouclerie, au coin des rues Mâcon & Saint Severin, & aboutit à la place Saint-Michel. Elle a pris son nom d'une enseigne qui étoit à la seconde maison à droite, au-dessus de la rue Mâcon. En 1247, on l'appelloit *vicus Cithare*, ensuite *la Juiverie* ou *la rue des Juifs*, parce que les Juifs y avoient leurs écoles, vis-à-vis la maison de la harpe, *antè domum cithare*. En 1270, *la rue du Harpeur, in cuneo antè scholas Judæorum*, dans le coin, vis-à-vis les écoles des Juifs. Enfin en 1281, *rue de la Harpe*. Depuis la rue Saint-Severin jusqu'à celle des Cordeliers, on la nommoit *rue de la Harpe* ou *de la Herpe*. *Voy.* ci-dessus *Harecourt* (rue aux hoirs d')

Au fond d'une assez vilaine maison, qui a pour enseigne *la croix de fer*, on voit une salle très-vaste, voûtée, & haute d'environ quarante pieds. C'est un reste de l'ancien Palais des *Thermes*, & un précieux monument de la façon dont bâtissoient les Romains. Le ciment dont ils se servoient, nous est toujours inconnu. Les édifices & les cours de ce Palais, occupoient tout l'espace entre cette rue de la Harpe & la rue Saint-Jacques, depuis la rue du foin, jusqu'à la place de Sorbonne. Son parc & ses jardins s'étendoient, d'un côté, jusques sur le mont Leucotitius (montagne Sainte-Geneviève) & de l'autre, jusqu'au Temple d'Isis (Saint-Vincent, depuis Saint-Germain-des-Prés.) Quelques Savans croyent que l'Empereur Julien le fit bâtir vers l'an 358. D'autres prétendent qu'il est plus ancien.

Ce fut la demeure ordinaire de nos Rois de la première race. *Childebert*, dit Fortunat, *alloit de son Palais par les jardins, jusqu'aux environs de l'Eglise Saint-Vincent*. Les

Princesses *Gisla* & *Rotrude*, filles de Charlemagne, y furent reléguées après sa mort. Ce grand Prince avoit un peu trop fermé les yeux sur leur conduite, apparemment par cette même tendresse qui l'avoit empêché, dit le P. Daniel (*Hist. de Fr. t. 1, p. 558*) de les marier, ne pouvant se résoudre à se séparer d'elles. Louis-le-Débonnaire, dès qu'il fut sur le trône, entreprit de réformer leur façon de vivre, & commença par faire tuer deux Seigneurs qui passoient pour être leurs amans; il croyoit sans doute que l'exemple intimideroit, & qu'elles n'en trouveroient plus; il paroît qu'il se trompa, & qu'elles n'en manquèrent jamais. Ces Princesses joignoient à beaucoup d'esprit, du goût pour les lettres; elles étoient d'ailleurs affables, généreuses, bienfaisantes, bonnes, en un mot, comme le sont ordinairement toutes les femmes galantes, du fond du cœur, & sans motif d'intrigue, d'intérêt ou d'ambition. Elles moururent généralement regrettées, tandis que *le Débonnaire* qui n'avoit aimé que la Compagnie des Prêtres, qui avoit banni de sa Cour tous les plaisirs, qui l'avoit réglée monacalement, qui n'avoit eu du goût que pour le plein-chant & les cérémonies de l'Eglise, *après s'être rendu méprisable*, dit le même P. Daniel, Hist. de Fr. t. 1, p. 645, *aux Evêques & aux Abbés, à force de trop communiquer avec eux & de leur trop déférer*, mourut avili, dégradé dans l'esprit de ses Sujets, avec la réputation *d'un très-vertueux, mais très-médiocre Empereur*. Voy. PALAIS DES THERMES, t. 3, p. 719.

* *Harpeur*, (rue du) Quartier Saint-André-des-Arcs. Nom d'une petite rue qui ne subsiste plus rue de la Huchette, & que l'on connoissoit sous la dénomination de rue des *trois-Cannettes*, mais qui a servi à élargir la rue des trois-Chandeliers, depuis l'écroulement de la maison de la rue de la Huchette, arrivé en 1767 le 9 Février.

* *Haucherie* & *Hédangerie*, (rue de la) Quartier Sainte-Opportune. Noms donnés par erreur à la rue de la Harangerie.

Haudriettes, (rue des) Quartier de la Grêve. Elle va à la rue de la Mortellerie & au quai de la Grêve. Elle est ainsi nommée de la Chapelle que l'on y voit, & qui a été fondée par *Etienne Haudri*.

Haudriettes, (rue des vieilles-) Quartier du Temple. Elle commence dans la rue du Temple, & aboutit dans celle du grand-Chantier, vis-à-vis la rue des quatre-Fils. Elle doit son nom à *Etienne Haudri*, Fondateur des Hospitalières, à qui appartenoient quelques maisons de ce Quartier. On l'a appellée d'abord *rue Jehan l'Huillier*, ensuite *rue de l'Echelle du Temple*, & en 1636, *rue de la Fontaine-Neuve*.

* *Haumar*, (rue du) Quartier Saint-Jacques-de-la-Boucherie. Vieux nom de la rue Ogniard.

Haute-Feuille, (rue) Quartier Saint-André-des-Arcs. Elle commence à la rue Saint-André-des-Arcs, & aboutit à celle des Cordeliers. En 1252, cette rue se prolongeoit jusqu'aux murs de l'enceinte de Philippe-Auguste, comme on peut le voir par des traces sensibles dans le jardin des Cordeliers. Elle ne se nommoit *Haute-Feuille*, que jusqu'aux rues Percée & des Poitevins, vraisemblablement à cause des arbres hauts & touffus dont cette rue ou chemin pouvoit être bordée; ensuite elle prenoit le nom de *rue Saint-André & du chevet Saint-André*, jusqu'à la rue Saint-André; elle a été désignée aussi dans cette partie sous le nom de *rue de la Barre*. Voy. *Barre*, (rue de la) Rien de plus absurde que la prétendue étymologie qu'on lui donne du château d'un Seigneur de *Haute-Feuille*, Chef de la famille de *Ganelon*; dont les Romanciers nous ont fait de si horribles peintures, & des contes si extravagans.

* *Haute-rue*, (rue de) Quartier Saint-André-des-Arcs. Désignation de la rue du Battoir.

Haut-Moulin, (rue du) Voy. *Moulin*.

Hazard, (rue du) Quartier du Palais-Royal. Elle va de la rue Traversine à celle de Sainte-Anne. On ignore d'où ce nom peut lui venir.

Heaumerie, (rue de la) Quartier Saint-Jacques-de-la-Boucherie. Elle va, d'un bout, dans la rue Saint-Denis; & de l'autre, à l'extrêmité des rues de la Vieille-Monnoie & de la Savonnerie. Elle doit vraisemblablement son nom à des Armuriers qui s'y étoient établis, & c'est pourquoi elle a été appellée *rue des Armuriers*. En 1300, on la nommoit *rue de la Hiaumerie*.

* *Heliot de Brie*, (rue) Quartier Saint-Martin. Nom d'une rue qui ne subsiste plus, & qui paroît avoir été située entre les rues Saint-Bon & de la Poterie.

* *Hendebourg* ou *Hérambourg la Treffelière*, (rue) Quart. Saint-Jacques-de-la-Boucherie. Ancien nom de la rue de Venise.

* *Henri IV*, (rue de) Quartier Saint-Antoine. Premier nom de la rue de l'Echarpe.

* *Herberie*, (rue de l') Quartier de la Cité. Nom d'une rue où est aujourd'hui le marché-neuf. Cette rue s'appelloit *de l'Orberie*, & elle étoit bouchée du côté du marché-Palu.

Hermite (rue du puits l') Quartier de la Place Maubert. Elle se termine, d'un bout, à l'extrêmité de la rue Françoise, dont elle fait la continuation ; & de l'autre, elle aboutit à la rue du Battoir. Il paroît qu'elle doit son nom à un Tanneur nommé *Adam l'Hermite* qui s'étoit établi dans ce Quartier. On appelle de ce nom une petite place où il y avoit un puits.

Hermites, (rue des deux-) Quartier de la Cité. Elle aboutit, d'une part, dans la rue Cocatrix ; & de l'autre, dans celle des Marmouzets. Elle a porté le nom de *Cour-Ferri de Paris*, de *rue de la Confrairie Notre-Dame*, de *l'Armite*, *des Hermites*, *des deux-Serviteurs*, & enfin *des deux-Hermites*.

* *Heuleu & Hulen*, (rue de) Quartier Saint-Denis. Nom que portoit la rue du grand-Hurleur en 1253, aussi bien que celle du Petit-Hurleur, qu'on nommoit encore le *petit-Leu*.

* *Hilaire*, (rue Saint-) Quartier Saint-Benoît. Ancien nom de la rue des Carmes, parce qu'elle conduisoit à l'Eglise de S. Hilaire.

Hilaire, (rue du mont-Saint-) Quartier Saint-Benoît. Elle va, d'une part, aux rues Saint-Jean-de-Beauvais & Chartière ; & de l'autre, à celle des Carmes & des Sept-Voies. Elle a porté premièrement le nom de *clos-Bruneau*, ensuite celui de *vicus superior Sancti Hilarii*, de *Fromentel*, dont elle fait la continuation, & de rue *du Puits-Certain*.

* *Hilaire*, (rue du petit-Four-) Quartier Saint-Benoît. Ancien nom de la rue du Four, parce que celui de Saint-Hilaire y étoit situé.

Hillerin-Bertin, (rue) Quartier Saint-Germain. Elle va, d'un bout, dans la rue de Grenelle ; & de l'autre, rue de Varenne. On lui a donné les noms de *Villaran*, des *Bohêmes*, de *Guilleri-Bertin*, d'*Hillorai*, d'*Hillorain-Bertin*, de *Valeran*, d'*Hillorain*, de *Saint-Sauveur*, d'*Hillerin* ou *Saint-Sauveur*, & d'*Hillerin-Bertin* ou *Villerin* ou *Saint-Sauveur*. C'est à un Particulier nommé *Hillerin*, qu'elle doit son nom. Il étoit Propriétaire de plusieurs morceaux de terre qu'il vendit lors de la construction de l'Hôtel des Invalides.

Hippolyte (rue Saint-) Quartier de la Place Maubert. Elle va de la rue de Lourcine au carrefour & à l'Eglise Saint-Hippolyte, dont elle a pris le nom. Elle a porté aussi celui *des Teinturiers*, à cause de la teinture des Gobelins ; mais ce n'étoit que dans sa partie la plus grande.

* *Hippolyte*, (petite rue Sainte-) Quartier de la Place

Maubert. Nom qu'il paroît que la rue des trois-Couronnes a porté en 1636, de même que la rue Pierre-Affis.

Hirondelle, (rue de l') Quartier Saint-André-des-Arcs. Elle commence à la rue Gilles-Cœur, & fe termine à la place du pont Saint-Michel. Elle a porté les noms de rue d'*Arrondale en Laas*, & d'*Arrondelle en Laas*, celui d'*Hirondale*, de l'*Hérondale*, & enfin de l'*Hirondelle*, probablement d'une enfeigne. La Duchesse d'Eftampes avoit fait bâtir dans cette rue un petit logis qui communiquoit à l'Hôtel que François I. avoit fait élever au bout du quai des Auguftins. *Voy*. RUE *Gilles-Cœur*.

Homme-Armé, (rue de l') Quartier Sainte-Avoie. Elle va de la rue Sainte-Croix-de-la-Bretonnerie dans celle des Blancs-Manteaux. On ignore fon étymologie.

* *Homme-Sauvage*, (rue de l') Quartier de la Cité. C'eft peut-être un nom de la rue des trois-Cannettes.

* *Honoré*, (rue aux Ecoliers Saint-) Quart. Saint-Euftache. C'eft un des premiers noms de la rue des Bons-Enfans.

Honoré, (rue Saint-) Quartier du Louvre. Cette rue, une des plus longues & des plus belles de Paris, commence, quant à la partie de ce Quartier, au coin des rues du Roule & des Prouvaires, & finit à celui des rues des Bons-Enfans & Froimanteau. Depuis la rue de l'Arbre-Sec, jufqu'à la rue du Coq, elle s'appelloit en 1300 & en 1400, *la rue de la Croix du Tirouer*, & au-delà, *la chaucíée Saint-Honoré*, enfuite *rue Saint-Honoré*, jufqu'aux Quinze-Vingts * & par

---

* La porte neuve étoit placée au bord de la rivière, un peu en deçà du dernier guichet, en allant du Pont-Neuf aux Tuileries. Il n'y avoit encore ni galerie des Tuileries, ni guichets. De cette porte neuve, les murs de la Ville, traverfant le long du terrein où eft à préfent la rue Saint-Nicaife, bâtie vers 1636, alloient joindre la porte Saint-Honoré, fituée à l'endroit où font aujourd'hui les boucheries des Quinze-Vingts. Cette porte Saint-Honoré ne fut abattue & reculée jufqu'à l'endroit où nous l'avons vue, à l'entrée du boulevard, qu'en 1633. *Voy*. Honoré (rue Saint- & *neuve*-Saint-) PORTE DE LA CONFÉRENCE & PORTE SAINT-HONORÉ.

. Cette rue étoit remarquable par plufieurs Hôtels confidérables, tels que ceux d'Alençon, de Clèves ou d'Aumale, de Joyeufe ou du Bouchage, que *Henriette-Catherine de Joyeufe*, Duchefse de Guife, nièce & héritière du Cardinal de Joyeufe, vendit à M. de *Bérulle*, pour y placer

de-là

de-là, grand'rue Saint-Louis, peut-être parce qu'elle commençoit à l'Hôpital des Quinze-Vingts, fondé par S. Louis. Elle a pris son nom de l'Eglise qui est sous l'invocation de S. Honoré, Evêque d'Amiens. *Voy. Château-Fétu* (rue) & *le mot* CHATEAU-FETU.

Honoré, (rue Saint-) Quartier Sainte-Opportune. Cette grand'rue, quant à la partie qui appartient à ce Quartier, commence au coin des rues du Roule & des Prouvaires, & finit à celle de la rue de la Lingerie. *Voy. Château-Fétu*, (rue de) & *Ferronnerie*. (rue de la)

Honoré, (rue Saint- & neuve-Saint-) Quartier du Palais-Royal. Elle commence au coin de la rue des Bons-Enfans, & finit au boulevard, près duquel étoit une porte qui fut abattue en 1733. *Voy.* plus haut *Honoré*. (rue Saint-)

Honoré, (rue du Fauxbourg Saint-) Quartier du Palais-Royal. Elle va du boulevard à la barrière du Roule, & s'appelloit en 1635 *la chaussée du Roule*. Elle est remarquable par le magnifique Hôtel d'Evreux, que Sa Majesté Louis XV avoit destiné pour les Ambassadeurs extraordinaires, qui fut acquis depuis par Madame la Marquise *de Pompadour*, dont avoit hérité M. le Marquis de Marigni son frère, aujourd'hui Marquis de Menars & appartenant actuellement à M. de Beaujon, un des Banquiers de la Cour.

Honoré Chevalier & *Chevalier Honoré*. (Quartier du Luxembourg.) Elle traverse de la rue Cassette dans celle du Pot-de-Fer. Elle doit ce nom à un Bourgeois appellé Honoré Chevalier, qui étoit Propriétaire au seizième siècle, de plusieurs maisons sises rue du Pot-de-Fer, & de quelques grands jardins, au travers desquels on perça cette rue.

* *Hoqueton*, (rue du) Quart. de la Grève. Ancien nom donné à la rue de Berci, près de la vieille rue du Temple.

Hoqueton, (rue du) Quartier Sainte-Avoie. Nom sous lequel la rue de la Croix-Blanche est désignée sur le plan de Boisseau, qui la confond avec celle de Berci.

---

la Congrégation des PP. de l'Oratoire. Ce fut vis-à-vis cet Hôtel, dans la rue Saint-Honoré, que *Paul Stuard de Caussade*, Comte de Saint-Mégrin, le lundi 21 Juillet 1578, sortant du Louvre, vers les onze heures du soir, fut attaqué par vingt ou trente hommes, & percé de trente-trois coups, dont il mourut le lendemain. Alors le cul-de-sac de l'Oratoire s'appelloit la rue du Louvre, & ce fut au bout de cette rue que le Comte de Saint-Mégrin fut assassiné.

Tome IV. A 2

Hôtel-Dieu, (rue de l') Quartier Montmartre. Elle commence au rempart, & finit à la rue Saint-Lazare. Au siècle passé, c'étoit simplement un chemin qui, commençant à la porte de Gaillon, conduisoit aux Porcherons, & le long duquel regnoit un égout découvert. On l'appelloit *le chemin des Porcherons*, la *rue de l'Egout de Gaillon*, & *chaussée de Gaillon*, *la chaussée d'Antin*, enfin *le chemin de la grande-Pinte*, à cause de l'enseigne du cabaret aujourd'hui occupé par le fameux *Ramponeau*.

* *Houssai* ou *Houssaie*, (rue du) Quartier Saint-Denis: nom ancien de la rue de la Longue Allée, ou du passage qui conduit de la rue Saint-Denis dans celles du Ponceau, des Egouts & neuve Saint-Denis, d'un particulier nommé *Etienne Houssaie*.

* *Huchette*, (rue de la) Quartier de la Cité. Nom d'une des quatre rues qui ont été supprimées tant pour l'élargissement du Parvis de Notre-Dame, que pour la construction de l'Hôpital des Enfans-Trouvés.

Huchette, (rue de la) Quartier Saint-André-des-Arcs. Elle va de la rue du Petit-Pont au carrefour que forment la Place du Pont Saint-Michel & les rues Saint-André-des-Arcs & de la vieille Bouclerie. Cette rue se nommoit anciennement la *rue de Laas*, parce qu'elle étoit située sur le territoire de Laas appartenant à l'Abbaye Saint-Germain. Elle portoit ce nom en 1227, comme il paroît par un bail à cens que les Religieux de Sainte-Genevieve firent de quelqu'une des maisons qui y étoient bâties. Le nom *de la Huchette* lui a été donné à cause de l'enseigne d'une maison qui appartenoit au Chapitre de Notre-Dame en 1388, & qu'en ce tems-là, aussi-bien qu'en 1422, on appelloit *l'Hôtel de la Huchette*. En 1520, elle se nommoit *rue de la Huchette*, quand, par Sentence du Trésor des Chartres, quatre cent cinquante-trois écus d'or qui avoient été trouvés dans les fondemens de la maison de l'Annonciation, furent partagés entre *le Roi*, *Guillaume de la Croix*, propriétaire du logis, & *Antoine Beuray*, Maçon, qui les avoit déterrés. Cette rue porte encore aujourd'hui le nom de la *Huchette*; mais quelquefois à cause des broches qui y tournent presque toujours, on la nomme la rue *des Rôtisseurs*. Sauval ajoute que *F. Bonaventure Calatagirone*, Général des Cordeliers, & un des Négociateurs de la paix de Vervins, avoit été si frappé de la rôtisserie de la rue de la Huchette, & de celle de la rue aux Ouës, que quand il fut de retour en Italie, il ne parloit d'autre beauté de Paris: *Veramente*, disoit-il, *queste Rotisserie sono cosa stupenda*. Les

Abbés de Clairvaux y avoient une maison & des jardins; on l'appella d'abord *la Maison de Pontigni*. On y voyoit aussi l'Hôtel des Vicomtes *de Thouars*, au coin de la rue des Trois Chandeliers, & qu'on a nommé depuis *la Maison des Carneaux*. Enfin il y avoit deux maisons avec des étuves pour les hommes & pour les femmes.

* *Huillier*, (rue Jehan) Quartier du Temple. Nom d'un particulier, & qui fut le premier que porta la rue des Vieilles Haudriettes.

Hurepoix, (rue du) Quartier Saint-André-des-Arcs. Elle va d'un côté au Quai des Augustins, & de l'autre à la Place du Pont Saint-Michel. Autrefois elle se nommoit *rue de Seine allant aux Augustins*, & *rue du Quai des Augustins*. Elle prend son nom d'un Hôtel garni où venoient loger des Marchands de la petite province du Hurepoix. Le 27 Août 1648, le Chancelier *Seguier*, pour se mettre à l'abri de la fureur du peuple révolté, se refugia dans une maison de cette rue appellée autrefois *l'Hôtel d'O*, & ensuite *de Luynes*, qui aujourd'hui est habitée par un Libraire. *Voy*. QUAI DES AUGUSTINS, p. 278 & *suiv*.

Hurleur, (rue du Grand) Quartier Saint-Denis. Elle commence à la rue Bourg-l'Abbé, & finit à celle de Saint-Martin. Le peuple appelle cette rue & celle du Petit Hurleur, rue *du Grand Huleu*, & rue *du Petit Huleu*; mais c'est par corruption, car, suivant la remarque d'Adrien de Valois, il faut écrire *du Grand Hue-le* & *du Petit Hue-le*. On leur a donné ce nom, parce qu'elles n'étoient autrefois habitées que par des filles du monde, & que dès qu'on voyoit entrer un homme dans l'une ou l'autre de ces rues, on devinoit aisément ce qu'il y alloit faire, & l'on disoit aux enfans: *Hue-le*, c'est-à-dire, crie après lui, moque-toi de lui. M. *Jaillot* combat cette opinion, & dit que le vrai nom de cette rue (du Grand Hurleur) est celui *de Hueleu* qu'elle portoit dès 1253, même avant que S. Louis, dans ses Ordonnances, eût réglé & désigné le nombre des rues que devoient habiter les courtisannes. Il est certain, ajoute-t-il, qu'anciennement on disoit *Hue* pour *Hugues*, & *Leu* pour *Loup*. De plus, cet Auteur a trouvé un amortissement fait par un Chevalier nommé *Hugo Lupus*, d'un don à l'Eglise de S. Magloire, fait par Adam Harenc, au mois de mars 1231; & dans les Archives de l'Abbaye d'Hieres, il y a un acte de concession d'un moulin, faite à cette Abbaye par Baudoin, Abbé de S. Magloire, vers l'an 1150, par lequel on voit que Clémence, Abbesse d'Hieres, étoit sœur de *Hue Leu*, *Hugonis Lupi*. On la trouve aussi indiquée fous le nom de *rue du Pet*, & fous celui de rue *des Innocens*, autrement dite *du Grand Heuleu*.

Hurleur, (rue du Petit) Quartier Saint-Denis. Elle commence rue Bourg-l'Abbé, & aboutit dans celle de Saint-Denis. Elle a été nommée rue *Palée*, de *Jean Palée*, un des Fondateurs de l'Hôpital de la Trinité, ou de quelqu'un de fa famille. *Voy. l'art. précédent*.

Hyacinthe, (rue Saint-) Quartier du Luxembourg. Elle commence à la Place S. Michel, & aboutit à la rue du fauxbourg St.-Jacques. Elle a été élevée fur l'emplacement de l'ancien *Parloir-aux-Bourgeois* ou *Hôtel-de-Ville*, & fe nomma d'abord *rue des Foſſés*, & enſuite *rue des Foſſés Saint-Michel*, à caufe de la Porte Saint-Michel. Celui de *Saint-Hyacinthe* eſt celui d'un Religieux de l'Ordre des Jacobins, parce que cette rue fait partie de leur clos.

I

* *Image*, (rue de l') Quartier de la Cité. C'eſt probablement le nom de la rue haute des Urſins, ſuivant Guillot, & celle qui eſt nommée dans les Regiſtres du Chapitre de Notre-Dame de 1369, & en 1427, *rue du petit Image Sainte-Catherine*.

* *Innocens*, (rue des SS.) Quartier Saint-Jacques de la Boucherie. Nom fous lequel on trouve la partie de la rue Saint-Denis, compriſe dans ce Quartier qui commence au Grand-Châtelet, & finit aux coins des rues aux Ouës & Mauconſeil.

* *Innocens*, (rue des) Quartier Saint-Denis. *voy. Hurleur*. (rue du Grand)

* *Iraigne*, (rue de l') Quartier Saint-Jacques de la Boucherie. Nom qu'on donnoit à la rue de la Triperie dans la partie où elle faiſoit la continuation de la rue de la Place-aux-Veaux juſqu'à la Porte de Paris.

J

Jacinthe, (rue) Quartier Saint-Benoît. Elle traverſe de la rue Galande dans celle des Trois-Portes. Au 14e. fiecle, on l'appelloit *ruelle Auguſtin*.

Jacob, (rue) Quartier Saint-Germain. Elle va de la rue du Colombier dont elle fait la continuation, au coin de celles des Petits-Auguſtins & des SS. Peres. Elle a pris fon nom de l'Autel Jacob, vœu que fit *Marguerite de Valois*, premiere femme d'Henri IV, lorſqu'elle étoit à Uſſon en Auvergne, de réformer les Auguſtins Déchauſſés, & de bâtir cet Autel.

Ce terrein s'appelloit anciennement l'*Oseraie*. On trouve aussi cette rue désignée sous le nom du *Bon-Jacob*.

Jacques de la Boucherie, (rue Saint-) Quartier de ce nom. Elle aboutit à la Porte de Paris & à la rue Planche-Mibrai. En 1373, elle portoit avec ce nom celui *de la Vannerie*, ensuite, suivant Guillot, celui *du Porce* ou *Porche Saint-Jacques* qui alors étoit situé au midi de cette Eglise où elle conduisoit. Depuis on l'a appellée *rue du Crucifix Saint-Jacques*, à cause de l'enseigne & du nom du fief du Crucifix. On la trouve aussi sous le nom *de la Grande Boucherie*.

Jacques, (rue Saint-) Quartier Saint-Benoît. Elle commence à la Fontaine Saint-Severin, & finit au coin des rues Saint-Hyacinthe & des Fossés Saint-Jacques. En 1263, cette rue se nommoit *la Grant rue outre le Petit-Pont*; en 1284, *la Grand-rue vers Saint-Mathelin*; en 1323, *la Grand'rue Saint-Jacques*; en 1416, *la Grand'rue Saint-Benoît le Bestournet*. Enfin le nom de Saint-Jacques l'a emporté sur les autres qu'on ne lui donne plus. Sauval dit qu'on le lui a donné, aussi-bien que celui de *Jacobins* aux Religieux de S. Dominique, à cause d'une petite maison avec une petite Chapelle qui portoit le nom de *St. Jacques*, que Jean, Doyen de S. Quentin, & l'Université de Paris donnerent à ces Religieux; & qui dès-lors fut renfermée dans le plan de leur Monastere. On l'a appellée la rue *Saint-Mathelin*, parce qu'elle tenoit à une ancienne Chapelle qui étoit sous l'invocation de S. Mathurin, qu'on appelloit pour lors *S. Mathelin*. Ainsi deux petites Chapelles de la rue Saint-Jacques, qui n'ont plus de nom depuis quatre ou cinq cens ans, en ont fait changer aux Religieux de S. Dominique, & à ceux de la Trinité, ou Rédemption des Captifs, deux des grands Ordres de l'Eglise.

Jacques, (rue des Fossés Saint-) Quartier S. Benoît. Cette rue qui a été élevée sur les fossés de ce Quartier, commence à l'endroit où étoit l'ancienne Porte, & aboutit à l'Estrapade.

Jacques, (rue du Crucifix Saint-) Quartier Saint-Jacques de la Boucherie. Elle traverse de la rue Saint-Jacques de la Boucherie jusqu'à la place qui est devant l'Eglise. Cette rue mérite moins ce nom que celui de ruelle, sous lequel elle a été connue & désignée, car on l'a appellée *la ruelle du Porce ou Porche Saint-Jacques*. On y voit un crucifix de cuivre qui y a été placé en 1575, sans doute à cause du fief du Crucifix, dont la principale maison étoit au coin de la rue de St.-Jacques. Voy. ci-dessus, RUE *Saint-Jacques de la Boucherie*.

Jacques, (rue du Fauxbourg St.-) Quartier Saint-Benoît. Elle commence aux rues Saint-Hyacinthe & des Fossés Saint-

A a iij

Jacques, & en faisant la continuation de la rue Saint-Jacques, elle va se terminer à la Barriere & au nouveau Boulevard. Saint-Foix n'est pas de l'opinion des Ecrivains qui ont prétendu que la statue que l'on voit sur le pignon des Carmélites de ce fauxbourg, est celle de Cérès ou de S. Michel. « Si c'é-
» toit la figure de cet Archange, dit-il, *Eff. sur Paris*, t. 1.
» p. 201, elle auroit des aîles, le Diable sous ses pieds ; &
» la draperie n'iroit que jusqu'aux genoux : je ne serois pas
» éloigné de croire, ajoute-t-il, que c'est en effet un *Mer-*
» *cure Theutates* *, qu'on trouva dans quelque endroit de
» cet enclos, que l'on prit pour la statue d'un Saint, & qu'on
» plaça au haut du pignon de cette Eglise, lorsqu'on le refit
» à neuf en 1605. Il paroît que les Temples des Gaulois n'é-
» toient pas dans les Villes, mais à la proximité, & il est
» certain qu'il n'y en avoit point dans l'enceinte des murs de
» *Lutéce*. L'Abbaye de Saint-Germain-des-Prés fut bâtie sur
» les ruines de celui *d'Isis*. *Cybèle* avoit le sien à peu près
» où commence la rue Coquillère, du côté de Saint-Eustache.
» Montmartre prit son nom du Temple de *Mars*, & le Temple
» de *Mercure-Theutates* ou *Pluton*, étoit donc où sont les
» Carmélites, c'est-à-dire, sur ce côté du mont *Leucotitius*,
» qu'on appelle aujourd'hui le Fauxbourg Saint-Jacques.
» Quant aux tombeaux qu'on a trouvés dans l'enclos des Car-
» mélites & aux environs, il n'est pas douteux que c'étoit le
» cimetière des Parisiens, du temps du Paganisme ; en effet,
» jamais les Payens n'ont enterré leurs morts dans les Villes,
» & les lieux où ils les enterroient, étoient ordinairement
» consacrés à Mercure, à qui ils donnoient l'épithète de
» *Redux*, comme ayant le pouvoir de ramener les ames sur
» la terre. » *Voy.* CARMÉLITES, t. 2, p. 45 & 52.

* *Jacques*. (rue du porche-Saint-) Voy. *rue Saint-Jacques-de-la-Boucherie*, & *rue du Crucifix-Saint-Jacques*.

* *Jacques*, (vieille rue Saint-) Quartier de la Place Maubert. Nom qui a été donné à la rue Censier, depuis la rue Mouffetard, jusqu'au point de réunion des rues vieille-Notre-Dame & du Pont-aux-Biches.

* *Jacques*. (petite rue Saint-) Nom ancien donné à la rue de l'Orangerie, Quartier de la Place Maubert.

* *Jardin-Royal*, (petite rue du) Quartier de la Place Maubert. Nom ancien du cul-de-sac du Jardin du Roi.

---

* *Theut* peuple, & *Tad* père, mot celtique, d'où vient le mot *Tat*, dont se servent les enfans ; ainsi *Theutates* signifie père du Peuple.

Jardinet, (rue du) Quartier Saint-André-des-Arcs. Elle aboutit, d'une part, à la rue Mignon; & de l'autre, au cul-de-sac de la cour de Rouen, au coin des rues du Paon & de l'Eperon. Elle a porté d'abord le nom de *rue des Petits-Champs*, dans la partie où elle se prolongeoit autrefois jusqu'à la rue Hautefeuille, & ensuite elle l'a porté dans toute sa longueur. Depuis on l'a appellée rue de l'*Escureul* & des *Escureux*.

* *Jardins*, (rue des) Quartier Sainte-Opportune. Nom ancien de la rue de l'Arche-Marion.

Jardins, (rue des) Quartier Montmartre. C'est le nom que portoit la rue de la Feuillade.

* *Jardins*, (rue des) Quartier Sainte-Avoie. On appelloit ainsi la rue des Billettes, de même que celle de Paradis.

Jardins, (rue des) Quartier Saint-Paul. Elle commence à la rue des Barrès, & finit à celle des Prêtres-Saint-Paul.

* *Jardins*, (rue des) Quartier du Luxembourg. Nom donné par Corrozet à la rue du Pot-de-Fer.

* *Jean*, (rue Saint- ou du Chevet-Saint-) Quartier de la Grève. Ancien nom de la rue du Martroi.

* *Jean*, (rue du cloître-Saint-) Nom de la rue du Pet-au-Diable en 1636.

* *Jean*, (rue Saint-) Quartier de la Place Maubert. Nom donné à la rue Censier, depuis la rue Mouffetard, jusqu'à l'endroit où se joignent les rues vieille-Notre-Dame & du Pont-aux-Biches.

* *Jean*, (rue Saint-) Quartier du Luxembourg. Nom d'une rue que l'on croit avoir traversé de la rue Barouillere dans celle de Saint-Romain.

Jean ou *des Cygnes*, (rue Saint-) Quartier Saint-Germain. Une des quatre rues qui coupent le Gros-Caillou, & conduit au pont qui mène à l'Isle des Cygnes.

* *Jean*, (rue Saint-) Quartier du Luxembourg. C'est le nom d'une ruelle qui n'existe plus, & qui se trouvoit dans la rue des Canettes.

Jean Beausire, (rue) Quartier Saint-Antoine. Elle commence à la rue Saint-Antoine, vis-à-vis la Bastille, & aboutit au boulevard par un retour d'équerre. On l'a nommée *rue du Rempart* & *rue d'Espagne*. La rue des Tournelles a été aussi appellée rue *Jean Beausire*.

Jean-de-Beauvais, (rue Saint-) Quartier Saint-Benoît. Elle commence à la rue des Noyers, & finit à celle de Saint-Jean-de-Latran & du mont-Saint-Hilaire. Elle fut percée au travers du clos-Bruneau, & en portoit encore le nom au milieu du quinzième siècle. Le nom qu'elle porte aujourd'hui, lui a été vraisemblablement donné du Collège de Beauvais que l'on y voit, ou de Saint-Jean-de-Latran qui en est voisin, ou de *Jean de Beauvais*, Libraire, dont la boutique étoit au coin de cette rue & de celle des Noyers.

* Jean-de-Cambrai, (rue) Quartier de la Place Maubert. Nom d'un cul-de-sac qui existoit dans la rue de Seine, & que l'on connoissoit aussi sous le nom du *Tondeur & des Tondeurs*, à cause d'un Particulier qui s'appelloit ainsi & qui y demeuroit.

* Jean-de-Jérusalem, (rue Saint-) Quartier Saint-Benoît. Ancien nom de la rue Saint-Jean-de-Latran.

Jean-de-Latran & *de l'Hôpital Saint-*, (rue Saint-) Quartier Saint-Benoît. Elle va, d'un bout, au haut de la rue Saint-Jean-de-Beauvais ; & de l'autre, à la Place Cambrai. Les Hospitaliers qui s'y établirent, lui ont fait donner ce nom. *Voy. l'art. précéd.*

Jean-de-l'Epine. *Voy. Epine.*

* Jean Fraillon, (rue) Quartier Saint-Jacques-de-la-Boucherie. Nom douteux de la rue d'Avignon, ou du cul-de-sac de la Heaumerie.

Jean Lantier ou *Lointier*, (rue) Quartier Sainte-Opportune. Elle aboutit, d'un côté, dans la rue Bertin-Poirée ; & de l'autre, dans celle des Lavandières. On lui a donné aussi le nom de *Philippe Lointier*.

* Jean-le-Comte, (rue) Quartier Saint-Jacques-de-la-Boucherie. Ancien nom de la rue Trognon, & de la partie de la rue d'Avignon, qui donne dans la rue de la Savonnerie.

* Jean-le-Maître, (rue) Quartier Saint-Benoît. Ancienne dénomination de la rue des Cholets.

* Jean Mesnard, (rue) Quartier de la Place Maubert. Cette rue appellée depuis *Jean Mollé*, ne subsiste plus ; cependant les plans de Boisseau, de Gomboust & tous ceux qui ont paru depuis, la représentent sous le nom de rue de la Fontaine près celle d'Orléans.

* Jean Mol, *Mole ou Mollé*. (rue) C'est la même que la précédente.

Jean-Pain-Mollet. *Voy. Pain-Mollet.*

Jean-Robert, (rue) Quartier Saint-Martin-des-Champs. Elle rend, d'un bout, dans la rue Saint-Martin, en faisant la continuation de la rue des Gravilliers.

Jean-Saint-Denis, (rue) Quartier du Louvre. Elle va de la rue Saint-Honoré à celle de Beauvais, & tire probablement son nom d'un Ecclésiastique appellé Jacques de Saint-Denis, Chanoine de Saint-Honoré.

Jean Tison, (rue) Quartier du Louvre. Elle commence à la rue des Fossés Saint-Germain ; & finit dans la rue Bailleul. Elle doit aussi son nom à un Particulier, Propriétaire d'une maison de cette rue.

* *Jehan-Saint-Pol*, (rue) Quartier Sainte-Avoie. Nom ancien de la rue du Plâtre.

* *Jehârre*, (rue Maître) Quartier Saint-Benoît. Nom que la rue des Chiens portoit en 1416.

* *Jenvau*, (rue à *Moignes de*) Quartier Sainte-Opportune. Ancien nom de la rue des Orfévres, ainsi appellée par corruption des Moines de Joie-en-Val, qui y avoient un Hôtel de leur Abbaye.

Jerôme, (rue Saint-) Quartier Saint-Jacques-de-la-Boucherie. Elle va, d'une part, à la rue de Gesvres ; & de l'autre, à celle de la Tuerie. On lui a donné le nom de *petite rue* ou *ruelle de Gesvres*, à cause des bâtimens que M. de Gesvres y a fait élever ; on l'a appellée aussi rue *Merderet*, à cause de sa mal-propreté. Une statue de S. Jerôme qui est au coin, lui a fait donner ce dernier nom.

* *Jérusalem*, (rue de) Quartier de la Cité. C'est la rue de l'Arcade cour du Palais, ainsi nommée à cause de cette voûte ou arcade qui sert de communication aux bâtimens de la Chambre des Comptes. *Voy. ci-dessus*, pag. 266 au mot *arcade*.

* *Jésuites*, (rue des) Quartier du Luxembourg. Nom que la rue du Pot-de-Fer commençoit à porter, à cause du Noviciat de ces Pères qui y étoit établi.

Jeux-Neufs ou *Jeûneurs*, (rue des) Quartier Montmartre. Elle va de la rue Montmartre à celle du gros-Chenet, du Sentier & de Saint-Roch. C'est abusivement qu'elle est indiquée sur les plans de Boisseau, de Gombouft & autres, sous le nom des Jeûneurs. Le véritable nom de cette rue est celui des Jeux-Neufs. Elle le doit à deux jeux de boules dont elle occupe la place.

Joaillerie, (rue de la) Quartier Saint-Jacques-de-la-Boucherie. Elle va de la rue de Gesvres, à la rue Saint-Jacques-de-la-Boucherie. Elle a été continuée, du côté de la Boucherie, sur l'emplacement du *four d'Enfer* ou *four du métier*, & jusqu'à cet endroit, elle s'appelloit en 1300, dit Sauval, *rue du Chevet-Saint-Lieufroi* ; & depuis la démolition du four, *rue du Pont-au-Change*. Après l'incendie du Pont-au-Change, arrivé en 1621, les Orfévres & Joailliers vinrent s'y refugier, ce qui lui fit donner le nom qu'elle porte aujourd'hui.

* *Job & Joly*, (rue) Quartier Saint-Euſtache. Noms donnés mal-à-propos à la rue Soly.

* *Jolivet*, (rue) Quartier Montmartre. Dénomination mal indiquée de la rue de Bellefond, près la rue Poiſſonnière.

* *Jongleurs*, *Jugléours* & *Jugleurs*, , (rue des) Quartier Saint-Martin-des-Champs. Anciens noms de la rue des Ménétriers.

Jocquelet, (rue) Quartier Montmartre. Elle donne, d'un bout, dans la rue Montmartre ; & de l'autre, dans la rue Notre-Dame des Victoires. Un Particulier de ce nom le lui a fait donner.

Joſeph, (rue Saint-) Quartier Montmartre. Elle aboutit, d'un côté, à la rue Montmartre ; & de l'autre, à celle du gros-Chenet. Son premier nom eſt celui de *rue du Temps perdu*. La Chapelle de S. Joſeph lui a fait donner celui qu'elle porte aujourd'hui ; quant au premier, nous en ignorons l'étymologie.

* *Joſſe*, (rue *Guillaume*) Quartier Saint-Jacques-de-la-Boucherie. Premier nom de la rue des trois-Maures, près celle des Lombards.

Joui, (rue de) Quartier Saint-Paul. Elle commence à la rue Saint-Antoine, & ſe termine à celle des Prêtres S. Paul. On l'appelloit *rue à l'Abbé de Joy*, à cauſe de l'Hôtel de l'Abbé de Joui qu'on y voyoit ; & *des Juifs*, par corruption du nom de Joui : on l'a auſſi nommée *rue de la fauſſe-Poterne Saint-Paul*, à cauſe d'une fauſſe porte que l'on trouvoit auprès des murs juſqu'où elle ſe prolongeoit alors.

Jour (rue du) Quartier Saint-Euſtache. Elle va, d'un côté, dans la rue Coquillère ; & de l'autre, dans la rue Montmartre. Elle a porté les noms de *Raoul*, *Roiſſolle* ou *Riſſolle*, de *Jean le Mire* & de *rue du Séjour*, à cauſe d'un manège & d'une écurie, & de pluſieurs bâtimens que Charles V y fit conſtruire ; mais le Peuple a changé ce dernier nom, & n'en prononce plus que la moitié ; *rue du Jour*. Cette maiſon royale étoit placée ſur trois rues, celles de Montmartre, du Séjour, & la rue Coquillère. Elle conſiſtoit en trois cours, ſix corps de logis, une Chapelle, une grange & un jardin.

Judas, (rue) Quartier Saint-Benoît. Elle traverſe de la rue de la montagne Sainte-Geneviève, à celle des Carmes. Peut-être des Juifs domiciliés dans cette rue, lui ont-ils fait donner ce nom. *Voy. Juiverie.* (rue de la) En 1380, l'Evêque de Nevers y avoit ſon Hôtel.

Juifs, (rue des) Quartier Saint-Antoine. Elle va de la

rue du Roi de Sicile dans celle des Rosiers. Ce nom lui vient de la demeure de plusieurs de cette nation dans cette rue, & les Quartiers des environs.

* Juifs, (rue des) Quartier Saint-Paul. *Voy. ci-dessus rue de Joui*.

* Juifs, (rue des) Quartier de la Grève. Ancien nom du cul-de-sac de Saint-Faron.

* Juifs, (rue des) Quartier Saint-André-des-Arcs. La rue de la Harpe a porté ce nom au milieu du treizième siècle, de même que celui *de la Juiverie*.

Juiverie, (rue de la) Quartier de la Cité. Cette rue qui fut élargie en 1507, de vingt pieds entre les deux ponts, continue la rue du Marché-Palu, & aboutit à celle de la Lantérne. En 1552, elle étoit en partie occupée par une halle, nommée *la halle de Beausse*. Ce nom lui a été donné à cause des Juifs qui y ont long-temps demeuré, & qui y étoient déjà établis dès le temps de Philippe-Auguste. Les plus riches y demeuroient, de même que dans les rues de la Pelleterie, de Judas & de la Tisseranderie ; les Artisans, les petits Courtiers & Fripiers occupoient les halles & toutes ces rues qui y aboutissoient. Ils avoient leurs écoles dans les rues Saint-Bon & de la Tâcherie. Leur Synagogue fut, en différens temps, dans la rue du Pet-au-Diable, ou dans celle-ci. Philippe-Auguste en 1183, après les avoir chassés, permit à l'Évêque de Paris, de convertir en Eglise leur Synagogue ; elle devint, & a toujours été depuis l'Eglise Paroissiale de la Madeleine. Deux terreins vagues sur lesquels on bâtit dans la suite les rues Galande & Pierre-Sarrazin, leur servoient de cimetières. Il ne leur étoit pas permis de paroître en public sans une marque jaune sur l'estomac. Philippe-le-Hardi les obligea même de porter une corne sur la tête. Il leur étoit défendu de se baigner dans la Seine ; & quand on les pendoit, c'étoit toujours entre deux chiens. Sous le règne de Philippe-le-Bel, leur Communauté s'appelloit *Societas Caponum* ; & la maison où ils s'assembloient, *domus Societatis Caponum*, d'où est venu, sans doute, le mot injurieux *Capon*.

Julien-le-pauvre, (rue Saint-) Quartier Saint-Benoît. Elle traverse de la rue Galande à celle de la Bucherie. C'est une des anciennes rues de Paris, qui s'est formée peu à peu sur le chemin par lequel on alloit à l'Eglise Saint-Julien.

* Jusseline, (rue) Quartier Saint-Benoît. Ce nom ainsi que *Jusselin* & *Jousselin*, est celui du cul-de-sac Bouvard

que l'on voit dans la rue Saint-Hilaire, & qui étoit désigné autrefois sous le nom *de la longue Allée*.

Juſſienne, (rue de la) Quartier Saint-Euſtache. Elle aboutit d'un côté dans la rue Coqhéron, & de l'autre dans la rue Montmartre. Son vrai nom eſt celui *de Sainte-Marie Egyptienne* : on la trouvé auſſi ſous ceux de *l'Egyptienne*, de *l'Egyptienne de Blois* & de *Gipecienne*. Elle faiſoit autre-fois partie de la rue Coqhéron. *Voy*. CHAPELLE *de Sainte-Marie Egyptienne*, t. 2. p. 259.

L

Laas, (rue de) Quartier Saint-André-des-Arcs. Ancien nom de la rue Saint-André-des-Arcs, qui le portoit conjointement avec la rue de la Huchette dont elle fait la continuation, parce qu'elles avoient été percées, ainſi que les voiſines, ſur le territoire de Laas, nom qui ſe donnoit au chemin qui règne le long de la riviere. Sauval dit que la rue Poupée fut nommée rue *de Lia* & rue *de Laas*.

* *Lagni*, (rue de) Quartier Sainte-Avoie. Ancien nom de la rue Sainte-Croix de la Bretonnerie, parce qu'elle étoit en partie ſur le Fief de l'Abbé de Saint-Pierre de Lagny.

* *Lair & l'Air*, (rue de) Quartier Saint-Antoine. Dénomination ancienne de la rue des Rats près les murs de la Roquette, & dont on ignore l'étymologie.

* *Lambert*, (rue neuve Saint-) Quartier du Luxembourg. Une des premieres dénominations de la rue de Condé.

* *Lamproie*, (rue de la) Quartier S. Antoine. Nom que portoit le cul-de-ſac Cocquerel, lorſqu'il formoit une ruelle aboutiſſante à la rue Culture-Sainte-Catherine.

Landri, (rue Saint-) Quartier de la Cité. Elle commence à la rue des Marmouzets, & aboutit à la riviere. C'étoit anciennement ce qu'on appelloit *le Port Notre-Dame*, & *Port Saint-Landri*. Le corps d'Iſabeau de Baviere, femme de Charles VI, morte le dernier Septembre 1435, fut porté à Saint-Denis d'une façon ſinguliere ; on l'embarqua à ce Port dans un petit bateau, & l'on dit au Batelier de le remettre au Prieur de l'Abbaye.

Landri, (rue du Chevet S.) Quartier de la Cité. Elle va d'un bout dans la rue des Marmouzets, & de l'autre dans la rue d'Enfer. Elle doit ſon nom au fond, ou rond-point de l'Eglise de Saint-Landri. On l'a aussi appellée rue de la Couronne. *

Langlois, (rue) Quartier Saint-Benoît. Nom donné par erreur à la rue des Anglois.

Langlois, (rue Alexandre) Quartier de la Place Maubert. Nom sous lequel la rue du Paon étoit connue dans le commencement du treizième siècle.

Langlois, (rue *Alexandre ou Gilbert*) Quartier du Louvre. Noms d'une ruelle qui regnoit le long de l'ancien Hôtel de la Monnoie, entre ledit Hôtel & la rue Béthisi, & qui au siècle dernier n'étoit plus qu'un cul-de-sac, nommé rue *Gui-d'Auxerre*.

Lanterne, (rue de la) Quartier de la Cité. Elle fait la continuation de la rue de la Juiverie, & aboutit au Pont Notre-Dame. Elle s'appelloit en 1457 rue de la *Place Saint-Denis de la Chartre*, rue *devant la Place & l'Eglise Saint-Denis*, rue *devant la Croix Saint-Denis*, rue *de la Jusrie & Juirie*, & rue *du Pont-Notre-Dame*. Le nom de la Lanterne lui vient d'une enseigne.

Lanterne, (rue de la) Quartier de la Grève. Elle va d'un bout à la rue des Arsis, & de l'autre à la rue Saint-Bon, vis-à-vis la Chapelle. Elle se nommoit primitivement ruelle Saint-Bon. De Chuyes l'appelle *rue de la Dentelle*.

Lanterne, (rue de la vieille) Quartier Saint-Jacques de la Boucherie. Ancienne dénomination de la rue de la Tuerie.

Lappe, (rue de) Quartier Saint-Antoine. Elle va de la rue de la Roquette à celle de Charonne. Elle doit son nom à un Jardinier nommé *Girard de Lippe*. Il paroît qu'elle se nommoit antérieurement *rue Gaillard*, à cause d'un Abbé de ce nom qui y fonda une Communauté de six Freres & d'un

---

* Il se tient dans cette rue les Dimanches & Fêtes, à cinq heures après midi, jusqu'à neuf heures du soir, un petit concert spirituel, conduit par un Ecclésiastique honnête, & grand amateur de musique (M. l'Abbé *Delormé*, ancienne haute-contre de Notre-Dame). Ce concert qui est toujours à grand chœur, est composé d'Elèves qui ont des talens, quoique le plus grand nombre ne fasse pas la profession de Musiciens. Il s'y est formé d'excellens Maîtres. Tous les amateurs y sont bien reçus. Il y a plus de quarante ans que cette école subsiste, & il y règne une paix & une union singulières. Ce concert qui est gratuit, a commencé dans un appartement au-dessus de l'Eglise de Saint-Landri, où M. l'Abbé *Delormé* étoit Habitué.

Supérieur Ecclésiastique, pour tenir les Ecoles des Garçons du Fauxbourg Saint-Antoine.

Lard, (rue au) Quartier des Halles. Elle va de la rue de la Lingerie où elle commence, à la boucherie de Beauvais. Elle prend son nom de la charcuiterie que l'on y vendoit.

Latran, (petite rue *Neuve Saint-Jean de*) Quartier de la Place Maubert. Nom ancien, sous lequel on a désigné la rue Dervillé, au champ de l'Alouette.

Laurent, (rue Saint-) Quartier Saint-Denis. C'étoit anciennement une ruelle ; mais aujourd'hui cette rue traverse du Fauxbourg Saint-Lazare dans celui de Saint-Laurent.

Laurent, (rue neuve Saint-) C'est la rue précédente que l'on a quelquefois nommée ainsi, pour la distinguer de celle du Fauxbourg.

Laurent, (rue neuve Saint-) Quartier Saint-Martin-des-Champs. Elle va d'un bout à la rue du Temple, & de l'autre au coin de celle de la Croix & du Pont-aux-Biches. En 1546 on la trouve désignée sous le nom de rue Neuve Saint-Laurent, dite *du Veribois*.

Laurent, (rue du Fauxbourg Saint-) Quartier S. Martin-des-Champs. C'est la continuation du Fauxbourg Saint-Martin, à commencer à la grille & au nouvel égout, jusqu'au chemin qui conduit au Village de la Chapelle. On trouve l'extrémité de ce Fauxbourg désigné sous le nom de *Fauxbourg de Gloire*.

Lavandieres, (rue des) Quartier Sainte-Opportune. Elle commence à la rue Saint-Germain-l'Auxerrois, & finit au Cloître Sainte-Opportune. Elle doit vraisemblablement son nom à des Blanchisseuses.

Lavandieres, (rue des) Quartier Saint-Benoît. Elle va d'un bout à la rue des Noyers, & de l'autre à la Place Maubert. Le grand nombre de Blanchisseuses ou Lavandières qui y demeuroient, lui a fait donner ce nom. Elle a toujours été appellée ou *ruella Lotricum*, ou *vicus Lotricum*, ou *rue à Lavandiéres & aux Lavandiéres*.

Lazare, (rue Saint-) Quartier Montmartre. Cette rue que l'on connoît mieux sous la dénomination de *rue des Porcherons*, commence à la Pologne, & finit à la rue du Fauxbourg Montmartre. On lui a quelquefois donné le nom de rue d'Argenteuil, parce qu'elle conduit à ce Bourg.

* *Lazare*, (rue Saint-) Quartier Saint-Denis. Nom que l'on a donné à la rue de Paradis, qui règne le long de l'enclos de Saint-Lazare.

Lazare, (rue du Fauxbourg Saint-) Quartier Saint-Denis. C'est la continuation du Fauxbourg Saint-Denis, ainsi désignée à cause de l'Eglise & de la maison de Saint-Lazare.

Lesdiguieres, (rue de) Quartier Saint-Paul. C'est plutôt un passage qui conduit de la rue de la Cerisaie à celle de Saint-Antoine, & qui est fermé la nuit à ses deux extrémités. Il a pris son nom de l'Hôtel de Lesdiguieres bâti du temps d'Henri IV. par Sébastien *Zamet*. C'est dans cet Hôtel qui ne subsiste plus, que le *Czar Pierre* logea en 1717. *Voyez* RUE *des Fossés Saint-Germain-l'Auxerrois*.

* *Lessives*, (rue des) Quartier Saint-Jacques de la Boucherie. Nom ancien sous lequel on a désigné la rue de la Tuerie, en 1512.

* *Leu*, (rue Saint-) Quartier Saint-Jacques-de-la-Boucherie. Ancienne dénomination de la rue Saint-Magloire, qui fait la continuation de la rue Salle-au-Comte, & que l'on appelloit aussi du même nom.

Leufroi, (rue Saint-) Quartier Saint-Jacques de-la-Boucherie. Elle fait face au Pont-au-Change, passe par-devant le grand-Châtelet, & se termine à la porte de Paris. On l'a nommée *rue du Châtelet*, & *rue devant le Chastel*. La Chapelle de S. Leufroi qu'on y voyoit, lui a fait donner ce nom.

Levrette, (rue de la) Quartier de la Grêve. Elle donne, d'un côté, dans la rue du Martroi ; & de l'autre, dans celle de la Mortellerie. Elle s'appelloit autrefois *rue Pernelli*, dont elle conserve encore le nom dans le bout du côté du quai de la Grêve, jusqu'où elle se prolongeoit. En 1491, on l'appelloit *ruelle aux poissons*; & en 1552, suivant Sauval, *ruelle des trois-Poissons*.

Licorne, (rue de la) Quartier de la Cité. Elle va de la rue Saint-Christophe à celle des Marmouzets. On la nommoit en 1269, *rue près le Chevet de la Madeleine*; & on la connoissoit aussi sous le nom de *vicus Nebulariorum*, rue *as Oubloyers*, *des Oublayers*, *Oblayes*, *aux Obléeurs*, *Oblayeurs* & *Oublieurs*. Elle doit son nom à une enseigne de la licorne.

* *Lieufroi*, (rue du Chevet-Saint-) Quartier Saint-Jacques-de-la-Boucherie. Elle commence vis-à-vis le Pont-au-Change, & aboutit à la rue Saint-Jacques-de-la-Boucherie, à laquelle elle ne se terminoit point en 1313. C'est l'ancien nom que portoit alors la rue de la Jouaillerie.

Limace, (rue de la) Quartier Sainte-Opportune. Elle va dans la rue des Bourdonnois, en traversant la rue des Déchargeurs. On l'appelloit autrefois *la rue aux Chats*, *la rue de la place aux Chats*, la rue *de la place aux Pourceaux, autrement dite de la Limace*, & la rue *de la vieils place aux pourceaux*, parce qu'elle en faisoit anciennement partie.

Limoges, (rue de) Quartier du Temple. Elle va de la rue de Poitou à celle de Bretagne. *Voy.* PLACE DE FRANCE.

* *Lingarière*, (rue) Quartier Saint-Martin-des-Champs. Nom douteux de la Corroyerie.

Lingerie (rue de la) Quartier de la halle, se rend, d'un bout, au coin de la rue de la Féronnerie ; & de l'autre, à la halle aux Poirées, au coin de la rue aux Fers. Il paroît par les anciens statuts, que les femmes & filles Lingères qui étaloient dans la halle de la lingerie, ne devoient recevoir avec elles ni femmes, ni filles de vie dissolue ; s'il s'y en rencontroit, aussi-tôt leurs marchandises étoient jettées dans la rue, & elles chassées honteusement. Ces statuts furent faits sous S. Louis & sous Philippe-le-Hardi, & ratifiés du temps de Charles VIII. Quant à l'autre côté de la rue de la Lingerie, il a été long-temps occupé par des Gantiers. Un d'eux ayant été convaincu d'avoir fait de la fausse monnoie, fut jetté tout vif dans l'huile bouillante à la Croix du Tiroir, il y a environ deux cents ans.

* *Lion*, (rue *du grand-*) Quartier Saint-Denis. Une enseigne a fait donner ce nom à la rue du petit-Lion, dans le quinzième & seizième siècles. *Voy. l'art. suivant.*

Lion, (rue du petit-) Quartier Saint-Denis. Elle aboutit à la rue Saint-Denis, en faisant la continuation de la rue Pavée. En 1630, elle portoit le nom de *rue du Lion d'or*, outre la porte Saint-Denis, ensuite celui de *rue au Lion* ou *du Lion*, long-temps après, *rue du grand-Lion* ; enfin rue du petit-Lion.

Lion, (rue du petit-) Quart. du Luxembourg. Elle commence, d'un côté, à la rue de Tournon, & finit, de l'autre, à celle de Condé. Elle doit ce nom à une enseigne. Anciennement on la nommoit *ruelle descendant de la rue neuve à la foire, & ruelle allant à la foire*.

* *Lionne*, (rue de) Quartier Montmartre. Nom ancien donné à la rue Sainte-Anne.

Lionnois, (rue des) Quartier Saint-Benoît. Elle va, d'un bout, à la rue des Charbonniers ; & de l'autre, à celle de Lourcine. Elle a été ouverte au commencement du dernier siècle.

* *Lions*, (rue aux) Quartier Saint-Antoine. C'est peut-être le passage qui conduit au cimetière Saint-Paul & aux charniers

charniers, & qui étoit anciennement une rue appellée *la rue de la Royne*.

Lions, (rue des) Quartier Saint-Paul. Elle va de la rue Saint Paul à celle du petit Musc. Elle faisoit partie de l'Hôtel de Saint-Paul, & prit son nom du bâtiment & des cours où étoient renfermés les grands & les petits lions du Roi. Un jour que François I s'amusoit à regarder un combat de ses lions, une Dame ayant laissé tomber son gant, dit à *de Lorges*, si vous voulez que je croie que vous m'aimez autant que vous me le jurez tous les jours, allez ramasser mont gant. *De Lorges* descend, ramasse le gant au milieu de ces terribles animaux, remonte, le jette au nez de la Dame; & depuis, malgré toutes les avances & les agaceries qu'elle lui faisoit, ne voulut jamais la voir. Brantome, *Dames Galantes*.

Lombards, (rue des) Quartier Saint-Jacques-de-la-Boucherie. Elle va de la rue Saint-Denis dans celle de Saint-Martin. Elle s'appelloit auparavant *la rue de la Buffeterie*; & même du temps des Lombards, on lui donnoit encore quelquefois ce nom, même celui de la rue de la *Pourpointerie*, qu'elle n'a pas conservé long-temps; mais à la fin celui des Lombards a prévalu sur les deux autres. Ces Lombards étoient des Usuriers & des créanciers si impatiens, que, par ironie, on disoit alors dans Paris *la patience des Lombards*. Dans le temps que Charles VI & les grands Seigneurs donnoient les Prébendes, les Prélatures & les Bénéfices, au plus offrant & dernier Enchérisseur, les Lombards prêtoient à gros intérêts, & faisoient des fortunes immenses.

Long-Pont, (rue de) Quartier de la Grève. Elle donne, d'un bout, au portail de l'Église Saint Gervais; & de l'autre, au port au bled, au quai de la Grève. Elle s'appelloit *rue aux Moines de Long-Pont*, d'un Hospice que ces Religieux y avoient. Ensuite on lui a donné le nom de *rue du port Saint-Gervais*, autrement *de Long-Pont*.

* *Longue-Allée*, (rue de la) Quartier Saint-Benoît. C'est un nom que portoit anciennement le cul-de-sac Bouvard.

* *Lorette*, (rue *Notre-Dame de*) Quartier Montmartre. Nom que portoit la rue Coquenart, à cause de la Chapelle de Notre-Dame de Lorette.

* *Lorges*, (rue de) Quartier Montmartre. Nom que devoit porter la continuation de la rue neuve-Saint-Augustin depuis la rue Gaillon jusqu'à celle de Louis-le-Grand, à cause de l'Hôtel de Lorges ou de Chamillart.

* *Louis*, (grand rue Saint-) Quart. du Louvre. Nom que l'on

donnoit à la rue Saint-Honoré, depuis la porte qui étoit près des Quinze-Vingts & au-delà.

Louis (rue Saint-) Quartier de la Cité. D'un côté, elle va du Pont Saint-Michel au quai des Orfévres, & fut ouverte sous le règne d'Henri IV, d'abord sous le nom de rue *neuve*, & ensuite sous celui de *rue neuve Saint-Louis*.

Louis, (rue Saint-) Quartier de la Cité. Cette rue qui doit son nom à l'Eglise Paroissiale de S. Louis, traverse l'Isle dans toute sa longueur. Elle a porté le nom de *rue Palatine*, jusqu'à celle des deux-Ponts; & depuis celle-ci, le nom de rue *Carelle*, & ensuite celui de rue *Marie*.

Louis, (rue Saint-) Quartier du Palais-Royal. Elle traverse de la rue Saint-Honoré dans celle de l'Echelle. L'Hôpital des Quinze-Vingts, fondé par Saint-Louis, lui a fait sans doute donner ce nom. Il y a dans cette petite rue un café très-renommé par l'excellente bierre que l'on y vend. Il est très-fréquenté, & il s'y assemble beaucoup de compagnies très-honnêtes.

Louis, (rue Saint-) Quartier Saint-Antoine. Elle commence, pour ce Quartier, au coin des rues neuve-Sainte-Catherine & de l'Echarpe, & se termine à celles du Parc-Royal & neuve-Saint-Gilles. On lui donnoit le nom de *rue de l'Egout couvert*, de *rue neuve-Saint-Louis*, & de *grande rue Saint-Louis*.

Louis (rue Saint-) Quartier du Temple. Relativement à ce Quartier, elle commence au coin des rues du Parc-Royal & neuve-Saint-Gilles, & se termine au carrefour de la vieille rue du Temple & des Filles du Calvaire. On lui a donné le nom de *rue de l'Egout*, puis celui de *l'Egout couvert*; ensuite on l'appella *rue neuve-Saint-Louis* & *grande rue Saint-Louis*. Il passoit autrefois un grand égout découvert sur le terrein qu'elle occupe.

Louis, (rue de l'Hôpital-Saint-) Quartier Saint-Martin-des-Champs. Elle va de l'extrêmité de la rue des Récollets, à la rue Saint-Maur, ou du chemin Saint-Denis.

Louis-le-Grand, (rue de) Quartier Montmartre. Elle va, d'une part, à la rue neuve-des-petits-Champs; & de l'autre, au boulevard. Elle doit son nom au Monarque dont on voit la magnifique statue équestre à la Place Vendôme dont elle est voisine.

Lourcine ou *Lorcines* (rue de) Quartier de la Place Maubert. Elle aboutit, d'un côté, à la rue Mouffetard; & de l'autre, à la barrière, près des Filles-Angloises, & du chemin qui conduit à Gentilly. On la trouve sous les dénominations de *Lourfine*, *l'Ourfine*, *Lorfine*, *l'Orfine* & de *l'Urfine*. Sauval ajoute « qu'en 1414, on l'appelloit *la Ville de Lour-* » *fine-lès-Saint-Marcel*, depuis la rue du clos de Ganay, à » cause du Chancelier de Ganay qui y avoit une maison de » plaisance, & que quelquefois on la nomme *la rue de Fran-* » *chise*, parce qu'étant située dans le Fief de Lourcine qui » appartient à l'Hôpital de Saint-Jean-de-Latran, les Com- » pagnons Artisans y peuvent travailler, sans que les Maîtres » puissent les en empêcher. » Elle est nommée *vicus de Lor-* *finis*, & *vicus de Lorcinis*, dans le testament de *Gallien de Poix*, Chanoine de Saint-Omer, & Fondateur des Cordelières qui sont dans cette rue. Ce testament est de l'an 1287. Son premier nom étoit donc la rue de *Lorcine*, dont on a fait *Lourcine*. On y voit l'Hôtel du Fief de Lourcine, avec les armoiries de Saint-Jean-de-Latran & le nom du Fief. A quelque distance, est une maison en forme de galerie & de pont, qui traverse la rue à quinze pieds environ de hauteur. La maladrerie de Sainte-Valère est à l'entrée de cette rue.

* *Louvre* (rue du) Quartier du Louvre. Nom que portoit anciennement le cul-de-sac des PP. de l'Oratoire, lequel n'est plus fermé aujourd'hui.

* *Lude* (rue du) Quartier Saint-Germain. Nom qu'on a donné à la rue des Brodeurs, & qu'elle portoit en 1644.

Lune, (rue de la) Quartier Saint-Denis. Elle va, d'un bout, dans la rue Poissonnière; & de l'autre, au boulevard, porte Saint-Denis. On ignore d'où cette rue a pris son nom. *Voy.* FILLES *de la petite Union Chrétienne*.

* *Luxembourg* (grande rue de) Quartier du Luxembourg. Nom que portoit la rue de Vaugirard en 1659.

Luxembourg, (rue neuve de) Quart. du Palais-Royal. Elle commence dans la rue Saint-Honoré, & aboutit sur le boulevard. Le terrein qui forme aujourd'hui cette rue, a été acquis des héritiers de feu M. le Maréchal Duc de Luxembourg qui y avoit fait bâtir son Hôtel.

M

* *Machel* ou *Matel*, (rue André) Quartier Saint-André-des-Arcs. C'est peut-être le nom de la rue qui est vis-à-vis les Mathurins, & qui conduit au cloître Saint-Benoît.

Mâcon, (rue) Quartier Saint-André-des-Arcs. Elle commence au coin de la rue de la vieille-Boucherie & de la rue de la Harpe, & finit à la rue Saint-André-des-Arcs. *Jean*, Comte *de Mâcon*, & *Alix* sa femme, cédèrent à l'Abbaye

Bb ij

de Saint-Germain-des-Prés, le droit qu'ils avoient de prendre à Paray, dont ils étoient Seigneurs, quarante-quatre setiers d'avoine, quarante-quatre poules, quarante-quatre pains & quarante-quatre deniers parisis, pour une maison située à Paris près-Saint-André. C'est apparemment de l'Hôtel que ce Comte eut depuis en ce Quartier-là, que fut formé le nom de la rue Mâcon. *Voy.* PARAY & l'Abbé Lébœuf, t. 10, p. 87. On donna aussi à cette rue celui de *rue vieille-Bouclerie*, dite Mâcon. Un terrier de l'Abbaye Saint-Germain, de 1523, la désigne ainsi, & ajoute que l'Hôtel des Comtes de Mâcon étoit entre deux portes, *maison aboutissant par derrière à celle de la rue de la Harpe*. *Voy.* BOUCLERIE. (rue de la vieille-)

Mâcon, (rue de l'Abreuvoir-) Quartier Saint-André-des-Arcs. C'est cette descente qui conduit à la rivière, en venant des rues Saint-André-des-Arcs, de la vieille-Bouclerie & de la Huchette. *Voy. Abreuvoir-Mâcon.*

Maçons,, (rue des) Quartier Saint-André-des-Arcs. Elle aboutit, d'une part, à la place de Sorbonne; & de l'autre, dans la rue des Mathurins. Cette rue qui se prolongeoit jusqu'à la rue des Poirées, n'a perdu cette extension, que pour favoriser la construction de la Place de Sorbonne. Elle doit son nom à la famille d'un nommé *le Maffon*, lequel y demeuroit au treizième siècle. Elle a été aussi désignée sous les dénominations de *vicus Cæmentariorum* & de *vicus Lathomorum*. Les Comtes *de Harcour* avoient en cet endroit un Hôtel dont on voit encore des restes dans ceux d'une Chapelle qui en faisoit partie, & qui étoit au coin de cette rue, du côté des Mathurins.

Madeleine, (rue de la) Quartier du Palais-Royal. Elle va de la rue du Fauxbourg Saint-Honoré à celle de l'Arcade, & à l'Eglise Paroissiale à qui elle doit son nom. On l'a aussi nommée la *rue l'Evêque*, du nom de son territoire, & *rue de l'Abreuvoir-l'Evêque*.

* *Madeleine*, (rue de la) Quartier de la Cité. Nom que Sauval dit que la rue de la Licorne portoit en 1300.

* *Madeleine*, (rue de la) Quartier du Luxembourg. Ancien nom de la rue Sainte-Catherine.

* *Madelonettes*, (rue des) Quartier Saint-Martin-des-Champs. *Voy.* rue des Fontaines.

Magloire, (rue Saint-) Quartier Saint-Jacques-de-la-Boucherie. Elle va de la rue Saint-Denis dans la rue Salle-au-Comte. On lui a donné les noms de *rue Saint-Leu*, *Saint-Gilles*, de *neuve-Saint-Magloire*, & *de ruelle de la prison de Saint-Magloire*.

Mail, (rue du) Quartier Montmartre. Elle va, d'un bout, dans la rue des Petits-Pères, & de l'autre, dans la rue Montmartre. Elle a retenu ce nom d'un mail ou pal-mail qui y a subsisté jusqu'en 1633, & qui regnoit depuis la porte Montmartre, jusqu'à celle de Saint-Honoré. Il en est fait mention sous le nom de pal-mail, en parlant du premier terrein que les Augustins Déchaussés acquirent dans l'endroit où ils sont à présent.

Maillet, du Maillet & des deux Maillets (rue) Quartier du Luxembourg. Elle va de la rue d'Enfer à celle du Fauxbourg Saint-Jacques. Ce n'est qu'un chemin de communication.

Maire, (rue au) Quartier Saint-Martin-des-Champs. Elle va de la rue Saint-Martin, près de l'Eglise S. Nicolas, & se termine à la rue Frépillon, & au petit cul-de-sac du puits de Rome. Le Maire ou Juge de la Jurisdiction de Saint-Martin-des-Champs qui demeuroit dans cette rue où il rendoit la justice, lui a fait donner ce nom. On l'a désignée mal-à-propos sous ceux d'*Omer, Aumair, Aumere* & *Aumaire*. Autrefois elle se prolongeoit jusqu'à la rue du Temple.

* *Maladrerie* (rue de la) Quartier Saint-Germain. Nom ancien donné à la rue de Babylone. *Voy. Babylone.* (rue de)

* *Maladrerie*, (rue de la) Quartier du Luxembourg. Nom que la rue de Sèvre portoit au treizième siècle & aux suivans.

* *Maladrerie*, (petite rue de la) Quartier Saint-Germain. C'étoit un nom que l'on avoit donné à la rue de la Chaise.

* *Maleparole*, (rue de la) Quartier Sainte-Opportune. Nom ancien de la rue des deux-Boules.

* *Malet*, (rue André) Quartier de la Grève. Premier nom que la rue du Coq a porté.

* *Malivaux* (rue) Quartier de la Grève. Nom qu'a porté la partie de la rue des Barres du côté de la rivière, à cause du moulin de ce nom qui faisoit face à cette rue sur la rivière, avant le milieu du seizième siècle.

* *Malouin*, (rue du champ-) Quartier du Luxembourg. Ancien nom de la rue Saint-Romain.

* *Maqueron* ou *Moqueron*, (rue) Quartier Saint-Eustache. Altération du nom de la rue Coqhéron.

Maquignone, (rue) Quartier de la Place Maubert. Elle commence à la rue des Saussaies, & finit au marché aux chevaux. Elle doit sans doute son nom aux Maquignons qui viennent à ce marché.

* *Marais*, (rue des) Quartier du Palais-Royal. C'est l'ancien nom de la rue du chemin vert, aujourd'hui la rue verte.

* *Marais*, (rue des) Quartier Montmartre. Nom du cul-de-sac de la Grange-Batelière.

Marais, (rue des) Quartier Saint-Martin-des-Champs. Elle va de la rue du Fauxbourg Saint-Martin à celle du Fauxbourg du Temple. Les marais & le terrein lui ont donné le nom qu'elle porte.

* *Marais*, (rue du petit) Quartier Saint-Antoine. Ancien nom de la rue Pavée.

Marc, (rue Saint-) Quartier Montmartre. Elle va de la rue de Richelieu dans la rue Montmartre, & n'a été ouverte que vers le milieu du siècle dernier; cependant c'étoit un chemin qui communiquoit d'un Fauxbourg à l'autre.

* *Marcel*, (rue de la porte Saint-) Quartier de la Place Maubert. C'est ainsi que Guillot nomme la rue Bordet.

* *Marcel*, (rue des Fossés-Saint-) Quartier Saint-Benoît. Nom ancien de la rue de la vieille Estrapade.

Marcel, (rue des hauts-fossés-Saint-) Quartier de la Place Maubert. *Voy.* RUE *de Fer*.

* *Marcel & du Fauxbourg* Saint-, (rue Saint-) Quartier de la Place Maubert. Nom donné par quelques Auteurs à la rue Mouffetard.

Marche, (rue de la) Quartier du Temple. Elle va de la rue de Poitou dans celle de Bretagne. *Voy.* PLACE DE FRANCE.

Marché, (rue du) Quartier du Palais Royal. Cette rue conduisoit à un marché qui a été transféré près de la porte Saint-Honoré, & dont elle tire son nom; elle a son entrée dans la rue d'Aguesseau, & dans celle de Surènes.

Marché-Neuf, (rue du) Quartier de la Cité. Elle commence, d'un bout, au portail de Saint-Germain-le-vieil, à la rue du Marché-Palu, & finit à l'extrémité du Pont-Saint-Michel; le marché & les deux petites rues qui y conduisent, étant comprises sous le même nom.

* *Margot*, (rue de la grosse) Quartier Saint-Antoine. Nom donné par le Peuple à la rue Cloche-Percé en 1660.

Marguerite, (rue Sainte-) Quartier Saint-Antoine. Elle va de la rue du Fauxbourg Saint-Antoine, à celle de Charonne. L'Eglise Paroissiale de Sainte-Marguerite lui a fait donner ce nom.

Marguerite, (rue Sainte-) Quartier Saint-Germain. Elle va du carrefour des rues de Buci, des Boucheries & du Four, à la rue de l'Egout où elle finit. En 1312, elle s'appelloit rue *Madame la Valence*, & fut détruite pour faire un fossé, lequel fut comblé en 1635, & l'on fit une rue nouvelle, à laquelle on donna le nom qu'elle porte aujourd'hui.

Marguerite, (petite rue Sainte-) Quartier Saint-Germain. Nom de la rue qui conduit depuis la porte de l'Abbaye à celle de l'Eglise, rue Sainte-Marguerite.

* *Marguilliers*, (rue des) Quartier du Luxembourg. Nom que Sauval donne à la rue du Cœur-Volant.

Marie, (rue Sainte-) Quartier Saint-Germain. Elle va de la rue de Verneuil dans celle de Bourbon. Elle doit son nom à une Chapelle de la Sainte Vierge, qui existoit sur l'emplacement où elle a été percée.

* *Marie*, (rue) Quartier de la Cité. Nom que portoit la rue Saint-Louis en 1654, de celui d'un des Entrepreneurs des quais de l'Isle.

Marigni (rue de) Quartier du Palais-Royal. C'est le chemin planté d'arbres qui communique des champs Elisées à la rue du Fauxbourg Saint-Honoré. Il fut ouvert lors de la nouvelle plantation du cours, par les ordres de M. *de Marigni*, aujourd'hui Marquis *de Mesnars*, alors Directeur & Ordonnateur Général des Bâtimens, Jardins, Arts, Académies & Manufactures Royales, & à qui cette rue doit son nom.

Marion, (rue de l'Arche-) Quartier Sainte - Opportune. Elle va de la rue Saint-Germain-l'Auxerrois à la rivière, en passant sous le quai de la Mégisserie. *Voy*. ABREUVOIR-MARION.

* *Marionnettes* & *Mariettes*, (rue des) Quartier de la Place Maubert. Nom que portoit la rue des Marmouzets. *Voy*. t. 3, p. 30.

* *Marionnettes* & *du Marjolet*, (rue des) Quartier Saint-Benoît. Nom d'une rue qui ne subsiste plus, laquelle est en face du passage des Carmélites, & aboutissoit à la rue de l'Arbalêtre dans le Fauxbourg Saint-Jacques. Cet emplacement fut donné aux Feuillantines & aux Filles de la Providence.

* *Marivas*, *Marivaux* & du *petit-Marivaux*, (rue) Quartier Sainte-Antoine. Anciens noms de la rue Pavée.

Marivaux, (grande rue de) Quartier Saint-Jacques-de-la-Boucherie. Elle va de la rue des Lombards dans celle des Ecrivains.

Marivaux, (petite rue) Quartier Saint-Jacques-de-la-Boucherie. Elle rend, d'un bout, dans la rue de Marivaux;

B b iv

& de l'autre, dans celle de la vieille-Monnoie. La maison où demeuroit *Nicolas Flamel*, fait le coin de cette rue & de celle des Ecrivains. *Voy. cette dernière.*

N. B. Le terrein sur lequel ces deux rues sont situées, s'appelloit *Marivas* en 1254 & 1273.

Marmouzets, (rue des) Quartier de la Cité. Elle commence à la rue de la Juiverie, & finit au cloître Notre-Dame, au coin de la rue de la Colombe. Une grande maison appellée *la maison des Marmouzets*, qu'une tradition dit avoir été rasée en punition d'un grand crime que l'on y avoit commis, lui a fait donner le nom qu'elle porte. *

---

* On ne sait si l'on doit regarder comme un conte, ou comme une vérité, une tradition fort ancienne, qu'il y ait eu autrefois dans la rue des Marmouzets, un Barbier qui coupoit la gorge à quelques-uns de ceux qu'il rasoit; & puis livroit leurs corps à un Pâtissier qui en faisoit des pâtés, dont il avoit un débit surprenant. Ces crimes horribles ayant été découverts, le Barbier & le Pâtissier furent punis de mort; leurs maisons rasées, & une pyramide érigée en leur place. On n'a point de preuves positives de tous ces faits; mais il est constant que pendant plus de cent ans, il y a eu dans cette rue une place vuide, sur laquelle le Propriétaire ne croyoit pas qu'il lui fût permis de bâtir. Pierre Belut, Conseiller au Parlement, à qui elle appartenoit, en demanda la permission à François I; & ce Prince, par des Lettres-Patentes du mois de Janvier de l'an 1536, permit d'y faire bâtir & réédifier une maison pour être habitée, ainsi que les autres maisons de Paris; nonobstant, ajoutent-elles, ledit prétendu Arrêt, Sentence du Prévôt de Paris, condamnation de l'Hôtel de notredite Ville, & autres quelconques qui sur ce pourroient être intervenus; auxquels Arrêts, Sentence & condamnation, avons, de notre autorité, dérogé & dérogeons par ces présentes; & sur ce, imposons silence perpétuel à notre Procureur présent & à venir. Quoiqu'on ne trouve nulle part ni informations, ni Arrêt qui parlent de ce prétendu crime, il ne s'ensuit nullement qu'il soit faux; car dans les crimes atroces & extraordinaires, il a toujours été d'usage, & il l'est encore aujourd'hui, d'en jetter au feu les informations & la procédure, pour ne point les rendre croyables: *Nam sunt crimina quæ ipsa magnitudine fidem non impetrant.*

A cette anecdote, on va en faire succéder une autre que l'Auteur des *Recherches sur Paris*, assure plus vraie. Louis, fils du Roi Philippe I, avoit fait abattre, de son autorité, partie d'une maison de cette rue, près de la porte du cloître, qui appartenoit au Chanoine *Duranci*. Elle sailloit trop à son gré, & rendoit peut-être ce passage trop incommode.

Marmouzets, (rue des) Quartier de la Place Maubert. Elle va, d'un côté, à la rue Saint-Hippolyte; & de l'autre, à celle des Gobelins. Elle a porté le nom de rue *des Marionnettes & des Mariettes*. Une enseigne l'a fait appeler rue des Marmouzets.

* *Marterel*, *Martrai* & *Martroi-Saint-Jean*, (rue du) Quartier de la Grève. Anciens noms que portoit la rue des *vieilles-Garnisons*.

Marthe, (rue Sainte-) Quartier Saint-Germain, dans l'enclos de l'Abbaye. Elle commence à la porte qui est dans la rue Saint-Benoît; & par un retour d'équerre, elle finit à la rue Childebert. Elle doit son nom à D. *Denis de Sainte-Marthe*, Général de la Congrégation de Saint Maur.

Martin, (petite rue Saint-) Quartier des halles. Nom que l'on a donné à la rue Grosnière & à la rue du petit Saint-Martin.

Martin, (rue du petit Saint-) Quartier des halles. Elle forme une partie circulaire qui sort de la rue Jean de Beausse,

---

Le Chapitre de Notre-Dame réclama ses privilèges & ses immunités. Louis reconnut son tort, promit de ne plus rien attenter de semblable, & consentit de payer un denier d'or d'amende. Afin que cette réparation fût plus authentique, on choisit le jour que Louis étoit monté sur le thrône, & épousa *Adélaïde* de Savoie. Il voulut bien la faire avant que de recevoir la bénédiction nuptiale, & il permit qu'il en fût fait mention dans les regîtres du Chapitre. *Pastoral A*, p. 645. *Carta* 77.

On lit ce qui suit dans le Traité de la Police, tom. 1, p. 560. » Ceux d'entre nous, dit le Commissaire la Mare, qui ont vu le com- » mencement du règne de Sa Majesté, se souviennent encore, que les » rues de Paris étoient si remplies de fange, que la nécessité avoit intro- » duit l'usage de ne sortir qu'en bottes, & quant à l'infection que cela » causoit dans l'air, le sieur Courtois, Médecin, qui demeuroit rue des » Marmouzets, a fait cette petite expérience, par laquelle on jugera du » reste: il avoit dans sa salle sur la rue, de gros chenets à pomme de » cuivre, & il a dit plusieurs fois aux Magistrats & à ses amis, que tous » les matins, il les trouvoit couverts d'une teinture de vert-de-gris assez » épaisse, qu'il faisoit nétoyer pour faire l'expérience le jour suivant; » & que depuis l'année 1663, que la police du nettoiement des rues a » été rétablie, ces taches n'avoient plus paru. Il en tiroit cette consé- » quence, que l'air corrompu que nous respirons, faisoit d'autant plus » d'impressions malignes sur les poumons & sur les autres viscères, que » ses parties sont incomparablement plus délicates que le cuivre, & que » c'étoit la cause immédiate de plusieurs maladies.

& qui y rentre. On a donné aussi ce nom à la rue Grosnière.

Martin, (rue du Four Saint-) Quartier des halles. Ce nom est vraisemblablement celui de la rue précédente, à cause d'un four aux halles, dont jouissoit le Prieuré de Saint-Martin-des-Champs en 1119.

Martin, (rue Saint-) Quartier Saint-Martin-des-Champs. Elle commence au coin des rues de la Verrerie & des Lombards, & finit à la porte Saint-Martin. Elle doit ce nom à l'Abbaye, aujourd'hui Prieuré de Saint-Martin-des-Champs. *

Martin, (rue des Fossés-Saint-, ou rue *basse*) Quartier Saint-Martin-des-Champs. Elle commence à la rue du Fauxbourg Saint-Martin, & aboutit à une voierie qui lui avoit fait donner le nom de *chemin de la voierie*. Comme elle est plus basse que le boulevard, le long duquel elle est située, on l'a prolongée jusqu'à la barrière du Temple, sous le nom de *rue basse-Saint-Martin*; mais depuis 1770, elle a été continuée en ligne droite, parallèlement à la grande allée du rempart, jusqu'à la rue du Fauxbourg du Temple, dans la largeur de trente pieds, & l'on a changé son nom en celui de *Bondi*, en vertu d'un Arrêt du Conseil du mois de Décembre 1771.

Martin, (rue du Fauxbourg Saint-) Quartier Saint-Martin-des-Champs. Elle commence à la porte Saint-Martin, & finit à la grille ou pont qui traverse le grand égout.

Martin, (rue neuve-Saint-) Quartier Saint-Martin-des-Champs. Elle va de la rue Saint-Martin, à la rue Notre-

---

* On appelloit *champclos* un terrain qu'on couvroit de sable, & qu'on entouroit d'une double barrière, avec des échafauds pour le Roi & les Juges du champ, pour les Dames, les Gens de la Cour & le Peuple. Ces espèces de théâtres destinés à être arrosés du sang de la Noblesse, se faisoient ordinairement aux dépens de l'Accusateur. Quelquefois l'Accusé avoit la fierté de vouloir qu'ils se fissent à frais communs. *Il y a grande apparence*, dit Sauval, *que les lices ou champclos de Saint-Martin-des-Champs, & de l'Abbaye de Saint-Germain-des-Prés, étoient toujours prêts, & qu'on les laissoit là sans les renouveller, jusqu'à ce qu'ils ne fussent plus en état de servir*. Les Religieux de ce Prieuré & de cette Abbaye, avoient sans doute la bonté de les louer, & on leur avoit l'obligation de trouver un endroit où se couper la gorge, qui coûtoit beaucoup moins, que s'il eût fallu le faire préparer exprès. *Ess. Hist. sur Paris*, t. 1, p. 230.

Dame de Nazareth, au coin de celle du Pont-aux-Biches. Le terrein sur lequel elle a été construite, s'appelloit *la pissote* * *Saint-Martin*, d'où elle a pris son nom. On la trouve aussi sous celui de *rue de Mûrier*.

Martroi, (rue du) Quartier de la Grève. Elle va, d'un côté, à la Place de Grève; & de l'autre, à la rue du Monceau-Saint-Gervais. Elle a porté les noms de *rue du Chevet-Saint-Jean*, & de *rue Saint-Jean*, ceux de *rue du Martel-Saint-Jean*, du *Maltois*, *Martroi* & *Martrai*. Selon Sauval, ce mot vient de *Martyretum*, terme de la basse latinité, & diminutif de *Martyrium*, qui signifie un tombeau, une châsse, une Eglise, &c. Ainsi, selon lui, le Martroy-Saint-Jean, signifie la rue de l'Eglise S. Jean ou celle du cimetière-Saint-Jean. Ces vieux mots subsistent encore dans quelques Villes de France, comme à Orléans, où la grande place publique se nomme *le Martroy*, & où il y a un cimetière nommé *le Martroi aux corps*. Il en est de même dans le Languedoc, où les Paysans donnent à la Fête de la Toussaint le nom de *Martrou*, pour dire la Fête des Martyrs. Peut-être cette étymologie est-elle la véritable, parce que la Place de Grève où elle aboutit, a été destinée pour le supplice des Criminels.

Martyrs, (rue des) Quartier Montmartre. C'est la continuation de la rue du Fauxbourg Montmartre, depuis la barrière jusqu'à Montmartre même. Elle doit son nom à une Chapelle où l'on croit que Saint Denis & ses Compagnons ont été décapités. On connoît aussi cette rue sous le nom de *rue des Porcherons*.

Masure, (rue de la) Quartier Saint-Paul. Elle commence à la rue de la Mortellerie, & finit à l'ancienne place aux veaux ou quai des Ormes. Son nom lui vient d'un nommé *Desmazures* qui en a fait bâtir presque toutes les maisons.

* *Mathelin*, (rue Saint-) Quartier Saint-André. *Voy.* RUE *des Mathurins*, & RUE *Saint-Jacques*.

Mathurins, (rue des) Quartier Saint-André-des-Arcs. Elle va de la rue de la Harpe à celle de Saint-Jacques. Elle a porté les noms de rue *du Palais du Therme*, du *Palais des Thermes*, de *rue des Thermes*, de *Saint-Mathelin*; mais mal-à-propos de *rue du Palais du Therme*, & de *rue du Palais*.

Mathurins, (rue des) Quartier du Palais-Royal. Cette rue

---

* On entend par ce mot des échoppes, de petites chaumières, ou lieux couverts de branchages. *Rech. sur Paris*, tom. 2, p. 74.

nouvellement percée, commence à la rue de l'Arcade, & se termine à celle de la chauffée d'Antin. Elle doit son nom à son emplacement, sur lequel les Religieux de ce nom ont plusieurs possessions.

Mathurins, (rue de la Ferme des) C'est encore une rue nouvellement percée, laquelle commence dans la rue précédente; & par un retour d'équerre, va aussi aboutir à la rue de la chauffée d'Antin, Quartier du Palais-Royal.

Matignon (rue) Quartier du Palais-Royal. Elle aboutit, d'un côté, dans la rue des Orties; & de l'autre, par un retour d'équerre, dans le cul-de-sac Saint-Thomas-du-Louvre. Cet emplacement formoit au quinzième siècle l'hôtel, la place & les jardins de la *petite Bretagne*, qui avoient appartenus aux Ducs de Bretagne. Elle doit son nom à M. *Jacques de Matignon*, Comte de Thorigny, qui y fit bâtir un Hôtel.

* *Matte*, (rue de) Quartier Saint-Antoine. Nom donné mal-à-propos à la rue de Lappe.

Maubert, (rue du pavé de la Place) Quartier de la Place Maubert. Elle va, du bout de la rue de la Bucherie, à la Place dont elle porte le nom. On l'a nommée, mal-à-propos, *rue d'Amboise*.

Maubué, (rue) Quartier Saint-Martin-des-Champs. Elle commence à la rue Saint-Martin, & aboutit au coin de la rue du Poirier. Elle fait la continuation de la rue Simon-le-Franc. On l'a appellée *rue de la Fontaine-Maubué*, & *rue de la Baudroirie*.

Mauconseil, (rue *du puits de*) Quartier du Luxembourg. Nom que portoit la rue du vieux Colombier, depuis la rue Férou, jusqu'à celle de Pot-de-Fer.

* *Mauconseil*, (rue) Quartier Sainte-Opportune. Nom que portoit la rue des deux-Boules, aussi bien que celui de *Malparole*, au douzième & treizième siècles.

Mauconseil, (rue) Quartier Saint-Denis. Elle va de la rue Saint-Denis dans celle de Montorgueil, au coin de la rue Comtesse d'Artois. Sauval pense que le nom de *Mauconseil* vient du Seigneur du Château de Mauconseil situé en Picardie, & qui est célèbre dans Froissard.

Maudétour & *Mondétour*, (rue de) Quartier des halles. Elle commence à la rue des Prêcheurs, & finit à celle du Cygne, près la porte du cloître Saint-Jacques-de-la-Boucherie. En 1300, 1330 & 1386, on la nommoit *rue Maudestour* & *Maudestours*; mais en 1422, depuis la rue de la Truanderie, jusqu'à celle du Cygne, elle s'appelloit *la ruelle* où la *rue Jean-Gilles*. On ignore d'où lui peut venir ce nom.

Maur, (rue Saint-) Quartier Saint-Martin-des-Champs. Cette rue dont l'emplacement a toujours porté le nom *de chemin de Saint-Maur*, commence à la rue du Fauxbourg du Temple, & fait la continuation du chemin de Saint-Denis. Elle finit derrière l'Hôpital Saint-Louis, à l'extrêmité du Fauxbourg Saint-Laurent. Quelquefois on lui donne le nom de chemin Saint-Denis.

Maur, (rue Saint-) Quartier du Luxembourg. Elle tombe d'un côté, dans la rue de Sèvre; & de l'autre, dans celle des vieilles-Tuileries. Il n'y a pas long-temps qu'on la nommoit *rue neuve-Saint-Maur*, pour la distinguer de la précédente. Elle doit son nom, aussi bien que la rue Sainte-Placide, qui est au-dessous, à deux Religieux célèbres dans l'Ordre de S. Benoît, ce terrein appartenant aux Religieux de l'Abbaye S. Germain.

Maures, (rue des trois-) Quartier Saint-Jacques-de-la-Boucherie. Elle va de la rue Trousse-Vache dans celle des Lombards. On la connoissoit dans le douzième siècle sous le nom de *Guillaume Joce* ou *Josse*. Elle doit son nom à l'enseigne d'une Auberge.

Mauvaises-Paroles, (rue des) (Voy. *Paroles*.)

Mazarine, (rue) Quartier Saint-Germain. Elle se rend, d'un côté, au carrefour des rues Dauphine, Saint-André, de la Comédie & de Buci; & de l'autre, à la rue de Seine. On la connoissoit ci-devant sous le nom de *rue du Fossé* ou *des Fossés*, parce qu'elle a été élevée sur le chemin qui bordoit le fossé de l'enceinte de Philippe-Auguste, que l'on nommoit *la rue des Buttes*, à cause des décombres de deux tuileries qui formoient des élévations. Le retour d'équerre que l'on voit au bout de cette rue, s'appelloit, vers le milieu du quinzième siècle, *rue Traversine* & *rue de Nesle* & *petite rue de Nesle*, en 1636, parce qu'il conduisoit à la porte & à l'Hôtel de ce nom. Celui de rue Mazarine lui vient du Collége Mazarin ou des quatre Nations.

* *Médard*, (rue Saint-) Quartier de la Place Maubert. Nom que portoit la rue de la Clef en 1587.

Médard, (rue neuve-Saint-) Quartier de la Place Maubert. Elle va de la rue Mouffetard dans la rue Gratieuse. Son premier nom étoit rue d'Ablon, à cause du territoire d'Ablon, sur lequel il y avoit des vignes appartenantes à l'Abbaye Sainte Geneviève.

Menars, (rue de) Quartier Montmartre. Elle donne,

d'un côté, dans la rue de Richelieu; & de l'autre, dans celle de Grammot. Elle doit son nom à un Hôtel appartenant au Président de Menars. Ci-devant ce n'étoit qu'un cul-de-sac qui a été ouvert en 1767.

Ménétriers ou *Menestrels*, (rue des) Quartier Saint-Martin-des-Champs. Elle va de la rue Saint-Martin à la rue de Beaubourg. Elle doit son nom à des Joueurs d'instrumens qui demeuroient dans cet endroit, & qui la firent nommer *vicus Viellatorum*, *vicus des Jugléours*, *vicus Joculatorum*, rue *des Jugleurs*, *aux Jongleurs*, rue *des Menestrels*, enfin rue *des Ménétriers*. *

* *Menuicet* ou *Mucet*, (rue *Raoul*) Quart. Saint-Eustache. Il paroît que cette rue est la partie de la rue des vieilles-Etuves, comprise dans l'Hôtel de Soissons.

* *Merci*, (rue de la) Quartier Sainte-Avoie. Nom que quelques Auteurs ont donné à la rue du Chaume, à cause de l'Eglise de la Merci que l'on y voit.

Mercier, (rue) Quartier Saint-Eustache. Elle commence à la rue de Grenelle, & finit à la nouvelle halle au bled. Elle porte le nom de M. Mercier, alors Echevin de Ville.

* *Merderel*, (rue) Quartier Saint-Eustache. Un des premiers noms de la rue Verderet.

* *Merderel*, *Merderet*, *Merderiau*, (rue) Quartier des halles. C'est ainsi que se nommoit anciennement la rue Verdelet, parce qu'elle étoit fort étroite & fort sale, de même que la rue Verderet. C'est ainsi qu'on a adouci leur nom.

* *Merderel*, (rue) Quartier du Temple. Nom que portoit la rue des marais du Temple.

* *Merderet*, (rue) Quart. Saint-Jacques-de-la-Boucherie. Nom que la mal-propreté a fait donner à la rue Saint-Jerôme.

* *Merreins*. (rue des) C'est le nom que portoit anciennement le quai de la Grêve.

* *Merri*, (rue Saint ou de *l'Arche-Saint-*, ou *de la porte*

---

* On entend aujourd'hui par le mot de *Ménétriers*, les Joueurs de vielle ou de violon, qui vont dans les guinguettes & dans les Villages; celui de *Jongleurs* signifioit aussi la même chose; mais dans l'origine, c'étoient des Poëtes qui alloient réciter leurs vers chez les Grands. Ensuite on donna ce nom à des Batteleurs ou Farceurs qui chantoient les Poésies des *Trouvères* ou *Troubadours*, & accompagnoient ces chants ou récits sur différens instrumens. *Rech. sur Paris*, tom. 2, pag. 76.

RUE 403

Saint-) Quartier Saint-Martin-des-Champs. Noms que l'on a donnés à la partie de la rue Saint-Martin, comprise entre la rue neuve-Saint-Merri & celle de la Verrerie.

Merri, (rue du Cloître Saint-) Quartier Saint-Martin-des-Champs. Elle va, d'une part, dans la rue Saint-Martin; & de l'autre, dans celle de la Verrerie.

Merri, * (rue neuve-Saint-) Quartier Saint-Martin-des-Champs. Elle va de la rue Saint-Martin à la rue Barre-du-Bec, vis-à-vis celle de Sainte-Croix-de-la-Bretonnerie. On l'a appelée *rue neuve* pour la distinguer de la rue de la Verrerie que l'on appelloit rue Saint-Merri en 1284. Le Bureau des Jurés-Crieurs est situé dans cette rue.

Meslai, (rue) Quartier Saint-Martin-des-Champs. Elle traverse de la rue Saint-Martin à celle du Temple. Elle doit son nom à l'Hôtel de M. de Meslai. Elle s'appelloit aupa-

---

* En 1759, *Perein Macé*, Garçon Changeur, assassina dans cette rue Jean Baillet, Trésorier des Finances. Le Dauphin, depuis Charles V, Régent du Royaume pendant la prison du Roi Jean son père, ordonna à Robert de Clermont, Maréchal de Normandie, d'aller enlever ce Scélérat de l'Eglise de Saint-Jacques-de-la-Boucherie où il s'étoit réfugié, & de le faire pendre : ce qui fut exécuté. Jean de Meulant, Evêque de Paris, cria à l'impiété, prétendit que c'étoit violer les immunités ecclésiastiques, envoya ôter du gibet le corps de cet Assassin, & lui fit faire dans cette même Eglise de Saint-Jacques-de-la-Boucherie, d'honorables funérailles, auxquelles il assista : c'étoit bien de l'honneur à ce pendu. Quelques jours après, Robert de Clermont fut massacré dans une sédition, en soutenant les intérêts de son Roi : Jean de Meulant défendit qu'on lui donnât la sépulture dans aucune Eglise ou cimetière, disant qu'il avoit encouru l'excommunication, en faisant enlever Perrin Macé d'un lieu saint, & qu'un Excommunié ne devoit pas être enterré parmi les Fidèles. Plusieurs Eglises & Couvens de Paris jouissoient du droit d'asyle, entr'autres, Saint-Jacques-de-la-Boucherie, Saint-Merri, Notre-Dame, l'Hôtel-Dieu, l'Abbaye S. Antoine, les Carmes de la Place Maubert & les Grands-Augustins. On va juger de l'abus de ces asyles par un seul exemple : en 1365, Guillaume Charpentier assassina sa femme; son crime étoit public, prouvé, avéré : il convenoit lui-même qu'il l'avoit commis; des Sergens l'arrachèrent de l'Hôtel-Dieu où il s'étoit réfugié, & le traînèrent en prison; il présenta sa plainte, sur laquelle le Parlement condamna les Sergens à l'amende, & ordonna que ledit Guillaume Charpentier seroit rétabli dans son asyle, & en effet il y fut remis. Il est certain qu'il ne fut pas puni. *Ess. Hist. sur Paris*, tom. I, pag. 254 & *suiv.*

ravant *rue des Remparts*, ensuite *rue Sainte-Apolline & de Bourbon*, depuis qu'elle fut alignée avec cette rue; & enfin *rue Meslai* dans toute son étendue, depuis 1726.

* *Mesmes* (rue de) Quartier de la Place Maubert. Nom donné mal-à-propos à la rue Copeau par Sauval.

Mesnil-Montant, * (rue du) Quartier du Temple. C'est le chemin qui conduit du Boulevard au Hameau de ce nom, qu'on appelloit anciennement le *Mesnil-Maudan*, le *Mesnil-Mautemps* & *Mautemps*. La roideur de ce chemin, qui a été diminuée & adoucie en 1732, semble justifier le nom de Mesnil-Montant qu'il porte aujourd'hui.

* *Meûnier*, (rue *Etienne le*) Quartier Sainte-Avoie. Nom d'une ruelle qui étoit dans la rue des Singes.

Mézière, (rue) Quartier du Luxembourg. Elle aboutit, d'une part, dans la rue du Pot-de-Fer; & de l'autre, dans la rue Cassette. Elle doit son nom aux jardins de l'Hôtel de Mézières qui regnoient le long de cette rue. On lui a donné le nom de rue *de l'Hôtel de Mézière*.

* *Michel*, (rue Saint-) quartier du Luxembourg. Nom qu'a porté la rue Barouillère en 1675.

* *Michel*, (rue des *Fossés-Saint-*) Quartier du Luxembourg. Nom ancien de la rue Saint-Hyacinthe, à cause de sa situation près de la porte Saint-Michel.

* *Michel & du Fauxbourg Saint-*, (rue) Quartier du Luxembourg. Un des premiers noms de la rue d'Enfer, parce qu'elle commence le Fauxbourg Saint-Michel.

Michel, (rue *du Pont-Saint-*) Quartier de la Cité. Nom que portoit en 1398 la partie de la rue de la Barillerie, depuis celle de la Calendre.

Michel-le-Comte, (rue) Quartier Saint-Martin-des-Champs. Elle va, d'un bout, dans la rue Beaubourg, se terminant à la rue Grenier-Saint-Lazare dont elle fait la continuation; & de l'autre, dans la rue du Temple, au coin de celle de Sainte-Avoie.

Michodière, (rue de la) Quartier Saint-Denis. Cette rue nouvellement ouverte sur les terreins situés rue Poissonnière, entre le boulevard & le clos Saint-Lazare, procure un débouché de la rue basse-Saint-Denis, jusqu'à la rue de

---

* Anciennement on appelloit *Mesnil* une maison de campagne, *Masnilium*, *Mansionile*, & on s'est souvent servi de ce mot pour désigner un Hameau ou petit Village.

Paradis

Paradis. Elle doit son nom à M. *de la Michodière*, Prévôt des Marchands actuellement en exercice. (année 1778) Les Lettres-Patentes sont du 14 Octobre 1772.

Mignon, (rue) Quartier Saint-André-des-Arcs. Elle traverse de la rue du Battoir dans celle du Jardinet. Elle a porté le nom de *rue des Petits-Champs*; & selon du Breul, de *rue Semelle*. *

Minimes, (rue des) Quartier Saint-Antoine. Elle commence à la rue Saint-Louis, & aboutit à celle des Tournelles. Elle doit son nom aux Minimes qui y sont établis.

* *Minimes*, (rue neuve des) Quartier du Temple. Nom douteux donné par Sauval à la rue Saint-Claude.

* *Mire*, (rue Jean le) Quartier Saint-Eustache. Ancien nom de la rue du Jour.

Miromesnil, (rue de) Quartier du Palais-Royal. On a piqué cette rue nouvelle qui doit commencer à la rue du Fauxbourg Saint-Honoré, & rendre dans la rue verte. Elle doit son nom à l'illustre Magistrat auquel Sa Majesté a confié ses sceaux, & qui exerce les fonctions du Chef de la Justice (M. le Chancelier Meaupeou).

* *Miséricorde*, (rue de la) Quartier de la Place Maubert. Nom que Sauval dit être celui de la rue du Pont-aux-Biches, depuis que l'Hôpital de ce nom y a été fondé.

* *Moine*, (rue du) Quartier Saint-Benoît. Dénomination que Guillot donne à une rue qui paroît être la rue des Chiens.

Moine, (rue du petit) Quartier de la Place Maubert. Elle aboutit, d'une part, à la rue Mouffetard; & de l'autre, à celle de la Barre. Elle doit son nom à une enseigne.

Moineaux, (rue des) Quartier du Palais-Royal. Elle va, d'une part, dans la rue neuve-Saint-Roch; & de l'autre, dans celle des Orties.

---

* Dans la rue Mignon, Quartier Saint-André-des-Arcs, il y avoit une petite maison à porte cochère, qui a été long-temps remarquable à cause de cette inscription qui étoit sur la porte: *In fundulo, sed avito*, que Benserade traduisoit plaisamment par ces mots: *Je suis gueux, mais c'est de race*. Apparemment que ceux qui en sont aujourd'hui Propriétaires, & qui sont Gens de condition, ont rougi de la modestie de leurs prédécesseurs, puisqu'ayant fait réparer le cintre de la porte de cette maison en 1728, l'inscription qui y étoit auparavant, n'y a pas été remise.

Tom. IV. Cc

* *Mollard*, (rue) Quartier Sainte-Avoie. Nom douteux donné par Sauval au cul-de-sac Péquai.

Mongallet, (rue de) Quartier Saint-Antoine. Elle commence à la rue de Reuilli, & finit à celle de la Planchette & de la vallée de Fécan. Elle portoit auparavant le nom de *rue du bas-Reuilli*.

Monnoie, (rue de la) Quartier du Louvre. Cette rue ainsi nommée à cause de l'ancien Hôtel des Monnoies, qui étoit auparavant sur l'emplacement de la rue Boucher, est située au bout & en face du Pont-Neuf, entre les rues du Roule & la place des trois-Maries. Elle a porté anciennement le nom de rue *O Cerf* & *du Cerf*.

Monnoie (rue de la vieille-) Quartier Saint-Jacques-de-la-Boucherie. Elle aboutit, d'un côté, dans la rue des Lombards; & de l'autre, au carrefour des rues de la Heaumerie, de la Savonnerie & des Ecrivains. Elle a été appellée rue de la vieille-Monnoie ou *Passementière* en 1636. On ignore le temps où l'Hôtel de la Monnoie, dont elle porte le nom, existoit dans cette rue.

* *Monnoie*, (petite rue de la) Quartier du Louvre. C'est le nom d'une rue ou d'une ruelle qui étoit entre l'Hôtel de la Monnoie & la rue Béthisi.

* *Monnoie* ou *Monnoie du Louvre*, (rue de la ou *de la petite*) Quartier du Palais-Royal. Nom que quelques Auteurs ont donné à la rue des Orties, depuis le second guichet jusqu'à la cour des Tuileries, probablement parce que la monnoie des médailles y est située, & qu'on y a frappé des monnoies.

* *Montauban*, (rue de) Quartier de la Place Maubert. Nom d'une ruelle ou d'un cul-de-sac qui alloit de la rue Coupeaux au Tripot de Montauban, & qui fait le retour de la rue neuve-Saint-Etienne. Elle aboutissoit à la rue du Fauxbourg Saint-Victor.

* *Montigni*, , (rue de) Quartier du Temple. Nom que devoit porter la rue de Saintonge.

Montigni, (rue de) Quartier de la Place Maubert. rue nouvellement ouverte sur le quai de la Tournelle, laquelle, suivant le projet, devoit être prolongée jusqu'à la rue Saint-Victor, & lors de l'acquisition du terrain où étoit le jardin des Bernardins, sur lequel on a formé la nouvelle halle aux veaux. Elle doit son nom à M. *de Montigny*, Trésorier de France, qui a été chargé de donner l'alignement des rues de cette nouvelle halle.

Montmartre, (rue) Quartier Saint-Eustache. Elle commence pour ce Quartier à la Pointe Saint-Euſtache, & finit au coin des rues neuve-Saint-Euſtache & des Foſſés-Montmartre. Elle a porté le nom de *rue de la porte Montmartre*, parce que cette porte y étoit ſituée.

Montmartre, (rue des Foſſés) Quartier Montmartre. Elle va de la rue Montmartre, à la Place des Victoires. Elle alloit juſqu'à la rue des Petits-Champs, avant l'élévation de cette Place. Le foſſé qui étoit à la porte Montmartre, lui a fait donner d'abord le nom de *rue du Foſſé*.

Montmartre, (rue du Fauxbourg) Quartier Montmartre. Elle va du rempart à l'Abbaye de Montmartre, en comprenant ſous ce nom, celle des Martyrs. *Voy. rue des Martyrs*.

Montmorenci, (rue de) Quartier Saint-Martin-des-Champs. Elle commence à la rue Saint-Martin, & finit à celle du Temple. On la nommoit anciennement *rue au Seigneur de Montmorenci*, d'un Hôtel qui a été long-temps habité par les Seigneurs de cette Maiſon, dit Sauval. Cet Hôtel fut vendu en 1363 au Seigneur *de Hongeſt*, par un Prêtre nommé *Velva*.

Montorgueil. (rue) Elle fait la continuation de la rue Comteſſe d'Artois, & ſe termine à celle des Petits-Carreaux.

Montreuil, (rue de) Quartier Saint-Antoine. Elle commence à la boucherie du Fauxbourg Saint-Antoine, & conduit au Village de Montreuil. C'eſt dans cette rue que l'on voit la maiſon de M. Titon, remarquable par un ſalon orné de peintures faites par les plus grands Maîtres. Cet Hôtel eſt devenu aujourd'hui une manufacture de papiers tontiſſes. M. *Titon* a été l'Architecte d'un monument qui témoignera éternellement ſon zèle pour les Arts. C'eſt un Parnaſſe françois, qu'il a fait exécuter en bronze à la gloire de la France, de Louis-le-Grand, & des plus célèbres Poëtes & Muſiciens depuis François I. Sur une montagne iſolée, ſont placées ſeize figures principales, & une vingtaine de génies portant les médaillons des Auteurs moins fameux. La Nymphe de la Seine y tient lieu de la fontaine d'Hypocrène. Louis XIV y eſt à la place d'Apollon, & ſemble inſpirer tous ces grands hommes par la protection dont il les honore. Les illuſtres de la Suze, des Houlières & Scudéry repréſentent les trois Graces. *Garnier* a exécuté ce monument, dont tous les aſpects ſont également riches & agréables, & *Jean Audran* l'a gravé. M. Titon en donna en 1732 une deſcription en un volume *in-fol*. orné de figures, qui a été suivi d'un supplément en 1743, & d'un autre en 1755.

More, (rue cour du) Quartier Saint-Martin-des-Champs. Elle va de la rue Beaubourg dans celle de Saint-Martin. Elle se nommoit en 1313, rue *Jehan Palée*; & en 1330, la *rue Palée*. C'étoit une cour qui a été prolongée pour en faire une rue. Des Filoux & des Voleurs faisoient leur retraite de cette cour. En 1559, les Bourgeois des environs obtinrent du Prévôt des Marchands & Échevins, la permission de la faire fermer par les deux bouts; & en 1568, *Robert* Rouelle, Conseiller au Parlement, Locataire à longues années de la maison située au coin de la même rue, du côté de la rue Saint-Martin, obtint pour 60 livres la permission des Gouverneurs de l'Hôpital de Saint-Julien, de faire bâtir sur cette rue une chambre qui la couvre encore aujourd'hui, & qui va du premier étage de cette maison, au jubé de l'Eglise de S. Julien.

* *More*, (rue du) Quartier de la Place Maubert. Nom qu'on donnoit anciennement à la rue Gracieuse, dont la rue du Noir fait la continuation.

Moreau, (rue) Quartier Saint-Antoine. Elle va de la rue de Charenton à celle de la Rapée. Comme elle regne en partie le long du Couvent des Religieuses Angloises, on l'appelle aussi la *ruelle des Filles Angloises*.

* *Morfondus*, (rue des) Quartier du Palais-Royal. Ancienne dénomination de la rue d'Anjou au Fauxbourg Saint-Honoré.

* *Morfondus*, (rue des) Quartier de la Place Maubert. Nom ancien de la rue neuve-Saint-Etienne, à cause d'une maison que l'on appelloit *la maison des Morfondus* ou *des Réchauffés*.

Moricourt (rue de la Folie-) Quartier du Temple. Elle conduit de la rue du Fauxbourg du Temple, à celle du Mesnil-Montant. On l'a appellée ainsi du nom d'un Particulier.

* *Morins*, (rue des) Quartier du Temple. Nom ancien de la rue Saint-Gervais, à cause du terrein de ce nom.

Mortellerie, (rue de la) Quartier de la Grève & de Saint-Paul. Quant au premier Quartier, elle commence à la Grève, & finit au coin de la rue Geoffroy-l'Asnier; & à l'égard du second, la partie de cette même rue commence au coin de la rue Geoffroi-l'Asnier, & se termine au carrefour de l'Hôtel de Sens. Il paroît qu'elle doit son nom à la famille de *Pierre* & *Richard le Mortelier* qui y demeuroient en 1348.

* *Morue*, (rue de la bonne-) Quartier du Palais-Royal. *Voy. Elysées.* (rue *des Champs-*)

* *Mouffetard*, (rue) Quartier de la Place Maubert. Elle commence au bout de la rue Bordet à la rue Contrescarpe, & finit aux Gobelins. Elle a porté les noms de *Montfétart, Maufetard, Mofetard, Moufetart, Mouflard, Moflart, Moflart*, &c. qui, selon l'Abbé Lebeuf, font autant d'altérations de son vrai nom *Mont-Cétard*, * territoire à travers duquel elle passoit, lorsqu'elle n'étoit qu'un simple chemin. Elle a porté encore au commencement du siècle passé les noms de *rue Saint-Marcel, grande rue Saint-Marceau* & *vieille Ville Saint-Marcel*.

* *Moulin*, (rue du) Quartier de la Cité. Nom ancien de la rue de la Lanterne.

Moulin, (rue du haut-) Quartier de la Cité. Elle va, d'un bout, à la rue de la Lanterne; & de l'autre, à celle de Glatigni. Elle a été nommée *rue Saint-Denis-de-la-Chartre, rue neuve-Saint-Denis, rue Saint-Symphorien*, dans une partie; & dans l'autre, *rue des Hauts-Moulins*, & rue & la petite rue *du Haut-Moulin*. La Chapelle Saint Luc étoit autrefois connue sous l'invocation de *S. Symphorien*.

* *Moulins*, (rue des & du *terrein aux*) Quartier du Palais-Royal. Ancien nom de la rue Sainte-Anne, à cause de deux moulins qui étoient sur ce terrein.

Moulins, (rue des) Quartier du Palais-Royal. Elle aboutit, d'une part, au bout de la rue l'Evêque; & de l'autre, à la rue Thérèse. Elle doit son nom aux moulins dont nous venons de parler à l'article précédent.

Moulins, (rue des) Quartier du Temple. Elle commence à la rue Saint-Maur & du chemin Saint-Denis, & conduit aux moulins de la butte de Chaumont, à laquelle elle doit son nom.

* *Mousquetaires*, (vieille rue des) Quartier Saint-Antoine. Nom ancien donné à la rue du bas Reuilli, & au cul-de-sac contigu.

Mouffi, (rue de) Quartier Sainte-Avoie. Elle va de la rue de la Verrerie dans celle de Sainte-Croix-de-la-Bre-

---

*Tout le territoire du *Mont-Cétard* étoit partie en vignes & partie en terres labourées. Le vignoble qui étoit situé entre les rues que nous nommons Moufetard & du Jardin du Roi, le long de la rue Copeau, s'appelloit *le Breuil*, Brolium. Rech. sur Paris, tom. 4, p. 95.

tonnerie. On l'a nommée la rue du *Franc-Mourier*, *Morier* & *Meurier*.

* *Moutier*, (rue du) Quartier Saint-Benoît. Ancien nom de la rue des Prêtres, qui traverse de la rue Bordet au quarré Sainte-Geneviève.

Mouton, (rue du) Quartier de la Grève. Elle va, d'un bout, à la Place de Grève, & de l'autre, à la rue de la Tisseranderie. Elle doit son nom à *Jean Mouton* qui y demeuroit, ou à l'enseigne de sa maison.

* *Moutons*, (rue des deux-) Quartier Saint-André-des-Arcs. Nom ancien de la rue Gilles-Cœur, donné par l'Editeur de Dubreul en 1639.

* *Muce* (rue *du petit*, & de *Put-y-*) Quartier Saint-Paul. Nom donné par Sauval à la rue du petit-Musc.

Muette, (rue de la) Quartier de la Place Maubert. Cette rue aboutit au carrefour de Clamart, en faisant la continuation de la rue du Fer-à-Moulin, dont elle n'étoit point distinguée anciennement.

Mule, (rue du pas de la) Quartier Saint-Antoine. Elle aboutit, d'un côté, à la Place Royale; & de l'autre, au boulevard. Elle a porté les noms de rue *Royale* & de *petite rue Royale*. On ignore l'étymologie de celui qu'elle porte aujourd'hui.

Mulets, (rue des) Quartier du Palais-Royal. Elle va de la rue d'Argenteuil dans celle des Moineaux.

* *Mûrier* (rue du) Quartier Saint-Martin-des-Champs. Ancien nom de la rue neuve-Saint-Martin.

Mûrier, (rue du) Quartier de la Place Maubert. Elle aboutit, d'une part, à la rue Traversine; & de l'autre, à celle de Saint-Victor. Elle a porté les noms de *rue Pavée*, *rue Pavéegoire*.

* *Mûrier*, (rue du) Quartier Saint-Benoît. Nom ancien de la rue des Poules.

* *Murs*, (rue des) Quartier de la Place Maubert. Ancienne dénomination de la rue d'Arras.

Musc, (rue du petit-) Quartier Saint-Paul. Elle commence à la rue Saint-Antoine, & finit au quai des Célestins. On croit qu'elle tire son étymologie du voisinage d'une voierie qui étoit dans l'ancien champ au plâtre, sur une partie duquel elle a été ouverte, & qu'on la nommoit, pour cette raison, rue de *Pute-y-Muce*. On lui a donné aussi ceux *du petit-Muce*, *de la petite-Puce*, *des Célestins*, & mal-à-propos de *Petimus*. * Il est certain qu'il a existé dans cette rue un Hôtel du petit-Musc; on ignore si c'est lui qui a donné le nom à la rue, ou si c'étoit d'elle qu'il le tenoit.

N

* *Naples* (rue de) Quartier Saint-Antoine. Nom donné mal-à-propos à la rue de Lappe.

* *Navet*, (rue) Quartier de la Grève. Dénomination d'une des extrêmités de la rue des Teinturiers.

Nazareth, (rue de) Quartier de la Cité. Elle va du quai des Orfévres, en commençant à la grille vis-à-vis l'abreuvoir, & aboutit à l'Hôtel de M. le premier Président. Elle a porté aussi le nom de rue de *Galilée*. Voy. *Arcade*. (rue de l')

Nazareth (rue Notre-Dame de) Quartier Saint-Martindes-Champs. Cette rue qui fait la continuation de la rue neuve-Saint-Martin, dont elle a porté le nom, va, d'un bout, dans la rue du Pont-aux-Biches; & de l'autre, dans celle du Temple. Elle doit celui qu'elle porte aujourd'hui, aux Pères de Notre-Dame de Nazareth.

* *Nemours*, (rue de l'Hôtel de) Quartier Saint-Andrédes-Arcs. Nom que portoit en 1656, la partie de la rue des Grands-Augustins, du côté du Quai.

* *Nesle*, (rue de) Quartier Saint-Eustache. Ancienne dénomination de la rue d'Orléans.

* *Nesle* (rue & *petite* rue *de*) Quartier Saint-Germain. Nom que portoit le retour d'équerre de la rue Mazarine, aboutissant dans la rue de Seine, à cause de la porte & de l'Hôtel de ce nom auquel il conduisoit.

* *Neuve* (rue) Quartier Saint-Jacques-de-la-Boucherie. Dénomination donnée dans le Traité de la Police par le Commissaire Lamarre, à la rue Pierre-au-Poisson. Voy. BOUCHERIE, tom. 2, pag. 647 & suiv.

Neuve des Mathurins, (rue) ainsi nommée, parce qu'elle

---

* Germain Brice prétend que c'est parce que dans l'espace qu'elle occupe à présent, se trouvoit autrefois l'Hôtel des quatre Maîtres des Requêtes, que l'on nommoit l'Hôtel *Petimus*, sur ce que les Requêtes que l'on présentoit alors en langue latine, ainsi que tous les actes judiciaires commençoient toujours par le mot *Petimus*.

coupe des terres qui appartiennent aux Religieux Mathurins. *Voy. Mathurins.* (rue des)

Nevers, (rue de) Quartier Saint-Germain. Elle commence au quai de Conti, & aboutit à la rue d'Anjou. Cette rue a été connue sous le titre de *ruelle par laquelle on entre & sort du quai & jardin de l'Hôtel Saint-Denis.* M. Jaillot dit que ce n'étoit, au treizième siècle, qu'une ruelle qui servoit de passage aux eaux & aux immondices de la maison des Frères Sachet & du jardin du Collège Saint-Denis. Elle a été aussi appellée *rue des deux-Portes*, parce qu'elle étoit fermée par ses deux extrêmités ; & comme elle règnoit le long des murs de l'Hôtel de Nevers, elle en porte aujourd'hui le nom. *Voy. Quai de Conti.*

Nicaise, (rue Saint-) Quartier du Palais-Royal. Elle commence à la rue Saint-Honoré, & finit dans celle des Orties. Elle doit son nom à une Chapelle de Saint Nicaise qui servoit à l'Hôpital des Quinze-Vingts, au milieu du quinzième siècle.

Nicolas, (rue Saint-) Quartier Saint-Antoine. Elle va de la rue Saint-Antoine dans celle de Charenton.

* *Nicolas*, (rue Saint-) Quartier du Temple. C'est le premier nom de la rue des douze-Portes, à cause de *Nicolas le Jai*, premier Président, qui y demeuroit.

Nicolas, (rue du cimetière Saint-) Quartier Saint-Martin-des-Champs. Elle va de la rue Saint-Martin à la rue Transnonain. Elle doit son nom au cimetière de cette Paroisse, auquel elle conduisoit.

Nicolas-du-Chardonneret, (rue Saint-) Quartier de la Place Maubert. Elle va, d'un côté, à la rue Traversine; & de l'autre, à celle de Saint-Victor. L'Eglise vis-à-vis de laquelle elle aboutit, lui a fait donner ce nom.

* *Nicolas du Louvre*, (rue Saint-) Quartier du Palais-Royal. Nom ancien de la rue Saint-Thomas du Louvre.

Noir, (rue du) Quartier de la Place Maubert. Cette rue qui fait la continuation de la rue Gracieuse, aboutit à celle d'Orléans. On l'a nommée *la rue du More*, à cause d'une enseigne.

Nonaindières, (rue des) Quartier Saint-Paul. Elle commence à la rue de Joui, & finit au quai des Ormes. Ce nom est une altération de celui d'Hières, qui devroit s'écrire rue des Nonains d'Hières, à cause de l'Abbaye de ce nom qui y possédoit une maison en 1182, & qu'on a nommée *la maison de la Pie. Voy.* tom. *3,* pag. *213.*

Normandie, (rue de) Quartier du Temple. Elle commence à la rue Charlot, & finit au carrefour des Filles du Calvaire. C'étoit un chemin qui conduisoit à l'ancienne porte du Temple.

* *Notre-Dame*, (rue du Pont-) Quartier de la Cité. Ancienne dénomination de la rue de la Lanterne.

* *Notre-Dame*, (rue) Quartier Saint-Martin-des-Champs. Nom donné au cul-de-sac Saint-Louis, par le Commissaire Brillet, Continuateur du Traité de la Police.

* *Notre-Dame*, (rue) Quartier de la Place Maubert. Ancienne dénomination de la rue Censier, depuis la rue du Pont-aux-Biches.

Notre-Dame, (rue neuve-) Quartier de la Cité. Elle va, d'un bout, au marché-Palu; & de l'autre, au parvis de la Cathédrale. En 1163, elle s'appelloit *la rue neuve*, ensuite on y a ajouté celui de *Notre-Dame* qu'elle porte aujourd'hui.

Notre-Dame, (rue vieille) Quartier de la Place Maubert. Elle commence à la rue de la Clef, dont elle fait la continuation, & finit à celle du Pont-aux-Biches, entre les rues d'Orléans & Censier.

Notre-Dame de Bonne-Nouvelle, (rue) Quartier Saint-Denis. En traversant de la rue Beauregard, elle aboutit sur le rempart. La Paroisse de Notre-Dame de Bonne-Nouvelle lui a fait donner le nom qu'elle porte.

* *Notre-Dame-des-Champs*, (rue) Quartier Saint-Benoît. Ancienne dénomination de la rue de *Paradis*, une des six rues, ruelles ou cul-de-sacs qui existoient autrefois dans le Fauxbourg Saint-Jacques, & qui ne subsistent plus qu'en partie. Celle-ci est située à côté du passage qui conduit aux Ursulines.

Notre-Dame des Champs, (rue) Quartier du Luxembourg. Elle commence à la rue de Vaugirard, & finit à la rue d'Enfer, vis-à-vis celle de la Bourbe, en continuant le long du boulevard neuf, d'un côté, & des marais de l'autre. C'étoit anciennement le chemin qui conduisoit aux Carmélites qui occupent aujourd'hui l'Eglise de Notre-Dame des Champs; & ce chemin s'appelloit *le Chemin Herbu*, depuis rue du Barc, & enfin celui de *Notre-Dame des Champs*.

Notre-Dame de Recouvrance, (rue de) Quartier Saint-Denis. Cette rue, ainsi appellée depuis 1540, va de la rue Beauregard au boulevard. Elle a porté aussi le nom de *petite rue Poissonnière*, sans doute parce qu'elle est parallèle à la rue Poissonnière.

Notre-Dame des Victoires, (rue) Quartier Montmartre. Cette rue, en faisant la continuation de la rue des Petits-Pères, aboutit, par un retour d'équerre, dans la rue Montmartre. Elle doit son nom à l'Eglise des Augustins ou Petits-Pères, laquelle est sous l'invocation de Notre-Dame des Victoires. Elle a reçu anciennement les dénominations de *chemin Herbu*, de *rue des Victoires*, des *Pères Augustins déchaussés*, enfin de *Notre-Dame des Victoires*.

* *Noyer*, (rue du) Quartier du Temple. Il paroît vraisemblable que le cul-de-sac de l'Echiquier, rue du Temple, est un reste de cette rue qui subsistoit dans ce Quartier en 1303, laquelle étoit située entre les rues de Braque & des vieilles-Haudriettes, & étoit de la largeur de quatre toises.

Noyers, (rue des) Quartier Saint-Benoît. Elle commence à la rue Saint-Jacques, & finit à la Place Maubert. Elle a pris son nom des noyers qu'il y avoit au bas du clos-Bruneau, à l'endroit où on la voit aujourd'hui. Sauval dit que le Peuple la nomma *la rue Saint-Yves*, à cause de la Chapelle de ce Saint, mais qu'elle ne le porta pas long-temps, puisqu'en 1401, elle avoit repris son premier nom: il ajoute qu'elle fut élargie en 1672.

O.

Oblin, (rue) Quartier Saint-Eustache. Elle commence à la Place de Saint-Eustache, & se rend à la halle au bled. Elle doit son nom à un des Entrepreneurs de cette nouvelle halle.

Observance, (rue de l') Quartier Saint-André-des-Arcs. Elle se rend, d'une part, à la rue des Cordeliers; & de l'autre, à celle des Fossés de M. le Prince. Le nom qu'elle porte lui vient des Religieux de l'étroite observance, dits Cordeliers, dont l'Eglise a son portail dans cette rue.

Observatoire, (rue de l') Quartier Saint-Benoît. C'est le chemin qui règne le long de l'Observatoire.

Œufs, (rue du port aux) Quartier de la Cité. Elle aboutit, d'un côté, dans la rue de la Pelleterie; & de l'autre, à la rivière. Elle a porté les noms de *ruelle descendant sur la rivière*, de *port aux œufs*, de *ruelle Jean Natteau*, & de *Garnier-Marcel*. C'étoit l'emplacement du Port-aux-Œufs, un des plus anciens de Paris.

Ogniard, (rue) Quartier Saint-Jacques-de-la-Boucherie. Elle commence à la rue des cinq-Diamans, & finit à celle de Saint-Martin. Le nom de cette rue a souffert bien des variations successives. Elle a porté, entr'autres, ceux de *Amauri de Roussi*, *de Rossi*, *Emauri de Roissi*, & *Marie de Poissi*; ensuite ceux de *Hungard*, *Houguart*, *Uniard*, *Ognart*, *Oignat*, *Oignac*, *Aniac* & *Haumard*.

Oiseaux, (rue des) Quartier du Temple. Elle va de la rue de Beausse, aboutir, par un retour d'équerre, au petit marché & à la rue de Bourgogne. On la trouve indiquée sous le nom *de petite rue Charlot*. Elle fut percée en 1626, & elle doit son nom à une enseigne.

Olivet, (rue d') Quartier Saint-Germain. Elle aboutit à la rue de Traverse & à celle des Brodeurs. On la nomme communément *la petite ruelle*. On la trouve indiquée sous le nom de *petite rue de Traverse*. Le territoire d'Olivet, sur lequel elle est située, l'a fait nommer ainsi.

* *Opportune*, (petite rue Sainte-) Quartier Sainte-Opportune. Ancienne dénomination donnée par Valleyre à la rue des Fourreurs; de même que celle de Sainte-Opportune, donnée à la rue de la Tabletterie, par Sauval.

Orangerie, *des Oranges* & *des Orangers*, (rue de l') Quartier de la Place Maubert. Elle va de la rue d'Orléans dans la rue Censier.

* *Oreille*, (rue de vieille-) Quartier de la Grêve. *Voy. Coutellerie*. (rue de la)

Orfévres, (rue des) Quartier Sainte-Opportune. Elle aboutit, d'un côté, dans la rue Saint-Germain-l'Auxerrois; & de l'autre, dans la rue Jean-Lantier. Originairement elle s'appelloit *des Moines de Joie-en-Val*, & *Jenvau* par corruption. L'Hôtel de l'Abbaye de Joie-en-Val y étoit situé. On l'a nommée aussi *la rue d'entre deux-portes*, *aux deux-portes* & *des deux-portes*, parce qu'elle étoit fermée par ses deux extrémités. En 1636, on l'a appelée la *rue de la Chapelle aux Orfévres*, à cause de la Chapelle & de l'Hôpital qu'ils y ont fait bâtir.

* *Orillon*, (rue) Quartier Saint-André-des-Arcs. Suivant Sauval, c'est un nom que la rue des trois-Chandeliers portoit en 1246.

Orléans, (rue d') Quartier du Temple. Elle aboutit, d'un côté, à la rue des quatre-Fils; & de l'autre, au coin des rues d'Anjou & de Poitou.

Orléans, (rue d') Quartier Saint-Eustache. Elle va de la rue Saint-Honoré à celle des deux-Ecus; lorsqu'elle se prolongeoit jusqu'à la rue Coquillère, elle s'appelloit *rue de Nesle*. Elle a été appellée *rue de Bohême*, du nom du

Roi de Bohême, *Jean de Luxembourg* qui y demeuroit; & en 1388, *rue d'Orléans*, après que *Louis de France*, Duc d'Orléans, fut devenu Propriétaire de l'Hôtel de Bohême. Quelquefois on y a ajouté *dite des Filles pénitentes & des Filles repenties.*

Orléans, (rue d') Quartier de la Place Maubert. Elle commence à la rue Mouffetard, & finit à celle du Jardin du Roi. Elle s'appelloit anciennement *rue des Bouliers*, & *aux Bouliers* & *de Richebourg*, à cause du territoire de ce nom. On ne lui donna le nom d'Orléans, que lorsque *Louis de France*, Duc d'Orléans, fils du Roi Charles V, y eut une maison de plaisance. Elle lui avoit été donnée par Isabelle de Bavière, Reine de France, sa belle-sœur, & étoit accompagnée de sanssaies, & d'un jardin rempli de cerisiers, de lavande, de romarin, de pois, de fèves, treilles, haies, choux, poirées pour les lapins, & de chenevis pour les oiseaux. Voilà quelle étoit la simplicité de ce temps-là; aujourd'hui un pareil jardin seroit digne, à peine, d'un Commis à la barrière.

* *Orléans*, (rue neuve d') Quartier Saint-Denis. Nom douteux de la rue Sainte-Apolline.

Orléans, (rue neuve d') Quartier Saint-Denis. Elle traverse du Fauxbourg Saint-Denis à celui de Saint-Martin.

* *Orléans*, (rue d') Quartier Saint-Antoine. Nom d'une des quatre rues indiquées dans ce Quartier par Bonfons, Libraire, lesquelles ne subsistent plus: il paroît vraisemblable qu'elle pourroit être le chemin qui conduit à la Bastille & à l'Arsenal; emplacement sur lequel le Duc d'Orléans avoit un Hôtel.

* *Orme*, (rue *du Puits de l'*) Quartier Saint Benoît. Nom d'une rue qui subsistoit anciennement dans le Fauxbourg Saint-Jacques, & que l'on connoissoit aussi sous les noms de *rue des Samsonnets* & *de l'Egout.*

* *Ormes*, (rue aux) Quartier Saint-Paul. Nom donné mal-à-propos à une partie de la rue des Nonaindières.

Orties, (rue des) Quartier du Palais-Royal. Elle règne le long des galeries du Louvre. Elle a porté les noms de *Saint-Nicolas du Louvre*, de *rue des Galeries, autrement des Orties.* On appelloit aussi cet endroit *le rempart du Louvre.* M. Jaillot dit que c'étoit un mur qui règnoit le long du quai, & qui pouvoit être garni d'orties, dont on aura donné le nom à la rue, ainsi qu'à la suivante.

Orties, (rue des) même Quartier. Elle va de la rue Sainte-Anne à celle d'Argenteuil.

RUE

Oseille (rue de l') Quartier du Temple. Cette rue, en continuant la rue de Poitou, qui conservoit autrefois son nom jusqu'au rempart, commence à la vieille rue du Temple, & finit à celle de Saint-Louis. Il est vraisemblable qu'elle doit son nom aux marais sur lesquels elle a été percée, de même que les rues voisines, telles que la rue du Pont-aux-Choux, &c. à cause des différens légumes qu'on y cultive.

* *Oseroie*, (rue de l') Quartier Saint-Benoît. Ancienne dénomination de la rue du cimetière Saint-Benoît.

* *Oublayers*, } (rue des) Quartier de la Cité, Noms sous
* *Oublieurs*, } lesquels la rue de la Licorne étoit connue aux onzième & douzième siècles.

Oues ou *Ours*, (rue aux) Quartier Saint-Denis. Elle va, d'un bout, dans la rue Saint-Denis; & de l'autre, dans celle de Saint-Martin. Elle doit son nom à la grande quantité d'oies qu'un grand nombre de Rôtisseurs établis dans cette rue, faisoient cuire & vendoient. Ce qui le prouve, c'est que nos anciens écrivoient & prononçoient *oë* ou *oue* pour *oie*, & qu'on en avoit donné le nom à cette rue, *vicus ubi coquuntur anseres*, la rue où l'on cuit les oës; *vicus anserum*; la rue as ouës, *via ad aucas*, *vicus ad ocas*. On trouve ces différentes dénominations dans le Cartulaire de Saint-Martin-des-Champs, & dans Lebeuf, tom. I, pag. 589. C'est donc par corruption qu'on l'appelle aujourd'hui *la rue aux Ours*. Les chapons du Mans, les poulardes fines de Mézerai, engraissées avec art, les poules de Caux, & mille autres rafinemens étoient absolument inconnus dans ces temps heureux de modération & de continence, où les bonnes mœurs règnoient, & où nos pères, moins sensuels & moins délicats qu'on ne l'est aujourd'hui, se régaloient avec des oies; viande très-méprisée à présent, où le luxe immodéré & la gourmandise règnent au suprême dégré. Ce ne fut que vers le règne de Charles IX, que les dindons parurent en France, c'est-à-dire, quelques années après la fameuse découverte des Indes occidentales. Les premiers furent apportés du Mexique où ils sont fort communs. On dit qu'aux noces de Charles IX, on servit le premier dindon; ce que l'on admira avec raison, comme une chose fort extraordinaire.

On remarque, au milieu de cette rue, au coin de la rue Salle-au-Comte, une statue de la Sainte Vierge, enfermée dans une grille de fer, sous le nom de *Notre-Dame de la Carole*, devant laquelle on entretient une lampe allumée par dévotion, au sujet d'un Soldat, qui, le 30 Juillet

1418, fortant d'un cabaret où il avoit perdu fon argent, frappa de défefpoir cette figure, & lui donna plufieurs coups de couteau qui en firent fortir du fang. Le malheureux fut arrêté; fon procès lui fut fait, & il fubit le dernier fupplice au même endroit. On dit que cette ftatue fut portée à Saint-Martin-des-Champs, dans la Chapelle de la Sainte Vierge qui eft derrière le chœur, où elle eft révérée fous le nom de *Notre-Dame de la Carole*, parce que, ajoute-t-on, cet événement arriva fous le règne de Charles VI. On n'a point de preuves fuffifantes pour adopter cette tradition bien incertaine. Quoi qu'il en foit, il s'y fait tous les ans un concours de dévotion le 3 Juillet; & le foir, on faifoit dans ce lieu, devant une autre image de la Sainte Vierge qu'on y a placée, un feu d'artifice, après lequel on brûloit une figure habillée comme les Suiffes; ufage injurieux contre lequel cette Nation a réclamé avec d'autant plus de fujet, qu'il n'y avoit point alors de Suiffes en France. Il feroit à fouhaiter qu'on fupprimât auffi l'ufage qui fubfifte encore, de promener à ce fujet dans les rues de Paris, une figure gigantefque & ridicule, qui n'eft propre qu'à effrayer les enfans, & à frapper défagréablement l'imagination des femmes enceintes.

P.

Pagevin, (rue) Quartier Saint-Euftache. Elle commence à la rue Coqhéron, jufqu'à celle des Vieux-Auguftins, en faifant la continuation de la rue Verderet. Elle doit fon nom à un Bourgeois qui y demeuroit, & n'étoit qu'une ruelle en 1293, qui, à caufe de fa mal-propreté, fut nommée *Breneufe*; peut-être eft-ce par altération du nom de *Jacques Berneult*.

Pain-Mollet, (rue Jean-) Quartier de la Grêve. Elle va de la rue des Arfis au carrefour Guillori, vis-à-vis la rue Jean-de-l'Epine. Elle doit fon nom à un Particulier qui s'appelloit ainfi.

* *Palatine*, (rue) Quartier de la Cité. Première dénomination de la rue Saint-Louis, qu'elle porta jufqu'à celle des deux-Ponts.

Palatine, (rue) Quartier du Luxembourg. Elle commence à la rue Garancière, & aboutit à celle des Foffoyeurs, regnant le long de l'Eglife de S. Sulpice. Elle doit fon nom à Madame la Princeffe Palatine, veuve de M. le Prince de Condé, qui logeoit au petit Luxembourg. Cette rue a été percée fur l'emplacement de l'ancien cimetière de Saint-

Sulpice, & on l'appelle *rue neuve-Saint-Sulpice*, ensuite *rue du Cimetière*.

* *Palée* ou *Jean Palée*, (rue) Quartier Saint-Martin-des-Champs. Ancienne dénomination de la rue cour du More.

* *Palée* ou *Pavée*, (rue) Quartier Saint-Denis. Nom que portoit autrefois la rue du petit-Hurleur, probablement à cause de *Jean Palée*, l'un des Fondateurs de l'Hôpital de la Trinité.

Palu, (rue du Marché-) Quartier de la Cité. Elle commence au petit-Pont, & finit au coin des rues de la Calendre & de Saint-Christophe. Elle doit son nom au marché qui y a existé de tout temps, où l'on vendoit toutes sortes de légumes & d'herbes, d'où lui sont venus les noms de *l'Orberie* ou *l'Herberie*. Comme ce lieu étoit humide & marécageux, on lui a donné le surnom de *Palu*, à *Palude*, marais.

Paon, (rue du) Quartier Saint-André-des-Arcs. Elle tombe, d'un côté, dans la rue des Cordeliers; & de l'autre, dans celle du Jardinet. Elle doit son nom à une enseigne du paon. Elle se prolongeoit jusqu'à la rue Hautefeuille. Il y a dans cette rue un hôtel garni fort connu, nommé *l'Hôtel de Tours*, parce qu'il appartient aux Archevêques de Tours.

* *Paon*, (rue du *petit*) même Quartier. C'étoit la rue de l'Archevêque de Rheims, dont il subsiste encore une partie sous le nom de cul-de-sac du Paon, & qui se prolongeoit jusqu'à la rue Hautefeuille.

Paon, (rue du) Quartier de la Place Maubert. Elle conduit de la rue Traversine à celle de Saint-Victor. On la connoissoit autrefois sous le nom d'*Alexandre Langlois*. Elle doit son nom à une maison qui avoit un paon pour enseigne.

Paon blanc, (rue du) Quartier Saint-Paul. Elle descend de la rue de la Mortellerie, sur l'ancienne place aux veaux.

Paradis, (rue de) Quartier Saint-Denis. Elle va d'un bout à la rue du Fauxbourg Saint-Denis, & de l'autre à la rue Sainte-Anne ou Poissonnière. Elle fait la continuation de la rue Saint-Lazare, & s'appelloit du nom de ce Saint, parce qu'elle règne le long de l'enclos.

Paradis, (rue de) Quartier Sainte-Avoie. Elle va de la vieille rue du Temple dans la rue du Chaume. Elle doit son nom à l'enseigne d'une maison. Anciennement on l'appelloit du nom qu'elle porte aujourd'hui, & de celui de *rue des Jardins*.

* *Paradis* & du *petit*, (rue de) Quartier Saint-Benoît. Ancienne rue située près du passage qui conduit aux Ursulines, à laquelle on a donné les noms de *Notre-Dame des Champs*, de rue ou *ruelle Jean-le-Riche*, & *neuve Jean-Richer*, de *ruelle des Poteries* ou de *Saint-Séverin* & de *rue du Petit-Paradis*.

* *Paradis*, (rue du *petit*) Quartier du Temple. Ancien nom de la rue du Parc-Royal, suivant Sauval.

* *Parc-Royal*, (rue du) Quartier Saint-Antoine. Nom qui fut donné sous le règne d'Henri IV, à la rue de la Chauffée des Minimes.

Parc-Royal, (rue du) Quartier du Temple. Elle aboutit, d'une part, à la rue Saint-Louis; & de l'autre, au coin de la rue de Thorigny. Elle doit son nom au Parc de l'Hôtel des Tournelles auquel elle conduisoit, & se nommoit, anciennement rue de Thorigny, depuis la vieille rue du Temple jusqu'à l'égout ou rue Saint-Louis.

* *Parcheminerie*, (rue de la) Quartier Saint-Jacques-de-la-boucherie. Suivant Sauval, c'est un nom qu'a porté anciennement la rue des Ecrivains.

Parcheminerie, (rue de la) Quartier Saint-André-des-Arcs. Elle traverse de la rue de la Harpe dans celle de Saint-Jacques. Anciennement elle s'appelloit rue *des Ecrivains*, rue *as Ecrivains*, rue *des Parcheminiers*, & enfin de la Parcheminerie, sans doute, à cause du grand nombre des Marchands de parchemin qui y demeuroient, & dont on en voit encore aujourd'hui plusieurs. Avant que l'Imprimerie fût connue en Europe, les Bénédictins, les Bernardins & les Chartreux s'occupoient à copier les anciens Auteurs: nous leur avons l'obligation de nous avoir conservé une infinité de Livres. Les Chartreux sçachant que *Guy*, Comte de Nevers, vouloit leur faire présent de vases d'argent, marquèrent qu'il leur feroit plus de plaisir, s'il vouloit leur donner du parchemin. L'usage du papier, tel que nous l'avons aujourd'hui, n'est pas bien ancien; on ne se servoit encore que de parchemin sous le règne du Roi Jean.

* *Parcheminerie de la petite & de la vieille*, (rue de la) Quart. Sainte-Avoie. Noms sous lesquels la rue des Blancs-Manteaux étoit connue au treizième siècle.

Parnasse, (rue du Mont-) Elle commence au-dessus de la Barrière de la rue Notre-Dame-des-Champs, & aboutit sur le nouveau Boulevard, ou Boulevard du midi. Cette rue nouvellement ouverte, commence à être ornée de quelques maisons fort belles. Elle doit son nom à la butte du Mont-Parnasse, dont on voit encore un petit tertre sur ce Boulevard, vis-à-vis la rue dont il est question ici.

Paroles

Paroles, (rue des mauvaises) Quartier Sainte-Opportune. Elle va de la rue des Bourdonnois dans celle des Lavandières. Elle s'est long-tems nommée la rue *Male-Parole*, apparemment parce qu'elle n'étoit presque habitée que par des gens de la lie du peuple. Cependant *François Olivier*, Chancelier de France, y demeuroit ; *Miron*, Lieutenant-Civil, y a demeuré aussi, ce qui faisoit dire à Bouley, en parlant de ce Magistrat, *indignus qui inter mala verba habitet*.

* *Parvis*, (rue du) Quartier de la Cité. Une des quatre rues qui aboutissoient à la rue neuve Notre-Dame, & qui ne subsistent plus, celle-ci & deux autres ayant été comprises dans l'agrandissement du Parvis & des Bâtimens des Enfans-trouvés. On l'a aussi nommée *rue de la Huchette*.

Pas-de-la-Mule, (rue du) Voy. *Mule*.

* *Passementière*, (rue) Quartier Saint-Jacques-de-la-Boucherie. Ancienne dénomination de la rue de la vieille-Monnoie.

Pastourelle, (rue) Quartier du Temple. Elle va de la rue du Temple à celle du Grand Chantier, vis-à-vis la rue d'Anjou. Elle a porté les noms de *Groignet*, de *Jehan-Saint-Quentin*, & doit celui qu'elle conserve aujourd'hui, à *Roger Pastourel*.

Paul, (rue Saint-) Quartier Saint-Paul. Elle donne d'un bout dans la rue Saint-Antoine, & de l'autre au Quai & Port Saint-Paul.

Paul, (rue des Prêtres Saint-) même Quartier. Elle aboutit à la rue Saint-Paul, en faisant la continuation de la rue de Joui. Elle a porté le nom de *rue de la fausse-Poterne*, & celui qu'elle a reçu depuis, lui vient des Prêtres de la Paroisse qui y étoient domiciliés. Voy. *rue de Joui*.

* *Paul*, (rue de la fausse-Poterne-Saint-) même Quartier. Voy. *l'article précédent* & *rue de Joui*.

* *Paul*, (rue de l'Archet-Saint-) même Quartier. Ancienne dénomination d'une extrémité de la rue de Joui.

Paul, (rue neuve-Saint-) Quartier Saint-Paul. Elle commence à la rue Saint-Paul, & finit au coin des rues de Beautreillis & Gerard-Boquet. Elle a été appellée *l'Hôtel des écuries de la Reine*, à cause de l'Hôtel Saint-Maur sur lequel elle a été ouverte, & qui avoit été destiné pour les écuries d'Isabelle de Bavière.

* *Paume*, (rue *neuve des jeux de*) Quartier des halles. Ancienne dénomination de la rue de la Poterie, à cause de deux jeux de paume qui subsistoient à l'endroit où sont aujourd'hui les halles aux draps & aux toiles.

Pavée, (rue) Quartier Saint-Denis. Elle traverse de la rue Montorgueil à celle du petit-Lion, au coin de la rue des deux-Portes.

Pavée, (rue) Quartier Saint-Antoine. Elle commence à la rue des Francs-Bourgeois, & finit à celle du Roi de Sicile. Suivant Sauval, elle a porté les noms de *rue du petit-Marais*, de *Marivas*, de *Marivaux* & du *petit-Marivaux*. C'étoit dans cette rue qu'étoit l'Hôtel de Lorraine, connu depuis sous les noms d'Herbouville & de Savoisi. *Voy.* HÔTEL DE SAVOISI, tom. 3, pag. 264.

* *Pavée, Paveégoire & Pavée d'Andouilles*, (rue) Quart. de la Place Maubert & de Saint-André-des-Arcs pour la dernière dénomination. Le premier nom étoit celui de la rue de la Tournelle: le premier & le second étoient deux dénominations de la rue du Mûrier ; & le troisième, celui de la rue Pavée-Saint-André-des-Arcs.

Pavillons, (rue des trois) Quartier Saint-Antoine. Elle va, d'un côté, à la rue du Parc-Royal ; & de l'autre, à celle des Francs-Bourgeois. Elle doit son nom à une maison ornée de trois pavillons, appartenante à la Dame *Anne Chatelain*, laquelle étoit située au coin de la rue des Francs-Bourgeois, & de celle-ci. D'abord elle a porté le nom de rue de la Culture de Sainte-Catherine, & de *rue des Valets*, dans son retour qu'on a appellé *la rue des Juifs*, & dont il subsiste encore une partie dans le cul-de-sac Coquerel. Ensuite on l'a nommée rue *Diane*, à cause de *Diane de Poitiers*, Duchesse de Valentinois. *

* *Payen*, (rue) Quartier de la Place Maubert. Nom ancien de la rue de la barrière, qui aboutit, d'un côté, au champ de l'Allouette ; & de l'autre, au chemin de Gentilli. Une maison & un grand clos appartenants au Sieur *Payen*, lui avoient fait donner ce nom.

Payenne & Payelle, (rue) Quartier Saint-Antoine. Cette rue qui aboutit aux rues du Parc-Royal & des Francs-Bour-

---

* Diane de Poitiers, femme de Louis de Brézé, grand Sénéchal de Normandie, qu'Henri II fit Duchesse de Valentinois, demeuroit à l'Hôtel Barbette en 1561 ; les Duchesses d'Aumale & de Bouillon, ses filles, vendirent cet Hôtel, comme faisant partie de la succession de leur père, à différens Particuliers qui le firent démolir, & qui commencèrent à bâtir sur son emplacement les rues de Diane, du Parc-Royal, & la nouvelle rue Barbette. *Voy. au mot* ANET, t. 1, p. 269.

geois, fait la continuation de la rue Pavée. On lui a donné succeſſivement les noms de rue *Payelle*, *Parelle* & de *Guyenne*.

Pélican, (rue du) Quartier Saint-Euſtache. Elle traverſe de la rue des Petits-Champs dans celle de Grenelle.

Pelleterie, (rue de la) Quartier de la Cité. Elle va, d'un bout, à la rue Saint-Barthélemi; & de l'autre, à la rue de la Lanterne, vis-à-vis Saint-Denis-de-la-Chartre. Elle doit ſon nom aux Marchands de pelleterie qui s'y établirent après l'expulſion des Juifs par Philippe-Auguſte.

* *Pelleterie*, (rue de la) Quartier du Luxembourg. Ancienne dénomination de la rue du vieux-Colombier, du côté de la Croix-Rouge.

* *Penecher* & *Peniche*, (rue) Quartier Montmartre. Anciens noms de la rue Saint-Pierre.

* *Pénitentes* ou *Repenties*, (rue des Filles) Quartier Saint-Euſtache. Le Duc d'Orléans ayant donné une partie de ſon Hôtel à des Filles Pénitentes, rue d'Orléans, elle en a quelquefois porté le nom.

* *Percée*, (rue) Quartier de la Cité. Nom que l'on donnoit en 1265 à une petite ruelle fermée à ſes deux extrémités, qui deſcend à la rivière, au bout de la rue Saint-Landri.

* *Percée*, (rue) Quartier Saint-Euſtache. Ancienne dénomination de la petite rue de la Vrillière.

* *Percée* & *Perciée*, (rue) Quartier Saint-Denis. Nom ſous lequel on trouve les rues Françoiſe & du Renard; cette dernière a porté auſſi le ſecond.

Percée & *Perciée* (rue) Quartier Saint-Paul. Elle va, d'un bout, à la rue Saint-Antoine; & de l'autre, à celle des Prêtres-Saint-Paul.

Percée, (rue) Quartier Saint-André-des-Arcs. Elle aboutit, d'un côté, à la rue Hautefeuille; & de l'autre, à celle de la Harpe. Elle a porté auſſi le nom de *rue Percée*, dite *des deux-Portes*, parce qu'elle fait la continuation de la rue du cimetière Saint-André-des-Arcs, qu'on appelloit *rue des deux-Portes*.

Perche, (rue du) Quartier du Temple. Elle traverſe de la rue d'Orléans dans la vieille rue du Temple. *Voy.* PLACE DE FRANCE.

Perdue, (rue) Quartier de la Place Maubert. Elle va, d'un bout, à la rue des grands dégrés; & de l'autre, à la Place Maubert.

Pères, (rue des Saints-) Quartier Saint-Germain. Elle

aboutit au quai Malaqueſt, & à la rue de Grenelle. Une Chapelle ſous l'invocation de Saint Pierre, avoit fait donner ſon nom à cette rue. Le Peuple, par altération, l'appella rue *Saint-Père*, & enſuite *rue des SS. Pères*. Elle a été auſſi nommée *le chemin*, & enſuite *la rue aux Vaches*. *Voy*. rue *Saint-Dominique*.

Pères, (rue des Petits-) Quartier Montmartre. Elle va, d'un bout, aux rues de la Vrillière & de la Feuillade; & de l'autre, au coin de la rue Vuide-Gouſſet. Elle doit ſon nom au Couvent des Petits-Pères, mais mieux des Auguſtins réformés.

Périgueux, (rue de) Quartier du Temple. Elle aboutit, d'une part, à la rue de Bretagne; & de l'autre, à celle de Boucherat. Elle fait la continuation de la rue de Limoges.

* *Perrin*, (rue du pont-) Quartier Saint-Antoine. Ancienne dénomination donnée à la rue Saint-Antoine, depuis la porte de l'enceinte de Philippe-Auguſte, juſqu'à celle qui eſt conſtruite aujourd'hui ſous le même nom.

Perle, (rue de la) Quartier du Temple. Elle va de la vieille rue du Temple dans celle de Thorigni. Elle doit ſon nom à l'enſeigne d'un jeu de paume. Elle a été appellée auſſi rue de Thorigni.

Pernelle & *Perronnelle*, (rue) Quart. de la Grêve. Nom donné à la rue de la Levrette, dans l'extrêmité qui donne depuis la rue de la Mortellerie, juſques ſur le quai de la Grêve. L'Abbé Lebeuf lui donne le nom de *Perronnelle*; ſon nom général étoit autrefois celui de *ruelle de Seine*. Quelques Auteurs l'ont auſſi déſignée ſous les noms de *ruelle du port au bled*, de *Pernelle* ou *Prunier*.

* *Pernelle-Saint-Pol*, (rue) Quartier Sainte-Avoie. C'eſt peut-être le cul-de-ſac Péquai, rue des Blancs-Manteaux, ou peut-être une ruelle inconnue qui n'y ſubſiſte plus.

Perpignan (rue) Quartier de la Cité. Elle traverſe de la rue des trois Cannettes dans celle des Marmouzets. Elle a porté les noms de rue de *Charauri*, de *Champroſai*, & par corruption, de *Champron*, *Champourri*, *Champrouſiers*, *des Champs Rouſiers*, du *Champ Flori*, de *Champroſy*, de *ruelle de Pampignon*, & de *rue de Parpignan*, en 1636.

* *Perrette*, (rue) Quartier Saint-Denis. Nom donné autrefois mal-à-propos au cul-de-ſac de l'Empereur, un des quatre que l'on trouve dans la rue Saint-Denis.

Perrin-Gaſſelin, (rue) Quartier Sainte-Opportune. Cette rue qui aboutit à la rue Saint-Denis, fait la continuation de la rue du Chevalier du Guet. Elle doit ſon nom au terrein fur lequel elle est ouverte ; autrefois on l'appelloit la *rue du Chevalier du Guet* dans toute son étendue.

* *Pet*, (rue du) Quartier Saint-Denis. Ancienne dénomination de la rue du grand-Hurleur.

* *Pet*, (rue du, *du gros & du petit*) Quartier Saint-André-des-Arcs. Noms donnés à la partie de la rue des Poitevins, dans la partie qui aboutit à celle du Battoir.

Pet-au-Diable, (rue du) Quartier de la Grêve. Elle va de la rue de la Tisseranderie au cloître Saint-Jean. Suivant Sauval & une tradition incertaine, cette rue a pris son nom d'une tour quarrée & fort ancienne, qui fait aujourd'hui partie du cloître de S. Jean en Grêve, laquelle servoit anciennement de Synagogue aux Juifs ; c'est pour cela qu'on la nommoit autrefois la *Synagogue*. On l'appelloit aussi le *vieil Temple*, & l'Hôtel du Pet-au-Diable. On ignore si c'est par mépris & par dérision pour les Juifs, ou par d'autres raisons, qu'on avoit donné ce nom à leur Synagogue. On sait seulement qu'en 1451, par Arrêt du 15 Novembre, le Parlement commit *Jean Bezon*, Lieutenant-Criminel, pour informer du transport d'une pierre appellée *le Pet-au-Diable*, avec ordre de se saisir de tous ceux qui se seroient trouvés coupables ; en tout cas, de les ajourner à comparoître en personne. Le Poëte Villon, dans son grand testament, parle d'un roman qui portoit le même nom.

> Je lui donne ma librairie,
> Et le roman de Pet-au-Diable.

Il y a une autre opinion sur le nom de cette rue. Elle suppose que la maison & la tour dont il s'agit, ont été possédées & occupées par un Particulier appellé *Pétau*, qui étoit si méchant, qu'on le surnomma *Diable*, dont le nom est resté à la rue. Il y a des Auteurs qui l'ont appellée *la ruelle Tournay* ; d'autres, la rue *au chevet-Saint-Jean*, & *rue du cloître-Saint-Jean*.

Petit-Musc. (rue du) *Voy. Musc.*

* *Petites Maisons*, (rue de l'Hôpital des) Quartier du Luxembourg. Ancienne dénomination de la rue de Sèvre.

Phelippeaux, (rue) Quartier Saint-Martin-des-Champs. Elle va, d'un bout, dans la rue du Temple ; & de l'autre, au coin des rues Erépillon & de la Croix. Elle a porté les noms *de Frapault*, *Fripaux*, *Frepaux*, *Frippau*, *Phelipot*, *Philipot* ; mais le véritable est *Frépaut*, dont tous les autres sont des altérations.

Philippe, (rue Saint-) Quartier Saint-Denis. Elle va de la rue de Bourbon dans celle de Cléri. Elle a été ouverte en 1719 fur le terrein vuide qui étoit entre ces deux rues. On ignore pourquoi elle porte le nom de Saint-Philippe.

* *Philippe-le-Comte*, (rue) Quartier Saint-Jacques-de-la-Boucherie. Ancien nom de la rue d'Avignon.

Picpus, (rue de) Quartier Saint-Antoine. Cette rue qui va de la barrière du Trône à celle de Picpus, prend son nom du petit Village qu'elle traverse. Elle est remarquable par le grand nombre de pensions qu'on y voit, où l'on dispose les enfans en bas âge, pour les envoyer dans celles de la Ville, où on les instruit dans les langues grecque & latine, & d'où on les mène aux Collèges de l'Université. Plusieurs Maîtres-ès-Arts, approuvés de cette illustre Académie, y ont leur établissement, & il seroit à souhaiter, pour le bien des études, que l'on n'en souffrît point d'autres dans les environs de Paris.

* *Pied-de-Biche*, (rue du) Quartier du Luxembourg. Dénomination ancienne de la rue des Fossoyeurs, qui lui vient vraisemblablement d'une enseigne.

Pied-de-Bœuf, (rue du) Quartier Saint-Jacques-de-la-Boucherie. Elle aboutit aux rues de la Joaillerie, de la Tuerie & à la rivière. Elle tire probablement son nom d'une enseigne.

* *Pierre*, (rue du *port à Maître*) Quartier Saint-Benoît. Ancienne dénomination de la rue du Carneau, qui descend de la rue de la Bucherie à la rivière.

Pierre, (rue Saint-) Quartier Montmartre. Elle va, d'un bout, dans la rue Montmartre; & de l'autre, dans celle de Notre-Dame des Victoires. On lui a donné successivement les noms de *rue Péniche*, & *rue Péniche, dite de Saint-Pierre*. Elle doit son nom à une enseigne.

Pierre (rue ou rue neuve-Saint-) Quartier du Temple. Elle aboutit, d'un côté, à la rue Saint-Gilles; & de l'autre, à celle des douze-Portes. En 1640, elle se prolongeoit jusqu'à la rue Saint-Claude, & même au-delà. Alors on l'appelloit *rue neuve* & *rue neuve-Saint-Pierre*. Ensuite on l'a nommée *rue des Minimes*. Une statue de Saint Pierre, placée dans cette rue, l'a fait ainsi appeller.

Pierre, (rue Saint-) Quartier Saint-Antoine. C'est le nom de la rue, ou plutôt du chemin de la Contrescarpe qui règne le long du fossé, depuis la rue de Mesnil-Montant jusqu'à la rivière.

* *Pierre*, (rue Saint-) Quartier Saint-Germain. Vrai nom de la rue S. Père, vulgairement dite des SS. Pères.

* *Pierre*, (rue Saint-) Quartier du Luxembourg. Nom donné par Sauval au cul-de-sac qui est dans la rue Férou.

Pierre assis, agis & argile, (rue) Quartier de la Place Maubert. Elle va, d'un bout, à la rue Mouffetard ; & de l'autre, au carrefour Saint-Hipolyte. M. *Jaillot* pense que ce pouvoit être cette rue que certains titres appellent *petite Saint-Hippolyte*.

* *Pierre au Lait, Pierre Oilard & Pierre au Rat*, (rue) Quartier Saint-Martin-des-Champs. Dénominations de la rue Pierre Aulard. *Voy. cette rue ci-dessous*.

Pierre Aulard & Alard, (rue) Quartier Saint-Martin-des-Champs. Après avoir commencé à la rue neuve-Saint-Merri, elle va, par un retour d'équerre, aboutir à la rue du Poirier. Autrefois elle formoit deux rues distinctes, dont une partie qui donne dans la rue neuve-Saint-Merri, s'appelloit *vicus Aufridi de Gressibus*, & ensuite *la rue Espaulart*; & l'autre, aboutissant rue du Poirier, étoit nommée *vicus Petri Oilart*. On lui a donné les noms de *rue Pierre Allard*, *Olard*, *au Lard*, *Aulart*, *au Rat*, & *au Lait*.

Pierre-au-Poisson, (rue) Quartier Saint-Jacques de la Boucherie. Elle aboutit dans la rue de la Saunerie & au Marché de la Porte de Paris. Elle doit son nom au poisson que l'on y vendoit sur de grosses pierres qui ont servi à l'utilité du Châtelet ; il y en avoit de pareilles près le petit Châtelet, qu'on appelloit *les Bouticles* ou *Boutiques*. On lui a donné les noms de *rue de la petite Saunerie*, à cause de la *maison de la marchandise du sel* qui s'y tenoit, & de *rue de la Larderie*, parce qu'elle régnoit le long du marché à la volaille.

Pierre-aux-Bœufs, (rue Saint-) Quartier de la Cité. Elle aboutit d'un côté dans la rue des Marmouzets, & de l'autre au Parvis de la Cathédrale.

* *Pierre-des-Arcis*, (rue S.) Quartier de la Cité. C'est peut-être un nom qu'a porté la rue Gervais-Laurent.

* *Pierre-la-Pie*, (rue *Court-*) Quartier Saint-Jacques de la Boucherie. Ancienne dénomination de la rue Trognon, suivant Sauval.

Pierre-Sarrasin, (rue) Quartier Saint-André-des-Arcs. Elle traverse de la rue Haute-feuille à celle de la Harpe. Elle doit son nom à un particulier qui y possédoit plusieurs maisons. On l'a aussi appellée *rue Jean Sarrasin*, mais elle ne l'a porté que pendant très-peu de tems.

* *Pilori*, (rue du) Quartier du Luxembourg. Ancien

Dd iv

nom de la rue de Buſſi, à cauſe du pilori de l'Abbaye Saint-Germain, qui étoit ſitué au carrefour où elle aboutit, à l'endroit où eſt aujourd'hui le Corps-de-Garde du Guet.

* *Pincourt*, (rue de) Quartier Saint-Antoine. *Voy. Popincourt.* (rue)

* *Pirouette*, (rue) Quartier des Halles. *Voy. Tirouane.* (rue)

* *Piſtolet*, (rue du) Quartier Saint-Paul. *Voy. Gérard-Boquet.* (rue)

Piſtolets, (rue des Trois-) Quartier Saint-Paul. Cette rue qui doit ſon nom à une enſeigne, fait la continuation de la rue neuve Saint-Paul, depuis la rue Beautreillis juſqu'à celle du Petit-Muſc.

Placide, (rue Saint-) Quartier du Luxembourg. Elle traverſe de la rue de Sèvre dans celle des Vieilles-Tuileries.

Planche, (rue de la) Quartier Saint-Germain. Elle aboutit d'un côté dans la rue du Bacq, vis-à-vis celle de Varenne dont elle fait la continuation, & de l'autre dans la rue de la Chaiſe. Elle doit ſon nom au ſieur *Raphaël de la Planche*, Tréſorier général des Bâtimens du Roi, Entrepreneur d'une Manufacture de Tapiſſeries de haute-liſſe en or, argent & ſoie, laquelle étoit en 1607 au coin de la rue de Varenne, qui alors ſe nommoit ainſi juſqu'à la rue de la Chaiſe.

Planche-Mibrai, (rue) Quartier de la Grêve. Elle commence en face du Pont Notre-Dame, & aboutit à la rue des Arſis. Elle doit ſon nom à un pont de planches qui conduiſoit à la rivière, & au mot *bray*, qui ſignifie *fange*, *boue*; & elle n'étoit alors qu'une ruelle qui fut élargie pour la conſtruction du Pont Notre-Dame. Les vers ſuivans tirés du Poëme manuſcrit, intitulé *le Bon Prince*, de René Macé, Moine de Vendôme, en donnent la juſte étymologie.

> L'Empereur vient par la Coutellerie,
> Juſqu'au carrefour nommé la Vannerie,
> Où fut jadis la Planche de Mibray :
> Tel nom portoit pour la vague & le Bray.
> Getté de Seine en une creuſe tranche,
> Entre le pont que l'on paſſoit à planche,
> Et on l'ôtoit pour être en ſeureté, &c.

Le Voyer de Paris tenoit ſa juſtice au coin de cette rue. On l'appelloit en 1300, *le Carrefour de Mibrai* ; en 1313, *les Planches de Mibrai*; & en 1319, *les Planches du petit Mibrai*. Il y avoit en cet endroit des moulins.

* *Planchette*, (rue de la) Quartier Montmartre. Nom donné à la rue des Postes par le Continuateur du *Traité de la Police*.

* *Planchette*, (rue de la) Quartier Saint-Antoine. Ancienne dénomination de la rue des Chantiers.

Planchette, (rue de la) même Quartier. Elle va d'un bout à la rue de Charenton, & de l'autre à celle des Terres-Fortes. Ce n'étoit au siècle passé que des chantiers de bois.

Planchette, (rue de la) même Quartier. C'est la continuation de la rue de Charenton, depuis les coins de la petite rue de Reuilli & de celle de Rambouillet, jusqu'à la vallée de Fécan. Elle a porté les noms de *chemin de Charenton*, & de *rue de la Planchette allant de Paris à Charenton*. C'est dans cette rue qu'étoit une maison appellée *le Jardin de Reuilli*, & partie du petit hameau du même nom. *Voy.* RAMBOUILLET, p. 210.

* *Planchette*, (rue de la) Quartier de la Place Maubert. Ancienne rue qui ne subsiste plus, & dont on ignore la situation; différens titres du 16ᵉ siècle la fixent du côté de la rue Mouffetard.

* *Plastaye*, (rue de la) Quartier Saint-Martin-des-Champs. Ancienne dénomination de la rue de la Corroyerie.

Plat-d'Etain, (rue du) Quartier Sainte-Opportune. Elle va de la rue des Déchargeurs dans celle des Lavandières. Son vrai nom est *Raoul-Lavenier*. Elle doit celui qu'elle porte aujourd'hui, à l'enseigne de l'Hôtel du Plat d'Etain que l'on y voyoit en 1489.

* *Plâtre*, (rue du Port au) Quartier Saint-Antoine. Ancien nom de la rue des Charbonniers.

Plâtre, (rue du) Quartier Sainte-Avoie. Elle va d'un bout à la rue Sainte-Avoie, & de l'autre à celle de l'Homme-Armé. Elle a porté les noms de *rue Jehan S. Pol*, de *rue au Plâtre*, *de la Plâtrière* & *du Plâtre*.

Plâtre, de la Plâtrière & *des Plâtriers*, (rue du) Quartier Saint-Benoît. Elle va d'un bout à la rue Saint-Jacques, & de l'autre à celle des Anglois. Elle a porté les noms de rue *de la Plâtrière*, de rue *à Plâtriers* & *des Plâtriers*, à cause d'une plâtrière qu'on y avoit ouverte.

Plâtrière, (rue) Quartier Saint-Eustache. Elle fait la continuation de la rue de Grenelle, depuis la rue Coquillière jusqu'à la rue Montmartre. Elle doit son nom à une plâtrière.

* *Plâtrière*, (rue de la) Quartier Saint-Martin-des-Champs. Ancienne dénomination de la rue de la Corroyerie.

Plâtrière & de la vieille, (rue de la) Quartier Saint-André-des-Arcs. Premiers noms de la rue du Battoir.

* *Plessis*, (rue du) Quartier Saint-Germain. Surnom de la rue de Varenne.

* *Plume*, (rue de la) même Quartier. Un des noms de la rue de Traverse, ainsi nommée, parce qu'elle traverse de la rue Plumet dans celle de Sèvre.

Plumet, (rue) même Quartier. *Voy.* rue Blomet.

Plumets, (rue des) Quartier de la Grève. Ruelle qui descend de la rue de la Mortellerie sur le Quai de la Grêve, entre les rues Pernelle & de Long-Pont.

Pointe Saint-Eustache, (rue de la) *Voy. Eustache.*

Poirée, (rue Bertin & Martin) Quartier Sainte-Opportune. Elle aboutit d'un côté dans la rue Saint-Germain l'Auxerrois, & de l'autre dans celle des Deux-Boules. Elle doit son nom à un Bourgeois appellé Bertin Porée, qui y demeuroit.

* *Poirée & Porée*, (rue Guillaume) Quartier Sainte-Opportune. Ancien nom de la rue des Deux-Boules.

* *Poirées*, (rue des) Quartier S. Benoît. Nom donné par Sauval à la rue du Cimetière S. Benoît.

Poirées & Neuve des, (rue des) Quartier Saint-André-des-Arcs. Elle va de la rue Saint-Jacques, vis-à-vis le Collège de Louis-le-Grand, aboutir à la rue des Cordiers, en faisant un retour d'équerre, sous le nom de *rue neuve des Poirées*. Elle a porté les noms de *Thomas* & de *Guillaume d'Argenteuil*. Avant la démolition des maisons dont l'emplacement forme aujourd'hui la Place de Sorbonne, elle se continuoit jusqu'à la rue des Maçons, qui se prolongeoit jusqu'au Collège de Cluni. Il y avoit dans cette rue trois Collèges, de *Rhétel*, qui fut uni au Collège de Rheims, de *Calvi* & des *Dix-huit*.

Poirier, (rue du) Quartier Saint-Martin-des-Champs. Elle va de la rue neuve Saint-Merri à la rue Maubuée. Elle doit son nom à une enseigne.

* *Poissonnerie*, (rue de la Petite-) Quartier Sainte-Opportune. Ancienne dénomination de la rue de la Saunerie.

Poissonnière, (rue) Quartier Saint-Denis. Elle se prolonge dans le Fauxbourg Saint-Denis, en faisant la continuation de la rue des Petits-Carreaux. C'étoit anciennement un chemin appellé *le Val larroneux*, qui fut nommé ensuite *chemin & rue des Poissonniers & des Poissonnières*, puis *rue de la Poissonnerie*, & *Montorgueil dite de la Poissonnerie*, parce que c'étoit par ce chemin que les Marchands de poisson arrivoient.

* *Poissonnière*, (petite rue) Quartier Saint-Denis. Ancienne dénomination de la rue Notre-Dame de Recouvrance, qui va de la rue Beauregard au Boulevard.

Poitevins, (rue des) Quartier Saint-André-des-Arcs. Elle va d'un bout à la rue Haute-feuille, & de l'autre à celle du Battoir, en formant une équerre. Elle a porté les noms de rue *Gui le Queux*, *Gui le Queux dite des Poitevins*, & *des Poitevins*. On la trouve aussi sous ceux de *Girart aux Poitevins*, *Gérard aux Poitevins*, & *Guiard aux Poitevins*.

Poitiers & *Potier*, (rue de) Quartier Saint-Germain. Elle aboutit au Quai d'Orsai & à la rue de l'Université.

Poitou, (rue de) Quartier du Temple. Elle commence au carrefour des rues d'Orléans, d'Anjou & de Berri, & aboutit à la vieille rue du Temple. *Voy*. PLACE DE FRANCE.

* *Poliveau* ou *Pont Livaut*, (rue) Quartier de la Place Maubert. *Voy*. rue des Saussaies.

Pologne, (rue de la) Quartier du Palais-Royal. *Voy*. rue de l'Arcade.

* *Pomme*, *Pomme rouge*, (rue de la) Qartier de la Cité. Ancienne dénomination de la rue des Trois Cannettes.

Ponceau, (rue du) Quartier Saint-Denis. Elle commence à la rue Saint-Denis, & finit à celle des Egouts. Elle doit son nom au poncel ou ponceau, (petit pont) qui étoit dans la rue Saint-Denis, & sous lequel passoit l'égout.

* *Ponceau*, (rue du) Quartier de la Place Maubert. Un des premiers noms de la rue de Seine Saint-Victor, à cause d'un petit pont qui étoit situé vers le milieu de cette rue, sous lequel passoit la rivière de Bièvre, lorsqu'elle traversoit l'enclos Saint-Victor.

* *Pont*, (rue de *la tournée du*) Quartier Saint-Jacques-de-la-Boucherie. Ancienne dénomination de la rue Trop-va-qui-dure.

* *Pont* (rue du) Quartier Saint-Germain. La rue de Beaune a porté ce nom, parce qu'elle conduit au pont des Tuileries.

Pont, (rue du petit-) Quartier Saint-Benoît. Elle commence au petit-Châtelet, & finit au bout des rues Galande & de Saint-Severin. On la trouve désignée en 1230 sous le nom de *rue neuve*.

* *Pont-Neuf*, (rue du) Quartier du Louvre. Ancien nom de la Place des trois-Maries.

* *Pont-Neuf*, (rue du) Quartier Saint-André-des-Arcs. Première dénomination du quai des Augustins.

Ponts (rue des deux-) Quartier de la Cité. Elle communique, d'un bout, au pont de la Tournelle; & de l'autre, au Pont-Marie.

* *Ponthieu*, (rue au Comte de) Quartier Sainte-Opportune. Nom de la rue Béthisi au treizième & quatorzième siècles.

Popin, (rue de l'Abreuvoir-) Quartier Sainte-Opportune. *Voy.* rue de l'Abreuvoir-Popin.

Popincourt, (rue de) Quartier Saint-Antoine. Elle va de la rue du Mesnil-Montant à celle de la Roquette. On l'appelle *Pincourt* par corruption. Elle doit son vrai nom au Premier Président *Jean de Popincourt* qui y avoit une maison de plaisance sous le règne de Charles VI. Les Protestans tenoient leurs assemblées dans les environs; mais le Connétable de Montmorenci s'y étant transporté, fit brûler en sa présence & les bancs & la chaire du Prédicant, ce qui fut cause que les Calvinistes le nommèrent depuis *le Capitaine Brûle-Banc*. *Voy.* ANNONCIADES DU SAINT ESPRIT.

Popincourt, (rue du bas-) même Quartier. C'est la continuation de la rue du chemin Saint-Denis, qui va aboutir à la rue des Amandiers.

Porcherons (rue des) Quartier Montmartre. C'est la continuation de la rue du Fauxbourg Montmartre. *Voy.* Rue Saint-Lazare & rue des Martyrs.

* *Porées*, (rue des) Quartier Saint-Benoît. *Voy.* rue du Carneau.

Portefoin, (rue) Quartier du Temple. Elle commence à la rue du Temple, & finit à celle des Enfans-Rouges. En 1682, elle se nommoit *la rue des Poulies*, & *la rue Richard des Poulies*, à cause de *Richard des Poulies*, qui pour lors y acheta une place des Templiers, où l'on fit bâtir vers l'an 1333. Depuis, *Jean Portefin* y ayant fait bâtir une grande maison appellée *l'Hôtel Portefin*, cette rue quitta le nom de *Richard des Poulies*, pour prendre celui de *Portefin*; mais le Peuple ayant insensiblement oublié le nom de *Jean Portefin* & de son Hôtel, il corrompit leur nom, en donnant à la rue le nom de Portefoin, & cet usage a prévalu.

* *Porte-Neuve* (rue de la) Quartier Sainte-Avoie. Ancien nom de la rue du Chaume. *Voy.* cette rue.

* *Portes*, (rue aux deux-) Quartier Sainte-Opportune. C'est le nom que portoit la rue des Orfévres, lorsqu'elle étoit fermée par deux portes. C'est aussi le nom de la rue neuve Saint Denis, parce qu'elles aboutissoient aux portes Saint-Denis & Saint-Martin.

Portes, (rue des deux-) Quartier Saint-Denis. Elle va de la rue Pavée dans la rue Thevenot. Ce nom lui vient de deux portes, qui la fermoient à ses extrêmités. Lorsqu'elle se bornoit à la rue Saint-Sauveur en 1427, on la nommoit rue des deux petites Portes.

Portes, (rue des deux) Quartier de la Grève. Elle traverse de la rue de la Tisseranderie dans celle de la Verrerie. On l'a appellée *rue entre deux portes*, & *rue des deux-Portes*, à cause de deux portes qui la fermoient aux deux bouts; elle a été aussi nommée rue *Galiace ou des deux-Portes*.

* *Portes*, (rue des deux) Quartier du Temple. Ancienne dénomination de la rue des quatre-Fils.

* *Portes*, (rue des deux) Quartier Saint-Benoît. Nom donné par Corrozet à la rue des trois-Portes.

* *Portes*, (rue des deux) Quartier Saint-André-des-Arcs. Ancien nom de la rue Percée. La rue de Sorbonne a porté aussi le même nom.

* *Portes*, (rue des deux-) Quartier Saint-Germain. Dénomination ancienne de la rue de Nevers, à cause des deux portes dont elle étoit fermée à ses extrêmités.

Portes, (rue des douze-) Quartier du Temple. Elle va, d'un bout, à la rue Saint-Louis; & de l'autre, à la rue Saint-Pierre. Elle doit son nom à douze maisons dont elle est réellement composée; autrefois on l'appelloit *rue Saint-Nicolas*, de M. *Nicolas le Jai*, premier Président.

Portes, (rue des trois-) Quartier Saint-Benoît. Elle va, d'un bout, à la rue des Rats; & de l'autre, à celle du Pavé de la Place Maubert. Elle a porté les noms de *ruelle-Augustin, dite des trois-Portes*, & de *rue des deux-Portes*. Originairement il n'y avoit que trois maisons dans cette rue. C'est ce qui lui a fait donner le nom qu'elle porte aujourd'hui.

* *Portes*, (rue des trois) Quartier du Temple. Ancienne dénomination de la rue des Marais du Temple, dont la forme étoit en équerre, & qui étoit fermée par les trois extrêmités.

Postes, (rue des) Quartier Montmartre. C'est la partie qui va de la rue Chantereine dans celle de Saint-Lazare ou des Porcherons, vis-à-vis la rue Saint-Georges. Des postes de Commis établis pour empêcher la contrebande, lui ont fait donner ce nom. On la nommoit, de même que celle qui est au bout, *Ruellettes aux marais des Porcherons*.

Postes, (rue des) Quartier Saint-Benoît. Elle commence à l'Estrapade, & finit à la rue de l'Arbalêtre. Sauval dit » qu'anciennement elle se nommoit la *rue Saint-Severin*, & » depuis, la *rue des Poteries*, à cause de quantité de Potiers » de terre qui s'y sont établis d'abord, & y ont fait & vendu » de la poterie. » Il y avoit dans ce Quartier, ou bien l'on y avoit transporté quantité de terres sablonneuses, propres à faire de la poterie ; c'est pourquoi le nom de *rue des Pots* eût mieux convenu à cette rue, que celui de rue des Postes; ce qui est prouvé par tous les titres de Sainte-Geneviève, où l'emplacement de cette rue est nommée *le clos des Poteries*.

Pot-de-Fer, (rue) Quartier du Luxembourg. Elle aboutit, d'un côté, dans la rue du vieux-Colombier ; & de l'autre, dans celle de Vaugirard. Elle a porté les noms de rue *du Verger*, *des Jésuites*, *des jardins près S. Sulpice*, *de ruelle tendant de la rue du Colombier à Vignerei* ; * *de ruelle de S. Sulpice*, & de *ruelle de Henri du Verger*. C'est dans cette rue qu'étoit établi le Noviciat des Jésuites, dont la maison subsiste toujours de même que l'Eglise.

Pot-de-Fer, (rue du) Quartier Saint-Benoît. Elle traverse de la rue des Postes dans la rue Mouffetard. Elle doit son nom à une enseigne, & portoit anciennement ceux du *Bon-Puits*, *des Prêtres* & du *chemin au Prêtre*. Autrefois elle n'avoit que la moitié de sa longueur, parce que la rue des Vignes se prolongeoit jusqu'à la rue neuve-Sainte-Geneviève. *Voy.* POTERIES. (*le clos des*)

Poterie, (rue de la) Quartier des halles. Elle aboutit, d'un côté, dans la rue de la Lingerie ; & de l'autre, dans celle de la Tonnellerie. Elle doit son nom aux poteries qui s'y vendoient. Elle a porté celui de *rue neuve des deux jeux de paume*, parce qu'il y en avoit effectivement deux qui occupoient ce terrain, où l'on voit aujourd'hui les halles aux draps & aux toiles. En 1600, des Comédiens de Province obtinrent la permission de s'établir à Paris ; ils ouvrirent leur théâtre à *l'Hôtel d'Argent* dans cette rue. Au commencement du règne de Louis XIII, ils quittèrent ce Quartier, & louèrent un jeu de paume dans la vieille rue du Temple : on

---

* Le clos de Vignerei est renfermé dans le parc du Luxembourg.

les appella *la Troupe du Marais*. Ce fut sur ce théâtre du Marais, que deux Comédiennes (les Dlles. *Marotte Beaupré & Catherine des Urlis*) se donnèrent rendez-vous pour se battre l'épée à la main, & se battirent, en effet, à la fin de la petite pièce. Sauval dit qu'il étoit ce jour-là à la Comédie.

* *Poterie*, *Poterne* & *fausse-Poterne*, (rue de la) Quartier Saint-Martin. Anciens noms de la cour du More.

Poterie, (rue de la) Quartier de la Grève. Elle aboutit, d'un côté, dans la rue de la Verrerie, & de l'autre, au carrefour Guilleri. On la nommoit anciennement rue de *vieille-Oreille*, *guigne-Oreille* & *Guilleri*. Le nom qu'elle porte aujourd'hui lui vient vraisemblablement d'un grand nombre de Potiers de terre qui s'y étoient établis.

* *Poterne* & *de la fausse-Poterne* (rue de la) *Voy*. ci-dessus, *Poterie*, *Poterne*, &c.

* *Poterne*, (rue neuve-) Quartier Sainte-Avoie. *Voy. rue du Chaume*, &c.

Potiers d'étain, (rue des) Quartier des halles. C'est la partie des piliers des halles, qui règne depuis la rue Pirouette, jusqu'à celle de la Cossonnerie. Elle doit ce nom aux Potiers d'étain qui s'y étoient établis. On la connoît sous le nom des *piliers des halles*, ou des *petits piliers*.

* *Poule* ou *des Poulies*, (rue de la) Quartier de la Cité. Noms rapportés par Sauval, qu'il dit avoir été donnés à la rue du Chevet-Saint-Landri.

Poules, (rue des) Quartier Saint-Benoît. Elle donne, d'un bout, à la vieille-Estrapade; & de l'autre, à la rue du Puits-qui-parle. Cette rue dans laquelle les Protestans enterroient autrefois leurs morts, a porté les noms de *rue de Châtaigner* & de *Chastinière*.

Poulies, (rue des) Quartier du Louvre. Elle se termine à la rue Saint-Honoré, à la nouvelle place du Louvre, & au coin de la rue des Fossés-Saint-Germain-l'Auxerrois. Selon Sauval, elle doit son nom à un certain jeu ou exercice que nous ne connoissons plus, qui se nommoit *les Poulies*, & étoit en usage en 1343. M. *Jaillot* est porté à croire que ce nom viendroit *d'Edmond de Poulie*, ou de quelqu'un de ses ancêtres, à cause d'un Hôtel qu'il vendit au Comte Poitiers d'Alphonse, frère de S. Louis.

* *Poulies-Saint-Pou*, (rue des) Quartier Saint-Paul. Nom du cul-de-sac *Putigno*, rue Geoffroi-l'Asnier, dont il est fait mention dans Guillot, sous cette dénomination, & dont

Sauval parle aussi sous celle de *rue des viez-Poulies*, comme d'une rue inconnue.

* *Poulies*, (rue des, *des vieilles*, *Ferri & Richard des*) Quartier Saint-Antoine. Noms que Sauval dit avoir été portés par la rue des Francs-Bourgeois, à cause du jeu des poulies qui étoit alors usité, & qu'on ne connoît plus aujourd'hui.

* *Poulies*, (rue *Richard des*) Quartier du Temple. Nom que Sauval dit que portoit la rue Portefoin en 1282. Voy. *rue Portefoin*.

Poulletier, (rue) Quartier de la Cité. Cette rue traverse l'Isle Saint-Louis, & finit au quai d'Alençon & des Balcons. Elle doit son nom à un des associés avec le Sieur Marie à l'entreprise des quais qui sont dans cette Isle, M. *Poulletier*, Trésorier des Cent-Suisses. On la trouve encore désignée sous les noms de *Poultier* & *Poulletière*.

Poupée, (rue) Quartier Saint-André-des-Arcs. Elle va, d'un bout, à la rue de la Harpe; & de l'autre, à celle de Hautefeuille. Elle a porté les noms de *Popée*, *Poupée*, *Poinpé*, *Pompée* & ceux de *Lias* & de *Laas*, à cause du territoire de *Laas* sur lequel elle est située, qui ne se donnoient cependant qu'au chemin qui règne le long de la rivière.

* *Pourpointerie* (rue de la) Quartier Saint-Jacques-de-la-Boucherie. Nom ancien de la rue des Lombards.

Pourtour, (rue du) Quartier de la Grêve. C'est la continuation de la rue du Monceau-Saint-Gervais, jusqu'à la place Baudoyer. Elle a porté les noms du *Monceau-Saint-Gervais*, de *rue du Cimetière*, & de *rue Saint-Gervais*.

Prêcheurs, (rue des) Quartier des halles. Elle va, d'un bout, dans la rue Saint-Denis; & de l'autre, à la halle. En 1300, dit Sauval, on l'appelloit la *rue aux Prêcheurs*, & depuis, la *rue au Prêcheur* ou *du Prêcheur*; Noms qui lui ont été donnés d'un hôtel ou maison appellée l'*Hôtel du Prêcheur*, parce qu'il y pendoit une enseigne sur laquelle il y avoit un Prêcheur; mot pour lors en usage au lieu de celui de Prédicateur qui a pris sa place. M. *Jaillot* croit que la maison & l'enseigne doivent leur nom à un Particulier nommé *Robert le Prêcheur*.

* *Prêtres*, (rue des) Quartier Saint-Jacques-de-la-Boucherie. Il paroît que c'est la petite rue de Mativaux, où demeuroient quelques Prêtres habitués à l'Eglise de Saint Jacques.

Prêtres, (rue des) Quartier Saint-Benoît. Elle traverse de la rue Bordet, vis-à-vis la rue Clopin, & finit au quarré Sainte-

Sainte-Geneviève. On l'a nommée anciennement *vicus Monasterii*, & *rue du Moutier*, & auparavant, *petite ruellette Sainte-Geneviève* & *ruelle Sainte-Geneviève*. Les Prêtres de la Paroisse de Saint-Etienne-du-Mont qui y demeuroient autrefois, lui ont fait donner, sans doute, le nom qu'elle porte aujourd'hui. On a planté deux bornes au milieu de cette rue, pour empêcher le passage des voitures.

Prêtres, (rue des) Quartier du Luxembourg. Ancienne dénomination du cul-de-sac Férou, à cause du grand nombre des Prêtres de S. Sulpice qui y habitoient.

Prince, (rue des fossés de M. le) Quartier du Luxembourg. Elle commence à la rue de Condé, & finit au bout de la rue de Vaugirard. Elle doit son nom aux fossés sur lesquels elle a été élevée. On l'a appellée ensuite *rue des Fossés-Saint-Germain*, & depuis, *rue des fossés M. le Prince*, parce que son Hôtel s'étendoit jusques-là. *Voy. Condé.* (rue de)

Princesse, (rue) Quartier du Luxembourg. Elle va de la rue du Four à la rue Guisarde. On ignore à qui elle doit son nom. On voit au coin, du côté de la rue du Four, une statue de Moïse tenant les tables de la Loi. La tradition est que cette maison appartenoit à un Juif; mais il est certain qu'il a existé dans cette rue un Hôtel appellé *l'Hôtel du grand Moïse*.

Prouvaires*, (rue des) Quartier Saint-Eustache. C'est la continuation de la rue du Roule. Elle aboutit à la rue Traînée, en face du portail méridional de S. Eustache. Elle doit son nom, comme on peut le voir dans la note, aux Prêtres de S. Eustache qui y demeuroient dès le treizième siècle. En 1476, Alphonse V, Roi de Portugal, vint à Paris pour y solliciter des secours contre Ferdinand, fils du Roi d'Aragon, qui lui avoit enlevé la Castille. Louis XI, disent les Historiens, lui fit rendre de grands honneurs, & tâcha de lui procurer tous les amusemens possibles: on le logea dans cette rue chez un Epicier, nommé *Laurent Herbelot*: on le mena au Palais, où il eut le plaisir d'entendre plaider une belle cause; le lendemain il alla à l'Evêché, où l'on procéda en sa présence à la réception d'un Docteur en Théologie; & le Dimanche suivant, premier Décembre, & veille de son départ, on ordonna une procession de l'Université,

---

* Ou *rue des Prêtres*. *Prouaire*, en vieux langage, signifioit un Prêtre, de même que *Prévoires* ou *Provoires*.

Tom. IV.

qui passa sous ses fenêtres. Voilà, dit *Saint-Foix*, un Roi bien honorablement logé & bien amusé. *Ess. Hist. sur Paris, t. 1, p. 268.*

Provence, (rue de) Quartier Montmartre. Elle aboutit, d'un côté, à la chaussée d'Antin; & de l'autre, à la rue du Fauxbourg Montmartre. Cette rue nouvellement construite, a été bâtie sur l'égout qui y passoit, & que nos Magistrats Municipaux ont fait couvrir. La Ville ne pouvoit lui donner un nom plus cher à la Nation, que celui du Frère de Louis XVI, notre Monarque Bienfaisant, aujourd'hui MONSIEUR.

* *Prunier*, (rue) Quartier de la Grêve. Nom donné par la Caille à la rue Pernelle.

* *Puits*, (rue du) Quartier Saint-Eustache. Dénomination ancienne du cul-de-sac Saint-Claude.

Puits & du Pô, (rue du) Quartier Sainte-Avoie. Elle traverse de la rue Sainte-Croix-de-la-Bretonnerie, dans celle des Blancs-Manteaux. Defer la nomme *rue du Pô*.

* *Puits*, (rue du) Quartier Saint-Benoît. Ancienne dénomination des rues de la grande & petite Bretonnerie, suivant Sauval.

Puits, (rue du bon-) Quartier de la Place Maubert. Elle aboutit, d'un côté, à la rue Traversine; & de l'autre, à celle de Saint-Victor. Il paroît qu'elle s'étendoit jusqu'à la rue Clopin. Elle a été appellée *la rue de Fortune*; seroit-ce d'une maison qu'on nommoit *les Lansquenets*? Voy. *Bon-Puits*. (rue du)

* *Puits-de-Fer*, (rue du) Quartier de la Place Maubert. Ancien nom de la rue neuve-Saint-Etienne, à cause d'un puits public qui subsiste encore au haut de cette rue, au carrefour qu'elle forme avec la rue Contrescarpe & celle des fossés Saint-Victor. C'étoit un puits public en 1539, que Corrozet indique sous le nom de *Puits-de-Fer* ou *des Morfondus*. Voy. *Etienne*. (rue neuve-Saint)

Puits-qui-parle, (rue du) Quartier Saint-Benoît. Elle va, d'un côté, à la rue neuve-Sainte-Geneviève; & de l'autre, à celle des Postes. Elle doit son nom à un puits qui formoit un écho.

* *Pute-y-Muce*, (rue de) Quartier Saint-Antoine. Dénomination de la rue Cloche-Perce.

* *Putigneuse*, (rue) Quartier Saint-Paul. Nom donné par Corrozet au cul-de-sac Putigneux, rue Geoffroi-l'Asnier.

Q

Quatre-Fils, (rue des) Voy. *Fils*.

Quatre-Vents, (rue des) Voy. *Vents*.

Quenouilles, (rue des) Quartier Sainte-Opportune. Elle va du quai de la Mégisserie ou de la Féraille, dans la rue Saint-Germain-l'Auxerrois. Elle a porté successivement les noms de ruelle *Simon de Lisle*, *Jean de Lisle*, autrement *Sac-Epée*, ruelle *des Quenouilles*, *de la Quenouille* & *des trois-Quenouilles*.

* *Quentin*, (rue Jehan de Saint-) Quartier du Temple. Nom que la rue Pastourelle portoit en 1302.

Queux, (rue dite *le*) Quartier Saint-André-des-Arcs. Dénomination ancienne de la rue Gille-Cœur.

Quinquempoix, (rue) Quartier Saint-Jacques-de-la-Boucherie. Elle aboutit aux rues Aubri-le-Boucher & aux Oues. Elle a porté les noms de *Cinquampoit*, *Quicampoit*, & *Quiquenpoist*. L'Abbé le Beuf croit qu'elle peut devoir son nom à un *Nicolas de Kiquenpoit*.

R.

* *Râle*, (rue *Lambert de*) Quartier de la Grève. Ancien nom de la rue du Coq, située près la rue de la Verrerie.

Rambouillet, (rue de) Quartier Saint-Antoine. Elle va des rues de Charenton & de la Planchette à celle de la Rapée. Voy. *Planchette* (rue de la) & RAMBOUILLET.

* *Raoul Lavenier*, (rue) Quartier Sainte-Opportune. Nom donné mal-à-propos par Sauval au cul-de-sac Rollin-prend-gage.

Rapée, (rue de la) Quartier Saint-Antoine. Elle va de la rue des fossés-Saint-Antoine à la barrière du même nom, à l'extrêmité de la rue de Rambouillet. Cette guinguette très-fréquentée & très-agréable, doit son nom à une maison qui avoit été bâtie pour M. *de la Rapée*, Commissaire-Général des Troupes.

* *Rats*, (rue des) Quartier Saint-Jacques-de-la-Boucherie. Ancienne dénomination du cul-de-sac du Chat-Blanc, & donné mal-à-propos à la rue Saint-Jacques-de-la-Boucherie.

Rats, (rue des) Quartier Saint-Antoine. Elle va de la rue des murs de la Roquette à celle de Saint-André. On l'a appellée rue *de l'Air* ou *de Lair*.

Rats, (rue des) Quartier Saint-Benoît. Elle aboutit a la rue Galande & à celle de la Bucherie. Elle doit ce nom à une enseigne. Guillot l'a désignée sous celui de *rue d'Arras*.

* *Rats* (rue des) Quart. de la Place Maubert. Nom donné mal-à-propos à la rue d'Arras.

Réale, (rue de la) Quartier des halles. Elle aboutit, d'un côté, dans la rue de la grande-Truanderie; & de l'autre, sous les piliers des halles. Elle a porté les noms de ruelle ou rue *Jean Vingne*, *Vuigne*, *Vigne*, *des Vignes*, peut-être par altération du mot de *Jean Bigne* ou *Bingne*, ou *Bigne*, Echevin de Paris en 1281. C'est une petite rue ou ruelle fort étroite.

* *Réale*, (rue de la) Quartier de la Grève. Nom donné par Boisseau à la rue de Berci.

* *Réale* (rue de la) Quartier Sainte-Avoie. C'est ainsi que Boisseau a désigné la rue de la Croix-Blanche, qui aboutit au marché-Saint-Jean.

Récollets (rue des) Quartier Saint-Martin-des-Champs. Elle commence à la rue du Fauxbourg Saint-Laurent, & finit à celle de Carême-prenant, vis-à-vis l'Hôpital Saint-Louis. Elle doit son nom aux Récollets, parce qu'elle règne le long de leur enclos.

* *Recommandaresses* & *Commandaresses*, (rue des) Quart. de la Grève. Noms que portoient vraisemblablement la partie de la rue de la Coutellerie, qui va du petit carrefour à la rue Planche-Mibrai.

Regard, (rue du) Quartier du Luxembourg. D'un côté, elle va au coin des rues du Chasse-Midi & des vieilles-Tuileries; & de l'autre, à la rue de Vaugirard. Elle doit son nom à un regard de fontaine qui y est bâti. Elle règne le long de l'enclos des Carmes déchaussés qui y ont fait construire de beaux Hôtels; c'est pourquoi on la trouve aussi appelée *rue des Carmes*.

Regnault (rue de la Folie) Quartier Saint-Antoine. Elle va, d'un côté à la rue des murs de la Roquette; & de l'autre, à la rue Saint-André. Elle doit son nom à une maison de campagne, située sur un terrain d'environ six arpens, qui appartenoient à un Particulier appelé *Regnault l'Epicier*.

Regratière, (rue) Quartier de la Cité. Elle aboutit au quai d'Orléans, en faisant la continuation de la Femme-sans-tête. Elle doit son nom à un associé du Sieur *Marie*, appelé M. *le Regrattier*, & tous deux Entrepreneurs des quais de l'Isle-Saint-Louis. Elle étoit ainsi nommée dans toute sa longueur jusqu'au quai de Bourbon. *Voy*. *Femme-sans-tête*. (rue de la)

Reims, (rue de) Quartier Saint-Benoît. Elle va, d'un bout, à la rue des Sept-voies; & de l'autre, à celle des Cholets. Son premier nom est rue *au Duc de Bourgogne*, qu'elle a quitté en 1409, pour prendre celui du Collége de Rheims, fondé en cette année.

* *Reims*, (rue de l'Archevêque de) Quartier Saint-André-des-Arcs. Suivant Sauval, c'est le nom de la rue du Paon, à cause que l'Archevêque de Rheims y avoit son Hôtel.

* *Reine*, (rue de la) Quartier Saint-Antoine. On pense que cette rue pourroit être un passage qui subsiste encore, & qui conduisoit au cimetière S. Paul & aux charniers.

* *Reine*, (*rue neuve & neuve de la*) Quart. Saint-Eustache. Ancien nom de la rue des deux-Ecus, que Catherine de Médicis fit ouvrir sur son terrain.

Reine-Blanche, (rue de la) Quart. de la Place Maubert. Elle va, d'un bout, à la rue Mouffetard; & de l'autre, à celle des hauts-fossés-Saint-Marcel. Sauval dit « qu'elle fût » ainsi appellée, à cause qu'on la fit sur les ruines de l'Hôtel » de la Reine Blanche, qui fut démoli en 1392, *comme » complice* de l'embrâsement de quelques Courtisans, qui » y dansèrent avec Charles VI, ce malheureux ballet des » Faunes, si connu.

* *Reinier*, (rue *de la Folie*) Quartier du Luxembourg. Dénomination ancienne de la rue des mauvais-Garçons, à cause d'une maison qui portoit cette enseigne.

Rempart, (rue du) Quartier du Palais-Royal. Elle va, d'un bout, dans la rue Saint-Honoré; & de l'autre, dans celle de Richelieu. Elle doit son nom à une ancienne fortification sur laquelle elle est située. En 1636, elle s'appelloit rue *Champin*.

* *Rempart*, (rue du) Quartier Saint-Denis. Ancienne dénomination de la rue Sainte-Foi, près des Filles-Dieu.

* *Rempart*, (rue du) Quartier Saint-Eustache. Nom donné par Boisseau au cul-de-sac Saint-Claude.

Rempart, (rue du) Quartier Saint-Antoine. C'est encore un nom donné par Boisseau à la rue Jean Beausire.

Rempart, (rue du chemin du, *ou* rue basse du) Quart. du Palais-Royal & de Montmartre. Elle commence au coin de la rue de Surènes, & règne le long du rempart dont elle porte le nom; elle portoit auparavant celui de *Chevilli*. Voy. *Chevilli*. (rue de) La partie opposée de cette rue est du Quartier Montmartre, & se nomme *rue basse du Rempart*, parce qu'elle est beaucoup plus basse que le rempart.

Remparts, (rue des) Quartier Montmartre. Nom d'une rue qui exiſtoit au bout de la rue du Sentier.

* *Remparts*, (rue des) Quartier Saint-Martin-des-Champs. Première dénomination de la rue Meſlai.

* *Renard*, (rue du) Quartier Sainte-Opportune. Ancien nom de la rue des trois-Viſages.

Renard, (rue du) Quartier Saint-Martin-des-Champs. Elle va de la rue neuve-Saint-Merri à celle de la Verrerie. Anciennement elle portoit le nom de la *Cour-Robert de Paris*, ou *la Cour-Robert*, & rue *du Renard-qui-prêche*.

Renard, (rue) Quartier Saint-Denis. Elle aboutit, d'un côté, dans la rue Saint-Denis; & de l'autre, dans celle des deux-Portes. Elle a été appellée *rue Perciée & Percée*, & a pris ſon nom d'un nommé Renard qui y demeuroit.

* *Renard*, (rue du) Quartier Saint-André-des-Arcs. Nom ſous lequel la rue du Chat-qui-pêche ſe trouve déſignée.

Renaud ou *Renard le Febvre*, (rue) Quartier de la Grève. Elle va, d'un bout, à la Place Baudoyer; & de l'autre, au cimetière ou marché Saint-Jean.

* *René*, (rue neuve-Saint-) Quart. de la Place Maubert. Nom que portoit la rue du Battoir en 1603.

Repoſoir, (rue du) Quartier Saint-Euſtache. Cette rue, en faiſant la continuation de la rue Pagevin, vient aboutir à la Place des Victoires. Elle ſe prolongeoit juſqu'à la rue du Mail, & la rue Vuide-Gouſſet en faiſoit partie avant la conſtruction de la Place.

Reuilli, (rue de) Quartier Saint-Antoine. Elle commence à la rue du Fauxbourg Saint-Antoine, près l'Abbaye, & finit au chemin de Charenton. Elle doit ſon nom à ſon territoire qui eſt très-ancien, ſur lequel nos Rois de la première race avoient un château.

Reuilli, (rue du bas ou petite rue de) Quartier Saint-Antoine. On a donné ce nom à la rue Mongallet qui va, d'un côté, à la rue de Reuilli; & de l'autre, à celle de la Planchette.

Rhétel, (rue *aux Ecoliers de*) Quartier Saint-André-des-Arcs. Nom donné par le Peuple à la rue des Poirées, à cauſe du Collège de ce nom qui y avoit été élevé, & réuni depuis en 1443 par Charles VII, au Collège de Rheims.

* *Richebourg*, (rue de) Quart. du Louvre. Ancienne dénomination de la rue du Coq, à cauſe d'une famille de ce nom.

* *Richebourg*, (rue de) Quartier de la Place Maubert. Ancienne dénomination de la rue d'Orléans, qui conduit de la rue Mouffetard à celle du jardin du Roi.

Richelieu, (rue de) Quartier du Palais-Royal & Quartier Montmartre. Pour le premier Quartier, elle commence à la rue Saint-Honoré, & finit à la rue neuve-des-Petits-Champs. Depuis la construction du Palais-Royal par le Cardinal de Richelieu, elle fut nommée *rue Royale*, & ensuite elle prit celui de Richelieu. Quant à la partie qui est dans le second Quartier, elle commence à la rue neuve-des-Petits-Champs, & finit au boulevard.

* *Richelieu*, (rue neuve de) Quartier du Palais-Royal. Première dénomination de la rue Royale, qui aboutit dans la rue Thérèse.

Richelieu, (rue neuve de) Quartier Saint-André-des-Arcs. Elle commence à la rue de la Harpe, & finit à la Place & à l'Eglise de Sorbonne. On l'a appelée quelquefois *rue des Trésoriers* & *rue de Sorbonne*. Elle fut percée pour favoriser la vue de la Place de l'Eglise de Sorbonne; monumens qui ont immortalisé la mémoire du Cardinal de Richelieu.

* *Rissole* & *Roissolle*, (rue Raoul) Quartier Saint-Eustache. Anciens noms de la rue du Jour.

Roch, (rue Saint-) Quartier Montmartre. Elle va de la rue du gros-Chenet à la rue Poissonnière, en faisant la continuation de celle des Jeux-Neufs.

Roch, (rue neuve-Saint-) Quartier du Palais-Royal. Cette rue qui doit son nom à l'Eglise de S. Roch, commence à la rue Saint-Honoré, & finit dans la rue neuve-des-Petits-Champs. Elle s'appelloit auparavant *la ruelle* ou *rue de Gaillon*, à cause de l'Hôtel de Gaillon. Sauval dit qu'elle se nommoit en 1495 *la ruelle Michaut Riegnaut*; en 1521, *Michaut-Regnaut*; & en 1578, *rue de Gaillon*.

* *Roche*, (rue de la) Quartier Sainte-Avoie. Nom d'une rue qui faisoit la continuation de celle de Braque, appellée *rue des Bouchers*, & qui subsiste encore en partie dans le passage de l'Hôtel de Soubise.

Rochechouart, (rue de) Quartier Montmartre. Elle se termine au chemin de Clignancourt, en faisant la continuation de la rue Cadet. Elle doit son nom à Marguerite de *Rochechouart de Montpipeau*, Abbesse de Montmartre.

Roi, (rue du Jardin du) Quartier de la Place-Maubert. Elle va du carrefour de la Pitié, à celui de Clamart. Elle a porté le nom de *rue de Coipeaux*, à cause du territoire de Coupeaux. Elle doit celui d'aujourd'hui au Jardin-Royal des plantes qu'on y a formé.

* *Roi*, (rue du pavillon du) Quartier Saint-Antoine. Ancienne dénomination de la rue Royale, qui a pris son nom de la Place Royale à laquelle elle aboutit.

E e iv

* *Roi* (rue *du vin le*) Quartier Saint-Jacques-de-la-Boucherie. Désignation de la rue des trois-Maures, qui aboutit dans celle des Lombards.

Roi-Doré, (rue du) Quartier du Temple. Elle traverse de la rue Saint-Gervais dans celle de Saint-Louis. Elle a porté les noms de *rue Saint-François* & *rue Françoise*. Elle doit celui qu'elle porte aujourd'hui à un buste doré de Louis XIII, qui subsistoit à une de ses extrêmités.

Romain, (rue Saint-) Quartier du Luxembourg. Elle va de la rue de Sèvre dans celle du petit Vaugirard. Elle doit son nom à un Prieur de l'Abbaye de Saint-Germain, appellé *D. Romain Rodayer*. Elle a porté anciennement les noms de rue *Abrulle* & *du Champ Malouin*.

Rome, (rue de) Quartier Saint-Martin. Nom qu'a porté la rue au Maire dans sa prolongation jusqu'à la rue du Temple.

Roquette, (rue de la Quartier Saint-Antoine. Elle va de l'esplanade de la porte Saint-Antoine, à la Maison des Religieuses Hospitalières de la Roquette. Elle doit son nom au terrein sur lequel elle a été ouverte, anciennement appellé *la Rochette*, où Henri II & Henri IV ont demeuré, c'est-à-dire, au lieu même où sont les Hospitalières.

Roquette, (rue des murs de la) même Quartier. C'est le chemin qui règne le long des murs de l'enclos des Hospitalières, depuis l'entrée de leur maison, jusqu'à la rue des Amandiers.

Rosiers, (rue des) même Quartier. Elle va, d'un bout, à la vieille rue du Temple ; & de l'autre, à celle des Juifs. M. *Jaillot* dit « qu'elle portoit ce nom en 1233, &
» qu'il ne voit pas qu'elle en ait changé. Il conjecture qu'elle
» faisoit un retour d'équerre, & qu'elle aboutissoit à la rue
» du Roi de Sicile, cette partie formant aujourd'hui la rue
» des Juifs. Le même Auteur a remarqué que Guillot, le
» rôle de 1313, & autres titres subséquens, n'en ont point
» fait mention en parlant de cette rue, & qu'il étoit appuyé
» dans son opinion par un monument de sculpture placé
» à la maison qui fait l'angle de la rue du Roi de Sicile & de
» celle des Juifs. Nos Historiens, ajoute-t-il, nous ont con-
» servé le souvenir de l'attentat commis sur une statue de
» la Sainte Vierge, qui fut mutilée la nuit du 31 Mai au
» premier Juin 1528. Elle étoit placée *en la rue des Rosiers*.
» François I fit faire une autre statue d'argent qu'il plaça
» *au lieu même où étoit l'ancienne* de pierre. Cette cérémo-
» nie se fit le 12 dudit mois, à la fin d'une procession

» générale ordonnée à cet effet. Cette ſtatue ayant été volée
» en 1545, on en ſubſtitua une autre de bois, qui fut
» briſée par les Hérétiques la nuit du 13 au 14 Décembre
» 1551. On fit une ſemblable proceſſion, & on remit une
» ſtatue de marbre. Les actes qui conſtatent ces différens
» faits, indiquent que ces réparations furent faites *rue des*
» *Roſiers, devant l'huis de derrière du petit Saint-Antoine.*
» Ce monument en ſculpture, où François I eſt repréſenté,
» ſubſiſte au même lieu, & n'a point été déplacé. Nos
» plans du ſiècle dernier marquent au même endroit une
» *Notre-Dame* d'argent, dont on avoit conſervé le nom.
» Enfin on voit dans les archives de Sainte-Catherine du
» Val-des-Ecoliers, qu'une place & un jardin qui font partie
» de la baſſe-cour de l'Hôtel de Lamoignon, aboutiſſoient
» à la rue des Roſiers. Je crois donc pouvoir avancer, con-
» tinue le même Auteur, qu'alors cette rue ſe prolongeoit
» juſqu'à la rue du Roi de Sicile, & que c'eſt depuis cette
» époque, que le retour qu'elle faiſoit a été appellé rue des
» Juifs. »

* *Roſiers*, (rue des) Quartier Saint-Benoît. Nom donné par Sauval & d'autres, à la rue du Puits-qui-parle.

Roſiers, (rue des) Quartier Saint-Germain. Elle va de la rue Saint-Dominique à celle de Grenelle. Son premier nom fut *rue-neuve des Roſiers*, vraiſemblablement à cauſe des roſiers qui étoient dans ce lieu.

Roule, (rue du) Quartier du Louvre. Elle fait la continuation de la rue de la Monnoie, juſqu'à la rue des Prouvaires. Elle doit ſon nom à un ancien Fief appellé *le Roule*, dont le chef-lieu qui eſt *la maiſon* ou *Hôtel du Roule*, eſt ſitué au coin de cette rue & de celle des Foſſés-Saint-Germain.

Roule, (rue du) Quartier du Palais-Royal. C'eſt la continuation de la rue du Fauxbourg Saint-Honoré. Elle doit ſon nom au petit Village du Roule, réuni à celui de la Ville-l'Evêque, & déclaré Fauxbourg de Paris. Ce Village a porté les noms de *Rollus* ou *Rotulus*, & a été diſtingué en *haut* & *bas Roule. Voy.* ROULE. (*le*)

Roulette, (rue de la) Quartier du Temple. C'eſt la continuation de la rue du Meſnil-Montant, depuis la rue de la Folie-Moricourt, juſqu'à celle du bas-Popincourt. Elle doit ſon nom à cette eſpèce de baraque montée ſur des roulettes, où loge le Commis d'une barrière, & que l'on nomme *Roulette*.

Rouſſelet, (rue) Quartier Saint-Germain. Elle commence à la rue de Sèvre, & finit à la rue Blomet ou Plumet, où est une barrière. Elle doit son nom à un Bourgeois appellé *Rousselet*, qui y fit bâtir plusieurs maisons ; mais auparavant elle portoit celui de *rue des Vachers*, sous lequel elle est encore connue aujourd'hui.

Royale, (rue) Quartier du Palais-Royal. Elle va de la rue neuve-des-Petits-Champs dans la rue Thérèse. Primitivement elle se nommoit rue *neuve de Richelieu*. Celui de Royale lui a été donné à cause du nom de la Reine que porte celle où elle aboutit.

Royale, (rue) même Quartier. Elle va de la rue Saint-Honoré à la Place de Louis XV, & elle a été ouverte en même temps que la place.

* *Royale*, (rue) même Quartier. Nom que portoit la rue de Richelieu dans la partie qui commence à la rue Saint-Honoré, & finit à celle des Petits-Champs.

Royale, (rue) Quartier Montmartre. C'est un chemin des Porcherons qui va de la rue de la Croix-Blanche à Montmartre.

Royale, (rue) Quartier Saint-Antoine. Cette rue qui commence à celle de Saint-Antoine, doit son nom à la Place-Royale à laquelle elle aboutit. Elle a été nommée *rue du Pavillon du Roi*.

* *Royale*, (rue & *petite rue*) Quartier Saint-Antoine. Ancienne dénomination de la rue du Pas de la Mule, laquelle étoit commune à toutes les rues qui aboutissent à la Place-Royale.

Royale, (rue) Quartier Saint-Antoine. Nom d'une des quatre rues de ce Quartier, lesquelles ne subsistent plus. Celle-ci est vraisemblablement représentée par le cul-de-sac de Guémené. On l'a aussi appelée la rue *de la Royne*.

S.

* *Sablons*, (rue des) Quartier de la Cité. Ancienne rue par laquelle on alloit à la Cathédrale, & qui existe encore entre les maisons de la rue neuve-Notre-Dame, & les bâtimens de l'Hôtel-Dieu. Elle est aujourd'hui coupée en différentes parties, & fermée à ses extrêmités.

Sabot, (rue du) Quartier Saint-Germain. Elle va, d'un bout, à la rue du Four; & de l'autre, à la petite rue de Taranne. Elle doit son nom à une enseigne. *Voy. Copieuse.* (rue)

* *Sacalie* & *Sac-à-Lie*, (rue) Quartier Saint-André-des-Arcs. Altération du nom de la rue Zacharie.

Sachettes, (rue des) même Quartier. Ancienne dénomination de la rue du cimetière-Saint-André, où étoit une Communauté de femmes dévotes, qui portoient un vêtement fait en forme de sac. On les appelloit *Saccitæ* en latin.

Saintonge, (rue de) Quartier du Temple. Elle va de la rue de Bretagne au rempart.

Salle-au-Comte, (rue) Quartier Saint-Jacques-de-la-Boucherie. Elle aboutit, d'un côté, dans la rue aux Oues; & de l'autre, à l'extrêmité de la rue Saint-Magloire. C'étoit anciennement un cul-de-sac qu'on appelloit rue *au Comte de Dammartin*, & successivement rue *de la Salle-du-Comte* & *Salle-au-Comte*, autrement *la Cour Saint-Leu*. L'Hôtel du Comte de Dammartin étoit au coin de la rue près de la fontaine. Cette maison passa depuis au Chancelier de Marle, qui fut massacré en 1418. *Voy.* rue Saint-André-des-Arcs. Un Procureur au Châtelet qui acheta cette maison en 1663, s'y trouvoit, dit Sauval, mal logé & trop à l'étroit. Ce fut le Chancelier de Marle qui fit bâtir la fontaine. On voit dans les registres du Parlement, que le 9 Août 1413, Charles VI, pour procéder suivant les formalités ordinaires, & par voie de scrutin, à l'élection d'un Chancelier, fit entrer dans la Chambre du Conseil le Dauphin, les Ducs de Berri, de Bourgogne, de Bavière & de Bar, plusieurs Barons, Chevaliers & Conseillers, qui tous jurèrent sur l'Evangile & la vraie croix, de nommer celui qu'ils croiroient le plus digne de posséder cette grande Charge. Arnaud de Corbie eut dix-huit voix : Simon de Nanterre, Président au Parlement, en eut vingt; & Henri de Marle, premier Président, en eut quarante-quatre ; *de sorte*, dit l'Abbé de Choisi, *Hist. de Charles VI*, *qu'à la pluralité des voix, celle du Roi n'étant comptée que pour une, Henri de Marle fut proclamé Chancelier*.

* *Sansonnets*, & *du Sansonnet à la Croix*, (rue des) Quartier Saint-Benoît. Nom d'une rue qui ne subsiste plus dans celle du Fauxbourg Saint-Jacques, & qui, du coin des murs du Val-de-Grace, alloit aboutir dans la rue des Bourguignons au champ des Capucins. Elle a porté aussi les noms de rue *du Puits de l'Orme*, & ensuite *de l'Egout*. Les Protestans y avoient un Prêche, qu'on appelloit *le Temple de Jérusalem*.

Santé, (rue de la) Quartier Saint-Benoît. Elle commence au champ des Capucins, & aboutit à la barrière. Elle se nommoit anciennement *le chemin de Gentilli*, & a pris depuis celui de l'Hôpital de la Santé auquel elle conduit.

* *Sans-Chef* ou *Sancée*, (rue) Quartier de la Place Maubert. Ancienne dénomination de la rue Censier. *Voy.* cette rue, & *rue Sans-Chef*, Quartier Saint-Paul.

Sartine, (rue de) Quartier Saint-Eustache. Cette rue est ainsi nommée à cause de M. de Sartine qui étoit Lieutenant-Général de Police lorsqu'elle fut ouverte. Elle commence au carrefour des rues Coquillière, Platrière & de Grenelle, & aboutit à la halle au bled.

Sartine, (rues de) Quartier de la Place Maubert. Elles sont au nombre de quatre, qui environnent la nouvelle halle aux veaux, ouverte le 28 Mars 1774, en vertu d'une Ordonnance de la Ville, du 8 du même mois. Elles doivent leur nom au Magistrat qui présidoit alors avec tant de sagesse à l'administration de la Police.

Saunerie, (rue de la) Quartier Sainte-Opportune. Elle va, d'un côté, sur le quai de la Mégisserie; & de l'autre, dans la rue Saint-Germain, d'où elle se prolongeoit anciennement jusques dans la rue Saint-Denis. Elle prend son nom de l'ancienne maison de la marchandise du sel qui en étoit voisine. C'est par altération que l'on écrit & prononce rue *de la Sonnerie* ou *petite-Sonnerie*. On l'a aussi appellée rue de la petite-Poissonnerie, peut-être parce qu'on y vendoit du poisson.

Saussaies ou *Poliveau*, (rue des) Quartier de la Place Maubert. Elle va, d'un bout, au carrefour de Clamart; & de l'autre, au chemin qui règne le long de la Seine. Son premier nom étoit *rue de la Cendrée*, à cause du territoire dit *locus cinerum*, sur lequel elle a été ouverte; ensuite on l'a nommée *rue du Pont-Livant*, *Poulivaux*, *Pouliveau* & *Polivau*, d'un petit pont qui étoit sur la rivière de Bièvre. En 1646, elle étoit appellée *rue des Carrières*, alias *de la Cendrée*, & enfin *rue des Saussaies* ou *Saussoies*, à cause des saules qui couvroient tout ce terrein.

Saussaies (rue des) Quartier du Palais-Royal. Elle va, d'un côté, à la rue du Fauxbourg Saint-Honoré; & de l'autre, aux extrêmités des rues de Surènes & de la Ville-l'Evêque. Elle a porté les noms de *rue des Carrières*, *de la Couldraie*, *des Saussaies*, *de chemin de la Saussaie*, vraisemblablement parce qu'il y avoit dans ce terrain des carrières, des coudres & des saules. On lui a donné aussi le nom de *ruelle Baudet*.

Sauveur, (rue Saint-) Quartier Saint-Denis. Elle commence à la rue Saint-Denis, & finit aux extrêmités des rues Montorgueil & des petits-Carreaux. Elle doit son nom à l'Eglise de S. Sauveur.

Sauveur, (rue neuve-Saint-) même Quartier. Elle va dans les rues de Bourbon & des petits-Carreaux. Elle est ainsi nommée, parce qu'on devoit percer une rue qui devoit aller de la rue de Bourbon dans celle de Saint-Sauveur. Auparavant elle étoit appellée *rue de la Corderie*, ensuite *rue Boyer*, d'un Particulier qui y demeuroit; en 1603, *rue des Corderies*, ou *Cour des Miracles*; & en 1622, *rue neuve-Saint-Sauveur*, anciennement dite Boyer.

* *Sauveur*, (rue Saint-) Quartier Saint-Germain. Ancienne dénomination de la rue Hillerin-Bertin.

* *Saveterie*, (rue de la) Quartier de la Cité. Dénomination ancienne de la rue Saint-Eloi.

* *Savaterie* ou *aux Savetiers*, (rue de la) Quartier des halles. Nom donné par Guillot à la rue Comtesse d'Artois.

* *Savoie*, (rue de) Quartier Saint-Benoît. Fausse dénomination donnée par Guillot à la rue des sept Voies, dans son *dire des rues de Paris*.

Savoie, (rue de) Quartier Saint-André-des-Arcs. Elle commence dans la rue des Grands-Augustins, & finit à la rue Pavée. Elle doit son nom à l'Hôtel de Savoie que l'on y avoit bâti, & qui s'étendoit en partie jusqu'à la rue des grands-Augustins.

Savonnerie, (rue de la) Quartier Saint-Jacques-de-la-Boucherie. Elle commence à la rue Saint-Jacques-de-la-Boucherie, & finit au carrefour des rues de la vieille-Monnoie, de la Heaumerie & des Ecrivains.

* *Scipion*, (rue de) Quartier de la Place Maubert. Ancienne dénomination de la rue de la Barre, à cause de l'Hôtel que *Scipion Sardini* y a fait bâtir, & qui appartient aujourd'hui à l'Hôpital-général, sous le titre de Sainte-Marthe. C'est la boulangerie & la boucherie, d'où l'on tire tous les jours la quantité de pain, de viande & de chandelle nécessaire pour les Pauvres.

Sébastien, (rue Saint-) Quartier Saint-Antoine. Elle va, d'un côté, au chemin de la Contrescarpe; & de l'autre, à la rue Popincourt. Elle se nommoit anciennement rue Saint-Etienne; mais elle doit l'un & l'autre à des enseignes.

Seine, (rue de) Quartier de la Place Maubert. Elle aboutit, d'une part, au carrefour de la Pitié; & de l'autre, au quai Saint-Bernard. Elle a porté les noms de *rue* ou *che-*

min devers Seine, de *rue derrière les murs de Saint-Victor*, de rue *du Ponceau*, à cause d'un petit pont sous lequel passoit la rivière de Bièvre, lorsqu'elle traversoit l'enclos de Saint-Victor.

Seine, (rue de) Quartier Saint-Germain. Elle va de la rue de Buci au quai Malaquest. La rivière à laquelle elle conduisoit, lorsqu'elle n'étoit qu'un simple chemin, lui a fait donner le nom qu'elle porte aujourd'hui. On le connoissoit sous celui de *chemin du Pré-aux-Clercs*, ensuite *de chemin tendant de la porte de Buci au Pré-aux-Clercs*, de *chemin de la porte de Buci à la Seine*, de *rue qui tend du pilori au Pré-aux-Clercs*; enfin, sous celui de *rue de Seine*. En 1606, la Reine Marguerite de Valois, première femme de Henri IV, étant revenue à Paris, après une absence de près de vingt-cinq ans, fit bâtir, au bout de cette rue, un Hôtel avec de vastes jardins qui règnoient le long de la rivière. Elle y mourut le 27 Mars 1615. Son Palais fut vendu en 1619, quatre ans après sa mort, & l'on commença de bâtir le quai Malaquest, sur une partie du terrein qu'occupoient les jardins. Jusqu'alors le Fauxbourg Saint-Germain n'avoit été que comme ces Villages composés de quelques rues, dont les maisons sont séparées les unes des autres par des vignes, des prés & des Jardins : en sortant de la porte de Nesle, située où est à présent la première cour du Collège des Quatre-Nations, on entroit dans la campagne; la rue Taranne & la rue Saint-Dominique s'appelloient *le chemin aux vaches*, & les rues des Petits-Augustins, Jacob, des SS. Pères, de l'Université, du Bacq, de Verneuil, de Beaune & de Bourbon n'existoient point encore.

* *Seine* (rue de & petite rue de) Quartier Saint-André-des-Arcs. Anciennes dénominations du quai des Augustins.

* *Séjour*, (rue du) Quartier Saint-Eustache. Nom donné par Sauval, à la rue du Jour.

* *Sellerie*, (rue de la) Quartier Saint-Jacques-de-la-Boucherie. Nom que portoit la rue Saint-Denis entre le grand-Châtelet & les Innocens.

* *Semelle*. (rue de) Dénomination incertaine de la rue Mignon.

Sentier, (rue du) Quartier Montmartre. Elle fait la continuation de la rue du gros-Chenet, & aboutit au boulevard.

Sept-Voies. (rue des) *Voy*. Voies.

Sépulchre, (rue du) Quartier Saint-Germain. Elle commence à la rue de Taranne, & finit à la rue de Grenelle, vis-à-vis la place de la Croix-Rouge. Elle doit son nom à une maison appellée *le petit-Sépulchre*, située à côté de l'Hôtel de Taranne; laquelle avoit appartenue aux Chanoines du Saint-Sépulchre.

Serpente, (rue) Quartier Saint-André-des-Arcs. Elle va, d'un côté, à la rue Hautefeuille; & de l'autre, à celle de la Harpe. Cette étymologie vient des sinuosités qu'elle faisoit à l'instar des serpens.

* *Serviteur de Dieu*, (rue du) Quartier Saint-Benoît. Il est vraisemblable que la rue des Chiens a porté ce nom.

Severin, (rue Saint-) Quartier Saint-André-des-Arcs. Elle aboutit, d'une part, à la rue de la Harpe; & de l'autre, à la rue Saint-Jacques. Elle doit son nom à l'Eglise de Saint-Severin que l'on y voit. Au mois de Janvier 1474, dit la Chronique de Louis XI, pag. 213, les Médecins & Chirurgiens de Paris représentèrent à Louis XI, *que plusieurs personnes de considération étoient travaillées de la pierre, colique, passion & mal de côté; qu'il seroit très-utile d'examiner l'endroit où s'engendroient ces maladies; qu'on ne pouvoit mieux s'éclairer qu'en opérant sur un homme vivant, & qu'ainsi ils demandoient qu'on leur livrât un* franc-Archer *qui venoit d'être condamné à être pendu pour vol, & qui avoit été souvent fort molesté desdits maux.* On leur accorda leur demande, & cette opération qui est peut-être la première qu'on ait faite pour la pierre, se fit publiquement dans le cimetière de l'Eglise S. Severin. *Après qu'on eut examiné & travaillé*, ajoute la Chronique, *on remit les entrailles dudit Franc-Archer qui fut recousu, & par Ordonnance du Roi, très-bien pansé, & tellement qu'en quinze jours il fut guéri & eut rémission de ses crimes sans dépens, & il lui fut même donné de l'argent.*

* *Severin*, (rue des Poteries Saint-) Quartier Saint-Benoît. Nom donné mal-à-propos par Sauval à la rue des Postes.

Severin, (rue des Prêtres Saint-) Quartier Saint-André-des-Arcs. Elle va, d'un bout, à la rue Saint-Severin; & de l'autre, à celle de la Parcheminerie. Elle a porté les noms de *ruelle devant ou près Saint-Severin, ruelle & ruellette Saint-Severin, ruelle Saint-Severin dite au Prêtre*, & *ruelle au Prêtre*.

Sèvre, (rue de) Quartier du Luxembourg. Elle part du carrefour de la Croix-Rouge, & finit au boulevard du Midi. Elle doit son nom au Village de Sèvre auquel elle conduit, en latin *Savara*. Anciennement on l'appelloit la rue *de la*

Maladrerie, & enfuite *rue de l'Hôpital des petites maifons.*

Sicile, (rue du Roi de) Quartier Saint-Antoine. Elle va, d'un bout, à la vieille rue du Temple ; & de l'autre, à celle des Ballets. Elle doit fon nom au Palais des Rois de Sicile, connu aujourd'hui fous celui *d'Hôtel de la Force*; c'étoit la demeure que les Rois de Sicile de la Maifon d'Anjou, avoient à Paris. La rue & ce Palais ont pris leur nom de Charles Comte d'Anjou, frère de S. Louis, couronné à Rome Roi de Sicile en 1226. *Charles le Boiteux*, fon fils, Roi de Jérufalem, & fon fucceffeur au Royaume de Sicile, y demeura après lui ; mais en 1292, il le donna au Comte de Valois fon gendre, à la charge que Marguerite de Bourgogne, feconde femme de fon père, y conferveroit, fa vie durant, l'appartement qu'elle y avoit toujours eu. Les Comtes d'Alençon, defcendus de Charles de France, fils de Philippe-le-Hardi, Comte de Valois & d'Alençon, ont occupé long-temps ce Palais ; mais comme il tenoit aux murs de la Ville, & que fes murs en féparoient la place de la Coulture-Sainte-Catherine, où fe faifoient les duels publics, les combats à outrance, les joûtes & les tournois, Charles VI qui aimoit beaucoup ces fêtes, n'ayant pas de maifon plus proche de là que l'Hôtel de Saint-Paul, qu'il trouvoit trop éloigné pour y pouvoir changer d'habit, lorfqu'il lui prenoit envie d'entrer en lice, fit demander le Palais, ou l'Hôtel de Sicile, à Pierre Comte d'Alençon, qui le lui céda auffi-tôt par acte du 30 Mars 1389, puis par autre acte du 26 Mai 1390. Dès que Charles VI en fut en poffeffion, il fit percer les murailles de la Ville pour y avoir une porte, & être plus près de la place de la Couture-Sainte-Catherine. On n'a point découvert à quel titre cet Hôtel appartint enfuite aux Rois de Navarre ; cependant il eft fûr qu'il leur a appartenu, & qu'il en a porté le nom. Il y a apparence qu'en 1572, il ne leur appartenoit plus; car Jeanne d'Albret étant venue à Paris pour le mariage du Roi Henri IV fon fils avec Marguerite de France, elle logea dans la rue de Grenelle Saint-Honoré, à la maifon de l'Evêque de Chartres, où elle mourut d'une inflammation de poulmon & d'une fièvre continue. Cette Reine auroit fans doute logé dans fon Hôtel de la rue de Sicile, s'il eût encore été à elle ; mais il avoit déjà été vendu à *Antoine de Roquelaure*, Maréchal de France, qui le revendit depuis à François d'Orléans-Longueville, Comte de Saint-Paul, Duc de Fronfac, qui mourut à Château-Neuf-fur-Loire le 7 d'Octobre 1631. C'eft de ce Comte que cet Hôtel fut appellé l'Hôtel de Saint-Paul.

Paul, quoiqu'il eût appartenu à M. de Chavigni, Ministre & Secrétaire d'Etat, & non pas pour avoir appartenu au Connétable de Saint-Paul. Il a passé ensuite à M. *de la Force*, par son mariage avec la petite-fille de M. de Chavigni, & il a pris le nom d'Hôtel *de la Force*. M. *Jaillot* dit qu'à la fin du règne de Louis XIV, cet Hôtel fut partagé en deux parties, dont l'une forme l'Hôtel de Brienne, qui a son entrée dans la rue Pavée; l'autre fut acquise par MM. Pâris *de Montmartel & du Verney*. Ils le vendirent le 8 Mai 1731 à la Demoiselle *Toupel*, de qui M. le Comte d'Argenson l'acheta pour l'Ecole Militaire, le 12 Septembre 1754. Elle fut autorisée à consommer cette acquisition, par un Edit du mois d'Août 1760, enregistré au Parlement le 28 Novembre suivant; à la Chambre des Comptes le 9 Décembre; & à la Cour des Aides le 23 Janvier 1761; & pour mettre l'Ecole Militaire, à portée de payer le prix de l'acquisition de cet Hôtel, Sa Majesté créa un Office de Trésorier-Général de l'Ecole, dont la finance fut fixée à 250000 livres, dont elle lui fit don.

Simon-le-Franc, (rue) Quartier Saint-Martin-des-Champs. Elle commence à la rue Sainte-Avoie, & finit à la rue Maubuée, dont elle fait la continuation. Cette rue très-ancienne a pris son nom d'un Bourgeois nommé *Simon Franque*, mort avant l'an 1211.

*Singes, (rue des) Quartier Sainte-Avoie. Elle est parallèle à la rue du Puits, va, d'une part, dans la rue Sainte-Croix-de-la-Bretonnerie; & de l'autre, aboutit dans la rue des Blancs-Manteaux. Elle a porté les noms de *Pierre d'Estampes*, suivant Sauval, de *Perriau*, *Perrot* & *Perreau d'Estampes* par corruption.

Soly, (rue) Quartier Saint-Eustache. Elle traverse de la rue de la Jussienne dans celle des Vieux-Augustins. Elle a pris son nom d'un Particulier appelé *Bertrand Soly*, Propriétaire de plusieurs maisons dans la rue des Vieux-Augustins.

Sorbonne, (rue de) Quartier Saint-André-des-Arcs. Elle aboutit, d'un côté, à la rue des Mathurins; & de l'autre, à la Place de Sorbonne. Elle a porté les noms de rue *des Portes & des deux-Portes*; & dans Guillot, on la trouve sous celui de rue *as hoirs de Sabonnes*. On a quelquefois désigné la rue neuve de Richelieu, sous celui de rue de Sorbonne.

* *Sorbonne*, (rue de) Quartier Saint-Germain. Nom donné par plusieurs Géographes à la rue de l'Université, depuis la rue Jacob jusqu'à celle du Bac.

Tom. IV.

RUE

* *Soubise*, (rue de) Quartier Sainte-Avoie. Nom que l'on a donné quelquefois au passage de l'Hôtel de Soubise, qui donne dans la vieille rue du Temple, & qui étoit autrefois la continuation de la rue de Braque. Voy. rue *de Braque*, & rue *des Bouchers*.

Sourdière, (rue de la) Quartier du Palais-Royal. Elle commence à la rue Saint-Honoré, & finit au cul-de-sac de la Corderie. Elle doit son nom à M. de la Faye, sieur de la Sourdière, qui y avoit sa maison.

Spire, (rue Saint-) Quartier Saint-Denis. Elle traverse de la rue Sainte-Foi à celle des Filles-Dieu.

* *Sulpice & neuve*. (rue Saint-). Nom primitif de la rue Palatine, aussi bien que celui de rue du Cimetière Saint-Sulpice. Voy. rue *Palatine*.

Surènes, (rue de) Quartier du Palais-Royal. Elle aboutit à la rue des Saussaies & au Boulevard. C'étoit anciennement un simple chemin qui conduisoit au Village de Surènes.

* *Symphorien*, (rue Saint-) Quartier de la Cité. Dénomination ancienne de la rue du Haut-Moulin, à cause d'une Eglise dédiée à ce Saint, qui a été depuis la Chapelle S. Luc, & qui aujourd'hui ne subsiste plus.

Symphorien & Saint-Symphorien des Vignes, (rue Saint-) Quartier Saint-Benoît. Ancien Nom de la rue des Cholets, où étoit une Chapelle sous l'invocation de ce Saint.

T.

Tabletterie, (rue de la) Quartier Sainte-Opportune. Elle va, d'un côté, à la rue Saint-Denis; & de l'autre, à la Place & Cloître Sainte-Opportune. Elle a porté les noms de rue *de la Hanterie*, de *Sainte-Opportune* & de *la vieille-Cordonnerie*, parce qu'elle ne faisoit qu'une rue avec celle des Fourreurs qui en est la continuation.

Tacherie, (rue de la) Quartier de la Grève. Elle va, d'un bout, à la rue de la Coutellerie; & de l'autre, à la rue Jean-Pain-Mollet. On l'a nommée rue *de la Juiverie*, parce que les Synagogues ou Ecoles judaïques s'y tenoient; & *Judæaria Sancti Boniti*, *vicus Judæarius Sancti Boniti*, *Judæaria*, *vetus Judæaria*. Voy. *Juiverie*. (rue de la)

Taille-Pain & Tranche-Pain, (rue) Quartier Saint-Martin. Elle aboutit, d'un côté, à la rue Brise-Miche; & de l'autre, au cloître Saint-Merri. Elle a été aussi appellée *Mâche-Pain*, *Tranche-Pain* & *Planche-Pain*.

Tannerie, (rue de la) Quartier de la Grève. Elle aboutit à la rue Planche-Mibrai & à la Place de Grève. On l'a appellée *ruelle de la Planche aux Teinturiers*, & *rue de l'Ecorcherie*.

Tannerie, (rue de la vieille-) Quartier Saint-Jacques-de-la-Boucherie. Elle va, d'un côté, dans la rue de la Tuerie; & de l'autre, dans celle de la vieille Place aux veaux.

Taranne, (rue) Quartier Saint-Germain. Elle va du carrefour Saint-Benoît à la rue des SS. Pères. Elle a été appellée *rue de la Courtille* *, à cause du clos de l'Abbaye Saint-Germain, qu'on nommoit ainsi, & rue *Forestier* & *de Tarennes*, de Jean & Christophe *de Tarennes*, qui étoient Propriétaires de plusieurs maisons & jardins sur cet emplacement.

Taranne, (petite rue) même Quartier. Elle aboutit à la rue du Sépulchre & à celle de l'Egout. Elle doit ce nom à l'Hôtel de Tarannes, & le séparoit d'avec l'Hôtel du Sépulchre.

* *Teigneux* (rue des) Quartier Saint-Germain. Ancienne dénomination de la rue de la Chaise, à cause de l'Hôpital des petites maisons.

Teinturiers, (rue des) Quartier de la Grève. Elle traverse de la rue de la Vannerie à celle de la Tannerie. Son extrêmité s'appelloit *de l'Archet*. On l'a appellée aussi *Navet* & *des trois-Bouteilles*, vraisemblablement à cause d'une enseigne.

* *Temple*, (grande rue du) Quartier Sainte-Avoie. Ancienne désignation de la rue Sainte-Avoie.

* *Temple*, (rue du Four du) même Quartier. Rue qui donnoit autrefois dans la rue Sainte-Avoie, entre la maison de la Barre & la rue Sainte-Croix-de-la-Bretonnerie.

* *Temple*, (rue des Boucheries du) même Quartier. Ancien nom de la rue de Braque.

Temple, (rue du) Quartier du Temple. Elle fait la continuation de la rue Sainte-Avoie, & se termine au cours ou rempart. Elle doit son nom à la maison des Templiers, & se nommoit *vicus Militiæ Templi*, & ensuite rue de la *Chevalerie du Temple*. Les Templiers furent ainsi nommés, parce que Baudouin II, Roi de Jérusalem, leur donna une maison proche du Temple de Salomon.

Temple, (rue du Fauxbourg du) même Quartier. Elle est située au-delà du Temple. On lui a donné au douzième

---

* Les Courtilles étoient des jardins champêtres, ou des vergers environnés de haies, où nos ancêtres alloient prendre l'air.

F f ij

siècle le nom de *clos Malevart*. Le Fauxbourg du Temple finit à la Courtille.

* *Temple*, (rue du chantier du) Quartier du Temple. Autrefois on ne la diftinguoit point de la rue du Chantier.

* *Temple*, (rue de l'Echelle du) même Quartier. Ancien nom de la rue des vieilles-Audriettes, à caufe de celle que le Grand-Prieur y avoit fait élever, & qui ne fubfifte plus.

* *Temple*, (rue de la *Clôture*, *Couture* & *Culture du*) même Quartier. Nom que portoit anciennement la partie de la vieille rue du Temple, qui commence au coin des rue de la Perle & des quatre-Fils, & qui finit au carrefour des Filles du Calvaire.

* *Temple*, (rue de l'Egout du) même Quartier. Ancienne dénomination de la vieille rue du Temple, à caufe de l'égout qui y paffoit.

* *Temple*, (rue du chantier du) Quartier Sainte-Avoie. Ancien nom de la rue du Chaume.

Temple, (rue des Foffés du) Quartier du Temple. Elle va du Fauxbourg du Temple au Pont-aux Choux, en régnant le long des foffés dont elle tire fon nom.

Temple, (rue des Marais du) même Quartier. Elle va de la rue du Fauxbourg du Temple, aux rues de la Folie-Moricourt & du Mefnil-Montant. Elle a porté les noms de rue *Merderet & des trois-Portes*.

Temple, (vieille rue du) même Quartier. Quant à la partie qui dépend de ce Quartier, elle commence au coin des rues de la Perle & des quatre-Fils, & finit au carrefour des Filles du Calvaire. Le refte de cette rue étoit du Quartier Saint-Antoine : comme elle aboutiffoit au Temple, on lui avoit donné les noms de *la Couture, Culture* & *Clôture du Temple*, enfuite ceux de rue *de l'Egout du Temple*, *de la Porte-Barbette*, *de la Poterne Barbette*, de rue *Barbette* & *vieille-Barbette*, à caufe de l'Hôtel Barbette qui s'y trouvoit. *

---

* Ce fut dans cette rue que le Duc d'Orléans, frère unique du Roi Charles VI, fut affaffiné le 23 Novembre 1407, environ les fept heures & demie du foir, vis-à-vis d'une maifon qu'on appelloit alors l'Image Notre-Dame, & qui joint le Couvent des Religieufes Hofpitalières de S. Gervais. Ce Prince n'avoit avec lui que deux Ecuyers montés fur le même cheval. C'étoit un Prince qui, à beaucoup d'efprit, joignoit la figure la plus féduifante. *Voy. la note de la page* 274.

Temple, (vieille rue du) Quartier Saint-Antoine. Quant à la partie qui dépend de ce Quartier, elle commence à la rue Saint-Antoine, & finit au coin des rues de la Perle & des quatre-Fils, le reste de cette rue étant du Quartier du Temple.

* *Temploirie*, (rue) Quartier des halles. Dénomination donnée mal-à-propos à la rue Chanverrerie.

* *Temps-Perdu*, (rue du) Quartier Montmartre. Premier nom de la rue Saint-Joseph.

* *Termes* (rue des & *du Palais des*) Quartier Saint-André-des-Arcs. Nom donné par Corrozet à la rue des Maçons. Celle des Mathurins a été aussi désignée de même. *Voy*. rue des *Mathurins*.

Terres-Fortes, (rue des) Quartier Saint-Antoine. Elle va, d'un bout, à la rue des Fossés-Saint-Antoine; & de l'autre, à la rue Moreau. On la connoissoit auparavant sous le nom de rue des Marais, parce qu'elle en étoit environnée. On l'a appellée aussi rue *du Fumier*, mais mal-à-propos.

Thérèse, (rue) Quartier du Palais-Royal. Elle commence à la rue Sainte-Anne, & finit à celle de Ventadour. Elle doit ce nom à Marie-Thérèse d'Autriche, épouse de Louis XIV.

Thevenot, (rue) Quartier Saint-Denis. Elle traverse de la rue des petits-Carreaux à celle de Saint-Denis. Anciennement c'étoit un cul-de-sac connu sous les noms *des Cordiers*, *de la Cordière* & *de la Corderie*. Le nom qu'elle porte aujourd'hui lui vient du sieur *André Thevenot*, ancien Contrôleur des rentes de l'Hôtel-de-Ville, qui y avoit fait bâtir plusieurs maisons. Le cul-de-sac *de l'Etoile* faisoit partie de cette rue.

Thibauld-aux-Dez, (rue) Quartier Sainte-Opportune. Elle aboutit, d'une part, à la rue Saint-Germain-l'Auxerrois; & de l'autre, à celle des Bourdonnois. L'ortographe de ce mot a souffert bien des variations. On la trouve sous les noms de *Thibaut-à-Dez*, *Thibaut-Ausdet*, *Thibaut-Todé*, *Thibaut-Audet*, *Thiebaud-Audet*, &c. *

---

* *Agnès du Rochier*, âgée de dix-huit ans, très-jolie, & fille unique d'un riche Marchand de cette rue, qui lui avoit laissé beaucoup de bien, se fit Recluse à la Paroisse de Sainte-Opportune, le 5 d'Octobre 1403. On appelloit *Recluses*, des filles ou des veuves qui se faisoient bâtir une petite chambre, joignant le mur de quelque Eglise. La cérémonie de

* *Thibault-aux-Broches*, (rue) Quartier Saint-André-des-Arcs. Nom que portoit la rue des trois-Chandeliers en 1379 & 1421.

Thiroux, (rue de) Quartier Montmartre. Elle traverse de la ruelle ou rue neuve des Mathurins, à la rue Saint-Lazare. Cette rue est nouvellement percée.

Thomas, (rue des Filles-Saint-) Quartier Montmartre. Elle aboutit, d'une part, à la rue Notre-Dame-des-Victoires; & de l'autre, à celle de Richelieu, & fait la continuation de la rue neuve-Saint-Augustin, dont elle a porté le nom.

Thomas, (rue Saint-) Quartier du Luxembourg. Elle va, d'un bout, dans la rue d'Enfer; & de l'autre, dans celle du Fauxbourg Saint-Jacques. Elle doit son nom à un Saint célèbre dans l'Ordre de S. Dominique.

Thomas-du-Louvre, (rue Saint-) Quartier du Palais-Royal. Elle va, d'un côté, à la rue Saint-Honoré & à la Place du Palais-Royal; de l'autre, à la rue des Orties & aux galeries du Louvre. L'Eglise de S. Thomas que l'on a reconstruit sous le nom de *Saint-Louis-du-Louvre*, l'avoit fait appeller ainsi. Elle a originairement porté les noms de rue *des Chanoines*, & de *vicus S. Thomæ de Lupera*. Vers le milieu de cette rue, la maison bâtie de pierres & de briques, appartenante à M. Artaud, étoit, il y a cent ans, l'Hôtel de Rambouillet, tant célébré par Mad. de Scuderi & les autres beaux esprits de ce temps-là. L'Hôtel de Longueville étoit l'Hôtel de Chevreuse, ce berceau de la fronde & de la politique de ce fameux Cardinal de Retz, qui eut toutes les grandes qualités qu'il voulut avoir, & qui ne voulut point avoir celles d'un Evêque, d'un Citoyen & d'un honnête homme. *Saint-Foix*, *Ess. Hist. sur Paris*, t. 1, p. 325.

Thorigny, (rue de) Quartier du Temple. Elle com-

---

leur *reclusion* se faisoit avec grand appareil; l'Eglise étoit tapissée; l'Evêque célébroit la Messe pontificalement, prêchoit & alloit ensuite lui-même sceller la porte de la petite chambre, après l'avoir bien aspergée d'eau-bénite : on n'y laissoit qu'une petite fenêtre, par où la *Pieuse Solitaire* entendoit l'Office divin, & recevoit les choses nécessaires à la vie. *Agnès du Rochier* mourut à l'âge de quatre-vingt-dix-huit ans. Elle étoit née riche; elle auroit pû, en visitant les Prisonniers & les Pauvres Malades, contribuer pendant quatre-vingts ans au soulagement de bien des malheureux : elle voulut gagner le Ciel sans sortir de sa chambre. *Saint-Foix*, *Ess. Hist. sur Paris*, t. 1, p. 323.

mence à la rue Saint-Gervais, & finit au coin des rues de la Perle & du Parc-Royal. Elle a porté les noms de rue *neuve-Saint-Gervais* & de Thorigni en 1575.

* *Tréforiers*, (rue des) Quartier Saint-André-des-Arcs. Dénomination que l'on a donnée quelquefois à la rue neuve de Richelieu.

Thrône, (rue du) Quartier Saint-Antoine. C'est la continuation de la rue des Boulets, commençant à la rue de Montreuil & finissant à celle du Fauxbourg Saint-Antoine. Elle doit son nom à la Place du Thrône.

* *Tille-Barrée* & *petite-Barrée*, (rue) Quartier Saint-Paul. Il est vraisemblable que ces noms ont été donnés à la rue de l'Etoile.

Tiquetonne, (rue) Quartier Saint-Eustache. Elle commence à la rue Montmartre, & finit à celle de Montorgueil. Elle a porté le nom de *Denis le Coffrier*: celui de Tiquetonne est une altération de *Quiquetonne*, nom d'un Boulanger qui y demeuroit.

Tireboudin, (rue) Quart. Saint-Denis. Elle aboutit, d'un côté, dans la rue des deux-Portes; & de l'autre, dans celle de Montorgueil. L'Auteur des Essais Historiques sur Paris, rapporte l'anecdote suivante, qui occasionna un changement dans ce nom. « *Marie Stuart*, femme de François II, dit » cet Auteur, passant dans cette rue, en demanda le nom; » il n'étoit pas honnête à prononcer; on en changea la der- » nière syllabe, & ce changement a subsisté. De toutes les » rues affectées aux femmes publiques, cette rue & la rue » Brisemiche étoient les mieux fournies. » *Voy. Brisemiche*. (rue) M. Jaillot, en parlant de cette rue, taxe d'inexactitude l'Auteur de cette anecdote, en ce, dit-il, que Marie Stuart, Reine d'Ecosse, fut mariée à François II en 1558, & que dès 1419, le Censier de l'Evêché indique cette rue sous le nom de *Tireboudin*, & qu'elle porte le même nom dans le compte des confiscations pour les Anglois, en 1420 & 1421, p. 26.

Tirechappe, (rue) Quartier Sainte-Opportune. Elle va, d'un bout, dans la rue Béthisi, vis-à-vis la rue neuve-*Estienne*, & de l'autre, dans celle de Saint-Honoré, vis-à-vis les piliers des halles. Il est vraisemblable qu'elle doit son nom à l'importunité des Fripiers qui ont habité de tout temps dans cette rue, & aux Juifs de la même profession, qui tiroient les passans par leurs habits pour venir acheter chez eux; ce qu'ils font encore aujourd'hui fort malhonnêtement, & souvent d'une façon fort répréhensible & punissable. La nuit du 20 Janvier 1608, dit Saint-Foix, *Eſſ. Hiſt. ſur Paris, t. 1,* *p. 327,* cinq hommes qui amenoient des proviſions aux halles, furent trouvés morts de froid au coin de cette rue. Pierre Matthieu rapporte qu'il entendit dire à Henri IV, à ſon lever, *que ſa mouſtache s'étoit gelée au lit, & auprès de la Reine:* c'étoit ſa femme.

* *Tiroir,* (rue de la Croix du) Quartier du Louvre. Nom que portoit anciennement la rue Saint-Honoré, depuis la rue de l'Arbre-ſec, juſqu'à la porte qui exiſtoit entre le cul-de-ſac de l'Oratoire & la rue du Coq.

Tiron, (rue) Quartier Saint-Antoine. Elle va de la rue Saint-Antoine dans celle du Roi de Sicile. Elle a porté les noms de *Jean de Tizon* & de *Tiron.* Elle doit celui qu'elle porte aujourd'hui à un Hôtel qui appartenoit à l'Abbaye de Tiron, & dont l'entrée ſubſiſte encore.

* *Tiron,* (rue de) Quartier de la Place Maubert. Ancienne dénomination de la rue neuve-Saint-Etienne, parce qu'elle conduiſoit au clos de Tiron.

Tirouanne ou *Pirouette,* (rue) Quartier des halles. C'eſt le nom du Fief ſur lequel cette rue a été ouverte; ainſi on devoit l'appeller *rue Thérouenne.* Elle commence aux piliers des halles, & finit aux rues de Mondétour & de la petite-Truanderie. Le nom de Pirouette eſt une altération du premier. On la trouve ſous ceux de *Pétonnet, Tironne* ou *Térouenne, du Pétonnet, du Perronnet, Tironnet* & *Téronne,* parce qu'elle ne faiſoit qu'une rue, dont une partie eſt confondue aujourd'hui avec les piliers qui en ſont la continuation, en ſorte qu'elle ne fait plus qu'une rue ſous les noms de *Pirouet en Tiroye, en tiroire* & *Théroenne, Tirouer, Thérouanne* & *Tirouanne, Pierret de Térouenne, Pirouet en Thérouenne,* & *Pirouette en Thérouenne,* ſon vrai nom.

* *Tiſon* & *Jean Tiſon,* (rue) Quartier Saint-Antoine. Voy. *Tiron.* (rue)

Tiſſeranderie, (rue de la) Quartier de la Grève. Elle va, d'un bout, au carrefour Guillori; & de l'autre, à la Place Baudoyer. Elle a porté le nom de *vieille-Oreille* juſqu'à la rue du Mouton; celui d'aujourd'hui lui vient vraiſemblablement des Tiſſerands qui y étoient domiciliés. Paul Scarron logeoit au ſecond étage d'une maiſon au milieu de cette rue; lui & ſa femme, (depuis Madame de Maintenon.) n'avoient pour tout logement, dit Saint-Foix, *Eſſ. Hiſt. p. 328,* que deux chambres ſur le devant, ſéparées par l'eſcalier; une cuiſine ſur la cour, & un cabinet où couchoit un petit Laquais. M. de Voltaire dit que Scarron, lorſqu'il ſe maria, en 1651, logeoit rue d'Enfer: il y a quatre rues de ce nom dans Paris; elles ne font point de la Paroisse S. Gervais; Scarron avoit apparemment délogé; il mourut âgé de cinquante-neuf ans, le premier Octobre 1660, & fut enterré à S. Gervais, Paroisse de cette rue de la Tisseranderie. Sa famille, originaire de Piémont, étoit ancienne dans le Parlement de Paris. M. de Voltaire a raison de dire *que ce fut une fortune pour Mlle. d'Aubigné, d'épouser cet homme, quoique impotent, & qui n'avoit qu'un bien très-médiocre*; mais l'expression n'est pas juste, lorsqu'il ajoute *qu'il étoit disgracié de la nature*; Scarron avoit été bien fait & d'une figure aimable dans sa jeunesse; il n'étoit devenu impotent que des suites d'une débauche qu'il fit à l'âge de vingt-sept ans. *Voy.* rue *de la Juiverie.*

* *Toilerie* ou *rue des Toilières*, (rue de la) Quartier des halles. Nom sous lequel Corrozet & d'autres Auteurs désignent la rue de la Tonnellerie.

* *Tondeur*, (rue du) Quartier de la Place Maubert. Ancienne dénomination d'un cul-de-sac qui étoit voisin de la rivière de Bièvre, lorsqu'elle traversoit l'enclos de Saint-Victor. Ce cul-de-sac qui se voyoit dans la rue de Seine, est fermé aujourd'hui.

Tonnellerie, (rue de la) Quartier des halles. Elle commence dans la rue Saint-Honoré, & finit dans celle de la Fromagerie & à la halle. Elle a porté les noms de *rue de la Toilerie*, à cause des Marchands de toile qui habitoient l'autre côté des piliers; de *rue des Toilières*, qui fait front aux rues de la Tonnellerie & aux Toilières, du côté de la halle au bled. Aujourd'hui on la connoît plus particulièrement sous le nom des *grands piliers des halles*. *Voy.* GONESSE.

* *Tonnellerie*, rue de la) Quartier de la Grève. Nom incertain donné par Sauval à la rue Jean-de-l'Epine.

Touraine, (rue de) Quart. du Temple. Elle traverse de la rue du Perche dans celle de Poitou. *Voy.* PLACE DE FRANCE.

Touraine, (rue de) Quartier Saint-André-des-Arcs. Elle commence à la rue des Cordeliers, & finit à celle des Fossés de M. le Prince. Elle doit ce nom à l'Hôtel de Tours qui est situé dans la rue du Paon, & qui est presque vis-à-vis.

Tournelle, (rue de la) Quartier de la Place Maubert. Elle commence au coin de la rue de Bièvre, & finit au coin de la rue des Bernardins, où commence le quai qui porte le même nom. *Voy.* PORT SAINT-BERNARD, QUAI DE LA TOURNELLE & TOURNELLE.

Tournelles, (rue des) Quartier Saint-Antoine. Elle aboutit, d'un côté, à la rue Saint-Antoine; & de l'autre, à la rue neuve-Saint-Gilles. Elle a porté le nom de rue *Jean Beaufire*, & doit celui qu'elle porte aujourd'hui au Palais des Tournelles *. C'est à l'entrée de cette rue où aboutiffoit alors un des côtés du parc, vis-à-vis de la Baftille, que *Quélus*, *Maugiron* & *Livarot* fe battirent en duel à cinq heures du matin, le 27 Avril 1578, contre d'*Entragues*, *Riberac* & *Schomberg*. Maugiron & Schomberg, qui n'avoient que dix-huit ans, furent tués roides; Riberac mourut le lendemain; Livarot, d'un coup fur la tête, refta fix femaines au lit; d'Entragues ne fut que légérement bleffé; Quélus, de dix-neuf coups qu'il avoit reçus, languit trente-trois jours, & mourut entre les bras du Roi, le 29 Mai, à l'Hôtel de Boiffi, dans une chambre qu'on peut dire avoir été fanctifiée depuis, fervant à préfent de chœur aux Filles de la Vifitation de Sainte Marie. **

* L'enceinte de ce Palais, avec le parc & les jardins, s'étendoit depuis la rue des Egouts, jufqu'à la porte Saint-Antoine, & renfermoit tout ce terrein où l'on a bâti depuis les rues des Tournelles, Jean Beaufire, des Minimes, du Foin, Saint-Gilles, Saint-Pierre, des douze-Portes le commencement de la rue Saint-Louis, jufqu'à la rue Saint-Anaftafe.

** « Quélus fe plaignoit fort de ce que d'Entragues avoit la dague
» plus que lui, qui n'avoit que la feule épée; auffi en tâchant de parer
» & de détourner les coups que d'Entragues lui portoit, il avoit la main
» toute découpée de plaies; & lorfqu'ils commencèrent à fe battre, Quélus
» lui dit, tu as une dague, & moi je n'en ai point; à quoi d'Entragues
» repliqua, tu as donc fait une grande fottife de l'avoir oubliée au logis;
» ici fommes-nous pas pour nous battre, & non pour pointiller des armes?
» Il y en a aucuns qui difent que c'étoit quelque efpèce de fupercherie
» d'avoir eu l'avantage de la dague, fi l'on étoit convenu de n'en point
» porter, mais la feule épée. Il y a à difputer là-deffus; d'Entragues difoit
» qu'il n'en avoit pas été parlé; d'autres difent que par gentilleffe che-
» valerefque, il devoit quitter la dague: c'eft à favoir s'il le devoit. »
Cela ne feroit pas douteux aujourd'hui, & cela n'auroit jamais dû l'être.
Brantôme, Mém. fur les duels, p. 34. Quand on apprit à Paris la mort des Guifes, tués à Blois le 27 Décembre 1588, par l'ordre de Henri III, le Peuple, que les prédications des Moines avoient rendu furieux, courut à Saint Paul, & détruifit les tombeaux que ce Prince avoit fait élever à Quélus, à Maugiron & à Saint-Mégrin, difant *qu'il n'appartenoit pas à ces méchans, morts en reniant Dieu, & Mignons du Tyran, d'avoir fi beaux monumens dans l'Eglife*. On voyoit fur ces tombeaux qui étoient de marbre noir, & chargés d'épitaphes aux quatre faces, les ftatues très-reffemblantes de ces trois Favoris. Voy. les épitaphes dans Saint-Foix, t. 1, p. 49 & *fuiv*.

* *Tournelles*, (rue du parc des) Quartier Saint-Antoine. Ancien nom de la rue de la Chauffée des Minimes, ouverte en 1637 sur le parc du Palais des Tournelles. *Voy. l'art. ci-dessus.*

* *Tourneur*, (rue le) Quartier du Temple. Nom que devoit porter la prolongation de la rue de Périgueux, à cause d'un Echevin ainsi appellé. Cette prolongation fut ordonnée en 1697, jusqu'à la rue de Boucherat.

Tournon, (rue de) Quartier du Luxembourg. Elle commence au coin des rues du petit-Lion & du petit-Bourbon, & finit à la rue de Vaugirard, en face du Palais du Luxembourg. Anciennement ce n'étoit qu'une ruelle, connue sous les noms successifs de *ruelle de Saint-Sulpice*, & de *ruelle du champ de la Foire*. Elle doit celui qu'elle porte aujourd'hui au Cardinal *François de Tournon*, Abbé de Saint-Germain-des-Prés. Elle est remarquable par plusieurs Hôtels magnifiques, tels que ceux *de Nivernois, de Ventadour, de Brancas*, & d'autres que l'on y construit encore aujourd'hui.

Traînée, (rue (Quartier Saint-Eustache. Elle commence à la rue du Four, & finit à celle de Montmartre, après avoir règné le long de l'Eglise de Saint-Eustache. Elle a porté les noms de *ruelle au Curé*, de *ruelle au Curé Saint-Huistace*, de *la Croix-neuve* & *de la Barillerie*. Cette Croix étoit placée devant l'Eglise.

Transnonain & *Trace-Nonain*, (rue) Quartier Saint-Martin-des-Champs. Elle va, d'un côté, à la rue au Maire; & de l'autre, au coin des rues Grenier-Saint-Lazare & Michel-le-Comte. Elle a porté le nom de rue *de Châlons*, à cause de l'Hôtel de cet Evêque, qui étoit situé où l'on voit aujourd'hui le Couvent des Carmélites. Elle a été nommée *Trace-Nonain* jusqu'à la rue au Maire.

* *Traversaine*, *Traversane* ou *Traversine*, (rue) Quartier Saint-Eustache. Anciennes dénominations de la rue des deux-Ecus, depuis la rue des Prouvaires, jusqu'à celle des vieilles-Etuves.

Traverse, (rue de) Quartier Saint-Germain. Comme cette rue va de la rue Blomet ou Plumet, dans celle de Sèvre, on lui a donné le nom de rue *de Traverse* ou *de la Plume*.

* *Traverse*, (petite rue de) Quartier Saint-Germain. C'est une dénomination de la rue d'Olivet, parce qu'elle va de la rue des Brodeurs dans celle de Traverse.

* *Traverse-Cadier*, (rue de la) Quartier Sainte-Avoie. Nom d'une ruelle qui existoit entre les rues des vieilles-Haudriettes & la rue de Braque.

Traverſière, (rue) Quartier Saint-Antoine. Elle traverſe de la rue du Fauxbourg Saint-Antoine à celle de Charenton, en ſe prolongeant juſqu'à celle de la Rapée, juſqu'au chemin qui règne au bord de l'eau. Elle a été déſignée, dans cette dernière partie, ſous les noms de *rue des Chantiers*, du *Cler-Chantier* & de *rue Pavée*.

Traverſine, *Traverſante* ou *Traverſière*, (rue) Quartier du Palais-Royal. On l'a déſignée ainſi, parce qu'elle traverſe de la rue Saint-Honoré dans celle de Richelieu. On la trouve encore nommée *de la Braſſerie* ou *du Bâton-Royal*. Nom d'un cul-de-ſac qui eſt dans cette rue. Ce fut de ce côté-là, c'eſt-à-dire, à la porte Saint-Honoré, que Charles VII, le 8 Septembre 1429, fit attaquer Paris, dont les Anglois étoient les Maîtres : *Vint ledit Roi aux champs, vers la porte Saint-Honoré, ſur une manière de butte ou montagne, qu'on nommoit le marché aux pourceaux* (la butte Saint-Roch), *& y fit dreſſer pluſieurs canons & coulevrines. Jeanne la Pucelle dit qu'elle vouloit aſſaillir la Ville ; elle n'étoit pas bien informée de la grande eau qui étoit dans les foſſés....* * *avec une lance, elle ſonda l'eau qui étoit bien profonde : quoi faiſant elle eut*, ** *d'un trait d'arbalêtre, les deux cuiſſes percées ; ou du moins une ; mais nonobſtant elle ne vouloit en partir, & faiſoit apporter des fagots & du bois dans l'autre foſſé, dans l'eſpoir de paſſer* *** *juſqu'au mur ; enfin depuis qu'il fut nuit, elle fut envoyée querir par pluſieurs fois ; mais elle ne vouloit partir & ſe retirer en aucune manière ; il fallut que le Duc d'Alençon l'allât querir & la ramenât lui-même*. Hiſt. de Charles VII, dite de la Pucelle.

Traverſine, *Traverſaine* & *Traverſière*, (rue) Quartier de la Place Maubert. Elle porte ce nom, parce qu'elle traverſe de la rue de la montagne Sainte-Geneviève, à celle d'Arras.

Traverſine, (rue) Quartier Saint-Germain. C'eſt le retour d'équerre que forme la rue Mazarine, pour arriver à la rue de Seine.

Treille, (rue de la) Quartier du Luxembourg. Paſſage que l'on ferme la nuit, & qui conduit de la rue des Bou-

---

* Cette partie des foſſés par où elle vouloit faire ſon attaque, étoit où ſont aujourd'hui les rues des Boucheries & Traverſière.

** A peu près au bout de la rue Traverſière, du côté de la rue Saint-Honoré.

*** Ce côté du mur ou rempart étoit où eſt aujourd'hui la petite rue du rempart ; elle traverſe de la rue de Richelieu dans la rue Saint-Honoré, vis-à-vis la rue Saint-Nicaiſe.

cheries au marché & à la foire. Comme le Greffier de l'Abbaye Saint-Germain y demeuroit, on lui a donné le nom de *Porte-Gueffière*, ou plutôt *Greffière*. Celui de la Treille vient de ce que ce paffage fe trouvoit faire partie des jardins de l'Hôtel de Navarre.

Treilles, (rue des) Quartier de la Place Maubert. Suivant Sauval, c'eft une ancienne dénomination de la rue Cenfier.

Triperie, (rue de la) Quartier Saint-Jacques-de-la-Boucherie. C'eft celle que l'on voit entre le grand-Châtelet & la boucherie, dont celle du Pied-de-bœuf fait partie, & dont elle a aufli porté le nom. On l'a aufli appellée *rue des Boutiques*, à caufe des échoppes des Trippières que l'on y voit, *rue de l'Iraigne*, du côté de la place aux veaux, dont elle faifoit la continuation, *rue de l'Araignée par laquelle on va à la place aux veaux*, à caufe d'une maifon appellée *l'Hôtel de la grant Iraigne*. *Iraigne* eft le nom d'un croc de fer à trois ou quatre branches pointues & recourbées auxquelles on accroche de la viande, & non celui d'une araignée, comme on pourroit le penfer.

* *Triperie*, (rue de la) Quartier Saint-André-des-Arcs. Dénomination donnée par Sauval à la rue du Chat-qui-pêche.

Trippelet, (rue) Quartier de la Place Maubert. Elle va de la rue Gracieufe à celle de la Clef. L'ortographe de ce nom a varié fouvent. On a écrit *Tripelle*, *Tripellé*, *Tripelé*, *Tripolet*, *Tripette*, *Tripotte*, *Tripet*, *Tripelet* & *Triperet*. M. Jaillot penfe que fon véritable nom eft *Trippelet*, & qu'elle le doit à un Particulier appellé *Jehan Trippelet*, qui poffédoit, conjointement avec *Guillaume Seguin*, trois arpens de terre au lieu où cette rue eft fituée.

Trognon, (rue) Quartier Saint-Jacques-de-la-Boucherie. Elle va dans la rue de la Heaumerie, d'un côté; & dans celle d'Avignon, de l'autre. Elle a porté les noms de *Tronion*, *Travignon* & de la *Galère*, à caufe d'une enfeigne de cabaret.

* *Tronc* ou *Trou-Bernard*, (rue du) Quartier du Louvre. Anciennes dénominations de la rue du demi-Saint.

Trop-va-qui-dure, (rue) Quartier Saint-Jacques-de-la-Boucherie. C'eft le nom de la rue ou chemin qui va le long du grand-Châtelet, en commençant à la rue de la Saunerie, & finiffant à celle de Saint-Leufroi. La Caille la nomme rue *Qui-trop-vafi-dure*, & *Qui-mi-trouva-fi-dure*. On ignore ces étymologies. Ses premiers noms furent *grant rue le long de la Seine*, & *vallée de Mifère*, enfuite *rue des Bouticles*, près

& joignant Saint-Leufroi, rue de la tournée du pont, & rue de la descente de la vallée de Misère.

Troussevache, (rue) Quartier Saint-Jacques-de-la-Boucherie. Elle commence à la rue Saint-Denis, & finit à celle des cinq-Diamans. Elle doit ce nom à la famille d'un Sieur *Trossevache*, & non à l'enseigne de *la vache troussée*, c'est-à-dire, la queue relevée. Le Cardinal de Lorraine revenant du Concile de Trente, voulut faire une espèce d'entrée dans Paris, accompagné de plusieurs gens armés. Le Maréchal de Montmorenci, alors Gouverneur de cette Capitale, lui envoya dire qu'il ne le souffriroit pas; le Cardinal répondit avec hauteur, & continua sa marche; Montmorenci le rencontra vis-à-vis des charniers des Innocens, fit main-basse sur son escorte, & son Eminence se sauva dans l'arrière-boutique d'un Marchand de cette rue; où elle resta cachée jusqu'à la nuit sous le lit d'une servante.

Trouvée, (rue) Quartier de la Place Maubert. C'est la rue ouverte le long de l'allée du jardin des Bernardins à la nouvelle halle aux veaux, & qui traversera de la rue de Montigni dans celle des Bernardins.

Truanderie (rue de la grande-) Quartier des halles. Elle traverse de la rue Comtesse-d'Artois dans celle de Saint-Denis. La grande & la petite-Truanderie étoient connues au treizième siècle. Suivant Sauval, elles ont pris leur nom du mot *Truand*, qui signifioit anciennement un *Gueux*, un *Fripon*, parce qu'elles étoient habitées par de ces sortes de gens, avant que la Bourgeoisie y vînt demeurer. C'est, sans doute, pour cette raison que Cénal, dans sa Hiérarchie, appelle la grande rue de la Truanderie, *via mendicatrix major*, & celle de la petite-Truanderie, *via mendicatrix minor*. D'autres attribuent cette étymologie au vieux mot *tru*, *truage*, qui signifie *tribut, impôt, subside*. Pasquier dans ses Recherches, liv. 8, ch. 42, p. 747, explique aussi le mot *truander*, par ceux de *gourmander* & *fouler*, qui conviennent assez souvent à ceux qui perçoivent les impôts, & M. Jaillot croit devoir incliner pour cette dernière étymologie.

M. P. D. M. de la Société Littéraire de Châlons-sur-Marne, communiqua à cette Société en 1760, une dissertation sur l'origine du mot *truand*. Il a hasardé l'explication de deux vers latins cités dans DU CANGE, à l'article *trutanus*, & qui lui paroissoient ajouter quelque éclaircissement à son avis; mais quelques recherches qu'il ait faites, il n'a pu découvrir l'Auteur dont parle du Cange sous cette notice;

RUE

Poeta M. SS. infimi ævi, in Bibliothecâ Thuanâ. Il est essentiel, avant de les rapporter, de se mettre au fait de la discussion.

M. P. D. M. donne à ce mot une étymologie différente de toutes celles qui lui ont été jusqu'ici données par nombre d'Auteurs; & il s'attache principalement à détruire le sentiment de du Cange, qui fait dériver ce mot de *Tributum*, d'où les vieux mots de *tru*, *treu*, *treubs*, *trehus*, *truage*, *trevage*, &c. bien distincts dans les mêmes Auteurs des douze & treizième siècles, de *truhand*, *truander*, *truanderie* & ses autres dérivés. Il prend de-là occasion de rejeter le sentiment de *Saint-Foix* sur la rue de la grande-Truanderie *, qui, à la vérité, après de respectables garans, pense que cette rue étoit ainsi appellée à cause que des Fermiers y avoient des Bureaux; ces Fermiers étant, suivant eux, nommés *truands* du mot *tru*, comme on dit *Traitans* de *traites*. Mais quand il seroit vrai qu'anciennement *truand* seroit dérivé de *tru*, il seroit toujours constant que le nom de cette rue auroit une autre origine, parce qu'elle n'a été bâtie que vers 1300; & pour lors, l'acception générale de *truand* étoit pour désigner cette espèce de gens qui amusent le Peuple, pour exciter à leur faire l'aumône. Ceci bien établi, M. P. D. M. passe à l'étymologie plus ancienne. Il seroit trop long de rapporter toutes les preuves & les autorités sur lesquelles il se fonde, la plupart tirées de du Cange, qu'il combat avec ses propres armes. Il suffira de dire qu'il prouve que *truand* vient de la langue étrusque avec une terminaison espagnole, *tru* signifiant en cette première langue *aruspex*, & du mot *and* de *andar*, verbe espagnol qui signifie aller çà & là. On voit par cette dénomination, honorable dans son principe, qu'on a voulu désigner ces prétendus Devins, ces Diseurs de bonne aventure, ce qu'on appelle aujourd'hui *des Bohémiens*; & depuis figurément on a compris sous ce titre tous ceux qui ont paru

---

* Anciennement, dit cet Auteur, on appelloit *tributs*, & par abréviation *trus*, les impôts qu'on mettoit sur le Peuple. *De ce mot, trus,* dit Pasquier, t. 1, p. 883, *vint celui de truander, pour dire gourmander & fouler, parce que ceux qui sont destinés à exiger des tributs, sont ordinairement gens fâcheux qui ont peu de pitié des pauvres sur lesquels ils exercent les Mandemens du Roi.* Il y a grande apparence, ajoute-t-il, qu'on donna le nom de *Truanderie* aux rues où les Bureaux de ces Fermiers & Receveurs étoient établis, t. 1, p. 332 des *Ess. Hist. sur Paris.*

entichés des vices principaux de ces Augures vagabonds; de façon qu'on a dit *truhand* pour caractériser soit un faux Prophête *, ou un Imposteur **, ou un Coquin ***, ou un Mendiant ****, ou un Paresseux *****, ou un Gourmand ******, ou un Bateleur, &c. ******* toutes qualités que ces Pronostiqueurs ambulans possédoient au suprême dégré. De-là cette variété des différentes acceptions sous lesquelles ce mot est pris ; & comme ces sortes de gens, pour séduire le Peuple, & l'engager à entendre leurs fourberies, s'assembloient dans les Places publiques, on a donc pu les confondre avec les Baladins ********, les Histrions, les Bouffons. Ce mot même d'*Histrion* a beaucoup d'analogie avec *truand*; ils viennent l'un & l'autre de la même langue, & les fonctions ont quelque rapport, & comme on voit par la

---

* *Gaufridus Vosiensis*, c. 68. de Urbe pellitur quasi Trudanus., qui super Christi Discipulum pridiè Missam celebraverat ut Pontifex maximus. *Ebrardus Bethuniensis contrà Valdenses*, c. 25. Novum genus Trutanorum qui locorum varietates aliter videre non poterant, nisi se fingerent esse Christos.

** Suivant *Jean de la Porte*, qui vouloit faire dériver ce mot de *trudo*. Eo quod verbis suis trudat ad hoc quod decipiat : ear, dit cet Auteur, facit enim credi quod verum non est.

*** *Vit. S. Yvon.* Maii. tom. iv, p. 545 : Et ex hoc dictus juvenis dicebat verba opprobriosa Divi Yvonis, vocando ipsum coquinum, sive truanum.

**** *Roman de Garin*. Entre les povres, fut ly truans assis. *Dictionn. Celt.* un gueux, un misérable, un mendiant.

***** *Ugutio*. Hâc appellatione donantur vulgò ignavi illi qui per Provincias vagantur passim ac mendaciis & strophis omnibus illudunt.

****** *Carol. Bovin.* Hi autem quos vulgus vocat truans, amatores sunt culinæ & ligurotores culinarum. De-là ceux qui prenoient le mot dans cette acception, vouloient le faire dériver de *trua*.

******* *Bolandus*, vitâ *S. Columbæ Reatinæ*. Maii. tom. v, p. 328. Cum tamen affines, consanguinei mugitiis trutatinisque verbis, unà cùm procacibus mimis, eam sœpiùs retunderent.

******** *Diction. Espagnol*, in-fol. 1726. Truband, & que con acciones y palabras placenteras y burlescas, entiende en divertir, y causar risas en los circunstantes. Truand, celui qui par des actions & des paroles plaisantes & burlesques, se propose de divertir & faire rire les assistans.

note ** ; c'est sous cet aspect que ce mot est employé en espagnol.

Ce qui me paroît très-concluant, dit M. P. D. M. pour prouver cette étymologie de *Truand*, c'est que *du Cange*, ce fameux Glossateur, quoiqu'il ne soit pas de notre avis, en donne la preuve non équivoque à l'article *trotanus*. Voici ses termes :

Trotanus is qui Trutanus, Erro, Hariolus, Mendax; sed quisquis fuit ille Propheta seu Trotanus qui hoc promulgavit, videat si in futuro aliquâ expeditione implendum expedetur.

Trotanus est donc le même que *Trutanus*, & l'un & l'autre expriment également *Propheta*, *Hariolus* : or, il est constant que ces mots sont synonymes d'*Aruspex*. Calepin au mot *Haruspica*, *Divinatrix*, rapporte un passage de Plaute, qui concourt à prouver l'intime rapport qui se trouve entre *Trotanus*, *Trutanus*, *Propheta*, *Hariolus*, *Haruspex*, & même avec *Histrio*. *Da quod dem quinquatribus Percantatrici, Collectrici, Hariolæ atque Haruspicæ*. Cic. lib. de Divin. *nec eos qui quæstûs causâ hariolantur, agnosco*. *Hariolus* a aussi une origine étrusque, *ab hârâ*, comme qui diroit *homme consacré au service des Autels*.

Qui pourra douter d'après ces rapports, que *truand* ne vienne de la langue étrusque ? Nous avons plus de mots qu'on ne pense, que nous devons à cette langue.

Comme ces gens, pour attirer la confiance du Peuple, feignoient d'avoir commerce avec de prétendus Génies, même les Démons, ils furent en exécration aux Ministres de l'Evangile. Aussi voit-on des Ordonnances d'Evêques, par lesquelles ils sont exclus, avec menaces, des Saintes Assemblées** : *Exite, exite, per sanguinem Dei, trutanica familia, vos moriemini in hâc domo* ; & ces Evêques, engageant les Fidèles à faire l'aumône, en excluoient les Truans. *** *Præcipimus ut semper pauperes magis indigentes, & minimè Trutani & Baraterii, ad ipsam eleemosinam admittantur.*

---

* *Liv. & Valer.* Ister *Ludio, onis. Arciti ab Etruriâ ludiones, qui ad tibicinis modum saltabant.*

Calep. Dict. Hister. *Etruscorum linguâ dicebatur ludio*, Livius, l. 7. ab Urbe.

** In Tabulas Episcopat. Ambian. fol. 179.

*** Ordinatio Humberti II Delphini, ann. 1340, tom. 2, mot Delphin. p. 405. col. 1.

N.B. La première note de cette page, mise ici par erreur, est relative aux mots, les Histrions, finissant presque la page précédente.

Tome IV.   G g

Quoi de plus fort pour prouver cette origine, que la liaison de ces deux mots, ce dernier signifiant en langue étrusque *Sacerdotes*? Et ce qui met aussi la chose dans un plus grand jour, est la dénomination de ces Peuples, ainsi appellés à cause de la réputation qu'ils s'étoient acquise dans l'art des augures. Ils furent aussi nommés *Thusci* ou *Tusci*, à cause de leurs rits dans les sacrifices. Nous passons beaucoup d'autres raisons apportées par M. P. D. M. pour établir son sentiment. Tout ce préambule étoit nécessaire pour mettre au fait de l'explication proposée. Voici les vers.

> Dat Trutanus in ir, paterem tenet, & sedet ad pyr.
> Regem Cappadocum computat esse Cocum *.

M. P. D. M. croit y appercevoir la peinture du Truand dans son origine, & voici le sens qu'il y donne:

Dat Trutanus in ir:

Le métier de Truand est de courir çà & là. *Ir*, du verbe *irr*, ou de l'Espagnol *ir* ** à l'infinitif, qui veut dire la même chose.

*Paterem *** tenet*:

Il tient une coupe. Ce qui fait parfaitement allusion aux Haruspices & à la Religion des Etrusques: *Dii Etrusci pateras tenent*. En effet, les Dieux & les Sacrificateurs Etrusques sont représentés par-tout avec ce vase.

Et sedet ad pir ou *pyr* ****.

Et est assis auprès du feu, les pieds au feu.

Les Dieux Etrusques & les Augures sont en même temps, dans tous les monumens qui nous restent de ces Peuples, assis les pieds au feu.

Et comme ces sortes de Devins parcouroient le monde sans sollicitude, qui devoit pourvoir à leur cuisine; mais

---

* Gloss. du *Cange*, Cocus formula, barbarè scripta, idem est ac Coquus.

** Diction. Espagnol. *Ir*, hacer el movimiento conque se passa del lugar donde se esta à otro. Lo mismo que *Andar*.

*** Calep. Dictionn: Patera, poculi genus latum. *Virg. Æneid*.
Impiger hausit spumantem pateram, ac pleno se proluit auro.

**** Pyr, ($\pi\nu\rho$) latinè ignis.

comptant seulement sur la crédulité des Peuples, pour fournir à leur subsistance, ils pouvoient regarder les Peuples, même les Rois, comme leurs Cuisiniers; & l'Auteur fait dire au Truand.

Regem Cappadocum computat esse Cocum.

Il regarde le Roi de Cappadoce comme un de ses Cuisiniers.

Ou si l'on prend le mot de *paterem* dans son étroite signification, & qu'alors le Truand soit supposé buvant amplement auprès du feu, on peut lui faire dire: *Je crois que toute la terre est à moi.*

Truanderie (rue de la petite-) Quartier des halles. Elle commence au coin de la rue Mondétour, & aboutit dans la grande rue du même nom, à la place du Puits-d'Amour. Ce puits ne subsiste plus. *Voy.* PUITS-D'AMOUR. (le) Outre le nom de *rue du Puits-d'Amour*, que cette rue a porté anciennement, on l'a aussi appellée rue de l'*Arianne* ou *Arienne*.

* *Truyes*, (rue Agnès aux) Quartier Saint-Martin-des-Champs. Nom d'un cul-de-sac qui étoit dans la rue Geoffroi-l'Angevin, & qui ne subsiste plus: on l'appelloit aussi le grand cul-de-sac de la rue Beaubourg.

Tuerie, (rue de la) Quartier Saint-Jacques-de-la-Boucherie. Elle aboutit à la rue du Pied-de-Bœuf & à la vieille place aux veaux. On lui a donné les noms de *l'Ecorcherie*, ou *des Lessives de la vieille Lanterne*, & improprement *de la vieille Tannerie*.

* *Tuerie*, (rue de la) Quartier du Luxembourg. Ancien nom de la rue du Cœur-Volant.

* *Tuileries*, (rue des) Quartier du Palais-Royal. Nom d'une rue qui ne subsiste plus, & qui séparoit le jardin d'avec le Palais des Tuileries. La petite rue Saint-Louis qui donne, d'un bout, dans la rue Saint-Honoré; & de l'autre, dans celle de l'Echelle, a été aussi appellée rue *des Tuileries*.

* *Tuileries*, (petite rue des) même Quartier. Nom donné par Sauval à la rue Saint-Florentin.

Tuileries, (rue des vieilles) Quart. du Luxembourg. Elle va de la rue du Regard au coin de la rue de Bagneux. Elle fait la continuation de la rue du *Chasse-Midi*, dont elle a aussi porté le nom.

* *Turenne*, (rue de & *neuve de*) Quartier Saint-André-des-Arcs. Nom donné mal-à-propos à la rue de Touraine, près des Cordeliers.

Université, (rue de l') Quartier Saint-Germain. Elle commence à la rue des SS. Pères, & finit à l'extrêmité du gros-Caillou. Plusieurs Géographes l'ont nommée *rue de Sorbonne*, depuis la rue Jacob jusqu'à celle du Bac. Anciennement cette rue n'étoit qu'un chemin appellé *le chemin des Treilles*, parce qu'il conduisoit à l'Isle des Treilles, aujourd'hui *l'Isle Maquerelle* ou *des Cygnes*. Elle porte le nom de l'Université, parce qu'elle fut ouverte sur le pré-aux-Clercs, que cette célèbre Académie aliéna en 1639.

* *Ursine*, (rue *neuve de l'*) Quartier Saint-Denis. Ancienne dénomination de la rue des Filles-Dieu.

Ursins, (rue haute, basse & du milieu des) Quartier de la Cité. La rue du milieu traverse les deux premières, qui aboutissent, d'une part, dans la rue de Glatigni; & de l'autre, dans celle de Saint-Landri. Ces rues doivent leur nom à l'Hôtel de *Jean Juvenal des Ursins*, Prévôt des Marchands. C'est sur le terrein où cet Hôtel étoit bâti, qu'on ouvrit, après sa démolition, la rue du milieu; la rue basse faisoit partie du port Saint-Landri, & la haute est peut-être celle que Guillot appelle *rue de l'Image*, & qu'on trouve sous celui du *petit-Image Sainte-Catherine* en 1427.

V.

* *Vaches*, (rue des) Quartier du Luxembourg. Nom donné mal-à-propos par Sauval à la rue de Vaugirard.

* *Val*, (rue du) Quartier Saint-Antoine. Nom donné par Boisseau à la rue Culture-Sainte-Catherine, depuis la rue des Francs-Bourgeois, jusqu'à celle du Parc-Royal.

* *Valence*, (rue *Madame la*) Quartier Saint-Germain. Nom que portoit la rue Sainte-Marguerite en 1312 & en 1368, qui alors n'étoit qu'un fossé qui fut comblé en 1635.

* *Valets*, (rue des) Quartier Saint-Antoine. Nom qu'a porté la rue des trois-Pavillons, dans la partie qu'on a appellée *rue des Juifs*.

* *Valleran*, *Villeran* & *Villerin*, (rue) Quartier Saint-Germain. Anciennes dénominations de la rue Hillerin-Bertin.

* *Vannerie*, (rue de la) Quartier Saint-Jacques-de-la-Boucherie. Ancien nom de la rue Saint-Jacques-de-la Boucherie, parce qu'elle a fait la continuation de celle de la Vannerie.

Vannerie, (rue de la) Quartier de la Grève. Elle va de la rue Planche-Mibrai à la place de Grève.

Vannes, (rue de) Quartier Saint-Eustache. Rue nouvelle qui sert de communication à la halle au bled. Elle doit son nom à M. *Jollivet de Vannes*, Avocat & Procureur du Roi & de la Ville.

Varennes, (rue de) même Quartier. Autre rue nouvelle qui communique aussi à la halle au bled. Elle est ainsi nommée de M. *de Varennes*, alors Echevin.

Vaugirard, (rue de) Quartier du Luxembourg. Elle aboutit, d'un côté, à la rue des fossés de M. le Prince, au coin de celle des Francs-Bourgeois ; & de l'autre, au chemin hors de barrière qui conduit au Village de ce nom. Ce n'étoit jusqu'au seizième siècle, qu'un simple chemin, appellé le *chemin de Vaugirard*. Sauval lui a donné le nom de *rue des Vaches*, mais mal-à-propos. On a aussi ajouté au mot de Vaugirard, celui de *Luxembourg*, & en 1659 on l'appelloit *grande rue de Luxembourg*, autrement de Vaugirard. On lit dans l'Histoire de Paris, LXIX. num. 55., que sous le règne de François I, le total des loyers de toutes les maisons de Paris, ne montoit qu'à la somme de 312000 liv. *Saint-Foix* fait cette réflexion à ce sujet : « aujourd'hui, » dit-il, les Carmes Déchaussés, indépendamment du vaste » terrein qu'occupent leur jardin & leur Couvent, jouissent » de près de cent mille livres de rente en loyers de mai- » sons qu'ils ont fait bâtir dans cette rue, & dans les rues » adjacentes. Ils ont commencé à prendre racine en France » en 1611, par une très-petite maison que leur donna un » Bourgeois, nommé *Nicolas Vivian*. Il faut leur rendre » justice, continue cet Auteur, les richesses ne les enor- » gueillissent pas, ils continuent toujours d'envoyer des Frères » quêter dans les maisons ». Ici *Saint-Foix* se trompe, ces Pères ne font plus quêter. Le même Auteur dit ensuite, » que M. *Camus*, Evêque de Bellay, (*Apocalypse de Méliton*) » prétend qu'un seul Ordre de Mendians coûte à la Chré- » tienté *trente-quatre millions d'or*, en ne comptant que » cent francs pour les habits & la nourriture de chaque » Religieux « : en sorte, dit-il, *que le Prince le plus tyran n'exige pas de son Peuple, pour l'entretien de son luxe & de ses armées, ce qu'en tirent les Mendians .... Vouloir vivre sans travailler, c'est un vol continuel qu'on fait à la Nation & aux véritables Pauvres ....* « vivez du travail de vos mains ; em- » ployez à ce travail, utile à la société, le temps que vous » employez à tâcher de vous attirer des legs & des aumônes ;

» pensez qu'il est dit dans la Genèse, que Dieu mit l'homme
» dans le Paradis terrestre pour y travailler & le garder :
» *Tulit ergò Dominus Deus hominem, & posuit eum in Para-*
» *diso voluptatis, ut operaretur & custodiret illum* ». *Ess. Hist.*
sur Paris, t. 1, p. *334 & suiv.*

Vaugirard, (rue du petit-) même Quartier. Elle fait la continuation de la rue des vieilles-Tuileries, & aboutit au chemin de Vaugirard, à qui elle doit son nom.

* *Vaujour*, (rue de) Quartier du Temple. Nom donné par plusieurs Auteurs à la rue d'Anjou.

* *Vauvert*, (rue de) Quartier du Luxembourg. Ancien nom de la rue d'Enfer.

Veaux, (rue de la vieille place aux) Quartier Saint-Jacques-de-la-Boucherie. Elle va de la rue Planche-Mibrai, aboutir, par un retour, à la rue Saint-Jacques-de-la-Boucherie. Elle doit son nom à l'ancienne Place aux veaux qui étoit où est la rue Planche-Mibrai, & elle se prolongeoit autrefois jusqu'à la porte de Paris. Elle a porté aussi le nom de rue *de la Tannerie*.

Vendôme, (rue de) Quartier du Temple. Elle va de la rue du Temple à la rue Charlot, vis-à-vis celle de Boucherat. Elle doit son nom à *Philippe de Vendôme*, grand-Prieur de France, sur le terrein duquel elle a été construite en 1695.

* *Venise*, (rue de) Quartier de la Cité. Une des quatre rues qui subsistoient autrefois, & qui aboutissoient à la rue neuve-Notre-Dame. Elle devoit ce nom à une enseigne. *Voy. Dix-huit.* (rue des)

Venise, (rue de) Quartier Saint-Jacques-de-la-Boucherie. Elle commence à la rue Saint-Martin, & finit à celle de Quinquempoix. Elle doit son nom à une enseigne de l'écu de Venise, & autrefois on l'appelloit *Sendebours la Tréfilière*, rue *Endebourg, la Tresselière*; mais son véritable nom est *Erembourg* ou *Herambourg la Tresélière*; ensuite elle a pris celui de *Bertaut-qui-dort*.

Ventadour, (rue de) Quartier du Palais-Royal. Elle aboutit, d'un côté, dans la rue neuve-des-petits-Champs; & de l'autre, dans la rue Thérèse. On la nommoit autrefois *rue Saint-Victor*; ensuite elle s'est prolongée jusqu'à la rue des Moineaux, & sous le nom de *Ventadour* ou de *Lionne*, elle se continuoit au-delà de la rue neuve-des-petits-Champs, entre l'Hôtel-Mazarin & celui de M. le Contrôleur-Général. La maison de Ventadour lui a donné son nom.

Vents, (rue des quatre-) Quartier du Luxembourg.

Elle va, d'un bout, à la rue de Condé; & de l'autre, à celle du Brave, vis-à-vis la porte de la foire. Elle doit son nom à une enseigne. C'étoit anciennement une ruelle; on l'a nommée dans le quinzième siècle, *rue Combault*, d'un Chanoine de Romorentin ainsi appellé; & dans le siècle dernier, rue *du petit-Brac*.

Verd-Bois, (rue du) Quartier Saint-Martin-des-Champs. Elle commence à la rue Saint-Martin, & finit au Pont-aux-Biches, faisant la continuation de la rue neuve-Saint-Laurent. Elle doit vraisemblablement son nom aux arbres des jardins qui étoient, auparavant qu'elle fût percée, dans les environs de l'enclos du Prieuré Saint-Martin. On l'a aussi désignée sous le nom du *Gaillard-Bois*.

Verdelet, (rue) Quartier des Halles. Elle va de la rue Mauconseil dans celle de la grande-Truanderie. Elle se nommoit anciennement rue *Merderiau*, *Merderai*, *Merderel* & *Merderet*, à cause de sa saleté; depuis on a adouci ces mots, & on l'a appellée *Verdelet*.

Verderet ou *Verdelet*, (rue) Quartier Saint-Eustache. Elle aboutit, d'un côté, à la rue Plâtrière; & de l'autre, au coin des rues Coqhéron & de la Jussienne. Elle a porté les noms de *Merderel*, de *l'Orde rue*, ou rue sale, & de *Breneuse*. On voit par toutes ces dénominations, que cette rue étoit anciennement fort mal-propre; en 1758, elle a été élargie de cinq pieds. *Jean de Montigny*, premier Président au Parlement, & surnommé *le Boulanger*, demeuroit au coin de cette rue & de la rue Plâtrière. Il fut ainsi nommé en reconnoissance des bleds qu'il fit venir à Paris pendant une famine, & qui conservèrent la vie à vingt-cinq ou trente mille hommes. *Voilà de ces actions*, dit Mézerai, *dont je voudrois qu'on tâchât d'éterniser la mémoire par des médailles*.

* *Verger*, (rue du) Quartier du Luxembourg. Nom que Sauval dit avoir été porté par la rue du Pot-de-Fer; de même que celui de *Henri du Verger*, Particulier qui y possédoit une maison & des jardins.

Verneuil, (rue de) Quartier Saint-Germain. Elle aboutit, d'un côté, dans la rue des SS. Pères; & de l'autre, dans celle de Poitiers. Cette rue qui fut ouverte vers l'an 1640, sur le grand Pré-aux-Clercs, doit son nom à *Henri de Bourbon*, Duc de Verneuil, Abbé de Saint-Germain-des-Prés.

Verrerie, (rue de la) Quartier Sainte-Avoie. Elle commence à la rue Barre-du-Bec, & finit à celle de Bourg-Thiboud & au marché Saint-Jean. On croit qu'elle doit son nom à *Gui le Verrier*, ou le Vitrier, qui y demeuroit. C'est dans cette rue que demeuroit aussi *Jacquemin Gringonneur*, Peintre, qui fut l'Inventeur des cartes, vers la fin du règne de Charles V, comme on peut le voir dans la Chronique de *Petit Jehan de Saintré*, Page de ce Prince. En effet, on lit dans un compte de Charles Poupart, Surintendant des Finances, & Argentier de Charles VI : *donné cinquante-six sols Parisis à Jacquemin Gringonneur, Peintre, pour trois jeux de cartes à or & à diverses couleurs, de plusieurs devises, pour porter devers ledit Seigneur Roi, pour son ébattement*, pendant les intervalles de sa funeste maladie.

* *Verrerie*, (rue de la) Quartier du Luxembourg. Suivant Sauval, c'est un nom que portoit la rue de Vaugirard en 1543, à cause de quelques Verriers qui y demeuroient.

Versailles, (rue de) Quartier de la Place Maubert. Elle commence dans la rue Saint-Victor, & finit à la rue Traversine. On croit qu'elle doit son nom à un Particulier nommé Pierre *de Versaliis* qui y demeuroit. Guillot la nomme *rue de Verseille*.

* *Verte*, (rue) Quartier Saint-Jacques-de-la-Boucherie. Ancienne dénomination du cul-de-sac de Venise, que l'on appelloit en 1616 *rue Verte*, dite *cul-de-sac de la rue Quinquempoix*.

* *Verte*, (rue) Quartier du Palais-Royal. Voy. *chemin-vert* (rue du).

* *Verte*, (rue) Quartier Saint-Antoine. Nom que portoit la rue du chemin-vert, suivant des actes de 1718.

Vertus, (rue des) Quartier Saint-Martin-des-Champs. Elle traverse de la rue des Gravilliers à la rue Phélipeaux.

Viarmes, (rue de) Quartier Saint-Eustache. Elle fait le tour de la halle au bled. Elle doit son nom à M. *de Pontcarré de Viarmes*, Prévôt des Marchands, lors de la construction de cette nouvelle halle.

* *Victor*, (rue Saint-) Quartier du Palais-Royal. Ancienne dénomination de la rue de Ventadour.

* *Victor*, (rue Saint-) Quartier Montmartre. Nom que portoit la rue neuve-Saint-Augustin en 1663, lorsqu'elle finissoit à la rue de Lorge, qui, avant sa suppression, faisoit la continuation de la rue de Gaillon.

Victor, (rue Saint-) Quart. de la Place Maubert. Elle va de la Place Maubert au coin des rues des fossés-Saint-Victor & Saint-Bernard. Elle doit son nom à l'Abbaye de Saint-Victor, qui est à l'extrêmité de la rue du Fauxbourg du même nom, du côté de la Pitié.

Victor, (rue des foffés-Saint) même Quartier. Cette rue qui eft fort efcarpée, commence dans cette partie de la rue Saint-Victor, où étoit une des portes de l'enceinte de Philippe-Augufte, qui fut abattue en 1684, & finit aux rues neuve-Saint Etienne & de Fourci. Le talud de cette rue étoit fi roide, qu'en 1685, le Prévôt des Marchands (M. le Préfident de Fourci) en fit couper les terres & combler les foffés. On peut fe convaincre jufqu'à quelle hauteur elle étoit efcarpée, en portant la vue fur les anciennes portes des PP. de la Doctrine Chrétienne, du Collège des Ecoffois, & des autres maifons de cette rue, lefquelles fervent de fenêtres aujourd'hui, par les travaux inférieurs qu'on a été obligé de faire pour les mettre au niveau de la rue ; & par le jardin même des Ecoffois, & celui d'un cabaret de la rue Bordet, dont les élévations répondent à un fecond étage. Autrefois ce Quartier étoit prefque défert & inhabité. Elle doit fon nom aux foffés, fur l'emplacement defquels elle a été bâtie. Depuis la rue Clopin jufqu'à celle de Fourci, on l'appelle *rue de la Doctrine Chrétienne*, à caufe de la Congrégation des Prêtres de ce nom. *Voy.* DOCTRINE CHRÉTIENNE, *tom.* 2, *p.* 661. On peut voir dans cette rue, au coin de la rue des Boulangers, un excellent édifice, élevé fur les deffins de *Boffrand*, célèbre Architecte, & dont toutes les fculptures font du cifeau délicat de *Flaman*. Cette maifon étoit celle de *le Brun*, Auditeur des Comptes, neveu & héritier du fameux Peintre de ce nom. Elle eft d'une forme quarrée, oblongue & ifolée, furmontée d'un entablement d'ordre dorique, d'un goût recherché, & accompagné d'un fronton de chaque côté. Du côté de la cour & dans le tympan, font les armoiries que le Roi a données à *le Brun*, en l'ennobliffant. Elles font compofées d'une fleur-de-lys d'or fur un champ d'azur, avec un foleil en chef fur un champ de fable. On remarque, du côté du jardin, le portrait de ce grand Maître, dans un médaillon porté par une Immortalité. Les mafcarons des confoles qui foutiennent le grand balcon qui donne fur le jardin, font de la plus grande beauté, & attirent l'admiration. On ne peut rien voir de plus joli, ni de plus régulier que la diftribution des appartemens de cette maifon, outre un cabinet de tableaux excellens, dont la plupart font de *le Brun*.

Victor, (rue du Faubourg Saint-) même Quartier. Elle commence au coin des rues des foffés-Saint-Victor & Saint-Bernard, & finit au carrefour de la Pitié. Elle fe prolongeoit autrefois jufqu'à la croix de Clamart; mais elle a pris dans

dans cette partie, c'est-à-dire, depuis le carrefour de la Pitié, le nom de *rue du Jardin du Roi*.

* *Victor*, (rue neuve-Saint-) même Quartier. Ancienne dénomination de la rue des Boulangers.

* *Vielle*, (rue de la) Quartier Saint-Eustache. Nom d'une rue indiquée par Corrozet, près de la rue des Deux-Ecus.

Vierge, (rue de la) Quartier Saint-Germain. Une des quatre rues qui coupent le gros-Caillou, dans sa largeur, ainsi nommée à cause qu'elle avoisine la Chapelle de la Sainte Vierge.

* *Vignes*, (rue des) Quartier Saint-Benoît. Nom donné par Boisseau à la rue des Cholets. *Voy*. FILLES DE LA PROVIDENCE DE DIEU.

* *Ville*, (rue du Puits de la) même Quartier. C'étoit la continuation de la rue de la Poterie & de celle des Vignes, nommée par Sauval rue *du Puits de l'Orme*, ou du Puits de la Ville, anciennement *des Samsonnets*. Il y a dans cette rue un regard auquel elle doit son nom; mais elle est fermée aujourd'hui par les deux extrêmités.

Ville-l'Evêque, (rue de la) Quartier du Palais-Royal. Elle commence à la rue de l'Arcade, & finit à la rue des Saussaies. Elle doit son nom à son territoire qui appartenoit à l'Evêque & au Chapitre de Notre-Dame.

Villedo, (rue) même Quartier. Elle va de la rue Sainte-Anne dans celle de Richelieu. Elle doit ce nom aux Sieurs *Guillaume* & *François Villedo*, Généraux des bâtimens du Roi & des ponts & chaussées, qui avoient en 1667, plusieurs possessions sur la butte-Saint-Roch.

Ville-Neuve, (rue basse-) Quartier Saint-Denis. Dénomination de la rue des fossés Saint-Denis.

* *Villequeux* & *Billequeux*, (rue) Quartier Saint-André-des-Arcs. Noms donnés mal-à-propos à la rue des Grands-Augustins.

Villiers ou de *Courcelle*, (rue de) Quartier du Palais-Royal. C'est le chemin qui conduit du Fauxbourg Saint-Honoré près de l'Eglise du Roule, à Villiers-la-Garenne & à Courcelle.

Vinaigriers, (rue des) Quart. Saint-Martin-des-Champs. Elle va de la rue du Fauxbourg Saint Martin aux rues de Carême-Prenant & des marais Saint-Martin, après s'être divisée en deux branches. C'est un chemin qui serpente, à qui on a donné, à l'endroit où elle commence, le nom de rue de *Carême-Prenant* : le champ des Vinaigriers qu'elle suit en serpentant, lui a fait donner le nom qu'elle porte aujourd'hui. Elle a été aussi appellée en 1654, *la ruelle à l'Héritier.*

Vincent, (rue Saint-) Quartier du Palais Royal. *Voy. Dauphin.* (rue du)

Vin-le-Roi. (rue du) *Voy. Roi.*

* *Violette,* (rue de la) Quartier de la Grève. Nom du cul-de-sac de Saint-Faron, suivant Sauval.

Visages, (rue des trois-) Quartier Sainte-Opportune. Elle donne, d'un bout, dans la rue Thibaut-au-Dez; & de l'autre, dans la rue Bertin-Porée. Elle a porté anciennement les noms de *Jean l'Eveiller, Jean l'Esgullier, Jean le Goulier, Jean de Goulieu* & de *Jean Golier,* qui paroît être le véritable, à cause d'un Particulier ainsi appellé, dont la maison aboutissoit à cette rue en 1245. M. *Jaillot* dit l'avoir trouvée sous le nom de *rue au Goulier,* dite *du Renard.* Trois têtes sculptées à l'angle d'une de ses extrêmités, l'ont fait nommer *rue des trois-Visages.* Aujourd'hui elle est fermée des deux bouts par des grilles de fer.

Vivien ou *Vivienne,* (rue) Quartier Montmartre. Elle commence dans la rue des petits-Champs, & finit dans celle des Filles-Saint-Thomas. Elle se prolongeoit autrefois jusqu'à la rue Feydeau, où elle s'appelloit *rue Saint-Jérôme* dans cette partie qui est aujourd'hui renfermée dans l'enceinte des Religieuses de S. Thomas. Elle doit son nom à la famille de M. *Vivien.* En 1628, un Jardinier fouillant la terre pour déraciner un arbre, dans l'endroit où se tient aujourd'hui la Bourse, y trouva neuf cuirasses qui avoient été faites pour des femmes; on n'en pouvoit pas douter à la façon dont elles étoient relevées en bosse, & arrondies sur l'un & l'autre côté de l'estomac. Quelles étoient ces Héroïnes, & dans quel siècle vivoient-elles ? On trouve dans Mézerai, année 1147, à l'article de la Croisade prêchée par S. Bernard, *Hist. de Fr. tom. 2, p. 98,* « que plusieurs femmes ne se conten‑
» tèrent pas de prendre la croix, mais qu'elles prirent aussi
» les armes pour la défendre, & composèrent des Escadrons de
» leur sexe, rendant croyable tout ce qu'on a dit des prouesses
» des Amazones ? »

Voirie, (rue de la) Quartier Montmartre. Dénomination de la rue Cadet.

Voies, (rue des sept-) Quartier-Saint=Benoît. Elle donne, d'un bout, dans la rue Saint-Etienne-des-Grès; & de l'autre, à celle du Mont-Saint-Hilaire. Elle est composée effectivement de sept rues, tant aboutissantes, que composant le milieu.

Vrillière, (rues de la) Quartier Saint-Eustache & de Montmartre ; la grande traverse de la rue des petits-Champs dans la rue neuve des Petits-Champs. Elle doit son nom à M. *Phelipeaux de la Vrillière*, Secrétaire d'Etat, qui y commença en 1620 le magnifique Hôtel acquis & décoré depuis par M. le Comte de Toulouse. La petite rue de la Vrillière se nommoit d'abord *rue Percée*.

Vuide-Gousset, (rue) Quartier Montmartre. Elle prend naissance à l'extrêmité des rues des Petits-Pères & Notre-Dame-des-Victoires, & finit à la place des Victoires. Elle faisoit partie de la rue du petit-Reposoir qui lui fait face, avant que la place fût construite. Elle porte le nom de Vuide-Gousset, vraisemblablemet à cause de quelques filouteries qu'on y aura commises.

X.

Xaintonge. (rue de) *Voy. Saintonge.* (rue de)

Z.

Zacharie, (rue) Quartier Saint-André-des-Arcs. Elle traverse de la rue Saint-Severin à celle de la Huchette ; son vrai nom est *Sacalie*, d'une maison qui le portoit. Depuis 1219, il a été altéré ; car on a écrit & prononcé rue *Sacalie*, *Sac-Alie*, *Saccalie*, *Sac-à-Lie*, *Sac-Alis*, *Sacalit* & *Zacharie*. Il n'y a pas long-temps qu'on voyoit encore sur la porte de la maison qui fait le coin de cette rue & de la rue Saint-Severin, une pierre de deux pieds en quarré, où l'on avoit gravé différentes figures ; les principales étoient celles d'un homme renversé de cheval, & d'un autre à qui une Dame mettoit sur la tête un chapeau de roses.*. On lisoit au haut ces mots, *au vaillant Clari*, & au bas, *en dépit de l'envie*. C'étoit un monument que la sœur de Guillaume Fouquet, Ecuyer de la Reine Isabeau de Bavière, osa faire mettre sur sa maison, à la gloire du Sire de Clari son parent, dans le temps que la Cour, irritée du combat de ce brave homme contre Courtenai, le poursuivoit, & vouloit le faire périr sur un échaffaud. *Voy.* cette anecdote dans Saint-Foix, *Ess. Hist. sur Paris*, t. 1, p. 363 & suiv.

---

* C'étoit le prix que *le Servant d'amour recevoit de sa très-honorée Dame*, dont les blanches mains le posoient sur son chef.

RUELLES DE PARIS,

Relativement à leur situation, tant ancienne qu'actuelle, & à leurs premières dénominations.

A.

Aigoux. (ruelle des) *Voy.* rue du Bout-du-Monde.

Angloises. (ruelle des Filles-) *Voy.* rue Moreau.

Ane-Rayé. (ruelle de l') Nom du cul-de-sac de la Porte-aux-Peintres, à cause d'une hôtellerie qui portoit un âne pour enseigne. *Voy.* cul-de-sac de la Porte-aux-Peintres.

Anne. (ruelle Sainte-) Elle subsistoit dans la rue Gracieuse, en y entrant à gauche par la rue Coupeaux. Aujourd'hui elle est comprise dans l'enclos de Sainte-Pélagie & de la Pitié.

Annot. (ruelle Hélie) Ancienne dénomination du cul-de-sac de Fourci.

Arbalêtre. (ruelle de l') Autre dénomination ancienne du cul-de-sac de la Porte aux-Peintres.

Archet. (ruelle de l') C'est la continuation de la rue des Teinturiers, rue de la Tannerie. Elle étoit ainsi nommée à cause d'une arcade.

Arciprêtre. (ruelle de l') *Voy.* rue des Prêtres Saint-Severin.

Arpens. (ruelle des neuf) *Voy.* rue du Chemin-Verd, Quartier Saint-Antoine ; c'est le nom qu'il portoit.

Arrode. (ruelle Richard) Elle existoit en 1304, & est comprise aujourd'hui dans l'Eglise de Saint-Jacques-de-la-Boucherie.

Augustin. (ruelle) Ancienne dénomination de la rue Jacinthe, Quartier Saint-Benoît. *Voy.* Jacinthe.

B.

Barres. (ruelle *aux moulins des*) Ancien nom de la rue des Barres, Quartier de la Grève, à cause des moulins des Templiers qui y étoient en 1293.

Baudet. (ruelle) C'est aujourd'hui la rue des Saussaies, au bout de la rue du Fauxbourg Saint-Honoré.

Bled. (ruelle du Port-au-) Dénomination donnée par

Corrozet à la rue Pernelle qui aboutit fur le quai de la Grêve.

Bonnefille. (ruelle *Jehan*) C'eft vraifemblablement le nom d'une petite rue qui fubfiftoit fous le nom de *Dumoulin* ou *des Moulins*, où demeuroit *Jean Bonnefille*, Maître des Bouchers, & dont il ne refte plus qu'un petit cul-de-fac dans la rue de la Tuerie, qui aboutit à la vieille place aux veaux, Quartier Saint-Jacques-de-la-Boucherie.

Bont. (ruelle Saint-) *Voy.* rue de la Lanterne, Quartier de la Grêve.

C.

Cavées. (ruelle des) *Voy.* rue des Moulins, pag. 409.

Champ & des petits-Champs. (ruelle du) *Voy.* rue de l'Epée de Bois, p. 337. Ces deux noms ont auffi appartenu à la rue du Noir, qui fait la continuation de la rue Gracieufe, & à une autre parrallèle à la fue de l'Epée de Bois.

Champs. (ruelle des) C'eft vraifemblablement une rue qui fe trouve comprife dans l'enclos des Jéfuites de la rue Pot-de-Fer, & qui faifoit la continuation de la rue du Gindre, qui, depuis la rue Mézière, fe nommoit *la ruelle des Champs.*

Charonne. (ruelle *Jean de*) Ancienne dénomination du cul-de-fac de la petite-Baftille, rue de l'Arbre-Sec.

Chartière. (ruelle) Dénomination d'une petite rue qui fubfiftoit autrefois dans la rue des Poftes, Quartier Saint-Benoît.

Chevalier du Guet. (ruelle du) C'eft aujourd'hui la ruelle des trois-Poiffons, qui, autrefois donnoit de la rue Saint-Germain-l'Auxerrois, dans la place du Chevalier du Guet.

Chriftophe. (ruelle Saint-) *Voy.* rue des Dix-huit, Quart. de la Cité.

Cimetière. (ruelle du) C'eft celle qui traverfe de la rue du Fauxbourg dans celle d'Enfer, & qui eft ce paffage que l'on ferme la nuit. Elle conduifoit au cimetière de Saint-Jacques-du-Haut-Pas, qui faifoit alors partie du jardin de Saint-Magloire.

Couvreufe. (ruelle) C'eft aujourd'hui le cul-de-fac des Filles-Dieu, Quartier Saint-Denis.

Crucifix. (ruelle du) C'étoit un cul-de-fac exiftant rue des Petits-Carreaux, & qu'il fut permis de fupprimer, par Arrêt du 9 Août 1768.

Cul-de-Pet. (ruelle) Cette ruelle étoit près de la rue Geoffroi-l'Angevin, Quartier Saint-Martin-des-Champs.

D.

Daci. (ruelle Thomas.) C'est une ruelle dont il est fait mention dans les Registres du Temple, Quartier Sainte-Avoie.

Dagouri. (ruelle) Ancienne dénomination du cul-de-sac Saint-Louis, Quartier Saint-Martin-des-Champs.

Deniau-le-Breton. (ruelle) Il est vraisemblable que c'est la ruelle du Chevalier du Guet, aujourd'hui *ruelle des trois Poissons*, Quartier Sainte-Opportune.

E.

Eglises. (ruelle des deux-) C'est celle de Saint-Jacques-du-Haut-Pas, qui traverse de la rue du Fauxbourg dans celle d'Enfer ; on la nomme ainsi, parce qu'elle sépare l'Eglise de S. Magloire & de S. Jacques. *Voy. plus haut Cimetière.* (ruelle du)

Eloi. (ruelle Saint-) C'étoit une allée qui alloit de la rue de la Barillerie à l'Eglise Saint-Eloi.

Enfans. (ruelle des *Bons-*) Ancien nom du cul-de-sac Saint-Benoît, rue de la Tâcherie, Quartier de la Grève.

Etuves. (ruelle des) Cette ruelle descendoit à la rivière, par derrière la boucherie de Gloriette, Quartier Saint-Benoît.

Etuves aux femmes. (ruelle des) Nom que portoit la rue de l'Arche-Marion en 1530, Quartier Sainte-Opportune.

Etuves. (ruelle des) Ancienne dénomination du cul-de-sac de la porte-aux-Peintres, Quartier Saint-Denis.

F.

Fabrique. (ruelle de la) C'est une de celles par lesquelles on entre dans le cloître de Saint-Germain-l'Auxerrois, Quartier du Louvre.

Finet. (ruelle *Simon*) C'étoit le nom d'une petite ruelle qui descendoit à la rivière, rue de la Tannerie, ainsi nommée de *Simon Finet* qui y avoit une maison, Quartier de la Grève.

Fontenai. (ruelle *Jean de*) Aujourd'hui la rue de la Saunerie, Quartier Sainte-Opportune.

Forestier. (ruelle *Jean le*) C'étoit une des quatre qui descendoient à la rivière, & qui ne subsistent plus dans la rue de la Tannerie, Quartier de la Grève.

Foulons. (ruelle aux) Sa situation près la Cour-Brisset, rue de la Mortellerie, est incertaine, Quart. de la Grève.

G.

Garnier-Mauffet. (ruelle) Elle est comprise dans les bâtimens de l'Hôpital de Sainte-Catherine, & l'on croit qu'elle communiquoit de la rue Saint-Denis dans celle de la vieille-Monnoie, Quartier Saint-Jacques-de-la-Boucherie.

Geneviève. (ruelle *Sainte-*) C'est la rue des Prêtres de Saint-Etienne-du-Mont, qui traverse de la rue Bordet au quarré Sainte-Geneviève. C'est ainsi qu'elle se nommoit en 1267.

Gentien. (ruelle) C'est ainsi que se nommoit au quatorzième siècle la rue des Coquilles, Quartier de la Grève.

Georges. (ruelle) Elle donne aux Porcherons dans la rue Saint-Lazare & dans la ruelle Boudin, Quartier Montmartre.

Gervais. (ruelle du *petit-Port-Saint-*) *Voy.* rue des Plumets.

H.

Héritier. (ruelle à l') C'est la rue des Vinaigriers, Quart. Saint-Martin-des-Champs.

Hilaire. (ruelle *Saint-*) C'est le cul-de-sac Bouvard, rue Saint-Hilaire. Anciennement cette ruelle descendoit dans la rue des Noyers, & coupoit le clos Bruneau en deux parties, Quart. Saint-Benoît.

Huistace. (ruelle au Curé de Saint) C'est le nom que portoit la rue Traînée en 1313, Quartier Saint-Eustache.

J.

Jacques-du-Haut-Pas. (ruelle ou passage *Saint-*) *Voy.* plus haut *ruelle du Cimetière* & *ruelle des deux-Eglises.*

Jean-de-Latran. (ruelle Saint-) Elle aboutit, d'un côté, au haut de la rue Saint-Jean-de-Beauvais; & de l'autre, à la place de Cambrai. *Voy.* Jean-de-Latran & de l'Hôpital-Saint. (rue Saint-)

Jean & Simon de Lisle. (ruelle de) *Voy.* rue des Quenouilles.

Jean le Riche & Richer. (ruelle) *Voy. Paradis* & *du petit-* (rue)

Jubin

Jubin. (ruelle du) Aujourd'hui elle est comprise dans l'enceinte de l'Hôpital des cent Filles, & s'appelloit aussi *rue Saint-Antoine*.

Julien. (ruelle Saint-) C'est le nom ancien de la rue Cour du More, à cause de sa proximité de l'Eglise Saint-Julien.

L.

Lion-Pugnais. (ruelle du) On croit que c'est la descente que l'on appelle les *petits-dégrés*, vis-à-vis la rue des Rats, Quartier Saint-Benoît.

M.

Mesnil. (ruelle Jean du) Ainsi nommée d'un Particulier qui y demeuroit. *Voy. Fuseaux.* (rue des)

Michault-Regnault. (ruelle) On trouve dans Sauval, que la rue neuve-Saint-Roch s'appelloit ainsi en 1495.

Michel. (ruelle des Etuves Saint-) Cette ruelle qui est aujourd'hui bouchée & couverte, étoit dans la rue de la Barillerie, à côté de la Chapelle S. Michel, Quartier de la Cité.

Montfort. (ruelle de) Elle donnoit dans le chemin Herbu, qui est aujourd'hui la rue *Notre-Dame-des-Victoires*, mais elle ne subsiste plus.

Moreau. (ruelle Denis) Cette ruelle est comprise dans les enclos de Sainte-Pélagie & de la Pitié; elle étoit parallèle à la rue Tripelet, Quartier de la Place Maubert.

Moulins. (ruelle des) Dans la rue de la Tuerie, Quart. Saint-Jacques-de-la-Boucherie. Au-dessus de l'endroit qu'on appelloit *la Cour-aux-Bœufs*, est un petit cul-de-sac qui est le reste de cette ruelle.

Mouton. (ruelle du) Elle existoit autrefois vis-à-vis la Trinité, Quartier Saint-Denis.

Mûrier. (ruelle du) On ignore où elle étoit située ; son entrée étoit dans la rue de la Mortellerie, Quartier Saint-Paul.

P.

Paon. (ruelle devant le petit-) Elle subsistoit immédiatement après la rue Geoffroi-l'Angevin, Quartier Saint-Martin-des-Champs.

Pellée. (ruelle) Elle est située entre la rue Saint-Sébastien, & celle du Chemin-Vert, Quartier Saint-Antoine.

Percée. (ruelle) autrement dite *des Marais*. C'est probablement la partie de la rue Notre-Dame-des-Victoires, qui fait un retour dans la rue Montmartre, Quartier Montmartre.

Poissons, ou *des trois-* (ruelle des) *Voy. Levrette.* (rue de la)

Poissons. (ruelle des trois-) *Voy.* ruelle *Deniau-le-Breton.*

Postes. (ruelle des) C'est le nom ancien du cul-de-sac Saint-Louis, ainsi appellé aujourd'hui, à cause de l'Hôpital Saint-Louis, auquel il est contigu, Quartier Saint-Martin-des-Champs.

Poteries-Saint-Severin. (ruelle des) *Voy. Paradis & du petit-Paradis.* (rue de)

Poterne. (ruelle Jean de la) *Voy. Abreuvoir-Marion.*

Prêtre. (ruelle au) C'est aujourd'hui la rue des Prêtres Saint-Severin, Quartier Saint-André-des-Arcs. Anciennement on l'appelloit ruelle, *devant*, ou *près Saint-Severin*, ruelle & ruellette *Saint-Severin*, ruelle *de l'Arci-Prêtre*, & ruelle *Saint-Severin*, dite *au Prêtre*.

Prêtres. (ruelle des) Le plus ancien nom qu'a porté la rue du Pot-de-Fer, Quartier Saint-Benoît.

Q.

Quenouilles. (ruelle des) *Voy.* rue des Quenouilles.

S.

Sac-Epée. (ruelle) *Voy.* rue des Quenouilles.

Savari. (ruelle Jehan) C'est, suivant Sauval, le nom de la rue des Vieilles-Garnisons, Quartier de la Grève.

Seraine. (ruelle de la) Elle étoit située rue de la Barillerie, devant l'Eglise Saint-Barthélemi, & paroît être le petit passage qui subsiste encore au bas du dégré du Palais. Elle devoit son nom à une enseigne de la sirène.

Sourdis. (ruelle de) Elle tourne en équerre, & aboutit à la rue d'Anjou. Elle est fermée à ses deux extrêmités, & devoit son nom à l'Hôtel de *Sourdis*, qui est aujourd'hui celui de Cambis, Quartier du Temple.

Sphère. (ruelle de la) Cette ruelle aboutissoit dans la rue des Postes, & ne subsiste plus, Quartier Saint-Benoît.

Sulpice. (ruelles Saint-) C'étoit le nom de plusieurs chemins qui venoient aboutir à la rue Férou, & au chemin de Vaugirard, & qui étoient ouverts entre l'Eglise & le clos Saint-Sulpice, enclavé aujourd'hui dans le jardin du Luxembourg. La rue de Tournon a porté anciennement le nom de ruelle-Saint-Sulpice.

T.

Teinturiers. (ruelle de la *Planche aux*) *Voy.* rue de la Tannerie.

Temple. (ruelle des *Moulins du*) Ancienne dénomination de la rue des Barres, à cause des moulins des Templiers, depuis la rue de la Mortellerie jusqu'à la rivière. Ces moulins étoient vis-à-vis l'Hôtel des Barres, aujourd'hui l'Hôtel de Charni, Quartier de la Grève.

Thomas Dacl. (ruelle) C'est peut-être aujourd'hui la rue du Plâtre, Quartier Sainte-Avoie.

Trou-Punais. (ruelle) C'est le cul-de-sac Gloriette, ainsi nommé autrefois, à cause de la mauvaise odeur qui étoit exhalée par le sang des animaux que les Bouchers y égorgeoient, & qui, de-là, descendoit à la rivière, Quartier Saint-Benoît.

Trousse-Vache. (ruelle de *la petite-*) Ancienne dénomination du cul-de-sac de Clairvaux, Quartier Saint-Martin-des-Champs.

V.

Vichignon. (ruelle) Elle passoit autrefois à côté de la principale porte de l'Hôpital de Sainte Catherine, dans lequel elle est comprise aujourd'hui, Quartier Saint-Jacques-de-la-Boucherie.

Vifs. (ruelle aux) C'est le nom que portoit en 1300 la ruelle Vichignon.

Vigne. (ruelle *Jehan*) Dénomination ancienne de la rue de la Réale, & fausse de celle du Cygne, Quartier des halles.

CARREFOURS DE PARIS. *Voy. tom.* 2, *pag.* 72.

CULS-DE-SACS DE PARIS.

A.

Anglois. (cul-de-sac des) Il est situé rue Beaubourg, entre les rues Geoffroi-l'Angevin & Michel-le-Comte, Quartier Saint-Martin-des-Champs. On l'a appelé successivement *cul-de-sac-le-petit sine capite*, *petit cul-de-sac près la poterne*, *petit cul-de-sac près la fausse-poterne Nicolas*

Hydron, *cul-de-sac du Tripot de Bertaut*, à cause d'un jeu de paume que ce Particulier y avoit fait conftruire en 1722. *Cul-de-sac de la rue Beaubourg*, tenant au jeu de paume appelé *Bertaut*.

Argenson. (cul-de-sac d') Il eft fitué près de l'Hôtel Pelletier, Quartier Saint-Antoine. Il doit fon nom à celui de feu M. d'Argenfon, Garde des Sceaux, à l'Hôtel duquel il conduit.

Aumont. (cul-de-sac d') Il eft dans la rue de la Mortellerie, Quartier Saint-Paul.

B.

Babillards. (cul-de-fac des) Il eft compris dans la rue des Foffés-Saint-Denis. On ignore fon étymologie, Quart. Saint-Denis.

Barentin, (cul-de-sac) Quartier de la Grêve. Ancienne dénomination du cul-de-sac Saint-Faron.

Barthélemi, (cul-de-fac Saint-) Quartier de la Cité. Il eft fitué derrière l'Eglife de ce nom, & s'appelloit anciennement *rue des Cordouagners*, laquelle fut bouchée en 1315.

Baftille, (cul-de-fac de la petite-) Quartier du Louvre. Il eft fitué rue de l'Arbre-Sec, & prend fon nom de l'enfeigne d'un cabaret qu'on y voit encore. On l'a appellé ruelle *Jean de Charonne*.

Basfour, (cul-de-fac) Quartier Saint-Denis. Il eft fitué dans la rue Saint-Denis, près de la Trinité. On l'a appellé fucceffivement *cul-de-fac de Bas-Four*, *rue Sans-Chef*, ruelle Sans-Chef, aboutiffant à la Trinité. On ignore l'étymologie de ce nom.

Baudroirie, (cul-de-fac) Quartier Saint-Martin-des-Champs. Il eft dans la rue Maubué.

Beaufort, (cul-de-fac de) Quartier Saint-Jacques-de-la-Boucherie. Il tire fon nom de l'ancien Hôtel de Beaufort, auquel il eft contigu, rue Salle-au-Comte. C'étoit anciennement une ruelle par où l'on alloit aux prifons de l'Abbaye S. Magloire. Elle a été appellée *ruelle derrière Saint-Leu*, Saint-Gilles.

Becoye, (cul-de-fac de) Quartier Saint-Martin-des-Champs. C'eft le plus ancien nom du cul-de-sac du Bœuf.

Benoît, (cul-de-fac Saint-) Quartier de la Grêve. Il eft fitué dans la rue de la Tacherie, & fe nommoit auparavant *ruelle des Bons-Enfans*.

Bertaut, (cul-de-fac) Quart. Saint-Martin-des-Champs.

Il est situé dans la rue Beaubourg. On l'a nommé rue *Agnès-aux-Truyes, & rue des Truyes.*

Biches, (rue & cul-de-sac du Pont-aux-) même Quart. *Voy.* à l'article des rues.

Blancs-Manteaux, (cul-de-sac des) Quart. Sainte-Avoie. Ancienne dénomination du cul-de-sac Péquai, à cause de son voisinage de la Maison des Blancs-Manteaux.

Bœuf, (cul-de-sac du) Quartier Saint-Martin-des-Champs. Il est placé à l'extrêmité de la rue neuve Saint-Merri. Il a porté les noms de *Becoye, de Buef & Oë, de Bœuf & Ouë,* & de cul-de-sac *de la rue neuve-Saint-Merri.*

Bout-du-Monde, (cul-de-sac de la rue du) Quartier Saint-Eustache. C'est le cul-de-sac de Saint-Claude. Il a été aussi nommé *rue du Rempart, rue du Puits & rue Saint-Claude.*

Bouteille, (cul-de-sac de la) Quartier Saint-Denis. Il règne le long des anciens murs de l'enceinte de Philippe-Auguste, dans la rue Montorgueil. On l'appelloit anciennement rue *de la Cueiller*, ensuite *rue Commune*, & enfin *de la Bouteille*, à cause d'une enseigne.

Bouvard, (cul-de-sac) Quartier Saint-Benoît. C'étoit un chemin qui coupoit le clos-Bruneau en deux Parties, en descendant de la montagne dans la rue des Noyers. *Voy. Jusseline.* (rue)

Brasserie, (rue & cul-de-sac de la) Quartier du Palais-Royal, ainsi appellé à cause d'une maison qui portoit ce nom. *Voy.* ce mot à l'article des rues.

Buef & Oë. (cul-de-sac) *Voy. ci-dessus* Bœuf. (cul-de-sac du)

C.

Chat-Blanc, (cul-de-sac du) Quartier Saint-Jacques-de-la-Boucherie. Il est situé dans la rue Saint-Jacques-de-la-Boucherie, & semble tirer son nom d'un Particulier ainsi appellé. On trouve en effet parmi les Bouchers de la grande boucherie, le nom de *Gilles Chatblanc*. Il a porté successivement les noms de rue *Jehan Chatblanc & Charblanc*, de ruelle *Gilles Chatblanc*, de *Guichard le Blanc*. De Chuye l'a appellé *petite rue des Rats*.

Chiens, (cul-de-sac de la fosse aux) Quartier Sainte-Opportune, & Quart. du Louvre. M. *Jaillot* dit qu'on ne peut douter que ce ne fût une rue qui se prolongeoit jusqu'à la rue Tirechape, & qu'il y a encore un paffage qui y conduit, quoiqu'il ne foit pas public. La place où ce cul-de-fac eft fitué, étoit hors de l'ancienne enceinte, & fervoit de voirie; ce qui a fait donner à tout cet endroit le nom de *marché aux Pourceaux, de la place aux Chats*, & *de la foffe aux Chiens*, qui en occupe une partie. *Voy*. PLACE AUX CHATS. Dès le commencement du quinzième fiècle, c'étoit un cul-de-fac; en 1421, on ne l'appelloit que *rue du cul-de-fac*; & en 1423, *ruelle qui aboutit en la rue des Bourdonnois*.

Chiffonnerie, (cul-de-fac de la) Quartier Saint-Martin-des-Champs. C'eft le cul-de-fac du Pont-aux-Biches.

Clairvaux, (cul-de-fac de) même Quartier. Il eft fitué près de la cour du More, & prend fon nom de l'Hôtel des Abbés de Clairvaux, qui y étoit.

Claude, (cul-de-fac Saint-) Quartier Saint-Denis. Ce cul-de-fac a fubfifté dans la rue des petits-Carreaux, fous les noms de *ruelle du Crucifix*, & *du petit-Jéfus*.

Claude, (cul-de-fac Saint-) Quartier du Temple. Il exiftoit dès 1644.

Claude, (rue ou cul-de-fac Saint-) Quart. Saint-Euftache. *Voy. Claude*. (rue ou cul-de-fac Saint-)

Commiffaires, (cul-de-fac des) Quartier Montmartre, & rue de ce nom. Aujourd'hui il eft fermé. C'étoit anciennement la rue de *l'Arche*, ainfi nommée du Fief de l'Arche ou de Saint-Mandé. Il a porté les noms de cul-de-fac de *l'Epée-Royale*, & de celui de *Ragouleau*.

Conti, (cul-de-fac de) Quartier Saint-Germain. Il eft contigu à l'Hôtel des Monnoies.

Coquerel, (cul-de-fac) Quartier Saint-Antoine. Il eft fitué au bout de la rue des Juifs, en face de celle des Rofiers. *Voy. Lamproie*. (rue de la)

Corderie, (cul-de-fac de la) Quartier du Palais-Royal. Il eft fitué à l'extrêmité de la rue de la Sourdière, dont il paroît avoir fait partie. On l'a appellé cul-de-fac *Péronelle*; dénomination prife de fon emplacement. On y entre par la rue neuve-Saint-Roch.

Corderie, (cul-de-fac de la) Quartier Saint-Denis. Il forme l'entrée de la rue Thevenot, & le cul-de-fac de l'Etoile.

Corderies, (cul-de-fac des) Quartier Saint-Benoît, ainfi nommé à caufe des Cordiers qui y travailloient. Il a été fupprimé en 1759, & aujourd'hui il eft enclavé dans les enclos des Séminaires de la rue des Poftes.

Coupe-Gorge, (cul-de-fac de) même Quartier. C'eft le

même que celui des Corderies dont nous venons de parler. Les meurtres qui s'y commettoient, l'avoient fait nommer ainsi.

Court-Bâton, (cul-de-sac de) Quartier du Louvre. C'est celui de Bourdis, dans la rue des Foſſés-Saint-Germain. *Voy. Chardeporc.* (rue)

Courtin & S. Pierre Courtin, (cul-de-sac) Quartier Montmartre, & dans la rue de ce nom. On l'appelloit anciennement *des Maſures*, enſuite *cul-de-ſac de la rue neuve-Montmartre*, puis *des Marmouzets*. Il doit ſon nom à la rue Saint-Pierre dont il eſt voiſin.

Croix-Faubin, (cul-de-ſac de la) Quartier Saint-Antoine. Il eſt ſitué dans la rue de Charonne, preſque vis-à-vis la croix de ce nom, ainſi appellée d'un petit Hameau, aujourd'hui enclavé dans le Fauxbourg.

Croix-Neuve, (cul-de-ſac de la) Quartier Saint-Euſtache. C'est aujourd'hui la rue Oblin.

D.

Dames, (cul-de-ſac du for aux) Quartier Saint-Jacques-de-la-Boucherie. Il eſt ſitué dans la rue de la Heaumerie: il tire ſon nom de l'Auditoire de la Juriſdiction de l'Abbaye de Montmartre, qui a ceſſé d'y être depuis la réunion des Juſtices ſeigneuriales au Châtelet.

Dominique, (cul-de-ſac Saint-) Quartier du Luxembourg. Il eſt ſitué dans la rue qui porte le même nom, celui du Patron des Jacobins. Auparavant il s'appelloit rue de la *Madeleine*, & enſuite de *Sainte-Catherine*, à cauſe de cette rue dont il fait la continuation.

E.

Echiquier, (cul-de-ſac de l') Quartier du Temple, & dans la rue de ce nom. Il tire ſon étymologie d'une enſeigne.

Egouts, (cul-de-ſac des) Quartier Saint-Martin-des-Champs. Il eſt ſitué dans la rue du Fauxbourg Saint-Martin.

Empereur, (cul-de-ſac de l') Quartier Saint-Denis. Il eſt dans la rue de ce nom, & doit ſa dénomination à une enſeigne de l'Empereur.

Etoile, (cul-de-ſac de l') Quartier Saint-Denis. C'est une partie de la rue Thevenot, hors de ſon alignement. Il doit ſon nom à une enſeigne.

Etuves, (cul-de-sac des) Quartier Saint-Jacques-de-la-Boucherie. Il eſt ſitué dans la rue de Marivaux. C'étoit anciennement une rue aboutiſſante dans celle de la vieille Monnoie. Des étuves qu'on y avoit conſtruites, lui ont fait donner ce nom.

F.

Faron, (cul-de-sac Saint-) Quartier de la Grève. Il eſt ſitué dans la rue de la Tiſſeranderie, & doit ſon nom à l'Hôtel des Abbés de Saint-Faron, qui exiſtoit autrefois dans cette rue. Il a porté les noms de *l'Eſcullerie*, de rue *de la Violette*, *des Juifs*, & de *ruelle ou cul-de-sac Barentin*.

Férou, (cul-de-sac) Quart. du Luxembourg. Il eſt ſitué dans la rue du même nom, près de S. Sulpice.

Feuillantines, (cul-de-sac des) Quartier Saint-Benoît. Paſſage qui conduit au Couvent de ces Religieuſes.

Fiacre, (cul-de-sac Saint-) Quartier Saint-Martin-des-Champs. Il eſt ſitué dans la rue de ce nom.

Filles-Dieu, (cul-de-sac des) Quartier Saint-Denis. Il eſt ainſi nommé parce qu'il eſt ſur leur ancien enclos, rue des Foſſés-Saint-Denis. On l'appelloit autrefois *ruelle Couvreuſe*.

Foire, (cul-de-sac de la) Quartier du Luxembourg. Il eſt ſitué dans la rue des Quatre-Vents, & va, par un retour d'équerre, juſqu'au mur de l'ancien préau de la foire Saint-Germain. Il falloit entrer par ce cul-de-sac, pour aller au ſpectacle de l'Opéra-Comique, avant ſa réunion au Théâtre Italien en 1762. C'eſt pour cette raiſon qu'on l'appelloit auſſi *cul-de-sac de l'Opéra-Comique*.

Forge-Royale, (cul-de-sac de la) Quartier Saint-Antoine, rue du Fauxbourg de ce nom. Il a été ainſi appellé de l'enſeigne d'une forge.

Fourci, (cul-de-sac de) Quartier Saint-Paul. Il eſt ſitué rue de Joui, & doit ſon nom à l'Hôtel duquel il eſt voiſin. Il a porté ſucceſſivement les noms *de petite ruelle Sans-Chef*, de ruelle qui fut jadis *Hélie Annot*, & de rue de *l'Aviron*, à cauſe d'une enſeigne.

G.

Gloriette, (cul-de-sac) Quartier Saint-Benoît. Ce nom qui lui eſt commun avec la boucherie que l'on y voit, lui vient du Fief *Gloriette* ſur lequel il a été ouvert. Il eſt contigu au petit-Châtelet qui eſt à l'extrêmité de la rue de la Huchette & de celle du petit-Pont.

RUE

Grange-Batelière, (cul-de-sac de la) Quartier Montmartre. Il a été formé de la prolongation de la rue de Richelieu, dans la même largeur & même direction, en traversant le boulevard.

Grosse-Tête, (cul-de-sac de la) Quartier Saint-Denis. Il est situé dans la rue Saint-Spire, & doit son nom à une enseigne qui pendoit à une maison, dont le Propriétaire s'appelloit aussi, à ce que l'on croit, *Jean Grosse-Tête*.

Guémené, (cul-de-sac de) Quartier Saint-Antoine, ainsi nommé de l'Hôtel de ce nom (Rohan Guémené) auparavant Hôtel de Lavardin, & dont l'entrée principale est dans la Place Royale. On l'appelloit anciennement *rue Royale*.

Guépine, (cul-de-sac) Quartier Saint-Paul. Il est situé rue de Joui.

Guichet, (cul-de-sac du) Quartier Saint-Germain. C'est la continuation de la rue de l'Echaudé, ainsi nommé du guichet de l'Abbaye de Saint-Germain qui est au bout.

H.

Hautefort, (cul-de-sac d') Quartier Saint-Benoît. Il est situé dans la rue des Bourguignons.

Heaumerie, (cul-de-sac de la) Quartier Saint-Jacques-de-la-Boucherie. Il est dans la rue du même nom, & paroît être *la Lormerie* dont parle Guillot. On entend par *Lormiers*, des Ouvriers qui fabriquent de petits ouvrages en fer ou en cuivre, comme des chaînes ou anneaux, &c.

Hospitalières, (cul-de-sac des) Quartier Saint-Antoine. Il est ainsi appelé à cause de la Maison de ces Religieuses, rue de la Chaussée des Minimes, laquelle faisoit la continuation de la rue du Foin.

Hyacinthe, (cul-de-sac Saint-) Quartier du Palais-Royal. C'est le nom que l'on a donné au passage qui conduit de la rue de la Sourdière au Couvent des Jacobins : Saint Hyacinthe est un des Saints de cet Ordre.

J.

Jardinet ou de *Sainte-Marguerite*, (cul-de-sac du) Quart. Saint-Antoine. Il est situé dans la rue Saint-Bernard.

Jardiniers, (cul-de-sac des) même Quartier. Il est situé entre la rue Saint-Sébastien & celle du Chemin-Vert.

Jérusalem (cul-de-sac de) Quartier de la Cité. C'étoit anciennement une rue qui aboutiſſoit dans la rue neuve de Notre-Dame.

Jeſus, (cul-de-ſac du *petit-*) Quartier Saint-Denis. C'étoit anciennement une ruelle appellée ſucceſſivement *ruelle du Crucifix*, & *cul-de-ſac Saint-Claude*.

L.

Landri, (cul-de-ſac Saint-) Quartier de la Cité. Il eſt ſitué dans la rue du Chevet-Saint-Landri.

Laurent, (cul-de-ſac Saint-) Quartier Saint-Denis. Il eſt dans la rue des Foſſés-Saint-Denis, & prend ſon nom de la Paroiſſe ſur laquelle il eſt ſitué.

Longue-Allée, (cul-de-ſac de la) Quartier Saint-Paul. Il eſt difficile de dire où il étoit ſitué. On ſait ſeulement qu'il conduiſoit à un grand emplacement nommé *la Cour Gentien*, rue de la Mortellerie.

Louis, (cul-de-ſac Saint-) Quartier Saint-Martin-des-Champs. Il étoit connu anciennement ſous le nom de *ruelle des Poſtes*; mais comme il eſt contigu à l'Hôpital Saint-Louis, il en a pris le nom. On l'a auſſi appellé *ruelle Dagouri* & rue *Notre-Dame*.

M.

Marguerite, (cul-de-ſac Sainte-) Quartier Saint-Antoine. *Voy*. ci-deſſus *Jardinet*.

Marine, (cul-de-ſac Sainte-) Quartier de la Cité. Il eſt ſitué dans la rue Saint-Pierre-aux-Bœufs.

Marmouzets, (cul-de-ſac des) Quartier Montmartre. C'eſt le cul-de-ſac Saint-Pierre, qui fut nommé ſucceſſivement *des Maſures*, *de la rue neuve-Montmartre*, *Gourtin*, *Saint-Pierre-Gourtin*, & *de l'Epée Royale*, dans le livre de Valleyre.

Martial, (cul-de-ſac Saint-) Quartier de la Cité. Il eſt ſitué dans la rue Saint-Eloi. On l'a nommé *ruelle Saint-Macial*, *ruelle du porche-Saint-Martial*, & *rue Saint-Martial*, parce qu'il conduiſoit à l'Egliſe de ce nom.

Maſures, (cul-de-ſac des) Quartier Montmartre. *Voy*. plus haut *Marmouzets*.

Merri, (cul-de-ſac de la rue neuve-Saint-) Quartier Saint-Martin-des-Champs. *Voy*. *Bœuf*. (cul-de-ſac du)

Michel, (cul-de-ſac Saint-) même Quartier. Il eſt ſitué rue du Fauxbourg Saint-Martin, un peu au-deſſus du Couvent des Récollets : il doit probablement son nom à une enseigne.

Montmartre, (cul-de-sac de la rue neuve-) Quartier Montmartre. *Voy.* ci-dessus *Marmouzets*.

Mortagne, (cul-de-sac de) Quartier Saint-Antoine, rue de Charonne ; il est ainsi appellé de l'Hôtel de ce nom.

Mousquetaires, (cul-de-sac des) même Quartier. Il est attenant la maison de Reuilli, rue du bas-Reuilli.

N.

Notre-Dame-des-Champs, (cul-de-sac de) Quartier du Luxembourg. Il est situé dans la rue du même nom, vis-à-vis la Chapelle du Saint-Esprit.

Novion, (cul-de-sac) Quartier Sainte-Avoie. C'est le cul-de-sac *Péquai*.

O.

Opéra, (cul-de-sac de l') Quartier du Palais-Royal. Il ne subsiste plus depuis le rétablissement de la salle de l'Opéra.

Opéra-Comique, (cul-de-sac de l') Quartier du Luxembourg. *Voy. Foire.* (cul-de-sac de la)

Orangerie, (cul-de-sac de l') Quartier du Palais-Royal. *Voy. Florentin.* (rue Saint-)

Oratoire, (cul-de-sac de l') Quartier du Louvre. Aujourd'hui il n'est plus fermé, & aboutit au Louvre. Anciennement c'étoit une rue qui alloit jusqu'au quai, & s'appelloit *rue d'Autriche*, & par corruption, *Osteriche*, *d'Autreiche*, *d'Autruche*, *d'Austruce*, *de l'Autruche*, ou *du Louvre*, & *du Louvre*. Ce fut au bout de cette rue, dans la rue Saint-Honoré, vis-à-vis de l'Hôtel de Bouchage (où est aujourd'hui l'Oratoire) que *Paul Stuard de Caussade*, Comte de *Saint-Mégrin*, le lundi 21 Juillet 1578, sortant du Louvre vers les onze heures du soir, fut attaqué par vingt ou trente hommes, & percé de trente-trois coups, dont il mourut le lendemain. Le Roi le fit enterrer à S. Paul, avec la même pompe & les mêmes cérémonies que *Quélus* & *Maugiron*. « De ce meurtre, dit l'Etoile, *année 1570*, n'en
» fût faite aucune poursuite, Sa Majesté étant bien avertie
» que le Duc de Guise l'avoit fait faire, parce que le bruit
» couroit que ce Mignon étoit l'Amant chéri de sa femme *

---

* *Catherine de Clèves*, veuve du Prince de Porcien, & mariée en secondes noces à *Henri de Guise*, tué à Blois en 1588.

» & que celui qui avoit fait ce coup, avoit la barbe & la
» contenance du Duc de Mayenne ».

P.

Paon, (cul-de-sac du) Quartier Saint-André-des-Arcs. Ce cul-de-sac qui est dans la rue du même nom, s'appelloit autrefois rue de *l'Archevêque de Rheims*, ou *du petit-Paon*; & en effet cette rue se prolongeoit jusqu'à celle de Haute-Feuille. C'est là où étoit la principale entrée de l'Hôtel de l'Archévêque de Reims, lequel s'étendoit entre les rues de Haute-Feuille, du Jardinet, du Paon, & du cul-de-sac dont il est ici question.

Peintres, (cul-de-sac de la porte aux) Quartier Saint-Denis. C'étoit anciennement une ruelle appellée *de l'Arbalêtre*, de l'enseigne d'une maison; ensuite on la nomma *ruelle Sans-Chef*, dite *des Etuves*, à cause de la Place des Etuves; successivement on lui donna le nom de ruelle de *l'Asne-Rayé*, relativement à l'enseigne d'une Hôtellerie qui lui étoit contiguë. Enfin elle a pris celui d'aujourd'hui, d'un Peintre nommé Guyon le Doux, qui fit bâtir une maison & une tournelle au coin de cette ruelle; peut-être aussi le tire-t-il d'un appellé *Gilles le Peintre*, à qui appartenoit la maison de l'Arbalêtre, qui lui a fait donner sa première dénomination. Il est situé près de l'ancienne porte de l'enceinte de Philippe-Auguste, qui fut démolie en 1535.

Péquai, ou *Piquet*, (cul-de-sac) Quartier Sainte-Avoie. Il est situé dans la rue des Blancs-Manteaux, & tire son nom d'un Particulier appellé *Piquet*, qui y avoit une maison, & dont on a altéré le nom. Il a porté aussi celui de *Novion*, parce que M. de Novion a occupé la maison Piquet, & enfin celui des Blancs-Manteaux, parce qu'il est dans le voisinage de ce Monastère.

Péronelle, (cul-de-sac) Quartier du Palais-Royal. C'est le cul-de-sac de *la Corderie*. Voy. ce mot.

Pierre, (cul-de-sac Saint-) Quartier Montmartre. *Voy. Courtin* & *Saint-Pierre-Courtin*.

Planchette, (cul-de-sac de la) Quartier Saint-Martin-des-Champs, rue Meslai. M. *Jaillot* conjecture que ce nom peut lui venir de la planche ou petit pont qui facilitoit le passage sur l'égout qui passoit à découvert en cet endroit, depuis la rue du Temple, jusqu'à celle de Saint-Martin.

Prêcheurs, (cul-de-sac des) Quartier du Palais-Royal. *Voy.* plus haut *Brasserie*.

RUE

Provençaux, (cul-de-sac des) Quartier du Louvre, rue de l'Arbre-Sec. Il doit son nom à une enseigne que l'on voit encore à une boutique voisine. Il a été appellé rue *Arnoul de Charonne*, d'un Particulier de ce nom qui y demeuroit en 1293, ensuite rue *de Raoul de Charonne*, *Arnoul le Charron*, *du Chartier d'Anjou* & rue *d'Antin*.

Putigneux, (cul-de-sac) Quart. Saint-Paul, rue Geoffroi-l'Asnier. C'est peut-être celui qui a été désigné par Guillot, sous le nom de rue *Ermeline Boiliaue*. En 1640, il conduisoit à un jeu de paume.

Putigno, (cul-de-sac) même Quartier & même rue. C'est de lui dont parle Guillot sous le nom de rue *des Poulies Saint Pou*. (Saint Paul)

R.

Ragouleau, (cul-de-sac) Quartier Montmartre. *Voy.* *Commissaires*, (cul-de-sac des) rue Montmartre.

Roch, (cul-de-sac Saint-) Quartier du Palais-Royal. C'est le passage, qui, de la rue d'Argenteuil, rend dans la rue Saint-Honoré, en régnant le long de l'Eglise S. Roch. Avant la reconstruction de cette Eglise, c'étoit un cul-de-sac.

Roi, (cul-de-sac du Jardin du) Quartier de la Place Maubert. C'étoit anciennement la *rue du Cochon*, ensuite la *petite rue du Jardin Royal*.

Rollin & *Baudouin*-prend-gage, (cul-de-sac) Quartier Sainte-Opportune. Il est situé rue des Lavandières, & se nommoit anciennement *ruelle Baudouin-prend-gaige*.

Rome, (cul-de-sac du puits de) Quartier Saint-Martin-des-Champs. Il est situé rue au Maire, & s'appelloit anciennement *rue aux Cordiers* & *des Cordiers*. Une maison & une enseigne du *puits de Rome*, l'ont fait appeller ainsi.

Roquette, (cul-de-sac de la) Quartier Saint-Antoine, & rue de la Raquette. On y voit l'Hôtel de Montalembert, Palais qu'a fait agrandir, & où habitoit feu M. le Comte de Clermont.

Rouen, (cul-de-sac de la cour de) Quartier Saint-André-des-Arcs, ainsi nommé de l'Hôtel de l'Archevêque de Rouen, qui étoit à l'extrêmité. Aujourd'hui ce cul-de-sac débouche dans la rue des Fossés-Saint-Germain, dite de *la Comédie Françoise*.

S.

Salembrière & *Saille-en-Bien*, (cul-de-sac de) Quartier

Saint-André-des-Arcs. Il doit son nom à un Particulier apellé *Saille-en-Bien*, *Salieus in bonum*, & c'est par corruption qu'on l'a appellé *Salembrière*. Ce cul-de-sac étoit autrefois une rue aboutissante à une ruelle qui n'existe plus, & qui avoit son issue dans la rue Saint-Jacques, & s'appelloit *rue des Jardins*. C'est peut-être la ruelle *des sept Chenets*, dont il est fait mention dans le terrier de Sainte-Geneviève, de 1603. On y entre par la rue Saint-Severin.

Sans-Chef & *Sancier*, (cul-de-sac de) Quartier Saint-Paul. *Voy. Fourci*. (rue de)

Saugé, (cul-de-sac de M.) Quartier Saint-Eustache. Il n'existe sur aucun plan, & n'est connu que parce que la Caille le place dans la rue du Jour, & qu'il est indiqué par Valleyre sous le nom de la Madeleine.

Soissons, (cul-de-sac de l'Hôtel de) même Quartier. C'étoit une petite partie qui restoit de la rue d'Orléans, que Catherine de Médicis avoit fait enclaver dans son Palais. On l'a nommé cul-de-sac *de la Croix-Neuve*, *rue du cul-de-sac*, & *rue Bouchée*, autrement cul-de-sac de l'Hôtel de Soissons.

Sourdis, (cul-de-sac de) Quartier du Louvre, rue des Fossés-Saint-Germain. Il est ainsi nommé d'un Hôtel de Sourdis que l'on y voit encore. *Voy. Chardeporc*. (rue)

T.

Tacherie, (cul-de-sac de la *petite*) Quartier de la Grève. C'est le cul-de-sac de Saint-Benoît, rue de la Tacherie.

Traverse, (cul-de-sac de la) Quartier du Palais-Royal. C'est le cul-de-sac de la Brasserie, rue Traversière.

Treille, (cul-de-sac de la) Quartier du Louvre, rue des Prêtres Saint-Germain. C'étoit autrefois une rue *de la Treille*, qui fut nommée ensuite *ruelle du puits du Chapitre*.

U.

Ursulines, (cul-de-sac des) Quartier Saint-Benoît, rue du Fauxbourg Saint-Jacques. Il ne subsiste plus que dans le passage qui conduit au Couvent de ces Religieuses.

V.

Venise, (cul-de-sac de) Quartier Saint-Jacques-de-la-Boucherie, rue Quinquempoix. Il prend le nom de la rue de Venise, dont il semble faire la prolongation, & est fort ancien. On le connoissoit sous les noms de rue *de Bierre, de Brère*, pardevers Saint-Josse, *de Bierne, de Bièvre, de Bièvre-sans-Chef*; ensuite sous ceux de *rue verte, & rue verte, dite cul-de-sac de la rue Quinquempoix*.

Vents, (cul-de-sac des quatre) Quartier du Luxembourg. *Voy. Foire*. (cul-de-sac de la)

Vergnon (cul-de-sac) Quartier Saint-Jacques-de-la-Boucherie. C'est encore un nom d'une ruelle qui règnoit derrière l'Hôpital de Sainte-Catherine, sous la dénomination de *ruelle Vichignon*, & dont on ignore les étymologies.

Vignes, (cul-de-sac des) Quartier Saint-Benoît, rue des Postes. Il formoit autrefois une rue avec celle *de Saint-Severin* ou *des Poteries*, &c. avant qu'elle devînt le cul-de-sac *de Coupe-Gorge*, traversoit celle des Postes, & s'étendoit, d'un côté, jusqu'à la rue neuve-Sainte-Geneviève ; & de l'autre, jusqu'à celle dont nous venons de parler. Le nom *des Vignes* lui vient du clos sur lequel elle avoit été ouverte. Auparavant on la nommoit rue *Saint-Etienne*, rue *neuve-Saint-Etienne*, & le *clos des Poteries*.

Vincent, (cul-de-sac Saint-) Quartier du Palais-Royal. *Voy. Vincent*, (rue Saint-) & *Dauphin*. (rue du)

Comme nous avons cité fréquemment dans cet Ouvrage la dénomination d'un grand nombre de rues rapportées par Guillot de Paris, Auteur qui vivoit sur la fin du treizième siècle, nous croyons que le Lecteur nous saura gré de lui présenter une pièce entière de Poésie du même Auteur, intitulée le Dit des Rues de Paris, que feu M. l'Abbé Lebeuf avoit découverte à Dijon en 1752, avec les Notes qu'il y a jointes. On observera qu'elle ne nomme que les rues qui sont renfermées dans la clôture faite par Philippe-Auguste en 1211, encore ne les nomme-t-elle pas toutes.

Le Lecteur voudra bien encore observer que *au* est écrit par *o*; *aux* par *as*; *qu'on* par *con*; *un* par la lettre *i* seule; le nom de Dieu par *Diex*.

CI-COMMENCE LE DIT DES RUES DE PARIS.

 Maint dit a fait de Rois, de Conte
 Guillot de Paris en son conte ;
 Les rues de Paris briément
 A mis en rime, oyez comment.

Quartier d'Outre-Petit-Pont, *aujourd'hui l'Université.*

La rue de la Huchette 1 à Paris
Première, dont pas n'a mespris.
Assez tost trouva Sacalie 2
Et la petite Bouclerie 3
Et la grand Bouclerie 4 après,
Et Hérondale 5 tout en près.
En la rue Pavée 6 alé,
Où à maint visage halé;
La rue à l'Abbé Saint-Denis 7
Siet assez près de Saint-Denis,
De la grant rue Saint-Germain, 8
Des prez, si fait rue Cauvain, 9
Et puis la rue Saint-Andri, 10
Dehors mon chemin s'estendi

---

1. Sauval, tom. 1. p. 142. paroît avoir cru que ce nom n'est pas si ancien.
2. On a changé ce nom en celui de Zacharie: on disoit encore Sacalie ou Sac-à-lit au quinzieme siècle.
3 & 4. Sauval écrit qu'on a dit la rue de la vieille Bouqueterie, t. 1. p. 118. & que la rue de la petite Bouclerie étoit dans le Quartier de la Ville, comme on le verra ci-après.
5. La rue de l'Hirondelle, ainsi dite d'une enseigne. V. Sauval, t. 1. p. 141. Selon lui, en 1221 on disoit de l'Arrondale. Dans le Cartulaire de Sorbonne, à l'an 1264, elle est appellée *vicus* de Hyrondalle.
6. Il y logeoit apparemment des Vignerons & des Voituriers: on disoit aussi la rue Pavée d'Andouilles.
7. C'est aujourd'hui la rue des Augustins. Le nom de S. Denis y est encore conservé dans l'écriteau d'un Hôtel.
8. Il faut que ce soit le bout supérieur de la rue S. André, ou le bout occidental de la rue des Cordeliers.
9. Je ne vois guères que la rue de l'Eperon dont la situation convienne à cette rue, parce qu'elle se trouvoit entre la rue S. Germain & la rue S. André.
10. Cette rue n'avoit alors que la moitié de l'étendue qu'elle a aujourd'hui.

Jusques

Jufques en la rue Poupée, 11
A donc ai ma voie adrécée
En la rue de la Barre 12 vins
Et en la rue à Poitevins, 13
En la rue de la Serpent, 14
De ce de rien ne me repent ;
En la rue de la Platrière, 15
La maint une Dame Loudière (*demeure une faiseuse de couverture*)
Qui maint Chapel a fait de feuille.
Par la rue de Hautefueille 16
Ving en la rue de Champ-Petit, 17
Et au-dessus est un petit, (*un peu au-dessus*)
La rue du Puon 18 vraiment:
Je descendi tout bellement
Droit à la rue des Cordeles : 19
Dame i a (*il y demeure des Dames*) le descort d'elles
Ne voudroie avoir nullement.
Je m'en allai tout simplement
D'illuecques (*de-là*) au Palais de Termes, 20
Où il a celiers & citernes
En cette rue a mainte court.

11, 12 & 13. La rue de la Barre étoit l'une des deux qui forment aujourd'hui la rue des Poitevins, tournée en manière d'équerre.

14. On dit maintenant la rue Serpente, & dans un acte du Cartulaire de Sorbonne, de l'an 1263, il est parlé d'une maison située *in vico tortuoso ab oppositis Palatii Termarum*.

15. C'est la rue du Battoir, appellée aussi de la vieille Plastriere. Sauval, t. 1. p. 172.

16 & 17. Il y a bien des changemens faits au haut de cette rue vers l'an 1260, par l'établissement du Collège des Prémontrés : deux rues au moins supprimées. *Voy*. Piganiol, t. 6. p. 97 , 99. Comme elles alloient du côté de la rue du Paon & du Jardinet, Sauval, pag. 172. croit que la rue de Champ-petit, ainsi appellée au lieu de petit Champ, pour la rime, étoit la rue Mignon. Ce peut avoir été également la rue du Jardinet.

18. On a dit quelquefois anciennement *Puon* pour Paon.

19. C'est-à-dire les Cordeliers.

20. C'est le Palais où les Romains avoient des bains avant l'arrivée des Francs. L'entrée est aujourd'hui par la rue de la Harpe, à l'enseigne de la Croix de fer. Quelques Sorbonistes du treizième siècle l'appelèrent *Palatium de Terminis*, sans penser aux Thermes Romains.

La rue aux hoirs de Harecourt. 21
La rue Pierre Sarrazin 22
Où l'on eſſaie maint roncin
Chaſcun an, comment on le hape. (*de quelque façon qu'on le prenne*)
Contre val (*en deſcendant*) rue de la Harpe 23
Ving en la rue Saint-Sevring, 24
Et tant fis qu'au carrefour ving:
La grand rue 25 trouvai briémenr;
Dela entrai premièrement
Trouvai la rue as Ecrivains; 26
De cheminer ne fu pas vains (*je ne marchai point en vain.*)
En la petite ruelette
S. Sevrin 27; mainte Meſchinette (*pluſieurs jeunes filles*)

. . . .
. . . .

Les vers omis ici & en d'autres endroits, ne contiennent que des deſcriptions de lieux qui étoient tolérés alors.

En la rue Erembourc de Brie 28.
Allai, & en la rue'o Fain; 29
De cheminer ne fu pas vain.
Une femme vi battre lin.
Par la rue Saint-Mathelin. 30

---

21. C'eſt la partie ſupérieure de la rue de la Harpe, ainſi dite du Collège fondé par Raoul de Harcourt, dont les héritiers lui donnèrent le nom.
22. Cette rue, portant le nom d'un Citoyen Romain, mort depuis environ 50 ans, étoit habité par des Loueurs de chevaux. *Cod. MſſS. Vict.* n°. 990.
23. On l'appelle quelquefois de la Herpe, ou *vicus Reginaldi* le Harpeur, *Reginaldi Citharistæ*, en 1270, 1271. *Chart. Sorbon.*
24. C'étoit alors l'uſage de mettre la lettre G à la fin de beaucoup de mots.
25. C'eſt la rue S. Jacques, laquelle ne portoit pas encore ce nom.
26. Dite aujourd'hui de la Parcheminerie. Sauval, p. 155. *Chart. Sorb.*
27. C'eſt aujourd'hui la rue des Prêtres.
28. On l'écrit à préſent (mais très-mal) Boutebrie.
29. La rue du Foin.
30. C'eſt-à-dire rue S. Mathurin, à cauſe de la Chapelle ou Egliſe de ſon nom, qui a été communiquée aux Religieux qui y ont un Couvent.

En l'encloiſtre m'en retourné
Saint Benoit le beſtourné, 31 (*le mal tourné, le renverſé*)
En la rue as hoirs de Sabonnes 32
A deux portes belles & bonnes.
La rue à l'Abbé de Cligny, 33
Et la rue au Seigneur d'Igny, 34
Sont près de la rue o Corbel ; 35
Deſus ſiet la rue o Ponel 36
Y la rue à Cordiers 37 après
Qui des Jacopins 38 ſiet bien près :
Encontre (*vis-à-vis*) eſt rue Saint Eſtienne ; 39
Que Diex en ſa grace nous tiegne
Que de s'amour ayons mantel. (*ſon amour ſoyons protégés*)
Lors deſcendis en Freſmantel 40
En la rue de l'Oſeroie ; 41

---

31. Voy. l'Abbé le Bœuf, t. 2. p. 216.
32. C'eſt-à-dire, la rue aux héritiers de Robert de Sorbonne. Sauval, t. 1. p. 158 & 162, parle de ces deux portes que S. Louis avoit permis de placer, ce quartier ayant été long-temps un coupe-gorge.
33. C'eſt la rue de derriere le Collège de Cluny, dite de Cluny, & qui peut-être faiſoit alors l'équerre.
34 & 35. Etoient des rues qui ont été détruites par l'agrandiſſement de quelques Collèges de ces quartiers-là, ou même des Jacobins. L'une des deux, au reſte, pourroit être l'ancien nom du paſſage S. Bénoît : elle ſe rendoit dans la rue S. Jacques, avant qu'on eût élargi l'Egliſe de S. Bénoît. Le Seigneur d'Igny, proche Palaiſeau, avoit apparemment ſa maiſon dans l'une de ces rues. La rue au Corbel ou Corbeau tiroit ſon nom d'une enſeigne, à ce qu'il paroît.
36. Du vivant de Robert de Sorbon, la rue qu'on appelle des Poirées ſe nommoit *vicus Poretarum*, ex Chartul. Sorbon. f. 51. Il peut ſe faire que le Copiſte du Poëte ait écrit Ponel au lieu de Porrel. S'il faut lire Ponel, cette rue eſt de celles que les Collèges ont fait diſparoître.
37. Elle ſubſiſte.
38. Preuve qu'on a changé quelquefois le *b* en *p*.
39. Il ne la diſtingue pas par le ſurnom des Grez, parce que S. Etienne-du-Mont n'exiſtoit pas encore.
40. Un titre de Sorbonne de 1250, l'appelle *vicus Frigidi manelli in Cenſiva S. Genov.*
41. Ce nom peut convenir à la rue du Cimetiere S. Bénoît.

Ne fai comment je defvouroie (*je défavouerai*)
Ce conques nul jour (*que onques jamais*) ne voué
Ne à Pâques ne à Noué. (*Noel*)
En la rue de l'Ofpital 42
Ving; une femme i d'efpital
Une autre femme folement
De fa Patrie moult vilment. (*il y vit une querelle de femmes*)
La rue de la Chaveterie 43
Trouvai ; n'allai pas chiés Marie
En la rue Saint-Syphorien 44
Où maignent li Logiptien (*demeurent les Egyptiens ou Difeurs de bonne aventure*)
En près eft la rue du Moine 45
Et la rue au Duc de Bourgoigne 46
Et la rue des Amandiers près
Siet en une autre rue exprès
Qui a non rue de Savoie, 48
Guillot de Paris tint fa voie

---

42. Nommée à préfent rue S. Jean de Latran, ce lieu ayant été un vrai Hôpital.

43. Sans doute que le Copifte a voulu mettre rue de la Charreterie, c'eft-à-dire, rue où il y avoit plufieurs charrettes & Charretiers ; ce qui a été changé en rue Charretiere.

44 & 45. La Chapelle de S. Symphorien des vignes avec fes dépendances, aboutiffoit fur deux chemins qui ont pris le nom de rue des Cholets & rue des Chiens. Ainfi l'une des deux étoit la rue S. Symphorien, & l'autre étoit la rue du Moine.

46. C'eft aujourd'hui la rue de Reims, nom qui lui eft venu du Collège. Les Ducs de Bourgogne de la feconde Race y avoient eu un Hôtel. Sauval qui nous l'apprend, t. 1. p. 160. a ignoré qu'à la fin du treizième fiècle elle avoit encore le nom de ces Ducs.

47. Elle a auffi été dite des Almandiers.

48. Peut-être que le Copifte a mal écrit le nom de cette rue. On ne trouve aucune marque que les Comtes ou Ducs de Savoie y ayent eu un Hôtel : il eft fûr que par le Cartulaire de Ste. Génévève, p. 83, qu'en l'an 1185 on difoit *les Sept Voyes*. Il y eft parlé de deux arpens de vignes fitués *apud feptem vias*, & de quatre autres fitués *apud S. Symphorianum*.

RUE

Droit en la rue Saint-Ylaire 49
Où une Dame débonnaire
Maint (*demeure, qu'on*) con appelle Gietedas :
Encontre est la rue Judas, 50
Puis la rue du petit-Four, 51
Qu'on appelle le petit-Four ;
Saint-Ylaire 52, & puis clos Burniau 53
Où l'on a rosti maint bruliau : (*fagot, broussaille, bourée*)
Et puis la rue du Noyer. 54

. . . .

En près est la rue à Plastriers 55
Et parmi (*au milieu de*) la rue as Englais 56
Vin g à grande feste & à grand glais. (*bruit*)
La rue as Lavandières 57 tost
Trouvai ; près d'illuec (*près de-là*) assez tost
La rue qui est belle & grant
Sainte Geneviève la grant, 58

---

49 & 50. Ces deux rues subsistent ; mais l'écriteau de la première est rue du Mont-Saint-Hilaire.

51. On dit aujourd'hui simplement la rue du Four.

52. Le Versificateur renferme quelquefois les Eglises dans sa Poésie, pour faire son vers.

53. En latin on disoit *Clausum Brunelli*, & en langage vulgaire plus poli, c'étoit *le Clos Bruneau*. Ce clos comprenoit environ tout le quarré enfermé dans les rues de S. Jean-de-Beauvais, des Noyers, des Carmes & du Mont-Saint-Hilaire, par où l'on voit que les anciennes Ecoles de Droit & le Collège de Beauvais sont dessus. Son nom lui venoit de son territoire pierreux, ou perré comme celui de ces chemins perrez, qu'on appelle *les Chaussées Bruneaux*, & que depuis quelques siècles on s'est avisé d'écrire *Brunehault*, quoique la Reine de ce nom n'y ait eu aucune part. Cette rue avoit été traversée par une rue dite la rue Jusseline, que l'on connoissoit en 1423 sous le nom de rue Josselin. Les vignes qu'il y a eu ont donné occasion à y brûler bien du sarment & des échalas ; c'est à quoi le Poëte fait allusion. Le Cartulaire de Ste. Géneviève fait mention, fol. 59, à l'an 1202, *de vineis de Brunella*.

54. Elle s'appelle à présent la rue des Noyers.

55 & 56. On dit maintenant la rue du Plâtre & rue des Anglois.

57. La proximité de la riviere avoit fixé ces femmes dans cette rue.

58. La rue de la montagne Ste. Géneviève.

RUE

Et la petite ruelette 59,
De quoi l'un des bouts chien fur l'être. (*Atrium ou Place de Sainte-Geneviève*)
Et l'autre bout fi fe rapporte
Droit à la rue de la Porte.
De Saint-Marcel; 60 par Saint-Copin 61
Encontre eft la rue Clopin, 62
Et puis la rue Traverfaine 63,
Qui fiet en haut bien loin de Sainne (*loin de la rivière de Seine*)
Enprès eft la rue des Murs : 64
De cheminer ne fut pas mus, (*fatigué, las*)
Jufqu'à la rue Saint-Victor 65
Ne trouvai ne porc, ne butor, (*oifeau, choifi pour la rime*)
Mes femmes qui autre confeille : (*qui confeille les autres*)
Puis truis (*trouvai*) la rue de Verfeille 66
Et puits la rue du bon-Puits ; 67
La maint la femme à i Chapuis (*manet, demeure la femme d'un Charpentier*)
Qui de maint homme a fait fes glais. (*fes plaintes*)
La rue Alexandre l'Anglais 68
Et la rue Paveegoire : 69

---

59 & 60. C'étoit une ruelle qui tomboit d'un bout fur la place devant Ste. Geneviève, & de l'autre bout dans la rue dite à préfent la rue Bordet, que le Cartulaire de Ste. Géneviève, à l'an 1259, appelle *ftrata publica de Bordellis*.

61. Si c'eft le nom d'un quartier, carrefour ou place que le Poëte a voulu indiquer, il faut avouer qu'aujourd'hui ce lieu eft inconnu : mais peut être eft-ce feulement une efpèce de ferment qu'il a placé là pour rimer avec Clopin.

62. Rue qui fubfifte auffi-bien que celle du nombre 65.

63. On dit aujourd'hui *Traverfine*.

64 & 65. C'eft la rue dite d'Arras, à caufe du Collège de ce nom. Les anciens murs paffent entre cette rue & celle des Foffés S. Victor.

66 & 67. On prononce aujourd'hui *Verfailles*. Bon Puits fe dit toujours.

68. C'eft maintenant la rue du Paon. Sauval affure, tom. 1. p. 151. que cet Alexandre Langlois avoit auffi donné fon nom à une petite rue du quartier de la Monnoie, Paroiffe S. Germain-l'Auxerrois.

69. Comme le Poëte va fon chemin tout de fuite, ce doit être la rue

La bui-je *(je bus)* du bon vin de Beire.
En la rue Saint Nicolas
Du Chardonnai 70 ne fut pas las :
En la rue de Bièvre 71 vins
Iluéques i petit (*là un peu*) m'assis.
D'illuec (*de-là*) en la rue Perdue : 72
Ma voie ne fut pas perdue :
Je m'en reving droit en la Place-
Maubert 73, & bien trouvai la trace
D'illuec en la rue à trois-Portes, 74
Dont l'une le chemin rapporte
Droit à la rue de Galande, 75
Où il n'a ne forest ne lande,
Et l'autre en la rue d'Arras 76
Où se nourissent maint grant ras.
Enprès est rue de l'Ecole, 77
La demeure Dame Nicole ;
En celle rue, ce me semble
Vent-on & fain & fuerre ensemble. (*on vend foin & paille.*
Puis la rue Saint-Julien 78
Qui nous gart de mauvais lien.

---

du Mûrier. Sauval, t. 1. p. 152. la fait appeller rue Pavée, dans des tems postérieurs à notre Poëte, & même quelquefois Pavée-d'Andouilles ; le mot *goire* en est peut-être le synonyme d'andouilles ; car il n'y a aucune apparence qu'il faille lire *Pavégoire*, qui est le nom d'un Martyr, mort le 30 Juin.

70, 71 & 72. Trois rues qui conservent leur nom.

73. Un titre de l'an 1270 au Cartulaire de Sorbonne l'appelle *Platea Mauberti*.

74. Le Poëte laisse à entendre que cette rue avoit trois portes qui fermoient. Celle qui donnoit dans la rue Gallande devoit être au bout de la petite rue Hyacinte, qui n'avoit pas encore de nom particulier.

75. On avoit dit primitivement rue Garlande ; le peuple a adouci ce mot.

76. Elle est appellée maintenant la rue des Rats. Cet endroit du Poëte Guillot sert à réformer Sauval, qui écrit, t. 1. p. 160, que cette rue n'existe que depuis le règne de Charles VI.

77. C'est la rue du Fouare, où les Ecoles de l'Université ont d'abord été. Le foin & la paille étoient pour faire asseoir les Ecoliers.

78. Surnommé le Pauvre.

M'en reving en la Bucherie, 79
Et puis en la Poissonnerie. 80
C'est vérité que vous despont, (*je vous expose*)
Les rues d'outre-petit-Pont
Avons nommées toutes par nom
Guillot qui de Paris ot nom; (*eut nom*)
Quatre-vingt par conte en y a,
Certes plus ne mains (*moins*) n'en y a.
En la Cité isnelement, (*promptement*)
M'en ving après privéement.

LES RUES DE LA CITÉ.

La rue du Sablon 1 par m'ame; (*mon ame*)
Puis rue neuve-Notre-Dame. 2
Enprès est la rue à Coulons 3
D'illuec ne fu pas mon cuer lons, (*tardif*)
La ruele trouvai briement
De Saint Christophle 4 & ensement (*pareillement*)
La rue du Parvis 5 bien près,
Et la rue du Cloistre 6 après,
Et la grant rue Saint-Christofle: 7

---

79. Il veut dire: *En la rue de la Bucherie*; & dans la suite de cette versification il supprimera de même le mot de *rue*, où l'on vend diverses marchandises, quand il nuira à la confection de son vers.
80. Ce doit être la rue du Petit-Pont d'aujourd'hui, avec le cul-de-sac Gloriette.
1. Elle étoit entre l'Hôtel-Dieu & la rue Neuve-Notre-Dame. Au treizième siecle, c'étoit *vicus de Sabulo*.
2. Elle n'a été percée que vers la fin du douzième siècle.
3. Seroit-ce la ruelle qui étoit devant Ste. Géneviève-des-Ardens? on l'appelle encore à présent le cul-de-sac de Jérusalem. *Coulons* signifioit autrefois *Pigeons*.
4. On l'appelloit en ces derniers tems la rue de Venise.
5. Ce lieu étoit tellement censé une rue, qu'on y vendoit les oignons encore en 1491. *Ex Reg. Parl.* On y vend encore les jambons le Mardi Saint. C'étoit autrefois le Jeudi-Saint. *Reg. Parl.* 1593.
6. Le Poëte parle comme s'il n'y avoit eu de son tems qu'une seule rue au Cloître Notre-Dame. On voit bien qu'il entend parler de celle de l'entrée de ce Cloître, proche le parvis.
7. Elle a été appellée simplement rue S. Christophe, depuis que la ruelle de devant le portail de cette Eglise avoit eu un nom particulier.

Je vis par le trelis d'un coffre
En la rue Saint-Pere à Beus 8
Oisiaus qui avoient piez beus (*racourcis*)
Qui furent pris sur la marine. (*sur le bord de la mer*)
De la rue Sainte-Marine 9
En la rue Cocatris 10 vins,
Où l'on boit souvent de bons vins,
Dont maint homs souvent se varie (*s'enyvre*)
La rue de la Confrairie
Nostre-Dame 11 ; & en Charoui 12
Bonne taverne achiez ovri. (*assez ouverte, de même
    que chengle, ci-après au lieu de sangle*)
La rue de la Pomme 13 assez tost
Trouvai, & puis après tantost
Ce fu la rue as Oubloiers ; 14
La maint Guillebert a brayés.
Marcé Palu 15 ; la Juerie 16
Et puis la petite-Orberie 17
Qui en la Juerie siet,
Et me semble que l'autre chief

---

8. On ne peut pas juger quelle étoit cette curiosité que l'on voyoit à travers le grillage d'un cofre.

9. C'est aujourd'hui un cul-de-sac en forme d'équerre.

10. Les sieurs Cocatrix ont été célèbres autrefois.

11. C'est apparemment la grande Confrérie des Seigneurs ; & selon Sauval, c'est l'ancien nom de la rue des deux Hermites.

12. On ignore quelle étoit cette rue.

13. Apparemment la rue de Perpignan, de laquelle Sauval n'a fait aucune mention, ou bien celle des trois Canettes.

14. Dès l'an 1480 on disoit rue des Oblayers, (*espèce de Pâtissiers*,) ou rue de la Licorne, qui étoit une enseigne.

15. On prononce aujourd'hui Marché-Palu. Ce lieu, dont on a beaucoup élevé le terrein, étoit si aquatique, qu'il a fallu deux termes synonymes pour l'exprimer. Car Marchez ou Marchais signifioient autrement lieu marécageux.

16. Les Juifs avoient leur Synagogue où est aujourd'hui l'Eglise de la Madeleine.

17. Orberie a été dit pour Lormerie ; les lettres *m* & *b* se commuant souvent, & l'article se perdant quelquefois. La description que Guillot fait des deux bouts de cette rue de la petite Lorberie, montre que c'étoit celle qu'on a depuis appellée la rue du Fourbasset, laquelle est condamnée depuis peu de temps.

Descent droit en la rue à Feves 18.
Par deça la maison o Fevre.
La Kalendre 19 & la Ganterie 20
Trouvai, & la grant Orberie. 21
Après la grant Barifzerie; 22
Et puis après la Draperie 23
Trouvai & la Chaveterie, 24
Et la ruele Sainte-Croix 25
Où l'en chengle fouvent des cios. (où l'on fangle des coups, apparemment qu'il y avoit des Flagellans)
La rue Gervefe Lorens 26
Ou maintes Dames ygnorants
Y maignent (*y demeurent*) qui de leur quiterne (*guitarre*)
Enprès rue de la Lanterne. 27
En la rue du Marmoufet 28
Trouvai homme qui mu fet (*un homme qui m'eût fait une efpéce de cornemufe*)
Une mufe corne bellourde.
Par la rue de la Coulombe 29

---

18. Dans la Lifte des rues du quinzieme fiècle, on la nomme la rue aux Feuvres, *ad Fabros*.

19. C'étoit la partie feulement du côté du Palais, qui étoit dité rue de la Calendre : ce qui touchoit à S. Germain-le-Vieux étoit la Grant-Orberie.

20. Ce doit avoir été le commencement de la rue qui a été dite long-temps de la Savaterie, & qu'on appelle à préfent de S. Eloi.

21. Voy. numéro 19.

22. On a abrégé ce nom, & l'on dit la rue de la Barillerie.

23. Au dixième fiècle on difoit la Vieille Draperie.

24. La Chaveterie a dû être la moitié ou environ de la rue dite aujourd'hui de S. Eloi, & ci-devant dite de la Savaterie ; terme par lequel il ne faut pas entendre fimplement la même chofe qu'aujourd'hui, fi on s'en rapporte au Dictionnaire Etymologique.

25, 26 & 27. Rues connues fous les mêmes noms, à la réferve de celle du nombre 26 qu'on écrit Gervais-Laurent.

28. On a changé le fingulier en pluriel. La Lifte du quinzième fiècle écrit *des Marmouzetes*.

29. Il eft étonnant que cette rue, qui fubfifte avec le même nom, ne fe trouve pas dans la Lifte du quinzieme fiècle.

RUE

Alai droit o port Saint Landri : 30
Là demeure Guiart Andri,
Femmes qui vont tout le chevez (*environnent*)
Maignent (*habitent*) en la rue de Chevès. 31
Saint Landri est de l'autre part,
La rue de l'Ymage 32 départ (*sépare*)
La ruelle par Saint Vincent (*espece de serment pour la rime*)
En bout de la rue descent
De Glateingni 34, où bonne gent
Maignent (*demeurent*) & Dames o corps gent (*gracieux*)

. . . .

La rue Saint Denis de la Charte. 35

. . . .

En ving en la Peleterie 36
Mainte peine y vi esterie. (*j'y vis beaucoup d'étoffes historiées :* peine *pannus*)
En la faute (*au bout*) du pont m'assis.
Certe il n'a que trente-six
Rues contables (*qu'on puisse compter*) en Cité
Foi que doi Benedicite (*espece de serment*)

---

30. C'est ce qui depuis a été appellé *rue d'Enfer*, parce que c'est le quartier *inférieur* de la Cité.

31. On dit encore la rue du Chevet S. Landri, parce qu'elle conduit au chevet du Sanctuaire de l'Eglise.

32 & 33. On voit que le Poëte a en vue une rue qui étoit dans le quartier des Ursins, aussi-bien que la ruelle. Cette rue de l'Image ne se trouve ni dans Sauval, ni dans le Catalogue des rues du quinzième siècle.

34. On disoit au quinzième siècle de Glatigny comme à présent.

35. Ce doit être la rue dite à présent du Haut-Moulin.

36. Elle a aussi été dite rue de la Vieille Pelleterie. Elle aboutit au Pont-au-Change, qui est celui dont Guillot parle.

Dans ces trente-six rues que Guillot compte en la Cité, il ne renferme rien de ce qui étoit dans l'enceinte du Palais; & l'on est obligé d'y compter le port S. Landri pour une rue.

Rues du Quartier d'outre le Grand-Pont, dit aujourd'hui LA VILLE.

Par deçà grand-Pont erraument (*promptement*)
M'en ving, fachiez bien vraiment
N'avoie alenas (*alène*) ne poinfon,
Premiere, la rue o Poiffon 1
La rue de la Saunerie 2
Trouvai, & la Mefguifcerie 3,
L'Efcole 4 & rue Saint Germain 5
A Cooroiers 6 bien vint à moin
Tantoft la rue à Lavendière 7
Où il a maintes Lavendières.
La rue à Moignes de Jenvau 8
Porte à Mont & porte à Vau;
En près rue Jean Lointier 9
Là ne fuje pas trop lointier (*éloigné*)
De la rue Bertin-Porée. 10
Sans faire nulle efchauffourée
Ving en la rue Jean l'Eveiller; 11

---

1. C'eft la rue Pierre-à-poiffon. Elle fait le circuit occidental du Grand-Châtelet. C'étoit l'ancienne Poiffonnerie.

2. Bien écrit *Saunerie*; on y diftribuoit le fel.

3. C'eft à préfent un quai, dit le quai de la Mégifferie.

4. C'eft auffi un quai.

5 & 6. On ajoute le mot l'*Auxerrois* depuis bien du temps, & peut-être eft-ce ce mot qui a été défiguré ici par celui de a couroiers, par le Copifte.

7. Cette profeffion demande le voifinage de la rivière. Le nom fubfifte & non la chofe.

8. Dite aujourd'hui la rue des Orfévres. L'Abbaye de Joyenval, Diocèfe de Chartres, Ordre de Prémontré, avoit alors fon Hôtel au lieu où eft le Grenier à fel, & apparemment qu'elle étoit fermée par deux portes, la premiere en haut, la feconde en bas, ce que fignifie *mont* & *vau*.

9. On l'écrit aujourd'hui Jean-Lantier.

10. Elle fubfifte avec le même nom.

11. Sauval, t. 1 p. 70. l'écrit Jean de Goulier, & p. 166. Jean de Goulieu; il ajoute que c'eft aujourd'hui la rue des trois Vifages Elle eft fermée de deux grilles de fer depuis quelque tems.

Là demeure Perriaus Goullier
La rue Guillaume Porée 12 près
Siet, & Maleparole 13 en près,
Où demeure Jean Asselin.
Parmi (*au milieu de*) le Berrin-Gasselin ; 14
Et parmi (*à travers*) la Hédengerie, 15
M'en ving en la Tableterie 16
En la rue à petit souliers 17
De bazenne tout fu souliés
D'esref (*d'aller & venir*) ce ne fu mie fortune.
Par la rue Sainte Opportune 18
Alai en la Charonnerie, 19
Et puis en la Féronnerie ; 20
Tantost trouvai la Mancherie, 21
Et puis la Cordouanerie, 22
Près demeure Henri Bourgaie;
La rue Baudouin Prengaie 23
Qui de boire n'est pas lanier (*lent, paresseux*)

---

12. C'est la rue des deux Boules, selon Sauval, p. 118.
13. On dit à présent la rue des Mauvaises Paroles.
14. Cette rue comprenoit alors celle qu'on appelle du Chevalier du Guet : ainsi elle étoit une fois plus longue.
15. On l'appelle maintenant la rue de la Vieille Harengerie. Auroit-on vendu là des harengs ? Ne seroit-ce point le Fief Harent, qu'on sait avoir été voisin de Ste. Opportune, qui lui auroit donné son nom ?
16. C'est-à-dire la rue de la Tabletterie, laquelle existe.
17. Sauval, p. 170, avoit vu un rôle de 1300, qui la plaçoit sur la Paroisse de Ste. Opportune ; c'est apparemment la rue de l'Aiguillerie.
18. Dite aujourd'hui de Court-Talon.
19. On donnoit ce nom au commencement de la rue de la Féronnerie, du côté de la rue S. Denis, Sauval, 133.
20. C'est-à-dire la rue de la Féronnerie, qui maintenant est une fois plus longue qu'elle n'étoit depuis qu'on lui a joint celle de la Charonnerie.
21 & 22. Ce lieu où l'on vendoit les manches devoit être vers les bouts des rues de la Limace & des Fourreurs : cette derniere rue étoit anciennement la rue de la Cordonnerie, selon Sauval, p. 135.
23. C'étoit, selon le même Auteur, p. 158. celle qu'on appelle la rue du Plat-d'Etain ; mais il la nomme de Rollin Prend-Gage, & non de Baudouin. Le cul-de-sac qui lui est parallèle porte encore le nom de Rollin Prend-Gage.

Par la rue Raoul l'Avenier 24 (*vendeur d'avoine*)
Alai o fiége a Defcarcheeurs. 25
D'ileuc (*de-là*) m'en ailoi tantoft ciex (*chez*)
Un Tavernier en la viez Place
A pourciaux 26, bien, trouvai ma trace
Guillot qui point d'eur bon n'as (*qui n'a point de bonheur*)
Parmi la rue a Bourdonnas 27
Ving en la rue Thibaut-à-dez, 28
Un bons trouvai en ribaudez (*en joie*)
En la rue de Bethifi 29
Entré, ne fus pas éthifi, (*je ne tombe pas en échifie*)
Affez toft trouvai Tirechape; 30
N'ai garde que rue m'efchape

---

24. Sauval, p. 170. l'appelle Rouland Lavenier, après un rôle de l'an 1300; & p. 171. fur un acte de 1386, il la nomme de Raoul Lanternier, la reconnoiffant toujours de la Paroiffe de S. Germain: ce doit être le cul-de-fac voifin, auquel on aura tranfporté le nom de Rollin Prend-Gage quand ce nom céda fa place à la rue du Plat-d'Etain.

25. Cette place aux Déchargeurs a donné fon nom à la rue.

26. La place aux Pourceaux étant un lieu plein d'immondices, devint enfuite la place aux Chats, & en partie la foffe aux Chiens: ce dernier nom eft refté au cul-de-fac du haut de la rue des Bourdonnois.

27. La terminaifon du mot eft changée en *ois*.

28. Il me paroît qu'on s'eft trompé depuis le tems où vivoit notre Poëte, fur la maniere d'écrire le nom de cette rue. On le prononçoit au treizième fiècle Thibault Odet, & le mot Odet a été divifé en deux par les Ecrivains qui ont mis *aux dez*; mais cependant Sauval, p. 164. attefte qu'on a auffi écrit Thibault Todé & Thibault Audet. Cette dernière maniere d'écrire ce nom me porte à croire que la rue a pris fa dénomination d'une famille confidérable de Paris, dite Odet. On a une infinité d'exemples de rues qui tirent leur nom d'un habitant notable. Or un Eccléfiaftique de cette famille, qui vivoit au milieu du treizième fiècle, du temps de S. Louis, & qui étoit revêtu de la dignité de Tréforier de l'Eglife d'Auxerre en 1242 & 1253, dignité qui n'étoit alors remplie que par des gens puiffans, s'appelloit précifément Thibault Odet. Voy. l'Hift. d'Auxerre, t. 1. p. 769. Peut-être étoit-ce fon pere qui avoit donné le nom à la rue.

29 & 30. Ces deux rues fubfiftent.

Que je ne sache bien nommer
Par nom, sans nul mesnommer, (*sans en mal nommer aucune*)
Sans passer guichet ne postis (*porte fausse*)
En la rue au Queins de Pontis 31
Fis un chapia (*chapeau*) de violette.
La rue o serf 32 & Gloriette 33
Et la rue de l'Arbre sel 34
Qui descend sur un biau ruissel (*la rivière de Seine*)
Trouvai & puis col de Bacon 35

Et puis le fossé Saint Germain 36
Trou-Bernard 37 trouvai main à main;
Part ne compaigne (*camarade*) n'attendi,
Mon chemin à Val s'estendi,
Par le Saint-Esperit, (*serment*) de rue

---

31. Cette rue étoit peut-être le bout occidental de ce qu'on appelle la rue de Béthisy: le Comte de Ponthieu y avoit un Hôtel. Ce peut être aussi la rue du Roulle. Au reste, ce ne peut pas avoir été la rue de Béthisy en entier, puisqu'elle est ci-dessus nommée au nombre 29.

32. Selon Sauval, p. 151. cette rue au Cerf a pris depuis le nom de rue de la Monnoie.

33. Suivant le même Auteur, p. 112. rue Dame-Gloriette ou Gloriette, est aujourd'hui la rue Baillet.

34. Il est constant par le mot que Guillot le Poëte fait rimer avec le nom de cette rue, qu'il ne l'appelloit pas de l'Arbre-Sec; mais aussi Arbre Sel en deux mots ne signifie rien. Peut-être avoit-il écrit de l'*Arbrissel*.

35. Le nom de cette rue réduite à un cul-de-sac dans la rue de l'Arbre-Sec, du côté de l'Eglise de S. Germain, est marqué de même dans des anciens titres de l'Archevêché. Cela pouvoit signifier Col-de-porc, car bacon signifioit anciennement un porc. La Liste des rues du quinzième siècle l'écrit *Coup de Baston*.

36. On dit aujourd'hui la rue des Fossés-Saint-Germain-l'Auxerrois.

37. On donnoit ce nom encore en 1506, selon Sauval, p. 174. à une petite rue voisine du Cloître de S. Germain-l'Auxerrois. Il me paroît que ce doit être la petite rue qu'on a depuis appellée du *Demi-Saint*, à cause de la moitié d'une image de Saint, avec laquelle on en avoit barré l'entrée.

Sur la riviere 38 en la grant-rue 39
Seigneur de la porte du Louvre;
Dames y a gentes & bonnes,
De leurs denrées sont trop riches.
Droitement parmi Osteriche 40
Ving en la rue Saint-Honouré, 41
La rue trouvai-je Mestre Huré,
Lez lui (*à côté de lui*) séant Dames polies.
Parmi la rue des Poulies 42
Ving en la rue d'Averon 43
Il y demeure un Gentis-Hon,
Par la rue Jehan Tison 44
N'avoie talent de proier (*prier*)
Mès par la Croix de Tirouer 45
Ving en la rue de Neeile 46
N'avoie tabour ne viele:

---

38 & 39. Il veut dire qu'étant descendu jusques sur le quai, il suivit le chemin de dessus le bord de la riviere, & qu'ensuite il entra dans une grande rue qui conduisoit à la porte du Louvre.

40. Sauval, p. 148. assure que c'est la rue du Louvre, apparemment celle de S. Thomas ou quelqu'autre rue remplie par les nouveaux bâtimens du Louvre. Dans la Liste du quinzième siècle elle est appellée rue d'*Aultraiche*.

41 & 42. Ces deux noms subsistent, sinon que l'on prononce *Honoré* & non pas Honouré. On croit que c'est un jeu dit des Poulies, qui a donné ce nom à différentes rues de Paris.

43. C'est la rue Bailleul, selon Sauval, p. 112. Elle pouvoit avoir eu ce nom de ce que les Moines du Prieuré de Daveron, proche Poissi, au Diocèse de Chartres, y auroient eu un Hôtel. Si elle se trouvoit écrite la rue d'Avron, il paroîtroit que ce seroit du hameau d'Evron qu'on a aussi écrit Avron, & qui est de la Paroisse de Neuilli-sur Marne, qu'elle auroit eu la dénomination.

44. La Liste des rues, écrite au quinzième siècle, l'appelle rue Philippe Tyson.

45. Voy. l'Abbé le Bœuf, Histoire de la Ville & du Diocèse de Paris, t. 1. p. 59.

46. On l'appelle aujourd'hui la rue d'Orléans: elle avoit eu le nom de Neele, par rapport à l'Hôtel que Jean, Seigneur de Nesle, avoit tout auprès en 1230, & qui depuis fut appellé l'Hôtel de Bohême, & enfin l'Hôtel de Soissons.

RUE

En la rue Raoul Menuicet 47,
Trouvai un homme qui mucet (*cachoit & enfouissoit*)
Une femme en terre & en siet
La rue des Estuves 48 en près siet.
En près est la rue du Four : 49
Lors entrai en un carefour, 50
Trouvai la rue des Escus 51
Un homs à grands ongles locus (*c'est-à-dire, comme des pieds de sauterelles*)
Demanda, Guillot, que fais-tu ?
Droitement de Chastiau-Festu 52
M'en ving à la rue à Prouvoires 53,
Où il a maintes pennes vaires ; (*plusieurs étoffes de diverses couleurs*)
Mon cuer si a bien ferme veue.

---

47. Je l'ai lue indiquée sous le nom de Raoul-Mucet, dans un Cartulaire de l'Archevêché, à l'endroit de la Fondation de la Chapelle de S. Jean l'Evangéliste dans S. Eustache, laquelle Chapelle y avoit une maison en 1352. Le cul-de-sac qui est devant la croix qu'on voit au carrefour du portail de S. Eustache, me paroit être un reste de cette rue ; laquelle, selon le dire du Poëte, devoit être contiguë à un cimetière d'un côté, & de l'autre côté à l'un des bouts de la rue des Vieilles Etuves.

48. On dit maintenant *des Vieilles Etuves*. Un acte de 1391 m'a appris que c'étoit les étuves des femmes qui y étoient.

49. En l'an 1356 on disoit que les étuves Poquelé avoient autrefois été en cette rue. J'en ai vu le titre.

50 & 51. Ce carrefour devoit être différent de celui de devant S. Eustache, puisque la rue des Ecus, dite à présent la rue des deux Ecus, y aboutissoit.

52. Il est sûr que ce lieu avoit donné le nom à une rue ; mais il n'est pas facile d'indiquer où elle étoit. Il semble seulement qu'elle étoit dans le quarré environné de la rue des Prouvaires ; de celles des Deux Ecus, du Four & de S. Honoré, ou bien il faut dire que celle de S. Honoré ne commençoit que vers la rue d'Orléans, & ce qui précédoit du côté de la rue de la Féronnerie, étoit la rue Château-Fétu ; on la connoissoit encore vers 1430. Sauval, t. 3. p. 566.

53. Sauval écrit, p. 160. que le Maître des Chapelains de S. André, dans l'Eglise de S. Eustache, avoit là une espèce de Tribunal. Ces Chapelains, qui étoient tous Prêtres, avoient territoire, Justice & censive.

Tome IV.   Kk

RUE

Par la rue de la Croix-Neuve 54
Ving en la rue Raoul Roiſſole, 55
N'avoie ne plaie ne ſole (*plie, poiſſon de mer*)
La rue de Montmartre 56 trouvai
Il eſt bien ſeu & prové
Ma voie fut delivre (*facile*) & preſte
Tout droit par la ruelle 57 e pieſtre (*vîtement*)
Ving à la pointe Saint Huitace 58.
Droit & avant ſui (*ſuivi*) ma trace
Juſques en la Tonnellerie 59
Ne ſui pas cil qui trueve lie.
Mais pardevant la halle au blé 60
Où l'en a maintefois lobé (*trompé ou moqué*)
M'en ving en la Poiſſonnerie 61
Des Halles & en la Formagerie, 62
Tantoſt trouvai la Ganterie, 63
A l'encontre eſt la Lingerie 64
La rue o Fevre 65 ſiet bien près
Et la Coſſonnerie 66 après,
Et por moi mieux garder des Halles

---

54. Ce doit être la rue Traînée, qui, dans ſon bout oriental, étoit dite la ruelle au Curé, ſelon Sauval, p. 165. Elle aboutit encore à préſent à une croix que le même, t. 2. p. 351. dit avoir appellée en 1300 la Croix Jean Bigue, & qu'il appelle la Croix Neuve.

55. On lit dans Sauval, p. 144. que c'eſt maintenant la rue dite du Jour, par abréviation du mot *Séjour*.

56. En effet, la rue du Jour y donne.

57. Cet endroit de notre Poëte fait voir que la rue Montmartre étoit précédée ou voiſine d'une ruelle qu'on ne voit plus, la rue ayant été élargie.

58. La Pointe ſignifie là le Clocher qui étoit en flèche & preſque derrière l'Egliſe. On écrivoit ainſi le nom d'Euſtache.

59 & ſuiv. Tous ces Quartiers ſe trouvent encore aux Halles, excepté celui de la Ganterie, dont le nom ne ſubſiſte plus; au moins il n'y a point de rue de ce nom. Il paroît qu'étant vis-à-vis de la Lingerie, c'eſt la rue de la Poterie qui le repréſente.

65. C'eſt celle qu'on appelle à préſent la rue aux Fers, & mal à ce qu'il paroît. Je l'ai trouvée auſſi écrite rue au Feurre dans un acte de 1365.

66. Un titre que j'ai vu, de l'an 1283, l'appelle *vicus Quoconneriæ*, Tab. S. Magl.

RUE

Par-dessous les avans des halles 67
Ving en la rue à Preschecurs 68
La bui (*je bus*) avec Freres Meneurs
Dont je n'ai pas chiere marie (*dont je ne suis pas fâché*)
Puis allai en la Chanverie 69
Assez près trouvai Maudestour 70
Et le carrefour de la Tour, 71
Où l'on giete mainte Sentence
En la maison à Dam (*Dom ou Monsieur*) Séquence
Le puis 72 le carrefour départ : (*le puits sépare le carrefour*)
Jehan Pincheclou d'autre part

---

67. Il veut dire les piliers avançans.

68. Suivant ce qu'on lit dans Sauval, p. 159. il ne faut pas entendre ici les Freres Prêcheurs, appellés autrement Jacobins, quoique le Poëte paroisse l'insinuer par le vers suivant. Pour appuyer la pensée de Sauval que ce nom est venu d'une enseigne qui étoit dans cette rue, j'ajouterai qu'en 1351 & 1365 on voyoit dans la rue aux Oues une enseigne dite pareillement *le Prêcheur*, selon un acte de ces temps-là que j'ai vu. Tab. Ep. Parif.

69. Sauval s'étend à prouver qu'il faudroit l'écrire Champ-Verrerie, disant que c'étoit un quartier de Verriers & non de Vendeurs de chanvre. J'ai cependant vu des titres très-anciens où cette rue est dite de Cannaberiâ.

70. C'est-là le vrai nom, & non pas Mondetour : on a même écrit autrefois Maudestor, en parlant du Château de ce nom, situé sur la Paroisse d'Orcé, qui est très-ancien, & dont cette rue de Paris paroît avoir tiré son nom. Maudestor & Mauvais-Détour sont au reste synonymes. Ce peut être aussi de quelque mauvaise rencontre qu'elle aura eu sa dénomination.

71 & 72. Le puits dont il est fait ici mention, me fixe à croire qu'il s'agit du carrefour formé par les deux rues de la Truanderie, au milieu duquel étoit un puits dit le puits d'Amour ; on en voit encore des vestiges. Pour ce qui est de la tour qui y étoit du temps du Poëte, il n'en reste aucune mémoire ; cependant, M. Sequeuce, qui est nommé à cette occasion, est un nom véritable : il étoit Chefcier de S. Merri. Si l'origine du nom des rues de Truanderie vient de tributs qu'on y payoit pour les marchandises arrivant à Paris, les Sentences que l'on jettoit en sa maison en ce carrefour, étoient vraisemblablement des plaintes formées sur des extorsions.

Demeura tout droit à l'encontre,
Or dirai sans faire lonc conte (*longue narration*)
La petite Truanderie 73 ;
Es rues des Halles 74 s'alie
La rue au Cingne 75 ce me samble
Encontre Maudestour assemble
Droit à la grant Truanderie 76
Et Merderiau 77, n'obli-je mie,
Ne la petite ruéléte
Jehan Bingne 78 par Saint Clerc (*manière de serment*)
  suréte (*un peu sûre*)
Mon chemin ne fu pas trop rogue (*âpre, rude*)
En la rue Nicolas Arode 79
Alai, & puis en Mauconseil, 80
Une Dame vi sur un seil (*seuil de porte*)
Qui moult se portoit noblement ;
Je la saluai simplement,
Et elle moi par Saint Loys.

---

73 & 74. N'ont pas besoin d'explication.

75. On écrit à présent la rue du Cigne.

76 & 77. La grande rue de la Truanderie, passant devant la rue Verderet, on ne peut refuser de reconnoître que cette rue Verderet, est le Merderiau dont parle le Poëte, d'autant que dans la Liste des rues écrites au quinzième siècle, elle est appellée la rue Merderel & rue Merderet, il n'est pas étonnant que ceux qui y ont demeuré par la suite aient fait changer la premiere lettre, de même que dans la rue des Chiens, & dans le cul-de-sac de la Fosse aux Chiens, la cinquième lettre du mot Chiens a été substituée à un autre : celui qui a fait imprimer les rues de Paris, chez Valeyre, en 1745, l'appelle rue Verderet ou Merderet.

78. Cette petite ruelle me paroît être représentée aujourd'hui par la rue de la Réale. Jean Bingne, dont elle porte ici le nom, me paroit aussi être l'Echevin de Paris, mentionné sous le nom de Jean Bigne, dans des lettres de l'an 1281. Felib. t. 1. Dissert. p. ciij. La rue Jean Bingne n'est pas dans la Liste du quinzième siècle.

79. Je ne sais si ce ne seroit point la rue de la Comtesse d'Artois qui la représenteroit. Les Arrodes étoient une riche famille de Paris, dès le siècle de S. Louis. Jean Arrode étoit Echevin en 1281. Dans la Liste des rues du quinzième siècle, cette rue ne se trouve pas non plus que celle de la Comtesse d'Artois.

80. Cette rue est dite de Mal-Conseil dans la Liste du quinzième siècle.

Par la Sainte rue Saint Denis 81
Ving en la rue as Oues 82 droit
Pris mon chemin & mon adroit
Droit en la rue Saint-Martin 83
Où j'oi chanter en latin
De Nostre-Dame un si dous chans.
Par la rue des Petits-Champs 84
Alai droitement en Biaubourc 85
Ne chassoie chievre ne bouc :
Puis truis la rue à Jongleeurs 86
Con ne me tienne à jeugleeurs. (*qu'on ne me regarde pas comme railleur*)
De la rue Gieffroi l'Angevin 87
En la rue des Estuves vin,
Et en la rue Lingarière 89
La où leva mainte plastriere
D'archal mise en œuvre pour voir (*pour vrai*)
Plusieurs gens pour leur vie avoir,
Et puis la rue Sendebours
La Trefilière 90 à l'un des bouts,
Et Quiquempoit 91 que j'ai moult chier.
La rue Auberi le Bouchier 92

---

81. Il ne fit simplement que traverser la rue S. Denis.
82. On écrivoit alors *as Ouës*, pour *aux Oies*.
83, 84 & 85. Rues très-connues & contiguës.
86. C'est la rue des Ménestriers. On les appelloit alors Jongleurs, mot formé du latin *Joculator*.
87 & 88. Rues contiguës.
89. Celle-ci est inconnue à Sauval & ne se trouve point dans la Liste du quinzième siècle, à moins que ce ne soit celle de la Plastaye, que le Poëte semble désigner par les Plastrieres dont il parle. Au reste, ce peut être la rue de la Corroyerie ou la rue Maubuée. Cette dernière est dans le Catalogue du quinzième siècle.
90. Sauval, p. 170. dit avoir vu un rôle de l'an 1300, où elle est écrite la rue Hendebourg la Treffelière. Je croirois que ce seroit une faute de Copiste d'avoir écrit Sendebourg, *Hendeburgis* me paroissant plus teutonique que *Sendeburgis*. Il semble que c'est la rue de Venise qui la représente.
91 & 92. Dans le Cartulaire de Sorbonne il est fait mention d'un Nicolas Kiquenpoit qui pourroit bien avoir donné son nom à cette rue.

Et puis la Conreerie 93 auſſi,
La rue Amauri de Rouſſi, 94
En contre Trouſſe-Vache 95 chiet,
Que Diex gart qu'il ne vous meſchiet (*arrive*)
Et la rue du vin-le-Roi, 96
Dieu grace on n'a point de deſroy (*détour*)
En la viez Monnoie 97 par Sens
M'en ving auſſi compar à Sens. (*de deſſein formel*)
Au-deſſus d'illuec un petit
Trouvai le grand & le petit
Marivaux 98 99, ſi comme il me ſamble;
Li uns à l'autre bien s'aſamble;
Au-deſſous ſiet la Hiaumerie 100
Et aſſez prez la Lormerie 101
Et parmi la Baſennerie 102

---

93. Le dénombrement des rues du quinzième ſiècle l'appelle rue de la Courroierie. Dans un acte de 1530 que j'ai vu, elle eſt dite rue Vieille-Courroierie, & il y avoit dès-lors une maiſon avec l'enſeigne des cinq diamans. C'eſt ce qui lui a fait changer ſon nom. Un autre acte du 17 Février 1578, l'appelle rue de la Fontaine des Cinq Diamans. Voy. auſſi Sauval, p. 131.

94. Cette rue, que pluſieurs titres vus par Sauval qualifient rue Amauri de Roiſſi *de Roſſiaco*, & non *de Roſſiart*, qui eſt une faute d'impreſſion, eſt repréſentée aujourd'hui par la rue Ognart.

95, 96 & 97. De la rue Trouſſe-Vache on entre en celle des trois Maures, qui n'eſt point nommée ici. D'où j'inſère que cette rue des trois Maures eſt la rue du Vin-le-Roi de notre Poëte. Il n'y a de cette derniere rue à celle de la Vieille-Monnoie que vingt pas. Elle a été appellée vers 1400 la rue Guillaume Joce.

98 & 99. Ces deux rues ſubſiſtent; & dans la grande rue Marivaux eſt un cul-de-ſac aſſez profond, dit le cul-de-ſac des Etuves, dont il n'eſt point parlé ici.

100 & 101. De la rue de la Heaumerie on paſſe directement en celle des Ecrivains, dont le Poëte ne parle point : ainſi les Lormiers ſortis de la Cité s'étoient peut-être placés en cette rue avant que les Ecrivains y vinſſent; ou bien il faut dire que la rue des Lormiers étoit celle qui ſubſiſtoit en 1498 ſous le nom de *Guichard le Blanc*, ſuivant un titre du Prieuré de S. Eloi, & qui ſe trouve aujourd'hui réduite en cul-de-ſac dit du *Chat blanc*, qui a ſon entrée par la rue S. Jacques de la Boucherie.

102. Ce ne peut être que la rue Trognon, parce qu'elle donne dans celle d'Avignon.

RUE

Ving en la rue Jehan le Conte ; 103
La Savonnerie 104 en mon conte
Ai mise : par la pierre o let 105
Ving en la rue Jehan Pain-Molet, 106
Puis truis (*trouvai*) la rue des Arsis ; 107
Sus un siege un petit m'assis
Pour ce que le repos fu bon :
Puis truis les deux rues Saint Bon. 108 109
Lors ving en la Buffeterie, 110
Tantost trouvai la Lamperie, 111
Et puis la rue de la Porte
Saint Mesri 112 ; mon chemin s'apporte
Droit en la rue à Bouvetins. 113
Par la rue à Chavetiers 114 tins
Ma voie en la rue de l'Estable
Du Cloistre 115 qui est honnestable
De Saint Mesri en Baillehoe 116

---

103. C'est la rue d'Avignon, comme l'assure Sauval, p. 111.

104. Cette rue a conservé son nom & est du voisinage.

105, 106 & 107. La Pierre-au-lait est devant S. Jacques de la Boucherie. Les deux rues voisines sont connues.

108 & 109. On ne connoît aujourd'hui qu'une seule rue S. Bon, laquelle passe devant l'Eglise de ce nom. L'autre rue de S. Bon est celle qui de la rue des Arcis va aboutir au portail de la même Eglise, & qu'on appelle à présent la rue de la Lanterne.

110. Il est prouvé dans Sauval, p. 147. que la rue des Lombards étoit appelée au treizième siècle *vicus Buffeteriæ*.

111. Il y a grande apparence que ce qui a succédé à cette rue est quelque cul-de-sac. Il s'en présente deux assez considérables tout proche la rue des Lombards, l'un appellé le cul-de-sac de S. Fiacre, rue S. Martin ; l'autre, dit le cul-de-sac des Etuves, rue Marivaux.

112. Elle conduisoit ou étoit voisine d'une porte, dite anciennement la Porte S. Merri ; mais elle devoit faire partie de ce qu'on appelle aujourd'hui la rue S. Martin.

113, 114 & 115. Il paroît qu'on doit connoître ces trois rues dans celle de Taille-Pain, qui est double, étant en forme d'équerre ; & dans le cul-de-sac du Bœuf, qui étoit une rue dans laquelle avoit issue une maison sise rue du Temple, avant que le nom de rue Ste. Avoie fût usité. *Ex Tab. Ep. Paris.*

116. Sauval assure que Baillehoe, proche S. Merri, est la rue Brise-Miche, & il en donne la preuve, p. 121.

Où je trouvai beaucoup de boe
Et une rue de renon,
Rue neuve Saint Mesri 117 a non,
Tantost trouvai la Cour Robert
De Paris, 118 mes par Saint Lambert
Rue Pierre o lart 119 siet près,
Et puis la Bouclerie 120 après:
Ne la rue n'oublige pas
Symon le Franc 121 mon petit pas
Alai vers la porte du Temple, 122
Pensis ma main de lez (*proche*) ma temple.
En la rue des Blans-Mantiaux 123
Entrai, où je vis mainte piaux
Mettre en conroi (*pour être corroyées*) & blanche & noire
Puis truis la rue Perrenelle

---

117. Dès l'an 1273, on connoissoit cette rue sous ce nom. Mesri & Mezri viennent de *Medericus*, selon l'usage fréquent de changer le *d* en *z* dans la Langue Françoise. L'Abbé Chapelain a repris en quelqu'endroit de ses écrits ceux qui prononçoient ou écrivoient rue *Neuve-Saint-Médéric*; ce qu'il regardoit comme aussi bizarre que de vouloir qu'on dise aujourd'hui S. Elige & S. Léodégaire, au lieu de S. Eloi & de S. Léger.

118. C'est maintenant la rue du Renard, Sauval, p. 129.

119. On a fort varié dans l'ortographe du nom ajouté à celui de Pierre. Sauval dit qu'on l'a écrit, tantôt au Lard, tantôt Alart; mais il est plus régulier de l'écrire Aulard en un seul mot. C'étoit le nom d'une famille de Paris. Il existoit en 1419 un Pierre Aulard, Aiguilletier, qui légua par son testament, au Saint-Esprit en Grève, quatre livres de rente, sur une maison, rue des Prêcheurs. Ses ancêtres avoient pu donner leur nom à la rue dont il s'agit.

120. C'est la rue du Poirier, dite autrefois la petite-Bouclerie, selon Sauval, pag. 118; cependant le même Auteur écrit, pag. 158, que l'on disoit la petite-Boucherie, & qu'on l'appelloit aussi la rue Espaularr.

121. Il dit qu'il n'oublie pas la rue Simon-le-Franc. Ce nom est celui d'un Habitant nommé *Simon Franc*, dans un titre de 1211.

122. Il y avoit du temps de Guillot une porte pour sortir de Paris, assez près de la Communauté de Sainte-Avoie.

123. C'étoit alors un Quartier de Pelletiers. Un titre de 1436 l'appelle rue de la Parcheminerie.

RUE

De Saint Pol 124, la rue du Plaſtre 125

. . . . . .

En près eſt la rue du Puis. 126
La rue à Singes 127 après pris
Contre val (*par le bas de*) la Bretonnerie 128
M'en ving plain de mirencolie (*mélancolie*)
Trouvai la rue des Jardins 129
Où les Juis maintrent jadis; (*demeurerent*)
O carrefour du Temple 130 vins
Où je bui plain henap de vin
Pour ce que moult grand ſoif avoie,
A donc me remis à la voie,
La rue de l'Abbaye du Bec
Hellouin 131 trouvai par abec (*tout juſte en commençant*)
M'en allai en la Verrerie 132
Tout contre val la Poterie 133
Ving au carrefour Guillori 134.
Li un dit haro, l'autre hari,
Ne perdit pas mon eſſien. (*ma connoiſſance*)

---

124. Je ne vois que la rue de l'Homme-Armé, ou le cul-de-ſac Péquai, qui puiſſe repréſenter cette rue. La liſte du quinzième ſiècle a auſſi compris cette rue ſous le même nom que notre Poëte.

125. Elle ſubſiſte.

126. 127. 128. Toutes rues connues.

129. C'eſt la rue des Billettes. Sauval, pag. 117.

130. S'il veut parler du lieu où étoit l'échelle de la Juſtice du Temple, il fit plus que ſon chemin ordinaire : auſſi dit-il qu'il ſe raffraîchit.

131. C'eſt la rue qu'on appelle de la Barre-du-Bec, Abbaye de Normandie, dite le Bec-Hellouin. Dans la liſte du quinzième ſiècle, elle eſt appelée rue Baerie-du-Bec. Les Moines du Bec avoient donc là un Hôtel ou Hoſpice; mais ils le vendirent en 1410, & ils en achetèrent en même temps un autre ſitué dans la rue Saint-Jacques, tenant par derrière aux jardins de Sorbonne, ſur la cenſive du parloir des Bourgeois.

132. 133. 134. Le carrefour Guillori eſt celui où aboutiſſent les rues de la Poterie, de Jean Pain-Mollet, de la Coutellerie, de Jean de l'Epine & de la Tiſſeranderie.

La ruelete Gencien 135
Alai, où maint un biau Varlet, (*demeure..... un jeune homme*)
Et puis la rue Andri Mallet, 136
Trouvai la rue du Martrai, 137
En une ruelle 138 tournai
Qui de Saint-Jehan voie à porte (*qui conduit à la porte Saint-Jean*)
En contre la rue des deux Portes. 139
De la viez Tisseranderie 140
Alai droit en l'Esculerie 141
Fit en la rue de Chartron 142
. . . .
. . . .
En la rue du Franc-Monrier 143.
Alai, & vieux-Cimetiere
Saint Jehan 144 meisme en cetiere (*mot pour la rime*)

---

135. La rue des Coquilles avoit alors ce nom. Sauval 127. *Les Gentiens* étoient une ancienne famille de Paris, connue par plusieurs monumens.

136. Sauval, p. 169, a cru que cette rue devoit être près de Saint-Merri; mais on voit, par la marche du Poëte, que ce doit être une rue voisine de celle de la Tisseranderie, comme la rue du Coq ou celle du Mouton.

137. C'est apparemment la rue des Vieilles-Garnisons; car le cloître de Saint-Jean s'appelloit alors le Martrai Saint-Jean.

138. & 139. Vraisemblablement la rue du Pet-au-Diable, puisqu'elle conduit à la porte de l'Eglise Saint-Jean, & que vis-à-vis d'elle est la rue des deux-Portes.

140. 141, 142. Le Voyageur ayant vu tout le bas de la rue de la Tisseranderie, continue d'en voir le haut: ce qui se présente d'abord, est le cul-de-sac de Saint-Faron, qui a dû être de son temps la rue de l'Esculerie: Cette rue n'a pas été connue de Sauval; elle ne se trouve pas non plus dans la liste du quinzième siècle. A l'égard de la rue de Chartron, c'est celle qui depuis fut appellée de Craon, & ensuite des Mauvais-Garçons; à cause du malheur qui y arriva en la personne du Connétable de Clisson.

143. & 144. La rue du Franc-Monrier n'a pas été connue de Sauval; peut-être est-ce la rue de Franc-Menour du Catalogue du quinzième siècle. Il y a apparence que les changemens faits au cimetière de Saint Jean & au marché de même nom, ont fait disparoître cette rue. Seroit-ce celle de Bercy? Elle ne paroît pas être ancienne.

Trouvai tantost la rue du Bourg
Tibout 145, & droit à l'un des bous
La rue Anquetil le Faucheur 146
La maint un Compain Tencheur. (*demeure un Compagnon Querelleur*)
En la rue du Temple 147 alai
Isnelement (*promptement*) sans nul délai :
En la rue au Roi de Sezille 148
Entrai ; tantost trouvai Sedile ; (*nom d'une femme*)
En la rue Renaut le Fevre 149
Maint, où el vent & pois & feves
En la rue de Pute-y-Muce 150
Y entrai en la maison Luce
Qui maint en rue de Tyron 151

---

145. Elle est mal-à-propos appelée aujourd'hui la rue Bourg-Tibourg ; car elle a eu sa dénomination d'un nommé Thibaud ou Tibould, *Theobaldus* ou *Tiboldus*, dont on a fait *Tiboudus*, homme assez riche pour avoir a lui un certain nombre de maisons, qui fut qualifié de Bourg ; car on donna le nom de Bourg à divers cantons habités hors les murs des Villes. J'ignore de qui le Prieuré de Saint Eloi a eu la censive de cette rue ; mais les Registres du Parlement de la Toussaint 1300, le maintiennent en la Justice haute & basse qu'il y a ; aussi est-elle toute entière de la Paroisse de Saint Paul, dépendante de Saint Eloi : *Vicus Burgi Tiboudi*, disent ces registres. La liste du quinzième siècle met rue du Bourg Thiebaud.

146. La liste des rues du quinzième siècle l'appelle rue Otin-le-Fauche ; d'autres manuscrits mettent Huguetin-le-Faucheur ; mais les titres de Saint Eloi portent Anquetin. Une enseigne de la Croix Blanche a fait évanouir ce nom pour celui-là. Cette rue n'a plus que des portes de derrière.

147. 148. 149. Trois rues qui n'ont pas changé de nom.

150. 151. Par la marche de notre Vérificateur, qui parle immédiatement de la rue Tiron, il est évident qu'il entend ici la rue Cloche-Perce qui est un nom nouveau. La rue des Célestins qu'on appelle du petit-Musc, n'est que le même nom Pute-y-Muce défiguré. Ces deux rues, aujourd'hui fort passageres, ont pu être autrefois une retraite de Pénitentes, de même que sont les Madelonettes au Quartier Saint-Martin-des-Champs. Le Poëte, au lieu de parler de cette rue, comme de celles après lesquelles j'ai laissé des vers en blanc, dit au contraire qu'il y fit station, & que les Dames qui y demeurent, chantent des Cantiques qu'il appelle Hymnes. Au reste, je crois devoir faire observer

Des Dames Ymes (*Hymnes*, *Cantiques*) vous diron
La rue de l'Escoufle 152 est près
Et la rue des Rosiers 153 près
Et la grant rue de la porte
Baudeer 154 si con se comporte
M'en allai en rue Percié 155
Une femme vi destrecié (*embarrassée*)
Pour soi pignier, (*se peigner*) qui me donna
De bon vin, ma voie adonna
En la rue des Poulies Saint Pou 156
Et au-dessous d'illuec un pou (*un peu au-dessus de-là*)
Trouvai la rue à Fauconniers. 157

. . . . . .

Parmi la rue du Figuier 158
Et parmi la rue à Nonains-
D'Iere 159, vi chevaucher deux nains

---

que dans la Brie, il y a un Fief appellé *petit-Muce*, relevant de la Seigneurie de Tournant, dont hommage fut rendu en 1484. Sauval, t. 3, p. 474; & que c'est se fatiguer inutilement, que de s'attacher à la manière dont Guillot a écrit le nom de la rue en question, si elle a tiré son nom primitif d'un Seigneur de ce Fief.

152. Ce nom au singulier se rapporte à la remarque de Sauval, p. 132, que cette rue en l'an 1254, s'appelloit la rue de l'Eclose.

153. 154. Le Poëte se contente d'appercevoir la rue des Rosiers, & revient à la grand'rue Saint-Antoine, qui n'avoit pas encore ce nom, d'autant que les Religieux de Saint-Antoine n'y furent établis que plus de cinquante ans après. On l'appelloit donc vers 1300, la grand'rue de la porte Baudéer ou Baudoyer.

155. On dit aujourd'hui la rue Percée.

156. C'est-à-dire Saint-Paul, pour la distinguer de la rue des Poulies, Quartier de Saint-Germain-l'Auxerrois. Sauval, p. 170, a vu dans un rôle de l'an 1300, la rue des viez-Poulies, placée sur la Paroisse de Saint Paul, & la dit située à côté de la rue de Jouy; ce qui désigne assez la rue dite aujourd'hui de Fourci, si elle pouvoit passer pour ancienne; mais c'est plutôt la rue réduite en cul-de-sac, surnommée de la Guépine.

157. 158. 159. Ces trois rues sont contiguës & connues; mais tout le monde ne remarque pas qu'au coin de cette dernière, l'écriteau devroit porter non pas Nonaindières en un seul mot, mais des Nonains d'Ierre, ou d'Hierre, c'est-à-dire, des Religieuses d'Hierre, Abbaye située proche Villeneuve-Saint-Georges, lesquelles y ont eu une grande maison.

RUE

Qui moult estoit esjoi
Puit truis la rue de Joy 160
Et la rue Forgier l'Anier. 161

Je ving en la Mortellerie 162
Où a mainte tainturerie, 163
La rue Ermeline Boiliaue,
La rue Garnier sus l'yaue 164
Trouvai à ce mon cuer s'attire (*se portant*)
Puis la rue du Cimetiere
Saint Gervais 165, & Lourmeciau 166
Sans passer fosse ne ruisseau,
Ne sans passer planche ne pont
La rue à Moines de Lonc-Pont 167
Trouvai, & rue Saint Jehan 168
De Grêve, où demeure Jouan
Un homs qui n'a pas une saine
Près de la ruele de Saine 169
En la rue sus la riviere 170
Trouvai une fausse estriviere. (*un eperon de terre, ou bout d'isle*)

---

160. 161. C'est la rue Geoffroi-l'Anier; cependant on ne voit pas que le prénom de Forgier ou Frogier, qui est donné au Sieur l'Asnier par notre Poëte, & par des titres de 1300 & 1386, ait pu être changé en Geffroy ou Geoffroy, par la transposition des Syllabes.

162. Rue fort connue, dont la situation proche la rivière convenoit fort aux Teinturiers.

163. En allant de suite, la position de cette rue ne peut tomber que sur le cul-de-sac Putigneux qui est fort profond.

164. Elle est parallèle avec le cul-de-sac Putigneux : on prononce par altération *Grenier*; c'étoit en latin *Garnerus*.

165. Dite aujourd'hui la rue du Pourtour.

166. On l'appelle l'Orme-Saint-Gervais, quoiqu'il ne soit pas maintenant fort gros. Du temps du Poëte, ce n'étoit qu'un aussi petit orme.

167. & 168. La première tire son nom d'un Monastère qu'on croit être l'Abbaye de Long-Pont près Soissons. Voy. Sauval, tom. 2, pag. 424. La seconde rue doit être celle qu'on appelle du Martroy, lequel Martroy étoit de l'autre côté de l'Eglise de Saint Jean.

169. C'est la rue de la Levrette, & la rue Perronnelle jointes ensemble.

170. & 171. Il veut parler du quai de la Grêve, qui conduit à la place du même nom.

RUE

Si m'en reving tout droit en Grève, 171
Le chemin de rien ne me grève ;
Tantost trouvai la Tannerie 172
Et puis après la Vannerie 173,
La rue de la Coifferie 174
Et puis après la Tacherie 175
Et la rue aux Commenderesses 176
Où il a maintes tencheresses (*querelleuses*)
Qui ont maint homme pris o brai (*à la pipée*)
Par le carrefour de Mibrai 177
En la rue Saint-Jacques 178 & ou porce (*au porche*) 179
M'en ving, n'avois sac ni poce : (*poche*)
Puis alai en la Boucherie. 180
La rue de l'Escorcherie 181
Tournai : parmi la Triperie 182
M'en ving en la Poulaillerie, 183
Car c'est la derniere rue
Et si fiet droit sur la grant rue. 184

---

172. 173. Ces deux rues parallèles se touchent.

174. 175. La rue de la Coifferie est apparemment celle qu'on appelle de Jean-de-l'Epine, quoique Sauval lui assigne deux autres noms. Il peut se faire aussi que ce soit celle qu'on appelle des Teinturiers ; mais elle paroît avoir été trop vilaine.

176. Est aujourd'hui la rue de la Coutellerie.

177. On ne dit plus le carrefour de Mibray, mais la rue de la Planche-Mibrai ; elle est au bout du Pont Notre-Dame.

178. 179. 180. Tous lieux très-connus.

181. & 182. Sont les rues situées entre la grande Boucherie & la rue de Gesvres. On les appelle à présent les rues de la vieille place aux veaux, du Pied-de-Bœuf & de la Tuerie ; ce sont les plus étroites de tout Paris, & que l'on a le moins songé à embellir, n'étant habitées que par des Bouchers & des Tripiers, dont cependant les maisons sont assez élevées.

183. La rue ou Quartier de la Poulaillerie étoit aussi aux environs du grand-Châtelet : les rues de Gesvres & de Saint-Jerôme paroissent en occuper la Place en partie ; au moins les maisons qu'on y a construites, la couvrent ; ce Quartier devoit aussi comprendre la rue de la Jouaillerie, qui n'a été ainsi nommée qu'assez tard ; car le Poëte dit que la Poulaillerie se rendoit dans la grand'rue.

184. Cette grand'rue est la rue Saint-Denis, qui commence un peu après le grand-Châtelet.

RUE

Guillot si fait à tous savoir,
Que par deça grand pont pour voir (*pour vrai*)
N'a que deux cents rues mains six :
Outre petit-Pont quatre-vingt
Dedans les murs non pas dehors.
Les autres rues ai mis hors
De sa rime, puisqu'ils n'ont chief. (*fermées par le fond.*)
Ci vous faire de son dit chief. (*il veut faire ici la fin de ses vers*)
Guillot qui a fait maint bias dits,
Dit qu'il n'a que trois cents & dix
Rues à Paris vraiement.
Le doux Seigneur du Firmament
Et sa très-douce chiere mere
Nous défende de mort amere.

Explicit le Dit des rues de Paris.

N. B. *Guillot*, en comptant cent quatre-vingt-quatorze rues dans le Quartier qui est au-delà le grand-Pont, qu'on appelle aujourd'hui LA VILLE, paroît en marquer dix de plus qu'il n'y en a de nommées dans ses vers. Il y a apparence que le Copiste en a omis quelques-uns où elles étoient spécifiées ; car on voit, par le Traité de *Sauval*, pag. 170, qu'il existoit en 1300, plusieurs rues de ce Quartier-là, dont il n'est point fait mention dans son Ouvrage. Guillot ne fait aussi aucune mention des culs-de-sacs ; car, au lieu d'employer ce dernier nom, on aimoit mieux alors regarder ces rues, comme n'ayant point de tête, & on les désignoit par la dénomination de RUES SANS CHEF. Ainsi, si l'on trouve dans ce Poëme, des noms portés aujourd'hui par des culs-de-sacs, c'est qu'ils n'ont été formés que depuis, par la construction de quelques édifices, de même que dans le siècle présent, il s'y en est formé par ce moyen, & qu'il y a eu des rues bouchées ou condamnées.

RUNGY, Village du Doyenné de Monthléry, à deux lieues & demie de Paris, du côté du midi, entre la route de Fontainebleau & celle d'Orléans, mais plus de la premiere ; son terrain est plus en labourages qu'autrement, la vigne n'y commençant que vers la pente de la montagne, du côté par où les eaux de ce lieu s'écoulent. Sauval écrit qu'autrefois ces eaux se rendoient dans la rivière de Bièvre au moulin de Lay ; & qu'on étoit surpris que ces deux eaux ne se mêlassent point, & qu'elles coulassent à part. Il nous apprend que la recherche de ces eaux fut faite d'abord en 1612; que la dépense se prit sur la ferme des entrées du vin à Paris, & que ces eaux provenoient de la plaine de Longboyau. Il auroit pu faire aussi mention des deux visites que Louis XIII y fit au mois de Juillet 1613, où il trouva six cents Ouvriers qui y travailloient. La seconde fois qui fut le Mercredi 17 du mois, S. M. après avoir dîné au château de Cachant, vint poser la première pierre du grand Regard, avec des médailles frappées en mémoire de cet événement. Mais les eaux de la seconde recherche qui fut faite en 1655, aux frais communs de la Ville & du Sieur *Francini*, provenoient de la source des Maillets, qui est une pièce de terre proche l'Eglise de Rungy, & de celle de la Pirouette. On commença, dès le temps de la première recherche, à travailler aux aqueducs ou canaux qui devoient les conduire à Paris par Arcueil; de-là viennent tous ces réservoirs ou regards qui sont sur la route. A quelque distance de l'Eglise Paroissiale, est construit le premier dont nous venons de parler, au-dedans duquel étoient autrefois trois inscriptions sur le marbre qu'on a ôté sous Louis XIV. Il y a sept ou huit autres regards ou réservoirs de-là jusqu'à Lay; de sorte qu'on peut dire que si Rungy ne fournit point de vin à Paris, il y envoie au moins d'excellentes eaux par l'aqueduc d'Arcueil. Nous supposons qu'on est revenu de l'erreur que les eaux sablonneuses puissent causer la pierre dans le corps humain. *V.* ARCUEIL.

L'Eglise est du titre de la Sainte Vierge. La Cure est à la nomination du Chapitre de Paris, & appartient au Chanoine de la vingt-troisième partition. Le Cardinal de Richelieu avoit une maison à Rungy, où il en avoit donné une à *Guillaume Colletet*.

S A B

SABLONS. (*plaines des*) C'est la vaste étendue de terre que l'on trouve en quittant la grille de Chaillot, & qui faisoit autrefois partie de la forêt *de Rouvret*, aujourd'hui *le Bois de Boulogne*. Elle se termine au pont de Neuilly. C'est en cet endroit, que chaque année le Roi fait la revue de ses deux Régimens des Gardes-Françoises & Suisses. Cette plaine tire son nom de son terrain qui est en effet

très-

très-sablonneux. Depuis quelques années, on a rendu ce lieu une des plus belles promenades qui se puisse voir. On y arrive de tous les côtés par des routes unies, & plantées d'arbres à doubles rangées. C'est sans contredit une entrée digne de la plus belle Ville du Royaume & peut-être du monde entier. *Voy.* BOULOGNE.

SACLÉ & VAUHALLAN *sa Succursale*. Cette Paroisse commence à quatre lieues de Paris, du côté de Vauhallan, vers le sud-ouest. Le Village est à une demi-lieue au-delà; lorsqu'on a passé le vallon qui donne le nom à Vauhallan où l'on voit quelques vignes, on monte dans la vaste plaine de Saclé, où sont les Hameaux différens de la Paroisse, & où la plus grande partie du terrain sur la route de Chevreuse est en labourages.

L'Eglise Paroissiale est sous le titre de S. Germain, Evêque de Paris. Elle a vraisemblablement succédé à une simple Chapelle de ce même Saint, que les Religieux de l'Abbaye de son nom dans Paris, avoient érigé dans l'une de leurs Fermes du territoire de Palaiseau, pendant les deux siècles que toute la Terre leur appartint. Comme le grand Saint Martin étoit Patron de l'Eglise de Palaiseau, lorsque cette Terre leur fut donnée, ils n'eurent garde de le changer. Ils se contentèrent d'établir un Oratoire dans l'étendue de la Paroisse, pour servir, selon la coutume, de mémorial à la postérité; & cette Chapelle de S. Germain, dont les Laïques s'emparèrent au dixième siècle, étant revenue à l'Evêque de Paris, fut par la suite érigée en Paroisse, à laquelle on annexa l'Eglise de Vauhallan, qui auparavant avoit été la seconde Eglise du territoire de Palaiseau. La nomination de la Cure appartient absolument à M. l'Archevêque de Paris. Une tradition porte qu'autrefois les Curés jouissoient du droit de chasse, & qu'une Bulle du Pape autorisoit cet usage. On ajoute que ce privilège n'étoit accordé qu'à trois Eglises du Diocèse de Paris, toutes les trois titrées de S. Germain, Evêque de Paris; savoir, Saint-Germain-des-Prés, Saint-Germain-en-Laye, & celle-ci.

En 1684, Louis XIV fit faire à Saclé un étang où s'écoulent les eaux de tous les environs, par des rigoles, & cela pour la fourniture des réservoirs de Versailles. Il en avoit existé en ce lieu un autre auparavant. *Voy.* VAUHALLAN.

SAGES-FEMMES. Elles forment en cette Capitale un

Tom. IV. Ll

Corps de Communauté, dont les Statuts font insérés dans ceux des Chirurgiens.

Aucune Aspirante en l'Art des accouchemens, ne peut être admise à l'examen pour la Maîtrise, si elle n'est de bonne vie & mœurs, de la Religion Catholique, Apostolique & Romaine, & fille de Maîtresse, ou si elle n'a fait apprentissage; savoir, trois ans chez l'une des Maîtresses Sages-Femmes de Paris, ou trois mois à l'Hôtel-Dieu.

L'examen de chaque Aspirante se fait à Saint-Cosme par le premier Chirurgien du Roi, ou son Lieutenant, les quatre Prévôts en Charge, les quatre Chirurgiens, & les quatre Sages-Femmes du Châtelet, en présence du Doyen de la Faculté de Médecine, de deux Médecins du Châtelet, & de huit Maîtres.

Aucune Sage-Femme ne peut exercer son Art, ni être pourvue de l'une des Charges de Jurées, si elle n'a été reçue à Saint-Cosme, en la manière ci-dessus.

SAINT-BLAISE & SAINT-LOUIS. Cette Chapelle qui ne subsiste plus aujourd'hui, étoit qualifiée d'Annexe du Prieuré de Saint-Julien-le-Pauvre, dont elle étoit voisine. Aujourd'hui le terrain qu'elle occupoit, est remplacé par un Menuisier, & l'on y entre par la rue Galande: à côté étoit un passage qui conduisoit dans la cour, & de-là dans la rue Saint-Julien-le-Pauvre. Le Service qui se faisoit dans cette Chapelle, a été transféré dans celle de Saint-Yves, rue Saint-Jacques.

SAINT-DENIS-DU-PORT: *Doyenné de Lagny.* Autrefois il existoit en cet endroit deux Paroisses, sous le nom de Saint-Denis-du-Port, & de Saint-Laurent-du-Port. L'étendue contiguë à la Ville de Lagny, à laquelle on a donné le nom de Port, commençoit vraisemblablement à l'endroit du rivage de la Marne, où les bateaux s'arrêtoient; c'étoit ce qui lui avoit donné le nom; ensuite il s'avançoit dans les terres sur le côteau, & même dans la plaine vers le midi. Ce canton de Seigneurie appartenoit autrefois au Monastere de Saint-Denis. Le territoire consiste en vignes & en terres labourables. L'Eglise est une espèce de Chapelle sans collatéraux. La nomination de la Cure appartient dès le treizième siècle à l'Abbé de Lagny, qui est Seigneur de tout le Village, & gros Décimateur.

La Paroisse de Saint-Denis-du-Port a été augmentée par la réunion du territoire de celle de Saint-Laurent, qui étoit située hors des murs de Lagny, & dont il ne restoit plus que la Chapelle seule au milieu des champs. Elle fut démolie, & l'on fit un tableau de S. Laurent pour une Chapelle dans l'Eglise de S. Denis, où l'on célèbre l'Office le dixième jour d'Août, Fête de ce Saint. Les MM. du Séminaire de S. Sulpice, posèdent aujourd'hui le principal bien qui est sur le territoire de Saint-Laurent.

SAINT-ELOI, (le Bourg de) ainsi appellé d'une Chapelle bâtie par S. Eloi dans le cimetière du Couvent de Filles qu'il avoit fondé dans l'Isle du Palais; elle étoit sous l'invocation de Saint Paul, & ce Bourg étoit dans son voisinage. Le Prieuré de ce nom proche le Palais, & qui dépendoit de l'Abbaye de Saint Maur, fut sécularisé, & ses revenus affectés à l'Evêque de Paris. On sait que le Chapitre de Saint Maur fut réuni en 1750 à Saint Thomas, aujourd'hui Saint-Louis-du-Louvre. *Voy.* BARNABITES. (*les*)

SAINT-ESPRIT. *Voy.* HÔPITAL *du Saint*, t. 3, p. 241.

SAINT-ESPRIT. (*Chapelle du*) *Voy.* tom. 1, pag. 275, & celui-ci, au mot SULPICE. (*Eglise Paroissiale de Saint*)

SAINT-GEORGES. (*Chapelle*) *Voy.* ABBAYE DE CHELLES, tom. 1, pag. 2.

SAINT JULIEN & SAINTE BASILISSE. *Voy.* HOSPITALIÈRES *de la Miséricorde de Jésus*, &c. tom. 3, pag. 229.

SAINT-LAMBERT, Village à sept lieues ou environ de Paris, situé sur un côteau, dont l'aspect est au levant. Il est arrosé par le bas de la petite rivière de Rodon, qui va se jetter dans l'Ivette à Saint-Remi, en faisant tourner plusieurs moulins; le passage est fort varié: on y voit de tout, excepté de la vigne. L'Eglise est bâtie environ à mi-côte, fort grossièrement, à cause de la dureté des pierres du Pays, & sans ornemens de sculpture. Elle peut avoir deux ou trois cents ans d'antiquité. La Cure est à la nomination de l'Abbé de Bourgueil. Cette Terre ayant été depuis un certain temps entre les mains des Seigneurs de Chevreuse, s'est trouvée faire partie du Duché. Elle en a subi le sort, & est passée aux Dames Ursulines de Saint-Cyr.

SAINT LEUFROI. (*la Chapelle de*) Elle étoit située

auprès du grand-Châtelet, & fut démolie, pour servir à l'agrandissement de cette prison. C'étoit une Cure à laquelle le Chapitre de Saint-Germain nommoit : on lit dans le *Gallia Christiana*, que Saint Leufroi avoit été une Succursale de ce Chapitre. Voyez ce que nous avons dit de la mître de la Chapelle S. Leufroi, *tom. 2, pag. 308 & 309*. Il y avoit en ce lieu en 1417, une boucherie qui fut surnommée de Saint-Leufroy, lorsque la grande boucherie du même Quartier eut été détruite. La rue qu'on appelle aujourd'hui de la Jouaillerie, étoit nommée en 1300 la rue du Chevet-Saint-Leufroi, à cause qu'elle passoit au chevet de cette Eglise, c'est-à-dire, à sa partie orientale.

SAINT LUC. (*l'Eglise*) C'étoit anciennement l'Eglise de S. Symphorien, qui n'étoit séparée de Saint-Denis-de-la-Charte, que par la petite rue de Glatigny. Cette Eglise qui étoit celle de l'Académie de Saint-Luc, a été supprimée avec cette Académie. *Voy.* SAINT SYMPHORIEN.

SAINT NICAISE. (*Chapelle*) C'est une de celles qui ont été fondées en l'Hôpital des Quinze-Vingts, laquelle a donné son nom à la rue ainsi appellée. Cette Chapelle avoit deux portes, l'une dans l'enceinte de l'Hôpital des Quinze-Vingts, qu'elle a encore aujourd'hui, & l'autre dans la rue Saint-Nicaise, mais masquée par un bâtiment.

SAINT-PAUL. (*le Prieuré de*) Il est situé sur le territoire de la Paroisse de Saint-Remi près Chevreuse, Doyenné de Château-Fort. Il est surnommé *de Alnetis* dans les titres latins, ce qui a été rendu en françois par *des Aunois* ou *des Aunais*, & quelquefois aussi *de l'Aulné*. Il n'y a que le Prieuré & la Ferme ; il est situé dans un fond entre deux collines, sur le torrent qui vient de Molières & des Trous. On ne connoît guères les origines de ce Prieuré ; mais il est certain qu'il a été Cure pendant quelques siècles. En effet, *Bernard*, Archidiacre de Paris, ayant fait sa visite de l'Eglise de Notre-Dame, la demanda à l'Evêque Thibaud, pour s'y faire Hermite, & transféra les Paroissiens à la Paroisse S. Paul, qu'il érigea en Cure ; puis s'étant fait Chanoine à S. Victor sous l'Abbé Gilduin, il fit accorder ce lieu aux Chanoines de cette Abbaye, pour en faire un Prieuré. Hugues II du nom, Evêque de Soissons, y donna la Terre de Beauterrois. Ce Bénéfice fut depuis conféré, avec charge d'ames, par l'Evêque de Paris, sur la présentation de l'Abbé, jusqu'à F. *Jacques du Chou*, qui le fit réduire en Prieuré simple.

SAINT-PRIX ou PRICT, *dit anciennement* Tour *ou* Tourn. Il est vraisemblable que ces derniers mots tirent leur origine du nom *Thorn*, Divinité des Goths & des Danois, ainsi que tous les noms de lieu que l'on voit en France commencer par *Torn* ou *Tourn*, tels que Tournières, Tournebu, Tournetot, Tourneville, Tourneur, &c. Il pourroit se faire aussi, que le nom du Village dont il s'agit, soit venu du langage celtique, *Thur* ou *Thour*, qui signifioit porte ou passage, en sorte que ce lieu auroit été ainsi appellé, parce qu'il servoit de passage pour aller d'une vallée à l'autre, comme il en sert encore. *Geoffroi de Montmorenci* & son épouse *Richilde* donnèrent sous le règne de Philippe I, sur la fin du onzième siècle, à l'Eglise de Saint Germain de Pontoise, l'Eglise de ce Village, alors appellé Tour, & tout ce qui en dépendoit. Il semble aussi que l'Eglise de l'Abbaye de Pontoise auroit été, non-seulement sous l'invocation de Saint-Germain, mais encore sous celle de Saint Prix, Evêque de Clermont; & que, comme il y avoit, sans doute, de ses Reliques en ce lieu, on en fit part à l'Eglise de Tour; ce qui occasionna depuis le changement de nom de ce Village.

Ce Prieuré & l'Eglise Paroissiale de Saint-Prix ne forment actuellement qu'un seul & même édifice, dans lequel on apperçoit une structure de différens temps. L'Eglise est bâtie en long sur le côteau, à l'endroit où le Village forme une espèce d'Amphithéâtre qui est apperçu de Paris, & dont l'aspect est au midi. Au grand Autel qui est construit assez nouvellement, est représenté Saint Prix d'un côté, & Saint Fiacre de l'autre. Ce dernier est, dit-on, le vrai Patron de la Paroisse. Dans l'un des collatéraux méridionaux, est l'Autel de Saint Prix isolé, où se fait le concours des Pélerins, & l'assemblée des Confrères. Les Reliques du Saint y sont conservées dans une armoire singulière, qui renferme deux ou trois Reliquaires, où cependant on assure qu'il n'y a qu'un doigt du S. Evêque. La fontaine du nom du même Saint Prix se voit aussi dans ce Village. La Fête qui attire le plus grand nombre de Pélerins, est celle de la translation de ce Saint le 12 Juillet. La Cure est à la présentation de l'Abbé de Saint Martin de Pontoise, sous le nom de *Turno suprà Vionam, juxtà Pontisaram*. La Vione est une petite rivière qui se jette dans l'Oise à Saint-Martin.

SAINT-REMI, près *Chevreuse*. Ce Village est situé en partie dans la prairie arrosée par la rivière d'Ivette, & par le ruisseau qui vient d'entre les Trous & Molières, & en partie sur les bords de cette prairie, tant d'un côté que d'un autre, ce qui forme le gros de la Paroisse, étant la jonction des deux rues en forme de croix, l'une venant du midi, du côté des Trous, & l'autre venant du nord. Ce Village est distant de Paris d'environ six lieues. Le terrain est froid, & n'est cultivé qu'en labourages & en prairies.

L'Eglise qui est du titre de Saint Remi de Reims, est située dans le plus bas de la prairie, ce qui est cause qu'elle est quelquefois inondée, & que le pavé en est tout verd. Elle se soutient malgré les attaques de l'eau, parce qu'elle est bâtie des pierres molaires ou molières du Pays, dont la grossièreté n'admet aucunes sculptures, & a plus de résistance: il en est de même de la tour qui la supporte du côté de l'orient, où l'on a placé l'entrée dans ces derniers siècles, en transportant l'Autel à l'occident, où la porte auroit dû rester. Les Dames de Saint-Cyr possèdent la Seigneurie de ce lieu, & y ont le banc seigneurial. La Cure est à la nomination du Prieur, comme membre de l'Abbaye de Saint-Florent, à laquelle l'Eglise de Saint Remi avoit été donnée avant l'an 1122.

Le Prieuré du Village de Saint-Remi est connu sous différens noms: les anciens l'appelloient le *Prieuré de Saint-Remi*, ou *le Prieuré de Beaulieu*, apparemment à cause de la beauté du vallon où il se trouvoit, & peut-être pour le distinguer de l'Eglise Paroissiale de Saint Remi; de laquelle les Moines se seroient éloignés à cause de sa situation aquatique. Depuis l'avant-dernier siècle, on l'a appellé quelquefois *le Prieuré de Sainte-Avoie*, peut-être à l'occasion de quelque dévotion du Peuple envers cette Sainte, qui y est représentée sortant la tête d'une tour. L'Eglise Paroissiale est située dans la Baronnie de Saint-Remi. Le Village & les maisons qui le composent, sont de la mouvance & de la Justice de plusieurs Seigneurs. Le Prieur de Beaulieu, autrement de Sainte-Avoie, qui a haute Justice, a dans sa directe le haut du Village, du côté du midi. Les Dames de Saint-Cyr ont, du côté du septentrion, le bas du Village dans leur directe, &, outre cela, la Terre & Seigneurie du Fief de Rodon, qui est aussi de la Paroisse, & qu'elles ont acquis & réuni à leur Seigneurie de Chevreuse.

SAINT SAUVEUR. (*Eglife Paroiffiale de*) C'étoit originairement *la Chapelle de la Tour*, ainſi nommée, parce qu'elle tenoit à une tour quarrée qui vient d'être abattue cette année 1778, & que nous avons vue au coin de la rue Saint-Sauveur. Cette Chapelle & celle de Sainte Agnès étoient dans le territoire de Saint-Germain-l'Auxerrois. Celle de Sainte-Agnès prit le nom de Saint Euſtache, & fut érigée la première en Paroiſſe. On ignore quand celle de la Tour prit le nom de Saint Sauveur, ni quand elle fut érigée en Paroiſſe. Les Fauxbourgs de Paris s'étant conſidérablement accrûs & peuplés depuis l'enceinte de Philippe-Auguſte, il eſt aſſez vraiſemblable que la difficulté pour l'adminiſtration des Sacremens, & l'éloignement de l'Egliſe de Saint Germain, mirent ce Chapitre, dès le milieu du treizième ſiècle, dans la néceſſité de faire ériger en Paroiſſe la Chapelle de la Tour, qui étoit ſituée au-delà de cette enceinte. Elle fut reconſtruite ſous le règne de François I, & ſept Chapelles y furent bénites en 1537 : on l'agrandit en 1571 & en 1622; enfin en 1713, elle a été réparée & embellie, au moyen du bénéfice d'une loterie que Sa Majeſté lui accorda. Aujourd'hui la démolition de la tour qui menaçoit ruine, en a occaſionné une autre fort conſidérable dans cette Egliſe. On s'occupe actuellement d'une très-grande réparation qui nous empêche d'en dire davantage. L'Egliſe de S. Germain-l'Auxerrois eſt Matrice de Saint Sauveur, & en cette qualité, elle nomme à la Cure.

La Chapelle de la Vierge eſt ce qu'il y a de plus remarquable dans cette Egliſe, & mérite l'empreſſement des Connoiſſeurs & des Curieux. Trois perſonnes ont concouru à ſa décoration. *Blondel*, Architecte du Roi, a donné les deſſins de l'Autel; *Jean-Baptiſte le Moine* le fils en a traité la ſculpture avec toute l'intelligence poſſible; & *Noël-Nicolas Coypel*, Peintre ordinaire du Roi, & Adjoint à Profeſſeur dans l'Académie Royale de Peinture, a compoſé & peint le ſujet qu'on y voit repréſenté, d'une manière digne de ſon nom, & de la réputation qu'il s'eſt acquiſe par ſes ouvrages.

Trois grandes arcades donnent l'entrée à cette Chapelle: quatre piliers qui ſont dans les encoignures, reçoivent la retombée de quatre pendantifs qui rachètent la vouſſure d'une coupole qui a vingt-deux pieds de diamètre. L'Autel eſt décoré d'un ordre compoſite, & eſt adoſſé contre le mur d'un des bas-côtés de l'Egliſe. Le tableau qui repréſente l'Assomption de la Vierge, étant le sujet principal, occupe la place qui est précisément au-dessus de l'Autel, & attire les premiers regards. Le plafond représente les Cieux qui s'ouvrent pour recevoir la Sainte Vierge. Le Saint-Esprit se détache & descend au-devant d'elle, tandis que le Père Eternel est assis, ayant Jésus-Christ à sa droite, & étant environné d'Anges, des Saints Patriarches, & de quelques Saints du Nouveau Testament.

La voûte est presque plate, n'ayant que sept pouces de bombement; & cependant, par la magie de la perspective, elle paroît d'une élévation prodigieuse. Les Connoisseurs & les plus habiles Peintres ont tous admiré la science & l'effet de ce plafond, & l'ont estimé le plus savant dans l'Art de la perspective, qui se voie dans Paris. Il a cependant été en partie la cause de la mort de cet excellent Peintre. « *Noel-Nicolas Coypel*, dit Piganiol, étoit convenu avec les » Marguilliers de Saint Sauveur, d'une très modique somme » pour la décoration de cette Chapelle. C'étoit un Artiste » extrêmement désintéressé, qui entreprit ce plafond plus » pour la gloire, que par une autre vue. Quand il fut fini, » les Marguilliers lui refusèrent, non-seulement la moindre » gratification, mais leur injustice fut au point de ne pas » vouloir lui rembourser les frais très-considérables des » échafauds, du paiement du Sculpteur, & de la perte du » bénéfice des tableaux qu'il auroit faits pendant les deux » années qu'il employa à cet ouvrage. Le procès qu'il eut » avec eux ne finissant point, par la protection qu'ils ob-» tinrent, & le Sieur *Coypel* n'ayant point de fortune, le » chagrin le saisit, & nous enleva cet excellent Peintre à » l'âge de quarante-cinq ans. C'étoit l'homme du monde le » plus doux & le plus modeste, & de la plus belle phy-» sionomie.

Sauval assure que *Turlupin*, *Gautier-Garguille*, *Gros-Guillaume* & *Guillot-Gorju*, les plus excellens Acteurs Comiques qu'il y ait jamais eu, ont été enterrés dans cette Eglise. *Turlupin* avoit trois noms: *Henri Legrand* étoit le véritable; *Belleville* étoit le nom de guerre, & *Turlupin*, celui de théâtre. Jamais homme, dit-on, n'a composé, joué, ni mieux conduit la farce que cet Acteur: ses rencontres étoient pleines d'esprit, de feu & de jugement; il ne lui manquoit qu'un peu de naïveté. Sauval ajoute qu'il monta sur le théâtre à l'Hôtel de Bourgogne, dès qu'il commença à parler, & qu'il joua plus de cinquante-cinq ans. *Gauthier-Garguille* se nommoit *Hugues Guéru*, dit

Flechelles. Il étoit si dispos, que toutes les parties de son corps lui obéissoient comme il vouloit. Jamais homme de sa profession n'a été plus naïf, ni plus parfait. Tout faisoit rire en lui. Il représentoit toujours un vieillard de farce. Il joua plus de quarante-quatre ans, & mourut âgé de soixante. *Bertrand Harduin de Saint-Jacques*, dit *Guillot-Gorju*, remplaça *Gautier-Garguille* : comme il avoit étudié en Médecine, son personnage ordinaire étoit de contrefaire le Médecin ridicule. Il avoit la mémoire si heureuse, que tantôt il nommoit tous les simples, tantôt toutes les drogues des Apothicaires, tantôt les ferremens des Chirurgiens, &c. & les nommoit si distinctement & si vîte, qu'on étoit frappé d'admiration. Il mourut en 1648, âgé d'environ cinquante ans. Il étoit grand & fort laid. Il avoit les yeux enfoncés, un nez à pompettes, & ressembloit à un singe.

Cette Eglise a aussi été le lieu de sépulture de *Guillaume Colletet*, de *Raimond Poisson*, & de *Jacques Vergier*. Colletet étoit Avocat au Parlement & au Conseil, & l'un des Quarante de l'Académie Françoise. Ses Ouvrages lui acquirent l'estime & la protection des Cardinaux *de Richelieu* & *Mazarin*, & lui méritèrent une place à l'Académie Françoise. Le Cardinal de Richelieu le mit au nombre des cinq Poëtes qu'il avoit choisis pour la composition des pièces de théâtre. Les quatre autres étoient *Boisrobert*, *Corneille*, *l'Estoile* & *Rotrou*. Toutes ces distinctions n'ont pas empêché que *Boileau-Despréaux* ne l'ait extrêmement maltraité. Il mourut presque sexagénaire. *Raymond Poisson*, Comédien mort en 1690, jouoit le personnage de Crispin, dont il étoit l'Inventeur. Le Roi ayant pris plaisir à le voir jouer dans une Troupe de campagne, le mit à l'Hôtel de Bourgogne en 1660. Il parloit bref ; & n'ayant pas de gras de jambes, il imagina de jouer en bottines ; & l'on prétend que c'est d'après lui que tous les Crispins ses successeurs ont bredouillé & se sont bottés. Il se retira du théâtre en 1685, & mourut cinq ans après. C'étoit le père de *Paul Poisson*, qui hérita du beau naturel de son père, de son bredouillement & de ses bottines. Celui-ci s'est retiré du théâtre en 1724, & est mort depuis à Saint-Germain-en-Laye. Le *Sieur Préville* qui lui a succédé, & dont on nous annonce déjà la retraite, réunit toutes les qualités de ces deux célèbres Comédiens, peut-être les surpasse-t-il : c'est un doute que nous hasardons. *Jacques Vergier* fut un de nos meilleurs Poëtes. Le fameux *la Fontaine* lui écrivit des lettres qui font honneur à la modestie de ce dernier, & au génie que *Vergier* avoit pour la poéfie. Il étoit d'un caractère doux & aimable, & fe fit des Admirateurs & des Protecteurs, tant à la Ville qu'à la Cour. Il fut fait Commiffaire de la Marine, & fervit avec beaucoup de diftinction & d'agrément. Il parvint enfuite à la place de Commiffaire-Ordonnateur, & de Préfident du Confeil de Commerce à Dunkerque. Il fut tué la nuit du 22 au 23 Août 1720 à Paris, où il s'étoit retiré. Ce fut d'un coup de piftolet, dans la rue du Bout-du-Monde, en revenant de fouper chez une de fes amies. Il étoit âgé de foixante-trois ans. Ses Contes font très-obfcènes ; mais perfonne ne l'a égalé pour les parodies.

SEVERIN. (*Eglife Paroiffiale de Saint*) Cette Eglife n'étoit dans fon origine qu'un petit Oratoire, fous l'invocation de Saint Clément, & qui, par la fuite, prit le nom de Saint Severin. Comme l'Hiftoire fait mention de deux Saints de ce nom qui font venus à Paris, il eft difficile de décider duquel des deux cette Eglife a pris le nom qu'elle porte. L'un de ces Saints qui étoit Abbé d'Agaune, vint à Paris vers l'an 506, & procura au Roi Clovis, par fes prières, la guérifon d'une maladie qui le tourmentoit depuis long-temps. Il fe retira enfuite à Château-Landon en Gâtinois, où il mourut le 11 de Février de l'année fuivante. Quant à l'autre Saint Severin, tout ce qu'on en fait, c'eft qu'il s'enfonça dans une cellule d'un des Fauxbourgs de Paris ; qu'il y vécut reclus pendant plufieurs années, & que fa haute piété porta Clodoalde ou Saint Cloud, à fe mettre fous fa conduite, & à recevoir de lui l'habit monaftique. Celui-ci mourut fous le règne de Childebert, & comme l'on croit, le 24 Novembre. M. de Valois a prétendu que ce Saint Solitaire étoit le Titulaire de l'Eglife de Saint Severin ; mais les Religieux Bénédictins qui ont fait l'Hiftoire de la Ville de Paris, croient qu'il s'eft trompé, parce que cette Eglife célèbre tous les ans fa fête, non pas le 24 Novembre, qui eft le jour de la mort de Saint Severin le Solitaire, mais le 11 Février, qui fut celui de la mort de l'Abbé d'Agaune. Cette raifon n'eft pas bien forte, & le fentiment de Valois paroît plus probable que celui des deux Hiftoriens de la Ville de Paris ; car, puifqu'il eft conftant qu'il y a eu en cet endroit un Reclus nommé Severin, n'eft-il pas plus naturel de croire que l'Eglife qu'on y a bâtie enfuite, en a pris le nom, que d'aller chercher Saint Severin, Abbé d'Agaune, qui n'ayant fait, pour ainfi dire, qu'une apparition à Paris, devoit y être beaucoup moins connu que le Solitaire, qui y avoit passé une partie de sa vie, & y étoit mort dans une grande réputation de sainteté? Cette conjecture est d'autant plus vraisemblable, qu'elle est confirmée par une charte de 1031, du Roi Henri I, qui est conservée dans les archives de l'Eglise de Paris, rapportée par le P. Dubois dans l'Histoire de cette Eglise. Par cette charte, ce Prince donne à l'Eglise de Paris, quelques Eglises situées dans les Fauxbourgs de cette Ville, qui, dans le temps des troubles du Royaume, avoient été dépouillées de tous leurs biens, & étoient devenues désertes. Parmi ces Eglises ruinées, il met celle de Saint Severin le Solitaire, *Severini Solitarii*; ce qui prouve au moins que du temps du Roi Henri I, on croyoit que c'étoit Saint Severin le Solitaire ou l'Hermite, qui étoit le Titulaire de cette Eglise, & non pas Saint Severin, Abbé d'Agaune.

L'Evêque de Paris érigea cette Eglise en Eglise Paroissiale, & voulut que son Curé eût le titre d'Archiprêtre, & qu'en cette qualité, il eût inspection sur les Curés des Fauxbourgs, comme le Curé de la Madeleine l'avoit sur les Curés de la Ville. Aujourd'hui cette qualité n'est qu'un titre d'honneur, sans fonction, & qui ne donne d'autre privilège que celui de précéder les autres Curés au Synode, & d'assister l'Archevêque, lorsque le Jeudi Saint il bénit les Saintes Huiles.

Le bâtiment de l'Eglise de Saint Severin est gothique, & a été fait à diverses reprises, comme on le remarque à son architecture; mais on ignore quand il a été commencé: on sait seulement qu'en 1495, on acheva l'agrandissement qu'on avoit été obligé de faire à cette Eglise, & que, pour cet effet, on prit la Chapelle de la Conception de la Vierge, & on en fit bâtir une autre derrière le Chœur, aux dépens des Administrateurs de la Confrairie.

En 1684, on fit des réparations considérables dans le Chœur, dont on changea la décoration, & principalement celle du grand-Autel. Celui-ci qui est d'ordre composite, fut décoré de huit colonnes de marbre, posées sur un demi-cercle, & soutiennent une demi-coupole, enrichie de quelques ornemens de bronze doré. Les piliers les plus proches de cet Autel, ont été aussi ornés de marbre, de flammes & de festons; aux quatre piliers qui sont les plus proches de l'Autel, sont autant de thermes, portant des cornes d'abondance, qui servent de chandeliers. Entre les arcades

des piliers, au-dessus des balustrades de fer doré, sont les chiffres de Saint Severin, & les armes d'Orléans, qui sont de France au lambel d'argent. L'écu est en losange, parce que sont les armes d'*Anne-Marie-Louise d'Orléans*, Duchesse de *Montpensier*, & fille *de Gaston Jean-Baptiste de France, Duc d'Orléans*, laquelle étoit, sans contredit, la principale Paroissienne de cette Eglise *. Toute cette décoration a été exécutée par *Baptiste Tubi*, Sculpteur très-habile, d'après les desseins de *le Brun*, premier Peintre du Roi Louis XIV. On dit qu'elle coûta 24400 livres, & que cette somme fut fournie par Mademoiselle *de Montpensier*, par le Curé & par la Fabrique. Cette Princesse fit encore présent à la Paroisse, d'un beau Soleil enrichi de diamans & pierreries fines d'un très-grand prix.

On voit à côté de la petite porte de cette Eglise, qui conduit à la rue de Saint Severin, une Chapelle où l'on remarque deux tableaux qui sont de *Champagne*, & dont l'un représente Saint Joseph, & l'autre Sainte Geneviève.

La Chapelle de Saint Pierre, ou des trois Nativités, se nomme aussi la Chapelle des *Brinons*. C'est une espèce de Bénéfice qui a son revenu particulier, au moyen duquel le Titulaire, ou Commissaire de ladite Chapelle, est tenu d'acquitter les Messes & les prières que Messieurs *de Brinon* y ont fondées. C'est ici le lieu de la sépulture de plusieurs personnes de ce nom, à commencer par *Yves Brinon*, Exa-

---

* Comme Mademoiselle de Montpensier a demeuré toute sa vie au Palais du Luxembourg, ou d'Orléans, qui est de la Paroisse de S. Sulpice, on ne savoit point par quel hasard elle étoit de la Paroisse de S. Severin, si cette Princesse n'eût pris soin elle-même de l'apprendre dans les Mémoires de sa vie : elle y dit qu'ayant eu sujet de se plaindre de Messieurs de Saint-Sulpice, elle consulta là-dessus M. de Harlay, pour lors Archevêque de Rouen, qui le fut ensuite de Paris. Ce Prélat lui ayant dit que les Evêques étoient les maîtres d'envoyer les gens dans quelle Paroisse ils vouloient, Mademoiselle de Montpensier écrivit aussi-tôt à M. de Péréfixe, Archevêque de Paris, pour le prier de lui nommer une Paroisse pour elle & ses gens. Ce Prélat lui envoya sur le champ un papier, par lequel il lui nommoit Saint Severin pour elle, pour les gens à elle qu'elle avoit logés de son côté dans le Luxembourg, & pour ses Officiers qui seroient logés hors de son Palais. Depuis ce temps-là jusqu'à sa mort, cette Princesse n'eut pas d'autre Paroisse à Paris, que celle de Saint Severin.

minateur de par le Roi au Châtelet de Paris, & Procureur au Parlement, qui mourut le 12 Janvier 1529. Cette famille des *Brinons* s'éleva dans la suite, & a fait des alliances illustres. On y voit un tableau qui représente Saint Pierre en prison, & délivré par un Ange. Le Public l'a regardé comme le meilleur qui soit dans cette Eglise; mais ce qui pourroit prouver le plus en sa faveur, c'est que les Marguilliers ont payé à M. *Bosse*, qui en est le Peintre, le double dont ils étoient convenus avec lui, sans que cet Artiste leur en ait rien demandé; gratification bien noble, & qui leur fait beaucoup d'honneur. Cette Chapelle sert encore de sépulture à la famille des *Gilbert de Voisins*.

On a mis à neuf les dégrés par lesquels on monte à cette Eglise; mais en démolissant les anciens, on a supprimé deux lions qui étoient en regard aux deux extrêmités de ces dégrés : ils avoient à leurs cols une espèce de collier, d'où pendoit un écusson, sur lequel étoient gravées les armes de France & du Dauphin, & une inscription en caractères romains; ce qui indiquoit que ces figures pouvoient avoir environ deux cent cinquante ans, & qu'on les avoit remises dans ce temps à la place d'autres plus anciennes, qui apparemment tomboient de vétusté. Ces lions méritoient d'être conservés, & on feroit très-bien de les rétablir actuellement. C'est un monument de l'antiquité, qui prouve le droit de Jurisdiction. Ces figures servoient autrefois, dit l'Abbé Lebeuf, à supporter le siège du Juge Ecclésiastique, soit Official, soit Archiprêtre, dans les siècles où leurs Jugemens se prononçoient aux portes des Eglises, ainsi qu'on en trouve encore qui finissent par ces mots : *datum intra duos leones*.

De ce même côté est la tour, où sont les cloches, qui forment une sonnerie assez forte & assez harmonieuse.

L'on croit à propos de rendre raison de la quantité des fers de chevaux qui étoient attachés à l'ancienne grande porte du côté de la rue Saint Severin. C'est une suite de la dévotion qu'on avoit anciennement à Saint Martin, qui est un des anciens Patrons de cette Paroisse. Comme ce Saint est plutôt représenté en Cavalier qu'en Evêque, & qu'on le peint toujours à cheval, les Voyageurs avoient imaginé de le prendre pour leur Patron, ou du moins d'invoquer son intercession en leur faveur; &, soit avant d'entreprendre leur voyage, ou après leur retour, ils attachoient des fers de leurs chevaux, aux portes des Eglises où ils avoient été implorer sa protection; c'est ce qu'on peut remarquer dans les Eglises dédiées sous son nom, & dans lesquelles on a conservé les mêmes portes qui y étoient anciennement, telles que sont encore aujourd'hui l'Eglise Collégiale de Saint Martin de Chabli, & celle de Saint Martin d'Erblay, près Conflans-Sainte-Honorine.

Les orgues, ainsi que la menuiserie faite par *Dupré* le fils, & la sculpture qui les renferment, sont fort estimées. Etienne Pasquier, Scévole, Louis de Sainte-Marthe, Louis de Moréry, Eustache le Noble, Louis-Elie du Pin, & plusieurs autres Savans sont enterrés dans cette Eglise, & sous les charniers. Dans le temps que Vitré, célèbre Imprimeur, étoit Marguillier de cette Paroisse, il fit mettre ces deux vers françois, pour servir d'inscription au cimetière.

Tous ces morts ont vécu; toi qui vis, tu mourras:
L'instant fatal est proche, & tu n'y penses pas.

Sous la porte du passage, par où l'on va dans la rue de la Parcheminerie, on voit ces quatre autres vers qui y ont été mis en 1660.

Passant, penses-tu pas passer par ce passage,
Où pensant, j'ai passé;
Si tu n'y penses pas, Passant, tu n'es pas sage;
Car en n'y pensant pas, tu te verras passé.

Il y avoit dans le cimetière de cette Eglise, un tableau connu sous le nom de *Tableau de Mademoiselle de Montpensier*, placé & fait pour animer le feu de la Ligue; il représentoit les exécutions les plus inhumaines & les plus barbares, exercées par la Reine d'Angleterre contre les Catholiques. Il en fut ôté le 9 Juillet 1587.

On voyoit aussi dans ce cimetière le tombeau d'un Seigneur étranger, mort dans le cours de ses études à Paris. *Voy. tom.* 2, *p. 342*, au mot CIMETIERE *Saint Severin*.

Nous finirons l'article de cette Eglise, par une anecdote assez singulière. Le Sieur *Becquet*, Marchand Drapier, rue Saint-Jacques, & de cette Paroisse, eut au mois de Juillet 1602, une contestation avec un Prêtre de cette Eglise, qui lui demandoit l'argent de trois Messes qu'il avoit dites pour lui. *Becquet* soutint à ce Prêtre qu'il n'en avoit dit que deux. Etant venus devant l'Official, qui n'en adjugea que deux au Prêtre, celui-ci, pour s'en venger, sachant que son adversaire baisoit sept ou huit fois un petit Crucifix de cuivre qui étoit dans la Chapelle où il entendoit ordinairement la Messe, prit ce Crucifix, & le fit chauffer si fort, qu'il n'y eût eu bouche si froide qui n'en fût échaudée, puis le remit en sa place; *Becquet* étant venu pour le baiser, suivant sa coutume, se brûla tellement, qu'il se mit aussi-tôt à crier: *Ah! mon petit bon Dieu que tu es chaud*, & se contenta de lui donner ce baiser, sans vouloir retourner aux autres. Le 24 Novembre suivant, il arriva encore une aventure à ce même *Becquet*, homme riche, mais superstitieux à l'excès: étant dans l'Eglise de Verrière, à trois lieues de Paris, comme il étoit fort tard, & qu'il étoit à genoux devant une image de la Vierge, ayant dix chandelles attachées à ses dix doigts des mains, un Prêtre l'ayant averti de sortir de l'Eglise, parce qu'il étoit fort tard, *Becquet* n'en voulut rien faire. Le Prêtre s'avisa d'une ruse pour le chasser; il prit un linge blanc, dont il se masqua le visage, & se vint présenter à lui de cette façon. *Becquet* étoit dans une extase de dévotion; il commença aussi-tôt à crier: *ah! douce Vierge Marie, bonne Notre-Dame*; & cependant, tout effrayé, sortit vîtement, en criant à tous les bonnes gens du Village, que la bonne Vierge Marie lui étoit apparue: ces Villageois se mirent à crier *miracle*, jusqu'à ce que le Prêtre les ayant instruits de ce qui en étoit, tournèrent dans l'instant ce miracle en risée, à la honte de *Becquet*.

SULPICE. (*l'Eglise Paroissiale de Saint*) Cette Paroisse est sans contredit la plus grande, la plus étendue & la plus peuplée de toutes celles de la Ville de Paris. Le premier siège de l'Eglise Paroissiale du Fauxbourg Saint-Germain, fut dans la Chapelle de *Saint Pere*, ou de *Saint Pierre*, où sont maintenant les Religieux de la Charité, & qui a donné son nom à la rue que l'on nomme aujourd'hui par corruption des *Saints-Pères*. Là cession fut faite à ces Religieux le 30 Août 1659. Mais cette Eglise se trouvant trop petite pour contenir les serfs de l'Abbaye, & les Habitans de ce Fauxbourg, dont le nombre augmentoit tous les jours, on fut obligé, l'an 1211, d'en faire bâtir une autre, qui fût plus grande, où l'on transféra le titre de Saint Pierre, qui est le premier Patron Titulaire de l'Eglise, connue aujourd'hui sous le nom de Saint Sulpice. On voit dans les archives de Saint-Germain-des-Prés, un titre de l'an 1380, qui nous apprend que le Curé de Saint Sulpice alloit faire l'Office en la Chapelle de Saint Pierre, aux Fêtes annuelles; qu'il y alloit en procession le jour des Cendres & le Dimanche des Rameaux ; qu'il y faisoit l'Office le jour de Saint Pierre, & l'eau bénite tous les Dimanches, &c. Cela a continué jusqu'en 1658, que les Frères de la Charité, auxquels la Reine Marguerite avoit donné, dès l'an 1606, la Chapelle de S. Pere, & le terrein des environs, donnèrent au Curé de S. Sulpice, la somme de 18000 livres, afin d'être libres dans leur Eglise, & aussi pour s'exempter à perpétuité de payer les droits des enterremens. Cette Chapelle pouvoit avoir été bâtie en mémoire de ce que les cryptes de la grande Eglise de Saint Germain, démolies ou bouchées, avoient été sous l'invocation de Saint Pierre. Elle ne pouvoit contenir que douze personnes ; & avec le cimetière qui y étoit joint, elle ne formoit qu'un demi-arpent, & ce cimetière ne servoit que pour les Pestiférés. Ensuite ceux de la Religion prétendue réformée l'usurpèrent, & ils en furent dépossédés par Arrêt du Conseil en 1604, pour le donner à la Paroisse qui le demandoit, afin d'y enterrer, comme auparavant les Pestiférés, & les personnes qui, par dévotion, demandoient d'y être inhumées. Les Religieux de Saint Germain ont toujours donné la supériorité à l'Eglise de Saint Sulpice, sur la Chapelle de Saint Pierre ; ils donnoient à la première le nom d'Eglise ; & à la seconde, seulement le nom de Chapelle. Dans les processions extraordinaires qu'ils faisoient, ils commençoient toujours par l'Eglise, & alloient ensuite à la Chapelle*.

Le Fauxbourg Saint-Germain s'étoit si fort accrû en 1643, que l'Eglise de Saint Sulpice devint trop petite. D'ailleurs elle menaçoit ruine, & il falloit absolument la réparer, ou en faire élever une autre qui fût plus grande, & plus solidement bâtie. Après plusieurs assemblées des plus illustres Paroissiens, sur-tout en présence du Prince de Condé, il fut résolu de bâtir une nouvelle Eglise, qu'on commença en 1646, sur les desseins de *Christophe Gamart*, un des meilleurs Architectes de son temps. Le 20 Février de cette année, la Reine *Anne d'Autriche*, mère de Louis XIV, assistée de Madame la Princesse *de Condé*, de Madame la Duchesse

---

* En 1652, il y avoit entre la rue de Bourbon & celle de Verneuil, une Chapelle en l'honneur de la Sainte Vierge, qui dépendoit de l'Eglise Saint Sulpice. Elle a été démolie, & l'on y a percé une rue appellée rue Sainte-Marie. *Voy.* RUE SAINTE-MARIE.

d'Aiguillon

d'*Aiguillon*, de Madame la Comtesse de *Brienne*, de Mrs. les Ducs de *Guise* & d'*Uzés*, vint à l'ancienne Eglise où elle fut reçue par M. *Alin*, Evêque de Cahors, & par M. *Olier*, Curé, avec tout son Clergé. Après que S. M. eut fait sa prière, Elle fut conduite processionnellement dans le cimetière à l'endroit où devoit être le maître-Autel de la nouvelle Eglise, où après les prières ordinaires, S. M. descendit dans les fondemens, y posa & maçonna la première pierre. Cette première pierre est dans le massif qui devoit porter, & a porté pendant cinquante ans le maître-Autel. C'est où est maintenant le chandelier au fond du Chœur. La mort de *Levau*, qui avoit succédé à Gamart, étant arrivée quelque temps après, obligea les Marguilliers de confier la conduite de ce bâtiment à *Daniel Gittard*, Architecte. Celui-ci trouvant la Chapelle de la Vierge, qui n'étoit encore élevée que jusqu'à la corniche, trop resserrée & peu régulière, demanda qu'elle fût démolie; mais les Marguilliers ne voulurent point y consentir, & elle fut achevée, conformément aux desseins qu'en avoit donnés *Levau*. *Gittard* fit bâtir le Chœur qui est un quarré long de quarante-deux pieds de large, sur soixante-huit pieds de long, terminé au chevet par un demi-cercle de vingt-un pieds de rayons, & percé autour de sept arcades, dont les pieds-droits sont ornés de pilastres corinthiens qui soutiennent l'entablement. Ce Chœur a dans œuvre, depuis le pavé jusqu'à la corniche, cinquante-six pieds & demi de haut; & depuis l'entablement jusqu'au milieu de la voûte, trente-cinq pieds six pouces, en tout quatre-vingt-douze pieds de haut. Les bas-côtés qui règnent autour du Chœur, sont décorés d'un ordre composé, que Gittard avoit imaginé pour en faire un ordre françois. Ces bas-côtés ont vingt-quatre pieds de large, sur quarante-six pieds deux pouces de haut. On fut dix-huit ans à bâtir le Chœur & les bas-côtés. On travailla ensuite à la croisée, qui a cent soixante & seize pieds de long, sur quarante-deux de large, & se trouve plus longue de quatorze pieds, & plus large de deux, que celle de Notre-Dame, qui est la plus grande Eglise de Paris. Le côté gauche de cette croisée, en entrant, fut élevée jusqu'à l'entablement, pendant les années 1672, 1673 & 1674; mais à l'égard du portail, il n'y eut alors que le premier ordre de bâti. Il ne paroît pas que Gittard ait fait des changemens notables à ceux de Gamart, puisque les premières pierres des deux piliers du fond du Chœur, avoient été posées par M. *de Bretonvilliers*, ancien Curé, le 27 Avril

1660, deux mois avant qu'on approuvât les nouveaux plans. M. *Regnier de Pouſſé* étoit alors Curé; & c'eſt pendant qu'il le fut, qu'on continua le bâtiment avec plus d'activité, juſqu'en 1678. Alors on fut contraint de diſcontinuer les travaux, à cauſe des dettes conſidérables que la Fabrique avoit contractées, pour élever cet édifice, leſquelles montoient encore à plus de 500000 en 1683. Cette triſte ſituation détermina le Curé & les Marguilliers à préſenter une Requête au Roi & à ſon Conſeil, pour demander à être ſecourus, & qu'il leur fût permis d'aſſembler les Paroiſſiens, pour aviſer aux moyens de payer les dettes contractées, & d'achever le bâtiment de leur Egliſe. Par Arrêt du 12 Février, il fut ordonné qu'en préſence du Sieur le Camus, Lieutenant Civil, les Paroiſſiens & Habitans de la Paroiſſe, ſeroient convoqués, pour aviſer aux moyens les plus expédiens, tant pour acquitter les dettes, que pour continuer le bâtiment commencé, pour, ſur le procès-verbal qui en ſeroit dreſſé, être ſtatué par le Conſeil, ainſi qu'il appartiendroit. Le Lieutenant Civil indiqua l'aſſemblée dans la Chapelle de la Communion, au 22 de Mars. L'aſſemblée fut tenue, & cependant l'affaire traîna juſqu'en 1688, que par un Arrêt du Conſeil du 4 Mai, le Roi commit les Sieurs Bignon, de la Reynie, Conſeillers d'Etat, & le Sieur de la Briffe, Maître des Requêtes, pour arrêter, en préſence des Marguilliers, & de quatre des principaux Créanciers de Saint-Sulpice, un état des dettes & des effets de la Fabrique. Ils trouvèrent que les dettes montoient à plus de 672000 livres, & que les effets de la Fabrique ne montoient qu'à 143000 livres. Sur le référé & l'avis des Commiſſaires, le Conſeil rendit un nouvel Arrêt le 4 Janvier 1689, par lequel, pour l'acquit du ſurplus des dettes, après la vente des effets de la Fabrique, les manſes abbatiale & conventuelle de Saint-Germain-des-Près, furent condamnées à payer le ſixième du principal; la manſe abbatiale les deux tiers, & la conventuelle un tiers, & que les cinq autres ſixièmes ſeroient impoſés ſur les Propriétaires des maiſons & héritages du Fauxbourg Saint-Germain, à proportion des taxes faites pour les boues & les lanternes. Ce même Arrêt permit aux Habitans, à l'Econome de la manſe abbatiale, & aux Religieux de l'Abbaye, de faire la recherche des ſommes dues à la Fabrique, & des effets recelés, & de voir les comptes des Marguilliers. Par autre Arrêt du 14 Décembre ſuivant, il fut en conſéquence ordonné aux Marguilliers de Saint Sulpice, de communiquer les comptes de la Fabrique aux Syndics des Habitans, & des Communautés séculières & régulières du Fauxbourg. L'examen des comptes & les recherches qu'on fit, donnèrent lieu aux Habitans de publier un Mémoire qui ne faisoit point honneur aux Marguilliers. Ce Mémoire, accompagné d'une Requête, fut renvoyé par Arrêt du Conseil du 17 Août 1691, à l'examen des Sieurs Bignon, de la Reynie & du Harlay, Conseillers d'Etat; mais cette instance parut si odieuse, qu'elle fut assoupie par autorité. Depuis toutes ces contestations, les travaux de l'Eglise étoient suspendus, & l'ont été long-temps dans la suite. Ils n'ont été repris qu'en 1718, par M. *Languet de Gergy*, Curé de cette Paroisse.

Quelque grande & quelque hardie que fût cette entreprise, ce zélé & habile Pasteur eut le courage de l'entreprendre, par le moyen d'une loterie que le Roi lui accorda au mois de Février 1721, & aussi par le secours de quelques personnes pieuses, qui lui ont fait des libéralités très-considérables. * Il commença par faire élever le portail qui est du côté de la rue des Fossoyeurs, dont la première pierre fut posée le 5 Décembre 1719, par le *Duc d'Orléans*, Régent du Royaume. Elle est sous la première colonne à droite en sortant. Ce portail est décoré de deux ordres de colonnes, l'un dorique, & l'autre ionique. Les deux niches sont remplies par deux statues qui ont dix pieds de proportion. Elles

---

* Les premiers qui donnèrent, furent M. *Languet* lui-même, MM. les Prêtres de sa Communauté, MM. de la Communauté des Gentilshommes, & plusieurs Particuliers de toute sorte d'état; & ces secours montoient alors à 17818 livres 19 sols. Il dit auparavant la Messe du Saint-Esprit au maître-Autel; tout le Clergé de la Paroisse y assista avec un grand nombre de Paroissiens. On ouvrit ensuite, avec les cérémonies ordinaires, les fondations, dont il posa lui-même la première pierre. Il donna ensuite, de son propre revenu, 1000 livres pour aider cette entreprise. A peine l'eut-il commencé, que les secours devinrent plus abondans; le plus grand nombre des Paroissiens, pauvres & riches, y contribuèrent. MM. les Directeur & Supérieur du Séminaire furent des premiers. Madame *Louise-Philippe de Coetlogon de Cavoye* se fit sur-tout remarquer par les sommes considérables qu'elle donna presque tous les mois. Elle demanda d'avoir part pendant sa vie & après sa mort, à toutes les prières & bonnes œuvres qui se feroient dans cette Eglise; où l'on dit tous les jours deux Messes basses pour le repos de son ame.

sont de feu *François Dumont*, Sculpteur du Roi, & de l'Académie Royale de Sculpture ; Artiste distingué dans sa profession. Ces statues représentent Saint Jean, le Précurseur de J. C. & S. Joseph qui en étoit le père putatif. Ce portail fut élevé sur les desseins de *Gittard* le fils, auxquels *Oppenord* fit quelques changemens. Lorsque ce portail fut élevé avec les deux Chapelles de la nef du même côté, on commença, le 13 Décembre 1723, l'ouverture de terre pour ce qui restoit à fonder. La cérémonie commença par une Messe du Saint-Esprit, célébrée par M. le Curé ; après laquelle tout le Clergé sortit en procession, suivi des Ouvriers, chacun avec leurs outils, & la continua tout autour de l'Eglise : on bénit ensuite le nouvel Autel de la Chapelle basse de la Sainte Vierge, & de-là on revint au lieu où l'on devoit ouvrir la terre. Alors M. le Curé en chape, avec un Diacre & Sous-Diacre, en tuniques, prirent chacun une pioche, & commencèrent à ouvrir la terre au chant des Pseaumes. Leur exemple fut suivi des douze plus anciens du Clergé. M. le Curé ayant quitté sa chape, & les Diacre & Sous-Diacre leurs tuniques, prirent chacun une hotte, & portèrent à plusieurs reprises la terre qu'ils venoient de remuer, ce qui fut encore imité par le Clergé. Tous ceux qui assistèrent à cette pieuse cérémonie, la virent avec beaucoup de joie & d'édification ; plusieurs poussés par les sentimens d'une tendre piété, en versèrent des larmes. *Voy. le Mercure de Décembre 1723, pag. 1417.*

Le grand portail de la croisée, à main gauche, fait symmétrie avec celui qui est du côté de la rue des Fossoyeurs, & est décoré de deux ordres d'architecture, dont le premier est de quatre colonnes corinthiennes, & le second, de quatre colonnes d'ordre composite. Les figures de Saint Pierre & de Saint Paul qui remplissent les deux niches qui sont dans les entre-colonnes de ce portail, ont neuf pieds & demi de proportion, & ont aussi été sculptées par *François Dumont*. Près de la statue de Saint Pierre & sur la même base, est un enfant qui a un genou sur la pierre angulaire, & tient dans ses mains les clefs du Royaume des Cieux, que J. C. promit de donner à Saint Pierre. La statue de Saint Paul a de même auprès d'elle un enfant qui tient son épée. Les deux grouppes d'enfans qui sont aux extrêmités du fronton, sont de l'ouvrage de *François Dumont*. Après la construction de ce portail, on commença en 1722, à élever le côté gauche de la nef, & on posa la première pierre des quatre piliers, ou pieds droits, qui restoient à élever de ce même côté. Ce furent le Comte *de Clermont*, au nom du *Duc de Bourbon* son frère ; Les Cardinaux *de Polignac* & *de Bissy* ; M. *de la Houssaye*, Conseiller d'Etat, & Contrôleur-Général des Finances ; & M. *Dodun*, successivement aussi Contrôleur-Général des Finances, qui posèrent en cérémonie ces premières pierres. La nef fut achevée en 1736, & l'on a travaillé depuis à l'édification du grand portail, qui, malgré le laps de temps qui s'est écoulé depuis, n'est point encore entièrement fini. Cet édifice mérite, à plus d'un titre, l'épithete de *grand portail*. Il est du dessin du Sieur *Jean Servandoni*, Peintre & Architecte Florentin. Ce portail a soixante-quatre toises d'élévation. On y monte par un perron de vingt-deux marches, au haut duquel il a un grand palier. La première pierre en fut posée le Lundi 11 Mars 1733, & il est composé de deux ordres d'architecture, le dorique & l'ionique, & de soixante-huit colonnes, dont celles du premier ordre ont cinq pieds trois pouces de diamètre ; ce qui fait un des plus grands morceaux d'architecture qu'il y ait en France. A droite & à gauche sont deux tours octogones de trente-cinq toises d'élévation : mais on peut appliquer ici ce proverbe latin, *fecisti majorem, fecisti minorem* ? Le peu de largeur de la rue Férou, sur laquelle il est situé, & la grande élévation de ce portail le rendent presque invisible, & pour le mettre dans son vrai point de vue, il faudroit nécessairement raser le grand Séminaire de Saint-Sulpice, & la moitié des maisons de la rue du Vieux-Colombier. Le 21 Août 1732, la première pierre du maître-Autel fut posée au nom du Pape Clément XIII, par son Nonce, M. *Rainier*, Comte d'Ilcio, Archevêque de Rhodes ; & le 20 Mars 1734, cet Autel fut consacré à Dieu, en l'honneur de Saint Pierre & de Saint Sulpice, par M. *Jean-Joseph Languet*, Archevêque de Sens, qui y mit des Reliques de Saint Vincent & de Saint Primitif, Martyrs, qui avoient été exposés dès la veille dans la Chapelle de la Sainte Vierge.

Cet Autel, élevé sur sept dégrés, & construit à la Romaine, est isolé & placé dans le centre de la croisée. Sa forme est une espèce de tombeau à quatre faces, construit d'un marbre bleu turquin, & enrichi d'ornemens de bronze doré d'or moulu. Le tabernacle est de pareille matière, enrichi de pierreries ; il représente l'arche d'alliance, désignée par les anneaux qui servoient à la porter. Au-dessus est une table, aussi de bronze doré, qui représente le propitiatoire, & qui est soutenue par deux grands Anges de bronze doré, qui sont dans des attitudes de respect & d'adoration. Cette table est surmontée d'une croix, de six grands chandeliers & de six autres moindres. Au-dessus de cet Autel, est suspendu un pavillon rond à festons, sculpté & doré, qui est de l'ouvrage des *Slotz*.

La décoration de cet Autel, de même que tous les bâtimens qu'on a élevés ici depuis l'an 1719, sont d'après les dessins de M. *Oppenord*, un des plus habiles Décorateurs de notre temps, & ci-devant premier Architecte du Duc d'Orléans, Régent du Royaume.

Chaque pilier du Chœur est orné d'une statue de pierre de Tonnerre, de l'ouvrage du fameux *Bouchardon*. Cet habile Sculpteur en devoit faire quatorze ; savoir, celles de J. C. de la Vierge, & celles des douze Apôtres ; mais la mort l'ayant enlevé dans le cours de cet ouvrage, elles ont été achevées par d'autres Sculpteurs habiles. Ces statues & la balustrade de marbre du Sanctuaire, méritent l'attention des connoisseurs.

Dans chaque bras de la croisée de cette Eglise, il y a deux balcons dorés, portés sur des consoles, & qui renferment des tribunes vîtrées, pour prier avec plus de recueillement & sans être vu. Les sculptures en pierre de la coupole de ces quatre balcons, ainsi que les bas-reliefs des yeux de bœufs, composés d'Anges & d'enfans, portant les attributs de Saint Pierre, de Saint Paul, de Saint Jean & de Saint Joseph, & autres sculptures de cette Eglise, sont de l'ouvrage des *Slodtz*, Sculpteurs habiles. A l'égard de la méridienne que l'on voit dans cette croisée, voyez ce que nous en avons dit sous le nom de *gnomon* de l'Eglise de Saint Sulpice, tom. 3, pag. 530.

La Chapelle de la Vierge attire les regards par les ornemens de peinture & de sculpture qui y sont prodigués. Les peintures de la voûte sont à fresque, & de l'ouvrage de *François le Moine*, mort premier Peintre du Roi. Ce plafond & celui des Jacobins du Fauxbourg Saint-Germain, sont des essais en ce genre de ce grand Peintre, dont la médiocrité ne nous permettoit pas d'espérer l'étonnante perfection de celui du sallon d'Hercule au Château de Versailles, l'admiration des étrangers & la gloire de l'Ecole Françoise. Celui-ci représente la Vierge assise sur un nuage, avec Saint Pierre, d'un côté, & de l'autre, Saint Sulpice, Patron de cette Paroisse. La Sainte Vierge est environnée d'Anges, dont les uns portent les attributs qui lui conviennent, pendant que d'autres forment un concert de voix & d'instrumens, pour célébrer son Assomption. Aux côtés de ce grand tableau, on voit à droite les Pères de l'Eglise & les Chefs d'Ordres, qui ont parlé dans leurs écrits, des grandeurs de la Sainte Vierge; & au côté gauche, sont les Vierges qui se sont mises sous la protection de Marie, & auxquelles un Ange distribue des palmes. Le grand bas-relief de bronze doré, qui représente les nôces de Cana, les anges & enfans qui sont sur l'entablement de cette Chapelle, les festons de fleurs qui viennent se réunir à l'Autel, & généralement toute la sculpture de cette Chapelle & de son Autel, sont de l'ouvrage des *Slodtz*. Toutes les Chapelles qui dans l'ancienne Eglise étoient dédiées sous l'invocation de la Sainte Vierge, ont été réunies dans une seule ; ainsi celle qui est derrière le Chœur, est dédiée à Dieu sous l'invocation de la très-sainte-Vierge dans tous ses mystères, mais particulièrement dans son immaculée Conception, & comme Protectrice particulière de cette Paroisse; c'est ce que M. *Languet* a eu dessein de représenter dans le plafond où l'on voit que les Paroissiens sont présentés à cette bonne mère des Chrétiens, par S. Pierre, S. Sulpice, & par M. *Olier*, Curé précédent. Les trois Chapelles basses sont aussi dédiées sous l'invocation de la Sainte Vierge.

La statue de la Vierge qui est d'argent, & de grandeur naturelle, a été modelée par *Bouchardon*, & jettée en fonte par de *Villers*. Cette statue a été quelquefois cachée par un tableau qui représente la Vierge, ayant les bras ouverts, & les yeux levés au Ciel, & qui est d'un Peintre nommé *Chevalier*.

La première Chapelle à droite, & sur le passage, en sortant de celle de la Sainte Vierge, est dédiée au très-Saint Sacrement, & sert pour la Congrégation des Filles;

La seconde est dédiée au S. Esprit, sous l'invocation de tous les Apôtres. Le tableau qui représente la descente du Saint-Esprit, est de *Nicolas Montaigne*, Peintre de l'Académie Royale de Peinture.

La troisième est sous l'invocation de Sainte Marguerite & de Saint-Joseph, qui est regardé comme un des Protecteurs de la Paroisse.

La quatrième est sous celle de Saint Charles-Barrommée & de Saint Vincent de Paule, Patrons de MM. les Prêtres de la Communauté & du Séminaire.

La cinquième est sous celle de Saint Jean l'Evangéliste & de Saint Martin, Patrons de tout le Clergé de cette Paroisse, M. *Olier* avoit inspiré à ses Paroissiens beaucoup de dévotion pour ces deux Saints.

Le portail du même côté est béni sous les noms de Saint Pierre & Saint Paul.

La première Chapelle après ce portail est dédiée au Sacré Cœur de Jésus, sous l'invocation du Sacré Cœur de la Sainte Vierge, & sous celle de Saint Etienne.

La seconde sous celle de Saint Nicolas & de Saint François d'Assise.

La troisième sous celle de Saint Louis, de Saint Claude & de Saint Clair.

La quatrième sous celle de Saint François de Sales, & de Sainte Jeanne-Françoise de Chantal.

Le bas de la tour du même côté servira de Baptistaire. On y travaille actuellement, de même qu'à la Chapelle de l'autre tour qui doit servir pour les mariages.

De l'autre côté à gauche, en sortant de la Chapelle de la Sainte Vierge, à droite, est celle qui est appellée la petite Paroisse, & qui est dédiée à la Sainte enfance de Jésus, sous la protection de la Sainte Vierge & de Saint Joseph.

La seconde est sous l'invocation du Saint Ange Gardien, de Saint Michel, & de tous les Archanges & Anges. L'autel de cette Chapelle est privilégié.

La troisième sous celle de Sainte Catherine, Sainte Barbe, Sainte Geneviève & Saint Christophe.

La quatrième sous celle de Saint Eloi, Saint Honoré, Saint Fiacre & Sainte Véronique.

La cinquiéme sous celle de Saint Denis, Saint Rustique & Saint Eleutere.

Le portail est béni sous les noms de Saint Joseph & de Saint Jean-Baptiste. La première Chapelle après le portail, est sous l'invocation de Saint Jean-Baptiste, Saint Laurent & Sainte Thérèse.

La seconde sous celle de Saint Maurice & ses Compagnons, Martyrs.

La troisième sous celle de Saint Sébastien, Saint Roch & Sainte Julienne.

La quatrième sous celle de Saint Joachim & Sainte Anne, qui sont regardés comme des Protecteurs de la Paroisse.

La cinquième doit être la Chapelle des Agonisans, pour servir de Sanctuaire pour y mettre le très-Saint Sacrement pour les malades.

On voit dans une des Chapelles près du Chœur, un tableau représentant la naissance de Jésus-Christ, peint par *Charles de la Fosse*, un des plus beaux qui soient sortis des mains de ce Peintre; & dans la Chapelle suivante, une apparition de J. C. à la Madeleine, sous la figure d'un Jardinier, par *Halle*, de l'Académie de Peinture. Ce tableau est estimé des connoisseurs.

Avant que de parler des personnes remarquables qui ont été inhumées dans cette Eglise, l'on doit à la mémoire de défunt son illustre Pasteur Messire *Languet de Gergy*, la description du superbe mausolée que son successeur & MM. les Marguilliers lui ont érigé, pour faire passer à la postérité ses qualités si estimables & si rares, même dans ceux de son état. Une des plus essentielles a été la charité vigilante & attentive de ce Pasteur, pour tous les besoins de ses brebis. Les enquêtes & les courses les plus pénibles ne lui coutoient rien pour découvrir les misères cachées & honteuses, & pour essuyer les larmes de l'affreuse nécessité, par des aumônes abondantes dans les temps les plus durs & les plus difficiles, tels que ceux des calamités publiques; il a porté ses secours jusques dans le sein de la noblesse, en procurant à des Demoiselles sans fortune, un asile à leur vertu, & une éducation chrétienne & convenable à leur naissance, jusqu'à un certain âge. Son zèle pour la maison du Seigneur lui fit entreprendre en 1619 d'achever son Eglise; mais sa mort en 1750, a seule interrompu son ardeur infatigable pour l'exécution de ce projet. Voici la description du mausolée de ce Pasteur.

Un sarcophage, ou tombeau de marbre verd antique, est posé sur un grand piédestal de marbre jaune de Renne, dont le plan est légèrement cintré en saillie dans son milieu. Le socle de ce piédestal est de brêche violette. Sur ce tombeau, dans son extrêmité du côté droit, on voit l'immortalité, représentée par une figure de marbre blanc, & de dix pieds de proportion: ses ailes sont déployées pour lui donner du mouvement; d'une main elle repousse le voîle funèbre, dont la mort étoit prête de couvrir la figure de M. *Languet*; & de l'autre, elle tient un cercle d'or; son emblême ordinaire est une branche de laurier; sous son bras est le plan géométral de son Eglise, tracé en or sur une planche ou feuille volante de bronze, elle a une couronne antique sur la tête. Auprès d'elle, & dans le milieu du monument, est la figure de ce digne Pasteur, de grandeur naturelle, admirable dans toutes ses parties, mais surtout dans la plus essentielle, qui est l'expression de piété &

d'adoration majeſtueuſe, répandue ſur toute ſa phyſionomie ; ſes bras ſont élevés vers le Ciel, où ſe portent ſes regards ; il eſt à genoux, en ſurplis & en étole, ſur un carreau de marbre brocatelle, avec des glands de bronze doré. On ne ſauroit refuſer ſon admiration à cette belle figure. La mort derrière lui renverſée, eſt repréſentée par un ſquelette de bronze, dont la moitié eſt cachée par cette draperie mortuaire, levée par l'immortalité : ſes ailes ſont déployées ; d'une main elle tient ſa faulx ; ſon autre bras eſt étendu en l'air, ſans que l'on en voie la raiſon. Cette draperie qui la couvre en partie, eſt de deux marbres ; ce qui la fait paroître extrêmement péſante. Celui de deſſous, & qui paroît le plus, eſt bleu turquin, & ſon revers, d'une eſpèce d'albâtre jaunâtre, ſes extrêmités ſont enrichies d'une frange de bronze doré. Au bas du tombeau ſur le piedeſtal, ſont deux petits génies en marbre blanc ; l'un eſt celui de la Religion ; & l'autre, celui de la Charité, qui grouppent avec un cartel de bronze, où ſont les armes de ce Paſteur. Le premier eſt déſigné par une croix de même métal, qu'il tient d'une main, avec un miſſel à ſes pieds. Celui de la Charité eſt appuyé ſur une corne d'abondance, d'où ſortent des fruits qu'il paroît répandre ; ſymbole de la profuſion de ſes aumônes. Derrière ce grand monument, s'élève une pyramide de brêche d'Aleth, de deux pouces de ſaillie, ſur un fond de marbre blanc veiné, dont eſt revêtu tout le mur de l'arcade, ainſi que ſon archivolte & ſes pieds droits : ſur la face du milieu du piedeſtal, eſt une table en ſaillie, de marbre blanc, arrêté en apparence par quatre boulons, dont les têtes ſont dorés, ſur laquelle eſt gravée l'épitaphe ſuivante latine.

D. O. M.

Hic requieſcit in Domino, Joann. Bapt. Joſeph Languet de Gergy *è ſtirpe nobili, apud Burgundiones ortus, Sacræ Facultatis Pariſienſis Doctor Sorbonicus, Sancti Sulpitii Parœciæ per* XXXV *annos Rector ; extremá ætate Abbas B. Mariæ de Bernaïo, toto vitæ decurſu Deiparæ fervidus Cultor & magnificus ; hujus quale & quantùm vides Templi Ædificator, quam Fabricam, nullæ copiæ cum adeſſent, piè fidenti conceſſit animo, favente regiá pietate condidit. Præcipua illi cura & propenſior viva Chriſti domicilia tueri : ut in explorandá egeſtate perſpicax, ſic in depellendâ effuſus ; egentes fovebat egens ipſe ; veſtiebat ipſe nudus ; paſcebat ipſe eſuriens ; immortali fœnore, pauperibus divitum opes, divitibus pauperum preces concilians ; felix cœlestis commercii Dispensator. In diluviis, in incendiis, in annonæ penuriá, portus, perfugium, subsidium suis : acer, expeditus, efficax. Optimi cujusque operis munificus fautor, & ipse auctor providus, infantis Jesu, infantes alumnas parthenone nobili excepit, enutrivit, informavit. Hunc optimates sapientem in consiliis arbitrum, Grex Ducem; Pastorem, patrem ; Lutetia Civem Beneficum, Ecclesia Doctorem & exemplum luxerunt. In cœlo cum Angelis ob virtutum decora, in terrá nobiscum per beneficiorum monumenta æternùm victurus. Obiit die XI Octobris an.* M DCC L, *ætatis* LXXVI.

Joannes Dulau d'Allemans, *tanti viri successor, & hujus Basilicæ Æditui, amoris & grati animi causá flentes* PP.

On ne sauroit refuser des louanges à l'Auteur de ce riche tombeau, *Michel-Ange Slodtz*, Sculpteur habile & renommé. Son intention a été d'imiter le mélange des marbres avec le bronze & la dorure, dont on voit en Italie plusieurs monumens d'un très-heureux effet. Si celui-ci n'a pas eu tout le succès que l'Auteur s'en promettoit, c'a été par l'impossibilité d'avoir à son choix, dans l'abondance des marbres que possèdent les Ultramontains, la variété prodigieuse de leurs couleurs nécessaires, pour former cette harmonie avec le bronze & la dorure, & qui fait autant de plaisir à l'œil, que les accords dans la musique en font à l'oreille. On doit toujours être très-obligé à ce grand Sculpteur, d'avoir osé le premier en concevoir le projet, & le courage d'en entreprendre l'exécution dans une Chapelle, où le défaut d'espace est le premier obstacle à l'heureux effet de cette grande machine. La Chapelle où est placé ce beau monument, est sous l'invocation de Saint Jean-Baptiste, Patron du défunt.

Il y a dans cette Eglise un grand nombre de sépultures de personnes illustres, dont on voit les épitaphes, entre autres, celles de M. *de Besanval de Meysonier*, du Maréchal de Lowendal, de la Duchesse de Lauraguais, en petit & en demi-base, *de Bouchardon*, avec cette inscription sur une urne, *ut flos antè diem flebilis occidit*, qui fait connoître que la mort l'avoit enlevée dans une grande jeunesse, &c. &c. Les illustres qui y sont enterrés, sont les savans, *Claude Dupuy, Pierre Michon*, connu sous le nom *d'Abbé Bourdelot, François Blondel, Barthelemi d'Herbelot*, Dom *Gaëtano Julio Zumbo*, Gentilhomme Sicilien, génie admirable pour la sculpture & la peinture, & qui a laissé à Paris trois ouvrages de sculpture, dont les figures colorées au naturel, font encore regretter sa perte. L'un de ces ouvrages est une tête anatomique dont il fit présent à l'Académie Royale des Sciences, & qu'elle conserve précieusement. Les deux autres représentent, l'un la Nativité, & l'autre la Sépulture de J. C. L'Auteur a souvent dit qu'il avoit choisi ces deux sujets, pour avoir occasion d'exprimer deux passions contraires, la joie & la tristesse. M. *de Piles*, grand Connoisseur, a fait une savante description de ces deux excellens morceaux. On la trouve à la fin de son Cours de peinture. Cette Eglise renferme aussi les sépultures de *Marie-Catherine le Jumel de Barneville*, veuve de *François de la Mothe*, *Comte d'Aulnoy*, de *Roger de Piles*, d'*Elisabeth-Sophie Cheron*, de l'Académie Royale de Peinture, & de celle des *Ricovrati* de Padoue, morte femme du sieur *le Hai*, Professeur de Mathématiques ; de *Jean Jouvenet*, Peintre ordinaire du Roi, d'*Etienne Baluze*, de *Michel de Marolles*, Abbé de Villeloin, &c. &c. &c.

La statue de la Sainte Vierge est d'argent & de grandeur naturelle. Elle a été modelée par Bouchardon, & jettée en fonte par *de Villers*. Elle fut commencée en 1731. On la porte à la procession de l'Assomption.

On doit voir dans cette Eglise un petit escalier de pierre de taille, d'un seul trait, tourné en limaçon, depuis le bas jusqu'au haut, dont le trait est ingénieux & très-hardi. Il est de l'invention de *Gittard*.

Les bénitiers en coquilles, & ceux en urnes sépulcrales, sont dignes de l'attention des curieux.

La Cure de cette Eglise a, de tout temps, été à la nomination de l'Abbaye de Saint Germain, & est d'un revenu très-grand & très-assuré. Le Service Divin s'y fait avec édification, & la Communauté, jointe au grand & au petit Séminaire, composent ensemble le plus nombreux Clergé de tout le Royaume.

Administration de la Paroisse.

Le 10 Août de l'année 1642, Messire *Jean-Jacques Olier*, Abbé de Pébrac, après avoir refusé plusieurs Evêchés, prit possession de cette Cure. Le 15 du même mois, il commença avec ses Associés, sous les auspices de la très-Sainte Vierge dans son Assomption, la réforme de cette Paroisse qui étoit dans le plus affreux désordre, l'établissement de la Communauté qui la dessert encore, & celui du Séminaire qui lui est d'un grand secours. Plusieurs Prêtres du plus grand mérite vinrent se joindre à ceux que M. Olier avoit amenés avec lui. Il les mit dès-lors en Communauté, & y vécut avec eux, se faisant le plus petit, & ne se distinguant que par un zele plus ardent, une humilité plus profonde, & une charité sans bornes. Il leur donna ensuite les réglemens les plus sages, tant pour leur propre utilité, que pour celle de tous les Paroissiens, & qui s'observent encore. Il régla qu'ils auroient, sous l'autorité des Curés, un Supérieur, chargé de veiller au bon ordre de la Communauté, & de distribuer les emplois ; deux Directeurs, chargés de veiller, conjointement avec lui, 1°. sur la maison pour le temporel & le spirituel de MM. les Prêtres. 2°. Sur la Paroisse pour subvenir aux besoins des Paroissiens. 3°. Sur l'Eglise, pour en faire remplir les fonctions ; un Doyen pour présider aux exercices en l'absence du Supérieur ; un autre ancien, chargé de régler les différens registres, pour être présentés à l'assemblée de chaque mois; un Econome pour avoir soin du temporel ; un Directeur des Domestiques, pour avoir soin de leur instruction ; un Bibliothéquaire, pour avoir soin de la bibliothèque, & de tous les papiers concernant les emplois de la Maison ; dix ou douze anciens qui, après un long travail, consument le reste de leur vie à la prière, à la direction des nouveaux venus, & à recevoir tous les mois, en présence de M. le Curé, & conjointement avec le Supérieur, les deux Directeurs, le Doyen, celui qui règle les registres, l'Econome, le Bibliothéquaire & le Directeur des Domestiques, le compte de toute l'administration, soit spirituelle, soit temporel de la Communauté ; enfin à donner leur avis pour l'admission de nouveaux Prêtres. Il voulut qu'il n'y eût entre eux aucune distinction, qu'ils s'acquittassent tous, suivant leur ancienneté de Maison, de toutes les fonctions du Saint Ministère, même de celles qui, aux yeux du monde, paroissent les moins honorables. Il voulut qu'ils refusassent absolument tout ce qu'on leur présenteroit, par quelque voie, ou sous quelque prétexte que ce fût, même sous le titre de présent, pour le Sacrement de Pénitence, & pour la visite des malades, & qu'ils n'exigeassent rien pour l'administration du Saint Viatique. Il porta même le détachement jusqu'à ce point, qu'il voulut que toutes les rétributions, honoraires & présens qu'ils recevroient des Fidèles pour tous les services quelconques qu'ils leur rendroient, même pour la célébration de la Sainte Messe, & l'assistance aux enterremens, fussent mises en commun entre les mains d'un d'entr'eux, & que chaque Particulier se contentât, suivant le desir de Pierre, d'avoir sa nourriture & de quoi se vêtir. Il voulut enfin que les Chantres & les Enfans de Chœur demeurassent à-la Communauté, afin d'être plus à portée de veiller sur eux.

M. Olier partagea cette Paroisse en huit Quartiers, à chacun desquels il préposa un Prêtre, chargé d'y veiller sur tout le spirituel, d'y visiter tous les malades, & d'entrer dans les plus grands détails, afin qu'ils pussent s'acquitter plus facilement de cette partie de la charge de la Cure, il leur en associa d'autres, au nombre de dix à douze, pour les seconder & les soulager. Il mit ces Quartiers sous la protection de la Sainte Vierge, sous le titre d'une de ses Fêtes. Il ordonna qu'on tînt un registre exact de tous les malades, dans lequel seroit inscrit le nom & la demeure de chaque malade, son Confesseur, & les Sacremens qu'il auroit reçus. Comme l'Office canonial étoit déjà établi dans cette Eglise, il chargea un de ses Prêtres d'y présider en son nom, les jours ouvrables; il en nomma un pour exercer aux cérémonies, & pour présider à tous les Offices extraordinaires. Il en nomma six pour l'administration des Sacremens d'Eucharistie & d'extrême-Onction, cinq pour administrer les Sacremens de Baptême & de Mariage. Il voulut qu'il y en eût toujours deux, chargés de répondre à chaque instant aux Paroissiens, pour satisfaire à toutes leurs demandes, & leur donner des avis & des instructions, suivant leurs besoins, quoique tous fussent obligés d'administrer le Sacrement de Pénitence, il en chargea deux (en 1690 il y en avoit quatre) de recevoir les confessions des Paroissiens; à quelque heure du jour qu'ils se présentassent. Il en préposa quatre pour assister les Agonisans. Il en chargea un du soin des pauvres. Il en nomma quatre pour les Sacristies, dont deux pour les affaires de l'Œuvre, pour préparer les ornemens & les vases sacrés pour les grands Messes, les Vêpres, les Obits, les Convois, Services, pour les Saluts, l'Office Divin & la Communion. Les deux autres, pour avoir soin des Chapelles, pour préparer les Autels, les ornemens, les vases sacrés pour les Messes basses, en recevoir les honoraires, & donner tout ce qui est nécessaire pour administrer les Sacremens; plusieurs pour veiller au bon ordre des Confrères; deux autres, chargés de délivrer les extraits; deux pour les petites sépultures; trois pour la prison de l'Abbaye S. Germain; deux autres pour instruire les Hérétiques; plusieurs chargés des Communautés d'hommes ou de filles, dépendantes de la Paroisse, des Confrairies, des Académies, & 12 Surnuméraires, pour suppléer les malades & les absens. Enfin il leur partagea tous les emplois du S. Ministère, en leur disant qu'ils étoient ses membres,

& qu'ils devoient suppléer à ce qu'il ne pouvoit faire par lui-même. Il établit ainsi une Communauté qui, sans être fondée, & n'ayant pour tout revenu que les aumônes des Fidèles pour les fonctions du Saint Ministère, s'est soutenue jusqu'à présent, & n'a jamais manqué de Prêtres pour servir cette grande Paroisse, quoiqu'ils n'y soient retenus par aucun engagement, ni attirés par aucun intérêt, si ce n'est celui de la gloire de Dieu, & qu'au contraire, ils y dépensent leur propre revenu.

Malgré les Cathéchismes qu'il faisoit souvent lui-même dans l'Eglise Paroissiale les Dimanches & Fêtes, il en faisoit faire douze dans les différens Quartiers de la Paroisse, par ses Prêtres & ses Séminaristes. Dans le temps du Carême, il en faisoit faire tous les jours, & plusieurs fois par jour, pour toutes les personnes de tout âge & de toute condition. Enfin il est l'Instituteur & le Fondateur de presque tous les établissemens de piété, faits dans cette Paroisse, & de tous les Réglemens & usages qui s'y observent.

Il y a maintenant un Supérieur & un Econome pour la Communauté; deux Prêtres pour chaque Quartier de la Paroisse; trois pour les Mariages; deux pour les Baptêmes; six pour le Saint Viatique & l'extrême-Onction; un pour la Sacristie des Messes-basses; un chargé de régler les Convois; deux pour faire les enterremens de charité; un chargé du soin des pauvres; un pour délivrer les extraits & certificats; plusieurs chargés des Congrégations, des Confrairies, de la prison & des Communautés qui travaillent pour la Paroisse; plusieurs Agrégés; enfin deux Vicaires de Chœur, un Diacre & un Sous-Diacre d'office, un Porte-Croix, deux Chapiers, quatre Chantres, deux Serpens, six enfans de Chœur & six Enfans pour servir les Messes-basses.

MM. les Marguilliers, comme les Représentans des Paroissiens, & les Tuteurs des biens de la Fabrique, ont, conjointement avec M. le Curé, toute autorité pour l'administration du temporel; ainsi ce sont eux qui reçoivent toutes les fondations, les honoraires pour les chaises, ceux pour la sonnerie, les ornemens & les enterremens, soit dans l'Eglise, soit dans les cimetières; ce sont eux qui remettent entre les mains de M. le Curé les revenus des fondations faites, en très-petit nombre, en faveur des Pauvres & des Ecoles de Charité. Ce sont eux qui remettent entre les mains de l'Econome de la Communauté, les revenus des fondations que MM. les Prêtres & MM. les Chantres acquittent. Enfin ce sont eux qui nomment le Clerc de l'œuvre, l'Organiste, les Bedeaux, les Suisses & les Loueurs de chaises. Maintenant le Clerc de l'œuvre, est en même temps Sacristain.

MM. du Séminaire rendent à la Paroisse, sans y être obligés, & sans aucune rétribution, tous les services qui dépendent d'eux, & aussi souvent que peuvent le permettre aux Directeurs le soin de leurs Elèves, & aux Séminaristes, l'étude & les autres occupations nécessaires & indispensables pour acquérir les lumières & les vertus de leur état. Ce sont les plus anciens d'entr'eux, qui, au nombre de 70, vont dans différens Quartiers du Fauxbourg, enseigner à la jeunesse de cette Paroisse, les premiers élemens de la Religion Chrétienne; ce sont eux qui les disposent à recevoir les Sacremens de Confirmation & Communion, qui préparent ceux qui les ont reçus, à approcher avec fruit de la Sainte Table aux Communions du mois; qui tous les Dimanches & Fêtes font le prône aux enfans des Ecoles, & instruisent les Ecoliers des pensions, qui, pendant le Carême, font des conférences aux Ouvriers & Domestiques; qui donnent pendant la Semaine Sainte une retraite aux Ecoliers; ce sont eux enfin qui font tous les jours des conférences aux jeunes Clercs de la Paroisse. Bien loin de recevoir des honoraires pour toutes ces fonctions, ils y contribuent de leurs propres deniers, & dépensent considérablement pour l'ornement des cathéchismes, & pour les récompenses qu'ils donnent aux enfans.

MM. les Directeurs du Séminaire des Missions étrangères, sont aussi d'une grande utilité à cette Paroisse, sur-tout par rapport aux Ouvriers auxquels ils font des instructions tous les Dimanches & Fêtes, & leur donnent des retraites tous les ans. Ils font aussi le catéchisme tous les Dimanches & Fêtes aux Ouvriers des rues, & les disposent à recevoir les Sacremens de Confirmation & d'Eucharistie, & donnent plusieurs retraites dans le temps du Jubilé.

MM. les Clercs-Reguliers, dit Théatins, travaillent aussi avec le plus grand zèle pour la Paroisse. Il y en a toujours un d'entr'eux, nommé pour entendre les confessions à toute heure du jour, & pour la visite & confession des malades, à toute heure de la nuit. Dans les temps de Jubilés, ils donnent des exercices spirituels de la retraite.

La Communauté des Sœurs de la Charité, rue Férou, qui portent tous les jours la portion & les médicamens nécessaires aux pauvres malades qui les demandent, en se faisant inscrire par les Portiers de la Communauté.

M.

M. le Curé paie trois Médecins & deux Chirurgiens, qui font chacun chargés des pauvres malades du Quartier qui leur est marqué.

La Maison de la Mère de Dieu, rue du vieux-Colombier, pour les Orphelins & Orphelines de cette Paroisse, où on les élève dans la piété, & où on leur fait apprendre à travailler.

La Communauté des Frères des Ecoles Chrétiennes, rue Notre-Dame-des-Champs, qui font avec le plus grand zèle & la plus grande édification, les Ecoles pour les garçons.

Les Communautés des Sœurs de l'Enfant-Jésus, rue Saint-Maur*, des Sœurs de l'Instruction Chrétienne, rue Pot-de-Fer **; des Filles de la Providence, dites de Saint Joseph,

---

* Elles doivent leur établissement au Père *Barré*, Minime, qui, aidé de Madame *Maillefer*, leur fit ouvrir leur première Maison à Rouen en 1666. Le succès en fut si heureux, que plusieurs Curés de Paris s'empressèrent d'avoir de ces Ecoles dans leurs Paroisses. Il commença donc leur établissement en 1677 sur la Paroisse de Saint Jean en Grève, où il ne subsista que quelques années. Avant sa mort, arrivée le 13 Mai 1686, il le fixa sur celle de Saint Sulpice, où ses filles tinrent huit Ecoles à Saint Joseph, rue Saint Dominique, à la Grenouillère, & dans les rues de Seine & Sainte Placide. Elles eurent à souffrir de la part des Maîtresses d'Ecoles & des Maîtres Ecrivains, les mêmes persécutions que les Frères, & en furent délivrées par les mêmes moyens. Le Père *Barré* les engagea à faire des vœux simples d'obéissance & de stabilité; il ne voulut point qu'elles eussent de Lettres Patentes. Le Chef de leur Institut & leur Noviciat, est maintenant établi sur cette Paroisse, rue Saint-Maur, où, du consentement de M. le Curé, vu leur éloignement de la Paroisse, elles ont la permission de conserver le Saint Sacrement dans leur Chapelle; mais tous les Dimanches & Fêtes il y en vient toujours plusieurs d'entr'elles à la Messe de Paroisse. Elles tiennent leurs Ecoles gratuites pour les filles, dans la rue Saint-Maur, & dans la rue de Seine. Ces Sœurs s'acquittent de cet emploi avec le plus grand zèle & la plus grande exactitude; quoiqu'elles tiennent des pensionnaires pour les former aux vertus chrétiennes; leur Maison est de la plus exacte régularité. Elles ont encore la première ferveur de leur Institut, & sont sur-tout recommandables par la grande charité qui règne entr'elles.

** Cet établissement est dû à *Marie de Gournay*, veuve de *David Rousseau*, Marchand de cette Paroisse, & à plusieurs Dames de piété. La Dame Rousseau en eut la conduite & la direction jusqu'à sa mort.

rue Saint-Dominique. *Voy. tom. 3, pag. 29*, font avec le même zèle & la même édification, les Ecoles pour les filles *.

―――――

M. *Olier*, & depuis lui les Curés de cette Paroisse, ont toujours soutenu ces Sœurs avec le plus grand zèle, & les ont beaucoup aidées dans les commencemens, par leurs libéralités. Cette Communauté fut établie solidement au mois de Septembre 1657, par les Lettres Patentes du Roi, portant pouvoir de faire de nouveaux établissemens dans ladite Paroisse, sans qu'il en soit besoin de nouvelles. Elles furent enrégistrées au Parlement, le 17 Février 1662. Les filles de cette Communauté ne font que des vœux simples, & la Supérieure se nomme *Sœur aînée*. Les Ecoles qu'elles tiennent sont les premières & les plus anciennes de la Paroisse ; on y enseigne la Doctrine Chrétienne, à lire & à écrire, & divers ouvrages, & les enfans y sont depuis le matin jusqu'au soir, sans aucune rétribution : elles prennent aussi des Pensionnaires, & les disposent à la première communion. Elles logèrent d'abord dans la rue du Gindre, où elles tenoient trois Ecoles. Depuis 1738, elles sont dans la rue Pot-de-Fer, où elles ont une Chapelle pour y conserver le Très-Saint Sacrement, & où elles ont leur sépulture, à condition cependant qu'elles seroient assidues aux Offices de Paroisse ; ce qu'elles observent avec beaucoup d'édification.

* Le Père *Nicolas Barré*, Minime, ayant connu quelques filles vertueuses qu'il trouva disposées à se consacrer à l'instruction des jeunes personnes de leur sexe, dont la pauvreté ne leur permettoit pas d'avoir des Maîtresses qui pussent les instruire, assembla ces filles charitables en 1678, & leur fit ouvrir la première de ces Ecoles. Le succès en fut si heureux, que plusieurs Curés de Paris s'empressèrent d'avoir de ces Ecoles dans leurs Paroisses. Trois ans après, c'est-à-dire en 1681, le Père *Barré* voyant le fruit de cet établissement, engagea quelques Maîtres d'Ecoles à faire une pareille société pour l'instruction des jeunes garçons pauvres & indigens. Le premier établissement de ceux-ci se fit au Quartier de Saint-Germain-des-Prés. Les Maîtresses & les Maîtres de ces Ecoles, vivent en Communauté, sous la conduite de leurs Supérieurs, mais ne font point de vœux. Les unes & les autres souffrirent de grandes traverses, qui leur furent suscitées par les Maîtres & Maîtresses d'Ecoles, qui étoient munis des Lettres du Chantre de l'Eglise de Paris. Comme l'Eglise de Paris a été la source des études dans cette Ville capitale, le Chantre de cette Eglise a conservé toute autorité sur les petites Ecoles, & les Maîtres & Maîtresses sont obligés de lui prêter serment, de le respecter comme leur Supérieur, & de lui rendre une parfaite obéissance. Ils ne peuvent, ni les uns ni les autres tenir

La Communauté des Sœurs Hospitalières de Saint Thomas, où l'on panse les malades qui ne peuvent être reçus dans les Hôpitaux.

Ecole qu'avec ce préalable, & qu'après avoir obtenu du Chantre des Lettres de permission, qu'il n'accorde que pour un an, qui finit à la Saint Jean-Baptiste, & tous les ans il les renouvelle. Les Maîtresses & les Maîtres des Ecoles charitables, n'ayant reconnu, lors de leur établissement, d'autres Supérieurs que les Curés de Paris, dans les Paroisses desquelles ils étoient établis, cette indépendance du Chantre donna lieu à un procès entre le Chantre & les Chanoines de Notre-Dame d'une part, & les Curés de Paris d'autre. L'instance étoit pendante au Parlement, & sur le point d'être jugée, lorsque les Parties passèrent une transaction datée des 18, 20, 22, 23, 29 & 30 Mai de l'an 1699. Par cet acte, les Parties convinrent que les Curés de la Ville & des Fauxbourgs de Paris prendroient du Chantre des pouvoirs de gouverner les Ecoles de Charité de leurs Paroisses, qui leur seroient accordés sur la simple présentation de leurs provisions & prise de possession, sans qu'il fût besoin de présenter requête au Chantre, ni d'avoir des conclusions de son Promoteur; & que ces permissions dureroient tant que le Curé, qui les auroit obtenues, seroit en charge; que ceux qui seroient pourvus de leur Cure pendant la vacance de la Chantrerie, prendroient la permission du Chapitre de Notre-Dame; que chaque Curé, dans sa Paroisse, institueroit & destineroit les Maîtresses & les Maîtres des Ecoles de Charité, à son gré, & sans que ceux qu'ils institueroient, fussent tenus de prendre des Lettres du Chantre; que, pour distinguer ces Ecoles d'avec les autres, on mettroit sur la porte un écriteau portant: *Ecole de Charité pour les pauvres de la Paroisse:* qu'on ne recevroit dans les Ecoles de Charité, que des enfans véritablement pauvres & de la Paroisse; que le Chantre, ou dans la vacance de la Chantrerie, le Chapitre de Notre-Dame pourroit visiter les Ecoles de Charité une fois l'an, en présence du Curé, sans qu'aucun des Maîtres ou Maîtresses du Quartier puisse y assister; que le Chantre, par maladie ou absence, ne pouvant faire cette visite dans le cours de l'année, il pourra, après un mois écoulé de l'année suivante, la faire faire par un Vice-Gérent, qui doit être un des Chanoines de la Cathédrale, Prêtre & Gradué; que hors le temps de ces visites, les Maîtresses & les Maîtres des Ecoles de Charité ne pourront être traduits pardevant le Chantre, son Vice-Gérent, ou les Députés du Chapitre; enfin, que les Maîtresses & les Maîtres des Ecoles de Charité seront exhortés d'assister au Synode du Chantre, mais que les quatre d'entre eux nommés le Chantre, seront obligés de s'y trouver pour faire rapport aux Curés de ce qui s'y sera passé.

A peine ce procès fut-il terminé, qu'on en intenta un autre aux Maî-

La Maison du Bon-Pasteur, où un grand nombre de filles de cette Paroisse, volontairement retirées du désordre, vivent dans un vrai esprit de pénitence & de régularité.

La Maison de Sainte-Valère, qui sert comme d'un second refuge aux pauvres filles de cette Paroisse, qui se retirent volontairement du désordre.

La Maison de l'Enfant-Jésus, où l'on retire un grand nombre de femmes & filles de tout âge, pour les instruire & les occuper à filer, & à différens autres ouvrages.

Nous avons parlé de la Maison de la Mère de Dieu pour les pauvres enfans orphelins de cette Paroisse, rue du vieux-Colombier, dont le nombre n'est pas fixé. Ils sont ordinairement au nombre de quarante à cinquante, tant garçons que filles. Ils y restent jusqu'à ce qu'on puisse les mettre en métier, où ils sont encore à la charge de la Maison pendant leur apprentissage. Les Sœurs qui les instruisent, ne font pas de vœux. Elles sont sous la direction de M. le Curé, qui commet un de ses Prêtres pour les diriger & veiller sur leur conduite, quant au spirituel : ce Prêtre est aussi, avec M. le Curé, Membre du Bureau d'administration pour le temporel. *Voy.* tom. 3, *pag.* 241. *Voy.* aussi les Communautés de Saint Thomas-de-Villeneuve & de Sainte Thécle, à leur article.

Il y a dans cette Paroisse, rue Notre-Dame-des-Champs, une Chapelle du titre du Saint-Esprit. Damoiselle *Madeleine Coffart* établit en 1640 une Communauté de filles dans cette rue, appellée alors rue du Barcq. Elle n'acheta les bâtimens & terreins qu'en 1659, de M. *Antoine Bonigalle*. Elle y fit bâtir alors la Chapelle du Saint-Esprit que l'on y voit encore,

---

tresses & aux Maîtres des Ecoles charitables. Les Maîtres Ecrivains prétendirent que, selon les Arrêts du Conseil qu'ils avoient obtenus, il n'étoit permis qu'à eux d'enseigner l'écriture & l'arithmétique ; ce qui leur étoit disputé par les Maîtres d'Ecole. Le Conseil, par son Arrêt du 9 Mai 1719, termina ce différend, en maintenant les Maîtres des petites Ecoles dans le droit d'enseigner l'écriture, l'orthographe, l'arithmétique, les comptes à parties doubles & simples, & les changes étrangers.

Il y a présentement de ces Ecoles charitables dans presque toutes les Paroisses de Paris ; mais les Communautés les plus nombreuses de ces Maîtresses & de ces Maîtres, sont celle des filles établies dans la rue Saint-Maur, & celle des Frères qu'on nomme de l'Enfant Jésus, établis dans la rue de Notre-Dame-des-Champs.

& qui est publique. Elle y fonda à perpétuité une Messe tous les Dimanches & Fêtes de l'année, avec les Litanies des Saints à l'issue. Cette Chapelle est un Bénéfice à la nomination de son plus proche parent; cette Demoiselle décéda le 18 Juillet 1694, âgée de soixante & dix-sept ans, & y fut inhumée. Elle ne put obtenir des Lettres-Patentes pour l'établissement de sa Communauté, & le 16 Juillet 1671, le Parlement lui défendit par un Arrêt, de *faire usage de Communauté en ladite Maison*; cependant, par son testament, elle laissa aux filles qui demeuroient avec elle, tous ses biens, dans le cas qu'elles vécussent ensemble en bonne intelligence, leur disant que si la division se mettoit parmi elles, l'Hôpital-Général s'empareroit de leurs biens. Ce que cette Demoiselle avoit craint arriva; & par un autre Arrêt du 18 Janvier 1707, cette Communauté fut entièrement supprimée, & les biens réunis à l'Hôpital-Général; ce qui donna lieu à M. de Noailles de déclarer, qu'étant contre les règles, de permettre davantage l'usage de cette Chapelle dans une maison séculière, il donnoit ordre à son Promoteur d'en poursuivre la translation dans l'Eglise de la Pitié. En conséquence MM. les Administrateurs de l'Hôpital vendirent l'emplacement de cette Chapelle avec les matériaux, les bâtimens & tous les terreins adjacens, à M. *Cadeau*, qui les revendit de même en 1720, à M. *Chebarne*, de qui l'Institut des Frères des Ecoles Chrétiennes les acheta en 1722. On mit les Frères en possession du terrein & des matériaux de la Chapelle; mais comme on obtint qu'elle ne fût point réunie à la Pitié, parce qu'elle étoit un titre de Bénéfice, ils en donnèrent leur désistement. Ils augmentèrent ce terrein du côté du jardin, avec une portion d'un autre jardin, qui leur fut donnée en 1731 par Mlle. *Dagarat*, qui en avoit donné une partie plus considérable aux Orphelins.

On compte actuellement dans cette Paroisse six Confrairies; savoir, du Saint Sacrement & Adoration perpétuelle; de la Bienheureuse & immaculée Vierge Marie, sous le titre de N. D. de Liesse; de Saint Roch, Saint Sébastien & Sainte Julienne; de N. S. apparoissant à la Madeleine, sous la protection de Saint Fiacre & de Sainte Véronique; de Saint Christophe & Sainte Geneviève; de l'Ascension de N. S. J. C. sous la protection de Saint Louis & de Saint Etienne.

Outre ces Confrairies, il y a à Saint Sulpice une Congrégation d'hommes & une de filles, établie par M. *Deschamps*, neveu de M. *Baudrand*, Curé, Prêtre de sa Communauté, & chargé d'un Quartier de cette Paroisse. Ce pieux Ecclésiastique assembla en 1700 huit ou dix hommes, Marchands ou Artisans, qu'il forma & assujettit aux exercices qui se pratiquent encore dans ces Sociétés. En très-peu de temps le bruit de ce nouvel établissement se répandit dans toute la Paroisse : cet Ecclésiastique qui en étoit le Directeur, réussit si heureusement à persuader d'entrer dans cette union, qu'on vit le nombre de ces nouveaux Associés s'augmenter & croître tous les jours jusqu'au nombre de trois cents. Ce succès fit espérer à M. *Deschamps*, que s'il entreprenoit la même chose pour tenir en règle les filles du Quartier dont il prenoit soin, N. S. ne lui refuseroit pas les secours nécessaires pour réussir dans cette seconde entreprise ; & en effet, en très-peu de temps cette seconde Congrégation se forma & se trouva en 1702, remplie de personnes, plus distinguées encore par leurs vertus, que par leur grand nombre, qui égaloit au moins celui de la Congrégation des hommes. Cette dernière est sous la protection de la Sainte Vierge dans son immaculée Conception, & elle célèbre particulièrement la Fête du Rosaire, le premier Dimanche d'Octobre. Les Congréganistes assistent sous leur bannière, où est représentée l'Arche d'Alliance, aux Processions de la Fête-Dieu & de l'Assomption ; & à cette dernière, ils portent la statue de la Sainte Vierge. Depuis plusieurs années il s'est établi dans cette Congrégation une association d'assistance mutuelle, qui a été approuvée en 1772 par M. l'Archevêque. La Congrégation des Filles est sous la protection de la Sainte Vierge dans son Annonciation ; elles assistent aux mêmes Processions sous leur bannière, où est le nom de Marie, & au-dessus de laquelle est une colombe portant un rameau d'olivier.

Il y a un grand nombre de Reliques renfermées dans des reliquaires, ou des urnes très-précieuses ; nous renvoyons le Lecteur curieux au livre intitulé, *Remarques historiques sur l'Eglise de Saint Sulpice*, cet Ouvrage ne nous permettant pas d'entrer dans un détail plus circonstancié.

Notes sur les travaux qui se font actuellement dans la Paroisse Saint Sulpice.

L'Architecte de la Chapelle de la Vierge, sous le titre de l'immaculée Conception, est M. *de Dailly*, des Académies d'Architecture, de Peinture & de Sculpture.

M. *Pigal* & ses neveux pour la sculpture d'histoire.

M. *Callet*, de l'Académie de Peinture & de Sculpture, pour la peinture d'histoire.

M. *Lachenait* & M. *Metivier*, Sculpteurs des ornemens.

M. *Hervieux* pour la ciselure.

M. *Pigal* & M. *Chabault*, Maîtres Menuisiers.

L'Architecte du portail, des tours & de l'orgue, est M. *Chalgrin*, de l'Académie d'Architecture, premier Architecte & Intendant des bâtimens de MONSIEUR, & Intendant des bâtimens de Monseigneur le COMTE D'ARTOIS.

M. *Mouchy* & M. *Boirot*, de l'Académie de Peinture & de Sculpture, Sculpteurs d'histoire pour les deux Chapelles du portail & pour les tours.

M. *Lachenait* & M. *Metivier*, Sculpteurs pour la sculpture d'ornemens des deux Chapelles & des tours.

M. *Berthelemy* & M. *Ménageot*, de l'Académie de Peinture & Sculpture, pour la peinture des plafonds & des tableaux des deux Chapelles.

M. *Duret*, ancien Professeur de l'Académie de Saint-Luc, pour toute la sculpture de l'orgue.

M. *Jadot* pour toute la menuiserie de l'orgue.

M. *Delore*, Maître Charpentier, Inventeur de la charpente des tours, & que l'on voit aujourd'hui.

M. *Mangin*, Maître Maçon des tours.

M. *Mardelle*, Maître Serrurier des tours & de la Chapelle de la Sainte Vierge.

M. *Vallée*, Doreur pour la Chapelle de la Sainte Vierge.

Le plafond de la Chapelle de la Sainte Vierge, peint par *Fr. le Moine*, fut gâté en 1763 ou 1764, par le feu de la foire Saint-Germain, qui se communiqua à la charpente du dôme; il vient d'être rétabli par M. *Callet*, qui y a fait une addition considérable, nécessitée par une seconde voûte ouverte, peinte & dorée, & qui a été faite pour masquer les jours qui doivent éclairer le plafond, qui auparavant ne pouvoit être vu. On a changé en conséquence le couronnement au-dessus des colonnes de l'Autel. Le Tabernacle, l'Autel, &c. sont ainsi changés.

On a placé dans une trompe en saillie, sur la rue Garancière, une statue de la Sainte Vierge de sept pieds de proportion, en marbre par Pigalle. Elle est accompagnée des statues de Saint Joseph, Saint Jean, &c. en stuc, par M. *Pigalle* le neveu. Le Tabernacle est couronné par un agneau de bronze doré, par M. *Mouchy*, neveu de M. *Pigalle*.

Sur la porte du Tabernacle, un Crucifix de bronze, par M. *Pigalle*.

L'orgue est sur les desseins de M. *Chalgrin*; le Facteur est M. *Clicquot*; cet orgue sera un buffet de trente-deux pieds, le plus complet de l'Europe. Les statues de l'orgue sont le Roi David & des Anges ou Adolescens, avec des instrumens de musique.

Le portail & les tours ont été construits d'abord sur les desseins du Chevalier *Servandoni*, avec un fronton entre les deux tours. On supprime le fronton, parce qu'il menaçoit ruine, le tonnère y étant tombé en 1770. Les tours avoient leur plan octogone, & deux pilastres composoient sur les faces principales, toute l'ordonnance du troisième ordre. Le quatrième étoit un plan circulaire, sur lequel s'élevoit un simple attique qui devoit être surmonté d'une calotte. On y substitue au troisième, un plan quarré, composé de douze colonnes, surmontées de quatre frontons triangulaires, & un quatrième ordre de huit colonnes, érigées sur un plan circulaire, terminée par une balustrade.

Les deux Chapelles au bas des tours, sont destinées pour le Baptistaire, & le Sanctuaire pour le Saint Viatique. On en a corrigé l'ordonnance. Elles sont décorées de huit colonnes corinthiennes, & de quatre statues, & auront chacune un Autel.

C'est M. l'Abbé Simon de Doncourt, Prêtre de la Communauté de Saint Sulpice, qui est chargé de la direction de tous ces travaux.

Nous avons l'obligation de ce détail à M. l'Abbé *le Vacher*, un de MM. les Vicaires de la Paroisse, qui nous l'a communiqué avec le plus grand zèle.

Le 17 Juin 1778, M. le Lieutenant-Général de Police, a posé la première base des nouveaux travaux que l'on fait aux tours de cette Eglise.

L'inscription suivante, gravée sur une planche de cuivre, a été renfermée dans une boëte de plomb, & scellée dans la base dont on vient de parler, par M. le Lieutenant-Général de Police.

L'an du Seigneur 1778, le 17 Juin, du Règne de Louis XVI, la base de cette colonne de la tour du côté du nord de l'Eglise de SAINT SULPICE, *a été posée en l'honneur de la* TRÈS-SAINTE VIERGE, CONÇUE SANS PÉCHÉ, *de* SAINT JOSEPH, *de* SAINT PIERRE *& de* SAINT SULPICE, *par Messire* J. CH. P. LE NOIR, *Conseiller d'Etat,*

Lieutenant-Général de Police, ancien Marguillier d'honneur de Saint Sulpice, & Commissaire du Roi pour les bienfaits que Sa Majesté répand sur les édifices de piété.

En présence de Messire JEAN-JOSEPH FAYDIT DE TERSAC, Curé de Saint Sulpice : HENRI FR. SIMON DE DONCOURT, Prêtre de la Communauté de Saint Sulpice, chargé de la direction des travaux de ladite Eglise, & MM. les Supérieurs & Prêtres de ladite Communauté.

Sieur Dom. LESNE, Maître en Chirurgie, ancien Prévôt du Collège, & Conseiller de l'Académie Royale de Chirurgie, premier Marguillier en charge. GAB. CH. BIDAULT, Procureur au Châtelet, second Marguillier en charge, & du plus grand nombre de MM. les anciens Marguilliers, & plusieurs Notables Paroissiens. J. FR. TH. CHALGRIN, Architecte du ROI & de MONSIEUR, Intendant des bâtimens de MONSIEUR, & de MONSEIGNEUR LE COMTE D'ARTOIS, chargé de la conduite desdits travaux. CH. FR. VIEL, Inspecteur. CH. MANGIN, Entrepreneur de la maçonnerie.

Ces tours construites en 1749 sur les desseins du Chevalier SERVANDONI, avoient leur plan octogone ; deux pilastres couronnés d'un fronton circulaire, composoient sur les faces principales toute l'ordonnance du troisième étage, le quatrième étoit un plan circulaire, sur lequel s'élevoit un attique qui devoit être couronné par une calotte.

Leur reconstruction fut recommencée en 1777, sur les desseins de J. FR. TH. CHALGRIN ; alors un plan quarré au troisième ordre, composé de douze colonnes, surmonté de quatre frontons triangulaires, & un quatrième ordre de huit colonnes, érigées sur un plan circulaire, terminées par une balustrade, succèdent à l'ordonnance des deux étages du premier Architecte.

SAINT-SULPICE-DE-FAVIERES, Village à dix lieues ou environ de Paris, à l'extrêmité du Diocèse, du côté qu'il touche à celui de Chartres, c'est-à-dire, vers le sud, tirant un peu à l'ouest, à demi-lieue ou environ du grand chemin qui conduit à Orléans, à la main droite. La Ville la plus voisine est Châtres, ou Arpajon qui n'en est qu'à deux lieues, du côté de Paris. Sa situation est dans un fond derrière la montagne de Saint-Yon ; fonds assez resserré, qui ne paroît point être fertile, n'étant que terrein de sablon & de grez, sans rivière, ni ruisseau. Les labourages sont dans la plaine au-dessus du Village. Il y avoit autrefois six ou sept rues dans ce Village ou Bourg; une, entr'autres, qu'on appelloit la rue des Orfèvres: peut-être qu'il s'y en étoit établi à l'occasion du fameux pélerinage, ou que la famille de MM. *l'Orfèvre* de Paris y avoit eu un manoir.

Le bâtiment de l'Eglise mérite une attention particulière pour sa beauté. C'est un gothique du treizième siècle, très-large, très-élevé & très-délicat. Une tour également gothique soutient l'édifice. Les vitrages du fond du Sanctuaire, sont de ces anciennes peintures, semblables à celles de la Sainte-Chapelle de Paris. Au grand portail est représenté en sculpture la résurrection générale & le jugement dernier, suivant l'usage du douzième & du treizième siècle, de même qu'au portail de Notre-Dame de Paris & autres. Il est étonnant que dans un Pays si peu fourni de pierres, propres à faire quelque chose de délicat, on ait pu bâtir une Eglise de si belle pierre, & que le feu qui fut mis au dedans de cet édifice, dans le temps que le Presbytère fut brûlé, n'ait point fait de tort aux murs. On ne souffre aucun banc dans cette Eglise; on n'y voit que celui de l'œuvre, qui est comme ceux des Paroisses de Paris. Il y a double rang de stalles dans le Chœur, un grillage neuf & une nouvelle boiserie au Sanctuaire. Le Clergé est composé du Curé, de deux Chapelains & de six Enfans de Chœur, deux Choristes, trois Chantres & un Maître d'école. Les Chapelains ont été fondés par M. *Bouvier*, Curé. Le pélerinage aux Reliques de Saint Sulpice, étoit célèbre dès le treizième siècle. On y reçoit les offrandes & les vœux des Pélerins, les trois Dimanches d'après le 27 Août, jour de la Fête du Saint, en sorte que la solemnité dure jusqu'au milieu du mois de Septembre. Il n'y a guères de Confrairies dans le Royaume plus nombreuses que celle de Saint-Sulpice-de-Favières; plus de cinq cents Paroisses s'y sont fait agréger; ce qui forme plus de vingt-huit mille personnes: la célèbre Paroisse de Saint Sulpice de Paris, députe chaque année les anciens Marguilliers qui y viennent avec un Prêtre, dans le temps qu'ils vont au Val-Saint-Germain, dite Sainte Julienne, qui est une Paroisse du voisinage dans le Diocèse de Chartres. On remarque après Saint Sulpice de Paris, les Habitans de Clamard en plus grand nombre que ceux des autres Villages de cette Confrairie, sans doute parce que depuis quarante-cinq ans, il y a eu quatre malades de cette Paroisse qui ont obtenu leur guérison en ce lieu. La Cure est à la nomination de l'Archevêque.

On voit dans un endroit de cette Paroisse, les masures

d'un ancien Couvent, dont le bien a été réuni au Prieuré de la Sauſſaie, Paroiſſe de Chevilly, proche Paris, lequel bien conſiſte en cent trente arpens de terre, dix arpens de bois, & environ autant de prés.

SAINT SYMPHORIEN, *ou* SAINT LUC. L'Egliſe de Saint Symphorien, ci-devant nommée Saint Luc, n'étoit ſéparée de Saint-Denis-de-la-Chartre, que par une petite rue qui a porté ſucceſſivement les noms de rue de Glatigny, rue neuve-Saint-Denis, & rue des Hauts-Moulins. Ce dernier eſt celui qu'elle porte aujourd'hui ; cependant celui de Glatigny eſt demeuré à un petit port qui eſt auprès. Cette Egliſe qui étoit une ancienne Chapelle, ſous le titre de *Sainte Catherine*, dont on n'a pu découvrir ni l'origine, ni le Fondateur, fut fondée en 1206 par *Matthieu, Comte de Beaumont*, qui, n'ayant pu accomplir le vœu qu'il avoit fait d'aller en guerre à la Terre Sainte, donna à Eudes de Sulli, Evêque de Paris, une grande place & une maiſon qui tenoit à Saint-Denis-de-la-Chartre, pour y bâtir une Egliſe, ſous l'invocation de Saint Denis, & y entretenir deux Prêtres pour la deſſervir, ſe réſervant à lui & à ſes héritiers d'y en établir un troiſième, dont ils auroient la préſentation. Eudes de Sully fit bâtir une plus grande Chapelle l'année ſuivante, c'eſt-à-dire, l'an 1207. *Eléonore, Comteſſe de Vermandois*, donna pour l'entretien de ces Prêtres, de quoi acheter le four bannal de la Ville de Paris, qui, à cauſe de ſa profondeur, étoit ſurnommé le four d'enfer, & étoit ſitué, ſelon quelques-uns, dans la Cité, & ſelon d'autres, dans l'endroit où l'on voit encore une ancienne tour, qui tient à la grande boucherie de la porte de Paris. *Garnier de Saint-Lazare*, Bourgeois de Paris, dont une rue porte encore le nom, & *Agnès* ſa femme, donnèrent auſſi à cette Egliſe, une maiſon qu'ils avoient devant Saint-Julien-le-Pauvre, & quatre arpens & demi de vignes, à condition que les revenus deſdits fonds donnés, ſeroient partagés également entre les quatre Prêtres qui deſſerviroient cette Egliſe. On voit par l'acte de cette donation, que pour lors il y avoit quatre Prêtres, ſans qu'on ſache s'ils étoient Chanoines. La nouvelle Egliſe de Saint Denis ne conſerva pas long-temps ce titre, puiſqu'en 1214, on trouve des Lettres de l'Official de Paris, où elle eſt nommée *Saint-Symphorien-de-la-Chartre*, vraiſemblablement pour la diſtinguer de l'Egliſe de Saint-Denis-de-la-Chartre, qui n'en eſt ſéparée que par une rue étroite, &

parce que celle-ci fut dédiée sous l'invocation de Saint Denis, Sainte Catherine, Saint Symphorien & Saint Blaise.

Roger de la Chambre de Camera, & *Jeanne* sa femme, donnèrent à l'Eglise de Saint Symphorien, l'an 1214, la cinquième partie des vingt sols parisis de cens qu'ils avoient droit de prendre tous les ans sur le four d'enfer, & vendirent les seize sols restans aux Chanoines* de cette même Eglise, pour la somme de douze livres Parisis. Ces fondations & quelques autres qu'on passe ici sous silence, n'apprennent point comment cette Eglise devint Paroissiale. Les Religieux de Saint-Martin-des-Champs disent qu'elle commença dans l'Eglise de Saint-Denis-de-la-Chartre, & à laquelle ils nommèrent un Curé ou Vicaire perpétuel. Cette Paroisse fut, selon eux, transférée ensuite dans l'Eglise Collégiale de Saint Symphorien, par le Cardinal de Gondi, Evêque de Paris. Les Marguilliers de Saint Symphorien ont autrefois soutenu, au contraire, que leur Eglise étoit anciennement Collégiale & Paroissiale; que la Paroisse ne fut depuis transférée dans l'Eglise de Saint-Denis-de-la-Chartre, qu'à titre précaire, à cause des incommodités de l'eau; & qu'enfin elle fut rétablie dans l'Eglise de Saint Symphorien, du temps de l'Episcopat du Cardinal de Gondi. Peu de temps après leur Eglise menaçant ruine, les Chanoines & les Paroissiens se retirèrent dans l'Eglise de la Madeleine, où ils furent reçus & incorporés, suivant les conventions faites entr'eux & le Clergé de la Madeleine. Ainsi l'Eglise de Saint Symphorien devint une Chapelle particulière, qui, en 1704, fut cédée à la Communauté des Peintres, Sculpteurs, Graveurs & Enlumineurs de Paris, qui l'ont réparée & fort ornée de peintures & de sculptures. Le tableau de l'Autel représentoit Saint Luc, Patron des Peintres; ce qui la fit nommer la *Chapelle de Saint Luc*. Cette même Communauté acheta en même temps une maison contiguë à cette Chapelle, & où elle tenoit, non-seulement son Bureau d'assemblée, mais encore une école publique de dessin, où elle entretenoit un Modèle, & où un Maître habile instrui-

---

* Quoique les Prêtres qui desservoient cette Eglise, ne fussent qualifiés que de Chapelains, ils étoient cependant obligés, par l'acte de fondation, de dire & célébrer l'Office Canonial comme les Chanoines, & par-là ils se crurent autorisés à en prendre le titre : il leur fut confirmé par Lettres du 10 Juin 1422.

foit & corrigeoit les jeunes gens qui s'appliquoient au deſſin. On diſtribuoit tous les ans, le jour de Saint Luc, deux médailles d'argent aux Etudians qui avoient fait de plus grands progrès dans le deſſin. Cette Ecole fut autoriſée par Lettres Patentes du Roi, datées du 17 Novembre 1705, & elle fut ouverte le 20 du mois de Janvier 1706, ſous la direction du Lieutenant-Général de Police. Elle ne ſubſiſte plus depuis 2 ans.

SAINT-THIBAUD-DÉS-VIGNES. Originairement c'étoit un Prieuré qui a donné naiſſance à la Paroiſſe. Il doit ſon nom aux vignes qui ſont en grand nombre ſur une montagne, & qui produiſent le meilleur vin de toute la Brie. La montagne commence à ſortir de Lagny, du côté du couchant, & il n'y a qu'un quart de lieue de chemin, pour arriver au lieu où fut conſtruit le Prieuré. Ce furent quelques Reliques de Saint Thibaud qui y donnèrent occaſion. L'édifice de l'Egliſe eſt certainement au plus tard de l'an 1100, s'il n'eſt pas de dix ou quinze ans auparavant. Les miracles qui avoient été opérés par l'interceſſion de ce Saint, durant le cours du douzième ſiècle, y avoient formé un pélerinage qui ſubſiſtoit encore avec éclat après la mort de S. Louis. Le Prieur eſt Seigneur du territoire, & il en a les groſſes dîmes.

Le pélerinage aux Reliques de Saint Thibauld, conſervées dans le Prieuré, joint à la quantité de vignes que la bonté du territoire avoit fait planter en ce lieu, furent cauſe qu'il s'y établit peu à peu un nombre conſidérable d'Habitans autour du Prieuré. Le Cardinal *Jean du Bellay*, Evêque de Paris, écrivit au mois de Janvier 1543 à l'Abbé de Lagny, & au Prieur de Saint Thibaud, de faire ſervir l'Egliſe du Prieuré, de Paroiſſe aux Habitans circonvoiſins, d'autant qu'il y avoit des dîmes, d'y établir des fonts baptiſmaux & un cimetière, & qu'après le décès du Prieur, l'Abbé de Lagny eût à lui préſenter un Prêtre, & qu'il lui donneroit des proviſions, en promettant de venir au Synode comme les autres. Tels furent les commencemens de la Cure de Saint-Thibaud, à laquelle il y eut un Autel du titre de Saint Jean-Baptiſte, deſſiné dans l'aile ſeptentrionale de la nef. Depuis ce temps-là l'Office Paroiſſiale a été tranſporté au grand Autel. La Cure eſt à la nomination du Prieur de ce lieu, auſſi bien que celle de Saint-Germain-des-Noyers.

SAINT THOMAS D'AQUIN. (*les Filles de*) Ce ſont des Religieuſes de l'Ordre de Saint Dominique, dont le Couvent eſt rue neuve-Saint-Auguſtin, en face de la rue

Vivienne. Ces Filles doivent leur établissement en cette Ville, à *Anne de Caumont*, femme de *François d'Orléans-Longueville, Comte de Saint-Paul, & Duc de Fronsac*, laquelle fit venir de Touloufe à Paris, la Mère *Marguerite de Jésus*, avec cinq autres Religieuses, & une Sœur Converfe. La Mère Marguerite de Jéfus fe nommoit dans le monde *Marguerite de Senaux*, & étoit née le 21 Novembre de l'an 1589. Dès l'âge de quinze ans, elle fut mariée au Sieur *de Garibal*, Confeiller au Parlement de Touloufe, & de leur mariage naquirent plufieurs enfans qui moururent tous avant que d'avoir reçu le Baptême. Ils furent fi touchés l'un & l'autre de ce malheur, que d'un mutuel confentement, ils réfolurent de fe féparer pour fe donner entierement à Dieu. Le Sieur de *Garibal* fe fit Chartreux, & mourut douze ans après Prieur de la Chartreufe de Villefranche de Rouergue. *Marguerite de Senaux* prit l'habit de Saint Dominique dans le Couvent de Sainte Catherine de Sienne à Touloufe, d'où elle fortit le 22 d'Octobre 1626, avec cinq Religieufes de Chœur & une Sœur Converfe, pour venir à Paris. Elles furent inftallées le 6 Mars 1627, dans une maifon du Fauxbourg Saint-Marcel, près la rue des Poftes, que la Comteffe de Saint Paul leur Fondatrice avoit achetée. C'étoit l'Hôtel de Bonair, rue Sainte-Geneviève. Elles y demeurèrent jufqu'en 1632, qu'elles allèrent s'établir dans la vieille rue du Temple au Marais; mais ne s'y trouvant pas affez commodément logées, elles vinrent dans la rue neuve-Saint-Auguftin, & y firent bâtir vers l'an 1642, le Couvent qu'on y voit. Ces Religieufes ont pris le nom de Saint Thomas, parce qu'elles entrèrent dans cette maifon le jour que l'Eglife célèbre la Fête de ce Saint Docteur.

Le portail extérieur de ce Monaftère eft vis-à-vis la rue Vivienne; & ne répond point à la beauté de fa fituation. L'Eglife a été achevée en 1715. Le frontifpice orné de colonnes ioniques, en portique, eft d'une forme régulière & agréable. La Comteffe de Saint-Paul leur Fondatrice, morte le 2 Juin 1642, fut inhumée dans l'Eglife que ces Religieufes ont eue dans la rue d'Orléans au Marais, & fes cendres ont été tranfportées dans celle-ci, lorfque ces filles s'y font établies.

SAINT-THOMAS-DE-VILLENEUVE. (*Communauté des Filles de*) Cette Communauté eft établie rue de Sèvre. Le Père *Ange Prouft*, Auguftin de la réforme de Bourges, étant Prieur à Lamballe en Bretagne, en 1660, y raffembla un certain nombre de Filles de piété, qui, seulement par des vœux simples, se dévouèrent au service des pauvres, à l'exemple de S. Thomas-de-Villeneuve, Archevêque de Valence en Espagne, qui avoit été Augustin, & s'étoit distingué par une ardente charité pour le soulagement des pauvres. Ces Filles sont Hospitalières, & sous la règle de S. Augustin. Leurs vœux sont simples, & lorsqu'elles les prononcent, on leur met un anneau d'argent au doigt. Leur habillement est une robe noire, fermée par devant, & ceinte d'une ceinture de cuir ; leur coëffure consiste en des cornettes de toile blanche, en une coëffe blanche par-dessus, & quand elles sortent, en une coëffe de gaze noire qu'elles mettent sur leurs cornettes, & en un grand voile noir sur la coëffe. On ne fut pas longtems à s'appercevoir de l'utilité de cet Institut. Dès le mois de Mars 1661, le Roi accorda des Lettres Patentes à cette Société de Filles, par lesquelles il lui fut permis d'établir de pareilles Communautés dans toutes les villes où elles seroient appellées, pour servir les malades dans les Hôpitaux, pour élever gratuitement les pauvres Filles orphelines, & les mettre en état de gagner leur vie, & aussi pour recevoir des femmes & des filles qui voudroient faire des retraites de piété dans leurs maisons. Elles furent aussitôt appellées & établies à Montcontour, à S. Brieu, à Dol, à S. Malo, à Rennes, à Quimper, à Concarnau, à Landernau, à Brest, à Morlaix, à Malestroit, à Château-Briant, & en plusieurs autres lieux de différentes Provinces. Enfin, elles parvinrent à Paris, où le Roi Louis XIV leur permit, en 1700, d'avoir une Maison pour servir de chef à l'institut, & entretenir la correspondance générale avec les autres Maisons, pour le maintien du bon ordre & de la subordination. Cette Maison où réside la Directrice générale, a subsisté sans Lettres Patentes jusqu'au mois de Juin 1726*, que le Roi Louis XV leur en accorda, qui furent regitrées au Parlement le 7 de Septembre suivant, & par lesquelles il leur est permis d'acquérir jusqu'à 20000 livres de rente pour

---

* M. *Languet* qui succéda à M. de la Chetardie, donna son consentement à l'enrégistrement de leurs Lettres Patentes, à condition que les filles de leur société qui demeurent ou demeureront dans la suite sur la Paroisse Saint-Sulpice, continueront les devoirs ordinaires de bonnes Paroissiennes, tant envers lui, qu'envers ses successeurs Curés ; ce qu'elles ont toujours observé très-exactement jusqu'à présent.

l'entretien de 40 Sœurs. Leur premier Supérieur-Général fut le Pere *Ange Prouft*, leur Inftituteur, qui mourut le 16 d'Octobre de l'an 1697. Après fa mort, elles eurent M. *de la Chetardie*, Curé de S. Sulpice, auquel a fuccédé, dans cette fupériorité, M. *Languet*, auffi Curé de S. Sulpice. Le Supérieur Général & la Directrice générale, font élues par toutes les Maifons de la Société, qui envoye leur voix, par écrit, à celle de Paris.

 M. *Languet* établit au bout de la rue de Sèvre, à l'Hôtel de l'Enfant Jefus, une nouvelle Communauté de cet Inftitut, pour élever de la même manière qu'à S. Cyr, de jeunes Demoifelles. Les Curés fes fucceffeurs en font Adminiftrateurs nés avec M. l'Archevêque de Paris. Son premier deffein, en établiffant cette Maifon, avoit été d'y fonder un Hôpital pour les pauvres femmes & filles malades de fa Paroiffe, & fur-tout pour y procurer la nourriture & de l'ouvrage à toutes celles qui en manqueroient. Pendant toute fa vie, il y en a entretenu un très-grand nombre, & il y en a encore beaucoup maintenant. *Voy. t. 3. p. 37. au mot* FILLES *du Curé de S. Sulpice* ; & HOSPITALIERES *de S. Thomas-de-Villeneuve, ibid. p. 230*.

SAINT THOMAS DU LOUVRE. *Voy.* LOUIS DU LOUVRE. (*Saint*)

SAINT VICTOR. *Voy.* ABBAYE *Saint Victor*, t. 1 p. 106. Nous ajouterons ici que l'on vient de faire un Bâtiment nouveau pour l'agrandiffement de la Bibliothèque. Cette Abbaye eft en commende & poffède douze Prieurés-Cures en Province. Elle a 380 pas fur 260. C'eft en ce lieu où étoit le *clos d'Arènes* en 577, c'eft-à-dire, le Cirque pour les jeux publics, bâti par Childeric. Elle eft compofée de 25 Chanoines. On trouve fous fes murs un corps-de-garde de pompes pour les incendies.

 Tous les ans pendant huit jours, à commencer le 18 Juillet, jour de S. *Clair*, il s'y tient une Foire appellée la *Foire des Sifflets*, dont le Public étoit autrefois plus incommodé qu'à préfent, par le bon ordre que M. *de Sartine*, alors Lieutenant-Général de Police, y a établi.

SAINT VRAIN *ou* VERAIN, *anciennement* ESCORCHY *ou* ESCORCY. Le nom de S. Vrain que porte aujourd'hui la Paroiffe d'Efcorchy, eft celui qu'avoit un petit Couvent de la Forêt de Brateau, lequel ayant été détruit, les charges
en

en furent acquittées dans l'Eglise Paroissiale, à laquelle il communiqua son nom ; & les revenus de ce Prieuré réunis à la Cure.

Cette Paroisse est à neuf lieues de Paris, dans un vallon fort ouvert & peu éloigné de la rivière d'Etampes qui en borde les prairies. Les principaux biens sont des terres labourables. Les plaines étant assez étendues, le Seigneur la fit ériger en Marquisat en 1658, & obtint des Lettres qui y établissoient un marché par semaine, & deux foires par an. Saint Caprais est le vrai Patron de l'Eglise, & ce n'est que depuis le siècle dernier que le nom de S. Vrain a prévalu, quoiqu'il n'en soit que le second Patron dont la Fête n'est pas chommée. La nomination à la Cure a toujours été faite *pleno jure* par l'Evêque de Paris.

Cette Terre appartient à Madame la Comtesse du Barry, qui en fit l'acquisition en 1775.

SAINT-YON, Village situé sur une montagne assez élevée, à une lieue & demie, d'Arpajon vers le couchant, & à 8 ou 9 de Paris, sur la droite du chemin qui conduit à Orléans. Cette montagne est escarpée presque également de tous les côtés, ce qui rendoit les approches du dessus plus difficiles que ceux du Château de Montlhery. Etant sablonneuse, elle n'est pas des mieux cultivées : on y voit seulement quelques petits bois & beaucoup de broussailles. La forteresse bâtie par les anciens Seigneurs, étoit tout au haut de la montagne ; on y apperçoit encore quelques traces de fossés. Les trois portes qui y étoient, sont aussi assez visibles : l'une qui regarde le nord, s'appelle la porte de Paris ; celle qui est du côté du sud-est, la porte de la Folie ; la troisième qui est vers l'occident, & qui regarde le village du Breuil, se nomme la porte de Bourdeaux, à cause des maisonnettes de jonc ou des joncs même que la petite riviere arrosoit dans le bas. De toutes les maisons qui étoient autrefois renfermées dans cette forteresse, il ne reste plus que le Presbytère avec l'Eglise Paroissiale. Les Habitans sont répandus dans les différens hameaux, qui sont Feugères, les Conardières, Dampierre, Launay, la maison de la Madeleine, & la ferme de Moret.

L'Eglise n'est ni l'ancienne Eglise Priorale, ni l'ancienne Paroissiale. C'est un bâtiment du dernier siècle, construit des débris des anciens, & de fort petite étendue. On y voit une Chapelle de la Sainte Vierge, qui passe pour la Chapelle Priorale. C'est tout ce qu'il y a en mémoire du Monastère des Religieux de la Charité-sur-l'Oise, de l'Ordre de Cluny, qui y a existé, n'y restant aucune marque des anciens lieux réguliers. Proche de la maison de la Madeleine, il y avoit une Leproserie où Boissy S. Yon & S. Sulpice de Favières avoient droit d'envoyer leurs malades.

Les Pouillés du XVe & XVIe siécle, ceux de 1626 & 1648 s'accordent tous à dire, que la Cure est à la présentation du Prieur du Lieu. Le Prieur est aussi mentionné au même Pouillé, également sous le nom de *Sanctus Yonius*, mais il est mis avec les autres sous le Doyenné de Longjumeau, qui étoit alors Doyenné pour les Communautés.

SAINT YVES. (*Chapelle de*) Dans le cours de la rue Saint-Jacques, l'on trouve l'Eglise de Saint Yves, à un des coins de celle des Noyers. Elle fut bâtie en 1348, aux dépens des Ecoliers Bretons, étudians à Paris. C'est, l'on croit, la premiere qui ait été dédiée sous l'invocation de Saint Yves, qui n'avoit été canonisé que le 19 de Mai, de l'an 1347, par le Pape Clément VI. Saint Yves étoit d'une famille ancienne & qualifiée. Son pere nommé *Hélor*, étoit Seigneur de Kermartin auprès de Treguier. Sa mère s'appelloit *Azon*. Son grand-père paternel étoit un Chevalier qui s'étoit acquis beaucoup de réputation dans les armes. Saint Yves, quelquefois surnommé *Hélori*, c'est-à-dire, *fils d'Hélor*, vint à Paris à l'âge de quatorze ans pour y faire ses études de Philosophie, de Théologie & de Droit Canon. Il en sortit âgé de vingt-quatre ans, pour aller étudier le Droit Civil à Orléans, sous Pierre de la Chapelle, qui fut depuis Cardinal. Il fut ensuite Official de l'Evêque de Rennes, puis de celui de Treguier, & enfin Curé de Lohance. Il fut souvent l'Avocat des Pauvres, & vécut dans une austérité surprenante jusqu'à sa mort, arrivée à l'âge de cinquante ans, le 19 Mai 1303. L'Eglise ou Chapelle qui donne lieu à cet article, appartient à une confrairie composée d'Avocats, de Procureurs & de Marchands, qui prennent tous le titre de Gouverneurs & Administrateurs de cette Chapelle. On en choisit un tous les deux ans dans ce nombre, pour être Administrateur en charge, & avoir inspection tant sur le Vicaire, que sur les autres Desservans. Outre ce Gouverneur, il y a deux autres Gouverneurs honoraires, l'un Ecclésiastique qui l'est à vie, & l'autre Laïque, pour trois ans.

Il y a dans cette Eglise plusieurs Chapellenies qui sont à la présentation des Confrères ; elles sont d'un très-modique revenu. Il y a une très-ancienne transaction entre les Administrateurs de Saint Yves & les Chanoines de Saint Benoît, comme Curés primitifs, laquelle a été renouvellée en 1740, au sujet des inhumations à Saint Yves, des personnes décédées sur la Paroisse de Saint Benoît, qui ont desiré d'être enterrées en ladite Eglise de Saint Yves, laquelle est dans la censive dudit Chapitre.

SAINTE CROIX-DE-LA-BRETONNERIE. Le Couvent & l'Eglise de ces Religieux, que Saint Louis, dans les Lettres-Patentes de fondation de leur Maison de Paris, appelle *Fratres de Sanctâ Cruce*, sont situés dans la rue qui porte le nom de Sainte-Croix de-la-Bretonnerie. Ces Religieux ont été institués en 1211, par *Théodore de Celles*, Chanoine de Liège, qui se retira avec quelques-uns de ses Compagnons à Clairlieu, près d'Huy, entre Liège & Namur. Comme Hugues de Pierrepont, Evêque de Liège, en leur donnant l'Eglise de Saint Thibaud de Clairlieu, ne les avoit dotés d'aucuns revenus, & qu'ils avoient renoncé à tout ce qu'ils possédoient, ils n'y vécurent d'abord que des aumônes des Fidèles; mais Jean d'Appia qui succéda à Hugues de Pierrepont, en l'Evêché de Liège, & plusieurs personnes de piété, firent de grands biens à ce Monastère, qui est le chef-lieu de cette Congrégation. Leur principale occupation étoit alors de méditer sur la passion & sur la Croix de J. C. & c'est-de-là qu'ils furent appellés *Cruciferi*, *Cruce signati*, *Porte-Croix*, *Croisiers*. Ils se conformèrent pour l'Office Divin & leurs constitutions, aux Religieux de Saint Dominique, & cette conformité porta le Pape Innocent IV, au Concile de Lyon, à confirmer cette Congrégation, que le Pape Honoré III avoit déjà approuvée. Saint Louis ayant été informé du zèle de ces Chanoines Réguliers, & du succès des prédications de Jean de Sainte-Fontaine, leur troisième Général, en fit venir à Paris, & leur donna le lieu qu'ils occupent aujourd'hui, rue de la Bretonnerie, où étoit l'ancienne Monnoie du Roi. Il ajouta même quelques maisons contiguës, qu'il leur fit céder par *Robert Sorbon*, à qui il en donna d'autres en échange, comme on le voit dans une de ses lettres du mois de Février de l'an 1258.

En 1518, on prétendit que les Chanoines Réguliers de Sainte-Croix-de-la-Bretonnerie s'étoient relâchés de leurs premières observances, & le Général de cette congrégation délégua le Curé de Saint Jean en Grève & celui de Saint-Nicolas-des-Champs, pour faire la visite au Couvent de Sainte-Croix-de-la-Bretonnerie, le réformer & pacifier les différends qui étoient entre les Religieux. Sur la Requête présentée au Parlement pour cet effet, il permit aux Délégués, le 9 d'Août, de procéder à leur Commission, & leur enjoignit d'appeller avec eux les Prieurs des Célestins, des Chartreux, de Saint-Martin-des-Champs, & si besoin étoit, *Jean le Clerc*, Chancelier & Chanoine de l'Eglise d'Amiens, & Vicegérent du Conservateur de Sainte Geneviève. Ces Réformateurs donnèrent une Sentence le 18 Septembre suivant; mais le Général de l'Ordre n'en fut pas content. Le Parlement la fit examiner, & sur le rapport qui lui en fut fait, il ordonna qu'elle seroit exécutée ponctuellement, nonobstant toutes les oppositions & appellations; sauf au Général de pouvoir donner le Vicariat perpétuel au Prieur des Jacobins, en le joignant aux deux Délégués ci-dessus nommés. En 1520, il y eut trois autres Vicaires nommés pour procéder à la même réforme. L'Abbé de S. Victor, le Prieur de S. Martin-des-Champs & le Prieur des Célestins, auxquel le Parlement donna pour les assister *Nicolas Brachet*, Conseiller. Quelques années après les Religieux de cette Maison obtinrent un autre Arrêt du Parlement, qui ordonna que le Général n'y pourroit faire la visite que de trois ans en trois ans, qu'il termineroit chaque visite en trois jours, & qu'il auroit deux Assistans pris entre les Prieurs de Saint-Germain-des-Prés, de Saint Victor, de Saint-Martin-des-Champs, de Saint Sauveur de Melun, des Célestins & des Jacobins de Paris, au choix des Religieux de la Maison. Sous le règne de Louis XIII, le Cardinal *de la Rochefoucaud* saisit l'occasion de quelques désordres qui y étoient arrivés, & y introduisit des Chanoines Réguliers de Sainte Geneviève; mais les Religieux de Sainte Croix eurent le crédit de faire sortir de leur Monastère ces Réformateurs, & de les renvoyer à Sainte Geneviève, par ordre du Roi, le 13 d'Octobre de l'an 1641. Les Religieux de Sainte-Croix-de-la-Bretonnerie se réformèrent alors d'eux-mêmes, & résolurent de vivre régulièrement, selon la règle de Saint Augustin.

Leur Eglise a été dédiée sous le titre de l'Exaltation de Sainte Croix.

Sur la principale porte de l'Eglise, est cette inscription:

HÆC EST DOMUS DOMINI.
1 6 8 9.

Cette date signifie apparemment que cette porte a été rebâtie en 1689.

L'Eglise est gothique, mais assez grande, bien éclairée & proprement tenue. Elle a été bâtie par *Eudes de Montreuil*, fameux Architecte de ce temps-là. Le grand Autel est fort propre, & le bas-relief de marbre, placé sur les formes des Religieux, est estimé & fait par *Sarazin*. Le fameux *Barnabé Brisson*, second Président au Parlement de Paris, & un des plus savans hommes de son siècle, ayant été soupçonné par les Seize de favoriser le parti du Roi, ils se saisirent de lui, de Claude Larcher, Conseiller au Parlement, & de Jean Tardif, Conseiller au Châtelet, & les firent pendre sans autre forme de procès, à une poutre de la chambre du Conseil du Châtelet. Cette abominable exécution fut faite le 15 de Novembre de l'an 1591, & le corps de Brisson fut inhumé dans cette Eglise. Quoiqu'on soit savant, ce n'est pas à dire qu'on soit sans défauts. Un Historien Catholique (*Jean-Baptiste le Grain*) a accusé Brisson d'avarice & de cruauté, & ajoute qu'on le soupçonna de n'avoir pas peu contribué à l'emprisonnement du premier Président de Harlay, pour avoir sa place. Il rapporte même une épitaphe qu'on fit à Brisson, & dont voici le commencement:

BARNABÆ BRISSONII,
Præsidis maximi exangue cadaver
hîc repostum est,
Qui, dum vixit pecuniam,
Cruce signatam adamavit,
Crucem adoravit, Cruci affixus est,
Et à Cruce * ceterisque
Cruentâ pietate ferventibus,
In æde Crucis sepultus.

Cette cruauté ne fut pas long-temps impunie, car le Duc de Mayenne étant accouru à Paris, fit arrêter *Louchard*, *Anroux*, *Emonot* & *Ameline*, quatre des Seize, & *Barthelemi* qui n'en étoit pas, & les fit pendre publiquement dans la salle basse du Louvre, le 4 Décembre suivant.

Il y a au-dessous de l'Eglise seize caveaux qui servent de sépulture à plusieurs familles de la Ville.

La Maison est dans le goût moderne, & nouvellement bâtie. Dans le vestibule qui conduit au réfectoire, est un lavoir ou fontaine d'architecture, en forme de demi-cou-

---

* Procureur en Cour d'Eglise, & l'un des Seize.

pole, dont les colonnes & tous les autres ornemens sont de différens marbres & de métal doré. Ce morceau est plus beau qu'il ne convient, & seroit mieux placé dans quelques bosquets des Jardins de Versailles, que dans une Maison Religieuse. Le réfectoire est grand & propre. Le jardin n'est pas grand, mais il est bien tourné & bien fleuri.

SAINTE-CROIX-DE-LA-CITÉ. Nous n'avons rien de certain sur l'origine de cette Eglise : elle a été bâtie sur le terrein du Prieuré de Saint Eloy. Malingre nous dit que c'étoit une petite Chapelle sous l'invocation de Saint Hildebert, Evêque de Meaux, où les Frénétiques étoient amenés de toutes parts pour obtenir la guérison par l'intercession de ce Saint. Comme cette Chapelle étoit dans le Quartier de Paris le plus fréquenté, ce concours de Frénétiques incommodoit infiniment ceux qui ne l'étoient pas; & l'on fut obligé de transporter dans l'Eglise de Saint Laurent, les Reliques de Saint Hildebert.

M. l'Abbé le Bœuf, dans son Histoire du Diocèse de Paris, *tom.* 2, *pag. 506*, prétend que l'Eglise de Sainte-Croix étoit ainsi nommée dès l'an 1136, & que le culte de Saint Hildebert n'a pu commencer à Paris que vers la fin du même siècle. Launoi dit au contraire que les Normands ayant brûlé & abattu une Eglise de Sainte-Croix, qui étoit dans le Fauxbourg, on apporta dans la Ville les Reliques qui y étoient, & on les déposa dans une Eglise que l'on bâtit, & qu'on appelle depuis long-temps, Sainte-Croix-de-la-Cité. Si les conjectures de Malingre étoient fondées sur de bonnes preuves, il seroit facile de le concilier avec Launoi, en disant qu'au lieu de bâtir une Eglise exprès pour les Reliques, comme le prétend Launoi, on les auroit mises dans la Chapelle de Saint Hildebert, & qu'elles lui auroient fait prendre le nom de Sainte-Croix. Cette Eglise fut érigée en Paroisse, l'an 1107, sous le Pontificat de Pascal II. Comme elle étoit trop petite pour une Eglise Paroissiale, les Marguilliers achetèrent le 2 de Mars de l'an 1450, la maison de *Hugues Guillemeaux*, Marchand de vin, sur l'emplacement de laquelle ils firent bâtir le Chœur, & ensuite une partie de la nef, qui fut enfin achevée en 1529. La Cure de cette Paroisse est à la collation de l'Archevêque de Paris, comme Prieur de Saint Eloi. Anciennement l'Œuvre de Saint Martial devoit 8 livres 10 sols parisis de rente foncière au Curé de Sainte-Croix; mais cette rente ne se paie plus depuis long-temps, sans qu'on sache fi le Curé de Sainte Croix y a renoncé, ou fi c'eſt parce que l'Egliſe de Saint Martial eſt entièrement détruite, ou enfin que cette rente ait été rachetée.

Pierre Danet Abbé de Saint Nicolas de Verdun, a été long-temps Curé de cette Egliſe. Il a donné au Public un Dictionnaire latin & françois, & un Dictionnaire François & latin, à l'uſage du Dauphin, fils du Roi Louis XIV, & des Princes ſes fils. Le revenu de cette Cure eſt fort modique.

SAINTE GENEVIEVE. *Voy.* ABBAYE.

SAINTE-GENEVIEVE-DES-ARDENS. *Voy.* GENEVIEVE, tom. 3, pag. 120. Le ſeul monument qui ſubſiſte de la ſuppreſſion de cette Paroiſſe, dont on a pris le terrein pour faire l'Hôpital des Enfans-Trouvés, près de Notre-Dame, eſt une figure feinte en pierre de ronde-boſſe, repréſentant Sainte Geneviève-des-Ardens, & que l'on voit dans ledit Hôpital.

SAINTE JEANNE, rue d'Orléans, Quartier de la Place Maubert. C'eſt dans cette rue que les Filles de la Croix de l'Hôtel des Tournelles, ont établi un hoſpice ſous ce titre. Elles y exercent comme ailleurs, leurs ſoins charitables pour l'inſtruction des pauvres de la Paroiſſe de Saint Médard, & des Penſionnaires à qui elles apprennent la Religion, à lire, à écrire & à travailler à toutes ſortes d'ouvrages convenables à leur ſexe & à leur âge.

SAINTE MARIE. *Voy.* VISITATION.

SAINTE MARINE. On eſtime l'antiquité de cette Paroiſſe, être d'environ l'an 1036, par un acte d'Henri I, qui donne à Imbert, Evêque de Paris, la petite Abbaye que Robert ſon pere avoit fait bâtir à Saint-Germain-en-Laye, avec ſes appartenances & dépendances; ſavoir la terre, &c. *& l'Egliſe de Sainte Marine dans l'Iſle de Paris.* Elle eſt la Paroiſſe du Palais Archiépiſcopal & des Cours. *Voy.* tom. 3, pag. 488, au mot MARINE. (*ſainte*)

SAINTE PERRINE. *Voy.* ABBAYE, tom. 2, pag. 66.

SAINTE-MARTHE. Hôtel dépendant aujourd'hui de l'Hôpital-Général, & connu ſous le nom de *Scipion*, ainſi nommé à cause de *Scipion Sardini* qui le fit bâtir. La boulangerie & la boucherie de l'Hôpital y sont établies, & l'on en tire tous les jours la quantité de pain, de viande & de chandelle néceslaire pour les pauvres & pour les personnes qui, par leur état, ou par leurs fonctions, y sont attachées. Cette Maison est située rue de la Barre, Quartier de la Place Maubert.

SAINTE THÉCLE. (*Communauté des Filles de*) Les commencemens de cette Communauté se firent dans une maison des Carmes, rue de Vaugirard. Après y avoir demeuré quelques années, M. le Cardinal *de Noailles* l'établit solidement sous l'invocation de Sainte Thécle, au coin de la rue de Vaugirard & de Notre-Dame-des-Champs, pour remplacer la Communauté des Filles de la Mort, qui avoient été établies par M. *Mony*. Ce Cardinal demanda à l'Eglise Collégiale de Chamalière en Auvergne, une Relique de Sainte Thécle, dont le corps y repose. Elle lui fut accordée, & il la déposa dans la Chapelle de cette Communauté. L'objet de cet établissement étoit particulièrement d'instruire la jeunesse, & de l'apprendre à travailler. Cette Communauté avoit beaucoup de Pensionnaires, & tenoit quatre écoles gratuites pour la Paroisse de Saint Sulpice. Elle recevoit aussi les Femmes-de-chambre & autres Domestiques qui attendoient pour entrer en maison. Elle les formoit à la piété, & leur apprenoit à travailler.

Les dettes que les *Sœurs* de cette Communauté avoient été obligées de contracter pour ces différens objets, furent cause qu'elles se déterminèrent à vendre leur maison, en se réservant à chacune une pension. M. *Languet* saisit cette occasion, pour procurer leurs bâtimens à la Maison des Orphelins de sa Paroisse (Saint Sulpice), & passa contrat pour cet objet, le 18 Juin 1720, avec celles qui composoient cette Communauté, & dont il n'y en reste plus qu'une. Elles lui donnèrent en même temps la Relique de Sainte Thécle, que l'on expose dans la Chapelle des Orphelins, le jour de sa Fête.

SAINTE THÉODORE. (*Communauté de*) Cette Communauté fut formée & établie derrière les murs du jardin des Religieuses de Sainte Geneviève près la rue des Postes, vers l'an 1687, par les soins de M. *Gardeau*, Curé de Saint-Etienne-du-Mont, qui par la parfaite connoissance qu'il avoit de sa Paroisse, savoit qu'il y avoit quantité de jeunes filles, qui, faute de nourriture & d'éducation, tomboient dans le libertinage. Pour y remédier, & en retirer celles qui y étoient engagées, il excita la charité de plusieurs Dames de piété, qui l'aidèrent à rassembler celles que Dieu avoit touchées, & à les établir dans cette Maison, sous la direction de M. *Labitte*, Prêtre habitué de la Paroisse de Saint Etienne, homme d'une vie très-exemplaire. M. *de Harlay*, pour lors Archevêque de Paris, jugea cependant à propos de destituer ce Directeur, & de mettre à sa place M. *le Febvre*, qui fut dans la suite un des sous-Précepteurs des Enfans de France, arrière-petits-fils de Louis XIV; mais ce changement ne plut point aux Filles de Sainte Théodore, qui refusèrent de se soumettre à ce nouveau Directeur, & prirent la résolution de sortir de cette Maison, sans garder aucune mesure de soumission & de bienséance. Quelques-unes de ces Filles se retirèrent dans la rue neuve-Sainte-Geneviève, & donnèrent lieu à l'établissement de la Communauté de Sainte Aure: les autres se dispersèrent. *Voy.* AURE. (*Communauté de Sainte*)

SAINTE TRINITÉ. (*les Filles de la*) *Voy.* MATHURINES.

SAINTE VALERE. (*Communauté des Filles Pénitentes de*) Cette Communauté fait la dernière maison de la rue de Grenelle, Fauxbourg Saint-Germain, en allant vers la plaine de Grenelle, & presque vis-à-vis l'Hôtel Royal des Invalides; elle s'annonce d'elle-même par cette inscription qui est sur la porte. *La Communauté des Filles Pénitentes de Sainte Valère en 1706.* Elle a été établie par des personnes de piété, pour des filles repenties, & c'est la quatrième Maison de cette sorte qu'il y ait à Paris. Elle est assez bien bâtie & sa Chapelle est fort propre.

On lit sur la porte ce passage:

Si scires donum Dei.

SAINTE-VALERE. (*Maladrerie de*) A l'entrée de la rue de Lourfine, étoit autrefois *l'Hôpital de Lourfine*, sous l'invocation de *Saint Martial* & de *Sainte Valère*. Cette maison a appartenu depuis à un Bourgeois nommé *Prevost*; aujourd'hui elle dépend de l'Hôtel-Dieu.

SAINTRY *ou* SINTRY. Village situé à sept lieues un

quart de Paris, sur le rivage droit de la Seine, un peu au-dessus du Vieux-Corbeil, c'est-à-dire, presque au midi de Paris. Elle est en partie sur le côteau qui regarde la rivière, & qui fait face au couchant. Il y a dans le bas quelques prairies, ensuite des vignes sur la côte; & au-dessus, des terres labourées dans la plaine.

La Chapelle de Sintry, du titre de Notre-Dame, a pu être érigée en Cure vers l'an 1200 ou 1220. Il est presque sûr que c'étoit une Chapelle de la Paroisse de Perray, & comme une espèce de Succursale. La nomination à la Cure fut réservée aux Chanoines de Saint-Marcel, lorsque ce lieu fut distrait de Perray.

Les mouvances de Sintry sont, 1°. le Fief Pelletier, dit Champlâtreux, Paroisse de Sintry; 2°. L'Archet à Corbeil; 3°. L'Archet à Boucournu; 4°. L'Archet à Evry-sur-Seine, dont relève la Terre de Mouceau; 5°. Tournez à Tournenfy; 6°. Le Coudrai; 7°. Tourailles & Villerey.

SALPÉTRIERE, (la) hors la barrière du marché aux chevaux & celle de S. Bernard, Quartier de la Place Maubert.

Ce vaste édifice qui de loin ressemble à une petite Ville, à cause de la multitude, de l'immensité & de la diversité des bâtimens qui y sont rassemblés, doit son nom au *salpêtre* que l'on y fabriquoit: il s'appelloit précédemment le *petit Arsenal*, & fut nommé par la suite *Salpétrière*. Louis XIII est le Fondateur de cet établissement, & Louis XIV le réunit à l'Hôpital-Général. On y reçoit les enfans au-dessous de quatre ans, & les femmes de tout âge, même infirmes. On y occupe dans deux grandes salles, seize cents filles qui travaillent à différens ouvrages, suivant leur force & leur capacité; dans d'autres appartemens, est placé ce que l'on appelle *le ménage*: il est composé de trois grands dortoirs, où sont deux cent cinquante petites chambres, destinées aux vieilles gens mariés, & hors d'état de gagner leur vie. Dans une autre cour séparée, sont les logemens des folles & des femmes imbécilles; & dans une autre encore un bâtiment isolé, que l'on appelle la *maison de force*, pour les filles & femmes débauchées qu'on y met en correction. Tout l'édifice s'annonce par une façade magnifique, composée de deux grands corps de bâtiment, terminés par deux pavillons. Elle a cent neuf toises deux pieds, & elle est percée de cinquante-sept croisées. L'Eglise qui est dédiée à *Saint Louis*, n'est pas encore achevée. Elle est d'un dessin excellent, composée de huit nefs, qui se terminent à un dôme octogone de dix toises de diamètre, élevé sur des arcs, chacun de douze toises de long, formant une croix, dans les angles de laquelle il y a à chacun une Chapelle à pans. L'Autel qui est au milieu, est vu de huit côtés. Les connoisseurs, d'ailleurs très-satisfaits de l'architecture de ce Temple, trouvent que les piliers boutans qui portent le dôme, sont trop massifs, & occupent trop de place. *Liberal Bruan*, Architecte du Roi, en a donné les desseins ; quelques-uns les attribuent à *Louis le Vau*. Le tableau du grand Autel, représentant la *Résurrection de J. C.* est du F. *André*, Religieux Dominicain. Le portique par où les personnes du dehors peuvent entrer, est orné sur le devant de quatre colonnes ioniques, avec un attique au-dessus. A chaque côté de ce portique, il y a un gros pavillon à plusieurs étages, couvert d'ardoises, où logent les Ecclésiastiques qui desservent cette Chapelle. L'entrée de cet Hôpital, suivant le plan de son achevement, sera en face du portail de l'Eglise. On y entre par deux magnifiques chaussées, plantées d'arbres ; l'une qui commence à la route de Fontainebleau ; & l'autre, depuis la rue *Poliveau*, jusqu'à la rive de la Seine, en face de l'Arsenal. On compte près de dix mille pauvres dans les cinq ou six maisons où on les a renfermés depuis 1657 ; savoir, à Saint-Jean-de-Bicêtre, Saint-Louis-de-la-Salpétrière, Notre-Dame-de-la-Pitié, Sainte-Pélagie, Sainte-Marthe-de-Scipion, les Enfans-Trouvés, & la Maison de Saint-Nicolas-de-la-*Savonnerie*.

La *Salpétrière* est dirigée pour le spirituel, par un Recteur & vingt-deux Prêtres, des Inspecteurs & Inspectrices des dortoirs & des ouvroirs ; & des Maîtres d'école pour le temporel : elle est gouvernée par vingt-six *Directeurs perpétuels* de différens états, dont les *Chefs* sont le premier Président du Parlement, le Procureur-Général & l'Archevêque de Paris ; & quatre autres encore ; savoir, le premier Président de la Chambre des Comptes, celui de la Cour des Aides, le Lieutenant-Général de Police & le Prévôt des Marchands. Il y a un Receveur & un Secrétaire. Les *Directeurs* & le *Receveur* prêtent serment au Parlement, de bien & fidèlement administrer le bien des pauvres, & le Secrétaire le prête au Bureau de la Direction. *Voy.* HÔPITAL-GÉNÉRAL.

SAMARITAINE. (*la*) *Voy. tom. 3, pag. 82.*

SANNOY, *ou plutôt* CENNOY, *& encore mieux* Çannoy.

Ce Village du Doyenné de Montmorency, eſt à quatre lieues ou environ de Paris au nord-oueſt, ſur la route de Pontoiſe, & dans la vallée de Montmorency, au bas du revers des montagnes, dont la face regarde Argenteuil, Sertrouville, &c.

L'Egliſe eſt du titre de Saint Pierre, Apôtre, & Saint Blaiſe y eſt regardé comme ſecond Patron: on y montre même un buſte qui le repréſente, & qui contient quelques Reliques. La Cure eſt à la collation pleine & entière de M. l'Archevêque. Le Prieur d'Argenteuil en eſt dit Seigneur dans le procès-verbal de la Coutume de Paris, de l'an 1580.

SANTÉ. (*l'Hôpital de la Santé*) Voy. tom. 3, pag. 224.

SANTENY. *Voy.* CENTENY.

SARCELLES. *Voy.* CERCELLES.

SARRIS. Ce Village qui eſt du Doyenné de Lagny, eſt à ſept lieues & demie de Paris vers l'orient, & à une lieue & demie de Lagny. Il eſt ſitué dans une plaine qui ne contient que des terres labourables & des prés, le tout à l'extrêmité du Diocèſe de Paris; en ſorte que le Hameau de Beleſme qui eſt derrière l'Egliſe, eſt du Diocèſe de Meaux, parce qu'il eſt de la Paroiſſe de Bailly.

L'Egliſe eſt ſous le titre de Saint Michel Archange. La Cure eſt à la pleine collation de M. l'Archevêque. Les Bénédictins de l'Abbaye de Saint Denis ſont gros Décimateurs. Les Céleſtins de Paris y ont une Ferme. Le Village eſt de la Coutume & du Bailliage de Meaux.

SARTROUVILLE *ou* SERTROUVILLE. Ce Village du Doyenné de Montmorency, eſt diſtant de Paris de trois lieues ou environ, & n'eſt ſur aucune des grandes routes. Preſque tout ſon territoire eſt en vignes.

L'Egliſe Paroiſſiale eſt du titre de Saint Martin, & ſituée ſur une eſpèce de côteau. On y monte par trente ou quarante dégrés du côté du couchant. La Cure eſt à l'entière diſpoſition de M. l'Archevêque de Paris. Dans un endroit du procès-verbal de la Coutume de Paris, de l'an 1580, le Prieur d'Argenteuil eſt dit Seigneur de Sartrouville, & le Grand-Prieur de France, dans un autre. Il eſt certain qu'au moins dès le onzième ſiècle, le Monaſtère d'Argenteuil y possédoit vingt maisons avec leurs dépendances, outre le droit de deux pêches dans l'Isle appellée *Berliseïa*, ou *Bertiseïa*.

SAUSSIEL, anciennement SAUSSIERES, seul Hameau qui soit de la Paroisse de Saux, & dont l'étymologie signifie le petit Saux. Il est sur un côteau où il y a des peupliers & quelques sources, avec un peu de vignes.

SAUVEUR, (*les Filles du*) rue de Vendôme, Quartier du Temple. Cette Communauté qui est établie à l'instar de celle du Bon-Pasteur, pour y recevoir des femmes & des filles, repentantes des désordres de leur vie passée, fut fondée d'abord en 1701 dans la rue du Temple, par les soins charitables de M. *Raveau*, Prêtre habitué à Saint Jean en Grève, de Madame *Desbordes*, & de quelques autres Dames de piété; mais comme leur maison ne se trouva point assez grande, ni assez commode, on leur en acheta une autre en 1704, dans la rue où elles sont aujourd'hui, & où elles firent bâtir des vues régulières, & une Chapelle dédiée au Sauveur, dont on célèbre la Fête le jour de la Transfiguration, & dont on leur a donné le nom.

SAUX. Village du Doyenné de Château-Fort, distant de Paris de quatre lieues, à la droite du grand chemin de cette Ville à Orléans, & aussi à une légère distance du rivage droit de la petite rivière d'Ivette, laquelle sert à humecter le bas des côteaux de ce lieu, du côté du septentrion. Longjumeau en est tout proche, & Palaiseau n'en est qu'à une lieue. Les côteaux & vallons y sont agréablement diversifiés en vignes, labourages & arbres fruitiers, sur-tout des pommiers, sans trop d'aridité de terrein, puisque sur certains côteaux s'apperçoivent des sources, & que les Peupliers s'y entretiennent bien.

L'Eglise est du titre de la Sainte Vierge, & paroît être bâtie en partie au douzième siècle, temps où les Moines de Saint Florent étoient nouvellement arrivés à Saux. Les Chartreux sont les Seigneurs de ce Village, & possesseurs du Prieuré.

La Cure est marquée à la présentation de l'Abbé de Saint Florent, dans le Pouillé de Paris, écrit au treizième siècle. Ceux des années 1626, 1648, 1692, en donnent la nomination au Prieur du lieu, c'est-à-dire, de Saux même.

Ainſi elle eſt dévolue à ceux qui le repréſentent aujourd'hui.

SAUX. *Voy.* SCEAUX.

SAVETIERS, Artiſans qui raccommodent & vendent les vieilles chauſſures de cuir, comme ſouliers, bottes, pantoufles, &c.

Ils ſont qualifiés de Maîtres Savetiers, Robelineurs, Carleurs de ſouliers, par leurs premiers Statuts, qui furent dreſſés, accordés & autoriſés par Lettres-Patentes de Charles VII, & depuis réformés, renouvellés & confirmés par pluſieurs de nos Rois, juſqu'à Louis XIV en 1659, par Lettres-Patentes regiſtrées en Parlement audit an. Cette Communauté eſt déchargée pour toujours de toutes Lettres qu'on a coutume de créer à l'avénement des Rois à la Couronne, majorités, mariages, &c. L'apprentiſſage eſt de trois ans, & quatre ans de compagnonage. Le brevet coûte 15 livres, & la maîtriſe 360, avec chef-d'œuvre. Patron Saint Pierre-ès-Liens. *Voy.* JURANDES, *tom. 3, pag. 344.*

SAVIE. *Voy.* BELLEVILLE.

SAVIGNY-SUR-ORGE. C'eſt le premier Village où cette petite rivière paſſe, après avoir reçu la rivière d'Ivette qui vient de Longjumeau, Palaiſeau, Chevreuſe, &c. ce qui la groſſit de moitié ou environ. Sa diſtance de Paris eſt de quatre à cinq lieues, à demi-lieue ou environ de la grande route de Fontainebleau : ſa ſituation eſt dans un vallon qui n'eſt point reſſerré. Il y a des prés, des labourages & quelques vignes.

L'Egliſe eſt ſous l'invocation de Saint-Martin. M. le Comte *du Luc*, Seigneur & Bienfaiteur, y a fait bâtir un caveau où il eſt inhumé. *Gaçon de Champagne*, Evêque de Laon, y a fondé une Chapelle, moyennant pluſieurs arpens de vignes ſis au même lieu, & appellées les plantes de Vaux, près le pont de Bribel, à la charge de trois Meſſes, la collation de laquelle devoit appartenir après ſon décès à l'Evêque de Paris, qui a la nomination pure & ſimple de la Cure.

Le Château eſt entouré de la rivière d'Orge. Il eſt partie de brique & partie de pierre, principalement dans le bas, avec certaines diſtributions d'ouvrages, qui marquent qu'on a voulu en faire un fort. Ce genre de ſtructure eſt aſſez semblable à celle des châteaux de Dammartin en Goële, à sept lieues de Paris, & de Saint-Fargeau en Puisaye, qu'on est sûr avoir été bâtis au quinzième siècle. Quelques-uns de nos Rois y ont logé; les armes de France sont même encore sur la porte. Il fut pris en 1592 par les Royalistes sur les Ligueurs.

Il y a Savigny une foire assez fréquentée, le 11 Novembre, jour de Saint Martin. Entre Savigny & Louans, dit Morangis, on voit une Ferme considérable, appellée *Champagne*; elle est de cinq cents arpens de terre, quelques bois & des prés en la prairie de Rossay.

SAVONNERIE. *Manufacture Royale d'ouvrages, façon de Perse & à la Turque*, (la) est un grand & vieux bâtiment situé près Chaillot, après la grille qui ferme le cours de la Reine. Ce bâtiment a été ainsi nommé, parce qu'on y faisoit autrefois du savon. La Manufacture Royale d'ouvrages à la turque, y fut établie en 1604, en faveur de *Pierre Dupont*, qui avoit formé ce dessein, & qui en eut la direction. *Simon Lourdet* lui succéda en 1626, & l'un & l'autre réussirent si parfaitement dans les ouvrages qu'on y fit, qu'ils obtinrent des Lettres de noblesse. Cette Fabrique est la seule qu'il y ait en France pour ces sortes d'ouvrages. Le tapis de pied qui devoit couvrir tout le parquet de la grande galerie du Louvre, & qui consiste en quatre-vingt-douze pièces, est un des plus grands & un des premiers ouvrages de cette Fabrique. Celui qui couvre la Tribune du Roi à Versailles, de même que ceux qu'on voit à Trianon, à Marly, & dans les autres Maisons Royales, ont été faits sous *Pierre Dupont*, petit-fils de celui à qui on doit cet établissement. La chaîne du cannevas des ouvrages qu'on fit ici, est posée perpendiculairement comme aux ouvrages de haute-lisse; mais au lieu qu'à ces derniers, l'Ouvrier travaille derrière le beau côté; à la Savonnerie au contraire, le beau côté est en face de l'Ouvrier, comme dans les ouvrages de basse-lisse.

Les bâtimens de cette Manufacture ont été réparés en 1713, par ordre du Duc d'Antin, pour lors Directeur des Bâtimens & Manufactures du Roi, ainsi qu'il paroît par une inscription gravée dans un marbre noir qui est sur la porte.

La Chapelle est attenant cette Manufacture, & est sous l'invocation de Saint Nicolas: Sur la porte on lit l'inscription suivante.

La très-auguste Marie de Médicis, mère du Roi Louis XIII, pour avoir par sa charitable munificence des couronnes au Ciel comme en la terre, par ses mérites, a établi ce lieu de charité, pour y être reçus, alimentés, entretenus & instruits les enfans tirés des Hôpitaux des pauvres enfermés, le tout à la gloire de Dieu, l'an de grace 1615.

SAVOYARDS. (instruction des) Voy. ECOLES DES SA-VOYARDS, tom. 2, pag. 693.

SAUX-PENTHIEVRE, ci-devant SCEAUX-DU-MAINE. Il est constant par les titres les plus anciens, que ce mot doit s'écrire CEAUX, du latin Cellæ, parce que dans la formation de ce Village, les maisons qui étoient répandues çà & là, ressembloient aux cabanes des Vignerons, qui en latin se nomment celiæ. De ce mot, dit l'Abbé Lebeuf, on fit d'abord Céels en langue vulgaire, ensuite Céals, & enfin Ceauls ou Ceaux, de même que de Sacra-Cella, Abbaye de Cisterciens entre Nemours & Montargis, on a fait Saircreceaux, qu'on prononce maintenant Sercanceaux. Ce lieu dans ses commencemens faisoit partie de la Paroisse de Châtenay, & lorsqu'il fut érigé lui-même en Cure, on l'a nommé de Cellis, comme on peut le voir dans le Pouillé latin du quinzième & du seizième siècle, & dans celui de l'an 1626, comme aussi dans le catalogue latin manuscrit des Bénéfices dépendans de Notre-Dame de Paris.

Ce Village un des plus beaux des environs de Paris, tant par sa situation, que par la salubrité de l'air qu'on y respire, est placé au-dessus du Bourg-la-Reine, du côté du couchant, à deux lieues de Paris. Sa pente regarde le midi & la plus grande partie du territoire est cultivée en vignes tournées vers l'orient ou vers le midi, avec quelques bocages ou assemblages d'arbres fruitiers. Ce lieu a toujours été en s'agrandissant, à mesure qu'il a eu des Seigneurs puissans.

L'origine de la Paroisse est un peu obscure, aussi bien que celle du culte de Saint Mammez, qui y a été établi dès les commencemens. L'origine de la Cure doit être postérieure au règne de Saint Louis. Ce sera l'augmentation du nombre des Habitans, faite vers l'an 1300, avec la difficulté qu'il y avoit qu'ils se rendissent l'hiver à Châtenay, à cause des mauvais chemins de la vallée, que le cours des eaux d'Aunay entretient, qui auront été les deux causes pour lesquelles ce Village devenu considérable, aura été détaché de la Paroisse de Châtenay. Il pouvoit y avoir déjà une Chapelle du titre de Saint Mammez, qui auroit été précédemment consacrée sous l'invocation de ce Saint Martyr, à l'occasion de

quelques

quelques Reliques que le Chapitre de Paris qui y avoit beaucoup de bien, aura données. On apperçoit à l'entrée du Chœur, proche la place du Curé, une plaque sur laquelle on lit, que l'ancienne Eglise qui étoit du titre de S. Mamez, ayant été démolie, MM. de *Trêmes* & *Jean-Baptiste Colbert*, successivement Seigneurs de Ceaux, ont rebâti le Chœur, & que M. *Guy-Louis Baudouin*, Bâchelier de Sorbonne, Curé, a fait construire la nef, en considération de quoi les Marguilliers lui ont accordé un anniversaire à perpétuité.

Quoique cette Eglise soit nouvellement bâtie, l'enchâssement des vitrages est fait à la gothique. Il n'y en a que dans le Chœur, aux voutes duquel, qui sont aussi gothiques, se voient les armes des Seigneurs qui l'ont bâti. La nef est un édifice fort solide, qui n'a de fenêtres qu'aux bas-côtés : les arcs sont en anses de panier ; le portail est magnifique pour une Eglise de campagne : le clocher en flèche qui se voit à côté, est fort élevé & délicat. Au grand Autel sont répresentés en peinture Saint Jean-Baptiste & Saint Jean-l'Evangéliste. Il y a deux Chapelles aux deux côtés du Chœur. Vers le midi est celle du Château. Du côté opposé, est la Chapelle de la Sainte Vierge. Dans la nef au midi, est celle du titre de S. Mamez. Au milieu du Chœur sont enterrés M. le *Duc du Maine*, Madame la *Duchesse du Maine*, & M. le *Comte d'Eu*, sous une tombe de marbre, élevée de terre ; & entre cette tombe & l'aigle, est une autre tombe de marbre blanc qui couvre le corps de *Henri-Joseph de la Garde*, *Comte de Chambonnas*, Lieutenant de Roi en Languedoc, premier Gentilhomme de M. le Duc du Maine, décédé en 1729. A l'entrée du Chœur est inhumé sous une tombe de marbre blanc, M. *Ancezune*, Duc de *Caderousse*, décédé au Château le 8 Juin 1751.

La Terre de Sceaux, de simple Châtellenie qu'elle étoit, fut érigée en Baronnie en 1624. M. le Duc du Maine l'acheta en 1700, & ce lieu qui étoit déjà célèbre par tant d'endroits, le devint encore davantage ; en 1701, le Roi & plusieurs Princesses l'honorèrent de leurs présences. Les conférences d'érudition qui y avoient été autrefois tenues sous M. Colbert, furent comme un germe, qui, ayant pris racine dans le Château, en fit un lieu de sciences, & y forma une espèce de Parnasse. Personne n'ignore que Madame la Duchesse du Maine a rassemblé à Sceaux tous les Savans qu'elle honoroit de la protection la plus marquée. On y vit M. de *Malézieu*, expliquer à cette princesse Homère, Sophocle, Euripide, Virgile, Térence, mieux qu'aucun Savant eût pu faire jus-

Tom. IV.   P p

qu'alors : Homère, entr'autres, sur le grec, sans commentaire, sans scholies.

Le Château dans lequel ont brillé tant de beaux esprits, & que Madame la Duchesse du Maine avoit fort embelli en comparaison de ce qu'il étoit dans le temps de M. Colbert, a été admiré dans tous les temps depuis sa construction ; mais S. A. S. M. le Duc *de Penthièvre*, qui en est devenu le possesseur depuis la mort de M. le Comte d'Eu, vient d'en faire changer les dedans, tant pour l'embellissement, que pour toutes les commodités possibles.

Le parvis qui est devant le portail, & qui conduit au petit Château, est une belle place garnie de bornes, où se trouve une fontaine qui donne de l'eau à tous les Habitans, laquelle vient du Hameau nommé *Aulnay*, & d'une source plus éloignée, que M. Colbert a fait conduire en deux endroits du Village.

Le petit Château est un petit édifice où MM. le Prince de Dombes & le Comte d'Eu ont été élevés. On y voit un beau jardin renfermé à hauteur d'appui, ainsi que deux fontaines rocaillées en cascades, qui donnent le mouvement tantôt à un Soleil, à un Neptune, & tantôt à une chasse au cerf, *&c*. Dans une des arcades, il y a une grosse tête d'homme en furie, jettant par la bouche de l'eau qui tombe dans un grand vase fait en coquille. On y voit un petit bois appellé la *salle des tilleuls*. Dans les allées sont deux statues de Lutteurs, & une autre de bronze, représentant Diane, donnée à M. *Servien*, par Christine, Reine de Suède. *Le bois de Pomone*, parallèle à la salle des tilleuls, est orné d'un joli bosquet de chaque côté. Dans le potager est le *pavillon de l'Aurore*, ainsi nommé, parce qu'il est à l'Orient. Le Brun y a peint cette Déesse abandonnant Céphale ; elle est sur son char attelé de deux coursiers pleins de feu ; l'Amour tient les rênes : on y voit aussi diverses autres figures ; à droite & à gauche sont Castor & Pollux. Ce pavillon est octogone ; il a douze ouvertures, y compris celle qui sert d'entrée. Comme il est élevé, on y monte par deux escaliers opposés. Il y a deux enfoncemens qui forment deux cabinets, dont les belles peintures sont de *Lobel* ; ils se regardent & renferment trois croisées. L'un des cabinets représente Zéphire & Flore ; & l'autre, Vertumne & Pomone. La pièce d'eau nommée *le Caprice*, mérite d'être vue : la Bizarrerie, la Légèreté & l'Inconstance sont au haut.

On voit à la façade du grand Château, du côté des parterres, le buste de Louis XIV, décoré de ses attributs, & couvert de sa couronne en or. Aux quatre coins des parterres, sont quatre grandes statues de marbre blanc, représentant les quatre saisons. Il y a aussi trois bassins, ayant chacun un grand jet ; au milieu est une allée, au bout de laquelle se voit une statue de bronze, représentant un Gladiateur fort estimé pour son attitude ; il est au haut d'une terrasse donnant sur le grand canal.

Le grand bassin des parterres contient un jet d'eau formant une gerbe qui s'élève jusqu'à vingt-cinq pieds. De-là on découvre les campagnes les plus agréables, une partie du bois de Verrières, le Village de Châtenay, Aulnay, &c.

Sur la gauche du Château est un beau parterre orné de réservoirs, des statues des quatre saisons, d'une fontaine de marbre, d'un bassin avec son jet, & d'un très-beau berceau couvert de jasmin & de chevrefeuille, de figures, de bustes, &c. Les arbres des deux belles allées, sont en éventail, attachés à des pieux avec des fils d'archal, pour les mettre à l'abri des coups de vent & des orages. On y voit un Philosophe de chaque côté, un Faune jouant des cymbales, un portique en treillage, des lions, Amphytrite, &c.

En côtoyant le parterre qui est à côté du Château, on voit à gauche un berceau qui conduit à la serre des orangers, qui étoit une galerie, autrefois ornée des tableaux de *Raphaël* & de *Vandermeulen* ; à droite est la salle des maronniers, avec un grand bassin & plusieurs jets. Au bout de la serre des orangers, est un joli logement, où sont plusieurs chambres & une belle bibliothèque, avec un balcon qui donne sur le marché de Sceaux ; il y a aussi un joli jardin. Sur la droite de cette serre, on voit un grand bassin & une grande demi-lune, où l'on rencontre un Hercule de bout, & appuyé sur sa massue, & une Muse de chaque côté. Le nombre des orangers passe trois cents ; ils sont d'un demi, d'un, deux & trois pieds de tour, sur trois, quatre, cinq, six, jusqu'à dix & quinze pieds de haut, & tous se portant bien.

On voit ensuite de très-belles allées sur la droite, celle du labyrinthe, entre autres, un beau quinconce, dont chaque allée forme un berceau, & le labyrinthe où les étrangers n'entrent point. Sur la gauche sont de très-beaux prés & de petits bois taillis.

A gauche, le long des murs en parapet, sont deux allées de verdure, qui correspondent, l'une, au bassin du plus grand jet d'eau, au bas des cascades, & l'autre, au grand canal. A la droite, est la façade d'un côté du Château, d'où l'on découvre le grand bassin où est le grand jet d'eau, & les cascades ; delà on apperçoit une grande statue appellée *le grand Sénateur Romain*, & *le parc aux Lièvres*.

Avant que d'entrer dans le Château, on doit aller se promener dans la belle & longue allée, garnie de jeunes arbres en éventail, soutenus par des fils d'archal, où l'on a placé de distance en distance des sièges en forme de longs fauteuils, entourés de verdure. Au milieu on voit sur la gauche, sur un piedestal, un enfant qui joue de la flûte, & que l'on nomme *le petit Flûteur antique* ; à droite est un bassin d'un quarré long, rempli d'eau ; & tout le long de cette belle allée, sont à la droite & à la gauche, de petits arbres à fleurs, comme lilas, muguet, pelottes de neiges, &c.

Revenu au Château, on entre sous une belle & grande galerie, qui règne le long de deux belles grandes cours que l'on passe pour aller à une large demi-lune, séparée par des fossés secs, où il y a de petits jardins. La longue avenue a trois rangées d'arbres, dont l'entrée donne sur le chemin d'Orléans, entre le marché de Sceaux & le Bourg-la-Reine. En rentrant, on voit dans l'avant-cour deux petits pavillons. Sur chaque terrasse des deux pavillons, il y a une pièce de canon de huit, montée sur des roues. Cette avant-cour sert à recevoir les carrosses des Bourgeois, de même qu'au-dessus de la grille, ou au-dessus de ces deux pavillons ; les voitures publiques restent dans la demi-lune. La seconde cour qui est pour recevoir les carrosses des Princes & des Seigneurs, est garnie à son entrée, d'une grande porte & d'une belle balustrade. Au bout de cette seconde cour, est la grande galerie bien décorée & garnie bustes & de reverbères.

Les deux corridors nouveaux en sortant de la galerie, sont décorés en dehors de petits pilastres façonnés & tournés à la Romaine. Les dedans du Château ont été démolis depuis peu, & distribués de façon à y loger une partie de la maison de S. A. S.

Le Château est composé de sept pavillons. Sur le fronton de la façade est une Minerve, sculptée par *Girardon*. La Chapelle est dans un pavillon de l'aîle droite, en sortant de la galerie. L'Autel est décoré de deux belles statues en marbre blanc, sculptées par *Tuby*, & représentant le Baptême de J. C. par Saint Jean. Le dôme digne d'admiration, est un chef-d'œuvre de *le Brun* pour la peinture qui est à fresque. On y voit un Ange montrant J. C. que Saint Jean baptise, à Adam & Eve, & à plusieurs Patriarches en bas-reliefs, grands comme nature, mais à mi-corps, faits sur les desseins de *le Brun*.

De la Chapelle, on entre dans les appartemens, où l'on voit premièrement celui de Madame la Princesse de Conty, & entre autres, le *cabinet de la Chine*, riche par ses morceaux rares d'antiquité, par plusieurs pierres précieuses, & beaucoup de magots & figures de la Chine ; ensuite est la grande salle de marbre, aujourd'hui la salle de billard : c'étoit l'appartement de Madame la Duchesse *du Maine*. On y voit plusieurs pièces de porcelaine, très-rares & très-curieuses. Les glaces y sont surprenantes. Vient ensuite l'appartement de Madame la Princesse *de Lamballe*, où l'on remarque un magnifique lit à l'angloise, garni en laque, & le *cabinet doré*, ainsi appellé, parce qu'il y a beaucoup de bijoux en or & dorés. Ensuite est la salle de compagnie, où sont les portraits de famille de M. le Duc, de Madame la Duchesse du Maine, & de M. le Comte de Toulouse. Nous ne dirons rien de la beauté des ameublemens ; mais nous remarquerons que les parquets de chaque appartement sont à considérer pour les différens desseins, & pour les bois de différentes couleurs, qui répandent une odeur douce & suave.

De l'autre côté de la galerie, on trouve l'appartement qui a été celui de Monseigneur le Duc de Penthièvre, dès son entrée au Château. On y voit une très-belle chambre d'ancienneté, appellée la *chambre des bains*, mais dont le parquet, que l'on admiroit autrefois pour la variété des desseins & le bois recherché, a été détruit à cause de sa vétusté. On y voit aussi le cabinet d'aventurines, où sont représentées plusieurs personnes déguisées en singes ; c'étoient celles qui composoient la Cour de Madame la Duchesse du Maine. Dans un côté du vestibule, sont le buffet, la grande salle à manger, & ensuite une chambre, un cabinet, un entresol, &c. Voilà ce qui compose le rez-de-chaussée.

En montant au premier étage par le grand escalier, est une galerie pareille à celle du rez-de-chaussée, laquelle est ornée de têtes & bustes. Au milieu est l'appartement de Madame la Duchesse *de Chartres*, avec un balcon très-beau & fort long du côté des parterres. C'étoit autrefois la salle de Comédie. Les autres appartemens sont destinés aux enfans de cette Princesse, & pour les personnes de la Cour de Mesdames *de Conti, de Lamballe & de Chartres*.

Le second étage au haut du Château, est le petit appartement nommé *la Chartreuse*. Il est de toute beauté, tant pour les meubles que pour les tableaux rares, curieux & originaux. On y découvre de plus de huit à dix lieues autour du Château ; aussi Louis XV l'a-t-il appellé *le beau grenier de Sceaux* ; il étoit la retraite favorite de Madame la Duchesse du Maine ; elle s'y faisoit monter par une trappe, & son siège étoit enlevé au moyen d'un contre-poids. C'étoit aussi la résidence choisie & aimée de M. le Comte *d'Eu* ; mais depuis la maladie dont il est mort, il s'est toujours tenu au rez-de-chaussée, & a occupé les appartemens destinés pour les Princesses de Conti & de Lamballe.

Route pour voir jouer les eaux.

En sortant du Château pour aller à l'orangerie, voyez les dix jets d'eau de deux petits bassins, à la gauche & vis-à-vis du parterre. Continuez, en laissant sur la droite la salle des maronniers, & allez devant la serre de l'orangerie, où est un grand bassin octogone ; entrez dans la longue allée du labyrinthe, & dans la première à droite ; voyez une grande coquille, & un enfant à chaque côté tenant un dauphin ; traversez la longue allée du mail, & au bout de la salle des maronniers, entrez dans un bosquet où sont trois fontaines & une patte d'oie de quatre allées ; deux figures en gaîne sont adossées à la palissade de l'allée du milieu, qui conduit à la galerie d'eau.

De-là entrez dans un petit bois, pour voir une grotte en coquillages, nommée *la fontaine du rocher*, dont l'eau forme trois nappes qui sont reçues dans un bassin ; on fait ouvrir les portes de la galerie d'eau pour en voir l'effet, dont les jets s'élèvent aussi haut que les treillages. Aux quatre coins de cette galerie, sont de grandes coquilles pour recevoir l'eau qui tombe dans des rigoles, & dans le milieu est une salle quarrée, aux encoignures de laquelle sont quatre champignons, dont l'eau se réunit avec celle des jets qui s'élancent dès le bas des rigoles.

Ensuite allez voir la *fontaine d'Eole & de Sylla*, qui se trouve séparée en deux parties par l'allée du milieu. Cette fontaine est dans un bosquet orné d'un bassin à pans, & qui, par une séparation, forme deux bassins vis-à-vis l'un de l'autre. Des têtes de chiens & des vents occupent les angles de ces deux bassins, & fournissent des lames d'eau ; c'est à l'extrémité de ce bosquet, que l'on voit la belle statue d'Hercule, de *Pujet*, à demi-couché & appuyé sur son bouclier, ayant sa massue entre ses jambes, sur laquelle il se délasse, & tenant dans sa main gauche trois espèces de pommes, faites d'un mastic apprêté, avec lesquelles il vainquit le chien Cerbère. Cette statue a huit pieds de proportion, & a été prise dans un seul bloc de marbre blanc.

On passe ensuite devant un berceau de treillage, fait en dôme, soutenu par des barreaux de fer, & garni de chevrefeuille, au côté duquel, en y entrant, il y a deux statues, Cérès, & une figure antique. Devant ce berceau sont Bacchus, Mercure & Socrate.

On se rend de-là à la grande cascade par une allée très-rapide. Après avoir vu joüer ses eaux, on passe sur une terrasse de sable qui est au-dessus des cascades, & au-dessous d'une grande nappe d'eau qui se replie, sous laquelle on voit des lames d'eau taillées dans la pierre. Cette grande & nombreuse cascade est fournie par un bassin supérieur, & par deux champignons, dont l'eau sort des urnes de deux fleuves placés dans les rocailles d'une terrasse, sur les côtés d'un grand escalier.

Descendez sur la partie droite des cascades pour voir leur effet & celui du grand jet, qui est au milieu d'une grande pièce d'eau, consistante en six arpens, & qui monte à quatre-vingt pieds. Les cascades forment trois allées d'eau.

Tournez sur la gauche, & remontez le long des cascades, vous verrez différentes statues qui sont aux quatre coins du grand bassin, savoir Castor & Pollux, Apollon & Daphné, Arrie & Pétus, & deux statues représentant la paix des Grecs. Au bas des cascades, à la gauche, est l'enlèvement de Proserpine par Pluton; à la droite, celui d'une Sabine. Arrivé au haut des cascades, voyez le coup-d'œil de toutes les eaux; & vous arrêtant sur la terrasse, vous verrez, outre la nappe d'eau, au coin de chaque escalier, des enfans joüant avec des Dauphins, qui jettent de l'eau par la gueule; & du milieu de la nappe d'eau s'élève un grand vase de fonte qui jette un bouillon d'eau, figurant un gros bouquet de pavots; & à chaque côté de ce vase, sont quatre jets d'eau, qui, par leur effet, représentent huit cierges. L'eau traverse ensuite une allée pour fournir les neuf jets de la rigole au-dessus des chandeliers. A chaque chûte d'eau, il y a un bouillon & deux rangs de chandeliers de chaque côté, jusqu'au dernier bassin, où l'on voit une double nappe, avec six jets plus élevés.

Sur la grande terrasse ou plate-forme, allez voir deux

fleuves dans des grottes garnies de coquillages, aux côtés du grand escalier pour monter au Château. A droite il y a un cheval marin, & un enfant qui retient un monstre ; à gauche, un monstre de chaque côté, & un enfant qui soutient une coquille pour recevoir l'eau. Au-dessus des fleuves, on voit un lion & une lionne de chaque côté, qui jettent de l'eau par la gueule, & un gros vase doré de la forme d'un artichaut, qui paroît gardé par ces lions. De chaque vase il sort avec force un bouillon d'eau qui tombe dans le bassin de chaque fleuve. Celui de ces fleuves qui est groupé avec un enfant est de *Coyfevox*. Toutes les eaux des cascades, &c. se rendent dans la pièce octogone où est le grand jet, qui monte à près de quatre-vingt pieds de haut. Cette pièce retourne par un canal dans un plus grand canal de cinq cens toises de long, sur vingt-cinq de large, entouré d'un double rang d'arbres aquatiques.

Tous les vases, les animaux, les dauphins, les fleuves qui sont au haut des cascades, &c. sont de plomb, de bronze ou de fonte, ainsi que quelques figures : toutes les figures, les statues, les bustes, les scabellons, &c. tant des parterres que du parc, sont de marbre blanc.

De dessus la plate-forme des fleuves, ainsi que du bas des cascades, on voit au-dessus du grand escalier, plusieurs jets d'eau, formant une haute gerbe dans un bassin, devant lequel, ainsi qu'aux côtés, il y a des sièges de pierre de taille, & des statues : on y voit celles de Junon, Minerve, Jupiter, Apollon, &c. On prend ensuite l'allée du réservoir d'eau, appellée l'allée du *ha ha*, depuis sa clôture ; elle conduit à ce réservoir & à un petit enclos de lilas, de rosiers, de pelottes de neiges, &c. que M. le *Comte d'Eu* s'étoit réservé pour y pêcher & lire : des barrières de bois empêchent de tous côtés que l'on n'y entre.

Là on se trouve au haut de la plus longue allée du parc, qui, dit-on, a quatre-vingt à quatre-vingt-dix arpens de circonférence. A la descente de cette allée, il y a de chaque côté une rangée d'arbrisseaux taillés en orangers, & les arbres le sont en éventail. Avant d'entrer dans le petit Château, promenez-vous dans son parterre, & voyez jouer les eaux des grottes garnies de coquillages de mer : examinez sur tout le petit jet d'eau du bassin, qui est orné d'un dessin découpé en fer blanc, représentant une chasse au cerf, qui semble courre au tour du bassin : voyez ensuite les apartemens du petit Château, dont l'ameublement est de toute beauté, &c.

On peut dire que les jardins de Sceaux font un diminutif de ce qu'étoient ceux de Versailles. Bosquets enchantés, petits bois ornés de bassins & de figures de marbre blanc, beaux percés, jours bien ménagés, routes cultivées & coupées avec soin, parterres émaillés de fleurs & bien compartis d'après les dessins de *le Nôtre* ; enfin mille objets de curiosité que nous ne pouvons point détailler ici. *Voy.* CHATENAY.

Le principal objet de curiosité que l'on doit voir dans le Village de Sceaux, est la Ménagerie. Quoiqu'il n'y ait point d'animaux, ce lieu situé hors du parc, le long du grand chemin de Versailles, est très-bien entretenu tant en dedans qu'en dehors, & est très-beau & très-agréable. Le pavillon en dôme est de forme ronde, avec des pans, accompagné de vestibules ; il est très-richement meublé, & les glaces sont magnifiques. Le haut du dôme est entouré d'une balustrade, d'où l'on a une vue superbe sur la campagne. Le parterre est garni d'orangers, les bosquets d'arbres vivans, & la terrasse est charmante. On y voit aussi deux réservoirs d'eau en quarrés longs.

Les maisons principales du Village, & qui méritent de l'attention, sont, 1°. vis-à-vis la grille & la demi-lune de la Ménagerie ; celles de *M. Champin*, Lieutenant des Bailliage & Baronnie de Sceaux, de M. de *Mezis le Normand*, dans la grand'rue ; celle de M. *de Froissy*, Receveur-Général des Finances, dont les jardins sont très-beaux & très-artistement arrangés & distribués ; celle de feu M. *Muiron*, ancien Fermier-Général, avec des jardins considérables, un petit parc, des petits bosquets, &c. 2°. Dans la rue du Four, on voit la maison de feu M. *Chavet*, ci-devant appartenante à M. *Menou*, & celle de Madame la veuve *Daran*, Médecin : plus haut, dans la rue du Puits, est celle de M. *Hocquet*, qui se fait un plaisir d'y recevoir tous les honnêtes gens curieux de s'y promener ; celle de M. *Gaignat*, Procureur Fiscal ; celle de Madame *Baron* ; la maison de M. *Trudon*, Payeur des rentes, dont les jardins sont superbes & très-bien tenus ; & la maison de M. *Mercy*, Conseiller-Secrétaire du Roi ; elle a l'air d'un petit Château. Il y a encore d'autres jolies maisons, occupées l'été par des Bourgeois de Paris.

Enfin l'on doit voir la Manufacture Royale de fayence, connue sous le nom de *fayence japonnée*, établie en 1749. La réputation de cette Manufacture s'est soutenue par la beauté de ses ouvrages blancs, & peints de toutes couleurs sur la fayence & la porcelaine, & ses ouvrages sont très-recherchés. On y fait des choux, des brocs, des figures d'œufs durs coupés en deux, &c. Les Entrepreneurs étoient MM. *Julien* & *Jacques*. Le premier avoit le secret de la composition & de la cuite, & étoit très-habile Peintre; le second étoit excellent Tourneur & Mouleur. M. *Glot*, Entrepreneur actuel, réunit ces qualités & le savoir de ses prédécesseurs. On voit dans cette maison de belles terrasses & de beaux jardins. Elle s'annonce par une grille de fer.

Il y a eu à Sceaux en 1699, un Réglement par Arrêt, concernant la boucherie de ce lieu, entre les Maîtres Bouchers & les Forains.

SCIPION. *Voy.* SAINTE MARTHE.

SCULPTEURS. Ce sont ceux, qui par le moyen du dessin & d'une matière solide, imitent les objets de la nature. Parmi les anciens Peuples où ce bel Art fut le plus en honneur, les Egyptiens tiennent le premier rang. Les Historiens Grecs ont voulu placer la naissance de la sculpture dans leur Pays, & en ont attribué l'invention à l'*Amour*; mais on ne peut trop en démêler ni statuer l'origine. Les Sculpteurs formoient autrefois un Corps de Communauté, qui fut réuni au commencement du dix-septième siècle, à celui des Peintres, par Arrêt du Parlement, &c. *Voy.* ACADÉMIE *de Peinture & Sculpture*.

SEINE. (*la*) Ce Fleuve prend sa source en Bourgogne près de Chanceaux, à six lieues nord de Dijon, & après avoir arrosé une partie de la France, en traversant Paris, il se jette dans l'Océan par une grande embouchure au Havre-de-Grace. Elle est navigable depuis Méry.

SELLIERS. Ce sont ceux qui ont le droit de faire & vendre les selles pour les chevaux de monture, & de garnir les caisses des carrosses, des chaises, &c. Les Statuts de cette Communauté sont de 1650, & renouvellés en 1678, par Lettres-Patentes de Louis XIV, registrées au Parlement, qui les qualifient de *Maîtres Selliers*, *Lormiers*, *Carrossiers*. L'apprentissage est de six ans, & quatre ans de compagnonage. Le brevet coûte 50 livres; la maîtrise 800 livres. Ils sont en concurrence avec les Bourreliers. Patron Saint Eloi. Bureau quai de la Mégisserie.

SÉMINAIRES DE PARIS.

SÉMINAIRE ANGLOIS. (*le*) Il est situé dans la rue des Postes, & doit son établissement à ce fond de piété qui avoit porté le Roi Louis XIV à donner retraite à tant de Prêtres & Ecoliers que la Religion Catholique qu'ils professoient, avoient obligés de sortir d'Angleterre, d'Ecosse & d'Irlande. Dès le mois de Février 1684, *Jean Ferret, Thomas Godent, Jean Beraut, Bonaventure Giffart*, Docteurs en Théologie, & *Edouard Lutton*, tous Ecclésiastiques Séculiers, natifs d'Angleterre, avoient obtenu des Lettres-Patentes du Roi, pour établir dans Paris, ou dans les Fauxbourgs une Communauté d'Ecclésiastiques de leurs Pays, pour y vivre conformément aux Statuts qui leur seroient donnés par l'Archevêque de Paris. Les formalités qu'il faut nécessairement observer pour de pareils établissemens, retardèrent de deux ans la consommation de celui-ci. L'Archevêque donna son consentement le 12 Septembre 1685; mais le Lieutenant de Police, le Procureur du Roi au Châtelet, le Prévôt des Marchands & Echevins ne donnèrent le leur que le dernier Janvier & le 14 Septembre 1686. Les Lettres-Patentes furent registrées au Parlement le 9 Juin 1687. Il est sous le nom & invocation de Saint Grégoire-le-Grand.

SÉMINAIRE DES BONS-ENFANS, ou *le Séminaire de la Mission*, ou de SAINT-FIRMIN, Quartier de la Place Maubert, rue Saint-Victor. Ce Séminaire qui anciennement étoit un Collège dépendant de l'Université, sous le nom de COLLEGE DES BONS-ENFANS, est dirigé par les Prêtres de la Mission, établis dans ce lieu en 1625, par M. *Vincent de Paule*, à qui l'Archevêque de Paris, Jean-François *de Gondy* en avoit donné la principalité, & qui rétablit l'ordre dans le temporel, & le dirigea le premier. On prétend mal-à-propos qu'il fut fondé en 1250, par *Gauthier de Château-Thierry*, Evêque de Paris. On y élève un grand nombre de jeunes Ecclésiastiques Pensionnaires, dans l'esprit & la science de leur état, parmi lesquels il y a beaucoup de personnes de qualité, & même des étrangers. Les conférences spirituelles s'y font les mardis & les jeudis. Il y assiste toujours quantité d'Ecclésiastiques qui viennent s'y former pour remplir les Dignités de l'Eglise. Les livres de la bibliothèque ne sont pas nombreux, mais très-bien choisis.

Cette maison en a l'obligation à *Julien Barbé* son Supérieur, qui n'épargna rien, & qui les auroit multipliés encore plus, si la mort ne l'eût enlevé en 1711. L'Église est sous l'invocation de *Saint Firmin*, qui est le vrai nom de ce Séminaire; mais que l'usage a voulu appeller obstinément, & sans aucune raison, le Séminaire des *Bons-Enfans*. En 1615, *Adrien Bourdoise* y fit passer pour quelque temps la Communauté de Saint-Nicolas-du-Chardonnet, alors commençante. *Voy*. NICOLAS. (*Saint*)

Il y a dans ce Collège deux bourses fondées en 1478, par *J. Pluyette*, en faveur des enfans de sa famille, & à leur défaut, du *Mesnil*, *Aubry* & de *Fontenay*. Les Marguilliers de ces deux Paroisses présentent les Sujets à M. l'Archevêque de Paris, qui est le Collateur desdites bourses. La pension est de 550 livres. On y loge jusqu'à soixante Séminaristes, & l'on n'admet aux retraites aucun étranger.

Les Lettres-Patentes du 21 Novembre 1763, qui ordonnent la réunion au Collège de l'Université, de tous les Collèges sans exercice, n'ayant pas mis celui des Bons-Enfans dans le cas de l'exception, comme ceux des Ecossois & des Lombards, les Commissaires de l'Université se sont crus fondés à demander cette réunion; mais le Roi par ses Lettres-Patentes du 22 Avril 1773, enregistrées le 31 Juillet suivant, a ordonné que la principalité, chapellenie, terreins & bâtimens du Collège des Bons-Enfans, seront & demeureront réunis à la Congrégation de la Mission; mais que les autres biens & les bourses de ce Collège seront réunis au Collège de Louis-le-Grand, conformément aux Lettres-Patentes du 21 Novembre 1763, & à l'Arrêt du Parlement du 8 Mai 1769.

SÉMINAIRE *des Ecossois*. *Voy*. tom. 2, pag. 471.

SÉMINAIRE *des Missions étrangères*. Ce Séminaire est établi dans la rue du Bac, au-dessus, & de l'autre côté des Récollettes de l'Immaculée Conception. Voici les principales circonstances de son établissement. *Bernard de Sainte-Thérèse*, Évêque de Babylone, par contrat du 16 Mars 1663, en faveur des missions dans les Pays étrangers, & par préférence dans la Perse, où il avoit travaillé avec succès, fit don à *Antoine de Barillon*, Seigneur de Morangis, Directeur des Finances, & à *Jean de Garibal*, Baron de Saint-Sulpice & de Vias, de toutes les maisons & emplacemens qui lui appartenoient au Fauxbourg Saint-Germain, dans la rue de la Fresnaye ou petite Grenelle, aujourd'hui rue de Babylone, derrière les Incurables, & dans celle du Bac, avec quelques arpens de terre, situés dans la plaine de Grenelle, tant aux fourneaux qu'à la grande forêt. Il leur donna de plus, en faveur du futur Séminaire, tous les biens-meubles qui lui appartiendroient lors de son décès, avec sa Chapelle complette & sa bibliothèque. Il y joignit la maison qu'il avoit achetée dans la Ville d'Ispahan, Capitale de Perse, avec les meubles, la Chapelle & la bibliothèque qui y étoient. Les conditions que le Donateur apposa à cette donation, sont, qu'il sera, par les Sieurs de Morangis & de Garibal, établi dans ses maisons du Faubourg Saint-Germain, un Séminaire de personnes ecclésiastiques, ou aspirantes à l'Ordre Ecclésiastique, & même de Laïques, qui seront jugés capables & utiles au bien de l'œuvre, qui seront instruits aux études, sciences & langues nécessaires pour les missions, & envoyés à la maison d'Ispahan, pour se perfectionner dans les langues, & travailler à la conversion des ames, sous la conduite de ceux qui auront la direction du Séminaire; que les maisons, meubles, Chapelle & bibliothèque demeureront inséparablement unis au Séminaire; que le Séminaire sera appellé *Séminaire des Missions étrangères*; que le Donateur jouira, sa vie durant, de la maison qu'il occupe, située dans la rue de la Fresnaye, & d'une pension de trois mille livres que lui paieront tous les ans les Sieurs de Morangis & de Garibal, qui feront aussi une pension annuelle de 500 livres à *Sylvestre Cazadeval*, Prêtre, Aumônier du Donateur, & autant à Dlle. *Luce Cherot*, pendant la vie de l'un & de l'autre; qu'incontinent après le décès du Sieur Evêque, les Donataires paieront pour faire prier Dieu pour lui, 2000 livres à l'Hôtel-Dieu de Paris, & 500 livres à l'Hôpital-Général; enfin, que la Chapelle qui sera bâtie au Séminaire, portera le nom de la Sainte Famille.

Par acte du 18 Mars de la même année, les Sieurs de Morangis & de Garibal déclarèrent qu'ils ne prétendoient rien à la succession de l'Evêque de Babylone, & qu'elle étoit au profit de *Michel Gazil*, Sieur de la Bernardière, Prêtre, Docteur en Théologie, & d'*Amand Poitevin*, aussi Prêtre & Docteur en Théologie, demeurant l'un & l'autre au Presbytère de Saint Josse, & qu'ils se chargeoient de l'établissement du Séminaire, à quoi ils étoient plus propres que personne.

Le Roi confirma cet établissement par ses Lettres-Patentes du mois de Juillet 1663, qui furent registrées au Parlement le 7 de Septembre de la même année. Le Duc *de Verneuil*, Abbé de Saint-Germain-des-Prés, ayant donné ses Lettres de consentement le 10 d'Octobre de la même année, Dom *Ignace Philibert*, Prieur de l'Abbaye, introduisit les Sieurs Gazile & Poitevin dans le Séminaire, le 27 dudit mois d'Octobre. Une grande salle lui servit de Chapelle jusqu'en 1683, que les Directeurs de ce Séminaire se trouvèrent en état d'en faire bâtir une autre qui fut plus convenable. Ici les deux Historiens Bénédictins, dont on a emprunté cet article, oublient une circonstance très-glorieuse pour cette Maison. M. *Brisacier*, pour lors Supérieur de ce Séminaire, & les principaux de cette Maison, ayant prié M. de Harlay, Archevêque de Paris, de demander au Roi la grace de faire mettre la première pierre de cet édifice, au nom du *Duc de Bourgogne*, Sa Majesté répondit à ce Prélat, que le Duc de Bourgogne étoit encore trop jeune pour cette cérémonie; mais que si on s'étoit adressé à Elle-même, Elle leur auroit volontiers accordé ce qu'ils demandoient. L'Archevêque répondit que c'étoit par respect qu'ils n'avoient osé lever les yeux jusqu'à S. M. *Dites-leur donc*, reprit le Roi, *que je vous ordonne de la mettre en mon nom*.

Ce fut en exécution de cet ordre, que le 24 d'Avril 1683, l'Archevêque de Paris posa, en grande cérémonie, la première pierre, sur tous les côtés de laquelle il fit des croix avec le ciseau. On mit sous cette pierre, une médaille d'argent, portant d'un côté le portrait du Roi, avec cette inscription à l'entour.

Ludovicus Magnus Rex.

Sur le revers étoit écrit:

Ludovicus Magnus,
Victor pacificus, Pater Patriæ,
per Franciscum du Harlay,
Parisiensem Archiepiscopum,
DucemParemque Franciæ,
primum lapidem posuit.
In Seminario Missionum ad exteros.
An. 1683.
Innocentio XI summo Pontifice.

Cette Eglise est double, c'est-à-dire, qu'il y en a une supérieure ou haute, & une basse, ou souterreine. Il y a dans la supérieure, le grand Autel & deux Chapelles. Le premier de ces Autels est orné d'un beau tableau de *Carle Vanloo*, qui représente l'adoration des Mages. Celui qui est sur l'Autel de la Chapelle, qui est à main droite en entrant, est une Sainte Famille peinte par *Restout* : il est excellent & de la plus sublime expression en ce genre. Dans l'Eglise basse, on remarque quelques épitaphes, dont voici les plus intéressantes.

D. O. M.

D. Bernardi à Sancta Theresia,
Illustrissimi Babylonensis Episcopi,
hujus Domûs Benefactoris,
cor apostolicum.

On ne sait pourquoi cette épitaphe est sans date, de même que celle qui suit :

D. O. M.

Hîc
Vincentii de Meur,
viri apostolici
Cor
planè igneum
in spem
æternæ vitæ.

Voici l'épitaphe de feu M. l'Abbé d'*Argenson*, composée & ordonnée par lui-même.

Ici repose le Cœur

De Messire Louis le Voyer d'Argenson, *Doyen & Chanoine de Saint-Germain-l'Auxerrois à Paris, qui a institué ses héritiers légataires, MM. du Séminaire des Missions étrangères, à la charge d'un obit qui se dira tous les ans à perpétuité, le 12 Janvier, jour de son décès, par MM. de cette Maison, & qu'il aura part à leurs prières en qualité de Bienfaiteur, & comme il est plus amplement déclaré dans son testament olographe, déposé à Jousse, Notaire au Châtelet de Paris. Priez Dieu pour son ame.*

Le cœur de *Louise de la Tour d'Auvergne*, sœur du feu

Cardinal *de Bouillon*, & connue dans le monde sous le nom de Mademoiselle *de Bouillon*, a été inhumé dans cette Eglise, ou Chapelle, ainsi qu'elle l'avoit ordonné, à cause de l'estime qu'elle avoit pour ces Saints Prêtres qui se consacrent avec tant de zèle à la conversion des Idolâtres. Cette sainte fille mourut le 16 de Mai 1683; & M. *Tiberge*, un des Directeurs de la Maison, fit son éloge funèbre, uniquement fondé sur la vérité. On apprendra le reste par l'inscription qui suit :

Ici repose le Cœur

De Mademoiselle de Bouillon, *décédée à Evreux le 16 Mai 1683. Cette Princesse, dont la mémoire est en bénédiction, a fondé en cette Chapelle, une Messe tous les jours à perpétuité, pour la conversion des Infidèles.*

Le dessin & l'architecture de cette Eglise, sont d'une grande simplicité; c'est l'ouvrage d'un Architecte nommé *Dubuisson*. La maison de ce Séminaire est accompagnée d'un assez grand enclos; & en 1736, on entreprit de la rebâtir à neuf, & d'élever de grands corps de bâtimens, qui sont actuellement achevés. Cette Maison a eu deux Directeurs d'un grand mérite pour l'esprit, le savoir & la vertu; aussi étoient-ils particulièrement connus & estimés de Louis-le-Grand. (C'étoient MM. les Abbés *Brisacier* & *Tiberge*.)

SÉMINAIRE DU SAINT ESPRIT, *& de* L'IMMACULÉE CONCEPTION. Cette Maison fut établie en 1703, pour l'éducation des pauvres Ecclésiastiques de France & des Pays étrangers, afin d'être employés dans les Postes les plus laborieux; aussi se répandent-ils dans les Campagnes des différens Diocèses. Le Séminaire des Missions étrangères en a tiré nombre de Vicaires Apostoliques, & autres Missionnaires employés dans la Chine, la Cochinchine, la Camboye & le Tonquin. C'est aussi de cette Maison que le Ministère a fait partir la plupart des Prêtres séculiers pour le Canada & l'Acadie.

Le 22 Novembre 1770, M. l'Archevêque de Paris a béni la premiere pierre de la Chapelle de ce Séminaire, assisté de M. de Sartine, Conseiller d'Etat, & Lieutenant-Général de Police. On a jetté cette inscription dans les fondemens : *Pauperes evangelisantur ad revel. Gent. & Glor. Pleb. Ex munificentiâ Regiâ, Oratorii sub invoc. S. Spiritûs & imm. Virginis, primarium lapidem benedixit illust.*

ac reverendiff. in Chrifto P. D. D. Chriftophoro de Beaumont, Archiep. Parif. Dux S. Clodoaldi, Par Franciæ,
Ord. S. Spiritûs Commendator ; impofuit ill. DD. Ant. Raym.
Joan. Gual. Gabr. de Sartine, Regi à fanctioribus Confiliis,
Difciplinæ Politicæ prim. Præfectus, Ann. M. DCC. L. XIX.
die Nov. 22 adfuére Francifcus Becquet, Superior Gene-
ralis, J. Duflots, J. M. Duflots & J. Roquelin, Semin.
Direct. operibus gratuito præfuit Nicol. le Camus de Mezieres,
expert. Reg. Academiæque Stud. Parif. Archit. cœmenta-
vit Julianus Martin.

SÉMINAIRE DE SAINT-LOUIS, ou *le petit Séminaire*, eft fitué à l'entrée de la rue d'Enfer-Saint-Michel. Louis-Antoine de Noailles, Archevêque de Paris, qui fut enfuite Cardinal de l'Eglife Romaine, fut à peine affis fur le Siège Archiépifcopal de cette Ville, qu'il inftitua ce Séminaire, pour y élever des enfans qui auroient de la vocation à l'Etat Eccléfiaftique. Feu *Louis de Marillac*, Curé de Saint Jacques de la Boucherie, fut le fecond Promoteur de cet utile & pieux Etabliffement, après M. *de Lauzi* fon prédéceffeur, qui l'avoit placé rue Pot-de-Fer; car il donna en 1696, une maifon rue Pot-de-Fer, & deux autres à Gentilli, qui n'en forment plus qu'une aujourd'hui, & 1150 liv. de rente pour le commencer. L'Archevêque de Paris, de fon côté, follicita auprès du Roi, & en obtint des Lettres Patentes du mois de Décembre 1696, par lefquelles Sa Majefté, outre une rente de 3000 livres qu'elle accorda, permit l'union de quelques Bénéfices fimples à ce Séminaire, & accorda à ceux que l'Archevêque de Paris commettroit pour fa direction, la faculté d'accepter le legs du feu Abbé *de Marillac*, & toutes les autres donations & fondations qu'on y feroit dans la fuite. Le Roi permit auffi qu'on enfeignât dans ce Séminaire les Humanités, la Philofophie & la Théologie à ceux qui y feroient admis, fans néanmoins que le temps qu'ils emploieroient ici à l'étude de ces fciences, pût leur être compté pour prendre des dégrés dans l'Univerfité. Ces Lettres furent regiftrées au Parlement le 28 de Février de l'an 1697.

Louis-Bernard Ourfel, Prêtre, Docteur en Théologie de la Faculté de Paris, Chanoine & Grand Pénitencier de l'Eglife de cette Ville, donna par fon teftament fa bibliothèque, qui étoit très-curieufe, à ce Séminaire. Il mourut le 10 Janvier 1730, âgé de foixante-cinq ans.

Ce Séminaire doit fon origine à M. *François de Chan-*

fiergues, Diacre, qui avoit réuni quelques pauvres Ecclésiastiques, auxquels il procuroit les secours nécessaires, & dont il forma de petites Communautés, sous le nom de *Séminaire de la Providence*. M. & Madame *de Farinvilliers* voulant contribuer à cette bonne œuvre, firent bâtir dans la maison où il est aujourd'hui, & que M. de Marillac avoit donnée, un grand corps de logis & une Chapelle, & donnèrent 80000 livres pour la fondation de douze places gratuites, réduites depuis à dix. Elles sont à la nomination du Supérieur; mais pour donner plus d'émulation aux jeunes Clercs, on les met au concours. Outres ces places, il y en a encore trois autres pour de jeunes Clers d'Aigueperce & de Riom; ils en sont redevables à M. *Fouet*, Docteur en Théologie. Ce Séminaire est composé de cent quarante Etudians, sous la conduite & l'inspection de quatre personnes nommées par M. l'Archevêque. Il est le premier Supérieur de cette Maison, & y fait payer généreusement la pension de trente à quarante Ecclésiastiques. La Chapelle est grande & bien ornée.

SÉMINAIRE DE SAINT MAGLOIRE (*le*) étoit, il n'y a pas deux siècles, un Hôpital nommé *Saint-Jacques-du-haut-Pas*, & occupé par des Religieux Hospitaliers qui lui avoient donné leur nom. Cet ordre qui paroît être le même que celui des Religieux appellés *Pontifices*, ou Faiseurs de ponts, prit naissance en Italie, vers le milieu du douzième siècle, & ne fut d'abord qu'une société de Laïques, dont le principal Institut étoit de faciliter aux Pélerins les passages des rivières, en faisant même des bacs & des ponts pour cet usage; & c'est pour cela qu'ils portoient un marteau sur la manche gauche de leur habit. Cet Institut forma dans la suite une Congrégation Religieuse, dont le chef-lieu fut l'Hôpital de Saint-Jacques-du-haut-Pas, situé dans le Diocèse de Lucques en Italie, où résidoit le Commandeur Général de tout l'Ordre. Ces Religieux avoient pris leur nom d'un endroit appellé *Haut-Pas*, ou *Maupas*, situé sur la rivière d'Arno, où se fit le premier établissement de leur Institut. Plusieurs Papes ayant approuvé & confirmé cet Ordre par leurs Bulles, & ayant accordé de grandes indulgences à ceux qui lui feroient du bien, il se multiplia sur-tout en France, où il y eut un Commandeur Général pour ce Royaume, qui faisoit sa résidence à l'Hôpital Saint-Jacques-du-Haut-Pas à Paris, dépendant néanmoins du Chef de l'Ordre, qui étoit en Italie. La Commanderie générale de Paris fut fondée, à ce que dit Dubreuil, par Philippe-le-Bel en 1286 ; mais il n'en rapporte point de preuve. La situation de cet Hôpital, & celle de plusieurs autres, ne permettant pas aux Religieux qui les occupoient, de rendre aux Pélerins les secours charitables qui avoient donné lieu à leur Institut, ils se consacrèrent au service des Pélerins, en les recevant & les nourrissant dans leurs Hôpitaux. Quoique le Pape Pie II eût supprimé l'Ordre de Saint-Jacques-du-haut-Pas, par sa Bulle de l'an 1459, & qu'il en eût appliqué les revenus à celui de Notre-Dame de Béthléem, qu'il institua par la même Bulle, il ne laissa pas de subsister long-temps après, puisqu'en 1519, l'Hôpital & une partie de l'Eglise de Saint-Jacques-du-haut-Pas de Paris, furent rebâtis par le Commandeur de Paris, *Antoine Canu*, comme nous l'apprenons de son épitaphe. Cette Eglise fut dédiée quelque temps après sous l'invocation de la glorieuse Vierge, de Saint-Jacques-le-Majeur, de Saint Jean-Baptiste, de Saint Jean l'Evangeliste, de Saint Sébastien, de Saint Raphaël, & de tous les Anges. L'Ordre de Saint-Jacques-du-haut-Pas étant sur le point de s'éteindre en France, & n'y ayant dans l'Hôpital de Paris qu'un ou deux Religieux, la Reine Catherine de Médicis qui voulut faire bâtir un nouveau Palais à l'Hôtel d'Orléans, occupé par les Filles Pénitentes, fit transférer ces Filles au Monastère de Saint Magloire, & les Religieux de Saint Magloire, à l'Hôpital de Saint-Jacques-du-haut-Pas, en conséquence d'un contrat passé entre cette Reine & les Parties intéressées, au mois d'Octobre 1572. Après l'exécution de ce contrat, l'Hôpital de Saint Jacques-du-haut-Pas changea de destination & de nom, & devint l'Abbaye de Saint Magloire. Il y avoit pour lors six ans, qu'à la prière des Habitans du Fauxbourg Saint-Jacques, l'Eglise de cet Hôpital avoit été érigée en Eglise Succursale & dépendante des Paroisses de Saint Benoît, de Saint Hyppolyte & de Saint Médard. A peine les Moines de Saint Magloire furent-ils installés en ce lieu, qu'ils se trouvèrent incommodés de l'Office Paroissial qui se faisoit dans la nef de leur Eglise, souvent à la même heure qu'ils célébroient le leur. Les Habitans de leur côté souhaitoient d'avoir une Eglise particulière, & prirent cette occasion pour faire bâtir tout proche une Chapelle qui prit le nom de Saint-Jacques-du-haut-Pas, que l'autre avoit quitté pour prendre celui de Saint Magloire. Voilà l'origine de l'Eglise Paroissiale de Saint-Jacques-du-haut-Pas, & voici l'origine du Séminaire de Saint Magloire.

Comme la Reine Catherine de Médicis avoit fait séculariser l'Abbaye de Saint Magloire, & toutes les petites Dignités conventuelles, & les avoit fait réunir à l'Evêché de Paris, par des Bulles du Pape Pie IV, de l'an 1564, Henri de Gondi, Cardinal de Retz, Evêque de Paris, forma dans la suite le dessein de convertir l'Abbaye de Saint Magloire en un Séminaire. Il obtint à ce sujet des Lettres-Patentes en date du mois de Juillet 1618, registrées au Parlement le 9 Février 1619, par lesquelles le Roi lui permit d'établir ledit Séminaire, audit lieu & Abbaye de Saint Magloire, d'unir à icelui la manse capitulaire & portion du revenu de ladite Abbaye de Saint Magloire, dont jouissoient les Religieux, l'Eglise, bâtimens, jardins & enclos, tant de la demeure abbatiale, que claustrale, & généralement tous les édifices & enclos desdits lieux, avec les droits appartenans à ladite Abbaye & Monastère, sur les maisons & lieux proche d'icelle, qui en ont été démembrés; pour de ladite manse capitulaire, & portion de revenu & logemens affectés auxdits Religieux, jouir par ledit Séminaire après le décès desdits Religieux, sans que, de leur vivant, ils pussent y être troublés ou inquiétés. En conséquence de ces Lettres-Patentes, le Cardinal de Gondi fit ici un Séminaire, dont il donna la direction aux Prêtres de l'Oratoire en 1620, & les chargea en même temps d'instruire & d'entretenir douze Séminaristes, ou espèce de Boursiers, qui doivent être nommés par l'Archevêque de Paris. Ce Séminaire doit être regardé comme le premier Séminaire du Diocèse de Paris, par son ancienneté, & l'a été même pendant long-temps par le nombre & la qualité des Ecclésiastiques qui y ont été élevés. On y a vu tout ce qu'il y a de plus titré & du plus grand nom parmi les Prélats du premier & du second ordre. Toutes les parties de la science ecclésiastique, la scholastique, la morale & la positive y ont été cultivées avec un grand succès & une haute réputation, par grand nombre de Professeurs de mérite.

La maison est grande & en bon air. Les Pères de l'Oratoire y ont fait élever un beau bâtiment avec un grand escalier, dont les premières rampes sont d'un trait ingénieux. Les biens que différens Pères de l'Oratoire ont donnés à cette Maison, montent à plus de cent mille écus.

L'Eglise est ancienne & point belle. On y remarque quelques épitaphes des Hospitaliers de Saint-Jacques-du-haut-Pas, entr'autres celles de Frère *Dimanche de Lucques*, mort le premier Janvier 1403, & de Frère *Antoine Canu*, mort le 15 Octobre 1526; l'un & l'autre qualifiés Commandeurs Généraux de l'Ordre de Saint-Jacques-du-haut-Pas au Royaume de France. Comme c'est ce dernier qui fit rebâtir la maison & une partie de l'Eglise, on rapportera ici son épitaphe, qui est gravée sur une lame de cuivre attachée à la muraille.

> *L'an mil cinq cent vingt-six davantage,*
> *Par mort certaine au dernier héritage,*
> *Fut mis & clos en ce dévot séjour,*
> *D'Octobre prins le quinziéme jour,*
> *Religieuse & honnête personne,*
> *Dont renommée en plusieurs places sonne,*
> *Publiquement Frere Antoine Canu,*
> *Qui par bon droit lui vivant advenu,*
> *Fut Commandeur, de ce ne doutez pas,*
> *En Général Saint-Jacques-du-haut-Pas;*
> *Et par mérites exempts de maléfices,*
> *Il posséda autres trois Bénéfices:*
> *Sens naturel montra en tout endroit,*
> *Par sens acquis il fut en chacun droit*
> *Licentié, & après tous ces titres,*
> *Vertu en lui déclara par registres,*
> *Que l'Hôpital en très-belle devise*
> *Fit faire neuf & grande part de l'Eglise;*
> *Semblablement comme on a évidence*
> *Le corps d'Hostel étant en décadence;*
> *De charité fut le vrai exemplaire,*
> *Pauvres repait, pour à Jésus complaire;*
> *Et sans cesser prenoit la cure & soin*
> *De les panser quand il étoit besoin.*
> *Priez pour lui, dites dessus sa lame,*
> *Ci gist le corps, en Paradis soit l'ame.* Amen.

Dans le Chœur fut inhumé le 30 Juin 1662, le corps de Philippe-Emmanuel de Gondi, Comte de Joigny, Baron de Villepreux, &c. Chevalier des Ordres du Roi, & Général des galères, qui après la mort de Marguerite de Silli sa femme, se retira chez les Prêtres de l'Oratoire, où il reçut l'Ordre de Prêtrise, & y mourut dans une grande réputation de piété, le 29 Juin 1662, âgé de quatre-vingt-un ans. Entre les enfans qu'il eut de son mariage, il y en eut deux qui ont été fort connus dans le monde; l'un étoit Pierre de Gondi, Général des galères par la démission de son père ; & l'autre, *Jean-François-Paul de Gondi*, Cardinal de Retz, Archevêque de Paris, &c. qui eut tant de part aux troubles excités pendant la minorité de Louis XIV.

Dans ce même Chœur a été aussi inhumé le Père Louis *Thomassin*, Prêtre de l'Oratoire, un des plus savans hommes de son siècle, & encore plus vertueux que savant ; il a donné un grand nombre d'Ouvrages au Public, dont le plus considérable est celui de l'ancienne & nouvelle discipline de l'Eglise, auquel font allusion les derniers mots de l'épitaphe qu'on lit sur sa tombe.

D. O. M.

Hic conditus est qui fulgebit in perpetuas æternitates. R. P. Ludovicus Thomassinus, *Aquisextanus Congreg. Oratorii D. J. Presbyter, summâ vir religione, doctrinâ, modestiâ, charitate, de totâ Ecclesiâ optimè meritus. Obiit nocte natalis Christi ann.* 1695, *vitæ* 76, *Congreg.* 63. *Scriba doctus in Regna Cœlorum, qui profert de thesauris suis nova & vetera.* Requiescat in pace.

Le Père Thomassin avoit porté le joug du Seigneur dès sa plus tendre jeunesse ; car il étoit né le 28 Août 1619, & avoit été reçu dans la Congrégation de l'Oratoire, sur la fin du mois de Septembre 1632.

On parlera aussi d'un Savant fort connu, qui a passé une bonne partie de sa vie dans cette Maison ; c'est *Pierre le Brun*, Prêtre de l'Oratoire : il étoit né à Brignoles, petite Ville du Diocèse d'Aix en Provence, le 11 Juin 1661. Il entra dans la Congrégation de l'Oratoire le 11 Mars 1678, & dans la suite enseigna la Philosophie à Toulon ; & puis la Théologie à Grenoble pendant les années 1687 & 1688. Au mois de juin 1690, il fut appellé au Séminaire de Saint Magloire à Paris, où il fut chargé de faire des conférences sur l'Histoire Ecclésiastique, dont il s'acquitta avec succès pendant treize ans. Les liaisons qu'il eut avec les Pères *Thomassin* & *Bordes*, ne contribuèrent pas peu aux grands progrès qu'il fit dans ses études ; aussi a-t-il passé pour un de leurs Disciples. Depuis ce temps, il a publié plusieurs Ouvrages de Philosophie, de Théologie, de Chronologie, & sur les Liturgies. Il mourut dans cette Maison le 6 Janvier 1729, âgé de soixante-sept ans sept mois ou environ.

Le Cardinal *François Barberin*, envoyé Légat *à latere* en 1625, par le Pape Urbain VIII son oncle, au sujet des affaires de la Valteline, vint descendre d'abord aux Pères de l'Oratoire de Saint Magloire, y prit son premier repas, y reçut de la part du Roi, les complimens de *Gaston*, frère de Sa Majesté, & commença de-là sa cavalcade en grande pompe, vers l'Eglise de Notre-Dame. Le Mercure François appelle l'Eglise de Saint Magloire, l'Eglise de Saint Jacques-du-haut-Pas, parce qu'elle se nommoit ainsi avant que l'Eglise voisine fût bâtie.

SÉMINAIRE DE SAINT MARCEL. Il fut établi par les Chanoines & Chapitre de cette Eglise, pour les Prêtres & Vicaires qui y sont attachés, & qui assistent à ce Chapitre. Avant 1670, ils n'étoient que six; depuis, M. *de Ville*, l'un des Chanoines de cette Collégiale, y attira quelques Ecclésiastiques, & enfin on y a reçu des jeunes gens qui se destinent à la Prêtrise, & qui ont étudié dans les Collèges de l'Université, mais en payant pension, & ils y sont dirigés par un Ecclésiastique. Ils assistent aux Offices de l'Eglise. M. *Sanciergues*, Diacre, établit le premier ce Séminaire, avec la permission de M. de Harlai; & M. de Noailles l'a confirmé depuis.

SÉMINAIRE DE S. NICOLAS-DU-CHARDONNET, (*le*) a été institué par *Adrien Bourdoise*, Prêtre d'une vertu éminente; & cet établissement a été trouvé si utile, & même si nécessaire, qu'il a été imité dans toutes les Villes Episcopales du Royaume. M. Bourdoise commença en 1612, le Jeudi de la premiere semaine de Carême, à former une Communauté de dix Ecclésiastiques au Collège de Rheims, où il demeuroit pour lors. Elle passa peu de temps après au Collège du Mans, ensuite à celui du Cardinal le Moine, puis à celui de Montaigu. Le 16 Décembre 1620, elle fut introduite par Compain, fils d'un Secrétaire du Roi, dans une maison qui lui appartenoit, & qui étoit voisine de Saint Nicolas-du-Chardonnet. Comme cette maison, & une autre que cette Communauté avoit louées, ne suffisoient pas pour la loger, elle alla s'établir au Collège des Bons-Enfans, sans néanmoins se dessaisir de la maison de Compain, où elle étoit encore en 1632, sous la direction de *Georges Froger*, Curé de Saint-Nicolas-du-Chardonnet, lorsque Louis XIII. par ses Lettres Patentes datées de Metz, au mois de Février de cette année, approuva & confirma les conventions faites par les Prêtres de Saint Nicolas, & leur permit de vivre en Commu-

Qq iv

nauté ; mais cela ne fuffifoit pas, & ils en obtinrent d'autres datées de Saint-Germain-en-Laye, & du mois de Mai de la même année, qui les rendoient capables de faire des acquifitions de fonds ou de maifons, & de recevoir des donations, &c. *Armand de Bourbon*, Prince de Conti, ayant appris que la maifon que ces Prêtres occupoient, n'étoit point payée, quoique le contrat d'acquifition en eût été paffé depuis plufieurs années, il leur donna 40000 liv. pour en faire le paiement. Jean-François de Gondi, premier Archevêque de Paris, érigea cette fociété de Prêtres en Séminaire, par fes Lettres du 20 Avril 1644, & le Roi confirma cette érection, par fes Lettres Patentes du mois de Mai de la même année. L'Archevêque de Paris mit la dernière main à cet établiffement, le 10 Juin fuivant. En fignant les conftitutions de ce Séminaire, l'Inftituteur fut fâché du pouvoir que le Roi avoit accordé à fa Communauté, de faire des acquifitions, & de recevoir toutes fortes de donations, parce que fon deffein étoit qu'elle ne poffédât rien en propre, & qu'elle vécût fous la dépendance du Curé & de la Fabrique de Saint-Nicolas-du-Chardonnet.

Meffieurs de ce Séminaire ont fait bâtir en 1730 une fort belle maifon dans la même rue, & vis-à-vis de leur Séminaire, & fous le nom de petit Séminaire. Elle eft deftinée à l'éducation des jeunes gens qui fe deftinent à l'Etat Eccléfiaftique, & qui vont étudier dans les Collèges de l'Univerfité. Ils ne font reçus dans cette Maifon qu'en payant penfion, & font dirigés par trois Eccléfiaftiques de la fociété du Séminaire. Ils affiftent en furplis, les Dimanches & les Fêtes, aux Offices qu'on célèbre dans l'Eglife de Saint-Nicolas-du-Chardonnet. Tout refpire, dans l'une & l'autre Maifon, le zèle, la piété, & le bon exemple.

SÉMINAIRE DE SAINT SULPICE, (le) a été inftitué en 1645 *, par *Jacques Olier*, Abbé de Pebrac, & Curé de

---

* M. Olier avec MM. de Pouffé, Damien, & autres Prêtres, ayant acheté au mois de Mai de cette année, une maifon, un jardin, avec un emplacement confidérable dans la rue du vieux Colombier pour y établir le Séminaire ; M. l'Abbé de Saint-Germain-des-Prés leur accorda, le 23 Octobre fuivant, des Lettres Patentes, par

Saint Sulpice, l'an 1642; & l'on peut dire que c'est plutôt l'ouvrage de Dieu, que celui des hommes. L'Abbé

lesquelles il érigeoit le Séminaire de Saint Sulpice en Communauté, & approuvoit les acquisitions qu'ils avoient faites pour cette œuvre. Cet Abbé leur accorda aussi la permission d'avoir une Chapelle pour y célébrer la Sainte Messe, l'Office Divin, s'y confesser, y communier & y faire les autres exercices de piété. Le Roi Louis XIV. par des Lettres Patentes données en 1746, confirma cet Etablissement, & donna aux Prêtres qui composoient le Séminaire, & à leurs successeurs, le pouvoir de bâtir, de recevoir des fondations, de faire des acquisitions, & les mêmes privilèges que les autres Communautés ecclésiastiques. Le bâtiment, tel qu'on le voit aujourd'hui, fut aussitôt commencé & bientôt fini. M. *de Bretonvilliers*, qui fut le successeur de M. Olier dans la Cure & dans la Place de Supérieur du Séminaire, y employa les revenus de son patrimoine. Le Prieur, Grand-Vicaire de l'Abbaye, bénit la Chapelle, & celle de dessous destinée à la sépulture des Ecclésiastiques, le 18 Novembre 1650, & le Nonce du Pape y célébra la première Messe. Le 5 Août 1698, M. le Cardinal *de Noailles*, du consentement de M. *de la Chétardie*, prédécesseur de M. *Languet*, leur accorda le droit de conserver dans leur Chapelle le Très-Saint-Sacrement, les saintes Huiles, & d'enterrer leurs morts sans les présenter à la Paroisse.

Tous les Supérieurs de ce Séminaire ont été célèbres par leur zèle, leur piété & leurs grandes lumières : les bornes de cet Ouvrage ne nous permettant pas de faire ici l'éloge qu'ils méritent, nous ne parlerons que du dernier, M. *Jean Couturier*, Abbé de Saint-Pierre-de-Chaume, Docteur de Sorbonne, & le sixième Supérieur de ce Séminaire. Il étoit né à Château-Roux, Diocèse de Bourges, le premier Octobre 1688; il entra Clerc au petit Séminaire, le 16 Novembre 1708; il a été Supérieur de la Communauté des Philosophes, qui ne faisoit que commencer lorsqu'il fut nommé pour la conduire.

M. Couturier avoit une pénétration étonnante dans les affaires qu'il conduisit toujours avec prudence; la Religion & le Clergé occupoient tout son cœur. Une droiture scrupuleuse faisoit son caractère particulier. Les hommes de bien trouvèrent de grandes ressources dans la sagesse de ses conseils; sa grande modération, son urbanité, son affabilité le rendirent cher à tous ceux qui le connurent. Malgré la confiance qu'avoit en lui M. le Cardinal *de Fleuri*, il ne se servit de la faveur dont il l'honoroit, que pour procurer le bien, & ne l'employa jamais, ni à l'avantage de ses parens, ni à celui de son Séminaire; il y mourut le 30 Mars 1770, comme un père au milieu de ses enfans, & leur donnant des avis

Olier étoit un jeune homme qui vivoit régulièrement selon le monde; mais il y a loin entre bien vivre selon les hommes, & vivre selon Dieu. La Sœur *Agnès de Jesus*, Religieuse Dominicaine du Couvent de Langeac en Auvergne, & fille d'une grande piété, fut l'instrument dont Dieu se servit pour amener l'Abbé Olier entièrement à lui. Cette Sainte fille ne connoissoit point M. Olier, lorsque la Sainte-Vierge lui ordonna, dit-on, de prier Dieu pour lui. Elle se mit à faire, en 1631, les prières les plus ardentes pour cet Abbé, & persista trois années entières à prier, à gémir, à pleurer, & à faire de grandes pénitences pour lui. Dieu, qui écoute toujours favorablement les prières qui partent d'un cœur tel que celui de la Mère Agnès, opéra dans celui de l'Abbé Olier, cette conversion parfaite, dont les particularités se voient dans la vie de ce serviteur de Dieu. La Mère Agnès ayant connu personnellement M. Olier, elle voyoit avec une satisfaction qu'on ne peut exprimer, les grands progrès que la grace faisoit de jour en jour dans cet admirable serviteur de Dieu, & même prévoyoit, par des lumières divines, les dons du Saint Esprit qu'il recevroit, & les biens qu'il feroit à l'avenir dans l'Eglise. Ainsi éclairée, elle lui prédit un jour que Dieu se serviroit de lui pour former grand nombre d'Ecclésiastiques que la Sainte Vierge choisiroit toujours, & qu'il auroit beaucoup de croix. Ceux qui ont connu M. Olier, ont vu évidemment tous les les effets de cette prédiction.

Ce Séminaire n'étoit guères avancé lors de la mort de M. Olier, arrivée le 2 Avril 1657. Heureusement pour cette pieuse & grande entreprise, *Alexandre le Ragois de Brétonvilliers*, qui fut Curé de Saint Sulpice après la mort de M. Olier, entra dans les vues de son prédécesseur, & fournit de son patrimoine, à toutes les dépenses de ce vaste édi-

---

pleins de sagesse jusqu'au dernier moment. Il défendit tout éclat & toute invitation à son enterrement; il étoit âgé de quatre-vingt-un ans & demi. Il a pour successeur M. *Claude Bourachot*, Docteur de Sorbonne, né le 20 Novembre 1697, à Lenax en Bourbonnois, Diocèse d'Autun; il entra Laïque, le 18 Octobre 1715, au petit Séminaire, dont il a été deux fois Supérieur. La modestie de cet excellent Prêtre nous interdit ici tout éloge.

fice, qui fut élevé & conduit sur les desseins de *Dubois*.

Les peintures de la Chapelle de ce Séminaire sont d'une grande beauté, & ont beaucoup contribué à la grande réputation de feu *le Brun*. Ce Peintre a représenté dans le plafond, l'Assomption de la Vierge, qui est à genoux sur un nuage, & est soutenue & accompagnée par des groupes d'Anges & d'Esprits bienheureux. Le Père Eternel lui tend les bras pour la recevoir dans sa gloire. Comme c'est dans le Concile d'Ephèse que la Sainte Vierge fut reconnue Mère de Dieu, selon la chair, *le Brun* a représenté au bas de ce grand tableau, les Pères de ce Concile, & quelques-uns de l'Eglise Latine, qui sont tous dans des attitudes d'humilité & d'admiration.

Le tableau qui est sur l'Autel est du même Peintre, & représente la descente du Saint-Esprit sur la Sainte Vierge & sur les Apôtres. Comme il étoit très-satisfait de ce tableau, il s'y est représenté dans un coin, à l'exemple de plusieurs grands Peintres qui en ont usé de même dans les tableaux qu'ils ont le plus estimé.

M. Olier fut le premier Supérieur de ce Séminaire, & son corps est dans la Chapelle, dans une bière de plomb.

On garde dans la Chapelle, ou dans la Sacristie de ce Séminaire, ou dans celle de l'Eglise de Saint Sulpice, un Crucifix, dont la Mère Agnès de Jesus avoit fait présent à feu M. Olier. Cette pièce est d'autant plus vénérable, qu'on sait qu'à son occasion, Dieu opéra un miracle en la personne de M. *Philippe*, Prêtre, Vicaire-Général de l'Archevêque d'Aix, & Supérieur de son Séminaire. Cet Ecclésiastique étant encore dans la Communauté des Prêtres de Saint-Sulpice, fut saisi d'une fièvre très-violente, le propre jour de la fête de ce Saint Patron. M. Olier, alors Curé, ayant appris sa maladie, lui apporta promptement le Crucifix de la Mère Agnès, qu'il avoit toujours sur lui, & lui dit: *tenez, voilà qui vous guérira*. Aussi-tôt que le malade eut reçu de sa main ce Crucifix, il sentit diminuer sa fièvre, & en fort peu de temps il fut entièrement guéri, au grand étonnement du Médecin.

SÉMINAIRE DES TRENTE-TROIS, ou *de la Sainte Famille*, montagne Sainte-Geneviève.

Ce Séminaire est ainsi nommé de trentre-trois places ou bourses fondées pour de pauvres Ecoliers de Paris & même de toutes les Provinces du Royaume, pour faire dans l'Université de cette Ville, leurs études en Philosophie & en

Théologie. Avant que d'y être reçu, il faut avoir la tonſure, ou être prêt à la recevoir à la prochaine ordination; être né de légitime mariage, bien fait de corps & d'eſprit, capable d'étudier au moins en Logique, & très-pauvre. On rapporte l'inſtitution de cette Maiſon à *Claude Bernard*, en 1633, qui la fit connoître à *Anne d'Autriche*, Reine de France, qui ordonna qu'on donneroit chaque jour à ces pauvres Ecoliers trente-trois livres de pain; mais cette aumône fut changée en une penſion de 900 livres ſur le Tréſor-Royal. Alors il n'y avoit que cinq Ecoliers en l'honneur des cinq plaies de J. C. puis le nombre alla juſqu'à douze, à cauſe des douze Apôtres. Enfin il fut porté juſqu'à trente-trois, pour honorer les trente-trois ans que J. C. a paſſés ſur la terre. D'abord ils demeurèrent dans une ſalle du Collège des *Dix-huit*, puis dans ſix chambres qu'on loua pour eux au Collège de Montaigu; enſuite à l'Hôtel de *Marly*, vis-à-vis dudit Collège. Enfin le 7 Mai 1657, à l'Hôtel d'Albiac qu'on leur acheta, & où ils ſont aujourd'hui. Ce Séminaire eſt ſous l'autorité, juriſdiction, ſupériorité, viſite & dépendance de l'Archevêque de Paris. Il eſt régi par ſix Adminiſtrateurs, trois Eccléſiaſtiques & trois Laïques.

La reconſtruction des bâtimens ayant donné lieu à la ſuppreſſion de ces bourſes, feu M. le duc d'Orléans les rétablit à condition qu'elles ſeroient accordées au concours. Il ſe fait tous les ans le premier Octobre.

SENART, autrement dit *la Grange de Senart*, eſt, ſelon la Grange, un Hameau qui dépend de l'Abbaye d'Hières, lequel eſt de la Paroiſſe d'Ethioles & de la Juſtice de Corbeil. La forêt de ce nom s'étend ſur le territoire de pluſieurs Paroiſſes.

SENLICES, quoique le nom de ce Village du Doyenné de Château-Fort, ſe prononce & s'écrive à peu près comme celui de la Ville de Senlis, dans le latin, il y a une différence toute entière. Il eſt vrai qu'il n'eſt pas d'une antiquité ſi reculée que cette Ville épiſcopale; mais il eſt connu depuis le règne de Charles-le-Chauve. On le trouve nommé *Scindeliciæ*, *Cinliciæ*, *Cenliciæ*, *Senliciæ*, & dans le Pouillé de 1450, *de Senliciis*.

Ce Village eſt à huit lieues de Paris, c'eſt-à-dire, à une lieue au-delà de Chevreuſe. Sa ſituation eſt en partie ſur un côteau qui regarde le couchant, & en partie dans le bas de la montagne. Il y a en général sur le territoire des labourages & des prairies, des roches, bruyères, broussailles. On y fait observer, sur-tout aux Naturalistes, une fontaine dont l'eau est nuisible aux dents qu'elle fait tomber sans fluxion, sans douleur & sans que l'on saigne. On ne peut s'en prendre qu'à elle de cet effet ; car l'air y est très-bon & très-tempéré, les Habitans plus robustes & plus sains qu'ailleurs : seulement il y en a plus de la moitié qui manquent de dents. D'abord elles branlent dans la bouche pendant plusieurs mois, comme le battant d'une cloche, ensuite elles tombent naturellement. L'eau que l'on accuse de ce mal, est vive : on la trouve fort froide lorsqu'on la boit au sortir de la fontaine. On reconnoît qu'elle est dure quand on s'en sert pour le pot, & on prétend qu'elle donne des tranchées à ceux qui n'y sont pas accoutumés. Il paroît que cette eau est minérale, & qu'elle contiendroit du mercure. Les vignes de ce Pays ne sont pas en quantité, & le vin qu'elles produisent n'a rien d'excellent. C'est peut-être à cause de ce défaut de qualité, que ceux qui ont voulu railler sur la Cure de ce lieu, dont le nom latin est *Cura Scindeliciis*, l'ont appellée par un léger renversement de lettres ; *Cura de sine deliciis*.

L'Eglise est sous le titre de Saint Denis, premier Evêque de Paris, & la Cure à la pleine nomination de l'Ordinaire.

La Court-Senlice est la maison seigneuriale. L'enclos en est fort grand. Sur la porte sont des armoiries anciennes, dont l'écu est chargé d'une tour, & les supports sont deux lions. Cette Terre est une de celles qui forment le Comté ou Duché de Dampierre, qui est possédé par MM. d'*Albert de Luynes*.

SENLIS. Cette Election est au nord-est de Paris, entre les Elections de Meaux, Paris, Pontoise, Compiegne & la Généralité de Soissons. On lui donne quinze lieues de long sur dix de large. Les rivières qui l'arrosent sont l'Oyse, la Brefche, la Nonnette & le Therain.

Senlis est le chef-lieu & la Capitale du Comté de ce nom. Elle est située sur la Nonnette, à douze lieues de Paris, au 20e. dégré, 16 min. de longit. & au 49e. dégré 12 min. 30 sec. de latit. septent. Elle est le Siège d'un Evêché : il y a un Bailliage, un Présidial, & un grenier à sel.

Ptolémée & Pline ont fait mention de Senlis, sous le nom de *Sylva nectum*, que l'on croit lui avoir été donné à cause des bois dont cette Ville étoit environnée. Elle a appartenu aux Comtes de Vermandois, & aux ancêtres de Hugues Capet. Ses Chevaliers ont été Bouteillers de nos Rois, & nommés *Bouteillers de Senlis*. Le clocher de la Cathédrale est un des plus élevés de France : on voit autour de l'Eglise un grand nombre de figures qui font un fort bel effet. L'enceinte de la Cité passe pour un ouvrage des Romains. Elle est formée de plusieurs lits de briques & de pierres brutes, liées avec un ciment, qui ne forme plus qu'une masse, à l'épreuve des injures de l'air.

On veut que *Saint Rieul* ou *Saint Regulus* ait été premier Evêque de Senlis, & soit venu dans les Gaules avec Saint Denis, vers le milieu du troisième siècle. Son Château qui paroît avoir été bâti du temps de Saint Louis, a servi autrefois de demeure à quelques Enfans de France.

L'air de Senlis est fort bon : c'est même par cette considération que l'on y envoyoit les jeunes Princes pour y être élevés ; cependant il y est plus froid qu'à Paris. On recueille dans les environs, à peu près quinze mille muids de vin. Les terres y sont à si bas prix, que l'on peut en avoir un arpent pour une pistole. La Ville n'a aucune sorte de commerce qui puisse l'enrichir : les Blanchisseries sont fort belles ; le petit Peuple lave les laines pour la Manufacture de Beauvais.

Il y a à Senlis plusieurs Maisons Religieuses : l'Hôpital est desservi par des Religieux de la Charité, qui y ont aussi une maison de force pour les Fous & les Prisonniers d'Etat. L'Hôpital de Saint-Lazare subsiste depuis le douzième siècle. Il avoit autrefois le droit de faire tenir une foire pendant huit jours ; & lorsqu'on en faisoit l'ouverture, les gens du Fauxbourg Saint-Martin en demandoient la permission en ce vieux langage : *Sire Prévôt, None est tintée, pouvons-nous bien foire crier ?*

On voit à l'Eglise de Saint Rieul, un calice de vermeil qui tient sept pintes de vin. On dit tous les jours à cinq heures dans la Cathédrale, une Messe en faveur des Voyageurs, & on la nomme communément la Messe *de part-matin*.

On voit encore à Saint Maurice de cette Ville, le superbe mausolée d'un fou du Roi Charles V, dont voici l'épitaphe.

Ci gît THEVENIN DE SAINT-LEGIER, *fou du Roi notre Sire, qui trépassa l'onzième Juillet, l'an de grace 1375.*

La représentation est ornée de marbre & d'albâtre, revêtue des habits, & ornée d'attributs de la folie.

En 1289, la Ville de Senlis se jetta dans le parti de la Ligue; mais M. *de Montmorency-Thoré*, à qui son voisinage de Chantilli donnoit beaucoup de crédit parmi ses Habitans, la ramena à l'obéissance du Roi. Le Duc d'*Aumale* voulut la reprendre avec les troupes qu'il avoit tirées de Paris; il fut défait par le Duc *de Longueville* & le brave *la Noue*, qui firent marcher la Bourgeoisie avec des troupes réglées. Ce fut pour perpétuer le souvenir de la bravoure des Habitans, que M. de *Montmorency* forma une Compagnie d'Arquebusiers Royaux, à qui il donna un drapeau d'azur, environné de fleurs-de-lys, avec cette devise: *ils ont soutenu la gloire du Roi avec perte de leur sang, & conservé la pureté des lys.*

Il y avoit à la Bataille de Bouvines, en 1214, un *Guérin*, Evêque de Senlis, qui fut chargé du soin de ranger l'Armée en bataille. Il ne se mêla point parmi les Combattans, quoique *Philippe*, Evêque de Beauvais, s'y battît avec une massue de bois, au lieu d'épée. Le succès de cette bataille fut autant le fruit de la bravoure des François & du courage de leur Roi, que des dispositions de *Guérin*. Philippe II y fit le vœu de bâtir une Abbaye en l'honneur de Dieu & de la Sainte Vierge; ce fut pour l'acquitter, que Louis VIII fonda celle de *Notre-Dame-de-la-Victoire* près de Senlis.

Beaumont-sur-Oyse a appartenu à *Charles*, Duc d'Orléans. *Voy.* BEAUMONT, &c.

Chantilly appartient à S. A. S. M. le Prince de Condé; le grand Château a été bâti par *Mansard*. Ses jardins ont été faits sur les dessins de *le Nôtre*. Les tableaux qui représentent les conquêtes de Louis XIII & de Louis XIV, ont été peints par *le Comte*, d'après *Vander-Meulen*. La statue pédestre du grand *Condé* est de *Coysevox*; la maison de *Sylvie* a pris son nom d'une maîtresse du Poëte *Théophile*, qui étoit attaché à M. *de Montmorency*. La forêt contient 7600 arpens. Enfin les bâtimens, les écuries, l'orangerie, les cabinets d'Histoire naturelle, &c. tout annonce à Chantilly la grandeur du Prince à qui cette Terre appartient. *Voy.* CHANTILLY.

Creil avoit autrefois une fort belle enceinte de murs; il n'en reste plus qu'une tour quarrée, du côté où est la porte de Paris. Son Château est situé dans l'isle que forment les deux bras de l'Oyse, & a été bâti par Charles V en 1441. Charles VII mit le siège devant Creil, & l'enleva sur les Anglois au bout de douze jours, quoique le Capitaine

Talbot se trouvât dans les environs avec une armée qui pouvoit y donner du secours, comme il avoit fait à Pontoise, qui fut repris de même. Charles VI fut transféré de Château-Thierry à Creil, pour y jouir de la bonté de son air dans les accès de sa frénésie. On y voit encore les restes d'une galerie, dans laquelle on plaçoit des Baladins que l'on avoit choisis pour égayer & distraire le Roi. Ce Prince étoit placé sur un balcon grillé, pour jouir de ce spectacle. Dans la salle des Gardes est la bannière de France, sculptée en pierre, & chargée de fleurs-de-iys sans nombre. Henri IV assiégea le Château de Creil, quelque temps après son avénement au trône, & crut devoir s'en assurer comme d'un poste avantageux, pour tenir en bride tout ce qui pourroit descendre par la rivière d'Oyse. En 1565, les Religionnaires ruinèrent entièrement l'Eglise Collégiale de Creil. Depuis ce temps, les Chanoines font l'Office dans la Chapelle de l'ancien Château. Les Curieux y remarquent un chardon en pierre, qui est sculptée avec beaucoup de délicatesse, & que l'on croit être un monument de l'ancien *Ordre du Chardon*, qui fut autrefois fort distingué. Il y a à Creil un Grenier-à-Sel : sa Châtellenie est une des quatre du Bailliage de Senlis. On y tient un marché tous les vendredis, & une foire considérable le jour des Morts. Les Entrepreneurs de la Manufacture des glaces de *Saint-Gobin*, y ont établi un magasin du sable qu'ils tirent des environs de Senlis pour leurs ouvrages.

La Terre *de Brasseuse* relève en partie de Chantilly : il y a un fort beau Château, ainsi qu'à Baron, à Bruyères, à la Chapelle, à Eve, à Nongent-les-Vierges, à Persang, à Puisieux, à Villers-Saint-Leu, &c. Ver-lez-Gailly avoit autrefois un Château Royal : il s'y est tenu un Concile. La Ville de Chamblis a deux Paroisses, dont une a une fort belle Eglise. Mont-l'Evêque est la maison de campagne des Evêques de Senlis.

On fait à *Apremont* un commerce de boutons ; à *Ecruys*, à *Neuilly-en-Felle*, on travaille beaucoup en ouvrages de poil de chèvre : il y a des blanchisseries à *Courteuil* & à *Saint-Léonard* : on tient des marchés considérables pour le bled à Neuilly-en-Felle, à *Crécy* & à *Pont-Saint-Maxence*. Cette petite Ville a un gouvernement séparé de celui de l'Isle-de-France.

SENS. (*Election de*) Cette Election est placée au sud-est de Paris, entre celles de Provins, de Nogent, de Joigny

Joigny, de Saint-Florentin, de Nemours & la généralité de Châlons. On lui donne treize lieues de long, sur onze de large. Elle est arrosée par les rivières d'Yonne, que l'on passe sur un grand pont de pierres de la Vannes & de l'Oreuse.

Sens, qui en est le chef-lieu, est située à vingt-cinq lieues de Paris, au vingtième dégré 56 min. 48 sec. de longit. & au quarante-huitième dégré 11 min. 56 sec. de latit. sept. Il y a Archevêché, Prévôté, Bailliage, Présidial, Justice Consulaire, Grenier à Sel, & Maîtrise particulière des Eaux & Forêts.

Sens est regardée comme une des plus anciennes Villes des Gaules. Ses rues étroites & tournoyantes sont la preuve de son antiquité. Des Auteurs lui donnent *Japhet* pour Fondateur, par *Samotes*, un de ses quatre fils, & disent qu'elle fut habitée par les Samosates. Elle a disputé la primatie des Gaules & de Germanie avec l'Archevêché de Lyon, & son Archevêque en a exercé les fonctions, avant qu'elle fût accordée aux Archevêques de Lyon, & avoit pour Suffragans tous ceux qui composent aujourd'hui la Métropole de Paris. Ce fut pour les indemniser de ce démembrement, que l'on réunit à ce Siège l'Abbaye de Mont-Martin en Picardie, lorsque l'on forma l'Archevêché de Paris. Autrefois les Sénonois étendirent leurs conquêtes jusques dans la Grèce, & firent trembler l'Italie. On veut qu'ils aient supris & pillé Rome, & jetté ensuite les fondemens de la Ville de Sienne, qui, selon les Etymologistes, en a reçu son nom. César est venu à Sens ; il la nomme *Agendicum Senonum* : Hugues Capet possédoit cette Ville en 940. Depuis ce temps elle a eu des Comtes particuliers, sur lesquels le Roi Robert en fit la conquête & la réunit à la Couronne en 1015.

La Cathédrale est sous l'invocation de Saint Etienne : on y retrouve le goût dans lequel on a bâti celle de Troye & d'Auxerre. L'édifice n'est pas si élevé que celui de Notre-Dame de Paris; mais il est plus vaste; sa tour est fort haute, & admirée des Gens de l'Art : c'est l'ouvrage d'un célèbre Troyen, nommé *Godinet*. Le Cardinal *du Prat* & le Cardinal *du Perron* ont leurs mausolées dans le Chœur de cette Eglise, dont ils ont été Archevêques. On y montre l'endroit où *Saint Louis* épousa *Marguerite de Provence*. Le grand Autel a un soubassement fort riche : c'est un ouvrage d'un goût gothique, qui représente les quatre Evangélistes & Saint Etienne au milieu d'eux. La table est d'or, & enrichie de bas-reliefs de pierreries. On voit avec plaisir les vitres qui règnent autour de l'Église ; la peinture est de *Jean Cousin*, qui étoit né à Soucy auprès de Sens, & qui avoit une grande réputation pour ces sortes d'ouvrages. La sonnerie est une des plus belles du Royaume. Le Trésor renferme beaucoup de reliques & d'anciens monumens. On y conserve un ornement sacerdotal, qui a servi à *Saint Thomas*, Archevêque de Cantorbery. Le Chœur est décoré de stalles d'un très-bon goût. L'Autel a été exécuté sur les desseins de *Servandoni*. A côté du portail est la statue équestre de *Philippe de Valois*. Il y a dans la nef de fort beaux mausolées exécutés en marbre, & une statue de Saint Christophe, de grandeur colossale. On y remarque la Chapelle des *Sallezards*, & leurs tombeaux soutenus de colonnes de marbre, avec leurs statues en marbre blanc. Dans le Chœur est le mausolée de Monseigneur *le Dauphin*, fils de Louis XV. Le corps de Madame *la Dauphine*, son épouse, y est aussi renfermé.

Ce mausolée est exécuté en marbre. Il présente un piédestal sur lequel sont placées deux urnes liées ensemble par une guirlande d'immortelles. Tandis que la *Religion* couronne les cendres des augustes époux, que l'*Immortalité* forme un trophée de leurs vertus, le *Temps* déploie sur leurs urnes cinéraires le voile funèbre de la mort, & l'*Amour conjugal* déplore leur perte. Aux deux faces latérales du tombeau, sont placées les inscriptions que M. le Cardinal de Luynes, Archevêque de Sens, a consacrées à la mémoire du Prince & de la Princesse. Au bas de chaque inscription se trouvent leurs cartels & leurs armes.

M. *Coustou* *, attaqué d'une maladie qui le minoit depuis

---

* *Guillaume Coustou* naquit à Paris le 20 Mars 1716, de *Guillaume Coustou*, Sculpteur du Roi, & de *Geneviève Moret*. Il seroit peut-être assez célèbre par l'histoire de son père & de ses oncles, *Nicolas Coustou* & *Antoine Coyzevox*. Ce fut un bonheur pour lui de leur appartenir, mais il ne le regarda pas comme un mérite. Il marcha sur leurs traces. A dix-neuf ans il gagna le premier prix de Sculpture. De retour de Rome où il passa quelques années après, il posa à Marly, pendant la maladie de son père, les grouppes des chevaux de l'abreuvoir, auxquels il avoit travaillé lui-même. A vingt-six ans il fut reçu à l'Académie. Son morceau de réception fut un Vulcain appuyé sur une enclume, en attitude de recevoir les ordres de Vénus, pour fabriquer les armes d'Enée. Il fut chargé alors de faire, pour la décoration du maître-Autel de l'Eglise

long-temps, auroit été privé de la récompense qu'il méritoit pour cet ouvrage, n'ayant pas eu la consolation de le voir monté & assemblé, si le Directeur éclairé qui préside aux Arts, n'eût demandé pour lui au Roi le cordon de S. Michel, & la permission de le porter avant la réception. M. *Coustou* le reçut de ses mains en présence de L'EMPEREUR*, ou M. le Comte de *Falkenstein*, qui lui témoigna par les complimens les plus obligeans, la part qu'il prenoit à la grace qu'on lui accordoit. Les circonstances de cette distinction flatteuse auroient dû prolonger pour long-temps les jours de l'Artiste qui en sentoit tout le prix ; mais le mal l'emportant, il y succomba le 13 Juillet (1777) âgé de soixante-un ans.

Quoique l'on ait retranché une grande partie du Diocèse de Sens, pour en former la Province Ecclésiastique de l'Archevêché de Paris ; cependant on y compte encore plus de huit cents Cures, situées dans les Généralités de Paris & d'Orléans, plusieurs Prieurés, vingt-cinq Abbayes & onze Collégiales.

Il y a dans la Ville plusieurs Maisons Religieuses, deux Séminaires, un Collège où étoient autrefois des Jésuites, un Hôtel, où il y a trois salles garnies, chacune de quarante

---

des Jésuites de Bordeaux, l'apothéose de Saint François Xavier, figure de sept pieds de proportion, portée sur des nues, au-devant desquelles est un enfant tenant une couronne de fleurs. L'envie de se faire connoître l'engagea à exécuter cet ouvrage en marbre, au même prix dont il étoit convenu pour l'exécuter en pierre de Tonnerre. Il demeura pendant long-temps sans être employé ; ce fut pendant ce temps qu'il fit cet excellent modèle du Satyre Marsias, montrant à jouer de la flûte à un jeune homme, qui lui acquit beaucoup d'éloges à une des expositions du Louvre, & que les Artistes ont toujours regardé comme une de ses meilleures productions. Il fit un fronton au Château de Bellevue, & un Apollon qui se voit dans les bosquets du jardin. Il exécuta depuis en marbre, pour le Roi de Prusse, une Vénus & un Mars qui se voient dans la galerie de son Palais à Berlin. La Vénus passe pour un chef-d'œuvre.

* Soit en Prince, soit en Particulier, S. M. I. fait également compter toutes les années de sa vie, comme on comptoit autrefois quelques momens de celle de Titus. Elle aura beau se cacher, Elle ne se dérobera ni à l'amour, ni à l'admiration de personne.

lits ; un Hôpital-Général, dans lequel on reçoit les pauvres incapables de travailler, & qui a le droit d'avoir toutes fortes de manufactures : une Maison d'Orphelines, où l'on nourrit jusqu'à l'âge de seize ans celles qui sont pauvres, & où l'on prend soin des biens de celles qui ont besoin de ce secours. &c. On a tenu à Sens plusieurs Conciles : le fameux *Abailard* y fut condamné en 1140. On y examina le livre d'*Edmond Richer*, sur la puissance ecclésiastique, en 1612.

La Ville contient environ sept mille Habitans. Il y a trois places assez vastes, & deux promenades fort agréables. M. *de Sauvigny*, Intendant de la Généralité, a fait faire la magnifique esplanade que l'on voit à l'entrée de la porte de Paris.

On a tiré de la rivière de Vannes plusieurs filets d'eau, que l'on a distribués dans les rues, pour la commodité des Habitans, & pour y entretenir la propreté. Le pont sur l'Yonne est fort beau. On y prend le Coche d'Auxerre pour Paris, deux fois par semaine.

Il n'y a dans Sens aucun commerce ; elle ne tire ses principaux revenus que des marais des environs, & des droits que paient les vins de Bourgogne, que l'on voiture sur sa rivière. Seulement on fabrique beaucoup de bas de soie dans son Hôpital-Général, & on y voit une filature de coton à l'Angloise, qui fut entreprise par les ordres de M. *de Trudaine*, Intendant des Finances. On fait encore dans la Ville beaucoup d'horloges d'eau, dont un Bénédictin de Saint *Pierre-le-Vif* montra le méchanisme à un Ouvrier. On en envoie par-tout le Royaume, & jusques dans nos Colonies.

Sens a produit quelques hommes de Lettres. Le plus connu est le Jurisconsulte *Loyseau*, qui y a été Lieutenant Particulier. M. *le Blanc*, Secrétaire d'État de la Guerre, en étoit originaire. On trouve à Sens des secours pour les sciences dans la bibliothèque publique, qui vient de M. *Fenel*, Doyen du Chapitre, & dans celle que son Archevêque M. *Languet* a laissée à ses successeurs.

Les anciens Archevêques de cette Ville ont leur sépulture à Saint *Pierre-le-Vif*. On y en compte quarante. La plupart d'entr'eux ont été tirés de cette Abbaye dont ils étoient Religieux. On voit encore dans une aile du cloître, le tombeau de *Henri le Sanglier*. Cette Maison est de l'Ordre de Saint Benoît. L'Abbaye fut fondée par Clovis en 507, à la prière de Sainte Théodechilde. On a uni la manse abbatiale à la Cure de Versailles.

A un quart de lieue de la Ville, entre la rivière & le grand chemin, est située l'Abbaye de *Sainte Colombe* du même Ordre, fondée en 620 par Clotaire II.

Dans un des Fauxbourgs de la Ville est l'Abbaye de *Saint Jean*, de l'Ordre de Saint Augustin, fondée pour des Filles dans le cinquième siècle, par Saint *Eracle*, Archevêque de Sens. Les troubles de la guerre ayant mis les Religieuses dans la nécessité de se disperser de côtés & d'autres, on y appella les Chanoines Réguliers au commencement du treizième siècle. Le Cardinal *du Perron* a fait réunir la manse abbatiale à l'Archevêché. On y a introduit la réforme en 1606.

Saint Paul-lès-Sens est une Abbaye où les Religieux de l'Ordre des Prémontrés furent introduits en 1192.

Les Jacobins ont dans leur Eglise l'épitaphe de *Gilles Claironnelles*, Religieux de leur Ordre, qui de fils d'un simple Pêcheur de Sens, fut élevé au grade de Général & de Maître du Sacré Palais.

Il y a encore à Sens des Pénitens, des Capucins, des Carmélites, des Annonciades & un Couvent d'Ursulines.

En 1562, il y eut à Sens un grand massacre des Huguenots; c'étoit une représaille des meurtres qu'ils ne cessoient de commettre dans tout le Royaume. Le Prince de Condé qui étoit à leur tête, comprit que l'aigreur des esprits étoit poussée à un point qui ôtoit tout espoir d'une véritable paix. Il distribua des casaques blanches à ses soldats, autant pour conserver l'impression que cette action avoit faite sur eux, que pour les animer à la vengeance.

Ville-Neuve-l'Archevêque, où l'on tient deux foires par an, de même qu'à *Ville-Neuve-le-Roi*, autre petite Ville de cette Election, où l'on recueille beaucoup de vins. Il y a aussi une foire à Ville-Neuve-la-Guiare le 25 Août.

La Terre de *Villiers-Louis* relève de Theil. Celles de *Vernoy* & de *Toussac*, sont sur la Paroisse de *Ville-Noce*; & celle de *Ville-Manoche* a un fort beau Château & de beaux droits.

On admire au Château de *Celle de Vallery*, le mausolée du grand Condé.

La Terre de *la Louptière* relevoit autrefois de celle du Plessis-Gâte-Bled; mais le Seigneur de celle-ci ayant enlevé dans le quinzième siècle la fille du Seigneur de l'autre, on punit le rapt, en réduisant cette dépendance à un septième.

La Terre de *Traisnel* a été érigée en Marquisat. Autrefois

le Tréforier du Chapitre de Traifnel préfentoit une rofe à la plus belle perfonne du lieu, & danfoit enfuite avec elle fous un arbre deftiné à cette cérémonie.

Dillot, Village à cinq lieues de Sens, où eft une Abbaye de Prémontrés.

Launoy eft une Commanderie de Malthe, qui eft fituée auprès du Village de Fleurigny, à trois lieues de Sens, fur la route de Nogent : celle de *la Mothe* n'eft qu'à deux lieues de Sens auprès de *Marfangis*.

Paron eft à une lieue de Sens. Le Château a été bâti en 1735, par M. *de la Baune*, Envoyé extraordinaire d'Efpagne. Le Prieuré de *Saint-Bon* eft fitué fur cette Paroiffe : on l'a réuni au Séminaire de Sens qui en perçoit les revenus : il n'en refte actuellement que l'Eglife qui eft fur une montagne voifine. Cet endroit eft remarquable par une fontaine minérale, qui jette une fi grande quantité d'eau dans toutes les faifons de l'année, qu'elle fait tourner un moulin à fa fource.

Sergines eft un gros Bourg à quatre lieues de Sens. On y fait un commerce confidérable des bleds qui y croiffent & dans les environs. Il y a trois foires par an ; l'une, au commencement du carême ; l'autre, fur la fin du mois de Mai ; & la troifième, les premiers jours d'Octobre. Le Prieuré de *Saint Paterne*, de l'Ordre de Saint Benoît, eft dans l'étendue de cette Paroiffe.

Champigny eft un Bourg à une demi-lieue de Pont-fur-Yonne. Le Prieuré de *Saint-Loup-de-Champigny* eft fur cette Paroiffe.

Rigny-le-Ferron eft fur un ruiffeau à deux lieues de Ville-Neuve-l'Archevêque. On y tient deux foires par an.

Rofoy-le-Vieux eft à une demi-lieue de Sens fur l'Yonne.

Thorigny eft à trois lieues. Il a une Annexe que l'on nomme *l'Apoftole*. Le Chapitre de la Cathédrale de Sens nomme à la Cure. Il y a un Château.

On voit de même des Châteaux à *Cerilly*, à *Flacy*, à *Foiffy*, à *Fontaine-la-Gaillarde*, à *Marfangis*, à *Michery*, à *Theil*, &c.

La Terre de *Gizy* a haute, moyenne & baffe Juftice : il y a un Château avec de beaux jardins, &c.

La belle maifon de campagne des Archevêques de Sens eft fituée à *Nolon*, à une lieue de cette Ville.

Le terrein de *l'Election de Sens* produit plus de feigle que de froment. Ses vins font affez eftimés. Il fournit à Paris le charbon d'Yonne, de l'avoine, du foin, du tan & des bois flottés.

On trouve des bois du côté de *Buffy-le-Repos*, de *Chèvres*, de *Dixmont*, de *Fleurigny*, de *Fontaine-la-Gaillarde*, de *Maillot*, de *Saint-Martin-du-Tartre*, de *Thorigny*, de *Ville-Thierry*, de *Véron*, de *Vaudeurs*, de *Voisines*, de *Malay-le-Roi*, de *Ville-Gardin*, de *Cerisiers*, &c.

On compte dans cette Election quatre-vingt-dix-neuf Paroisses, & neuf mille neuf cent trente-un feux.

SÉPULCRE, (*l'Eglise Collégiale du*) *rue Saint-Denis*. Plusieurs Particuliers qui avoient pris la croix, & avoient fait vœu d'aller au Saint Sépulcre de Jérusalem, ou qui en étoient revenus, formèrent au commencement du quatorzième siècle, une Confrairie à laquelle *Louis de Bourbon*, Comte de la Marche & de Clermont, donna 200 livres parisis, pour acheter une place dans la rue Saint-Denis, où ils puissent faire bâtir une Eglise pour la Confrairie, & un Hôpital pour loger les Pélerins du Saint Sépulcre qui passeroient par Paris. Cette donation est du 5 Janvier 1325, & la place fut achetée dans la censive de Saint Merri, le dernier d'Octobre de la même année. Le 18 Mai de l'an 1326, l'on posa la première pierre de cette Eglise. Guillaume, Archevêque d'Auch, fit la cérémonie, assisté des Evêques d'Amiens, d'Autun, de Tréguier & de Mende, en présence de *Louis de Bourbon*, Comte de Clermont & de la Marche, de *Clémence*, Reine de France, d'*Isabelle*, Reine d'Angleterre, & de *Blanche* de Bretagne, veuve de *Philippe*, Comte d'Artois, & d'un grand nombre de personnes qualifiées. Cette Confrairie ne fut néanmoins autorisée par Lettres-Patentes de Philippes VI, qu'en 1329. Comme le terrein sur lequel cette Eglise fut bâtie, étoit dans la censive de l'Eglise de Saint-Merri, qui dépendoit elle-même de l'Eglise de Notre-Dame, il y eut plusieurs contestations entre les Confrères du Sépulcre, l'Evêque de Paris, le Chapitre de Notre-Dame & celui de Saint Merri, lesquelles furent terminées par accommodement ; en sorte que la même année 1329, on convint de part & d'autre des articles suivans.

« Les Confrères bâtiront une Eglise sur deux places qu'ils » ont achetées du Chapitre de Saint Merri, & un Hôpital » avec cloches & clocher ; ils doteront Chanoineries, Pré- » bendes & Chapelles, & autres Bénéfices, si bon leur sem- » ble, dont la collation appartiendra au Chapitre de Notre- » Dame ; & pour le regard des trois Prébendes qu'ils ont

» déjà fondées de 40 livres chacune, moitié en gros, moitié
» en diſtribution, les Gouverneurs préſenteront la pre-
» mière & la troiſième fois, & la deuxième demeurera à
» la pleine diſpoſition du Chapitre de Notre-Dame ; & en
» cette ſorte, ſera procédé tant à ces Prébendes, qu'aux
» autres qui ſeront fondées. Seront ces Chanoines du Chœur
» de l'Egliſe de Paris & à ſa correction, & lui prêteront
» ferment en préſence des Gouverneurs de la Confrairie.
» Les Chanoines de Saint Méderic ſe contenteront de dix
» livres pariſis pour tout le droit qu'ils peuvent prétendre
» ſur le bien du Sépulcre, comme étant ſitué en leur Terre
» foncière. Les Gouverneurs paieront auſſi annuellement la
» ſomme de dix livres au Chapitre de Notre-Dame, à cauſe
» de la proceſſion qu'il y fera, & de la grand'Meſſe qu'il
» y chantera une fois l'an, le jour de la fête de l'Hôpital ».

    La proceſſion dont il eſt parlé dans ces Réglemens, ſe fait tous les ans le premier Dimanche d'après l'Octave de la Fête-Dieu, qui eſt le jour de la Fête du Saint Sépulcre, transférée de Pâques au premier Dimanche libre. Les Bénéfices de cette Egliſe n'étoient originairement que des Chapellenies, preſque toutes fondées par la Confrairie. Pluſieurs de ces Bénéfices ont été érigés dans la ſuite en Canonicats par le Doyen & le Chapitre de Notre-Dame, en ſorte qu'en 1551, il y avoit ſeize Canonicats & dix-ſept Châtellenies. Les Chanoines & les autres Bénéficiers recevoient leurs diſtributions des mains des Maîtres ou Gouverneurs de la Confrairie, qui avoient l'adminiſtration du temporel.

    Quoiqu'il ſoit parlé dans pluſieurs actes de l'Egliſe & de l'Hôpital du Sépulcre, il n'y a cependant jamais eu ici d'Hôpital ; car le Sépulcre de Jéruſalem étant devenu d'un accès aſſez difficile, depuis qu'il eſt ſous la domination des Sarraſins, les Confrères ſe ſont bornés à ne faire bâtir que l'Egliſe.

    Le vain titre d'Hôpital a été cependant préjudiciable à la Confrairie ; car le Marquis de *Louvois* étant Vicaire-Général de l'Ordre de Notre-Dame de Mont Carmel, & de S. Lazare de Jéruſalem, obtint au mois de Décembre 1672, un Edit qui réuniſſoit audit Ordre, tous les Hôpitaux, & autres lieux, où l'hoſpitalité avoit été & n'étoit plus gardée ; & la Chambre Royale, établie à ce ſujet, rendit en conſéquence au mois d'Août de l'an 1678, un Arrêt, par lequel l'Egliſe du Sépulcre & ſes dépendances furent unies audit Ordre de Notre-Dame de Mont-Carmel & de Saint

Lazare, au mois de Mars 1693. Louis XIV fit un autre Edit portant défunion de tout ce qui avoit été uni en vertu de l'Edit de 1672; ainfi la Confrairie rentra dans fes premiers droits; mais elle ne demeura pas long-temps tranquille. Les Chanoines qui, depuis deux cens ans, fouhaitoient avoir la régie des biens de cette Eglife, la demandèrent & l'obtinrent par Arrêt du Confeil d'Etat, rendu à Gemblours le 12 Juin 1693, & par un autre Arrêt du Confeil, contradictoirement rendu à Verfailles le 26 Mars 1694. A peine les Chanoines furent-ils en poffeffion de la régie du temporel, qu'ils demandèrent que les feize Prébendes fuffent réduites à douze, afin, difoient-ils, qu'ils puffent payer les dettes que la Confrairie avoit contractées. Le Cardinal de Noailles, Archevêque de Paris, après une information *de commodo & incommodo*, donna fon décret de réduction le 28 Juillet 1712, aux conditions portées dans l'acte de confentement du Doyen & du Chapitre de Notre-Dame. Ce fut fur ce Décret que le Roi donna fes Lettres-Patentes au mois de Septembre fuivant, qui furent enregiftrées au Parlement le 14 Avril 1714. Par l'Arrêt du 26 Mars 1694, qu'on vient de citer, les Maîtres de la Confrairie, non-feulement perdirent l'adminiftration du temporel, mais encore le patronage des Canonicats & des autres Bénéfices qui font reftés à la collation du Chapitre de Notre-Dame.

Les Chanoines du Sépulcre jouiffent des droits Paroiffiaux fur tous ceux qui demeurent dans le territoire qui environne leur Eglife: ils ont des fonts baptifmaux; ils marient; ils donnent le Viatique & la fépulture, & c'eft le Chanoine qui eft de femaine, qui fait les fonctions de Curé; mais ils ne peuvent faire pour eux, ce qu'ils font pour les autres; car les Chanoines & Bénéficiers du Sépulcre, de même que ceux des autres Filles de Notre-Dame, reçoivent les derniers Sacremens & la fépulture d'un Bénéficier de Notre-Dame, député par le Chapitre, conformément à l'Arrêt rendu par le Parlement le 7 de Septembre 1651.

Près la porte de cette Eglife eft une ftatue qui repréfente J. C. Ce morceau eft eftimé des Connoiffeurs: il eft de *Jean Champagne*, Elève de *Bernin*. La nef & les Chapelles font modernes: on ne les a même achevées qu'en 1655. Le Chœur eft beaucoup plus ancien; il paroît être des premiers temps de la fondation.

Sur le maître-Autel eft un riche tableau de la Réfurrection de N. S. peint par *le Brun*. La plupart des Ecrivains, en dernier lieu, Piganiol, ont avancé que cet excellent morceau étoit un préfent du grand *Colbert*; c'eft une erreur qu'on va corriger, en rapportant une anecdote qui fera connoître les auteurs de ce préfent.

Dans le temps que Louis XIV porta la guerre en Franche-Comté, le Corps de la Mercerie prêta à Sa Majefté une fomme confidérable, qui fut rendue peu après avec une autre fomme en préfent. Le Miniftre chargé de notifier au Corps de la Mercerie les volontés du Prince, marqua dans fa lettre que l'intention du Roi étoit que ce préfent fût employé à la décoration de leur Chapelle, & à des prières pour Sa Majefté. On réfolut en conféquence de confacrer une partie de cet argent à un tableau que l'on placeroit fur le maître-Autel de l'Eglife du Sépulcre, où le corps de la Mercerie fait faire fon Office. Le fameux *le Brun* remplit parfaitement les defirs de cette Compagnie; & en peignant J. C. fortant du tombeau, il repréfenta *Colbert* le Protecteur du Commerce & des Arts, tenant un des coins du linceul.

La nouvelle de la rapide conquête de la Franche-Comté, faite par Louis XIV en perfonne, étant arrivée fur ces entrefaites, l'autre partie du préfent de S. M. fut employée à faire des actions de graces les plus folemnelles. L'illuftre *Santeuil* compofa fur ce fujet une pièce latine, dans laquelle ce grand Poëte, en célèbrant la gloire du Conquérant, fit une mention honorable de la générofité du Monarque envers le Corps de la Mercerie, & de la reconnoiffance de cette Compagnie. Cette pièce qui a été traduite par l'un des Corneilles, eft confervée précieufement avec la traduction, dans les regiftres du Bureau de la Mercerie: l'Editeur des Œuvres de Santeuil n'en a fait nulle mention dans fon Recueil. On ne la trouve imprimée que parmi les Œuvres diverfes de Pierre Corneille.

SERNAY *ou* SAIRNAY. Cette Paroiffe eft à huit lieues de Paris, & une de Chevreufe. Sa fituation eft fur l'extrémité d'une longue plaine de terres labourables. A une légère diftance commence le vallon dans lequel a été bâtie une Abbaye de l'Ordre de Cîteaux; ce qui fait que pour diftinguer le Village d'avec le Monaftère, on a dit Sairnay-la-Ville, & l'Abbaye, les Vaux-de-Sairnay.

L'Eglife eft fous le titre de Saint Brice, Evêque de Tours. La Cure eft à la pleine nomination de l'Archevêque de Paris. L'Abbaye des Vaux-de-Sairnay eft marquée comme Seigneur en partie de Sairnay, dans le procès-verbal de la Coutume de Paris, de l'an 1580: on y lit auffi que le Village de

Sairnay-la-Ville se prétendoit régi par la Coutume de Montfort.

L'Abbaye occupée par les Réformés de l'Ordre de Cîteaux, paroît fort bien entretenue. Elle est bâtie si positivement sur les limites des Diocèses de Chartres & de Paris, que la séparation des deux Diocèses est le milieu de la cour en sorte que l'Eglise & le Monastère sont de Paris, & l'Hôtel abbatiale qui est vis-à-vis, est de Chartres. Il étoit autrefois de Paris, étant placé derrière l'Eglise. Il fut bâti tout à neuf de briques par M. *de Chalmet*, fait Abbé en 1673, & il servoit de maison de campagne à M. le premier Président *de la Moignon*, beau-père de sa sœur: cet Abbé est mort Evêque de Toulon. L'Eglise est vaste & longue; les stalles sont d'un excellent boisé. Dans le Sanctuaire, du côté du nord, est la sépulture de *Simon de Neaufle* le Fondateur, & d'*Eve* sa femme.

Dans le voisinage est un étang qui supporte des isles flottantes, soutenues par l'enchaînement des racines des arbres. *Voy.* ABBAYE (l') DE VAUX-DE-CERNAY, *tom. 1, pag. 138.*

SERRURIERS. Ce sont ceux qui fabriquent tous les ouvrages de fer forgé, qui s'emploient dans la construction des bâtimens, dans celle des machines, & font presque tous les ustensiles d'ouvrages dans les Arts & Métiers.

Cette Communauté a des Statuts depuis 1411, sous le règne de Charles VI, confirmés par François I en 1543, & enfin par Lettres-Patentes de Louis XIV en 1650, registrées en Parlement en 1652.

Ces Artistes se sont toujours distingués en cette Capitale, par la connoissance du dessin & l'exécution des ouvrages de goût, soit par la délicatesse de la main-d'œuvre, ou la richesse de l'ornement.

Aucun Maître, Compagnon ou Apprentif ne peut faire ouverture de serrure de cabinets, coffres-forts, ou autres portes, qu'en présence des personnes à qui la chose ou les lieux appartiennent, sous peine de punition corporelle, comme aussi de faire ou forger sur des moules de terre ou de cire, des clefs, sans avoir la serrure, & de fabriquer des ustensiles, machines, balanciers ou autres outils servans aux monnoies, sous peine de mort. L'apprentissage est de cinq ans, & cinq ans de compagnonage. Le brevet coûte 30 livres, & la maîtrise 800 livres. Ils sont en concurrence avec les Taillandiers, Ferblantiers & les Maréchaux grosfiers. *Voy.* JURANDES, *tom. 3*, *pag. 343*. Patron Saint Eloi. Bureau, rue de la Pelleterie.

SERVON. *Voy.* CERVON.

SÉVE *ou* SÈVRE. Ce Village est à deux lieues de Paris vers le couchant, presque sur le bord de la Seine, à l'entrée d'une gorge, qui, entre deux montagnes, conduit à Versailles, & au fond de laquelle coule le ruisseau de *Sèvre*, autrement *Marinel*, venant des environs de Montreuil & de Chaville, & qui se jette en ce lieu dans la Seine. On voit autour de ce lieu la terre cultivée de toute sorte de manières, quelques prairies dans le fond, de petits bois & quelques vignes sur les côteaux, & dans le haut sont des labourages.

L'Eglise qui est du titre de Saint Romain, est un bâtiment du treizième siècle, pour ce qui est du chœur & de la tour. La nef est moderne. Derrière cette Eglise sort une fontaine, dont la source est dans l'Eglise même, & qu'on appelle la *Fontaine de Saint-Germain*, peut-être relativement à ce que l'endroit où son coulant se perdoit dans la Seine avant tous les changemens arrivés en ce lieu, elle servoit de borne à la pêche de l'Abbaye de Saint-Germain-des-Prés. La Cure est à la nomination pleine & entière de l'Archevêque de Paris.

Le Château seigneurial est bâti un peu plus bas que l'Eglise, vers le midi. C'est un édifice quarré, entouré de fossés : à l'un des coins est une tour aussi quarrée, qui forme presque tout le logement, & qui est terminé par le haut en espèce de donjon un peu écrasé. Ce bâtiment peut avoir deux à trois cents ans. On voit à la porte cette Sentence gravée sur le marbre : *Animas colentium se Deus, rem & domum tuetur*, avec les armes de Longueil.

Les maisons de cette Paroisse ne s'étendent sur la route de Versailles, que jusqu'à celle du Pourvoyeur de la Reine; mais le territoire de la côte qui fait face à l'alongement de Viroflé, est de la Paroisse de Sèvre.

Le pont de Sèvre est un pont de bois de vingt-une arches à deux reprises, & séparées par une Isle qui forme en ce lieu deux bras dans la rivière.

Perrault, de l'Académie Royale des Sciences, avoit projetté un pont de bois d'une seule arche, de trente-trois toises de diamètre, qu'il proposa de faire construire. Le trait de l'arche est une portion de cercle ferme & solide. Il auroit été composé de dix-sept assemblages de pièces de bois, lesquels posés en coupe l'un contre l'autre, devoient se soutenir en l'air par la force de leur figure, plus aisément que n'auroit fait des pierres de taille qui ont beaucoup de pesanteur. Cette ingénieuse invention auroit eu l'avantage de ne point incommoder la navigation. Ce pont n'auroit jamais été endommagé par les glaces & par les grandes eaux, & on auroit pu le rétablir sans que le passage en eût empêché. On ne dit point pourquoi ce projet n'eut pas lieu. Au commencement de l'année 1707, il arriva un un fait extraordinaire au bout de ce Pont. Un parti ennemi, composé de trente hommes seulement, mais presque tous Officiers, s'étant partagé en diverses petites troupes, s'approcha de Paris, dans le dessein d'enlever quelqu'un de nos Princes, entre cette Ville & Versailles. Le 24 Mars, entre six & sept heures du soir, ils apperçurent sur le pont de Sèvre, un carrosse à six chevaux, aux armes & avec la livrée du Roi. C'étoit M. le premier Ecuyer du Roi, *Jacques-Louis de Beringhen*, qu'ils prenoient pour M. le Dauphin. Ils firent le signal dont ils étoient convenus ; leurs petits détachemens se réunirent ; ils joignirent le carrosse à l'entrée de la plaine ; M. le Premier fut enlevé en un instant, & on ne le sut que par le retour de ses gens qui avoient été eux-mêmes retenus long-temps. Ce Parti fut rejoint dès le lendemain proche Ham en Picardie.

Nous avons parlé des Manufactures de Sève, à l'article MANUFACTURES DE PARIS.

M. de Tournefort cherchant des simples autour de Paris, observa que le *Lichnis Silvestris* est très-commun dans les carrières de Sèvre ; qu'on l'y a même vu à fleur double. *Item* le *Cepea* ou *Sedum* se trouve au-tour de Sèvre, le *Tragesélinum*, la *Valeriana Silvestris*, dans les taillis entre Sèvre & Meudon ; & enfin le *Sium Aromaticum* au-dessus de Sèvre.

SIÈGE EPISCOPAL DE PARIS. L'Evêché de Paris, Suffragant dès son origine de l'Archevêché de Sens, resta dans cette position jusqu'en 1622. Louis XIII qui aimoit sa Capitale, exécuta enfin le projet qu'il avoit formé d'en faire la première Métropole de son Royaume. L'Archevêque de Sens, *Jean Davy du Perron*, frère & successeur du Cardinal *du Perron*, pouvoit seul y former quelque objection ; mais ce Prélat étant mort le 24 Août 1622, le Roi, avant que de nommer à ce Siège, demanda en Cour de Rome les

Bulles nécessaires pour ériger Paris en Archevêché. Grégoire XV qui occupoit alors le Trône Pontifical, satisfit aux desirs du Monarque, par une Bulle qu'il fit expédier le 20 d'Octobre 1622 (XIII kal. Nov.) sans néanmoins soustraire le nouvel Archevêché de la dépendance de l'Archevêque de Lyon, que les Archevêques de Paris, aussi bien que ceux de Sens, devoient toujours regarder comme leur Primat. Lorsque cette Bulle fut vérifiée au Parlement, la Cour mit, *sans approbation du terme*, motu proprio, *contenu dans lesdites Bulles*, & il fut arrêté qu'en semblables occasions, il seroit dit: *obtenues à la requisition du Roi*. On donna pour Suffragans à cet Archevêché, Chartres, Meaux & Orléans. Depuis ce temps-là, on y a ajouté Blois, qui fut érigé en Evêché en 1698, par le Pape Innocent XII, à la requisition du Roi Louis XIV *.

---

* Lorsque les Evêques de Paris faisoient leurs entrées solemnelles en leur Eglise, voici les cérémonies qui s'y observoient: l'Evêque alloit coucher la veille à l'Abbaye de Saint Victor-lès-Paris, où le lendemain matin, les Prévôt des Marchands & Echevins, & les autres Officiers de Ville, tous à cheval, alloient le prendre. L'Abbé de Saint Victor recevoit MM. de Ville, à l'entrée de son Eglise, & leur disoit en montrant l'Evêque, MM. voici N *** lequel a été élu Evêque de Paris ; son élection a été confirmée par M. l'Archevêque de Sens & par le Roi au serment de fidélité. Je vous le présente à ce que vous le conduisiez à l'Eglise de Madame Sainte Geneviève, & de-là en son Eglise. Le Prévôt des Marchands adressant la parole à l'Evêque, répondoit : Monsieur, nous vous recevons en notre Ville, & sommes très-joyeux de votre promotion en votre Evêché, & très-volontiers vous conduirons où il appartiendra. Le Prélat montoit ensuite sur un cheval blanc, & le Prévôt des Marchands à sa suite le conduisoit à Sainte Geneviève, où l'Abbé qui l'attendoit à la porte de l'Eglise, lui présentoit l'eau-bénite & l'encens ; puis l'introduisoit dans le Chœur, où après avoir dit quelques oraisons sur lui, il le conduisoit au maître-Autel. L'Evêque, après avoir baisé cet Autel, faisoit son présent qui étoit un drap de damas bleu ; il alloit ensuite à la Sacristie, où il se revêtoit de ses habits pontificaux, & prêtoit le serment accoutumé de garder les privilèges de l'Abbaye. Il revenoit s'asseoir sur une chaise préparée à côté du maître-Autel, où on lui mettoit en main le livre des Evangiles. Pour lors quatre Chanoines Réguliers de cette Communauté enlevoient l'Evêque dans sa chaise, & le portoient jusqu'à la grande porte de l'Eglise ; & pour ce service, l'Evêque leur donnoit à chacun un jetton d'or à sa marque ou à ses armes. Devant la grande porte se trouvoient le Bailli, le Procureur Fiscal & les autres Of-

Henri de Gondi, Cardinal de Retz, dernier Evêque de Paris, n'eut pas la satisfaction de jouir des prérogatives de la

ficiers de l'Evêque. Là étoient appellés par ledit Procureur-Fiscal, les Vassaux de l'Evêque qui le devoient porter.

L'Histoire nous apprend que Philippe-Auguste, en qualité de Seigneur de Corbeil, de Montlhéri, de Laferté-Aleps, étoit obligé à ce devoir, & nomma deux Chevaliers pour le représenter. Renaud de Corbeil, Evêque de Paris, ayant fait son entrée solemnelle le Dimanche après la Translation de Saint Martin, l'an 1250, Saint Louis nomma Barthélemi de Coudret & Guy le Loup pour le porter. Nos Historiens ne nous apprennent point quand, ni comment les Rois & quelques Seignenrs particuliers se sont rachetés de ce devoir. Ils ont seulement remarqué que le Baron de Montmorenci cessa de le rendre, dès que sa Terre eut été érigée en Pairie; ce qu'il y a de constant, c'est que dans les derniers temps, les Barons obligés à cette fonction, étoient les Barons de Macy, de Montgeron, de Chevreuse & de Lusarches. Ces quatre Barons, précédés par l'Abbé & les Religieux de Sainte Geneviève, portoient l'Evêque jusqu'en la rue neuve-Notre-Dame, devant l'Eglise de Sainte Geneviève-des-Ardens, où l'Abbé, ou le Prieur de Sainte Geneviève présentoit l'Evêque aux Doyen & Chanoines de Notre-Dame, qui se trouvoient là pour le recevoir, & qui le conduisoient devant le grand portail de leur Eglise, où ils lui faisoient jurer sur les Saints Evangiles, de conserver les privilèges, exemptions & immunités de l'Eglise de Paris, comme aussi les concordats faits entre ses prédécesseurs Evêques & son Chapitre. Les portes de l'Eglise qui étoient fermées, s'ouvroient pour lors, & l'Evêque y entroit. Dès qu'il étoit dans le Chœur, le Doyen disoit sur lui une oraison, puis l'Evêque alloit baiser l'Autel, & étoit ensuite conduit par le Doyen & par le Chantre, au Siège Episcopal, duquel il descendoit pour célébrer une Messe solemnelle, après laquelle on le conduisoit à son Palais, où le Prévôt des Marchands, les Echevins, les Cours & les principales Compagnies qui avoient assisté à la cérémonie, étoient régalés. Il y a long-temps que ces cérémonies ne s'observent plus. Insensiblement on en a omis quelques-unes, & à la fin presque toutes. Voici celles qui se pratiquent encore aujourd'hui. Le jour que l'Archevêque de Paris a résolu de prendre possession de son Archevêché, le Chapitre de l'Eglise Métropolitaine s'assemble, & après avoir entendu la lecture des Bulles, il députe quatre personnes de son Corps, pour aller avertir l'Archevêque, & l'accompagner au Chapitre. Le Prélat étant arrivé en rochet & en camail, prête serment sur les Saints Evangiles, de conserver les privilèges, exemptions & immunités du Chapitre. Le Doyen le conduit ensuite à l'Eglise, & le mène d'abord à la Chapelle de Saint Denis, où il prend l'habit canonial, & puis au maître-Autel du Chœur, au pied duquel il se met à genoux & fait sa prière. Etant ensuite monté à l'Au-

nouvelle dignité dont on décoroit la Capitale. Il mourut dans le temps des premieres démarches qui se firent pour l'obtention des Bulles. *Jean François de Gondy*, son frere & son Coadjuteur, qui étoit alors Doyen de Notre-Dame, lui succéda dans l'Episcopat, & fut le premier Archevêque de Paris. La cérémonie de son Sacre se fit avec beaucoup de solemnité, le Dimanche de la Séxagésime, 19 de Février 1622. Aussitôt après il sollicita des Lettres-Patentes pour assurer les droits de sa dignité, contre lesquels le Chapitre de Sens commençoit à s'élever fortement. Les Lettres-Patentes furent expédiées le même mois, & ne furent enregistrées au Parlement qu'au mois d'Août suivant. Il fut fait défenses au Chapitre de Sens de rien entreprendre qui pût préjudicier aux droits de l'Archevêque de Paris. Malgré cela les contestations se réveillèrent sous M. *de Bellegarde*, & ensuite sous M. *de Gondrin*, Archevêque de Sens; elles durèrent jusqu'en 1664 que le Roi les termina en unissant à l'Archevêché de Sens la manse abbatiale de N. D. du Mont-Saint-Martin, dans le Diocèse de Cambray, à la charge que, lors de la vacance dudit Archevêché de Sens, soit par résignation, permutation, Coadjutorerie, &c. les fruits de ladite Abbaye appartiendroient, pour la premiere année de chaque vacance, aux Doyen & Chanoines de Sens, & que sur ces fruits, seroit prélevée la somme de mille livres pour l'indemnité de l'Archidiacre de Sens. Cet accommodement fut adopté par les Parties intéressées, & tout différend fut assoupi.

Depuis l'érection du Siège Episcopal de Paris en Archevêché, il y a neuf Archevêques, dont voici les noms : *Jean-*

---

tel, & l'ayant baisé, il va auprès de son trône archiépiscopal. Le Doyen y monte le premier & s'y assied. Un moment après il y fait monter l'Archevêque, pendant qu'il va à sa place ordinaire de Doyen, où il entonne le *Te Deum*, & dit les oraisons accoutumées. L'Archevêque donne la Bénédiction au Peuple; & le Théologal étant monté au Jubé, y fait la lecture publique des Bulles. L'Archevêque va enfin à la Sacristie, quitter l'habit canonial, & en rochet & en camail, est conduit par le Chapitre à l'Officialité, où il prend séance; & après avoir nommé les Officiers qu'il a choisis, & avoir reçu leur serment, il est accompagné par le Chapitre, au Palais archiépiscopal. Ici l'Archevêque est harangué par le Doyen, & après qu'il a répondu à sa harangue, il reconduit le Chapitre, & la cérémonie est finie. L'Evêque de Paris étoit Conseiller né du Parlement, & dans les assemblées du Clergé, il ne cédoit le pas qu'aux Archevêques.

François

SIE.

François de Gondy, Jean-François-Paul de Gondy, Cardinal de Retz, *Pierre de Marca, Hardouin de Péréfixe, François de Harlay de Champvallon, Louis-Antoine* Cardinal de *Noailles, Charles-Gaspard-Guillaume de Vintimille du Luc, Jacques Bonne Gigault de Bellefond*, & *Christophe de Beaumont du Repaire*, qui l'est aujourd'hui (1778).

Louis XIV illustra le Siège Archiépiscopal de Paris, d'une nouvelle dignité, au mois d'Avril de l'an 1674. Il érigea les Terres & Seigneuries de St. Cloud, de Creteil, d'Ozoir-la-Ferriere, & d'Armentières, en Duché-Pairie, sous le titre de Saint-Cloud. Cette érection fut faite en faveur de François de Harlay, Archevêque de Paris, & de ses successeurs audit Archevêché : les Lettres d'érection ne furent cependant registrées au Parlement, que le 18 Août 1690.

Avant M. de Péréfixe, les Archevêques de Paris n'avoient aucune jurisdiction sur le Fauxbourg Saint-Germain, qui étoit entièrement soumis à l'Abbé de Saint-Germain-des-Prés. En 1668 M. de Péréfixe prétendit que ce Fauxbourg devoit être sujet à la jurisdiction ordinaire, comme le reste de la Ville de Paris, & ce fut le sujet d'un procès entre ces deux Prélats, qui fut enfin terminé par transaction du 20 Septembre 1668. Par ce traité, la Jurisdiction spirituelle de tout le Fauxbourg Saint-Germain, fut laissée à l'Archevêque & à ses successeurs; & celle de l'Abbé fut restreinte *inter Claustra*, à la charge & condition que le Prieur de l'Abbaye de Saint-Germain seroit Vicaire général né de l'Archevêque. Cette transaction fut homologuée au Parlement & au Grand Conseil, & confirmée par Lettres patentes du 8 Avril 1669.

La Jurisdiction de l'Archevêque, est l'Officialité, qui est composée d'un Official, d'un Promoteur, & d'un Greffier. Elle s'étend sur tout le Diocèse de Paris.

L'Archevêque de Paris a encore une autre Justice, qui s'appelle la *Temporalité*. Elle est exercée par un Juge qui connoît des appellations des Sentences rendues en matiere civile, par les Officiers de Justice des Terres de l'Archevêché.

Il y a neuf Fiefs dans Paris, qui dépendent de l'Archevêque. 1°. Le Fief de la Tremoille, situé dans la rue des Bourdonnois. 2°. Le Roule, autrefois petit Village, qui fait aujourd'hui partie du Fauxbourg Saint-Honoré. 3°. La Grange-Batelière, à l'extrémité de la rue de Richelieu. 4°. Le Fief ou l'arriere-Fief de Rosières, ou des Francs-Rosiers, qui fut donné à la Sorbonne en 1284 par l'Evêque, & amorti moyennant la troisième partie qui lui est demeurée, avec la mouvance & la Justice haute, moyenne & basse. 5°. Le Fief Outre-Petit-Pont, composé du précédent, & de plusieurs autres arriere-Fiefs. 6°. Le Fief de Tire-Chappe, ainsi nommé, à cause de la rue où il est situé. 7°. Le Fief Pepin ou Thibaud-aux-Dez; consiste en dix maisons des rues de la Saulnerie, Thibaud-aux-Dez, Bertin-Porée, & Saint-Germain-de-l'Auxerrois. 8°. Le Fief des Tombes, situé aux environs de l'Estrapade. 9°. Le Fief de Poissi, dont les Chartreux sont propriétaires. Dans tous ces Fiefs, de même que dans ceux qui dépendoient anciennement de Saint-Magloire & de Saint-Eloy, unis depuis à l'Evêché, l'Archevêque a droit de Justice de Fief & de voirie, fondé sur quantité de Sentences & d'Arrêts.

L'Archevêché de Paris est divisé en trois Archidiaconés, qui sont le grand Archidiaconé de Paris; celui de Josas, & celui de Brie. Ils sont subdivisés en sept Doyennés, sans y comprendre la Ville, les Fauxbourgs & la Banlieue de Paris. Ces Doyennés sont celui de Montmorency, de Chelles, de Corbeil, de Lagny, de Champeaux, de Montlhery & de Châteaufort.

Il y avoit dans ce Diocèse vingt-deux Chapitres, dont douze étoient dans Paris; le nombre n'est pas le même aujourd'hui, à cause des réunions qui ont été faites depuis quelques années, (*voyez à cet égard l'article des Chapitres*); trente-une Abbayes, dont quatre d'hommes, & six de filles, sont dans Paris. Soixante six Prieurés; desquels il y en a onze dans la Ville, Fauxbourgs & Banlieue de Paris. Quatre cent soixante & quatorze Cures, dont cinquante-neuf dans la Ville, Fauxbourgs & Banlieue de Paris. Deux cent cinquante-six Chapelles, dont quatre-vingt-dix sont dans la Ville, Fauxbourgs & Banlieue, sans y comprendre celles de Notre-Dame. Trente-quatre Maladreries, dont cinq dans la Ville, Fauxbourgs & Banlieue de Paris. L'Archevêché de Paris vaut 140000 liv. de revenu.

SIMPLES DES ENVIRONS DE PARIS.

Il y a dans les environs de Paris, plusieurs cantons qui sont très-propres aux herborisations. Messieurs les Démonstrateurs du Jardin Royal en font ordinairement sept dans la saison des simples, en faveur des Etudians; & voici comme ils les divisent.

La première se fait au *Mont-Valérien*, & dans le *Bois de Boulogne*. Les Ecoliers viennent prendre les Professeurs au Pont-Tournant des Tuileries; on part à six heures du matin. M. de *Tournefort* parle beaucoup de ces simples dans son Traité, & cite les Médecins qui l'ont précédé, Gundelsheimir & *Clusius*.

La seconde à *Ville-d'Avré* & dans le *Parc de Saint-Cloud*. On se sert de la Galiote pour aller & revenir.

La troisième dans les environs de *Sèvre*. On y va de même par la Galiote.

La quatrième à *Issy*, & dans le *Parc de Meudon*. On y va encore par la Galiote.

La cinquième dans la *Forêt de Bondi*. Le rendez-vous est à la Porte Saint-Martin : on part le matin à sept heures.

La sixième au *Petit-Gentilly* & dans les environs de *Bicêtre*. On s'assemble au Jardin du Roi, & on part à six heures du matin.

La septième enfin, dans la *Vallée de Montmorency*, à l'*Etang Saint-Gratien*, & à *Saint-Prix*. On s'assemble le matin à la Porte Saint-Denis, & on ne revient que le lendemain.

Le terrain de *Vaugirard* produit aussi des simples, dont M. de *Tournefort* faisoit beaucoup de cas. Quoiqu'il n'y ait point d'endroit où la Providence n'en ait placés pour nos besoins, on trouve cependant des terres dans lesquelles ils sont plus remarquables que dans d'autres, soit par la quantité avec laquelle ils y naissent, soit par les effets qu'ils produisent : tels sont particulièrement, pour ce qui concerne la Généralité de Paris, les environs de Molême & le canton des Riceys. *Voyez* SEVE.

SOCIÉTÉ & *correspondance de Médecine*. Cette Société, établie par Arrêt du Conseil, du 29 Avril 1776, est destinée à entretenir, sur tous les objets de Médecine-Pratique, une correspondance suivie avec les Médecins les plus habiles du Royaume, & même des Pays étrangers, & à porter, dans les cas d'épidémies & épizooties, des secours dans les différens endroits où elles règnent. Ces assemblées se tiennent les mardis & vendredis de chaque semaine. Tous les ans elle distribuera un prix. Les Médecins qui composent cette Société, sont divisés en neuf classes; sous les noms de Médecins Consultans, de Médecins ordinaires & Correspondans, d'Associés Régnicoles, d'Associés Etrangers, d'Adjoints à Paris, d'Adjoints Ré-

Ss ij

gnicoles, d'Adjoints Etrangers, de Correspondans Régnicoles & de Correspondans Etrangers.

SOCIÉTÉ Royale d'Agriculture. Voy. AGRICULTURE.

SOCIÉTÉ pour les nouvelles de la République des Lettres. On s'assemble chez M. *Pahin de Champlain de la Blancherie*, tous les jeudis, Fêtes exceptées, à l'ancien Collège de Bayeux, rue de la Harpe. Cette Société commençante donne tout lieu d'espérer qu'elle deviendra fort importante quand elle sera connue. MM. de l'Académie Françoise y ont envoyé des Députés, l'un desquels étoit M. *Franklin*; d'après leur rapport, l'Académie a donné un certificat qui fait honneur à M. *de la Blancherie*, Fondateur de cette assemblée & qui relève son utilité pour le bien des lettres & de ceux qui les professent. Nous avons assisté à une séance, & nous avons reconnu qu'on y trouve avec toute l'honnêteté possible, la communication facile des esprits, & celle des opinions des talens & des travaux en tout genre. M. *de la Blancherie* se propose de faire paroître incessamment un Journal périodique relatif à cette communication, & qui s'étendra sur tous les objets des Sciences, de Littérature & d'Arts. Ce sera en même temps pour les Savans, les Artistes & les Gens du monde, l'histoire particulière de tous les hommes, qui, par leurs productions, ou des témoignages particuliers de leur zèle pour les Lettres & les Arts, ont droit d'intéresser le Public.

SŒURS GRISES. (ou *Filles de la Charité*) La Ville est redevable de cette fondation à Madame *le Gras*, née à Paris le 12 Août 1591. Elle les institua pour servir les Pauvres malades Cette maison est située vis-à-vis celle de Saint-Lazare, quartier Saint-Denis. Elle a été instituée par M. *Vincent de Paule*. Si ce n'est pas le plus brillant établissement de Filles qu'il y ait en France, on peut au moins assurer que c'est le plus utile. M. Vincent de Paule, conjointement avec Madame *Louise de Marillac*, veuve de M. *le Gras*, Secrétaire des commandemens de la Reine Marie de Médicis, institua vers l'an 1633, la Compagnie des *Filles de la Charité*, *Servantes des Pauvres malades*, par le moyen desquelles il a fait & fait encore tous les jours des biens infinis, tant pour le soulagement des Malades, que pour l'assistance des Pauvres & l'éducation des jeunes filles, &c. Cette pieuse veuve étoit née à Paris, comme il est dit ci-dessus, de *Louis de Marillac*,

Sieur de Ferrières, & de *Marguerite le Camus*. Elle fut mariée à l'âge de 22 ans, au mois de Février 1613, à *Antoine le Gras*, natif de Montferrand en Auvergne. Celui-ci étant mort la nuit du 21 Décembre 1625, sa veuve fut mise par *Jean-Pierre Camus*, Evêque de Belley, sous la conduite de M. *Vincent de Paule*, qui l'employa au service des Pauvres dans les Confrairies de Charité. Ce saint homme ayant résolu d'établir sous la conduite d'une Supérieure une Communauté de Filles que l'on formeroit aux exercices de charité, il ne trouva personne qui fût plus digne de cet emploi, que Madame *le Gras*. Ce fut donc à elle que M. *Vincent de Paule* confia le soin de former cette Compagnie, & de la conduire. Cette Dame demeuroit pour lors sur la Paroisse de Saint-Nicolas-du-Chardonnet, & commença à rassembler ces Filles dans sa maison, le 29 Novembre 1633. Mais le nombre s'en étant considérablement augmenté, la maison se trouva trop petite, & l'on fut obligé de les transférer au Village de la Chapelle, entre Paris & Saint-Denis, où Madame le Gras se transporta avec sa Communauté, au mois de Mai 1636. Elles étoient là fort au large, mais elles étoient trop éloignées des secours spirituels qu'elles reçoivent de la Maison de Saint-Lazare; c'est pourquoi en 1642, elles revinrent sur leurs pas, & s'établirent au Fauxbourg de Saint-Lazare, dans la maison où elles sont présentement. M. Vincent de Paule leur donna des Règles & des Constitutions, qui furent approuvées le 18 Janvier 1655, par le Cardinal de Retz, Archevêque de Paris; & en conséquence le Roi leur accorda les Lettres-Patentes au mois de Novembre 1658, qui furent registrées au Parlement le 16 Décembre de la même année. Par ces Règles & ces Constitutions, ces Filles sont sous la direction perpétuelle du Général de la Mission, & leur Supérieure est élue tous les trois ans. Il n'y a eu que Madame le Gras leur Fondatrice, qui, à la prière de M. Vincent de Paule, leur Instituteur, fut Supérieure de cette Société pendant le reste de sa vie. Elle mourut le 15 Mars 1660, âgée de soixante-huit ans.

Les Filles ou Sœurs de la Charité, Servantes des Pauvres, ne font point de vœux, & peuvent quitter quand elles veulent. On les nomme *Sœurs Grises*, à cause de la couleur de la serge dont elles sont vêtues. Elles ont soin des Malades, des Pauvres, & d'apprendre à de jeunes filles à lire, à écrire, & à faire des ouvrages pour gagner leur vie. Elles se sont dispersées en différens lieux du Royaume, & même dans les Pays étrangers. Elles ont deux cent quatre-vingt-six établissemens, dont il y a environ cent vingt Hôpitaux, & toutes leurs Maisons ont relation à celle de Paris. Il y a quarante de ces Filles aux Invalides, vingt aux Incurables, & plus de quatre-vingt dans les principales Paroisses de Paris.

SOGNOLES. Cette Paroisse est éloignée de Paris de huit lieues ou environ, du côté du levant d'hiver, ou sud-est, c'est-à-dire qu'elle est à deux petites lieues par-delà Brie-Comte-Robert. La situation du Village ou Bourg est dans un vallon où est le cours de la rivière d'Hières. Il est construit au rivage gauche de cette rivière, qui très-souvent coule en cet endroit par-dessous la terre; ainsi le pont y reste long-temps inutile; mais quelquefois aussi il est insuffisant dans les débordemens. On voit des vignes sur les côteaux, dont l'exposition est heureuse: le reste est terres labourables avec quelques petits bois & des prairies. Ce lieu est assez bien bâti, pour être à huit lieues de Paris.

L'Eglise est du titre de la Sainte Vierge. La nomination & collation de la Cure appartiennent de plein droit à l'Archevêque de Paris. Le Curé est gros Décimateur avec le Chapitre de Paris, la Fabrique, les Abbayes du Jard & de Livry.

Il y a sur le territoire de Sognoles, à demi-lieue de l'Eglise Paroissiale, vers l'orient, tout à l'extrêmité du Diocèse, un Prieuré sous le titre de Saint-Sébastien-de-Monts, qui est le nom du Hameau. Il dépend de l'Abbaye de Saint Pierre de Melun, à laquelle on le dit réuni. Il est chargé d'une Messe par semaine, qui est acquittée par le Vicaire de Sognoles.

SOISY-SOUS-MONTMORENCY. Cette Paroisse est située immédiatement au-dessous de Montmorency, du côté de l'occident: c'est ce qui lui a fait donner son surnom, pour la distinguer de Soisy-sous-Ethioles, situé proche Corbeil. M. de Valois parlant des différens lieux qui portent ce nom, croit qu'il vient de quelque famille des *Sosius*, du temps que les Gaules étoient habitées par les Romains; & c'est pour cela que *Sosiacum* est le vrai nom latin.

L'Eglise est sous l'invocation de Saint-Germain, Evêque de Paris. La Cure est à la pleine collation de M. l'Archevêque. Le Curé paie une redevance en grains aux Pères de l'Oratoire de Montmorency, comme représentant le Chapitre de Chanoines qui y étoit. Ces Pères, par le contrat de leur établissement à Montmorency, sont en droit de venir chanter les premières & secondes Vêpres & la grand'Messe dans l'Eglise de Soisy, le 28 Mai, jour de Saint Germain, Fête patronale.

SOISY-SUR-SEINE. Village à six lieues de Paris, sur le rivage droit de la Seine, & à une lieue plus bas que Corbeil, vis-à-vis Petit-Bout, château ci-devant très-célèbre, situé sur la Paroisse d'Evry. Il y a quelques vignes & des prairies, & peu de terres, à cause du voisinage de la forêt de Senart. Son aspect est au couchant.

L'Eglise est du titre de la Sainte Vierge. La nomination de la Cure appartient au Chapitre de Saint Frambould de Senlis. Le Curé est gros Décimateur.

Dans le rôle des décimes, on ne se sert point du nom de Soisy-sur-Seine, mais on dit Soisy-sous-Ethioles.

SOISSONS, (*Hôtel de*) aujourd'hui entièrement démoli, & la halle nouvelle des bleds & farines de Paris; il a vu naître le 18 Octobre 1663, l'illustre Prince *Eugène*. Cet Hôtel a été connu successivement sous les noms d'Hôtel de *Nesle*, de *Bohême*, de *Couvent des Filles Pénitentes*, d'Hôtel de *la Reine*, & enfin d'HÔTEL DE SOISSONS. *Voy*. cet article, tom. 3, pag. 266.

SORBONNE. (*le Collège de*) Cette célèbre & magnifique maison, un des principaux ornemens de la Ville, tant à cause de la haute réputation où les Savans qui l'occupent sont parvenus, qu'à cause de la beauté de l'architecture dont ses bâtimens sont ornés, mérite que nous entrions dans un détail suffisant pour la faire connoître à nos Lecteurs, en les renvoyant toutefois, pour une instruction plus grande, au Dictionnaire portatif de M. l'Abbé l'*Advocat*, Bibliothécaire de cette maison, au mot *Sorbonne*.

Il fut fondé vers l'an 1253, par *Robert de Sorbonne*, originaire d'un Village près de Rethel en Champagne, dont il prit le nom selon l'usage de son temps. Sa science & son mérite lui procurèrent les faveurs de Saint Louis, dont il fut Chapelain, & non le Confesseur, comme quelques-uns l'ont avancé; il fut d'abord Chanoine de Cambrai, & ensuite il le fut de Paris, & accompagna Saint Louis dans ses voyages d'outre-mer. Ce bon Prince voulut bien lui-même contribuer à la fondation de cette Maison, comme il paroît par une petite inscription gravée sur une lame de cuivre, & attachée au-dessus de la petite porte de l'Eglise en dedans, où on lit ces mots : *Ludovicus, Rex Francorum, sub quo fundata fuit Domus Sorbonæ, circà annum Domini M. CC. L. II.* Quelques Auteurs ont avancé que *Robert de Douai*, Chanoine de Senlis, Médecin de Marguerite, femme de Saint Louis, fut le Fondateur de ce Collège ; mais ils se sont trompés, comme l'a fait voir M. l'Advocat que nous venons de citer. Robert de Douai en fut seulement le bienfaiteur ; titre qu'il partagea avec Guillaume de Chartres, Chanoine de Chartres, & Guillaume de Némont, Chanoine de Melun, tous deux Chapelains de Saint Louis.

Robert de Sorbonne avoit éprouvé la difficulté qu'il y a de parvenir au Doctorat, quand on n'est pas favorisé de la fortune ; il voulut donc en applanir la route, en établissant une société d'Ecclésiastiques séculiers qui vivroient en commun, & qui, tranquilles sur les besoins de la vie, ne seroient occupés que du soin d'étudier & d'enseigner gratuitement. « C'étoit aux pauvres, dit M. *Crevier*, tom. 1, pag. » 495, que Robert prétendoit fournir des secours. La pau- » vreté étoit l'attribut propre de la Maison de Sorbonne : » elle en a conservé long-temps la réalité avec le titre, & » depuis même que les libéralités du Cardinal *de Richelieu* » l'ont enrichie, elle a toujours retenu l'épithète de *pauvre*, » comme son premier titre de noblesse. » En effet, elle conserve encore ce titre dans les actes publics, dans lesquels elle se qualifie *pauperrima Domus*. Le Fondateur donna l'exemple de cette modestie & humilité, en ne faisant point porter son nom à ce Collège, se contentant du titre *de Proviseur*, plus simple alors qu'il ne l'est aujourd'hui.

Ce Collège fut le premier de l'Université, destiné à l'étude de la Théologie pour des Séculiers. Clément IV en confirma la fondation en 1268, & depuis ce temps-là, il en est sorti une si grande quantité d'illustres Théologiens, & l'on y a toujours enseigné une doctrine si pure qu'il n'est pas étonnant que cette Maison ait acquis une si grande réputation. C'est par ses Docteurs que l'Eglise de France a souvent fait décider les points de Théologie & les cas de conscience les plus difficiles à résoudre, & leurs décisions sont ordinairement suivies.

Dès les premiers temps, on admit dans ce Collège, des Docteurs, des Bacheliers, Boursiers & non Boursiers, & de pauvres Etudians. Il y en a même encore aujourd'hui. On les distinguoit sous le nom d'*Hôtes* & d'*Associés*, & on les recevoit de quelque Pays qu'ils fussent. Ce premier Réglement subsiste encore ; les *Hôtes* sont logés comme *Associés*, & restent dans la Maison, jusqu'à ce qu'ils aient reçu la bénédiction de Licence. Les *Associés-Boursiers* se sont insensiblement abolis ; ils portent aujourd'hui le titre de *Docteurs ou Bacheliers de la Maison & Société de Sorbonne*, au lieu que les *Hôtes* sont simplement qualifiés *Docteurs ou Bacheliers de la Maison de Sorbonne*. * L'égalité règne entre tous les Membres ; ils n'admettent ni Maîtres, ni Disciples, & la sagesse des Réglemens, qu'on a toujours suivis avec exactitude, procura dès le commencement à cette Maison, une célébrité qui se répandit bientôt par toute l'Europe. Elle a un *Proviseur* & un *Prieur*. Le Prieur est élu chaque année le 31 Décembre, & est pris parmi les Bacheliers actuellement en Licence ; il préside aux assemblées générales de la de la Société. On appelle *Sénieur* de la Société, le plus ancien Docteur, *Socius*. Le *Sénieur* de la Maison est le plus ancien des Docteurs résidans dans la Maison. Les appartemens sont occupés par les Docteurs *Socius* & par les Bacheliers en Licence.

 Robert de Sorbonne avoit acquis ou échangé avec Saint Louis quelques maisons dans la rue de Coupe-Gueule & dans la rue voisine, qui paroît à M. *Jaillot* être celle qu'on nomme aujourd'hui de *Sorbonne*. Saint Louis permit à Robert de la faire fermer à ses extrêmités ; ce qui lui fit donner le nom de rue *des Deux-Portes*. Voy. à la page 329 au

---

 * Pour être admis à l'hospitalité, il suffit de soutenir une thèse appellée *Robertine*, du nom de son Fondateur, & d'être reçu dans trois scrutins. Pour être de la Société, il faut encore soutenir l'année d'après les Robertines, une Thèse sur quelque livre de l'Ecriture Sainte, que le Bachelier déjà reçu de l'Hospitalité, est obligé d'interpréter, ou sur le texte hébreu, ou sur le texte grec. On tire au sort dès la première année un de ces livres à chaque Bachelier qui se présente pour l'Hospitalité & pour la Société, afin que tous ayent le temps de se préparer à cette seconde Thèse, qui dure l'espace de quatre heures. Le Prieur de la seconde année de la Licence, y préside comme aux Robertines. Huit Censeurs, tirés au sort, à savoir six dans l'ordre des Docteurs, & deux dans l'ordre des Bacheliers & des Licenciés de la Société, y assistent & y portent leurs suffrages, tant sur le Répondant, que sur les Argumentans. La Société laisse à plusieurs de ceux qui se présentent, & qui ignorent l'hébreu & le grec, la facilité de soutenir sur quelque livre de la Vulgate. Il y a toujours deux scrutins, pour la réception à la Société.

mot Coupe-Gorge (*rue*) & *pag. 433 au mot* Portes. (*rue des deux*) * Robert y fit bâtir les premiers édifices de son Collège & une Chapelle: il acquit ensuite de Guillaume de Cambrai, ce qui restoit de terrein & de maisons, jusqu'à la rue des Poirées, que l'on coupa, & qu'on fit tourner en équerre dans la rue des Cordiers **; & comme l'établissement qu'il avoit formé, n'étoit destiné que pour des Théologiens, il crut devoir rassembler de jeunes Sujets qui pussent le devenir. Il destina, dans cette vue, une partie de l'espace qu'il avoit acquis, pour y faire bâtir un Collège dans lequel on enseigneroit les Humanités & la Philosophie. Il fut achevé en 1271, & nommé *de Calvy*, ou *la petite Sorbonne*. Le Chapitre de Notre-Dame avoit l'inspection sur ce Collège, auquel il avoit donné son nom, & il la conserve encore. Il n'y a plus de lieu affecté pour ces Boursiers, dont le nombre réduit ci-devant à seize, l'est actuellement à huit, à la nomination du Chapitre. La Chapelle qu'on avoit mise sous l'invocation de la Sainte Vierge, fut rebâtie en 1326, & dédiée le 21 Octobre 1347, sous la même invocation, & sous celle de *Sainte Ursule* & de ses Compagnes, dont l'Eglise célèbre la fête ce jour-là.

Ces bâtimens tomboient presque en ruine, lorsque le Cardinal *de Richelieu* qui avoit étudié la Théologie dans le Collège de Sorbonne, qui en étoit Proviseur, & qui ne cherchoit qu'à immortaliser son nom, entreprit de faire rebâtir ce Collège de fond en comble. Le devis des bâtimens fut proposé à la Faculté assemblée le 20 Juin 1626, *** ap-

---

* Du Boulai & ceux qui l'ont suivi, ne nous présentent ce Collège que comme un établissement formé en faveur de seize pauvres Ecoliers: le titre même qu'il porta d'abord, dit le contraire, puisqu'on y lit qu'il s'appelloit *la Communauté des pauvres* Maitres, & que quelques années après, on les désignoit ainsi: *Pauperes Magistri de vico ad portas*. M. Jaillot, *Rech. sur Paris*, Quart. Saint-André-des-Arcs, p. 139.

** Le terrein qui restoit entre ce retour & la rue de Cluny, sert aujourd'hui de Jardin à la maison de Sorbonne; il étoit alors occupé par un petit Collège, nommé le Collège de Notre-Dame des Dix-Huit. Aucun de nos Historiens ne nous a donné des lumières sur l'établissement de ce Collège. *Voy*. tome 2, page 477, Collège de Calvy.

*** *Jacques le Mercier*, habile Architecte, natif de Pontoise, & qui avoit bâti le Palais-Royal, en donna tous les desseins, & eut la direction de tous les travaux. On mit sous cette pierre une médaille d'argent,

prouvé par le Cardinal le 30 Juillet suivant, & l'on nomma des Docteurs pour veiller sur les travaux. La première pierre de la grande salle fut posée par M. l'Archevêque de Rouen en 1627; & le Ministre mit le comble à la magnificence des bâtimens, en faisant élever la superbe Eglise que nous voyons: il en posa lui-même la première pierre le 15 Mai 1635, & elle ne fut finie qu'en 1653, ainsi qu'il est constaté par l'inscription qu'on lit au portail du côté de la cour. On y plaça en même temps de grandes médailles d'argent, sur lesquelles son portrait & ses armes étoient représentés, avec des inscriptions tout-à-fait propres à satisfaire la vanité de ce Cardinal.

Toutes les parties de cet édifice sont dans des proportions si justes, & les points de vue en sont si bien entendus, que tout y paroît fait l'un pour l'autre, & se prêter de mutuelles beautés. Le dôme n'est pas fort élevé; il est accompagné, comme celui du Val-de-Grace, de quatre campaniles & de statues avec des bandes de plomb doré. L'amortissement en lanterne est entouré d'une balustrade de fer, au haut de laquelle est une croix dorée, ce qui fait le couronnement de tout l'édifice.

Le portail de l'Eglise, disposé avantageusement au fond de la place, est de deux ordres. Le premier est corinthien, avec des colonnes engagées, & le second est composite, mais formé seulement par des pilastres qui répondent aux colonnes; dans les espaces entre-deux, en haut & en bas, il y a quatre niches, où sont placées des statues de marbre, faites par *Guillain*. Au-dessus de la porte est cette inscription: *Deo Opt. Max. Armandus*, *Cardinalis de Richelieu*.

L'intérieur de l'Eglise est d'une médiocre grandeur. L'ordre de pilastres qui règne tout autour, est couronné par une grande corniche d'une excellente proportion. On a placé dans des niches l'une sur l'autre, entre ces pilastres, les douze Apôtres & Anges de grandeur naturelle. Ces figures

---

sur laquelle la Sorbonne étoit représentée sous la figure d'une femme vénérable, courbée sous le poids des années, ayant sa main droite sur la figure du Temps, & la gauche sur une Bible, avec cette inscription autour: *huic forte bona senescebam*, pour marquer que c'étoit un effet de son bonheur, que sa vieillesse fût parvenue jusqu'au temps d'un pareil Restaurateur.

qui font de pierre de Tonnerre, font de *Berthelot &*
Guillain.

Le dôme est décoré en dedans de quelques ornemens de peinture, & des quatre Pères de l'Eglise, peints à fresque par *Philippe Champagne.*

Le pavé dont la disposition est assez bien imaginée, est en grands compartimens de marbre de diverses couleurs.

Le grand'Autel, élevé sur les desseins de *Pierre Bullet*, est d'une très-belle ordonnance. Il est placé au fond de l'Eglise, & est décoré de six colonnes corinthiennes de marbre de Rance, dont les bases & les chapiteaux sont de bronze doré d'or moulu, aussi bien que les modillons & & les rosons du soffite de la corniche. Les deux colonnes du milieu forment un corps en ressaut, couronné d'un fronton sur lequel il y a deux Anges appuyés, faits par *Marc Arcis & Corneille Vanclève.* Les autres colonnes sont en retraite, & deux encore en retour des deux côtés, entre lesquelles on a placé deux excellentes figures de marbre, dont l'une représente la Vierge, qui est de *Louis le Compte*; & l'autre, Saint Jean l'Evangéliste, de *Cadène.* Un grand attique règne sur tout ce riche ouvrage, où sont placés des Anges, qui sont de *Jean-Baptiste Tubi.*

A la place du tableau, on a mis un grand crucifix de marbre de six à sept pieds de proportion, sur un fond noir, de l'ouvrage de *Michel Anguier.* Cette pièce qui a terminé glorieusement les travaux de l'habile Sculpteur, est d'une singulière beauté. Le dessin est porté au plus haut dégré de correction dans toutes ses parties; & l'attitude & l'expression touchante du Christ, causent une vraie admiration.

Au haut de l'Autel, on a peint un Père Eternel dans une gloire, accompagné de plusieurs Anges en adoration. Ce beau morceau est de *François Verdier*, sur un dessin de *Charles le Brun.*

Le Tabernacle est de marbre blanc, enrichi de vases, de bas-reliefs & de plusieurs ornemens de bronze doré. L'on y expose les jours de solemnité un très-beau soleil d'or, qui a été donné par le Cardinal de Richelieu, & qui a coûté plus de 20000 livres.

La Chapelle de la Vierge est aussi richement décorée. Le corps de l'architecture est de marbre blanc, de même que la corniche & l'entablement; mais ces colonnes sont de marbre de Rance; les chapiteaux corinthiens, les modillons & tous les différens ornemens sont de bronze doré, recherchés & bien finis. Au-dessus du retable d'Autel, est une niche, dont le fond est revêtu d'ornemens en mosaïque de bronze doré. La Sainte Vierge tient l'Enfant Jésus sur ses genoux. C'est un des plus parfaits Ouvrages de *Martin Desjardins*.

Les petites Chapelles sont embellies de colonnes corinthiennes, de marbre veiné, avec des chapiteaux de bronze doré; tous les piedestaux sont de marbre noir, aussi bien que ceux du grand-Autel. Les dés des piedestaux sont chargés d'ornemens de bronze doré, qui représentent des encensoirs, des chandeliers, des lampes, des croix, &c.

Un des plus remarquables ornemens de cette magnifique Eglise, est le tombeau du Cardinal *de Richelieu*, posé au milieu du Chœur.

Ce fameux Ministre y est représenté à demi-couché, & revêtu de la pourpre sacrée, sur une manière de tombeau antique, presqu'entièrement couvert de deux riches tapis qui pendent à droite & à gauche, & sur lesquelles sont gravées les inscriptions latines qu'on rapportera ci-après. La Religion qui est derrière le Cardinal, lui aide à se soutenir; elle tient le livre qu'il composa pour sa défense, & près d'elle sont deux génies qui supportent ses armes. A l'extrêmité opposée, est une femme éplorée qui représente la Science, & qui, par son attitude des plus expressives, fait voir une vive douleur d'avoir perdu son plus ferme appui. On ne peut rien desirer dans ce genre de plus accompli. *Charles le Brun* passe pour en avoir fourni le premier dessin, qui a ensuite été rédigé & mis en œuvre par *François Girardon*. Il est certain que c'est le chef-d'œuvre de cet habile Sculpteur. Il est entièrement de marbre blanc, & fut érigé par les héritiers du Cardinal en 1694. Son corps est dans un caveau au-dessous. Voici l'inscription gravée sur une des faces du tombeau.

Joannes-Armandus Cardinalis, *Dux* de Richelieu, *primarius Regni Adminifter*, *sub Ludovico justo XIII*, *Galliarum & Navarræ Rege Christianissimo*, *Sorbonæ Provisor hîc sepultus : obiit ætat.* L. VII, *Nonis Decemb. anno R. S. H.* M. D. C. XLII.

L'inscription suivante est placée dans le caveau sur une lame de cuivre de trois pieds & demi de haut, & de deux pieds de large. Elle est de *Georges Scudéry*, de l'Académie Françoise.

Ici repose le grand Armand-Jean Duplessis, *Cardinal de Richelieu*, *Duc & Pair de France, grand en naissance*, grand en esprit, grand en sagesse, grand en science, grand en courage, grand en fortune, mais plus grand encore en piété. Il porta la gloire de son Prince, par-tout où il porta ses armes, & il porta ses armes presque par toute l'Europe. Il a fait trembler les Rois, & il y a peu de trônes où il n'eût fait monter son Maître, si la justice n'eût conduit tous ses desseins. Son illustre nom mettoit la frayeur dans l'ame de tous les Ennemis de l'Etat, & la mettra encore dans celle de leurs Descendans. Si l'on comptoit ses jours par ses victoires, & ses années par ses triomphes, la postérité croira qu'il a vécu plusieurs siècles, & son histoire n'aura rien à craindre qu'elle-même, qui, étant toute pleine de prodiges & de merveilles, aura peine à persuader aux siècles éloignés, ce que le nôtre a vu avec admiration. Comme il fut toujours équitable, il fut invincible. Ses Ennemis n'ont jamais eu d'autre avantage, que le seul d'être surmontés par lui; & comme il fut infiniment prudent, il fut infiniment heureux. La grandeur des événemens justifia la droiture de ses intentions. Sa diligence ne put être prévenue, ni sa vigilance surprise, ni sa prévoyance trompée. Il n'a jamais manqué à ses amis, & ses Ennemis même se fioient plus à sa parole, que s'ils eussent eu des places en otages. Rien ne résistoit à la force de son éloquence; la grace & la majesté étoient sur son front, en sa taille & en toutes ses actions. Ses graces imprimoient le respect; ses paroles lioient les cœurs, & ses mains libérales ne laissoient point de mérite sans récompense. Il abattit l'hérésie, & conserva la Religion par la prise de la Rochelle, cette orgueilleuse Ville que l'on estimoit imprenable, & par la réduction de plus de deux cent places, qui avoient depuis long-temps partagé l'autorité royale. Vainqueur du dedans, il porta au dehors les forces de son Roi. De tant de Villes conquises, Pignerol, Arras, Brisach, Monaco, Perpignan & Sedan sont les principales. La gloire de ses Ouvrages de piété pour l'instruction & la perfection des Chrétiens, & pour la conversion des Hérétiques, surpasse encore celle de ses conquêtes & la force de son génie, ayant accordé en lui deux choses qui sembloient incompatibles, la Religion & l'Etat. Il avança toujours du même pas les progrès de l'un & de l'autre. Il fut le Protecteur de la vertu, des sciences & des beaux Arts. Enfin sa réputation a été sans tache, & il doit être justement appellé le Héros des derniers siècles. Que peut-on dire de plus? Sa mort a été digne de sa vie. Comme il possédoit les grandeurs sans en être possédé, il s'en est détaché sans peine, & a vu le bout de sa carrière avec joie, parce qu'il voyoit des couronnes immortelles. Il est mort comme il a vécu, grand, invincible, glorieux, & pour dernier honneur, pleuré de son Roi ; & pour son éternel bonheur, il est mort humblement, chrétiennement & saintement.

Qui que tu sois, tu n'as garde de refuser tes prières à un si grand homme ; mais en priant, souviens-toi que tu rends ce pieux devoir à celui qui par ces superbes bâtimens de la célèbre Sorbonne, a laissé un si grand monument de sa piété.

Ce grand Cardinal mourut à Paris le quatrième jour de Décembre mil six cent quarante-deux, âgé de cinquante-sept ans, trois mois, moins un jour. *

La Maison de Sorbonne consiste en trois grands corps de bâtimens, flanqués dans les encoignures par quatre gros pavillons, & qui environnent une grande cour, ayant la figure d'un quarré long. Une partie de cette cour est plus élevée que l'autre de plusieurs dégrés, ce qui donne un air de grandeur & de majesté au superbe portique qui s'élève au fond de la cour à l'une de ses extrémités. Ce portique occupe le milieu d'une des faces latérales de l'Eglise. Il est du genre de ceux que Vitruve nomme *Prodomos* ou *Decastyle*, étant formé de dix colonnes, dont six sont de face, & les quatre autres en retour sur les côtés. Ces colonnes qui sont d'ordre corinthien, sont élevées sur un grand perron, composé de quinze dégrés ; & comme elles sont détachées du corps de bâtiment de plus de dix pieds, elles forment un porche, dont l'entrée est couronnée par

---

* Ce Cardinal avoit été Ministre pendant dix-huit ans, sous Louis XIII, qui ne le survécut que six mois. On remarque que son tombeau est placé dans l'endroit où étoit autrefois les latrines du Collège de Cluny, & que la sœur de M. de Thou (qui fut décapité) offrit dans le temps inutilement à MM. les Directeurs de la Maison de Sorbonne, une somme considérable, pour lui permettre de faire graver sur ce tombeau ces paroles de l'Evangile, à l'occasion du Lazare : *Seigneur, si vous aviez été ici, mon frère ne seroit pas mort*. M. de Thou fut décapité sous le ministère & par l'ordre du Cardinal de Richelieu. On remarque aussi que le Czar *Pierre-le-Grand* étant venu en France en 1719, fut conduit en Sorbonne, où on lui montra le mausolée de ce Cardinal ; aussi-tôt transporté d'enthousiasme, il dit : *Ah que n'es-tu en vie, je te donnerois la moitié de mon Empire, pour gouverner l'autre !* Quel contraste, & quelle différente façon de penser de ce Monarque avec la sœur de M. de Thou ! Celle-ci l'auroit désiré mort depuis long-temps, & le Czar auroit voulu qu'il eût encore été de ce monde.

un fronton, dans le tympan duquel sont les armes du Cardinal, avec deux statues de chaque côté, sur des acrotères. Les moulures de l'entablement dans la partie de l'architecture, sont arrasées par-devant ; imitation de plusieurs édifices antiques, sur-tout du Panthéon & du Temple d'Antonin & de Faustine dans le *Campo-Vaccino* à Rome, pour y placer cette inscription : *Armandus-Joannes, Card. Dux de Richelieu, Sorbonæ Provisor, ædificavit domum, & exultavit Templum sanctum Domino. M. D. C. XLII.*

La porte de l'Eglise se trouve sous ce magnifique portique, qui est à peu près dans la même disposition que celui du Panthéon à Rome, ou Notre-Dame de la rotonde, le plus superbe monument qui soit resté des anciens ; ouvrage immense, & digne du siècle d'Auguste. *Jacques le Mercier* a imité cet édifice en Maître.

Les bâtimens qui règnent autour de la grande cour, sont décorés avec simplicité. Trente-sept Docteurs de la Maison & Société de Sorbonne, ont droit d'y être logés.

De toutes les bibliothèques de Paris, celle de la Sorbonne passe pour une des plus nombreuses & des plus considérables, où il se trouve cependant un bien plus grand nombre de livres de Théologie que d'autre espèce : elle est dans un lieu vaste & fort éclairé, qui occupe le dessus des deux grandes salles, dans lesquelles on fait les actes publics. Elle a été augmentée de celle du Cardinal Fondateur, laquelle étoit très-considérable, & de celle de *Michel le Masle*, Prieur des Roches, Chantre de l'Eglise de Paris, & Secrétaire du même Cardinal. Il n'y a point de bibliothèques qui contiennent un plus grand nombre de livres & de manuscrits si anciens & si rares. Les principaux sont un Tite-Live en vélin, *in-folio*, deux volumes, traduit du règne de Charles V. (d'autres disent du Roi Jean); il est rempli de figures en miniatures, & de vignettes dorées de cet ancien or, aussi brillant aujourd'hui, que s'il venoit d'être appliqué, & dont on a perdu le secret depuis plus de deux cents ans. C'est l'ouvrage d'un Religieux Bénédictin, dont le portrait paroît à la tête. On y conserve les éditions des premiers livres imprimés à Paris ; ce fut en effet dans la Maison de Sorbonne que l'Imprimerie de Paris prit naissance, où *Guillaume Fichet* & *Jean de la Pierre*, tous deux Docteurs, firent venir d'Allemagne en 1470, trois Imprimeurs habiles, *Ulrick Gering*, *Martin Crants* & *Miche Friburger*, auxquels ils procurèrent tous les secours possibles pour leur établissement, en leur indiquant les manuscrits qui

qui méritoient d'être donnés au public, & qui prirent soin d'en corriger eux-mêmes les épreuves. On sait qu'environ vingt ans auparavant, l'Art d'imprimer avoit été découvert à Mayence par *Jean Faust* & par *Pierre Schoeffer*, & que ces Imprimeurs apportèrent à Paris une édition de la Bible, qui causa, dit-on, tant d'admiration, qu'on les accusa de magie, & qu'ils furent obligés de prendre la fuite pour se mettre à l'abri des poursuites de la Justice ; mais la vérité est que *Schoeffer* déclara son secret sur l'invention de l'Imprimerie. Avant ce temps, les Libraires avoient soin de faire copier les bons manuscrits ; c'étoit leur commerce, & les seuls livres en usage. On voit donc dans la Bibliothèque cette fameuse Bible en deux volumes *in-folio*, année 1462, & un grand nombre d'autres Bibles différentes, recherchées avec le plus grand soin, dont le nombre monte au moins à huit cent, ce qui ne se trouve point ailleurs, même dans la fameuse bibliothèque du Vatican. L'on y voit aussi une belle suite de tous les grands livres d'estampes que le Roi Louis XIV a fait graver d'après ses tableaux, ses statues, ses bustes & ses tapisseries, les vues des Maisons royales, les conquêtes du Roi, le carrousel de 1662, l'histoire des plantes, & les dissections anatomiques des animaux.

A chaque extrêmité de la bibliothèque, il y a des cheminées, sur l'une desquelles est le portrait du Cardinal de *Richelieu*, en habit de sa dignité ; & sur l'autre, celui de *Michel le Miste* son Secrétaire, dont nous avons parlé. Sur le devant de celle qui est du côté de la porte, on a mis un buste en bronze du même Cardinal, de l'ouvrage de *Jean Varrin*, qui vient de la succession de la Duchesse *d'Aiguillon*, nièce du Cardinal, laquelle le laissa après sa mort à cette Maison, avec d'autres biens, dont elle avoit joui durant sa vie.

On conserve une sphère de bronze dans une armoire, à l'extrêmité de la bibliothèque, dont le travail est fort estimé.

Il y a encore une autre bibliothèque derrière l'Eglise, dans un appartement qui donne sur le jardin, moins nombreuse que la première à la vérité, mais qui conserve cependant quantité de livres rares & singuliers.

On a enseigné la Théologie en Sorbonne dès l'origine de cette Société. Les Chaires qui sont au nombre de sept, ont été fondées en différens temps, & par différentes personnes. La première en 1532, par *Ulrich Gering*, célèbre

Tome IV. T t

Imprimeur Allemand, dont nous venons de parler, sous le titre de *Chaire de Lecteur*, & dotée depuis par MM. *Aubry de Gamaches*, *Sachot*, & *Maurice le Tellier*, Archevêques de Rheims. La deuxième & la troisième, fondées en 1596 par le Roi Henri IV, l'une pour la Théologie contemplative, l'autre pour la Théologie positive. La quatrième en 1606, par M. *de Pellejai*, Conseiller au Parlement, pour l'interprétation de l'Ecriture Sainte. La cinquième en 1612, par M. *de Rouan*, Principal du Collège des Trésoriers, pour les cas de conscience. La sixième en 1616, par le Roi Louis XIII, pour les controverses. La septième en 1751, par M. *le Duc d'Orléans*, pour l'interprétation du Texte Hébreu de l'Ecriture Sainte. Les écoles extérieures sont dans la place de Sorbonne; c'est un très-beau bâtiment en pierre de taille & fort vaste. On y fait la distribution des prix de l'Université, en présence du Parlement. M. *de Beaumont du Repaire*, Archevêque de Paris, est aujourd'hui Proviseur de Sorbonne.

SOULAIRE. Ce Village est à huit lieues de Paris, à deux lieues par-delà Brie-Comte-Robert, à droite de la route de Provins, entre cette route & le lit de la rivière d'Hières; il est situé sur le bord de la plaine qui comprend Coubert, Croqueraines, &c. & qui est terminée au vallon de l'Hières, & par un autre petit vallon, où coule un ruisseau venant de Coubert, qui fait tourner quelques moulins. C'est un Pays de vignes, à raison de l'exposition des côtes vers le midi & l'orient, comme aussi de bons labourages. Tout le rivage est réuni près de l'Eglise. Les Habitans sont de la coutume de Melun.

Le Patron de la Paroisse est Saint Martin. La Cure appartient de plein droit à l'Archevêque de Paris. Le Curé est gros Décimateur avec MM. de Saint Victor.

SPARTERIE ou *Corderie nouvelle*. Cette Manufacture mérite l'accueil du Public, par la bonté & la durée des marchandises qui en sortent. L'Art de l'Entrepreneur va jusqu'à meubler les appartemens de pièces aussi commodes que propres. On trouve dans cette Manufacture des tapis de pied, des chaises, des fauteuils de jonc, & beaucoup de choses pour l'équitation. Les cordes à puits durent plus d'un an, en quoi elles son préférables à celles qui sont faites de tilleul. On peut s'y pourvoir aussi de cables parfaitement bien filés, & d'une infinité d'autres ustensiles convenables à un grand nombre d'Arts & de Métiers : le tout y est solide, propre & à un prix honnête.

SPECTACLES DE PARIS.

Personne n'ignore la dépense excessive des Grecs & des Romains, en fait de spectacles, & sur-tout de ceux qui tendoient à exciter l'attrait de l'émotion. La représentation des trois Tragédies de Sophocle, coûta plus aux Athéniens que la guerre du Péloponèse. On sait les dépenses immenses des Romains pour élever des théâtres, des amphithéâtres & des cirques, même dans les Villes de Provinces. Quelques-uns de ces bâtimens qui subsistent encore dans leur entier, sont les monumens les plus précieux de l'Architecture antique. On admire même les ruines de ceux qui sont tombés. L'Histoire Romaine est encore remplie de faits qui prouvent la passion démesurée du Peuple pour les Spectacles, & que les Princes & les Particuliers faisoient des frais immenses pour la contenter. Nous ne parlerons cependant ici que du paiement des Auteurs. *Æsopus*, célèbre Comédien Tragique, & le Contemporain de Cicéron, laissa en mourant à ce fils, dont Horace & Pline font mention comme d'un fameux Dissipateur, une succession de cinq millions, qu'il avoit amassés à jouer la Comédie. Le Comédien *Roscius*, l'ami de Cicéron, avoit par an plus de cent mille francs de gages. Il faut même qu'on eût augmenté les appointemens, depuis l'état que Pline en avoit vu dressé, puisque Macrobe dit que ce Comédien touchoit des deniers publics, près de neuf cent francs par jour, & que cette somme étoit pour lui seul : il n'en partageoit rien avec sa Troupe.

Voilà comment la République Romaine payoit les gens de théâtre. L'Histoire dit que Jules César donna vingt mille écus à *Laberius*, pour engager ce Poëte à jouer lui-même dans une pièce qu'il avoit composée. Nous trouverions bien d'autres profusions sous les autres Empereurs. Enfin Marc-Aurèle, qui souvent est désigné par la dénomination d'Antonin-le-Philosophe, ordonna que les Acteurs qui joueroient dans les Spectacles que certains Magistrats étoient tenus de donner au Peuple, ne pourroient exiger plus de cinq pièces d'or par représentation, & que celui qui en faisoit les frais, ne pourroit pas leur donner plus du double. Ces pièces d'or étoient à peu près de la valeur de nos louis, de trente au marc, & qui ont cours pour vingt-quatre francs. Tite-Live finit sa dissertation sur l'origine & le progrès des représentations théâtrales à Rome, par dire qu'un divertissement, dont les commencemens avoient été peu de chose, étoit dégénéré en des spectacles si somptueux, que les Royaumes les plus riches auroient eu peine à en soutenir la dépense.

Quant aux beaux Arts qui préparent les lieux de la scène des Spectacles, c'étoit une chose magnifique chez les Romains. L'Architecture, après avoir formé ces lieux, les embellissoit par le secours de la peinture & de la sculpture. Comme les Dieux habitent dans l'Olympe, les Rois dans les Palais, le Citoyen dans sa maison, & que le Berger est assis à l'ombre des bois, c'est aux Arts qu'il appartient de représenter toutes ces choses avec goût dans les endroits destinés aux Spectacles. Ovide ne pouvoit rendre le Palais du Soleil trop brillant, ni Milton, le Jardin d'Eden trop délicieux; mais si cette magnificence est au-dessus des forces des Rois, il faut avouer, d'un autre côté, que nos décorations sont fort mesquines, & que nos lieux de Spectacles, dont les entrées ne ressemblent plus depuis une dixaine d'années à celle des prisons, offroient une perspective des plus ignobles.

Nous avons à Paris trois Spectacles principaux, l'Opéra, la Comédie Françoise & la Comédie Italienne, à laquelle est annexé celui de l'Opéra-Comique; les autres, qui sont inférieurs, n'ont ni la dignité, ni le mérite, ni la majesté, ni le caractère des deux premiers, ni l'agrément du troisième. Ces derniers sont placés aux environs de la Ville, comme le Colisée dans les Champs-Elisées, le Cirque Royal sur le Boulevard du midi, & le Waux-Hall du sieur *Torré*, sur le Boulevard du nord; c'est le Waux-Hall d'Eté; celui d'Hiver est à la Foire S. Germain. Les Spectacles du peuple sont ceux de *Nicolet*, où sont les grands Sauteurs & Danseurs de corde, où l'on représente aussi des petits Drames annoncés extérieurement par des Parades, des jeux de Marionnettes, des Loges d'Animaux, des Pièces de Méchaniques, des Cabinets curieux & singuliers. On distingue cependant sur le Boulevard du nord le Spectacle intitulé l'*Ambigu-Comique*, tenu par le Sieur *Audinot*, ancien Acteur de la Comédie Italienne, où des Enfans représentent des petits Drames avec beaucoup d'intelligence, & le Cabinet Physique du sieur *Comus*, dont l'adresse & la magie amusante font les plaisirs des meilleurs Compagnies de la Ville. On prépare encore sur le même Boulevard un Spectacle qui sera rendu par de jeunes sujets, destinés à remplacer, par la suite, les grands Acteurs des premiers Théâtres. On y représentera Opéra, Tragédies, Comédies, Opéra-Comiques, &c. Ce sera enfin une pépinière où l'on verra éclorre les talens dans les genres Dramatique & Lyrique. On a obligation de ce projet, s'il est rempli, aux Sieur *Tessier* & Compagnie. Ces mêmes Spectacles sont transportés chaque année aux Foires S. Germain & de S. Ovide à la Place de Louis XV; mais à commencer de celle-ci 1778, cette dernière sera déplacée pour être établie à la Foire S. Laurent, désertée depuis un grand nombre d'années. *Voyez plus bas, à l'article de l'Opéra-Comique.* Dans les grandes Fêtes où tous les Théâtres sont fermés, on donne le Concert Spirituel au Château des Tuileries & le Combat du Taureau & d'autres Animaux, dans un amphithéâtre établi près de l'Hôpital S. Louis. Outre ces Spectacles, il se fait aux environs de la Ville des Fêtes agréables, comme à Auteuil, S. Cloud, au Bois de Boulogne & Vincennes, & depuis quelques mois à Chaillot, dans une maison intitulée: *Il Casino Gratioso.* Par-tout on y danse, & par-tout il y a Concert.

L'Opéra. Un homme de génie a dit que *si les triangles faisoient un Dieu, ils lui donneroient trois côtés.* Cette assertion, puisée dans une profonde connoissance du cœur humain, est l'histoire des usages qu'on a fait de la Musique. Le chant avoit adouci un Oppresseur, avoit attendri une Maîtresse; on en inféra qu'il pourroit bien avoir les mêmes effets auprès du grand Etre, & l'on imagina les Hymnes. Ainsi les Prêtres cultivèrent cet Art. Les Bardes & les Druides furent chez nous les premiers Musiciens; & le génie de la Nation se prêtant merveilleusement à cette nouveauté, elle ne tarda pas à s'étendre. Cependant on ne commença guère à en sentir le mérite que sous Pepin. L'Empereur Constantin Copronyme lui fit présent d'un jeu d'orgue, dont l'effet parut si admirable, que le Prince Franc voulut avoir des Musiciens pour sa Chapelle. Charlemagne, son fils, accueillit favorablement les Troubadours & les Jongleurs, qui, du fond de la Provence, se répandirent dans tout le Royaume. Bientôt le goût des Romances devint général; les Chansonniers de nos jours sont flattés de voir à la tête de la liste de ceux qui ont excellé en ce genre, les noms de Thibaut, Roi de Navarre, du Comte de Champagne, du Comte d'Anjou, & de plusieurs autres Souverains; mais leurs Ouvrages ne sont recommandables que par la naïveté de leur poésie. La modulation étoit encore informe chez nous. Elle avoit fait plus de progrès chez nos voisins. François I introduisit en France les découvertes de l'Italie, qu'avoient illustrée la gamme & les notes de Gui d'Arezzo. Henri II, Charles IX & Henri III accueillirent les Musiciens Italiens que Catherine de Médicis avoit amenés à Paris, & ils augmentèrent & dotèrent de plusieurs privilèges les Corps de Musique que François I avoit établis pour sa Chapelle & pour sa chambre. Les troubles qui déchirèrent la France sous Henri III, ne permirent qu'au fils du grand Prince qui lui succéda, de songer aux Arts agréables. Louis XIII protégea la Musique & la cultiva même : enfin, sous Louis XIV de nouveaux Musiciens Italiens attirés par le Cardinal Mazarin, mirent en action l'émulation Françoise ; Lulli, qu'on peut regarder comme le créateur de la Musique de la Nation, (car, quoique Florentin, il avoit été amené si jeune à Paris, qu'il ne doit pas être censé étranger,) Lulli parvint à plaire universellement. Le génie de Quinaut échauffa son imagination, & il a été admiré jusqu'au moment où l'on s'est avisé de mettre en question si la Musique Françoise étoit de la Musique. Nous ne nous arrêterons pas sur cette dispute fameuse ; nous dirons seulement que Rameau a donné un caractère marqué à l'Art dont il a été un digne soutien, & que le genre mixte, qui est résulté des deux opinions, pourra peut-être produire des chef-d'œuvres d'un genre nouveau, qui termineront la querelle. Les *Gluck*, les *Piccini*, les *Philidor*, les *Gretry*, & plusieurs autres encore dont le génie savant & fertile fait croître de jour en jour l'admiration & l'enthousiasme, sont autant de rivaux qui, à l'envi, établiront certainement le genre que l'on cherche depuis si long-temps. Heureux Citoyens à qui les talens s'empressent de plaire, & qui procurent l'immortalité à ces grands hommes par les applaudissemens sincères qu'ils leur donnent, preuve incontestable du vrai goût !

Depuis quelque temps on représente sur ce Théâtre des Opéra Italiens, exécutés par des Bouffons de la même nation. Cet essai que l'on a déjà fait, n'ayant pas eu un succès solide, comme il a paru autrefois par la retraite de ces Acteurs, pourroit peut-être ne pas faire plus grande fortune dans cette seconde tentative. La scène de l'Opéra est destinée au sublime, au majestueux, au brillant ; bien des personnes de goût y voient les Bouffons avec peine, & les trouveroient mieux placés sur un Théâtre d'Opéra-Comique, qui seroit seul consacré à ce genre. L'expérience pourra déterminer pour l'un ou pour l'autre. Voyez pour ce qui concerne l'é-

tabliffement de l'Opéra, les articles ACADÉMIE DE MU-
SIQUE, *t*. 1. *p*. 177. & OPÉRA, *t*. 3. *p*. 674.

La Comédie Françoife. Le goût de la Nation femble un peu refroidi pour la fcène Françoife ; mais ce feroit nous faire injure de penfer qu'il fût tout à fait éteint. Ce Théâtre qui, de l'aveu de toutes les Nations, eft le premier de l'Europe, fera auffi dans tous les temps le premier de la France. Le François eft gai, mais il eft fenfible, & Melpomène le quittera avant qu'il quitte Melpomène. Si quelques Juges févères fe récrioient contre des productions médiocres, qu'ils fongent que cette médiocrité a été la même dans tous les temps, qu'elle eft même néceffaire pour faire valoir un petit nombre de beaux Ouvrages, qui feroient trop tôt ufés; que la nouveauté eft le premier de nos befoins, & que la foibleffe s'enhardit par les fecours, comme le génie par les obftacles.

Aucune pièce n'eft lue à l'Affemblée des Comédiens, qu'un Comédien ne certifie qu'il la connoît, & qu'elle peut être entendue; enfuite elle eft apportée à l'Affemblée; le Comité prend le titre de la Pièce & le nom de l'Examinateur, afin d'éviter qu'aucun ouvrage ne s'égare. Si l'Examinateur trouve que la Pièce ne doive pas être admife à la lecture générale, il en donne les raifons par écrit le plus honnêtement qu'il eft poffible. Le premier Semainier les remet à l'Auteur, en lui rendant fa Pièce. Si, au contraire, elle eft trouvée en état d'être lue, elle eft infcrite à fon rang.

Le jour convenu pour la lecture générale, on prévient l'Auteur, qui, feul, a le droit d'être préfent à cette affemblée.

Quand une Pièce eft reçue, & que fon tour eft venu pour être jouée, l'Auteur a foin de fe munir de l'Approbation de la Police. Le 15 Septembre 1571, la Police défendit pour la première fois de jouer des Pièces fans permiffion.

Les Comédiens ne peuvent fe difpenfer de jouer une Pièce qu'ils ont reçue, fous quelque prétexte que ce foit (finon pour des chofes graves), ni même en retarder les repréfentations, fans le confentement de l'Auteur.

Il revient aux Auteurs du produit de leurs Pièces, favoir, pour les Tragédies ou Comédies en cinq Actes, le neuvième de la recette nette, après qu'on a prélevé les frais journaliers & ordinaires; pour les Pièces en trois Actes, le douzième; & pour les Pièces en un Acte, le dix-huitième.

L'Auteur de deux Pièces en cinq Actes, & celui de trois

Pièces en trois Actes, ou de quatre Pièces en un Acte, a son entrée durant sa vie.

L'Auteur d'une Pièce en cinq Actes, jouit de son entrée pendant trois ans : l'Auteur d'une Pièce en trois Actes, pendant deux ans, & celui d'une en un Acte un an seulement. Un Auteur jouit de son entrée aussitôt que sa Pièce est reçue.

Le 3 Mars 1737, les Comédiens François députèrent le sieur *Quinault Dufresne*, à Messieurs de l'Académie Françoise, pour leur offrir leur entrée à la Comédie. L'offre des Comédiens fut acceptée, & depuis ce temps Messieurs les Académiciens en ont joui.

Les Comédiens François sont obligés d'aller représenter deux fois par semaine à la Cour, lorsque l'on y donne des Spectacles ; savoir les Mardis & Jeudis. Ils sont voiturés aux dépens de Sa Majesté. *Voy. pour le surplus l'article* COMÉDIE FRANÇOISE, *t.* 2. *p.* 508.

La Comédie Italienne. Agnès de Chaillot, jouée pendant tout le cours d'une Foire, des bals donnés dans la canicule, un géant heureusement placé pour faire réussir une Pièce que l'on n'a pas revue depuis, des feux d'artifice que l'on trouvoit charmans, parce qu'on n'en connoissoit pas de meilleurs, parce qu'on ne soupçonnoit pas même alors que la pyrotechnie pût devenir aussi connue qu'elle l'est aujourd'hui, des ballets ingénieusement composés, quelques Pièces qui devoient plutôt leur succès aux talens des Acteurs, qu'à leur mérite réel ; le règne des Parodies, & enfin la réunion de l'Opéra-Comique : voilà quel est en abrégé l'Histoire du Théâtre Italien.

La Comédie Italienne est donc, au moment actuel, divisée en trois corps, car il est inutile de parler de ses Ballets, qui jadis faisoient partie de sa gloire, mais qui ne valent guères mieux à présent que ceux auxquels la Comédie Françoise vient d'être obligée de renoncer.

Nous commencerons par les Comédiens Italiens ; ce sont eux qui donnent le nom à la Troupe & qui devroient en être l'ame ; mais leur règne est absolument fini. Le Public paroît avoir pris un parti décidé à leur égard, & leurs Pièces, qui ne se donnent que les mauvais jours, attirent à peine assez de Spectateurs pour subvenir aux frais de la représentation. En vain ont-ils appellé le fameux *Goldoni*, & fait venir du sein de l'Italie des Comédiens auxquels on ne peut refuser des talens ; c'est le genre de ces sortes de Comédies à canevas, qui déplaît à la Nation. Le François, qui voit la gloire de sa Langue établie dans l'Europe entière, s'étonne que l'on prétende l'amuser en parlant, au sein de sa Capitale, une langue qui lui est étrangère; il s'étonne, avec bien plus de raison, après avoir lu les Scènes de Molière, que l'on hazarde de lui donner des Comédies faites à l'impromptu. Ainsi, à la retraite de quelques Comédiens, & sur-tout après celle de notre charmant Arlequin (*Carlin*), il seroit très-possible que l'on oubliât à Paris jusqu'au nom de la Comédie Italienne. La mort récente de *Colalto* commence l'époque.

Il est pourtant un genre que le Public pourra regretter, & qu'il voit encore avec plaisir, ce sont les Pièces Italiennes, mêlées de divertissemens & de machines, telles que les *Parfaits Amans*, les *Fées Rivales*, le *Prince de Salerne*, &c. Il est à présumer que si les Comédiens multiplioient les nouveautés de cette espèce, ou même s'ils remettoient de temps à autre les anciennes Pièces, ils satisferoient le Public & jouiroient de leurs talens.

Dans la seconde classe, nous placerons les Comédiens qui ne jouent que la Comédie. Quoiqu'il n'y ait aucune espèce de comparaison à faire pour la richesse entre le Répertoire de la Comédie Françoise & celui du Théâtre Italien, il n'en est pas moins vrai que le Public regrette de ne plus voir des Pièces charmantes, dont il a fait ses délices pendant long-temps. Que les Comédies mêlées d'Ariettes soient le genre triomphant, soit; mais doit-il tout absorber? faudra-t-il oublier les Pièces de *Marivaux*, de *Boissi*, & tant d'autres qui méritent de leur être comparées, parce qu'on a réuni l'Opéra-Comique à la Comédie Italienne? faudra-t-il renoncer absolument à tous les Opéra-Comiques? & le Public sera-t-il toujours trompé dans son espoir, privé de ses plaisirs, & l'éternelle victime des arrangemens des Comédiens?

La troisième classe, dont il nous reste à parler, est la partie brillante aujourd'hui; ce sont les *Comédiens Chantans*. On auroit été, il y a vingt ans, bien étonné de voir ces deux mots unis ensemble, & c'est ce qui fait depuis ce temps la folie de la Nation. On ne peut nier que quelques Comédies du nouveau genre ne soient vraiment dignes de leur succès, telles que *Rose & Colas*, *Tom-Jones*, *la Colonie*, &c. mais feront-elles jamais oublier la *Chercheuse d'Esprit*, *Acajou*, *Achmet & Almanzine*? Ne sera-t-on pas contraint d'y revenir? & peut-être en est-on plus près qu'on ne le pense. Le nouveau genre a des difficultés; son cercle est étroit; les succès y deviennent de jour en jour plus difficiles: on n'en a point vu de brillant depuis *Tom-Jones* & *la Colonie*. Il est encore à craindre que les nouveaux Directeurs de l'Opéra, présens & à venir, ne réconcilient la confiance des Musiciens, & sur-tout des Auteurs, ce qui ne contribueroit pas peu à accélérer une révolution que bien des motifs concourent à faire pressentir.

Les Comédiens Italiens vont ordinairement jouer à la Cour tous les Mercredis de chaque semaine, lorsque l'on y donne des Spectacles : ils sont voiturés aux dépens de Sa Majesté.

L'Opéra-Comique. Ce Spectacle prit naissance à Paris en 1714. Le Sieur *de Saint-Edme* & la veuve *Baron*, qui avoient chacun la direction d'une Troupe de Comédiens-Forains, formèrent ensemble une Société pour neuf ans, avec l'approbation des Syndics & Directeurs de l'Académie Royale de Musique. Ces deux Troupes prirent le nom d'*Opéra-Comique*; & M. *le Sage*, flatté du succès de ses premières Pièces, quitta tout autre ouvrage pour se consacrer entièrement à ce Spectacle. (Tout le monde sait que c'est à M. *le Sage* que nous sommes redevables des jolis Romans de Gilblas de Santillane, du Bachelier de Salamanque, du Diable Boîteux & de Guzman d'Alfarache, &c.) C'est lui qu'on peut aussi regarder comme l'Inventeur de cette nouvelle espèce de Poésie Dramatique, si convenable au génie & au caractère de la Nation. L'Opéra-Comique ne fut point inquiété dans ses jeux durant l'espace de cinq ans ; aussi pendant tout ce tems-là on y joua d'excellentes Pièces, que MM. *le Sage*, *Fuzelier* & *d'Orneval* y firent représenter avec l'applaudissement du Public.

Jamais les Foires n'avoient été plus brillantes; mais ce succès leur fut préjudiciable. Les Comédiens François ne virent pas sans chagrin qu'on abandonnoit leur Théâtre pour suivre en foule celui de l'Opéra-Comique. Ils s'en plaignirent & ce dernier Spectacle eut défense de continuer ses représentations. Ce fut à la fin de la Foire Saint Laurent de l'année 1718, que cette défense lui fut signifiée pour les Foires suivantes. M. le *Duc d'Orléans*, Régent du Royaume, qui avoit honoré de sa présence une des dernières représentations, dit à la fin du Spectacle, *que l'Opéra-Comique ressembloit au cygne, qui ne chante jamais mieux que lorsqu'il est prêt de mourir.*

Trois ans après, c'est-à-dire en 1721, les Comédiens de la Foire firent agir plusieurs personnes de distinction, à la considération desquelles il leur fut permis de repréſenter des Pièces en Vaudevilles pendant la Foire de Saint-Germain; mais ils n'avoient point encore de privilège pour l'Opéra-Comique; ils ne l'obtinrent que pour celle de Saint Laurent de la même année. Ils en furent enſuite privés pendant trois ans, & il fut enfin accordé à *Honoré*, qui eut l'Opéra-Comique pendant quatre ans; mais ſes affaires ne lui permettant pas de continuer plus long-temps, il céda à *Pontau* le reſte de la jouiſſance de ſon privilège: *Pontau* eut la Direction de ce Spectacle juſqu'à l'année 1733. Il paſſa après au Sieur *de Vienne*, qui l'entreprit ſous le nom d'*Hamoche*, Acteur de la Foire, & enſuite ſous celui de *Pontau*. Celui-ci en eut une ſeconde fois le privilège, & il l'a poſſédé juſqu'à la fin de la Foire de Saint Germain de l'année 1743. Le Sieur *Monnet* l'obtint après lui par le moyen du Sieur *de Thuret* alors Directeur de l'Académie Royale de Muſique, à qui ce privilège appartenoit. *Monnet* ne le garda qu'un an, parce que le Sieur *Berger* ayant ſuccédé au Sieur *de Thuret* dans le privilège de l'Académie Royale de Muſique, jugeant à propos de régir par lui-même le Spectacle de l'Opéra-Comique, réſilia le bail que ſon prédéceſſeur en avoit fait à *Monnet*; le Sieur *Berger* n'en jouît que juſqu'à la fin de la Foire Saint-Germain 1745, que le Spectacle de l'Opéra-Comique, pour des raiſons connues de la Cour, fut ſuſpendu. Il ne fut rétabli que ſept ans après (en 1752), à la ſollicitation des Officiers qui compoſent le Bureau de la Ville, que le Roi avoit, par Arrêt du 26 Août 1749, chargé à perpétuité de l'adminiſtration & régie de l'Académie Royale de Muſique. Le Prévôt des Marchands (M. *de Bernage*) accorda au Sieur *Monnet* le privilège de l'Opéra-Comique: celui-ci en jouît pour la ſeconde fois, & l'on peut dire que ce Spectacle eſt devenu entre ſes mains plus brillant qu'on ne l'avoit vu, ſoit pour la beauté des Salles qu'il avoit fait conſtruire *, ſoit pour la bonté de l'Orcheſtre, ſoit pour les Pièces excellentes qu'il faiſoit repréſenter. Le Sieur *Monnet* a inconteſtablement l'honneur d'avoir briſé les tréteaux; il a le premier donné à ce Spectacle la forme d'un Théâtre régulier. Le zèle, la

---

* Sur-tout celle de la foire Saint-Laurent. Cette ſalle a été admirée de tous les gens de goût; elle a coûté 45000 livres: elle eſt de l'invention du Sieur *Arnoult*, Machiniſte du Roi.

vivacité, & l'intelligence avec lesquels le Sieur *Monnet* s'est conduit dans cette entreprise, ont été suivis des succès les plus heureux; car d'un côté il a su plaire au Public, & de l'autre, acquérir en moins de six années de quoi pouvoir faire une retraite honnête (plus de 6000 l. de rente). Au mois de Décembre 1756, il a vendu son fonds à une Compagnie, à la tête de laquelle étoit le Sieur *Corbie*, pour la somme de 84000 liv. Ces nouveaux Entrepreneurs, du nombre desquels étoit le Sieur *Favard*, connu par les Pièces qu'il a faites pour ce Théâtre, ont commencé leurs représentations à la Foire de Saint-Germain de l'année 1757. Cette Société a duré quelque tems; mais l'Académie Royale de Musique, pour des raisons particulières, a jugé à propos d'affermer le privilège de l'Opéra-Comique aux Comédiens Italiens, par un traité fait entre elles & ces Comédiens, moyennant la somme de 32000 liv. par chacune année. On remarquera que par le premier traité qui fut fait par l'Académie Royale le 31 Avril 1721, au Sieur *Lalauze*, sous le cautionnement de *Jean & Paul Liard*, Suisses, pour la permission de représenter un Opéra-Comique aux Foires de S. Laurent & de S. Germain, cet Entrepreneur s'obligeoit de payer seulement une somme de 1500 liv. par chacune Foire, ce qui faisoit 3000 liv. par an; qu'en 1731, le Sieur *de Vienne*, sous le nom d'*Hamoche*, afferma cette permission 15000 l. par chaque année; qu'en 1743, le Sieur *de Thuret* l'afferma au Sieur *Monnet* moyennant 12000 liv. par an; & qu'enfin aujourd'hui ce privilège est affermé aux Comédiens Italiens la somme de 32000 liv. comme on vient de le dire.

On peut dire que tel avantage que l'Académie Royale de Musique puisse trouver dans une pareille rétribution, il ne peut jamais prévaloir celui qui résulteroit pour le Public, si le Spectacle de l'Opéra-Comique se donnoit aux Foires de S. Germain & de S. Laurent, comme par le passé, & par des Sujets que l'on formeroit *ad hoc*. D'un côté, la Foire de S. Laurent, dont l'emplacement, sans contredit, est le plus beau & le plus gai qu'il y ait en France, ne seroit pas abandonnée comme elle l'est; d'un autre côté, il s'y formeroit des sujets pour l'Académie Royale de Musique, puisque le genre de ce Spectacle est analogue à celui de l'Opéra, au lieu qu'un sujet de la Troupe Italienne étant occupé à différens genres, ne peut jamais exceller dans un. Enfin, le Public accoutumé à goûter le plaisir du Spectacle de l'Opéra-Comique aux Foires, y en goûteroit de nouveaux en voyant les progrès des sujets qui s'y formeroient pour le grand Théâtre, dont la Direction seroit confiée à quelqu'un de ceux qui le composent, qui fût en état de s'en bien acquitter. Par cet arrangement, on feroit d'ailleurs cesser la jalousie des Comédiens François contre les Italiens, & les choses seroient remises dans l'état où elles doivent naturellement être.

STAINS, en Latin *Stagnum*, est un Village situé à une demi-lieue de Saint-Denis en France, qui paroît avoir pris son nom d'un étang, ou même des étangs qui bordoient le bas de la colline où il est situé; car dans les anciens titres, on l'appelle indifféremment *Stagnum* ou *Stagna*.

Stains n'a été jusqu'au XIIIe. siècle qu'un Hameau dépendant de la Paroisse de Saint-Léger de Gassenville, laquelle étoit située au nord-est de la Ville de Saint-Denis, au-delà de la rivière de Crould & des étangs qui étoient sur son cours.

Ce Village est principalement remarquable par son magnifique Château, qui est vraiment de la plus belle apparence. Sa position sur une petite colline, lui procure des points de vue charmans & très-étendus. Les jardins sont admirables, & l'on n'a rien épargné pour les faire répondre à la beauté & à la régularité du Château.

Dans le XVIe. siècle, cette Terre étoit dans la Maison de Thou; elle passa ensuite dans celle du Harlai, par son mariage avec la fille de Christophe de Thou, premier Président.

Cette Terre passa ensuite à Achille du Harlai, Procureur-Général, qui la possédoit en 1671.

Après lui, Stains eut pour Seigneur Claude Coquille, Secrétaire ordinaire du Conseil d'Etat, & ensuite Toussaint Bellanger, d'abord Notaire au Châtelet, & depuis Secrétaire du Roi, & Trésorier général du sceau. Ce fut lui qui fit ériger Stains en Châtellenie, & les Lettres-Patentes données à cet effet furent enregistrées au Parlement le 28 Octobre 1714. Le Village lui est redevable aussi bien qu'à Agnès Préaud, sa femme, des fondations très-avantageuses, tant pour l'instruction des enfans, que pour le soulagement des malades. Il mourut le 13 Janvier 1740, sans laisser d'enfans.

M. *Benoît Dumas*, ancien Gouverneur de Pondichery, & depuis Directeur de la Compagnie des Indes, eut ensuite cette Terre. Etant mort en 1746, sans enfans, sa veuve l'apporta en mariage à M. *Joly*, Grand-Audiencier en la Chancellerie.

M. *Perrinet*, Fermier Général, en fit ensuite l'acquisition en 1752, & est mort vers 1760. Elle a passée à ses héritiers.

Stains est un pays de bleds, vignes & prairies, l'Eglise est sous l'invocation de la Sainte Vierge, & Sainte Gemme est la seconde Patrone. La Cure est à la nomination de l'Abbé de Saint-Denis.

STATUE DE LA VIERGE MUTILÉE. Au coin de la vieille rue du Temple & de celle des Rosiers, il y avoit, comme il y a encore aujourd'hui, une statue de la Vierge tenant le petit Jésus entre ses bras. Quelques Luthériens ayant coupé les têtes de ces deux figures, la nuit du 31 de Mai 1528, François I, Roi de France, promit mille écus d'or à celui qui découvriroit les Auteurs de ce crime. On fit une procession générale, où fut portée une statue de la Vierge, que le Roi fit faire d'argent doré. Sa Majesté y assista avec un cierge à la main, accompagnée des plus grands Seigneurs du Royaume, & des Cours Souveraines. La procession étant arrivée au coin de cette rue, on chanta l'Antienne *Ave Regina Cœlorum*. Le Roi, après avoir prié quelque temps à genoux, posa lui-même la statue dans la même place, où étoit celle que les Hérétiques avoient défigurée, & laissa son cierge allumé, qui brûla le reste du jour & toute la nuit devant cette image. Cette action du Roi lui mérita de grands éloges, & un Bref du Pape Clément VII, du 5 Juillet de la même année, dans lequel il dit à ce Prince, *est ut tibi nobisque de tam ortodoxo Rege gratulemur*. Pour empêcher qu'on ne dérobât cette statue d'argent doré, on scella un gros treillis de fer dans le jambage, contre lequel elle étoit placée; mais malgré cette précaution, on trouva moyen de l'enlever, au commencement du mois d'Avril de l'an 1545.

SUCY. Ce Village de la Brie dans le Doyenné du vieux-Corbeil, & à quatre petites lieues de Paris vers l'orient d'hiver, s'appelloit primitivement *Sulciacus* ou *Sulciacum*; nom qui étoit encore d'usage en 1020 ou 1030. Il n'est placé sur aucune grande route; mais il est éloigné seulement d'un quart de lieue de celle de Brie-Comte-Robert. Sa situation est sur la même montagne que Boissy-Saint-Léger, dont il n'est séparé que par la maison, dite *le Piple*.

Son territoire contient une grande quantité de vignes, & quelques-unes font de bon vin. Les terres qui font dans le bas, en tirant vers Bonneuil, ou vers la Marne, ne paroissent pas être d'un grand profit. Celles d'en haut font meilleures, & ne s'étendent pas bien loin, étant limitées par Noiseau, par les bois & par Boissy. Autrefois ce lieu étoit considérable, & fermé de murs & de portes. Il y a encore plusieurs rues. Le Chapitre de Paris en est Seigneur & gros Décimateur.

L'Eglise est sous le titre de Saint Martin. On y conserve du bois de la vraie Croix, que l'on porte deux fois l'an en procession sous le dais. La Cure est à la présentation du Chapitre de Notre-Dame.

Vers l'an 1287, *Dudon de Laon*, Médecin de Saint Louis, & Clerc, donna aux Chanoines de Notre-Dame, dix-huit arpens de bois, situés à Sucy, proche ceux du Chapitre, pour l'assistance aux Matines & autres charges, avec une rente sur un lieu dit *ad Puteum Vallis de Succiaco*. C'est aussi à Sucy qu'étoient situées les vignes que *Jean le Tellier*, Chanoine & Archidiacre de Brie, légua en 1480, avec une maison, pour subvenir à l'entretien des Enfans de Chœur de Notre-Dame. Il est même spécifié que c'étoient ses meilleures vignes. Quelques Chapelles de la même Eglise de Notre-Dame ont pareillement leur bien assigné à Sucy en tout ou en partie. L'une est celle de Saint André & de Saint Louis, pour la fondation de laquelle *Dudon* donna une maison sise à Sucy, dite la *maison de la Tour*, avec ses dépendances, qui sont des prés & des vignes; l'autre est une de celles qui sont à l'Autel de Sainte Foy, autrement Saint-Julien-le-Pauvre & Sainte Marie Egyptienne, qu'on dit fondée par *Guillaume de Limoges*.

Il se tient tous les ans à Sucy une foire le 14 Septembre, & un marché tous les mardis.

SUINES, Hameau du Doyenné du vieux-Corbeil, près de Grisy. Il y a un château & un vignoble.

SURESNE. On ne peut rien dire sur l'étymologie du nom de ce Village du Doyenné de Château-Fort. La Terre où il est situé, a appartenu au Roi Charles-le-Simple, en 918, de même que Ruel qui n'en est qu'à une demi-lieue, appartenoit à Charles-le Chauve, avant qu'il le donnât au Monastère de Saint-Denis, & que Nanterre qui avoit aussi appartenu à Clovis, avant qu'il en fît préfent à la Bafilique de Saint Pierre de Paris, aujourd'hui Sainte Geneviève.

Ce Village eft fur le rivage gauche de la Seine, à deux petites lieues de Paris, vers le couchant, au bas du Mont-Valérien, qui, de ce côté-là, regarde le levant; expofition, laquelle jointe à la nature du fol, fait produire fur cette côte des vins fi bons, relativement aux autres du voifinage de Paris, que dans des thèfes de Médecine, foutenues en cette Ville en 1724, ou 1725, on n'a pas craint de mettre en pofition que les vins de ce Village furpaffent en bonté ceux de Beaune & autres de Bourgogne. Ce vignoble a donc bien changé depuis. Ce lieu a été qualifié de Bourg. Il pourroit avoir été muré avant les guerres civiles du feizième fiècle. Il y eft refté encore une porte du côté qui conduit à Puteaux. Il y avoit autrefois celle qui menoit à Ruel.

L'Eglife eft fous l'invocation de Saint Leufroy, & la Cure eft à la nomination de l'Abbé de Saint Germain-des-Prés.

De célèbres Curés en ont été Titulaires. *François Vatable*; ce Savant illuftre en devint Curé le 8 Juillet 1524, par permutation pour un Canonicat de la Cathédrale de Méaux. *Pierre Convers* lui fuccéda le 13 Avril 1547; & ce dernier réfigna l'année fuivante au célèbre *Pierre Danès*, nommé huit ans après Evêque de Lavaur.

Ce Bourg eft devenu célèbre dans l'Hiftoire d'Henri IV, fur la fin des guerres de la Ligue en 1593, lorfqu'on fut convenu avec ce Prince, de conférer fur les moyens de conferver la Religion & l'Etat; les Catholiques Royaux offrirent de tenir les Conférences à Montmartre, ou à Chaillot, ou bien à Saint-Maur: enfin on réfolut de les tenir à Surefne le 21 Avril; elles ne commencèrent cependant que le 29. Il y affifta des Archevêques, & on y fit fentir au Roi la néceffité où il étoit d'embraffer la Religion Catholique. La feconde Conférence y fut tenue le troifième jour de Mai, & continua le refte du mois.

Le 19 Novembre 1669, M. *de Lyonne* donna à l'Envoyé Turc une audience à Surefne, & il y eut ufage du *cavé*: ce mot eft répété deux fois dans la gazette d'alors, pour fignifier du *Café*, qui étoit alors fort nouveau en France.

Raoul Bouterays a donné de grandes louanges au vignoble de Surefne, dans fon Poëme latin, intitulé *Lutetia*, imprimé en 1611, & il en fait aller les vins de pair avec ceux d'Orléans.

T.

TABLEAUX DU LOUVRE & autres (*les*). Le Roi aimant les Arts, pour exciter l'émulation, ordonna, en 1740, à M. *Orry*, Contrôleur-Général des Finances, comme Directeur-Général des Bâtimens, de faire exposer tous les ans, dans la grande salle du Louvre, aux yeux, à la critique ou aux applaudissemens du Public, tous les ouvrages de Peinture & de Sculpture, qui seroient composés chaque année par les Membres de son Académie Royale. En conséquence, cette exposition fut faite pour la première fois le 22 Août 1740, & continuée jusqu'au 15 Septembre, les années suivantes jusqu'au 30. Aujourd'hui cela ne se pratique plus que tous les deux ans à pareil tems.

On conservoit autrefois les Tableaux du Roi dans un ancien Hôtel proche du Louvre; mais depuis que la plus grande partie en a été placée dans les Appartemens de Versailles, ceux qui n'ont pu trouver place à cause de leur grandeur, ont été mis dans la Galerie d'Apollon. On y voit sur-tout les Noces de Cana, de *Paul Véronèse*, tableau extrêmement grand, d'une composition merveilleuse & savante, dont la République de Venise a fait présent au Roi, par une députation faite exprès, mais qui a été malheureusement gâté depuis par l'ignorance d'un Peintre qui avoit entrepris de le nettoyer. On y admire les Batailles d'Alexandre-le-Grand, peintes par *le Brun*, sur lesquelles on a fait de très-riches Tapisseries aux Gobelins, & qui font un des principaux ornemens des Maisons Royales. Il y a aussi des morceaux de plusieurs autres Maîtres renommés, entre lesquels on distingue une Annonciation d'une excellente beauté, peinte par *Vandeck*, d'après un original du fameux *Titien*; les quatre Tableaux d'*Albane*, gravés par *Baudet*, & plusieurs autres grands ouvrages de peinture, remarquables par leur beauté singulière.

On voit aussi au Palais du Luxembourg d'excellens Tableaux appartenans à Sa Majesté; on les expose au Public les dimanches & les mercredis pendant l'été. *Voy.* PALAIS DU LUXEMBOURG.

TABLETIERS. Ce sont ceux qui ont l'art de faire toutes sortes de pièces délicates au tour, & autres menus ouvrages en ivoire, écaille, ou bois précieux, tels que jeux de tric-

Tom. IV.   V v

trac, dames, échecs, tabatières, peignes, &c. Cette Communauté a des ſtatuts qui furent renouvellés en 1507, & confirmés par Lettres-Patentes de Louis XIV en 1691, qui les qualifient de Maîtres Peigniers, Tabletiers, Tourneurs & Tailleurs d'Images. L'apprentiſſage eſt de ſix ans, & deux ans de compagnonage. Le brevet coûte 30 liv. & la maîtriſe 400 liv. Ils ſont en concurrence avec les Luthiers & les Eventailliſtes, depuis l'Edit de 1776, & ils ont le vernis & la peinture relatifs à ces Profeſſions, en concurrence avec le Peintre-Sculpteur. *Voyez* JURANDES.

TAILLANDIERS. Ce ſont ceux qui font & vendent toutes ſortes de gros outils de fer tranchant, qui s'aiguiſent ſur une meule, comme ſerpes, haches, faulx, couperets, chenets, pelles, pincettes, limes, vrilles, & partie des outils qui ſervent aux Orfévres, Graveurs, Sculpteurs, Menuiſiers, Arquebuſiers, &c. Les Statuts de cette Communauté furent renouvellés & augmentés ſous Charles IX en 1572, qui les qualifient de Maîtres Taillandiers, Groſſiers, Vrilliers, Tailleurs de limes, & Ouvriers en fer blanc & noir, &c. Ces Statuts ont été renouvellés ſous preſque tous les Rois juſqu'à Louis XIV, par Lettres-Patentes du mois d'Avril 1691, par leſquelles il eſt enjoint à chaque Maître d'avoir un poinçon pour marquer leurs ouvrages, ſoit à chaud ou à froid.

Les Apprentifs qui épouſent la fille d'un Maître ſont exempts du chef-d'œuvre ; ſi c'eſt un Compagnon étranger, il n'eſt ſujet qu'à l'expérience, pourvu qu'il ait ſervi trois ans à Paris. L'apprentiſſage eſt de cinq ans. Le brevet coûte 23 liv. & la maîtriſe 800 liv. Ils ſont réunis aux Serruriers, Ferblantiers & Maréchaux-Groſſiers, depuis l'Edit de 1776. *Voyez* JURANDES.

TAILLEBOURDERIE. Ecart de la Paroiſſe des Molières, Doyenné de Château-Fort.

TAILLEURS D'HABITS. Ce ſont ceux qui taillent, couſent & vendent les habits ou vêtemens d'hommes & corps de femmes. La réunion des Marchands Pourpointiers, qui a été faite à cette Communauté en 1655, les a obligés de dreſſer de nouveaux Statuts, qui ont été approuvés par le Lieutenant-Civil en 1660, & confirmés par Lettres-Patentes de Louis XIV, regiſtrées en Parlement la même année. L'apprentiſſage eſt de trois ans, & trois ans de compagnonage. Le brevet coûte 24 liv. & la maîtrise 400 liv. Depuis l'Edit de 1776, ils sont réunis aux Frippiers d'habits & de vêtemens en boutique ou échoppe, & ont la faculté de faire des boutons d'étoffes, on concurrence avec le Passementier-Boutonnier. Patron, la Sainte-Trinité. Bureau, Quai de la Mégisserie.

TAILLEURS DE PIERRE. Ce sont les Ouvriers qui taillent & coupent la pierre lorsqu'elle est tirée de la carriere, & qui la dressent & la façonnent convenablement au lieu où elle doit être posée. *Voyez* MAÇONS.

TANNEURS-HONGROYEURS (*les*). Le plus grand nombre des Tanneries est dans le Quartier du Fauxbourg S. Marcel, à cause de la commodité de la petite riviere de Bièvre ou des Gobelins.

Les Tanneurs sont ceux qui, par le moyen du tan & quelques autres drogues, préparent les cuirs de bœuf, veau, vache, pour les rendre plus durables. Les Statuts de cette Communauté sont de 1345, sous le regne de Philippe de Valois, dont partie des articles sont communs à tous les Tanneurs du Royaume. L'apprentissage est de cinq ans. Le brevet coûte 30 liv. la maîtrise 600 liv. depuis leur réunion, en 1776, avec les Corroyeurs, les Peaussiers, les Mégissiers & les Parcheminiers. *Voyez* JURANDES.

TAPISSIERS (*les*). Ce sont des Marchands qui achetent, font & vendent toutes sortes de tapisseries & autres meubles. Cette Communauté est une des plus anciennes & des plus considérables de cette Capitale. On tient qu'ils étoient exempts par leurs premiers Statuts, de faire le guet sous le règne de Philippe-Auguste, ayeul de S. Louis. Les Statuts qu'ils ont aujourd'hui furent approuvés du Lieutenant-Civil en 1630, & confirmés par Lettres-Patentes de Louis XIII, registrées en Parlement la même année. L'apprentissage est de six ans, & trois ans de compagnonage. Le brevet coûte 30 liv. la maîtrise 600 liv. depuis leur réunion en 1776, avec les Frippiers en meubles & ustensiles & les Miroitiers. *Voyez* JURANDES.

TAVERNY. Suivant Hadrien de Valois, ce Bourg a tiré son nom des tavernes qui y furent établies pour le rafraîchissement des Troupes Romaines qui y passoient. Il y a toute apparence qu'étant à cinq lieues de Paris, c'étoit un lieu de station pour ceux qui alloient dans une partie du Vexin, & que le voisinage des vignes y forma les Cabarets qui lui ont donné le nom de *Taverny*.

L'Eglise est incontestablement l'une des plus belles du Diocèse de Paris. Elle est bâtie, comme tout le Bourg, sur la pente du côteau qui regarde le midi. Les dehors sont peu de chose; mais les dedans en sont charmans par la délicatesse du gothique, celle des galeries qui règnent tout autour & dans la croisée, & au sanctuaire, qui est en forme d'apside ou de rond-point; elle est aussi toute voûtée en pierre. Cet édifice, qui est sous l'Invocation de Notre-Dame & de Saint-Barthélemi, est un ouvrage du treizième & du quatorzième siècle. Le Jubé, qui est de bois, est plus nouveau, aussi-bien que l'orgue placée sur la grande porte. Le clocher est sur la croisée vers le midi; c'est ce qui a moins d'apparence. On le dit construit de châtaigniers. On ne peut guère douter que nos Rois n'aient contribué au bâtiment de cette Eglise avec les Seigneurs de Montmorenci. Le rétable du grand autel est en relief. On y voit une très-belle statue de la Sainte-Vierge, de marbre blanc ou d'albâtre. Il reste deux colonnes de pierre au sanctuaire, qui font voir qu'il y avoit autrefois des courtines ou rideaux qui y aboutissoient, comme dans les anciennes Cathédrales. Le mot APLANOS, si familier aux Montmorenci des derniers temps, y est une fois. Autour de la clôture du chœur on voit, par dehors, la représentation en relief de l'histoire de la Passion; & on y lit en lettres gothiques minuscules, du côté droit, l'opposition des vertus aux vices, en ces termes:

Orgueil, *Diligence*, *trébuche*.
Paresse, *sobriété*, *trébuche*.
Gloutonie, *Chasteté*, *trébuche*.

Et du côté gauche:

Luxure, *Charité*, *trébuche*.
Envie, *Patience*, *trébuche*.
Ire, *largesse*, *trébuche*.

Près de la Chaire du Prédicateur, sont les tombes & figures de trois personnes de la Maison de Montmorenci.

La Cure de Taverny est à la nomination de l'Abbé de S. Martin de Pontoise. Le Prieuré est dans la même Eglise, qui sert de Paroisse: il dépend de S. Martin de Pontoise.

En 1200, Taverny étoit une terre distinguée, qui avoit

son parc particulier, & dont la Maison de Montmorenci étoit Seigneur. Il y a aussi quelques preuves que nos Rois y avoient une maison ou château. On trouve quelques chartres du Roi Philippe-le-Bel, qui sont datées de Taverny, en 1299, & une autre de Philippe-le-Long, du 5 Juin 1317. Ce fut en ce lieu que *Jean*, Duc de Normandie, fils du Roi Philippe de Valois, tomba malade vers le milieu du mois de Juin 1335. Les Religieux de S. Denis y vinrent trois fois pieds nuds, en portant le saint Clou & ce qu'ils ont de la Sainte Couronne de notre Seigneur, avec un doigt de S. Denis, lesquelles reliques restèrent à Taverny durant quinze jours. Et le 7 Juillet, lorsque ce Prince fut hors de danger, le Roi vint pareillement du même lieu de Taverny, à pied, à S. Denis, pour y rendre graces à Dieu & aux saints Martyrs. La distance est de trois lieues. Enfin, l'on trouve qu'en l'année 1465, Louis XI donna à *Antoine de Chabannes*, Comte de Dammartin, ce qu'il avoit en ce Fief.

On assure que Taverny n'a été distrait du Duché d'Enguien ou de Montmorenci par M. le Prince de Condé, qu'en 1675, en faveur de M. *le Clerc de Lesseville*, Conseiller au Parlement. Le Grand-Prieur de France y possède quelque Seigneurie.

TAUREAU. (*Combat du.*) Ce spectacle se donne en champ clos, les mêmes jours que le Concert spirituel, c'est-à-dire les jours où il n'y a point d'autres théâtres ouverts. L'on y voit des animaux quadrupèdes, domestiques & sauvages, se battre les uns contre les autres, ou contre des dogues élevés à cet exercice, lesquels mettent à mort les jours de grandes Fêtes, des taureaux, des lions, des tygres, des loups, des ours, &c. contre lesquels ils se battent; ensuite le divertissement du *peccata*; c'est un âne qui lutte contre les chiens & le oulvari. Ce spectacle s'annonce comme les autres, par des affiches, & se termine assez souvent par un feu d'artifice. On vient de le transporter de la barrière de Sèvre auprès de l'Hôpital Saint-Louis, du côté des Porcherons.

TEINTURIERS. On prétend que les eaux de la petite rivière de Bièvre, ou des Gobelins, sont très-bonnes pour l'Art du Teinturier; c'est pourquoi il s'en est fixé un grand nombre dans son voisinage, c'est-à-dire, dans le Quartier du Fauxbourg Saint-Marcel.

Ces Artisans ont le droit & l'art de transporter sur toutes sortes d'étoffes les couleurs vives & brillantes, dont la nature orne avec tant d'éclat ses riches productions. On distingue deux sortes de Teinturiers. Les premiers sont ceux du grand & bon teint; c'est-à-dire, que les couleurs dont ils font usage, sont solides & ne déchargent point; les Teinturiers du petit teint sont ceux dont les teintures s'effacent au débouilli du savon, & que l'on nomme teintures fausses. L'on ne connoît point aux premiers, de Statuts plus anciens qu'une Sentence rendue en forme de Réglement entr'eux & le Prévôt de Paris en 1383; & en 1669, il leur fut donné un nouveau Réglement, pour leur servir de Statuts, qui fixe l'apprentissage à quatre ans, & trois ans de compagnonage, pendant lequel temps l'Apprentif ne pourra s'absenter sans cause légitime, à peine d'être rayé des livres de la Communauté.

Les Teinturiers du petit teint ont des Statuts de 1383, du Prévôt de Paris, sur l'avis & du consentement des Teinturiers du grand teint, & des Maîtres & Gardes de divers corps de Communauté, lesquels ont été confirmés par Charles IX, Henri IV, Louis XIII, & Louis XIV en 1679, par Lettres-Patentes regiftrées au Parlement en 1680, &c. L'apprentissage est de quatre ans, & deux ans de compagnonage. Le brevet coûte 50 livres, & la maîtrise 500 livres, depuis l'Edit de 1776, par lequel ils sont réunis aux Fondeurs & aux Foulons de draps.

TEMPLE (*le*) a pris son nom des Religieux Templiers qui avoient été nommés ainsi, parce qu'ils firent leur premier établissement auprès du Temple de Jérusalem. Cet Ordre qui est le plus ancien de tous les Ordres Militaires, commença en 1118 à Jérusalem. *Hugues des Payens & Geoffroy de Saint-Omer*, en furent les Instituteurs, se dévouèrent avec sept autres de leurs amis au service de Dieu, & firent les trois vœux de Religion, entre les mains du Patriarche de cette Ville. Le motif principal de leur institution étoit d'escorter les Chrétiens qui voyageoient en la Terre-Sainte, de les défendre des Voleurs & des Infidèles, & même de les loger. Leur nombre ne s'étoit pas encore accru, lorsque six d'entr'eux, ayant leur Maître à leur tête, vinrent en France, & se présentèrent au Concile de Troyes, qui se tint en 1128, & où étoit *Saint-Bernard*. Ce Concile, sur la demande de *Hugues*, premier Maître du Temple, donna commission à Saint Bernard de leur dresser une règle.

Saint Bernard eut bien-tôt rempli la commission que le Concile lui avoit donnée: il fut si édifié du zèle & de la régularité de ces six Religieux, qu'il finit leur éloge, en disant qu'ils joignoient la douceur des Moines à la valeur des Gens de Guerre. Le Pape Honoré II en leur imposant cette règle, leur ordonna de porter un habit particulier, qui étoit une longue robe de couleur blanche. Le Pape Eugène III y ajouta une croix rouge par-dessus, afin de les faire souvenir de ne pas craindre de répandre leur sang pour la défense de la Religion Chrétienne. Ils songèrent ensuite à s'établir à Paris: quelques-uns veulent que ce fut en 1148; mais, faute de connoître les titres de cette Maison, il est difficile de dire quelque chose de certain. Le plus ancien titre qui nous soit connu, est de l'an 1211 du mois de Novembre. Il est rapporté par Dubreul, *Antiquités de Paris*, de l'édition de 1612, pag. 873 : par ce titre, Holdoin, Prieur ou Précepteur du Temple, & les Frères, accordent à l'Hôpital de Sainte Opportune, une maison située dans la rue neuve, joignant la maison de Simon Franque, moyennant six sols parisis de surcens. Dans la suite, les Templiers agrandirent considérablement la maison qu'ils avoient à Paris, afin d'y recevoir leurs Confrères qui venoient de toutes parts en cette Ville pour y tenir leur Chapitre Général. Cette maison devint si magnifique, que lorsque Saint Louis accorda le passage par son Royaume à Henri III, Roi d'Angleterre, pour retourner de Gascogne dans ses Etats, le Roi lui donna le choix du Palais, ou du Temple, pour son logement; mais Henri préféra le Temple, à cause du grand nombre d'appartemens qu'il y avoit. Ce fut là aussi que ce Monarque donna un grand festin au Roi & à toute la Cour. Ce repas fut si magnifique, qu'un Historien contemporain le met au-dessus des fêtes les plus célèbres de l'Histoire.

Philippe III, surnommé *le Hardi*, par ses Lettres datées de Vincennes au mois d'Août de l'an 1279, conféra aux Chevaliers du Temple, leur Justice basse, moyenne & haute sur toutes les terres & maisons qu'ils avoient au-delà des murs de la nouvelle enceinte de Paris, depuis la porte du Temple, jusqu'à la porte Barbette; mais à l'égard des terres qui avoient été enfermées dans la Ville, il ne leur y conserva que la Justice foncière ou basse. Les Templiers déchurent peu à peu de l'état de régularité où ils vivoient. Le relâchement & les désordres s'introduisirent dans leurs mœurs, & enfin ils tombèrent, selon quelques-uns, dans des crimes si énormes, que le Pape Clément V & le Roi Philippe-le-

Bel résolurent l'abolition de cet Ordre. On tint alors le Concile Général de Vienne, & dans la deuxième Session, où le Pape & Philippe-le-Bel étoient présens, le 22 Mars de l'an 1312, cet Ordre fut supprimé, & la Bulle de condamnation & d'extinction, publiée le 3 Avril suivant, avec défenses à qui que ce soit d'en prendre l'habit, sous peine d'excommunication, & on disposa en même temps des biens & des Particuliers de cet Ordre. Le 12 Mars 1313, *Jacques de Molay*, Grand-Maître des Templiers (il avoit été parrein d'un des enfans du Roi), & *Guy*, Commandeur d'Aquitaine, frère du Dauphin d'Auvergne, furent brûlés vifs dans la place où est la statue d'Henri IV sur le Pont-Neuf *.

---

* Le Grand-Maître *Jacques de Molay*, *Guy*, Commandeur d'Aquitaine, fils de Robert II & de Mahaut d'Auvergne, *Hugues de Péralde*, Grand-Prieur de France, & un autre dont on ignore le nom, après avoir été conduits à Poitiers, devant le Pape, furent ramenés à Paris, pour y faire une confession publique de la corruption générale de leur Ordre; ils en étoient les principaux Officiers, & Philippe-le-Bel qui n'ignoroit pas qu'on disoit hautement, que les richesses immenses que les Templiers avoient apportées de l'Orient, & dont il vouloit s'emparer, étoient la véritable cause de la persécution qu'ils essuyoient, espéroit que cette cérémonie en imposeroit au peuple, & calmeroit les esprits effrayés par tant & de si terribles exécutions dans la Capitale & dans les Provinces. On les fit monter tous les quatre sur un échaffaud dressé devant l'Eglise de Notre-Dame; on lut la Sentence qui modéroit leur peine à une prison perpétuelle : un des Légats fit ensuite un long discours, où il détailla toutes les abominations & les impiétés dont les Templiers avoient été convaincus, disoit-il, par leur propre aveu; & afin qu'aucun des spectateurs n'en pût douter, il somma le Grand-Maître de parler, & de renouveller publiquement la confession qu'il en avoit faite à Poitiers. *Oui, je vais parler*, dit cet infortuné vieillard, en secouant ses chaînes, & s'avançant jusqu'au bord de l'échaffaud : *je n'ai que trop long-temps trahi la vérité. Daigne m'écouter, daigne recevoir, ô mon Dieu, le serment que je fais, & puisse-t-il me servir quand je comparoîtrai devant ton Tribunal! Je jure que tout ce qu'on vient de dire des Templiers, est faux; que ce fut toujours un ordre zélé pour la foi, charitable, juste, orthodoxe, & que si j'ai eu la foiblesse de parler différemment, à la sollicitation du Pape & du Roi, & pour suspendre les horribles tortures qu'on me faisoit souffrir, je m'en repens. Je vois*, ajouta-t-il, *que j'irrite nos Bourreaux, & que le bûcher va s'allumer; je me soumets à tous les tourmens qu'on m'apprête, & reconnois, ô mon Dieu, qu'il n'en*

Quelques jours après on brûla cinquante-neuf Chevaliers dans l'endroit où est bâti l'Hôtel des Mousquetaires Noirs.

---

est point qui puisse expier l'offense que j'ai faite à mes freres ; à la vérité, & à la Religion. Le Légat, extrêmement déconcerté, fit remener en prison le Grand-Maître & le frere du Dauphin d'Auvergne, qui s'étoit aussi rétracté : le soir même ils furent tous les deux brûlés vifs, & à petit feu. Leur fermeté ne se démentit point ; ils invoquoient Jesus-Christ, & le prioient de soutenir leur courage ; le peuple consterné & fondant en larmes, se jetta sur leurs cendres, & les emporta comme de précieuses Reliques : les deux Commandeurs qui n'avoient pas eu la force de se rétracter, furent traités avec douceur. Leur Ordre ne subsista pas deux cents ans. Villani, & la plupart des Historiens, assurent qu'un Templier, Prieur de Monfaucon, près de Toulouse, & un Florentin nommé *Noffodei*, qui furent leurs délateurs, étoient deux scélérats que le Grand-Maître, pour crime d'hérésie, & attendu la vie honteuse qu'ils menoient, avoient condamnés à finir leurs jours en prison. Ces deux misérables firent dire à *Enguerrand de Marigni*, sur-Intendant des Finances, que si l'on vouloit leur promettre la liberté, & leur assurer de quoi vivre, ils découvriroient des secrets dont le Roi pourroit tirer plus d'utilité que de la conquête d'un Royaume. Ce fut sur les dépositions de ces deux hommes, que les Templiers, qui se trouverent en France, furent tous arrêtés à jour marqué, le 13 Octobre 1307. Dans la suite ces deux délateurs périrent ; l'un dans une mauvaise affaire, & l'autre, *Noffodei*, fut pendu pour quelques nouveaux crimes. *Guillaume de Nogaret*, si connu par la violence de son caractere, & frere *Imbert*, Dominicain, Confesseur du Roi, & revêtu du titre d'Inquisiteur, se chargerent de donner à la poursuite de cette affaire, toute l'activité possible. On fit des informations de tous côtés, & bientôt on n'entendit plus parler que de chaînes, de cachots, de bourreaux & de bûchers. On attaqua jusqu'aux morts ; leurs ossemens furent déterrés, brûlés, & leurs cendres jettées au vent. On accordoit la vie & des pensions à ceux qui se reconnoissoient volontairement coupables ; on livroit les autres aux tortures. Plusieurs qui n'auroient pas craint la mort, épouvantés par l'appareil des tourmens, convinrent de tout ce qu'on leur disoit d'avouer ; il y en eut aussi un grand nombre dont la constance ne put être ébranlée, ni par les promesses, ni par les supplices.

Voici les abominations qu'on imputoit aux Templiers : qu'à leur réception dans l'Ordre, on les conduisoit dans une chambre obscure, où ils renioient J. C. & crachoient trois fois sur le Crucifix ; que celui qui étoit reçu, baisoit celui qui le recevoit, à la bouche ; ensuite, *in fine spinæ dorsi & in virgâ virili* : qu'ils adoroient une

Il y en eut auſſi de brûlés derrière l'Abbaye Saint Antoine. Le Grand-Maître ajourna le Roi à comparoître devant Dieu, au bout de l'an ; & le Pape, quarante jours après ſon Jugement. L'on prétend que le Roi de France & le Pape moururent dans le temps fixé par le grand-Maître. Ce qu'il y a de certain, c'eſt que tous les Templiers qui ſe trouvèrent en France, furent arrêtés en un même jour.

Clément V, par une Bulle adreſſée aux Adminiſtrateurs des biens des Templiers, leur ordonna de les remettre entre les mains du Grand-Maître des Frères de l'Ordre de Saint-Jean de Jéruſalem, aujourd'hui nommés Chevaliers de Malthe.

Il eſt conſtant que le Tréſor du Roi avoit été long-tems en dépôt au Temple, mais on n'a point de preuve que Philippe-le-Bel ſoit venu faire ſon ſéjour dans cette maiſon, dès qu'on en eut chaſſé les Templiers. Les Chevaliers de S. Jean de Jéruſalem entrèrent donc en poſſeſſion du Temple & de tous les biens des Templiers, à Paris & ailleurs. Ces Religieux ont fait du Temple la Maiſon Provinciale du Grand-Prieuré de France. Elle occupe un grand terrein enfermé de hautes murailles à crénaux, fortifiées d'eſpace en eſpace par des tours. Ces tours & ces crénaux ont été abattus en partie. La grande porte eſt décorée d'un ordre dorique à colonnes iſolées ; toute l'Architecture qui

---

tête de bois doré, qui avoit une grande barbe, & qu'on ne montroit qu'aux Chapitres généraux : qu'on leur recommandoit d'être chaſtes avec les femmes, mais très-complaiſans envers les freres, *dès qu'ils en étoient requis* : que s'il arrivoit que d'un Templier & d'une pucelle il naquît un garçon, ils s'aſſembloient, ſe rangeoient en rond, ſe le jettoient les uns aux autres, juſqu'à ce qu'il fût mort, *poſtea igni torrebant eum, ex que eliquatâ indè pinguedine ſimulacrum decoris gratiâ unguebant ;* qu'en Languedoc, trois Commandeurs mis à la torture, avoient avoué qu'ils avoient aſſiſté à pluſieurs Chapitres Provinciaux de l'Ordre ; que dans un de ces Chapitres, tenus à Montpellier, & de nuit, ſuivant l'uſage, on avoit expoſé *une tête*; qu'auſſitôt le Diable avoit apparu ſous la figure d'un chat : que ce chat, tandis qu'on l'adoroit, avoit parlé & répondu avec bonté aux uns & aux autres ; qu'enſuite pluſieurs Démons avoient auſſi apparu ſous des formes de femmes, & que chacun des freres avoit eu ſa chacune. *Proceſſus contrà Templar.* DUPUY. *Robert Gaguin, liv. 7, p. 2. Hiſt. générale de Languedoc, ann.* 1307. SAINT-FOIX, *Eſſ. hiſt. ſur Paris, t.* 1, *p.* 293 *& ſuiv.*

orne cette façade est d'un fort mauvais goût. La cour étoit décorée d'une espèce de péristile à colonnes couplées, qui a été détruit sous le Grand-Prieuré de M. le Chevalier d'Orléans, parce qu'il tomboit en ruine; mais quoiqu'il eût quelques défauts, il formoit une magnifique décoration, à laquelle on a substitué une misérable palissade de tilleuls, taillés en arcades, qui ressemble fort à des décorations de cabarets & guinguettes.

Le corps de logis, qui est au fond de cette cour, a été bâti par *Jacques de Souvré*, Grand-Prieur de France; mais en 1720 & 1721, le Chevalier *d'Orléans*, qui étoit revêtu de ce grand Prieuré, fit faire de grands changemens dans cet édifice, sur les desseins & sous la conduite de *Gilles-Marie Oppenord*, premier Architecte du Duc d'Orléans, alors Régent du Royaume. Le Prince *de Conti*, mort en 1776, dernier Grand-Prieur, auquel a succédé Monseigneur *le Duc d'Angoulême*, a fait élever divers bâtimens dans les cours de ce vaste emplacement.

Le reste du terrein de ce grand enclos est rempli par l'Eglise, par la grosse tour, & par un grand nombre de maisons, dont quelques-unes sont accompagnées de jardins. Les autres sont petites & de peu d'apparence, & louées à des Marchands & à des Artisans, qui y jouissent de la franchise du lieu. La grosse tour, flanquée de quatre tourelles, a été bâtie par Frère *Hubert*, Trésorier des Templiers, qui mourut en 1222. Cette tour est regardée comme un des plus solides édifices qu'il y ait dans le Royaume. L'Eglise est gothique, & a été, dit-on, bâtie sur le modèle de S. Jean de Jérusalem. Elle a devant sa principale porte, un petit porche ou vestibule. On voit dans le Chœur un mausolée de marbre noir & blanc, sur lequel est la statue à genoux d'*Amador de la Porte*, Grand-Prieur de France, mort en 1640. Ce monument a été fait par Michel Bourdin, l'un des plus habiles Sculpteurs de son tems. Au haut de ce tombeau est cette Inscription:

D. O. M. S.
Non moriar, sed vivam,
Et narrabo opera Domini.   Psal. 117.

Et au bas est écrit:

P I I S   M A N I B U S.
Portæum pietas generosis sustulit alis;
Qui sic evehitur Tartara nulla timet.

Plus bas encore sur la face du monument, est l'inscription ci-après :

Æterná dignum memoriá
D. AMADORUM DE LA PORTE.

Cujus cineres hîc sepulti futuram præstolantur anastasim, posteritati multa commendant decora. Ejus origo gens vetustæ nobilitatis apud Pictones, heroum ferax, precipuis hocce nostro sæculo præfulsit honoribus; quippe quæ Eminentissimum Cardinalem Richelium, liliati cœli nostri velut atlantem, virum primæ notæ, & omnibus majorem titulis; necnon illustrissimum Polemarchum Mellæræum, invictum Poliorcetem, Provinciæ Armoricæ Proregem, utrinque nepotes quasi ad miraculum protulit; ille tamen ante hæc gentilitia sidera propriis jam splenduerat radiis & à puero Melitensis ordinis sacram adscriptus militiam, in eá fortiter sese gesserat, geminá expeditione navali; tum illá, qua fame periclitanti Religionis insulæ, expugnatis, captis, & adductis quinque navibus Turcicis, frumento onustis, opportunè succurrit, tum eá, quá eorumdem infidelium classe in secundo regressu à Lepanto dispersa, & direpta, singulari ejus adminiculo opima spolia, captivi, & tormenta bellica in ordinis commodum cessère: deinde summus illi Franciæ Prioratus, (apud Equites post supremam spectatissima dignitas) non aulæ Favoniis, quibus bis restitit, blandè afflato, sed exactá secundùm ætatem successione promoto, cum applausu obtigit; quò in gradu oppressorum protectorem, egenorum provisorem, dissidentium conciliatorem, se semper exhibuit; sub Eminentissimo Cardinali nepote, Regi Administro, Architalasso vice fundus est, illi solum secundus, qui in omnibus Galliæ negotiis primas tenuit; ea vitæ innocentia & morum gravitate fuit; ut conversatione suá vanas aulicorum mentes sapientiæ sale condiret; eo animi vigore, ut sive in Deum, sive in Regem peccantibus vel solá præsentiá metum incuteret; tandem & annis & meritis plenus, octogesimum ætatis annum excedente lustro, morte justorum obdormivit in Domino. Ann. sal. 1640. R. I. P. hanc grati animi & piæ memoriæ durabilem tesseram, Carolus Mellæræus, idem qui suprà nepos amantissimus posuit.

Amador de la Porte, Grand-Prieur de France, dont on vient de lire l'Epitaphe, étoit fils de *François de la Porte*, Seigneur de la Lanardière, & de *Madeleine Charles*. Ce fut réellement un Gentilhomme de beaucoup de mérite, & digne de tous les éloges qu'on vient de lire dans son

Epitaphe. Le crédit du Cardinal de Richelieu, ni celui de *Charles de la Porte*, Duc *de la Meilleraye*, Maréchal de France, ses neveux, n'eurent que peu ou point de part à toutes les dignités dont il fut revêtu. Il fut Grand-Prieur de France, Bailli de la Morée, Commandeur de Bracque, Ambassadeur de son Ordre en France, Gouverneur de la Ville & Château d'Angers en 1619, du Havre en 1626, Lieutenant de Roi au Pays d'Aunis, & Isle de Ré & d'Oleron en 1633, & mourut à Paris d'apoplexie le 31 d'Octobre 1640.

En entrant dans la Chapelle du nom de Jésus, on voit un tombeau, sur lequel est la statue d'un homme à genoux, dont l'Epitaphe est attachée à un pilier tout-auprès.

Habet interior Gallia antiquissimam familiam de Villiers de l'Isle-Adam, *multis magnisque rebus gestis clarissimam, Regum amicitiis celeberrimam; undè suis, totique Reip. Christianæ prodiit tantis dignus natalibus* Philippus, *cujus modò, viator, monumentum cernis, honoris virtutisque ergo positum. Hunc eò sua per gradus evexerunt merita, ut concordibus omnium votis, in universum suum ordinem obtinens imperium, ejus militiæ magister fuerit, quæ Deo Opt. Max. est, & Joanni-Zachariæ sacra; cellam hanc vivens ineffabili tetragamato nomini, extrà quod nulli salus, vir pius ac religiosus dicatam voluit.*

Philippe de Villiers de l'Isle-Adam, Grand-Maître de l'Ordre de S. Jean de Jérusalem, mourut à Malte le 21 Août 1534. Ainsi le monument qu'on voit ici n'est qu'un cénotaphe ou tombeau vuide. Ce Grand-Maître avoit donné des marques signalées de sa valeur & de sa conduite en la défense de la Ville de Rhodes, assiégée par Soliman II, du nom, Sultan des Turcs. La Maison *de Villiers* étoit une des plus anciennes & des plus illustres de l'Isle-de-France. *Oudri Vital* parle d'*Aymeri*, Seigneur de Villiers, qui vivoit en 1073. Charles de Villiers, Evêque & Comte de Beauvais, Pair de France, ayant hérité, comme aîné de sa Maison, des terres de l'Isle-Adam, de Nogent-sur-Oise, &c. en fit don à *Anne de Montmorenci*, fils de sa cousine-germaine, depuis Connétable de France, par acte du 10 Septembre 1527. De la Maison de Montmorenci, cette terre a passé dans la Maison de Bourbon-Condé, & puis dans la branche de Bourbon-Conti. La petite Ville de l'*Isle*, sur la rivière d'Oise, prit son surnom *d'Adam* qui en étoit Seigneur avant l'an 1200: & depuis ce tems-là, ces deux noms n'en ont plus fait qu'un, qu'on a donné à la petite Ville de l'Isle, & à la branche aînée des descendans de cet *Adam*.

Dans le fond de cette même Chapelle, est un tableau où sont les armes de la Maison de Lorraine; on lit dessous:

Tombeau

De très-illustre & très-magnifique Prince François de Lorraine, Grand-Prieur de France.

Passant, qui sans penser au destin rigoureux,
Vivant au prix des morts t'estime bien-heureux,
Arrête un peu le pas, & tu pourras connoître
Lequel est plus heureux, ou celui qui vient naître,
Ou celui qui mourant, laisse avecque son nom,
Les fidèles témoins d'un immortel renom.

Sous ce marbre engourdi demeure l'ombre vaine,
Et le corps enfermé de François de Lorraine,
Non de ce grand François, qui par ses braves faits,
Défendit les Lorrains, & recouvra Calais;
Mais d'un, qui descendu des mêmes père & mère,
Suivoit assez de près la grandeur de son frère,
Qui défendant la Foi, ne voulut s'épargner,
Comme de sa vertu, Malthe peut témoigner,
Qui défendit son Roi, voire toute la France,
Comme confesse assez la Coste de Provence;
Les Nourrissons du Rhin, le Pays Boulenois,
Les remparts emmurés des frontières d'Artois.
C'est, Passant, ce qui fait qu'encore que la vie,
Lui fût avant ses jours subitement ravie,
Si est ce qu'il vivra, & son renom toujours
Vivant compagnera l'infinité des jours;
Renom qui fleurira plutôt par sa vaillance
Que par heureusement avoir pris sa naissance
D'un Prince successeur à ce grand Godefroy,
Qui laissant son Pays, par armes se fit Roi,
Ayant divinement conduite son armée,
Jusqu'au lieu capital de la Terre Idumée;
Sa vertu toutefois, ni l'heur de ses aïeux,
Bien qu'il fût à chacun courtois & gracieux,
Ne peurent empêcher qu'en la fleur de son âge
Il n'ait passé trop tôt le commun passage
Où l'on ne voit jamais que la trace des pas,

Ne voisent regarder toujours en contrebas.

Vous doncques qui n'avez pour aïeux ni pour pères,
Les Princes & les Rois, ne pleurez vos miseres ;
Mais plutôt sous la terre allez patiemment,
Puisque la mort aux Grands ne pardonne autrement.
   Obiit 6 Martii 1562.

A côté de cette même Chapelle, on voit sur une table de marbre noir, cette épitaphe :

CI GIST

F. François de Faucon, *Chevalier de l'Ordre de S. Jean de Jérusalem, Commandeur de Villedieu en Dreugesin ; lequel pendant vingt années de résidence à Malte, a servi sa Religion avec honneur en plusieurs occasions contre les Infideles, même étant Capitaine de Galère, & aussi Capitaine de la Capitane de son Ordre ; & revenu en France, se trouva en la bataille gagnée par M. l'Amiral de Montmorenci sur les Rochelois, commandant une roberge ; depuis étant Général des Vaisseaux de Normandie, est décédé à Paris en Avril 1626, âgé de 42 ans, au grand regret de Messires* Alexandre & Charles de Faucon, *subsécutivement Premiers Présidens de Normandie, & de Messire* Claude de Faucon, *Sieur de Messy, ses frères, qui lui ont fait faire cette épitaphe.*

François de Faucon étoit connu dans le monde sous le nom de *Chevalier de Ris*, & étoit fils de *Claude de Faucon*, reçu Conseiller au Parlement de Paris le 11 Janvier 1567, puis Président des Enquêtes en 1579, & enfin Premier Président du Parlement de Rennes.

Dans la Chapelle de S. Pantaléon, on remarque sous une arcade pratiquée dans la muraille, le tombeau de F. *Bertrand de Cluys*, Grand-Prieur de France, & de *Pierre de Cluys*, son neveu, aussi Grand-Prieur de France. Ces deux statues sont à genoux, & l'une à la file de l'autre. Au bas de cette arcade est écrit :

Ici est le monument de nobles & religieuses personnes, freres Bertrand de Cluys, *jadis Prieur de l'Aquitaine, & depuis Grand-Prieur de France, & de R. F.* Pierre de Cluys, *son neveu, aussi Grand-Prieur de France, lequel a fait construire cette Chapelle de fond en comble, dédiée en l'honneur de S. Pantaléon, en commemoration de la victoire obtenue par la grace divine contre le Grand Turc, l'an 1480, le jour dudi*

Saint. La Chapelle fut faite l'an 1519, bénite l'an 1532, & depuis réparée l'an 1547.

Sur l'autel de cette Chapelle, il y a un tableau fort ancien, où se voient divers miracles de S. Pantaléon, représentés à la manière de nos vieux Peintres, c'est-à-dire, par différens groupes répandus dans tout l'espace du tableau, ce qui choquoit fort, à la vérité, les règles de la bonne composition ; mais cela suppléoit cependant à l'impuissance de ce bel Art d'offrir aux yeux plus d'un moment d'une seule action remarquable dans un sujet d'histoire.

On enterre dans cette Eglise tous les Commandeurs & les Chevaliers de l'Ordre de Malte, qui meurent à Paris.

Le Temple a donné son nom à la rue sur laquelle il est situé. Elle se nommoit en 1252 *la rue de la Chevalerie du Temple*; en 1283, *la rue de la Maison du Temple*, & s'étendoit depuis la rue Bardubec jusqu'au Temple. Philippe-Auguste ayant fait faire une porte de Ville auprès de l'Hôpital de Sainte-Avoye, on lui donna le nom de *rue de la Porte du Temple*; mais vers l'an 1485, on commença à ne la plus appeler *la rue du Temple*, que depuis le Temple jusqu'aux coins des rues Michel-le-Comte & des Vieilles-Audriettes ; & pour la partie qui étoit depuis les coins de ces deux rues jusqu'à la rue Bardubec, on la nomma, comme on fait encore aujourd'hui, la rue Sainte-Avoye.

Au coin de la rue du Temple & de celle des Vieilles-Audriettes ou Haudriettes, ainsi nommée de quelques maisons de cette rue, qui appartenoient aux Audriettes, il y avoit une échelle très-connue sous le nom d'*échelle du Temple*. Cette échelle & plusieurs autres qu'on voyoit autrefois en différens Quartiers de Paris, étoient des marques de haute-Justice. Celle du Temple est aujourd'hui la seule qui subsiste dans cette Ville ; encore n'en reste-t-il qu'un des montans.

Contre les murs du Temple, à l'entrée de la rue de la Corderie, est une boucherie composée de trois étaux. Les Templiers l'avoient établie dans la rue de Braque, qui, pour cette raison, fut nommée pour lors, & long-temps après, tantôt *la rue des Boucheries*, tantôt *la rue aux Bouchers du Temple*, & tantôt *la rue aux Boucheries de Braque*. Dans la suite on la transporta dans la rue du Temple. Dès son établissement, les Bouchers de la grande boucherie voulurent l'empêcher, & prétendirent que personne n'en pouvoit tenir sans leur consentement. Il y a un procès qui fut

fut terminé en 1182 en faveur des Templiers, à la charge que cette Boucherie n'auroit que deux étaux, larges chacun de douze pieds. Cela se voit dans des Lettres-Patentes qui sont dans les Cartulaires du Temple & des Bouchers. Sauval ajoute qu'on apprend par une Sentence du Châtelet, de l'an 1422, qu'à la rue du Temple, étoient l'Hôtel & la boucherie de *Jean Testars*; mais on ne sait si cette Boucherie faisoit partie de celle des Templiers, ou si elle en étoit différente. On ne sait pas même en quel tems on a ajouté un troisième étal à celle du Temple.

L'Eglise du Temple est desservie par les Chapelains de l'Ordre, dont l'un est préposé pour exercer les fonctions Curiales dans l'enclos du Temple. Ce lieu est privilégié, c'est-à-dire, exempt de la visite des Jurés des Communautés de cette Ville, &c.

A l'extrêmité des murailles qui enferment le Temple, on lit ces vers sur une Fontaine.

Quem cernis fontem Maltæ debetur & Urbi,
Præbuit hæc undas, præbuit illa locum.

TÉROUENNE. (*le Fief de*) Ce Fief que les titres latins appellent *Terra Morinensis*, est situé sur la Paroisse de St. Eustache, dans le Quartier qui fait partie de l'ancien Champeaux, & qu'on appelle les Halles, ou les environs. Il paroît que ce Fief qui est au Roi depuis long-temps, à tiré son nom d'un Evêque de Térouenne, Evêché des Morins aux Pays-Bas. Cet Evêque s'appelloit *Adam*: il siégea à Térouenne depuis 1213 jusqu'à 1229. Avant ce temps-là, il avoit été Archidiacre de Paris. Il hérita de Gautier son frere, qui avoit un Fief au territoire de Champeaux, situé à Paris, avec Justice & Censive, & qui probablement parvint au Domaine par vente ou par donation. Voy. rue *Tirouanne ou Pirouette*, pag. 460.

TERREIN. (*le*) Dubreul dans son Traité sur Paris, page 46, a cru que c'étoit une Isle que *Gaulthier*, Chambellan, ou plutôt Grand-Chambrier (*Camerarius*) de Philippe-Auguste, donna au Chapitre de Notre-Dame en 1190; mais cet Auteur s'est trompé, en confondant le terrein & l'Isle St. Louis; cet espace s'est formé, par succession de tems, des gravois & décombres de la reconstruction de l'Eglise de Notre-Dame, ainsi que quelques jardins du Cloître qui donnent sur la rivière. Le terrein

Tom. IV. X x

s'appelloit en 1258, *la Motte aux Papelards*, *Mota Papelardorum*; en 1343 & 1356, *le Terrail*, *Domus de Teralio de Terrali*, *Terrale*. C'étoit encore au quinzième siècle un espace inculte, qui se termine en pente douce. Les troubles qui agitèrent le Royaume sous le regne de Charles VI, exciterent la vigilance du Chapitre de Notre-Dame, par les ordres duquel on y veilloit la nuit : on donnoit au veilleur deux bûches de mole & deux cotrets. En 1407, Charlotte de Savoye, seconde femme de Louis XI, y vint débarquer, & y fut complimentée par l'Evêque & par le Parlement.

Le Sieur *Marie*, qui avoit fait un Traité pour la construction des maisons de l'Isle Notre-Dame, fut obligé, par Arrêt du Conseil des 6 Octobre 1616 & 30 Août 1618, de faire revêtir le terrein d'un mur de pierres de taille. La même condition fut imposée aux Habitans de l'Isle, qui furent subrogés au Sieur Marie en 1643. Comme cet ouvrage éprouvoit des difficultés & des lenteurs, le Roi nomma des Commissaires du Conseil, qui, par leur Jugement du dernier Août 1647, réglèrent la forme de ce revêtement ; & en conséquence d'un procès-verbal du 15 Juillet 1651, il fut décidé que des 39 toises de distance qu'il y avoit entre le passage qui va du Cloître à la rivière, & à la pointe du terrein, on en retrancheroit 7 toises, & qu'on feroit un avant-bec pour rompre le fil de l'eau. La Ville rendit, le 27 du même mois, une Ordonnance pour l'exécution de ce plan, & le Chapitre de Notre-Dame, qui, dès 1643, avoit accepté l'offre de cinquante mille livres, que lui avoient fait les Habitans de l'Isle, employa cette somme à ce revêtement. On a planté dans l'intérieur un jardin destiné pour les Chanoines, & les hommes seulement qu'ils veulent bien y admettre.

TESSONVILLE. Au sortir de Bouqueval, à 4 lieues & demie de Paris, dans le Doyenné de Montmorenci, & du côté du levant, se présente un vallon, dans lequel est un petit bois de haute futaie, après lequel on trouve une Chapelle qui paroît avoir été considérable autrefois, & qui est sous l'invocation de St. Leu, Evêque de Sens. C'étoit une Cure à la présentation du Prieur de St. Martin-des-Champs. Les Habitans qui en dépendoient, se sont retirés au Plessis-Gassot & à Bouqueval, dont le Seigneur prétend que le territoire de la Chapelle est de sa Justice. Il y a eu autrefois entre Tessonville & le Plessis-Gassot, une Léproserie, bâtie sur les deux Paroisses; elle fut détruite dans les guerres du quinzième siècle.

THEATINS. (les Religieux) Ce Couvent est sur le Quai Malaquai; il a aussi une porte dans la rue de Bourbon. Ces Religieux sont des Clercs réguliers, institués en Italie vers l'an 1524, par *St. Gaëtan*, Gentilhomme Vicentin, & *Jean-Pierre Caraffe*, pour lors Archevêque de Théate, ou Chiéti dans le Royaume de Naples, & qui dans la suite fut Pape sous le nom de Paul IV. C'est du nom de l'Evêché de Pierre Caraffe, que les Clercs Réguliers de cette Congrégation ont été nommés *Théatins*. Ces Religieux professent une pauvreté si grande, qu'il semble s'être entièrement abandonnés à la Providence; car ils reçoivent ce qu'on leur donne par aumône, mais ne demandent jamais rien. Leur Institut fut approuvé par Clément VII, en 1524. Le Cardinal *Mazarin* fit venir de Rome à Paris quelques-uns de ces Religieux, parmi lesquels étoit *Dom Ange de Bissari*, que cette Eminence chargea de la direction de sa conscience. Dès-lors ce Cardinal pensa à leur procurer un établissement dans cette Ville, & pour cet effet, fit acheter une maison sur le Quai Malaquai, le 26 Mai de l'an 1642, pour le prix de 54000 livres. *Henri de Bourbon*, Duc de Verneuil, Evêque de Metz, & Abbé de St. Germain-des-Prés, & qui, en cette dernière qualité, jouissoit alors d'une Jurisdiction, comme Episcopale, dans toute l'étendue de ce Fauxbourg, permit cet établissement par ses Lettres du premier Août 1648. Ce fut en conséquence de cette permission que Dom Placide Roussel, Prieur de l'Abbaye, & Vicaire-Général de l'Abbé, se transporta le 7 du même mois dans la maison achetée par les Théatins, & en ayant fait la visite, il en bénit la Chapelle, sonna les cloches, & exposa le Saint Sacrement. Sur les onze heures avant midi, le Roi Louis XIV, accompagné du *Duc d'Anjou*, son frère unique, y arriva, & l'Evêque de Dol s'étant trouvé présent, il fut prié de bénir la Croix, que le Roi plaça ensuite de sa propre main sur le portail, & déclara que son intention étoit que cette Maison fût nommée *Sainte-Anne-la-Royale*. Cette Eglise, ou plutôt Chapelle, fut extrêmement petite jusqu'à la mort du Cardinal Mazarin. Cette Eminence ayant légué par son testament, cent mille écus à ces Religieux, pour bâtir une Eglise, ils achetèrent une place qui leur coûta 72000 livres, & firent venir d'Italie un de leurs

X x ij

Religieux, nommé le Père *Camille Guarini*, qui paſſoit pour un grand Architecte : mais ces Religieux & leur Architecte paſsèrent d'une extrêmité à l'autre ; car n'ayant eu juſqu'alors qu'une petite Chapelle, ils formèrent le deſſin d'une Egliſe ſi grande, qu'elle ne convenoit, ni à leurs facultés, ni à l'emplacement qu'ils occupent : auſſi eſt-elle demeurée imparfaite. On commença cet édifice en 1662, & ce fut le Prince *de Conti* qui en poſa la première pierre au nom de Louis XIV, le 28 Novembre de cette même année. On s'apperçut un peu tard de la grandeur de cette entrepriſe, & ce bâtiment fut diſcontinué. Il fut repris en 1714, au moyen d'une Loterie, dont le Roi gratifia ces Religieux, & ce fut ſur les deſſins d'un Architecte de Paris nommé *Liévain*. Celui-ci auroit été bien habile, ſi, en conſervant les bâtimens élevés ſur les deſſins du Père *Guarini*, il en eût fait un régulier & de bon goût. On n'a conſervé que la croiſée de l'Egliſe qu'on avoit commencée.

La Sacriſtie eſt enrichie d'une Croix de cryſtal de roche, de ſix chandeliers & d'un ſoleil de même matière. On y voit auſſi un ſoleil d'ambre, & une Image de la Vierge, enchâſſée dans de l'or, enrichie de perles & de diamans, le tout donné par la Reine Anne d'Autriche. Dans cette Egliſe ont été inhumés le cœur du Cardinal Mazarin, qui y fut apporté de Vincennes le 28 de Mars 1661, par *Claude Auvry*, ancien Evêque de Coutance, Tréſorier de la Sainte Chapelle de Paris, & Maître de chambre de ce Cardinal ; le corps de *Pompée Varéſi*, Nonce du Pape auprès du Roi ; celui de *Nicolas de Luſchis*, dont on va donner les Epitaphes ; celui du ſieur *de Lorme*, Médecin de réputation, qui y fut inhumé le 25 de Juillet de l'an 1678 ; celui d'*Edme Bourſault*, connu par ſes lettres, & pluſieurs pieces de Théâtre. Ce bel eſprit étoit Père d'*Edme Chryſoſtôme Bourſault*, Religieux de cette Maiſon, dont il eſt mort Supérieur, ainſi qu'on le remarquera plus bas : Edme Bourſault mourut en 1701 ; celui de *Louis d'Aubuſſon*, Duc de Roanez, Pair & Maréchal de France, ſecond du nom, connu ſous le nom de Maréchal *Duc de la Feuillade*, mort à Marly le 29 Janvier 1725 ; celui de *Fréderic Jules de la Tour-d'Auvergne*, nommé le Prince d'Auvergne, autrefois connu ſous le nom de Chevalier *de Bouillon*, mort le 28 Juin 1733, âgé de ſoixante-deux ans un mois & vingt-ſix jours, ſans laiſſer de poſtérité de *Catherine-Olive de Trente*, ſa femme.

Le corps de *Pompée Varéſi* fut mis vis-à-vis le grand Autel, proche le baluſtre, ſous une tombe plate de marbre noir, ſur laquelle eſt cette inſcription, dans laquelle on ne trouvera pas l'éloge d'une ſeule vertu chrétienne.

POMPEIUM VARESIUM,
*Lateranenſis Eccleſiæ Canonicum,
Apoſtolicorum utriuſque Signaturæ
Referendarium,
S. Inquiſitionis Aſſeſſorem,
Romanæ Rotæ Auditorem,
Beneventii, Anconæ, Peruſii,
ac demum Romæ Præfectum,
Archiepiſcopum Hadrianopolitanum,
Summi Pontificis
Domeſticum & aſſiſtentem Prælatum,
& apud Venetos
tum apud Chriſtianiſſimum Regem
extraordinarium primo,
ex mox ordinarium Nuntium:
in omni vitæ munerumque varietate,
ſuavitate morum, ſagacitate mentis,
animi magnitudine,
conſtantiáque præſignem,
memorandum poſteris, ac mirandum,
ſcripti lapidis hoc monumentum
exhibet.
obiit ſalut. anno 1678,
ætatis ſuæ 54, menſes 7, di. 3.*

Dans la Nef du côté de la Chapelle de Saint-Antoine de Padoue, eſt une tombe plate de marbre blanc, ſur laquelle eſt cette inſcription.

D. O. M.

NICOLAUS DE LUSCHIS,
*Comitis Alphonſi præclari hiſtorici,
filius natu, non animo minimus,
Vincentiæ ortus
avorum gloriam Gallicis
in caſtris imitaturus,
Ludovici Magni Regis Chriſtianiſſimi
Patrocinium aſſecutus,*

Lutetiæ piiſſimâ morte præventus,
ad cœleſtem gloriam evocatur.
Obiit die 16 Maii, anno 1670,
ætatis ſuæ 22.
Requieſcat in pace.

Cette Maiſon eſt la ſeule que les Théatins aient en France ; & par conſéquent ceux qui y ſont reçus à faire Profeſſion, font néceſſairement vœu de ſtabilité, à moins qu'ils ne ſortent du Royaume. La Communauté eſt de 30, ou 35 Religieux ; & quelque petit que ſoit ce nombre, il n'a pas laiſſé de fournir de grands Prédicateurs. Le Père *Alexis du Buc* étoit un Controverſiſte fameux, que ſon érudition & la vivacité de ſon eſprit avoit rendu redoutable aux Calviniſtes. On a prétendu que plus de 300 de ces Sectaires étoient rentrés dans le ſein de l'Egliſe Catholique, Apoſtolique & Romaine, par les exhortations de ce Religieux. Le Père *Quinquet* a été un des grands Prédicateurs de ces derniers tems. Il avoit prêché pluſieurs Avents & pluſieurs Carêmes devant le Roi, avec beaucoup d'applaudiſſement. Sa compoſition étoit ſolide, touchante & délicate. Le Père *Eſme-Chryſoſtôme Bourſault* a été auſſi Prédicateur ordinaire du Roi, & étoit Supérieur de cette Maiſon, lorſqu'il mourut le 13 Mars 1733 ; mais aucun Religieux de cette Maiſon, ni même aucun Prédicateur de nos jours, n'a joui de plus de diſtinction & de titres plus honorables, que le R. P. *Jean-François Boyer*, mort depuis quelques années. Sans avoir les riches talens des Maſſillons, des Suriants, des Ségauds, des Neuvilles, & autres Orateurs, ſes Contemporains, il a vu ſes travaux Apoſtoliques couronnés de la manière la plus éclatante. On n'entrera point dans un long détail à cet égard ; on ſe contentera de tracer ſimplement, & ſelon l'ordre chronologique, la marche qu'il a plu à la Providence de lui faire tenir dans la route des honneurs. En 1729, il eut l'honneur de prêcher devant Sa Majeſté. En 1730, au mois de Fevrier, il fut nommé à l'Evêché de Mirepoix ; la cérémonie de ſon Sacre ſe fit le 7 de Janvier 1731. En 1736, a mois de Janvier, il fut nommé Précepteur de M. le Dauphin. Le 12 de Juin de la même année, il fut admis à l'Académie Françoiſe. Le Roi lui donna preſque en même tems, l'Abbaye de St. Manſuy de Toul ; & auſſitôt ce Prélat donna ſa démiſſion de l'Evêché de Mirepoix. En 1742, au mois de Février, il fut reçu Honoraire à l'Académie Royale des Inscriptions & Belles-Lettres, à la place de feu M. le Cardinal de Polignac. Peu après il fut aussi nommé Académicien Honoraire de l'Académie Royale des Sciences. En 1743, au mois de Mai, il fut chargé de la feuille des Bénéfices, vacante alors par la mort du Cardinal de Fleuri, Ministre. Dans le même mois, le Roi lui donna l'Abbaye de Corbie, & M. *Boyer* fit aussi-tôt sa démission de l'Abbaye de St. Mansuy. En 1745, il fut fait premier Aumônier de Madame la Dauphine. Il mourut enfin à Versailles en 1755 le 20 Août, & fut inhumé le lendemain dans le Chœur de l'ancienne Eglise de la Paroisse du Château de Versailles.

THEATRES DES FOIRES. (*les*) Les deux Foires de Paris sont celles de St. Germain & de St. Laurent. Celle-ci se tient en été, & l'autre en hiver. Elles ont varié souvent toutes deux, soit pour le tems, le lieu ou la durée. La Foire St. Germain s'est tenue d'abord au mois d'Octobre, & elle ne duroit que huit jours. On la remit au mois de Mars, ensuite au mois de Mai; on la prolongeoit quelquefois de quinze jours, de trois semaines, d'un mois; enfin elle a été fixée au mois de Février, & elle dure ordinairement deux mois entiers, & quelquefois plus. La Foire de St. Laurent *, après plusieurs vicissitudes semblables, après avoir changé souvent de place, quoique toujours dans le Fauxbourg St. Martin, a été fixée au mois d'Août, & dure à peu près autant que l'autre. Il seroit difficile d'assigner l'origine de ces deux Foires; tout ce qu'on en

---

* Le Public vient de voir avec plaisir cette année 1778, le rétablissement de la Foire Saint-Laurent. On y a construit des bâtimens solides où sont les loges des Marchands, & de petits appartemens pour y coucher. Une belle chaussée bien pavée y sert de promenoir, sur lequel sont construites deux guérites, pour placer des pompes prêtes à éteindre les incendies qui pourroient arriver. La seconde cour ou préau est le Quartier des Spectacles, où l'on voit un Théâtre d'Opéra Comique tenu par le sieur *l'Ecluse*, ce même Acteur qui a fait tant de plaisir aux Foires Saint-Germain & Saint-Laurent, avant la supression de ce Théâtre, animé autrefois par les pièces du sieur *Favart* & de *Vadé*. Le public se flatte de retrouver la même vivacité & tous les agrémens qu'il a perdus dans ce Spectacle qu'il chérissoit. Voy. la fin de cet article, *Opera Comique de l'Ecluse*.

fait seulement, c'est que pendant plus de deux ou trois cens ans, on n'y voyoit que des gens qui vendoient, & d'autres qui achetoient ; c'étoit là à quoi se réduisoient tous les Spectacles. On avoit alors ni Sauteurs, ni Danseurs de corde, ni Comédiens, ni Marionnettes ; & il n'y a guere que 170 ans, qu'on a commencé à y dresser des Théâtres : ce sont les Marionnettes qui ont l'avantage de l'ancienneté. Le fameux *Brioché* y transporta ses machines, & il fut suivi de beaucoup d'autres dans le même genre. Ensuite parurent les animaux sauvages, tels que les lions, les tygres, les ours, les léopards, qu'on faisoit voir dans différentes loges. Les géans succédèrent ; & après eux, vinrent les animaux singuliers & familiers, comme les chiens, les chats, les singes, qu'on a formés à toutes sortes de tours, pour tirer de l'argent du peuple qui venoit en foule à ces Spectacles. On y vit ensuite des Joueurs de gobelets, des Sauteurs &, des Danseurs de corde, qui attiroient aussi à leurs jeux beaucoup de monde ; mais ce n'est qu'en 1678 qu'on commença à y représenter, pour la premiere fois, des pièces de Théâtre. La plus ancienne que l'on connoisse, est intitulée : *les Forces de l'Amour & de la Magie*. C'est un divertissement comique en trois intermedes, ou plutôt, un mélange assez bizarre de sauts, de récits, de machines & de danse. Ces sortes de pièces étoient représentées par des Sauteurs qui formoient différentes Troupes. On en comptoit trois principales en 1697. La premiere se nommoit *la Troupe des Frères d'Alard* ; la seconde portoit le nom de *Maurice*, & la troisième, celui *d'Alexandre Bertrand*. La suppression de l'ancienne Troupe de Comédiens Italiens, qui arriva cette même année, offroit un champ vaste aux Entrepreneurs des jeux de la foire, qui, se regardant comme héritiers de leurs pièces de théâtre, en donnèrent plusieurs fragmens à la Foire St. Laurent, ajoutant à leur Troupe des Acteurs propres à les représenter. Le Public qui regrettoit les Italiens, courut en foule en voir les copies, & s'y divertit beaucoup ; alors on construisit des salles de spectacles en forme, des théâtres, loges, parquets, &c.

Les Comédiens François, attentifs à leurs privilèges, que cette nouveauté attaquoit, s'en plaignirent au Lieutenant de Police, qui défendit aux Comédiens forains de représenter dans la suite aucune Comédie Ceux-ci appellèrent au Parlement de cette Sentence ; mais le Parlement ne leur fut pas plus favorable. Ils eurent recours alors à mille artifices pour se mettre à l'abri des poursuites des Comédiens. Ils obtinrent du Grand-Conseil un Arrêt en leur faveur ; mais cet Arrêt fut annullé par le Conseil privé du Roi, où l'affaire avoit été portée. Les Comédiens forains furent donc réduits à ne représenter que des scenes muettes. Ils traitèrent ensuite avec les Syndics & les Directeurs de l'Académie Royale de Musique, pour obtenir la permission de jouer sur leurs théâtres des petites pièces mises en vaudevilles, mêlées de prose, & accompagnées de danses & de ballets. Ces Spectacles prirent le nom *d'Opéra Comique*, dont M. *le Sage* doit être regardé comme le premier Auteur. Flatté par le succès des pièces qu'il avoit données à ce théâtre, il voulut, par reconnoissance, quitter tout autre ouvrage, pour se consacrer à ce genre de spectacle. Les pièces que l'on jouoit à l'Opéra Comique étoient souvent des parodies de quelques pièces sérieuses qu'on représentoit en même tems sur les théâtres de la Comédie Françoise, ou de l'Académie Royale de Musique. Le peuple y accouroit en foule, & ce Spectacle étoit réellement très-divertissant. Un autre Spectacle qui eut cours pendant quelques années, durant le tems de la Foire, ce fut celui des pièces représentées par écriteaux. Comme on avoit ôté aux Comédiens forains la liberté des représentations ordinaires, ils prirent le parti de jouer à la muette. Mais dans l'impossibilité où étoient les Acteurs d'exprimer par des gestes des choses qui n'en étoient pas susceptibles, on imagina l'usage des cartons, sur lesquels on imprima en gros caractères, & en prose très-laconique, tout ce que le jeu des Acteurs ne pouvoit rendre. Ces caractères étoient roulés ; chaque Acteur en avoit dans sa poche droite, le nombre qui lui étoit nécessaire pour son rôle ; à mesure qu'il avoit besoin d'un carton, il le tiroit & l'exposoit aux yeux des Spectateurs, & ensuite le mettoit dans sa poche gauche. Ces écriteaux en prose ne parurent pas long-tems au théâtre ; quelques personnes imaginèrent de substituer à cette prose des couplets sur des airs connus, qui, en rendant la même idée, y jettoient un agrément, & une gaieté, dont l'autre genre n'étoit pas susceptible. Pour faciliter la lecture de ces couplets, l'orchestre en jouoit l'air, & des gens gagés par la Troupe, & placés au parquet & aux amphithéâtres les chantoient, &, par ce moyen, engageoient les Spectateurs à les imiter. Ces derniers

y prirent un tel goût, que cela formoit un chorus général. Voilà à peu près ce qui se passa à la Foire de Saint-Germain & de St. Laurent, depuis la suppression de l'ancienne Troupe des Comédiens Italiens, jusqu'à l'établissement de la nouvelle, qui vint à Paris en 1716. Quelques années après leur arrivée, ces Comédiens s'appercevant que leur recette étoit bien différente, prirent une résolution assez extraordinaire, qui fut d'abandonner pour quelque tems le théâtre de l'Hôtel de Bourgogne, & d'en ouvrir un nouveau à la Foire St. Laurent; mais ils n'y jouèrent que durant l'espace de trois années, & pendant la Foire seulement. Apparemment qu'ils n'y trouvèrent pas d'assez grands avantages. L'Opéra Comique avoit été supprimé & rétabli plusieurs fois; mais depuis l'an 1724, que le Sieur *Honoré* en obtint le privilège, ce Spectacle a toujours duré jusqu'en 1745 qu'il a été entièrement aboli; & l'on ne joue plus actuellement à la Foire que des scènes muettes, & des pantomimes. Les choses sont depuis revenues à leur première institution, & tout se réduit enfin à quelques Troupes de Danseurs de corde & de Sauteurs; aux Marionnettes, aux animaux sauvages & aux Joueurs de gobelets, &c. *Voy. tom.* 2 *pag.* 504 *& suiv.*
FOIRES, SPECTACLES DE PARIS.

Troupe d'Alard en 1697. Alard étoit de Paris, fils d'un Baigneur-Etuviste du Roi; il étoit grand & bien fait, & a passé pour le plus grand Sauteur & le plus grand Pantomime de son tems. Il paroissoit toujours sous l'habit de Scaramouche, & il en exécutoit la danse supérieurement. En faisant un saut périlleux, il tomba & sa tête ayant porté contre une coulisse, il ne prit point assez de précaution contre les suites de ce coup; il s'y forma un abcès qui lui causa la mort peu de tems après la Foire St. Laurent, tenue en 1711.

Troupe de Maurice en 1697. Maurice fut le plus habile des Elèves d'Alard. Il joignoit au talent de Sauteur, celui de danser sur la corde avec beaucoup de grace & de légèreté. Malgré la réputation d'Alard, sa Troupe l'emporta bientôt sur celle de ce dernier, par la quantité d'excellens sujets, dont il avoit su faire l'acquisition. Il n'en jouit pas long-tems, car il mourut l'année suivante. Sa veuve soutint les engagemens de son mari, & ceux qu'elle fit depuis, avec une conduite supérieure. Elle épousa depuis un Gentilhomme, & mourut à sa Terre de Vineuf en 1720.

Troupe de Bertrand en 1697. Bertrand étoit Maître Doreur à Paris. Il joignoit pendant quelques années au travail de sa profession, celui de faire des figures de Marionnettes. Il entreprit ensuite de conduire lui-même ses figures, & donna un Spectacle de Marionnettes en son nom. Il ajouta à son jeu des Sauteurs & des Danseurs de corde ; il fit même représenter des pièces par des jeunes gens de l'un & de l'autre sexe, & devint ainsi Chef de Troupe. Quelques années après il s'associa avec *Dolet* & *la Place*, & sa Troupe devint plus connue sous le nom de ses deux Associés. Ceux-ci étoient de Paris, & avoient joué tous deux dans des Troupes de Province. Dolet faisoit le rôle d'Amoureux, & la Place ceux de Pierrot d'abord, & ensuite de Scaramouche.

Troupe de Selle en 1701. Selle avoit été Elève de Maurice ; il étoit bon Sauteur, & avoit rassemblé d'excellens sujets pour ses exercices ; mais dans les contestations qu'eurent les Comédiens François avec les Forains, il fut obligé, comme bien d'autres, en 1710 d'abandonner son Jeu ; il s'engagea avec des Comédiens de Province, & il partit de Paris où il n'est plus revenu depuis.

Troupe de Dominique en 1710. Biancolelli, plus connu sous le nom de Dominique, étoit fils du célebre *Dominique* de l'ancienne Troupe Italienne. Il se destina au même rôle que son pere, mais il joua quelques tems en Province avant que de débuter à Paris. Il y revint en 1708, & s'engagea dans la Troupe de la veuve Maurice. Deux ans après, il se mit lui-même à la tête de celle que les sieurs *de Bellegarde* & des *Guébrois* avoient levée : la plupart des pièces qu'il y faisoit jouer étoient de sa composition, & jamais Acteur forain n'a joui d'une plus grande réputation que lui. Il est mort le 18 Avril de l'année 1734.

Troupe d'Octave en 1712. Constantini portoit le nom d'Octave, dans l'ancienne Troupe de Comédiens Italiens, & il l'a toujours conservé depuis, (même dans l'emploi de Contrôleur-Ambulant des Domaines des Barrières, qu'il a exercé quelque tems). Il remplissoit dans sa Troupe les rôles d'Amoureux. Après la suppression de ce théâtre, il se fit Chef d'une Troupe dans les Foires. Il choisit les meilleurs sujets de celle d'Alard, & par l'ordre de ses décorations & le goût des habits, l'adresse de ceux qu'il employoit pour conduire ses machines, & le soin enfin qu'il donnoit à la perfection de son Spectacle, on y voyoit toujours une grande affluence de monde. Mais quoiqu'il eût tout lieu d'être fort satisfait de ses succès, les difficultés qui augmentoient de jour en jour, au sujet des permissions de jouer, commencèrent à le dégoûter ; il abandonna son théâtre en 1716, & mourut l'année suivante.

Troupe de Francisque en 1729. Cette Troupe a été une des meilleures des deux Foires ; plusieurs bons Auteurs y ont fait jouer des pièces qui ont eu grand succès. Francisque a joué long-tems en Province ; il vint à Paris où il fut quelques années, & passa en Angleterre ; sa famille se chargea de sa Troupe, qui a toujours passé sous son nom.

Troupe d'Honoré en 1724. Honoré, Maître Chandelier de Paris, après avoir fourni pendant plusieurs années des lumières au théâtre, s'avisa d'en entreprendre un, Il obtint en son nom le privilège d'un nouvel Opéra Comique. Il ne joua jamais lui-même, mais il eut dans sa Troupe de bons Acteurs Ses affaires ne lui permirent pas de continuer long-tems cette entreprise, & il céda son privilège à un autre.

Troupe de Pontau en 1727. Pontau est celui à qui Honoré céda son Privilège. On peut dire qu'entre ses mains l'Opéra Comique a été porté à sa perfection. Pontau a eu le bonheur de trouver de bons Auteurs, d'excellens Acteurs, d'habiles Décorateurs, & de parfaits Musiciens : malgré tous ses avantages, il y a mal fait ses affaires. (*Voy. l'article Opéra Comique.*)

Troupe de Restier en 1735. Cette Troupe fut nommée *la grande Troupe étrangère*, & elle n'a pas cessé de représenter aux Foires de St. Germain & de St. Laurent, pendant plus de quinze ans ; elle a même porté ce nom long-tems après. Restier a gagné quelque bien. Il avoit une fille unique qui jouoit fort bien dans les Pantomimes.

Troupe de Gaudon. La Troupe des Danseurs & Sauteurs de Restier, passa, après la retraite de celui-ci, sous la conduite de *Gaudon*, qui jouoit le rôle d'Arlequin passablement ; mais soit qu'il manquât d'ailleurs de l'intelligence nécessaire pour la conduite d'un Spectacle, soit qu'il en manquât dans ses affaires domestiques, soit enfin qu'il n'ait pas eu le bonheur de Restier, il n'a jamais pu soutenir cette entreprise de la maniere qu'il convenoit qu'elle le fût.

Tout le monde sçait le procès qu'il a eu avec *Ramponeau*, Cabaretier de la Courtille, (aujourd'hui à la petite Pologne, près de la Barrière Blanche à la Grand'Pinte), il a donné matière à de célèbres Avocats d'écrire *MM. Elie de Beaumont* & *Coquelet de Chauffepiere*.

Troupe de Nicolet. Cette Troupe eſt, pour ainſi dire, la ſeule qui ſubſiſte aujourd'hui avec ſuccès ; Nicolet a ſu profiter du dérangement de celle de Gaudon : en s'aſſurant des ſuffrages du Public, il a ſu auſſi s'aſſurer de quoi vivre. *Voyez l'article des Foires*.

Troupe de Sanry. Cette Troupe, établie depuis deux ans, eſt compoſée de Sauteurs & de Danſeurs de cordes. Elle repréſente auſſi des farces, &c.

Opera Comique de *l'Ecluſe*, rétabli en 1778, r. de Bondy.

THECLE. (*Communauté des Filles de Sainte*) Les commencemens de cette Communauté ſe firent dans une maiſon des Carmes, rue de Vaugirard ; après y avoir demeuré quelques années, M. le Cardinal de Noailles l'établit ſolidement ſous l'invocation de Ste. Thecle, au coin de la rue de Vaugirard & de Notre-Dame des Champs, pour remplacer la Communauté des Filles de la Mort, qui avoient été établies par M. *Mony*. Ce Cardinal demanda à l'Egliſe de Chamaliere en Auvergne, une Relique de Ste. Thecle, dont le corps y repoſe. Elle lui fut accordée, & il la dépoſa dans la Chapelle de cette Communauté. L'objet de cet établiſſement étoit particulièrement d'inſtruire la jeuneſſe & de lui apprendre à travailler. Cette Communauté avoit beaucoup de Penſionnaires, & tenoit quatre écoles gratuites pour la Paroiſſe de St. Sulpice. Elle recevoit auſſi les Femmes-de-chambre & autres Domeſtiques qui attendoient pour entrer en maiſon. Elle les formoit à la piété, & leur apprenoit à travailler.

Les dettes que les Sœurs de cette Communauté avoient été obligées de contracter pour ces différens objets, furent cauſe qu'elles ſe déterminèrent à vendre leur maiſon, en ſe réſervant à chacune une penſion. M. *Languet* ſaiſit cette occaſion pour procurer leurs bâtimens à la maiſon des Orphelins de ſa Paroiſſe, & paſſa contrat pour cet objet le 18 Juin 1720, avec celles qui compoſoient cette Communauté, & dont il n'y en reſte plus ; elles lui donnèrent en même temps la Relique de Sainte Thécle que l'on expoſe dans la Chapelle des Orphelins le jour de ſa Fête.

THÉOLOGIE. (*Faculté de*) Cette Faculté eſt la première des quatre. Elle eſt compoſée d'un grand nombre de Docteurs Séculiers & Réguliers, qui ſont à Paris, ou répandus dans tout le Royaume & dans les pays étrangers. Elle est la seule qui reçoive des Réguliers dans son corps. Elle renferme des Docteurs qui ne sont attachés qu'à la Faculté (on les nomme *Ubiquistes*), des Docteurs de la Maison & Société de Sorbonne, ou simplement de la Maison ; car il y a une différence, & l'on peut être de la Maison, sans être de la Société. *Voy.* SORBONNE : les Docteurs de la Société Royale de Navarre, & des Docteurs Réguliers.

Le plus ancien des Docteurs Séculiers, résidans à Paris, est Doyen de la Faculté : c'est lui qui préside aux Assemblées de la Compagnie, qui recueille les suffrages, & prononce les conclusions ; il a séance au Tribunal du Recteur de l'Université, au nom de la Faculté, laquelle s'élit, outre cela, tous les deux ans un Syndic, qui est son Agent Général, qui fait les requisitoires, examine les thèses, & veille à l'observation de la discipline : le Syndic est alternativement un Docteur *Ubiquiste*, un Docteur de la Maison de Sorbonne, & un Docteur de la Société Royale de Navarre. Les Docteurs Réguliers ne peuvent être Syndics.

Celui qui veut parvenir au Doctorat dans cette Faculté, doit acquérir successivement les dégrés de Maître-ès-Arts, de Bachelier, & de Licencié en Théologie.

Pour le dégré de Maître-ès-Arts. *Voyez.* ARTS. (*Faculté des*)

Après le Cours de Philosophie, l'Aspirant au Baccalauréat prend, pendant trois années, les leçons de deux Professeurs en Théologie des écoles de Sorbonne ou de Navarre, (quelques Réguliers ont des usages particuliers, dont il est inutile de faire des détails.) Muni des Certificats de ses Professeurs, il se rend en robe noire chez un des trois Censeurs de discipline, nommés par la Faculté, à qui il présente, 1°. Sa Lettre de Maître-ès-Arts ; 2°. celle de tonsure ; 3°. une attestation de vie & mœurs, signée d'un Docteur de la Faculté, ou du Curé de la Paroisse, dont il suit les exercices, ou du Supérieur de la Maison où il demeure ; 4°. l'extrait de Baptême, pour justifier de l'âge de 21 ans requis par les Statuts ; 5°. les attestations du temps d'étude en Théologie, & les Traités qui ont été dictés, écrits de sa propre main.

Sur le vu de ces différentes pièces en bonne forme, le Censeur de discipline délivre à l'Aspirant une formule imprimée, signée de sa main, portant ces mots, *nihil deest* ; cette formule doit être remise au Questeur de la Faculté.

En conséquence, l'Aspirant se présente en robe rouge à l'assemblée ordinaire de la Faculté, qui se tient le premier jour libre de chaque mois; il y fait une supplique, conçue en ces termes: *Venerande Decane, sapientissimi Patres ac Magistri, ego N. supplico pro primo cursu.* Dans cette même assemblée, on lui tire au sort quatre Examinateurs, dont le Syndic lui remet quelques jours après les noms sur un billet signé de sa main. L'un des quatre, nommés pour examiner, doit être pris parmi les Réguliers, & il ne peut y en avoir plus d'un. L'ancien des Séculiers donne le jour, & l'Aspirant en fait part aux Examinateurs. Il se rend au jour & à l'heure indiqués chez l'ancien ou Doyen, chez qui il porte en même temps les billets ou suffrages, & la capse destinée à les renfermer. Le premier examen se soutient en robe rouge: on y répond sur toute la Philosophie; le second, en robe noire: la matière de cet examen sont les Traités des attributs de Dieu, de la Trinité, des Anges; & deux de ceux qu'on a reçus de ces Professeurs au choix de l'Aspirant. L'un & l'autre examen doit durer quatre heures. L'Aspirant paie de droit, pour les deux examens, vingt livres.

Après les deux examens faits dans deux mois consécutifs, l'Aspirant dresse des positions de sa Thèse, qu'on appelle *Tentative*; il les fait approuver par son Grand-Maître d'étude & son Président; cet exemplaire reste ès mains du Syndic, qui en signe un second pour être porté à l'Imprimeur: quelques jours avant de soutenir, le Candidat porte lui-même en robe noire des Thèses au Doyen, au Syndic, aux Censeurs de Doctrine & de Discipline. Il écrit sur le revers: *Adsit, si placet, æquissimus Censor, S. M. N.* avec le nom du Censeur; l'Aspirant paye le droit à la Faculté pour sa tentative, cent dix livres.

La Thèse de Bachelier, si on la soutient le matin, dure depuis sept heures jusqu'à midi: si c'est le soir, elle dure depuis une heure jusqu'à six. Il assiste à cette Thèse dix Censeurs: s'il se trouvoit un mauvais billet, il y auroit un examen particulier à soutenir; s'il y en avoit deux, un examen public; s'il y en avoit trois, l'Aspirant seroit renvoyé pour deux ans.

Le premier jour du mois après la Thèse, si on a été reçu, on vient en fourrure à l'Assemblée générale, prêter les sermens accoutumés; après deux ou trois ans d'intervalle, on va en robe chez un Censeur de Discipline porter une attestation de vie & mœurs avec les lettres de

Bachelier, pour prouver qu'on a gardé les interstices prescrits par la Faculté ; le Censeur de discipline donne un *nihil deest*, qu'on porte, comme ci-dessus, à la Maison de Faculté, & alors on est admis à faire ses examens de licence, dont la durée est la même que pour ceux de Bachelier : on les soutient en fourrure.

La licence dure deux années entières, à commencer du premier Janvier ; pendant cet intervalle, il y a trois Thèses à soutenir, savoir *Majeure*, *Mineure* & *Sorbonique* ; on commence par celle qu'on veut ; il faut remarquer seulement que, pour n'être point à l'amende de 50 livres, il faut soutenir la première année ou la *Majeure* ou la *Sorbonique*, qu'on appelle grandes Thèses.

Les Licenciés sont obligés d'assister à toutes les Thèses qui se soutiennent pendant le cours de la licence ; & pour s'assurer de leur présence, il y a à chaque Thèse une feuille qui contient autant de cases que de Licenciés, où chacun est obligé d'écrire son nom. Il n'est point permis aux Licenciés, sans une dispense particulière de la Faculté, qui s'accorde ou se refuse dans l'assemblée générale, moyennant une supplique, de manquer quarante Thèses soutenues par des Licenciés, sans encourir la *fatalité*, qui, dans la rigueur, oblige à recommencer la licence. M. le Syndic a le droit d'accorder une absence de quinze jours pendant chaque année, & alors, quoiqu'on soit à l'amende, on ne risque point d'encourir la *fatalité*.

La durée de la *Mineure*, qui doit être sur les Sacremens en général & en particulier, est la même que celle de la Thèse de Bachelier ; il en coûte quand on n'est pas Régulier, 57 livres pour les droits de la Faculté.

La *Sorbonique*, qui est sur la Grace, l'Incarnation, les Vertus, les Actes humains, & les Péchés, commence à six heures du matin, & finit à six heures du soir ; il n'y a point de Président à cette Thèse : le Prieur de la Maison de Sorbonne doit en faire l'ouverture, & argumenter jusqu'à huit heures ; ensuite les Présentés des Religieux argumentent, celui des Jacobins le premier, celui des Cordeliers le second, celui des Augustins le troisième, celui des Carmes le quatrième, ce qui mène jusqu'à onze heures, parce qu'ils argumentent trois quarts d'heure chacun ; alors un Bachelier des Bernardins, s'il y en a en licence, argumente jusqu'à onze heures trois quarts, où le premier Bachelier en rang propose son argument : les droits de la Faculté pour les Séculiers, montent à 48 livres.

L'ouverture

L'ouverture des *Sorboniques* se fait toujours le premier vendredi après la St. Pierre, par un discours que prononce le Prieur de la Maison & Société de Sorbonne, suivi d'un autre beaucoup plus court, prononcé par un Cordelier. La clôture qui est toujours le vendredi après la Sainte Catherine, se fait aussi par un discours du Prieur de la Maison & Société de Sorbonne, qui est suivi du Discours d'un Jacobin.

La *Majeure* commence à huit heures du matin, & dure jusqu'à six heures du soir. Cette Thèse a pour objet l'Ecriture Sainte, la Religion, l'Eglise, l'Histoire Ecclésiastique & les Conciles. Le Bachelier paie de droit pour cet acte 84 liv. & si c'est sa première Thèse, les amendes de la première année.

La Faculté, toujours attentive à ce qui peut procurer l'émulation, a autorisé le Syndic, les Censeurs de discipline & les Présidens des actes, à donner des *ex jussu*, c'est-à-dire, un ordre de disputer sur le champ à différens Bacheliers de la licence, pour empêcher toute connivence, & faire connoître de plus en plus l'Argumentant & le Répondant.

Au mois de Juillet de la deuxième année, communément les *Ubiquistes* choisissent leur Orateur, qui prononce à la fin de la licence un discours sur un sujet à son choix; cette élection se fait par ordre du Syndic, ou par scrutin, ou de vive voix, selon qu'il le juge nécessaire. Les Sorbonistes, Navaristes & Réguliers font leur élection chacun dans leur maison quand ils le jugent à propos, & les Bacheliers en licence sont obligés chacun d'assister au discours de sa Maison, sous peine d'amende. Ces discours se font dans la semaine de la Septuagésime.

Dans la semaine de la Septuagésime, les Bacheliers vont inviter par des discours latins, aux actes publics de Paranymphes, toutes les Chambres du Parlement, la Chambre des Comptes, la Cour des Aydes, le Châtelet, & le Bureau de la Ville. Dès qu'ils se présentent, l'Audience cesse, & le Président, après avoir aussi répondu par un discours latin, prononce en François que la Cour ou la Chambre y assistera à la manière accoutumée.

Les deux années révolues, les Censeurs de discipline, joints aux Docteurs, députés pour assister aux actes des Bacheliers en licence, jugent du savoir d'un chacun, & donnent en conséquence leur avis sur le rang qu'ils doivent avoir. On prend après cela l'avis de tous les Docteurs qui font à Paris, & c'est de leurs fuffrages réunis, que réfulte la lifte que la Faculté fait imprimer ; dans cette lifte, on donne le premier rang au Nobiliffime de la licence; viennent enfuite les deux Prieurs de Sorbonne, & le Nobiliffime de la Maifon Royale de Navarre, ce qui eft invariable ; après eux, eft placé celui qui s'eft le plus diftingué par fa capacité, qui eft par conféquent au n°. 5. Il ne faut ajouter foi qu'aux liftes paraphées par le Syndic de la Faculté.

Après la licence, dans la première affemblée du mois de Janvier, l'ancien des Bacheliers Séculiers fe préfente, fuivi de toute la licence, à l'affemblée générale, & prononce un difcours pour demander la miffion des Ecoles, qui ne s'accorde que le 15 du même mois. Le Dimanche de la Sexagéfime, un Docteur député par la Faculté, préfente la licence au Chancelier de Notre-Dame, pour en obtenir la bénédiction de licence, pour les Bacheliers, qui la recoivent le lundi de la Quinquagéfime dans la Chapelle de l'Archevêché, après qu'ils ont payé les amendes de deux années de licence, & préfenté une atteftation de vie & mœurs.

C'eft ce jour là où l'on appelle chacun felon fon mérite, & c'eft fuivant fon rang qu'il peut enfuite prendre le bonnet de Docteur.

Avant que le Licencié reçoive le bonnet de Docteur, il fait un acte, que l'on nomme *Vefpéries*. Cet acte n'eft point probatoire, il eft de pure cérémonie ; en attendant que l'on commence, un jeune Théologien foutient une thèfe, qu'on appelle *Expectative*, à laquelle préfide le Grand-Maître des études du Licencié. Enfuite fe fait l'acte de *Vefpéries*, pendant lequel le Grand-Maître demeure dans la chaire, pour faire à la fin un difcours au Licencié fur les devoirs d'un Docteur en Théologie.

Le lendemain matin, s'il n'y a empêchement, il fe rend à la falle de l'Archevêché, accompagné de fon Grand-Maître d'étude & des Bacheliers de fa Maifon, s'il eft d'une Famille, précédé des Appariteurs des Facultés de Théologie, de Médecine & des Arts, pour recevoir le bonnet des mains du Chancelier de Notre-Dame, ou du fous-Chancelier, & le même jeune Théologien qui a foutenu *l'Expectative*, foutient la Thèfe qu'on nomme *Aulique*, fous la préfidence du nouveau Docteur, qui fe rend ensuite, précédé des Appariteurs, & accompagné du Chancelier & de son Grand-Maître d'étude, à l'Autel des Saints Martyrs, pour prêter serment sur les Saints Evangiles, qu'il défendra la Religion Catholique, Apostolique & Romaine, jusqu'à l'effusion de son sang.

Six années révolues, en date du jour où il a été permis, selon son rang, de prendre le bonnet de Docteur, il est libre à chacun de se présenter pour soutenir sa dernière thèse, qu'on appelle *Résompte* ; les Censeurs de semaine y assistent, ainsi qu'à *l'Expectative*, la *Vespérie* & *l'Aulique* ; ils n'ont point droit de suffrages. Cet acte soutenu, l'on jouit des droits utiles & honorifiques du Doctorat. Ceux qui desireront être plus instruits des formalités requises pour parvenir au Doctorat, ou pour jouir des droits qui y sont attachés, n'auront qu'à consulter les Statuts de la Faculté, qu'on a soin de distribuer à ceux qui passent Bacheliers.

Pour la Doctorerie, si l'on est de l'une des deux Maisons de Sorbonne ou de Navarre, il en coûte 900 livres ; & si l'on est *Ubiquiste*, il n'en coûte que 600 livres.

Tous les premiers de chaque mois, Messe du St. Esprit en Sorbonne depuis Octobre jusqu'à Pâques à sept heures ; & depuis Pâques jusqu'au mois d'Octobre, à six heures.

Le lendemain, sur-lendemain & jours suivants de chaque mois, se dit une Messe pour les Docteurs, dont la Faculté a appris le décès, & qu'elle annonce dans son assemblée, que l'on appelle *Prima Mensis*, à cause qu'elle se tient tous les premiers du mois où il n'est pas fête.

THERMES. *Voy.* PALAIS DES THERMES.

THIAIS. Ce Village du Doyenné de Monthlery, est à deux lieues de Paris, au bas des côtes formées par la pente de la longue montagne qui s'étend de Villejuif à Juvisy. On y voit des vignes & des labourages.

L'Eglise est sur la pente douce du côteau. St. Loup & St. Gilles en sont les Patrons. Le bâtiment peut avoir 300 ans ou environ. La Cure est à la présentation de l'Abbaye de St. Germain.

THOMAS D'AQUIN. (*les Filles de St.*) *Voy. le présent vol. p. 577.*

THOMAS DE VILLENEUVE, (*Communauté des filles de St.*) *ibid. p. 578.*

THOMAS DU LOUVRE. (Saint) Voy. LOUIS DU LOUVRE. (Saint)

THRONE. (le) Voy. ARC DE TRIOMPHE.

TIRECHAPPE. Un des neuf Fiefs de Paris, dépendants de M. l'Archevêque. Voy. FIEFS.

TIREURS D'OR. Ce font ceux qui tirent l'or & l'argent à la filiere, pour les réduire en une espèce de fil que l'on nomme *or trait* ou *argent trait*.

Les anciens Statuts de cette Communauté furent confirmés en 1583 par Henri III, regiftrés à la Cour des Monnoies, & depuis confirmés fucceffivement par tous les Rois jufqu'à Louis XV, par Lettres-Patentes du 7 Mai 1725, regiftrées à la Cour des Monnoies le 6 Juin fuivant.

Chaque Maître doit avoir une marque particulière, empreinte au Greffe de ladite Cour, pour être imprimée fur les traits, fils d'or & d'argent, de chacune defdites fabriques : fçavoir, en cire d'Espagne rouge pour le fil fin, & en cire noire pour le faux.

Par l'article 26 du Réglement de la Cour des Monnoies, rendu en 1757, il eft dit qu'il ne fera fait aucune féparation ni diftinction du métier de Tireur d'or avec celui de Batteur d'or. *Voyez* BATTEUR D'OR, JURANDES. *Tom. 3. p. 340. n. 4.*

TIGERY. Ce Hameau confidérable du Doyenné du vieux-Corbeil, eft fitué fur deux Paroiffes; favoir, celle de St. Germain de Corbeil & celle d'Ethioles. Il eft environ à fept lieues de Paris, & à une feulement de Corbeil, vers le levant d'été de cette dernière ville, dans une plaine où l'on ne voit que des terres labourables. Il n'y a point de vignes. Dans les bonnes années, l'arpent porte jufqu'à 160 gerbes; il eft fort peu éloigné de la forêt de Sénart, n'étant qu'à un quart de lieue de la grande route de Paris à Melun, laquelle traverfe cette forêt.

Il y a fur le territoire de Tigery deux Chapelles. La plus ancienne appartient à la Commanderie de St. Jean-de-Corbeil, dans une ferme de laquelle elle fe trouve. C'étoit un petit Hôpital de l'Ordre des Templiers, dont *François Guérin de Montaigu*, Grand-Maître de l'Ordre, confirma la poffeffion aux Prêtres de l'Hôpital St. Jean-de-Corbeil vers l'an 1228. Sa situation est dans la pente douce du vallon qui regarde le septentrion. On la dit titrée de St. Guinefort, qu'ils prononcent Genefort dans le lieu. On n'y fait point d'office ; mais le Fermier est chargé d'y faire dire quelques Messes, on n'y célèbre point non plus la fête du Saint. Derrière cette Chapelle, à la distance de huit ou dix toises, est une fontaine dans une petite profondeur. On y vient en pélerinage, & on en trouve l'eau bonne contre la fièvre.

L'autre Chapelle est beaucoup plus considérable, mais aussi plus nouvelle. Elle est dans le Village à l'entrée d'une avenue d'arbres qui conduit au Château, toute bâtie de belles pierres de taille & couverte d'ardoise, fort élevée & isolée, ayant nombre égal de fenêtres de chaque côté. L'Autel est isolé, & sur le retable est en relief de hauteur naturelle, l'Annonciation de la Ste. Vierge qui est aussi représentée aux vitres. Il y a de plus un autre Autel dans le fond, adossé au mur. Au-dessus de cet Autel est une statue de Sainte Anne soutenue par une pierre ornée d'un écusson supporté par deux Anges, & entouré d'une branche de palmier & d'une d'olivier, ayant dans son champ une porte de Ville ou de Château, avec la herse, trois tours au-dessus & trois étoiles au-dessus des tours. Cette belle Chapelle est de même que le Château sur la partie du territoire de Tigery, comprise dans l'étendue de la Paroisse d'Ethioles. La tradition porte qu'elle avoit été destinée pour quelques Religieux Récollets, ou autres, auxquels on vouloit en donner la desserte, & que le dessein de ceux qui l'ont fait bâtir étoit d'y mettre leur Couvent à côté, & qu'elle auroit été Chapelle castrale comme en d'autres Châteaux ; mais qu'aujourd'hui elle n'est que Chapelle domestique du Château de Tigery. En ce cas, il faut avouer qu'elle est la belle & la plus vaste de toutes les Chapelles de ce genre, qui soient dans le Diocèse.

Le Château de Tigery est très-beau & a plusieurs marques de la bâtisse des anciens temps ; aussi les Seigneurs de Tigery sont-ils Vicomtes de Corbeil, dignité qui dans les siècles reculés avoit été attachée aux Seigneurs de Fontenay au-dessus de Corbeil, d'où lui reste le nom de Fontenay-le-Vicomte. Le premier Seigneur qui paroisse dans les titres, est *Richer de Tigery*, qui vivoit sous le Roi Henri I, vers l'an 1050.

La Tour de Tigery est une seconde Seigneurie située à Tigery, & Fief mouvant de la Vicomté de Corbeil.

TILLAY, ou le TILLAY. Ce Village du Doyenné de

Montmorency, ainsi nommé à cause des tilleuls qui y étoient plantés sur les bords de la petite rivière du Crould, est situé sur le bord occidental de cette rivière, dans un vallon très-agréable, à quatre lieues de Paris. On y voit quelques prairies, des labourages, & beaucoup de vignes. Toutes les maisons sont ramassées aux environs de l'Eglise, en sorte qu'il n'y a d'écart que le moulin Nadres qui est du côté du midi. Tillay est placé entre Goussainville & Gonesse, à peu près à distance égale de demi-lieue, & à un quart de lieue seulement de Vaudherland, qui est situé sur la route de Paris à Senlis vers l'orient de Tillay.

L'Eglise est sous l'invocation de St. Denis, & la Cure a toujours été à la collation de l'Evêque Diocésain : le Château est assez simple, mais il y a une belle garenne & plusieurs bosquets.

TISSERANDS. Ces Ouvriers semblent avoir affecté leurs demeures dans le fauxbourg St. Marcel, où ils sont en très-grand nombre. Ce sont ceux qui fabriquent les toiles de toutes espèces avec la navette. Les premiers statuts de cette Communauté sont de 1586, sous Henri III, confirmés par Henri IV & Louis XIII en 1640, qui les qualifient de *Maîtres Tisserands en toiles, canevas, linges, &c.* Les Maîtres qui n'ont point atteint l'age de 50 ans, ne peuvent avoir que deux Apprentifs à la fois ; & ceux qui ont passé cet âge, peuvent en avoir trois. L'apprentissage est de quatre ans, & autant de compagnonage. Le brevet coûte 30 liv. & la maîtrise 300 liv. Cette profession fait partie des Communautés supprimées par l'Edit du mois de Février 1776. Patron St. Blaise ; Bureau, Quai des Augustins.

TOISEURS DE BATIMENT. Ce sont ceux qui sont chargés de vérifier, & qui possèdent l'art d'apprécier toutes les parties de construction & d'ornement qui composent un édifice ou bâtiment quelconque, &c. On ne faisoit autrefois consister l'Art du toisé, que dans la seule action d'étendre la toise sur une partie de construction ; mais aujourd'hui on regarde cette science comme une branche de l'architecture, appuyée sur des principes de Géométrie qui en font la base, &c. La connoissance des loix, l'intelligence des figures, qui anatomisent, pour ainsi dire, chaque partie de construction, l'harmonie qui doit règner dans un toisé général, les détails particuliers qui font apprécier avec justesse & connoissance de cause toutes les parties qui composent un édifice, doivent être les qualités essentielles & indispensables de l'Artiste qui se livre à cette science, pour se mettre en état de procéder aux rapports qui sont soumis aux jugemens des Architectes préposés à cet effet, sur les difficultés qui naissent entre les Propriétaires & les Constructeurs. Les Toiseurs de bâtimens ne font point un corps de Communauté ; ils sont au rang des Arts libéraux.

Tombeaux, Curiosités, Inscriptions & Antiques trouvés à Paris & aux environs, en creusant dans les terres.

On trouve dans plusieurs endroits de Paris, & dans les environs, des terres qui ont la propriété de conserver les corps dans leur entier, & que l'on pourroit peut-être rendre utiles pour les sépultures, comme est le merveilleux caveau des Cordeliers de Toulouse. Il y a environ 32 ans qu'en travaillant à une Chapelle de l'Eglise des Pénitens, on fit la découverte d'un corps que l'on croit être celui du *Vénérable Antoine Le Clerc*. Il paroissoit entier, & n'avoit souffert aucune altération dans le tombeau.

En 1701, on annonça dans le Mercure un phénomène semblable, concernant le corps de *Jean Raulet*, Chanoine du Diocèse de Sens, que l'on trouva à St. Louis en l'Isle. Il étoit revêtu d'une aube qui s'étoit conservée aussi bien que les chairs ; on fut obligé de le faire enterrer une seconde fois.

En 1706, des Ouvriers qui construisoient un caveau pour le Comte de *Fontaine-Martel* dans le Chœur de St. Pierre-de-Brétigny, ouvrirent une voûte, sous laquelle ils trouvèrent deux cercueils de plomb, l'un du mari, l'autre de la femme, nommée *Anne de Saint-Bertevin*; celui du mari avoit éprouvé l'effet ordinaire du temps ; il ne renfermoit que de la cendre ; celui de la femme parut plus pesant lorsqu'on le remua ; les ouvriers se hâtèrent de l'ouvrir, croyant y trouver des richesses ; ils y virent un corps dans son entier, sans la moindre corruption, & qui même avoit une certaine fraîcheur & des couleurs vermeilles ; les bras étoient flexibles ; le temps avoit épargné jusqu'aux rubans qui étoient autour de la tête ; le linceul étoit un peu roux, mais du reste il étoit presque entier. On remarque seulement que la défunte avoit le bout du nez un peu noir, comme s'il eût été meurtri ; ce que l'on attribue à quelque coups que l'on avoit peut-être donné à son cercueil, en voulant l'ouvrir : on exposa ce corps dans l'Eglise à visage découvert ; le peuple y accourut de toutes parts pendant trois jours ; les couleurs commencèrent alors à perdre un peu de leur vivacité, & les chairs ne conservèrent pas long-temps la même consistance, mais M. l'Archevêque de Paris, le Cardinal de Noailles, ne donna pas le temps à l'air de déployer tout sont effet sur ce cadavre qui eût été bientôt réduit en poussière; il ordonna que l'on remît cette femme dans le caveau qui l'avoit si bien conservée tout un siècle. On avoit fait poser au-dessus de ce caveau une pierre quarrée, sur laquelle est gravée cette inscription: *Ci gît Anne de Berthevin, Dame vertueuse de ce lieu, décédée l'an 1587, & trouvée entière & sans corruption le 30 Avril 1706*; mais M. de Vintimille, Archevêque, l'a fait ôter.

En 1684, comme on fouilloit dans les jardins de M. *Berryer* Secrétaire du Conseil d'Etat, situé rue Coquillère, on trouva parmi les ruines d'une ancienne tour de l'enceinte de Paris, une tête de femme de bronze, plus grosse que nature, surmontée d'une tour crenellée; l'Académie des Inscriptions & Belles-Lettres jugea que cette tête ressembloit parfaitement à celle de *Faustine* la mère, femme de l'Empereur *Antonin-Pie*. Cette Princesse est représentée de même sur toutes ses médailles. *Voy Rue Coquillère*.

Dans la même année, on trouva dans la rue Vivienne, à 18 pieds de profondeur plusieurs morceaux de marbre blanc, qui étoient ornés de bas-reliefs, dont deux représentent des repas de Gaulois-Romains. Il y avoit aussi une urne quarrée, dans laquelle étoient les cendres d'une jeune fille nommée *Ampudia*, morte à l'âge de 17 ans; avec cette inscription.

Ampudiæ
Amandæ
Vixit annis XVII.
Pithusa Mater Fec.

En 1753, un Jardinier Fleuriste découvrit sur le terrein de l'ancien cimetière de St. Marcel, 64 cercueils de pierre; les corps qu'ils renfermoient avoient tous les pieds tournés vers l'orient, & les mains pendantes sur les côtés. On croit que c'étoient des Chrétiens. Un seul d'entr'eux portoit une inscription sur le couvercle, & deux colombes en face.

En 1640, on trouva derrière l'Eglise de St. Etienne-des-Grès une vingtaine de coffres construits de brique & de pierres, qui renfermoient des cendres. Au-dessous étoit une boëte pleine de médailles d'or & d'argent des Empereurs *Constantin*, *Constant* & *Constance*; sitôt qu'elle éprouva l'action de l'air, elle tomba en poussière; mais les médailles restèrent. Les cendres renfermées dans les coffres ne pouvoient venir que des Payens; le sommet de la montagne de

Sainte Geneviève étoit destiné autrefois pour leur servir de Cimetière ; on y feroit beaucoup plus de découvertes s'il y avoit moins de terre rapportée ; on tire la preuve de sa destination, de ce que ce sommet se trouvoit placé, selon l'usage, entre deux grands chemins, & de la découverte que l'on y fit en 1620, d'un cercueil de marbre blanc, qui étoit orné de figures du Paganisme.

On conserve à la Bibliothèque de Sainte Geneviève, dans le cabinet des curiosités naturelles, des vases d'une terre rouge que l'on a tirés des fondemens de la nouvelle Eglise, à plus de 50 pieds de profondeur : ils paroissent avoir été des instrumens de ménage dont se servoient les Gaulois Romains, & ressemblent assez à ceux qui ont été trouvés à Nisme, il y a quelques années.

En jettant les fondemens de la nouvelle Eglise de St. Merry, on trouva sous le grand Autel le tombeau du Fondateur de l'ancienne. Il avoit aux jambes des bottines de cuir doré, & paroissoit d'ailleurs fort bien conservé ; mais quelques momens après, il tomba en poussière.

En 1752, on découvrit à Asnières, à trois pieds de profondeur, sur le bord de la rivière, des squellettes qui n'avoient point de tombeau, & qui paroissoient couchés différemment, les uns sur le côté, les autres sur le ventre ; à côté de quelques-uns étoient des bouteilles de terre de différentes grandeurs, depuis une chopine jusqu'à trois pintes ; un d'entr'eux avoit une agraffe, ou *fibula*, qui servoit à attacher les habits des anciens, sur laquelle on lisoit en caractères romains, *Domine Marti vivas*, & sur les bords, *utere felix*. On croit que ces caractères sans abréviation, sont du 4e. siècle. M. le Comte de *Caylus* pense qu'un de nos Rois de la première race avoit une maison de campagne auprès d'Asnières ; ce village étoit autrefois plus peuplé qu'il ne l'est aujourd'hui. *Voy.* ASNIERES.

TOMBES. (le Fief des) Il est situé aux environs de l'Estrapade. Il paroît que c'étoit le nom d'une famille encore connue au seizième siècle, laquelle occupoit une maison aboutissante à la Place Maubert.

TONDEURS DE DRAPS. Artisans qui travaillent dans les Manufactures de lainage, à tondre les étoffes avec de grands ciseaux que l'on nomme *forces*. Les Statuts de cette Communauté sont de 1384, sous Charles VI, augmentés & confirmés par Louis XI, Charles VIII, & François I, en

1531, par lesquels ils sont qualifiés de *Tondeurs de draps* à table seche, & fait défense de tendre aucunes étoffes mouillées. L'apprentissage est de trois ans; le Brevet coûte 30 liv. La maitrise 500 liv. avec chef-d'œuvre. Patron St. Nicolas.

TONNELIERS. Ce sont ceux qui fabriquent & vendent toutes sortes de tonneaux reliés de cerceaux & d'osier, propres à contenir des liqueurs ou marchandises, tels que les cuves, baignoires, futailles, muids, demi-muids, &c. & qui déchargent les boissons dans les caves des Bourgeois & Marchands de vin, & sur les ports de cette Capitale. Les Statuts de cette Communauté sont, depuis Charles VII, augmentés & confirmés par plusieurs Rois ses successeurs jusqu'à Louis XIV, en 1651, régistrés en Parlement, au Châtelet & à l'Hôtel-de-Ville. L'apprentissage est de cinq ans: le brevet coûte 50 livres & la maîtrise 300 liv. depuis l'Edit de 1776, par lequel ils ont été mis en concurrence avec les Boisseliers. Patron St. Nicolas, Bureau, rue St. Bon.

TONNERRE. (*Election de*) Elle est placée au sud-est de Paris, entre les Elections de Joigny, de St-Florentin, de Vézelay, & les Généralités de Châlons, de Dijon & d'Orléans. On lui donne une circonférence fort étendue; mais elle n'est pas occupée par son seul territoire: il y a des enclaves de l'Auxerrois & de l'Election de St. Florentin. Elle est arrosée par les rivières de Seine, d'Yone, d'Armançon, de Leignes & de Serein.

Tonnerre, Chef-lieu de cette Election, est situé sur la rive gauche de l'Armançon, à quarante & une lieues de Paris, au 20e. dég. 38 min. 44 sec. de longit. & au 47e. dég. 51 min. 8 sec. de latit. septent. Il y a un Bailliage & un Grenier à sel. Cette Ville a huit portes & quatre Fauxbourgs. Ses portes sont, 1°. celle de St. Pierre qui aboutit à un terrein inégal & escarpé, très-peu propre pour les voitures; 2°. celle de Vaucorbe qui conduit à Auxerre; 3°. celle de St. Michel qui conduit à Vézelay; 4°. celle de Vernouil qui conduit à Dijon & à Montbard; 5°. celle de la Prison qui conduit à Paris, à Troye & aux Riceys; 6°. celles de Rougemont, des Guérites & de Jean Garnier, qui ne mènent qu'à quelques Villages.

Ses quatre Fauxbourgs sont, 1°. celui de St. Michel; 2°. celui de Rougemont; 3°. celui de Notre-Dame-du-Pont; 4°. celui de Bourberaut: on pourroit ajouter celui de St. Nicolas; mais il se confond avec ce dernier.

La plus agréable de ses promenades, est celle que l'on nomme *Le Patys* : on l'a pratiquée dans un terrein quarré, & fort vaste qui se trouve situé entre deux bras de l'Armançon. Le cours de Montmirel étoit, il a quelques années, un terrein inculte & abandonné ; les Magistrats l'ont fait orner d'arbres & de bancs, & en ont fermé l'enceinte avec une balustrade qui ne s'ouvre que pour y prendre le plaisir de la promenade. Il y a encore le long des fossés de la Ville, une allée d'arbres qui s'étend fort loin, & qu'il est aisé de joindre à Montmirel, pour en augmenter l'agrément.

On voit dans le Fauxbourg de Bourberaut une fontaine qui mérite quelque attention par la pureté & la limpidité de ses eaux ; on lui donne le nom de *Fosse d'Yonne*, parce que l'on croit qu'elle est formée par la rivière de ce nom, qui n'en est éloignée que de sept lieues ; cette source est si abondante, qu'à 150 pas, elle fait tourner des moulins. Son bassin est vaste & profond : on l'a construit d'une fort belle pierre ; & a dix pieds de distance on a élevé une muraille pour soutenir les terres : autour de cette muraille, règne un ouvrage de charpente qui forme un abri.

L'Eglise de Notre-Dame est la plus considérable de la Ville ; elle a un frontispice d'une architecture fort régulière : c'est là que la Ville & le Clergé s'assemblent pour les cérémonies publiques.

L'Abbaye de St. Michel, de l'Ordre de St. Benoît, est située sur une montagne auprès des murs de la Ville.

Il y a dans la Ville un Couvent d'Ursulines, & un de Minimes qui ne sont qu'au nombre de deux ou trois.

L'Hôpital est desservi par douze filles qui se sont chargées du soin des pauvres : il a pour Directeur le Marquis de *Courtanveaux*, Seigneur de la Ville.

L'Hôtel-Dieu a été bâti pour donner l'hospitalité aux pauvres passans ; mais depuis plusieurs années, on en applique les revenus à d'autres usages.

Thoré est situé dans le Diocèse d'Auxerre. Ses Seigneurs ont eu le titre de Barons, avec le droit de faire battre monnoie.

Quincy-le-Vicomte est à huit lieues de Tonnerre. Il y a une Maison de Bernardins.

Ravières a de vastes prairies, où l'on nourrit des bestiaux. Son territoire produit des bleds & des vins. On y tient deux marchés par semaine, & plusieurs foires par an. La plus considérable est celle qui se tient le jour de St. Roch.

Molesme doit son origine à St. Robert, Religieux de la

celle de l'Ordre de St. Benoît. Ce Saint quitta le désert de Colan, auprès de Tonnerre, & amena ses Hermites dans la Forêt de Molesme, où il leur bâtit des loges en 1075; ensuite il fut jetter les fondemens de l'Ordre de Cîteaux, & en devint premier Abbé en 1098. Le Pape Urbain II. le renvoya à Molesme où il mourut en 1108. L'Eglise est un des plus beaux édifices que nous ayons en France; l'air qu'on respire dans le Village & dans les environs, est si pur, qu'il est fort ordinaire d'y trouver des vieillards centenaires, ou dont la vie est portée à ce terme.

Molôme est une Abbaye de l'Ordre de St. Benoît, dont on attribue la fondation à Clovis. Cette maison ayant été entièrement détruite par les Anglois, *Etienne de Nicey*, qui en étoit Abbé, la transféra dans le Village de Molesme, à une lieue de Tonnerre, sur l'Armançon.

Leignes n'est remarquable que par la rivière de ce nom qui y prend sa source & par la quantité des toiles que l'on y fabrique.

Il y a une Tuilerie considérable à *Vertaut*, Village situé à côté de *Ville-Dieu*, sur le bord de la rivière de Leignes.

Les Riceys sont trois gros Bourgs assis sur les limites de la Champagne & de la Bourgogne, dans un vallon fort agréable: ils ont des fossés & un mur qui les environnent. Leurs Eglises sont vastes & bien bâties, surmontées de fort belles flèches. Le Peuple du Pays a tant d'adresse à remuer les terres, que l'on en a souvent tiré des ouvriers au nombre de cinq à six cents, pour les employer à ce travail dans nos Ports & dans nos Armées. Ce sont eux qui ont coupé la montagne de Marly, pour y faire monter les eaux de la Seine; ils ont creusé les bassins de Versailles, & formé la superbe terrasse du Château de St. Germain-en-Laye, sous la conduite de deux Ingénieurs du Pays, MM. *Mathelin & de Channes-Maron*. Louis XIV se plaisoit quelquefois à voir la facilité avec laquelle ils exécutoient ces pénibles travaux. Le Château est un des plus anciens de la Bourgogne; on croit qu'il fut bâti dans le 9e. siècle par *Robert*, Baron des Riceys; *Marie d'Amboise* y ajouta des tours en 1490; *Anne de Laval* fit construire la galerie en 1506. Cette Terre a été érigée en Marquisat. Les anciens Ducs de Bourgogne ont beaucoup aimé ce séjour. Les Seigneurs des Riceys ont toujours tenu un rang distingué parmi la Noblesse de la Bourgogne.

Il y a eu jusqu'à mille feux dans Ricey-le-Haut, & cinq à six cens dans chacun des deux autres, avec beaucoup de Noblesse qui y faisoit sa demeure.

Au-dessus de Ricey-le-Bas, est le bois de *Devoye*, que l'on croit avoir été consacré aux faux Dieux, & qui paroît en avoir reçu son nom, *Deorum Via*.

Le terrein de ce pays produit une grande quantité de simples rares, qui méritent l'attention & les recherches de nos Botanistes. La gentiane, sur-tout, croît abondamment dans les bois des environs. Il y a de très-bons pâturages le long de la rivière & sur le sommet des montagnes qui ne sont pas cultivées; c'est ce qui fait que l'on en tire ces excellens fromages que l'on met au-dessus de ceux de Brie, & qui sont si recherchés dans Paris.

Les vins des Riceys sont délicats & très-légers; on en recueille dans ces trois Bourgs quinze à vingt mille muids par an; leur principal avantage est d'être extrêmement sains, en même temps qu'ils sont très-agréables au goût : on observe qu'ils ne sont point propres à être coupés avec d'autres vins; leur finesse ne souffre pas aisément le mélange d'une liqueur étrangère.

On tient à Ricey-le-Haut un Marché par semaine & deux foires par an; les deux autres ont aussi leurs foires particulières.

Chablis sur le Serin, à trois lieues de Tonnerre, est un endroit assez considérable; ses vins sont fort estimés.

On recueille aussi de fort bons vins à Irancy dans le Diocèse d'Auxerre, à six lieues de Tonnerre.

Fulvy, dans le Diocèse de Langres, est placé sur une montagne, au pied de laquelle passe l'Armançon.

Estourvy a environ cent trente feux; *Chaunes*, cent dix; *Accolay*, cent cinquante : on fait dans ce Village un grand commerce de bois & de vins.

On recueille de très-bons vins dans plusieurs endroits de cette Election : ceux de Tonnerre sont fort connus : on tire des carrières de cette Ville une pierre blanche, & qui n'est point sujette à la gelée; c'est de cette pierre dont on s'est servi pour bâtir la Chapelle du Roi à Versailles. Il y a des truffes dans les bois des environs de Molesme.

On compte dans cette Election cent vingt-neuf Paroisses, & douze mille cinq cent soixante-cinq feux.

TORCY. Ce Bourg est à cinq lieues de Paris, vers le levant, & à une lieue de Lagny. Sa position est à l'extrémité de la plaine qui commence après Champs, laquelle s'étend du côté de Collégien, presque sur la pente roide qui fait face à la Marne, & dont les côtes sont agréablement variées en vignes, en arbres & en buissons, & au bas desquelles est une vaste prairie. Il y a en ce lieu une Prévôté Royale qui ressortit à la Prévoté & Vicomté de Paris.

Il paroit que Torcy a été érigé en Cure vers la fin du 13e. siecle, & qu'il avoit été succursale de Lognes, parce qu'en 1474, lorsque les revenus des Cures furent diminués, aussi bien que le nombre des Habitans, à cause des guerres, & qu'il fut nécessaire de réunir deux Cures en une, ce fut celle de Torcy qui fut unie à celle de Lognes, ce qui dura jusqu'au 22 Janvier 1503. L'Eglise paroissiale de Torcy a succédé à la Chapelle dont l'Evêque avoit la nomination au 13e. siècle. Elle se trouve porter le nom de St. Barthélemi, dont on ne voit point la raison ; on sçait seulement qu'il y a beaucoup d'Oratoires sous son invocation, depuis qu'il y en eut un à Paris au 10e. ou 11e. siècle. L'édifice n'en est pas ancien, & peut n'être que de l'avant-dernier siècle & du dernier. On lit au bas de la tour, terminée en pavillon, que *Geoffroy Camus*, Seigneur de Pont-Carré & de Torcy l'a fait construire en entier l'an 1618. La Cure est à la nomination de l'Archevêque ; son revenu n'étoit que de quatorze livres vers 1300 & 1400. C'est encore le Seigneur qui a les grosses dîmes.

L'établissement des Bénédictines de Torcy fut fait dans le dernier siécle. L'Abbé le Beuf, dans son Histoire du Diocèse de Paris Tom. XV, pag. 233, dit que *Louis Berryer*, Abbé Commendataire de N. D. du Tronchet, Ordre de St. Benoît, possédant trois Prieurés & un Canonicat de N. D. de Paris, reconnoissant en 1674, « que les biens provenans » des biens ecclésiastiques, après l'acquit des charges & des » fondations & l'entretien modeste des Titulaires, doivent » être employés pour la gloire de Dieu », fit acquisition des maisons, parc, enclos, fief & seigneurie du Vivier, situés au Bourg de Torcy, consistant en soixante-quinze arpens ou environ, le canal, le moulin & l'étang au-dessous du parc, trois arpens & demi de prairie au dehors des murs du même parc au lieu nommé les prés de Frambourg, dans laquelle prairie est une source d'eau vive, qui se conduit dans la maison, cour, parterre & jardin ; plus, le droit de mettre quatre vaches bandonnières paître dans la prairie de Torcy ; le tout de la succession de MM. *de la Croix*, dont l'un étoit *Nicolas*, sieur du Vivier, & un autre, étoit *Jean*, Seigneur de Torcy ; & après être convenu, &c. que le Monastère seroit de l'Ordre de St. Benoît, & soumis à la Jurisdiction de l'Archevêque sous une Prieure ; que la famille y pourroit mettre quatre filles pour y être élevées depuis l'âge de 6 ans jusqu'à 16, dont celles qui seront appellées à la Religion, seront reçues gratuitement, il fit mettre les bâtimens en état, &c. Les Lettres-patentes donnent à cette Maison le titre de Prieuré de N. D. & de St. Louis. Les premières Bénédictines de ce lieu avoient été tirées au nombre de six de la Ville de Saint-Calès, par feu M. *Berryer* à qui cette Terre appartenoit; le Prieuré n'est séparé de l'Eglise paroissiale, que par la rue. La première Prieure fut *Anne Hameau*, tante maternelle de l'Abbé *Berryer*, &c.

TORFOU. Village du Doyenné de Montlhery, à 10 lieues ou environ de Paris, à une lieue & demie par-delà Arpajon, à la gauche du chemin qui conduit à Etampes & Orléans. Il est situé dans la grande plaine que l'on trouve après avoir monté un côteau à une lieue d'Arpajon. C'est un pays de labourages.

L'Eglise a pour première Patrone la Sainte Vierge, & Sainte Avoye pour la seconde; la Cure est à la collation de l'Archevêque de Paris. Vis-à-vis de l'Eglise on voit une maison qui porte le nom de Seigneurie, & qu'on dit avoir été l'ancien Château, ou demeure des Seigneurs, ou de ceux qui les représentoient. On y voit encore une petite tourelle & une prison.

Torfou, comme plusieurs autres lieux voisins d'Etampes, eurent fort à souffrir en 1652, du temps des guerres civiles.

TORIGNY. Ce Village est ainsi nommé d'un ancien Romain-Gaulois, appellé *Taurin*; dénomination fort commune parmi les anciens Habitans des Gaules; en latin *Tauriniacum*. Il est voisin de Lagny, à six lieues de Paris, sur une petite côte qui borde la rivière de Marne, vers le septentrion. Son territoire s'étend jusqu'au bout du pont de Lagny; en sorte que les maisons qui sont à droite, en sortant du pont, sont de la Paroisse de Torigny, & même les moulins du pont. Ce lieu n'est point du Doyenné de Lagny, mais de celui de Chelles. La rivière de Marne fait la séparation de ces deux Doyennés. La Cure est à la pleine collation de l'Ordinaire; l'Eglise est sous le titre de St. Martin: on y honore spécialement saint Guignefort. Il y a sur le territoire de cette Paroisse, sur le bord des vignes, du côté de l'orient d'été, une Chapelle très-ancienne du titre de Notre-Dame. Les Religieux de Lagny disent qu'elle leur a été donnée par un nommé *Adelelme*, l'un de leurs bienfaiteurs : elle eſt appellée *Notre-Dame de Haut-Soleil*, ſans qu'on en ſache la raiſon : elle eſt parallèle à l'Egliſe Paroiſſiale dont elle eſt fort peu éloignée, & un peu plus haut ſur le côteau. On y vient en pélerinage contre la fièvre. La Paroiſſe y va quelquefois en proceſſion. Il y a une fontaine au-deſſus de cette Chapelle.

Le territoire de Torigny eſt preſque entièrement en vignes, dont l'aſpect eſt vers le midi, & ſituées ſur une pente douce vers le rivage droit de la Marne. La Maiſon de Gèvres poſsède Torigny depuis long-temps : l'Abbaye de Châlis y a un fief, & depuis 600 ans un clos de vignes de quatorze arpens, où l'on recueille d'excellent vin blanc.

La Chapelle de la Madeleine, ſituée ſur cette Paroiſſe, en tirant vers Lagny, n'a été détruite que depuis l'an 1740, en conſéquence d'une Ordonnance de M. de *Vintimille*. C'étoit une eſpèce de ſuccurſale qui avoit toujours appartenu au Curé de Torigny. Un Bourgeois de Paris en a acheté le fonds pour agrandir ſa maiſon & ſon jardin.

Dammard eſt un démembrement de Torigny. *Voy.* DAMMARD.

TOURNAN. Cette petite Ville du Doyenné du vieux Corbeil, eſt ſituée à huit lieues de Paris, du côté du levant, ſur une des grandes routes de la Brie & de la Champagne, dans une vallée, ſur une petite rivière qu'on dit avoir le même nom, laquelle eſt formée par les étangs de la grande forêt qui eſt au nord, & qui, après avoir coulé environ une demi-lieue au-deſſous de cette Ville, ſe jette dans un gouffre où elle diſparoît. Tournan eſt à cinq lieues de Corbeil, à cinq ou ſix de Melun, à trois de Brie-Comte-Robert, & autant de Roſay, dans l'Election duquel il eſt renfermé. Il y a une Juſtice Royale qui reſſortit de la Prévôté & Vicomté de Paris. Il y a un grand marché tous les lundis. Le territoire eſt fertile en grains, & trop froid pour la vigne.

Il y a deux Egliſes en ce lieu, l'une dans le vieux Château, à l'occident de la Ville, & qui porte le nom de St. Denis; l'autre, au Fauxbourg du côté du levant, ſous le titre de Sainte Marie Madeleine. St. Denis eſt l'ancien Prieuré où ont demeuré les Moines de l'Abbaye de St. Maur. Depuis que l'Archevêque de Paris jouit de ce Prieuré, le Curé de la Madeleine, ancienne & unique Paroiſſe, a le pouvoir de s'en ſervir pour l'exercice de pluſieurs de ſes fonctions, comme étant plus commode pour la Bourgeoiſie renfermée dans

dans la Ville. Il ne paroît rien dans cette Eglise qui soit du temps qu'elle étoit desservie par des Chanoines.

L'Hôtel-Dieu de la Ville de Tournan subsistoit dans le siècle de St. Louis, puisqu'on lit qu'en 1269, *Anseau de Garlande*, Seigneur de ce lieu, destina cent sols de rente pour y fonder une Chapelle en la Maison-Dieu. Il existoit même une Maladrerie dès le commencement de ce siècle.

La Seigneurie de Tournan étoit tenue autrefois des Evêques de Paris. C'étoit le Prélat qui en investissoit le Seigneur, en lui remettant un anneau au doigt, en considération des foi & hommage qu'il lui devoit, & de ce qu'il devoit être l'un de ceux qui portoient le nouvel Evêque à son entrée au Siège épiscopal.

De la Barre, Historien de Corbeil, a avancé que ce fut dès le règne de Louis-le-Gros que la Prévôté de Tournan fut soumise au ressort de celle de Paris, mais cette attribution ne paroît pas devoir être si ancienne, & probablement ce n'est que depuis le 14e. siècle, auquel la Seigneurie & Châtellenie fut possédée par Philippe de Valois.

Tournan étoit en 1270, un lieu réputé à Paris pour le charbon, aussi bien qu'Ozoir : le Voyer de Paris avoit alors le droit de prendre deux sacs chaque marché, dans le nombre de ceux qu'on y amenoit.

Courcelles, Villers, Fertay & la Motte sont de la Paroisse de Tournan, de même que Armainvilliers, Combreus & la Bourgonnerie ; Grès en est un fief, &c.

Il ne reste plus du Château bâti par les *Garlande*, que des masures de deux tours quarrées, dont l'une qui est cintrée, soutient encore au premier étage une porte, ou plutôt la partie d'une porte qui paroît être du 12e. siècle. *Voy.* ROSOY. (*Election de*)

TOURNAY. (*Collège de*) Réuni avec le Collège de *Boncour* par Lettres patentes données par Louis XIII, au mois de Mars 1638, pour établir dans le Collège de Navarre une Société de Docteurs en Théologie à *l'instar de* celle de Sorbonne. On ne sait point le tems de sa fondation. Les Evêques de Tournay en faisoient leur Hôtel, & le donnerent pour en faire un Collège dont les Ecoliers venoient dans les classes de celui de *Boncour*, auquel il étoit contigu, & passoient par une porte de communication faite exprès

Tom. IV. Z z

afin qu'ils ne fortiffent point dans la rue : il ne refte plus rien de ce Collège. *Voy. t. 2. pag. 386.*

TOURNELLE CRIMINELLE. Cette Chambre n'a commencé à être une Chambre particulière du Parlement, qu'après l'an 1436, & ne fut même rendue continuelle que fous François I, en 1515. Elle a pris fon nom de ce que les Confeillers de la Grand'Chambre & des Chambres des Enquêtes y entrent *tour-à-tour*. Elle connoît par appel en dernier reffort de toutes les affaires criminelles où il s'agit de banniffement, des galères, de mort, ou de quelque peine corporelle, ce qu'on appelle le *Grand-Criminel*; à la différence du *Petit-Criminel*, où il ne s'agit que de peines pécuniaires, dont la connoiffance appartient aux Chambres des Enquêtes.

Les procès criminels des Ducs & Pairs, des Officiers de la Couronne, des Préfidens & Confeillers du Parlement, doivent être jugés, toutes les Chambres affemblées. Les Eccléfiaftiques, les Gentilshommes, & Secrétaires du Roi, peuvent demander à être jugés, la grand'Chambre & la Tournelle affemblées.

La Tournelle criminelle eft compofée de cinq Préfidents à mortier, de fix Confeillers Laïques de la Grand'Chambre & de deux de chacune des Enquêtes. Ceux de la Grand-Chambre y fervent pendant fix mois, & ceux des Enquêtes pendant trois; Meffieurs ne laiffent pas néanmoins que d'entrer & de rapporter en la Grand'Chambre ou à la Tournelle les procès dont ils font Rapporteurs.

Meffieurs les Confeillers-Clercs ne font point de fervice à la Tournelle, même lorfque la Grand'Chambre eft affemblée, foit à la Grand'Chambre, foit à la Tournelle, pour matière criminelle.

Les Audiences font le Mercredi pour les caufes dans lefquelles le miniftère de Meffieurs les Gens du Roi eft néceffaire; le Vendredi pour les caufes d'inftructions fans Gens du Roi, & le famedi pour les caufes du grand rôle, aux mêmes heures que fe tiennent les Audiences de la Grand'Chambre.

TOURNELLE (Château de la) à l'extrêmité du Quai de ce nom, près la Porte Saint-Bernard, Quartier de la Place Maubert.

C'eft le lieu où l'on dépofe les Galériens jufqu'à leur départ pour Toulon, Breft, ou Marfeille, &c. Une personne charitable a laissé en mourant six milles livres de rente pour aider à les nourrir & les soigner ; ils ne vivoient autrefois que des aumônes publiques. M. le Procureur-Général a l'administration du temporel, & le Curé de Saint Nicolas celle du spirituel. Ce fut Saint *Vincent de Paule* qui obtint du Roi en 1632 que les Galériens seroit logés dans ce Château. Il chargea les Prêtres de sa Congrégation naissante, de cette administration. En 1634 M. l'Archevêque permit de célébrer dans la Chapelle de la Tournelle la Grand'Messe les Fêtes & Dimanches, comme à la Paroisse, & alors les Prêtres de la Mission furent déchargés du soin du spirituel. Il fit accorder aux Prêtres de Saint Nicolas une rétribution annuelle qu'il n'avoit jamais demandée pour les siens. Le Concierge est nommé par le Secrétaire du Roi qui a le département de la Marine.

La *Tournelle* étoit une vieille tour quarrée bâtie par Philippe-Auguste l'an 1185, pour défendre, avec la tour de *Lauriaux* ou *Loriot*, élevée dans l'isle Saint-Louis, & celle de Billy qui étoit près des Célestins, l'entrée de la Ville de Paris des deux côtés de la Seine. On avoit attaché à chacune de ces tours de grosses chaînes qui traversoient la rivière, lesquelles étoient portées sur des bateaux plats, disposés de distance en distance.

On remarque sur le Quai de ce nom, la Communauté des Filles de Sainte Geneviève, dite des *Miramiones*. *Voy.* Geneviève Un peu plus avant, en sortant de la rue des Bernardins, est l'Hôtel de Nesmond, anciennement appellé *l'Hôtel de Tyron*, *de Bar*, *de Montpensier*, & *du Pin*. A l'extinction de la famille de Nesmond, l'Hôtel passa à *Blondi*, Danseur de l'Opéra, qui l'acheta. *Voy.* QUAY DE LA TOURNELLE.

TOURNELLE. (*Pont de la*) *Voy.* PONTS.

TOURNELLE. (*Quai de la*) *Voy.* QUAIS.

TOURNELLES. (*Palais des*) *Voy.* t. 3. p. 282, *du mot* HÔTEL.

TOURNEURS. Ce sont des Artisans qui des bois les plus bruts & des matières les plus dures, tels que le buis, le gayac, l'érable, l'yvoire, l'écaille, &c. en font

Z z ij

les ouvrages les plus agréables, les plus délicats, les mieux finis, & les plus réguliers. L'invention du tour est portée aujourd'hui au plus haut dégré de perfection. Elle est d'une très-grande antiquité. On a vu dans tous les temps l'exercice du tour passer, des Artisans, entre les mains des personnes les plus distinguées, désennuyer les solitaires, & amuser les Princes : feu S. M. Louis XV en faisoit une de ses récréations.

L'apprentissage est de quatre ans, & deux ans de Compagnonage ; le brevet coûte 24 liv. & la Maîtrise 500 liv. depuis l'Edit de 1776 ; ils sont en concurrence avec les Menuisiers-Ebénistes, & les Layetiers. Patron Sainte Anne. Bureau, rue de la Mortellerie.

Tours anciennes de Paris.

Les différentes enceintes de Paris dans ses divers accroissements, étoient flanquées de tours d'espace en espace, les principales étoient la grosse *Tour du Louvre*, près du Château du Bois. Voy. tom. 3. pag. 429.

La Tour *de Nesle* ; Voy. rue GUENEGAUD.

La Tour *de Bois* ou du *Grand-Prévôt*. Elles étoient toutes deux au bas de la Seine.

La Tour *de la Tournelle*, dont on voit encore des restes. Voy. *Tournelle*.

La Tour *de Barbeau* ou de *Billi* derrière les Célestins, ne subsiste plus : ces deux dernières étoient au haut de la rivière.

On nommoit ces tours les *Quatre tours de Paris*, parce qu'elles servoient de défense & de citadelles à cette Ville.

Autres Tours.

Tour *d'Alexandre*. Voy. tom. 1. pag. 122.

Tour de *Calvin*. Elle subsiste dans le Collège du Cardinal le Moine ; c'est où demeuroit *Jean Calvin* qui avoit fait ses études dans ce Collège, avec *Guillaume Farel*.

Tour dans le *Cimetière* des SS. Innocens. Voy. tom 2, pag. 345.

Tour dans la rue des *Deux-Portes*, entre la rue de la Verrerie & de la Tisseranderie.

Tour de *l'Ecluse*. Elle avoit été bâtie pour retenir l'eau des fossés. Charles VI, en 1391, y fit emprisonner *Hugues de Saluces*.

Tour de l'Horloge du Palais. Voy. tom. 3. pag. 703.

Tour de la *Librairie*. tom. 3. pag. 431.

Tour de *Loriaux ou Loriot.* Elle étoit élevée dans l'Isle Saint-Louis ; on y attachoit une chaîne de fer, qui aboutissoit au château de la Tournelle, & de-là à la Porte de Billi ou Barbeau ; par ce moyen l'entrée de la rivière étoit défendue. *Voy.* TOURNELLE. (*Château de la*)

Tour-neuve, étoit près du Pont des Tuileries.

Tour de *Montgommeri* au Palais, démolie en 1778.

Tour du *Pet-au-Diable*, près de l'Eglise de Saint-Jean-en-Grève.

Tour du *Temple.* Elle servoit d'arsenal.

Tour de *Windal.* Elle étoit située sur le bord de la rivière. Le Comte *de Nevers* en fut nommé Capitaine ou Concierge en 1411. On ignore cette étymologie.

TOUSSUS. Ce village que l'on a surnommé *le Noble*, sans qu'on en puisse découvrir la véritable raison, est à cinq lieues ou environ de Paris, vers le couchant d'hiver, & à une lieue & demie de Versailles vers le midi, dans le Doyenné de Château-Fort qui n'en est qu'à une demi-lieue. Sa situation est dans une plaine qui paroît fertile en froment & avoines, au sortir du parc de Versailles ; on n'y voit aucunes vignes. Il y a peu d'habitans, & le pavillon de la porte du parc de Versailles qui en est voisine, est sur le territoire de la Paroisse.

L'Eglise a pour patron Saint-Germain, Evêque d'Auxerre ; elle est tenue en fief du Duché de Chevreuse, & la Cure a toujours été à la collation pleine & entière de l'Evêque de Paris.

TRAINEL. (*Voy.* MADELAINE DE TRESNEL.

TRAITEURS. Ce sont ceux qui ont le droit de fournir des repas complets, soit en Ville ou chez eux, tenir Hôtels garnis, salles & maisons propres à faire noces & festins, &c.

Les statuts de cette Communauté sont de 1599 sous Henri IV, augmentés & confirmés par Louis XIII & Louis XIV en 1645 & 1663, enregistrés en Parlement en 1664, qui les qualifient de *Maîtres Queux, Cuisiniers, Porte-chappe, & Traiteurs à Paris.*

Pour parvenir à la Maîtrise, l'Aspirant doit faire chef-d'œuvre à ses dépens en chair ou poisson, dont sont exempts les Ecuyers-Potagers & enfans des Cuisiniers de chez le Roi, la Reine, Princes & Princesses, qui seront reçus sur la simple expofition de leurs lettres & certificats, en payant néanmoins les droits.

Par les articles 19 & 32 de leurs ftatuts, les Cuifiniers des Seigneurs, Préfidens, Confeillers au Parlement de Paris & du Procureur du Roi au Châtelet, ont le droit d'être admis fans apprentiffage, fur un certificat de fervice pendant trois ans chez leurs Maîtres, en faifant une fimple expérience & payant les droits.

Il eft défendu à tous les Maîtres, fous peine de punition exemplaire, d'entreprendre aucuns feftins ou repas en viande pendant le Carême & autres jours réfervés, fans permiffion expreffe de M. le Lieutenant-Général de Police.

L'apprentiffage eft de trois ans : le brevet coûte 35 liv. & la Maîtrife 600 liv. Ils font réunis aux Rôtiffeurs & Pâtiffiers depuis l'Edit de 1776. Patron, la Nativité de la Sainte Vierge : Bureau, Quai Pelletier.

TREMBLAY. Ce village eft ainfi nommé à caufe de la grande quantité de trembles qui couvroient autrefois ce Pays ; aujourd'hui on y cultive beaucoup de bled & autres grains, & l'ancien nom eft toujours refté. Le Tremblay eft fitué dans le Doyenné de Chelles, à cinq lieues de Paris, du côté du nord-eft ; à une petite diftance de ce Village, commence le Diocèfe de Meaux vers l'orient. Villepinte qui dépendoit anciennement du Tremblay le borne vers le midi ; du côté du couchant & du feptentrion, font les Paroiffes de Roiffy & d'Efpiers, qui font du Doyenné de Montmorency.

Le Tremblay eft partagé en deux ; le grand & le petit Tremblay. Le grand Tremblay eft le chef-lieu qui a été autrefois fortifié ; on y voit encore quelques reftes d'un ancien Château ; c'eft en ce lieu qu'eft l'Eglife principale, titrée de Saint Médard, à la voûte de laquelle fe voient les armoiries du Cardinal de Bourbon, Abbé de Saint-Denis.

Le petit Tremblay eft prefque contigu à l'autre, & a fon Eglife du titre de Saint Pierre ; mais ce n'eft qu'une fuccurfale. On y enterre, mais on n'y baptife pas ; le Vicaire du grand Tremblay y célèbre la Meffe tous les jours ; l'Eglife appartient à l'Abbaye de Saint-Denis.

Nos Rois s'étoient retenus un droit de gîte dans Tremblay ; Philippe-le-Bel y logea au retour de fon facre le 17 Janvier 1286. On a une Ordonnance de Philippe-le-Long du 30 Janvier 1316, datée de Tremblay. Il y a apparence que la route pour gagner Dammartin étoit alors ailleurs que par Roiſſy, & que vraiſemblablement on ſuivoit, au ſortir du grand Tremblay, le chemin verd fort grand & fort large qui conduit juſqu'aux environs de Villeneuve ſous Dammartin, en ſorte qu'on laiſſoit à gauche le Menil-Rance, qu'on laiſſe maintenant à droite. On compte environ deux cents feux dans les deux Tremblay, joints enſemble. Le territoire qui eſt preſque totalement en labourages, n'eſt arroſé que par une petite ſource qui s'y trouve, qu'on appelle rideau, laquelle prend ſon cours par Villepinte, Savigny, Aunay, Blancménil, & vient ſe jetter dans le Crould proche Dugny.

Il ne faut point confondre ce Tremblay avec le Tremblay, Paroiſſe du Dioceſe de Chartres, entre Montfort & Neaufle, ni lui attribuer non plus, ce qui ne convient qu'à un petit lieu, dit le Tremblay, ſur le bord de la Marne, entre Brie & le pont de Saint-Maur, & à un fief du même nom, ſitué au Fauxbourg de Corbeil, Paroiſſe Saint Germain.

TRÉSOR DES CHARTRES, (le) ou le dépôt des Titres de la Couronne, des Diplômes de nos Rois, des Traités de Paix ou d'Alliance, des Ventes, Dons, Echanges, &c. étoit placé, avant l'incendie de 1776, dans deux ſalles voûtées, qui font partie du bâtiment de la Sainte-Chapelle. *Voy. tom. 2, pag. 186.* Nos Rois avoient coutume de faire porter avec eux dans leurs voyages, leurs Titres, leurs Reliques, & tout ce qu'ils avoient de plus précieux. Ils comptoient ſans doute aſſez ſur le nombre & le courage de leurs troupes, pour ne pas craindre que ces tréſors puſſent tomber entre les mains de leurs ennemis. La valeur naturelle aux François, l'honneur qui les anime & qui guide leurs démarches & leur attachement inviolable à la perſonne ſacrée de nos Rois, devoient inſpirer cette confiance & la juſtifier. Philippe-Auguſte éprouva malheureuſement en 1195, que la ſécurité la mieux fondée eſt quelquefois dangereuſe. Il fut ſurpris à Belleſoſſe, entre Freteval & Blois, par les Anglois, qui le firent tomber dans une embuſcade; le Tréſor des Chartres fut la proie du Vainqueur, & porté en Angleterre où il eſt encore : ce Prince ordonna de le rétablir ſoit ſur les notes que la mémoire pouvoit fournir, ſoit ſur les copies des actes qu'on put recouvrer : un nommé *Gauthier le jeune* fu chargé de ce ſoin.

Depuis cette fatale époque, les Chartres ne furent plus déplacées; il y a lieu de croire qu'elles furent mises dans le Palais de nos Rois. Lorsqu'en 1307 Philippe-le-Bel alla loger au Temple, il y fit transporter les Chartres; & vers l'an 1364, on les plaça dans le dépôt où on les conserve aujourd'hui. Cette date est fixée par conjecture: le Trésor des Chartres existant dans le Palais, étoit confié à des Gardiens qui, sous les yeux du Roi, n'en répondoient qu'à lui; mais lorsque la garde en fut commise à Pierre Turpin, on l'obligea de se faire recevoir à la Chambre des Comptes: il y prêta serment le 2 Septembre 1364: on ne voit point qu'aucun de ses treize prédécesseurs ait été assujetti à cette formalité, parce qu'ils habitoient le Palais; mais la translation de ces Titres dans un lieu que Philippe-le-Bel & Louis Hutin avoient abandonné en partie pour l'administration de la Justice, exigeoit que ceux à qui la garde en étoit confiée, dependissent d'un Tribunal auquel la connoissance de ce qui concerne le Domaine étoit spécialement réservée. M. le Procureur-Général est en cette qualité Garde du Trésor des Chartres, en vertu de l'Edit du mois de Janvier 1582, enregistré au Parlement & en la Chambre des Comptes les 5 & 8 Mars de la même année. *Voy.* tom. 2, *pag.* 247 & *suiv.*

TRESOR ROYAL (*le*) est en France, ce qu'étoit autrefois à Rome l'*Ærarium Populi*: on l'appelloit ci-devant *l'Epargne*; on y apporte toutes les recettes, tant générales que particulieres, des tailles, taillon, subsistance, & enfin de tous les revenus du Roi. C'est aussi au Trésor Royal, dans lequel tous les Trésoriers établis pour la distribution des deniers du Roi, viennent prendre les sommes dont ils ont besoin pour l'administration de leurs Charges, comme pour les dépenses des Maisons Royales, pour le paiement des Troupes & Gens de guerre, pour la Marine, pour le payement de tous les Officiers, tant d'épée que de robe, & pour toute la dépense que le Roi fait dans le Royaume, tant sur terre que sur mer. Ces sommes sont tirées par les Trésoriers-Généraux des Guerres, de la Marine, le Trésorier de l'Artillerie & des Fortifications, les Payeurs des Rentes de la Maison-de-Ville, les Payeurs des Officiers des Cours Souveraines & plusieurs autres.

Le Trésorier de l'Epargne fut mis à la place de l'ancien Receveur-Général par le Roi François I. Le Roi

Henri II rendit cet Office alternatif, de sorte que de son temps il y en a eu deux. Le Roi Louis XIII y ajouta un Triennal, comme à tous les autres Offices comptables; ce Roi les appelloit Conseillers & Trésoriers de son Epargne : ceux qui possédoient ces Charges avoient des gages considérables, & trois deniers pour livre de tout l'argent qu'ils manioient, c'est-à-dire, qui entroit & sortoit de chez eux, & prenoient autant de fois ces trois deniers, que l'argent étoit rapporté & transporté de l'Epargne; ce qui montoit à de très grandes sommes.

Le Roi Louis XIV les ayant supprimés en Avril 1664, fit exercer ces Charges par commission, sous le titre de Gardes de son Trésor Royal. Mais par Edit du mois de Fevrier 1689, il éteignit & révoqua ces commissions, & créa trois de ses *Conseillers en ses Conseils, Gardes de son Trésor Royal*. Une de ces Charges fut supprimée en Février 1716, mais elle a été rétablie par Edit du mois de Janvier 1722, registré au Parlement le 25 Février suivant.

Les Gardes du Trésor Royal jouissent des honneurs, prérogatives, privilèges, franchises, exemptions, droits, rang, séance, voix délibérative au Conseil d'Etat, & direction des Finances, attribués à leurs Offices.

Le Garde du Trésor Royal paie tous les dons & gratifications que le Roi fait, ou en deniers comptans ou en assignations sur les Fermiers des Provinces.

Outre les deux Gardes du Trésor Royal, il y a un Receveur Général des Revenus casuels & deniers extraordinaires de S. M. deux Gardes des Regîtres du Contrôle-Général des Finances en exercice pair & impair, & deux Conservateurs des saisies & oppositions faites au Trésor Royal.

Les oppositions au Trésor Royal se forment sur les Offices supprimés sur tous Fermiers & Traitans, pour raison de leurs avances : pour vente & échange avec le Roi dans le cas de remboursement au Trésor Royal : sur les successions des Officiers Militaires de la Maison du Roi, Académiciens, & généralement tous ceux qui ont des pensions, gages, appointemens & récompenses à toucher au Trésor Royal, pour ce qui est dû au jour du décès seulement, &c. &c. &c.

Outre les Trésoriers dont on vient de parler, il y en a encore sous la dénomination de Trésoriers des Deniers Royaux.

1°. Tréforier des offrandes, aumônes, dévotions & bonnes œuvres de Sa Majefté.
2°. Deux Tréfories-Généraux de la Maifon du Roi. *Alternatif.*
3°. Trois-Tréforiers de la Chambre aux deniers. *Triennal.*
4°. Tréforier de l'argenterie, des Menus-Plaifirs & affaires de la Chambre du Roi.
5°. Tréforier-Général des Ecuries & Livrées de Sa Majefté.
6°. Tréforier de la Prévôté de l'Hôtel, *ancien, Triennal & Alternatif.*
7°. Tréforier de la Vénerie, Fauconnerie & toiles de Chaffe.
8°. Tréforier-Sécrétaire de la Vennerie & grande Louveterie.
9°. Tréforiers-Généraux de l'ordinaire des Guerres, de la Gendarmerie & des Troupes de la Maifon du Roi. *Alternatif, année pair & impair.*
10°. Tréforiers-Généraux de l'Extraordinaire des Guerres. *Alternatif, anneé pair & impair.*
11°. Tréforiers-Généraux de l'Artillerie & du Génie. *Alternatif, année pair & impair.*
12°. Tréforiers-Généraux des Maréchauffées de France. *Alt. idem.*
13°. Tréforiers-Généraux de la Marine, & des Colonies Françoifes dans l'Amérique. *Idem.*
14°. Tréforier-Général des Invalides de la Marine.
15°. Tréforier-Général des Gratifications des Troupes.
16°. Tréforier de la Caiffe des arrérages, établie par Edit de Decembre 1764.
17°. Tréforier de la Caiffe-générale d'amortiffemens pour le remboursement des dettes de l'Etat, en exécution de l'Edit de Décembre 1764.
18°. Tréforier-Payeur des Rentes perpétuelles & viageres, créées par Edit de Mai 1761, fur l'Ordre du Saint-Efprit.
19°. Tréforiers-Payeurs des Charges, affignées fur les Fermes.
20°. Tréforier-Général de la Police.
21°. Tréforiers-Généraux des Pays d'Etats, *quatre.*
22°. Tréforiers-Généraux des Ligues Suiffes & Grifons. *Alt. & trien.*
23°. Tréforiers-Généraux des Ponts & Chauffées de France. *Alt. & quat.*

24°. Trésorier-Général des Turcies & levées.
25°. Trésorier-Général du Barrage & de l'entretenement du pavé de Paris.

Sa Majesté Louis XVI, par son Edit donné à Versailles au mois de Novembre 1778, vient de supprimer divers Offices de Trésoriers & Contrôleurs, & créer une Charge de Trésorier-Payeur-Général des dépenses du Département de la Guerre, & une Charge de Trésorier-Payeur-Général des dépenses du Département de la Marine. Cet Edit registré en la Chambre des Comptes le 19 dudit mois & an, comprend les dix articles suivans.

ART. I. A compter de la fin de l'Exercice courant, nous avons éteint & supprimé, éteignons & supprimons tous les Offices ci-après: savoir;

Les Offices des deux Trésoriers de l'Ordinaire des Guerres, de la Gendarmerie & des Troupes de notre Maison; les quatre Offices de Contrôleurs desdit Trésoriers: les deux Offices de Trésoriers Généraux de l'Extraordinaire des Guerres; les six Offices de Contrôleurs Généraux desdits Trésoriers: les deux Offices de Trésoriers Généraux de l'Artillerie & du Génie; les deux Offices de Contrôleurs Généraux desdits Trésoriers: les deux Offices de Trésoriers Généraux des Maréchaussées; les deux Offices de Contrôleurs desdits Trésoriers: l'Office de Trésorier Général des Gratifications des Troupes: les deux Offices de Trésoriers Généraux de la Marine & des Colonies; les deux Offices de Contrôleurs Généraux desdits Trésoriers.

II. Les Officiers ci-dessus supprimés seront tenus de remettre incessamment à notre Conseil les Quittances de finances, provisions & autres titres de propriété de leurs Offices, pour être procédé en notredit Conseil à la liquidation desdites finances, & pourvu à leur remboursement en deniers comptans; lequel remboursement sera effectué; savoir, celui des Trésoriers en trois paiemens égaux par tiers; savoir, le premier après le Jugement, le second après l'apurement, & le dernier après la correction des comptes des exercices de leursdits Offices de la présente année 1778, & des années antérieures; & celui des Contrôleurs, après le rapport du certificat des Gardes des registres de notre Chambre des Comptes, comme ils auront déposé au Greffe de ladite Chambre les registres de leur contrôle pour l'Exercice 1778 & des années antérieures.

III. Lesdits Officiers supprimés jouiront, à compter du premier Janvier de l'année prochaine 1779, des intérêts sur le pied de cinq pour cent sans retenue, du montant de la liquidation des finances de leurs Offices: Voulons qu'ils soient payés exactement desdits intérêts par les Gardes de notre Trésor royal, jusqu'au remboursement de leursdites finances; à la charge toutefois par eux, avant d'exiger aucune partie desdits intérêts, d'avoir fourni l'état exact de leur situation.

IV. Pour remplir les fonctions des Trésoriers que nous avons supprimés, nous créons & instituons un Office de Trésorier-payeur-général des dépenses du département de la Guerre, & un Office de Trésorier-payeur-général des dépenses du département de la Marine.

V. Nous avons fixé la finance de chacun de ces Offices à un million, laquelle somme sera versée directement à notre Trésor-Royal, & nous y avons attribué & attribuons des gages à raison du denier vingt du montant de ladite finance, & un traitement fixe de trente mille livres; lesquels gages & traitement seront exempts de toutes retenues quelconques.

VI. Jusqu'à ce qu'il en ait été par nous autrement disposé, tous les frais, sans exception, même ceux de centième denier, seront passés en dépense, d'après le réglement qui en sera fait par l'Administrateur général de nos finances, ainsi que l'indemnité qui pourroit être due auxdits Trésoriers pour telle partie des pertes accidentelles provenant des fonctions de leurs Offices, qui sera par nous plus particuliérement désignée.

VII. Il y aura un Contrôleur commis par nous pour chacun desdits Trésoriers, & nous pourvoirons sur notre Trésor Royal à la gratification que nous jugerons à propos de leur accorder.

VIII. Exemptons les nouveaux Titulaires, pour cette fois seulement, de tous droits qui pourroient nous être dûs relativement à leur réception auxdits Offices; & voulons que les droits à nous payés par ceux des Trésoriers supprimés qui ont été pourvus de leurs Offices dans le cours de la presente année, leur soient remboursés.

IX. Il sera tenu par lesdits Trésoriers, des chapitres particuliers pour telles parties que nous jugerons à propos de faire séparer & distinguer, & notamment pour le quatrieme denier destiné aux gratifications des troupes.

X. Nous pourvoirons par des réglemens particuliers à

la comptabilité générale des Tréforiers, & aux autres objets fur lefquels nous ne nous fommes pas expliqués par notre préfent Edit. SI DONNONS EN MANDEMENT à nos amés & féaux Confeillers les Gens tenant notre Chambre des Comptes à Paris, que notre préfent Edit ils aient à faire lire, publier & regiftrer, & le contenu en icelui, garder, obferver & exécuter felon fa forme & teneur : CAR TEL EST NOTRE PLAISIR ; & afin que ce foit chofe ferme & ftable à toujours, nous y avons fait mettre notre fcel. DONNÉ à Verfailles, au mois de Novembre, l'an de grâce mil fept cent foixante-dix-huit, & de notre regne le cinquième. *Signé*, LOUIS *Et plus bas*, Par le Roi *Signé*, AMELOT. *Vifa* HUE DE MIROMÉNIL. Vu au Confeil, PHELYPEAUX. Et fcellé du grand fceau de cire verte, en lacs de foie rouge & verte.

TRESORIERS DE FRANCE. (*les*) *Généraux des finances, & Grands Voyers en la Généralité de Paris* ; cette Compagnie eft préfentement compofée de deux Chambres qui font le Bureau des Finances, & la Chambre du Domaine.

Charles VIII avoit érigé à Paris, par fon Edit du mois d'Août de l'an 1496, la Chambre du Tréfor, pour connoître de toutes les affaires du Domaine, dans l'étendue de la Prévôté de Paris, & des huit Bailliages des environs. Le Roi, par Edit du mois de Mars de l'an 1693, fupprima les Officiers de cette Chambre, & incorpora cette Jurifdiction à la Compagnie des Tréforiers de France de Paris, & étendit fon reffort dans toute la Généralité.

Cette Compagnie eft aujourd'hui compofée d'un premier Préfident, créé par Edit du mois de Mars de l'an 1691, d'un fecond Préfident, de trente-trois Tréforiers, de deux Avocats & deux Procureurs du Roi ; les quatre plus anciens Tréforiers font Préfidens, mais ils n'ont rang qu'après les deux de nouvelle création.

Les Préfidens & les Tréforiers fervent par féméftre dans chacune des deux Chambres. Ils commencent par fervir fix mois dans le Bureau des Finances, & le féméftre fuivant dans la Chambre du Domaine. Les féméftres des deux premiers Préfidens commencent en Janvier & en Juillet ; celui des Tréforiers en Avril & en Octobre. Les Gens du Roi font fixes dans les Chambres ; il y a un Avocat & un Procureur du Roi dans chacune. Le Bureau de Finances eft dans la Cour du Palais, & la Chambre du Domaine ou du Tréfor, dans la grand'falle du Palais.

TRIANON. (*le Château de*) C'eft un petit Palais du

Roi, situé dans le parc de Versailles, à droite de l'extrémité de la croisée du grand canal; il a été construit par *Robert de Cotte*, sur les desseins de *Jules Hardouin Mansart*, qui a déployé tout ce que la fécondité de son génie lui a pu suggérer pour manifester la richesse & le bon goût du Monarque puissant (Louis XIV) dont il avoit la confiance, & dont il secondoit les vues & les desirs. La construction à l'Orientale est des plus élégantes. Son péristile est composé de vingt-deux colonnes de marbre, dont quatorze rouge & huit de verd campan avec bases & chapiteaux ioniques. La façade de ce Bâtiment n'a qu'un rez-de-chaussée. Entre les croisées règnent des pilastres de même matière & du même ordre : le comble à la Romaine est terminé par des balustres, ornés de distance en distance par des grouppes d'une belle exécution.

A l'égard de l'intérieur, on y remarque sur-tout les tableaux suivans. Dans la première pièce, deux danses de Nymphes, par *Blanchard*; dans la seconde, Venus à sa toilette, & Mercure, par *Boulogne l'aîné* : les dessus-de-porte, peints par le même, représentent l'Amour Sculpteur, & une femme à qui quatre autres font des présens : ceux qui ont pour sujet Vénus & Adonis, Venus, l'Amour & l'Hymen, sont de *Louis Boulogne*; en face de la cheminée de cette pièce, est le portrait du Comte de Toulouse, sous la forme de l'Amour endormi, peint par *Pierre Mignard*. *Michel Corneille* a fait les deux tableaux, dont l'un représente le Jugement de Midas, & l'autre le Dieu Mars. Les quatre dessus-de-porte de la troisième pièce, représentent Mercure qui coupe la tête à Argus, Junon menaçant Yo en présence de Jupiter, Diane, Endymion & Mercure qui endort Argus; les deux premiers sont de *Verdier*, les deux autres du *Houasse*; sur la cheminée est un tableau du même, représentant Morphée s'éveillant à l'approche d'Iris. Celui où Junon, Hercule & Pallas sont représentés sacrifiant à Jupiter, est de *Noël Coypel*: la quatrième pièce est ornée, entre les croisées, d'une Latone, peinte par *Marot*. Les dessus-de-porte représentent l'un, Diane environnée de Nymphes; l'autre, Clytie avec le Soleil; ils ont été faits par *la Fosse* : sur la cheminée, Apollon & Thétis, du même Peintre. Le salon suivant est décoré de quatre vues de Versailles, par *Martin*, de deux petits tableaux ovales, où sont des enfans, par *Jouvenet*; Vertumne & Pomone, Zéphire & Flore, par *Bertin*. *Houasse* a contribué à la décoration du salon suivant, par trois

Tableaux; le premier est Alphée & Aréthuse; le second, Cyane métamorphosée en fontaine; & le troisième, le beau Narcisse métamorphosé en fleur. On y voit en outre des vues de Versailles, par *Martin*, qui excelloit en ce genre de peinture. La galerie que l'on voit ensuite, ainsi que la salle du billard, sont ornées des plus belles vues de Versailles & de Trianon, des jardins & de leurs bosquets; ces tableaux sont de *Martin*, *Collette* & *Allegrain*.

Les appartemens de Monseigneur le Dauphin sont de l'autre côté du péristile; la premiere piece est décorée d'un Saint Luc & d'un Saint Matthieu, deux tableaux *de Mignard*; on voit dans la seconde Saint Marc, par *de la Fosse*; dans la troisième, ornée de glaces, est un Saint Jean, peint par *le Brun*. Ces quatre Evangelistes sont très-estimés & méritent certainement de l'être, par leur belle composition; les tableaux de fleurs qui se voient dans les appartemens, sont *de Fontenay*, dont le talent est si connu dans ce genre; les vases d'or ou de porcelaine qu'il a peints, ont autant de vérité que ses fleurs, & font la plus agréable illusion: à l'égard des fruits, ils sont de *Baptiste*, qui les peignoit avec le plus grand succès.

Parmi les divers morceaux de sculpture qui décorent les jardins, plantés sur les dessins *de le Nôtre*, on remarquera le grouppe de Laocoon fait d'après l'antique, par *Tuby*; dans la salle de verdure, dite des vases, on en voit deux dont les bas-reliefs ont été faits par *Girardon*; leur fini & leur délicatesse feront admirer, à coup sûr, le ciseau de cet Artiste.

La cascade, ou buffet est un morceau remarquable, tant pour la beauté de son architecture, que pour l'exécution des ornemens en métal fondu & doré. Les bassins sont ornés de grouppes faits par les plus excellens Maîtres, tels que *Girardon*, *Marsy*, *Tuby*, &c. Les jets-d'eau qui en sortent sont très multipliés, & font un ensemble qui rend ce jardin un séjour enchanté.

Le parterre des fleurs terminé par un portique & des volières, est situé du côté de l'aîle méridionale du Château; la multitude infinie de fleurs de toute espèce, suivant la saison, fait le coup-d'œil le plus charmant.

Rien n'est plus galant, ni plus magnifique que ce séjour; on a coutume de caractériser ainsi les trois principaux jardins plantés par Louis XIV. Versailles est recommandable pour les eaux, Marly pour les arbres, & Trianon pour les fleurs.

Le petit Trianon, qui maintenant appartient à la Reine, est un pavillon construit à la romaine, d'une forme quarrée, dont un ordre corinthien fait la décoration extérieure; les colonnes & pilastres sont cannelés dans toute leur hauteur; l'intérieur est galamment orné de tout ce qui peut être utile & agréable; le goût le plus délicat a présidé à toute la confection de cet édifice. S. M. vient de faire planter le jardin dans le goût chinois que nous nommons *à l'Angloise*; les sites pittoresques & variés de la nature y sont heureusement peints en raccourci, & l'art ne s'y fait sentir que pour ajouter à l'illusion d'un agréable paysage : on y voit aussi des berceaux & des péristiles en treillages, dont l'aspect est le plus riant, deux statues les décorent; l'une est la maladie, & la santé; le fini de leur exécution les fait singulièrement admirer des connoisseurs. Le petit Trianon a été construit sur les dessins fournis par M. Gabriel, premier Architecte de S. M.

TRINITÉ. (*Hôpital de la*) *Voy*. tom. 3. pag. 242.

TRINITÉ. (*Filles de la*) *Voy*. MATHURINES.

TROUS ou les *Troues*. Village du Doyenné de Châteaufort, à huit lieues ou environ de Paris vers le sud-ouest, & à une petite lieue de Chevreuse; il est situé dans la plaine au dessus de la montagne qui fait face à cette Ville vers le midi; c'est un Pays où l'on ne recueille que des grains, & il est sans vignes; on n'y voit que trente feux tout au plus.

L'Eglise est sous le titre de Saint Jean l'Evangéliste : l'ancienne étoit sous celui de Saint-Baptiste. La Cure est à la nomination de M. l'Archevêque.

Montabé est devenu un Hameau de cette Paroisse depuis 1621; autrefois il dépendoit du Prieuré-Cure de Saint-Paul-des-Aunais, qui appartient aux Religieux de Saint-Victor, & qui a été simplifié en 1621 par M. de Gondi.

TROUSSEAU, Fief fort étendu de la Paroisse de Ris. Il relève du Domaine de Vaux-le-Villars; il est un peu plus loin de Ris que n'en est Fromond.

TUILERIES (*Palais des*) *Voy*. tom 3, pag. 720.

UNION

U N I

U

UNION CHRÉTIENNE (*les Filles de l'*) *Voy*. FILLES DE ST. CHAUMOND, *tom. 3., pag. 34.*

UNION CHRÉTIENNE. (*la petite*) Cet établissement est encore dû aux soins de M. *Le Vachet*, qui engagea M. & Madame *Berthelot*, par contrat du 13 Mai 1682, à faire une donation entre-vifs aux Filles de l'Union Chrétienne de Charonne, de leur maison sise rue de la Lune, & des meubles, lits & ustensiles qui s'y trouvoient. Ce don fut ensuite confirmé par des Lettres-Patentes du mois de Février 1685, enregistrées au Parlement le 5 Février 1686, & à la Chambre des Comptes le 4 du même mois de l'année suivante. Cette Communauté s'est toujours soutenue depuis, & devient tous les jours plus utile aux filles persécutées par leurs parens pour s'être converties, & à celles qui cherchent à se mettre en condition, ne trouvant point d'asyle ; elles y reçoivent les secours nécessaires. Sainte-Anne est la Patrone titulaire de la Maison.

UNIVERSITÉ. C'est au Roi Charlemagne que la France doit l'établissement de l'Université de Paris. Deux Moines Ecossois ayant annoncé dans leurs prédications qu'ils avoient des leçons de science à donner, inspirèrent à ce Prince le desir de vérifier ce qu'ils disoient ; il les manda, & après s'être convaincu de leurs talens, il permit à l'un deux nommé *Clément*, de s'établir à Paris, avec promesse de le charger de l'instruction de la jeunesse ; pour cet effet, il fonda des Ecoles publiques convenables aux différens genres d'arts & de sciences qu'on y devoit enseigner, & mit les Etudians en possession des privilèges nécessaires aux progrès des sciences & au maintien de cet établissement : voilà la première origine de l'Université de Paris.

L'estime dont ce Prince honoroit les Sçavans, attira dans ce même temps en France, un célèbre Anglois, nommé *Alcuyn*. La double réputation qu'il avoit d'être également bon Philosophe & grand Théologien, le fit recevoir honorablement à la Cour, & ce fut à sa sollicitation que Charlemagne, dans la suite, transféra l'Université de Rome à Paris ; elle eut d'abord quatre principaux Chefs, sçavoir *Alcuyn*, *Rabanus*, *Claude* & *Jean le Scot* ou *l'Ecossois*, tous quatre Disciples de *Bede le Vénérable* : on doit donc regarder Charlemagne comme le Restaurateur des sciences en France, & l'on peut dire que c'est à ses soins & à son goût pour les Arts, que l'Univers est redevable

TOM. IV.   A a a

d'une partie des grands hommes qui l'ont éclairée par le concours extraordinaire d'Etrangers que l'Univerſité a de tous temps raſſemblés dans ſes Ecoles.

L'Univerſité eſt un des premiers & des plus illuſtres Corps du Royaume ; elle a été établie en 790, & a été long-tems la ſeule en France : c'eſt d'elle que les Rois ont toujours pris des perſonnes éclairées pour remplir les premières places de l'Egliſe & de l'Etat. Ils la qualifient auſſi du titre de leur *Fille aînée*.

L'Univerſité eſt compoſée des quatre Facultés ; de *Théologie*, *des Droits Canon & Civil*, *de Médecine & des Arts*.

Son Chef eſt appellé *Recteur*; il préſide au Tribunal de l'Univerſité qui ſe tient le premier ſamedi de chaque mois : il a pour Conſeillers, les Doyens des Facultés de Théologie, de Droit, & de Médecine, & les quatre Procureurs des quatre Nations qui compoſent la Faculté des Arts : le Procureur-Syndic y aſſiſte comme Partie publique avec le Greffier & le Receveur ; ce Tribunal ſe tient actuellement au Collège de Louis-le-Grand (autrefois il ſe tenoit chez le Recteur). Le Greffe & les archives y ſont placés comme étant le chef-lieu de cette Compagnie. En 1461, les Ecoliers y étoient déjà en ſi grand nombre de toutes les Provinces du Royaume, & des autres Royaumes de l'Europe, que le Recteur offroit d'en amener vingt-cinq mille aux obſèques de Charles VII.

Pour procurer l'inſtruction gratuite, le Roi en 1719 lui a aſſigné cent vingt-un mille livres de rente par an ſur la ferme des Poſtes, dont elle eſt l'inventrice, auſſi bien que des Meſſageries. *Voy. tom.* 2, *pag.* 374.

Le Recteur étoit autrefois ſi puiſſant, que l'an 1490 le Chancelier *Guillaume de Rochefort* ayant voulu lui ôter ſes privilèges & ceux de l'Univerſité, le Roi fut obligé de les rétablir, parce que *Jean Cave*, pour lors Recteur, avoit défendu les leçons aux Profeſſeurs, les viſites des malades aux Medecins, & les Sermons aux Prédicateurs. L'habit de cérémonie du Recteur eſt une robe violette, une ceinture de ſoie de même couleur, avec des glands ſoie & or ; un fort beau cordon violet paſſé en baudrier de gauche à droite, d'où pend une bourſe à l'antique, appellée *Eſcarcelle*, de velours violet, garni de boutons & galons d'or, avec un mantelet d'hermine ſur les épaules & un bonnet quarré violet.

Le Recteur eſt élu quatre fois l'an, & a l'honneur de haranguer le Roi au nom de l'Univerſité, dans la cérémonie de la préſentation du cierge à la Chandeleur, & dans les événemens extraordinaires, comme entrées solemnelles, mariages, mort de Reine, avénement à la Couronne, naissances, mariages & morts des enfans de France, &c.

La procession du Recteur se fait quatre fois l'an ; & dans ces occasions, il est toujours accompagné de huit Massiers ou Bedeaux, qui portent devant lui des masses ou bâtons à tête garnie d'argent, tels qu'on en porte devant le Roi, & devant le Chancelier de France. *Voy.* Procession du Recteur.

Les armes de cette Université sont une main qui paroît descendre du Ciel, laquelle tient un livre entouré de trois fleurs de lys d'or à fond d'azur.

La Faculté des Arts a pour objet la Grammaire latine & grecque, la Réthorique & la Philosophie, que l'on enseigne dans les dix Collèges de l'Université qui sont appellés de plein exercice. Cette Faculté est composée de quatre Nations.

1°. La Nation de *France* a pour épithète, *honoranda Gallorum Natio*, & est divisée en cinq Tribus ou Provinces. *Voy.* Arts. (*Faculté des*).

2°. La Nation de *Picardie*, *fidelissima Picardorum Natio*, est aussi divisée en cinq Tribus. *Voy. ibid.*

3°. La Nation de *Normandie*, *veneranda Normanorum Natio*, ne s'étendant point au-delà de cette Province, n'est point divisée en Tribus. *Voy. ibid.*

4°. La Nation d'*Allemagne*, *constantissima Germanorum Natio*, est distinguée en deux Tribus, dont la première est celle *des Continents*, & la seconde, celle *des Insulaires*. La Tribu des Continents est composée de deux Provinces, dont la première comprend la Bohême, Constance, la Pologne, la Hongrie, la Bavière, Mayence, Trèves Strasbourg, Lausane, le Danemarck, la Suisse, Basle, &c. La seconde Province renferme l'Electorat de Cologne, la Hollande, la Prusse, la Saxe, la Lorraine, & une partie des pays d'Utrecht & de Liège, dont l'autre partie est de la Nation de Picardie, suivant l'accord qui fut fait entre les Nations, l'an 1358, par lequel elles convinrent que la Meuse & la Moselle sépareroient les Picards des Allemands, & les Allemands des François. La Tribu des Insulaires comprend l'Ecosse, l'Angleterre & l'Hibernie : ces quatre Nations n'ont commencé à être distinguées que vers l'an 1250.

Chaque Tribu ou Province a un Doyen qui est le plus ancien Régent ; & chaque Nation a ses Officiers particuliers qui sont un *Procureur*, un *Censeur* & un *Questeur*, dont

A a a ij

l'Election se fait tous les ans. Les Procureurs des Nations, & les trois Doyens des autres Facultés, composent le Tribunal de l'Université, & les séances de ce Tribunal se tiennent, comme on l'a dit, au Collège de Louis-le-Grand, tous les premiers samedis de chaque mois; & toutes les fois qu'il y a des contestations à juger entre les Suppôts de l'Université, les appellations des Jugemens de ce Tribunal sont portées au Parlement.

La Faculté de Théologie de Paris est composée de Docteurs qui sont de quelque Société particulière, & de Docteurs *Ubiquistes* qui ne sont d'aucune Société : ceux qui sont de la Maison & Société de Sorbonne, doivent avoir enseigné avant, ou pendant leur licence, un cours de Philosophie dans un Collège de l'Université ; la Maison & Société de Navarre n'est pas moins fameuse, &c. *Voy.* THEOLOGIE. (*Faculté de*) Le Collège de Sorbonne fut fondé l'an 1252 par *Robert Sorbon*, Confesseur du Roi Saint Louis, & rebâti par les libéralités du Cardinal de Richelieu ; il y a dans ce Collège 36 logemens, pour autant de Docteurs qui sont de la Maison & Société de Sorbonne, & dont le plus ancien s'apelle *Sénieur*. Six Professeurs en Théologie y font tous les jours des leçons publiques. Les Docteurs choisissent toujours un Prélat distingué par son rang & par son mérite, pour être Proviseur de cette Maison. *Voy.* SORBONNE.

Le Collège de Navarre a été fondé par *Jeanne*, Reine de Navarre & femme de Philippe-le-Bel, Roi de France. *Voy. tom.* 2, *pag.* 385. On enseigne dans celui-ci les Humanités, la Philosophie & la Théologie. Il y a quatre Professeurs pour la Théologie, & une Société de Docteurs comme en Sorbonne. Les Religieux qui sont du Corps de l'Université, ont dans leurs Couvens des Professeurs en Philosophie & en Théologie, pour instruire les Etudians de leur Ordre qui aspirent à prendre des degrés dans l'Université de Paris. Cette Faculté a un Doyen qui est le Chef & le Président & un Syndic.

La Faculté de Droit est aussi ancienne que l'Université : à peine un ancien exemplaire des Pandectes de Justinien eut été trouvé dans le Royaume de Naples vers l'an 1130, que Wernher l'expliqua à Boulogne en Italie ; & de cette Ecole sortit un essain de Jurisconsultes, qui se répandirent dans toute l'Europe. Paris fut le premier lieu où ils enseignèrent leur doctrine. *Rigord* nous assure que sous Louis le jeune, l'affluence des Ecoliers étoit plus grande à Paris qu'elle n'avoit jamais été, soit à Rome, soit à Athènes, ou à Alexandrie. Ce même Historien parle nommément du Droit Canon & Civil, comme d'une science qu'on enseignoit pour lors publiquement à Paris : le Droit Civil fut d'abord tellement à la mode, que les Ecclésiastiques & les Religieux abandonnoient pour l'étudier ou l'enseigner, les uns, le service de leurs Eglises, les autres, de leurs Monastères, & presque tous, l'étude de la Théologie : ce fut pour remédier à ce désordre, que le Concile de Tours, où présida le Pape Alexandre III, l'an 1163, fit défense aux Religieux Profès de sortir de leurs cloîtres pour aller lire, soit la Médecine, soit le Droit Civil ; & si ceux qui en étoient sortis n'y retournoient dans deux mois, il ordonna qu'on les fuiroit comme des Excommuniés ; qu'on ne les recevroit point à plaider aucune cause, & qu'étant de retour dans leurs Couvents, ils feroient les derniers en toute chose, sans pouvoir être promus aux Ordres Ecclésiastiques, ni aux dignités du Saint Siège qu'avec dispense. C'est le sens du Canon 8 de ce Concile, rapporté sous le titre des Décrétales: *ne Clerici vel Monachi secularibus negotiis se immisceant.*

Une Décrétale du Pape Honorius III, dont les ennemis de la Faculté de Droit de Paris se sont plus d'une fois servi contre elle, est de l'an 1219, & commence par les mots, *super specula* ; elle est rapportée sous le titre des Décrétales, *de privilegiis* ; elle est adressée au Chapitre de l'Eglise de Paris, & aux autres Prélats demeurans à Paris, & veut que *personne ne s'immisce d'enseigner, ou de ouir le Droit Civil à Paris.* Les autres Facultés de Droit, jalouses de la gloire de celle de Paris, prennent le terme de *personne* dans la signification la plus étendue qu'il puisse avoir, au lieu qu'il ne doit ici s'entendre que des Ecclésiastiques, des Moines & des Religieux. Cette dernière interprétation est fondée sur la suscription de cette Décrétale, qui est adressée *au Chapitre de l'Eglise de Paris, & aux autres Prélats demeurans à Paris*, au lieu que si le Pape Honorius avoit voulu obliger toute sorte de gens indifféremment à s'abstenir de la lecture du Droit Civil dans Paris, il eût sans doute adressé la Constitution au Roi ou aux Magistrats qui la pouvoient faire observer par les Laïques. D'ailleurs il est constant que le Pape n'ayant point de Jurisdiction temporelle hors des terres de l'Eglise, ces défenses de lire & d'étudier le Droit Romain ne pouvoient être valablement faites par Honorius dans les terres d'un autre Prince ; aussi ne discontinua-t-on point pour lors d'enseigner le Droit Civil à

Paris: comme il eſt aiſé d'en rapporter pluſieurs preuves on ne rapportera ici que l'acte de ſerment prêté à la Reine Blanche, mère de Saint Louis, en qualité de Régente, par l'Univerſité de Paris, & particulièrement par les Docteurs-Régens en Droit, qui promirent de faire faire le même ſerment aux Ecoliers qui entendroient l'explication des Loix & des Décrétales. Cet acte eſt de l'an 1251, c'eſt-à-dire, 32 ans après la Conſtitution d'Honorius, & 22 ans après la publication des Décrétales de Grégoire IX. Il eſt vrai qu'il ſe trouve un Arrêt du Parlement de Paris, du 7 Juin 1572, rendu à la requête des Docteurs d'Orléans, de Poitiers & d'Angers, qui défend à ceux de la Faculté de Paris de graduer en Droit Civil; mais cet Arrêt fut rendu par défaut, & il n'y avoit en ce temps-là que deux Docteurs-Régens en cette Faculté, dont la foibleſſe fut apparemment la véritable cauſe de l'Arrêt. Auſſi eſt-il certain que les Docteurs-Régens de Paris ne laiſsèrent pas de graduer en Droit Civil après cet Arrêt, qui ſans doute ne leur fut point ſignifié. Les Profeſſeurs de la Faculté d'Orléans voyant que cet Arrêt ne leur avoit pas réuſſi, eurent recours à l'autorité du Chancelier, *de Chiverni*, Gouverneur d'Orléans, qui avoit beaucoup d'inclination pour leur Communauté. Ce Chef de la Juſtice fit inſérer dans l'Ordonnance qui fut publiée au mois de Mai 1579, un article, qui défend *aux Docteurs-Régens de Paris, tant de lire que de graduer en Droit Civil;* cette Ordonnance fut dreſſée ſur les Cahiers des Etats tenus deux ans auparavant à Blois; c'eſt pourquoi on l'appelle *l'Ordonnance de Blois*: mais cet article qui eſt le 69, n'y eût point trouvé de place, ſi on eût ſimplement ſuivi les Cahiers de ces Etats, dans leſquels il n'en eſt fait aucune mention, quoique la Faculté de Droit de Paris continuât toujours de graduer en Droit Civil. Cette Ordonnance néanmoins y introduiſit le relâchement, & diminua conſidérablement le nombre des Etudians; mais cette Faculté ayant été rétablie par Louis-le-Grand en 1679, elle eſt devenue la plus célèbre du Royaume, & même de l'Europe *.

Tout Profeſſeur qui a régenté pendant vingt ans dans cette Faculté, prend la qualité de *Comes*, qui ne veut dire

---

* Extrait d'un Traité des véritables & juſtes prérogatives de la Faculté de Droit de Paris, imprimé à Paris en 1665.

autre chose que *Comes Consistorianus*, c'est-à-dire, Conseiller d'Etat ; qualité qui ne se donneroit point en françois, & qui cependant lui attribue le droit de se faire expédier des Provisions de Conseiller Honoraire au Châtelet. *Voy.* DROIT. (*Faculté des*)

La Faculté de Médecine, si l'on pouvoit compter sur la fidélité des dates qu'on trouve dans les Lettres de Guy-Patin, seroit, la plus ancienne des quatre qui composent l'Université de Paris. Ce Médecin dit dans la 158e. Lettre du Recueil de celles qu'il a écrites aux sieurs *Belin*, Médecins à Troyes, qu'il a vu *un titre* dans le grand coffre, où sont quantité de vieux papiers de la Faculté de Médecine, qui porte, nouvelle confirmation des Privilèges de la Faculté de Médecine de Paris de l'an 1132. Ce titre est d'autant plus surprenant, qu'il est relatif à de plus anciens. Il faudroit avoir la liberté de fouiller dans les Archives de cette Faculté, pour remonter jusqu'aux titres où ces anciens privilèges sont contenus ; il n'y a qu'un Médecin accrédité dans la Faculté, qui puisse vérifier ce point d'histoire, & jusqu'ici aucun ne l'a fait, du moins que l'on sache. De la date de ce titre que Patin avoit vû, il nous transporte tout d'un coup à l'an 1009 ; car il dit dans la cinquante-deuxième Lettre du premier tome de ses Lettres choisies, qu'ayant été élu Doyen de la Faculté le 5 de Novembre 1650, un de ses amis lui mit entre les mains un vieux registre de leurs Ecoles en lettres abrégées, & presque gothiques, de l'année 1390 ; qu'ayant prêté ce manuscrit à M. *Riolan*, celui-ci avoit trouvé qu'il y étoit fait mention d'un testament de l'an 1009, par lequel un homme légua à la Faculté un manuscrit de Médecine qu'il avoit de *Galien*, *de usu partium*. Ce legs, ajoute Patin, est d'autant plus de conséquence, qu'il prouve contre ceux qui en voudroient douter, qu'en cette année-là, & auparavant, il y avoit une Faculté de Médecine à Paris. Tout cela peut être, ainsi que Patin l'a dit, mais avant que de rien assurer là-dessus, il faudroit avoir vu & avoir examiné l'authenticité de tous ces titres.

La Faculté de Médecine de Paris s'étoit conduite avec tant de régularité, que lorsque le Cardinal *d'Estouteville* fut nommé pour réformer l'Université de Paris en 1452, il trouva fort peu de chose à reprendre dans cette Faculté. Quelque tems après cette réformation, la Faculté de Médecine ne voulant plus tomber dans le moindre relâchement, rassembla tous les statuts qui la regardoient, tous ceux qui étoient contenus dans le livre des Réglemens & des Statuts de l'Université, que ceux qui étoient dispersés de côté & d'autre, soit qu'ils eussent été rédigés par écrit, ou non, en fit de nouveaux, & en composa un corps de soixante-sept articles qui furent approuvés & registrés en Parlement le 3 de Septembre de l'an 1598, & publiés dans l'assemblée de l'Université tenue le 18 du mois Septembre de l'an 1600. Comme on s'apperçut bientôt que ces statuts n'étoient point suffisans, la Faculté en dressa d'autres compris en vingt-quatre articles, qui furent ajoutés aux précédens par la Chambre des Vacations, par Arrêt rendu le 25 Septembre de la même année, pour être gardés & observés conformément à l'Arrêt rendu le 3 de Septembre de l'an 1598. Tous ces Réglemens furent lus dans les Ecoles de la Faculté de Médecine le 18 d'Octobre 1602, en présence d'un grand nombre de Docteurs qui jurèrent tous entre les mains du Doyen de les observer, & confirmèrent leur serment en les signant.

Paris étant devenu une des plus grandes Villes du monde, on y vit arriver des Médecins de toutes parts pour s'y établir. Ces Médecins des Facultés étrangères, trouvèrent des moyens d'y former un Corps, auquel on donna au mois d'Avril 1673 le nom de *Chambre Royale*, en vertu de Lettres patentes du Roi, en forme de Déclaration, qui établissoient cette Chambre. Ils dressèrent entr'eux des Statuts, établirent des Procureurs-Syndics & des Receveurs, ordonnèrent des Messes solemnelles & des Processions en habits de Docteurs, réglèrent le tems des assemblées ordinaires & extraordinaires, celui des disputes publiques, & la manière dont ils procéderoient à l'élection des Candidats. En un mot, c'étoit une espèce de nouvelle Faculté érigée à côté de l'ancienne. Les Médecins de la Faculté de Paris entreprirent ces nouveaux venus, & les poussèrent si vivement, que le Roi par Arrêt de son Conseil du 17 Juin de la même année, supprima la prétendue Chambre Royale, & révoqua la Déclaration qu'il avoit donnée au mois d'Avril précédent. Malgré cette suppression les Médecins des Facultés Provinciales se soutinrent quelque tems à Paris à l'ombre de la protection de leurs Membres, qui furent successivement premiers Médecins du Roi; mais dès que Louis XIV eut choisi M. *Fagon*, qui étoit de la Faculté de Paris, pour son premier Médecin, ceux de la Faculté de Paris résolurent la ruine totale de la Chambre des Facultés Provinciales, & l'obtinrent par quelques Déclarations dont on va parler.

Le Roi ayant été informé qu'il survenoit tous les jours des contestations entre les Médecins de la Faculté de Paris, & les Médecins de la Chambre des Facultés Provinciales, ce qui ne pouvoit être que très-préjudiciable à ses Sujets de sa bonne Ville de Paris, plusieurs Particuliers s'étant introduits pour y exercer & pratiquer la Médecine, sans avoir la capacité ni l'expérience requises ; pour prévenir ces inconvéniens, Sa Majesté s'étant fait représenter les Lettres d'établissement de ladite Chambre Royale du mois d'Avril 1673 & les Arrêts de son Conseil des 5 Juillet 1683, & 28 Avril 1684, & du Grand-Conseil du 11 Septembre 1686, & fait examiner lesdites Lettres d'établissement, le prétexte sur lequel ledit établissement avoit été fait, & les raisons des Médecins établis en ladite Chambre Royale, & ayant reconnu que cet établissement étoit directement contraire à l'article 87 de l'Ordonnance de Blois, à l'article 59 des statuts de la Faculté de Médecine de Paris de l'an 1598, & à tous les Arrêts de la Cour de Parlement de Paris, des 2 Mars 1535, 12 Septembre 1598, 23 Mars 1599, 23 Janvier 1620, premier Mars 1644, & autres Réglemens intervenus en conséquence, par lesquels il est fait défenses à toutes personnes de pratiquer & exercer la Médecine dans la Ville & Fauxbourgs de Paris, s'ils ne sont Docteurs de la Faculté de cette ville ; Sa Majesté, par sa Déclaration du 3 Mai 1694, ordonna que les articles 87 de l'Ordonnance de Blois, 59 des statuts de la Faculté de Médecine de Paris, ensemble les Arrêts de la Cour de Parlement ci-dessus énoncés seroient gardés, observés & exécutés selon leur forme & teneur, & en conséquence abolit & supprima de nouveau ladite Chambre Royale des Médecins des Facultés Provinciales, établie par Lettres du mois d'Avril 1673 ; qu'elle déclara nulle, de même que les Arrêts rendus en exécution d'icelles. Le Roi fit en même tems très-expresses inhibitions & défenses à toutes personnes de professer la Médecine dans la Ville & Fauxbourgs de Paris, s'ils ne sont Docteurs ou Licenciés en ladite Faculté de Médecine de l'Université de Paris, ou Médecins d'autres Facultés approuvées par celle de Paris, ou exerçant la Médecine auprès de la personne du Roi, où dans la Famille & les Maisons Royales. Ladite Déclaration permet néanmoins aux Médecins des Facultés Provinciales de se présenter en ladite Faculté de Médecine de Paris, pour y prendre les dégrés de Bachelier, de Licencié & de Docteur, après avoir fait les actes nécessaires pendant deux ans pour les obtenir, sans être obligés de prendre des leçons en ladite Faculté.

Pendant que le Procureur-Général différoit, en faveur des Médecins Etrangers, de requérir l'enregistrement de cette Déclaration, ils présentèrent un Mémoire au Conseil du Roi, qui fut communiqué aux Médecins de la Faculté de Paris : ces Etrangers exposoient qu'ils composoient à Paris une Chambre, dans laquelle ils s'assembloient une fois la semaine, tant pour s'entre-communiquer les uns aux autres des différens remèdes spécifiques qu'ils avoient vu pratiquer avec succès en divers endroits de l'Europe, que pour y donner des avis charitables aux pauvres qui les y venoient consulter, & pour y exécuter les Réglemens que le Grand-Conseil leur avoit donnés par plusieurs Arrêts rendus depuis plus de 50 ans, & que Sa Majesté a trouvés si avantageux pour ses Sujets, qu'elle les a confirmés par ses Lettres patentes de l'an 1673 ; que d'ailleurs ils pratiquent la Médecine dans Paris, en vertu de Lettres-patentes, par lesquelles nos Rois, en érigeant les Universités, donnent pouvoir aux Docteurs qui y sont reçus, de pratiquer la Médecine dans toutes les Villes du Royaume. A ces raisons, les Médecins de la Faculté de Paris répondirent que les Lettres-patentes de 1673, & les Arrêts qui avoient été donnés en conséquence, avoient été surpris sans la participation de Sa Majesté : que la prétention des Médecins des Facultés Provinciales de pouvoir s'établir à Paris sans y être examinés & reçus par la Faculté de Médecine de Paris, étoit fort injuste, parce qu'elle met cette Faculté, qui sans contredit est la première du Royaume, au-dessous de toutes les autres, puisqu'il n'y a point en France de Faculté où il soit permis de pratiquer, si on n'y est pas reçu Docteur, pas même aux Médecins de Paris, ce qui s'observe aussi dans les Villes de simple agrégation ; & il est très-juste que cela soit ainsi, afin que chaque Faculté réponde à ses citoyens de la capacité de ceux qu'elle leur donne pour la conservation de leur vie, ce qui ne se peut faire lorsque ces Médecins viennent des lieux eloignés où ils ont été reçus le plus souvent sans examen, en donnant seulement l'argent de leurs Lettres, & c'est ce qui fait tant appréhender à un grand nombre de ces ignorans, d'être obligés de se présenter aux examens sévères de la Faculté de Paris, dans laquelle on ne peut être reçu Docteur qu'après sept ans d'étude & d'exercice, au lieu que l'entrée de la Chambre des Facultés Provinciales s'obtenoit par des moyens fort courts & infiniment plus aifés. Toutes ces raifons alléguées de part & d'autre, ayant été examinées & pefées par le Confeil du Roi, il rendit un Arrêt le 29 Juin, par lequel il fut ordonné que la Déclaration du 3 Mai de la même année feroit exécutée dans toute fa forme & teneur; ainfi elle fut enfin enregiftrée au Parlement le premier jour du mois de Juillet fuivant.

Les Médecins des Facultés Provinciales tentèrent encore d'éluder les difpofitions de la Déclaration du 3 Mai 1694, par l'interprétation fingulière qu'ils donnoient au terme *approuvés* de la Faculté de Paris, prétendant que le Roi n'avoit entendu par ce mot qu'une fimple approbation de titre, & non de Doctrine, & qu'en préfentant feulement leurs Lettres de Licenciés ou de Docteurs qu'ils avoient obtenues dans les Facultés Provinciales, celle de Paris étoit obligée de les agréger & approuver, fans les affujettir à aucun examen, ni à foutenir aucun Acte. Pour détruire cette fauffe interprétation, le Roi donna une nouvelle Déclaration le 29 Mars 1696, qui portoit que perfonne ne pourroit pratiquer la Médecine dans la Ville & Fauxbourgs de Paris, qu'il ne fe fût préfenté en ladite Faculté de Médecine de Paris, pour y prendre de nouveaux dégrés de Bachelier, Licencié & Docteur, qu'après avoir fait les actes néceffaires, & fubi les examens.

Le 19 de Juillet de cette même année 1696, le Roi donna une nouvelle Déclaration en interprétation de celles du mois de Mai 1694, & Mars 1696, par laquelle Sa Majefté confirme la Faculté de Médecine de Paris dans le droit & poffeffion où elle étoit d'approuver quelques Médecins de réputation par les fervices rendus au public, au moins pendant vingt ans, pour s'habituer à Paris, à la charge qu'ils fubiront deux examens, & foutiendront une Thèfe en habit de Bachelier: ce fut encore cette même année, & le 31 du mois d'Août, que fur la Requête préfentée au Parlement par les Doyen & Docteurs-Régens de la Faculté de Médecine de Paris, la Cour homologua les nouveaux ftatuts que ladite Faculté avoit faits au nombre de dix articles, pour être ajoutés aux anciens, & exécutés felon leur forme & teneur.

Par l'article 61 des anciens ftatuts, la Faculté doit élire un Doyen tous les deux ans, le premier Samedi d'après la Fête de tous les Saints; mais par les ftatuts ajoutés aux anciens en 1600, il doit être élu tous les ans, & cela s'obferve, mais il eft ordinairement continué pendant deux ans. Le Doyen est le Chef de la Faculté, *Caput Facultatis*, *Vindex disciplinæ*, *& Custos legum*, reçoit tous les deniers & fait toutes les dépenses, & en rend compte tous les ans. C'est aussi lui qui garde les registres, qui a les deux sceaux, & qui seul a le pouvoir de convoquer la Faculté, qui propose les choses sur lesquelles il faut statuer, & qui conclut à la pluralité des voix. Il distribue aussi à chaque Docteur-Régent les émolumens qui leur reviennent ; & pour ses peines, prend double part. Il n'est pas vrai, comme le disent plusieurs Ecrivains, qu'outre ce Doyen, il y en ait un autre qu'on nomme le *Doyen d'ancienneté*, car la Faculté n'en connoît qu'un seul qui est celui qu'elle élit tous les ans ; cela est si vrai, qu'en 1571 *Jerôme de Varade*, qui étoit le plus ancien Docteur de la Faculté, *antiquior & senior Magister*, ayant obtenu des Lettres-patentes, qui sembloient établir deux Doyens dans la Faculté, elle s'opposa à la vérification desdites Lettres, & obligea ledit Varade à passer un acte au Greffe du Parlement, portant désaveu de ladite qualité de Doyen qu'il avoit usurpée, & contenant la déclaration de la Faculté qu'elle ne reconnoît qu'un seul Doyen, Chef dicelle. Cet acte est du 2 Septembre 1575. Le plus ancien Docteur de la Faculté s'appelle *l'ancien Maître*, & a le privilège d'être tenu pour présent lorsqu'il est absent, & d'avoir double part des émolumens qui sont distribués aux Docteurs-Régens.

Dans la même Assemblée où l'on élit le Doyen, on nomme aussi les Professeurs ou Docteurs-Régens, au nombre de six ; savoir, un pour la Physiologie, un pour la Pathologie, un pour la Pharmacie, un pour la Botanique, & un pour la Chirurgie latine, en faveur des Etudians en Médecine, & un en Chirurgie françoise, en faveur des Etudians en Chirurgie.

Anciennement tous les Professeurs de l'Université, de quelque Faculté qu'ils fussent, devoient n'être point mariés, ce qui continua jusqu'à la réformation qui fut faite en l'an 1452 par le Cardinal d'Estoutteville ; car alors, par un privilège spécial, on permit aux Professeurs en Médecine de se marier. Sur la fin du seizième siècle, les Professeurs en Droit Canon prirent d'eux-mêmes la même dispense.

Ce n'est pas seulement par la capacité que cette Faculté se distingue ; elle se signale également par son désintéressement, & par sa charité.

Elle observe à la lettre le 25e. de ses statuts, qui porte, qu'afin que les pauvres ne soient point exclus des dégrés, on remettra les sommes qui se payent pour la Licence & pour le Doctorat, à ceux qui sont vraiment pauvres, lorsque l'on sera suffisamment informé de leur capacité, & de leur probité, à condition qu'ils s'engageront de payer à la Faculté ladite somme, si leur fortune le leur permet un jour.

Tous les mercredis & samedis, six Medecins de la Faculté, savoir, trois du nombre des anciens, & trois de celui des jeunes, se trouvent avec le Doyen aux Ecoles à dix heures du matin, & là ils visitent & examinent diligemment & exactement les maladies des pauvres qui se présentent, ordonnent les remèdes propres & convenables, & les leur donnent même gratuitement, & aux dépens de la Faculté, jusqu'à ce que par la libéralité des gens de bien, la Faculté puisse ménager quelque fonds plus grand pour les pauvres.

Il y a encore quatre Professeurs en Médecine au Collège Royal, & trois au Jardin Royal des Plantes; les uns & les autres sont nommés par le Roi, sur la présentation du Secrétaire d'Etat qui a le département de la Maison de Sa Majesté. Les trois Professeurs du Jardin Royal des Plantes y font tous les ans des discours publics de botanique, de chymie & d'anatomie. Chacun de ces trois Professeurs a sous lui un Démonstrateur. Ces Médecins ne sont point sous la discipline de la Faculté de Médecine, quoique ces places soient toujours remplies par quelqu'un de ses Docteurs. *Voy.* MÉDECINE. (*Faculté de*)

L'Université a un grand nombre de Collèges. *Voy.* COLLEGES.

Il y a deux Chanceliers, l'un à Notre-Dame, & l'autre à Sainte Géneviève. L'un & l'autre donnent la Bénédiction de Licence, avec la puissance d'enseigner; mais celui de Sainte Geneviève ne la donne que dans la Faculté des Arts. Il y a aussi des Conservateurs des Privilèges de cette Université. Les Evêques de Beauvais, de Meaux, de Senlis sont Conservateurs des Privilèges apostoliques, & le Prevôt de Paris est Conservateur des Privilèges Royaux.

Les revenus de la Faculté des Arts n'étoient pas assez considérables, pour que l'instruction fût gratuite, dans les neuf anciens Collèges de plein exercice, & les Professeurs étoient obligés, pour subsister, de retirer un honoraire de chaque Ecolier de leur Classe. Cet état d'indigence où étoit la premiere Université du monde, non-seulement ne faisoit point honneur à la France, mais même retardoit le progrès des Lettres: ces inconvéniens n'échappèrent point à l'attention du fameux Cardinal de Richelieu, sous le Ministère duquel on ébaucha le projet de l'instruction gratuite, comme il paroît par les Arrêts du Conseil, du 14 Décembre 1641 & du 29 Mars 1642. *Voy.* tom. 2, pag. 374. *

---

* L'Université de Paris dans sa première institution, établit des Messagers, qui se chargèrent de conduire à cette Capitale du Royaume, ceux des Provinces qui voudroient y venir étudier, & qui servirent à entretenir un Commerce réglé entre les Etudians & leurs familles. Comme le Public vit que ces Messagers s'aquittoient très-fidèlement de leurs fonctions, attendu qu'ils étoient responsables de leur conduite au Recteur & aux Procureurs des Nations, il prit confiance en eux, & se servit de cette commodité pour faire porter ses hardes, ses paquets & ses lettres; ainsi les Messagers de l'Université devinrent insensiblement ceux de l'Etat. Ils jouissoient de privilèges considérables, entr'autres de l'exemption de Péage dû au Roi, & aux Seigneurs sur les Fiefs desquels ils passoient: c'est ce qu'on apprend par les Lettres de *Philippe-le-Bel* de l'an 1312, & par une charte de *Louis Hutin* du 2 Juillet 1315, où il rapporte celles des Rois ses Prédécesseurs.

En vain plusieurs Particuliers voulurent dans la suite s'immiscer dans cette espèce de Ministère public, l'Université s'y opposa toujours, & obtint des Arrêts tant du Conseil de nos Rois, que du Parlement de Paris, qui réprimèrent ces entreprises, & maintinrent ses Messagers dans l'exercice de leurs fonctions, à l'exclusion de tous autres.

Les choses subsistèrent en cet état jusqu'en 1576, que le Roi Henri III jugea à propos d'établir des Messagers-Royaux dans les Villes & les lieux où il y a des Sièges ressortissans des Cours des Aydes & de Parlement, & il leur accorda les mêmes droits & privilèges dont jouissoient les Messagers de l'Université. Celle-ci eut le crédit de faire retarder l'enregistrement de cet Edit jusqu'en 1579, & d'y faire ajouter la clause que ses Messagers Royaux ne pourroient porter seulement que les sacs & papiers de Justice.

Les Messagers de l'Université restèrent donc seuls en droit de conduire les personnes & de porter les hardes, paquets & lettres du Public; cela dura jusqu'en 1632 que Louis XIII permit, par une Déclaration, que les Courriers de Sa Majesté puissent joindre à ses dépêches les lettres des particuliers; mais seulement deux fois la semaine, savoir, le mardi & le vendredi. Les Maîtres de ces Courriers abusèrent bientôt de cette permission, & entreprirent de faire porter

Outre le droit des Gradués que l'Université de Paris a de commun avec les autres Universités fameuses, elle a encore actuellement quatorze Bénéfices en patronage, auxquels elle a droit de nommer; savoir, trois Cures, & onze Chapelles ou Chapellenies, ou Prestimonies. Les trois Cures sont celles de Saint-André-des-Arcs, celle de Saint-Côsme, & celle de Saint-Germain-le-Vieux. A l'égard de ces Chapelles ou Prestimonies, il y en a trois sur le revenu de la Géole du Châtelet de Paris, deux sur le Trésor, c'est-à-dire, sur le Domaine du Roi, une dans l'Eglise de Saint-André-des-Arcs, & cinq qu'on nomme de *Savoisi. Voy. Prestimonies & Chapelles sur le Domaine du Roi.*

Les Députés ordinaires de l'Université s'assemblent au Collège de Louis-le-Grand le second mardi d'après Pâques, pour tenir le Synode des Bénéficiers qui possèdent les Cures & les Chapelles qui sont à la nomination de l'Université, & ces Bénéficiers sont tenus d'y comparoître en personne, s'ils sont à Paris, ou par Procureurs, s'ils sont absens ou malades, sous peine d'un écu d'or d'amende.

Il a été fait un nouvel établissement bien capable d'encourager l'ardeur naissante de ceux qui étudient, & d'exciter une noble émulation parmi ceux qui enseignent. Il étoit d'usage immémorial dans l'Université, que les Principaux des Collèges fissent pour leurs Ecoliers une distribution de prix à la fin de chaque année scholastique : par un nouvel établissement qui ne dérange rien de l'ancien usage, on a réglé qu'il y auroit de plus pour tous les Ecoliers des Collèges de plein exercice, une distribution solemnelle

---

les Lettres du Public chaque jour de la semaine; mais l'Université s'y opposant, obtint les 14 Décembre 1641, 29 Mars 1642, 19 Novembre 1644 & 5 Octobre 1647, des Arrêts du Conseil d'Etat, rendus contradictoirement, par lesquels il fut permis à les Messagers de partir tous les jours, notamment de Paris à Rouen, & de porter toutes les lettres & autres choses qui leur seroient confiées, avec défense aux Maîtres des Courriers de les porter d'autres jours que les Mardis & Vendredis. *Voy. tom.* 2, *pag.* 374. Le Recteur confère ces charges, dont la finance peut monter à six cent liv. Ils sont exempts de tutelle, curatelle, & jouissent des Privilèges & immunités de l'Université, ils sont appellés aux Processions du Recteur, & ils ont leur salle d'assemblée au Collège de Louis-le-Grand. Ces Offices viennent de perdre leurs Privilèges cette année 1778. *Voy.* MESSAGERS, MESSAGERIES.

de prix, en conséquence de compositions où ils concourroient tous ensemble. Cette fondation a été faite au moyen d'un legs de 1900 livres de rente, porté sur le testament de M. *le Gendre*, Chanoine & Sous-Chantre de Notre-Dame, Auteur de plusieurs ouvrages estimés, mort en 1733. Le dessein du Testateur étoit que ce legs fût employé pour des Prix d'Eloquence, de Poésie, & de Musique. Il avoit nommé pour Exécuteur de son testament, Messieurs de Notre-Dame, & à leur défaut, les Cordeliers du grand Couvent. Les uns & les autres refusèrent de s'en charger : ainsi le legs paroissoit devoir retourner aux héritiers ; mais aucun de ceux qui se présentèrent, n'ayant pu prouver sa parenté, M. le Procureur-Général, toujours attentif au bien public, & aux progrès des lettres, proposa au Parlement un moyen de remplir utilement l'objet du Testateur, en attribuant cette somme à l'Université pour une distribution solemnelle de prix : ce qui fut décidé par un Arrêt du 8 Mars 1746. La première distribution se fit l'année suivante, dans la grande salle des Ecoles extérieures de Sorbonne, & cette cérémonie se renouvelle tous les ans avec la pompe la plus éclatante. Le Parlement l'honore de sa présence : M. le Premier Président donne le premier prix, & embrasse celui qui l'a remporté.

Il n'y avoit d'abord de prix que pour la Réthorique, la seconde & la troisième : il en manquoit même quelques-uns dans ses Classes. Le célèbre M. *Coffin*, Principal du Collège de Beauvais, fonda deux prix de version latine, pour la seconde ; quelques années après M. *Collot*, Chanoine de Notre-Dame, & ancien Professeur de l'Université, ajouta des prix pour la Réthorique & pour la troisième, & les autres Classes inférieures. M. *Coignard*, ci-devant Imprimeur du Roi & de l'Académie, ancien Syndic de sa Communauté, & Conservateur des hypothèques, a fondé en 1750 un prix d'Eloquence latine en faveur des Maîtres-ès-Arts des Universités de Paris, de Reims & de Caen ; on y concourt par un discours latin sur un sujet que M. Le Recteur annonce par un Mandement public. Le prix est une bourse de 400. liv. La distribution des prix de l'Université s'ouvre toujours par un discours latin que prononce un des Professeurs de ce Corps respectable. *Voy. tom. 1, pag. 311.*

L'Université possède une Seigneurie appellée *le Pré aux Clercs*, parce qu'anciennement ce n'étoit qu'un grand pré qui servoit à la promenade des Ecoliers, qu'on nommoit

Clercs dans ce tems-là. Ce pré étoit partagé en deux, par un canal de treize a quatorze toises de large, qui commençoit à la rivière de Seine, traversoit le terrein où est aujourd'hui l'Eglise des Petits-Augustins, & alloit tomber dans les fossés de l'Abbaye de Saint-Germain, proche une poterne qui y étoit pour lors. On avoit donné à ce canal le nom de petite Seine; la partie de ce pré, qui étoit du côté de la Ville, comme étant la moins considérable, fut appellée *le petit Pré*, & celle qui s'étendoit vers la campagne, *le grand pré aux Clercs*.

Comme l'Université a eu nos Rois pour Fondateurs, ce sont eux aussi qui lui ont donné ce patrimoine qu'elle possède depuis un tems immémorial, en pleine propriété & Seigneurie, sans aucune servitude, & comme une Terre de franc-aleu. L'an 1254, *Raoul d'Aubusson*, Chanoine d'Evreux, acheta des Religieux de Saint Germain, une pièce de terre de cent soixante pieds en quarré, moyennant quarante sols de redevance annuelle. Ce terrein étoit situé où sont les rues que l'on nomme aujourd'hui la rue des Fossés & la rue des Mauvais-Garçons, & fut nommé *la Place d'Aubusson*. Cette place de cent soixante pieds ayant été mesurée, *Thomas de Mauléon*, Abbé de Saint-Germain-des-Prés, fit faire pour la commodité du public, du côté de l'Abbaye, un chemin de trois toises de large, à condition que *Raoul d'Aubusson* & ses héritiers n'y auroient d'autre droit, que l'usage comme les autres, ainsi qu'il est dit dans l'acte rapporté au troisième tome de l'Histoire de l'Université, page 498. Raoul d'Aubusson disposa quatre ans après de cette place, en faveur de l'Université de Paris; ce qui donna lieu dans la suite, à de grands différends.

Gerard de Moret, Abbé de Saint-Germain, ayant fait bâtir sur le propre fonds de l'Abbaye, quelques murailles & autres édifices aboutissans sur le chemin qui conduit au Pré-aux-Clercs, les Ecoliers trouvèrent mauvais qu'on eût rendu ce chemin plus étroit, & démolirent les bâtimens qui avoient été construits. *Etienne de Pontoise*, Religieux & Prévôt de l'Abbaye, à la tête de leurs Domestiques, alla aussitôt sur le lieu pour faire cesser ce désordre; mais ils l'augmentèrent, au lieu de l'appaiser. *Gerard Dolé*, & le fils de *Pierre le Scelleur*, Ecoliers, furent tués, & il y en eut plusieurs de blessés : Dolé fut inhumé dans l'Eglise du Val des Ecoliers, & le Scelleur, dans l'ancienne Chapelle de Saint-Martin-des-Orges.

Tom. IV.   B bb

L'Université en porta ses plaintes au Roi Philippe-le-Hardi, qui rendit au mois de Juillet de la même année, un Arrêt, par lequel il ordonna qu'il seroit fondé deux Chapelles aux dépens de l'Abbaye, l'une dans la vieille Chapelle de Saint-Martin-des-Orges, joignant les murailles de l'Abbaye, & l'autre dans l'Eglise du Val des Ecoliers; dans lesquelles Chapelle & Eglise, les deux qui avoient été tués étoient ensevelis; que lesdites Chapelle & Eglise seroient rentées de vingt livres parisis chacune, & que vacance avenant, les Chapellenies d'icelles seroient à la nomination du Recteur de l'Université. Cet Arrêt ne ralentit point l'envie qu'avoient les Religieux de Saint-Germain-des-Prés, de r'avoir la place d'Aubusson. L'Université, livrée à des occupations paisibles, se lassant de résister à leurs entreprises fréquentes, prit enfin le parti de la leur céder par une transaction passée en 1292, à condition néanmoins que les Religieux y souffriroient un grand chemin de 18 pieds de large, afin que les Ecoliers pussent aller commodément au pré-aux-Clercs: pour prévenir même tout ce qui dans la suite pourroit donner lieu à quelque contestation nouvelle, l'Université céda aux Religieux, par la même transaction, le canal qui faisoit la séparation du grand & petit pré, avec le droit de pêche qui lui appartenoit comme Seigneur du lieu, le tout moyennant 14 liv. de rente annuelle; ce que les Religieux firent confirmer par Lettres-patentes du Roi Philippe-le-Hardi.

Le chemin de dix-huit pieds de large, que l'Université s'étoit réservé, fournissoit tous les jours de nouvelles contestations, & les Religieux de l'Abbaye osèrent même soutenir que la Justice sur le pré-aux-Clercs leur appartenoit, & qu'elle leur avoit été usurpée par l'Université; sur quoi ayant présenté Requête à la Cour, ils eurent le crédit de la faire séquestrer par Arrêt du 2 Mai 1318. Ce procès dura vingt-sept années, après lesquelles l'Université, fatiguée de tant de chicanes pour un terrein qui lui étoit infructueux, souscrivit enfin à une nouvelle transaction en 1345, par laquelle elle céda de nouveau la place d'Aubusson avec le canal, & le chemin de dix-huit pieds de large; & les Religieux de leur côté payèrent à l'Université la somme de 200 livres parisis pour les arrérages qui pouvoient être dus de la rente de 14 liv. qu'ils s'étoient obligés de lui payer cinquante-trois ans auparavant: tels furent les termes de cette dernière transaction; *& pour mieulx confermer cette paix & pour avoir mieulx l'amour & la faveur* de l'Université, lesdits Religieux perpétuellement donnèrent, delaissèrent & transportèrent tout ce que à eux appartient, ou appartenir pourroit au tems à venir à ladite Université, ès patronages des Eglises; c'est à sçavoir de Saint Andrien des Arcs, & de Saint Cosme & de Saint Damien à Paris.

Les guerres que les Anglois firent en France, furent cause qu'en 1568 on ordonna aux Religieux de Saint-Germain de fortifier leur Abbaye pour en faire une espèce de citadelle, & d'abattre les maisons qui en étoient proches. La Chapelle de Saint-Martin-des-Orges & la maison du Chapelain, qui étoient sur le fonds de l'Université, se trouvèrent de ce nombre; ce qui fit que les Religieux donnèrent à l'Université, par forme de dédommagement, tant du patronage de cette Chapelle, que de la maison du Chapelain, le patronage qui leur appartenoit de la Cure de Saint-Germain-le-Vieil, avec huit livres de rente, à prendre sur une maison située dans la Ville auprès des Augustins, laquelle leur devoit une rente de pareille somme; & comme lesdits Religieux n'avoient pas assez de terrein pour élargir leurs fossés, & faire des tranchées, l'Université leur accorda deux arpens dix verges de terre, à prendre dans l'un & l'autre pré, & les Religieux s'obligèrent de lui en rendre deux arpens & demi, joignant le petit pré vers la rivière; ce que l'on ne voit pas avoir été exécuté. Les choses demeurèrent en cet état jusqu'en l'an 1539, que pour empêcher les usurpations qu'on faisoit tous les jours sur le petit pré aux Clercs, & pour en retirer quelque profit, l'Université résolut de le bailler à cens & rentes, pour y bâtir des maisons; ce qu'elle a aussi fait dans la suite, d'une partie du grand pré.

L'Université, suivant cette résolution, passa un premier contrat d'aliénation du petit pré-aux-Clercs à *Pierre le Clerc*, Vice-Gérent du Conservateur des Privilèges apostoliques de ladite Université, l'an 1540: mais la minute & la grosse de ce contrat s'étant perdus, & ledit le Clerc ayant été troublé, l'Université lui fit un nouveau bail le 31 Mars de l'an 1543, à la charge de deux sols parisis de cens, & de dix-huit livres de rente par arpent. Ledit le Clerc commença par disposer de quinze à seize cens toises dudit petit pré-aux-Clercs, en faveur de neuf Particuliers, à la charge du cens envers l'Université, & d'une rente applicable à son profit, à proportion de la quantité de terre qu'il donnoit. Ce procédé fit murmurer quelques Officiers de l'Université; & pour les appaiser, ledit le

Clerc subrogea l'Université en son lieu & place, par un acte passé le 17 Août 1548, qu'il confirma par un contrat de rétrocession du 31 Octobre 1552, à condition que l'Université entretiendroit les sous-baux qu'ils avoient faits, & qu'elle lui laisseroit la propriété d'une place qu'il avoit fait clorre de murs, à la charge du cens, tel qu'il plairoit à l'Université. C'est sur ces places que sont aujourd'hui bâties plusieurs maisons dans les rues du Colombier & des Marais ; il faut remarquer que la censive de l'Université, dans la rue du Colombier, ne commence qu'à la sixième maison de ladite rue, que l'on rencontre à main droite, en y entrant par la rue de Seine, la gauche & le commencement de ladite rue étant à présent de la censive de l'Abbaye. Il y a dans cette rue quatorze maisons bâties dans la censive de l'Université, & dans celles des Marais il y en a sept.

Quant au grand pré-aux-Clercs, l'Université en donna six arpens à cens & rentes à la Reine Marguerite, par contrat du dernier Juillet 1606. Cette Princesse les donna aux Augustins réformés, qui en firent des sous-baux à plusieurs Particuliers. Comme ces six arpens ne produisoient à l'Université que soixante livres de rente, pendant que les Augustins reformés en retiroient près de deux cent livres par an, l'Université s'étant pourvue contre le contrat qu'elle avoit passé à la Reine Marguerite, aussi bien que contre l'Arrêt du Parlement, qui l'avoit homologué, il intervint Arrêt contradictoire de la Cour le 23 d'octobre de l'an 1622, qui ordonna, que, sans s'arrêter audit contrat du dernier Juillet 1606, ni à l'Arrêt d'homologation d'icelui, les baux faits par la Reine Marguerite, ou par les Augustins ses donataires, retourneroient au profit de l'Université.

De ces six arpens, *Nicolas Vauquelin*, *sieur des Yvetaux*, qui avoit déja une maison dans la rue des Marais, en acquit mille sept cent trente-deux toises deux tiers quatre pieds, & en fit un grand clos & jardin planté en partie d'arbres de haute futaie ; & afin qu'il communiquât à la maison qu'il avoit dans la rue des Marais, il fit pratiquer une voûte sous terre, qui traversoit la rue appellée de la petite Seine, aujourd'hui des petits-Augustins c'est dans ce jardin que se représentoient ces scènes pastorales, dont il est parlé dans les Mémoires d'histoire & de littérature, donnés au public sous le nom de *Vigneul-Marville*.

Comme on continuoit à usurper tous les jours le terrein de l'Université, elle fit afficher la quantité de terre dépendante du grand pré, qu'elle vouloit donner à cens & rente, & elle en obtint permission de la Cour.

L'on commença d'abord par dresser la rue que l'on nomme de l'Université, laquelle fut prise sur son fonds, de même que l'avoient été les rues Jacob & des petits-Augustins, partie de la rue du Bac, & partie de celle de Saint-Père; après quoi elle fit des contrats de baux à cens & rente, avec Messieurs *Tambonneau*, Président en la Chambre des Comptes; *de Berulle*, Conseiller d'Etat; *Le Coq*, *Pithou*, *de Bérulle* & de Bragelonne, Conseillers en la Cour; *l'Huillier* & *Leschassier*, Maîtres des Comptes; *Bailly de Berchères*, Trésorier général de France à Châlons; & *le Vasseur*, Receveur général des finances à Paris. Les contrats furent passés entre ces Messieurs le 31 Août & 3 Septembre 1639, & homologués à la Requête des sieurs Preneurs, par Arrêt définitif du 19 Février 1741.

Ces places étoient contiguës les unes aux autres; & celle donnée au sieur de la Berchère, attenant le cimetière des Calvinistes, aujourd'hui appartenant en partie à la Charité, étoit la première dans la rue de Saint-Père: ensuite dans la même rue étoit celle de M. le Coq de Corbeville; puis dans la rue de l'Université, celle donnée à M. Pithou; celle de M. de Bérulle, Conseiller d'Etat; celle du Président Tambonneau; celle de M. Séguier; celle de M. de Bérulle, Maître des Requêtes; celle de M. l'Huillier; celles de Messieurs Leschassier & de Bragelonne; & celle de M. le Vasseur, qui tient aujourd'hui à l'Hôtel que l'Université a fait bâtir sur son fonds, & qui fait l'encoignure de ladite rue de l'Université & de la rue du Bac. Les Religieux de Saint-Germain-des-Prés prétendirent que ces places étoient dans leur censive, & obligèrent les Preneurs à les reconnoître, & leur en faire de nouveaux contrats. Lorsque les bâtimens furent presque finis, ils firent saisir entre les mains des preneurs, les rentes qu'ils s'étoient obligés de payer à l'Université, sous prétexte que ces places leur appartenoient en propre, & se pourvurent au grand Conseil, ayant pris des Lettres en forme de Requête civile contre plusieurs Arrêts du Parlement qui les avoient déboutés de leurs prétentions. Après que la cause eut été plaidée solemnellement de part & d'autre, il intervint Arrêt sur les conclusions du Procureur Général le 20 Juillet 1646, qui cassa les prétendus baux faits par l'Abbaye, &

maintint l'Université dans la possession desdites places.

Après que le pré-aux-Clers fut couvert de maisons & de bâtimens, le Recteur de l'Université, accompagné des quatre Procureurs, des quatre Intrans & des huit Bedeaux des Nations, prenoit tous les ans possession dudit pré, le lendemain de Pâques, après avoir entendu la Messe en la Chapelle de Sainte Marguerite en l'Eglise de Saint-Germain-des-Prés, ainsi qu'il est prouvé par un grand nombre d'actes.

L'Université de Paris a été long-tems la seule en France; aussi les Ecoliers y étoient-ils en si grand nombre de toutes les Provinces du Royaume, & des autres Royaumes de l'Europe, qu'en 1461, le Recteur offrit d'en amener vingt-cinq mille aux obsèques du Roi Charles VII.

En 1776, elle a fondé six bourses en faveur de six Maîtres-ès-Arts qui se destineront à devenir Docteurs-Agrégés, pour posséder par la suite une Chaire. Cette fondation est homologuée au Parlement.

URSULINES *de la rue Saint Jacques*. Cette Maison est située dans la grande rue du Fauxbourg Saint-Jacques, à côté des Filles de la Visitation de Sainte-Marie, La B. *Angele*, née en 1511, ayant assemblé dans la Ville de Brefse en Lombardie en 1537 des filles & des femmes vertueuses, elle les mit sous la protection de Sainte Ursule, & les occupa à instruire les jeunes filles, à visiter les malades, à aller consoler les affligés jusques dans les prisons & dans les hôpitaux, &c. Quoiqu'elles ne fussent unies que par les seuls liens de la vertu & de la charité, le Pape Paul III approuva cette institution en 1544, sous le nom de *Compagnie de Sainte Ursule*, & ensuite Grégoire XIII en 1572. Françoise *Bermont* ayant entendu parler de ces Ursulines, résolut, avec la permission de Clement VIII, d'en faire venir d'Italie, & d'en introduire à Aix en Provence; ce qu'elle fit en 1594. Elles réussirent à Aix comme elles avoient réussi en Italie, & leur réputation étant parvenue jusques dans la Capitale du Royaume, on comprit que Paris étoit la Ville du monde où l'etablissement de cet Institut étoit le plus nécessaire pour élever les jeunes filles. On fit venir d'Aix deux de ces Ursulines, l'une nommée *Françoise de Bermond*, celle-là même qui les avoit introduites en Provence, & l'autre, appellée *Lucrèce de Montez*. A leur arrivée au mois de Mars 1608, on les logea à l'Hôtel de Saint-André, au Fauxbourg Saint-Jacques, qu'on loua exprès. Leur attention à bien élever des filles, détermina *Madeleine Luillier*, veuve *de Claude le Roux*, Sieur *de Sainte-Beuve*, Conseiller au Parlement, à leur procurer un établissement ; mais pour le rendre plus stable, elle voulut que ces filles, qui, jusques-là, étoient séculières & sans clôture, fussent désormais Religieuses & cloîtrées; & qu'outre les trois vœux ordinaires, elles en fissent un quatrième particulier, de vaquer à l'instruction des jeunes filles, & leur passa un contrat de 2000 livres de rente perpétuelle, pour l'entretien de douze Religieuses, après avoir obtenu des Lettres-patentes, datées du mois de Décembre 1612, registrées au Parlement le 12 Septembre de l'année suivante. Le Pape Paul confirma cet établissement, & permit d'ériger en corps de Religion, ces filles qui auparavant n'étoient que séculières. Sa Bulle est datée du 18 Juin 1612; & porte expressément que le Monastère bâti & doté par la Dame de Sainte-Beuve dans la Ville ou les Fauxbourgs de Paris, sera sous le titre de *Sainte Ursule*, & sous la règle réformée de Saint Augustin. Après avoir obtenu l'approbation des deux Puissances, la Fondatrice acheta l'Hôtel de Saint-André, & une grande place au lieu appellé *des Poteries*, tenant, d'un coté, à l'Hôtel de Saint-André, & de l'autre, aboutissant à une petite ruelle nommée de Paradis, autrement la rue Jean-le-Riche, & d'autre part, depuis la grand'rue du Fauxbourg Saint-Jacques, jusqu'au chemin qui est devant la porte de la Santé au Fauxbourg Saint-Marcel. L'on fit bâtir aussitôt une grande maison dans cette place, & dans une partie des bâtimens de l'Hôtel de Saint-André, on fit une petite Chapelle pour le dehors, & un Chœur au dedans pour les Religieuses. Tous les lieux réguliers étant disposés pour loger une Communauté, *Anne de Roussy*, Abbesse de Saint-Etienne de Rheims, fut priée de venir pour former aux exercices du Cloître les sujets qui se présentoient : elle arriva à Paris le 11 Juillet 1612, accompagnée de quatre de ses Religieuses, & le 11 Novembre suivant, elle donna l'habit à douze filles. L'Eglise qu'on voit ici à présent, ne fut bâtie que quelques années après. La première pierre y fut posée par la Reine *Anne d'Autriche* le 22 Juin 1620; & le bâtiment ne fut conduit à sa perfection qu'en 1627. Elle fut bénite le 14 Mars de la même année par *Jean-François de Gondi*, premier Archevêque de Paris. Cette Eglise est petite, mais assez jolie. L'Autel est décoré de colonnes de marbre de Dinan, & orné d'un tableau qui repréfente l'Annonciation, & qui a été peint par *Van-Mol*, un des Elèves de *Rubens*.

Au mileu du Chœur des Religieufes fut enterré le corps de Madame *de Sainte-Beuve*, Fondatrice de ce Monaftère, morte le 29 Aout 1630. Dans l'Eglife on remarque la tombe fous laquelle a été inhumé *Jean de Montreuil*, & laquelle eft accompagnée de deux épitaphes; fur fa tombe on lit :

AD MAJOREM DEI GLORIAM.

Ci-deffous gift le corps de Meffire *Jean de Montreuil*, Confeiller du Roi en fes Confeils d'Etat, & Privé, & Réfident pour Sa Majefté en Angleterre & en Ecoffe, qui mourut le XXVII Avril M. D C. L I.

Sur le mur qui eft à côté, eft cette Epitaphe :

Ci-devant gift le corps d'illuftre perfonne Meffire Jean *de Montreuil, Confeiller du Roi en fes Confeils d'Etat & Privé, & Secrétaire des commandemens de Monfeigneur le Prince de Conti. Dès l'âge de 20 ans il fit paroître tant de jugement & de fageffe, qu'on le recherche pour des emplois dont peu d'hommes font capables après une longue expérience. La manière dont il s'en acquitta, juftifia le choix des Miniftres qui l'avoient appellé aux affaires. La bonté de fon Efprit lui donna ce que les autres acquièrent par les années. La France, l'Italie, l'Angleterre & l'Ecoffe, où il a eu de grands Emplois en des tems fort difficiles, publient fa grandeur & fon adreffe ; il acquit l'eftime & l'amitié de tous les Souverains avec lefquels il négocia. Comme plufieurs Nations ont été témoins de fa vertu, la douleur de fa perte n'a pas été renfermée dans fa Patrie ; il a eu pour amis tous les honnêtes gens, ils l'ont pleuré avec autant de tendreffe que fes parens. Les Princes de Condé & de Conti l'ont honoré de leurs larmes : il femble qu'il n'a voulu vivre qu'autant qu'il falloit pour s'employer à leur liberté, qu'il avança par fon adreffe. Il voyoit bien qu'en travaillant à rompre leurs chaînes, il ufoit celle qui joignoit en fa perfonne une belle ame, avec un corps accompli ; mais s'immolant pour fes Maîtres, il crut s'immoler pour le bien public, trente-fept ans femblent n'avoir pas été une carrière affez étendue pour un homme qui l'avoit commencée avec tant de force. Il l'a fi bien fournie, que fi elle n'a pas été fort longue, elle a été très-*

glorieufe. Il a vécu pour les autres plutôt que pour lui. Paffant, tache de l'imiter au lieu de le plaindre. Il mourut le 27 d'Avril 1651.

 Montrolii Cineres (quem Gallia luget ademptum)
  Hæc gelido clausos continet urna sinu:
 Si numeras benè quæ gessit, plus Nestore vixit,
  Si numeras annos, occidit antè diem.

 Cette maison a été le Berceau ou le modèle de toutes celles qui se sont établies depuis, dans les diverses Provinces du Royaume & dans les autres Etats. Cet Ordre étoit divisé en onze Provinces dont celle de Paris contient quatorze Monastères; l'utilité dont il est, a fait multiplier le nombre des établissemens : on en compte près de trois cens en Frances.

 URSULINES DE SAINTE-AVOIE. Il est difficile d'établir l'origine de ces Religieuses. Les uns l'attribuent à Saint Louis, & d'autres à *Jean Suivant*, ou à Jean *Herfant*, tous deux Chefciers de Saint Merry : d'autres prétendent que c'étoit une société de *Béguines*. C'est mal-à-propos qu'on leur a donné ce dernier nom. *Jean Séquence*, ou *Séquent* ou *Suivant*, Chefcier de Saint Merry, avoit acheté une maison dans la rue du Temple, à frais communs avec une veuve, nommée *Constance de Saint-Jacques*, pour y placer une Communauté de pauvres femmes veuves, âgées de cinquante ans & plus, & y en avoient établi quarante; ils leur donnèrent cette maison en toute propriété, avec ses appartenances & dépendances, en affectant & réservant la supériorité & l'administration de la Communauté au Chefcier de Saint Merry & à ses successeurs. En 1303 on les appelloit *les pauvres veuves de la rue du Temple, les pauvres femmes veuves en deçà la porte du Temple*. Enfin Madame *Luillier*, veuve de M. de *Sainte-Beuve*, Fondatrice des Ursulines, de concert avec M. Guy *Houiffier*, Curé de Saint Merry, proposa à ces bonnes femmes, d'embrasser la Religion & les constitutions des Ursulines, avec 1000 liv. de rente, ce qu'elles acceptèrent par un contrat signé le 10 Décembre 1621, homologué par les Grands-Vicaires de M. le Cardinal de Retz, Evêque de Paris, le 4 Janvier suivant, confirmé par le Pape & approuvé par Lettres-patentes du mois de Février 1623, & vérifié au Parlement quelques jours après. Les Religieuses Ursulines furent mises en possession de la maison de Sainte-Avoie dès le mois de Janvier 1622. Les bonnes femmes qui alors n'étoient que neuf, prirent l'habit & persévérèrent avec édification dans le nouvel institut qu'elles avoient embrassé. Le Curé de Saint Merry conserve toujours ses droits sur cette Maison. *Voy.* Avoie (*Couvent de Sainte-*)

VAL-DE-GRACE. (*Voy.* Abbaye *du*) tom. 1. pag. 121.

VAL-D'OSNE. *Voy.* Charenton Saint-Maurice.

VAL-PROFOND. *Voy.* Val-de-Grace.

VAL SAINT ELOI. *Voy.* Chilli.

VAL-GRAND, *mieux dit* Ver-le-Grand. Ce lieu de même que *Val-Petit*, autrement *Ver-le-Petit*, est situé au midi de Paris ; *Ver-le-Grand*, à huit lieues de cette Ville, & l'autre, à une demi-lieue plus loin. Le premier est au bout de la plaine qui commence à Bretigny ; & le second, sur le penchant d'un côteau au midi duquel est la prairie marécageuse, à travers de laquelle passe la rivière qui vient d'Etampes ; c'est un pays de labourages avec quelques vignes, dans une plaine assez étendue & bien diversifiée. Il y a à Valgrand des fontaines dans plusieurs maisons au fond des jardins, & deux grands arbres terminés en pommes à côté du clocher qu'ils surpassent presque, & que l'on apperçoit de près de deux lieues.

L'Eglise paroissiale de Valgrand est sous l'invocation de Saint Germain, Evêque de Paris. Il y a tout lieu de croire que Leudeville qui n'en est qu'à une petite demi-lieue & seulement un peu plus éloigné de Ver-le-Petit, comprenoit originairement le territoire de ces deux Ver, en sorte qu'il y avoit deux Eglises, l'une de Saint Martin & l'autre de Saint Germain. La Cure est à la pleine & entière collation épiscopale.

Ce lieu a été la résidence du Roi Philippe de Valois en 1331. Il a donné la naissance à *François de Saint-Pé*, Prêtre de l'Oratoire, Auteur de quelques ouvrages de piété; & à *Florence Pasquier*, Seigneur du même lieu, qui étoit singulièrement versé dans les langues & les arts.

VAL-PETIT. Son Eglise Paroissiale, du titre de Saint Martin, est assez belle : c'est un bâtiment d'environ la fin du treizième siècle. La collation de la Cure a toujours appartenu de plein droit à l'Evêque de Paris. La rivière qui vient d'Etampes arrose le bas de la côte, & se joint en ce lieu à la Juine qui vient de la Ferté-Alais.

La Seigneurie de Ver-le-Grand qui avoit été érigée en Baronie, fut unie 15 ans après à celle de Ver-le-Petit & le principal manoir transferé en la maison du Boucher, au bas de ce dernier Village laquelle fut appellée le Château-Valgrand. C'est un Marquisat, dont les Lettres-patentes furent registrées en Parlement séant à Pontoise le 5 Septembre 1720.

VALENTON. Village du Doyenné du vieux Corbeil, éloigné de Paris de trois lieues & demie, vers le sud-est. Il est situé entre les deux grands chemins de Melun, l'un qui y conduit par Brie-Comte-Robert, l'autre par Ville-Neuve-Saint-Georges, & sur la pente de la montagne au haut de laquelle est Limeil, avec l'aspect vers le nord. On y voit des vignes du côté de Ville-Neuve, les terres sont vers la plaine.

L'Eglise est sous l'invocation de la Sainte Vierge, & la Cure à la présentation de l'Abbé de Saint-Germain-des-Prés, qui est Seigneur de ce lieu & gros Décimateur.

L'Hôpital de Mesly, réuni à Valenton, n'est d'aucune Paroisse, & est exempt des visites de l'Archevêque & de l'Archidiacre. Il est du titre de Saint Jean. Il y a des Fonts Baptismaux. On y célèbre la Messe & pain-béni tous les Dimanches. On y voit aussi un cimetière, le tout pour les gens de la Ferme seulement. Cette Chapelle est dans la Ferme même. L'Evêque de Paris fut maintenu en 1496 dans la possession du droit de pouvoir seul faire administrer les Sacremens, même celui de Mariage en l'Eglise de cet Hôpital.

VALERE (*Filles Pénitente de Sainte*) *Voy.* SAINTE VALERE.

VALLÉE. (*la*) C'est l'endroit du Quai des Augustins où l'on vend le gibier, la volaille, &c. que les Paysans & autres Marchands apportent pour la provision de Paris. *Voy.* QUAI DES AUGUSTINS.

VALLÉE DE MISERE. C'est l'ancien nom que portoit la rue *Trop-va-qui-dure. Voy.* Cette rue, & QUAI DE LA MÉGISSERIE, où l'on vend des fleurs, des arbrisseaux, des oiseaux, &c.

VALORGE, à gauche de la rivière d'Orge, près de Bretigny, a été Maison Seigneuriale, n'est plus qu'une Ferme avec un parc. Il appartient à Messieurs de Leuville, & est de leur Marquisat.

VANNIERS. Ce sont ceux qui font & vendent toutes sortes d'ouvrages d'osier, comme vans, corbeilles de tables & de mariage, carrosses & cabriolets pour les enfans, figures & animaux pour les spectacles, panniers d'office, &c.
Les statuts de cette Communauté sont de 1467, confirmés par Louis XI & renouvellés sous Charles IX ; par lesquels ils sont qualifiés de *Clinquaillers*, &c. On ignore d'où peut leur venir ce titre. L'apprentissage est de quatre ans. Le brevet coûte 30 livres & la Maîtrise 200 liv. Par l'Edit de 1776, cette Communauté a été mise au nombre des Communautés dont les professions peuvent être exercées librement. Patron Saint Antoine ; Bureau, Quai de la Pelleterie.

VANVES. (*Le Château de*) VENVES ou VENVRES, *Vanvæ*, *Vanua*, *Vanviæ*, *Venva*. Le Village de Vanvres a été ainsi nommé pour avoir servi anciennement de retraite à des Pêcheurs de la rivière de Seine ; car *Vanna* ou *Bonna*, en vieux françois, signifioit *Pêche*. Ce Village, si l'on en veut croire quelques Chroniques, a servi de titre à un de nos Rois ; c'est à François I. Ce Prince, pour tourner en ridicule la longue liste de titres qu'étaloit l'Empereur Charles-Quint, ne se servoit en lui faisant réponse que de la qualité de *Roi de France & Seigneur de Gonesse & de Venves*. Le beurre qu'on fait dans ce Village est fort estimé.
Le Château du Seigneur.* est dans une situation des plus heureuses, & a été bâti en 1698, pour le sieur *de Montargis*, Garde du Trésor Royal, sur les dessins de *Jules Hardouin Mansart*, mort Sur-Intendant des bâtimens. M. le Duc de Bourbon ayant été nommé Sur-Intendant de l'éducation du Roi en 1718, acheta la Seigneurie & Château de Vanves, pour lui servir de maison de plaisance, dans un tems où son assiduité auprès du Roi ne lui per-

---

* Ceci fait connoître qu'il y a eu, & qu'il y a encore d'autres Seigneurs à Vanves, outre l'Abbaye de Sainte-Geneviève.

mettoit plus d'aller souvent à Chantilly. Aujourd'hui Mademoiselle de Bourbon en fait sa maison de récréation ; & un de ses plaisirs est de donner des petites fêtes aux Habitans.

Le Château de Vanves est bâti sur le haut de la montagne dans un lieu très-inculte & presque inaccessible, mais dont le terrein a été ménagé avec tant d'art, que ce qui faisoit une défectuosité, se trouve heureusement changé en magnifiques terrasses, plantées d'arbres & d'arbustes toujours verds, disposés de manière qu'ils ne nuisent point à la vue du Château, avec des rampes douces qui servent de communication aux jardins & aux bosquets.

Le Château est entièrement isolé, & consiste en un grand corps de logis double de quatorze toises de face, sur huit de côté : la grande façade est percée de sept croisées, & les côtés de quatre. Il est sans aucun ordre d'Architecture, tout bâti de pierre de tailles par assises égales, mais d'une structure si belle & si simple, qu'on n'y desire aucun des ornemens dont on auroit pu l'enrichir.

On entre d'abord dans un grand vestibule élevé sur cinq marches, qui conduit à un magnifique sallon, d'où l'on parvient à la chambre à coucher & au grand cabinet du Prince, &c. Les autres appartemens du rez-de-chaussée consistent en une salle à manger, la salle du billard, &c.

La vue de cette maison n'a pour bornes, de quelque côté que ce soit, que celle d'un horison très-éloigné. Les yeux sont agréablement occupés de la vue de Paris du côté de l'orient, d'où ils parcourent en se tournant à gauche, la montagne de Montmartre, les Champs Elisées, Auteuil, le bois de Boulogne & le Château de Madrid : la vue se promène ensuite dans les jardins & les parcs de Saint-Cloud, de Meudon & d'Issi. On voit le large canal de la rivière de Seine, serpenter majestueusement au milieu du plus beau paysage & de la plus riche campagne du monde.

On arrive au Château par une avenue de deux cent toises de longeur, sur seize de largeur, formés par quatre rangées d'ormes.

Autour du bâtiment à niveau de la cour, règne une terrasse de deux cent seize toises de longueur, sur vingt de largeur, ornée de parures de gazon, d'un égale symmétrie.

Une terrasse en amphithéâtre de trente six pieds de large règne au-dessus de cette première, bordée, ainsi que l'autre, de toutes sortes d'arbres & d'arbustes : elle communique à deux rampes qui sont en face du Château, qui se terminent en fer à cheval, & qui conduisent en pente douce, par deux belles allées de marronniers, dans les bosquets qui sont au-dessous.

Dans le bas terrein est un plus grand bassin, à deux cens toises du Château, dont on voit le jet d'eau au travers du vestibule en entrant par la porte de la cour; & comme le parc s'étend fort loin des deux côtés, & qu'il est traversé d'allées & d'arbres de haute futaie, on a interrompu la suite des allées, pour conserver ce point de vue au Château. C'est en effet la plus belle perspective qu'on sçauroit voir, la hauteur & la grosseur du jet d'eau paroissant au travers des allées interrompues. Ce bassin est accompagné de deux moindres en grandeur, aux extrêmités qui font face aux deux allées qui descendent, & un autre encore dans une salle de marronniers qui forme un bosquet magnifique, régulièrement percé de huit allées qui aboutissent à ce bassin.

Quoique le Parc ne soit pas d'une grande étendue, il répond parfaitement à la magnificence des jardins par la variété des ornemens, & des beautés de la nature & de l'art qu'on y a conservées & pratiquées: beaux bosquets, grandes allées de trois cent & quatre cent toises de long, plusieurs pièces d'eau, arbres d'une hauteur prodigieuse.

Il y avoit très-anciennement à Vanves une fête assez singulière, que l'on appelloit *la Fête de l'Epée*. On la solemnisoit le jour de la Trinité. Ce jour-là il y avoit un prix proposé pour une course qui devoit se faire en commançant à la porte d'Enfer, (c'est-à-dire, à l'endroit de Paris qu'on appelle aujourd'hui la place Saint-Michel), & se terminer à la porte de Vanves. Le prix étoit adjugé à celui des Coureurs qui le premier arrivoit à cette porte. C'étoit une épée d'un prix assez considérable: on fut obligé d'abolir cette fête à cause des querelles & des batteries fréquentes qu'il y avoit entre les Contendans. Avant cette suppression, il y avoit eu une contestation assez vive entre l'Abbaye de Sainte-Geneviève & les habitans de Vanves, au sujet du signal que l'on devoit donner pour commencer cette course. Les Chanoines de Sainte-Geneviève prétendoient jouir de ce droit en qualité de Seigneurs temporels de Vanves, & comme en étant en possession depuis long-tems. Les habitans alléguoient d'autres raisons pour infirmer le prétendu droit des Religieux, & établir le leur. Après beaucoup de débats, cette affaire fut acommodée par un accord que *Jean de Borret*, alors Abbé de Sainte-Geneviève passa avec eux en 1342. *Voyez l'Abbé Le Bœuf. hist. du Dioc. de Paris. Art.* VANVES.

Le Village de Vanves n'est éloigné de Paris que d'une lieue, du côté du couchant d'hiver. Quoiqu'il y ait des labourages & des vignes, ce n'est point ce qui lui donne de la réputation, mais le bon beurre qui en vient. Un grand nombre de ses habitans sont Blanchisseurs, à raison de l'abondance des eaux de ses fontaines dont tout le Village est arrosé, & qui viennent encore par dessous une longue muraille qui est au-dessus de l'Eglise, tombent & coulent dans un large canal où on lave la lessive. L'Abbaye de Sainte-Geneviève en possède la Cure, & l'Eglise est sous le titre de Saint Remi qu'on célèbre le 13 de Janvier, jour du décès de ce Saint.

VARENNES, Viillage situé à une demi-lieue ou environ de Gercy, sur le même côté de la rivière d'Hières, mais un peu plus haut, & à pareille distance de Brie-Comte-Robert, sur une pente douce qui regarde le midi. C'est là que l'Hières commence à former un lit extérieur par les sources qu'on y voit sortir de dessous les côteaux & du fond de la terre; le premier moulin qu'elle fait tourner, est immédiatement au-dessus de Varennes, & le second au bout du Village. De ce moulin à celui de Vaux-la-Reine, on passe sur des écluses, auprès desquelles on voit plusieurs petites Isles bordées d'arbres en cercle ou demi-cercle, qui font un aspect très-agréable: la rivière d'Hières a dans tout cet espace un lit raisonnablement large, dont l'eau paroît dormante, parce qu'elle a dix-huit ou vingt pieds de profondeur.

L'Eglise est sous l'invocation de Saint Sulpice; le Curé n'a que le quart de la grosse dixme: il est à la nomination de l'Archevêque de Paris. Les gros Décimateurs sont les Abbesses d'Hières & de Gercy, le Prieur de Saint-Jean en l'Isle de Corbeil, & celui de Marolles près de Grosbois. *Voy.* GERGY.

VAUCRESSON. Paroisse du Doyenné de Châteaufort, distante de Paris de trois lieues & à une lieue par-delà Saint Cloud, sur une grande route qui conduit en Normandie par Roquencourt & Villepreux, & par conséquent au conchant de Paris. Le lieu où est cette Paroisse servoit originairement de retraite à des voleurs qui s'assembloient dans les bois voisins. L'Abbé Suger chassa ces brigands, en faisant labourer cette terre qui étoit inculte, & en y établissant une habitation de Moines, des maisons, & une Eglise sous le titre de Saint Denis, laquelle ne subsiste plus depuis quatre-vingts ans. Le cresson qui étoit commun dans ce vallon où il coule quelques sources, lui a fait probablement donner le nom de *Vaucresson*. La Paroisse de la Marche & le peu de feux qu'elle rassembloit lui ont été réunis. La nouvelle Eglise est en forme de Chapelle, presque toute de plâtre & sans collatéraux ; les Dames de Saint-Cyr y contribuèrent pour 4000 liv. & le reste de la dépense fut imposé sur tous ceux qui avoient du bien. Comme l'Eglise de la Marche étoit sous le titre de Saint Leu & Saint Gilles, on y célèbre la fête de ces Saints après celle de Saint-Denis qui en est le premier Patron.

La nomination du Curé de Vaucresson avoit été accordée par l'Evêque de Paris aux Abbés de Saint-Denis, comme Fondateurs de l'Eglise. Aujourd'hui elle appartient aux Dames de Saint-Cyr qui leur ont succédé, avec la restriction qui fut faite en 1681, lors de la réunion de la Cure de la Marche ; sçavoir, que l'Abbé de Saint-Denis nommeroit deux fois de suite à cette Cure, & l'Abbé de Saint-Germain une fois. *Voy.* CLOS-TOUTIN, JARDIES, MARCHE. (*la*)

VAUDHERLAND. Ce Village du Doyenné de Montmorency, est situé dans un petit vallon sur le grand chemin de Paris à Senlis, à quatre lieues de Paris ou un peu plus : il a Roissy à l'orient, & Tillay au couchant ; tous deux à une petite distance. On ne sait point précisément le temps auquel la Chapelle de Notre-Dame de Vaudherland fut détachée de Gonesse & érigée en Paroisse. En 1205, Odon de Sully, Evêque de Paris, donna les droits curiaux sur la Chapelle de Vaudherland, aux Prieur & Religieux de Dueil, à condition que le Prêtre de Gonesse qui étoit à leur présentation, en gouverneroit le Peuple, & recevroit les droits attachés au service curial. Robert, alors Prieur de Dueil s'étoit déja retenu le droit de bâtir à Vaudherland une Chapelle où deux Moines auroient fait l'office, sauf le droit paroissial de Gonesse. Outre cela, à cette occasion, Odon de Sully confirma au même Monastère de Dueil, la dîme de Vaudherland avec celle de Gonesse, moyennant une redevance de bled qu'il se retint, & qu'il assigna à l'Eglise de Sainte-Geneviève. Le terrein est de labourages. Le Roi est Seigneur de cette Paroisse.

VAUGIEN

VAUGIEN est un château situé dans un vallon près de l'Abbaye de Gif, & pas loin de Chevreuse. Il appartient à M. Bertin, ci-devant Contrôleur Général des Finances, & depuis Ministre. Le bâtiment est très-régulier par l'architecture. Il est fermé par deux grands étangs avec une avenue qui les sépare. Le jardin est du dessin de *le Notre*. Une patte d'oie forme l'entrée du bois qui est de haute-futaie. Les arbres sont sains & d'une hauteur extraordinaire; au bout de ce bois est un étang qui reçoit toutes les eaux des montagnes voisines.

A la porte du château on remarque deux enfans, de pierre dure, qui sont montés sur des dauphins, & font deux espèces de cascades, dont la chûte fait jouer deux bassins à l'entrée de la cour du château.

VAUGIRARD est un Village tout près de Paris, au bout de la plaine de Grenelle, & dont la Seigneurie principale appartient aux Religieux de l'Abbaye Saint-Germain, qui y ont la haute Justice: il n'est guères composé que de guinguettes & de tavernes, ce qui y attire un grand concours du petit peuple de Paris, que l'on y voit les Fêtes & les Dimanches, sur-tout le jour de Saint Lambert. Ce Village qui ne consiste que dans une longue rue, a pris son nom de *Girard de Moret*, qui fut Abbé de Saint-Germain-des-Prés depuis 1258 jusqu'en 1278. Il y fit bâtir une maison pour les Religieux convalescens de son Abbaye, & y ajouta une Chapelle à leur usage: ce Village étoit autrefois de la paroisse d'Issy, mais on l'a érigé en Paroisse en 1342. Simon de Bussy (*) qui étoit du Conseil du Roi, fut d'un grand secours aux habitans dans cette occasion. A sa prière, le Roi Philippe de Valois leur permit d'acheter un fonds de trente-deux livres de rente sur les terres de son Domaine, dont il leur remit les amortissemens. Ce Conseiller fit plus, car en 1352 il donna ce que les habitans étoient convenus de payer pour le nouveau Curé, & même davantage, assignant pour cela

---

(*) Il est le même qui donna le nom à la rue de Bussy qui touchoit à une porte du même nom, par laquelle on alloit de la rue Saint-André à Saint-Germain. Ce Chevalier logeoit dans une grande maison contiguë à cette porte, que Jean de Precy, Abbé de Saint-Germain, lui avoit cédée en 1352. Ses descendans jouirent aussi de la seconde Seigneurie de Vaugirard. *L'Abbé le Beuf, Hist. de la banlieue de Paris*, p. 169.

des fonds fur le territoire de l'Abbaye, que *Geoffroy* Abbé amortit gratuitement. Par ce moyen lui & *Nicole* fon époufe furent reconnus Fondateurs & Patrons de la Paroiffe; en forte que depuis ce tems-là fes fucceffeurs ont été regardés comme Seigneurs de l'endroit où l'Eglife eft bâtie, & ils préfentent même à la Cure. Aujourd'hui c'eft M. *Angran*, Lieutenant-Civil.

La Chapelle devenue Paroiffe quelque temps après fa conftruction, étoit fous l'invocation de la Sainte Vierge; mais dans le fiècle fuivant, il s'y forma une dévotion à Saint Lambert, Evêque de Maftricht, apparemment à l'occafion de quelques reliques, car on y en conferve encore. Saint Lambert eft donc regardé comme le fecond Patron de Vaugirard, & on y accourt le 17 Septembre, jour de fa fête & durant l'octave. L'Eglife eft trop petite pour le peuple que contient la Paroiffe.

Les curieux de l'Hift. Natur. trouvent dans les Sablonnières de Vaugirard des pelures d'oignons, des huîtres, des boucardes, des buccins, des tellines, des vis, des fabots renfermés dans des pierres, avec les peignes & le corail foffile. Le terrein de ce Village produit auffi des fimples dont M. de Tournefort faifoit beaucoup de cas. Les vins que l'on cultive dans fes environs n'ont pas beaucoup de réputation, non plus que ceux de Bretigny qui, dit-on, *fait danfer les chèvres*. Voici comment on explique ce proverbe. Il y avoit à Bretigny un habitant nommé *Chèvre* qui aimoit à boire; l'ivreffe lui infpiroit de la gaieté, & fa folie dans cet état étoit toujours de faire danfer fa femme & fes enfans; par ce moyen, les *chèvres* danfoient; ainfi le vin de Brétigny faifoit danfer les Chèvres.

VAUGRIGNEUSE. Village du Doyenné de Châteaufort, à environ neuf lieues de Paris & à trois de Montlhery: il fait l'extrêmité du Diocèfe de Paris de ce côté-là, par le moyen des Hameaux qui en dépendent, & qui confinent avec le territoire d'Angerviliers, Paroiffe du Diocèfe de Chartres. Ces Hameaux font Machery, le Châtenier, la Fontaine-aux-Cochons. Tous ces cantons font pays de labourages & pacages, & non vignobles.

L'Eglife Paroiffiale eft dans un lieu affez folitaire, n'étant accompagné que de la maifon du Curé & de deux ou trois autres. Elle eft titrée de Sainte Marie-Madeleine. La Cure eft à la nomination de l'Archevêque de Paris. *Hérouard*, Médecin du Roi Louis XIII, paffe pour le Fondateur.

Nicolas de Lamoignon, cinquième fils de Guillaume, Premier Préfident, acheta le 12 Juin 1676 la Terre de Vaugrigneufe, que le Roi unit au Comté de Launay-Courçon que le même poffédoit, par Lettres du mois de Mai 1677, regiftrées au Parlement le 15 Juin fuivant. Ses defcendans en ont joui depuis ce temps-là.

VAUHALLAN. Village du Doyenné de Châteaufort, à demi-lieue de Saclé, du côté de Paris, & fa principale dépendance. Il eft fitué fur un côteau qui regarde le couchant & le midi ; auffi cette fituation y a-t-elle fait planter quelques vignes. Il relevoit vers 1308 du Seigneur de Buc. Il y a une Eglife affez confidérable, dont le titre étoit Saint Rigomer au feptième & huitième fiècles, & dont le culte a été mis en oubli par l'établiffement de la Fête de Saint Barthélemi au 24 Août, en forte qu'il a été impoffible par la fuite de diftinguer ceux qui chommoient pour un autre Saint ce jour-là, d'avec ceux qui chommoient pour Saint Barthélemi avec le commun des autres Eglifes du Royaume. Il y a un marché tous les Vendredis & une foire tous les ans les veille & Fête de Saint Barthélemi Vauhallan eft Succurfale de Saclé. *Voy.* SACLE.

VAUJOU. Village du Doyenné de Chelles, à quatre lieues de Paris, fitué fur le penchant de la montagne de Montauban, du côté qu'il y a des vignes. Il eft en forme de conque dans une efpèce de concavité. Il y a même un endroit en manière de gouffre où les eaux fe perdent fous la terre de même qu'à Romainville : fur les côteaux font des vergers remplis d'arbres fruitiers, & fur le haut de la montagne, ce font des bois. Il n'y a guères que trois cents Communians, y compris les fept ou huit maifons qui font fur le grand chemin de Paris à Meaux, lefquelles font prefque toutes autant d'hôtelleries, & dont le canton a pris le nom de *Vergalant*, qui étoit l'enfeigne d'une de ces auberges, compris auffi les dix ou douze maifons, faifant partie de Montauban, qui font pareillement de la Paroiffe.

L'Eglife eft du titre de Saint Nicolas, & appartient à l'Abbaye de Saint Victor. La maifon du Prieur-Curé eft derrière : elle a été conftruite en 1730 par M. *la Grénée*, Chanoine de Saint Victor. Elle eft très-vafte & très-commode, & on peut dire très-belle pour la campagne.

C'eft dans le Château de Madame de Nantia, Dame de Vaujou, que mourut en 1744 le *Sieur Louis Dumas*,

Inventeur du Bureau Typographique, qui a eu tant de succès dans le public. Il est inhumé dans le chœur de l'Eglise de Vaujou ; & au-dessus de sa sépulture, proche le banc du Seigneur a été posée une épitaphe de marbre, qui fait son éloge en ces termes : *Ci gît Louis Dumas, Licencié en Droit, également recommandable par ses lumières & par ses vertus, Inventeur de la méthode du Bureau Typographique, mort au Château de Vaujou le 19 Juillet 1744, âgé de 68 ans.*

Pleurez sa perte, jeunes enfans, & versez sur sa tombe les larmes que sa méthode vous a épargnées. Il étoit du Languedoc.

VAUX, situé au rivage gauche de la rivière d'Ivette, est celui qui dans les cartes est marqué sous le nom de Grand-Vaux, ainsi appellé par opposition au Petit-Vaux, qui est à l'autre bord. Il forme une partie assez considérable de la Paroisse de Savigny.

VAUX-LE-VILLARS (*le Château de*) est l'ouvrage de M. *Fouquet*, le dernier Sur-Intendant des Finances qu'il y ait eu dans le Royaume. Il est situé à dix lieues de Paris près de Melun, & sur le bord de la Seine. Cette belle maison est du dessin de *le Vau*, & fut commencée en 1653. Ce magnifique Ministre n'avoit rien épargné pour lui donner toute la perfection possible.

Le Maréchal Duc *de Villars* en fit l'acquisition au commencement de ce siècle, & fit changer l'ancien nom de *Vaux-le-Vicomte*, en celui de *Vaux-le-Villars*. Après sa mort arrivée à Turin en 1734, cette maison a passé au Duc de Villars son fils, qui étant aussi décédé, la laissa à ses héritiers.

Le bâtiment est beau & magnifique, & les appartemens sont enrichis des peintures de *le Brun*, un des plus excellens Peintres que la France ait produits.

Les jardins sont spacieux & agréables, & les eaux charmantes; la grande cascade commence à une grande terrasse revêtue de trois côtés, & accompagnée d'un fossé plein d'eau, d'où s'élevent des gerbes d'espace en espace. Dix-huit corps avancés sur le devant de la terrasse, occupent la principale face de cette belle cascade. Ils ont la forme d'un piédestal : au-dessus sont des bassins quarrés, qui donnent des gerbes, & tombent dans le grand bassin, chacune par un masque & par une coquille. Entre chacun de ces piédestaux est une chûte d'eau qui s'opère par trois différentes reprises ou nappes d'eau dans le grand bassin. Ce bassin est un quarré long fort étendu & spacieux, au milieu duquel s'élevent plusieurs jets d'eau sur une même ligne, qui forment avec tout le reste une très-belle perspective.

Les petites cascades sont un réduit fort gracieux, formé par trois terrasses l'une sur l'autre. La plus haute a dix jets d'eau, cinq de chaque côté. On descend de-là sur la seconde par quelques marches de pierre, à côté desquelles sont deux bassins quarrés remplis par l'eau que jettent six masques. Sur le devant s'avancent deux autres bassins quarrés d'où s'élevent dix jets d'eau, qui sont accompagnés chacun d'un sphinx d'une belle sculpture. Au milieu est un perron de plusieurs marches de pierre, par lequel on descend sur la troisième terrasse. Six masques rendent une grande quantité d'eau dans autant de coquilles qui forment par une seconde chûte, deux bassins, l'un à droite & l'autre à gauche. Sur le devant sont encore deux autres bassins, d'où s'élevent plusieurs jets d'eau rangés des deux côtés sur une même ligne, & d'une hauteur considérable.

La grotte est un des plus beaux endroits de toute la maison. En haut on voit une très-grosse gerbe d'eau avec un bassin. La terrasse est ornée sur le devant d'une balustrade interrompue par huit piédestaux, chargés d'autant de statues bien sculptées. Au-dessous sont autant de figures en relief, montées sur des pilastres. Dans chaque entre-pilastre est une niche dans laquelle est un rocher qui jette de l'eau de tous côtés dans un grand bassin qui occupe toute la face de la cascade : à côté sont les marches par lesquelles on monte sur la terrasse. Elles sont accompagnées de deux girandoles d'eau, qui forment des bassins & des sphinx bien sculptés.

Le canal est grand, & à la tête qui est du côté de la grotte, s'éleve un rocher sur lequel est placée la statue de Neptune, le trident à la main, & accompagnée de Tritons, qui jettent de l'eau de tous côtés.

M. de Scuderi a fait une belle description de ce Château, sous le nom de Valterre, dans le dixiéme tome de Clélie, pag. 1091 & suivantes. Il dit, à propos des eaux qui embellissent les jardins de cette belle maison, que M. Fouquet avoit divisé une rivière en mille fontaines, & réuni mille fontaines en torrens.

VAUX SUR ESSONNE. De la Barre écrit que c'est

une petite isle de la rivière qui passe à Essonne, & où il reste des masures de l'Hermitage de Saint Guillaume. Dès son temps cette Seigneurie étoit jointe à Villeroy. Il dit ailleurs que la maison du Donjon, sise à Corbeil, est de la censive de ce Vaux.

WAUX-HALL. Ce mot est purement Anglois, & signifie *Salle de Danse*. Les François ont tâché d'imiter ces lieux charmans de Londres, où pour une guinée on se procure des plaisirs infiniment plus longs, plus vifs & plus agréables, que dans ceux où l'on se rassemble à Paris, au Colisée, chez Torré, à la Foire Saint-Germain, & au Cirque Royal. Il est vrai que le prix qu'il en coûte pour s'y amuser est si modique, que si l'on n'y trouve pas l'abondance des raffraîchissemens capables de satisfaire le goût dans tous les genres, comme à Londres, mais on y gagne d'un autre côté, par la réunion d'un sexe enchanteur, qui y étale les richesses, l'élégance, la parure la mieux entendue, la beauté & les charmes relevés par l'art le plus exquis; en sorte que tout y rit, tout y est animé, & d'un piquant si continu, qu'on ne quitte ces beaux lieux qu'avec peine. Comme tous ces édifices charmants ont une espèce de ressemblance, nous renvoyons le Lecteur à l'article Colisée, tom. 2, p. 486. Il trouvera à ce mot une description, qui, du petit au grand, peut convenir à tous ces lieux magnifiques en général.

Le plus ancien est le *Waux-hall d'hiver*. Il se tient pendant cette saison dans l'enclos de la Foire Saint-Germain, & pendant la durée de ladite Foire. Il est le seul où il n'y ait point de jardin.

Celui de *Torré* est sur le Boulevard du nord du côté de la rue du Temple.

Le *Colisée* est dans la situation la plus belle & la plus superbe, au milieu des Champs-Elisées. *Voy*. COLISÉE.

Le *Cirque Royal* est sur le Boulevard du midi. Nous en avons donné la description, tom. 1, p. 661.

VEAUX. (*Place aux*) *Voy*. HALLE *aux veaux*, tom. 3, p. 205.

VÉLIZY, *Paroisse du Doyenné de Château-Fort, formée de celle d'Ursines*. L'Eglise Paroissiale d'Ursines, du titre de Saint Denis, étoit directement à demi-lieue de celle de Chaville, vers le midi. Le Presbytère étoit auprès, avec quelques maifons. La fituation de ce lieu étoit dans une efpèce de fond, où M. de Louvois, Seigneur de Chaville, conçut le deſſein de former des étangs, lorſqu'il vit l'état de l'Eglife & la fituation du Preſbytère. Mais auparavant il fit conſtruire une autre Eglife dans le Hameau de Vélizy, hors de fon parc de Chaville, pour fervir de Paroiſſe aux Habitans. Les étangs qui furent faits fubfiſtent toujours, finon que celui qui fe trouve à l'endroit où étoit l'Eglife, & qui s'étend du levant au couchant, étoit prefqu'à fec en 1739. Il y a un bois taillis à l'endroit où avoit été le cimetière, lequel eſt au midi de cet étang, qui étoit auſſi le côté méridional de l'Eglife. Les Habitans, lors de la deſtruction, fe retirèrent à Vélizy ou ailleurs; de manière qu'on ne voit plus dans cette profondeur qu'une feule Ferme qui appartient au Roi. A l'égard de l'année de ces changemens, on peut la fixer à celle de la mort de M. Le Tellier, alors Seigneur de Chaville, parce que les Payfans aſſurent avoir ouï dire à leurs peres, que ce Seigneur mourut la même année, auſſi bien que le Curé de Meudon qui avoit transporté le Saint Ciboire à Vélizy.

L'Eglife d'Urfines appartenoit en 1084 aux Moines de Marmoutier, & enfuite à ceux de Saint-Magloire, avec celle de Verfailles.

Vélizy feroit peut-être reſté dans l'obſcurité où fe trouvent tant de Hameaux, fi l'Eglife d'Urfines eût fubfiſté. Ce lieu fut choifi comme n'étant éloigné d'Urfines que d'un quart de lieue, pour y faire la tranſlation de la Paroiſſe & du Service Divin : ce qui fut accordé le 15 d'Avril 1674. C'eſt une plaine où l'on ne voit que des terres labourables & point de vignes, en bon air, hors du parc. L'Eglife que M. Le Tellier y fit bâtir à neuf (car il n'y en avoit jamais eu en ce lieu), eſt une eſpèce de grande Chapelle preſque tournée vers le feptentrion, au frontiſpice de laquelle font fes Armoiries. Elle a été bénite fous le nom de Saint Denis, Patron de l'ancienne Paroiſſe d'Urfines. La Cure eſt reſtée à la nomination de l'Archevêque.

VEMARZ, Village du Doyenné de Montmorency, à fix lieues de Paris. On le laiſſe en allant à Senlis, à demi-lieue fur la droite; il eſt auſſi à demi-lieue de Montmeillant, & à égale diſtance de Mouchy-le-Neuf. Quoique ce Village paroiſſe être dans une plaine, l'Eglife eſt bâtie fur une petite éminence, dont la pente regarde le midi. La

Ccc iv

Cure est à la pleine collation de l'Archevêque de Paris. Les Habitans s'adonnent au labourage & autres semblables travaux, le pays n'ayant aucunes vignes, & les femmes travaillent à la dentelle.

Au sortir de ce Village, en tirant vers Montmeillant, est une Ferme de l'Abbaye de Sainte Geneviève de Paris, avec une Chapelle sous le titre de la même Sainte.

La Ferme de Choisy-aux-Bœufs, qui appartient à l'Abbaye de Chaalis par donation, est située à l'extrémité du territoire de Vemarz, du côté opposé à la Chapelle des Carneaux; c'est-à-dire, en allant à Epiers. Son ancien nom est Soisy.

VER ou VERES *sur Marne*. Ce Village du Doyenné de Chelles est situé à cinq lieues ou environ de Paris, sur le bord de la grande prairie, qui s'étend de Lagny à Chelles, & il est environné à moitié du chemin de l'un à l'autre. Cette position si voisine de la rivière de Marne, & dans un lieu tout-à-fait plat, est peut-être la cause que peu de gens s'y sont établis. Le Château est un peu ancien. Il y en a un autre dans une Isle de la Marne, un peu plus près de Chelles, tirant vers Noiziel, vis-à-vis l'endroit où se jette dans cette rivière le Ruisseau qui vient de Courberon & de Courtery : on l'appelle le Château de Belle-Isle, & il est aussi de la Paroisse de Vères. Vères n'est qu'un pays de prairies, avec quelques terres labourables. On y passe le bac pour aller à Torcy, Bourg considérable situé vis-à-vis sur une hauteur. Sainte Agathe est Patrone de l'Eglise. La Cure est gouvernée par un Chanoine Régulier. La Maison de Gesvres jouit d'une partie de cette Terre, qui relève d'elle, à cause de la Baronnie de Montjay.

VER-LE-GRAND. *Voy.* VALGRAND.

VER-LE-PETIT. *Voy. aussi* VALGRAND.

VERBERIE, Election de Compiegne, est un Bourg sur l'Oyse; on y a tenu autrefois trois Conciles : il a donné un Cardinal à l'Eglise : il y a une Prévôté & une Châtellenie. Les Religieux Trinitaires de la rédemption des Captifs y ont une Maison, & un de ces Chanoines en est Curé. On voit dans cet endroit une fontaine d'eaux minérales. Le Continuateur de Nangis parle à l'an 1308 d'un *Etienne de Verberie*, qui donna dans de grandes erreurs sur l'Eucharistie, & qui fut contraint d'en demander pardon au Public.

VERNELLE, écart de la Paroisse d'Evry, peu considérable par le nombre de ses Habitans. C'est un Prieuré de l'Ordre de Saint-Benoît, dépendant de l'Abbaye de Chaume en Brie. Il n'y a en cet endroit que la Chapelle & la Ferme, tout au bas du vallon qui est presqu'à découvert à l'orient d'été d'Evry, sur le chemin de Grisy, au bord du lit de la rivière d'Hierre, qui la plupart du temps coule en ces cantons par-dessous la terre.

VERNOUILLET. (*l'étang de*) Vernouillet étoit un Château seigneurial sur la Paroisse d'Andresel, accompagné d'un étang, à côté duquel étoient aussi quelques Habitans qui reconnoissoient la même Paroisse. *Louis Longuet*, Grand Audiencier de France, étoit Seigneur de tout ce terrein en 1667. Il représenta alors, de concert avec les habitans d'auprès de l'étang, ses voisins & vassaux, à M. Perefixe, Archevêque de Paris, la difficulté qu'il y avoit de se rendre à Andresel par les mauvais tems, & qu'il seroit bon d'ériger une Paroisse proche de l'étang, s'offrant de la faire construire, ainsi que le Presbytère, demandant seulement que la Cure qu'il étoit près de doter, fût à sa nomination, & que l'Eglise fût sous le titre de Saint Louis. Sa Requête ayant été enthérinée le 12 Mai de la même année, au mois d'Août, l'Eglise se trouva achevée & fut bénite le jour de Saint-Louis, sous l'invocation de ce même Saint, avec des Fonts baptismaux & un cimetière.

Il n'est pas besoin d'observer que cette Eglise ne fut pas un bâtiment considérable; mais il subsistoit pour huit ou dix feux qu'il y a en ce lieu, comprise une Ferme qui est au midi de l'Eglise. Ce n'est qu'une espèce de Chapelle sans aîles, & sans autre voûte qu'un lambris. Aux vitres du fond, sont ces lettres initiales L. L. qui signifient le nom du Fondateur. On y voit dans le chœur plusieurs épitaphes à droite & à gauche, toutes de M. *Longuet*. Les plus vieilles sont de l'an 1670. Les armes de Longuet sont trois têtes de Lion. Le Curé reçoit cent écus du Seigneur, qui d'ailleurs indemnise le Curé d'Andresel.

VERRIERES. On ne doute guères que ce Village n'ait tiré son nom d'une Fabrique de verre qu'on dit y avoir été anciennement. Ce n'étoit autrefois qu'une dépendance de la terre d'Antony, & l'on ne peut pas dire précisément en quel temps il fut érigé en Paroisse. Il est à trois petites lieues ou deux lieues & demie de Paris dans le Doyenné de Châteaufort, sur un côteau regardant le levant & le midi, qui a dans sa partie basse, Macy & Antony, & dans sa partie supérieure un bois appellé du nom du Village dont il est séparé par des terres de couleur rougeâtre, en sorte qu'Antony, Macy & Verrières paroissent former un triangle. Il a plusieurs dépendances qui sont Mignoz, Ambiain-Villiers, Vauxperreux & la Boursillière, vieux château ruiné. L'Eglise est sous le titre de la Sainte Vierge. On y regarde l'Assomption comme la Fête patronale ; mais comme c'est une Fête solemnisée dans toute la Chrétienté, l'usage a fait établir à Verrières une simple Fête à laquelle les Ecclésiastiques s'assemblent, qui est la Sainte Anne. Plusieurs Savans ont aimé le séjour de Verrières : *André Duchene*, si connu par sa collection des Historiens de France, & par l'Histoire de tant d'anciennes maisons nobles, y avoit sa maison de campagne.

VERRIERS. Ce sont ceux qui fabriquent le verre pour en faire différens vases & ustensiles. Par plusieurs Edits & Réglemens donnés sous différens règnes, il est permis aux Gentilshommes d'exercer les travaux de la verrerie, sans déroger à la noblesse.

L'Inventeur des plats de verre est *Philippe Caqueray*, Ecuyer, sieur de Saint-Isme, qui obtint de Philippe VI, en 1330, l'établissement de la première verrerie près Bézu en Normandie, & furent établies celles de Candiot, d'Elu, de Varinpré, du Valdanois, de Routieux, de Landelles, du Hélet, de Conches & celle de Cherbourg, accordée à François *Néchou*, Inventeur du verre blanc, dont les premiers ont été employés au Val-de-Grace. Celle de Sèvre, près Versailles, est une des plus renommées pour les bouteilles de pinte, mesure de Paris. Les Marchands qui tiennent en cette Capitale magazins de verreries, sont la plupart de la Communauté des Fayanciers. *Voy.* FAYANCIERS, VITRIERS, &c.

VERSAILLES, *Versaliæ*, *Versallæ*, n'étoit qu'un Village, & son Château une simple maison de campagne où le Roi Louis XIII tenoit ses équipages de chasse, & que Bassompierre appelloit *le chétif Château de Versailles*. Louis XIII en avoit acheté l'emplacement de *Jean de Soisy* en 1627. C'est donc Louis-le-Grand qui, d'un Village, en a fait une Ville, & d'un chétif Château, le plus magnifique Palais qu'il y ait au monde.

La grande avenue du Château partage la Ville en deux parties. Celle qui est à gauche, lorsqu'on arrive de Paris, s'appelle *le vieux Versailles* ou Parc aux Cerfs *, & celle qui est à droite s'appelle *la Ville neuve*.

Les rues de Versailles sont très-larges, par conséquent bien aérées, & toutes tirées au cordeau. La libre circulation d'un air vif & pur, fait que l'on y marche en tout tems à pied sec ; une demi-heure après les pluies les plus abondantes, il n'y paroît plus. Depuis le mois de Septembre jusqu'a celui de Mai, la Ville est éclairée par un nombre suffisant de reverbères.

Dix-huit fontaines publiques, distribuées dans les différens carrefours de la Ville, fournissent de l'eau à ses Habitans.

Les principaux édifices du premier Quartier sont l'Eglise Paroissiale de Notre-Dame, les Ecuries de la Reine, le Chenil où logent les équipages de chasse du Roi, l'Infirmerie royale ; la Géole où se tiennent les Audiences du Bailliage de cette Ville, & celles de la Prévôté de l'Hôtel ; & enfin un Couvent de Religieuses Chanoinesses régulières de l'Ordre de Saint Augustin.

Ceux du vieux Versailles sont :

L'Eglise Paroissiale de Saint Louis, les Récollets, l'Hôtel de la Guerre, celui des Affaires Etrangeres, celui de la Sur-Intendance :

Le grand Commun, le Potager du Roi, les Hôtels des Gendarmes, des Chevaux-Légers & des Gardes du Corps de Sa Majesté, le Pavillon du grand-Maître, qui correspond au Chenil. Le Jardin qui l'environne est situé au centre de la Ville, ce qui fait desirer depuis long-temps qu'il y soit pratiqué une rue pour la communication des deux quartiers. Ce Jardin est orné de quelques statues de marbre. Le couvert des arbres y invite à la promenade. L'endroit est sur-tout agréable par une terrasse qui domine l'avenue de Paris.

On a construit en 1773 sur la place d'Armes, un nouveau corps-de-garde pour les Gardes-Françoises ; il représente à l'extérieur différentes tentes réunies, dont

---

* Cette dénomination vient de ce que du temps de Louis XIII, il y avoit dans ce quartier une vaste enceinte où l'on tenoit enfermé des animaux de cette espèce : c'étoit un dépôt pour la chasse.

l'aspect est fort agréable par leur variété, & par les ornemens dont elles sont enrichies; le tout est peint de manière qu'elles imitent le coutil, & les ornemens, la dorure. Le Soldat trouve dans l'intérieur toutes les commodités que son état comporte. Cet édifice analogue au Militaire, a été exécuté d'après les dessins de M. *Trouard*, Contrôleur des Bâtimens du Roi.

Il se forme un nouveau Quartier dans l'emplacement où étoit autrefois l'étang de Clagny, en deçà & au-delà des boulevards projettés, qui borderont la Ville de ce côté.

Versailles a deux Fauxbourgs, le grand & le petit Montreuil. Il y a, comme dans ceux de Paris, quantité de guinguettes qui sont très-fréquentées dans la belle saison. L'Eglise du grand Montreuil exige quelque détail. Son portail est composé de quatre colonnes toscanes, entre lesquelles sont deux statues, l'une représente Saint Louis, & l'autre Sainte Hélène; elles sont en pierre dure, & ont été faites par de bons Maîtres. L'intérieur est décoré de deux rangs de colonnes d'ordre dorique, composées & canelées jusqu'au tiers. Ces colonnes séparent les bas-côtés de la nef; les extrêmités de ce petit monument sont terminées en cul-de-four; l'un forme le Chœur & contient le maître-Autel; l'autre qui est l'entrée, a une tribune ou jubé pour y placer des orgues. Il y a dans cette Eglise quatre autres Autels, dont deux sont dans des Chapelles, qui font un bon effet. Les voûtes sont refouillées en caissons; les parties circulaires en cul-de-four, sont ornées de rosaces; l'Eglise d'ailleurs est bien éclairée; la simplicité du plan, ainsi que la décoration générale & particulière, donne à cette construction, la forme & l'air des Temples antiques. Enfin ce vaisseau, dont la grandeur est proportionnée au nombre des habitans du lieu, est infiniment au-dessus de ce que sont ordinairement les Eglises de campagne: l'exécution est de M. *Trouard*.

L'Eglise de Notre-Dame qui est dans la Ville neuve, avec une grande maison pour loger MM. de la Mission de Saint Lazare, qui la desservent, est un très-beau bâtiment qui fut achevé en 1686. Cette Eglise est dans la rue de Paris, en face de la rue Dauphine; elle a été construite de neuf de fond en comble. Le portail, en y comprenant les deux tours qui sont aux angles, a dix-neuf toises de large. Il est décoré d'un ordre dorique de quatre colonnes de front, qui portent aussi quatre colonnes

Ioniques, couronnées d'un fronton ; les tours font ornées de ce dernier ordre. La longueur de l'Eglise, hors d'œuvre est de quarante toises, & de trente dans œuvre, depuis le grand-Autel jusqu'à la grande porte ; la nef a trente-deux pieds de large, & les bas-côtés, dix-huit ; la longueur de croisée est de dix-sept toises, & au milieu est une coupe ou cul-de-four voûtée de pierres, de six pieds & demi ; la lanterne à vingt pieds de diamètre, & porte en dehors sur un grand quarré de maçonneries de huit toises de large. La hauteur sous clef, en dedans de la voûte, est de neuf toises & demie, & de la coupe de la lanterne jusqu'au pavé de l'Eglise, de dix-huit toises ; l'ordre qui décore le dedans est dorique. Le grand-Autel est orné de quatre colonnes corinthiennes de marbre, couronnées de leur entablement & fronton. Tous les Autels font garnis de tableaux des meilleurs Peintres qu'il y eût alors en France. Entre ces tableaux, il y en a trois qu'on estime beaucoup, l'un est à la Chapelle de Saint-Louis, & repréfente ce Saint Roi malade qui reçoit le Viatique des mains de Godefroi de Beaulieu son Confesseur. Il regne dans ce tableau un silence & un respect admirable. Comme *Antoine Coypel*, qui dans la suite est mort premier Peintre du Roi, n'avoit pas 18 ans lorsqu'il fit ce tableau, il consulta les habiles de ce tems-là, & profita si bien de leurs avis, que c'est un des meilleurs qu'il ait jamais faits.

Les deux autres tableaux qu'on remarque ici sont dans la Chapelle de Saint Nicolas, à laquelle ils servent de parement, ou de devant-d'Autel. Ils font sur bois, & l'on peut dire que *Jouvenet* s'est surpassé dans celui qui repréfente le convoi qui accompagne le corps de Saint Nicolas qu'on va inhumer. Deux enfans de M. le Duc du Maine font enterrés dans cette Eglise ; sçavoir, *Louis Constantin de Bourbon*, Prince de Dombes, & une jeune Princesse qui ne vécut que quinze jours.

Le bâtiment des Missionnaires consiste en un grand corps de bâtiment, qui a quarante-quatre toises de longueur, & est parallèle au côté de l'Eglise. Il joint sur la rue à d'autres bâtimens, & renferme une basse-cour de treize toises en quarré. Cette maison a six toises deux pieds d'épaisseur, & est du dessin d'*Hardouin Mansard*, de même que l'Eglise.

Tout auprès de cette grande Eglise, & de l'autre côté du Presbytère, en est une autre qu'on nomme *la vieille Eglise*, & qui a servi aux Missionnaires, avant qu'on leur eût bâti la grande Eglife dont on vient de parler. C'eſt dans cette vieille Eglife qu'on enterre les perſonnes de diſtinction & même les Bourgeois, lorſque les unes & les autres n'ont point demandé à être enterrées dans le cimetière public. *Paul Fontanier Péliſſon* fut inhumé dans cette Eglife le 8 de Février 1693. Il étoit Maître des Requêtes, & un des plus beaux eſprits de ſon ſiècle.

Lorſque Louis XIV réſolut de faire bâtir Verſailles & d'y faire ſon ſéjour ordinaire, il y avoit dans ce Village une petite Eglife paroiſſiale, ſous l'invocation de Saint Julien; elle étoit ſituée dans l'endroit où eſt le grand Commun; & comme par ſa poſition elle nuiſoit à la conſtruction de ce grand corps de bâtiment, le Roi jugea à propos de faire démolir cette petite Eglife en 1679. Il promit aux Habitans de cette Paroiſſe de leur faire bâtir une autre Eglife, & deſtina pour cet effet un grand terrein dans le Parc-au-Cerf.

LE CHATEAU. La grande avenue eſt formée, de même que les autres, de trois différentes allées d'arbres. Celle du milieu eſt de vingt-cinq toiſes de large, & celles des côtés de dix. Elle ſe réunit avec celle de Saint-Cloud & de Sceaux, à une grande *Place d'armes*, que l'on appelle *la Place Royale*. C'eſt ſur la grande avenue que ſont le chenil, l'Hôtel du Grand-Maître, la grande & la petite écurie.

Ces écuries ſont du deſſin de *Jules-Hardouin Manſard*. Elles ont été commencées en 1679, & ont été finies en 1685. La régularité des bâtimens eſt remarquable; leurs cours ſont vaſtes & fermées de grilles de fer richement travaillé; les ornemens ſont analogues à chacune. Une ſimplicité noble & élégante diſtingue ces morceaux d'architecture. Leurs toits ſont d'une certaine coupe, qui a été imitée depuis avec ſuccès; comme *François Manſard*, oncle de *Jules-Hardouin*, avoit imaginé ces ſortes de combles, on les a nommés *Manſardes*, du nom de leur inventeur.

Enſuite on entre dans la premiere cour par une grille de fer. Elle eſt flanquée de quatre gros pavillons où logent les quatre Secrétaires d'Etat des départemens, & quelques autres perſonnes de diſtinction; c'eſt pourquoi on la nomme *la Cour des Miniſtres*. C'eſt dans cette cour que quatre Compagnies des Gardes Françoiſes & deux de Suiſſes, montent & deſcendent la garde, au bruit des fanfares d'une muſique guerrière, ce qui s'appelle *faire la Parade*. Leur ſervice conſiſte à garder les dehors du Château, & à garnir cette cour toutes les fois que le Roi ſort.

La Chapelle est derrière l'aîle du Château, qui est à main droite en entrant. La principale face est au couchant, & le chevet au levant. Sa longueur, hors d'œuvre, est de vingt deux toises trois pieds & demi, & dans œuvre, c'est-à-dire, depuis la grande porte jusqu'au Grand-Autel, de dix-sept toises deux pieds deux pouces & un quart. Sa largeur, hors d'œuvre, est d'onze toises deux pieds huit pouces, & dans œuvre, de cinquante-cinq pieds & demi & un demi-pouce, en y comprenant la largeur des bas-côtés, qui est de neuf pieds, & celle des arcades qui est de trois pieds & demi-pouce. La hauteur de cet Edifice, sous la clef de la voûte, est de soixante-dix-neuf pieds.

Elle fut commencée en 1699, & finie en 1710. Rien n'est mieux, ni plus richement traité que la décoration extérieure & intérieure de cette Chapelle. La tribune qui règne au pourtour, est d'une beauté unique jusqu'à présent. La voûte est partagée en trois par rapport aux peintures. Dans celle du milieu est le Pere Eternel, au milieu de la Cour céleste. Ces peintures sont d'*Antoine Coypel*. La Résurrection a été peinte dans la voûte du chevet par *Lafosse*, & la descente du Saint-Esprit, dans celle qui est au-dessus de la Tribune du Roi, par *Jouvenet*; c'est ce même Peintre qui a peint la Chapelle. Les peintures de la Chapelle de la Vierge sont de *Boulogne le jeune*. Le tableau de la Chapelle du Saint-Sacrement est de *Louis Silvestre*, & celui de Sainte Thérèse est de *Santère*. La petite cour est pavée de marbre blanc & noir. L'appartement des bains est magnifique, & a servi de logement à S. A. S. Monseigneur le Comte de Toulouse, pendant qu'il a vécu, & sert aujourd'hui à S. A. S. Monseigneur le Duc de Penthièvre son fils. Les deux premieres pièces sont ornées de colonnes & de statues de marbre. Le Sallon est enrichi de dorures & d'ornemens. Les douze mois de l'année y sont représentés en autant de statues de métal doré. La baignoire qui est dans le cabinet est de marbre, & parfaitement belle.

Le grand escalier est éclairé par le comble. On y entre par trois arcades de face qui conduisent d'abord dans un spacieux vestibule à compartimens de marbre. Le perron est d'onze dégrés, & chacune des rampes de vingt & un, le tout de marbre. Le dessin des peintures est de *le Brun*. Elles sont même de lui, ou de *Vander-Meulen*. Les grands appartemens consistent en une vaste enfilade de pièces toutes magnifiques: après avoir vu les deux sallons qui servent de vestibules à la Chapelle, on entre dans la salle de l'abondance, qui change chaque année, de tableaux d'excellens Maîtres: cette Déité y est représentée avec ses attributs caractérisés *par Houasse*; c'est par cette pièce que l'on entre dans le cabinet des antiques & des bijoux; il est de figure octogone, & éclairé par une voûte en forme de dôme. Il est orné de glaces & plein de bijoux, d'agates, de crystaux, de figures, les unes de bronze antique, & les autres d'or, couvertes de pierreries. La plus considérable des agates est la grande agate-onix de trois couleurs, qui a quatre ou cinq pouces de diamètre. Elle représente l'apothéose d'un Empereur nud, qui est enlevé sur le dos d'un aigle, & qui est couronné par la Victoire. La grosseur de cette agate & l'excellence du travail, la font regarder comme la plus belle qu'il y ait en Europe. La cornaline qui représente une petite Bacchanale, est estimée une merveille de l'Art, & fut donnée par le Chevalier *Lauthier*, premier Maître d'Hôtel de S. A. R. Madame.

Le Bureau qui est au milieu, est rempli d'une infinité de médailles antiques & modernes. C'est un magnifique recueil dont les premières pièces furent données à Louis XIV, par Gaston de France, Duc d'Orléans, son oncle; on y a joint dans la suite plusieurs autres recueils, & enfin il a été rendu le plus complet qu'il y ait au monde, par les recherches & les dépenses que l'on a faites pour cela. L'on y voit une suite des Rois de Syrie, qui comprend deux cents médailles: cette suite est estimée, l'unique qui soit dans l'Europe. Parmi une grande quantité de jettons d'argent, on y en voit un qui est extrêmement rare; c'est celui que les Ligueurs firent frapper en l'honneur du Duc de Mayenne, & qui a pour inscription: *Vacante lilio, me regit Dux optimus.*

Le bouclier que l'on appelle *le médaillon*, & un autre dont on vient de faire l'acquisition, sont des antiques très-précieuses. On trouve encore dans ce riche cabinet plusieurs tableaux des grands Maîtres.

Après avoir monté l'escalier de marbre, on va aux appartemens du Roi. On traverse deux salles des gardes, & on entre dans l'anti-chambre. Sur la cheminée de cette pièce, il y a un tableau représentant la Bataille d'Arbelles; ce morceau estimé est de *Pietre de Cortone*. On passe de-là dans la pièce nommée l'*Œil-de-Bœuf*, parce qu'elle est éclairée d'une croisée ovale. C'est une seconde anti-chambre, dans laquelle on peut remarquer trois tableaux *de Paul Cagliari*, dit

dit *Véronèse*. Le sujet du premier est Esther devant Assuerus; le second, Judith tenant la tête du Général Holopherne, qu'elle vient de séparer du tronc; & le dernier, Bethsabée dans le bain. C'est là que se tiennent les deux premiers Suisses des appartemens. On peut voir ensuite la chambre parée du Roi; aux côtés du lit, il y a deux tableaux qui sont très-précieux; l'un représente Saint Jean l'Evangéliste, dans l'Isle de Pathmos; il est de *Raphaël Sanzio*, dit *d'Urbin*, qui a mis tant de naturel & de force dans ses productions. L'autre représente David chantant les louanges du Seigneur, en s'accompagnant de la harpe; ce tableau est *du Dominicain*; l'enthousiasme prophétique a été saisi & rendu d'une manière sublime par le Peintre. Les quatre Evangélistes qui se voient ici sont de *Valentin*.

La salle du Conseil suit: on y remarque le buste de Scipion-l'Africain, dont la tête est en bronze avec des yeux d'argent. Cette tête est antique, le buste ne l'est pas; c'est l'ouvrage de *Coustou le jeune*, supérieurement exécuté. On y voit aussi celui d'Alexandre, en porphyre; il est posé sur un scabellon de beau marbre, les draperies sont en bronze, ainsi que les ornemens; le tour doré en or moulu. Les dessus de porte de cette pièce sont d'excellens morceaux de peinture du *Bassan* & du *Poussin*; ils manifestent le génie de ces Artistes, autant que toute autre production de leurs savans pinceaux.

Dans la seconde chambre à coucher du Roi, on peut remarquer le portrait du Marquis *d'Aytonne* par le célèbre *Vandik*, & celui de *Vandik* peint par lui-même. Les chandeliers d'or qui sont sur une table, ont été faits par le fameux *Germain*, Orfèvre, qui s'est acquis par ses talens, une si grande réputation dans toute l'Europe : ce qu'on admire le plus n'est pas le précieux de la matière, mais le fini de l'exécution, & l'élégance du dessin.

Succèdent ensuite le cabinet, le sallon de la paix & la grande galerie dont nous parlerons plus bas.

La salle de Vénus a de belles peintures & une statue antique de *Cincinnatus*, mettant ses sandales pour aller commander l'armée romaine; c'est une antique d'un grand mérite. On voit sur le plafond Venus sur un char tiré par des colombes. Ce sujet, & les peintures qui l'accompagnent, sont de *Houasse*.

Celle de Mars est ornée d'un beau plafond peint par *Audran*. On y voit ce Dieu redoutable monté sur un char traîné par des loups, & accompagné de l'appareil convenable au Dieu des combats. *Jouvenet* & *Houasse* ont aussi décoré ce plafond de quatre tableaux, dont les sujets ont rapport à l'objet principal. On remarque dans ce sallon le tableau de la famille de Darius, du célèbre *le Brun*, celui qui lui est opposé est de même grandeur: les Pélerins d'Emmaüs en sont le sujet, avec une famille dans le costume vénitien ; c'est celle de *Paul-Véronèse* auteur du tableau. On voit aussi dans ce sallon le portrait du feu Roi en pied, vêtu des habits de son Sacre. *Carle Vanloo* qui en est l'Auteur, a rendu supérieurement le regard majestueux qui caractérisoit si particulièrement ce Prince. Les étoffes & les draperies sont d'une vérité surprenante; le coloris qui distingue spécialement les ouvrages de cet Artiste, est séduisant dans cette composition. La bordure richement sculptée, répond à la magnificence du reste.

Le sallon de Diane est peint par *Jacques Blanchard*. La Divinité tutélaire de la chasse est placée sur un char auquel sont attelées des biches. Les quatre tableaux qui accompagnent le sujet principal de ce plafond, sont *d'Audran* & *de la Fosse*. Celui qui est sur la cheminée est encore *de la Fosse*: c'est un sacrifice d'Iphigénie ; au-dessous est un bas-relief de marbre, incrusté dans le chambranle, qui représente une fuite en Egypte. C'est un ouvrage de *Sarrazin*, fameux par la délicatesse de son ciseau. Le tableau de *Dominique Féti* qui est en face, représente l'Ange-Gardien: la singularité de son coloris, autant qu'une touche vive & spirituelle, le fera toujours remarquer. Le buste de Louis XIV que l'on voit ici, est un excellent ouvrage du *Cavalier Bernin*.

Le sallon de la Guerre & celui de la Paix sont de forme pareille, & sont aux extrêmités de la grande galerie, leurs plafonds sont peints par *le Brun*. Les ornemens du premier sont analogues à Bellone à laquelle ils sont consacrés ; ils font allusion à quelques exploits de Louis XIV. Ce Prince est représenté sur le bas-relief oval que l'on y voit: c'est un modèle en plâtre fait par *Desjardins*. Les ornemens qui l'entourent sont des allégories ingénieuses. On voit dans chacun de ces deux sallons, six bustes d'Empereurs, dont les têtes sont de porphyre, les draperies de bronze doré, & les scabellons d'albâtre oriental.

La Paix est représentée dans le second avec ses attributs allégoriques aux événemens mémorables du règne de Louis XIV. Le tableau qui est sur la cheminée, représente Louis XV donnant une branche d'olivier à l'Europe: ce tableau est supérieurement composé. On y reconnoît la touche légère, savante & pleine de feu du fameux *le Moine*.

On passe ensuite dans le sallon d'Apollon, où ce Dieu protecteur des Arts, est représenté sur le plafond, monté sur un char traîné par de superbes coursiers. *La Fosse* qui le peignit, a su nous intéresser par le gracieux qu'il a donné à cet aimable Dieu & à tout ce qui l'accompagne. Le Trône de Sa Majesté est placé ici sous un magnifique dais en forme de baldaquin, ce qui fait qu'on nomme aussi cette pièce, *salle du Trône*. Les tableaux *du Guide*, qui sont un des plus précieux ornemens de la magnifique collection du Roi, achèvent de la décorer. Ce sont quatre Travaux d'Hercule ; sçavoir, la destruction de l'Hydre de Lerne, la Lutte contre le fleuve Acheloüs, sa mort sur le bûcher, & l'enlèvement de Déjanire par le Centaure Nessus ; celui-ci est le plus beau des quatre. On y admire la vérité & la fraîcheur du coloris, ainsi que la hardiesse du dessin ; l'effroi de Déjanire saisit par son expression.

Le plafond du sallon qui suit, a été peint par *Philippe Champagne*. Mercure qu'il représente est sur un char traîné par des coqs ; il est environné d'attributs qui caractérisent le Messager des Dieux dans ses différentes professions. Deux des plus beaux morceaux de peinture que nous ayons, se voyent ici. Ils sont de *Raphaël d'Urbin* ; l'un représente l'Archange Michel ayant sous ses pieds le Démon. Cet esprit de ténèbres paroît accablé sous le poids de l'Ange, qui cependant n'y touche pas ; il est atterré par la vertu céleste de son adversaire ; l'atrocité est empreinte sur son front hideux ; il paroît dans le plus cruel désespoir ; une vapeur sulphureuse l'environne & contraste parfaitement avec le radieux de l'Ange de lumiere. Ce tableau a été originairement peint sur bois : M. *Picot* qui a le secret d'enlever la peinture à l'huile, l'a mis sur toile. Le second représente une sainte famille : *Raphaël* a déployé dans sa composition tout son génie & tout son art. Ses sublimes morceaux sont au-dessus des éloges qu'on en pourroit faire. Ce sallon est encore décoré de plusieurs autres tableaux de grands Maîtres, que l'on varie chaque année. On voit dans cette même pièce la petite horloge ou pendule, qui à toutes les heures fait entendre un carillon : en même temps une porte s'ouvre, Louis XIV paroît sur un piedestal : une victoire sort d'un nuage & vient le couronner de laurier, & cet ouvrage d'une méchanique fort ingénieuse a été fait par *Antoine Morand*.

Nous ne devons point oublier ici la magnifique pendule que l'on voit dans le cabinet, laquelle a été inventée par *Paſſement*, & exécutée par *Dauthiot*, chef-d'œuvre d'horlogerie & de méchanique. Outre les secondes, elle marque régulièrement les phases de la lune, l'état du ciel, relativement aux planètes, le jour du mois, le mois de l'année, l'année solaire, &c.

La grande galerie eſt la plus belle & la plus magnifique qu'il y ait en Europe. Elle a trente-sept toiſes de long ſur cinq de large, & ſix toiſes un pied de haut ſous clef. Elle eſt terminée par une grande arcade qui ſert d'entrée au ſallon, & qui eſt ornée de deux colonnes de marbre; on y compte dix-sept fenêtres du coté du jardin, & autant d'arcades remplies de glaces du côté de l'appartement du Roi. Elles répètent le jardin avec ſes pièces d'eau & tous les objets qui ſont dans la galerie: c'eſt un coup d'œil difficile à exprimer, & qu'il faut avoir éprouvé pour s'en former une idée juſte. Ces arcades & ces fenêtres ſont ſéparées par quarante-huit pilaſtres de marbre rance, dont les bafes & chapiteaux compofites ſont de bronze doré au feu; la voûte eſt peinte par *le Brun*, & repréſente ſous des figures allégoriques, une partie des grandes actions de Louis-le-Grand, à commencer depuis la paix des Pyrénées, juſqu'à celle de Nimègue. Elles ſont traitées dans neuf grands tableaux & dans dix-huit petits. Nous allons les expliquer.

Le Roi prend lui-même la conduite de ſes Etats, & ſe donne tout entier aux affaires. 1671. C'eſt la première inſcription. La ſeconde eſt ainſi conçue:

L'ancien orgueil des Puiſſances voiſines de la France.

Le ſecond tableau eſt à gauche du plus grand; ſon inſcription eſt:

Réſolution priſe de faire la guerre aux Hollandois. 1671.

Le troisième eſt à droite du grand, & au-deſſus des fenêtres:

Le Roi arme ſur mer & ſur terre. 1672.

Le quatrième eſt à gauche du grand & au-deſſus des miroirs:

Le Roi donne ſes ordres pour attaquer en même tems quatre des plus fortes places de la Hollande. 1672.

Le cinquième occupe toute la voûte, ainſi que celui du milieu de la galerie, & a pour inſcription:

Paſſage du Rhin en préſence des Ennemis. 1672.

Priſe de Maeſtricht en treize jours. 1673.

Le ſixième eſt au-deſſus de l'arcade du ſallon de la Guerre: on lit en bas:

Ligue de l'Allemagne & de l'Espagne avec la Hollande. 1672.

Le septième est au-dessus des miroirs, & on y lit :
La Franche-Comté soumise pour la seconde fois. 1674.

Le huitième occupe toute la voûte & est expliquée par deux inscriptions :
Prise de la Ville & citadelle de Gand en six jours. 1678.
Les mesures des Espagnols, rompues par la prise de Gand.

Le neuvième est sur l'arcade du sallon de la Paix, & voici son inscription :
La Hollande accepte la paix, & se détache de l'Allemagne & de l'Espagne.

Le premier des dix-huit petits tableaux est à la clef de la voûte, & a cette inscription :
Soulagement du peuple pendant la famine. 1662.

Le second est du côté des miroirs :
La Hollande secourue contre l'Evêque de Munster. 1665.

Le troisième est du côté des fenêtres :
Réparation de l'attentat des Corses. 1664.

Le quatrième est à la clef de la voûte :
La fureur des duels arrêtée.

Le cinquième est du côté des miroirs :
Défaite des Turcs en Hongrie par les troupes du Roi. 1664.

Le sixième est du côté des fenêtres :
La prééminence de la France reconnue par l'Espagne. 1662.

Le septième est à la clef de la voûte :
Guerre contre l'Espagne pour les droits de la Reine. 1667.

Le huitième est du côté des miroirs :
Rétablissement de la navigation. 1663.

Le neuvième est du côté des fenêtres :
Réformation de la Justice. 1667.

Le dixième est à la clef de la voûte.
Paix faite à Aix-la-Chapelle. 1668.

Le onzième est du côté des miroirs :
L'ordre rétabli dans les Finances. 1667.

Le douzième est du côté des fenêtres :
Protection accordée aux Beaux-Arts.

Le treizième est à la clef de la voûte :
Acquisition de Dunkerque. 1662.

Le quatorzième est du côté des miroirs :
Etablissement de l'Hôtel Royal des Invalides. 1674.

Le quinzième est du côté des fenêtres :
Ambassades envoyées des extrémités de la terre.

Le seizième est à la clef de la voûte :

La Police & la sûreté rétablies dans Paris. 1665.
Le dix-septième est du côté des miroirs :
Renouvellement d'alliance avec les Suisses.
Le dix-huitième enfin est du côté des fenêtres :
La jonction des deux mers.

Ces différens morceaux portent l'empreinte du génie le plus fécond, & d'une imagination poétique, exprimée par un pinceau hardi & vigoureux.

Le reste de cette galerie est orné de bustes, de vases, de tables de porphyre & d'albâtre, & de huit statues antiques d'une rare beauté. Les deux qui sont adossées au sallon de la Paix, représentent une Vestale & la Muse Uranie: la Vestale se fait reconnoître au feu sacré qui est auprès d'elle. Vers le milieu, une Diane admirable par le gracieux de ses contours, & une Dame Romaine, suivant l'opinion la plus généralement reçue ; celle-ci est de marbre de Paros. De l'autre côté, une Vénus semblable à celle de Médicis, par *Cléomène*, Sculpteur Grec & un Germanicus. A l'extrêmité de la galerie, à l'opposé des deux premières que nous avons designées, est la Vénus d'Arles, restaurée par Girardon. Son pendant est un Bacchus. *

---

* Le plafond de la petite galerie, de même que ceux des deux sallons qui la terminent, ont été peints par Mignard. Au milieu de la voûte du premier de ces sallons, le Peintre avoit représenté Phaëton dans son char, & Prométhée qui, après avoir allumé un faisceau de cannes au feu du soleil, s'enfuyoit pour éviter la colère de Jupiter qui étoit prêt à lui lancer sa foudre, &c. Au milieu de la voûte de la petite galerie, l'on voyoit Apollon & Minerve assis sur des nuages, ayant au milieu d'eux, un Enfant qui tenoit un lys d'une main, & s'appuyoit de l'autre sur les genoux de Minerve, pendant que cette Déesse le couronnoit de laurier. Au-dessous étoient plusieurs autres Enfans auxquels Apollon distribuoit des médailles d'or, & Minerve des couronnes de laurier, &c. C'est ainsi que Mignard avoit exprimé la protection que Louis-le-Grand a accordée aux Arts, & le point de perfection où ils ont été portés sous son regne.

Le sujet des Peintures du dernier sallon étoit une suite de celui qui est peint dans le premier. C'étoit Jupiter qui avoit assemblé toutes les Divinités de la Fable, pour admirer la statue de femme que Vulcain avoit faite, & que ce Souverain des Dieux s'étoit chargé d'animer ; au reste, les peintures des deux sallons & de cette galerie, relevoient infiniment le mérite de celles de le Brun, qui sont dans la grande galerie ; mais elles ont été détruites.

L'appartement de la Reine est orné de peintures & de bons tableaux. Cette longue suite d'appartemens est terminée par le sallon d'Hercule ; l'apothéose de ce Dieu est peinte sur le plafond par le célèbre *le Moine*. C'est le plus grand & l'un des plus beaux morceaux de peinture que nous ayons. L'Olympe est ouvert. Tous les Dieux de la Mythologie y sont représentés sans confusion, & se connoissent à leurs attributs distinctifs : les figures au nombre de 148, sont avantageusement grouppées & détachées du fond avec un art merveilleux. Le génie poétique du Peintre étincelle de toute part. Une manière savante, un coloris vrai, un style pur, des contours gracieux, forment un tout qui enchante & qui fait l'admiration du connoisseur. Tous les ornemens correspondent. Ce sallon est décoré de pilastres de marbre rare dont les bases & chapiteaux corinthiens sont dorés au feu ; la corniche qui règne au pourtour est dorée de même. On y remarque en outre un tableau de quatorze pieds de haut sur trente de long, lequel représente J. C. chez Simon le Pharisien, & la femme pécheresse lui arrosant les pieds de ses larmes, après y avoir répandu des parfums. Cet ouvrage est dû au pinceau séduisant de *Paul Véronèse*. Il a été donné à Louis XIV par la République de Venise en 1665 : sa bordure qui est fort belle, a été sculptée par *Vassé* ; celui qui est sur la cheminée représente Rebecca, recevant les présens que lui donne Eliézer de la part du Patriarche Abraham. Il est du même que le précédent.

Le sallon que l'on trouve ensuite sert de vestibule à la Chapelle ; il est décoré de huit colonnes cannelées d'ordre corinthien & d'ornemens en stuc supérieurement travaillés. Il y a deux niches dans lesquelles sont placées en regard, la *Magnanimité*, par *Bousseau*, & la *Gloire*, par *Vassé* : ces statues sont de marbre.

A l'égard des autres appartemens du Château, ils méritent d'être vus, tant pour la richesse des ameublemens, que pour le goût qui y domine : nous ne pouvons qu'inviter à les examiner attentivement.

Au sortir de la Chapelle, si l'on veut voir la totalité de la façade du Château, il faut se placer au milieu de la terrasse entre ses deux bassins. On a dit que ce Palais, vû de ce côté, a la forme d'une aigle, dont les aîles sont étendues. La question à résoudre est de savoir, si le corps est proportionné aux aîles ; beaucoup de gens sont pour la négative, cette façade a plus de trente toises de long ;

elle est ornée de pilastres ioniques, avec quinze avant-corps sur lesquels sont posées des colonnes isolées du même ordre ; au-dessus règne un attique, dont l'entablement supporte un comble à la romaine, terminé par des balustres, ornés à distances égales de vases & trophées. Le rez-de-chaussée est pris dans le soubassement. Les avant-corps ont pour couronnement des statues d'environ treize pieds de haut, faites par différens Artistes, tels que *Marsy*, *le Comte*, *Desjardins*, *Tuby*, *le Gros*, *Jouvenet* *Mazeline* & autres. Elles représentent les quatre saisons, les douze mois de l'année, les arts, &c. Les quatres figures de bronze qui sont adossées au Château, ont été fondues par les *Kellers*, d'après l'antique ; elles représentent un Bacchus, un Antinoüs, un Apollon & un Silène. On peut rentrer dans le Château par l'arcade opposée à celle de la Chapelle, près de laquelle se trouve l'escalier de marbre.

On entre dans le Parc par le vestibule de la petite cour de marbre, qui est soutenu par seize colonnes. On trouve, dès qu'on y est entré, quatre statues de bronze, adossées contre la face du Château. Aux angles du grand perron, il y a deux beaux & grands vases de marbre blanc.

Le parterre d'eau consiste en deux grands bassins, qui ont plusieurs jets au milieu, & dont les bordures sont ornées chacune de huit grouppes de figures de bronze. Ils représentent des Fleuves, des Rivières & des Nymphes. Dans les angles de ce parterre il y a encore deux autres bassins de marbre, dont les jets d'eau forment des nappes d'une beauté singulière, & les bordures sont ornées chacune de deux grouppes d'animaux de bronze.

De ce parterre on voit le bassin de Latone qui est au bas. Il est orné de quatorze vases au pourtour. Sur le bassin s'élève un grouppe de trois figures qui représentent Latone, Apollon & Diane, ouvrage de *Marcy*. Assez près de-là sont deux autres bassins, au milieu desquels il y a encore de petits grouppes de figures ; le parterre d'eau est enfin bordé par deux tablettes de marbre blanc qui sont ornées de plusieurs beaux vases de bronze & de marbre.

De ce parterre l'on descend à celui du nord par un escalier de marbre blanc, aux angles duquel il y a deux statues : l'une représente Vénus-la-pudique, copiée d'après l'antique, par *Coysevox* ; & l'autre Milicus, Affranchi, copiée aussi d'après l'antique, par *Foggini*. A l'entrée de ce parterre, on voit six vases de marbre posés symmétriquement.

La fontaine de la pyramide est à l'autre extrêmité, & est composée de quatre bassins, les uns sur les autres. On voit encore ici deux autres bassins ornés de Tritons & de Syrènes. La cascade qui est à la tête de l'allée d'eau, est un grand quarré qui reçoit la décharge de la fontaine de la pyramide. La principale face plus exhaussée que les autres, est ornée d'un excellent bas-relief. Tous ces ouvrages de sculpture sont du fameux *Girardon*.

L'allée d'eau est partagée par deux bandes de gazon, sur chacune desquelles il y a sept grouppes de trois enfans chacun, posés au milieu d'un bassin de marbre blanc, & qui en soutiennent un autre d'où sort un bouillon d'eau, qui, en se répandant, forme une petite nappe. Hors de cette allée il y a encore quatre grouppes d'enfans de chaque côté. La fontaine du Dragon est un bassin qui a près de vingt toises de diamètre.

Le bassin de Neptune est une grande & magnifique pièce d'eau, bordée par une tablette ornée de vingt deux grands vases de métal, du milieu de chacun s'élève un jet d'eau, & entre chaque vase il y a encore autant de jets qui s'élèvent fort haut; contre le mur qui soutient la terrasse qui domine ce bassin, on a adossé plusieurs grouppes, qui représentent le triomphe de Neptune. Au-delà enfin on voit trois statues qui représentent Faustine, la Renommée, la Reine Bérénice ; la première a été copiée par *Fremery* ; la seconde a été sculptée par *Dominico Guidi* ; & la troisième a été copiée par *l'Espingola*.

On revient ensuite sur ses pas à la fontaine de la pyramide, & l'on continue de parcourir toutes les statues du parc, dans l'ordre qui suit.

Dans le parterre du nord, la première qu'on trouve, représente l'Hiver, elle est de *Girardon* : Cérès ou l'Eté, par *Hutinot* ; l'Amérique, par *Guérin* ; l'Automne, par *Renaudin* ; cinq thermes qui représentent Ulysse, par *Manier* ; Lysias, Orateur Grec, par *de Dieu* ; Théophraste, par *Hurtrelle* ; Isocrate, par *Granier* ; Apollonius, par *de Melo* ; la Poésie pastorale, par *Granier* ; la Terre, par *Masson* ; la Nuit, par *Raon* ; l'Afrique, par *Cornu* ; l'Europe, par *Mazeline* ; le Midi, par *Mirsy* ; le Soir, par *Desjardins* ; l'Air, par le *Hongre* ; le Mélancolique, par *la Perdrix* ; Antinoüs, par *Lacroix* ; Tigrane, Roi d'Arménie, par *l'Espagnandel* ; un jeune Faune, par *Hurtrelle* ; Bacchus, par *Granier* ; Faustine, par *Renaudin* ; Commode, par *Coustou* ; la Muse Uranie, par *Fremery* ; Ganimède & Jupiter, mêtamorphosé en aigle, par *Laviron*; la Nymphe à la coquille, par *Coyfevox*; cinq thermes qui représentent Cérès par *Poultier*; Diogène, par *l'Espagnandel*; un Faune, par *Houzeau*; une Bacchante, par *de Dieu*; Hercule par *le Comte*. Les statues qu'on voit ensuite, sont Cinna, Pétus & Arria sa femme, par *l'Espingola*; Persée qui délivre Andromède, par *Puget*; la Fourberie, par *le Comte*; Jupiter, statue antique, trouvée à Smyrne; Commode en Hercule, par *Jouvenet*; la Vénus de Médicis, par *Fremery*. Cyparisse, par *Flament*; Artemise, par *le Fevre* & *Desjardins*.

Entre la grande allée & le bassin d'Apollon, il y a une demi-lune ornée de huit thermes, & de quelques statues posées symmétriquement.

En descendant à main droite, l'on rencontre un grand grouppe, qui représente Prothée qu'on lie, par *Slodtz*; Syrinx en therme, par *Maziere*; Jupiter en therme, par *Clairion*; Junon en therme, par le même; Vertumne en therme, par *le Hongre*; un Sénateur qui a un petit coffre auprès de lui, statue antique: le long des palissades de charmille qui étoint entre le bassin d'Apollon & le canal, il y a douze statues, six de chaque côté : la première des six qui sont à droite, représente Auguste, & est antique; la seconde est Orphée, & a été faite par *Franqueville*; la troisième est Apollon antique; la quatrième est antique, & désigne l'Abondance; la cinquième est antique, & représente Antinoüs; la sixième est antique, & représente Titus. Les statues qui sont vis-à-vis de ces six, sont un Sénateur, antique; Agrippine, antique; Junon, antique; la Victoire, antique; Titus antique; Hercule antique; Brutus, antique; Pomone, therme fait par *le Hongre*; Bacchus, therme fait par *Raon*. Le printems, par *Arcis* & *Maziere*. Pan, therme, par *Maziere*. Un grand grouppe qui représente Ino & Mélicerte, par *Granier*. Achille par *Vigier*, une Amazone par *Buret*. Didon, par *Pouletier*. Un Faune, copié d'après l'antique, par *Flament*. Venus sortant du bain, copiée d'après l'antique, par *le Gros*. La Fidélité, par *le Fêvre*. Un grouppe qui représente Milon Crotoniate, par *Puget*. Castor & Pollux, copiés d'après l'antique, par *Coyzevox*. Cinq thermes, qui sont le fleuve Acheloüs, par *Maziere*. Pandore, par *le Gros*. Mercure, par *Vanclève*. Platon, par *Rayol*. Citcé, par *Manier*. La statue du Mirmidon, ou Gladiateur mourant, copiée d'après l'antique, par *Mosnier*. Apollon Pythien, copié d'après l'antique, par *Mazeline*. Uranie, d'après l'antique, par *Carlier*. Mercure, d'après l'antique, par *de Melo*. Antinoüs, d'après l'antique, par *le Gros*. Silène, d'après l'antique, par *Mazière*. Venus aux belles fesses, d'après l'antique, par *Clairion*. Tyridate, d'après l'antique, par *André*. Le Feu, par *Dozier*. Le Poëme lyrique, par *Baptiste Tuby*. Le point du jour, par *Balthazar de Marsy*. Le Printems, par *Manier*. L'eau, par *le Gros*. Cléopâtre, grande figure couchée, sculptée d'après l'antique, par *Vancleve*.

Le bassin d'Apollon est au bout de la grande allée, & en face du Château. C'est un quarré long, qui peut avoir soixante toises en un sens, & quarante-cinq de l'autre, & dont les faces sont arrondies. Apollon est ici sur son char tiré par quatre coursiers, & est environné de Tritons, de Baleines & de Dauphins, le tout de métal. La grosse gerbe s'éleve fort haut, & les deux petites un peu moins.

Le grand canal a trente-deux toises de large sur huit cents toises de long; à la tête est une grande pièce d'eau qui s'y joint, & qui est de figure octogone, vers le milieu il est traversé par un autre canal d'environ cent vingt toises de long, dont les deux bras conduisent l'un à Trianon, & l'autre à la Ménagerie. Enfin à l'extrêmité de ce canal, il y a encore une pièce d'eau beaucoup plus grande que celle qui est à la tête.

Le parterre des fleurs est au midi, & fait symmétrie avec le parterre du nord; il est à l'angloise, c'est-à-dire, de broderie mêlée de plates-bandes, & enroulemens de gazon. Il est orné de huit vases de marbre blanc, sans compter les deux de bronze qui sont sur la tablette.

Du parterre des fleurs on descend dans celui de l'orangerie, par deux escaliers d'une magnificence extraordinaire, & d'ordre toscan. Ce parterre consiste en six grands compartimens de gazon avec enroulemens, & un grand bassin au milieu.

L'Orangerie est un des plus beaux morceaux d'architecture qu'il y ait au monde, élevé sur les dessins de *J. H. Mansard*. Elle consiste en trois galeries, dont celle qui est dans le fond est de quatre-vingt toises de long: au milieu, il y a une statue du Roi Louis XIV, vêtu à la romaine, de marbre blanc, faite par *Desjardins*: elle avoit été destinée pour la place des Victoires: les deux autres galeries sont en retour, & ont soixante toises, & communiquent à la grande par deux tours rondes qui ont leurs saillies en dehors. Ces galeries sont décorées d'un ordre toscan, & dans le vestibule on remarque une statue de pierre de touche, plus grande que nature, qui peut être celle de Cérès en deuil de Proserpine sa fille, que Pluton lui avoit enlevée. Cette statue a peut-être reçu autrefois l'hommage & l'encens des mortels. Ce qui rend cette conjecture vraisemblable, c'est qu'elle vient d'Egypte, Pays reconnu pour avoir été le berceau de l'erreur & de la superstition.

Quand les orangers sont arrangés dans le parterre, ils présentent l'image d'une forêt encaissée; il y en a plusieurs du règne de François I. Si leur symmétrie fait un plaisir sensible à la vue, l'odorat n'est pas moins satisfait du parfum qu'ils répandent lorsqu'ils sont en fleurs. C'est une promenade délicieuse.

La pièce des Suisses est au-delà de l'Orangerie, de laquelle elle est séparée par le grand chemin. Elle ressemble plutôt à un étang qu'à un bassin. Au-delà de cette pièce, & presque dans le bois, est la statue équestre de Marcus Curtius, par le *Cavalier Bernin*.

Le potager est très-vaste, & partagé en trente-quatre jardins séparés par des murs. Celui qui est au milieu est le plus grand, & communique à tous les autres. Chaque jardin a son bassin, & une serre pour l'hiver. Comme la vétusté des arbres a déterminé Louis XVI à les faire abattre, nous ne pouvons pas encore parler de la nouvelle plantation.

La colonnade est un morceau magnifique. C'est un péristile en cercle, formé par trente-deux colonnes de marbre rare, qui se joignent les unes aux autres par des arcades. L'ouvrage est couronné par une corniche, au-dessus de laquelle il y a un socle ou finiment, chargé de marbre blanc, terminé par des pommes de pin : au milieu de ce péristile est un excellent grouppe de marbre blanc, qui représente l'enlèvement de Proserpine, par Pluton; c'est un des chefs-d'œuvres de *Girardon*, & le bas-relief qui est sur le piedestal, ne cède en rien au grouppe.

Le bosquet des Dômes avoit pris son nom de deux temples quarrés de marbre blanc, ornés de colonnes aussi de marbre, & terminé par des Dômes enrichis de plusieurs ornemens & figures de métal. On voit un bassin octogone, entouré d'une balustrade de marbre, & plusieurs statues de marbre blanc.

Encelade est une statue gigantesque qui est au milieu d'un bassin, & qui pousse un jet d'eau d'une hauteur & d'une grosseur extraordinaire.

Les bains d'Apollon sont un excellent grouppe qui

repréfente ce Dieu, qui eft de *Girardon*, & deux autres grouppes qui ont du rapport à cette Divinité, ces trois fontaines paroiffent avoir été faites avec moins d'Art, mais on y en remarque davantage. La groffe gerbe s'élève fort haut, & les lances du baffin octogone encore plus.

La fontaine qu'on voit en entrant dans l'arc de triomphe, eft d'une grande beauté, & celles de la Victoire & de la Gloire font bien ornées, & font un bon effet. L'arc de triomphe eft placé dans l'endroit le plus élevé, & eft compofé de trois portiques de fer.

Le grand parc de Verfailles eft d'une grande étendue, & renferme plufieurs Villages & d'agréables maifons.

Le grand efcalier appellé l'efcalier des Ambaffadeurs, a été détruit entièrement fous le règne précédent, pour bâtir en fa place des appartemens à Mefdames de France. On y admiroit en peinture tout ce que la grandeur & la force du génie de le Brun avoit imaginé dans ce genre de plus fublime, pour frapper d'étonnement les Ambaffadeurs. Le plafond étoit peint à frefque, & les attitudes des Nations étrangères, appuyées fur une baluftrade, portoient des caractères de furprife & d'admiration, qui euffent été inexprimables à tout autre qu'à ce grand génie. *Vander-Meulen* y avoit peint auffi plufieurs événemens qui rappelloient le fouvenir des conquêtes de ce grand Monarque. Heureufement ce chef-d'œuvre a été gravé fous Louis XIV.

La nouvelle falle des Spectacles du Château de Verfailles, conftruite fous les ordres de M. le Marquis de Marigny, fur les deffins & fous la conduite de M. *Gabriel*, premier Architecte du Roi, fecondé par MM. l'*Ecuyer*, *de Wailly* & *Potain*, Architectes de Sa Majefté, a été faite à l'occafion du mariage de Monfeigneur le Dauphin, aujourd'hui Louis XVI, & achevée pour les Fêtes en 1770.

Cette falle eft établie au bout de l'aîle du nord, dans l'emplacement deftiné à cet ufage, du temps de Louis XIV, & qui contient cent cinquante toifes fuperficielles: fa hauteur totale depuis le fond du théâtre, jufqu'au dernier entrait du comble, eft d'environ cent vingt pieds.

L'entrée au parquet, & la communication au théâtre, eft affujettie au niveau de la galerie baffe de la Chapelle: l'amphithéâtre, les premières & fecondes loges étant les places deftinées pour la Cour, ont été affujetties à la galerie de plein pied des appartemens du Roi, d'où l'on entre dans une falle des Gardes, de trente pieds de long, fur vingt-un de large, qui précède une galerie de foixante pieds de large, sur vingt-un pieds de long, décorée d'un sous-bassement & d'un ordre de pilastres ioniques au-dessus, richement terminée par une voûte décorée de compartimens destinés à recevoir des peintures. Dans les trumeaux, entre les pilastres, sont différens grouppes & figures qui l'enrichissoient. La porte d'entrée & la cheminée de marbre & de bronze, sont décorées de cariatides dans la hauteur du sous-bassement. Toute la sculpture est de M. *Pajou*, & les ornemens, par M. *Guibert*.

Dans le flanc opposé aux croisées, sont pratiquées trois portes, dont celle du milieu sert d'entrée à l'amphithéâtre, en descendant cinq marches; les deux autres donnent accès aux premières loges, & à tous les dégrés.

La salle a du fond de l'amphithéâtre, jusqu'au rideau de l'avant-scène, soixante & douze pieds. Sa largeur depuis le fond des premières loges, soixante pieds, & la hauteur totale depuis le parquet jusqu'au plafond, est de cinquante-un pieds. La forme, est ovale, tronquée dans la partie des loges, & quarrée dans celle de l'avant-scène, qui comprend une prolongation de théâtre, d'environ douze pieds & l'orchestre. La partie d'ovale tronquée renferme le parquet, au pourtour duquel sont de petites loges particulières grillées, & ensuite l'amphithéâtre, au-dessus duquel les premières loges sont en saillie des murs. Les secondes, moitié en encorbellement, & moitié en renfoncement dans l'épaisseur du mur; les trois du fond de ces secondes loges, sont destinées pour loges particulières du Roi. Elles prennent toute la profondeur des corridors, & sont peintes en arabesques, colorées & rehaussées d'or. L'on y communique de la galerie publique par un sallon ovale accompagné d'une garde-robe particulière; dans le fond de la loge du milieu en face du théâtre, est une cheminée, & au-dessus une glace qui, en répétant ce magnifique objet, produit le tableau le plus agréable.

Au-dessus de ces deux hauteurs de loges, & à plomb des murs, s'élève une galerie en colonnades d'ordre ionique, dont la corniche architravée se raccorde avec celle de l'entablement de l'avant-scène.

Les plafonds produits par les plates-bandes, renferment des tableaux qui représentent les amours des Dieux; le fond de cette galerie est décoré d'arcades avec glaces & rideaux, noués & retroussés, & chaque entre-colonnement est garni d'un lustre de seize bougies; cette colonnade est interrompue dans son milieu en face du théâtre, par une grande travée dans laquelle la corniche tourne circulairement & forme au-dessus un cul-de-four peint en mosaïque avec caisses & rosettes, le tout d'or ; & comme sur les côtés, une arcade en glaces : un grand lustre de trente-six bougies garnit cette partie. Au droit de tous les piédestaux des colonnes de cette galerie, sont des urnes de porphyre portées sur des consoles, des volutes desquelles partent des bras pour y placer des bougies ; le dessus de la corniche de cette galerie est avec voûte décorée d'ovales à jour, & grillées, séparées par des arcs doubleaux qui vont se réunir dans le plafond à une première platebande qui fait le tour de la salle, & en désigne la forme ; à une distance de celle-ci, il y en a une autre qui joint la bordure d'un grand tableau ovale de trente-six pieds de longueur, sur une largeur proportionée, peint par M. *Durameau*, ainsi que les plafonds de la galerie.

L'avant-scène considérée de la salle, est composée de la grande ouverture, de deux pans coupés, & de deux retours formant avant-corps sur les loges, & est décorée d'un grand ordre d'architecture de colonnes corinthiennes de trois pieds de diamètre. Son ouverture entre les colonnes grouppées a quarante-un pieds de large sur trente-quatre de hauteur, compris les socles ; les deux retours décorés de colonnes du même ordre, forment de grands balcons au niveau de l'amphithéâtre, & deux hauteurs d'autres balcons saillans & soutenus de consoles, règnant avec les secondes & troisièmes loges ; les deux pans coupés sont décorés de grands trophées de musique & d'autres Arts, dorés sur un fond de marbre. Au-dessus de l'entablement corinthien, & dans le milieu de l'avant-scène sont placées les armes du Roi, accompagnées de deux Anges & de nuages qui les supportent ; & sur les angles rentrans & saillans de la corniche, il y a quatre grouppes d'enfans & de trophées ; en contre-bas de l'avant-scène est l'orchestre qui contient soixante & quinze à quatre-vingt Musiciens. Toute la décoration de la salle est en menuiserie ; les colonnes & l'entablement sont creux, ainsi que les plafonds & planchers.

Tous les corridors des loges sont voûtés, & communiquent par quatre grands dégrés en pierre, dont trois prennent des cours & du jardin jusqu'au comble.

L'imitation des marbres, la quantité des sculptures dorées jointes aux peintures, rendent cette salle de spectacles la plus magnifique qui soit en Europe.

La cage du théâtre a cent vingt pieds de large du fond des bas-côtés, sur soixante & dix-huit de profondeur, sans y comprendre les douze pieds d'avant-scène; sa hauteur du dessous jusqu'au plein-pied dudit théâtre, est de quarante & un pieds; du dessus du théâtre jusques sous les premiers entraits, de cinquante-six pieds.

La charpente du comble qui a soixante-trois pieds de portée dans la grande travée, occupe le dessus du théâtre & de la salle, & forme une galerie longue de cent cinquante pieds sur vingt de large entre les clefs pendantes, & haute dans toute son étendue entre les deux entraits, de onze pieds; c'est où se fait le service des machines.

C'est à M. *Arnoult*, Ingénieur-Machiniste du Roi, que l'on doit la coupe de cette charpente, construite avec tout l'art possible, tant par sa légèreté que par sa précision, sa propreté & la facilité qu'elle donne pour le service du théâtre; elle peut même servir de modèle pour toute salle de spectacle. M. *Brian*, Maître Charpentier du Roi, a parfaitement secondé les vues de cet habile Machiniste.

Comme les occasions de voir la salle du bal en place sont rares, nous allons en donner une idée, dont on pourra nous savoir gré. Elle a quatre-vingt pieds de largeur sur soixante & dix-huit de profondeur, & cinquante-cinq de hauteur; ce qui forme un quarré long, dont les quatre angles forment des pans coupés, deux desquels joignent les colonnes de l'avant-scène, par deux avant-corps, & les deux autres sont réunis au fond par une partie circulaire. Tout cet édifice forme trois étages de galeries l'une sur l'autre. Au-devant des piedestaux, dans le pourtour, sur des socles de marbre, sont posés douze grands candelabres d'argent, de douze pieds de haut, qui portent autant de girandoles de cryftal, garnies chacune de soixante-huit bougies, ainsi que les quatre placées au-devant des pans coupés. Huit lustres chargés de trente-deux bougies, partent de la bordure du tableau; cet ensemble présente tout ce que l'imagination a pû créer de plus magnifique dans les romans de féeries; & pour en donner l'idée, il suffit de dire que tous les fonds d'architecture sont d'émeraude, & que tous les ornemens & moulures toutes en relief sont or & argent. On ajoutera la richesse des étoffes pour rideaux & tapis, jointe au choix des couleurs les plus agréables.

On voit à la Ménagerie, indépendamment des animaux rares qu'on y tient enfermés dans des loges particulières,

un

un pavillon situé au centre d'une cour octogone, laquelle est séparée par une grille de fer de sept autres cours où sont les animaux. Rien de mieux entendu que la distribution des petits appartemens qui composent ce pavillon. Nous n'en dirons rien autre chose, sinon qu'ils sont décorés avec tout le goût & tout l'art possible. On voit dans le sallon octogone, qui est la principale pièce, beaucoup de tableaux d'animaux qui ont été vivans à la Ménagerie. Ils sont peints par le célèbre *Desportes* qui excelloit dans ce genre. Les appartemens sont ornés de glaces & de tableaux des plus excellents Maîtres du dix-septième siècle tels que les *de Boulogne*, *Blanchard*, *Alexandre*, *Silvestre*, *Christophe*, *Saint-Paul*, *Allegrain*, *Bertin*, *Speyman*, &c. Les deux vases qui sont à l'entrée de l'escalier ont été sculptés par *Jouvenet*.

On peut voir ensuite les animaux & sur-tout remarquer la volière, qui est quelquefois remplie d'oiseaux étrangers qui ne sont pas moins curieux que les quadrupèdes.

VEZELAY. (*Election de*) Cette Election est placée au sud-est de Paris, entre celle de Tonnerre & les Généralités de Dijon, de Bourges & d'Orléans. On lui donne douze lieues de long, sur huit de large : elle est arrosée par les rivières d'Yonne, de Cure & de Cousain. Vezelay, chef-lieu de cette Election au Diocèse d'Autun, est située sur une montagne près de la rivière de Cure, à quarante lieues de Paris, au 21ᵉ. dég. 44 min. 55 sec. de longit. & au 47ᵉ. dég. 28 min. de latit. sept. Il y a un Bailliage & un Grenier à sel. Cette Ville ne contient qu'un très-petit nombre d'Habitans; elle a un Château, dont la terrasse donne une vue fort étendue sur la campagne des environs : on n'y a pratiqué aucunes promenades; une de ses portes conduit à Clamecy, l'autre à Auxerre. La premiere s'appelle la porte Saint-Etienne; l'autre, la Fausse-Porte.

On a tenu un Concile à Vezelay en 1146. Il eut pour objet un armement puissant contre les Turcs. En 1569 les Calvinistes surprirent cette Ville : *Sansac* eut ordre de la reprendre, mais il ne put point l'exécuter; il y tira trois mille coups de canon, & y perdit quinze cents hommes. Vezelay est la patrie de *Théodore de Beze* : il naquit en 1519.

Joux-la-Ville, est ainsi nommé, pour le distinguer de *Joux-le-Châtel*, qui n'en est pas éloigné.

Corbigny est une petite Ville du Nivernois, dans le Comté des Amognes, à côté de laquelle est une Abbaye de l'Ordre de Saint Benoît, qui a été fondée par *Manasses* & enrichie par *Charlemagne*. Selon une ancienne Chartre, le nom de *Corbigny* vient de *Corbon*, homme célebre dans ces temps là: *à Corbone viro inclyto, Corboniacus dicitur.*

On tient à *Cervon* cinq Foires par an: on tire de *Lormes* une grande partie des cercles dont on se sert dans la Bourgogne: on fait à *Precy-le-Sec* un grand commerce de bled.

L'Election de *Vezelay* se divise en deux parties, dont la plus fertile se nomme *le Morvans*, ou le bon-Pays: cette dénomination lui vient de la quantité des bleds que son terrein produit.

Il y a à Vezelay des eaux minérales, & une fontaine qui donne du sel. Elle est sur la croupe d'une montagne près de la rivière de Cure.

VICEOURS, *aujourd'hui* VISSOUS, Village à trois lieues ou un peu plus de Paris, un peu à côté du grand chemin d'Orléans, à la main gauche & dans la plaine. Il n'est presque composé que d'une rue qui est assez longue. Le territoire est en bled. Ville-Milan touche à cette Paroisse & en fait partie. Mont-Jean qui est une maison bourgeoise, voisine de Rungis, est aussi de Viceours.

L'Eglise est du titre de Saint Denis. La Cure est à la présentation du Chanoine de Notre-Dame de Paris, auquel est échu la vingt-deuxième partition, & cela depuis l'échange de cette nomination à la place de celle de Creteil. Il y a dans ce lieu une Chapellenie fondée par Nicolas, Chanoine, Prêtre de Saint Honoré, sous le titre de St. Nicolas; elle est à la pleine collation de l'Ordinaire.

VICTOR, (Porte St.) *Voy.* PORTES.

VIGNEU. Ce lieu qui n'est éloigné de Villeneuve St. Georges que d'une demi-lieue, est placé, relativement à Paris, entre l'orient & le midi, à la distance de quatre lieues, dans une plaine sur le rivage de la Seine, vis-à-vis le Village d'Athies qui est à l'autre bord sur la montagne. C'est un pays uniquement de labourage & de prairies, réduit à six feux qui ont presque tous leur nom particulier. Savoir; Noisy sur le bord de la Seine, Courcelles, Rouvres & Château-Frié. Cette Paroisse étoit plus nombreufe avant que Montgeron en fût détaché il y a quatre cents ans.

L'Eglife eft du titre de Saint Pierre; la Fabrique en eft très-pauvre, n'ayant que cent fols de rente: tous les environs de cette Eglife font garnis de tombeaux de pierre dure, & quelques-uns de plâtre; on y a trouvé avec les offemens des petits pots de terre. Ces pots fervoient au douzième & treizième fiècle, pour conferver à côté des morts du charbon & de l'eau bénite. La nomination de la Cure appartient à l'Abbé de Saint Victor, qui jouit auffi de la Seigneurie de ce lieu, à la réferve d'une portion poffédée par un Seigneur particulier.

VILLABÉ. Ce Village eft fitué à huit lieues ou environ de Paris, à une petite lieue de Corbeil, au couchant d'hiver de cette Ville. Il y a un vignoble fur les côteaux de la rivière d'Effonne ou d'Etampes, & des prairies dans le fond. Le vin des côtes va de pair avec celui de Mons en la Paroiffe d'Atheis.

L'Eglife eft du titre de Saint Marcel, Evêque de Paris; on dit que Saint Blaife en eft le fecond Patron. La nomination de la Cure appartient à l'Abbeffe d'Hierres.

VILLAINES. Village du Doyenné de Montmorency, éloigné de Paris de cinq à fix lieues, fitué dans un pays plat, avec terres de labourages, fans aucunes vignes. L'Eglife eft une Chapelle proportionnée au petit nombre des Habitans. La Sainte Vierge eft la Patrone. L'Archevêque de Paris confère la Cure de plein droit. Cette petite Paroiffe a été démembrée de Beloy.

VILLE-D'AVRAY. Ce Village du Doyenné de Château-Fort, que l'Abbé le Beuf préfume avoir été un Hameau de la Paroiffe de Sèvre, dont il n'eft guères éloigné que d'un quart de lieue, eft fitué fur une pente très-roide, qui regarde le levant & le feptentrion, à deux lieues & demie de Paris, une lieue de Verfailles, une demi-lieue de Saint-Cloud, & un quart de lieue de Marne, c'eft-à-dire, à l'occident de Paris. C'eft un pays de vignes: il y a un bois vers les côtés du levant & du midi.

L'Eglife paroît être du quatorzième ou du quinzième fiécle. Saint Nicolas, Evêque, en eft le Patron. La Cure eft à la collation de M. l'Archevêque. Une infcription qui fe voit dans l'Eglife, apprend aux paffans que cette terre appartient aux Céleftins de Paris, laquelle leur fut léguée

E ee ij

en 1430 par *Milon* ou *Milles de Dangeau*, Doyen de Chartres & Chanoine de Paris, pour le repos de son ame & de celle de son frère *Robert de Dangeau*.

Au bout du village est une fontaine qui s'est trouvée la meilleure de tous les environs de Versailles ; c'est pour cela que le Roi n'en boit pas d'autre. Cette fontaine est enfermée ; mais cependant elle coule par un petit tuyau pour la commodité des passans.

VILLEBON est un Village du Doyenné de Château-Fort, à une demi-lieue de Palaiseau, dont il étoit anciennement un hameau, & dont il n'est séparé que par la petite rivière d'Ivette. Ainsi sa distance de Paris n'est guères que de quatre lieues, en tirant un peu du midi au couchant. Sa situation est sur un côteau qui regarde le nord, & les environs sont agréablement variés de toutes les productions de la nature, vignes, prairies, arbres fruitiers, & quelques labourages ; en sorte que si ce lieu ne tire pas son surnom d'un nommé *Bon*, il est constant que la bonté du territoire a pu le faire appeler *Villabona*, ainsi qu'il l'étoit dès le douzième siècle.

Nicolas de Thou, Conseiller-Clerc au Parlement, & ensuite Evêque de Chartres, étoit Seigneur de la Terre de Villebon ; il y avoit fait bâtir une Chapelle, qui vraisemblablement étoit sous le titre de Saint Côme & de Saint Damien, puisqu'il avoit choisi le jour de leur fête pour y établir une Foire. Mais comme elle étoit mal située, l'Evêque de Paris lui permit en 1581 de la détruire, de la rebâtir ailleurs & de la bénir. Elle fut donc fondée dans le lieu de Villebon, sous le titre de Saint Côme & Saint Damien, & en 1644, *André Potier de Novion*, alors Seigneur de Villebon, obtint de l'Archevêque de Paris qu'on y chanteroit vêpres les Dimanches & les Fêtes ; depuis, son fils *Nicolas Potier de Novion*, aussi Président au Parlement, vint à bout de faire ériger cette Chapelle en Cure, par un décret du 24 Mai 1658. En conséquence, on détacha de Palaiseau, les Casseaux, la Roche, la Plaisse, Villiers, & une maison sise à Courtebœuf qui étoit de la censive, justice & taille de Villebon. Le même Seigneur dote la Cure nouvelle de 300 liv. assignées sur la Terre, sans diminuer les dixmes du Curé de Palaiseau, & la présentation du Curé de Villebon fut attachée au Seigneur Fondateur. L'Archevêque ordonna que les habitans viendroient processionnellement à Palaiseau le 4 Juillet de chaque année le jour de la fête de Saint Martin, & y assisteroient avec leur Curé à la grand'Messe qui seroit célébrée par le Curé de Palaiseau, ou son Vicaire ; qu'il seroit payé au même Curé de Palaiseau 60 livres par an, & 25 livres à la Fabrique.

Le Château de Villebon est revêtu de deux vastes pavillons, & le parc en est fort étendu.

VILLE-CRESNE, Village du Doyenné du Vieux-Corbeil, à cinq lieues ou environ de Paris, un peu plus près de l'orient d'hiver que du midi. Il est situé dans le bout de la plaine qui commence au sortir de Boissy-Saint-Leger, & qui finit au ruisseau de Rouillon, ou Reveillon. Le gros du Village se trouve entre Villeneuve-Saint-Georges & Brie-Comté-Robert, à distance presqu'égale d'une lieue, ou un peu plus. C'est un Pays où il y a plus de terres labourables que d'autres biens, en y comprenant le Hameau de Cerçay. *Voy.* CERÇAY.

L'Eglise est du titre de la Sainte Vierge. On y reconnoît aussi Saint Jean pour Patron ; mais peut-être cela n'a-t-il commencé qu'à l'occasion de quelques habitans de Saint-Jean de Grosbois qui se retirèrent à Ville-Cresne vers 1640, lorsque leur Eglise & leurs maisons furent détruites au sujet des travaux que le Duc d'Angoulême, (Charles de Valois) fit faire dans son parc de Grosbois. La Cure a toujours appartenu de plein droit à l'Evêque ou l'Archevêque de Paris : le Curé est gros Décimateur. Beaulieu est un Fief de Ville-Cresne.

Voici comment l'Abbé *le Beuf* s'explique sur l'étymologie de Ville-Cresne.

« Comme on ne peut pas douter que le territoire occupé
» par le Village de Ville-Cresne ne fût sur la lisière de la
» forêt qui s'étendoit du côté d'Hierres, & qu'on appelle
» maintenant la Forêt de Grosbois, s'il n'étoit pas même
» compris dans cette Forêt, il s'ensuit fort vraisembla-
» blement que le mot de *Cresne* ou *Crêne*, joint à celui
» de Ville, a été employé pour signifier *Village aux huttes*,
» *Cranea* & *Crana* ne paroissent être qu'une altération du
» mot *screne* ou *scréone* qui est usité dans la Loi salique,
» pour signifier une hutte faite de branchages ; en l'em-
» ployant dans le latin, on lui a donné la terminaison en
» *a*, *screona* ; mais il est constant que plusieurs Villages ou
» Hameaux, appellés les *Ecrènes* ou *les Ecrègnes* en divers
» lieux, n'ont eu ce nom qu'à cause des huttes de branches

» d'arbres & de terre par où ils ont commencé, &c. »
Hist. du Dioc. de Paris, tom. 13. pag. 46.

VILLE-L'ÉVEQUE. *Voy.* BÉNÉDICTINES, tom. 1, pag. 569.

VILLEDEDON. Hameau près de Corbeil, composé de dix ou douze feux, dont les Chanoines de Saint-Spire sont Seigneurs.

VILLEGENIS, est une maison de plaisance qui appartenoit à feue Son Altesse Sérénissime *Mademoiselle de Sens*. On y remarque le Château, dont les proportions sont des plus régulières; le goût qui règne dans les appartemens, les tableaux représentant des chasses, de *Desportes*; les parterres & les cabinets de charmilles. On y voit une statue de Diane, de *Couslou*.

VILLEJUST. Village du Doyenné de Château-Fort, à cinq lieues de Paris, à gauche de la route de Chartres, une lieue par-delà Palaiseau. En approchant de ce Village, on trouve, du côté de Paris, une montagne assez roide, vers le haut de laquelle sont les vignes du lieu, qui sont exposées au levant, & produisent de bon vin blanc, après quoi on se trouve dans la plaine de labourages, dans laquelle est bâti le Village, dont le territoire ne laisse pas d'être garni de vergers avec grande quantité de pommiers. De l'endroit où sont les vignes, la vue est charmante vers Palaiseau, Lonjumeau, Juvisy; on apperçoit même des pays par-delà Paris.

L'Eglise est sous le titre de Saint Julien, Martyr de Saint Brioude, ce qui pourroit faire croire que Villejust est l'abrégé de Ville-Julien, si ce n'étoit que dans la Bulle d'Urbain III, qui confirme cette Eglise à l'Abbaye de Saint Florent de Saumur, elle est appellée *Capella Sancti Juliani de Villa-Juxta* * : le Pouillé Parisien du trei-

---

* M. de Valois donne une raison du nom de *Villa-justa*. Il dit que ce Village fut ainsi nommé, parce que rien n'y manque, & qu'il est pourvu de tout ce qu'il lui faut : que c'est ce qui signifie l'adjectif *justa*; de même que les anciens ont appelé *Justum Exercitum* des Troupes qui sont munies d'armes, chevaux & de ce qui est nécessaire à leur état.

fième siècle, marque la Cure de *Villa-Juxta*, à la nomination de l'Abbé de Saint Florent de Saumur ; tous les autres rédigés depuis s'accordent à le dire à la nomination du Prieur de Saux, lequel, comme on fait, est membre de Saint Florent.

VILLEJUY. Bourg du Doyenné de Montlhéry, à une grande lieue ou lieue & demie du centre de Paris, sur le haut de la colline où commence la plaine de Longboyau. C'est un Pays de vignes & de labourages. Le chemin de Fontainebleau ou de Lyon passe à travers ce Bourg.

L'Eglise est du titre de Saint Cyr & Sainte Juliette, Martyrs. La Cure est à la collation de l'Archevêque de Paris. La Communauté des Prêtres de Saint Nicolas du Chardonnet a sa maison de campagne dans ce Bourg. Ce lieu relève du Roi, à cause de son Comté de Montlhéry.

VILLE-LOUVETTE étoit une Ferme de la Léproserie de Corbeil, au-dessus de l'Eglise de Saint Germain, vers la pente, au bas de laquelle passe le ruisseau de Haudre. Elle fut réunie à l'Eglise de Notre-Dame de Corbeil en 1604 ; maintenant il n'y a plus que la place.

VILLEMAIN. Seigneurie sur la Paroisse de Grify ; le Château est dans le vallon au couchant du Village. Il ne faut point confondre le nom de Villemain avec ceux de Villemenon & de Villemeneu qui sont assez semblables, & qui désignent des endroits voisins.

VILLE-MOISSON, petit Village du Doyenné de Montlhéry, situé presque sur le bord de la rivière d'Orge, à cinq lieues de Paris ou environ, vers le midi. Il n'est composé que d'une seule rue en long, regardant le nord. Les prés, les vignes qu'on trouve en s'éloignant de la rivière, quelques labourages, & le voisinage de la forêt de Séquigny, font tout l'avantage de cette petite Paroisse.

L'Eglise est du titre de Saint Martin, & n'est qu'une espèce de grande Chapelle sans aîles. Saint Laurent est le second Patron. La Cure appartient à l'Archevêque.

VILLEMOMBLE. Village du Doyenné de Chelle, à deux lieues & demie de Paris, sur le bord de la forêt de

Bondies ou de Livry; il est situé dans un canton également propre à la vigne comme au reste des biens de la terre. La terre de Villemomble est bornée par Rôny, Gagny & Mont-fermeil; mais le Village est dans un fond au bas de la montagne sur le haut de laquelle est construit le Château d'Avron. Quelques maisons écartées du côté du midi ont formé un petit Hameau appellé la Montagne, qui est placé, en tirant vers Neuilli-sur-Marne.

L'Eglise Paroissiale étoit autrefois plus enfoncée dans le Village du côté du levant sur le chemin de Gagny. Elle a subsisté long-temps à la main gauche du même chemin, dont il reste des tourelles. La Cure est regulière & appartient à l'Abbaye de Livry.

Il y a en ce lieu un torrent ou petit ruisseau sans nom qui commence son cours à Villemomble, & va se jetter dans la Marne à Ville-Evrard, Paroisse de Neuilly. Ce qui lui donne naissance sont quelques petits étangs restans à Launay, Château placé dans le bas, tout au bout de Villemomble vers l'orient. La belle maison qui est dans le Village même, & dont les jardins s'étendent sur la côte en montant vers Avron, a été bâtie par le sieur Barrême, Financier, décédé en 1741.

VILLENEUVE. (la) Voici ce que nous dit M. *Jaillot* au sujet de ce quartier: « Le terrein dans le fauxbourg St.
» Denis, dit-il, qui appartenoit aux Filles-Dieu, & celui
» de l'Hôpital d'Imbert-des-Lions, qu'elles y ont réuni,
» étoit d'une grande étendue; il paroît qu'il étoit borné
» par le grand égoût, par les rues Poissonnière, St. Denis,
» du Fauxbourg St. Denis, jusques & compris la maison
» de l'Echiquier & par leur enclos actuel. Les fortifications
» qu'on fut obligé de faire pendant la prison du Roi
» Jean, coupèrent ce territoire en deux parties; les
» Filles-Dieu se refugièrent dans la Ville, & firent cons-
» truire un nouvel enclos à leur Monastère, dont on retran-
» cha une partie pour de nouvelles fortifications. Ce terrein
» forma dans la suite une Voirie: sous Charles IX, on y
» creusa des fossés que le Peuple & nos Historiens ont
» appellés *Fossés jaunes*, de la couleur des terres qu'on
» en tira. Dès le commencement du seizième siècle, on avoit
» construit des maisons en cet endroit, on avoit même bâti
» une Chapelle, & ce Fauxbourg devenoit de jour en jour
» plus considérable: on lui avoit donné le nom de la
» *Villeneuve*. Les malheurs dans lesquels la Ligue plongea

» la France, & particulièrement la Ville de Paris, obligèrent
» de ruiner ce Fauxbourg, d'en abattre les maisons. Les
» démolitions rehaussèrent encore la surface de ce terrein;
» & lorsque le calme eut dissipé toutes les craintes, l'on
» commença à rebâtir ce Fauxbourg: on l'appella pour
» lors la *Villeneuve-sur-Gravois*. Louis XIII, pour encou-
» rager ceux qui voudroient s'y établir, accorda par ses
» Lettres Patentes de 1623, la franchise à toutes les per-
» sonnes qui exerceroient les Arts & Métiers, le privilège
» d'y travailler librement & publiquement, & d'y tenir
» boutique ouverte, à l'instar du Temple, ce terrein
» commença dès-lors à être couvert de maisons, & entre-
» coupé des rues que nous y voyons aujourd'hui; elles
» étoient toutes bâties vingt ans après; on y construisit
» aussi une Chapelle, qui a été depuis érigée en Cure,
& qui cette année 1778 vient d'être supprimée pour n'en
faire plus qu'une avec celle de Saint-Sauveur: le rempart
qui coupe ce quartier, le fait distinguer en *haute & basse
Villeneuve*. Rech. sur Paris, Quart. S. Denis, pag. 7 & 8.

VILLENEUVE-LE-ROI. Village du Doyenné de Montlhéry, à trois lieues de Paris en remontant la Seine, sur
la pente d'un côteau qui regarde l'orient, & qui est embelli
de quelques fontaines. Le pays est de vignobles & de
terres labourées.

L'Eglise est sous le titre de Saint-Pierre; la Cure est
à la nomination de M. L'Archevêque.

Nous avons une description latine de Villeneuve-le-Roi,
dédiée à M. *Rollin*, Recteur de l'Université de Paris, par M.
Claude le Pelletier, Contrôleur-Général & Ministre d'Etat,
qui s'étoit retiré dans ce lieu en 1697. Voy. *l'Hist. du
Dioc. de Paris*, par le Beuf, tom. 12, pag. 142.

Voyez dans Piganiol à l'article de Villeneuve-le-Roi,
la description de la magnifique maison de M. *le Pelletier*.

VILLENEUVE-SAINT-DENIS. Ce Village du Doyenné de Lagny, n'est éloigné de Paris que de sept lieues,
ou un peu plus; il est situé vers l'orient, à deux lieues de
Lagny & autant de Tournant, dans une plaine de labourages sans aucunes vignes. Jossigny & Sarris sont les Paroisses
les plus voisines avec Villeneuve-le-Comte qui est du
Diocèse de Meaux; la Forêt de Crecy la borne du côté
du midi.

L'Eglise est bâtie en forme de Chapelle, & est du titre

de St. Denis, Apôtre de Paris : c'étoit l'ordinaire des Religieux de l'Abbaye de donner aux Paroisses de leurs Terres le nom de leur Eglise, & il n'en faut point d'autres preuves à l'égard de celle-ci, que le nom du Village : la nomination de la Cure appartient à l'Abbé de St. Denis, ou au Couvent qui jouit non-seulement de la Seigneurie & du Patronage, mais encore des grosses dixmes. Dès l'an 1248 l'Abbé Guillaume avoit accordé des Lettres de manumission à tous les Serfs & Serves qu'ils avoient à Villeneuve-Saint-Denis.

VILLENEUVE-SAINT-GEORGES. Ce lieu qui est devenu Ville, est à quatre petites lieues de Paris, en remontant la rivière de Seine, sur son rivage droit, au bas d'une montagne assez roide, dont l'aspect est au couchant, & sur laquelle est construite l'Eglise Paroissiale à mi-côte avec quelques maisons bourgeoises qui de cet endroit-là, ont vue sur presque tout Paris. C'est un grand passage tant par eau que par terre; le territoire, lorsque ce lieu n'étoit qu'un simple Village, étoit fort étendu. Il comprenoit tout ce qui forme aujourd'hui la Paroisse de Crône, & même une partie du territoire depuis attribué à celle d'Hierres & de Montgeron ; cependant il renferme encore des vignes, des terres, & quelques cantons de bois, beaucoup de dépôts de vin pour la provision de Paris: il y avoit un pont de fustes proche la Perrière.

L'Eglise est sous l'invocation de Saint Georges, la Cure appartient à l'Abbaye de Saint Germain. Il y avoit une Chapelle de Saint Simon Saint Jude, au milieu de la rue à droite en venant de Paris ; elle existoit encore en 1738. M. *Bourdoise* y avoit établi aussi une Communauté de Prêtres de Saint Nicolas, laquelle a subsisté jusqu'à sa mort arrivée en 1655. Il y a à Villeneuve-Saint-Georges un marché tous les Vendredis. Les coches d'eau qui passent au dessous de ce lieu, ont donné de la réputation aux petits gâteaux qu'on y fait.

VILLE-PARISIS. Il y a apparence que ce Village du Doyenné de Chelles, bâti à cinq lieues de Paris, a tiré son nom de ce qu'il est le premier qui se trouve dans le Diocèse de Paris au sortir de celui de Meaux, en suivant la grande route. Il est situé dans une plaine découverte, le chemin pavé de Paris à Meaux passe à travers : la montagne qui commence vers Villemomble, continue jusques là, & est au midi du Village. Il y a sur la hauteur une maison assez apparente appellée *Montfaigle* qui est peut-être le Montvéogle où étoient des vignes ; l'Eglise qui est sous l'invocation de St. Martin, est petite, bâtie à la gothique, quoiqu'elle ne paroisse pas avoir 150 ans. La Cure existoit dès le douzième siècle.

Il y avoit autrefois plus de forêts sur le territoire de Ville-Parisis, qu'il n'y en a aujourd'hui. Les bois de ce nom s'étendoient beaucoup du côté de Tremblay.

Le Prieuré de Grosbois réduit à une petite Chapelle de Notre-Dame, est situé sur le territoire même de Ville-Parisis, à l'extrêmité vers le levant, un peu plus bas qu'à mi-côte d'une montagne inculte au haut de laquelle est une haute-futaie. Marier Historien de St. Martin des Champs, & le Pouillé de Paris, imprimé en 1648, le disent être à la nomination du Prieur de Gournay ; ce qui fait voir qu'il est de l'Ordre de Cluny, & que les premiers Moines qui l'habitèrent furent tirés de Gournay. Quelques Hermites y ayant demeuré, c'est ce qui lui a fait donner quelquefois le nom de l'Hermitage.

VILLEPINTE. Ce Village du Doyenné de Chelle, situé sur les limites du Diocèse de Paris, du côté qu'il touche à celui de Meaux, est à une petite lieue de Tremblay, & une d'Aunay, & à la distance de cinq lieues & demie de Paris, vers l'orient d'hiver, dans une espèce de plaine cultivée en bled, sur une petite pente douce, & sans aucunes vignes.

Quelques modernes croyent que le nom latin étoit *Villa Pentana*, mais cela est sans preuve ; tous les titres portent *Villa Picta*. Peut-être qu'on croira que les premières maisons qu'on y bâtit étoient enduites d'ocre ou de rouge. Mais plutôt il faut dire que *Villa Picta* équivaudroit à *Villa Culta*, *Villa Fossa*, Village ou terre défrichée, parce qu'en basse latinité on a dit : *pictare terram* pour *fodere terram*, d'où est venu le mot de Piqueur, & le terme *pictura* pour signifier une certaine quantité de terre en labourage ou en vigne. Un titre de 1361 appelle en françois Villepeinte le lieu dont il s'agit.

Ce Village n'a été érigé en Paroisse que vers la fin du treizième siècle ; il étoit auparavant de la Paroisse de Tremblay. L'Eglise est titrée de la Sainte Vierge, & l'Assomption est la Fête patronale ; elle n'a rien dans sa structure qui soit au dessus de deux cents ans. Les Religieux de St.

Denis en étoient Seigneurs au neuvième & dixième siècle, & rentrèrent en poffeffion de cette Terre en 1281 par la vente que leur en fit *Hugues le Loup*, Chevalier, pour le prix de 4000 liv. Cette Abbaye nomme à la Cure. La Cure de Saint Martial de Paris avoit à Villepinte un fief dont des dépendances font à Belleville ; le Curé de Saint Pierre des Arcis en jouit aujourd'hui par la réunion de la Cure de Saint Martial, faite à la fienne : le ruiffeau qui paffe à Villepinte s'appelle Ridaux ou Ridoux.

VILLEPREUX. Village du Doyenné de Château-Fort, à fix lieues de Paris, vers le couchant, & à deux de Verfailles. Sa fituation eft dans une efpèce d'enfoncement que forment quelques montagnes, fur-tout vers l'orient & vers l'occident, mais un peu plus découvert vers le midi & le nord ; une des portes du Parc de Verfailles fert pour y entrer ; les eaux s'y réuniffent des deux côtés, principalement celles qui viennent de Grignon au Diocèfe de Chartres, qui font que l'hiver les endroits bas des environs de la petite Ville font fort arrofés ; il y a eu quatre portes à Villepreux, il y a peu de vignes fur le territoire ; tout eft en labourages, prairies, &c. Au Fauxbourg vers le fud-oueft, qu'on appelle le Fauxbourg des Bordes, eft un Prieuré fous le titre de Saint Nicolas.

L'Eglife Paroiffiale qui eft bâtie fur un terrein un peu moins bas que plufieurs endroits de la Ville, porte le nom de Saint Germain, Evêque d'Auxerre. Le 18 Février, jour de la Dédicace, il fe tient une Foire à Villepreux. Saint Pierre eft regardé comme le fecond Patron de cette Paroiffe. On y a auffi dévotion à Saint Ouën. Saint Nom y eft auffi très-honoré, à caufe de fes reliques ; on en fait une grande folemnité à l'Eglife, où la châffe refte expofée depuis le 8 de Juillet, jour de fa Fête, jufqu'à celle de Saint Germain inclufivement : il y avoit une Léproferie à Villepreux dès le commencement du treizième fiècle. On a prétendu qu'elle avoit été fondée par les Seigneurs & habitans du lieu & du voifinage ; ce qui paroît d'autant plus vraifemblable qu'il n'y avoit que Villepreux, Saint Nom de la Bretèche & Bois d'Arfy qui y euffent droit, les quatre autres Villages étant du Diocèfe de Chartres. Le Roi nomme au Prieuré.

VILLEREIL. Château du Doyenné du vieux Corbeil fur le territoire de Perray. De la Barre qualifie ce lieu

Fief & maison champêtres qui relèvent de Villepesque pour la foi & hommage.

VILLERON, ce Village du Doyenné de Montmorency est à cinq lieues & demie ou environ de Paris, un peu par-delà Louvre. On le laisse à main-droite en allant à Senlis. Il est situé dans la plaine.

L'Eglise est titrée de Saint Germain d'Auxerre; elle est petite pour le lieu qui est considérable. La nomination de la Cure appartient à M. l'Archevêque de Paris.

Le territoire est comme celui des Villages contigus, en labourages & prairies, sans vignes. Il y a une Foire chaque année en ce lieu le jour de Saint Matthieu.

Le Chapitre de Notre-Dame de Paris jouit d'une dixme sur le territoire de Villeron.

VILLEROY, *Villa Regis*, cette terre du Doyenné de Monthléry, située à huit lieues de Paris vers le midi, a pour Chef-lieu Menecy dont nous avons parlé en son lieu. Suivant le Dictionnaire Universel de la France, de l'an 1726, elle est composée de douze Paroisses & de plusieurs Fiefs, en sorte qu'il y a quarante-trois Terres nobles dans sa mouvance. Le Sr. *de Chalibert d'Angosse* de qui est empruntée cette observation, nomme les douze Paroisses qui sont Menecy, Fontenay-le-Vicomte, Escharcon, Ormoy, Villabé & Monceaux, toutes les six de l'Election de Paris & du Diocèse. Les six autres du Diocèse de Sens & Election de Melun, sont Balencourt, Chevannes, Champcueil, Beauvais, Portes, & Auvernaux. Il ajoute que la Vicomté de Corbeil est jointe par engagement du Roi au Duché.

Dans le quatorzième siècle, & avant le milieu du quinzième il y eut une Cure érigée à Villeroy, sous le titre de Notre-Dame. La nomination en ayant appartenu à l'Abbesse d'Hierres, fait croire que ce Hameau étoit un démembrement de la Cure de Villabé à laquelle cette Abbesse présentoit depuis la fondation de l'Abbaye. Ce fut du temps de *Nicolas de Neuville*, que Villeroy cessa d'être Paroisse, & que le peu de maisons qui resta après les agrandissemens faits au Château, fut attribué à la Paroisse de Menecy: ce Seigneur passa le 28 Octobre 1612, un acte à l'Abbesse d'Hierres pour la dédommager de la nomination à la Cure.

Du temps que *Nicolas de Neuville*, fils de *Charles*, posséda la terre de Villeroy, cette Seigneurie fut sugmentée de plusieurs terres & revenus ; on trouve dès l'an 1645 des Lettres-Patentes du 6 Mai, accordées au Marquis de Villeroy, pour faire des écluses, afin de faciliter le passage des bateaux de la rivière de Juine ou d'Etampes en la Seine, avec permission de lever un droit sur ces bateaux. Le Parlement, après en avoir donné communication au Prévôt des Marchands de Paris, & aux Echevins de Corbeil, les enregistra le 31 Mai de la même année, avec modification ; en 1656 il y eut des Lettres de réunion en faveur du Duc de Villeroy, des Fiefs de Ballencourt, Villabé, Coupeaux & Villoison, avec les Justices aux Fiefs, Terres & Seigneuries de Villeroy, pour être comprises sous une même nomination, & les Justices exercées par un même Juge. En 1663 le 15 Décembre, furent regiſtrées, le Roi séant en son Parlement, les Lettres d'érection du Marquisat de Villeroy en Duché-Pairie, en faveur du même *Nicolas de Neuville*; & après sa mort, pour ses successeurs mâles, sans qu'au défaut d'hoirs mâles, l'on pût prétendre que ce Duché dût être réuni à la Couronne, le tout aux charges contenues : & ce Duc fut reçu au serment de Duc & Pair ; les Lettres-Patentes étoient du mois de Septembre 1651. En 1668 il y eut d'autres Lettres qui concernoient l'union du Fief de la Motte & Maîtrise de l'eau en la rivière de Seine, au Duché de Villeroy. Enfin l'an 1680, le 23 Décembre, furent enregiſtrées de nouvelles Lettres-Patentes en faveur du même Duc, qui portoient permission de faire un terrier des Fiefs de Boissi, Loutreville & Dame-Blanche, par lui nouvellement acquis & unis au Duché de Villeroy.

Le Château est une maison qui n'a rien d'extraordinaire pour l'architecture, mais dont les dedans sont beaux & magnifiquement meublés. Elle est accompagnée d'un beau Jardin & d'un grand Parc, dans lequel il y a plusieurs allées d'arbres d'une prodigieuse hauteur ; il y a aussi d'autres embellissemens qui sont ordinaires aux maisons des Grands : dans la Chapelle de ce Château, on voit une descente de Croix, excellent tableau de Rubens. Louis XIV & sa Cour s'y arrêtoient en allant à Fontainebleau, ainsi qu'en revenant de cette Maison Royale : près du Château de Villeroy, il y avoit un Village appellé Menecy, où se tient tous les ans le jour de Saint Denis, qui est le Patron du lieu, une foire aussi fameuse qu'étoit il y a quelque tems celle de Bezons. *Voy.* MENECY.

VILLETANEUSE. Ce Village du Doyenné de Montmorency, est à deux lieues & demie de Paris, au couchant d'été de la Ville de Saint Denis, à la distance de demi-lieue. Il est situé dans une des extrêmités de la plaine de Saint Denis, quoiqu'on monte insensiblement, pour aller du grand chemin à Villetaneuse.

L'Eglise n'a rien d'ancien dans sa structure : elle n'est aussi que comme une simple Chapelle couverte d'un lambris peint, disposé en forme de voûte; & elle est appuyée d'une petite tour. On y reconnoît pour Patron Saint Lifard, Prêtre de Meun au Diocese d'Orléans au sixième siècle. Comme quelques-uns ont cru que ce Saint avoit aussi été Abbé, il est représenté en cette Eglise en Abbé, vêtu de blanc, ayant un animal noir à ses pieds, qui est le serpent ou dragon dont il est parlé dans sa vie; sa Fête s'y célèbre le 3 Juin, de même qu'à Orléans. La nomination de la Cure appartient à l'Abbaye de Saint Denis. Le Cénier de Saint Denis jouit des dixmes de cette Paroisse.

Le Château est entouré de fossés où est une source qui les remplit d'eau, laquelle s'écoule ensuite dans la rivière de Crould, un peu avant l'endroit où celle-ci se jette dans la Seine.

La Terre de Villetaneuse relève en foi & hommage du Duché d'Enghien, ci-devant Montmorency, excepté le Fief du Pressoir, qui relève de celui de Thibaud de Soisy, sis à Dueil. Ce Fief du Pressoir est très-peu de chose ; il ne consiste que dans une maison du Village de Villetaneuse, & environ quinze arpens de terre.

VILLETTE (la), ce que nous appellons aujourd'hui la Villette simplement, étoit autrefois distingué par le sur-nom de *Saint Lazare* ou de *Saint Ladre*, à cause de la Villette-Saint-Denis qui n'en étoit pas éloignée.

La Villette-Saint-Lazare étoit une dépendance de l'Hôpital de Saint Lazare, fondé proche Saint Laurent dans le douzième siècle, & gouverné par des Chanoines Réguliers de l'ordre de Saint Augustin, soit que c'eût été une simple Ferme ou labourage alors appelé du nom de Couture, *Cultura*, ou qu'il y eût eu en ce lieu une maison de Lépreux pour la décharge de Saint Lazare, on trouve que dès le milieu du treizième siècle, son nom en latin étoit *Villeta Sancti Lazari*.

Rien ne doit ici arrêter le Lecteur, ni l'étymologie qu'en donne l'Abbé le Beuf, puisqu'il est clair que *Villeta*, est comme *Villula* un diminutif de *Villa*, ni la distance de Paris, puisque ce lieu est contigu au Fauxbourg de Saint Laurent qui s'étend d'un côté jusqu'à Sainte Perrine inclusivement, & de l'autre, jusqu'au chemin de Pantin, aussi inclusivement. Ce n'est que depuis cet endroit du grand chemin de Louvres & encore à la main droite seulement, que commence la Paroisse de la Villette-Saint-Lazare ; le reste des maisons qui sont à main gauche de la rue étant de la paroisse de la Chapelle.

Le territoire consiste en labourages & jardins ; on ne connoît pas clairement l'origine de cette Paroisse. La Cure n'est marquée dans aucun des anciens Pouillés, elle ne paroît point dans celui du treizième siècle ; l'Abbé le Beuf est persuadé qu'elle n'existoit point encore alors, & que le peu de maisons qui pouvoit être dans ce lieu après la dernière maison de la rue à main gauche, laquelle est de la Chapelle, étoient de la Paroisse d'Aubervilliers. Elle ne paroît pas non plus dans le Pouillé du quinzième siècle : le premier acte où on la trouve, sont des provisions de la Cure, du 15 Juillet 1450, où elle est nommée *Ecclesia Parochialis de Villeta S. Lazari*, & qualifiée *de presentatione Prioris S. Lazari*. Ensuite on voit au 12 Juillet 1578, une permission accordée par l'Evêque de Paris, à *Henri le Meignant*, Evêque de Digne, de dédier l'Eglise de ce lieu sous le titre de Saint Jacques & de Saint Christophe, & de statuer que l'Anniversaire en sera célébré chaque année le 20 Juillet, qui est le jour auquel elle fut faite, & qui tomboit au Dimanche en 1578. Les Anniversaires de Dédicace se célébroient alors même les jours ouvrables, & le peuple cessoit le travail. Les Curés & habitans y ayant trouvé de l'incommodité à cause des moissons, & de la proximité de la Fête de Saint Jacques, obtinrent le 3 Juillet 1635 que cet Anniversaire fût fixé au Dimanche avant ou après le 25 Juillet. C'est à quoi se réduit tout ce l'on a pu apprendre sur la Villette en matière Ecclésiastique. Ce qui confirme que les habitans de ce lieu étoient primitivement d'Aubervilliers, est que la Dédicace dont on vient de parler a été faite sous le titre de Saint Christophe, qui est aussi Patron d'Aubervilliers : aucun des Pouillés modernes, imprimés en trois années différentes, n'a fait mention de la Cure de la Villette ; on lit seulement dans une petite notice des Eglises de la banlieue de Paris, imprimée à Paris chez *la Caille*, en 1722, que cette Cure est à la nomination du *Général* ou *Prieur*

de

de la Maison de Saint Lazare à Paris, & qu'elle est située dans l'Archiprêtré de la Madeleine; le Général est obligé d'y nommer un Régulier.

Ce Village eut le malheur d'être brûlé avec celui de la Chapelle qui y touche, par le parti des Armagnacs, le Vendredi 8 Juillet 1418.

Pierre de Martigny, Evêque de Castres, fort bien venu auprès de François I, avoit une maison de plaisance, à la Villette; mais comme il n'y avoit point d'eau & que le Roi y alloit quelquefois passer le temps, il y eut ordre au Prévôt & Echevins d'y en faire conduire de la grosseur d'un pois. Après plusieurs jussions, dit Sauval, à la fin ils obéirent, & ils permirent en 1528 à l'Evêque de prendre un fil d'eau de la grosseur d'un grain de vesce & de la faire venir à la Villette à ses dépens, à condition de la pouvoir reprendre quand ils en auroient besoin, & de plus que leur *Maître des œuvres* en feroit le regard & qu'eux-mêmes en auroient la clef.

Ce même Village est mémorable dans l'Histoire des troubles qui suivirent la mort du Roi Henri III. Après les Conférences tenues à Surène sur la conversion du Roi Henri IV au mois de Mai 1593, il y en eut quelques-unes entre les Royaux & ceux de la Ligue, qui furent ouvertes le 11 Juin suivant à la Villette dans la maison du sieur *Emeric de Thou*. Ce fut aussi en ce lieu que les Commissaires du Roi conclurent & arrêtèrent la trève avec ceux de la Ligue le 30 Juillet de la même année 1593.

La Villette est des Châtellenies de St. Denis & de St. Maur : on lit dans le Pouillé de Paris, année 1648 page 132, que le Grand-Aumônier de St. Denis jouit de la moitié des dixmes de la Villette près Paris.

VILLEVAUDÉ, *représentant les deux anciennes Paroisses d'Oroir & de Montjay*. Ce Village du Doyenné de Chelle, est une Paroisse nouvelle à cinq lieues & demie de Paris, laquelle tient lieu de deux autres Paroisses, dont l'une s'appelloit Oroir, en latin *Oratorium*, & l'autre Montjay.

Villevaudé, à le prendre en particulier, consiste en peu de chose. L'Eglise est dans un vallon, toute seule avec la maison du Curé; le Village est un peu éloigné delà, vers le couchant. A l'orient de l'Eglise est une haute montagne appelée Montjay, sur laquelle est la célèbre tour de ce nom, avec plusieurs maisons qui forment le Village de Montjay, & une petite Eglise qui est Priorale, & qui

Tom. IV.   F ff

a servi autrefois de Paroisse aux habitans voisins. Dans la vallée au bas de Montjay du côté du midi, est un assez gros Hameau appellé Bordeaux. Voilà ce qui compose aujourd'hui la Paroisse de Villevaudé.

L'Eglise du lieu d'Oroir, dit aujourdhui Villevaudé, est sous l'invocation de Saint Marcel Pape, dont on fait la Fête le 16 Janvier; la Cure est a la nomination du Prieur de Gournay.

L'Eglise Priorale de Montjay ne sert plus aujourd'hui qu'à acquitter les fondations des anciens Chanoines réguliers qui y demeuroient. La présentation de la Cure appartenoit à l'Abbé de Saint Martin-aux-bois : les Seigneurs de ce lieu, quelque puissans qu'ils aient été, se sont toujours (au-moins de temps immémorial) regardés comme Vassaux de l'Evêque de Paris. Pour être investis & être mis en possession de leur Château & Châtellenie, ils devoient se reconnoître hommes liges de ce Prélat, & lui présenter un cierge de dix sols, & l'Evêque de son côté leur devoit un anneau d'or pour la cérémonie de l'investiture : le Seigneur de Montjay devoit être aussi l'un de ceux qui portoient l'Evêque de Paris à son entrée au siège Episcopal, ou qui le faisoient porter par Procureur.

La tour de Montjay a été très-fameuse par rapport à ces Seigneurs. Elle est depuis long-temps en très-mauvais état, & l'on ne voit presque plus en ce lieu de vestiges de ce Château. Ce n'est plus qu'une espèce de demi-tour, dont ce qui reste est élevé d'environ douze à quatorze toises; on y voit des marques qu'il y a eu deux ou trois voûtes les unes sur les autres, ce qui formoit plusieurs étages, & qu'il y avoit des galeries en haut pratiquées dans l'épaisseur du mur pour découvrir de quel côté venoient les ennemis. On trouve quelque chose d'extraordinaire sur cette tour dans un Auteur qui vivoit sous le règne de Charles VI. Jean Petit, en son apologie du Duc de Bourgogne, au sujet de l'assassinat de Louis Duc d'Orléans, avance que ce Louis ayant machiné la mort du Roi Charles VI, *gagna quatre personnes, sçavoir un Moine Apostat, un Chevalier, un Écuyer & un Valet, auquel il bailla sa propre épée, sa bague & un annel pour faire des malifices; qu'ils portèrent le tout en la tour de Montjay vers Laigny, & s'y logèrent pendant plusieurs jours entre Pâques & l'Ascension : que là un jour de Dimanche avant le lever du soleil sur une montagne près cette tour, proche un buisson, ce Moine fit plusieurs invocations de diables qui apparurent au nombre de deux.* Cette tour servoit encore de défense en 1430; le Régent de France pour les Anglois, après avoir pris Gournay, au mois de Mars, se présenta devant la tour de Montjay, qui fut prise par composition le 28 du mois; elle est représentée dans la Topographie de Claude Chastillon de l'an 1610, mais assez mal. Cette tour est le reste d'un Château très-fortifié que Louis-le-Jeune prit & dont il rasa tous les forts en 1140.

VILLIERS-ADAM, & L'ABBAYE DU VAL. Il n'y a point de doute que ce Village du Doyenné de Montmorency n'ait tiré son nom d'un Particulier appellé *Adam* qui en étoit autrefois Seigneur, & Connétable de France sous le regne de Philippe I.

Ce Bourg est situé à six lieues de Paris, sur un côteau qui regarde l'orient. Il étoit autrefois fermé de murs: il en reste même une porte du côté qui conduit à Paris, les autres sont détruites: l'Eglise est titrée de St. Sulpice, Evêque de Bourges, & cela de toute ancienneté.

Les Pouillés ont varié sur les Présentateurs à la Cure: le plus ancien qui fut écrit environ le temps de St. Louis, marque que la nomination appartient au Prieur de Conflans Sainte-Honorine; celui qui fut imprimé en 1626, assure quelle appartient à l'Abbé du Bec: le Prieuré de Conflans dépend de cette Abbaye; le Pouillé du quinzième siècle, celui du seizième & l'imprimé de 1668 assurent au contraire que c'est l'Abbé de Saint-Martin de Pontoise qui est Présentateur; & le Pelletier l'a suivi dans le sien de l'an 1692.

L'Edifice de l'Eglise Paroissiale, tel qu'il se voit aujourd'hui, est beau & solidement bâti. Il n'a guères que 250 ans, quoique dans les compartimens des vitrages on ait voulu imiter le gothique. Mériel qui a été détaché de ce Village en 1713, pour être érigé en Cure, augmentoit autrefois le nombre des Communians, mais non celui des Taillables, parce qu'il est de l'Election de Pontoise, au lieu que Villiers-Adam est de celle de Paris. Les vignes de cette Paroisse sont en tirant vers le couchant; il y en a aussi quelques arpens vers la pente du côté oriental, quoique ce soient de véritables terres à bled. Ce Bourg paroît un peu désert & dépeuplé, les femmes y travailloient beaucoup à la dentelle; il s'y étoit introduit une coutume, par laquelle les garçons du lieu exigeoient un droit des garçons d'ailleurs qui venoient prendre femme dans ce Villiers-Adam, ce qui donnoit souvent occasion à des batteries. Un des Vicaires-Généraux de M. de Péréfixe fit défense le 19 Février 1667, de continuer cet usage : l'Abbaye du Val étoit originairement de cette Paroisse.

Cette Abbaye de l'Ordre de Cîteaux, qui est la seconde du Diocèse de Paris après les Vaux-de-Sernay, est comme cette derniere, située dans une profonde vallée, à la distance de 10 ou 12 lieues l'une de l'autre. Elle est vers le nord-ouest de la Capitale, sur le territoire ancien de la Paroisse de Villiers-Adam, & sur celui de Mériel, depuis que cette succursale de Villiers est devenue Paroisse ; du reste, sa position est entièrement à l'extrêmité du Diocèse de Paris, en approchant de celui de Beauvais, & non du Diocèse de Beauvais.

Le premier Abbé du Val, tiré de la Cour-Dieu, fut un nommé Thibaud. Il y en a eu quarante-cinq jusqu'à Jean de la Barriere, Instituteur des Feuillans, qui fut le 46e. La manse abbatiale fut réunie aux Religieux de cet Ordre en 1611, par Lettres-Patentes de Louis XIII du 4 Juillet, & en conséquence d'une Bulle de Paul V de l'an 1614 ; outre cela, le même Prince y réunit encore la manse conventuelle par Lettre du 14 Décembre 1525, que le Roi Louis XIV confirma au mois de Juillet 1646.

Mais quoique tout le revenu de cette Abbaye appartienne à la Communauté de la Maison de St. Bernard des Feuillans à Paris, de manière même que les Archives y ont été transportées, cette Maison a toujours entretenu, depuis ce temps-là, l'Eglise & les lieux réguliers de l'Abbaye du Val, qu'elle fait desservir par un nombre de Religieux, sous la conduite d'un Prieur ; elle s'est contentée d'accommoder cette Eglise à l'usage de l'Ordre, en plaçant le chœur derrière l'autel qui a été avancé dans la croisée ; en même temps que tout le pavé depuis le Sanctuaire jusqu'au fond a été élevé ; au portail, le cintre du vitrage paroît être certainement du temps de la fondation.

Près la fontaine du jardin en est une autre que l'on nomme la *Fontaine-Rousse*, laquelle est minérale, & qu'on dit être salée, ou plutôt ferrée.

Le vallon est garni de carrières fort abondantes du côté du septentrion.

Les Seigneurs de Montmorency se disoient être en possession d'avoir la garde de ce Monastère ; le Procureur du Roi la leur contesta & gagna au Parlement en 1314 ou 1316.

Le Roi Philippe de Valois est venu loger dans cette

Abbaye en 1333, en 1334 & en 1338. Le Roi Charles y vint auſſi en 1369. *Voy.* ABBAYE *du Val-Notre-Dame* & MÉRIEL.

VILLIERS-LE-BACLE. Il y a pluſieurs hameaux du Diocèſe de Paris qui portent le nom de Villiers, *Villare*, lequel revient à celui de petit Village ou maiſon de campagne : on compte auſſi dans le Diocèſe ſix Paroiſſes de ce nom, qui ont un ſurnom tiré ou d'un ancien poſſeſſeur de la terre, ou de la ſituation du lieu. *Le Bacle* eſt le nom que portoient d'anciens Chevaliers au treizième ſiècle.

Ce lieu eſt à cinq lieues ou environ de Paris vers le couchant d'hiver, & au midi de Verſailles, à la diſtance d'une lieue & demie, & à une lieue de Château-Fort à l'orient de ce Bourg ; c'eſt un pays de plaines & de labourages, mais fort voiſin d'une longue vallée, qui venant de Château-Fort, s'étend du côté de Gif.

L'Egliſe paroiſſiale eſt du titre de la Sainte Vierge ; quelques-uns prétendent que Villiers étoit ſuccurſale de Gif, avant qu'on l'érigeât en Cure : en 1483 le 11 Janvier, la Cure de Villiers fut unie à celle de Gif pour la vie durant de Guillaume Herpin, Curé de Gif, & cette réunion fut continuée, & même au-delà, en ſorte qu'un Prêtre étoit inſtitué Curé de deux Paroiſſes par une ſeule & même proviſion, au reſte, toujours ſans préjudicier au double droit du ſynode & l'obole de chrétienté : mais en 1508, la réunion étoit déjà ſupprimée.

La Terre de Villiers-le-Bacle relève du Roi, à cauſe de ſon donjon de Château-Fort.

VILLIERS-LE-BEL. Cette Paroiſſe du Doyenné de Montmorency, eſt toute raſſemblée vers l'extrêmité d'un grand vignoble qu'elle borne du côté de l'orient ; ſa ſituation eſt à trois lieues & demie de Paris, & à demi-lieue ou environ tant d'Ecouen que de Cercelles. Ce lieu domine ſur ce dernier Village, mais auſſi à ſon tour il eſt dominé par la montagne d'Ecouen du côté du nord-eſt.

L'Egliſe eſt du titre de Saint Didier Martyr, Evêque de Langres. Ce Prieuré-Cure fut donné à la Maiſon de Saint Victor preſque dans les premiers temps de la fondation. *Raoul* ou *Radulfe le Bel* eſt mentionné dans le Nécrologe de l'Abbaye au 11 Juillet, pour en avoir été le donateur ; on croit qu'il en avoit fait la remiſe à Etienne de Senlis qui fut ſur le ſiège Epiſcopal de Paris, depuis l'an 1124 jusqu'en 1142, & qui en transporta la desserte à la nouvelle Abbaye. Du Breul, dans ses Antiquités de Paris, p. 450, édit. 1639, observe que les Prieurs tirés de la Maison de Saint-Victor, sont seulement Administrateurs du Prieuré, & qu'ils sont révocables au gré des anciens de la Maison, & que cela fut confirmé par Arrêt du Parlement du 11 Juillet 1470, contre frere *Jean d'Escouys* qui s'étoit fait pourvoir à Rome du Prieuré & Cure de Villiers-le-Bel, & en vouloit débouter frere *Mathurin de la Folie*, institué par les S'enieurs de Saint-Victor. On lit dans Frémenville que les deux tiers de la dixme de tous les biens du territoire de Villiers-le-Bel appartient aux Pères de l'Oratoire de Montmorency, comme Chanoines de ce lieu. Ce Village étoit autrefois peuplé d'Huguenots, & on dit qu'il en reste encore un assez grand nombre.

VILLIERS-LA-GARENNE, ce Village de la banlieue, est ainsi nommé, à cause que son territoire s'étend sur la Garenne qui est au rivage droit de la Seine, à la partie septentrionale du bois de Boulogne : Clichy qui est contigu à ce Villiers du côté du nord, est pareillement surnommé *la Garenne* pour la même raison. Nous avons déjà dit que Villiers en latin *Villare*, est un nom générique qui signifioit presque la même chose que *Villa*. Il avoit coutume d'être donné à une portion de terrein, auprès de laquelle étoit un chef-lieu dont il étoit une dependance : ainsi Clichy étant le nom d'un Château Royal sur le bord de la Seine dès la premiere race de nos Rois, le lieu où demeuroient les serfs, & ensuite les paysans qui y cultivoient ce qu'il y avoit à cultiver, ou qui servoient les Princes à la chasse, ou qui vaquoient à la pêche, s'appelloit le Villier, *Villare*; comme il y a deux Villiers nommés dans les partages des biens de l'Abbaye de St. Denis de l'an 832 & de l'an 862, & que l'un des deux étoit celui qui est voisin de Belloy, & qu'on appelle aujourd'hui Villiers-le-Sec, il résulte que l'autre est celui-ci, d'autant plus que la même Abbaye en possède encore la Seigneurie ; probablement elle lui avoit été donnée par Charles Martel avec celle de Clichy, dont elle faisoit partie. Ce Monastère, par la suite des temps, aliéna la terre de Clichy-la-Garenne, & il se réserva celle de Villiers.

Ce Village est à une lieue & un peu plus du milieu de Paris ; son territoire borde le rivage droit de la Seine, depuis les environs de l'Abbaye de Long-Champ, compris le

Château de Madrid, jusques proche Courcelle. Toute cette longueur est de la Paroisse de Villiers, la plaine des Sablons est un terrein inculte de cette Paroisse; il ne laisse pas que d'y avoir de bonnes terres proche le canton où l'Eglise est bâtie : ce canton étoit autrefois plus peuplé qu'il ne l'est ; mais depuis qu'il y a eu un bac établi à Neuilly, Hameau de cette Paroisse, & ensuite un pont qui est devenu le grand passage pour St. Germain-en-Laye, Poissy, &c. aussi bien que pour la Normandie, le lieu de Villiers a été abandonné peu à peu, & il s'est fait des établissemens d'abord de Blanchisseurs, puis de tous les Arts & métiers à ce Hameau de Neuilly : de sorte qu'à la réserve d'un seul feu, qui est resté à Villiers avec trois maisons bourgeoises, & quelques bergeries, le reste de la paroisse formant le nombre de sept à huit cents Communians, se trouve être à Neuilly.

L'Eglise de Villiers-la-Garenne est sous l'invocation de St. Martin, Evêque de Tours. Il y a lieu de croire que la Paroisse est un démembrement de celle de Clichy : on ignore en quel temps elle fut érigée, mais seulement on sait qu'elle l'étoit en 1217 : la boiserie du grand Autel avec le tableau des Disciples d'Emmaus, a été donnée par le Duc de Bavière, pere de l'Empereur défunt, parce que dans le temps qu'il étoit retiré en France il demeura sur cette Paroisse. Il étoit logé dans la maison de M. *Moreau*, pere de M. *de Sechelles* La Cure est à la pleine collation de M. l'Archevêque dans l'Archiprêtré de Paris.

Cette Paroisse ne s'étendoit pas moins autrefois du côté de Paris que du côté de Long-Champ, puisque la place où est bâtie l'Eglise du Roule en étoit. Lorsqu'il fut question de bâtir une Chapelle proche la Léproserie du Roule, il fut besoin du consentement du Curé de Villiers. Pierre, Evêque de Paris, marqua dans ses Lettres de l'an 1217, que ce seroit sauf le droit paroissial du Curé de St. Martin-de-Villiers ; que le Chapelain ne recevroit en sa Chapelle aucun des Paroissiens aux Fêtes annuelles, non plus qu'aucun droit curial. Il étoit même tenu de jurer la fidélité dans l'observation du réglement au Curé de Villiers, & de lui payer par an dix sols Parisis. Enfin cette Chapelle du Roule est devenue elle-même Paroisse il y a environ quatre-vingts ans, par un démembrement fait de Villiers & de Clichy.

On assure que dans quelques anciens titres, il est fait mention d'une rue des Orfèvres sur le territoire de Villiers-la-Garenne. Cela ne fignifie point que cette rue fût habitée par des Orfèvres, mais feulement que les Officiers de la Monnoie de Paris y avoient du bien, comme ils en ont encore au Roule, qui eft un démembrement de cette Paroiffe : on y a trouvé en 1744 plufieurs pièces d'or.

La Maifon du lieu dit Bagatelle, celle de la Porte Maillot & de la Porte de Neuilly font de la Paroiffe de Villiers, & même auffi le Château de Ternes, s'il en faut croire le Mémoire imprimé au fujet de la future Eglife de Neuilly. *Voy. le préfent volume*, pag. 255 & fuiv.

VILLIERS-LE-SEC. Ce Village du Doyenné de Montmorency, a été ainfi furnommé à caufe de l'aridité de fon territoire: On connoît en France cinq ou fix Villages du même nom de Villiers-le-Sec: quoique celui-ci foit dans un lieu bas, relativement à la montagne d'Epinay qui eft contiguë, on n'y voit point de fontaines, mais feulement des marres; c'eft un pays de labourages, fitué à cinq lieues de Paris.

Il y avoit une Cure érigée à Villiers-le-Sec dès avant le règne de Saint Louis, & la nomination pure & fimple a toujours appartenu à l'Evêque de Paris. L'Eglife eft fous l'invocation de St. Thomas de Cantorbery : il eft à croire que cette Paroiffe fut formée d'un démembrement de celle de Belloy qui a toujours auffi été de nomination Epifcopale.

La Juftice de cette Terre reffortit à la Prévôté Royale de Goneffe. Il y a fur cette Paroiffe un Fief dit *la Haye Rapine* relevant de M. *de Nicolaï*, Seigneur de Gouffainville.

On obferve entre Effainville & Villiers-le-Sec dans une avenue d'arbres à droite en venant à Villiers, une fablonniere dans laquelle il y a des coquillages faits en forme de viffes.

VILLIERS-SUR-MARNE. Nous avons déja dit que le nom de Villiers eft fi commun en France, & en particulier dans le Diocèfe de Paris, qu'il a été néceffaire de diftinguer celui-ci par fa fituation : ce lieu n'eft cependant point pofé immédiatement fur la Marne; il en eft éloigné d'une demi-lieue; mais ce voifinage fuffit pour affurer fa pofition.

Ce Village eft à trois lieues ou environ de Paris, du côté du levant; il n'eft placé fur aucune des grandes routes, mais il n'eft pas fort éloigné de celle de Torcy qui paffe à Noify-le-Grand, & encore moins de celle de Tournan qui traverfe Champigny, & qui toutes deux conduifent dans la Brie-Champenoife & dans la Champagne. La situation du terrain fur un côteau, & fon expofition, en a fait un pays vignoble accompagné de quelques terres & de quelques prés; la pente du Village eft affez large vers le couchant.

Il y a une affez belle Eglife dont l'édifice ne paroît avoir que deux cents ans. Elle eft du titre de St. Denis, & St. Chriftophe y eft auffi regardé comme Patron; la nomination de la Cure appartient à l'Archevêque de Paris, de même que celle du Chapelain de la maifon Seigneuriale qui eft tenue de lui faire hommage, & lui donner une fois en fa vie deux livres de cire vierge, parce que la fondation de fa Chapelle eft affife fur des biens qui étoient en partie dans le Fief de l'Evêché.

Jean Budé, Grand Audiencier en la Chancellerie, étoit Seigneur de ce lieu & d'Hière en 1467. Il avoit époufé *Catherine le Picard*, dont il eut *Guillaume Budé* qui devint illuftre dans la République des Lettres, qui étoit fon fecond fils entre onze enfans.

La Lande eft un Château fur cette Paroiffe.

VIN. (*Marchands de*) Ce font ceux qui font le commerce de Vin en gros & en détail; ils doivent leur établiffement à Henri III, par un Edit du mois de Mars 1577, à l'effet de réprimer les abus qui fe commettoient fur le fait de cette Marchandife.

Les Statuts dreffés par cette nouvelle Communauté furent enregiftrés au Parlement le 6 Aout 1588, & ont été confirmés par Henri IV, Louis XIII & Louis XIV en 1677 & 1686.

Les Gardes & Maîtres de cette Communauté jouiffent des mêmes droits & privilèges que ceux des fix Corps Marchands, & ils font ainfi qu'eux admis aux Charges municipales & confulaires, quoiqu'ils n'aient encore pu obtenir d'être reçus dans leurs Affemblées générales.

Ce Corps obtint pour Armoiries en 1629, *un Navire d'argent à bannière de France, flottant avec fix petites nefs autour, & une grappe de raifin en chef fur un champ d'azur, &c.*

Depuis l'Edit de 1776 le droit de réception a été fixé à 600 liv. Le Brevet d'aprentiffage coûte 12 liv. Le Bureau eft rue de la Poterie.

Vins des environs de Paris.

Les Vins des environs de Paris n'ont jamais eu beaucoup

de réputation ; cependant celui de la côte d'Erblay à Conflans a une certaine qualité, & lorsqu'on l'a conservé quelques années, il paroît approcher un peu des vins de Bourgogne. Les Habitans de cet endroit ont toujours aimé à cultiver la vigne. On voit dans leur Eglise une pierre peinte que l'on croit avoir servi autrefois à supporter la statue de quelque Saint, qui probablement étoit Saint Vincent ; il y a un écusson chargé en chef d'un raisin de sable à deux feuilles de sinople, & en pointe, deux serpettes de sable, posées en pal.

Le vignoble d'Argenteuil est fort considérable ; celui d'Andrezy fournit une quantité prodigieuse de vins qui sont assez estimés, mais qui passent pour capiteux. On connoît les vignes de la Montagne de Montmartre dès le douzième siècle ; la Chapelle du Palais Episcopal de Paris y en avoit une dans le treizième ; c'est le vin que l'on recueilloit sur ces côteaux, qui a occasionné ces mauvais proverbes qui amusoient les Parisiens, & que Sauval nous a conservés. Voyez à l'article BRETIGNY, *tom.* I, *pag.* 680, ce que nous avons dit au sujet des vins de ce lieu.

VINAIGRIERS, ce sont ceux qui ont le droit de faire & vendre toutes sortes de vinaigres, moutardes, verjus lies séches, liquides, & eaux-de-vie, qu'il leur est permis de distiller & vendre en détail. Les statuts de cette Communauté leur furent donnés par le Prévôt de Paris, sous le règne de Charles VI en 1294, augmentés & changés sous plusieurs Rois jusqu'à Louis XIV en 1658, & enregistrés en 1661 ; depuis l'Edit de 1776, ils ont été réunis aux Limonadiers. En conséquence, ils font la profession de Confiseur en concurrence avec l'Epicier & le Pâtissier : la vente du vinaigre en concurrence avec l'Epicier : le commerce d'eau-de-vie & de liqueurs *en gros & en détail* en concurrence pour la vente en gros avec l'Epicier : le *détail* de la bierre, en concurrence avec les Brasseurs, & le cidre exclusivement, ainsi que le droit de servir & donner à boire dans leur boutique l'eau-de-vie & les liqueurs : l'apprentissage est de quatre ans, & deux ans de compagnonage ; le brevet coûte 70 liv. & la Maîtrise 600 liv. Patron la Nativité de la Sainte Vierge. Bureau, rue St. Denis.

Ils sont obligés de brouetter eux-mêmes leur vinaigre dans les rues de Paris ; & s'ils ne veulent point s'en donner la peine, il faut qu'ils accompagnent le compagnon ou l'Apprenti qui pousse la brouette.

VINCENNES (*le Château de*) est situé à une lieue de Paris, du côté du levant. Depuis bien du tems ce Château ne sert que de prison d'Etat : à l'exception du séjour que Louis XV y a fait à son avènement à la Couronne, on ne voit point depuis Charles IX de nos Rois qui l'aient habité.

On ne peut pas disconvenir que nos derniers Rois n'aient surpassé leurs Prédécesseurs, par la magnificence qu'ils ont donnée aux Palais qu'ils ont fait bâtir ; mais il faut convenir aussi, que ceux de la première & seconde race ont surpassé leurs successeurs dans le grand nombre de Maisons Royales qu'ils avoient. Il n'y avoit pas une Province de leur Empire où ils n'en eussent, & même souvent plusieurs ; à la verité, ces maisons n'étoient pas toutes destinées à leur habitation ; car il y en avoit qui n'étoient que pour le plaisir de la chasse, de la pêche, du bain, & d'autres qui ne servoient que pour le labour, les terres & les troupeaux.

Les Etymologistes ne s'accordent pas sur l'origine du nom de Vincennes. Les uns prétendent que c'est de la bonté de l'air, qui rend la vie saine ; d'autres de ce que l'ancien parc contenoit environ deux mille arpens, ou vingt fois cent arpens, d'où par corruption on fit *vingt cent*, & enfin Vincennes ; & d'autres enfin, à cause que ce bois étoit éloigné de Paris de vingt stades, c'est-à-dire de deux mille cinq cents pas, car chaque stade étoit de cent vingt-cinq pas ; mais comme il s'est écoulé un espace de quatre cents ans & dans un temps bien reculé, pendant lequel on a dit & écrit *Vilcenna* ou *Vilcena*, il est tout-à-fait vraisemblable que ce nom vient de quelque mot des anciens Francs ou Germains, tel que *Wils*, qui dans la loi des Bavarois, signifioit un cheval médiocre ; & qu'ainsi il y auroit pû avoir en ce lieu un petit haras qui auroit donné le nom au bois. C'est donc le retranchement de la lettre *l*, fait par l'usage vulgaire, qui fut cause qu'on dit depuis *Vicenna*, & Vincennes, d'où l'on a fait Vinciennes & Vincennes.

Rigord nous apprend dans la vie de Philippe Auguste, que ce Prince fit enfermer le bois de Vincennes de murailles l'an 1183, & ce qu'on appelle encore aujourd'hui le vieux parc. Il y fit mettre une grande quantité de bêtes fauves que Henri Roi d'Angleterre lui avoit envoyées.

On voit dans un Cartulaire manuscrit de l'Eglise de Paris, que dès l'an 1270, il y avoit à Vincennes une Maison Royale, *Manerium Regale*. Il y a beaucoup d'apparence qu'elle avoit été bâtie par Philippe Auguste, après qu'il eut fait entourer de murailles le bois qui étoit ouvert auparavant de tous côtés.

Mais quelle qu'ait été la maison de plaisance que Philippe Auguste fit bâtir, dans ou proche le parc de Vincennes, cette maison & ce parc furent souvent honorés de la préfence de Saint Louis. Joinville dit : « mainte fois ai vu que le bon » Saint après qu'il avoit ouï Messe en été, il se alloit » esbatre au bois de Vincennes, & se seoit au pied d'un » chesne, & nous faisoit asseoir tout emprès lui, & tous » ceux qui avoient affaire à lui, venoient à lui parler, sans » ce que aucun Huissier ne autre leur donnast empeschement.

C'est dans ce Château que Saint-Louis, à son arrivée de Sens, fit mettre la Couronne d'épines de N. S. en dépôt, & qu'il la porta depuis le bois de Vincennes jusqu'à Notre-Dame de Paris nuds pieds, lui & ses frères. Ce fut au même lieu que le Thalmud fut rendu (en 1240) aux Juifs : lorsque ce Prince partit pour son second voyage d'outremer en 1260, il vint coucher au bois de Vincennes, pour y prendre congé de la Reine son épouse. En 1274 Philippe le Hardi, fils de Saint Louis donna des accroissemens au parc, & épousa en secondes noces *Marie* fille du Duc de Brabant.

Henri III y reçut en 1587, le Père Jean de la Barrière avec ses soixante-deux Religieux de Feuillans. Ils y restèrent depuis le commencement de Septembre qu'on les logea à Paris près des Tuileries ; le Capitaine de ce Château nommé St. Martin, à qui le même Prince l'avoit confié, soutint le blocus pendant un an de la part de la Ligue, qui faisoit ses progrès en 1589, & enfin le Duc de Mayenne s'en rendit maître par composition sur la fin de l'année.

Marie de Médicis, mere de Louis XIII, fit commencer une très-belle galerie dans ce Château du côté qui regarde Paris & le bois du parc, laquelle galerie fut ornée d'excellentes peintures, & au dehors du Château elle fit enfermer de fossés pleins d'eau un grand espace de terre, dont elle forma un jardin fort diversifié ; on fit une nouvelle clôture du parc sous le règne de Louis. XIV. En 1661 le Cardinal Mazarin mourut au Château de Vincennes le 9 Mars, âgé de cinquante-huit ans sept mois & vingt-cinq jours. En 1679, Louis XIV y établit une nouvelle Chambre de Justice, contre les empoisonneurs ; en 1715, Louis XV y fit sa résidence. On lui présenta un Sellier demeurant à Châteaudun, natif du Diocèse de Toul, âgé de cent quatorze ans ; en 1731 on coupa & arracha tous les arbres du bois de Vincennes, on partagea le parc, ainsi qu'on le voit, & on y sema le gland, d'où sont provenus les chênes qui forment le taillis.

Avant la même année 1731 on distinguoit à Vincennes le grand parc d'avec le faux parc, l'enceinte du faux parc étoit plus petite & plus ancienne, quoique beaucoup postérieur à celle qu'avoit fait construire le Roi Philippe-Auguste. Elle commençoit à l'endroit où étoit le Château de Beauté, ensorte que la porte de Beauté étoit en ce mur; elle traversoit en suite les terres situées entre le bois & Saint Maur, & s'étendoit du côté du couchant: au milieu de ce mur étoit une porte qui conduisoit à Saint Maur, cette enceinte a été abattue en 1631, excepté la porte qui subsiste encore: on éleva alors vers le milieu du chemin qui conduit de Vincennes à Saint Maur, un obélisque, sur lequel on fit graver une description qui contient en gros les changemens arrivés alors.

On compte aujourd'hui six portes au parc de Vincennes. 1°. La porte au bout de ce qu'on appelle la basse-cour, qui est au bout du chemin qui vient de Paris au Château. 2°. La porte qui va à Fontenai. 3°. Celle qui est à Nogent. 4°. Celle qui conduit à Saint Maur. 5°. Celle qui entre dans le Hameau de Saint Mandé. 6°. Celle qui est au bas de ce Hameau & que l'on nomme la porte de Belair, nom que porte aussi une maison qui est au même lieu en dehors.

C'est sans doute dans ce Palais connu sous le nom de *Manerium Regale*, que moururent les Rois Louis Hutin & Charles-le-Bel son frere: on ignore jusqu'à quel tems a subsisté cet ancien Château; mais une inscription en vers françois, gravée en grosses lettres sur une table de marbre noir, élevée contre le mur de la porte de la haute tour, nous apprend qu'elle fut commencée sous Philippe de Valois, l'an 1337, & non pas l'an 1361, comme dit Corneille; ce que le Roi Jean, vingt-quatre ans après, c'est-à-dire, en 1361, reprit l'ouvrage, & que Charles V l'acheva, & ce même Roi fit bâtir aussi une Sainte-Chapelle dans l'endroit où est aujourd'hui le Cloître des Chanoines. François premier & Henri II en ont depuis fait élever une autre vis-à-vis le donjon, qui est beaucoup plus belle que n'étoit l'ancienne.

Louis XIII fit renverser quelques anciens bâtimens, & en fit élever un nouveau en leur place, composé de deux pavillons destinés pour loger le Roi & la Reine: ces deux grands corps de logis sont dans la cour de Saint Mandé, & n'ont été achevés qu'au commencement du règne de Louis XIV.

L'avenue du Château de Vincennes commence au Trône, & est formée par quatre rangs d'ormes, plantés dans un terrein que l'on a rendu de niveau, & qui est appuyé en quelques endroits par un mur fort épais & fort haut.

Tout le bâtiment est un quarré long, entouré de fossés secs, qui sont revêtus & assez profonds; le vieux Château consiste en un donjon, & en neuf autres tours quarrées. Le donjon a son fossé particulier plus profond que les autres, & son pont-levis. Dès l'an 1472 on mettoit déja des prisonniers dans ce donjon.

La Chapelle est d'un assez beau dessin gothique, avec quantité de pyramides & d'autres ornemens. Les peintures des vitres de cette Eglise sont très-estimées & regardées comme les plus belles de l'Europe. Elles ont été peintes par *Jean Cousin*, sur les dessins de *Raphaël d'Urbin*.

Les nouveaux bâtimens consistent, ainsi qu'on l'a dit, en deux gros pavillons décorés de pilastres, les dedans ont de la grandeur & de la beauté, & les plafonds sont ornés de peintures estimées. L'appartement de la Reine est décoré de peintures & de sculptures, & d'un plafond bien peint.

La grande porte par laquelle on entre dans le parc est un morceau d'architecture estimé des connoisseurs. Il est en forme d'arc de triomphe, & orné de colonnes & de statues de marbre. Il est placé au milieu d'une grande cour, dont les côtés sont bornés par les deux corps de logis, & par une galerie découverte, soutenue sur des arcades rustiques.

La Ménagerie est à l'entrée du parc. C'est un gros bâtiment où l'on nourrissoit autrefois des lions, des tigres, des léopards, &c.

Le parc à quatorze cent soixante-sept arpens d'étendue. Il est en face du Château, & en fait un des plus beaux ornemens. C'est une futaie mêlée de chênes, de charmes & d'ormes.

On remarque sur-tout le bois de Beauté qui est situé sur une colline qui regarde la rivière de Marne, & enfermé dans un petit parc de cinquante-deux arpens que l'on appelle le *parc de Beauté*. C'est ici qu'étoit anciennement cette agréable Maison Royale, que nos Historiens appellent le *Château de Beauté* où mourut Charles V. le 16 Septembre 1380. On n'y voit plus qu'un bosquet de tilleuls, de coudres, & autres bois blancs, le tout fort négligé.

Dans le tems de la nouvelle plantation, on éleva au centre d'une étoile, qui se trouve au milieu du chemin qui conduit à Saint Maur, un grand obélisque d'ordre rustique, surmonté d'une aiguille dorée, on a gravé sur ce monument l'inscription suivante, que l'on a divisée en deux parties. Sur la face qui regarde le grand chemin, on lit:

Ludovicus decimus quintus, Vincennarum nemus effectum, arboribus novis conseri jussit.

Et sur la face opposée on lit:

Alexandro le Fèvre de la Falu*è*re, *magno Aquarum & Silvarum Magistro*. M. D. CC. XXXI.

Parmi les Princes & Princesses qui sont morts à Vincennes, on remarque principalement la Reine Jeanne, femme du Roi Philippe-le-Bel, le Roi Louis Hutin, le Roi Charles-le-Bel, Madame Jeanne de France, troisième fille de Charles V; Charles, Dauphin de Viennois, fils du Roi Charles VI, & le Roi Charles IX.

Vers l'an 1740 on établit dans le Château de Vincennes une Manufacture de porcelaine qui a produit de très-beaux Ouvrages.

On conserve dans le Trésor de la Chapelle un bassin de cuivre rouge des Indes, en forme de casserole, qui a cinq pieds de circonférence, où sont des figures représentant des Persans ou des Chinois. On y voit un Roi sur une espèce d'estrade avec des gardes à côté, & cela y est deux fois: beaucoup de chasses de tigres, lions, léopards; en deux en droits quelques mots arabes qui regardent quelques familles de cette nation. Le bassin représente aussi plusieurs hommes en casques & boucliers; les figures sont ciselées dans le cuivre, & tout ce qui a été ciselé est rempli d'argent. Il est vraisemblable que ce bassin a servi aux purifications qui étoient fréquentes chez les Orientaux, & qu'il a été apporté des croisades. Il a servi en France au Baptême de quelques Princes du Sang. Piganiol dit qu'il fut fait pour le Baptême de Philippe-Auguste en 1166. Il sert encore au Baptême dans cette Chapelle, quand le cas y écheoit.

Les assemblées des Chevaliers de l'Ordre de St. Michel, qui se tenoient au Mont St. Michel, furent transférées par Henri II dans le mois de Septembre 1557, à la Sainte Chapelle de Vincennes, quant à l'office de St. Michel & aux Services pour les Chevaliers défunts. Ce même Roi voulut qu'à chaque chaise du chœur fussent mises les armoiries des Chevaliers selon leur antiquité: de sorte qu'alors on l'appelloit *la Chapelle de l'Ordre St. Michel*, ainsi que Henri II l'avoit ordonné, ajoutant qu'il y auroit au chœur un coffre où seroit renfermé un livre contenant les faits & gestes des Chevaliers. Le Réglement a été confirmé par les Rois suivans, même par Louis XIV en 1645, & Louis XV en 1717, & encore aujourd'hui le Chapitre de Vincennes fait le service aux deux Fêtes de St. Michel, & célèbre le lendemain de chacune, un Service pour les Confrères de l'Ordre. Les ornemens, décorations de cette Chapelle, & spécialement les vitrages, portent les marques du même Ordre. La Chambre des Archives au-dessus de la Sacristie étoit dès le temps qu'elle fut bâtie, la Chambre ou Conseil des Chevaliers. Mais enfin ces Chevaliers, en vertu d'un Réglement du Conseil du 26 ou 28 Avril 1728, s'assemblèrent au mois de Mai suivant dans le grand Couvent des Cordeliers de Paris pour y célébrer l'Office Divin, & les Chanoines de Vincennes représentèrent par toutes les raisons ci-dessus alléguées, qu'ils sont Aumôniers & Chapelains nés de cet Ordre, & demandèrent à y être maintenus.

Les Officiers du Chapitre de Vincennes sont Officiers Royaux sans provisions du Roi, & connoissent des cas Royaux. Il y a eu aussi un Réglement de M. de Harlay, qui porte que le Bailli de Vincennes n'aura que la taxe des Prévôts Royaux, parce qu'il n'est Bailli que par privilège.

Le Château forme une Paroisse particulière, où les Chanoines marient, baptisent & enterrent, & on lit dans leur *Ordo* imprimé, que *Saint-Martin est Patronus Parœciæ hujus Castri* ; & le Trésorier en est Curé.

Il ne reste plus qu'un mot à dire sur la Bourgeoisie qui habite à Vincennes au côté septentrional du Château. La suite des temps a formé en cet endroit un Village, qui consiste aujourd'hui en une grande place quarrée, entourée de maisons de tous côtés, excepté du côté du midi, où est l'une des portes d'entrée de la Maison Royale. Les bâtimens qui environnent cette grande place & la place même se nomment la basse-cour, & ceux qui sont derrière ceux-ci vers la campagne, se nomment *la Pissote*.

Il est difficile de dire d'où peut venir l'étymologie de Pissote ; Sauval dit qu'il y en avoit une derrière le Temple qu'on appelloit *la Pissote Saint-Martin*. Un Hôtel de la Paroisse de Saint Paul rue Saint Antoine, qui fut appellé en dernier lieu l'Hôtel de la Reine, étoit auparavant nommé *l'Hôtel de la Pissote*. Il y a apparence que ce mot a été employé pour signifier une habitation au milieu de

terres

terres cultivées: en effet, le mot *pista* signifioit une chaumière ou quelque chose d'aussi vile. Ainsi la Pissote peut n'avoir commencé que par une simple chaumière des Gardes du bois de Vilcène, ensuite il s'en sera fait une petite aubergo pour les passans; ou peut-être étoit-ce d'abord une simple loge ou case de quelques vignerons de Montreuil, car ce lieu étoit de la Paroisse aussi-bien que la première & la seconde maison Royale du bois de Vincennes, & il avoit des Seigneurs particuliers.

Comme la Pissote n'étoit qu'un Hameau, il n'y avoit aussi qu'une Chapelle; elle fut érigée en succursale le 4 Janvier 1547, du consentement de Nicolas Boisseau, Curé de Montreuil, à la réserve des jours solemnels & Fêtes de Patron. Elle fut depuis érigée en Paroisse sous l'invocation de la Sainte Vierge; & elle est à la pleine collation de M. l'Archevêque. Le premier Curé fut un Chanoine de Vincennes, nommé *Anselme Larsonneur*. Jean Marinel, Curé de Montreuil, y consentit moyennant cent livres de rente, pour l'indemniser lui & ses successeurs, & huit livres à la Fabrique de son Eglise; il y a aussi eu dans cette Eglise une fondation de Chapelle, faite par *Nicolas Courtois*, dont la nomination appartient au Curé & aux héritiers dudit Courtois.

VIRY, Village éloigné de Paris de quatre lieues & demie, un peu au-delà de Juvisy, sur la main droite en allant vers Essonne, & situé en partie sur le côteau qui regarde le levant & le nord; c'est un pays de vignes & de labourages.

L'Eglise qui est sur une éminence, est du titre de St. Denis, auquel on a joint Ste. Luce. La Cure est à la nomination pure & simple de l'Archevêque.

Viry est toujours nommé avec Châtillon, Hameau qui en dépend, composé de douze ou quinze ménages, & situé sur le bord de la Seine. *Voy.* CHATILLON.

VIROFLÉ. Ce petit Village du Doyenné de Château-Fort, a été ainsi nommé par corruption de *Ville-Offlen*, du Seigneur de la Terre où il est situé, appellé *Offlenus*, & dont on ignore le temps où il existoit.

Viroflé n'étoit qu'un simple Hameau de la Paroisse de Montreuil, dont il n'est éloigné que d'un quart de lieue. Il fut érigé en Paroisse, il y a plus de deux cents ans, c'est-à-dire, en 1546, à cause des mauvais chemins que produit

Tom. IV. Ggg

le terrein de la côte de Montreuil, qui est presque toujours humide.

Il est situé à trois lieues de Paris vers le couchant, à la gauche du chemin de Versailles, un peu au-delà de Chaville, dont il n'est séparé que par une avenue, & sur un petit côteau dont l'aspect est au levant d'été & au nord. C'est un pays de bois & de bocages.

L'Eglise n'a rien d'ancien ni de remarquable, qu'une tour qui est assez belle pour la campagne ; elle est sous l'invocation de Saint Eustache, Martyr : l'Abbaye-au-Bois, qui a la Seigneurie de Giry près Bièvre, doit à l'Eglise de Viroflé pour la dixme, une certaine quantité de grain, qui est offerte chaque année au pied de la croix ; cela doit s'entendre de l'Abbaye du Val-de-Grace qui étoit anciennement proche de Bièvre ; la Cure est à la pleine collation de l'Ordinaire, comme l'est celle de Montreuil, dont elle a été détachée : M. le Chancelier le Tellier a vendu au Roi Louis XIV cette Terre, excepté le Fief *Aymery* qui appartient à ceux de ce nom ; sçavoir les maisons & lieux qui environnent l'Eglise.

VISITATION (*Religieuses de la*) rue Saint-Antoine. Ces filles ont été instituées par Saint François de Sales, Evêque & Prince de Genève en 1610. Dès leur premier établissement dans la petite Ville d'Anneci, elles furent appellées *Filles de la Visitation*, parce qu'elles s'occupoient à visiter les malades & les pauvres, en l'honneur du mystère de la visite que la Sainte-Vierge fit à Sainte Elisabeth. Elles ne firent d'abord que des vœux simples, & portoient un habit séculier, mais à la persuasion de M. *Denis de Marquemont*, Archevêque de Lyon, cette Congrégation fut érigée en Religion, & fut confirmée par le Pape Paul V, sous la regle de Saint Augustin.

La réputation de cet Institut étant parvenue jusqu'à Paris, plusieurs personnes de piété sollicitèrent Saint François de Sales de lui procurer un établissement dans cette Ville, & d'y faire venir *Jeanne-Françoise Frémiot*, Dame *de Chantal* *, Fondatrice & première Supérieure, & quelques Religieuses, pour travailler à ce saint œuvre. M. de Sales

---

* Veuve de Christophe de Rabutin, Baron de Chantal, Gentilhomme de la Chambre du Roi.

écrivit à la Mère de Chantal de le venir trouver, & d'amener le plus de Religieuses qu'elle pourroit. Elle étoit pour lors à Bourges, occupée à y fonder une maison de son Ordre, cependant elle partit aussitôt, & arriva à Paris avec trois Religieuses le 6 d'Avril 1619. Elles logèrent pendant trois semaines en maison particulière, mais le premier de Mai elles entrèrent dans une autre qu'on leur avoit louée dans le fauxbourg Saint Marcel avec la permission de Henri de Gondi, Evêque de Paris, Cardinal de Retz, donnée le 25 d'Avril, autorisée par Lettres-patentes du Roi, vérifiées au Parlement. François de Sales leur Instituteur y célébra la première Messe, exposa le Saint Sacrement, & l'après midi y prêcha en présence d'un grand nombre de personnes qualifiées. Leur séjour en cet endroit ne fut pas bien long, car en 1620 elles acheterent une maison dans la rue de la Cerisaie, où elles furent logées plus commodément. Enfin l'an 1628, la Mère *Hélène Angelique l'Huillier*, pour lors Supérieure & bienfaictrice de cette maison, acheta l'hôtel de Coffé, appellé auparavant l'hôtel de Boisi, ou de Boissi, pour la somme de 24000 liv. Cet hôtel étoit situé dans la rue Saint-Antoine, & son jardin contigu à celui du Monastère de la rue de la Cerisaie; ainsi, dès que l'hôtel de Coffé eût été approprié pour une Communauté de Religieuses, toute la Communauté s'y transporta sans passer par les rues. Le Commandeur *de Sillery* qui étoit ami intime de Madame de Chantal, donna une somme considérable pour bâtir l'Eglise, dont il posa la première pierre le 31 d'Octobre de l'an 1632. Cette Eglise qui est du dessin de *François Mansard*, a été édifiée sur le modèle de Notre-Dame de la rotonde à Rome, & fut dédiée le 14 Septembre de l'an 1634 par *André Frémiot*, Archevêque de Bourges, sous le titre de *Notre-Dame des Anges*. Elle est petite, mais d'un goût d'architecture excellent. C'est un dôme soutenu en dedans par quatre arcs, entre lesquels il y a des pilastres corinthiens qui portent une grande corniche qui règne au pourtour. La porte est sous un de ces arcs, élevée sur un perron de quinze marches, & ornée de deux colonnes corinthiennes fuzelées. Le maître-Autel est vis-à-vis la porte. André Frémiot, Archevêque de Bourges, & frere de Madame de Chantal, Fondatrice & première supérieure des filles de la Visitation, étant mort à Paris le 13 de Mai 1641, fut inhumé dans cette Eglise, dans une Chapelle qui est à gauche en entrant; & sous les marches a été inhumé *François Fouquet*, dont voici l'épitaphe:

G gg ij

A L'HEUREUSE MÉMOIRE

De Meſſire François Fouquet, *Chevalier, Conſeiller du Roi ordinaire dans tous ſes Conſeils, fils de Meſſire* François Fouquet, *Conſeiller au Parlement de Paris, lequel, après avoir paſſé par les Charges de Conſeiller audit Parlement, & de Maître des Requêtes ordinaire de ſon Hôtel, fut nommé pour Ambaſſadeur de Sa Majeſté vers les Suiſſes, & puis retenu pour être employé aux plus ſecretes & plus importantes affaires de l'Etat, dans le maniment deſquelles il vécut avec tant d'intégrité & de modération, qu'il peut être propoſé pour exemple à tous ceux qui ſont admis aux Conſeils des Princes. Sa naiſſance, ſa vertu, ſa capacité, ſon zèle au ſervice du Roi, lui ont acquis un nom honorable en cette vie, d'où il paſſa en une meilleure, trop tôt pour les ſiens & pour le public, laiſſant douze enfans de Dame Marie de* Maupeou *ſa femme, fille de Meſſire* Gilles de Maupeou, *Seigneur d'Ableiges, Conſeiller d'Etat, Intendant, & Controleur-Général des Finances. Il mourut le*........ 1640, *âgé de cinquante-trois ans.*

Dans ce même endroit a été auſſi inhumé *Nicolas Fouquet* ſi connu par ſa faveur & par ſa diſgrace. Il mourut à Pignerol le 23 de Mars 1680, âgé de ſoixante-cinq ans. Il étoit fils de *François Fouquet*, dont on vient de rapporter l'épitaphe.

VISITATION (la)
de la rue du Fauxbourg Saint-Jacques.

Les filles de la Viſitation de Sainte Marie ne furent pas plutôt établies dans leur Couvent de la rue Saint Antoine, que le grand nombre de ſujets qui embraſſoient leur inſtitut, les fit penſer à en former un ſecond établiſſement dans Paris. Dans cette vue elles achetèrent de M. *le Clerc*, Conſeiller au Parlement, trois grandes maiſons ſituées dans la grande rue du Fauxbourg Saint-Jacques, & qu'elles convertirent en un Monaſtère, où elles entrèrent le 13 Aout 1626. Cette Maiſon eſt aujourd'hui une des plus riches & des plus conſidérables de cet Ordre; mais l'Egliſe n'eſt encore que dans une ſalle qui n'eſt pas des plus grandes.

Le tableau de l'Autel, qui repréſente Saint François de Sales, inſtituteur de ces filles, eſt du fameux *le Brun*; ce qu'on voit d'ailleurs de ce Monaſtère, n'offre rien à la vue qui mérite attention.

VISITATION (la)
de la rue du Bac.

Les filles de Sainte Marie, autrement dites de la Viſitation, du Couvent du Fauxbourg Saint-Jacques, se trouvant surchargées par le grand nombre de filles qui embrassoient leur Institut, achetèrent une maison dans la rue Montorgueil, dans laquelle elles envoyèrent un certain nombre de Religieuses pour y établir un nouveau Monastère; elles y entrèrent le 31 Juillet de l'année 1660, & y demeurèrent douze ou treize ans; mais ne s'y trouvant pas assez commodément logées, elles achetèrent une maison dans la rue du Bac, & en prirent possession en 1673; peu de tems après elles firent bâtir une Chapelle, dont la première pierre fut posée par une pauvre femme qu'elles choisirent exprès pour cette fonction, sans autre cérémonie; depuis ce tems-là, elles ont fait faire ici des bâtimens commodes, en sorte que la Communauté y est commodément logée; elles furent aidées dans leur établissement par Dame Geneviève *Derval Pourtel*, veuve de M. le Comte d'*Enfreville-Cizei*, Président à Mortier au Parlement de Normandie, laquelle leur donna le tiers des acquêts du feu Président son mari, & y ajouta une somme de 40000 liv.

En 1775, le 3 Octobre, la Reine vint poser la première pierre de la nouvelle Eglise de ce Monastère. On a placé dessous cette pierre différentes médailles & une plaque d'argent qui porte l'inscription suivante: *cette première pierre a été posée par très-haute, très-puissante Dame* Marie-Antoinette d'Autriche, *Reine de France & de Navarre, le 3 Octobre 1775,* Marie Josephe de Brancas, *pour lors Supérieure du Monastère.*

VISITATION DE SAINTE-MARIE (*Religieuses de la*) Ce Couvent est à mi-côte du Village ou Fauxbourg de Chaillot; il a été fondé en cet endroit par *Henriette Marie de France*, Reine d'Angleterre, fille d'Henri IV, & veuve de Charles Ier. Roi d'Angleterre, laquelle ayant acheté en 1651 une maison à Chaillot, bâtie par la Reine *Catherine de Médicis*, achetée & depuis embellie par le Maréchal de Bassompierre, après la mort de cette Princesse, & enfin vendue par décret sur le Comte de Tilliers, la fit approprier pour en faire un Monastère de filles de la Visitation de Sainte Marie; on l'a depuis augmentée considérablement, & l'Eglise a été rebâtie tout à neuf l'an 1704. Mais son comble n'a aucune proportion avec les autres bâtimens, & est d'autant plus choquant, qu'on l'apperçoit de loin. C'est *Nicolas Frémond*, Garde du Trésor-Royal, & Geneviève *Damond*, sa femme, qui ont fait bâtir cette Eglise entièrement à leurs dépens, & qui par conséquent en font les Fondateurs, ainsi qu'il est marqué dans l'épitaphe que l'on va transcrire ci-dessous : ceux qui aiment les Arts & qui s'y connoissent, vantent infiniment la serrurerie de la grande porte de cette Eglise.

Dans le chœur de cette Eglise, sont les cœurs d'Henriette Marie de France, Reine d'Angleterre, qui est la Fondatrice de cette maison ; de son fils Jacques Stuard II du nom, Roi de la Grande Bretagne, & de Louise Marie Stuard, fille de ce Prince, morte au Château de Saint-Germain-en-Laye le 7 de Mai de l'an 1718.

A droite en entrant dans cette Eglise on voit contre le mur l'épitaphe qui suit :

ICI REPOSE

Le Cœur de Dame Geneviève Damond, *veuve de Messire* Nicolas de Frémond, *Conseiller du Roi en ses Conseils, Grand Audiencier de France Honoraire, & Garde du Trésor-Royal. Une douceur toujours égale, une humilité sincère, une piété constante, une tendre charité pour les pauvres, des aumônes abondantes, un zèle éclairé pour la gloire de Dieu, toutes sortes de vertus fidèlement pratiquées, tandis que ce cœur a respiré, ont été des preuves que Dieu l'avoit formé selon le sien, & qu'il y faisoit sa demeure. Elle est décédée le 29 d'Août 1703, âgée de 69 ans, après avoir vu commencer le bâtiment de cette Eglise, que son époux & elle ont fondée.*

Priez Dieu pour leur repos.

L'enclos de ce Couvent descend jusqu'au bord du chemin de Versailles, qui est entre la rivière & le mur de clôture. On voit ici un vieux bâtiment où sont les prisons du Village.

C'est contre ce mur de clôture qui règne sur le chemin de Paris à Versailles, & sur la rivière, que feue S. A R. *Duchesse d'Orléans* a fait bâtir en 1735 & 1736 un pavillon d'architecture de très-bon goût, & qui offre à la vue des amusemens toujours nouveaux, par la quantité d'équipages & de personnes de tout rang qui vont & reviennent continuellement.

L'écu parti des armes de France & de Médicis, qu'on voit encastré dans ce mur, est un reste qui prouve que cette maison a appartenu autrefois à Catherine de Médicis, Reine de France. *Voy.* CHAILLOT.

VITRIERS. Ce sont ceux qui employent le verre en

table, pour en garnir toutes fortes de panneaux, chassis, cadres d'estampes, &c. Les premiers statuts de cette Communauté sont de 1467, sous Louis XI, réformés & renouvellés par Lettres-patentes de Louis XIV, enregistrées en Parlement en 1666, qui les qualifient de Peintres sur verre. L'apprentissage est de quatre ans; la maîtrise est de 500 liv. Depuis l'Édit de 1776 les Vitriers sont en concurrence avec les Fayenciers & Potiers de terre. Ils ont aussi la concurrence avec le Mercier pour la vente des porcelaines & des poteries de terre, & avec la profession de Carreleur, réunie aux Couvreurs & Paveurs : Patron Saint Marc. Bureau, Cimetière Saint Jean.

*VITRY-SUR-SEINE. Village éloigné de Paris d'environ deux lieues, que quelques-uns qualifient de Bourg, quoiqu'il ne soit pas fermé, mais peut-être parce qu'il est composé de deux Paroisses. Son territoire s'étend assez avant du côté de Villejuif & d'Ivry, & est presque tout rempli de vignes ou de pépinières. La position est sur la pente de la montagne de Villejuif, ce qui fait que les fontaines ne sont pas rares : au sortir d'Ivry pour aller à Vitry, on trouve plusieurs carrières à fleur de terre; & dans les endroits où la terre est écroulée, on voit les veines de terres couchées de biais, comme si un tremblement avoit causé des secousses en ces quartiers.

La Paroisse la plus considérable est du titre de Saint Germain de Paris; l'autre est sous l'invocation de SS. Gervais & Protais; la première est à la nomination de l'Archevêque, & le Chapitre de Saint Marcel nomme à la seconde Cure.

François Paparel, Trésorier de l'Extraordinaire des Guerres, décédé en 1725, a fait bâtir la maison la plus belle de tout le Village & la plus riante, dans laquelle il n'y a à redire que la situation qui est dans un fond & sans vue.

VOISINS. Village du Doyenné de Château-Fort à six lieues de Paris & à deux lieues de Versailles, dans une plaine de niveau avec celle de Guyencourt, où il n'y a que des grains & terres à labourages. Une porte du parc de Versailles sert pour y entrer en venant de Paris : il est hors de ce parc.

Dans quelques cartes, ce Village est écrit Voisins-le-Bretonneux, & dans les registres, rôles ou dénombremens de l'Election, il est désigné par ces mots *Voisins & les Hameaux*. C'est apparemment la proximité d'un Voisins qui est à une lieue de-là sur le territoire de la Paroisse de Villiers-le-Bacle, qui aura donné occasion à ces différentes dénominations. Ces deux lieux ont été appellés Voisins, parce que quelque Baron de Château-Fort, ayant beaucoup de Feudataires, a probablement donné le premier le nom à ces deux endroits, entre lesquels Château-Fort est situé. C'étoient ses deux Voisins, l'un du côté du levant, l'autre du côté du couchant; & quoique le nom ne fût fait que pour Château-Fort, il a passé depuis en usage, en appellant l'un Voisins-le-Cuit, & l'autre Voisins-le-Bretonneux, ou parce que le petit canton où ce dernier est situé avec Montigny, portoit le nom de Bretonneux, (car on dit aussi *Montigny-le-Bretonneux*), ou parce que ces deux lieux contigus ont appartenu à des Seigneurs Bretons ou du nom de Bretonneux. Quant à la dénomination usitée dans les livres de l'Election, il faut qu'elle ait été altérée: car sur quel fondement dire *Voisins & les Hameaux*, tandis qu'il n'y en a pas un seul sur cette Paroisse ? On a pu dire au treizième & quatorzième siècle *Voisin-le-Hameau*, dans le temps que Voisins en étoit un de Magny, & cela pour le distinguer de l'autre Voisins qui n'est & qui n'étoit qu'un Château à l'orient de Château-Fort: ensuite les Greffiers de l'Election voyant qu'on disoit bien *Magny-les-Hameaux*, au plurier, ont cru qu'on pouvoit en dire autant de Voisins, & c'est ce qui a fait naître l'altération la plus insigne par laquelle ils écrivent aujourd'hui *Voisins & les Hameaux*.

L'Eglise de Voisins est sous l'invocation de Notre-Dame; la Cure est à la nomination de M. l'Archevêque. Il y a deux fiefs dans cette Paroisse; savoir, le fief de Guy de Méridon & celui de Boulart. Méridon est un château proche Chevreuse, vers le midi; Boullart paroît être le même lieu qui est écrit ailleurs Boulehart, & dont avoit tiré son nom Jean de Boulehart, Chevalier, Maître d'hôtel du Roi, dont la fille appellée Jeanne de Boulehart, fut faite Abbesse de Port-Royal en 1575.

VUIDANGEURS. Ce sont ceux dont le travail consiste à vuider & nétoyer les puits & fosses d'aisances, &c. On ne sçait depuis quel temps cette Communauté (supprimée par l'Edit de 1776 pour être exercée librement) a subsisté en cette Capitale en Corps de Jurande. En 1608 Henri IV donna une Ordonnance sur le fait de Police pour le nettoyement des rues de Paris, où les Maîtres de ce métier y sont appellés *Maîtres Fi fi*, *& des basses œuvres*, & dans un Arrêt du Conseil de 1696, ils y sont qualifiés de *Maîtres Vuidangeurs*, chargés de faire entr'eux élection de Jurés en la manière accoutumée, à l'effet de visiter les atteliers pour y faire exécuter les Réglemens de Police dont l'observance intéresse essentiellement la propreté de la Ville & la salubrité des Habitans.

Depuis quelques années un Citoyen a imaginé le moyen de concentrer l'odeur de la fosse d'aisances dans la fosse même, & dans des cabinets fermant assez hermétiquement pour qu'elle ne puisse s'échapper au dehors: il a porté ensuite cette odeur par des tuyaux de fer-blanc bien au-dessus des maisons, dans la moyenne région de l'air; & par le moyen de soufflets adaptés aux cabinets & dans la fosse même, il force toutes les vapeurs méphitiques à suivre la route du tuyau: ce n'est qu'après avoir ainsi purgé la fosse de toutes exhalaisons pernicieuses, que l'on permet aux Ouvriers d'y entrer, & au lieu de porter les matières dans la rue, dans des tonneaux ouverts à moitié, les tonneaux au contraire sont renfermés dans ces mêmes cabinets, où après être remplis, lavés, luttés avec plâtre & terre glaise, ils sont transportés debout dans des charrettes faites exprès, de manière que par aucun accident ils ne peuvent laisser répandre la plus petite portion de matieres: les mêmes tonneaux après être vuidés à la voirie, y sont lavés & nettoyés avec des brosses avant de revenir à l'attelier. On reconnoît de plus en plus les grands succès de ce Ventillateur, dont l'opération n'a aucun des inconvéniens de l'ancienne méthode des Vuidangeurs qui vraisemblablement sera bientôt tout-à-fait abolie.

VOITURES PUBLIQUES. Nous divisons cet article en trois branches, sçavoir.

1°. *Les Messageries Royales, Diligences, Coches d'eau, & Roulage de France.* Cette première branche a quatre départemens.

Le premier comprend les Provinces de Lyonnois, Dauphiné, Provence, Bas-Languedoc, Bourgogne, Franche-Comté, Auvergne, Bourbonnois, les routes de Troyes & Langres, les Coches d'eau établis sur la Saône, le Rhône & sur la Seine, depuis Auxerre jusqu'à Paris; le Bureau est rue St. Paul, à l'Hôtel de la Vieuville.

Le second comprend l'Orléannois, le Berry, la Touraine,

le Poitou, l'Aunis, l'Angoumois, la Guyenne, la Gascogne, le Limousin, le Querci, le Haut-Languedoc, comprenant les routes de Paris à Toulouse, de Toulouse à Narbonne, à Perpignan & à Bayonne; le Bureau est rue Contrescarpe St. André des Arcs.

Le troisième comprend Strasbourg & l'Alsace, Nancy & la Lorraine, le Duché de Bar, les trois Evêchés, la Champagne, Meaux, la Ferté-sous-Jouarre, Château-Thierry, la Flandre, le Hainaut, la Picardie, la haute & basse-Normandie; les Diligences d'eau sur l'Oise, l'Aine & sur la Seine depuis Paris jusqu'à Rouen; le Bureau est rue St. Denis près les Filles-Dieu.

Le quatrième comprend le Maine, l'Anjou, le Pays Chartrain, le Vendômois, le Perche, la haute & basse-Bretagne; le Bureau est à l'entrée de la rue d'Enfer, place St. Michel.

Le Bureau des Voitures de la Cour & de St. Germain-en-Laye, est sur le Quai d'Orsay.

2°. *Les Messageries Royales des environs de Paris.* Cette seconde branche est divisée aussi en quatre départemens.

Le premier fait le service de toutes les routes aboutissantes aux portes St. Denis & St. Martin, jusqu'aux distances qui lui sont prescrites; le Bureau est situé grande rue du Fauxbourg St Denis.

Le second fait le service des routes aboutissantes aux portes St. Bernard, St. Jacques, St. Michel, barrière des Gobelins & Vaugirard; le Bureau est rue de Vaugirard à l'ancienne Académie de la Guérinière.

Le troisième fait le service de toutes les routes aboutissantes à la porte St. Antoine; le Bureau est rue du pas de la Mule, près les boulevards de la porte St. Antoine.

Le quatrième fait le service de toutes les routes aboutissantes aux portes St. Honoré & de la Conférence jusqu'aux distances qui lui sont prescrites; le Bureau est grande rue du Fauxbourg St. Honoré à l'ancien Bureau des Coches.

3°. *Les Messageries Royales, Diligences, Coches & Carrosses.* Cette troisième branche comprend aussi quatre départemens. 1°. haute & basse-Normandie, Flandre, Picardie, Strasbourg & Metz, Soissons, Rheims, &c. 2°. Bordeaux, Toulouse. 3°. Angers, haute & basse-Bretagne, le Maine & le Perche. 4°. Lyon, Troyes & Langres.

N. B. *Dans toutes les Diligences, le prix des places est à raison de 16 sols par lieue de poste, à l'exception de la Diligence de Lyon; à raison de 10 sols dans les Carrosses à jour-*

nées réglées, & dans les Fourgons à raison de 6 sols. Il y a pour toutes les Villes du Royaume des Diligences, Messageries, Coches, Carrosses & Fourgons. On peut à ce sujet consulter l'Almanach Royal de la présente année 1779 ; il indique avec la plus grande exactitude le jour du départ de chacun, & celui de leur retour, de même que le temps qu'ils employent à faire leurs différens voyages. *Voy. aussi l'Article* COCHES, *tom. 2. pag. 369.*

YON (*Saint*) *Voy.* SAINT.

YVES (*chapelle St.*) *Voy.* SAINT.

ZONE (l'Hôtel) & par corruption *l'Hôtel Jaune*, à l'entrée de la rue de l'Oursine, étoit une maison de plaisance du Commandeur de Saint-Jean-de-Latran, & à laquelle on a donné ce nom à cause d'un certain Commandeur qui avoit formé le dessein de voyager jusqu'à la Zône Torride.

F I N.

APPROBATION.

J'ai lu par l'ordre de Monseigneur le Garde des Sceaux, un Ouvrage intitulé : *Dictionnaire Historique de la Ville de Paris & de ses environs*. Il m'a paru supérieur à tout ce qui a été imprimé jusqu'à présent sur cet objet, par la quantité de recherches qui instruiront les Lecteurs d'une multitude de détails absolument ignorés dans cet âge de la frivolité. Rien d'ailleurs ne peut en empêcher la publication.

Donné à Paris, le 7 d'Avril 1779.

PHILIPPE DE PRETOT, *des Académies d'Angers & de Rouen.*

PRIVILÈGE DU ROI.

LOUIS, par la grace de Dieu, Roi de France & de Navarre : A nos amés & féaux Conseillers, les Gens tenans nos Cours de Parlement, Maîtres des Requêtes ordinaires de notre Hôtel, grand-Conseil, Prévôt de Paris, Baillifs, Sénéchaux, leurs Lieutenans Civils & autres nos Justiciers qu'il appartiendra, SALUT. Notre amé le sieur MOUTARD, Imprimeur-Libraire à Paris, Nous a fait exposer qu'il désireroit faire imprimer & donner au Public *le Dictionnaire Historique de Paris & de ses environs*, s'il Nous plaisoit lui accorder nos Lettres de Privilège pour ce nécessaires. A CES CAUSES, voulant favorablement traiter l'Exposant, Nous lui avons permis & permettons par ces Présentes, de faire imprimer ledit Ouvrage autant de fois que bon lui semblera, & de le vendre, faire vendre, & débiter par-tout notre Royaume, pendant le tems de dix années consécutives, à compter de la date des Présentes, conformément à l'article IV de l'Arrêt du Conseil du 30 Août 1777, portant Règlement sur la durée des Privilèges en Librairie. FAISONS défenses à tous Imprimeurs, Libraires, & autres personnes de quelque qualité & condition qu'elles soient, d'en introduire d'impression étrangere dans aucun lieu de notre obéissance ; comme aussi d'imprimer ou faire imprimer, vendre, faire vendre, débiter ni contrefaire ledit Ouvrage sous quelque prétexte que ce puisse être, sans la permission expresse & par écrit dudit Exposant, ses hoirs ou ayans-cause, à peine de saisie & confiscation des exemplaires contrefaits, de six mille livres d'amende qui ne pourra être modérée pour la premiere fois ; de pareille amende & de déchéance d'état en cas de récidive, & de tous dépens, dommages & intérêts, conformément à l'Arrêt du Conseil du 30 Août 1777, concernant les contrefaçons ; A LA CHARGE que ces Présentes seront enregistrées tout au long sur le Registre de la Communauté des Imprimeurs & Libraires de Paris dans trois mois de la date d'icelles ; que l'impression dudit Ouvrage sera faite dans notre Royaume & non ailleurs, en beau papier & beaux caracteres, conformément aux Réglemens de la Librairie, à peine de déchéance du présent Privilège ; qu'avant de l'exposer en vente, le Manuscrit qui aura servi de copie à l'impression dudit Ouvrage, sera remis dans le même état où l'Approbation y aura été donnée, è mains de notre très-cher & féal Chevalier, Garde des Sceaux de France le sieur HUE DE MIROMESNIL; qu'il en sera ensuite remis deux Exemplaires dans notre Bibliotheque publique, un dans celle de notre Château du Louvre, un dans celle de notre très-cher & féal Chevalier Chancelier de France, le sieur DE MEAUPEOU, & un dans celle dudit sieur HUE DE MIROMESNIL; le tout à peine de nullité des Présentes. Du contenu desquelles vous mandons & enjoignons de faire jouir ledit Exposant & ses ayans-cause, pleinement & paisiblement, sans souffrir qu'il leur soit fait aucun trouble ou empêchement. Voulons que la copie des Présentes, qui sera imprimée tout au long, au commencement ou à la fin dudit Ouvrage, soit tenue pour duement signifiée, & qu'aux copies collationnées par l'un de nos amés & féaux Conseillers - Secrétaires, foi soit ajoutée comme à l'Original. Commandons au premier notre Huissier ou Sergent sur ce requis, de faire, pour l'exécution d'icelles, tous Actes requis & nécessaires, sans demander autre permission, & nonobstant clameur de haro, Charte Normande, & Lettres à ce contraires : Car tel notre plaisir. Donné à Paris, le vingt-huitieme jour du mois d'Avril, l'an de grace mil sept cent soixante-dix-neuf, & de notre regne le cinquieme. Par le Roi, en son Conseil.

Signé, LE BEGUE.

Registré sur le Registre XXI. *de la Chambre Royale & Syndicale des Libraires & Imprimeurs de Paris*, n°. 853, *folio* 119. *conformément aux dispositions énoncées dans le présent Privilege ; & à la charge de remettre à ladite Chambre, les huit exemplaires prescrits par l'Article* CVIII. *du Réglement de* 1723.

A Paris, ce premier Mai 1779.

A. M. LOTTIN l'aîné, *Syndic*.

www.ingramcontent.com/pod-product-compliance
Lightning Source LLC
Chambersburg PA
CBHW070901300426
44113CB00008B/913